menos que nada

G. W. F. Hegel (1770-1831) em litogravura de Julius L. Sebbers (1804-1837) datada de 1828.

Slavoj Žižek

menos que nada
hegel e a sombra do materialismo dialético

Tradução: Rogério Bettoni

Copyright © Slavoj Žižek, 2012
Copyright desta tradução © Boitempo Editorial, 2013
Traduzido do original em inglês *Less Than Nothing: Hegel and the Shadow of Dialectical Materialism*

Coordenação editorial
Ivana Jinkings

Editora-adjunta
Bibiana Leme

Assistência editorial
Alícia Toffani e Livia Campos

Tradução
Rogério Bettoni

Preparação
Mariana Echalar

Revisão
Jean Xavier

Diagramação e capa
Antonio Kehl
sobre "Untitled" (2008), de Fabian Weinecke

Coordenação de produção
Juliana Brandt

Assistência de produção
Livia Viganó

CIP-BRASIL. CATALOGAÇÃO-NA-FONTE
SINDICATO NACIONAL DOS EDITORES DE LIVROS, RJ

Z72m

Žižek, Slavoj

Menos que nada : Hegel e a sombra do materialismo dialético / Slavoj Žižek ; tradução Rogério Bettoni. - São Paulo : Boitempo, 2013.

Tradução de: Less than nothing : Hegel and the shadow of dialectical materialism

ISBN 978-85-7559-316-5

1. Hegel, Georg Wilhelm Friedrich, 1770-1831. 2. Lacan, Jacques, 1901-1981. I. Título.

13-0472   CDD: 193
    CDU: 1(44)

22.01.13   24.01.13   042324

É vedada a reprodução de qualquer
parte deste livro sem a expressa autorização da editora.

1ª edição: fevereiro de 2013; 2ª reimpressão: abril de 2025

BOITEMPO
Jinkings Editores Associados Ltda.
Rua Pereira Leite, 373
05442-000 São Paulo SP
Tel.: (11) 3875-7250 / 3875-7285
editor@boitempoeditorial.com.br | boitempoeditorial.com.br
blogdaboitempo.com.br | youtube.com/tvboitempo

Sumário

Introdução – *Eppur si muove* 11
Parte I – Hegel 31
  1 – Ainda é possível ser hegeliano? 33
  Interlúdio 1 – Marx como leitor de Hegel, Hegel como leitor de Marx 83
  2 – Parataxe: figuras do processo dialético 109
  Interlúdio 2 – *Cogito* na história da loucura 173
  3 – "Não só como Substância, mas também como Sujeito" 207
  Interlúdio 3 – Rei, populaça, guerra... e sexo 269
  4 – Os limites de Hegel 307
Parte II – Lacan 359
  5 – Objetos, objetos por toda a parte 361
  6 – O não-Todo, ou ontologia da diferença sexual 427
  7 – O quarteto da luta, historicidade, vontade... e *Gelassenheit* ...493
  8 – A ontologia da física quântica 539
Conclusão – A suspensão política do ético..597
Índice onomástico..647
Sobre o autor 653

Para Alenka e Mladen – porque *die Partei hat immer Recht*.

NOTA DA EDIÇÃO

Esta tradução do livro *Less than Nothing: Hegel and the Shadow of Dialectical Materialism* (Verso Books, 2012) é aqui publicada com redução de alguns capítulos. Os cortes foram feitos pelo próprio autor.

Introdução
Eppur si muove

Existem duas figuras de estupidez opostas. A primeira é o sujeito (eventualmente) hiperinteligente que "não entende", que compreende uma situação "logicamente" e não percebe suas regras contextuais ocultas. Por exemplo, quando visitei Nova York pela primeira vez, um garçom de um café me perguntou: "Como foi seu dia?". Interpretando a frase como uma pergunta real, respondi com toda a franqueza ("Estou morto de cansaço, atordoado com o fuso horário...") e ele me olhou como se eu fosse um completo idiota. Mas ele estava certo: esse é o tipo de estupidez característico de um idiota. Alan Turing era o idiota exemplar: um homem de inteligência extraordinária, porém um protopsicótico incapaz de processar regras contextuais implícitas. Na literatura, é impossível não se lembrar do bom soldado Schweik, de Jaroslav Hašek, que, ao ver soldados atirando contra soldados inimigos, correu para a frente das trincheiras e começou a gritar: "Parem de atirar, tem gente do outro lado!". O arquimodelo dessa idiotice, no entanto, é a criança ingênua do conto de Andersen que exclama diante de todos que o imperador está nu – sem perceber que, como diz Alphonse Allais, todos estamos nus por baixo da roupa.

A segunda figura de estupidez é o débil: é a estupidez oposta de quem se identifica plenamente com o senso comum e corresponde ao "grande Outro" das aparências. Na longa série desse tipo de figura, a começar pelo coro na tragédia grega, que representa o choro ou o riso enlatado, sempre pronto a comentar a ação com uma sabedoria corriqueira, devemos mencionar ao menos o "estúpido" parceiro dos grandes detetives – o Watson de Sherlock Holmes, o Hastings de Hercule Poirot... Essas figuras existem não só para contrastar com a grandeza do detetive, e assim torná-la mais visível, como são indispensáveis para o trabalho do detetive. Em uma de suas histórias, Poirot explica a Hastings seu papel: imerso em senso comum,

Hastings reage à cena do crime da maneira como o assassino, que deseja apagar os rastros de seu ato, espera que o público reaja, e é só assim que o detetive, incluindo em sua análise a reação que se espera do "grande Outro" imbuído de senso comum, consegue solucionar o crime.

Mas essa oposição dá conta do campo todo? Onde situar Franz Kafka, cuja grandeza reside (entre outras coisas) em sua capacidade única de apresentar a idiotice disfarçada de debilidade como algo totalmente normal e convencional (basta se lembrar do raciocínio exageradamente "idiota" no longo debate entre o padre e Josef K., que sucede à parábola da porta da lei). Para essa terceira posição, não precisamos ir muito longe – a Wikipédia diz: "Imbecil foi um termo usado para descrever o retardo mental, de moderado a severo, bem como certo tipo de criminoso. É derivado do latim *imbecillus*, que significa fraco, ou de mente fraca. A palavra 'imbecil' era aplicada a pessoas com QI de 26-50, entre 'débil' (QI de 51-70) e 'idiota' (QI de 0-25)". Não é tão ruim então: abaixo de "débil" e acima de "idiota". A situação é catastrófica, mas não é séria, como (talvez só) um imbecil austríaco diria. Os problemas começam quando se faz a pergunta: de onde vem a raiz "becil", precedida da negação "im-"? Por mais nebulosa que seja sua origem, é provável que derive do latim *baculum* (bastão, cajado, báculo); portanto, "imbecil" é alguém que caminha sem a ajuda de um bastão. Podemos tornar a questão clara e lógica se concebermos o bastão em que todos nós, como seres humanos que falam, temos de nos apoiar, como a linguagem, a ordem simbólica, isto é, o que Lacan chama de o "grande Outro". Nesse caso, a tríade idiota, imbecil e débil faz sentido: o idiota está sozinho, fora do grande Outro; o débil está nele (habita a linguagem de maneira estúpida); já o imbecil é um meio-termo – tem consciência da necessidade do grande Outro, mas não conta com ele, suspeita dele, mais ou menos à maneira como a banda *punk* eslovena Laibach definiu sua relação com Deus (e com os Estados Unidos, referindo-se à frase "In God We Trust" da nota de um dólar): "Assim como vocês, norte-americanos, nós acreditamos em Deus; mas, ao contrário de vocês, não confiamos Nele". Em lacanês, o imbecil tem consciência de que o grande Outro não existe, é inconsistente, "barrado". Assim, se o débil parece mais inteligente que o imbecil, tendo em vista a escala de QI, sua inteligência é grande demais para que lhe faça bem (como os débeis mentais reacionários, mas não imbecis, gostam de dizer sobre os intelectuais). Entre os filósofos, o segundo Wittgenstein é o imbecil *par excellence*, obcecado pelas variações da questão do grande Outro: há uma ação que garanta a consistência de nossa fala? Podemos estar seguros das regras de nossa fala?

Não estaria Lacan visando a mesma posição de (im)becil quando conclui seu ensaio "Vers un nouveau signifiant" dizendo "Sou apenas relativamente estúpido – quer dizer, sou como todo mundo – talvez porque tenha um pouco de iluminação"[1]? Devemos interpretar essa relativização da estupidez – "não totalmente estúpido" – no sentido estrito do não-Todo: a questão não é que Lacan tenha alguns *insights* específicos que o tornam não de todo estúpido. Não há nada em Lacan que não seja estúpido, não há nenhuma exceção à estupidez; sendo assim, o que o torna não totalmente estúpido é apenas *a própria inconsistência de sua estupidez*. O nome dessa estupidez da qual todas as pessoas participam é, obviamente, o grande Outro.

Em uma conversa com Edgar Snow no início da década de 1970, Mao definiu a si mesmo como um monge careca com um guarda-chuva. O guarda-chuva alude à separação em relação ao céu, e, em chinês, o caractere que significa "cabelo" também designa a lei e o céu. Logo, em termos lacanianos, o que Mao está dizendo é que ele se subtraiu da dimensão do grande Outro, da ordem celestial que regula o curso normal das coisas. O que torna paradoxal essa autodesignação é que Mao ainda se refere a si mesmo como um monge (em geral, o monge é visto como alguém que justamente dedica sua vida ao céu) – então como pode um monge ser subtraído dos céus? Essa "imbecilidade" é o núcleo da posição subjetiva de um revolucionário radical (e do analista).

Este livro não é um *Hegel para completos idiotas* nem mais um livro universitário sobre Hegel (dedicado aos débeis mentais, é claro). É um *Hegel para imbecis* – Hegel para aqueles cujo QI está mais próximo da temperatura corporal (em grau Celsius), como diz o insulto... não é? O problema em "imbecil" é que nenhum de nós, falantes comuns, sabemos o que o "im" nega: sabemos o que significa "imbecil", mas não sabemos o que é "becil" – apenas suspeitamos de que, de alguma maneira, deve ser o oposto de "imbecil"[2]. Mas e se a coincidência de palavras com significado oposto (sobre a qual Freud escreveu um artigo famoso – mostrando que *heimlich* e *unheimlich* significam a mesma coisa) também for válida aqui? E se "becil" for o mesmo que "imbecil", só que com um toque a mais? No uso comum, "becil" nunca aparece sozinho, funciona como negação de "imbecil"; então, na medida em que "imbecil" já é uma espécie de negação, "becil" deveria ser a negação da negação – mas essa dupla negação não nos leva de volta a uma positividade primordial. Se "imbecil" é aquele que carece de um apoio substancial no grande Outro, um "becil" redobra a falta, transpondo-a para o Outro em si. Becil não é um não imbecil, consciente de que, se for um imbecil, Deus também deve ser.

Desse modo, o que um becil sabe que os idiotas e os débeis mentais não sabem? Diz a lenda que, em 1633, Galileu Galilei murmurou: *Eppur si muove* [E, no entanto, ela se move], depois de desmentir, diante da Inquisição, a teoria de que a Terra

---

[1] Jacques Lacan, "Vers un signifiant nouveau", *Ornicar?*, n. 17-18, 1979, p. 23. [Ed. bras.: "Rumo a um significante novo", *Opção Lacaniana*, trad. Jairo Gerbase, São Paulo, Eólia, n. 22, 1998.]
[2] Ver Alain Badiou, *Le fini et l'infini* (Paris, Bayard, 2010), p. 10.

se movia ao redor do Sol. Ele não precisou ser torturado, bastou uma visita para conhecer os instrumentos de tortura... Não há nenhuma evidência contemporânea de que ele tenha dito essas palavras. Hoje, a frase é usada para indicar que, embora alguém que tenha o conhecimento verdadeiro seja forçado a renunciar a ele, isso não o impede de ser verdadeiro. Mas o que torna essa frase tão interessante é o fato de poder ser usada no sentido oposto, para afirmar uma verdade simbólica "mais profunda" de algo que não é literalmente verdade – como a própria frase *Eppur si muove*, que pode ser falsa como fato histórico sobre a vida de Galileu, mas é verdadeira como designação de sua posição subjetiva quando foi obrigado a renunciar a suas visões. É nesse sentido que um materialista pode dizer que, embora saiba que não existe um deus, a ideia de um deus não obstante o "move". É interessante notar que em "Terma", um dos episódios da quarta temporada de *Arquivo X*, "Eppur si muove" substitui a usual "A verdade está lá fora", significando que, embora a existência de monstros alienígenas seja negada pela ciência oficial, eles estão lá fora. Mas também pode significar que, ainda que não haja alienígenas lá fora, a ficção de uma invasão alienígena (como a que está presente em *Arquivo X*) pode nos envolver e comover: para além da ficção da realidade, existe a realidade da ficção[3].

Menos que nada é uma tentativa de mostrar todas as consequências ontológicas desse *eppur si muove*. Eis a fórmula em sua forma mais elementar: "mover-se" é o esforço de alcançar o vazio, isto é, "coisas se movem", existe algo, ao invés de nada, não porque a realidade é, em excesso, mais que o nada, mas porque a *realidade é menos que nada*. É por isso que a realidade precisa ser suplementada pela ficção: para ocultar seu vazio. Lembremo-nos da velha piada judaica, tão cara a Derrida, sobre um grupo de judeus que admite publicamente, em uma sinagoga, sua nulidade aos olhos de Deus. Primeiro, um rabino se levanta e diz: "Ó Deus, sei que sou inútil, não sou nada!". Quando o rabino termina, um rico comerciante se levanta e, batendo no peito, diz: "Ó Deus, também sou inútil, obcecado pela riqueza material, não sou nada!". Depois desse espetáculo, um pobre judeu do povo também se levanta e proclama: "Ó Deus, não sou nada...". O rico comerciante cutuca o rabino e sussurra no ouvido dele, com desdém: "Que insolência! Quem é esse sujeito que ousa afirmar que também não é nada?!". De fato, é preciso ser alguma coisa para alcançar o puro nada, e *Menos que nada* discerne essa lógica estranha nos domínios ontológicos mais díspares, em diferentes níveis, da física quântica à psicanálise.

Essa lógica estranha, a lógica daquilo que Freud chamou de *pulsão*, é perfeitamente traduzida na hipótese do "campo de Higgs", amplamente discutida na

---

[3] O *eppur si muove* de Freud foi a ressalva do professor Charcot, que ele sempre repetia: "La théorie, c'est bon, mais ça n'empêche pas d'exister" ("A teoria é uma coisa boa, mas não impede de existir [os fatos que não se encaixam nela]"). É desnecessário dizer que a mesma ambiguidade vale para a teoria, isto é, ela não deveria ser reduzida a mero empirismo.

física de partículas contemporânea. Se forem deixados por conta própria em um ambiente onde possam transferir sua energia, todos os sistemas físicos acabarão assumindo um estado de baixíssima energia; dito de outra maneira, quanto mais massa retiramos de um sistema, mais baixamos sua energia, até que chegamos a um estado de vácuo em que a energia é zero. No entanto, existem fenômenos que nos impelem a propor a hipótese de que tem de haver algo (alguma substância) que não podemos tirar de um dado sistema sem *aumentar* a energia desse sistema. Esse "algo" é chamado de campo de Higgs: uma vez que esse campo *aparece* em um recinto que foi esvaziado e cuja temperatura foi reduzida ao mínimo possível, sua energia também *reduz*. Esse "algo" que aparece contém *menos* energia que nada, um "algo" caracterizado por uma energia negativa global. Em suma, o que temos aqui é uma versão física de como "algo surge do nada".

A frase "Eppur si muove" deveria ser lida, portanto, em contraste com as muitas versões da extinção/superação da pulsão, desde a noção budista de se distanciar do desejo até a Vontade heideggeriana de "ultrapassar" que forma o núcleo da subjetividade. Este livro tenta demonstrar que a pulsão freudiana não pode ser reduzida ao que o budismo condena como desejo ou ao que Heidegger condena como Vontade: mesmo depois de chegarmos ao fim dessa superação crítica do desejo-vontade-subjetividade, algo continua se movendo. O que sobrevive à morte é o Espírito Santo, sustentado por um "objeto parcial" obsceno que representa a pulsão indestrutível. Portanto, deveríamos (também) considerar os cinco estágios de Elisabeth Kübler-Ross de como lidamos com a proximidade da morte no sentido kierkegaardiano de "doença até a morte", como uma série de cinco atitudes diante do fato insuportável da imortalidade. Primeiro, nós a negamos: "Que imortalidade? Depois de morrer, simplesmente virarei pó!". Depois, temos um acesso de fúria: "Mas que situação terrível a minha! Não tenho saída!". E continuamos barganhando: "Tudo bem, mas imortal não sou eu, e sim uma parte minha que não morre, então posso viver com isso...". Caímos em depressão: "O que posso fazer de mim mesmo, se estou condenado a ficar aqui eternamente?". Até que aceitamos o fardo da imortalidade.

Por que, então, colocar Hegel em foco? Na história da filosofia (ou da filosofia ocidental, o que dá no mesmo), a expressão *eppur si muove* chegou a sua formulação mais consequente no idealismo alemão, em especial no pensamento de Hegel. Mas como essa referência a Hegel se encaixa em nosso próprio momento histórico? Há quatro posições principais que, juntas, constituem o atual campo ideológico-filosófico. Há, em primeiro lugar, os dois lados do que Badiou batizou de maneira muito apropriada de "materialismo democrático": (1) o naturalismo científico (ciências do cérebro, darwinismo...) e (2) o historicismo discursivo (Foucault, desconstrução...). Há, em segundo lugar, os dois lados da reação espiritualista: (3) o "budismo ocidental" da nova era e (4) o pensamento da finitude transcendental (que culmina em Heidegger). Essas quatro posições formam uma espécie de quadrado greimasiano ao longo dos dois eixos do pensamento a-histórico *versus* pensamento histórico e do materialismo *versus* espiritualismo. A tese deste livro é dupla: (1) existe uma dimensão ignorada por essas quatro posições, a dimensão de uma lacuna/ruptura pré-transcendental, o que Freud denomina pulsão; (2) essa dimensão designa exatamente o núcleo da subjetividade moderna.

A premissa básica do materialismo discursivo foi conceber a linguagem em si como um modo de produção e aplicar a ela a lógica marxista do fetichismo da mercadoria. Portanto, da mesma maneira que, para Marx, a esfera da troca oblitera (torna invisível) seu processo de produção, a troca linguística oblitera o processo textual que engendra o significado: em uma má percepção fetichista espontânea, vivenciamos o significado de uma palavra ou ato como algo que é propriedade direta da coisa ou processo designados, isto é, negligenciamos o campo complexo das práticas discursivas que produzem seu significado. É a ambiguidade fundamental dessa noção de fetichismo linguístico que deveríamos pôr em foco aqui: é a ideia de que, no velho e bom modo moderno, deveríamos fazer distinção entre as propriedades "objetivas" das coisas e entre as nossas projeções de significados sobre as coisas, ou estaríamos lidando com uma versão linguística mais radical de constituição transcendental, para a qual a própria ideia de "realidade objetiva", de que "coisas existem lá fora, independente da nossa mente", é uma "ilusão fetichista", que não enxerga como a nossa atividade simbólica constitui ontologicamente a própria realidade à qual ela "se refere" ou que ela designa? Nenhuma das duas opções é correta – o que deveríamos abandonar é a premissa subjacente comum, a homologia (cruel, abstrata-universal) entre "produção" discursiva e produção material[4].

Kafka estava certo (como sempre) quando escreveu: "Um dos meios que o mal possui é o diálogo". Consequentemente, este livro não é um diálogo, pois a premissa subjacente que sustenta sua tese dupla é descaradamente hegeliana: aquilo a que nos referimos como o continente da "filosofia" pode ser visto como algo que se estende, tanto quanto quisermos, ao passado ou ao futuro, mas há um momento filosófico único em que a filosofia aparece "enquanto tal" e que serve como chave – a *única* chave – para lermos toda a tradição anterior e posterior

---

[4] Esse "materialismo discursivo" baseia-se na chamada "virada linguística" da filosofia, que enfatiza a linguagem não como um meio neutro de designação, mas como uma prática incorporada no mundo vivido: fazemos coisas com ela, realizamos atos específicos... Será que não seria o momento de inverter esse clichê: *quem é* que afirma hoje que a linguagem é um meio neutro de designação? Talvez devêssemos enfatizar que a linguagem não é um mero momento do mundo vivido, uma prática dentro dele: o verdadeiro milagre da linguagem é o fato de que ela *também* serve como um meio neutro que só designa um conteúdo conceitual/ideal. Em outras palavras, a verdadeira tarefa não é situar a linguagem como um meio neutro dentro de uma prática do mundo vivido, mas mostrar como, dentro desse mundo vivido, pode surgir um meio neutro de designação.

como filosofia (da mesma maneira que Marx afirma que a burguesia é a primeira classe na história da humanidade posta como tal, como classe, tanto que é somente com o advento do capitalismo que toda a história torna-se legível como história da luta de classes). Esse é o momento do *idealismo alemão*, delimitado por duas datas: 1787, ano em que foi publicada a *Crítica da razão pura*, de Kant*, e 1831, ano da morte de Hegel. Essas poucas décadas representam uma concentração impressionante de intensidade do pensamento: nesse curto intervalo, aconteceram mais coisas que nos séculos ou até milênios de desenvolvimento "normal" do pensamento humano. Tudo que aconteceu antes pode e deve ser lido de maneira descaradamente anacrônica como a preparação para essa explosão, e tudo que aconteceu depois pode e deve ser lido exatamente assim: como um período de interpretações, reviravoltas, (más) leituras críticas do idealismo alemão.

Ao rejeitar a filosofia, Freud cita a irônica descrição que Heinrich James faz do filósofo hegeliano: "Com seu barrete e seus trapos de dormir, ele remenda os buracos na estrutura do mundo". (O barrete e os trapos são, na verdade, referências irônicas ao famoso retrato de Hegel**.) Mas será a filosofia, em sua forma mais fundamental, realmente redutível a uma tentativa desesperada de preencher as lacunas e inconsistências da nossa noção de realidade e fornecer, assim, uma harmoniosa *Weltanschauung*? Será a filosofia realmente uma forma mais desenvolvida da *sekundaere Bearbeitung* na formação de um sonho, do esforço de harmonizar os elementos de um sonho em uma narrativa consistente? Podemos dizer que, ao menos na virada transcendental de Kant, acontece exatamente o contrário: Kant não expõe uma rachadura, uma série de antinomias irreparáveis que emerge no momento em que queremos conceber a realidade como Tudo? E Hegel, em vez de superar essa rachadura, não a radicalizou? A crítica de Hegel a Kant é que ele é gentil demais com as coisas: situa as antinomias na limitação da nossa razão, em vez de situá-las nas coisas em si, isto é, em vez de conceber a realidade em si como rachada e antinômica. É verdade que encontramos em Hegel um impulso sistemático de cobrir tudo, de propor uma explicação para todos os fenômenos do universo em sua estrutura essencial; mas esse impulso não significa que Hegel se esforça para situar cada fenômeno em um edifício harmonioso global; ao contrário, o propósito da análise dialética é demonstrar que cada fenômeno, ou tudo que acontece, falha a seu próprio modo, implica em seu próprio cerne uma rachadura, um antagonismo, um desequilíbrio. O olhar fixo de Hegel sobre a realidade é o de um aparelho de raio X: ele vê em tudo que é vivo os traços de sua futura morte.

---

* Trad. Manuela Pinto dos Santos e Alexandre Frandique Morujão, Lisboa, Calouste Gulbenkian, 1994. (N. E.)

** O autor se refere à gravura de Julius L. Sebbers, incluída na p. 4 deste volume, que retrata Hegel aos 58 anos de idade. (N. E.)

As coordenadas básicas desse período de densidade insuportável do pensamento são dadas pela mãe de todas as camarilhas dos quatro: Kant, Fichte, Schelling e Hegel[5]. Embora cada um desses nomes represente um "mundo próprio", uma posição filosófica radical única, podemos ordenar a série dos quatro grandes idealistas alemães precisamente com referência às quatro "condições" da filosofia elaboradas por Badiou: Kant relaciona-se à ciência (newtoniana), ou seja, sua questão básica é que tipo de filosofia é adequado à inovação newtoniana; Fichte relaciona-se à política, ao evento da Revolução Francesa; Schelling relaciona-se à arte (romântica) e subordina explicitamente a filosofia à arte como a mais elevada abordagem do Absoluto; por fim, Hegel relaciona-se ao amor, e seu problema fundamental é, desde os primórdios de seu pensamento, o amor.

Tudo começa com Kant e com sua ideia de *constituição transcendental da realidade*. De certo modo, podemos afirmar que foi somente com essa ideia de Kant que a filosofia conquistou seu próprio terreno: antes de Kant, a filosofia era vista basicamente como uma ciência geral do Ser enquanto tal, uma descrição da estrutura universal de toda a realidade, sem nenhuma diferença qualitativa em relação às ciências particulares. Foi Kant que introduziu a diferença entre a realidade ôntica e seu horizonte ontológico, a rede *a priori* de categorias que determina como compreendemos a realidade, o que nos aparece como realidade. Daqui, a filosofia precedente pode ser lida não como o conhecimento positivo mais geral da realidade, mas, em seu núcleo hermenêutico, como a descrição da "abertura do Ser" historicamente predominante, como diria Heidegger. (Por exemplo, quando Aristóteles se esforça para definir a vida e propõe uma série de definições em sua *Física** – um ser vivo é algo movido por si mesmo e que tem em si a causa do próprio movimento –, ele não explora de fato a realidade dos seres vivos, antes descreve o conjunto de noções preexistentes que determinam o que sempre-já compreendemos por "ser vivo" quando designamos os objetos como "vivos".

A maneira mais apropriada de apreender o caráter radical da revolução filosófica kantiana é com referência à diferença entre *Schein* (aparência como ilusão) e *Erscheinung* (aparência como fenômeno). Na filosofia pré-kantiana,

---

[5] É claro que apoio totalmente os resultados das novas pesquisas que mostram definitivamente que não só não há uma progressão linear simples na ordem de sucessão desses quatro nomes – Fichte e Hegel claramente "compreenderam mal" Kant em sua crítica, Schelling compreendeu mal Fichte, e Hegel foi totalmente cego para aquilo que é provavelmente a maior realização de Schelling, isto é, seu tratado da liberdade humana –, como também, em geral, não podemos nem passar diretamente de um nome para outro: Dieter Henrich mostrou que, para apreendermos a lógica interna da passagem de Kant para Fichte, temos de levar em conta os primeiros seguidores críticos de Kant (Reinhold, Jacobi e Schulze), isto é, o sistema inicial de Fichte só pode ser devidamente compreendido como uma reação a essas primeiras críticas de Kant.

* Campinas, Unicamp, 1999. (N. E.)

a aparência era concebida como o modo ilusório (defectivo) em que as coisas apareciam para nós, seres finitos; nossa tarefa é alcançar, além dessas falsas aparências, o modo como as coisas realmente são (das Ideias de Platão à "realidade objetiva" científica). Com Kant, no entanto, a aparência perde essa característica pejorativa: ela designa o modo como as coisas aparecem (são) para nós naquilo que percebemos como realidade, e a tarefa não é tachá-las de "meras aparências ilusórias" e ultrapassá-las para chegar à realidade transcendente, mas sim algo totalmente diferente, que é discernir as *condições de possibilidade desse aparecer das coisas*, de sua "gênese transcendental": o que pressupõe tal aparição, o que deve sempre-já ter acontecido para que as coisas apareçam para nós da maneira como aparecem? Se, para Platão, a mesa que vejo diante de mim é uma cópia defectiva/imperfeita da Ideia eterna de mesa, para Kant não teria sentido dizer que a mesa que vejo é uma cópia defectiva temporal/material de suas condições transcendentais. Mesmo que consideremos uma categoria transcendental como a de Causa, não faz sentido para um kantiano dizer que a relação empírica de causalidade entre dois fenômenos participa (é uma cópia imperfeita) da Ideia eterna de uma causa: as causas que percebo entre os fenômenos são apenas as causas que são, e a noção *a priori* de Causa não é o modelo perfeito delas, mas precisamente a condição de possibilidade que me permite perceber a relação entre os fenômenos como causal.

Embora um abismo intransponível separe a filosofia crítica de Kant de seus nobres sucessores idealistas (Fichte, Schelling, Hegel), as coordenadas básicas que tornam possível a *Fenomenologia do espírito* de Hegel* já estão lá na *Crítica da razão pura*, de Kant. Primeiro, como diz concisamente Dieter Henrich, "a motivação filosófica de Kant não era idêntica ao que ele considerava ser a motivação original para fazer filosofia"[6]: a motivação original para fazer filosofia é metafísica, é dar uma explicação da totalidade da realidade numenal; como tal, essa motivação é ilusória, dita uma tarefa impossível, ao passo que a motivação de Kant é uma crítica de toda metafísica possível. O empenho de Kant, portanto, vem depois: para que haja uma crítica da metafísica, primeiro tem de haver uma metafísica original; para condenar a "ilusão transcendental" metafísica, primeiro deve haver essa ilusão. Nesse sentido preciso, Kant foi "o inventor da história filosófica da filosofia"[7]: existem estágios necessários no desenvolvimento da filosofia, isto é, *não se pode chegar à verdade de maneira direta*, não se pode partir dela, a filosofia começa necessariamente com as ilusões metafísicas. O caminho da ilusão até sua condenação crítica é o próprio núcleo da filosofia, o que significa que a ("verdadeira") filosofia bem-sucedida não é

---

* 7. ed., Petrópolis, Vozes, 2001. (N. E.)
[6] Dieter Henrich, *Between Kant and Hegel* (Cambridge, Harvard University Press, 2008), p. 32.
[7] Idem.

mais definida por sua explicação verídica da totalidade do ser, mas sim por ter êxito ao explicar as ilusões, isto é, ao explicar não só por que as ilusões são ilusões, mas também por que são estruturalmente necessárias, inevitáveis, e não apenas acidentes. O "sistema" da filosofia, portanto, não é mais uma estrutura ontológica direta da realidade, mas "um sistema puro, completo, de todas as declarações e provas metafísicas"[8]. A prova da natureza ilusória das proposições metafísicas é o fato de necessariamente engendrarem antinomias (conclusões contraditórias) e, visto que a metafísica tenta evitar as antinomias que surgem quando levamos as noções metafísicas ao extremo, o "sistema" da filosofia crítica é a sucessão completa – e, portanto, autocontraditória, "antinômica" – das noções e proposições metafísicas: "Somente quem consegue examinar a ilusão da metafísica consegue desenvolver o mais coerente e consistente sistema da metafísica, pois o sistema consistente da metafísica é também contraditório"[9] – o que quer dizer, precisamente, *inconsistente*. O "sistema" crítico é a estrutura sistemática *a priori* de todos os "erros" possíveis/imagináveis em sua necessidade imanente: o que temos no fim não é a Verdade que supera/suprassume* as ilusões precedentes – a única verdade é o edifício inconsistente da interconexão lógica de todas as ilusões possíveis... Não foi isso que Hegel fez em sua *Fenomenologia* (e, em um nível diferente, em sua *Lógica*)? A única (porém fundamental) diferença é que, para Kant, esse processo "dialógico" da verdade que surge como condenação crítica da ilusão precedente pertence à esfera do nosso conhecimento e não concerne à realidade numenal que permanece externa e indiferente a ele, ao passo que, para Hegel, o *locus* peculiar desse processo é a Coisa em si.

Schopenhauer comparou de modo memorável Kant "com um homem que, num baile de máscara, corteja toda a noite uma beldade mascarada, na ilusão de ter feito uma conquista. Até que, no final, ela tira a máscara e se dá a conhecer como sua mulher"** – a situação de *O Morcego*, de Johann Strauss. É claro que, para Schopenhauer, o ponto de comparação é que a beldade mascarada é a filosofia e a esposa, a cristandade – a crítica radical de Kant não passa de uma nova tentativa de dar suporte à religião, sua transgressão é uma falsa transgressão. Mas e se houver mais verdade na máscara que no rosto real por trás dela? E se esse jogo crítico tiver mudado de maneira radical a natureza da religião, de modo que Kant tenha de fato

---

[8] Idem.
[9] Idem.
* No original, *overcome/sublate*. O autor se refere ao verbo alemão *aufheben*. Tornou-se lugar-comum a discussão da tradução desses termos em diferentes línguas, o que não é nosso propósito aqui. Queremos apenas indicar que, doravante, usaremos "superar" para *overcome* e "suprassumir" para *supersede*, solução proposta por Paulo Meneses em suas traduções da obra de Hegel (ver, por exemplo, *Enciclopédia das ciências filosóficas*, *Fenomenologia do espírito* e *Filosofia do direito*). (N. T.)
** Arthur Schopenhauer, *Sobre o fundamento da moral* (trad. Maria Lucia Mello e Oliveira Cacciola, São Paulo, Martins Fontes, 2001), p. 86. (N. T.)

solapado o que pretendia proteger? E se estiverem certos os teólogos católicos que veem a crítica de Kant como a catástrofe original do pensamento moderno que abriu caminho para o liberalismo e o niilismo?

A "radicalização" que Fichte faz de Kant é a ligação mais problemática na cadeia dos idealistas alemães: ele foi e é rejeitado, e até mesmo ridicularizado, como um "idealista subjetivo", um solipsista meio maluco. (Não admira que Kant seja o único idealista alemão levado a sério pela tradição analítica anglo-saxã; com Fichte, entramos no campo da especulação obscura.) Sendo o menos popular, é preciso um grande esforço para chegar ao verdadeiro núcleo de seu pensamento, a seu "*insight* fundamental" (*Fichte's Grundeinsicht*, como diz o título do estudo de Dieter Henrich sobre Fichte). No entanto, sua obra vale o esforço: assim como ocorre com todos os pensadores verdadeiramente notáveis, uma compreensão apropriada de seu pensamento revela uma descrição sem igual da subjetividade engajada.

O pensamento de Schelling deve ser dividido em duas fases – a primeira é a "filosofia da identidade" e a segunda, a "filosofia da revelação" – e, como de hábito, a verdadeira inovação está entre as duas, no curto período de 1805 a 1815, quando ele produz suas duas obras-primas absolutas, o tratado sobre a liberdade humana e as três versões do manuscrito das "idades do mundo". Todo um novo universo é revelado aqui: o universo das pulsões "pré-lógicas", o sombrio "fundamento do Ser", que habita até mesmo o coração de Deus como aquilo que é "em Deus mais que o próprio Deus". Pela primeira vez na história do pensamento humano, a origem do Mal não é situada na Queda do homem, mas em uma cisão no coração do próprio Deus.

Em Schelling, a figura derradeira do Mal não é o Espírito em oposição à Natureza, mas o espírito diretamente materializado na Natureza como não natural, como uma distorção monstruosa da ordem natural, desde espíritos malignos e vampiros até produtos monstruosos da manipulação tecnológica (clones etc.). A Natureza em si é o Bem e, nela, o fundamento-mal é, por definição, subordinado ao Bem:

> em cada estágio da natureza anterior à aparição do homem, o fundamento é subordinado à existência; em outras palavras, a vontade própria do particular é necessariamente subordinada à vontade universal do todo. Por conseguinte, a vontade própria de cada animal individual é necessariamente subordinada à vontade da espécie, que contribui para a harmonia do todo da natureza.[10]

Quando se permite, com o surgimento do homem, que o fundamento da existência opere por conta própria, afirmando egoisticamente a si mesmo, isso não significa apenas que ele afirma a si mesmo *contra* o amor divino, a harmonia do todo,

---

[10] Bret W. Davis, *Heidegger and the Will: On the Way to* Gelassenheit (Evanston, Northwestern University Press, 2007), p. 107.

a vontade universal (não egoísta), mas significa que ele afirma a si mesmo *na forma mesma de seu oposto*: o horror do homem é que, nele, o Mal torna-se radical, deixa de ser o simples mal egoísta e passa a ser o Mal mascarado de (aparecendo como) universalidade, como acontece exemplarmente no totalitarismo político, em que um agente político particular apresenta-se como a incorporação da Vontade universal e da Liberdade da humanidade[11].

Em nenhum lugar a diferença entre o pensamento de Hegel e a filosofia posterior de Schelling é mais palpável que na questão do começo: assim como Hegel parte da noção mais pobre do ser (que, em sua abstração, é desprovido de determinações, igual a nada), a "filosofia negativa" de Schelling (que continua sendo parte de seu sistema, mas suplementada pela filosofia "positiva") também começa com a afirmação de uma negação, de um vazio, mas esse vazio é a força afirmadora do desejo da vontade: "todo começo repousa em uma ausência; a mais profunda potência, que se apega a tudo, é não-ser e sua fome de ser"[12]. Do domínio da lógica e suas noções *a priori*, passamos para o domínio da vida efetiva, cujo ponto de partida é um querer, a "fome" de preencher um vazio pelo ser positivo efetivo. Portanto, a crítica de Schelling a Hegel é que, para realmente passar do ser/nada para o efetivo tornar-se que resulta em "algo" positivo, o "nada" do qual partimos deve ser um "nada vivente", o vazio de um desejo que expressa uma vontade de gerar ou obter algum conteúdo.

O enigma da leitura que Heinrich faz do idealismo alemão é: por que ele subestima sistematicamente Schelling, sobretudo o Schelling intermediário, de *Freiheitschrift* e *Weltalter*? Essa subestimação é um enigma porque foi precisamente esse Schelling intermediário que explorou profundamente o que Henrich designa como o problema central de Fichte (e do idealismo alemão), o problema do "espinosismo da liberdade": como pensar o *Fundamento da Liberdade*, um Fundamento transubjetivo da subjetividade que não só não restrinja a liberdade humana, mas também a fundamente? A resposta de Schelling em *Freiheitschrift* é literalmente o Fundamento em si: a liberdade humana é possibilitada pela distinção, no Deus em si, entre o Deus existente e seu próprio Fundamento, o que em Deus ainda não é totalmente Deus. Isso explica a singularidade de Schelling também no que se refere ao "Ser e Juízo" de Hölderlin: assim como o segundo Fichte (embora de uma maneira totalmente diferente, é claro), Schelling chega ao Fundamento transubjetivo da liberdade subjetiva, mas, para Hölderlin (e Fichte), essa ordem transubjetiva do Ser (ou Vida divina) é plenamente Una, pré-reflexiva, indivisível, e não só idêntica a si mesma (porque a

---

[11] Para uma análise mais detalhada dessa inversão, ver meu *The Indivisible Remainder* (Londres, Verso Books, 1996).

[12] Citado na introdução do tradutor de F. W. J. Schelling, *The Grounding of Positive Philosophy* (trad. Bruce Matthews, Albany, Suny Press, 2007), p. 34.

identidade-de-si já envolve uma distância formal de um termo com o si) – apenas Schelling abriu uma brecha radical, a instabilidade, a discórdia, nesse próprio Fundamento pré-subjetivo/pré-reflexivo. Em uma tentativa especulativa mais ousada em *Weltalter*, Schelling tenta reconstruir ("narrar") dessa maneira o próprio advento do *lógos*, do discurso articulado, a partir do Fundamento pré-lógico: o *lógos* é uma tentativa de resolver o impasse debilitante desse Fundamento. É por essa razão que os dois verdadeiros pontos altos do idealismo alemão são o Schelling intermediário e o Hegel maduro: eles fizeram o que ninguém mais ousou fazer – abriram uma brecha no Fundamento em si.

O famoso fragmento de Hölderlin, "Juízo e Ser", merece ser citado em detalhe, já que costuma ser visto como a indicação de uma espécie de "realidade alternativa", de um caminho diferente que os idealistas alemães poderiam tomar para romper com as inconsistências kantianas. Sua premissa básica é que a autoconsciência subjetiva se esforça para superar a unidade perdida entre Ser/Absoluto/Deus, da qual ela foi irrevogavelmente separada pela "divisão primordial (*Ur-Theilung*)", a atividade discursiva do "juízo (*Urteil*)":

Ser [*Seyn*] – expressa a ligação [*Verbindung*] do sujeito e do objeto.
Onde sujeito e objeto estão unidos [*vereinigt*] pura e simplesmente, e não apenas em parte, portanto unidos de tal maneira que não se pode proceder a nenhuma partição sem lesar a essência [*Wesen*] daquilo que é para ser separado [*getrennt*], ali e somente ali pode se falar de um *ser puro e simples*, como é o caso na intuição intelectual.
Mas não se deve confundir [*verwechselt*] esse ser com a identidade. Se digo "eu sou eu", então o sujeito (eu) e o objeto (eu) não estão unidos de tal maneira que não se possa proceder a uma partição sem lesar a essência daquilo que é para ser separado; pelo contrário, o eu só é possível através dessa separação do eu e do eu. Como posso dizer "eu" sem autoconsciência? Mas como é possível autoconsciência? Por me contrapor a mim mesmo, por me separar de mim mesmo, e, apesar dessa separação, reconhecer-me no contraposto como o mesmo. Mas em que medida como o mesmo? Eu pode, Eu tem de perguntar assim, pois em outra perspectiva ele é contraposto a si mesmo. Portanto a identidade não é uma união do objeto e do sujeito que se desse pura e simplesmente, portanto a identidade não é igual ao ser absoluto.
Juízo: é no sentido mais alto e rigoroso a separação original do objeto e do sujeito intimamente unidos na intuição intelectual, aquela partição tão somente pela qual objeto e sujeito se torna possível, a partição original [*Ur-Theilung*]. No conceito da partição [*Theilung*] já se encontra o conceito da relação [*Beziehung*] recíproca do objeto e do sujeito um ao outro e a pressuposição de um todo, de que objeto e sujeito são as partes. "Eu sou eu" é o exemplo apropriado para esse conceito da partição original como partição original *teórica* [*Urtheilung*], pois na partição original prática ele se contrapõe ao *não-eu*, e não *a si mesmo*.
Efetividade e possibilidade se distinguem como consciência mediata e imediata. Quando penso em um objeto [*Gegenstand*] como possível, apenas retomo a consciência precedente, pela qual ele é efetivo. Não nos é possível pensar uma possibilidade que não

foi efetividade. Por isto, o conceito da possibilidade também não se aplica de maneira alguma aos objetos da razão, porque eles nunca comparecem na consciência como aquilo que eles devem ser, mas apenas o conceito da necessidade [se aplica aos mesmos]. O conceito da possibilidade se aplica aos objetos do entendimento, o da efetividade aos objetos da percepção e intuição.[13]

O ponto de partida de Hölderlin é a lacuna entre a unidade tradicional orgânica (o impossível retorno a ela) e a liberdade reflexiva moderna: nós, como sujeitos finitos, discursivos e autoconscientes, somos expulsos da unidade com o todo do ser para a qual, não obstante, ansiamos voltar, mas sem sacrificar nossa independência. Como devemos superar essa lacuna? A resposta é o que ele chama de "via excêntrica": a cisão entre substância e subjetividade, Ser e reflexão, é intransponível, e a única reconciliação possível é a *narrativa*, a do sujeito que conta a história de sua interminável oscilação entre os dois polos. Enquanto o conteúdo permanece não reconciliado, *a reconciliação ocorre na forma narrativa em si* – o exato oposto da afirmação lógica da identidade do sujeito (eu=eu), em que a própria forma (divisão, redobramento dos "eus") solapa o conteúdo (identidade).

Essa solução de Hölderlin deve ser situada em seu contexto e concebida como uma das três maneiras de resolver o mesmo problema, a lacuna entre a autonomia subjetiva e o Todo orgânico que caracteriza a modernidade; as outras duas são de Schiller e Schlegel. Para Schiller, a vida humana livre dentro da natureza e da cultura é possível se ela atinge aquele tipo de organização interna, a determinação do íntimo ou a harmonia das partes, característica tanto da beleza artística quanto da natural. Em um objeto natural belo, encontramos, por assim dizer, "a pessoa da coisa"; temos uma noção do "livre consentimento da coisa a sua técnica" e de "uma regra que é, ao mesmo tempo, dada e obedecida pela coisa", e esse é um modelo para o livre consentimento de um indivíduo ao valor de um repertório social ou modo de vida. Friedrich Schlegel, por outro lado, busca representar um tipo de liberdade imperfeita, porém sempre ativa na atividade contínua, irônica, engenhosa e de autorrevisão que caracteriza a poesia romântica – um tipo de comprometimento com o desassossego eterno. É fácil perceber como essas três posições formam uma espécie de triângulo: Schiller – Schlegel – Hölderlin. Schiller acredita na integração do sujeito à ordem substancial orgânica – a livre individualidade pode aparecer totalmente na arte bela e na natureza

---

[13] Friedrich Hölderlin, "Juízo e Ser" ("Über Urtheil und Seyn", 1795), em H. S. Harris, *Development: Toward the Sunlight 1770-1801* (Oxford, Clarendon Press, 1972), p. 515-6. [A tradução utilizada aqui é de Joãosinho Beckenkamp (*Entre Kant e Hegel*, Porto Alegre, Edipucrs, 2004, p. 106-7). Os itálicos são de Beckenkamp, os colchetes com os termos em alemão são de Žižek e o trecho em português entre colchetes é do tradutor da edição brasileira. A ordem dos parágrafos também foi alterada por Žižek: tanto na edição brasileira quanto no fragmento original, *Juízo* vem antes de *Ser*. (N. T.)]

bela; Schlegel afirma a força da subjetividade como um desarranjo constante de qualquer harmonia substancial (podemos afirmar que, no idealismo alemão, essa posição se repete como Schelling *versus* Fichte, isto é, a positividade do *Ur-Grund* anterior à reflexão *versus* o "desassossego eterno" da subjetividade).

Hegel ocupa aqui a quarta posição – o que ele acrescenta a Hölderlin é uma mudança puramente formal de transposição da lacuna trágica que separa o sujeito reflexivo do Ser pré-reflexivo para esse mesmo Ser. Quando fazemos isso, o problema torna-se a solução: é nossa própria divisão do Ser absoluto que nos une a ele, pois essa divisão é imanente ao Ser. Já em Hölderlin a divisão é redobrada, autorrelativa: a derradeira divisão não é a divisão Sujeito-Objeto, mas a própria divisão entre a divisão (de Sujeito-Objeto) e a unidade. Portanto, deveríamos complementar a fórmula da "identidade entre identidade e não identidade" com a "divisão entre divisão e não divisão". Quando damos esse passo, o Ser como Fundamento pré-reflexivo inacessível desaparece; mais precisamente, revela-se como a categoria reflexiva derradeira, como o resultado da divisão autorrelativa: o Ser emerge quando a divisão se divide de si. Ou, para usarmos os termos de Hölderlin, a narrativa não é apenas o sujeito enfrentando sua divisão do Ser: ele é simultaneamente o Ser da história contando para si sobre si. A perda suplementada pela narrativa é inscrita no Ser em si. Isso significa que a última distinção em que Hölderlin insiste – entre a intuição intelectual (o acesso imediato ao Ser, a unicidade direta do sujeito com o Ser) e a via narrativa "excêntrica" (o acesso mediato ao Ser por meio da reconciliação narrativa) – tem de vir abaixo: a narrativa já exerce a função da intuição intelectual, de nos unir ao Ser. Ou, em termos mais paradoxais, a relação-padrão entre os dois termos deveria ser invertida. É a intuição intelectual que é meramente uma categoria reflexiva, que nos separa do Ser em sua própria representação da unicidade imediata do sujeito com o Ser, e é a via narrativa que exprime diretamente a vida do Ser em si:

> Que "a verdade é o todo" significa que não deveríamos encarar o processo da automanifestação como uma privação do Ser original. Tampouco deveríamos encará-lo como uma ascensão ao mais elevado. O processo já é o mais elevado. [...] O *sujeito*, para Hegel, é [...] nada mais que a relação ativa consigo mesmo. No sujeito não há nada subjacente a sua autorreferência, há *somente* a autorreferência. Por essa razão, há somente o processo e nada subjacente a ele. Modelos filosóficos e metafóricos como "emanação" (neoplatonismo) ou "expressão" (espinosismo) apresentam a relação entre o infinito e o finito de tal maneira que não caracteriza o que é o processo (automanifestação).[14]

Portanto, é Hölderlin, e não Hegel, que permanece metafísico, preso à noção de um Fundamento pré-reflexivo acessível por meio da intuição intelectual – o que é propriamente metafísico é a mera pressuposição de um Ser substancial além

---

[14] Dieter Henrich, *Between Kant and Hegel*, cit., p. 289-90.

do processo de (auto)diferenciação. (É por essa razão também – como vemos no último parágrafo da citação – que Hölderlin subordina a possibilidade à efetividade.) É por isso que Hegel se apropria da solução do *Hipérion*, de Hölderlin* (o que não pode ser reconciliado na realidade é reconciliado depois, por meio de sua reconstrução narrativa), contra o próprio Hölderlin: em um paralelo claro à *Fenomenologia do espírito*, Hölderlin vê a solução numa narrativa que reconstrói retroativamente a própria "via excêntrica" (a via da permanente oscilação entre a perda do Centro e as repetidas tentativas fracassadas de recuperar a imediaticidade do Centro) como o processo de maturação, de educação espiritual. Essa solução não implica o construtivismo discursivo (a consistência da nossa realidade é a de uma narrativa *après-coup*), mas sim uma posição hegeliana muito mais radical: enquanto o construtivismo discursivo pode ser lido como um transcendentalismo neokantiano da linguagem (como afirma Gadamer em sua paráfrase da tese de Heidegger sobre a "linguagem como a morada do ser", "ser é ser compreendido", isto é, o horizonte do entendimento sustentado pela linguagem é o horizonte transcendental derradeiro da nossa abordagem do ser), ou seja, enquanto o transcendentalismo discursivo põe em foco a maneira como o que experienciamos como "realidade" é sempre-já mediado/construído pela linguagem, a solução de Hölderlin muda o foco para como (segundo afirma Lacan) *o significante em si incorre no real*, isto é, como a intervenção significante (narrativização) intervém no real, como ela promove a resolução de um antagonismo real.

Hegel, portanto, continua sendo o auge de todo o movimento do idealismo alemão: os quatro não equivalem a um, mas sim a três mais um. Por quê? O que torna Hegel único? Uma das maneiras de delimitar essa singularidade de Hegel é usar a noção lacaniana da "falta no Outro", que, no caso de Hegel, aponta na direção de uma mediação epistemo-ontológica única inexistente nos três outros idealistas: a figura mais elementar da reversão dialética reside na transposição de um obstáculo epistemológico para a coisa em si, como sua falha ontológica (o que nos parece incapacidade de conhecer a coisa indica uma rachadura na coisa em si, de modo que nosso próprio fracasso em atingir a verdade plena é indicador da verdade). É premissa deste livro que esse "*insight* fundamental" de Hegel continua forte nos dias de hoje, e é muito mais radical (e uma ameaça muito maior ao pensamento metafísico) que todos os temas juntos da antitotalidade de contingência-alteridade-heterogeneidade[15].

---

* 2. ed., Rio de Janeiro, Forense Universitária, 2012. (N. E.)
[15] Tenho aqui uma grande dívida com a obra de Catherine Malabou. Seu *L'avenir de Hegel* [O futuro de Hegel], de 1996 – assim como *A paciência do conceito*, de Gérard Lebrun, e *Hegel et la critique de la métaphysique* [Hegel e a crítica da metafísica], de Béatrice Longuenesse – é um dos livros fenomenais sobre Hegel que, regularmente a cada uma ou duas décadas, surgem misterio-

Podemos muito bem imaginar uma versão realmente obscena da piada dos "aristocratas"*, que supera com facilidade toda a vulgaridade de membros de uma família vomitando, evacuando, fornicando e humilhando uns aos outros de todas as maneiras possíveis: quando solicitados por um agente de talentos a fazer uma *performance*, eles dão uma aula curta sobre o pensamento de Hegel, debatendo o verdadeiro significado da negatividade, da suprassunção, do saber absoluto etc.; quando o agente, surpreso, pergunta o nome da estranha apresentação, respondem com entusiasmo: "Os aristocratas!". Na verdade, parafraseando o velho e bom lema de Brecht ("O que é o assalto a um banco comparado à fundação de um novo banco?"): o que é o choque de parentes evacuando na boca uns dos outros comparado ao choque de uma bela reversão dialética? Mas talvez devêssemos mudar o título da piada: uma família procura o gerente de uma boate especializada em shows *hardcore*, apresenta seu diálogo hegeliano e, quando ele pergunta o nome daquela estranha apresentação, eles exclamam com entusiasmo: "Os pervertidos!"[16].

No entanto, o objetivo de *Menos que nada* não é simplesmente (ou não tão simplesmente) retornar a Hegel, mas antes repetir Hegel (no sentido kierkegaardiano radical). Na última década, o trabalho teórico da *troika* da qual faço parte (com Mladen Dolar e Alenka Zupančič) tinha o eixo Hegel-Lacan como ponto de referência "indesconstrutível": independentemente do que fizéssemos, o axioma básico era que ler Hegel por intermédio de Lacan (e vice-versa) era nosso horizonte intrans-

---

samente na França, livros que são *de época*, no sentido estrito da expressão: eles redefinem todo o campo em que intervêm – literalmente, *tudo muda* depois que fazemos a leitura de um desses livros. Somos obrigados a concordar com Derrida quando ele diz que "jamais seremos perdoados por não acompanhar passo a passo, página por página, a extraordinária trajetória de *L'avenir de Hegel*": "Mais uma vez recomendo a todos que leiam esse livro". Devemos acrescentar a essa série o *Mourning Sickness* [Mal do luto], de Rebecca Comay, considerado "o" livro sobre Hegel, e que confirma a suspeita de que – ao menos nas últimas décadas – só as mulheres podem escrever bons livros sobre Hegel.

* Piada suja e ofensiva muito comum entre comediantes norte-americanos e contada de infinitas maneiras, geralmente de improviso. Começa com uma família que procura uma agência de talentos afirmando ter um espetáculo excelente para encenar. A apresentação costuma envolver elementos de incesto, estupro, coprofagia, assassinato etc. O agente gosta muito do que vê e pergunta o título da apresentação, ao que a família responde: "Os aristocratas". Em 2005, os comediantes Penn Jillette e Paul Provenza produziram um documentário de mesmo título sobre a piada. (N. T.)

[16] No entanto, podemos insistir que, em vez de se basear na reversão da inocência superficial para uma mensagem suja (sexualizada), as boas piadas, muito frequentemente, fazem a reversão oposta, isto é, da obscenidade vulgar para a inocência, como na piada russa maravilhosamente idiota (apolítica!) da época da União Soviética: dois estranhos sentam-se lado a lado no mesmo vagão de um trem. De repente, depois de um longo silêncio, um diz ao outro: "Você já transou com um cachorro?". Surpreso, o outro responde: "Não, e você?". "É claro que não. Só perguntei para começar a conversa!".

ponível. Recentemente, no entanto, as limitações desse horizonte apareceram: em Hegel, sua incapacidade de pensar a pura repetição e tematizar a singularidade do que Lacan chamou de *objeto a*; em Lacan, o fato de sua obra ter chegado ao fim com uma abertura inconsistente: o *Seminário XX: mais, ainda* representa sua derradeira realização e um impasse – nos anos seguintes, ele forjou diferentes saídas (*sinthoma*, nós [*knots*]...), mas fracassou em todas. Então, em que ponto estamos agora?

Minha aposta era (e é) que, através dessa interação (ler Hegel por intermédio de Lacan e vice-versa), a psicanálise e a dialética hegeliana redimem-se mutuamente, desvencilhando-se da pele a que estão acostumadas e aparecendo em uma forma nova, inesperada. O mote do livro poderia ser a afirmação de Alain Badiou de que "o antifilósofo Lacan é uma condição do renascimento da filosofia. Hoje, uma filosofia somente é possível se for compatível com Lacan"[17]. Guy Lardreau faz a mesma observação com respeito ao espaço ético-político quando escreveu que Lacan "é o único pensador da atualidade, o único que nunca mente, *le chasse-canaille* [o caça-canalhas]", e "canalhas", aqui, são os que propagam o semblante de liberação que encobre a realidade da perversão capitalista, o que, para Lardreau, quer dizer Lyotard e Deleuze e, para nós, muito mais. O que Badiou tem em comum com Lardreau é a ideia de que devemos pensar por intermédio de Lacan, ir além dele, mas que a única maneira de superá-lo é por meio dele. Os riscos desse diagnóstico são claramente políticos: Lacan expôs as ilusões em que se baseiam tanto a realidade capitalista quanto suas falsas transgressões, mas o resultado é que estamos condenados à dominação – o Mestre é o ingrediente constitutivo da própria ordem simbólica, por isso as tentativas de superar a dominação só geram novas figuras do Mestre. A grande tarefa daqueles que estão dispostos a passar por Lacan é, portanto, articular o espaço para uma revolta que não será recapturada por uma ou outra versão do discurso do mestre. Lardreau, juntamente com Christian Jambet, foi o primeiro a tentar desenvolver essa abertura, tanto que se concentrou na ligação entre a dominação e a sexualidade: como não há sexualidade sem relação de dominação, todo projeto de "liberação sexual" acaba gerando novas formas de dominação – ou,

---

[17] Alain Badiou, *Manifesto for Philosophy* (Londres, Verso Books, 1999), p. 84 [ed. bras.: *Manifesto pela filosofia*, trad. MD Magno, Rio de Janeiro, Aoutra, 1991].Quem é antifilósofo de quem? Badiou especula em algum lugar que Heráclito é o antifilósofo de Parmênides, os sofistas são o de Platão (embora o precedam temporal e logicamente), Pascal é o de Descartes, Hume, de Leibniz, Kierkegaard (e Marx?), de Hegel, e até Lacan, de Heidegger. Contudo, esse quadro pode se complicar: o pensamento de Kant – ou mesmo todo o idealismo alemão, com seu motivo central da primazia da prática sobre a razão teórica – não seria a antifilosofia da metafísica clássica em sua última modalidade notável (de Espinosa e Leibniz)? Ou Sade – na leitura lacaniana – não seria o antifilósofo de Kant, de modo que o "avec" de Lacan significa ler um filósofo por intermédio de seu antifilósofo? E o verdadeiro antifilósofo de Hegel não seria o último Schelling? Ou, se dermos um passo além, a singularidade de Hegel não seria o fato de *ele ser seu próprio antifilósofo*?

como teria dito Kafka, a revolta não é uma gaiola em busca de um pássaro, mas um pássaro em busca de uma gaiola. Baseado na ideia de que uma revolta tem de ser completamente dessexualizada, Lardreau e Jambet delinearam a figura lacaniano-asceta-maoista do "anjo" como agente da emancipação radical. No entanto, diante da violência destrutiva da Revolução Cultural e, sobretudo, do regime do Khmer Vermelho no Kampuchea Democrático, eles abandonaram qualquer noção de emancipação radical nas relações sociais e acabaram em uma posição cindida do menor mal na política e na revolução espiritual interna: na política, deveríamos ser modestos e simplesmente aceitar que alguns Mestres são melhores que outros, e a única revolta é a revolta espiritual interna[18]. Este livro rejeita essa espiritualização da revolta e permanece fiel à ideia original de Badiou de um projeto emancipatório radical que ultrapasse Lacan[19].

---

[18] Seguindo essa via, Jambet mergulhou no pensamento de Molla Sadra, um grande pensador iraniano do século XVII – um modo de pensar que não é alheio à virada gnóstica de pensadores europeus como Peter Sloterdijk. Ver Christian Jambet, *The Act of Being* (Nova York, Zone Books, 2006).

[19] O leitor me perdoe eventuais repetições de passagens de outros livros meus, tendo em mente que, em todo e qualquer caso, a repetição reinterpreta radicalmente a passagem.

Parte I
Hegel

1
Ainda é possível ser hegeliano?

A principal característica do pensamento histórico propriamente dito não é o "mobilismo" (ideia principal da fluidificação ou relativização histórica de todas as formas de vida), mas o pleno endosso de certa *impossibilidade*: depois de uma verdadeira ruptura na história, não podemos simplesmente voltar ao passado ou ir em frente como se nada tivesse acontecido – ainda que o façamos, a mesma prática adquirirá um significado radicalmente diferente. Adorno deu um bom exemplo disso com a revolução atonal de Schoenberg: depois que ela aconteceu, é óbvio que foi (e é) possível continuar compondo da maneira tradicional, mas a nova música tonal perdeu a inocência, porque é "mediada" pela ruptura atonal e por isso funciona como sua negação. É por essa razão que existe um irredutível elemento do *kitsch* nos compositores tonais do século XX, como Rachmaninov – certo apego nostálgico ao passado, algo falso, como o adulto que tenta manter viva a criança ingênua dentro de si. E o mesmo vale para todos os outros domínios: com o surgimento da análise filosófica de Platão das noções, o pensamento mítico perdeu sua imediaticidade, qualquer retomada é falsa; depois da cristandade, retomadas do paganismo tornam-se simulacros nostálgicos.

Escrever, pensar ou compor como se não tivesse ocorrido um rompimento é mais ambíguo do que parece e não pode ser reduzido a uma negação não histórica. Certa vez, Badiou escreveu que o que o unia a Deleuze era o fato de ambos serem filósofos clássicos, para os quais Kant, a ruptura kantiana, não aconteceu. Seria realmente assim? Isso talvez valha para Deleuze, mas não para Badiou[1]. E isso

---

[1] Mesmo com relação a Deleuze, podemos afirmar que seu Espinosa é um Espinosa pós-kantiano, um Espinosa imperceptivelmente relido por intermédio de um enquadramento pós-kantiano. Deleuze faz algo parecido com o que Fellini fez em *Satyricon*, em que o universo pagão romano é

está muito claro na maneira como cada um lida com o Evento*. Para Deleuze, o Evento é de fato o Um cosmológico pré-kantiano e gera uma multitude, razão pela qual é absolutamente imanente à realidade; já o Evento badiouiano é uma ruptura na ordem do ser (realidade fenomenal constituída transcendentalmente), a intrusão de uma ordem ("numenal") radicalmente heterogênea, de modo que estamos claramente em um espaço (pós-)kantiano. É por isso que podemos definir a filosofia sistemática de Badiou (desenvolvida em sua última obra-prima, *Logiques des mondes* [Lógicas dos mundos]) como um kantismo reinventado para a época da contingência radical: em vez de uma realidade constituída transcendentalmente, temos uma multiplicidade de mundos, cada um delineado por sua matriz transcendental, uma multiplicidade que não pode ser mediada/unificada em um único enquadramento transcendental mais amplo; em vez de uma lei moral, temos a fidelidade ao Verdade-Evento que é sempre específico com respeito a uma situação particular de um Mundo.

Não seria o idealismo especulativo de Hegel *o* caso exemplar dessa impossibilidade propriamente histórica? Ainda é possível ser hegeliano depois da ruptura pós-hegeliana com a metafísica tradicional, que ocorreu mais ou menos simultaneamente ao trabalho de Schopenhauer, Kierkegaard e Marx? Depois de tudo isso, não haveria algo de inerentemente falso na defesa de um "idealismo absoluto" hegeliano? Qualquer reafirmação de Hegel não será vítima da mesma ilusão anti-histórica, contornando a impossibilidade de ser hegeliano depois da ruptura pós-kantiana, escrevendo como se tal ruptura não tivesse ocorrido? Aqui, no entanto, devemos complicar um pouco mais as coisas: em determinadas condições, podemos e devemos escrever como se não tivesse havido uma ruptura. E que condições são essas? Dito de maneira simples e direta: quando a ruptura em questão não é verdadeira, mas falsa; quando é, na verdade, uma ruptura que suprime a ruptura verdadeira, o verdadeiro ponto da impossibilidade. Minha aposta é que foi exatamente isso que aconteceu com a ruptura pós-hegeliana antifilosófica "oficial" (Schopenhauer-Kierkegaard-Marx): embora se apresente como uma ruptura com o idealismo incorporado em seu clímax hegeliano, ela ignora uma dimensão crucial do pensamento de Hegel; em última instância, ela resulta em uma tentativa

---

representado como parece retrospectivamente, de um ponto de vista cristão – a ideia subjacente é que só podemos realmente entender o que foi o paganismo de maneira retrospectiva.

* No original, *Event*. Cabe ressaltar que Žižek se refere ao termo francês "*l'événement*" para descrever "evento" tanto no contexto de Gilles Deleuze quanto no de Alain Badiou. No Brasil, o mesmo termo costuma ser traduzido de duas maneiras: "acontecimento" nas obras de Deleuze, como em *Lógica do sentido* (trad. Luiz Roberto Salinas Fortes, 5. ed., São Paulo, Perspectiva, 2009), e "evento" nas obras de Badiou, como em *O Ser e o Evento* (trad. Maria Luiza X. de A. Borges, Rio de Janeiro, Zahar, 1996). (N. T.)

desesperada de *levar adiante o pensamento, como se Hegel não existisse*. Tudo o que resta dessa ausência de Hegel, portanto, é preenchido obviamente com a ridícula caricatura de Hegel como o "idealista absoluto" que "possuía o conhecimento absoluto". Desse modo, a reafirmação do pensamento especulativo de Hegel não é o que talvez pareça ser – uma negação da ruptura pós-hegeliana –, mas a geração dessa mesma dimensão cuja negação sustenta a ruptura pós-hegeliana em si.

Hegel versus *Nietzsche*

Desenvolveremos essa questão no que se refere a *O avesso da dialética*, de Gérard Lebrun, publicado postumamente. Trata-se de uma das tentativas mais convincentes e contundentes de demonstrar a impossibilidade de ser hegeliano hoje – e, para Lebrun, "hoje" significa sob o signo de Nietzsche[2].

Lebrun reconhece que não se pode "refutar" Hegel: o maquinário de sua dialética é tão oniabrangente que nada é mais fácil para Hegel do que demonstrar triunfalmente como todas essas refutações são inconsistentes, do que voltá-las contra si próprias ("não se pode refutar uma doença ocular", diz Lebrun em consonância com Nietzsche). A mais absurda dessas refutações críticas é, sem dúvida, a ideia evolucionista-marxista padrão de que existe uma contradição entre o método dialético de Hegel – que demonstra como cada determinação fixa é varrida pelo movimento da negatividade, como cada forma determinada encontra sua verdade em sua aniquilação – e o sistema de Hegel: se o destino de todas as coisas é extinguir-se no eterno movimento da autossuprassunção, não aconteceria o mesmo com o próprio sistema? Não seria o próprio sistema de Hegel uma formação temporária, historicamente relativa, que será superada pelo progresso do conhecimento? Ninguém que considere convincente esse tipo de refutação deve ser levado a sério como leitor de Hegel.

Então, de que maneira podemos ir além de Hegel? A solução de Lebrun segue o caminho da filologia histórica de Nietzsche: devemos trazer à luz as escolhas lexicais "eminentemente infrarracionais", fundamentadas no modo como os seres vivos enfrentam as ameaças a seus interesses vitais. Antes de Hegel pôr em movimento seu maquinário dialético – que "engole" e eleva todo conteúdo a sua verda-

---

[2] Ver Gérard Lebrun, *L'envers de la dialectique: Hegel à la lumière de Nietzsche* (Paris, Seuil, 2004). A ironia é que, três décadas antes, Lebrun publicou um dos melhores livros sobre Hegel, em que o defendia de sua crítica: *La patience du concept* (Paris, Gallimard, 1973). [As duas obras de Lebrun foram publicadas no Brasil: *O avesso da dialética: Hegel à luz de Nietzsche*, trad. Renato Janine Ribeiro, São Paulo, Companhia das Letras, 1988, e *A paciência do conceito*, trad. Silvia Rosa Filho, São Paulo, Unesp, 2006. Cabe ressaltar que a edição de *O avesso da dialética* a que se refere Žižek, revisada, anotada e apresentada por Paul Clavier e Francis Wolff, foi publicada na França dezesseis anos depois de sua publicação no Brasil, com algumas alterações. Indicaremos a edição francesa quando os trechos citados por Žižek não constarem da edição brasileira. (N. T.)]

de, destruindo-o em sua existência imediata –, uma complexa rede de decisões semânticas já foi imperceptivelmente tomada. Ao revelar essas decisões, começamos a "desvendar o avesso da dialética. Ela também é parcial. Ela também oculta seus pressupostos. Ela não é o metadiscurso que pretendia ser em relação às filosofias de 'entendimento'"[3]. O Nietzsche de Lebrun é decididamente anti-heideggeriano: para Lebrun, Heidegger refilosofa Nietzsche ao interpretar a vontade de poder como um novo princípio primeiro. Mais que nietzschiana, a abordagem de Lebrun pode parecer foucaultiana: o que ela visa é uma "arqueologia do conhecimento hegeliano", sua genealogia nas práticas concretas de vida.

Mas seria a estratégia "filológica" de Lebrun suficientemente radical em termos filosóficos? Não resultaria em uma nova versão da hermenêutica historicista ou, antes, da sucessão foucaultiana da *episteme* epocal? Isso não torna incompreensível – ou ao menos legítima – a refilosofização que Heidegger faz de Nietzsche? Quer dizer, deveríamos levantar a questão do *status* ontológico do "poder" que sustenta as configurações "filológicas" particulares – para o próprio Nietzsche, é a Vontade de Poder; para Heidegger, é o jogo abissal do "existir" que "lança" diferentes configurações epocais da abertura [*disclosure*] do mundo. De todo modo, não se pode evitar a ontologia: a hermenêutica historicista não pode ser autossuficiente. A história do Ser de Heidegger é uma tentativa de elevar a hermenêutica histórica (não historicista) diretamente à ontologia transcendental: para Heidegger, não há nada por trás ou subjacente ao que Lebrun chama de escolhas semânticas infrarracionais, elas são o fato/horizonte derradeiro do nosso ser. Heidegger, no entanto, deixa em aberto o que poderíamos chamar de questão *ôntica*: em toda a sua obra, há alusões obscuras a uma "realidade" que persiste e é anterior a sua abertura ontológica. Ou seja, Heidegger não equipara de modo nenhum a abertura epocal do Ser com qualquer tipo de "criação" – ele reconhece repetidas vezes como fato não problemático que, até mesmo antes de sua abertura epocal ou fora dela, as coisas de alguma forma "são" (persistem), embora ainda não "existam" no pleno sentido do ser aberto "enquanto tal", como parte de um mundo histórico. Mas qual é o *status* dessa persistência ôntica fora da abertura ontológica[4]?

De uma perspectiva nietzschiana, há mais nas decisões semânticas "infrarracionais" do que o fato de que toda abordagem à realidade tem de se basear em um

---

[3] Gérard Lebrun, *O avesso da dialética*, cit., p. 15.
[4] A propósito, a estranha decisão *prima facie* de Lacan de aderir ao termo "sujeito", apesar de a famosa crítica de Heidegger à subjetividade fundamentar-se precisamente nesse excesso obscuro do ôntico em relação a sua abertura ontológica: "sujeito" é, para Lacan, não o agente autônomo autopresente que reduz o todo da realidade a seu objeto, mas um sujeito *patético*, que sofre e paga o preço por pertencer ao lugar da abertura ontológica em carne ôntica – um preço cujo nome freudiano é obviamente "castração".

conjunto preexistente de "prejuízos" hermenêuticos, ou, como diria Heidegger, em certa abertura epocal do ser: essas decisões efetuam a estratégia pré-reflexiva vital da Vontade de Poder. Para tal abordagem, Hegel continua sendo um pensador profundamente cristão, um niilista cuja estratégia básica é reacondicionar um defeito profundo, o recuo da vida em toda a sua dolorosa vitalidade, como um triunfo do Sujeito absoluto. Isso significa que, do ponto de vista da Vontade de Poder, o conteúdo efetivo do processo hegeliano é uma longa história de derrotas e recuos, de sacrifícios da autoafirmação vital: muitas vezes, é preciso renunciar ao engajamento vital como ainda demasiado "imediato" e "particular". A passagem de Hegel do Terror revolucionário para a moral kantiana é exemplar nesse sentido: o sujeito utilitário da sociedade civil, o sujeito que quer reduzir o Estado a um guardião de sua segurança privada e de seu bem-estar, tem de ser esmagado pelo Terror do Estado revolucionário, que pode aniquilá-lo a qualquer momento por absolutamente nenhuma razão (o sujeito não é punido por algo que ele fez, por algum ato ou conteúdo particular, mas pelo próprio fato de ser um indivíduo independente, em oposição ao universal). Esse Terror é sua "verdade". Sendo assim, como passamos do Terror revolucionário para o sujeito moral de Kant, autônomo e livre? Por meio daquilo que, em uma linguagem mais contemporânea, poderíamos chamar de identificação total com o agressor: o sujeito deveria reconhecer no Terror externo, nessa negatividade que ameaça constantemente aniquilá-lo, o próprio cerne de sua subjetividade (universal); em outras palavras, deveria identificar-se plenamente com ele. A liberdade, portanto, não é a liberdade *de* um Senhor, mas a substituição de um Senhor por outro: o Senhor externo é substituído pelo interno. O preço dessa identificação é obviamente o sacrifício de todo conteúdo "patológico" particular – o dever deveria se realizar "em nome do dever".

Lebrun mostra que essa mesma lógica vale para a linguagem: "Estado e linguagem são duas figuras complementares da realização do Sujeito: num e noutra, o sentido que eu sou e o sentido que digo medem-se segundo o mesmo sacrifício, imperceptível, do que na ilusão da imediatez parecia ser o nosso 'si'"[5].

Hegel estava certo ao apontar repetidas vezes que, quando falamos, estamos sempre no universal – o que significa que, com sua entrada na linguagem, o sujeito perde suas raízes no mundo vivido concreto. Em termos mais patéticos, posso dizer que, no momento em que começo a falar, deixo de ser o eu sensualmente concreto, pois sou apanhado em um mecanismo impessoal que sempre me faz dizer algo diferente do que eu queria dizer – ou, como costumava dizer o primeiro Lacan, eu não estou falando, estou sendo falado pela linguagem. Essa é uma das maneiras de entendermos o que Lacan chamou de "castração simbólica": o preço que o sujeito paga

---

[5] Gérard Lebrun, *O avesso da dialética*, cit., p. 74.

por sua "transubstanciação" do ser agente de uma vitalidade animal direta para ser um sujeito falante cuja identidade é mantida à parte da validade direta das paixões.

Uma leitura nietzschiana discerne com facilidade nessa reversão do Terror em moral autônoma uma estratégia desesperada de transformar a derrota em triunfo: em vez de lutar heroicamente por nossos interesses vitais, declaramos antecipadamente a rendição total e abandonamos todo conteúdo. Lebrun, nesse ponto, sabe muito bem como é injustificada a crítica geral a Hegel, segundo a qual a reversão dialética da negatividade total em uma nova positividade mais elevada, da catástrofe em triunfo, funciona como um tipo de *deus ex machina*, tolhendo a possibilidade de que a catástrofe possa ser o resultado final do processo – o conhecido argumento baseado no senso comum: "E se não houver nenhuma reversão da negatividade em uma nova ordem positiva?". Esse argumento não leva em conta o principal, ou seja, que é exatamente isso que acontece na reversão hegeliana: não há uma reversão real da derrota em trinfo, mas apenas uma alteração puramente formal, uma mudança de perspectiva, que tenta se apresentar como triunfo. O ponto defendido por Nietzsche é que esse triunfo é falso, um truque barato de mágica, um prêmio de consolação pela perda de tudo o que faz a vida valer a pena: a verdadeira perda da vitalidade é suplementada por um espectro sem vida. Na leitura nietzschiana de Lebrun, Hegel, portanto, aparece como uma espécie de filósofo cristão ateu: assim como a cristandade, ele localiza a "verdade" de toda realidade terrena finita em sua (auto)aniquilação – a realidade atinge sua verdade somente na autodestruição e por meio dela; diferentemente da cristandade, Hegel sabe que não há Outro Mundo no qual seremos recompensados por nossas perdas na terra: a transcendência é absolutamente imanente, *o que há "além" da realidade finita não é nada mais que o processo imanente de sua autossuperação*. O nome que Hegel dá a essa imanência absoluta da transcendência é "negatividade absoluta", como deixa exemplarmente claro na dialética entre Senhor e Escravo: a segura identidade particular/finita do Escravo é abalada quando, ao experimentar o medo da morte durante o confronto com o Senhor, ele sente o sopro da força infinita da negatividade; através dessa experiência, o Escravo é forçado a aceitar a falta de valor de Si mesmo:

> Essa consciência sentiu a angústia, não por isto ou aquilo, não por este ou aquele instante, mas sim através de sua essência toda, pois sentiu o medo da morte, do senhor absoluto. Aí se dissolveu interiormente; em si mesma tremeu em sua totalidade; e tudo que havia de fixo, nela vacilou.
> Entretanto, esse movimento universal puro, o fluidificar-se absoluto de todo o subsistir, é a essência simples da consciência-de-si, a negatividade absoluta, o puro ser-para-si, que assim é nessa consciência.[6]

---

[6] G. W. F. Hegel, *Fenomenologia do espírito* (trad. Paulo Meneses, 2. ed., Petrópolis, Vozes, 1992), parte I, § 194, p. 132.

Então, o que o Escravo ganha em troca por renunciar a toda a riqueza de seu Si particular? *Nada* – ao superar o Si terreno, o Escravo não atinge um nível mais elevado de Si espiritual; tudo o que tem de fazer é mudar sua posição e reconhecer no (que lhe parece) poder opressivo de destruição que ameaça obliterar sua identidade particular a negatividade absoluta que forma o núcleo de seu próprio Si. Em suma, o sujeito tem de se identificar plenamente com a força que ameaça exterminá-lo: o que temeu ao temer a morte foi o poder negativo de seu próprio Si. Desse modo, não há reversão da negatividade em grandeza positiva – a única "grandeza" aqui é essa negatividade em si. Ou, com respeito ao sofrimento, a ideia de Hegel não é que o sofrimento causado pelo trabalho alienante da renúncia seja um momento intermediário que deve ser pacientemente suportado enquanto esperamos alcançar nossa recompensa no fim do túnel – não há prêmio ou lucro no fim de nossa paciente submissão, o sofrimento e a renúncia são sua própria recompensa; tudo o que temos de fazer é mudar nossa posição subjetiva, renunciar ao apego desesperado ao nosso Si finito, com seus desejos "patológicos", purificar nosso Si rumo a sua universalidade. Também é dessa maneira que Hegel explica a superação da tirania na história dos Estados: "Diz-se que a tirania é subvertida pelo povo por ser indigna, vergonhosa etc. Na verdade, ela desaparece simplesmente por ser supérflua"[7]. Ela se torna supérflua quando as pessoas não precisam mais da força externa do tirano para renunciar a seus interesses particulares, quando se tornam "cidadãos universais", identificando diretamente o núcleo de seu ser com essa universalidade. Em suma, as pessoas não precisam mais do senhor externo quando são educadas a cumprir elas mesmas a tarefa da disciplina e da subordinação.

O anverso do "niilismo" de Hegel (todas as formas finitas/determinadas de vida atingem sua "verdade" na autossuperação) é seu oposto aparente: dando continuidade à tradição metafísica platônica, ele não está pronto para atribuir plenos poderes à negatividade, isto é, sua dialética, em última análise, é um esforço para "normalizar" o excesso da negatividade. Já para o último Platão, o problema era como relativizar ou contextualizar o não-ser como um momento subordinado do ser (o não-ser é sempre uma falta particular/determinada do ser, medida pela plenitude que ele não efetiva; não há não-ser enquanto tal, há sempre somente, por exemplo: o "verde" participa do não-ser por não ser "vermelho" ou qualquer outra cor). Nessa mesma linha, a "negatividade" hegeliana serve para "proscrever a ideia de uma diferença absoluta" ou "não-ser"[8]: a negatividade é limitada à obliteração de todas as determinações finitas/imediatas. O processo da negatividade, portanto, não é apenas um processo negativo da autodestruição do finito: ele chega a seu *télos* quando as deter-

---

[7] Idem, *Jenaer Realphilosophie* (Hamburgo, Felix Meiner, 1969), p. 247-8.
[8] Gérard Lebrun, *O avesso da dialética*, cit., p. 198.

minações finitas/imediatas são mediadas/mantidas/elevadas, postas em sua "verdade" como determinações ideais conceituais. O que resta depois que a negatividade faz seu trabalho é a parúsia da estrutura conceitual ideal. O que falta aqui, do ponto de vista nietzschiano, é o *não* afirmativo: o *não* do jubiloso e heroico confronto com o adversário, o *não* da luta que visa a autoafirmação, não a autossuprassunção.

Luta e reconciliação

Isso nos traz de volta à incompatibilidade entre o pensamento de Hegel e todo tipo de "mobilismo" evolucionista ou historicista. A dialética de Hegel "não envolve de modo algum o reconhecimento da irresistível força do devir, a epopeia de um fluxo que leva tudo consigo":

> A dialética hegeliana costumava ser comparada – ainda que superficialmente – a um *mobilismo*. E decerto é verdade que a crítica da fixidez das determinações pode suscitar a convicção de um processo dialético infinito: o ser limitado tem de desaparecer de novo e sempre, e sua destruição estende-se ao próprio limite de nossa visão [...]. No entanto, nesse nível, ainda estamos lidando com um simples continuar (*Geschehen*), ao qual não se pode conferir a unidade interna de uma história (*Geschichte*).[9]

Reconhecer isso, rejeitar o tema do "mobilismo" do eterno fluxo do Devir que dissolve todas as formas fixas, é o primeiro passo rumo à razão dialética em sua incompatibilidade radical com a ideia presumivelmente "profunda" de que tudo provém do Caos primordial e é novamente engolido por ele, uma forma de Sabedoria que persiste desde as cosmologias antigas até o "materialismo dialético" stalinista, ele próprio incluso. A forma mais popular de "mobilismo" é a visão tradicional de Hegel como o filósofo da "eterna luta", popularizada pelos marxistas, de Engels a Stalin e Mao: a conhecida noção "dialética" da vida como um eterno conflito entre reação e progresso, velho e novo, passado e futuro. Essa visão beligerante, que advoga nosso engajamento com o lado "progressivo", é totalmente estranho a Hegel, para quem "tomar partido" como tal é ilusório (posto que unilateral por definição).

Tomemos a luta social em sua forma mais violenta: a guerra. O que interessa a Hegel não é a luta como tal, mas como a "verdade" das posições envolvidas surge através dela, ou melhor, como as partes em guerra são "reconciliadas" por meio da destruição mútua. O verdadeiro significado (espiritual) da guerra não é o horror, a vitória, a defesa etc., mas o surgimento da negatividade absoluta (morte) como Senhor absoluto, que nos lembra da falsa estabilidade de nossa vida organizada e finita. A guerra serve para elevar os indivíduos a sua "verdade", fazendo-os renunciar a seus interesses particulares e identificar-se com a universalidade do Estado.

---

[9] Idem, *L'envers de la dialectique*, cit., p. 11.

O verdadeiro inimigo não é o inimigo com quem lutamos, mas nossa própria finitude – lembramos aqui a áspera observação de Hegel de como é fácil proclamar a fatuidade de nossa existência finita sobre a terra e como é difícil aceitá-la quando é imposta por um soldado inimigo que invade nossa casa e começa a retalhar nossa família com um sabre.

Em termos filosóficos, a questão sustentada por Hegel diz respeito à primazia da "autocontradição" sobre o obstáculo externo (ou o inimigo). Não somos finitos e autoinconsistentes porque nossa atividade é sempre contrariada por obstáculos externos; somos contrariados por obstáculos externos porque somos finitos e inconsistentes. Em outras palavras, o que o sujeito engajado numa luta percebe como inimigo, o obstáculo externo que ele tem de superar, é a materialização da inconsistência imanente do sujeito: o sujeito que luta precisa da figura do inimigo para sustentar a ilusão de sua própria consistência, sua identidade depende de sua oposição ao inimigo, tanto que a vitória (definitiva) resulta em sua própria defesa ou desintegração. Como Hegel costuma dizer, ao lutar contra o inimigo externo, combatemos (sem nos dar conta) nossa própria essência. Portanto, longe de celebrar a luta engajada, a questão em Hegel é antes que toda posição conflituosa, toda tomada de partido, tem de se basear numa ilusão necessária (a ilusão de que, uma vez aniquilado o inimigo, atingirei a plena realização de meu ser). Isso nos leva ao que seria uma noção propriamente hegeliana de ideologia: má compreensão da condição de possibilidade (daquilo que é um constituinte inerente de nossa posição) como condição de impossibilidade (como um obstáculo que impede nossa plena realização) – o sujeito ideológico é incapaz de apreender o fato de que toda a sua identidade depende do que ele percebe como obstáculo perturbador. Essa noção de ideologia não é apenas um exercício mental abstrato: ela condiz perfeitamente com o antissemitismo fascista como forma mais elementar de ideologia – e ficamos tentados até a dizer: como ideologia enquanto tal, *kat' exochen*. A figura antissemita do Judeu, o intruso que perturba e corrompe a harmonia da ordem social, é, em última análise, uma objetivação fetichista, um substituto, em troca da "inconsistência" da ordem social em si, em troca do antagonismo imanente ("luta de classes") que gera a dinâmica de sua instabilidade.

O interesse de Hegel no "conflito dos opostos" é, portanto, o do observador dialético neutro que percebe a "Astúcia da Razão" presente na luta: um sujeito engaja-se na luta, é derrotado (via de regra, em sua própria vitória), *e essa derrota o leva a sua verdade*. Aqui, podemos medir com clareza a distância que separa Hegel de Nietzsche: a inocência do heroísmo exuberante que Nietzsche quer ressuscitar, a paixão do risco, do pleno engajamento na luta, da vitória ou da derrota, tudo isso é ausência – a "verdade" da luta surge somente na derrota e pela derrota.

É por essa razão que a acusação marxista da falsidade da reconciliação hegeliana (já feita por Schelling) passa ao largo do problema. De acordo com essa crítica, a reconciliação hegeliana é falsa porque ocorre apenas na Ideia, ao passo que os antagonismos reais persistem – na experiência "concreta" da "vida real" dos indivíduos, que se apegam a sua identidade particular, o poder do Estado permanece uma compulsão externa. Nisso reside o ponto crucial da crítica do jovem Marx ao pensamento político de Hegel: este apresenta a monarquia constitucional moderna como um Estado racional, em que os antagonismos são reconciliados, como um Todo orgânico em que qualquer constituinte encontra, ou pode encontrar, seu lugar apropriado, mas com isso ele ofusca o antagonismo de classes que persiste nas sociedades modernas, gerando a classe trabalhadora como a "não-razão da Razão existente", como a parte da sociedade moderna que não tem nela nenhuma parte devida, como sua "parte de nenhuma parte" (Rancière).

O que Lebrun rejeita nessa crítica não é seu diagnóstico (a reconciliação proposta é desonesta, uma "reconciliação forçada" [erpresste Versöhnung] – título de um dos ensaios de Adorno – que ofusca a persistência dos antagonismos na realidade social), ao contrário: "o que é admirável nesse retrato do dialético desonesto por cegueira é que se supõe que ele poderia ser honesto"[10]. Em outras palavras, em vez de rejeitar a reconciliação hegeliana como falsa, Lebrun rejeita a própria noção de reconciliação dialética por ser ilusória e renuncia à demanda de uma reconciliação "verdadeira" em si. Hegel tinha plena consciência de que a reconciliação não alivia o verdadeiro sofrimento e os antagonismos – sua afirmação no prefácio do *Filosofia do direito* é que deveríamos "reconhecer a rosa na cruz do presente"; ou, nos termos de Marx, na reconciliação não mudamos a realidade externa para que corresponda a uma Ideia, mas reconhecemos essa Ideia como a "verdade" interna da realidade miserável em si. A acusação de Marx de que, em vez de transformar a realidade, Hegel apenas propõe uma nova interpretação dela, não capta de certo modo o sentido exato da questão – é como bater em uma porta aberta, pois, para Hegel, para passarmos da alienação para a reconciliação, não devemos mudar a realidade, mas o modo como a percebemos e nos relacionamos com ela.

Essa mesma ideia é subjacente à análise de Hegel da passagem do trabalho para o pensamento no subcapítulo sobre o Senhor e o Escravo na *Fenomenologia do espírito*. Lebrun tem toda a razão ao enfatizar, contra Kojève, que Hegel está longe de celebrar o trabalho (coletivo) como o lugar da autoafirmação produtiva da subjetividade humana, como o processo de vigorosa transformação e apropriação dos objetos naturais, sua subordinação aos objetivos humanos. Todo pensamento finito continua preso à "falsa infinidade" do processo sem fim da (trans)formação da realidade objetiva que sempre resiste à plena apreensão subjetiva, de modo que o trabalho do sujeito nunca é feito: "enquanto uma atividade agressiva desenvolvida por um ser finito, o que o trabalho mais afirma é a impotência do homem para tomar posse plenamente

---

[10] Idem, *O avesso da dialética*, cit., p. 104.

da natureza"[11]. Esse pensamento finito é o horizonte de Kant e Fichte: a interminável luta prático-ética para superar tanto os obstáculos externos quanto a própria natureza interna do sujeito. Suas filosofias são as filosofias da luta, ao passo que, na filosofia de Hegel, a postura fundamental do sujeito para com a realidade objetiva não é a do engajamento prático, do confronto com a inércia da objetividade, mas a do "deixe estar": purificado de sua particularidade patológica, o sujeito universal é seguro de si, sabe que seu pensamento já é a forma da realidade, portanto pode se recusar a impor seus projetos sobre a realidade, pode deixar que a realidade seja como ela é.

É por essa razão que meu trabalho chega cada vez mais perto da verdade quanto menos eu trabalho para satisfazer minha necessidade, ou seja, para produzir objetos que vou consumir. É por isso que a indústria que produz para o mercado é espiritualmente "mais elevada" que a produção realizada para suprir as próprias necessidades: na produção de mercado, eu fabrico objetos sem nenhuma relação com minhas necessidades. A forma mais elevada de produção social é, portanto, a de um *comerciante*: "o comerciante é o único a portar-se relativamente ao bem como um perfeito sujeito universal, e o objeto já não lhe interessa em absoluto por sua presença estética ou valor de uso, mas apenas enquanto 'contém o desejo de outro'"[12]. E é pela mesma razão que, para chegarmos à "verdade" do trabalho, devemos abstrair gradualmente o objetivo (externo) que ele se esforça para realizar.

O paralelo com a guerra é apropriado aqui: da mesma maneira que a "verdade" da luta militar não é a destruição do inimigo, mas o sacrifício do conteúdo "patológico" do Si particular do guerreiro, sua purificação no Si universal, a "verdade" do trabalho como luta com a natureza também não é a vitória sobre a natureza, compelindo-a a servir a metas humanas, mas a autopurificação do trabalhador em si. O trabalho é ao mesmo tempo a (trans)formação dos objetos externos e a autoformação/educação (*Bildung*) disciplinar do próprio sujeito. Nesse ponto, Hegel celebra precisamente o caráter alienado e alienante do trabalho: longe de ser uma expressão direta de minha criatividade, o trabalho me força a submeter-me à disciplina artificial, a renunciar a minhas tendências imediatas mais profundas, a me alienar do meu Si natural:

> O desejo se reservou o puro negar do objeto e por isso o sentimento-de-si-mesmo, sem mescla. Mas essa satisfação é pelo mesmo motivo, apenas um evanescente, já que lhe falta o lado objetivo ou o subsistir. O trabalho, ao contrário, é desejo refreado, um desvanecer contido, ou seja, o trabalho forma.[13]

Como tal, o trabalho prefigura o pensamento, atinge seu *télos* no pensamento que não mais trabalha em uma coisa externa, mas já é sua própria coisa, ou não

---

[11] Ibidem, p. 188.
[12] Ibidem, p. 187.
[13] G. W. F. Hegel, *Fenomenologia do espírito*, cit., parte I, § 195, p. 132.

mais impõe sua forma subjetiva/finita na realidade externa, mas já é em si a forma finita da realidade. Para o pensamento finito, o conceito de um objeto é mero conceito, a meta subjetiva que realizamos quando, a título de trabalho, nós o impomos sobre a realidade. Para o pensamento especulativo, ao contrário, ele já é em si objetivo – exprime a forma conceitual objetiva do objeto. É por isso que o Espírito interno, seguro de si, "não mais precisa formar/moldar a natureza e torná-la espiritual para fixar o divino e tornar externamente visível sua unidade com a natureza: na medida em que o livre pensamento pensa a exterioridade, ele pode deixá-la como ela é (*kann er es lassen wie es ist*)[14].

Essa repentina reversão retroativa do ainda-não para o já-é (jamais atingimos um objetivo de maneira direta – passamos do esforço para realizar um objetivo para o súbito reconhecimento de que ele já foi realizado) é o que distingue Hegel de todas as espécies de tropos historicistas, inclusive a censura crítica marxista de que a reconciliação ideal hegeliana é insuficiente, pois deixa a realidade (a verdadeira dor e o sofrimento) do jeito que é, e que o que é preciso é a efetiva reconciliação por meio de uma transformação social radical. Para Hegel, a ilusão não é a da "falsa reconciliação" forçada, que ignora as divisões persistentes; a verdadeira ilusão está em não ver que, naquilo que nos aparece como o caos do devir, o objetivo infinito *já está realizado*: "no finito não podemos experimentar ou ver que o fim foi verdadeiramente alcançado. A plena realização do fim infinito é somente suprassumir a ilusão [*Täuschung*, engano] de que o fim não foi ainda realizado"[15].

Em suma, o engano máximo reside na incapacidade de ver que já temos aquilo que estamos procurando – como os discípulos de Cristo à espera de sua reencarnação "real", cegos para o fato de que o coletivo deles já era o Espírito Santo, a volta do Cristo vivo. Justifica-se, portanto, que Lebrun tenha notado que a reversão final do processo dialético, como vimos, longe de envolver a intervenção mágica de um *deus ex machina*, é uma reviravolta puramente formal, uma mudança de perspectiva: a única coisa que muda na reconciliação final é o ponto de vista do sujeito – o sujeito endossa a perda, reinscreve-a como seu triunfo. Reconciliação, portanto, é menos e, ao mesmo tempo, mais que a ideia-padrão de superar um antagonismo: menos porque nada "realmente muda", e mais porque o sujeito do processo é privado de sua própria substância (particular).

Vejamos um exemplo inusitado: no fim do clássico filme de faroeste *Rio vermelho*, de Howard Hawk, acontece uma virada "psicologicamente infundada", que em geral é considerada um simples ponto fraco do roteiro. O filme inteiro segue

---

[14] Idem, *Vorlesungen über die Philosophie der Geschichte* (Frankfurt, Suhrkamp, 1970), p. 323. (Werke, v. 12).

[15] Idem, *Enciclopédia das ciências filosóficas em compêndio*, v. 1: A ciência da lógica (trad. Paulo Meneses, São Paulo, Loyola, 1995), § 212, p. 347.

na direção de um confronto apoteótico entre Dunson e Matt, um duelo de proporções quase míticas, predeterminado pelo destino, como um conflito inexorável entre duas posições subjetivas incompatíveis. Na cena final, Dunson se aproxima de Matt com a determinação de um herói trágico, cego de ódio, marchando para a própria ruína. A troca brutal de socos que se segue interrompe-se inesperadamente quando Tess, que está apaixonada por Matt, dá um tiro de revólver na direção dos dois e grita: "Qualquer idiota de pouca inteligência pode ver que vocês se adoram". Há uma rápida reconciliação: Dunson e Matt conversando como velhos companheiros. A "transição de Dunson como a encarnação da fúria, como o próprio Aquiles, para a doçura e a luz, rendendo-se feliz a Matt [...] é de tirar o fôlego por sua rapidez"[16]. Robert Pippin tem razão em detectar por trás dessa falha técnica do roteiro uma mensagem mais profunda:

> a luta pelo poder e pela supremacia a que assistimos [...] *foi* uma espécie de teatro de sombras [...] uma fantasia amplamente representada por Dunson para se justificar. Nunca houve uma luta suprema, uma ameaça real de luta até a morte. [...] a luta mítica a que assistimos é em si o resultado de certa automitologização [...] um quadro narrativo fantástico que também se desmitologiza diante de nós.[17]

É desse modo que se dá a reconciliação hegeliana – não como um gesto positivo de resolução ou superação do conflito, mas como a descoberta retroativa de que *nunca houve de fato um conflito sério*, os dois oponentes sempre estiveram do mesmo lado (mais ou menos como a reconciliação de Fígaro e Marcelina em *As bodas de Fígaro*, quando são unidos pela descoberta de que são mãe e filho). A retroatividade também explica a temporalidade específica da reconciliação. Lembraemo-nos do paradoxo do processo de pedir desculpas: se magoo alguém ao dizer algo indelicado, o mais apropriado é pedir sinceras desculpas, e o mais apropriado seria que o outro dissesse algo como: "Obrigado, agradeço muito, mas não me ofendi, sei que você não quis dizer isso, portanto você não me deve desculpas!". Obviamente, a questão é que, apesar do resultado final, ainda assim devemos passar por todo o processo de pedir desculpas. O "você não me deve desculpas" só pode ser dito depois que eu *tiver* pedido desculpa, de modo que, apesar de "nada acontecer" formalmente e o pedido de desculpa ser proclamado desnecessário, ganha-se algo no fim do processo (talvez até uma amizade se salve)[18].

---

[16] Robert Pippin, *Hollywood Western and American Myth* (New Haven, Yale University Press, 2010), p. 52.
[17] Ibidem, p. 54-5.
[18] Uma cena do maravilhoso *Ser ou não ser*, de Ernst Lubitsch, um diálogo curto entre os dois famosos atores poloneses, Maria Tura e seu egocêntrico marido, Josef, subverte essa lógica. Josef diz para a esposa: "Pedi que nos cartazes de divulgação da nossa nova peça, seu nome fique no topo, acima do meu. Você merece, querida!". Ela responde educadamente: "Obrigada, mas você não

Talvez esse paradoxo nos dê uma pista para entender as voltas e reviravoltas do processo dialético hegeliano. Tomemos a crítica de Hegel ao Terror revolucionário jacobino, entendido como um exercício na negatividade abstrata da liberdade absoluta que, sendo incapaz de se estabilizar em uma ordem social concreta, tem de acabar na fúria da autodestruição. Devemos ter em mente que, na medida em que estamos lidando com uma escolha histórica (entre o caminho da "França" de permanecer no catolicismo, e por isso ser obrigada a se engajar no Terror revolucionário, e o caminho da "Alemanha" da Reforma), tal escolha envolve exatamente o mesmo paradoxo dialético elementar que aquele, também da *Fenomenologia do espírito*, entre as duas leituras de "o Espírito é um osso" que Hegel ilustra com a metáfora fálica (falo como órgão de inseminação ou falo como órgão de micção): a questão *não* é que, em contraste com a mente empirista vulgar que só enxerga a micção, a atitude propriamente especulativa tenha de escolher a inseminação. O paradoxo é que escolher a inseminação é a maneira infalível de errar: não é possível escolher de imediato o "verdadeiro significado"; em outras palavras, *temos* de começar fazendo a escolha "errada" (a micção) – o verdadeiro significado especulativo só surge por meio da leitura repetida, como efeito secundário (ou produto derivado) da primeira leitura "errada"[19].

O mesmo vale para a vida social, em que a escolha direta da "universalidade concreta" de um mundo vivido ético particular só pode terminar em uma regressão à sociedade orgânica pré-moderna, que nega o direito infinito da subjetividade como característica fundamental da modernidade. Como o cidadão-sujeito de um Estado moderno não pode mais aceitar sua imersão em um papel social particular que dê a ele um lugar determinado dentro do Todo social orgânico, o único caminho para a totalidade racional do Estado moderno passa pelo Terror revolucionário: poderíamos extirpar cruelmente as restrições da "universalidade concreta" orgânica pós-moderna e afirmar de maneira plena o direito infinito da subjetividade em sua negatividade abstrata.

Em outras palavras, o propósito da análise de Hegel acerca do Terror revolucionário não é a compreensão um tanto óbvia de que o projeto revolucionário envolvia a afirmação unilateral da Razão Universal abstrata, e como tal foi condenado a perecer na fúria autodestrutiva, sendo incapaz de transpor sua energia revolucionária para uma ordem social estável; o propósito de Hegel é antes destacar o enigma do motivo por que, apesar do fato de o Terror revolucionário ter sido um impasse histórico, temos de passar por ele para chegar ao Estado racional moderno.

---

precisava ter feito isso, não era necessário!". É claro que a resposta dele é: "Eu sabia que você ia dizer isso, por isso cancelei o pedido e mandei colocar meu nome de volta no topo...".

[19] Essa lógica da micção/inseminação vale para o próprio Hegel, para suas duas imagens: o "Hegel organicista corporativo" é o aspecto da micção, errado, porém necessário. Temos de começar a leitura de Hegel pelo "Hegel errado", porque somente dessa forma poderemos chegar à leitura certa.

Aqui também, portanto, temos de fazer algo (propor uma apologia, representar um reino do Terror) para ver que ele é supérfluo. Esse paradoxo é sustentado pela distinção entre as dimensões "constatativa" e "performativa" da fala, entre o "sujeito do enunciado" e o "sujeito da enunciação": no nível do conteúdo enunciado, toda a operação é insignificante (por que fazer – pedir desculpas, superar pelo Terror – se é supérfluo?); contudo, essa ideia baseada no senso comum esquece que somente o gesto supérfluo "errado" cria as condições subjetivas que possibilitam que o sujeito realmente veja *por que* o gesto é supérfluo. Só é possível dizer que meu pedido de desculpas é desnecessário depois que eu pedir desculpas; só é possível perceber que o Terror é supérfluo e destrutivo depois de passar por ele. O processo dialético, portanto, é mais refinado do que parece: a noção corrente é que só podemos chegar à verdade final pelo caminho do erro, de modo que os erros ao longo do caminho não sejam simplesmente descartados, mas "suprassumidos" na verdade final, preservados nela enquanto momentos seus. Essa noção evolucionista do processo dialético diz que o resultado não é apenas um cadáver, ele não subsiste sozinho, na abstração do processo que o engendra: nesse processo, diferentes momentos surgiram primeiro em sua forma imediata unilateral, enquanto a síntese final os reúne como suprassumidos, mantendo seu núcleo racional. O que falta nessa ideia é que os momentos prévios são preservados *precisamente como supérfluos*. Em outras palavras, apesar de os estados precedentes serem realmente supérfluos, precisamos de tempo para chegar ao ponto a partir do qual podemos ver que eles são supérfluos.

Uma história para contar

Como devemos contra-atacar o diagnóstico dessa "doença chamada Hegel", centrado na reversão dialética como gesto formal vazio de apresentar a derrota como vitória? A primeira observação que se impõe é que interpretar as escolhas semânticas "infrarracionais" como estratégias para enfrentar os obstáculos à afirmação da vida já é em si uma escolha semântica "infrarracional". Contudo, mais importante é notar que tal interpretação perpetua sutilmente uma visão estreita de Hegel, uma visão que oblitera dimensões importantes de seu pensamento. Não seria possível interpretar a sistemática "suprassunção" hegeliana de toda e qualquer forma de consciência ou de vida social como uma descrição de todas as possíveis formas de vida, com suas "escolhas semânticas" vitais e seus antagonismos inerentes ("contradições")[20]? Se existe uma "escolha semântica" subjacente ao pensamento de Hegel, ela não é a aposta desesperada de que, retroativamente, seremos capazes

---

[20] Nesse sentido preciso, as oito hipóteses da segunda parte do *Parmênides*, de Platão, formam um sistemático exercício hegeliano: eles desdobram a matriz de todas as possíveis "escolhas semânticas" na relação entre o Uno e o Ser, com o resultado final "niilístico" de que não há um Funda-

de contar uma história oniabrangente, significativa e consistente, em que cada detalhe será situado em seu lugar apropriado, mas, ao contrário, a certeza estranha (comparável à certeza do psicanalista de que o reprimido sempre voltará, de que um sintoma sempre arruinará toda figura de harmonia) de que, com toda figura de consciência ou forma de vida, as coisas sempre "darão errado" de alguma maneira, de que toda posição sempre gerará um excesso que pressagiará sua autodestruição.

Isso não significaria que Hegel não defende uma "escolha semântica" determinada, posto que, para ele, a única "verdade" é o processo infindável de "geração e corrupção" das "escolhas semânticas" determinadas? Sim, mas com a condição de não concebermos esse processo no sentido "mobilista" comum.

De que maneira, então, o pensamento verdadeiramente histórico rompe com esse "mobilismo" universalizado? Em que sentido preciso ele é histórico e não apenas a rejeição do "mobilismo" em nome de um Princípio eterno, livre do fluxo de geração e corrupção? A chave está no conceito de retroatividade que concerne ao próprio núcleo da relação entre Hegel e Marx: esta é a principal razão por que devemos retornar de Marx a Hegel e decretar uma "reversão materialista" do próprio Marx.

Para tratar dessa questão complexa, partirei da noção de Gilles Deleuze de um *passado puro*: não o passado para o qual as coisas presentes passam, mas um passado absoluto, "em que todos os eventos, inclusive aqueles que naufragaram sem deixar rastros, são armazenados e lembrados como seu desaparecer"[21], um passado virtual que já contém as coisas que ainda são presentes (um presente pode se tornar passado porque, de certa maneira, ele já é, ele pode se perceber como parte do passado – "o que fazemos agora é [terá sido] história"). "É pelo elemento puro do passado, como passado em geral, como passado *a priori*, que tal antigo presente é reprodutível e que o atual presente se reflete."[22] Isso significa que o passado puro envolve uma noção totalmente determinística do universo no qual tudo que está para acontecer (por vir), todo desdobramento espaço-temporal atual, já faz parte de uma rede virtual imemorial/atemporal? Não, e por uma razão muito precisa: porque "o passado puro tem de ser todo o passado, mas também tem de ser passível de mudança por meio da ocorrência de todo presente novo"[23]. Não foi ninguém menos que T. S. Eliot, o grande conservador, que formulou de maneira clara, pela primeira vez, essa ligação entre nossa dependência da tradição e nosso poder de mudar o passado:

---

mento derradeiro que garanta a consistente unidade da realidade, isto é, que a realidade derradeira é o próprio Vazio.

[21] James Williams, *Gilles Deleuze's* Difference and Repetition: *A Critical Introduction and Guide* (Edimburgo, Edinburgh University Press, 2003), p. 94.

[22] Gilles Deleuze, *Diferença e repetição* (trad. Luiz Orlandi e Roberto Machado, 2. ed., Rio de Janeiro, Graal, 2006), p. 125.

[23] James Williams, *Gilles Deleuze's* Difference and Repetition, cit., p. 96.

Ela [a tradição] não pode ser herdada, e se alguém a deseja, deve conquistá-la através de um grande esforço. Ela envolve, em primeiro lugar, o sentido histórico, que podemos considerar quase indispensável a alguém que pretenda continuar poeta depois dos 25 anos; e o sentido histórico implica a percepção, não apenas da caducidade do passado, mas de sua presença; o sentido histórico leva um homem a escrever não somente com a própria geração a que pertence em seus ossos, mas com um sentimento de que toda a literatura europeia, desde Homero e, nela incluída, toda a literatura de seu próprio país têm uma existência simultânea e constituem uma ordem simultânea. Esse sentido histórico, que é o sentido tanto do atemporal quanto do temporal e do atemporal e do temporal reunidos, é que torna um escritor tradicional. E é isso que, ao mesmo tempo, faz com que um escritor se torne mais agudamente consciente de seu lugar no tempo, de sua própria contemporaneidade.

Nenhum poeta, nenhum artista, tem sua significação completa sozinho. Seu significado e a apreciação que dele fazemos constituem a apreciação de sua relação com os poetas e os artistas mortos. Não se pode estimá-lo em si; é preciso situá-lo, para contraste e comparação, entre os mortos. Entendo isso como um princípio de estética, não apenas histórica, mas no sentido crítico. É necessário que ele seja harmônico, coeso, e não unilateral; o que ocorre quando uma nova obra de arte aparece é, às vezes, o que ocorre simultaneamente com relação a todas as obras de arte que a precedem. Os monumentos existentes formam uma ordem ideal entre si, e esta só se modifica pelo aparecimento de uma nova (realmente nova) obra entre eles. A ordem existente é completa antes que a nova obra apareça; para que a ordem persista após a introdução da novidade, a *totalidade* da ordem existente deve ser, se jamais o foi sequer levemente, alterada: e desse modo as relações, proporções, valores de cada obra de arte rumo ao todo são reajustados; e aí reside a harmonia entre o antigo e o novo. Quem quer que haja aceito essa ideia de ordem, da forma da literatura europeia ou inglesa, não julgará absurdo que o passado deva ser modificado pelo presente tanto quanto o presente esteja orientado pelo passado. E o poeta que disso está ciente terá consciência de grandes dificuldades e responsabilidades. [...]

O que ocorre é uma contínua entrega de si mesmo, tal como se é num dado momento, a algo que se revela mais valioso. A evolução de um artista é um contínuo autossacrifício, uma contínua extinção da personalidade.

Resta aqui definir esse processo de despersonalização e sua relação com o sentido da tradição. É nessa despersonalização que a arte pode ser vista como próxima da condição de ciência.[24]

Quando Eliot diz que, para estimar um poeta, "é preciso situá-lo [...] entre os mortos", ele dá um exemplo preciso do passado puro de Deleuze. E quando escreve que "a ordem existente é completa antes que a nova obra apareça; para que a ordem persista após a introdução da novidade, a *totalidade* da ordem existente deve ser,

---

[24] T. S. Eliot, "Tradição e talento individual", em *Ensaios* (trad. Ivan Junqueira, São Paulo, Art Editora, 1989), p. 38-40, 42.

se jamais o foi sequer levemente, alterada: e desse modo as relações, proporções, valores de cada obra de arte rumo ao todo são reajustados", ele formula claramente nada menos que a ligação paradoxal entre a completude do passado e nossa capacidade de mudá-lo de maneira retroativa: precisamente porque o passado puro é completo, cada nova obra restabelece seu inteiro equilíbrio. É dessa maneira que devemos ler a crítica de Kafka à noção do Dia do Juízo como algo que vai chegar no fim dos tempos: "É somente nosso conceito de tempo que nos possibilita chamar o Dia do Juízo Final por esse nome; na realidade, trata-se de uma corte sumária numa sessão perpétua". Cada momento histórico contém seu próprio Juízo no sentido de seu "passado puro", que atribuiu um lugar a cada um de seus elementos, e esse Juízo está sendo constantemente reescrito. Vejamos a expressão precisa de Borges a propósito da relação entre Kafka e sua multiplicidade de precursores, desde os autores chineses antigos até Robert Browning:

> Em cada um desses textos, em maior ou menor grau, encontra-se a idiossincrasia de Kafka, mas, se ele não tivesse escrito, não a perceberíamos; vale dizer, não existiria. [...] cada escritor *cria* seus precursores. Seu trabalho modifica nossa concepção do passado, como há de modificar o futuro.[25]

Da mesma maneira, uma revolução radical faz (o que antes apareceu como) o impossível e assim cria seus próprios precursores – essa talvez seja a definição mais sucinta do que é um *ato* autêntico. Tal ato deveria ser propriamente localizado na trilogia (que reflete estranhamente a "trindade europeia" do inglês, do francês e do alemão): *acting out, passage à l'acte, Tat-Handlung* (neologismo de Fichte para o gesto fundador da autoposição [*self-positing*] do sujeito, em que a atividade e seu resultado se sobrepõem totalmente). *Acting out* é um acesso histérico dentro do mesmo grande Outro; *passage à l'acte* suspende destrutivamente o grande Outro; *Tat-Handlung* rearranja-o retroativamente. Nas palavras de Jacques-Alain Miller, "o *status* do ato é retroativo"[26]: um gesto "terá sido" um ato, torna-se um ato se, em suas consequências, é bem-sucedido ao perturbar e rearranjar o "grande Outro". A solução propriamente dialética do dilema "Está mesmo lá, na fonte, ou fomos nós que lemos esse sentido na fonte?" é esta: está lá, mas só podemos perceber e declarar isso retroativamente, da perspectiva do presente[27].

---

[25] Jorge Luis Borges, "Kafka e seus precursores", em *Outras inquisições* (trad. Sérgio Molina, São Paulo, Globo, 1999), p. 98. (Obras Completas, v. 2.)

[26] Jacques-Alain Miller, "L'acte entre intention et conséquence", *La cause freudienne*, n. 42, maio 1999, p. 7-16.

[27] A definição tradicional do bom amante (aquele que, ao brincar mansamente com meu corpo, torna-me consciente de novas capacidades de gozo intenso) também exemplifica à perfeição a lacuna entre o Em-si e o Para-si: a questão não é que o amante traga à tona uma capacidade de gozo que já está plenamente constituída em meu íntimo, mas da qual não tenho ciência, nem que

Um dos procedimentos comuns da crítica desfetichizadora e desreificadora é condenar (o que aparece como) uma propriedade direta do objeto percebido enquanto "determinação reflexiva" do sujeito (do observador): o sujeito ignora que seu olhar já está incluído no conteúdo percebido. Um exemplo da teoria recente: o desconstrucionismo pós-estruturalista não existe (em si, na França), pois foi inventado nos Estados Unidos por e por meio do olhar acadêmico norte-americano com todas as suas limitações constitutivas[28]. Em suma, uma entidade como "desconstrucionismo pós-estruturalista" (termo não usado na França) passa a existir somente para um olhar que não conhece os detalhes da cena filosófica na França: esse olhar une autores (Derrida, Deleuze, Foucault, Lyotard...) que simplesmente não são percebidos como parte da mesma episteme na França, assim como o conceito de filme *noir* pressupõe uma unidade que não existe "em si". E, da mesma maneira, o olhar francês, ignorante da tradição ideológica do populismo *anticombo* individualista norte-americano, e passando por lentes existencialistas, confunde a postura heroico-cínica, pessimista-fatalista do herói *noir* com uma atitude socialmente crítica. Da mesma maneira, a percepção norte-americana inscreveu os autores franceses no campo da crítica cultural radical, conferindo a eles, portanto, uma postura crítica social feminista etc. que, na maioria dos casos, está ausente na própria França. Desse modo, assim como o filme *noir* não é uma categoria do cinema norte-americano, mas sobretudo uma categoria da crítica do cinema francês e (posteriormente) da historiografia do cinema, o "desconstrucionismo pós-estruturalista" não é uma categoria da filosofia francesa, mas em primeiro lugar uma categoria da (má) recepção norte-americana dos terroristas franceses designados como tal.

Entretanto, esse é apenas o primeiro passo no nível da reflexão (externa). No passo seguinte e crucial, essas determinações subjetivas são desenvolvidas de maneira precisa não como meramente "subjetivas", mas como afetando simultaneamente a "coisa em si". A noção de "desconstrucionismo pós-estruturalista", embora resulte de uma perspectiva estrangeira limitada, extrai de seu objeto invisíveis potenciais para quem está diretamente engajado nele. Nisso reside o derradeiro paradoxo dialético da verdade e da falsidade: às vezes, a visão aberrante que confunde uma situação a partir de sua perspectiva limitada pode, por conta dessa mesma

---

modele ou molde ativamente minha capacidade de sentir o gozo. A questão é antes que o amante efetiva aquilo que já existia em mim no estado de um Em-si.

[28] O prefixo "pós" em "pós-estruturalismo" é, portanto, uma determinação reflexiva no estrito sentido hegeliano do termo: embora pareça designar uma propriedade de seu objeto – a mudança, o corte, na orientação intelectual francesa – ele envolve efetivamente uma referência ao olhar do sujeito que o percebe: "pós" aqui se refere ao que se sucedeu na teoria francesa depois que o olhar norte-americano (ou alemão) voltou-se para ela, ao passo que o "estruturalismo" *tout court* designa a teoria francesa "em si", antes de ser notada pelo olhar estrangeiro. Em resumo, o "pós-estruturalismo" é estruturalismo a partir do momento em que foi percebido pelo olhar estrangeiro.

limitação, perceber o potencial "reprimido" da constelação observada. E, além disso, a má percepção externa pode algumas vezes ter uma influência produtiva sobre o "original" em si que foi mal percebido, forçando-o a se tornar consciente de sua própria verdade "reprimida" (supostamente a noção francesa de *noir*, embora seja resultado de uma má percepção, teve uma forte influência nos últimos cineastas norte-americanos). A recepção norte-americana de Derrida não seria um exemplo supremo dessa produtividade da má percepção externa? Por mais que tenha *sido* claramente uma má percepção, ela não teve uma influência retroativa, porém produtiva, no próprio Derrida, forçando-o a enfrentar de maneira mais direta as questões ético-políticas? Nesse sentido, a recepção norte-americana de Derrida não teria sido uma espécie de *phármakon*, um suplemento do próprio Derrida "original" – uma falsa mácula venenosa, que distorce o original, mas ao mesmo tempo o mantém vivo? Em suma, estaria Derrida tão "vivo" hoje, se não fosse pela má percepção norte-americana de sua obra?

Nesse aspecto, Peter Hallward comete um erro no excelente *Out of this World*[29], em que ressalta somente o aspecto do passado puro como campo virtual em que o destino de todos os eventos atuais é selado de antemão, pois "tudo já está escrito" nele. Nesse ponto, em que vemos a realidade *sub specie aeternitatis*, a liberdade absoluta coincide com a necessidade absoluta e seu puro automatismo: ser livre significa deixar seguir livremente o fluxo com a/na necessidade substancial. Esse tópico reverbera nos debates cognitivistas atuais sobre o problema do livre-arbítrio. Compatibilistas como Daniel Dennett têm uma solução elegante para as reclamações dos incompatibilistas a respeito do determinismo[30]: quando os incompatibilistas reclamam que nossa liberdade não pode ser combinada com o fato de que todos os nossos atos fazem parte da grande corrente do determinismo natural, secretamente fazem uma suposição ontológica injustificada: primeiro, assumem que nós (o Si, o agente livre) estamos de certo modo *fora* da realidade, depois se queixam de se sentir oprimidos pela noção de que a realidade em seu determinismo os controla totalmente. Isso é o que há de errado na noção de sermos "aprisionados" pelas correntes do determinismo natural: dessa forma, nós obliteramos o fato de que fazemos *parte da* realidade, de que o conflito (possível, local) entre nossa aspiração "livre" e a realidade externa que resiste a ela é um conflito inerente na realidade em si. Quer dizer, não há nada de "opressivo" ou "constrangedor" em relação ao fato de nossas aspirações íntimas serem (pre)determinadas: quando nos sentimos cerceados em nossa liberdade pela pressão da realidade externa, tem de haver algo em nós, um desejo ou uma aspiração, que é cerceado – mas de onde surgem tais aspirações

---

[29] Peter Hallward, *Out of This World* (Londres, Verso Books, 2006).
[30] Ver Daniel Dennett, *Freedom Evolves* (Harmondsworth, Penguin Books, 2003). [Ed. port.: *A liberdade evolui*, trad. Jorge Beleza, Lisboa, Temas e Debates, 2005.]

se não dessa mesma realidade? De maneira misteriosa, nosso "livre-arbítrio" não "perturba o curso natural das coisas", é parte integrante desse curso. Para nós, ser "verdadeiramente" e "radicalmente" livres implicaria não haver conteúdo positivo envolvido em nosso ato livre – se não quisermos que nada "externo" e particular ou dado determine nosso comportamento, isso "envolveria sermos livres de todas as partes de nós mesmos"[31]. Quando um determinista afirma que nossa escolha livre é "determinada", isso não significa que nosso livre-arbítrio seja de alguma maneira limitado, que somos forçados a agir *contra* nossa vontade. O que é "determinado" é a própria coisa que queremos fazer "livremente", isto é, sem sermos cerceados pelos obstáculos externos.

Voltando a Hallward: embora esteja certo ao enfatizar que, para Deleuze, a liberdade "não é uma questão de liberdade humana, mas de libertação *do* humano"[32], de mergulhar totalmente no fluxo criativo da Vida absoluta, a conclusão política que ele extrai disso parece fácil demais:

> A implicação política imediata dessa posição [...] é bastante clara: uma vez que um modo livre, ou mônada, não é nada além daquele que eliminou sua resistência à vontade soberana que opera através dele, segue-se que quanto mais absoluto for o poder do soberano, mais "livres" são aqueles sujeitos em relação a ele.[33]

Mas nesse aspecto não estaria Hallward ignorando o movimento retroativo sobre o qual insiste Deleuze, isto é, que esse passado puro eterno que nos determina plenamente é em si sujeito à mudança retroativa? Somos, portanto, simultaneamente menos livres e mais livres do que pensamos: somos inteiramente passivos, determinados pelo passado e dependentes dele, mas temos liberdade para definir o escopo dessa determinação, para (sobre)determinar o passado que nos determinará. Aqui, Deleuze está surpreendentemente próximo de Kant, para quem somos determinados pelas causas, porém determinamos (podemos determinar) retroativamente quais causas nos determinam: nós, sujeitos, somos passivamente afetados por motivações e objetos patológicos; mas, de maneira reflexiva, temos o poder mínimo de aceitar (ou rejeitar) sermos afetados dessa maneira, ou seja, determinamos retroativamente as causas que podem nos determinar ou, pelo menos, o *modo* dessa determinação linear. A "liberdade", portanto, é inerentemente retroativa: em sua forma mais elementar, não é um simples ato que, do nada, inicia uma nova ligação causal, mas é, ao contrário, um ato retroativo de determinação da ligação ou sequência de necessidades que nos determinará. Aqui, deveríamos dar um toque

---

[31] Nicholas Fearn, *Filosofia: novas respostas para antigas questões* (trad. Maria Luiza X. de A. Borges, Rio de Janeiro, Zahar, 2007), p. 37.
[32] Peter Hallward, *Out of This World*, cit., p. 139.
[33] Idem.

hegeliano a Espinosa: a liberdade não é simplesmente "necessidade reconhecida/conhecida", mas necessidade reconhecida/assumida, a necessidade constituída/efetivada por meio desse reconhecimento. Portanto, quando Deleuze se refere à descrição de Proust da música de Vinteuil que persegue Swann – "como se os artistas, em vez de simplesmente tocar a frase, tivessem executado os ritos necessários para que ela aparecesse" –, ele está evocando a ilusão necessária: gerar o evento-sentido é algo vivenciado como evocação ritualística de um evento preexistente, como se o evento já estivesse lá, esperando nosso chamado em sua presença virtual.

A principal implicação filosófica da retroatividade hegeliana é que ela solapa o reino do princípio da razão suficiente: esse princípio só é válido na condição de causalidade linear, quando a soma das causas passadas determina um evento futuro – retroatividade significa que o conjunto de razões (passadas, dadas) nunca é completo e "suficiente", posto que as razões passadas são retroativamente ativadas pelo que é, dentro da ordem linear, seu efeito.

Mudando o destino

É claro que o que ressoa diretamente neste tópico é o tema protestante da predestinação: longe de ser um tema teológico reacionário, a predestinação é um elemento-chave da teoria materialista do sentido, desde que a interpretemos segundo a linha da oposição deleuziana entre o virtual e o atual*. Ou seja, a predestinação não significa que nosso destino é selado em um texto real que existe desde sempre na mente divina; a tessitura que nos predestina pertence ao passado eterno puramente virtual que, como tal, pode ser retroativamente reescrito por nossos atos. Na predestinação, o destino é substancializado em uma decisão que precede o processo, de modo que o fardo das atividades individuais não é constituir de maneira performativa seu destino, mas descobrir (ou adivinhar) seu destino preexistente. O que é ofuscado, portanto, é a reversão dialética da contingência em necessidade, ou seja, o modo como o resultado de um processo contingente assume a aparência de necessidade: as coisas, retroativamente, "terão sido" necessárias.

Esse talvez tenha sido o resultado derradeiro da singularidade da encarnação de Cristo: ela é um *ato* que muda radicalmente nosso destino. Antes de Cristo, éramos determinados pelo Destino, aprisionados no ciclo do pecado e do castigo; mas o apagamento de nossos pecados passados, representado por Cristo, significa precisamente que seu sacrifício muda nosso passado virtual e assim nos liberta. Quando

---

* Em contexto hegeliano, o termo inglês "*actual*" diz respeito ao alemão "*wirklich*", e em contexto deleuziano, ao francês "*actuel*". Para aproximar o leitor da precisão desses termos, procuramos manter, sempre que possível, a mesma distinção em português, traduzindo "actual" ora por "efetivo", ora por "atual". (N. T.)

Deleuze escreve que "minha ferida existia antes de mim, nasci para encarná-la", essa variação sobre o tema do gato de Cheshire e seu sorriso, de *Alice no país das maravilhas* (o gato nasceu para encarnar o sorriso), não estaria fornecendo uma fórmula perfeita para o sacrifício de Cristo – Cristo nasceu para encarnar sua ferida, para ser crucificado? O problema está na leitura teleológica literal dessa proposição: como se as ações de uma pessoa simplesmente efetivassem seu destino atemporal-eterno inscrito em sua ideia virtual:

> A única tarefa real de César é tornar-se digno dos eventos para os quais foi criado para encarnar. *Amor fati*. O que César faz efetivamente não acrescenta nada ao que ele é virtualmente. Quando César atravessa efetivamente o Rubicão, isso não envolve nenhuma deliberação ou escolha, pois simplesmente faz parte da expressão inteira e imediata da "cesaridade", simplesmente desenrola ou "desdobra algo que desde sempre estava contido na noção de César".[34]

Mas e a retroatividade de um gesto que (re)constitui esse passado em si? Talvez esta seja a definição mais sucinta do que é um *ato* autêntico: em nossa atividade costumeira, nós apenas seguimos efetivamente as coordenadas (virtuais-fantasmáticas) de nossa identidade, ao passo que um ato propriamente dito envolve o paradoxo de um movimento real que (retroativamente) muda as coordenadas "transcendentais" virtuais do ser de seu agente – ou, em termos freudianos, ele não só muda a atualidade de nosso mundo, como também "move seu submundo". Desse modo, temos um tipo reflexivo de "desdobramento da condição sobre o dado para o qual ela era a condição"[35]: enquanto o passado puro é a condição necessária para nossos atos, nossos atos não só criam uma nova realidade atual, mas também mudam retroativamente essa mesma condição.

Isso nos leva à ideia deleuziana de *signo*: as expressões atuais são signos de uma Ideia virtual que não é um ideal, mas antes um *problema*. O senso comum nos diz que há soluções verdadeiras e falsas para todos os problemas; para Deleuze, ao contrário, não há soluções definitivas para os problemas, as soluções são simplesmente tentativas repetidas de lidar com o problema, com seu impossível-real. *Os problemas em si, e não as soluções, é que são verdadeiros ou falsos*. Cada solução não só reage a "seu" problema, mas define-o retroativamente, formula-o de dentro de seu próprio horizonte específico. Por essa razão, o problema é universal e as soluções ou respostas são particulares. Deleuze, nesse ponto, aproxima-se surpreendentemente de Hegel: para este, a Ideia de Estado, digamos, é um problema, e cada forma específica do estado (república antiga, monarquia feudal, democracia moderna...) simplesmente propõe uma solução, redefinindo o problema em si. A passagem para

---

[34] Peter Hallward, *Out of This World*, cit., p. 54.
[35] James Williams, *Gilles Deleuze's* Difference and Repetition, cit., p. 109.

o próximo estado "mais elevado" do processo dialético ocorre exatamente quando, em vez de continuar procurando uma solução, nós problematizamos o problema em si, abandonando seus termos – por exemplo, em vez de continuar procurando um Estado "verdadeiro", nós abandonamos a própria referência ao Estado e procuramos uma existência comunal além do Estado. Um problema, portanto, não é apenas "subjetivo", não é apenas epistemológico, não diz respeito apenas ao sujeito que tenta resolvê-lo; ele é ontológico *stricto sensu*, inscrito na coisa em si: a estrutura da realidade é "problemática". Isto é, a realidade atual só pode ser apreendida como uma série de respostas a um problema virtual – por exemplo, na leitura de Deleuze da biologia, o desenvolvimento do olho como órgão deve ser entendido como uma solução para o problema de como lidar com a luz. E isso nos leva de volta ao signo: a realidade atual aparece como um "signo" quando é percebida como resposta a um problema virtual. "O problema e a questão não são determinações subjetivas, privativas, marcando um momento de insuficiência no conhecimento. A estrutura problemática faz parte dos objetos e permite apreendê-los como signos."[36]

Isso explica a estranha maneira como Deleuze opõe signos e representações: para o senso comum, uma representação mental reproduz diretamente o modo como uma coisa é, ao passo que um signo simplesmente aponta para ela, designando-a como um significante (mais ou menos) arbitrário. (Na representação de uma mesa, eu "vejo diretamente" uma mesa, ao passo que seu signo simplesmente aponta para a mesa.) Para Deleuze, ao contrário, as representações são mediatas e os signos são diretos, e a tarefa do pensamento criativo é "fazer do próprio movimento uma obra, sem interposição; [...] substituir representações mediatas por signos diretos"[37]. As representações são figuras dos objetos enquanto entidades objetivas desprovidas de suporte ou apoio virtual, e nós passamos da representação para o signo quando conseguimos discernir um objeto que aponta para seu fundamento virtual, para o problema em relação ao qual ele é uma resposta. Em poucas palavras, toda resposta é um signo de seu problema. Isso nos leva à noção de Deleuze do "vidente cego": cego para a realidade atual, sensível somente para a dimensão virtual das coisas. Deleuze recorre a uma metáfora maravilhosa de uma aranha desprovida de olhos e ouvidos, mas infinitamente sensível a tudo que ressoa através de sua rede virtual. Na paráfrase de Hallward:

> Formas atuais ou constituídas deslizam pela rede sem causar nenhuma impressão, pois a rede é feita para vibrar apenas em contato com formas virtuais ou intensivas. Quanto mais efêmero e molecular for o movimento, mais intensa será sua ressonância na rede. A rede responde aos movimentos de uma multiplicidade pura antes que ela tome qualquer forma definida.[38]

---

[36] Gilles Deleuze, *Diferença e repetição*, cit., p. 103.
[37] Ibidem, p. 29.
[38] Peter Hallward, *Out of This World*, cit., p. 118.

Isso nos coloca diante do problema central da ontologia de Deleuze: como se relacionam o virtual e o atual? "As coisas atuais expressam Ideias, mas não são causadas por elas"[39]. A noção de causalidade é limitada à interação de processos e coisas atuais; por outro lado, essa interação também causa os entes virtuais (sentido, Ideias): Deleuze não é idealista, Sentido para ele é sempre uma sombra ineficaz estéril que acompanha as coisas atuais. O que isso significa é que, para Deleuze, *gênese* (transcendental) *e causalidade são coisas totalmente opostas*: elas se dão em diferentes níveis.

As coisas atuais têm uma identidade, ao contrário das virtuais, que são puras variações. Para que expresse algo, uma coisa atual tem de mudar – tornar-se algo diferente –, ao passo que a coisa virtual expressa não muda – o que muda é apenas sua relação com outras coisas virtuais, outras intensidades e Ideias.[40]

Como essa relação muda? *Somente por meio das mudanças nas coisas atuais que expressam Ideias, pois todo o poder gerativo reside nas coisas atuais:* as Ideias pertencem ao domínio do Sentido, que é "apenas um vapor movendo-se no limite das coisas e das palavras"; como tal, o Sentido é "o Ineficaz, estéril incorpóreo, privado de seu poder de gênese"[41]. Pensemos em um grupo de indivíduos lutando pela Ideia de comunismo: para entender sua atividade, temos de levar em conta a Ideia virtual. Mas essa Ideia é, em si, estéril, não tem causalidade própria: toda causalidade reside nos indivíduos que a "expressam".

A lição que deve ser tirada do paradoxo básico do protestantismo (como é possível que uma religião que ensina a predestinação tenha sustentado o capitalismo, a maior explosão de atividade e liberdade humanas da história) é que a liberdade não é nem necessidade apreendida (a vulgata de Espinosa a Hegel e os marxistas tradicionais) nem necessidade negligenciada/ignorada (a tese das ciências cognitivas e do cérebro: liberdade é a "ilusão do usuário" da nossa consciência, que não tem ciência dos processos bioneurais que a determinam), mas uma *Necessidade que é pressuposta como/e desconhecida/desconhecível*. Sabemos que tudo é predeterminado, mas não sabemos *o que* é nosso destino predeterminado, e é essa incerteza que direciona nossa incessante atividade. A infame declaração de Freud de que a "anatomia é o destino" poderia ser interpretada segundo essa linha como um juízo especulativo hegeliano em que o predicado "converte-se" em sujeito. Ou seja, seu verdadeiro significado não é o significado óbvio, o alvo-padrão da crítica feminista ("a diferença anatômica entre os sexos determina diretamente os diferentes papéis sociossimbólicos de homens e mulheres"), mas seu oposto: a "verdade" da anato-

---

[39] James Williams, *Gilles Deleuze's* Difference and Repetition, cit., p. 200.
[40] Idem.
[41] Gilles Deleuze, *Diferença e repetição*, cit., p. 225.

mia é "destino", em outras palavras, uma formação simbólica. No caso da identidade sexual, uma diferença anatômica é "suprassumida", transformada no meio de aparição/expressão – mais precisamente, no suporte material – de determinada formação simbólica.

É dessa maneira que deveríamos diferenciar historicidade propriamente dita de evolução orgânica. Nesta, um Princípio universal diferencia-se lenta e gradualmente; como tal, continua sendo o impassível fundamento subjacente e oniabrangente que unifica a movimentada atividade dos indivíduos que lutam, o processo interminável de geração e corrupção que é o "círculo da vida". Na história propriamente dita, ao contrário, o Princípio universal está preso em uma luta "infinita" consigo mesmo; ou seja, a luta é, a cada vez, uma luta pelo destino da própria universalidade. Na vida orgânica, os momentos particulares estão em luta uns com os outros, e por meio dessa luta o Universal se reproduz; no Espírito, o Universal está em luta consigo mesmo.

É por isso que os momentos eminentemente "históricos" são aqueles marcados por grandes colisões, em que toda uma forma de vida é ameaçada, quando as normas culturais e sociais estabelecidas não mais garantem um mínimo de estabilidade e coesão; nessas situações abertas, uma nova forma de vida tem de ser inventada, e é nesse ponto que Hegel localiza o papel dos grandes heróis. Eles atuam em uma zona pré-legal, apátrida: sua violência não é limitada pelas regras morais, eles impõem uma nova ordem com a vitalidade subterrânea que estilhaça todas as formas estabelecidas. Segundo a doxa usual sobre Hegel, os heróis seguem paixões instintivas, seus verdadeiros motivos e objetivos não são claros para eles mesmos, eles são instrumentos inconscientes de uma necessidade histórica mais profunda e dão origem a uma nova forma de vida espiritual. No entanto, como aponta Lebrun, não devemos imputar a Hegel a noção teleológica tradicional de uma mão invisível da Razão puxando as cordas do processo histórico, seguindo um plano estabelecido de antemão e usando as paixões dos indivíduos como instrumentos para sua implementação. Primeiro, como o significado de seus atos é *a priori* inacessível aos indivíduos que os realiza, inclusive aos heróis, não existe uma "ciência da política" capaz de predizer o curso dos eventos: "ninguém jamais terá direito a se declarar depositário do Saber-de-Si do Espírito"[42], e essa impossibilidade "protege Hegel do fanatismo da 'responsabilidade objetiva'"[43]. Em outras palavras, não há lugar em Hegel para a figura marxista-stalinista do revolucionário comunista que entende a necessidade histórica e se põe como o instrumento de sua implementação. Contudo, é crucial acrescentarmos mais um elemento: se apenas afirmamos essa impossibilidade, continuamos "concebendo o Absoluto como Substância, não como Sujeito" – continua-

---

[42] Gérard Lebrun, *O avesso da dialética*, cit., p. 33.
[43] Ibidem, p. 34.

mos presumindo que existe um Espírito preexistente que impõe sua Necessidade substancial na história enquanto aceita que o conhecimento dessa Necessidade nos seja negado. Para sermos consistentemente hegelianos, no entanto, precisamos dar mais um passo crucial e insistir que a Necessidade histórica não preexiste ao processo contingente de sua efetivação, isto é, que o processo histórico é, em si, "aberto", indeterminado – essa mistura confusa "gera sentido *na medida em que se revela*":

> São os homens, e somente eles, que fazem a História, ao passo que o Espírito é o que nesse fazer se explicita. [...] Não se trata mais, como nas teodiceias ingênuas, de encontrar uma justificativa para cada acontecimento. *No momento mesmo*, nenhuma harmonia celeste se faz escutar, ante o ruído, o furor. Porém, uma vez que o tumulto se recolheu, se fez passado, uma vez que o acontecido (o que adveio) se converteu em concebido, é lícito dizer, numa palavra, que "o curso da História" já se delineia um pouco mais. Se a História progride, é para quem olha para trás; se é progressão de uma linha de sentido, é por retrospecção. [...] a "Necessidade-Providência" hegeliana é tão pouco autoritária que mais parece aprender, com o curso do mundo, o que eram os seus desígnios.[44]

É assim que deveríamos ler a tese de Hegel de que, no curso do desenvolvimento dialético, as coisas "tornam-se aquilo que são": não que um desdobramento temporal simplesmente efetive uma estrutura conceitual atemporal preexistente – essa estrutura conceitual é em si o resultado de decisões temporais contingentes. Vejamos o caso exemplar de uma decisão contingente cujo resultado definiu a vida inteira do agente: a travessia do Rubicão feita por César:

> Não basta dizer que atravessar o Rubicão seja parte de uma noção completa de César. Deveríamos dizer que César é definido pelo fato de ter atravessado o Rubicão. Sua vida não segue um roteiro escrito no livro de alguma deusa: não existe um livro que já conteria as relações de César com a vida, pela simples razão de que sua vida em si é esse livro e que, a cada momento, um evento é em si sua própria narrativa.[45]

Mas por que então não poderíamos dizer que simplesmente não existe nenhuma estrutura conceitual atemporal, tudo o que existe é um desdobramento temporal gradual? Aqui encontramos o paradoxo propriamente dialético que define a historicidade verdadeira como oposta ao historicismo evolucionista, e que, muito tempo depois, foi formulado no estruturalismo francês como a "primazia da sincronia sobre a diacronia". Tal primazia foi comumente interpretada como a negação derradeira da historicidade no estruturalismo: um desenvolvimento histórico pode ser reduzido ao desdobramento temporal (imperfeito) de uma matriz atemporal preexistente de todas as combinações/variações possíveis. Essa noção simplista da "primazia da sin-

---

[44] Ibidem, p. 34-6.
[45] Ibidem, p. 87.

cronia sobre a diacronia" ignora a afirmação propriamente dialética feita há muito tempo, entre outros, por T. S. Eliot (ver o longo trecho citado anteriormente), com respeito ao modo pelo qual cada fenômeno artístico verdadeiramente novo não só designa uma ruptura com todo o passado, como também muda esse mesmo passado retroativamente. Em cada conjuntura histórica, o presente não é só presente, mas também engloba uma perspectiva sobre o passado imanente a ele. Depois da desintegração da União Soviética, por exemplo, a Revolução de Outubro não é mais o mesmo evento histórico: não é mais (do triunfante ponto de vista capitalista liberal) o começo de uma nova época progressista na história da humanidade, mas o começo de um desvio no curso da história que chegou ao fim em 1991.

Essa é a lição fundamental do anti-"mobilismo" de Hegel; a dialética não tem absolutamente nada a ver com a justificação historicista de uma política ou prática particular em determinado estágio do desenvolvimento histórico, uma justificação que pode ser inutilizada depois em um estágio mais "elevado". Em reação à revelação dos crimes de Stalin no XX Congresso do Partido Comunista Soviético, Brecht observou que o mesmo agente político que antes desempenhara um papel importante no processo revolucionário (Stalin) agora se tornava um obstáculo a ele, e exaltou esse fato com um *insight* propriamente "dialético" – portanto deveríamos rejeitar essa lógica. Na análise dialética da história, ao contrário, cada "estágio" novo "reescreve o passado" e deslegitima retroativamente o estágio anterior.

A coruja de Minerva

De volta a César: depois de ter atravessado o Rubicão, sua vida precedente apareceu de uma nova maneira, como uma preparação para seu papel histórico-mundial posterior, ou seja, foi transformada em parte de uma história de vida totalmente diferente. Isto é o que Hegel chama de "totalidade" e o estruturalismo chama de "estrutura sincrônica": um momento histórico que não é limitado ao presente, mas inclui seu próprio passado e futuro; em outras palavras, o modo como o passado e o futuro aparecem para e a partir desse momento. A principal implicação de concebermos a ordem simbólica como uma totalidade é que, longe de reduzi-la a um tipo de *a priori* transcendental (uma rede formal, dada de antemão, que limita o escopo da prática humana), deveríamos seguir Lacan e nos concentrar no modo como os gestos da simbolização são entrelaçados no processo da prática coletiva e incorporados nele. O que Lacan elabora como "duplo movimento" da função simbólica vai muito além da teoria-padrão da dimensão performativa da fala, como desenvolvida na tradição desde J. L. Austin até John Searle:

> a função simbólica apresenta-se como um duplo movimento no sujeito: o homem faz de sua ação um objeto, mas para ela devolver em tempo hábil seu lugar fundador. Nesse

equívoco, que opera a todo instante, reside todo o progresso de uma função em que se alternam a ação e o conhecimento.[46]

O exemplo histórico evocado por Lacan para esclarecer esse "duplo movimento" está indicado em suas referências ocultas: "primeiro tempo, o homem que trabalha na produção em nossa sociedade inclui-se na categoria dos proletários; segundo tempo, em nome desse vínculo, ele faz greve geral"[47]. A referência (implícita) de Lacan nesse ponto é *História e consciência de classe*, de Lukács, obra marxista clássica de 1923 cuja aclamada tradução francesa foi publicada em meados da década de 1950. Para Lukács, a consciência é oposta ao mero conhecimento de um objeto: o conhecimento é externo ao objeto conhecido, ao passo que a consciência é, em si, "prática", um ato que muda o próprio objeto. (Uma vez que o trabalhador "inclui-se na categoria dos proletários", isso muda sua própria realidade: ele age de maneira diferente.) O sujeito faz algo, considera-se (declara-se) aquele que o fez e, tendo essa declaração como base, faz algo novo – o momento próprio da transformação subjetiva ocorre no momento da declaração, não no momento do ato. Esse momento reflexivo da declaração significa que cada elocução não só transmite um conteúdo, mas ao mesmo tempo *determina como o sujeito se relaciona com esse conteúdo*. Até mesmo os mais realísticos objetos e atividades sempre contêm essa dimensão declarativa, que constitui a ideologia da vida cotidiana.

No entanto, Lukács continua demasiado idealista quando propõe uma simples substituição do Espírito hegeliano pelo proletariado enquanto Sujeito-Objeto da História: Lukács não é aqui necessariamente hegeliano, mas um idealista pré-hegeliano[48]. Somos até tentados a falar da "reversão idealista de Hegel" realizada por Marx: em contraste com Hegel, que *a posteriori* sabia muito bem que a coruja de Minerva levanta voo apenas ao anoitecer – que o Pensamento segue o Ser (por esse motivo, para Hegel, não pode haver um *insight* científico sobre o futuro da sociedade) –, Marx reafirma a primazia do Pensamento: a coruja de Minerva (filosofia contemplativa alemã) deveria ser substituída pelo canto do galo gaulês (pensamento revolucionário francês), anunciando a revolução proletária (no ato da revolução proletária, o Pensamento precederá o Ser). Portanto, Marx vê no tema hegeliano da coruja de Minerva uma indicação do positivismo secreto da especulação idealista de Hegel: este deixa a realidade como é.

A réplica hegeliana é que o atraso da consciência não implica um objetivismo simplista que afirma que a consciência está presa em um processo objetivo transcendente. Os hegelianos aceitam a noção de Lukács da consciência como

---

[46] Jacques Lacan, *Escritos* (trad. Vera Ribeiro, Rio de Janeiro, Zahar, 1998), p. 286.
[47] Ibidem, p. 287.
[48] Ver György Lukács, *História e consciência de classe* (trad. Rodnei Nascimento, São Paulo, Martins Fontes, 2003).

oposta ao mero conhecimento de um objeto; o que é inacessível à consciência é o impacto do próprio ato do sujeito, sua própria inscrição na objetividade. É claro que o pensamento é imanente à realidade e a modifica, mas não como uma autoconsciência totalmente autotransparente, não como um Ato ciente de seu próprio impacto. Não obstante, o próprio Marx chega perto desse paradoxo da retroatividade não teleológica quando, a propósito da noção de trabalho, ele afirma em seus *Grundrisse*:

> as próprias categorias mais abstratas, apesar de sua validade para todas as épocas – justamente por causa de sua abstração –, na determinabilidade dessa própria abstração, são igualmente produto de relações históricas e têm sua plena validade só para essas relações e no interior delas.
>
> A sociedade burguesa é a mais desenvolvida e diversificada organização histórica da produção. Por essa razão, as categorias que expressam suas relações e a compreensão de sua estrutura permitem simultaneamente compreender a organização e as relações de produção de todas as formas de sociedade desaparecidas, com cujos escombros e elementos edificou-se, parte dos quais ainda carrega consigo como resíduos não superados, parte [que] nela se desenvolvem de meros indícios em significações plenas etc. A anatomia do ser humano é uma chave para a anatomia do macaco. Por outro lado, os indícios de formas superiores nas espécies animais inferiores só podem ser compreendidos quando a própria forma superior já é conhecida.[49]

Em resumo, parafraseando Pierre Bayard, podemos dizer que o que Marx quer dizer aqui é que a anatomia do macaco, embora formada mais cedo que a anatomia do homem, de certa forma *plagia por antecipação a anatomia do homem*. No entanto, a questão permanece: o pensamento de Hegel abriga tal abertura para o futuro, ou o fechamento de seu Sistema o tolhe *a priori*? Apesar das aparências enganadoras, devemos dizer que sim, o pensamento de Hegel é aberto para o futuro, mas precisamente por causa de seu fechamento. Ou seja, a abertura de Hegel para o futuro é uma *negativa*: é articulada em suas declarações negativas/limitadoras, como a famosa afirmação da *Filosofia do direito* de que o sujeito "não pode saltar além de seu tempo". A impossibilidade de nos apropriarmos diretamente do futuro é fundamentada no próprio fato da retroatividade que torna o futuro imprevisível *a priori*: não podemos subir em nossos ombros e nos ver "objetivamente", da maneira como nos enquadramos na tessitura da história, porque essa tessitura é repetida e retroativamente rearranjada. No campo teológico, Karl Barth ampliou essa imprevisibilidade até o Juízo Final, enfatizando que a revelação final de Deus será totalmente incomensurável em relação a nossas expectativas:

---

[49] Karl Marx, *Grundrisse. Manuscritos econômicos de 1857-1858: esboços da crítica da economia política* (trad. Mario Duayer, Nélio Schneider, Alice Helga Werner e Rudiger Hoffman, São Paulo/Rio de Janeiro, Boitempo/UFRJ, 2011), p. 58.

Deus não está oculto de nós; Ele está revelado. Mas o que e como deveríamos ser em Cristo, e o que e como o mundo será em Cristo no fim do caminho de Deus, na irrupção da redenção e da conclusão, é que não nos é revelado; isso, sim, está oculto. Sejamos honestos: não sabemos o que dizemos quando falamos da volta de Cristo no julgamento, e da ressurreição dos mortos, da vida e da morte eternas. Que tudo isso estará associado a uma revelação pungente – uma visão comparada à qual toda a nossa visão presente terá sido cegueira – é demasiado atestado nas Escrituras para que sintamos o dever de nos preparar. Pois não sabemos o que será revelado quando a última venda for retirada de nossos olhos, de todos os olhos: como contemplaremos uns aos outros e o que seremos uns para os outros – a humanidade de hoje e a humanidade de séculos e milênios atrás, ancestrais e descendentes, maridos e esposas, sábios e tolos, opressores e oprimidos, traidores e traídos, assassinos e vítimas, Ocidente e Oriente, alemães e outros, cristãos, judeus e pagãos, ortodoxos e hereges, católicos e protestantes, luteranos e reformados; sob que divisões e uniões, que confrontos e conexões cruzadas os lacres de todos os livros serão abertos; quanta coisa nos parecerá pequena e sem importância; quanta coisa só então parecerá grande e importante; para que surpresas de todos os tipos devemos nos preparar.

Também não sabemos o que a Natureza, como cosmos em que vivemos e continuamos a viver aqui e agora, será para nós; o que as constelações, o mar, os amplos vales e colinas que hoje vemos e conhecemos dirão e significarão.[50]

Com essa observação torna-se claro como é falso, como é "demasiado humano", o medo de que os culpados não sejam devidamente punidos – aqui, em particular, temos de abandonar nossas expectativas: "Estranha cristandade, cuja ânsia mais urgente parece ser que a graça de Deus um dia se mostre demasiadamente irrestrita entre os vivos, que o inferno, em vez de povoado por tantas pessoas, mostre-se vazio!"[51]. E a mesma incerteza vale para a própria Igreja – ela não possui um conhecimento superior, é como um carteiro que entrega a correspondência sem ter ideia do que ela diz: "A Igreja transmite da mesma maneira que um carteiro transmite a correspondência; não se pergunta à Igreja o que ela pensa estar desencadeando com isso, ou o que faz com a mensagem. Quanto menos manipulá-la e quanto menos marcas dos próprios dedos nela deixar, mais a estará passando simplesmente como a recebeu – e melhor será"[52]. Só existe uma certeza incondicional nisso tudo: a certeza de Jesus Cristo como nosso salvador – o que é um "rígido designador", que permanece o mesmo em todos os mundos possíveis.

Sabemos apenas uma coisa: Jesus Cristo é também o mesmo na eternidade, Sua graça é toda e completa, preservada ao longo do tempo até a eternidade, até o novo mundo de Deus que existirá e será reconhecido de maneira totalmente diferente, é incondicional

---

[50] Karl Barth, *God Here and Now* (Nova York, Routledge, 2003), p. 45-6.
[51] Ibidem, p. 42.
[52] Ibidem, p. 49.

e por isso certamente não tem nenhuma ligação com purgatórios, sessões de tortura ou reformatórios após a morte.[53]

Não admira que Hegel tenha formulado essa mesma limitação a propósito da política: sobretudo como comunistas, devemos nos abster de qualquer imaginação positiva sobre a futura sociedade comunista. É claro que estamos nos apropriando do futuro, mas a maneira como fazemos isso só se tornará inteligível quando o futuro estiver aqui; portanto, não deveríamos depositar muita esperança na busca desesperada dos "germes do comunismo" na sociedade atual.

Será negativa a última consequência de nossa percepção do "efeito de retroversão"? Devemos limitar, ou mesmo rejeitar, ações sociais ambiciosas, posto que, por razões estruturais, elas sempre levam a resultados não intencionais (e, como tais, potencialmente catastróficos)? Temos de fazer mais uma distinção aqui: entre a "abertura" da contínua atividade simbólica que está aprisionada no "efeito de retroversão", com o significado de cada um de seus elementos decididos retroativamente, e o ato em um sentido muito mais forte do termo. No primeiro caso, as consequências não intencionais de nossos atos são simplesmente devidas ao grande Outro, à complexa rede simbólica que sobredetermina (e por isso desaloja) seu significado. No segundo caso, as consequências não intencionais surgem da falha do grande Outro, ou seja, da maneira como nosso ato tanto se baseia no grande Outro quanto o desafia e transforma radicalmente. A percepção de que o poder de um ato propriamente dito é criar retroativamente suas próprias condições de possibilidade não deveria nos fazer recear admitir aquilo que, antes do ato, aparece como impossível: somente dessa forma nosso ato toca o Real. Talal Asad, redarguindo à crítica de Judith Butler de que não está claro com que fim, moral ou político, ele se empenha em explorar e problematizar as noções liberais de liberdade e justiça, dá uma belíssima resposta hegeliana:

> Não se pode dar uma resposta abstrata a essa questão porque são exatamente as implicações das coisas ditas e feitas em diferentes circunstâncias que tentamos entender. [...] deveríamos estar preparados para o fato de que aquilo que temos como alvo no pensamento pode ser menos significante do que aquilo a que chegamos no fim. [...] no processo do pensamento, deveríamos estar abertos para acabar em lugares que não estavam previstos – quer gerem satisfação ou desejo, desconforto ou horror.[54]

Somos livres somente contra o fundo dessa não transparência: se pudéssemos prever totalmente as consequências de nossos atos, nossa liberdade seria apenas "necessidade conhecida" de modo pseudo-hegeliano, pois consistiria em livremente escolher e querer o que sabemos ser necessário. Nesse sentido, liberdade e necessi-

---

[53] Ibidem, p. 46.
[54] Talal Asad et al., *Is Critique Secular?* (Berkeley, University of California Press, 2009), p. 138-9.

dade seriam plenamente coincidentes: ajo livremente quando sigo conscientemente minha necessidade interna, os incitamentos que descubro em mim mesmo como minha verdadeira natureza substancial. Mas se esse é o caso, estamos retrocedendo de Hegel a Aristóteles, pois não estamos mais lidando com o sujeito hegeliano que produz ("põe") seu próprio conteúdo, e sim com um agente empenhado em efetivar seus potenciais imanentes, suas "forças essenciais" positivas, como afirma o jovem Marx em sua crítica profundamente aristotélica de Hegel. O que se perde aqui é a dialética da retroatividade constitutiva de sentido, da contínua (re)totalização retroativa de nossa experiência.

É difícil manter essa abertura para a contingência radical – nem mesmo um racionalista como Habermas conseguiu fazê-lo. Seu interesse tardio pela religião rompe com a preocupação liberal tradicional com o conteúdo humanista, espiritual etc. que está oculto na forma religiosa. O que lhe interessa é essa forma em si: em particular entre aqueles que *de fato* acreditam fundamentalmente e estão dispostos a arriscar a própria vida por suas crenças, exibindo a energia bruta e o compromisso incondicional ausentes na anêmica postura cético-liberal – como se o influxo desse engajamento incondicional pudesse revitalizar a dessecação pós-política da democracia. Habermas responde aqui ao mesmo problema que Chantal Mouffe enfrentou com seu "pluralismo agonístico" – nomeadamente, como reintroduzir a paixão na política. Contudo, não estaria ele, portanto, engajado em uma espécie de vampirismo ideológico, sugando a energia dos crentes ingênuos sem estar preparado para abandonar a própria postura secular-liberal, de modo que a crença plenamente religiosa retém uma espécie de Alteridade fascinante e misteriosa? Como Hegel mostrou a propósito da dialética do Iluminismo e da fé na *Fenomenologia do espírito*, a oposição entre o Iluminismo formal e as crenças fundamental-substanciais é falsa, trata-se de uma posição ideológico-existencial inatingível. O que deveria ser feito é assumir plenamente a identidade dos dois momentos opostos, exatamente o que o "materialismo cristão" apocalíptico pode fazer: unir a rejeição da Alteridade divina e o compromisso incondicional.

No entanto, é nesse mesmo ponto – depois de reconhecer a ruptura radical de Hegel com a teodiceia metafísica tradicional e admitir a abertura de Hegel em relação ao porvir – que Lebrun dá seu passo decisivo. Sua estratégia nietzschiana fundamental é, em primeiro lugar, admitir a natureza radical da destruição da metafísica tradicional em Hegel e, em segundo lugar, em um passo crucial, demonstrar que esse sacrifício radical do conteúdo metafísico preserva a forma mínima da metafísica. Obviamente, as acusações à teodiceia de Hegel são insuficientes: não existe um Deus substancial que escreve o roteiro da História antecipadamente e observa sua realização; a situação é aberta, a verdade surge somente pelo processo de seu desdobramento etc. – mas o que Hegel sustenta, não obstante, é a pressuposição muito mais profunda de que *a coruja de Minerva levanta voo* na medida em que o crepúsculo cai sobre os eventos do dia, de que no fim há sempre uma história para ser contada, uma história que (de modo tão "retroativo" e "contingente" quanto quisermos) reconstitui o Sentido do processo anterior. Do mesmo modo, com respeito à dominação, Hegel é obviamente contra toda forma de dominação despótica, portanto a crítica de seu pensamento como divinização da monarquia prussiana é ridícula; entretanto, sua afirmação da liberdade subjetiva tem uma condição: é a liberdade do sujeito que sofre uma violenta "transubstanciação" do indivíduo preso em sua particularidade para o sujeito universal que reconhece no Estado a substância de seu próprio ser. O anverso do espelho dessa mortificação da individualidade como preço a ser pago pelo advento do sujeito universal "verdadeiramente" livre é que o poder do Estado mantém sua autoridade plena – o que muda é que essa autoridade (assim como em toda a tradição a partir de Platão) perde seu caráter tirânico-contingente e torna-se um poder justificado racionalmente.

Desse modo, a questão é se Hegel busca ou não de fato uma estratégia desesperada de sacrificar todas as coisas, todo o conteúdo metafísico, a fim de salvar o essencial, a forma em si (a forma de uma reconstrução racional retrospectiva, a forma da autoridade que impõe no sujeito o sacrifício de todo conteúdo particular etc.). Ou será que o próprio Lebrun, ao fazer esse tipo de crítica, põe em prática a estratégia fetichista do *je sais bien, mais quand même...* ("Sei bem que Hegel leva até o fim a destruição das pressuposições metafísicas, mas ainda assim...")? A resposta para esse tipo de crítica toma a forma de uma pura tautologia que marca a passagem da contingência para a necessidade: haverá uma história para ser contada *se* houver uma história para ser contada. Ou seja, *se*, devido à contingência, uma história surge no fim, *então* essa história aparecerá como necessária. Sim, a história é necessária, mas sua necessidade é em si contingente.

Não obstante, não há uma ponta de verdade na postura crítica de Lebrun? Será que Hegel não pressupõe de fato que, por mais contingente e aberta que seja a história, uma história consistente sempre pode ser contada depois do evento? Ou, em termos lacanianos, não seria o edifício inteiro da historiografia hegeliana baseado na premissa de que, não importa quão confusos sejam os próprios eventos, *um sujeito suposto saber* surgirá no fim, transformando de maneira mágica o sem sentido em sentido, o caos em uma nova ordem? Lembremo-nos simplesmente aqui sua filosofia da história, com uma narrativa da história mundial como a história do progresso da liberdade... E não é verdade que, se há uma lição a ser tirada do século XX, é que todos os fenômenos extremos que ocorreram nesse período não podem ser unificados em uma única narrativa filosófica abrangente? Simplesmente não podemos escrever uma "fenomenologia do espírito do século XX", unindo o progresso tecnológico, o advento da democracia, a fracassada experiência comunista, os horrores do fascismo, o fim gradual do colonialismo... Por que não? É *realmente* assim? E se pudéssemos e tivéssemos de escrever precisamente uma história hegeliana do século XX – essa "era dos extremos", como diz Eric Hobsbawm – como uma narrativa global delimitada por duas constelações epocais que partisse do (relativamente) longo período de paz da expansão capitalista (de 1848 a 1914), cujos antagonismos subterrâneos eclodiram com a Primeira Guerra Mundial, e terminasse na contínua "Nova Ordem Mundial" global-capitalista, que surgiu depois de 1990 como um retorno a um novo sistema oniabrangente que sinaliza um tipo de "fim da história" hegeliano, mas cujos antagonismos já anunciam novas explosões? Não seriam as grandes reversões e inesperadas explosões do confuso século XX, suas numerosas "coincidências dos opostos" – a reversão do capitalismo liberal em fascismo, a reversão ainda mais estranha da Revolução de Outubro em pesadelo stalinista – a própria matéria privilegiada que parece requerer uma leitura hegeliana? O que Hegel teria feito da luta atual do liberalismo contra a fé fundamentalista? Uma coisa é certa: ele não teria simplesmente tomado o partido do liberalismo, mas teria insistido na "mediação" dos opostos[55].

Potencialidade versus *virtualidade*

Por mais convincente que pareça, o diagnóstico crítico de Lebrun sobre a aposta hegeliana de que sempre há uma história para contar é mais uma vez insuficiente: Lebrun deixa escapar um aspecto que complica a imagem de Hegel. Sim, Hegel suprassume o tempo na eternidade – mas essa suprassunção tem de aparecer como (depender de) um evento temporal contingente. Sim, Hegel suprassume a contingência em uma ordem racional universal – mas essa mesma ordem depende de um excesso contingente (o Estado como totalidade racional, digamos, só pode se efetivar por meio da figura "irracional" do rei como seu dirigente). Sim, a luta é suprassumida na paz da reconciliação (aniquilação mútua) dos opostos, mas essa reconciliação tem de aparecer como seu oposto, como um ato de extrema violência. Portanto, Lebrun está certo ao enfatizar que o tema hegeliano da luta dialética entre os opostos está tão longe quanto possível de uma atitude engajada de "tomar partido": para Hegel, a "verdade" da luta sempre é, com uma necessidade inexorável, a destruição mútua dos opostos – a "verdade" de um fenômeno sempre reside em sua autoaniquilação, na destruição de seu ser imediato. Mas Lebrun deixa passar o

---

[55] E não devemos nos esquecer de que, para Hegel, sua reconstrução filosófica da história de modo algum pretende "cobrir tudo", mas conscientemente deixar lacunas: o período medieval, por exemplo, é para Hegel uma grande regressão – não surpreende que em suas aulas de história da filosofia ele rejeite o todo do pensamento medieval em poucas páginas, negando categoricamente qualquer importância histórica a figuras como Tomás de Aquino. Isso sem falarmos da destruição das grandes civilizações, como a dizimação de grande parte do mundo muçulmano pelos mongóis (destruição de Bagdá etc.) no século XIII – não há nenhum "significado" nessa destruição, a negatividade desencadeada por ela não abre espaço para uma nova forma da vida histórica.

paradoxo propriamente dito: Hegel não só não tinha problema nenhum em tomar partido (em geral com uma parcialidade muito violenta) nos debates políticos de sua época, como todo o seu modo de pensar é profundamente "polêmico" – sempre interferindo, atacando, tomando partido e, como tal, muito longe da posição imparcial da Sabedoria que observa a luta contínua de uma distância neutra, ciente de sua nulidade *sub specie aeternitatis*. Para Hegel, a verdadeira universalidade ("concreta") é acessível somente de um ponto de vista "parcial" engajado.

A relação hegeliana entre necessidade e liberdade é comumente lida em termos de sua derradeira coincidência: a verdadeira liberdade não tem nada a ver com escolha caprichosa; significa a primazia da relação consigo sobre a relação com o outro. Em outras palavras, um ente é livre quando consegue desenvolver seu potencial imanente sem ser impedido por nenhum obstáculo interno. A partir daí é possível desenvolver o argumento-padrão contra Hegel: seu sistema é um conjunto totalmente "saturado" de categorias, sem lugar para a contingência e para a indeterminação, pois na lógica de Hegel cada categoria resulta, com uma inexorável necessidade lógico-imanente, da categoria anterior, e toda a série de categorias forma um Todo fechado em si mesmo. Podemos entender agora o que escapa ao seu argumento: o processo dialético hegeliano não é o Todo necessário, "saturado" e autocontido, mas o *processo aberto e contingente pelo qual esse Todo se forma*. Em outras palavras, a crítica confunde ser com devir: ela percebe como uma ordem fixa do Ser (a rede de categorias) o que, para Hegel, é o processo do Devir, que engendra *retroativamente* sua necessidade.

O mesmo argumento pode ser dado em termos da distinção entre potencialidade e virtualidade. Quentin Meillassoux esboçou os contornos de uma ontologia materialista pós-metafísica cuja premissa básica é a multiplicidade cantoriana dos infinitos que não pode ser totalizada em um "Um" oniabrangente. Ele se baseia em Badiou, que também aponta como o grande avanço materialista de Cantor diz respeito ao *status* dos números infinitos (e exatamente por ser materialista é que esse avanço causou um trauma psicológico tão grande a Cantor, católico devoto): antes de Cantor, o Infinito era associado ao Um, a forma conceitual de Deus na religião e na metafísica; depois de Cantor, o Infinito entra no domínio do Múltiplo – implica a existência efetiva de multiplicidades infinitas, bem como um número infinito de diferentes infinidades[56]. Então a escolha entre materialismo e idealismo diz respeito ao mais básico esquema da relação entre a multiplicidade e o Um na ordem do significante? Será o fato primordial aquele da multiplicidade de significantes, que então é totalizada através da subtração do Um? Ou será o fato primordial aquele do "Um barrado" – mais precisamente, da tensão entre o Um e seu lugar vazio,

---

[56] Alain Badiou, *Second manifeste pour la philosophie* (Paris, Fayard, 2009), p. 127-8.

da "repressão primordial" do significante binário, de modo que a multiplicidade surja para preencher esse vácuo, a falta do significante binário? Embora pareça que a primeira versão seja materialista e a segunda seja idealista, devemos resistir a essa reconfortante tentação: de uma posição verdadeiramente materialista, a multiplicidade só é possível contra o pano de fundo do Vazio – somente isso torna a multiplicidade não-Toda. A "gênese" (deleuziana) do Um a partir da multiplicidade primordial, esse protótipo de explicação "materialista" de como surge o Um totalizador, deveria ser rejeitada, portanto: não admira que Deleuze seja ao mesmo tempo o filósofo do Um (vitalista).

Com respeito a sua configuração formal mais elementar, o par formado por idealismo e materialismo só pode ser expressa como a oposição entre a falta primordial e a curvatura autoinvertida do ser: se para o "idealismo" a falta (buraco ou lacuna na ordem do ser) é um fato intransponível (que, portanto, pode ser ou aceito como tal ou preenchido com um conteúdo positivo imaginado), para o "materialismo" a falta é, em última análise, o resultado de uma curvatura do ser, uma "ilusão de perspectiva", uma forma da aparência da torção do ser. Em vez de reduzir uma à outra (em vez de conceber a curvatura do ser como uma tentativa de obliterar a falta primordial, ou a falta em si como má apreensão da curvatura), deveríamos insistir na irredutível lacuna paraláctica entre as duas. Em termos psicanalíticos, essa é a lacuna entre o desejo e a pulsão, e aqui também deveríamos resistir à tentação de priorizar um termo e reduzir o outro a seu efeito estrutural. Ou seja, podemos conceber o movimento rotatório da pulsão como uma maneira de evitar o impasse do desejo: a falta/impossibilidade primordial, o fato de o objeto do desejo estar sempre perdido, é convertida em lucro quando o objetivo da libido deixa de ser atingir seu objeto e passa a ser rodeá-lo repetidas vezes – a satisfação é gerada pelo próprio fracasso repetido da satisfação direta. E também podemos conceber o desejo como um modo de evitar a circularidade da pulsão: O movimento rotatório, fechado em si mesmo, é remodelado como um fracasso repetido de atingir um objeto transcendente que sempre se esquiva de sua apreensão. Em termos filosóficos, esse par reflete (não o par de Espinosa e Hegel, mas) o par de Espinosa e Kant: a pulsão espinosiana (não fundamentada em uma falta) *versus* o desejo kantiano (de chegar à Coisa numenal).

Mas Hegel começa de fato com a multiplicidade contingente? Ou será que, ao contrário, oferece uma "terceira via", através do ponto da não decisão entre desejo e pulsão? Na verdade, ele não começa com o Ser e depois deduz a multiplicidade dos existentes (seres-aí), que surge como resultado do primeiro trio, ou melhor, do quarteto ser-nada-devir-existente? Aqui, devemos ter em mente o importante fato de que, quando escreve sobre a passagem do Ser ao Nada, Hegel recorre ao pretérito: o Ser não passa ao Nada, ele *sempre-já passou* ao Nada e assim por diante. A primeira tríade da Lógica não é uma tríade dialética, mas uma evocação retroativa de um tipo de passado virtual sombrio, de algo que nunca passa, pois sempre-já passou: o começo efetivo, o primeiro ente que está "realmente aqui", é a multiplicidade contingente dos seres-aí (existentes). Em outras palavras, não existe tensão entre Ser e Nada que gere a incessante passagem de um ao outro: em si mesmos, antes da dialética propriamente dita, Ser e Nada são direta e imediatamente o mesmo, são indiscerníveis; sua tensão (a tensão entre forma e conteúdo) só aparece retroativamente, se olharmos para eles a partir da perspectiva da dialética propriamente dita.

Tal ontologia do não-Todo impõe uma contingência radical: além de não existir nenhuma lei que sustente a necessidade, toda lei é em si contingente – pode ser subvertida a qualquer momento. Isso equivale a uma suspensão do princípio da razão suficiente: uma suspensão não só epistemológica, mas também ontológica. Ou seja, não se trata apenas de jamais podermos conhecer a rede inteira de determinações causais; essa cadeia é, em si, "inconclusiva", o que abre espaço para uma contingência imanente do devir – o que define o materialismo radical é esse caos do devir não sujeito a nenhuma ordem preexistente. Seguindo essa linha, Meillassoux propõe uma distinção precisa entre *contingência* e *acaso*, associando-a à distinção entre *virtualidade* e *potencialidade*:

> *Potencialidades* são os casos não efetivados de um conjunto indexado de possibilidades sob a condição de uma dada lei (aleatória ou não). *Acaso* é cada efetivação de uma potencialidade para a qual não há instância unívoca de determinação tendo como base as condições iniciais dadas. Logo, chamarei de *contingência* a propriedade de um conjunto indexado de casos (não de um caso pertencente a um conjunto indexado) de não ser ele mesmo um caso de conjuntos de casos, e *virtualidade* a propriedade de todo conjunto de casos de surgir dentro de um devir que não é dominado por nenhuma totalidade de possíveis pré-constituída.[57]

Um caso claro de potencialidade é o arremesso de um dado, por meio do qual o que já era um caso possível torna-se um caso real: foi determinado pela ordem preexistente de possibilidades que há uma em seis chances de o resultado ser o número seis; assim, quando o número seis aparece de fato, um possível preexistente é realizado. A virtualidade, ao contrário, designa uma situação em que não se pode totalizar o conjunto de possíveis de modo que surja algo novo, realiza-se um caso para o qual não havia lugar no conjunto preexistente de possíveis: "o tempo cria o possível no momento exato em que o faz passar, produz o possível assim como o real, insere-se no próprio arremesso dos dados para gerar um sétimo caso, a princípio imprevisível, que rompe a fixidez das potencialidades"[58]. Notemos aqui

---

[57] Quentin Meillassoux, "Potentiality and Virtuality", *Collapse: Philosophical Research and Development*, n. 2, 2007, p. 71-2.
[58] Ibidem, p. 74.

a formulação precisa de Meillassoux: o Novo surge quando aparece um X que não efetiva apenas uma possibilidade existente, mas *cuja efetivação cria (retroativamente abre) sua própria possibilidade.*

> Se sustentamos que o devir não só é capaz de produzir casos na base de um universo pré-dado de casos, devemos entender então que, como resultado, tais casos irrompem, em sentido estrito, *do nada*, posto que nenhuma estrutura os contém enquanto eternas potencialidades antes de seu surgimento: *nós, portanto, tornamos a irrupção* ex nihilo *o próprio conceito de uma temporalidade entregue a sua pura imanência.*[59]

Dessa maneira, obtemos uma definição precisa do tempo em sua irredutibilidade: tempo não é só o "espaço" da futura realização de possibilidades, mas o "espaço" do surgimento de algo radicalmente novo, fora do escopo das possibilidades inscritas em qualquer matriz atemporal. Esse surgimento de um fenômeno *ex nihilo*, não plenamente coberto pela cadeia suficiente de razões, não é mais – como na metafísica tradicional – um signo da intervenção direta de um poder sobrenatural (Deus) na natureza, mas, ao contrário, um signo da *inexistência* de Deus, ou seja, é uma prova de que a natureza é não-Toda, não "coberta" por nenhuma Ordem ou Poder transcendentes que a regulem. Um "milagre" (cuja definição formal é o surgimento de algo não coberto pela rede causal existente) é, portanto, convertido em um conceito *materialista*: "*Todo 'milagre', portanto, traz a manifestação da inexistência de Deus*, na medida em que cada ruptura radical do presente em relação ao passado torna-se a manifestação da ausência de qualquer ordem capaz de sobrepujar o caótico poder do devir"[60].

Tendo essas ideias como base, Meillassoux destrói de maneira brilhante o argumento-padrão contra a contingência radical da natureza e suas leis (nos dois sentidos: da validade das leis e das leis em si). Em outras palavras, se é tão radicalmente contingente, como a natureza pode ser tão permanente que se conforme (na maioria das vezes) às leis? Não seria isso altamente improvável, a mesma improbabilidade de o dado exibir sempre o número seis? Esse argumento se baseia numa possível totalização de possibilidades/probabilidades, *com respeito à qual* a uniformidade é improvável: se não há padrão, nada é mais improvável que qualquer outra coisa. É também por isso que o "espanto" de que se vale o princípio antrópico forte na cosmologia é falso: começamos pela vida humana, que somente poderia evoluir dentro de um conjunto de precondições muito precisas, e depois, voltando para trás, não podemos nos espantar que o universo tenha sido munido exatamente do conjunto correto de características para o surgimento da vida – uma ligeira diferença na composição química, na densidade etc., teria tornado a vida impossível. Esse

---

[59] Ibidem, p. 72.
[60] Ibidem, p. 75.

"espanto" se baseia, mais uma vez, no raciocínio probabilístico que pressupõe uma totalidade preexistente de possibilidades.

Por isso, deveríamos ler a tese de Marx mencionada anteriormente sobre a anatomia do homem como uma chave para a anatomia do macaco: trata-se de uma tese profundamente materialista, posto que não envolve nenhuma teleologia (que proporia que o homem está "em germe" já presente no macaco, o primata tende imanentemente para o homem). É exatamente porque a passagem do macaco para o homem é radicalmente contingente e imprevisível, porque não há nenhum "progresso" inerente envolvido, que só podemos retroativamente determinar ou discernir as condições (e não as "razões suficientes") para o homem no macaco. E, mais uma vez, é crucial termos em mente aqui que o não-Todo é ontológico, e não apenas epistemológico: quando nos deparamos com a "indeterminação" na natureza, quando o advento do Novo não pode ser totalmente explicado pelo conjunto de suas condições preexistentes, isso não significa que encontramos uma limitação ao nosso conhecimento, que a nossa incapacidade de entender a razão "mais elevada" que está em jogo, mas, ao contrário, que demonstramos a capacidade de nossa mente de apreender o não-Todo da realidade:

> A noção de virtualidade nos permite [...] *reverter os signos*, fazer de cada interrupção radical a manifestação não de um princípio transcendente do devir (um milagre, o signo de um Criador), mas de um tempo em que nada se subtende (um surgimento, o signo do não-Todo). Desse modo, não podemos apreender o que é significado pela impossibilidade de traçar uma genealogia das novidades diretamente em um tempo anterior a seu surgimento: não a incapacidade da razão de discernir potencialidades ocultas, mas sim, ao contrário, a capacidade da razão de consentir com a ineficácia de um Todo de potencialidades que preexistiria a seu surgimento. A cada novidade radical, o tempo torna manifesto que ele não realiza um germe do passado, mas produz uma virtualidade que não preexiste de maneira nenhuma, em nenhuma totalidade inacessível ao tempo, a seu próprio advento.[61]

Para nós, hegelianos, a questão crucial aqui é: onde se situa Hegel com relação a essa distinção entre potencialidade e virtualidade? Em uma primeira abordagem, há uma grande evidência de que Hegel é *o* filósofo da potencialidade: todo o propósito do processo dialético enquanto desenvolvimento do Em-si em Para-si não é que, no processo do devir, as coisas simplesmente "se tornem aquilo que já são" (ou eram desde toda a eternidade)? O processo dialético não é o desdobramento temporal de um eterno conjunto de potencialidades, motivo pelo qual o Sistema hegeliano é um conjunto fechado em si mesmo de passagens necessárias? Essa miragem de uma evidência esmagadora se desfaz, no entanto, no momento em que

---

[61] Ibidem, p. 80.

levamos em conta a *retroatividade* radical do processo dialético: o processo do devir não é em si necessário, mas é o *devir* (surgimento contingente gradual) *da necessidade em si*. É também isso (entre outras coisas) que significa "conceber a substância como sujeito": o sujeito enquanto o Vazio, o Nada da negatividade autorrelativa, é o próprio *nihil* do qual surge cada nova figura; em outras palavras, cada passagem ou reversão dialética é uma passagem em que a nova figura surge *ex nihilo* e retroativamente põe ou cria sua necessidade.

O círculo hegeliano dos círculos

Os riscos nesse debate – se Hegel é um pensador da potencialidade ou da virtualidade – são extremamente altos: dizem respeito à (in)existência do "grande Outro". Ou seja, a matriz atemporal que contém o escopo de todas as possibilidades é um nome do "grande Outro", e o outro é a história totalizadora que podemos contar *a posteriori*, ou a certeza de que essa história sempre vai surgir. Nietzsche critica o ateísmo moderno exatamente pelo fato de que, nele, o "grande Outro" sobrevive – certamente, porém não mais como Deus substancial, e sim como quadro de referência totalizador e simbólico. É por essa razão que Lebrun defende que Hegel não é um ateu que se apresenta convenientemente como cristão, mas de fato como o último filósofo cristão. Hegel sempre insistiu na profunda verdade da máxima protestante "Deus está morto": em sua opinião, o Deus substancial-transcendente morre, mas é ressuscitado como a totalidade simbólica que garante a significativa consistência do universo – em uma homologia estrita com a passagem de Deus *enquanto* substância ao Espírito Santo enquanto comunidade dos fiéis na cristandade. Quando Nietzsche fala da morte de Deus, ele não tem em mente o Deus vivo pagão, mas precisamente *esse* Deus *enquanto* Espírito Santo, a comunidade de fiéis. Por mais que sua comunidade não confie mais em uma garantia transcendente de um grande Outro substancial, o grande Outro (e, portanto, a dimensão teológica) ainda existe enquanto quadro simbólico de referência (por exemplo, disfarçado no stalinismo de grande Outro da História que garante a significatividade de nossos atos).

Mas *essa* mudança dos deuses vivos do real para o Deus morto da Lei é o que realmente acontece na cristandade? Essa mudança já não ocorre no judaísmo, de modo que a morte de Cristo não pode representar essa mudança, mas sim algo muito mais radical – precisamente a morte do próprio grande Outro simbólico "morto"? A questão-chave é: o Espírito Santo ainda é uma figura do grande Outro ou é possível concebê-lo fora desse quadro? Se o Deus morto tivesse de se metamorfosear diretamente no Espírito Santo, então ainda teríamos o grande Outro simbólico. Mas a monstruosidade de Cristo, essa singularidade contingente que intercede entre Deus e o homem, é a prova de que o Espírito Santo não é o grande Outro que sobrevive como espírito da comunidade depois da morte do Deus substancial, mas uma ligação coletiva de amor sem nenhuma sustentação no grande Outro. Nisso reside o paradoxo propriamente hegeliano da morte de Deus: de Deus morre diretamente como Deus, ele sobrevive como o grande Outro virtualizado – somente se morrer no disfarce de Cristo, sua encarnação terrena, é que ele se desintegra como grande Outro.

O fato de Cristo ter morrido na cruz, de a terra ter estremecido e ter se feito escuridão indica que a própria ordem celestial – o grande Outro – foi perturbada: não só algo terrível aconteceu no mundo, como as próprias coordenadas do mundo foram abaladas. Foi como se o *sinthoma*, o nó que mantém o mundo unido, tivesse sido desatado, e a audácia dos cristãos foi ter considerado isso um bom presságio, ou, como diria Mao muito tempo depois: "Há grande desordem sob o céu, a situação é excelente". Nisso reside o que Hegel chama de "monstruosidade" de Cristo: *a inserção de Cristo entre Deus e o homem é estritamente equivalente ao fato de que "não há um grande Outro" – Cristo é inserido como a contingência singular da qual depende a necessidade universal do próprio "grande Outro"*. Portanto, ao afirmar que Hegel é o último filósofo cristão, Lebrun está certo pela razão errada, como diria T. S. Eliot.

Apenas se tivermos em mente essa dimensão é que poderemos entender realmente por que a crítica darwiniana (ou outra crítica evolucionista) de Hegel passa ao largo do problema quando ridiculariza a afirmação hegeliana de que não há história na natureza, somente há história nas sociedades humanas: Hegel não insinua que a natureza seja sempre a mesma, ou que as formas de vida vegetal e animal são eternamente fixas, de modo que não há evolução na natureza; o que ele diz é que não há história propriamente dita na natureza: "O viver conserva a si próprio, é o início e o fim; o produto é em si também o princípio, é sempre ativo como tal"[62]. A vida repete eternamente seu ciclo e retorna a si mesma: a substância é de novo e de novo reafirmada, os filhos se tornam pais, e assim por diante. O círculo é perfeito, em paz consigo mesmo. Com frequência é perturbado – de fora: obviamente temos na natureza transformações graduais de uma espécie em outra, e temos embates e catástrofes que extinguem espécies inteiras; mas o que não percebemos na natureza é o aparecer Universal (posto) como tal, em contraste com seu próprio conteúdo particular –, é um Universal em conflito consigo mesmo. Em outras palavras, o que falta na natureza é o que Hegel chamou de "monstruosidade" de Cristo: a encarnação direta da *arché* de todo o universo (Deus) em um indivíduo singular que caminha por aí, entre os mortais. É nesse sentido preciso que, para distinguir o movimento natural do espiritual, Hegel usa o estranho termo "inserção": em um processo orgânico, "nada pode se inserir entre o Conceito e sua realização, entre a

---

[62] G. W. F. Hegel, *Vorlesungen über die Philosophie der Religion* (Frankfurt, Suhrkamp, 1970), p. 525-6. (Werke, v. 16.)

natureza do gênero determinada em si e a existência adaptada a essa natureza; no domínio do Espírito, as coisas são totalmente diferentes"[63]. Cristo é uma figura que "se insere" entre Deus e sua criação. O desenvolvimento natural é dominado e regulado por um princípio, *arché*, que permanece o mesmo durante todo o movimento de sua efetivação, seja o desenvolvimento de um organismo desde a concepção até a maturidade, seja a continuidade de uma espécie pela geração e pelo declínio de seus membros individuais – aqui não há nenhuma tensão entre o princípio universal e sua exemplificação, o princípio universal é a serena força universal que totaliza e abrange a riqueza de seu conteúdo particular; no entanto, "se a vida não tem história, é porque somente é totalizadora *externamente*"[64] – ela é um gênero universal que abrange a multitude dos indivíduos que lutam, mas essa unidade não é posta *em* um indivíduo. Na história espiritual, ao contrário, essa totalização ocorre por si mesma, é posta como tal nas figuras singulares que encarnam a universalidade contra seu próprio conteúdo particular.

Dito de outra forma, na vida orgânica a substância (a Vida universal) é a unidade abrangente da interação de seus momentos subordinados, aquilo que permanece o mesmo através do processo eterno da geração e corrupção, aquilo que retorna a si mesmo através desse movimento; na subjetividade, no entanto, *o predicado se converte em sujeito*: a substância não retorna a *si mesma*, ela é retotalizada pelo que originalmente foi seu predicado, seu momento subordinado. O momento-chave em um processo dialético, portanto, envolve a "transubstanciação" de seu ponto focal: o que, a princípio, era apenas um predicado, um momento subordinado do processo (digamos, o dinheiro no desenvolvimento do capitalismo), torna-se seu momento central, degradando retroativamente suas pressuposições, os elementos dos quais ele surgiu, em seus momentos subordinados, os elementos de sua circulação autopropulsora.

Robert Pippin exemplifica em que sentido o Espírito hegeliano é "seu próprio resultado" com referência ao desfecho de *Em busca do tempo perdido*, de Proust*: de que maneira Marcel finalmente "torna-se o que ele é"? Ao romper com a ilusão platônica de que seu Si pode ser "assegurado por qualquer coisa, por qualquer valor ou realidade que transcenda o mundo humano totalmente temporal":

> Foi [...] quando fracassou em se tornar "o que é um escritor", quando percebeu sua "essência autoral" interior – como se esse papel tivesse de ser um papel substancial transcendentalmente importante, ou mesmo definitivo – que Marcel percebeu que esse tornar-se é importante por *não* ser assegurado pelo transcendente, *por* ser totalmente temporal e finito, sempre e por toda parte suspenso, e ainda assim capaz de iluminação.

---

[63] Idem, *Vorlesungen über die Philosophie der Geschichte*, cit., p. 90.
[64] Gérard Lebrun, *O avesso da dialética*, cit., p. 229.
* Trad. Lúcia Miguel Pereira, Rio de Janeiro, Globo, 7 v., 1983. (N. T.)

[...] Se Marcel se tornou quem ele é, e isso de certa maneira dá continuidade e é produto da experiência de seu próprio passado, é improvável que sejamos capazes de entender que, ao apelar para um si substancial ou subjacente, agora descoberto, ou até mesmo ao apelar para sis substanciais sucessores, cada um associou-se ao futuro e ao passado por algum tipo de autoestima.[65]

Desse modo, é apenas ao aceitar totalmente essa circularidade abissal, em que a própria busca cria aquilo que procura, que o Espírito "encontra a si mesmo". É por isso que devemos atribuir todo o seu valor ao verbo "fracassar", conforme usado por Pippin: o fracasso em atingir o fim (imediato) é absolutamente crucial para esse processo (e constitutivo dele) – ou, como diz Lacan, *la verité surgit de la méprise* [a verdade surge da equivocação]. Se, portanto, "é *apenas* como resultado de si que ele é espírito"[66], isso significa que o discurso sobre o Espírito hegeliano que se aliena para si mesmo e depois se reconhece em sua alteridade e assim se reapropria de seu conteúdo é profundamente equivocado: o Si para o qual retorna o Espírito é produzido no momento exato de seu retorno, ou aquilo para que o processo do retorno está retornando é produzido pelo exato processo do retornar. Em um processo subjetivo, não há nenhum "sujeito absoluto", nenhum agente central permanente brincando consigo mesmo o jogo da alienação e da desalienação, perdendo-se ou dispersando-se e depois se reapropriando de seu conteúdo alienado: depois que uma totalidade substancial é dispersada, é outro agente – antes seu momento subordinado – que a retotaliza. É essa mudança do centro do processo de um momento para outro que distingue um processo dialético do movimento circular da alienação e de sua superação; é por causa dessa mudança que o "retorno-a-si-mesmo" coincide com a alienação realizada (quando um sujeito retotaliza o processo, sua unidade substancial perde-se totalmente). Nesse sentido preciso, a substância retorna a si mesma como sujeito, e essa transubstanciação é o que a vida substancial não pode realizar.

A lógica da tríade hegeliana, portanto, não é a exteriorização da Essência seguida da recuperação, pela Essência, da alteridade alienada, mas algo totalmente diferente. O ponto inicial é a pura multiplicidade do Ser, um aparecer plano, sem nenhuma profundidade. Pela automediação de sua inconsistência, esse aparecer constrói ou engendra a Essência, o profundo, que aparece nela e através dela (a passagem do Ser à Essência). Por fim, na passagem da Essência ao Conceito, as duas dimensões são "reconciliadas", de modo que a Essência é reduzida à automediação, cortada, dentro do próprio aparecer: a Essência aparece como Essência dentro do aparecer, essa é toda a sua consistência, sua verdade. Consequentemente, quando

---

[65] Robert Pippin, *The Persistence of Subjectivity* (Cambridge, Cambridge University Press, 2005), p. 332-4.
[66] G. W. F. Hegel, *Hegels Philosophie des subjektiven Geistes*, p. 6-7.

Hegel fala de como a Ideia "exterioriza" (*entäussert*) a si mesma nas aparências contingentes, e depois se reapropria de sua exterioridade, ele aplica uma de suas muitas designações incorretas: o que ele descreve, na verdade, é o processo oposto, o da "interiorização", um processo em que a superfície contingente do ser é posta como tal, como exterior-contingente, como "mera aparência", com o intuito de gerar, em um movimento autorreflexivo, (a *aparência* da) sua própria "profundidade" essencial. Em outras palavras, o processo em que a Essência se exterioriza é a um só tempo o processo que gera essa mesma essência: a "exteriorização" é estritamente a mesma coisa que a formação da Essência que se exterioriza. A Essência constitui-se retroativamente por meio de seu processo de exteriorização, de sua perda – é desse modo que deveríamos entender a tão citada declaração de Hegel de que a Essência é tão profunda quanto ampla.

É por isso que o tema pseudo-hegeliano do sujeito que primeiro se exterioriza e depois se reapropria de sua Alteridade substancial alienada deve ser rejeitado. Em primeiro lugar, não há nenhum sujeito preexistente que se aliena ao pôr sua alteridade: o sujeito *stricto sensu* surge por esse processo de alienação no Outro. É por isso que o segundo movimento – Lacan o chama de separação –, em que a alienação do sujeito no Outro é posta como correlativa da separação do Outro em si de seu núcleo ex-timo*, essa sobreposição de duas faltas, não tem nada a ver com o sujeito integrar ou interiorizar sua alteridade. (No entanto, permanece o problema: a dualidade de Lacan de alienação e separação obviamente também exibe a estrutura formal de um tipo de "negação da negação", mas como essa negação redobrada se relaciona com a negação hegeliana da negação?)

Talvez o que falte em Lebrun seja a imagem apropriada de um círculo que reproduza a circularidade única do processo dialético. Ele luta por páginas e páginas com diferentes imagens para diferenciar o "círculo dos círculos" hegeliano da circularidade da Sabedoria tradicional (pré-moderna), desde o velho tema do "ciclo da vida", sua geração e corrupção. Então de que modo devemos ler a descrição de Hegel, que parece evocar um círculo completo, em que uma coisa apenas se torna o que ela é?

> A necessidade está escondida no que acontece, e só no fim se manifesta; mas de tal maneira que o fim mostra justamente que essa necessidade era também o primeiro. O fim, porém, mostra essa prioridade de si mesmo, porque, através da alteração que o agir operou, nada resultou que já não o fosse.[67]

---

* Lacan faz uso de um neologismo para exprimir a articulação do interno com o externo: contrapõe o prefixo *ex* com a palavra *intime* (íntimo) e cria *ex-time* (ex-timo) para representar o que há de mais íntimo no sujeito e, não obstante, lhe é exterior. (N. T.)
[67] G. W. F. Hegel, *Fenomenologia do espírito*, cit., parte I, § 257, p. 169.

O problema com esse círculo completo é o fato de ser perfeito demais, o fato de ser fechado em si mesmo de maneira dupla – sua própria circularidade já é marcada em outra marca circular.

Em outras palavras, a própria repetição do círculo solapa seu fechamento e clandestinamente introduz uma lacuna em que a contingência radical é inscrita: se o fechamento circular, para ser plenamente efetivo, tem de ser reafirmado como fechamento, isso significa que, em si, ele não é verdadeiramente um fechamento – é somente repetição (o excesso contingente dela) que a torna um fechamento. (Recordemos mais uma vez o paradoxo da monarquia na teoria hegeliana do Estado racional: precisamos desse excesso contingente para efetivar o Estado enquanto totalidade racional. Esse excesso, em lacanês, é o excesso do significante sem o significado: não acrescenta nenhum conteúdo novo, apenas registra performativamente algo que já está lá.). Como tal, esse círculo solapa a si mesmo: só funciona se o suplementarmos com um círculo interno adicional, de modo que tenhamos a figura do "oito interior" (ou "oito invertido", ao qual Lacan se refere regularmente, e que também é evocado por Hegel). Essa é a verdadeira figura do processo dialético hegeliano, uma figura que falta no livro de Lebrun.

Isso nos leva à posição absolutamente única de Hegel na história da filosofia. O último argumento anti-hegeliano evoca o fato da ruptura pós-hegeliana: o que até mesmo o mais fanático partidário de Hegel não pode negar é que algo mudou depois de Hegel, uma nova era de pensamento começou, uma era que não pode mais ser explicada nos termos hegelianos da mediação conceitual absoluta; essa ruptura ocorre de diferentes maneiras, desde as afirmações de Schelling do abismo da Vontade pré-lógica (vulgarizada depois por Schopenhauer) e a insistência de Kierkegaard na singularidade da fé e da subjetividade, passando pela afirmação de Marx do efetivo processo socioeconômico de vida e a plena autonomização das ciências naturais matematizadas, até o tema freudiano da "morte-pulsão" enquanto repetição que persiste para além de toda mediação dialética. Algo aconteceu, há uma ruptura clara entre o antes e o depois e, apesar de podermos afirmar que Hegel já anunciava essa ruptura, que ele é o último metafísico idealista e o primeiro historicista pós-metafísico, não podemos ser hegelianos de fato depois dessa ruptura, pois o hegelianismo perdeu para sempre sua inocência. Atualmente, agir como um completo hegeliano é o mesmo que escrever música tonal depois da revolução schoenbergiana. Hegel é o último "bandido" nessa grande narrativa, e sua obra é a última realização da metafísica. Em seu pensamento, sistema e história se sobrepõem inteiramente: a consequência da equação do Racional e do Efetivo é que o sistema conceitual não é nada além da estrutura conceitual da história, e a história não é nada além do desdobramento externo desse sistema.

A estratégia hegeliana predominante que está surgindo como reação a essa imagem assustadora de Hegel, o Idealista Absoluto, oferece uma imagem "esvaziada" de

Hegel, livre de comprometimentos ontológico-metafísicos, reduzido a uma teoria geral do discurso, das possibilidades de argumentação. Essa abordagem é mais bem exemplificada pelos chamados hegelianos de Pittsburgh (Brandom, McDowell) e também é defendida por Robert Pippin, para quem o propósito da tese de Hegel sobre o Espírito enquanto "verdade" da Natureza é que:

> em determinado nível de complexidade e organização, os organismos naturais passam a se ocupar consigo mesmos e acabam entendendo a si mesmos de maneira não mais propriamente explicável dentro dos limites da natureza ou em absoluto do resultado de observações empíricas.[68]

Consequentemente, a "suprassunção" da Natureza em Espírito, em última análise, significa que "os seres naturais, que em virtude de suas capacidades naturais, podem atingi-la, são espirituais: atingi-la e mantê-la *é* ser espiritual; os que não o conseguem não o são"[69]. Portanto, longe de descrever um processo ontológico ou cósmico pelo qual um ente chamado Conceito exterioriza-se na natureza e depois retorna a si mesmo a partir dela, tudo o que Hegel tentou fazer foi dar "uma explicação manejável da natureza da necessidade categorial (se não ontológica) para os conceitos de espírito, entendendo o que esses organismos [humanos] estão fazendo, dizendo ou construindo"[70]. É claro que esse tipo de rejeição do pleno comprometimento ontológico nos traz para perto do transcendentalismo kantiano – que Pippin reconhece espontaneamente, concebendo o sistema de Hegel como uma exposição sistemática de todas as formas possíveis de inteligibilidade:

> A ideia é que a estrutura "Lógica-Filosofia da natureza-Filosofia do espírito" seja uma tentativa de compreender a possibilidade de toda inteligibilidade determinada (a possibilidade do conteúdo representacional e conceitual, do propósito objetivo, no que quer que resulte a declaração mais geral de tal possibilidade). [...] Desse modo, para o Conceito, estar em algo ou subjazer a algo é afirmar que a coisa tem um princípio de inteligibilidade, que pode ser tornada inteligível, que dela pode ser dada uma explicação, esclarecida como o que de fato é, ao passo que a inteligibilidade é em si uma noção lógica e inseparável do autoconhecimento, conhecimento do que equivale à satisfação explicativa. Já mencionei a similaridade com a estrutura da *Crítica* de Kant – "Metafísica da natureza" e "Metafísica dos costumes" –, embora, por muitas razões, Hegel certamente insistiria que não está apresentando as condições subjetivas da inteligibilidade ao modo de Kant. Mas a questão continua sendo, acredito, a inteligibilidade, uma apresentação de explicações, e Hegel certamente acreditava que poderia fornecer algo como uma possibilidade abrangente de *todo* relato explicativo.[71]

---

[68] Robert Pippin, *Hegel's Practical Philosophy* (Cambridge, Cambridge University Press, 2008), p. 46.
[69] Ibidem, p. 53.
[70] Ibidem, p. 52-3.
[71] Ibidem, p. 49-50.

A passagem hegeliana da Natureza ao Espírito, portanto, não é um movimento na "coisa em si", mas ocorre no domínio do movimento autorreflexivo do pensamento sobre a natureza:

> Isto é, a natureza *em si* não se "desenvolve em espírito". Podemos dizer que refletir sobre as explicações da natureza nos conduz aos próprios padrões do Espírito ("para si") de dar explicações e, com isso, à natureza da autoridade normativa em geral, questão central em nossa realização da afinidade coletiva de ideias, na autorrealização do espírito.[72]

Portanto, em termos ontológicos, se o espírito evolui naturalmente como uma capacidade dos seres naturais, por que simplesmente não defender o evolucionismo materialista? Em outras palavras, se – citando Pippin – "em determinado nível de complexidade e organização, os organismos naturais passam a se ocupar consigo mesmos e acabam entendendo a si mesmos", isso não significa que, em certo sentido, a própria natureza *se* "desenvolve em espírito"? O que deveríamos problematizar é exatamente o frágil equilíbrio de Pippin entre o materialismo ontológico e o idealismo transcendental epistemológico: ele rejeita a ontologização idealista direta da explicação transcendental da inteligibilidade, mas também rejeita as consequências epistemológicas do materialismo evolucionista ontológico (em outras palavras, ele não aceita o fato de que a autorreflexão do conhecimento deva construir um tipo de ponte para a ontologia materialista que explique como a atitude normativa do "explicar" a si mesmo poderia ter surgido da natureza.)

A mesma ambiguidade pode ser discernida já em Habermas: não surpreende que ele elogie Brandom, pois Habermas também evita tratar de maneira direta da "grande" questão ontológica ("os seres humanos são *realmente* uma subespécie dos animais, o darwinismo é verdadeiro?"), a questão de Deus ou da Natureza, o idealismo ou o materialismo. Seria fácil provar que a atitude neokantiana de Habermas de rejeitar o compromisso ontológico é necessariamente ambígua em si: enquanto os habermasianos tratam o naturalismo como um segredo obsceno, que não deve ser admitido publicamente ("é claro que o homem se desenvolveu da natureza, é claro que Darwin estava certo..."), esse segredo obscuro é uma mentira, encobre a *forma* idealista de seu pensamento (os transcendentais normativos *a priori* da comunicação que não podem ser deduzidos do ser natural). Embora os habermasianos pensem em segredo que de fato são materialistas, a verdade reside na forma idealista de seu pensamento.

Para evitarmos um equívoco fatal: o propósito não é que se deve tomar partido e optar por uma posição consistente, ou materialismo evolucionista ou idealismo especulativo. O propósito é antes que deveríamos aceitar plena e explicitamente a lacuna que se manifesta na incompatibilidade entre as duas posições: o ponto de

---

[72] Ibidem, p. 49.

vista transcendental é, em certo sentido, irredutível, pois não podemos olhar "objetivamente" para nós mesmos e nos localizar na realidade; e a tarefa é *pensar essa impossibilidade como um fato ontológico*, e não apenas como uma limitação epistemológica. Em outras palavras, a tarefa é pensar essa impossibilidade não como um limite, mas como um fato positivo – e é isso talvez que Hegel faça em sua forma mais radical.

Essa imagem "esvaziada" de Hegel não é o bastante, a ruptura pós-hegeliana deve ser abordada em termos mais diretos. Sim, há uma ruptura, mas Hegel é nela o "mediador em desaparição" entre seu "antes" e seu "depois", entre a metafísica tradicional e o pensamento pós-metafísico dos séculos XIX e XX. Ou seja, algo acontece em Hegel, um grande avanço para uma dimensão única do pensamento, que é obliterada, tornada invisível em sua verdadeira dimensão pelo pensamento pós-metafísico[73]. Essa obliteração deixa um espaço vazio que precisa ser preenchido para que a continuidade do desenvolvimento da filosofia possa ser restabelecida. Mas, devemos perguntar, preenchido com o quê? O indicador dessa obliteração é a imagem absurda de Hegel como o "idealista absoluto", que "pretende saber tudo", possuir o Conhecimento absoluto, ler a mente de Deus, deduzir o todo da realidade a partir do automovimento da (sua) Mente – uma imagem que é um caso exemplar do que Freud chamou de *Deck-Erinnerung* (lembrança encobridora), uma formação fantasiosa destinada a ocultar uma verdade traumática. Nesse sentido, a volta pós-hegeliana à "realidade concreta, irredutível à mediação conceitual", deveria ser lida de preferência como uma desesperada vingança póstuma da metafísica, como uma tentativa de reinstalar a metafísica, ainda que na forma invertida da primazia da realidade concreta[74].

No entanto, talvez também encontremos aqui o limite de Hegel, embora não no sentido nietzschiano empregado por Lebrun. Se a vida é uma universalidade substancial, então o que se insere na lacuna entre seu Conceito e a efetivação do Conceito, e o que rompe desse modo com a circularidade substancial da vida, não seria a *morte*? Dito de maneira clara: se a Substância é Vida, o Sujeito não

---

[73] Então por que o pensamento de Hegel ocorreu no momento em que ocorreu, e não antes ou depois? Ele apareceu no momento histórico singular da passagem entre o mundo antigo (pré-moderno) e o novo (moderno) – nesse intervalo. Hegel, por um breve momento, viu algo que não estava visível nem antes nem depois. Hoje estamos diante de outra passagem como essa, daí a necessidade de repetir Hegel.

[74] Outra maneira de lidar com esse excesso desconcertante, essa excrescência da filosofia que não cabe nas coordenadas da metafísica precedente, tampouco nas coordenadas da "antifilosofia" pós-hegeliana (Badiou), é moldar Hegel como um sujeito bizarro, que deveria simplesmente ser esquecido ou ignorado. Para citar apenas o exemplo de Mehdi Belhaj Kacem: "Hegel não é nada mais que um parêntese – grandioso, mas ainda assim um parêntese – entre Kant e Badiou" (citado em *Marianne*, n. 671, 27 fev. 2010, p. 24).

seria a Morte? Na medida em que, para Hegel, a característica básica da Vida pré-subjetiva é a "falsa infinidade" da reprodução eterna da substância-vida através do movimento incessante da geração e da corrupção de seus elementos – isto é, a "falsa infinidade" de uma repetição sem progresso –, a suprema ironia que encontramos aqui é que Freud, que chamou esse excesso da morte sobre a vida de "pulsão de morte", concebeu-o precisamente como repetição, como uma compulsão à repetição. Hegel pode pensar essa estranha repetição, que não é progresso, mas também não é a repetição pela qual a vida substancial se reproduz? Uma repetição que, por sua excessiva insistência, rompe exatamente com o ciclo da repetição natural?

Interlúdio 1
Marx como leitor de Hegel, Hegel como leitor de Marx

A grande mudança política no desenvolvimento de Hegel ocorreu quando ele abandonou seu fascínio inicial pela visão romântica da sociedade não alienada da Grécia Antiga como uma bela comunidade orgânica do amor (em oposição à sociedade moderna do Entendimento, com sua interação mecânica entre os indivíduos autônomos e egoístas). Com essa mudança, Hegel começa a apreciar exatamente a mesma coisa que antes lhe causava repulsa: o caráter não heroico, "prosaico", das sociedades modernas com sua complexa divisão do trabalho profissional e administrativo, na qual "simplesmente ninguém podia ser heroicamente responsável por quase nada (e, portanto, não podia fazer bonito na ação)"[1]. O total apoio de Hegel à prosa da vida moderna, sua implacável rejeição de qualquer anseio pelos antigos tempos heroicos, é a raiz histórica (em geral negligenciada) de sua tese sobre o "fim da arte": a arte não é mais um meio adequado para expressar essa realidade "prosaica" desencantada, uma realidade desprovida de todo mistério e transcendência[2].

O jovem Hegel, especialmente em seu *System der Sittlichkeit* [sistema da eticidade], ainda era fascinado pela pólis grega como unidade orgânica entre indivíduo e sociedade: aqui, a substância social ainda não se opõe aos indivíduos enquanto uma legalidade objetiva fria e abstrata imposta de fora, mas aparece como a unidade viva dos "costumes", de uma vida ética coletiva em que os indivíduos estão "em casa" e a reconhecem como sua própria substância. Dessa perspectiva, a legalidade universal fria é uma regressão da unidade orgânica dos costumes – a regressão da Grécia para o Império Romano. Apesar de Hegel ter aceitado logo que a liberdade subjetiva da modernidade tinha de ser aceita, e

---

[1] Robert Pippin, *The Persistence of Subjectivity*, cit., p. 296.
[2] A recusa de Hannah Arendt de levar a cabo essa mudança é o que a liga a Heidegger: ela rejeitava o caráter "prosaico" da vida "burguesa" moderna.

que a unidade orgânica da pólis estava perdida para sempre, ele insistiu na necessidade de algum tipo de retorno a uma unidade renovada, a uma nova pólis que oferecesse aos indivíduos um sentido mais profundo de solidariedade social e unidade orgânica, além da interação "mecanicista" e da competição individualista da sociedade civil-burguesa.

O passo crucial de Hegel rumo à maturidade acontece quando ele realmente "abandona o paradigma da pólis"[3] e reconceitua o papel da sociedade civil-burguesa. Em primeiro lugar, a sociedade civil-burguesa é, para Hegel, o "Estado do Entendimento", o Estado reduzido ao aparato policial que regula a caótica interação dos indivíduos, na qual cada um persegue seus interesses egoístas. Essa noção atomístico-individualista da liberdade e a noção de uma ordem legal imposta aos indivíduos como limitação externa dessa liberdade são estritamente correlativas. Surge a necessidade, portanto, de passar desse "Estado de Entendimento" para o verdadeiro "Estado da Razão", em que as disposições subjetivas dos indivíduos se harmonizam com o Todo social, e em que os indivíduos reconhecem a substância social como sua própria. O momento-chave ocorre quando Hegel desenvolve plenamente o papel mediador da sociedade civil-burguesa: o "sistema da dependência multilateral", cuja forma moderna suprema é a economia de mercado – em que o particular e o universal são separados e opostos, em que cada indivíduo persegue seus objetivos provados e em que a unidade social orgânica se decompõe em interação mecânica externa –, já é em si a reconciliação do particular e do universal sob a forma da famosa "mão oculta" do mercado, por conta da qual, ao perseguir seus interesses privados à custa dos outros, cada indivíduo contribui para o bem-estar de todos. Portanto, não se trata apenas de "superarmos" a interação mecânica ou externa da sociedade civil-burguesa em uma unidade orgânica mais elevada: a sociedade civil-burguesa e sua desintegração desempenham um papel mediador crucial, de modo que a verdadeira reconciliação (que não abole a liberdade subjetiva moderna) tem de reconhecer como essa desintegração já é em si seu oposto, uma força de integração. A reconciliação é, assim, radicalmente *imanente*: implica uma mudança de perspectiva com respeito ao que apareceu primeiro como desintegração. Em outras palavras, na medida em que a sociedade civil-burguesa é a esfera da alienação, da separação entre a subjetividade que persiste em sua individualidade abstrata e uma ordem social objetiva que se opõe àquela enquanto necessidade externa limitadora de sua liberdade, os recursos para a reconciliação deveriam ser encontrados *nessa própria esfera (naquilo que aparece, "à primeira vista, como o menos espiritual, como o mais alienante: o sistema dos*

---

[3] Jean-François Kervégan, "'La vie éthique perdue dans ses extrêmes...' Scission et réconciliation dans la théorie hégélienne de la 'Sittlichkeit'", em Olivier Tinland (org.), *Lectures de Hegel* (Paris, Le Livre de Poche, 2005), p. 283.

*carecimentos"*⁴), e não na passagem para outra esfera "mais elevada". A estrutura aqui é a da piada de Rabinovitch: ele quer emigrar da União Soviética por dois motivos: "Primeiro, tenho medo de que todos os crimes comunistas sejam atribuídos a nós, judeus, se a ordem socialista se desintegrar". À objeção do Estado burocrático, "Nada vai mudar na União Soviética! O socialismo veio para ficar para sempre!", Rabinovitch responde calmamente: "Esse é o meu segundo motivo". O segundo (verdadeiro) motivo só pode ser enunciado se for uma reação à rejeição do primeiro motivo pelos burocratas. A versão da sociedade civil-burguesa é: "A sociedade moderna é reconciliada consigo mesma por duas razões. A primeira é a interação dentro da sociedade civil-burguesa..." "Mas a interação da sociedade civil-burguesa é uma questão de constante disputa, o próprio mecanismo da desintegração, da competição implacável!" "Bem, essa é a segunda razão, já que a própria disputa e a competição tornam os indivíduos totalmente interdependentes e, com isso, cria a última ligação social...".

Assim, toda a perspectiva é modificada: não diz mais respeito ao fato de a orgânica *Sittlichkeit* da pólis se desintegrar por influência corrosiva da individualidade abstrata moderna em suas múltiplas modalidades (economia de mercado, protestantismo etc.), e de essa unidade dever ser restaurada, de alguma maneira, em um nível mais elevado: a questão defendida por Hegel em sua análise da antiguidade, mais bem exemplificada pelas repetidas leituras de *Antígona*, é que a própria pólis grega já era marcada, atravessada, por antagonismos imanentes e fatais (público--privado, masculino-feminino, humano-divino, homem livre-escravos etc.) que desfiguram sua unidade orgânica. O individualismo universal abstrato (cristandade), longe de causar a desintegração da unidade orgânica grega, foi, ao contrário, o primeiro passo necessário rumo à *verdadeira* reconciliação. O mesmo acontece com o mercado, que longe de ser apenas uma força corrosiva, fornece o processo mediador que forma a base de uma *verdadeira* reconciliação entre o universal e o singular. A competição do mercado realmente junta as pessoas, ao passo que a ordem orgânica as divide. A melhor indicação dessa mudança no Hegel maduro concerne à oposição entre costumes e direito: para o primeiro Hegel, a transformação dos costumes em direito institucionalizado é um movimento regressivo da unidade orgânica à alienação (a norma não é mais vivenciada como parte da minha natureza ética substancial, e sim como uma força externa que restringe a minha liberdade), ao passo que, para o Hegel maduro, essa transformação é um passo adiante crucial, que abre e mantém o espaço da liberdade subjetiva moderna.

Obviamente, o problema aqui é se a dinâmica do mercado fornece de fato o que promete. Ela não garante, na verdade, uma desestabilização permanente do corpo

---

⁴ Ibidem, p. 291.

social, principalmente aumentando as distinções de classe e dando origem a uma "populaça" desprovida das condições básicas de vida? A solução de Hegel nesse aspecto foi bastante pragmática: ele adotou medidas paliativas secundárias, como a expansão colonial e em especial o papel mediador dos estamentos (*Stände*). E, duzentos anos depois, seu dilema continua sendo o nosso. A indicação mais clara do limite histórico de Hegel reside no uso duplo que ele faz do mesmo termo, *Sitten* (costumes, ordem social ética): ele representa a unidade orgânica imediata que tem de ser deixada para trás (o ideal grego antigo) e a unidade orgânica mais elevada que deveria ser realizada no Estado moderno.

É fácil fazer o jogo historicista e afirmar que Hegel foi incapaz de apreender a dinâmica capitalista propriamente dita por causa da limitação de sua experiência histórica. Jameson está correto ao chamar a atenção para o fato de que:

> apesar de sua familiaridade com Adam Smith e com a doutrina econômica emergente, a concepção hegeliana de obra e trabalho – caracterizei-a especificamente como uma ideologia artesanal – não revela uma antecipação das originalidades da produção industrial ou do sistema de fábricas.[5]

Em suma, a análise hegeliana da obra e da produção não pode ser "transferida para uma nova situação industrial"[6]. Há uma série de razões interconectadas para essa limitação, todas fundamentadas nas restrições da experiência histórica de Hegel. Em primeiro lugar, sua noção da revolução industrial envolvia apenas a manufaturação do tipo definido por Adam Smith, em que o processo de trabalho ainda era o de um grupo de indivíduos utilizando ferramentas, e não o da fábrica onde o maquinário dita o ritmo e os trabalhadores individuais são de fato reduzidos a apêndices, a órgãos que servem ao maquinário. Em segundo lugar, ele ainda não podia imaginar como a as regras da abstração se desenvolveriam no capitalismo: quando Marx descreve a insana circulação do capital, que se autoaperfeiçoa e atinge seu apogeu nas especulações metarreflexivas atuais sobre futuros, é demasiado simplista afirmar que o espectro desse monstro que se autoengendra e persegue seus interesses sem dar a mínima para as preocupações humanas ou ambientais é uma abstração ideológica e que, por trás dessa abstração, há pessoas reais e objetos naturais em cujos recursos e capacidades produtivas se baseia a circulação do capital e dos quais este se alimenta como um parasita gigante. O problema é que essa "abstração" não é apenas característica da percepção equivocada que nós (ou o especulador financeiro) temos da realidade social, mas também que ela é "real", no sentido preciso de determinar a estrutura dos próprios processos sociais materiais: o destino de camadas inteiras da população, e às vezes de países inteiros, pode ser

---

[5] Fredric Jameson, *The Hegel Variations* (Londres, Verso Books, 2010), p. 68.
[6] Idem.

decidido pela dança especulativa "solipsista" do Capital, que persegue seu objetivo de lucratividade com uma abençoada indiferença em relação aos efeitos que seus movimentos terão sobre a realidade social. Nisso reside a violência sistêmica fundamental do capitalismo, muito mais estranha que a inequívoca violência socioideológica pré-capitalista: ela não é mais imputável aos indivíduos concretos e a suas "más" intenções, mas sim puramente "objetiva", sistêmica, anônima.

Encontramos aqui a diferença lacaniana entre realidade e Real: "realidade" é a realidade social das pessoas atuais envolvidas na interação e nos processos produtivos, ao passo que o Real é o inexorável espectro "abstrato" lógico do Capital que determina o que acontece na realidade social. Essa lacuna se torna tangível no modo como a situação econômica de um país pode ser considerada boa e estável por economistas internacionais, mesmo quando a maioria do povo está em situação pior que antes – a realidade não importa, o que importa é a situação do Capital. E, hoje, não seria isso mais verdadeiro do que nunca? Os fenômenos geralmente classificados como característicos do "capitalismo virtual" (mercado futuro e especulações financeiras assemelhadas) não apontam na direção do reino da "abstração real" em sua forma mais pura, muito mais radical que na época de Marx? Em suma, a forma mais elevada de ideologia não envolve ser preso na espectralidade ideológica, deixando para trás as relações e as pessoas reais, mas precisamente ignorar esse Real da espectralidade e fingir abordar de maneira direta "as pessoas reais e seus problemas reais". Os visitantes da Bolsa de Valores de Londres recebem um folheto que explica como o mercado de ações não diz respeito a flutuações misteriosas, mas sim a pessoas reais e seus produtos – *isso* é ideologia em sua forma mais pura.

Aqui, na análise do universo do Capital, não deveríamos apenas empurrar Hegel na direção de Marx, o próprio Marx deveria ser radicalizado: em termos hegelianos, é somente hoje que, em relação ao capitalismo global em sua forma "pós-industrial", o capitalismo realmente existente está chegando ao nível de seu conceito. Talvez devêssemos seguir mais uma vez o velho lema antievolucionista de Marx (a propósito, retirado *verbatim* de Hegel) de que a anatomia do homem fornece a chave para a anatomia do macaco – isto é, para descrever a estrutura conceitual inerente de uma formação social, devemos partir de sua forma mais desenvolvida. Marx localizou o antagonismo capitalista elementar na oposição entre valor de uso e valor de troca: no capitalismo, o potencial dessa oposição é plenamente realizado, o domínio do valor de troca adquire autonomia, é transformado no espectro do capital especulativo que se autopropulsiona e usa as carências e as capacidades produtivas das pessoas atuais somente enquanto sua encarnação temporária descartável. Marx derivou sua noção de crise econômica dessa exata lacuna: uma crise ocorre quando a realidade alcança a ilusória miragem autogeradora do dinheiro que gera mais dinheiro – essa loucura especulativa não pode continuar indefinidamente, ela tem de explodir em crises cada vez mais sérias. A derradeira raiz da crise é, para

Marx, a lacuna entre valor de uso e valor de troca: a lógica do valor de troca segue seu próprio caminho, sua própria dança louca, independentemente das carências reais das pessoas reais. Essa análise talvez pareça altamente relevante nos dias de hoje, quando a tensão entre o universo virtual e o real está chegando a proporções quase insuportáveis: por um lado, temos especulações solipsistas malucas sobre futuros, fusões etc., seguindo sua própria lógica inerente; por outro, a realidade está se efetivando na forma de catástrofes ambientais, pobreza, colapso da vida social no Terceiro Mundo e propagação de novas doenças.

É por isso que hoje os cibercapitalistas surgem como capitalistas paradigmáticos – é por isso que Bill Gates pode sonhar com o ciberespaço enquanto fornece o arcabouço para o que ele chama de "capitalismo sem atrito". O que temos aqui é um curto-circuito ideológico entre duas versões da lacuna entre realidade e virtualidade: a lacuna entre a produção real e o domínio virtual ou espectral do Capital, e a lacuna entre a realidade experiencial e a realidade virtual do ciberespaço. O verdadeiro horror do lema "capitalismo sem atrito" é que, muito embora os "atritos" continuem existindo, eles se tornam invisíveis, são empurrados para o submundo, para fora do nosso universo "pós-moderno" e pós-industrial. É por essa razão que o universo "sem atrito" da comunicação digitalizada, dos artefatos tecnológicos etc. é constantemente assombrado pela noção de uma catástrofe global que está à espreita, bem ali na esquina, ameaçando explodir a qualquer momento.

É como se a lacuna entre a minha fascinante *persona* do ciberespaço e a miserável carne que sou "eu" fora da tela se traduzisse na experiência imediata da lacuna entre o Real da circulação especulativa do capital e a insólita realidade das massas empobrecidas. No entanto, esse recurso a uma "realidade" que cedo ou tarde estará lado a lado com o jogo virtual seria de fato a única maneira de fazer uma crítica ao capitalismo? E se o problema do capitalismo não for essa dança solipsista, mas exatamente o oposto: o fato de continuar renegando sua lacuna com a "realidade", de se apresentar como algo que serve às necessidades reais das pessoas reais? O paradoxo dessa virtualização do capitalismo é, em última análise, o mesmo do elétron na física de partículas. A massa de cada partícula elementar é composta de sua massa em repouso mais o excesso dado pela aceleração de seu movimento; no entanto, a massa de um elétron em repouso é zero, consiste somente no excesso gerado por sua aceleração, como se estivéssemos lidando com um nada que adquire uma substância ilusória somente ao girar magicamente em um excesso de si mesmo. O capitalismo virtual de hoje não funciona de maneira homóloga (seu "valor líquido" é zero, ele só opera com o excesso, pegando emprestado do futuro)?

Isso nos obriga a reformular completamente o velho tópico marxista da "reificação" e do "fetichismo da mercadoria", na medida em que este último ainda se baseia em uma noção de fetiche enquanto objeto sólido, cuja presença constante ofusca sua mediação social. Paradoxalmente, o fetichismo atinge seu apogeu no exato momento em que o próprio fetiche é "desmaterializado", transformado em uma entidade virtual "imaterial" fluida; o fetichismo do dinheiro culminará com a passagem a sua forma eletrônica, quando os últimos traços de sua materialidade desaparecerão – o dinheiro eletrônico é a terceira forma, depois do dinheiro "real", que encarna diretamente seu valor (em prata ou ouro), e o dinheiro de papel, embora seja "mero signo", sem nenhum valor intrínseco, continua preso a uma existência material. E é somente nesse estágio, quando o dinheiro se torna um ponto de referência puramente virtual, que ele finalmente assume a forma de uma presença espectral indestrutível: devo $1.000, e não importa quantas notas materiais eu queime, vou continuar devendo $1.000, o débito está inscrito em algum lugar do espaço virtual digital.

O mesmo não vale para a guerra? Longe de apontar para uma guerra do século XXI, o ataque ao World Trade Center em setembro de 2001 foi, antes de tudo, o último ato espetacular da guerra do século XX. O que nos espera é algo ainda muito mais misterioso: o espectro de uma guerra "imaterial", em que os ataques são invisíveis – vírus, venenos, que podem estar em qualquer lugar a qualquer momento. No nível da realidade material visível, nada acontece, não há grandes explosões, contudo o universo conhecido começa a entrar em colapso, a vida se desintegra. Estamos entrando em uma nova era da guerra paranoica, em que nossa principal tarefa será identificar o inimigo e suas armas. É somente com essa profunda "desmaterialização" – quando a famosa tese de Marx de *O manifesto comunista*, de que no capitalismo "tudo que é sólido desmancha no ar", adquire um sentido muito mais literal do que ele tinha em mente, quando nossa realidade social não é somente dominada pelo movimento espectral ou especulativo do Capital, mas é em si progressivamente "espectralizada" (o "eu proteico" substitui o velho Sujeito idêntico a si mesmo, a evasiva fluidez de suas experiências suplanta a estabilidade dos objetos próprios), em suma, quando a relação usual entre os objetos materiais sólidos e as ideias fluidas é invertida (os objetos são progressivamente dissolvidos em experiências fluidas, ao passo que as únicas coisas estáveis são as obrigações simbólico-virtuais), é somente nesse ponto que o aspecto espectral do capitalismo, como o chamou Derrida, é efetivado.

É por isso que a principal característica do capitalismo contemporâneo não é somente a hegemonia, mas também a (relativa) autonomia do capital financeiro. Pode parecer que os bancos estejam se envolvendo apenas em especulações, mudando números aqui e ali, e ninguém esteja sendo explorado, porque a exploração ocorre na produção "real", mas por que tivemos de dar bilhões de dólares aos bancos em 2008 e 2009? Porque, se o sistema bancário não funcionar, toda a economia (capitalista) entra em colapso. Portanto, os bancos também deveriam ser levados em conta como bens privatizados: na medida em que os bancos privados controlam o fluxo dos investimentos e, portanto, representam para as empresas individuais a dimensão universal do capital social, seu lucro é, na verdade, um aluguel que pagamos pelo papel que exercem como mediadores universais. É por isso que o Estado ou outras formas de controle social sobre os bancos e o capital coletivo em geral (como fundos de pensão) são fundamentais para o primeiro passo rumo ao controle social dos bens comuns. A propósito da crítica de que tal controle é economicamente ineficiente, devemos recordar não só aqueles casos em que tal controle foi muito eficaz (por exemplo, foi assim que a Malásia evitou a crise no fim dos anos 1990), mas também o fato óbvio de que a crise financeira de 2008 foi desencadeada precisamente pelo fracasso do sistema bancário.

Vejamos mais de perto a descrição clássica de Marx da passagem do dinheiro ao capital, com suas alusões explícitas ao pano de fundo hegeliano e cristão. Primeiro, há o simples ato da troca no mercado, em que vendo para comprar – vendo o produto que tenho ou criei para comprar outro que tem alguma utilidade para mim: "A circulação simples de mercadorias – a venda para a compra – serve como meio para uma finalidade que se encontra fora da circulação, a apropriação de valores de uso, a satisfação de necessidades"[7]. O que acontece com o surgimento do capital não é a simples reversão de M-D-M (mercadoria-dinheiro-mercadoria) em D-M-D, isto é, investir dinheiro em uma mercadoria para vendê-la de novo e assim receber (mais) dinheiro de volta; o principal efeito dessa reversão é a *eternização* da circulação: "A circulação do dinheiro como capital é, ao contrário, um fim em si mesmo, pois a valorização do valor existe apenas no interior desse movimento sempre renovado. O movimento do capital é, por isso, ilimitado"[8].

É crucial falarmos aqui da diferença entre o entesourador tradicional, que acumula seu tesouro em segredo, e o capitalista, que aumenta seu tesouro colocando-o em circulação:

> O valor de uso jamais pode ser considerado a finalidade imediata do capitalista, tampouco o pode o lucro ou qualquer transação singular, mas apenas o incessante movimento da obtenção de lucro. Essa pulsão absoluta ao enriquecimento, essa caça apaixonada ao valor é comum ao capitalista e ao entesourador, mas, enquanto o entesourador é apenas um capitalista que enlouqueceu, o capitalista é o entesourador racional. O aumento incessante do valor, objetivo que o entesourador procura atingir conservando seu dinheiro fora da circulação, é atingido pelo capitalista, que, mais inteligente, coloca constantemente em circulação o dinheiro renovado.[9]

No entanto, essa loucura do entesourador não é algo que simplesmente desaparece com o advento do capitalismo "normal", tampouco é um desvio patológico. Ao contrário, ela lhe é *inerente*: o entesourador tem seu momento de triunfo na *crise* econômica. Em uma crise, não é o dinheiro – como poderíamos esperar – que

---

[7] Karl Marx, *O capital*, Livro I (trad. Rubens Enderle, São Paulo, Boitempo, no prelo).
[8] Idem.
[9] Idem.

perde seu valor, de modo que temos de recorrer ao valor "real" das mercadorias, mas são as mercadorias em si (a encarnação do "valor real [de uso]") que se tornam inúteis, porque não há ninguém para comprá-las.

> [Em uma crise] o dinheiro abandona repentina e imediatamente sua forma puramente ideal de moeda de conta e converte-se em dinheiro vivo. Ele não pode mais ser substituído por mercadorias profanas. O valor de uso da mercadoria se torna sem valor, e seu valor desaparece diante de sua forma de valor própria. Ainda há pouco, o burguês, com a típica arrogância que acompanha a prosperidade inebriante, declarava o dinheiro como uma vã ilusão. Apenas a mercadoria é dinheiro, mas agora grita-se por toda parte no mercado mundial: apenas o dinheiro é mercadoria! [...] Na crise, a oposição entre a mercadoria e sua figura de valor, o dinheiro, é levada até a contradição absoluta.[10]

É fundamental a maneira como Marx, ao descrever essa elevação do dinheiro ao *status* de única mercadoria verdadeira ("O capitalista sabe que toda mercadoria, por mais miserável que seja sua aparência ou por pior que seja seu cheiro, é dinheiro, não só em sua fé, mas também na realidade; que ela é, internamente, um judeu circuncidado"[11]), recorre à precisa definição paulina dos cristãos de "internamente judeus circuncidados": os cristãos não precisam da circuncisão efetiva (o abandono das mercadorias ordinárias com valor de uso, lidando apenas com dinheiro), pois sabem que cada uma dessas mercadorias ordinárias já é "internamente circuncidada", sua verdadeira substância é o dinheiro. Em certo sentido, podemos dizer que esse movimento especulativo do capital, que engendra a si mesmo, também indica um limite no processo dialético hegeliano, um limite que dificulta a apreensão de Hegel. É nesse sentido que Lebrun menciona a "imagem fascinante" do Capital apresentada por Marx (especialmente nos *Grundrisse*): "monstruosa mescla de bom infinito e mau infinito, bom infinito que cria seus pressupostos e as condições de seu crescimento, mau infinito que jamais deixa de superar suas crises encontra seu limite em sua própria natureza"[12]. Na verdade, é no próprio *O capital* que encontramos essa descrição hegeliana da circulação do capital:

> Na circulação D-M-D [...] mercadoria e dinheiro funcionam apenas como modos diversos de existência do próprio valor: o dinheiro como seu modo de existência universal, a mercadoria como seu modo de existência particular, por assim dizer, disfarçado. Ele passa constantemente de uma forma a outra, sem se perder nesse movimento, e, com isso, transforma-se no sujeito automático do processo. Ora, se tomarmos as formas particulares de manifestação que o valor que se autovaloriza assume sucessivamente no decorrer de sua vida, chegaremos a estas duas proposições: capital é dinheiro, capital

---

[10] Idem.
[11] Idem.
[12] Gérard Lebrun, *O avesso da dialética: Hegel à luz de Nietzsche* (trad. Renato Janine Ribeiro, São Paulo, Companhia das Letras, 1988), p. 287.

é mercadoria. Na verdade, porém, o valor se torna, aqui, o sujeito de um processo em que ele, ao mesmo tempo que assume constantemente a forma do dinheiro e da mercadoria, altera ao mesmo tempo sua própria magnitude, distanciando-se de si mesmo como valor original ao se tornar mais-valor, ao valorizar a si mesmo. Pois o movimento em que ele adiciona mais-valor é seu próprio movimento; sua valorização é, portanto, autovalorização. Por ser valor, ele detém a qualidade oculta de adicionar valor. Ele gera filhos, ou pelo menos põe ovos de ouro.

Como sujeito determinante de tal processo, no qual ele assume ora a forma do dinheiro, ora a forma da mercadoria, porém conservando-se e expandindo-se nessa mudança, o valor requer, sobretudo, uma forma independente por meio da qual sua identidade possa ser estabelecida. E tal forma ele possui apenas no dinheiro, o qual constitui, por isso, o ponto de partida e de chegada de todo processo de valorização.[13]

Notemos que há várias referências hegelianas aqui: com o capitalismo, o dinheiro não é mera universalidade abstrata "muda", uma ligação substancial entre a multiplicidade das mercadorias; a partir do meio passivo da troca, ele se transforma no "fator ativo" de todo o processo. Em vez de apenas assumir passivamente as duas formas diferentes de sua existência efetiva (dinheiro-mercadoria), ele se "apresenta, de repente, como uma substância em processo": ele se diferencia de si mesmo, pondo sua alteridade, e depois supera novamente essa diferença – o movimento inteiro é *seu próprio* movimento. Nesse sentido preciso, "em vez de representar relações de valor, ele agora entra [...] numa relação privada consigo mesmo": a "verdade" da sua relação com a própria alteridade é que o capital autorrelativo, sendo semovente, "suprassume" retroativamente as próprias condições materiais, transformando-as em momentos subordinados de seu próprio "processo de valorização" – em puro hegelês, ele põe seus próprios pressupostos.

De extrema importância na passagem citada é a expressão "caráter automaticamente ativo"*, tradução inadequada das palavras alemãs usadas por Marx para caracterizar o capital como "automatischem Subjekt", um "sujeito automático", um oximoro que une subjetividade viva e automatismo morto. É isto o capital: um sujeito, mas um sujeito automático, não um sujeito vivo – mais uma vez, Hegel poderia pensar essa "mistura monstruosa", um processo de subjetiva automediação e pôr retroativo de pressupostos que, por assim dizer, é apanhado em uma "falsa infinidade" substancial, um sujeito que se torna ele mesmo uma substância alienada?

Talvez também seja por isso que Marx se refira à dialética de Hegel em sua "crítica da economia política" de maneira ambígua, oscilando entre interpretá-la como

---

[13] Karl Marx, *O capital*, cit.

* Em inglês, "assumes an automatically active character" ("assume um caráter automaticamente ativo"). Žižek se refere ao trecho que, em português, foi traduzido assim: "Ele passa continuamente de uma forma para outra, sem perder-se nesse movimento, e assim se transforma num sujeito automático". (N. T.)

uma expressão mistificada da lógica do capital e interpretá-la como um modelo para o processo revolucionário de emancipação. Primeiro, há a dialética como a "lógica do capital": o desenvolvimento da forma da mercadoria e a passagem do dinheiro ao capital são claramente formulados em termos hegelianos (o capital é a substância do dinheiro que se transforma no processo automediador de sua própria reprodução etc.). Depois, há a noção hegeliana do proletariado como "subjetividade sem substância", o grandioso esquema hegeliano do processo histórico que se move da sociedade pré-classes para o capitalismo em uma separação gradual entre o sujeito e suas condições objetivas, de modo que a superação do capitalismo significa que o sujeito (coletivo) se reapropria de sua substância alienada. Talvez essa oscilação entre as duas coisas seja condicionada por um terceiro termo: a condição precisa do antagonismo social ("luta de classe"). O problema aqui é se Hegel poderia pensar a luta de classe, ou se Kant se aproxima mais dela com suas antinomias, que só precisam ser ontologizadas, concebidas como uma característica paradoxal da realidade em si. Mas tal ontologização não contradiz a noção de Marx da luta de classes como historicamente limitada, como um antagonismo que deve ser superado com o desaparecimento do capitalismo? Podemos argumentar como resposta que nem Marx nem Freud poderiam de fato pensar esse antagonismo: em última análise, ambos o reduzem a uma característica da realidade (social ou psíquica), são incapazes de articulá-la como constitutiva da própria realidade, como a impossibilidade ao redor da qual a realidade é construída. O único pensamento capaz de fazer isso vem depois, e origina-se na lógica diferencial do "estruturalismo".

A leitura que Marx faz da dialética de Hegel como formulação idealista da lógica da dominação capitalista não vai até o fim: o que o processo dialético hegeliano desenvolve é a expressão (mistificada) da *mistificação* imanente à circulação do capital, ou, em termos lacanianos, de sua fantasia "objetivamente social" – em termos algo simplistas, o capital para Marx não é "realmente" um sujeito-substância que se reproduz ao pôr seus próprios pressupostos, e assim por diante; o que essa fantasia hegeliana da reprodução autogeradora do capital oblitera é a exploração dos trabalhadores: como o círculo da autorreprodução do capital tira energia da fonte externa (ou melhor, "ex-tima") de valor, como tem de parasitar os trabalhadores. Então por que não passamos diretamente para uma descrição da exploração dos trabalhadores, por que nos preocupamos com fantasias que sustentam o funcionamento do capital? Em se tratando de Marx, é crucial incluir em sua descrição do capital esse nível intermediário da "fantasia objetiva", que não é nem o modo como o capitalismo é realmente vivenciado por seus sujeitos (eles são bons nominalistas empíricos que não conhecem as "manhas teológicas") nem o "real estado de coisas" (trabalhadores explorados pelo capital). Mas o problema é como pensar a circulação hegeliana do capital em conjunto com sua causa descentralizada, a força de trabalho, ou seja, como pensar a causalidade de um sujeito produtivo externo à circulação do capital sem recorrer à positividade aristotélica do potencial produtivo dos trabalhadores? Para Marx, o ponto de partida é exatamente essa positividade: a força produtiva do trabalho humano; e ele assume esse ponto de partida como intransponível, rejeitando a lógica do processo dialético que, como colocou Hegel, progride "do nada, pelo nada e para o nada".

Em suma, capital é dinheiro que não é mais uma mera substância de riqueza, sua encarnação universal, mas valor que gera mais valor pela circulação, valor que medeia ou põe a si mesmo, põe retroativamente seus próprios pressupostos. Primeiro, o dinheiro aparece como simples meio para a troca de mercadorias: em vez de um escambo interminável, primeiro trocamos nosso produto pelo equivalente universal de todas as mercadorias, que depois pode ser trocado por qualquer mercadoria de que precisarmos. Depois, uma vez que a circulação do capital é posta em movimento, a relação é invertida: o meio torna-se um fim em si mesmo, a própria passagem pelo domínio "material" dos valores de uso (a produção de mercadorias que satisfaz as necessidades particulares individuais) é posta como um movimento daquilo que é, substancialmente, o automovimento do capital em si. Daí em diante, o verdadeiro objetivo não é mais a satisfação das necessidades do indivíduo, mas simplesmente mais dinheiro, a repetição infindável da circulação enquanto tal. Então o movimento circular arcano de pôr a si mesmo é equacionado com o princípio cristão fundamental da identidade do Pai e do Filho, da concepção imaculada em que o único Pai gera diretamente (sem uma esposa fêmea) seu único Filho e com isso forma o que supostamente é a derradeira família monoparental.

Seria então o capital o verdadeiro Sujeito ou Substância? Sim e não: para Marx, esse movimento circular que engendra a si mesmo é, em termos freudianos, exatamente a "fantasia inconsciente" do capitalismo que parasita o proletariado enquanto "pura subjetividade sem substância"; por essa razão, a dança especulativa autogeradora do capital tem um limite e produz as condições para o próprio colapso. Esse *insight* nos permite solucionar o principal problema interpretativo do trecho citado anteriormente: de que maneira devemos interpretar as primeiras três palavras, "de fato, porém"? Primeiro, é claro, elas implicam que essa verdade tem de ser afirmada contra uma falsa aparência ou experiência: a suposição usual de que o fim último da circulação do capital ainda é a satisfação das necessidades humanas, de que o capital é apenas um meio de produzir essa satisfação de maneira mais eficaz. Contudo, esse "fato" *não* é a realidade do capitalismo: na realidade, o capital não engendra a si mesmo, ele extrai a mais-valia do trabalhador. Portanto, há um terceiro nível necessário que deve ser acrescentado à simples oposição entre experiência subjetiva (do capital como meio de satisfação das necessidades das pessoas) e realidade social objetiva (da exploração): a *verdade* (embora não a *realidade*) do processo capitalista é o "engano objetivo", a fantasia "inconsciente" renegada (do misterioso movimento circular e autogerador do capital). Mais uma vez, para citar Lacan, a verdade tem estrutura de ficção: a única maneira de formular a verdade do capital é pela referência a essa ficção de seu movimento autogerador "imaculado". E esse *insight* também nos permite localizar o ponto fraco da supracitada apropriação "desconstrucionista" da análise marxiana do capitalismo: embora enfatize o processo infindável de adiamento que caracteriza esse movimento, bem como sua inconclusividade fundamental, seu autobloqueio, a nova versão "desconstrucionista" ainda descreve a *fantasia* do capital – aquilo em que os indivíduos acreditam, embora não queiram conhecer.

Tudo isso significa que a tarefa urgente é *repetir* a "crítica da economia política" de Marx, mas sem sucumbir à tentação das múltiplas ideologias da sociedade "pós-industrial". A principal transformação diz respeito ao *status* da propriedade privada: o elemento supremo de poder e controle não é mais a última ligação da cadeia de investimentos – a empresa ou indivíduo que "realmente detém" os meios de produção. O capitalista ideal funciona hoje de maneira totalmente diferente: investindo dinheiro emprestado, sem "ter de fato a posse" de nada, talvez até se endividando, mas ainda assim controlando as coisas. Uma corporação pertence a outra corporação, que por sua vez pede dinheiro emprestado aos bancos, os quais, em última análise, podem manipular o dinheiro que pertence a pessoas comuns como nós. Com Bill Gates, a noção de "propriedade privada dos meios de produção" perde o sentido, pelo menos o sentido-padrão.

É fácil deixar escapar a ironia: o fato de Marx ter precisado de Hegel para formular a lógica do capital (a inovação crucial na obra de Marx ocorreu em meados da década de 1850, quando, depois do fracasso das revoluções de 1848, ele começou a reler a *Lógica* de Hegel) significa que o que Hegel não foi capaz de ver não foi uma espécie de realidade pós-hegeliana, mas o aspecto propriamente *hegeliano* da economia capitalista. Paradoxalmente, Hegel não foi *idealista* o suficiente, pois o que não viu foi o conteúdo propriamente *especulativo* da economia capitalista, o modo como o capital financeiro funciona enquanto noção puramente virtual processando as "pessoas reais". E o mesmo não é válido para a arte moderna? Robert Pippin apoia a tese de Hegel sobre o "fim da arte", com uma ressalva: ela não se refere à arte como tal, mas somente à arte representacional, à arte que se baseia em uma noção substancial pré-subjetiva de "realidade" que a arte deveria refletir, representar no meio dos materiais sensoriais.

> *A arte representacional não pode expressar adequadamente a plena subjetividade da experiência, o* status *dessas normas de legislar e autorizar a si próprias que constitui essa subjetividade, ou não pode expressar adequadamente quem (agora) somos.* Somente a filosofia pode "curar" tal ferida autoinfligida e conceder ao caráter autodeterminante da experiência sua expressão adequada. ("Somente a filosofia", isto é, na explicação oficial de Hegel. Estou tentando sugerir que não há razão para que uma forma de arte, como a abstração, não possa fazer a mesma coisa de uma maneira não discursiva.)[14]

---

[14] Robert Pippin, *The Persistence of Subjectivity*, cit., p. 300.

É assim que Pippin lê – de uma maneira conscientemente anacrônica, com o benefício da visão retrospectiva de quem vive dois séculos depois de Hegel – a profecia feita por Hegel em *Curso de estética* de que a arte pós-romântica representará "o esforço da arte para ultrapassar a si própria sem, todavia, transpor os limites próprios da arte"[15]: a arte transcende-se como arte representacional, transpõe sua limitação à esfera representacional. O que Hegel não poderia entender (na medida em que seu pensamento era, como todo pensamento, "sua época concebida no pensamento") era a possibilidade conceitual de uma arte que superaria *em si, enquanto arte,* o meio de representação, e assim funcionar como uma arte adequada à total reflexivização (mediação subjetiva) da vida conceitualizada em seu Idealismo absoluto[16].

O que chama a atenção no gesto de Pippin é o fato de ele rejeitar a história conhecida mais ou menos da seguinte maneira: com Hegel, a metafísica ocidental chegou a seu apogeu na figura do Saber Absoluto, a infinidade efetiva da plena mediação conceitual de toda a realidade – nada pode continuar resistindo ao poder da concepção conceitual; o próprio Deus é – como afirmou Hegel com uma ironia implícita e mordaz, porém ainda mais insuperável – "uma representação interessante" (o que significa "mera representação", *Vorstellung*, cuja verdade é seu conteúdo conceitual). No entanto, a filosofia pós-hegeliana, em todas as suas versões, é uma reação contra essa totalidade da automediação conceitual absoluta, contra esse Espírito onipotente que a tudo consome. A finitude (seja a finitude humana como tal, a separabilidade entre o homem e Deus, seja a finitude da vida sensual do homem e da produção material) é totalmente reafirmada, o que significa, entre outras coisas, que a arte readquire seus direitos contra a filosofia. O primeiro passo nessa direção já fora dado por Schelling em seu *System of Transcendental Idealism* [Sistema do idealismo transcendental], em que ele coloca a arte acima da filosofia enquanto a mais elevada síntese de Espírito e Natureza, de Sujeito e Objeto, de pensamento e sentidos: a filosofia é limitada ao sujeito pensante em oposição à natureza, à realidade sensorial, o harmonioso equilíbrio dos dois lados só é atingido na obra de arte.

No entanto, quando Pippin imagina uma nova possibilidade para a arte depois de Hegel, ele não a fundamenta em uma limitação da Razão, da meditação reflexiva: para ele, a ruptura modernista (arte abstrata) não tem nada a ver com a reafirmação do horizonte intransponível da finitude. Ele permanece fiel a Hegel:

---

[15] G. W. F. Hegel, *Curso de estética: o belo na arte* (trad. Orlando Vitorino e Álvaro Ribeiro, São Paulo, Martins Fontes, 1996), p. 103.

[16] Seria interessante para a alta crítica hegeliana se envolver em um debate sobre os possíveis candidatos a essa versão artística pós-hegeliana da total subjetivação da substância: ela é apenas a ruptura modernista propriamente dita – a atonalidade de Schoenberg na música, a abstração de Kandinsky na pintura etc. – ou figuras como Richard Wagner também podem ser interpretadas dessa maneira?

não existe uma Verdade transcendente da qual nós, como seres humanos finitos, continuamos isolados para sempre, seja na forma de uma Realidade Infinita que a arte não pode representar de modo apropriado, seja na forma de uma Divindade sublime demais para que possa ser apreendida por nossa mente finita. Em outras palavras, a ideia de Pippin a respeito da reabilitação da arte não é que o Absoluto não possa ser direta e conceitualmente apreendido, que ele só possa ser vislumbrado ou evocado como um X imperscrutável nas metáforas artísticas; sua reabilitação da arte não tem nada a ver com a afirmação de uma espiritualidade irracional, sutil demais para se permitir prender nas categorias analíticas brutas da Razão humana, de uma espiritualidade que só pode ser vivenciada na forma de intuição artística. A arte modernista é totalmente reflexiva, em contraste com a arte tradicional, que ainda se baseia em uma aceitação não refletida de algum meio substancial ou realidade; ela é reflexiva no sentido radical de questionar seu próprio meio. É isto que significa "abstração": um questionamento reflexivo do próprio meio de representação artística, de modo que o meio perca sua transparência natural. A realidade não está apenas "lá fora", refletida ou imitada pela arte; ela é algo construído, contingente, historicamente condicionado – e nisso reside a diversidade do legado do idealismo alemão, que

> destruiu a imagem clássica da relação sensível-inteligível. A sensibilidade não poderia ser compreendida agora como uma representação obscura do mundo, a qual a razão podia se esforçar para clarificar ou representar melhor, nem como uma impressão viva, "animada", guiando o intelecto que abstrai e generaliza. [...] O conteúdo da sensibilidade, depois de Kant, teve de ser compreendido como o objeto material do esforço ativo e sintetizador do entendimento. [...] Os dados sensoriais tornaram-se representativos como resultado desse esforço por parte do entendimento e, considerados para além dessa atividade conceituadora e conformadora, eram tidos como mera coisa, materialidade pré-inteligível.[17]

A consequência de tudo isso para as artes visuais é que "as representações pictóricas e também sensíveis não podem ser compreendidas tendo como base um modelo mimético que pressuponha a visão do objeto em si através da imagem (ou sensação)"[18].

> "Abstração", nesse sentido hegeliano, não significa abstração de "tudo que não seja intrínseco à arte como tal", mas abstração da dependência da imediatez sensorial e, portanto, uma espécie de representação da tomada modernista da normatividade desde Kant: autolegislação. [...] Pinturas de Pollock e Rothko não são apresentações de gotas de tinta, campos de cor ou telas planas. Elas tematizam e exprimem componentes autoconscientes do significado sensível que tradicionalmente não veríamos e entendería-

---

[17] Robert Pippin, *The Persistence of Subjectivity*, cit., p. 297.
[18] Ibidem, p. 304.

mos como tais, mas trataríamos como dados. Dito de outra forma, elas apresentam a materialidade de tais componentes em sua significância conceitual; essa materialidade é mencionada, citada ou dada como exemplo, além de ser usada e ocupar espaço na tela esticada. E isso faz sentido porque o caráter "resultante" da apreensão até mesmo sensível [...] tem de fazer parte dos hábitos intelectuais da mente e do autoentendimento moderno, ainda que negligenciado como tal.[19]

É por esse motivo que temos de concordar com Pippin quanto ele defende a rejeição do modernismo e do pós-modernismo por Michael Fried como "estágios" consecutivos do desenvolvimento histórico; o "pós-modernismo" é, antes, o nome de uma regressão, o nome de uma recusa a levar adiante as consequências da ruptura modernista:

> Não houve um fracasso do modernismo, um esgotamento pelo fim do expressionismo abstrato. Ao contrário, houve (e ainda há) um fracasso em apreciar e integrar o autoentendimento refletido nessa arte (o mesmo tipo de fracasso em apreciar o modernismo, ou o mesmo tipo de argumento de espantalho, naquilo que chamamos de pós-modernismo). As consequências – minimalismo, "literalismo", *op* e *pop art*, pós-modernismo – podem ser mais bem entendidas como evasivas e repressões do que como alternativas.[20]

Ou, nos termos de Badiou, *não existe Evento pós-modernista*: o pós-modernismo não é um Evento propriamente dito, mas sim, em sua forma mais básica, uma formação *reativa*, um modo de trair a ruptura modernista, de reintegrar sua realização dentro do campo dominante. A aparente "radicalidade" de algumas tendências pós-modernas não devem nos ludibriar nesse aspecto: essa "radicalidade" – muitas vezes espetacular – está aí para nos fascinar com uma isca enganadora, e, assim, nos cegar para a fundamental *ausência de pensamento propriamente dito*. Basta recordarmos as tendências recentes nas artes visuais: já passou o tempo das estátuas simples ou das pinturas emolduradas; o que vemos hoje são as próprias molduras sem pintura, vacas mortas e excrementos, vídeos do interior do corpo humano (gastroscopia e colonoscopia), uso de odores nas exposições, e assim por diante. De novo, aqui, assim como no domínio da sexualidade, a perversão não é mais subversiva: o excesso de choque faz parte do próprio sistema, aquilo que o sistema alimenta para reproduzir a si mesmo. Talvez isso nos dê uma definição possível de arte pós-moderna em oposição à arte moderna: no pós-modernismo, o excesso transgressor perde seu valor de choque e é totalmente integrado no mercado de arte estabelecido.

Esse esquisito espaço pós-moderno, em que o excesso perde seu vigor subversivo, nos leva a outro ponto crítico, que é a luta de classe capitalista propriamente

---

[19] Ibidem, p. 304-5.
[20] Ibidem, p. 301.

moderna em sua diferença em relação à tradicional hierarquia de castas e feudal: como a noção hegeliana de dominação era limitada à luta tradicional entre senhor e escravo, Hegel não tinha como vislumbrar o tipo de relação de dominação que persiste em uma situação pós-revolucionária (nesse caso, a revolução "burguesa" abolindo os privilégios tradicionais), em que todos os indivíduos se reconhecem mutuamente como sujeitos autônomos e livres. Esse "prodigioso nivelamento social" da democracia moderna

> certamente não exclui o aparecimento da riqueza e de profundas distinções entre ricos e pobres, mesmo nos países socialistas. Também não deve ser entendido como o fim das classes em seu sentido econômico: nessas sociedades, ainda há operários e gerentes, lucro e exploração, exércitos de reserva de desempregados etc. Mas a nova igualdade cultural [...] está impregnada de uma poderosa aversão à hierarquia e aos privilégios especiais, bem como de um ressentimento impetuoso contra as distinções de castas e a superioridade cultural herdada. A riqueza é permitida, desde que o homem rico seja tão comum quanto qualquer outro.[21]

Uma situação que, poderíamos acrescentar, possibilita uma reapropriação genuinamente proletária da "alta cultura".

Todos esses casos da limitação histórica de Hegel parecem exigir uma análise hegeliana: trabalhadores reduzidos a apêndices das máquinas; a realidade dominada pelo automovimento virtual/ideal da circulação do capital; uma hierarquia que persiste na própria forma de "plebeização" – reversões paradoxais que parecem dar corpo a todas as voltas e reviravoltas da mais sofisticada dialética. Que tipo de "reconciliação" podemos imaginar nessas novas condições? A propósito da "reconciliação" de Hegel em um Estado moderno pós-revolucionário, Jameson esboça uma versão mais elevada e "aumentada" da reconciliação hegeliana, uma versão apropriada a nossa época capitalista global: o projeto de uma "era humana" caracterizada pela "produção-para-nós" (fim das classes) e pela ecologia[22]. A visão de Jameson é que, longe de representar o derradeiro "fim da história", a reconciliação proposta no fim do capítulo sobre o Espírito na *Fenomenologia* é uma frágil síntese temporária – o próprio Hegel sabia que essa reconciliação estava ameaçada, como deixa claro sua reação apavorada à revolução de 1830 e aos primeiros sinais da democracia universal (recordemos aqui sua rejeição furiosa da reforma eleitoral inglesa de 1832, primeiro passo para as eleições universais). Não seria coerente, portanto, que diante das novas contradições do sistema capitalista do século XIX, que demoliram a frágil síntese hegeliana, uma abordagem hegeliana renovada que seja fiel à ideia de universalidade concreta, de direitos universais para todos, "reclame

---

[21] Fredric Jameson, *The Hegel Variations*, cit., p. 101.
[22] Ibidem, p. 113-5.

em sua própria estrutura expansões subsequentes da história tardia"[23] e um novo projeto de reconciliação? Esse passo, no entanto, é ilegítimo: ele não leva em conta, de maneira suficientemente radical, que o mesmo paradoxo do pôr retroativo de pressupostos também seja válido para o futuro.

É por isso que Hegel estava certo em insistir que a coruja de Minerva alça voo somente no crepúsculo; pelo mesmo motivo, o projeto comunista do século XX foi utópico, precisamente na medida em que não foi suficientemente radical – ou seja, na medida em que a propulsão capitalista fundamental da produtividade livre sobreviveu nele, agora sem suas condições de existência, concretas e contraditórias. A insuficiência de Heidegger, Adorno, Horkheimer e outros reside no fato de terem abandonado a análise social concreta do capitalismo: na própria crítica ou superação de Marx, eles repetem de certa forma o erro de Marx – assim como ele, assumem a produtividade livre como algo basicamente independente da formação social capitalista concreta. Capitalismo e comunismo não são duas realizações históricas diferentes, duas espécies de "razão instrumental" – a razão instrumental em si é capitalista, fundamentada em relações capitalistas, e o "socialismo realmente existente" fracassou porque, em última análise, foi uma subespécie do capitalismo, uma tentativa ideológica de "obter o melhor dos dois mundos", de romper com o capitalismo, mas manter seu ingrediente principal. A noção marxiana de sociedade comunista é em si a inerente fantasia capitalista, ou seja, um cenário fantasmático para a resolução dos antagonismos capitalistas que ele descreveu com tanta habilidade. Em outras palavras, nossa aposta é que, mesmo que abandonemos a noção teleológica do comunismo (a sociedade da produtividade totalmente livre) como o padrão implícito pelo qual Marx mede a alienação da sociedade existente, a maior parte da sua "crítica da economia política", seus *insights* a respeito do círculo vicioso autopropulsionado da (re)produção capitalista sobrevivem.

A tarefa da teoria contemporânea, portanto, é dupla: de um lado, repetir a "crítica da economia política" marxista sem a noção utópico-ideológica do comunismo como padrão inerente; de outro, imaginar uma verdadeira ruptura do horizonte capitalista. sem cair na armadilha de retornar à noção eminentemente pré-moderna de uma sociedade equilibrada e (auto)contida (a tentação "pré-cartesiana" a que sucumbe a maior parte da ecologia contemporânea). Um retorno a Hegel é crucial para executar essa tarefa, um retorno que dispense todos os tópicos anti-hegelianos clássicos, especialmente o narcisismo voraz de Hegel, a Ideia hegeliana que consome ou internaliza o todo da realidade. Em vez de tentar destruir ou superar esse "narcisismo" a partir de fora, enfatizando a "preponderância do objetivo" (ou o fato de que "o Todo é o não verdadeiro" e qualquer outra ideia central presente na rejei-

---

[23] Ibidem, p. 115.

ção do idealismo "identitário" por Adorno), deveríamos problematizar essa figura de Hegel fazendo uma pergunta simples: *qual* Hegel é nosso ponto de referência aqui? Tanto Lukács quanto Adorno não se referem à (má) interpretação "idealista--subjetivista" de Hegel, à imagem de Hegel como o "idealista absoluto" que postulou o Espírito como o verdadeiro agente da história, seu Sujeito-Substância? Dentro desse quadro de referência, o Capital pode aparecer efetivamente como uma nova encarnação do Espírito hegeliano, um monstro abstrato que se move e medeia a si próprio, parasitando a atividade dos indivíduos realmente existentes. É por isso que Lukács também continua extremamente idealista quando propõe a simples substituição do Espírito hegeliano pelo proletariado enquanto Sujeito-Objeto da História: aqui, Lukács não é realmente hegeliano, mas um idealista pré-hegeliano.

Se, no entanto, problematizarmos essa figura, outro Hegel aparece, um Hegel mais "materialista", para quem a reconciliação entre sujeito e substância não significa que o sujeito "consome" sua substância, internalizando-a em seu próprio momento subordinado. A reconciliação, ao contrário, equivale a uma modesta sobreposição ou redobramento das duas separações: o sujeito tem de reconhecer em sua alienação da substância a separação da substância de si mesmo. Essa sobreposição é o que se perdeu na lógica feuerbachiano-marxiana da desalienação na qual o sujeito supera sua alienação reconhecendo-se como o agente ativo que pôs o que aparece para ele como seu pressuposto substancial. Na "reconciliação" hegeliana entre sujeito e substância, não existe um Sujeito absoluto que, em plena autotransparência, apropria-se de (ou internaliza) todo o conteúdo substancial objetivo. Mas "reconciliação" também não significa (como acontece na linha do idealismo alemão desde Hölderlin até Schelling) que o objeto deve renegar a *presunção* de perceber a si mesmo como o eixo do mundo e aceitar sua "descentralização" constitutiva, sua dependência de um Absoluto, primordial e abissal, além ou abaixo da fronteira sujeito/objeto, e, como tal, também além da apreensão conceitual do sujeito. O sujeito não é sua própria origem: Hegel rejeita firmemente a noção de Fichte do Eu absoluto, que põe a si mesmo e não é nada mais que a pura atividade dessa autoposição. Mas o sujeito também não é apenas um apêndice secundário acidental ou uma excrescência de uma realidade substancial pré-subjetiva: não há um Ser substancial para o qual o sujeito pode retornar, não há uma Ordem orgânica geral do Ser na qual o sujeito tem de encontrar seu lugar apropriado. A "reconciliação" entre sujeito e substância significa a aceitação dessa falta radical de qualquer propósito fundamental inabalável: o sujeito não é sua própria origem, ele vem depois, depende de seus pressupostos substanciais; no entanto, esses pressupostos também não têm uma consistência substancial própria, mas são sempre retroativamente postos.

Isso significa que o comunismo não deveria mais ser concebido como a (re) apropriação subjetiva do conteúdo alienado – todas as versões da reconciliação como "sujeito consome a substância" deveriam ser rejeitadas. Assim, uma vez mais, a "reconciliação" é a plena aceitação do abismo do processo dessubstancializado como a única efetividade existente: o sujeito não tem nenhuma efetividade substancial, ele vem depois, surge somente pelo processo de separação, a superação de seus pressupostos, e esses pressupostos também são apenas um efeito retroativo do mesmo processo de se superarem. Portanto, o resultado é que existe, nos dois extremos do processo, um fracasso ou uma negatividade inscritos no próprio cerne da entidade com que estamos lidando. Se a condição do sujeito é totalmente "processual", isso significa que ele só surge por meio do fracasso de sua plena efetivação. Isso nos traz de volta a uma possível definição formal do sujeito: o sujeito tenta articular ("expressar") a si mesmo em uma cadeia significante, a articulação fracassa e, nessa falha e por meio dela, o sujeito emerge: o sujeito é a falha dessa representação significante – motivo pelo qual Lacan escreve o sujeito do significante como $, com "barrado". Em uma carta de amor, o fracasso do escritor em formular sua declaração de maneira clara e eficaz, suas vacilações, o estilo fragmentário da carta etc., tudo isso pode ser prova (talvez a prova necessária e a única confiável) de que o amor que sente é autêntico – aqui, o próprio fracasso de entregar a mensagem de maneira apropriada é sinal de sua autenticidade. Se a mensagem é muito harmoniosa, levantará a suspeita de fazer parte de uma abordagem bem planejada, ou de o escritor amar a si mesmo, de amar mais a beleza de sua própria escrita que seu amor-objeto, e de a carta ser efetivamente reduzida a um pretexto para se envolver na atividade narcisistamente gratificante da escrita.

E o mesmo vale para a substância: além de ser sempre-já perdida, a substância só passa a existir por sua perda, como um secundário retorno a si mesma – isso significa que a substância é sempre-já subjetivizada. Na "reconciliação" entre sujeito e substância, os dois polos perdem sua sólida identidade. Tomemos o exemplo da ecologia: políticas radicais de emancipação não devem visar nem ao completo controle da natureza nem à humilde aceitação, pela humanidade, do predomínio da Mãe Terra. Ao contrário, a natureza deveria ser exposta em toda a sua catastrófica contingência e indeterminação e as consequências imprevisíveis da ação humana deveriam ser totalmente assumidas – visto da perspectiva do "outro Hegel", o ato revolucionário não mais envolve a substância-sujeito de Lukács como seu agente, como o agente que sabe o que faz enquanto age.

É claro que Hegel tem plena consciência do fato de que nosso pensamento quer "saltar além de seu tempo" e projetar um futuro; seu argumento é que esse pensamento, sempre e por definição, é "ideológico", equivocado: sua intervenção no Ser gera algo inesperado, totalmente diferente do que foi projetado. Nisso reside a lição da Revolução Francesa: o puro pensamento da liberdade e da igualdade universais, impondo-se no Ser social, gerou o Terror. O contra-argumento de Marx é que essa teoria revolucionária não e uma projeção utópica no futuro: ela simplesmente extrapola as tendências e as possibilidades a partir dos antagonismos do presente. Hegel está errado na pressuposição básica de que podemos apreender racionalmente o Presente enquanto Totalidade: isso não pode ser feito porque nosso Presente histórico é, em si, dividido, atravessado por antagonismos, incompleto – a única forma de apreendê-lo concretamente enquanto totalidade racional é do ponto de vista do agente revolucionário que solucionará aqueles antagonismos. Os antagonismos presentes não são "legíveis" em seus próprios termos; são como traços benjaminianos que somente se tornam legíveis a-partir-do-futuro. O que Hegel rejeita é exatamente essa totalização-a-partir-do-futuro: a única totalidade que nos é acessível é a totalidade imperfeita do presente, e a tarefa do Pensamento é "reconhecer o Coração na Cruz do presente", apreender como *a Totalidade do Presente é completa em sua própria incompletude*, como essa Totalidade é sustentada pelas mesmas características que aparecem como seus obstáculos ou defeitos fatais.

A tarefa aqui é deixar para trás a leitura "subjetivista" comum da "reconciliação" hegeliana, cujo exemplo mais claro é *História e consciência de classe*, de Lukács[24], mas que é também a base da referência de Marx a Hegel. Segundo essa leitura, na reconciliação, o sujeito se reconhece na substância alienada (conteúdo substancial), ou seja, reconhece nela o produto reificado de seu próprio trabalho e, com isso, reapropria-se dele, transforma-o em um meio transparente de sua autoexpressão. A principal característica aqui é que o sujeito, o agente da reapropriação, está no singular (mesmo que seja concebido como sujeito coletivo); desse modo, o que desaparece é a dimensão do que Lacan chama de "grande Outro", a ordem simbólica minimamente "objetificada", a mínima autotranscendência, que sustenta sozinha a dimensão da intersubjetividade – a intersubjetividade jamais pode se dissolver na interação direta dos indivíduos.

É por isso que deveríamos rejeitar não só a (mal-)afamada estúpida substituição "dialético-materialista" da "ideia" pela "matéria" enquanto absoluto (de modo que a dialética se torne um conjunto de "leis" dialéticas do movimento da matéria), mas também a mais refinada "reversão materialista de Hegel" proposta por Lukács, sua substituição do sujeito-objeto "idealista" de Hegel (a Ideia absoluta) pelo proletariado enquanto sujeito-objeto histórico "efetivo". A "reversão" de Lukács também implica uma separação formalista e não hegeliana do método dialético do material ao qual ele se aplica: Hegel estava certo ao descrever o processo da alienação do sujeito e a reapropriação do conteúdo substancial "fetichizado" ou reificado; só não percebeu que aquilo que ele descreveu como automovimento da Ideia é, na verdade, um desenvolvimento histórico que culmina no surgimento da subjetividade sem substância do proletariado e em sua sua reapropriação da substância alienada por meio de um ato

---

[24] Ver G. Lukács, *História e consciência de classe* (trad. Rodnei Nascimento, São Paulo, Martins Fontes, 2003).

revolucionário. A razão pela qual deveríamos rejeitar essa "reversão materialista" é que ela continua idealista demais: ao situar o idealismo de Hegel no "sujeito" do processo (a "Ideia absoluta"), deixa de ver o "idealismo" subjetivista inerente à própria matriz do processo dialético (o sujeito autoalienado que reapropria seu conteúdo substancial "reificado", pondo a si mesmo como sujeito-objeto absoluto).

Há duas maneiras de romper com esse "idealismo": ou rejeitamos a dialética de Hegel como tal, negando a noção da "mediação" subjetiva de todo o conteúdo substancial enquanto irredutivelmente "idealista" e propondo substituí-lo por uma matriz radicalmente diferente (Althusser: (sobre)determinação estrutural; Deleuze: diferença e repetição; Derrida: *différance*; Adorno: dialética negativa com sua "preponderância do sujeito"), ou rejeitamos essa leitura de Hegel (centrada na ideia de "reconciliação" enquanto apropriação subjetiva do conteúdo substancial alienado) por ser "idealista", por ser uma leitura equivocada, que continua cega para o verdadeiro núcleo subversivo da dialética de Hegel. Eis a nossa posição: o Hegel do Sujeito absoluto que consome todo o conteúdo objetivo é uma fantasia retroativa de sua crítica, que começa com a virada de Schelling para a "filosofia positiva". Essa "positividade" é encontrada também no jovem Marx, disfarçada de reafirmação aristotélica dos potenciais ou forças positivas do Ser que preexiste à mediação lógica ou conceitual. Portanto, deveríamos questionar a própria imagem de "Hegel como idealista absoluto" pressuposta pelos críticos – eles atacam o Hegel errado, um espantalho. O que eles são incapazes de pensar? A pura processualidade do sujeito que surge como "seu próprio resultado". Por isso, é enganoso falar da "autoalienação" do sujeito, como se ele de alguma maneira precedesse sua alienação – essa ideia não leva em conta que o sujeito surge pela "autoalienação" da substância, *não* de si mesmo. Portanto, deveríamos rejeitar a celebração do jovem Marx das forças produtivas ou potenciais do sujeito, de sua natureza essencial – aqui, Marx é secretamente aristotélico, pressupõe um sujeito "substancial" que preexiste ao desenvolvimento desses potenciais na história. Ou seja, esse movimento crítico

> representa uma espécie de regressão a um essencialismo aristotélico ou naturalista, o essencialismo que toma emprestada uma lógica teleológica de tais "naturezas", a qual abandona o projeto hegeliano, em vez de completá-lo. O ponto principal e bastante controverso que devemos defender é: o modelo de autoprodução de Hegel não é derivado das noções aristotélicas de crescimento natural e maturação em um estado de florescimento.[25]

Uma crítica comum dos últimos partidários do "materialismo dialético" contra o marxismo "subjetivista" do jovem Lukács é que há ao menos uma vantagem fundamental no "materialismo dialético": como situa a história humana no arcabouço geral de uma "dialética da natureza" oniabrangente, ele é muito mais apropriado

---

[25] Robert Pippin, *Hegel's Practical Philosophy*, cit., p. 17.

para compreendermos a problemática ambiental. Mas isso é realmente assim? Não é, ao contrário, a visão materialista dialética que, com suas "leis objetivas da natureza", justifica uma dominação tecnológica implacável e uma exploração da natureza? Embora perceba isso claramente, a visão filosoficamente muito mais refinada de Adorno da natureza como o Outro global da humanidade, da qual a humanidade surge e com a qual tem uma dívida eterna (*Dialética do esclarecimento*)*, não oferece muito mais que os conhecidos clichês da "crítica da razão instrumental": ela não fornece uma visão clara para pensarmos a "natureza" filosoficamente, em sua primazia sobre a humanidade.

Agora percebemos como o projeto adorniano da "dialética negativa", que se vê como a superação da dialética "positiva" de Hegel, passa ao largo da questão. A "dialética negativa" quer romper os limites do "princípio de identidade" que escraviza ou subordina cada alteridade por meio da mediação conceitual. No idealismo de Hegel, negatividade, alteridade e diferença são afirmadas, mas somente como momentos secundários subordinados que servem ao seu oposto – o Sujeito absoluto reapropria-se de toda alteridade, "suprassumindo-a" em um momento da sua própria automediação. Adorno contrapõe isso a sua "primazia do objetivo": em vez de apropriar ou interiorizar toda alteridade, a dialética deveria continuar aberta a ela, garantindo a derradeira primazia do objetivo sobre o subjetivo, da diferença sobre a identidade. E se a imagem da dialética de Hegel que essa crítica pressupõe estiver errada? E se, em seu íntimo, a dialética de Hegel não for uma máquina para a apropriação ou mediação de toda alteridade, para a suprassunção de toda contingência em um momento ideal subordinado da necessidade conceitual? E se a "reconciliação" hegeliana já for a aceitação de uma contingência irredutível no próprio cerne da necessidade conceitual? E se ela envolver, como seu momento de culminação, a libertação da objetividade em sua alteridade? Nesse caso, é a "dialética negativa" de Adorno que, paradoxalmente, permanece dentro dos confins do pensamento "identitário": o infindável "trabalho crítico da negativa", que nunca é feito porque pressupõe a Identidade como seu fundamento e ponto inicial. Em outras palavras, Adorno não percebe como aquilo que ele procura (o rompimento dos confins da Identidade) já está em jogo no próprio cerne da dialética hegeliana, tanto que é a própria crítica de Adorno que oblitera o núcleo subversivo do pensamento de Hegel, cimentando retroativamente a figura de sua dialética como o monstro panlogicista da noção de Absoluto que a tudo consome.

Mas isso não significa que a derradeira posição subjetiva que podemos adotar é a de uma cisão que caracteriza a renegação fetichista? Esse é um caso em que tudo o que podemos fazer é assumir uma postura do tipo "por mais que eu saiba perfeitamente

---

* Rio de Janeiro, Zahar, 1994. (N. E.)

que não existe nenhum grande Outro, que o grande Outro é apenas a sedimentação, a forma reificada das interações subjetivas, sou compelido a agir como se o grande Outro fosse uma força externa que controla a todos nós"? É aqui que o *insight* fundamental de Lacan sobre como o grande Outro é "barrado", faltoso, até in-existente, adquire seu peso: o grande Outro não é o Fundamento substancial, ele é inconsistente ou faltoso, seu funcionamento depende dos sujeitos cuja participação no processo simbólico o sustenta. No lugar tanto da submersão do sujeito em seu Outro substancial quanto da apropriação do sujeito desse Outro, temos, portanto, uma implicação mútua pela falta, pela sobreposição de duas faltas, a falta constitutiva do sujeito e a falta do/no Outro em si. Talvez neste ponto devêssemos ler a famosa fórmula de Hegel ("Deveríamos conceber o Absoluto não só como Substância, mas também como Sujeito") de maneira mais cautelosa e literal: a questão não é que o Absoluto não seja substância, mas sujeito. A questão está oculta no "não só... mas também", ou seja, na interação dos dois, que também abre o espaço da liberdade – somos livres porque há uma falta no Outro, porque a substância da qual brotamos e da qual dependemos é inconsistente, barrada, falha, marcada por uma impossibilidade.

Mas que tipo de liberdade é desencadeada dessa maneira? Aqui devemos fazer uma pergunta clara e brutal em toda a sua ingenuidade: se rejeitarmos a crítica de Marx e adotarmos a noção de Hegel da coruja de Minerva que levanta voo somente no crepúsculo – ou seja, se aceitarmos a afirmação de Hegel de que a posição de um agente histórico capaz de identificar seu próprio papel no processo histórico e agir de maneira adequada é inerentemente impossível, pois essa autorreferencialidade impossibilita que o agente leve em consideração o impacto de sua própria intervenção, o modo como seu próprio ato afeta a constelação –, quais são as consequências dessa posição para o ato, para as intervenções políticas emancipatórias? Isso não significa que estamos condenados a agir às cegas, a dar passos arriscados em direção a um desconhecido cujo resultado final nos escapa totalmente, a intervenções cujo significado só podemos estabelecer retroativamente, de modo que, no momento do ato, tudo o que podemos fazer é esperar que a história tenha misericórdia (graça) e retribua nossa intervenção com pelo menos uma pitada de sucesso? Mas e se, em vez de conceber essa impossibilidade de considerarmos as consequências de nossos atos como uma limitação de nossa liberdade, nós a concebermos como a condição (negativa) basilar de nossa liberdade?

A ideia de liberdade como necessidade conhecida encontra sua expressão mais elevada no pensamento de Espinosa, e não há dúvida de que ele deu também a mais sucinta definição da ideia personalizada de Deus: o único Deus verdadeiro é a própria natureza, isto é, a substância como *causa sui*, como tessitura eterna de causas-efeitos. A ideia personalizada de Deus como um velho sábio que, sentado em algum lugar do céu, governa o mundo segundo seus caprichos, não é nada mais que a expressão positiva mistificada de nossa ignorância – como nosso conhecimento das redes causais naturais e efetivas é limitado, nós, por assim dizer, preenchemos as lacunas projetando uma Causa suprema em um ente desconhecido extremamente elevado. Da perspectiva hegeliana, Espinosa deve ser visto apenas de maneira mais literal do que ele próprio estava disposto a se ver: e se essa falta ou incompletude da rede causal não seja apenas epistemológica, mas também ontológica? Mas e se essa incompletude não se referir apenas ao nosso conhecimento da realidade, mas também à realidade em si? Nesse caso, não seria também a ideia personalizada de Deus um indicativo (um indicativo mistificado, mas ainda assim um indicativo) da incompletude ontológica da realidade em si? Ou, nos termos da distinção hegeliana clássica entre o que quero ou pretendo dizer e o que realmente digo, quando digo "Deus" quero nomear a Pessoa absoluta transcendente que governa a realidade, mas o que realmente digo é que a realidade é ontologicamente incompleta, marcada por uma impossibilidade ou inconsistência fundamental.

Nesse sentido, Dostoiévski estava certo: é somente o Deus personalizado – na medida em que é o nome para um Outro desejoso/faltoso, para uma lacuna no Outro – que dá liberdade: não sou livre por ser criador e mestre de toda a realidade, quando nada resiste ao meu poder de me apropriar de todo conteúdo heterogêneo; sou livre se a substância do meu ser não for uma rede causal plena, mas sim um campo ontologicamente incompleto. Essa incompletude é (ou melhor, também pode ser) sinalizada por um Deus opaco e desejoso, um Deus que é ele próprio marcado por imperfeições e finitude, de modo que, quando o encontramos, somos confrontados com o enigma da pergunta: "O que ele quer?", um enigma que é válido também para o próprio Deus (que não sabe o que quer).

Mas, ainda uma vez, o que isso significa para a nossa capacidade de agir, intervir na história? Em francês, há duas palavras para "futuro" que não podem ser traduzidas de maneira adequada para o inglês: *futur* e *avenir*. *Futur* representa o futuro como a continuação do presente, a plena efetivação das tendências que já estão presentes, ao passo que *avenir* aponta mais na direção de uma quebra radical, uma descontinuidade com o presente – *avenir* é o que está por vir (*à venir*), e não só o que será. Por exemplo, na situação apocalíptica contemporânea, o horizonte derradeiro do "futuro" é o que Jean-Pierre Dupuy chama de "ponto fixo" distópico, o ponto zero do colapso ambiental, o caos social e econômico global etc. – ainda que seja indefinidamente postergado, esse ponto zero é o "atrator" virtual para o qual a nossa realidade tende por si só. O modo de combater a catástrofe futura é pelos atos que interrompem essa deriva na direção do "ponto fixo" distópico, atos que assumem o risco de produzir uma Alteridade radical "por vir". Podemos ver aqui como é ambíguo o slogan "futuro nenhum": em um nível mais profundo, ele designa não a impossibilidade de mudar, mas precisamente aquilo por que deveríamos lutar – interromper o controle que o "futuro" catastrófico tem sobre nós e desse modo abrir espaço para algo Novo que esteja "por vir".

2
Parataxe: figuras do processo dialético

O uso difundido da noção de "intuição intelectual" no idealismo alemão pós-kantiano *não* é sinal de uma regressão à metafísica pré-crítica (como afirmam os kantianos ortodoxos). Para os idealistas pós-kantianos, "intuição intelectual" não é uma visão ou recepção intuitiva passiva da realidade numenal; ao contrário, sempre designa uma faculdade *ativa*, produtiva, espontânea e, como tal, continua firmemente enraizada no tópico kantiano da síntese ativa da imaginação transcendental (daí aqueles que reabilitam essa noção se referirem com entusiasmo às seções 76 e 77 da *Crítica da faculdade do juízo*, de Kant)[1]. Por que então Kant rejeita essa noção? Que limiar ele se recusa a atravessar?

Em 1804, já bem próximo da morte, Kant escreveu que havia duas questões fundamentais sobre as quais girava todo o seu pensamento: a idealidade de espaço e tempo e a realidade do conceito de liberdade[2]. A oposição de Kant à atitude inspirada no senso comum é clara: para o naturalismo do senso comum, espaço e tempo são reais (processos e objetos reais "são" no espaço e no tempo, espaço e tempo não são apenas o horizonte transcendental da nossa experiência da realidade), ao passo que a liberdade é ideal (uma forma de autopercepção do nosso Si consciente, talvez sem nenhum fundamento na realidade básica, na qual o que existe é apenas a matéria). Para Kant, ao contrário, espaço e tempo são ideais (não são propriedades das coisas em si, mas formas de percepção impostas nos fenômenos pelo Si transcendental), ao passo que a liberdade é real no sentido mais radical (até mesmo lacaniano): a liberdade é um "fato da razão" inexplicável, "irracional", inimputável, um *Real* que

---

[1] Ver Robert Pippin, *The Persistence of Subjectivity*, cit., p. 43.
[2] Ver Dieter Henrich, *Between Kant and Hegel: Lectures on German Idealism* (Cambridge, Harvard University Press, 2008), p. 53.

perturba nossa noção de *realidade* espaço-temporal (fenomenal) enquanto governada por leis naturais. Por isso, nossa experiência de liberdade é propriamente *traumática*, até mesmo para Kant, que confunde o Real enquanto impossível que *acontece* (aquilo que "eu não posso fazer") com o Real enquanto impossível-a-acontecer (aquilo que "eu jamais posso realizar plenamente"). Ou seja, na ética kantiana, a verdadeira tensão não está entre a ideia do sujeito de que ele age somente pelo dever e o fato oculto de que haja realmente uma motivação patológica em jogo (psicanálise vulgar); a verdadeira tensão é exatamente o oposto: o ato abissalmente livre é insuportável, traumático, posto que quando realizamos um ato pela liberdade, e a fim de sustentá-la, nós a vivenciamos como condicionada por alguma motivação patológica. Somos tentados aqui a nos referir ao conceito kantiano de esquematização: um ato livre *não pode ser esquematizado*, integrado a nossa experiência; portanto, para esquematizá-lo, temos de "patologizá-lo". E mesmo Kant, via de regra, interpreta mal a verdadeira tensão (a dificuldade de defender e assumir um ato livre) enquanto tensão que afeta o agente que nunca pode ter certeza se seu ato foi realmente livre, e não motivado pelos impulsos patológicos ocultos. É por isso que, como afirmou Kierkegaard, o verdadeiro trauma reside não em nossa mortalidade, mas na imortalidade: é fácil aceitar que somos apenas uma partícula de poeira no universo infinito; muito mais difícil de aceitar é que *somos* efetivamente seres livres e imortais e, como tais, não podemos escapar da terrível responsabilidade de nossa liberdade.

A raiz desse problema está no impasse existente no cerne do edifício kantiano, como destacou Henrich: Kant parte de nossa capacidade cognitiva – o Si, com suas três características (unidade, atividade sintética, vazio), é afetado pelas coisas numenais e, por meio da atividade sintética, organiza as impressões na realidade fenomenal; contudo, quando ele chega ao resultado ontológico de sua crítica do conhecimento (a distinção entre realidade fenomenal e o mundo numenal das Coisas-em-si), "não pode haver retorno ao si. Não há interpretação plausível do si como membro de um dos dois mundos"[3]. É aí que entra a razão prática: a única maneira de retornar da ontologia para o Si é pela liberdade: a liberdade une os dois mundos e torna possível a unidade ou a coerência do Si – por isso Kant repetia sempre o lema: "subordinar tudo à liberdade"[4]. Aqui, no entanto, surge uma lacuna entre Kant e seus seguidores: para Kant, a liberdade é um fato "irracional" da razão, é simples e inexplicavelmente dada, algo como um cordão umbilical que mantém nossa experiência inexplicavelmente presa à realidade numenal desconhecida, não o Primeiro Princípio a partir do qual podemos desenvolver uma noção sistemática da realidade; já os idealistas (de Fichte em diante) atravessam esse limite e

---

[3] Ibidem, p. 52
[4] Ibidem, p. 59.

esforçam-se para dar uma explicação sistemática da liberdade em si. O *status* desse limite muda com os idealistas: o que para Kant era uma limitação *a priori*, de modo que a própria noção de "ultrapassar" é insignificante *stricto sensu*, torna-se para os idealistas apenas uma indicação de que Kant ainda não estava preparado para levar seu projeto a cabo, ou extrair todas as consequências de sua inovação. Para os idealistas, Kant parou no meio do caminho, mas, para Kant, seus seguidores idealistas não compreenderam sua crítica e retrocederam à metafísica pré-crítica ou, o que é pior, à mística *Schwarmerei*.

Há assim duas versões dessa passagem[5]. (1) Kant afirma a lacuna da finitude, o esquematismo transcendental, o acesso negativo ao Numenal (via o Sublime) como a única possível, e assim por diante, ao passo que o idealismo absoluto de Hegel fecha a lacuna kantiana e retorna à metafísica pré-crítica. (2) É Kant que vai apenas até metade do caminho em sua destruição da metafísica, mantendo ainda a referência à Coisa-em-si como um ente externo inacessível, e Hegel não passa de um Kant radicalizado, que parte de nosso acesso negativo ao Absoluto para o Absoluto em si como negatividade. Ou, nos termos da mudança hegeliana do obstáculo epistemológico para a condição ontológica positiva (nosso conhecimento incompleto da coisa torna-se uma característica positiva da coisa que é em si incompleta, inconsistente), não é que Hegel "ontologize" Kant, mas, ao contrário, é Kant que, na medida em que concebe a lacuna como meramente epistemológica, continua a pressupor um campo numenal plenamente constituído que existe externamente, e é Hegel que "deontologiza" Kant, introduzindo uma lacuna na própria tessitura da realidade. Em outras palavras, o passo de Hegel não é para "superar" a divisão kantiana, mas sim para afirmá-la "como tal", para *remover a necessidade de "superação"*, a necessidade de uma "reconciliação" adicional dos opostos, ou seja, para compreender melhor – por meio de uma mudança paraláctica puramente formal – que postular a distinção "como tal" já *é* a "reconciliação" buscada. A limitação de Kant está não no fato de permanecer dentro dos confins das oposições finitas, em sua incapacidade de chegar ao Infinito, mas, ao contrário, em sua própria busca de um domínio transcendente além do campo das oposições finitas. Kant não é incapaz de chegar ao Infinito, mas é incapaz de ver que *já tem aquilo que procura*. Gérard Lebrun esclareceu esse ponto crucial em sua análise da crítica hegeliana às antinomias kantianas[6].

---

[5] O que é ainda uma das grandes linhas divisórias entre os filósofos: há aqueles – em sua maioria de orientação analítica – que pensam que Kant é o último filósofo "continental" que "faz sentido" e a virada pós-kantiana do idealismo alemão é uma das maiores catástrofes ou regressões à especulação sem sentido na história da filosofia; e há aqueles para quem a abordagem histórico-especulativa kantiana é a mais ilustre realização da filosofia.

[6] Gérard Lebrun, "A antinomia e seu conteúdo", em *A filosofia e sua história* (São Paulo, Cosac Naify, 2006), p. 567-97.

O lugar-comum entre os defensores de Kant é que a crítica de Hegel, embora aparentemente mais audaciosa (Hegel vê contradições em toda parte), apenas domestica ou apara as antinomias kantianas. Kant é, segundo dizem (desde Heidegger até os pós-modernistas), o primeiro filósofo que realmente confrontou a finitude do sujeito não como um fato empírico, mas como o próprio horizonte ontológico do nosso ser. Isso o levou a conceber as antinomias como impasses genuínos indissolúveis, escândalos inelutáveis da razão, no sentido de que a razão humana se torna envolvida por sua própria natureza – o escândalo do que ele chegou a chamar de "eutanásia da Razão". O impasse é irredutível, não há mediação entre os opostos, não há síntese superior. Assim, temos a verdadeira imagem contemporânea de um sujeito humanista preso em um entrave constitutivo, marcado por uma lacuna ou cisão ontológica *a priori*. Embora Hegel pareça radicalizar as antinomias, concebendo-as como "contradições" e universalizando-as, vendo-as em toda parte, em cada conceito que usamos, e, indo mais além, ontologizando-as (enquanto Kant situa as antinomias em nossa abordagem cognitiva da realidade, Hegel as situa na realidade em si), essa radicalização é uma artimanha: uma vez reformuladas como "contradições", as antinomias são aprisionadas no maquinário do progresso dialético, reduzidas a um estágio intermediário, a um momento na estrada em direção à reconciliação final. Hegel, portanto, apara de maneira eficaz as arestas escandalosas das antinomias kantianas que ameaçaram levar a Razão à beira da loucura, normalizando-as novamente como parte de um processo ontológico global.

Lebrun mostra que essa concepção está errada: é o próprio Kant que neutraliza as antinomias. Deveríamos ter sempre em mente o resultado de Kant: *não existem antinomias como tal*, elas surgem simplesmente da confusão epistemológica que o sujeito faz entre fenômenos e númenos. Depois de que a crítica da Razão cumpriu seu papel, chegamos a um quadro ontológico claro, inequívoco e não antagônico, com os fenômenos de um lado e os númenos do outro. Toda a ameaça de "eutanásia da Razão", o espetáculo da Razão presa para sempre em um entrave fatal, revela-se por fim como um simples truque teatral, um espetáculo encenado para dar credibilidade à solução transcendental de Kant. Esta é a característica que Kant compartilha com a metafísica pré-crítica: as duas posições permanecem no domínio do Entendimento e suas determinações fixas, e a crítica de Kant à metafísica explicita o resultado final da metafísica: à medida que adentramos o domínio do Entendimento, as Coisas-em-si saem de nosso alcance, nosso conhecimento é, em última análise, em vão.

Então, no que reside de fato a diferença entre Kant e Hegel com respeito às antinomias? Hegel transforma o campo inteiro: sua crítica básica visa não o que Kant diz, mas o que Kant não diz, os "conhecidos desconhecidos" de Kant (segundo a expressão de Donald Rumsfeld) – Kant trapaceia, sua análise das antinomias não é tão pobre, mas antes *muito rica*, pois insinua nela toda uma série de pressupostos e implicações adicionais. Em vez de analisar a *natureza imanente das categorias envolvidas nas antinomias* (finitude *versus* infinitude, continuidade *versus* descontinuidade etc.), ele desloca a análise para o modo como nós, enquanto sujeitos pensantes, *usamos* ou *aplicamos* essas categorias. É por essa razão que a crítica básica de Hegel a Kant diz respeito não à natureza imanente das categorias, mas sim, de uma maneira quase wittgensteiniana, a seu *uso* ilegítimo, a sua aplicação a um domínio que não é propriamente delas. *As antinomias não são inscritas em categorias, elas surgem apenas quando ultrapassamos o domínio próprio de seu uso (a realidade temporal-fenomenal de nossa experiência) e as aplicamos à realidade numenal*, aos objetos que jamais podem se tornar objetos de nossa experiência. Em suma, as antinomias surgem no momento em que confundimos fenômenos e númenos, objetos da experiência com Coisas-em-si.

Kant só pode perceber a finitude enquanto finitude do sujeito transcendental que é restringido pelo esquematismo, pelas limitações temporais da síntese transcendental: para ele, a única finitude é a finitude do sujeito; ele não considera a possibilidade de que *as próprias categorias das quais ele trata possam ser "finitas"*, isto é, que possam continuar sendo categorias do Entendimento abstrato, e não categorias verdadeiramente infinitas da Razão especulativa. E o argumento de Hegel é que esse movimento das categorias do Entendimento para a Razão propriamente dita não é um passo ilegítimo para além dos limites de nossa razão; ao contrário, é o próprio Kant que passa dos limites próprios da análise das categorias, das puras determinações conceituais, projetando ilegitimamente nesse espaço o tópico da subjetividade temporal, e assim por diante. Em sua forma mais elementar, o movimento de Hegel é uma redução e não um enriquecimento de Kant: um movimento de *subtração*, uma remoção do lastro metafísico e uma análise das determinações conceituais em sua natureza imanente.

Em nome do Entendimento

O que é exatamente o Entendimento? Jameson caracteriza o Entendimento (*Verstand*) como um tipo de ideologia espontânea de nossa vida diária, de nossa experiência imediata da realidade. Como tal, não se trata apenas de um fenômeno histórico que deve ser dissolvido pela crítica dialética e a transformação prática das relações que o engendram, mas sim de um dispositivo permanente e trans-histórico de nossa realidade cotidiana. Com efeito, a Razão (*Vernunft*) "tem a tarefa de transformar os erros necessários do *Verstand* em tipos novos e dialéticos de verdades"[7], mas essa "transformação" deixa intacta a eficácia cotidiana do Entendimento, seu

---

[7] Fredric Jameson, *The Hegel Variations*, cit., p. 119.

papel formativo em nossa experiência ordinária – tudo o que a Razão pode alcançar é um tipo de delimitação crítica kantiana da esfera própria do Entendimento; em outras palavras, ela só pode nos tornar conscientes de que somos vítimas de ilusões necessárias ("transcendentais") em nossa vida cotidiana. Por trás dessa leitura da oposição entre Razão e Entendimento, há uma noção profundamente não marxiana de ideologia (ou melhor, uma cisão profundamente não marxiana dessa noção), tirada provavelmente de Althusser (e talvez de Lacan): à maneira kantiana, Jameson parece sugerir que há dois modos de ideologia, um histórico (formas ligadas a condições históricas específicas, que desaparecem quando essas condições são abolidas, como o patriarcado tradicional) e um transcendental *a priori* (um tipo de tendência espontânea ao pensamento identitário, à reificação etc., que é consubstancial com a linguagem como tal e, por isso, pode ser assimilada à ilusão do grande Outro como o "sujeito suposto saber"). O tema de Jameson do indizível (raramente percebido, mas persistente), das coisas que são melhores quando não são ditas, está intimamente ligado a essa noção de ideologia – por exemplo, em sua resenha sobre meu *A visão em paralaxe*, na *London Review of Books*. Seu argumento contra a noção de paralaxe é que, como nome da difração/cisão mais elementar, ela se esforça para nomear algo que é melhor deixar sem nome. De maneira semelhante, Jameson concorda com a tendência kantiana de (alguns) cientistas do cérebro de insistir em uma incognoscibilidade estrutural *a priori* da consciência:

> o que os contemporâneos de Hegel chamaram de não-eu é aquilo de que a consciência tem consciência como seu outro, e não uma ausência da consciência em si, algo inconcebível, exceto como um tipo de pensamento pictórico de ficção científica, um tipo de pensamento da alteridade. Mas é difícil entender como poderíamos conhecer algo sem saber o que sua ausência implica: pode ser que, como argumenta Colin McGinn, a consciência seja um daqueles problemas filosóficos que os seres humanos não são estruturalmente capazes de resolver; e que, nesse sentido, a posição de Kant era a que deveria ser tomada: que, embora sua existência seja tão certa quanto o cogito cartesiano, a consciência também deveria permanecer perpetuamente desconhecida como uma coisa-em-si.[8]

O mínimo que podemos dizer sobre essas linhas é que elas são profundamente não hegelianas, mesmo levando em conta o inesperado propósito dialético de Jameson: uma vez que um elemento só pode ser propriamente apreendido através de sua diferença em relação a seu oposto, e uma vez que o oposto do eu – o não-eu – é inacessível ao eu assim como é em si, a consequência da incognoscibilidade do não-eu assim como é em si, independentemente do eu, é a *incognoscibilidade da consciência (o eu) em si* como é em si. A afirmação solipsista-empirista de que "o

---

[8] Ibidem, p. 32.

sujeito só pode conhecer a si mesmo, suas sensações", é, portanto, errada: se o não-eu é incognoscível, o eu em si sofre a mesma sina. A questão que devemos levantar aqui é se esse círculo é insuperável. Estamos presos nele até o fim, de modo que toda especulação sobre o Exterior é sempre-já uma fantasia retroativa do ponto de vista do Interior? Ou, como diria Hegel, todo pressuposto já é pressuposto? Jameson mostra essa impossibilidade de rompimento em uma leitura perspicaz do conceito de *pôr* como a chave do que Hegel quer dizer com "idealismo". Seu primeiro passo é mediar dialeticamente a própria oposição entre pôr e pressupor: o núcleo do "pôr" não é a produção direta de objetos, posto que tal produção permanece abstratamente oposta ao que é simplesmente dado (eu, enquanto sujeito finito, encontro diante de mim objetos materiais e depois "ponho" trabalhando neles); o núcleo do "pôr" concerne a esses pressupostos em si; ou seja, o que é posto primeiro são os pressupostos em si. Lembremo-nos aqui a noção de Heidegger da essência da tecnologia moderna como *Gestell*: para que o sujeito manipule e explore tecnologicamente a realidade, essa realidade tem de ser "posta"/pressuposta (ou, em termos hegelianos, aberta) de antemão como um objeto de possível exploração tecnológica, uma reserva de matéria-prima e energia etc. É nesse sentido que deveríamos conceber o que é posto "em termos de pressupostos: pois pôr alguma coisa sempre acontece 'antes' de outros tipos de pensamentos e outras espécies de atos e eventos"[9], ou, de maneira mais enfática, "em termos de cenários teatrais ou arranjos pré-fílmicos em que, à frente do tempo, coloca-se um número determinado de coisas no palco, calculam-se algumas profundidades e também se fornece cuidadosamente um centro óptico, as leis da perspectiva são evocadas para fortalecer a ilusão a ser atingida"[10].

> A teoria de Kant – fenômeno e númeno – parece um pouco diferente se apreendida como uma forma específica de pôr o mundo. [...] não se trata mais de uma questão de crença, de assumir a existência da realidade objetiva, do númeno, de um mundo independente das percepções humanas, tendo como base a fé. Mas também não é uma questão de seguir os passos de Fichte e afirmar que a realidade objetiva – o númeno, que agora se tornou o não-eu – torna-se existente pelo ato primordial do eu, que a "põe" (agora usando o termo em um sentido metafísico).
> Ao contrário, aquilo para além do que o númeno é caracterizado torna-se agora algo como uma categoria do pensamento. [...] É a mente que põe os *númenos* no sentido de que sua experiência de cada fenômeno requer junto de si um além. [...] O *númeno* não é algo separado do fenômeno, mas parte fundamental de sua essência; e é dentro da mente que as realidades fora dela ou além dela são "postas".[11]

---

[9] Ibidem, p. 27.
[10] Ibidem, p. 28.
[11] Ibidem, p. 29.

Cabe fazermos aqui uma distinção precisa entre parte pressuposta ou sombria do que aparece como objetos ônticos e o horizonte ontológico de seu aparecer. Por um lado, como desenvolvido de maneira brilhante por Husserl em sua análise fenomenológica da percepção, toda percepção – até mesmo de um objeto ordinário – envolve uma série de suposições sobre seu lado não visto, bem como sobre suas origens; por outro lado, um objeto sempre aparece dentro de certo horizonte de "pré-juízos" hermenêuticos que fornecem um quadro *a priori* no qual situamos o objeto e que, desse modo, o tornam inteligível – observar a realidade "sem pré-juízos" significa não entender nada. A mesma dialética de "pôr os pressupostos" tem um papel fundamental em nosso entendimento da história:

> assim como sempre pomos a anterioridade de um objeto sem nome junto com o nome ou ideia que acabamos de articular, também no que se refere à temporalidade histórica estamos sempre pondo a preexistência de um objeto sem forma que é a matéria-prima da nossa emergente articulação histórica ou social.[12]

Essa "informidade" também deveria ser entendida como um apagamento violento das formas (prévias): sempre que determinado ato é "posto" como ato fundador, como corte histórico ou início de uma nova era, a realidade social anterior é reduzida, via de regra, a uma caótica charada "a-histórica" – por exemplo, quando os colonialistas ocidentais "descobriram" a África negra, tal descoberta foi interpretada como o primeiro contato dos "pré-históricos" primitivos com a história civilizada propriamente dita, e sua história anterior se dissolveu basicamente em uma "matéria sem forma". É nesse sentido que a noção de "pôr os pressupostos" é "não só uma solução para os problemas postos pela resistência crítica às narrativas míticas da origem [...] como também uma solução em que o surgimento de uma forma histórica específica torna retroativamente existente a existência da matéria até então sem forma a partir da qual ela foi moldada"[13].

Essa última afirmação merece uma ressalva ou, de preferência, uma correção: o que retroativamente torna-se existente não é a "matéria até então sem forma", mas precisamente a matéria que já era bem articulada antes do surgimento da nova, e cujos contornos foram apenas borrados, ou tornaram-se invisíveis, a partir do horizonte da nova forma histórica – com o advento da nova forma, a forma anterior é (mal) percebida como "matéria até então sem forma", ou seja, a *"informidade" em si é um efeito retroativo*, um apagamento violento da forma anterior[14]. Se deixarmos

---

[12] Ibidem, p. 85-6.
[13] Ibidem, p. 87.
[14] E o que dizer do contra-argumento óbvio, que evoca a abundância de estudos etnológicos dessas sociedades pré-históricas, com descrições detalhadas de seus rituais, sistemas de adoração, mitos etc.? A etnologia e a antropologia clássicas foram precisamente estudos de sociedades "pré-históricas", estudos que negligenciaram sistematicamente a especificidade dessas sociedades, interpre-

passar a *retroatividade* desse pôr de pressupostos, nós nos veremos em um universo ideológico de teleologia evolucionária: surge, portanto, uma narrativa ideológica no sentido de que as épocas anteriores são concebidas como passos ou estágios progressivos rumo à época "civilizada" do presente. É por essa razão que o pôr retroativo de pressupostos é o "substituto [materialista] daquela "teleologia" da qual [Hegel] costuma ser acusado"[15].

Isso significa que, embora os pressupostos sejam (retroativamente) postos, a conclusão que tiramos não é que estamos para sempre presos nesse círculo de retroatividade, de modo que toda tentativa de reconstruir o advento do Novo a partir do Velho não seja nada mais que uma narrativa ideológica. Todavia, a própria dialética de Hegel não é outra grande narrativa teleológica, mas precisamente um esforço para evitar a ilusão narrativa de um processo contínuo de crescimento orgânico do Novo a partir do Velho; as formas históricas que se seguem umas às outras não são figuras sucessivas dentro do mesmo quadro teleológico, mas retotalizações sucessivas, e cada uma cria ("põe") seu próprio passado (bem como projeta o próprio futuro). Em outras palavras, a dialética de Hegel é a ciência da lacuna entre o Velho e o Novo, da explicação dessa lacuna; mais especificamente, seu verdadeiro tema não é a lacuna entre o Velho e o Novo, mas seu redobramento autorreflexivo – quando descreve o corte entre o Velho e o Novo, ela descreve ao mesmo tempo a lacuna, dentro do Velho em si, entre o Velho "em-si" (como era antes do Novo) e o Velho retroativamente posto pelo Novo. É por conta dessa lacuna redobrada que cada nova forma surge como uma *criação ex nihilo*: o Nada do qual surge o Novo é a própria lacuna entre o Velho-em-si e o Velho-para-o-Novo, a lacuna que possibilita qualquer explicação do surgimento do Novo nos termos de uma narrativa contínua[16].

Devemos fazer mais uma ressalva aqui: o que foge a nossa compreensão não é a forma como as coisas eram antes do advento do Novo, *mas o próprio nascimento do Novo*, o Novo como foi "em si", a partir da perspectiva do Velho, antes de conseguir "pôr seus pressupostos". É por isso que a fantasia, a narrativa fantasmática, sempre envolve um *olhar impossível*, o olhar por meio do qual o sujeito já está presente na cena de sua própria ausência – a ilusão aqui é a mesma da "realidade alternativa" cuja alteridade também é "posta" pela totalidade atual e, por isso, permanece

---

tando-as como um contraste às sociedades civilizadas. Recordemos como, em sua descrição dos mitos primitivos da origem, os primeiros antropólogos interpretavam, digamos, a afirmação de que uma tribo se originou da coruja como uma crença literal ("eles realmente acreditam que seus antepassados eram corujas"), não percebendo como essas afirmações funcionavam de fato.

[15] Fredric Jameson, *The Hegel Variations*, cit., p. 87.
[16] O próprio Marx estava ciente dessa lacuna quando, no último capítulo do Livro I de *O capital*, confrontou a brutalidade caótica do efetivo surgimento do capitalismo com a narrativa da "assim chamada acumulação primitiva".

dentro das coordenadas da totalidade atual. Para evitar essa redução utópica do sujeito ao olhar impossível que testemunha uma realidade alternativa da qual ele está ausente, não devemos abandonar o *tópos* da realidade alternativa como tal, mas sim reformulá-lo de modo a evitar a mistificação da narrativa mitopoética teosófica que pretende exprimir a gênese do cosmos (da realidade plenamente constituída, governada pelo *lógos*) a partir do caos protocósmico pré-ontológico. Tais tentativas apenas ofuscam o argumento de que a "história virtual" reprimida e espectral não é a "verdade" da história oficial, mas a fantasia que preenche o vazio do *ato* que produz a história. No nível da vida familiar, a distinção é palpável no que chamamos de síndrome da falsa memória: as "memórias" desenterradas (ser seduzido ou molestado por alguém da família), as histórias reprimidas, que assombram a imaginação dos vivos, são exatamente essas "mentiras primitivas" destinadas a antecipar o encontro com a derradeira pedra da impossibilidade, o fato de que "não existe relação sexual". E o mesmo vale, no nível da vida social, para a noção de Crime primitivo que fundamental o Outro legal: a narrativa secreta que conta sua história é puramente fantasmática.

Na filosofia propriamente dita, essa mistificação fantasmática reside no próprio núcleo do projeto do *Weltalter*, de Schelling. O que Schelling tentou realizar no *Weltalter* é exatamente essa narrativa fantasmática mitopoética que explicaria o surgimento do *lógos* em si a partir do Real protocósmico pré-lógico; no entanto, no fim de cada um dos três rascunhos sucessivos do *Weltalter* – ou seja, no momento exato em que a passagem do mito para o *lógos*, do Real para o Simbólico, deveria ter sido desenvolvida –, Schelling foi obrigado a pôr um *ato* misterioso de *Ent-Scheidung* (decisão ou separação), um ato de certa forma mais primordial que o Real do próprio "Passado eterno". A falha repetida dos rascunhos do *Weltalter* sinaliza exatamente a honestidade de Schelling como pensador – o fato de ser radical o suficiente para reconhecer a impossibilidade de fundamentar o ato ou a decisão em um mito protocósmico. A linha de separação entre o materialismo e o idealismo obscurantista em Schelling, portanto, diz respeito precisamente à relação entre ato e protocosmos: o obscurantismo idealista deduz ou gera o ato a partir do protocosmos, ao passo que o materialismo afirma a primazia do ato e condena o caráter fantasmático da narrativa protocósmica.

Assim, a propósito da afirmação de Schelling de que a consciência do homem surge do ato primitivo que separa a consciência atual-presente do campo espectral e sombrio do inconsciente, temos de fazer uma pergunta aparentemente ingênua, porém crucial: o que é exatamente inconsciente aqui? A resposta de Schelling é inequívoca: "inconsciente" não é primariamente o movimento rotatório das pulsões lançadas no passado eterno; "inconsciente" é antes o próprio ato de *Ent-Scheidung* pelo qual as pulsões foram lançadas no passado. Ou, em termos ligeiramente diferentes, o que é verdadeiramente "inconsciente" no homem não é o oposto imediato da consciência, o vórtice obscuro e confuso das pulsões "irracionais", mas sim o próprio gesto fundador da consciência, o ato de decisão no qual eu "escolho a mim mesmo", pelo qual combino essa multitude de pulsões na unidade do meu Si. O "inconsciente" não é a substância passiva de pulsões inertes que será usada pela atividade "sintética" criativa do Eu consciente; o "inconsciente", em sua dimensão mais radical, é antes o mais nobre Feito da minha autoposição, ou (recorrendo a termos "existencialistas" posteriores) a escolha do meu "projeto" fundamental, que, para permanecer operante, deve ser "reprimido", mantido longe da luz do dia. Vejamos uma citação das admiráveis páginas finais do segundo rascunho do *Weltalter*:

> O feito primordial que torna um homem genuinamente ele mesmo precede todas as ações individuais, mas, imediatamente depois que é posto em exuberante liberdade, esse feito afunda na noite do inconsciente. Não se trata de um feito que poderia acontecer uma vez e acabar em seguida; é um feito permanente, um feito interminável e, consequentemente, jamais pode ser colocado diante da consciência. Para que o homem saiba desse feito, a consciência em si teria de retornar ao nada, à liberdade sem limites, e deixaria de ser consciência. Esse feito acontece e imediatamente depois retorna para as insondáveis profundezas; é exatamente dessa forma que a natureza adquire permanência. Também aquela vontade, posta no início e então exteriorizada, deve imediatamente afundar na inconsciência. Somente dessa maneira é possível um início, um início que não deixa de ser início, um início verdadeiramente eterno. Pois aqui é igualmente verdade que o início não pode conhecer a si mesmo. O feito, uma vez feito, é feito para toda a eternidade. A decisão que de certa forma está verdadeiramente prestes a ter início deve ser devolvida à consciência; não deve ser chamada de volta, pois isso implicaria ser tomada de volta. Se, ao tomar uma decisão, conservamos o direito de reexaminar nossa escolha, jamais estaremos começando.[17]

O que temos aqui é, obviamente, a lógica do "mediador em desaparição": do gesto fundador da diferenciação que deve afundar na invisibilidade, uma vez que a diferença entre o vórtice das pulsões "irracionais" e o universo do *lógos* esteja em jogo. O passo fundamental de Schelling, portanto, não é simplesmente fundamentar o universo ontologicamente estruturado do *lógos* no terrível vórtice do Real; se fizermos uma leitura cuidadosa, perceberemos uma premonição em sua obra de que esse terrificante vórtice do Real pré-ontológico é em si (acessível a nós somente na forma de) uma narrativa fantasmática, um engodo feito para detrair o verdadeiro corte traumático, o corte do ato abissal de *Ent-Scheidung*.

É contra esse pano de fundo que podemos destacar mais dois pontos críticos sobre a noção de Jameson de Entendimento como uma forma eterna ou insuperável de ideologia. Devemos notar, antes de tudo, que esse caráter insuperável é

---

[17] Slavoj Žižek e F. W. J. von Schelling, *The Abyss of Freedom/Ages of the World* (trad. Judith Norman, Ann Arbor, University of Michigan Press, 1997), p. 181-2.

em si redobrado: primeiro, há o Entendimento como tendência *a priori* do pensamento humano voltado para a reificação identitária; depois, há a insuperabilidade do círculo de "pôr os pressupostos" que nos impede de sair de nós mesmos e apreender o não-eu em todas as suas formas, espaciais e temporais (desde a realidade externa como ela é, independente de nós, até nosso próprio passado histórico). A primeira crítica que devemos fazer aqui é que as características atribuídas por Jameson ao Entendimento ("pensamento empírico da exterioridade inspirado no senso comum, formado na experiência dos objetos sólidos e obediente às leis da não contradição") *são* historicamente limitadas: elas designam o senso comum empirista moderno-secular, que é muito diferente, digamos, de uma noção holística "primitiva" da realidade permeada por forças espirituais.

Contudo, um ponto crítico muito mais importante diz respeito ao modo como Jameson formula a oposição entre Entendimento e Razão: o Entendimento é compreendido como a forma elementar da análise, do fixar diferenças e identidades, reduzindo a riqueza da realidade a um conjunto abstrato de características; essa tendência espontânea à reificação identitária tem então de ser corrigida pela Razão dialética, que reproduz fielmente a complexidade dinâmica da realidade ao delinear a rede fluida de relações dentro da qual está localizada cada identidade. Essa rede tanto gera cada identidade quanto provoca sua ruína final. Contudo, essa *não* é enfaticamente a maneira como Hegel concebe a diferença entre Entendimento e Razão. Vejamos com atenção uma passagem bem conhecida do prefácio da *Fenomenologia*:

> Decompor uma representação em seus elementos originários é retroceder a seus momentos que, pelo menos, não tenham a forma da representação já encontrada, mas constituam a propriedade imediata do Si. Decerto, essa análise só vem a dar em pensamentos, que por sua vez são determinações conhecidas, fixas e tranquilas. Mas é um momento essencial esse separado, que é também inefetivo; uma vez que o concreto, só porque se divide e se faz inefetivo, é que se move. A atividade do dividir é a força e o trabalho do entendimento, a força maior e mais maravilhosa, ou melhor, a potência absoluta.
> O círculo, que fechado em si repousa, e retém como substância seus momentos, é a relação imediata e portanto nada maravilhosa. Mas o fato de que, separado de seu contorno, o acidental como tal – o que está vinculado, o que só é efetivo em sua conexão com outra coisa – ganhe um ser-aí próprio e uma liberdade à parte, eis aí a força portentosa do negativo: é a energia do pensar, do puro Eu.[18]

O Entendimento, precisamente em seu aspecto de análise, de dissociação da unidade de uma coisa ou processo, é aqui celebrado como "a força maior e mais maravilhosa, ou melhor, a potência absoluta" – como tal, ele está surpreendentemente caracterizado (para os que são presos à visão tradicional da dialética) nos

---
[18] G. W. F. Hegel, *Fenomenologia do espírito*, cit., p. 38.

mesmos termos que o Espírito, com respeito à oposição entre Entendimento e Razão, claramente do lado da Razão: "O espírito, em sua verdade simples, é consciência, e põe seus momentos fora-um-do-outro"*. Tudo diz respeito a como devemos entender essa identidade-diferença entre Entendimento e Razão: não que a Razão acrescente algo ao poder separador do Entendimento, restabelecendo (em um nível "superior") a unidade orgânica do que o entendimento separou, suplementando a análise com a síntese; de certa forma, a Razão é não mais, porém *menos* que o Entendimento, ela é – nos famosos termos da oposição hegeliana entre o que se quer dizer e o que realmente se diz – o que o Entendimento, em sua atividade, *realmente faz*, em contraste com o que quer ou pretende fazer. A Razão é, portanto, não outra faculdade que suplementa a "unilateralidade" do Entendimento: a própria ideia de que existe algo (o núcleo do conteúdo substancial da coisa analisada) que ilude o Entendimento, um Além transracional fora de seu alcance, é a ilusão fundamental do Entendimento. Em outras palavras, tudo o que temos de fazer para ir do Entendimento à Razão é *subtrair* do Entendimento sua ilusão constitutiva.

O Entendimento não é tão abstrato ou violento, pelo contrário: ele é, como disse Hegel sobre Kant, *leve demais em relação às coisas*, tem muito medo de estabelecer nas coisas em si seu violento movimento de dissociar as coisas[19]. De certo modo, é epistemologia *versus* ontologia: a ilusão do Entendimento é que seu próprio poder analítico – o poder de fazer que "o acidental como tal [...] ganhe um ser-aí próprio e uma liberdade à parte" – não passa de uma "abstração", algo externo à "verdadeira realidade" que persiste lá fora, intacta em sua plenitude inacessível. Em outras palavras, é a visão crítica padrão do Entendimento e de seu poder de abstração (que ele é apenas um exercício intelectual impotente, que ignora a riqueza da realidade) que contém a ilusão central do Entendimento. Dito ainda de outra forma, o erro do Entendimento é perceber sua própria atividade negativa (de separar, dissociar as coisas) somente em seu aspecto negativo, ignorando seu aspecto "positivo" (produtivo) – a Razão é o Entendimento em si em seu aspecto produtivo[20].

---

* Idem, § 444, p. 10. (N. T.)
[19] Há uma piada judaica vulgar maravilhosa sobre uma polonesa judia, cansada depois de um duro dia de trabalho. Quando o marido chega a casa, também cansado, mas aceso, ele diz a ela: "Não posso fazer amor com você agora, mas preciso de um alívio. Você não quer me chupar e engolir meu esperma? Isso ajudaria muito!". A mulher responde: "Estou muito cansada para isso agora, querido. Por que você não se masturba e goza em um copo? Assim posso beber de manhã!". Essa mulher – contrária ao clichê sobre o raciocínio holístico-intuitivo das mulheres em oposição à análise racional masculina – não é um exemplo do uso feminino cruel do Entendimento, de seu poder de separar o que naturalmente vem junto?
[20] Em uma homologia precisa dessa lógica hegeliana, não faz sentido reclamar que a psico-análise é suplementada pela psico-síntese, restabelecendo a unidade orgânica da pessoa rompida pela psico--análise: a psicanálise *já é* essa síntese.

Devemos fazer uma digressão aqui. O que é pensamento abstrato? Recordemos *Líbano*, um filme recente de Samuel Maoz sobre a guerra do Líbano de 1982. O filme se baseia nas memórias do próprio diretor da época em que era um jovem soldado e reproduz a claustrofobia e o medo da guerra, já que grande parte da ação se passa dentro de um tanque. Ele acompanha quatro soldados inexperientes cuja missão é "varrer" os inimigos de uma cidade libanesa que já havia sido bombardeada pela Força Aérea Israelense. Ao ser entrevistado durante o Festival de Veneza, em 2009, Yoav Donat, ator que interpretou o papel do jovem soldado Moaz, disse: "Esse filme nos faz sentir como se tivéssemos ido para a guerra". Maoz afirmou que seu filme não era uma condenação às políticas de Israel, mas um relato pessoal do que aconteceu: "O erro que cometi foi ter chamado o filme de *Líbano*, porque a guerra do Líbano, em sua essência, não difere em nada de qualquer outra guerra e, para mim, qualquer tentativa de ser político enfraqueceria o filme"[21]. Isto é ideologia em sua forma mais pura: o foco na experiência traumática do perpetrador nos permite ignorar todo o pano de fundo ético-político do conflito (o que fazia o Exército israelense nas profundezas do Líbano etc.?). Essa "humanização" serve para ofuscar a questão principal: a necessidade de uma análise política implacável dos riscos envolvidos no uso de forças armadas.

Deparamos imediatamente com a resposta do imbecil ideológico: mas por que a retratação do horror e da perplexidade do combate não seria uma questão legítima para a arte? Esse tipo de experiência pessoal também não faz parte da guerra? Por que a retratação artística da guerra deveria se limitar às grandes divisões políticas que determinam esses conflitos? A guerra não é uma totalidade multifacetada? Abstratamente, tudo isso é verdadeiro; no entanto, o que se perde é que o verdadeiro significado global de uma guerra e da experiência pessoal não podem coexistir no mesmo espaço: a experiência individual da guerra, não importa quão "autêntica" seja, inevitavelmente estreita seu escopo e, como tal, é em si uma *abstração violenta da totalidade*. Gostemos ou não, recusar a luta não é o mesmo para um nazista que mata judeus em um gueto e para um partidário que resiste aos nazistas. Analogamente, na guerra do Líbano de 1982, o "trauma" do soldado israelense dentro do tanque não é o mesmo que o trauma do civil palestino que está sendo bombardeado – concentrar a atenção no primeiro só serve para ofuscar o que estava em jogo na invasão israelense.

Fredric Jameson argumentou que a mais célebre realização de santo Agostinho – a invenção da profundidade psicológica do fiel, com toda a complexidade constituída pelo desespero e pela dúvida interior – é estritamente correlativa a (ou é o outro lado de) sua legitimação do cristianismo como religião de Estado, como

---

[21] Silvia Aloisi, "Israeli Film Relives Lebanon War from Inside Tank", *Reuters*, 8 set. 2009.

plenamente compatível com a obliteração do que restou da política radical oriunda do edifício cristão[22]. O mesmo vale para, entre outros, os renegados anticomunistas da Guerra Fria: via de regra, a virada contra o comunismo caminhou de mãos dadas com a virada para certo freudismo, com sua descoberta da complexidade psicológica das vidas individuais.

Mas isso significa que a única explicação fiel seja uma explicação dessubjetivada, sem lugar para a experiência subjetiva? É aqui que a principal distinção lacaniana entre o sujeito ($, o agente não psicológico "barrado") e a "pessoa" tem de ser mobilizada: o que está por trás da tela da riqueza da "vida interior" de uma pessoa não é a "realidade objetiva", mas o próprio sujeito – o sujeito *político*, em nosso caso.

O ato da abstração, da dissociação, também pode ser entendido como um ato de cegueira autoimposta, de se recusar a "ver tudo". Em seu *Blindness and Insight*[23], Paul de Man faz uma leitura refinada da "desconstrução" de Rousseau que Derrida realiza em *Gramatologia**. A tese de De Man é que, ao apresentar Rousseau como um "logocentrista" preso na metafísica da presença, Derrida não vê que os temas e os passos teóricos envolvidos na desconstrução dessa metafísica já estão em ação no texto de Rousseau – em geral, o argumento "desconstrutivo" que Derrida constrói a respeito de Rousseau já havia sido articulado pelo próprio Rousseau. Além disso, esse equívoco não é um acidente, mas uma necessidade estrutural: Derrida só pode ver o que vê (desenvolver sua leitura desconstrutiva) através dessa cegueira. E seria fácil demonstrar a mesma sobreposição paradoxal de cegueira e *insight* em outras leituras de Derrida – por exemplo, em sua minuciosa leitura de Hegel em *Glas*. Aqui também o custo do complexo passo teórico para demonstrar como Hegel fracassou por não ver que uma condição de impossibilidade é uma condição de possibilidade – como ele produz algo cujo *status* teve de renegar para conseguir manter a consistência de seu edifício, e assim por diante – é uma simplificação violenta do arcabouço que serve de base para o pensamento de Hegel. Esse arcabouço é reduzido por Derrida à "metafísica da presença" absoluto-idealista, em que a automediação da Ideia é capaz de reduzir toda alteridade, e todas as formulações de Hegel contrárias a essa imagem são vistas como sinal de sua inconsistência sintomática, de não ser capaz de controlar sua própria produção teórica, ser forçado a dizer algo mais, ou diferente, do que queria dizer.

---

[22] Ver Fredric Jameson, "On the Sexual Production of Western Subjectivity; or, Saint Augustine as a Social Democrat", em Renata Salecl e Slavoj Žižek (eds.), *Gaze and Voice as Love Objects* (Durham, Duke University Press, 1996).

[23] Ver Paul de Man, *Blindness and Insight: Essays in the Rhetoric of Contemporary Criticism* (2. ed. rev., Minneapolis, University of Minnesota Press, 1983).

* Trad. Miriam Schnaiderman e Renato Janine Ribeiro, São Paulo, Perspectiva, 1973. (N. E.)

Mas como exatamente devemos interpretar essa codependência de *insight* e cegueira? É possível evitar a leitura-padrão que se impõe com uma força aparentemente autoevidente, a leitura segundo a qual a codependência de *insight* e cegueira é uma indicação de nossa insuperável finitude, da impossibilidade radical de atingirmos a perspectiva da infinitude, de um *insight* não mais prejudicado por um tipo qualquer de cegueira? Nossa aposta é que Hegel, aqui, oferece outra alternativa: o que ele chama de "negatividade" também pode ser expresso em termos de *insight* e cegueira, como o poder "positivo" da "cegueira" de ignorar partes da realidade. De que maneira essa noção surge da confusa rede de impressões que temos de um objeto? Pelo poder da "abstração", de cegar-se para a maioria das características do objeto, reduzindo-o a seus aspectos constitutivos principais. O grande poder da nossa mente não é ver mais, mas *ver menos* da maneira correta, reduzir a realidade a suas determinações conceituais – somente essa "cegueira" gera um *insight* do que as coisas realmente são.

O mesmo princípio do "menos é mais" vale para a leitura do corpo de um livro: no excelente *Como falar dos livros que não lemos*[24], Pierre Bayard mostra (usando uma linha de raciocínio irônica que no fim acaba sendo bastante séria) que, para formular realmente o *insight* ou a realização de um livro, em geral é melhor *não* lê-lo inteiro – dados demais simplesmente embaçam nossa visão. Por exemplo, muitos ensaios sobre *Ulisses*, de Joyce* – e com frequência os melhores – foram escritos por estudiosos que não leram o livro inteiro; e o mesmo vale para Kant ou Hegel, pois um conhecimento extremamente minucioso só produz uma entediante exegese especializada, em vez de nos fornecer *insights*. As melhores interpretações de Hegel sempre são parciais: elas extrapolam a totalidade a partir de uma figura particular de pensamento ou do movimento dialético. Normalmente, não é a leitura de um grosso volume do próprio Hegel, mas uma observação extraordinária de um intérprete – muitas vezes equivocada ou pelo menos unilateral – é que nos permite apreender o pensamento de Hegel em seu movimento vivo.

A tensão entre *insight* e cegueira explica o fato de Hegel usar o termo *Begriff* (conceito) com dois sentidos opostos: "conceito" como o núcleo, a essência da coisa, e "conceito" como "mera noção" em contraste com a "coisa em si". E deveríamos ter em mente que o mesmo vale para o uso que ele faz do termo "sujeito": o sujeito acima do objetivo, como princípio da vida e mediação dos objetos, e o sujeito como designação de algo "meramente subjetivo", uma impressão subjetivamente distorcida em contraste com o modo como as coisas realmente são. É extremamente simples tratar esses dois aspectos no que se refere ao "inferior" – pertencendo à abordagem abstrata do Entendimento (a redução do sujeito ao "meramente

---

[24] Ver Pierre Bayard, *Como falar dos livros que não lemos* (trad. Rejane Janowitzer, Rio de Janeiro, Objetiva, 2008).

* Trad. Antônio Houaiss, 15. ed., Rio de Janeiro, Civilização Brasileira, 2005. (N. E.)

subjetivo") – e ao "superior" – envolvendo a noção verdadeiramente especulativa do sujeito como princípio mediador da Vida ou da realidade. A questão é que o aspecto "inferior", ao contrário, é o principal constituinte do "superior": superamos o "meramente subjetivo" exatamente por aprová-lo por completo. Lembremo-nos mais uma vez a passagem do prefácio da *Fenomenologia* que celebra o poder disjuntivo do Entendimento "abstrato": Hegel não supera o caráter abstrato do Entendimento mudando-o substancialmente (substituindo a abstração pela síntese etc.), mas percebendo, de uma nova perspectiva, essa mesma força da abstração: o que primeiro aparece como o ponto fraco do Entendimento (sua incapacidade de apreender a realidade em toda a sua complexidade, sua dissociação da tessitura viva da realidade) é, na verdade, seu grande ponto forte.

Fenômenos, númenos e limite

Embora Kant deixe claro que as antinomias resultam da má aplicação das categorias, e que elas desaparecem no momento em que esclarecemos essa confusão e respeitamos a lacuna que separa os númenos dos fenômenos, ele tem de afirmar que essa má aplicação não é um erro contingente, mas um tipo de ilusão necessária inscrita no próprio funcionamento da nossa Razão. Desse modo, precisamos ser muito precisos ao descrever os verdadeiros contornos da passagem de Kant para Hegel: com sua revolução filosófica, Kant provocou uma ruptura por meio da radicalidade da qual ele nem sequer tinha ciência; assim, em um segundo passo, ele recua dessa radicalidade e tenta desesperadamente navegar nas águas seguras de uma ontologia mais tradicional. Consequentemente, para passarmos "de Kant para Hegel", temos de dar um passo não "adiante", mas para trás: de volta ao invólucro enganador para identificar a verdadeira radicalidade da ruptura de Kant – nesse sentido, Hegel era literalmente "mais kantiano que o próprio Kant". Um dos pontos em que vemos isso com nitidez é a distinção entre fenômenos e númenos: a justificação explícita de Kant do motivo pelo qual precisamos introduzir os númenos permanece nos confins da ontologia tradicional, com sua distinção entre aparência e realidade verdadeira – as aparências não se sustentam sozinhas, deve haver algo por trás delas:

> No que respeita à razão pela qual, não sendo ainda satisfatório o substrato da sensibilidade, se atribuem aos fenômenos ainda númenos, que só o entendimento puro pode conceber, repousa ela, simplesmente, no seguinte: a sensibilidade e o seu campo, a saber, o campo dos fenômenos, estão limitados pelo entendimento, de tal modo que não se estendem às coisas em si mesmas, mas apenas à maneira como nos aparecem as coisas, graças à nossa constituição subjetiva. Tal foi o resultado de toda a estética transcendental e também decorre naturalmente do conceito de um fenômeno em geral, que lhe deva corresponder algo, que em si não seja fenômeno, pois este não pode ser nada por si mesmo e independentemente do nosso modo de representação; portanto, se não deve

produzir-se um círculo perpétuo, a palavra fenômeno indica uma referência a algo, cuja representação imediata é, sem dúvida, sensível, mas que, em si próprio, mesmo sem essa constituição da nossa sensibilidade (sobre a qual se funda a forma da nossa intuição), deve ser qualquer coisa, isto é, um objeto independente da nossa sensibilidade.[25]

No entanto, há uma contradição implícita entre essa explicação, em que fenômenos e númenos são diferenciados como duas espécies (esferas) de objetos (que existem positivamente) e a tese fundamental de Kant de que, como os númenos são radicalmente transcendentes, jamais dados como objetos de nossa experiência, o conceito de númeno é "um *conceito-limite* para cercear a pretensão da sensibilidade e, portanto, para uso simplesmente negativo"[26]:

> A divisão dos objetos em fenômenos e númenos, e do mundo em mundo dos sentidos e mundo do entendimento, não pode, pois, ser aceite em sentido positivo, embora os conceitos admitam, sem dúvida, a divisão em conceitos sensíveis e conceitos intelectuais, porque não é possível determinar um objeto para os últimos, nem portanto considerá-los objetivamente válidos. [...] O nosso entendimento recebe, deste modo, uma ampliação negativa, porquanto não é limitado pela sensibilidade, antes limita a sensibilidade, em virtude de denominar númenos as coisas em si (não consideradas como fenômenos). Mas logo, simultaneamente, impõe a si próprio os limites, pelos quais não conhece as coisas em si mediante quaisquer categorias, só as pensando, portanto, com o nome de algo desconhecido.[27]

Sim, podemos ler essas linhas como uma mera reafirmação da divisão-padrão de todos os objetos em fenômenos e númenos: o "uso negativo" do "númeno" simplesmente reafirma a transcendência radical do Em-si, sua inacessibilidade a nossa experiência: há um campo infinito de coisas positivas lá fora que jamais se tornam objetos de nossa experiência, por isso só podemos nos referir a elas de maneira negativa, cientes de que são "em si mesmas" plenamente positivas, causa e fundamento próprios dos fenômenos. Mas não há outra noção muito mais radical por trás do conceito de númeno – aquela da *pura negatividade, isto é, a da autolimitação dos fenômenos enquanto tais*, em oposição a sua limitação por outro domínio positivo transcendente? Nesse caso, a negatividade não é semelhante a um efeito refletor da positividade transcendente (de modo que só podemos apreender o Em-si transcendental de maneira negativa); ao contrário, cada figura positiva do Em-si é uma "positivação" da negatividade, uma formação fantasmática que construímos para preencher a lacuna da negatividade. Como disse Hegel com uma clareza insuperável na *Fenomenologia*: por trás da cortina dos fenômenos, só existe o que colocamos lá. A negatividade, por-

---

[25] Immanuel Kant, *Crítica da razão pura* (trad. Manuela Pinto dos Santos e Alexandre Frandique Morujão, Lisboa, Calouste Gulbenkian, 1994), p. 266-7.
[26] Ibidem, p. 270.
[27] Ibidem, p. 270-1.

tanto, precede a positividade transcendental, a autolimitação dos fenômenos precede o que está além do limite – esse é o sentido especulativo profundo da tese de Kant de que "a divisão dos objetos em fenômenos e númenos, e do mundo em mundo dos sentidos e mundo do entendimento, não pode, pois, ser aceite em sentido positivo": o limite entre fenômenos e númenos não é o limite entre as duas esferas positivas dos objetos, posto que *só existem os fenômenos e sua (auto)limitação, sua negatividade*. No momento em que entendemos isso, no momento em que tomamos a tese de Kant sobre o uso negativo de "númenos" de maneira mais literal que ele próprio, é que passamos de Kant para Hegel, para a negatividade hegeliana.

É dessa maneira que devemos ler a afirmação fundamental de que o entendimento "limita a sensibilidade, em virtude de denominar númenos as coisas em si (não consideradas como fenômenos). Mas logo, simultaneamente, impõe a si próprio os limites, pelos quais não conhece as coisas em si mediante quaisquer categorias". Nosso entendimento primeiro postula os númenos como o limite externo da "sensibilidade" (ou seja, do mundo fenomenal, dos objetos da experiência possível): ele postula outro domínio de objetos, inacessível a nós. Mas ao fazê-lo, ele "se limita": admite que, como os númenos são transcendentes e nunca serão objeto da experiência possível, não é possível tratá-los legitimamente como objetos positivos. Ou seja, para distinguir númenos e fenômenos como dois domínios positivos, nosso entendimento teria de adotar a posição de uma metalinguagem, livre da limitação dos fenômenos, residindo em algum lugar acima da divisão. No entanto, se o sujeito reside dentro dos fenômenos, como pode perceber a limitação deles? (Como também observou Wittgenstein, não podemos ver os limites de nosso mundo estando dentro dele.) A única solução é que *a limitação dos fenômenos não é externa, mas interna*; em outras palavras, o campo *em si* dos fenômenos nunca é "total", completo, um Todo consistente; essa autolimitação dos fenômenos assume em Kant a forma das antinomias da razão pura. Não há necessidade de um domínio transcendente positivo dos entes numenais que limite os fenômenos a partir de fora – os fenômenos com suas inconsistências, suas autolimitações, são "tudo o que existe". A principal conclusão que devemos tirar dessa autolimitação dos fenômenos é o fato de ela ser estritamente correlata à subjetividade: só há um sujeito (transcendental) como correlato da inconsistência, da autolimitação ou, mais radicalmente, da "incompletude ontológica" da realidade fenomenal. No momento em que concebemos a inconsistência e a autolimitação da realidade fenomenal como secundárias, como efeito da incapacidade do sujeito de experimentar o Em-si transcendental da maneira como ele "realmente é", o sujeito (enquanto autônomo-espontâneo) torna-se mero epifenômeno, sua liberdade torna-se uma "mera aparência" condicionada pelo fato de os númenos lhe serem inacessíveis (de maneira um tanto simplificada, posso dizer que experimento a mim mesmo como livre, na medida em que a causalidade que efetivamente me determina me é inacessível). Em outras palavras, a liberdade do sujeito só pode ser ontologicamente fundamentada na incompletude ontológica da realidade em si.

Para evitar a crítica óbvia, esse uso puramente negativo dos fenômenos de modo algum implica um "idealismo subjetivo" ingênuo, um universo em que não existe nada além dos fenômenos subjetivos (auto)limitados: é claro que existem coisas (processos) lá fora que ainda não foram descobertas por nós, existe o que o realismo ingênuo designa como "realidade objetiva", mas é errado designá-la como numenal – tal designação é *demasiado "subjetiva"*. Númenos designam o Em-si *como ele nos aparece, encarnado na realidade fenomenal*; se designamos nossos desconhecidos como "númenos", abrimos com isso uma lacuna que não é garantida por sua incognoscibilidade: não existe uma lacuna misteriosa que nos separa do desconhecido, e o desconhecido é simplesmente desconhecido, indiferente ao ser-conhecido. Em outras palavras, não deveríamos nunca nos esquecer de que o que conhecemos (como fenômenos) não é separado das coisas-em-si por uma linha divisória, mas é *constitutivo* delas: os fenômenos não formam um domínio ontológico especial, simplesmente fazem parte da realidade.

Isso nos leva à crítica básica que Hegel faz de Kant a respeito de sua insistência na limitação que nossa infinitude impõe em nosso conhecimento. Ou seja, por trás da modéstia de Kant, há uma arrogância oculta: quando Kant afirma que nós, seres humanos, limitados por nosso Entendimento finito, nem sequer podemos conhecer a totalidade do universo, ele continua apresentando essa tarefa infinita como uma tarefa que outro Entendimento, infinito, conseguiria realizar, como se o problema se resumisse a ampliar ou extrapolar nossa capacidade ao infinito, em vez de mudá-la qualitativamente. O modelo para esse falso raciocínio é a famosa ideia naturalista-determinista de que, se existisse uma mente infinita capaz de conhecer extensivamente todos os átomos do universo, sua posição, sua força e seu movimento, ela seria capaz de prever seu comportamento futuro com a máxima precisão – como se a própria noção de mente finita ampliada ao infinito não fosse em si um disparate. Quando representamos para nós mesmos uma mente capaz de apreender a infinitude, a imagem a que nos referimos é a de uma mente de alguma maneira capaz de contar um número infinito de elementos, do mesmo modo que somos capazes de contar um número finito deles. Em uma imagem maravilhosamente maldosa, Hegel compara a ideia kantiana de uma mente infinita ao modo como um pobre organista de igreja tenta explicar a grandeza de Deus a um simples camponês: "Da mesma maneira que tu conheces cada indivíduo de nossa aldeia pelo nome, Deus conhece intimamente cada uma das moscas na infinidade de moscas que voam pelo mundo..."[28].

---

[28] G. W. F. Hegel, *Vorlesungen über die Philosophie der Religion I* (Frankfurt, Suhrkamp, 1986), p. 493-4. (Werke, v. 16.)

Isso nos leva à lacuna entre o que é explicável-em-princípio e o que é realmente explicado-de-fato – essa lacuna está em plena ação nas ciências cognitivas: o pensamento é um produto do cérebro e pode em princípio ser explicado em termos de processos neuronais; acontece que nós simplesmente ainda não o explicamos. De acordo com essa visão, essa lacuna é puramente cognitiva: não é nada mais que a lacuna entre a limitação empírica de nosso conhecimento da realidade e a realidade em si. Para Hegel, ao contrário, essa lacuna é conceitual, categórica:

> A proposição segundo a qual nosso conhecimento efetivo, real – o modo como ele existe neste momento, articulado nas explicações causais – é finito e não conhecimento no sentido absoluto da palavra, mas sim mera certeza, em última análise não é realmente uma proposição sobre os limites de nosso conhecimento, mas uma proposição sobre a forma de nosso conhecimento. É uma proposição conceitual, tautológica.[29]

O erro está no fato de o limite pertencente à forma em si (às categorias usadas) ser visto de maneira equivocada como uma limitação empírica contingente. No caso do cognitivismo: não se trata de já termos o aparato categorial necessário para explicar a consciência (processos neuronais etc.) e nosso fracasso em explicá-la pertencer apenas à limitação empírica do nosso conhecimento dos fatos relevantes sobre o cérebro; a verdadeira limitação está na própria forma de nosso conhecimento, no próprio aparato categorial que usamos. Em outras palavras, a lacuna entre a forma do conhecimento e sua limitação empírica está inscrita nessa forma em si. Kant é inconsistente em sua maneira de lidar com as antinomias da pura razão exatamente porque situa a limitação na finitude de nossa experiência empírico-temporal.

Aqui, portanto, a possibilidade é restringida: o que aparece como possível-em-princípio, tornado impossível somente por causa de nossas limitações empíricas, é revelado como impossível também em princípio, em suas próprias determinações conceituais-formais. Contudo, o anverso desse estreitamento do campo do possível é sua extensão: a totalidade hegeliana não é apenas a totalidade do conteúdo efetivo; ela inclui as possibilidades imanentes da constelação existente. Para "apreender a totalidade", devemos incluir suas possibilidades; para apreender a verdade do que existe, devemos incluir sua falha, o que poderia ter acontecido, mas se perdeu. Mas por que deveria ser esse o caso? Porque a totalidade hegeliana é uma totalidade "engajada", uma totalidade exposta a uma visão partidária parcial, não a uma visão geral "neutra" que transcende as posições engajadas – como reconheceu György Lukács, essa totalidade só é acessível de um ponto de vista prático que considere a possibilidade de modificá-la. Hegel, portanto, tem muito a nos ensinar sobre a questão da possibilidade *versus* efetividade. O que está envolvido na análise dialética, digamos, de um

---

[29] Pirmin Stekeler-Weithofer, *Philosophie des Selbstbewusstseins* (Frankfurt, Suhrkamp, 2005), p. 23.

evento passado, como uma ruptura revolucionária? Ela resulta de fato na identificação de uma necessidade subjacente que governa o curso dos eventos em sua aparente confusão? E se o oposto for verdadeiro e a análise dialética *reinserir a possibilidade na necessidade do passado*? Há algo de um surgimento imprevisível miraculoso em cada passagem da "negação" para a "negação da negação", em cada advento de uma nova Ordem a partir do caos da desintegração – e, por isso, para Hegel, a análise dialética é sempre a análise de eventos *passados*[30]. Nenhuma dedução nos levará do caos à ordem, e situar esse momento da virada mágica, essa imprevisível reversão do caos em Ordem, é o verdadeiro objetivo dessa análise dialética. Por exemplo, o objetivo da análise da Revolução Francesa não é revelar a "necessidade histórica" da passagem de 1789 para o Terror jacobino e depois para o Termidor e o Império, mas sim *reconstruir essa sucessão em termos de uma série de decisões existenciais (para usarmos esse termo anacrônico) tomadas por agentes que, presos em um redemoinho de ação, têm de inventar uma saída para o impasse* (da mesma maneira que Lacan reconceitua a sucessão das fases oral, anal e fálica como uma série de reversões dialéticas).

Como regra, a famosa sugestão de Hegel de que deveríamos conceber o Absoluto não só como substância, mas também como sujeito, evoca a desacreditada noção de algum tipo de "sujeito absoluto", um Megassujeito que cria o universo e continua vigiando nosso destino. Para Hegel, no entanto, o sujeito, em seu âmago, também representa a finitude, o corte, a lacuna da negatividade, por isso Deus só se torna sujeito por meio da Encarnação: antes da Encarnação, ele ainda não é, em si mesmo, um Megassujeito que governa o universo. Kant e Hegel costumam ser contrapostos no sentido do finito *versus* infinito: o sujeito hegeliano como Um totalizador e infinito que medeia toda multiplicidade; o sujeito kantiano marcado pela finitude e pela lacuna que o separa para sempre da Coisa. Mas, em um nível mais fundamental, não acontece exatamente o oposto? A função básica do sujeito transcendental kantiano é representar continuamente a síntese transcendental da apercepção, transformar em Um a multitude de impressões sensíveis; já o sujeito hegeliano é, em sua dimensão mais elementar, o agente da cisão, da divisão, da negatividade, da duplicação, da "queda" da Substância na finitude.

Consequentemente, é crucial não confundir o "espírito subjetivo" de Hegel com a ideia diltheyana de uma forma de vida, um mundo histórico concreto, enquanto

---

[30] Um dos paradoxos dessa tensão propriamente dialética entre possibilidade e efetividade é que, em uma situação envolvendo uma escolha suprema (viver ou morrer, suicidar-se ou continuar vivendo e lutando), a escolha do suicídio pode ajudar o sujeito a adiar o ato de efetivamente se matar: "Agora que decidi me matar, sei que o escape da minha situação de desespero está aberto para mim, e até esse momento, posso levar a vida com mais leveza posto que me livrei da pressão insuportável da escolha..." – desse modo, ganho tempo para acabar reconsiderando minha decisão e continuar vivendo.

"espírito objetificado", produto de um povo, seu gênio coletivo: no momento em que fazemos isso, perdemos de vista o "espírito objetivo", que é precisamente o fato de ser espírito em sua forma objetiva, vivenciado pelos indivíduos como imposição externa, e até como restrição – não há um Supersujeito coletivo ou espiritual que seja o autor do "espírito objetivo", cuja "objetificação" seja esse espírito. Em suma, para Hegel, não existe um Sujeito coletivo, não existe um Espírito-Sujeito além e acima de todos os indivíduos. Nisto reside o paradoxo do "espírito objetivo": ele é independente dos indivíduos, é encontrado por eles como dado, preexistente, como o pressuposto de sua atividade; contudo, ele é espírito, ou seja, algo que existe somente na medida em que os indivíduos relacionam sua própria atividade com ele, somente como *seus* (pres)supostos.[31]

O diferendo

Tal leitura só pode parecer um descordo com a leitura usual de Hegel como um "idealista absoluto". Há uma prática interessante no gênero dos ataques a Žižek que ilustra à perfeição essa lacuna que me separa da noção de Hegel baseada no senso comum. O autor toma como ponto de partida uma passagem de meu prefácio à nova edição de *Eles não sabem o que fazem** que supostamente demonstraria "como Žižek maltrata Hegel". Originalmente, escrevi:

> Hegel não tem nada a ver com uma visão pseudo-hegeliana (adotada por alguns hegelianos conservadores como Bradley e McTaggart) da sociedade como um Todo orgânico harmonioso, dentro do qual cada membro afirma sua "igualdade" para com os outros realizando seu dever particular, ocupando seu lugar particular e, assim, contribuindo para a harmonia do Todo. Para Hegel, ao contrário, o "mundo transcendente da informidade" (em suma, o Absoluto) está em guerra *consigo mesmo*; isso significa que a informidade (auto)destrutiva (negatividade autorrelativa, absoluta) tem de aparecer como tal no campo da realidade finita. O propósito da noção hegeliana do Terror revolucionário [na *Fenomenologia*] é precisamente o fato de ele ser um momento necessário no desenvolvimento da liberdade.[32]

Disso, minha crítica gerou o seguinte comentário mordaz:

---

[31] Ver Myriam Bienenstock, "Qu'est-ce que 'l'esprit objectif' selon Hegel?", em Olivier Tinland (org.), *Lectures de Hegel* (Paris, Le Livre de Poche, 2005).

* Trad. Vera Ribeiro, Rio de Janeiro, Zahar, 1992. (N. E.)

[32] Slavoj Žižek, *For They Know Not What They Do* (2. ed., Londres, Verso Books, 2002), p. xliv. Passagem reproduzida em Daniel Lindquist, "Christianity and the Terror; or, More Žižek-Bashing", disponível em: <http://sohdan.blogspot.com.br/2007/10/christianity-and-terror-or-more-zizek.html>. No entanto, Lindquist cita a referência à "negatividade autorrelativa" como "negatividade auto*negadora*". [A edição brasileira se baseia na primeira edição francesa. (N. T.)]

Corrigimos: Bradley (e os idealistas britânicos em geral) não foram maus leitores de Hegel no que se refere à filosofia política. [...] Hegel estava muito preocupado, desde que era estudante até a época de seu Sistema maduro, com a possibilidade da vida em uma sociedade como uma existência harmoniosa, de ser reconciliada com o mundo e com a vida do sujeito nele. Desde cedo, isso assume a forma de uma idolatria romântica da vida grega como uma espécie de *naturliche Harmonie*; na época de seus escritos em Jena, Hegel já havia se tornado crítico dessa tendência no pensamento de seus contemporâneos.

Se o homem moderno tivesse de ser reconciliado com seu mundo, só poderia ser por meio de uma *moralische Harmonie*, uma harmonia que não era simplesmente dada, mas compreendida no pensamento; um homem não tinha de ser apenas uma parte harmoniosa da sociedade, mas reconhecer essa harmonia, compreender sua própria existência (inclusive o que lhe fosse mais "íntimo" e privado, como sensações e sentimentos religiosos) como integrada ao todo da vida. A maioria das críticas de Hegel à sociedade de sua época é uma queixa de que ela não possui as condições suficientes para que a reconciliação se torne possível; a vida pessoal dos indivíduos é abstrata demais para os negócios do Estado (ou da Igreja, ou de várias outras organizações sociais), ou então o Estado (ou a Igreja, ou várias outras organizações sociais) não possibilita a livre autodeterminação dos agentes individuais para que façam o que julgarem melhor. Hegel não acredita que a *moralische Harmonie* seja impossível; ao contrário, a possibilidade dessa harmonia é a mais elevada realização da civilização moderna (e seu subordinado filosófico, o Sistema de Hegel, tem como finalidade ajudar essa *Harmonie* a acontecer de maneira mais plena). Este é o "fim da História": com a modernidade, o Espírito conhece seu mundo como seu próprio produto, compreende o que é dado a ele como sempre-já implicitamente Espírito, como capaz de ser racionalmente compreendido, e o mundo social do "Espírito Objetivo" é um lugar onde o Espírito pode se sentir "junto de si mesmo nesse outro", onde as peculiaridades individuais de um sujeito particular são reconhecidas como determinações do "universal" da sociedade, e não como algo contra ela.

Žižek interpretou exatamente o oposto sobre "o Absoluto" de Hegel: não se trata de um *nihil*, um "mundo transcendente da informidade", ou uma transcendência do tipo *ding-an-sich*. O Absoluto de Hegel não é a "noite em que todas as vacas são negras"; o absoluto é o que mais tem conteúdo aqui. O Absoluto é um universal concreto; tem seu ser, sua verdade, somente nas determinações particulares ("momentos") que compõem o sistema de Hegel – as que compõem a tríade de Lógica, Natureza e Espírito. O Absoluto não está "em guerra consigo mesmo"; o Absoluto particulariza a si mesmo no "fora-um-do-outro" da natureza e retorna à unidade consigo mesmo na reconciliação do "fora-um-do-outro" com a unidade. Em termos religiosos, o Pai gera o Filho, e os dois são unidos no Espírito da caridade que procede dos dois; Deus cria um mundo "caído" da desordem, entra dentro dele em Seu único Filho e o mundo é reconciliado com Deus por meio da vida do Espírito; o indivíduo pecador, separado de Deus, torna-se um filho adotado de Deus na comunidade do Espírito. O Absoluto não promove a guerra na comédia divina.

A "negatividade autonegadora, absoluta" [sic] do Terror é um momento da história, assim como a Queda de Adão é um momento na narrativa cristã da história da salvação. Para Hegel, o Terror é um exemplar do "universal abstrato": na "liberdade absoluta", nós nos recusamos a reconhecer qualquer conteúdo "dado" como adequado ao universal, à Razão – portanto o "Ser Supremo" puramente formal da Revolução Francesa, e seu brado de "Liberdade, Igualdade e Fraternidade", ao passo que o Estado real era uma tirania da pior espécie. A "questão" da referência de Hegel ao Terror não é "que ele é um momento necessário no desenvolvimento da liberdade" (pois isso se aplicaria a tudo que Hegel inclui em seu Sistema), mas que o Terror mostra o que acontece quando a pulsão para o Universal na vida humana assume uma forma utópica, tentando construir tudo de novo a partir do puro pensamento, em vez de reconhecer e cultivar o que já é racional na vida humana.[33]

Temos aqui o *diferendo* em sua forma mais pura, e na medida em que permanecemos nos confins da interpretação dada nos manuais, a noção de Hegel subjacente a essa crítica vai parecer não só convincente, como também óbvia – como se o que eu oferecesse fosse uma leitura excêntrica, contra a qual basta opor os fatos básicos conhecidos de qualquer estudante de Hegel. Para mim, responder a essa crítica é quase constrangedor: conheço muito bem tudo o que ela afirma sobre Hegel, é claro, pois ela consiste exatamente na imagem predominante de Hegel que me esforço para destruir – então ninguém pode simplesmente evocá-la contra mim... No entanto, a questão permanece: o que justifica que eu rejeite essa imagem? Comecemos com a última frase da passagem citada: depois de admitir que o Terror revolucionário foi necessário (em sentido puramente formal, como um momento subordinado no desenvolvimento), minha crítica o reduz ao resultado de uma escolha errada: o Terror "mostra o que acontece quando a pulsão para o Universal na vida humana assume uma forma utópica, tentando construir tudo de novo a partir do puro pensamento" – há uma refutação quando, em vez de "reconhecer e cultivar o que já é racional na vida humana", ou seja, em vez de buscar e defender a racionalidade subjacente da ordem existente e impor mudanças na continuidade com essa tradição, as pessoas querem decretar uma ruptura violenta com o passado, virar o mundo de ponta-cabeça e começar de novo a partir do ano zero. O problema é que é exatamente essa condição da Revolução Francesa que Hegel celebra inequivocamente até o fim de sua vida. Eis suas sublimes palavras em *Lectures on the Philosophy of World History* [Lições sobre filosofia da história universal]:

> Já foi dito que a Revolução Francesa resultou da filosofia, e não é sem razão que a filosofia tem sido chamada de *Weltweisheit* [sabedoria do mundo]; pois não só é verdade em si e para si como a pura essência das coisas, mas também verdade em sua forma viva conforme mostrada nas coisas do mundo. Não deveríamos, portanto, contradizer afirmação de que a revolução teve seu primeiro impulso da filosofia. [...] Desde que o Sol surgiu no firmamento e os planetas revolvem ao redor dele, nunca se percebeu que a existência do homem centra-se na cabeça, isto é, no pensamento, e inspirado nele

---

[33] Daniel Lindquist, "Christianity and the Terror; or, More Žižek-Bashing", cit.

o homem constrói o mundo da realidade [...] só agora o homem avançou a ponto de reconhecer o princípio de que o pensamento deve governar a realidade espiritual. Por conseguinte, essa foi uma gloriosa alvorada mental. Todo pensamento sendo compartilhado no júbilo dessa época. As emoções de um caráter elevado estremeceram a mente dos homens naquela época; um entusiasmo espiritual espalhou-se pelo mundo, como se a reconciliação entre o divino e o secular fosse agora realizada.[34]

Isso, é claro, não impediu que Hegel analisasse friamente a necessidade interna dessa explosão da liberdade abstrata, transformando-se em seu oposto, o Terror revolucionário autodestrutivo. No entanto, não deveríamos nos esquecer jamais de que a crítica de Hegel é imanente, aceita o princípio básico da Revolução Francesa (e seu principal suplemento, a Revolução Haitiana). Que fique bem claro: Hegel não aprova em absoluto a crítica liberal da Revolução Francesa que situa a virada errada em 1792-1793, ainda que o ideal seja 1789 sem 1793, a fase liberal sem a radicalização jacobina – para ele, 1793-1794 é uma consequência necessária imanente de 1789; em 1792, não havia possibilidade de seguir uma via mais "moderada" sem desfazer a própria Revolução. Somente o Terror "abstrato" da Revolução Francesa cria as condições para a "liberdade concreta" pós-revolucionária.

Se quisermos colocar isso em termos de escolha, então Hegel segue aqui um axioma paradoxal que concerne à temporalidade lógica: a primeira escolha tem de ser a escolha errada. Somente a escolha errada cria as condições para a escolha certa. Nisso reside a temporalidade de um processo dialético: há uma escolha, mas em dois estágios. A primeira escolha é entre a "boa e velha" ordem orgânica e a ruptura violenta com essa ordem – e aqui devemos correr o risco de optar pelo "pior". Essa primeira escolha limpa o terreno para um novo começo e cria a condição para sua própria superação, pois somente depois que a negatividade radical, o "terror", da universalidade abstrata tiver feito seu trabalho é que se pode escolher entre essa universalidade abstrata e a universalidade concreta. Não há como obliterar a lacuna temporal e apresentar a escolha como tripla, como escolha entre a ordem substancial orgânica, sua negação abstrata e uma nova universalidade concreta.

É essa prioridade paradoxal da escolha errada que fornece a chave para a "reconciliação" hegeliana: não se trata da harmonia organicista de um Todo dentro do qual cada momento fica preso em seu lugar específico, em oposição a um campo dissociado, em que cada momento luta para afirmar sua autonomia unilateral. Cada momento particular *afirma-se* plenamente em sua autonomia unilateral, mas essa afirmação leva a sua ruína, a sua autodestruição, e *essa* é a "reconciliação" hegeliana – não uma reconciliação direta em reconhecimento mútuo, mas uma reconciliação dentro da luta e pela luta em si. A "harmonia" que Hegel retrata é

---

[34] G. W. F. Hegel, *Lectures on the Philosophy of History* (trad. J. Sibree, Londres, Henry G. Bohn, 1861), p. 465-6.

a estranha harmonia dos próprios "extremos", a dança louca e violenta de cada extremo transformando-se em seu oposto. Nessa dança louca, o Absoluto não é o receptáculo que a tudo contém, o espaço ou o campo dentro do qual os momentos particulares estão em guerra uns com os outros – ele próprio está preso na luta. Aqui, mais uma vez, meu crítico interpreta erroneamente a afirmação que fiz de que "o 'mundo transcendente da informidade' (em suma, o Absoluto) está em guerra *consigo mesmo*; isso significa que a informidade (auto)destrutiva (negatividade autorrelativa, absoluta) tem de aparecer como tal no campo da realidade finita". Ele interpreta essa passagem como se eu afirmasse que o Absoluto hegeliano é a negatividade abstrata de um Universal que suspende todo o seu conteúdo particular, a noite proverbial em que todas as vacas são negras, e depois triunfantemente defende o argumento elementar de que, ao contrário, o Absoluto hegeliano é um universal concreto. Mas a escolha proposta aqui pelo crítico – a escolha entre a universalidade abstrata e o sistema orgânico concreto em que o universal engendra e contém a riqueza de suas determinações particulares – é falsa: falta aqui a terceira escolha, propriamente hegeliana, a escolha que evoquei na passagem anterior, ou seja, a escolha da *universalidade abstrata como tal, em oposição a seu conteúdo particular, aparecendo dentro de seu conteúdo particular* (como uma de suas próprias espécies), encontrando entre suas espécies sua própria "determinação oposicional"; É *nesse* sentido que "o 'mundo transcendente da informidade' (em suma, o Absoluto) está em guerra *consigo mesmo*" e a "informidade (auto)destrutiva (negatividade autorrelativa, absoluta) tem de aparecer como tal no campo da realidade finita": essa universalidade abstrata torna-se "concreta" não só por se desdobrar em uma série de suas determinações particulares, mas por *incluir-se nessa série*. É por causa dessa autoinclusão (autorreferencialidade) que o Absoluto está "em guerra consigo mesmo", como no caso do Terror revolucionário, em que a negatividade abstrata não é mais um Em-si transcendente, mas aparece "em sua determinação oposicional", como uma força particular em oposição a e destruindo todo (outro) conteúdo particular. Em termos hegelianos mais tradicionais, é isso que significa dizer que, em um processo dialético, cada oposição externa, cada luta entre o sujeito e seu oposto exterior, dá lugar a uma "contradição interna", a uma luta do sujeito consigo mesmo: em sua luta contra a Fé, o Iluminismo está em guerra consigo mesmo, ele se opõe a sua própria substância. Negar que o Absoluto esteja "em guerra consigo mesmo" significa negar o próprio núcleo do processo dialético hegeliano, reduzindo-o a uma espécie de Absoluto oriental, um meio neutro ou impassível em que o particular luta contra cada outro.

Também é por isso que meu crítico está errado quando afirma:

> O Absoluto não está "em guerra consigo mesmo"; o Absoluto particulariza a si mesmo no "fora-um-do-outro" da natureza e retorna à unidade consigo mesmo na reconcilia-

ção do "fora-um-do-outro" com a unidade. Em termos religiosos, o Pai gera o Filho, e os dois são unidos no Espírito da caridade que procede dos dois; Deus cria um mundo "caído" da desordem, entra dentro dele em Seu único Filho e o mundo é reconciliado a Deus por meio da vida do Espírito; o indivíduo pecador, separado de Deus, torna-se um filho adotado de Deus na comunidade do Espírito.[35]

Embora pareça talvez um resumo fiel do desenvolvimento de Hegel do Absoluto, não vemos nessa crítica um dado fundamental – o fato de que, como Hegel repete inúmeras vezes, o Absoluto é o "resultado de si mesmo", o resultado de sua própria atividade. Isso significa que, no sentido estrito do termo, não existe um Absoluto que se exterioriza ou se particulariza e depois se una a sua Alteridade alienada: o Absoluto surge desse processo de alienação; ou seja, como resultado da sua própria atividade, o Absoluto não "é" nada mais que seu "retorno-a-si-mesmo". A ideia de um Absoluto que se exterioriza e depois se reconcilia com sua Alteridade pressupõe o Absoluto como dado previamente, anterior ao processo de seu devir; ele põe como ponto de partida do processo o que efetivamente é seu resultado. A insuficiência dessa ideia-padrão acerca do processo hegeliano torna-se palpável quando meu crítico a coloca em termos religiosos. Em uma leitura mais atenta, não há como não ver que ele evoca duas "tríades" diferentes: primeiro, a tríade do Pai que gera o Filho e então se une a ele no Espírito, e depois a tríade de Deus que cria um mundo caído e, então, com ele se reconcilia, penetrando nele com a aparência de Cristo, seu filho. É verdade que, dessa forma, "o indivíduo pecador, separado de Deus, torna-se um filho adotado de Deus na comunidade do Espírito". Contudo, o preço pago por isso é que o próprio Deus tem de ser separado de si, tem de morrer na aparência da crucificação do Filho. Não seria a morte de Cristo a última prova de que, na tensão entre Deus e o mundo caído, Deus está em guerra consigo mesmo, por isso tem de "entrar" no mundo caído com a aparência de sua determinação oposicional, como um indivíduo miserável chamado Jesus?

Negação da negação

Mas a afirmação de que o absoluto é o "resultado de si mesmo", o resultado de sua própria atividade, não é mais um sofisma que lembra o barão de Münchhausen? Dieter Henrich defendeu essa ideia em termos filosóficos quando explicou que Hegel nunca conseguiu apresentar claramente a "matriz" básica de seu procedimento dialético, um "discurso de segunda ordem que poderia interpretar o que ele fazia. Acredito que sem a chave que lhes ofereço [a meus leitores], o sistema continua inacessível, em última análise"[36]. Como é sabido, Henrich tenta encontrar essa

---

[35] Lindquist, "Christianity and the Terror; or, More Žižek-Bashing", cit.
[36] Dieter Henrich, *Between Kant and Hegel*, cit., p. 317.

chave em seu ensaio clássico sobre a lógica da reflexão de Hegel: afirma que Hegel chega mais perto de articular a matriz básica de seu procedimento no início de sua lógica da Essência, quando fala brevemente dos diferentes modos de reflexão. A questão, como sempre, é se essa chave cumpre o que promete: ela realmente abre a porta para um segredo mais íntimo da dialética de Hegel? Vejamos como Henrich começa sua explicação:

> Começar apenas pela negação significa não ter *nada que não seja a negação*. Ora, para não ter nada que não seja a negação, precisamos da negação mais de uma vez. Pois, na visão de Hegel, a negação é *relacional*, no sentido de que deve haver algo que ela negue. Mas visto que não há nada que a negação possivelmente pudesse negar – devido à suposição de que temos *somente* a negação –, a negação só pode negar *a si mesma*. Por conseguinte, a negação *autônoma* só pode ser uma negação *da negação*. Isso significa que a negação autônoma é originalmente autorreferencial: para termos somente a negação, temos de ter a negação duas vezes...
> Nós *não* temos, primeiro, uma proposição particular, e subsequentemente a negação dela, e depois mais uma negação da negação que nos devolveria a proposição.[37]

Obviamente, para o raciocínio baseado no senso comum, tudo isso é um sofisma sem sentido: não se pode começar com a negação, a negação pressupõe um ente positivo que é negado. Por isso é crucial explicar o que se quer dizer com negação autorreferencial por meio de exemplos convincentes – e parece que, nesse caso, Henrich deixa muito a desejar: persiste uma lacuna entre a supracitada determinação abstrata da negação autorrelativa e o exemplo do procedimento de Hegel dado por Henrich algumas páginas antes:

> [Hegel] segue a seguinte estratégia: evoca a ideia kantiana de autonomia (autodeterminação completa) como critério, depois afirma que há várias maneiras pelas quais o agente individual pode adquirir e observar esse princípio [...]. Agora a análise crítica do filósofo pode mostrar que permanece a discrepância entre as demandas de autonomia e o estado de consciência ou comportamento que o agente já atingiu. Ademais, a prova dessa discrepância é ao mesmo tempo a justificação da demanda por uma forma superior de vida moral. Essa forma superior elimina os defeitos das anteriores e assim as *completa*. [...] a nova forma requer que a anterior continue presente, antecipe a conclusão, ainda que não seja mais a forma derradeira.[38]

Para ilustrar esse mesmo procedimento (de uma maneira que, obviamente, vá de encontro à orientação política de Henrich), vejamos como a crítica marxista da liberdade e da igualdade "burguesas" fornece um exemplo perfeito desse *pleroma* (cumprimento da lei): se permanecermos no nível meramente legal da liberdade e da

---

[37] Ibidem, p. 317-8.
[38] Ibidem, p. 305-6.

igualdade, isso tem consequências que levam à autonegação imanente da liberdade e da igualdade (a não liberdade e a desigualdade dos trabalhadores explorados, que vendem "livremente" sua força de trabalho no mercado); o princípio legal abstrato da liberdade e da igualdade, portanto, tem de ser suplementado por uma organização social de produção que não mais permitirá a autodeterioração do princípio em sua própria representação. O princípio da liberdade e da igualdade é, portanto, "suprassumido": negado, mas de uma maneira que é mantido em um nível superior[39]. Esse exemplo nos permite esclarecer o paradoxal ponto de partida da "chave" de Henrich: Hegel, na verdade, não parte da negação, ele parte de uma aparente positividade que, sob uma análise mais detalhada, revela-se imediatamente como sua própria negação; desse modo, em nosso exemplo, a liberdade e a igualdade positivas "burguesas" revelam-se (em sua efetivação) como seus opostos, como sua própria negação. Não se trata ainda de uma negação propriamente dita, negação como movimento de mediação – o movimento propriamente dito começa quando a forma original (que "é" sua própria negação) é negada ou substituída por uma forma superior; e a "negação da negação" ocorre quando percebemos que essa forma superior que negou a primeira mantém de fato (e até mesmo afirma de maneira mais incisiva) o ponto de partida – em outras palavras, efetiva-o verdadeiramente, confere a ele um conteúdo positivo: a afirmação imediata da liberdade e da igualdade realmente *é* seu oposto, sua autodestruição; é somente quando negadas ou elevadas a um nível superior (na organização socialmente justa da sociedade etc.) que a liberdade e a igualdade se tornam *efetivas*. É por esse motivo que, no fim do *Ciência da lógica*, Hegel diz que, se quisermos contar os momentos de um processo dialético, podemos contá-los como três ou como quatro – o que é negado já é em si negado. Mas devemos acrescentar outro ponto aqui: não se trata apenas do fato de que, como em nosso exemplo, se nos ativermos à autonomia subjetiva abstrata sem seu cumprimento mais concreto, essa autonomia negará a si mesma. Muito mais importante é que esse "ater-se" é necessário, inevitável, não podemos simplesmente passar por ele e seguir diretamente para uma forma concreta superior: é somente atendo-se "excessivamente" à forma inferior que a autonegação acontece, o que cria, assim, a necessidade da (ou abre espaço para a) forma superior. (Recordemos aqui o exemplo da Revolução Francesa, citado por Hegel: a liberdade e a igualdade "abstratas" *tiveram* primeiro de negar a si mesmas no [ou revelar a si mesmas como] Terror absoluto; somente assim foi criado o espaço para um Estado pós-revolucionário "concreto".)

Vemos claramente aqui o que há de errado com uma das críticas básicas a Hegel, inspirada no senso comum: "Hegel sempre pressupõe que o movimento continua –

---

[39] Nisso reside a diferença entre o anticapitalismo marxista e os anticapitalistas conservadores que querem sacrificar o próprio princípio da liberdade e da igualdade para estabelecer uma sociedade orgânica mais harmoniosa.

uma tese é oposta por sua antítese, a 'contradição' é agravada, passamos para uma nova posição etc. Mas e se um momento se recusa a ficar preso no movimento, e se ele simplesmente insiste em sua particularidade inerte (ou se resigna a ela): 'Tudo bem, sou inconsistente comigo, mas e daí? Prefiro ficar onde estou...'". O erro dessa crítica é passar ao largo do problema: longe de ser uma anormalidade ameaçadora, uma exceção ao movimento dialético "normal", isso – um momento recusar-se a ficar preso em um movimento, atendo-se a sua identidade particular – é exatamente o que acontece, via de regra. Um momento transforma-se em seu oposto exatamente ao se ater ao que ele é, ao se recusar a reconhecer a própria verdade em seu oposto.

Mas não há um exemplo ainda mais radical (em termos teóricos *e* políticos) que se encaixe muito melhor na descrição abstrata de Henrich de partir da negação e chegar a uma nova positividade por meio da negação autorrelativa, o exemplo do *crime*? A figura central do *thriller* religioso *O homem que foi quinta-feira*, de G. K. Chesterton, é o chefe misterioso de um departamento ultrassecreto da Scotland Yard. Ele é convencido de "uma conspiração puramente intelectual que em breve ameaçará a própria existência da civilização":

> Está convicto de que os mundos artísticos e científicos se unem secretamente numa cruzada contra a Família e o Estado. Por esta razão, ele ideou uma especial corporação de detetives, detetives que são também filósofos. A função deles é investigar as origens dessa conspirata e combatê-la, não só no sentido meramente criminal, mas no terreno da controvérsia. [...] A missão do polícia-filósofo [...] é mais arriscada e mais sutil do que a do simples detetive. O detetive comum vai às cervejarias capturar ladrões; nós nos dirigimos aos serões artísticos para descobrir pessimistas. Através das páginas de um razão ou de um diário os detetives comuns descobrem que se cometeu um crime. Nós, através de um livro de sonetos, descobrimos que um crime está para ser cometido. Temos que seguir desde a origem a pista daqueles pensamentos terríveis que conduzem os homens ao fanatismo intelectual e, por fim, ao crime intelectual.[40]

Pensadores tão distintos quanto Popper, Adorno e Levinas também não adotaram uma versão ligeiramente modificada dessa ideia, em que o atual crime político é chamado de "totalitarismo" e o crime filosófico é resumido à noção de "totalidade"? Uma estrada curta leva da noção filosófica de totalidade ao totalitarismo político, e a tarefa do "polícia-filósofo" é descobrir a partir de um dos diálogos de Platão ou de um tratado de Rousseau que um crime político será cometido. O polícia-político comum vai a encontros secretos para prender revolucionários; o polícia-filósofo vai a simpósios filosóficos detectar proponentes da totalidade. O polícia antiterrorista tenta detectar os que preparam explosões de prédios e pontes; o polícia-filósofo tenta detectar os que estão prestes a desconstruir as fundações religiosas e morais

---

[40] G. K. Chesterton, *O homem que foi quinta-feira* (trad. José Laurênio de Mello, 3. ed., Rio de Janeiro, Livraria Agir Editora, 1967), p. 42.

das sociedades. Essa mesma ideia já havia sido formulada por Heinrich Heine em *History of Religion and Philosophy in Germany* [História da religião e da filosofia na Alemanha], de 1834, embora como um fato positivo e admirável: "Vejam bem, orgulhosos homens de ação, vocês não são nada além de escudeiros inconscientes dos intelectuais que, amiúde na mais pobre das reclusões, tomam nota de todos os seus feitos"[41]. Como diriam hoje os conservadores culturais, os filósofos desconstrucionistas são muito mais perigosos que os terroristas reais: enquanto estes querem destruir nosso sistema ético-político para impor seu próprio regime ético-religioso, os desconstrucionistas querem destruir a ordem como tal:

> Afirmamos que o criminoso mais temível destes tempos é o filósofo moderno inteiramente bárbaro. Comparados com ele, arrombadores e bígamos são homens de moralidade perfeita; meu coração me leva para o lado deles. Aceitam o ideal essencial do homem; só que o procuram erroneamente. Os ladrões respeitam a propriedade; só que desejam que a propriedade se torne propriedade deles para que possam respeitá-la mais e melhor. Mas os filósofos condenam a propriedade enquanto propriedade, querem destruir a simples ideia da posse pessoal. Os bígamos respeitam o matrimônio, ou então não levariam a cabo a formalidade altamente cerimoniosa e ritualística da bigamia. Mas os filósofos desprezam o casamento como casamento. Os assassinos respeitam a vida humana; apenas desejam obter para si mesmos uma abundância maior de vida humana, com o sacrifício daqueles que lhes parecem vidas menores. Mas os filósofos odeiam a vida mesma, a deles e a dos outros. [...] O criminoso vulgar é um mau sujeito, mas é, em todo caso, condicionalmente bom. Desde que um determinado obstáculo – um tio rico, por exemplo – seja removido, está pronto para aceitar o universo e louvar a Deus. É reformador, não é anarquista. Pretende limpar o edifício e não destruí-lo. Mas o filósofo pernicioso não tenta alterar as coisas; quer aniquilá-las.[42]

Essa análise provocadora mostra tanto a limitação de Chesterton quanto a impropriedade de seu hegelianismo: ele não entende que o *crime universal(izado) não é mais um crime – ele suprassume (nega/supera) a si mesmo como crime e passa de transgressão a uma nova ordem*. Ele tem razão em alegar que, comparados ao filósofo "inteiramente bárbaro", arrombadores, bígamos e até assassinos são essencialmente morais: um ladrão é "condicionalmente bom", não nega a propriedade *como tal*, só quer ter mais dela para que possa respeitá-la. No entanto, a conclusão que tiramos disso é que *o crime como tal é "essencialmente moral"*, deseja simplesmente uma reordenação ilegal particular da ordem moral global, que em si deveria permanecer inalterada. E, em um espírito verdadeiramente hegeliano, deveríamos tomar essa proposição (da "moralidade essencial" do crime) no que se refere a sua reversão imanente: não só o crime é "essencialmente moral" (em hegelês, um momento inerente do desenvolvimento dos

---

[41] Citado em Dan Hind, *The Threat to Reason* (Londres, Verso Books, 2007), p. 1.
[42] G. K. Chesterton, *O homem que foi quinta-feira*, cit., p. 43.

antagonismos internos e "contradições" da própria ideia ordem moral, não algo que perturba a ordem moral a partir de fora, como uma intrusão acidental), como também a *moralidade em si é essencialmente criminal* – mais uma vez, não só no sentido de que a ordem moral universal necessária "nega a si mesma" nos crimes particulares, porém, mais radicalmente, no sentido de que *a forma como a moralidade (e, no caso do roubo, a propriedade) se afirma já é em si um crime* – "propriedade é roubo", como se costumava dizer no século XIX. Em outras palavras, devemos passar do roubo como violação criminal particular da forma universal da propriedade para sua forma em si como violação criminal: o que Chesterton não vê é que o "crime universalizado" que ele projeta na "filosofia moderna bárbara" e seu equivalente político, o movimento "anarquista" que quer destruir a totalidade da vida civilizada, *já existe disfarçado como regra existente da lei*, de modo que o antagonismo entre lei e crime revela-se inerente ao crime, assim como o antagonismo entre crime universal e particular[43]. Esse argumento foi defendido por ninguém menos que Richard Wagner, que nos rascunhos da peça *Jesus de Nazaré*, escrita entre o fim de 1848 e o início de 1849, atribui a Jesus uma série de complementos alternativos aos Mandamentos:

> Disseste o mandamento: "Não cometeis adultério!". Mas eu vos digo: "Não caseis sem amor". Um casamento sem amor destrói-se assim que firmado, e quem tiver cortejado sem amor já terá destruído o casamento. Se seguirdes meu mandamento, como poderéis desobedecê-lo, se proclama que façais o que desejam vosso corpo e alma? – Mas casai sem amor e estareis em discórdia com a lei de Deus, pecareis no casamento contra Deus; e o pecado vinga-se em vossa luta contra a lei dos homens, pois quebrais os votos.[44]

Essa mudança das palavras efetivas de Jesus é fundamental aqui: Jesus "interioriza" a proibição, tornando-a muito mais severa (a Lei diz para não cometer adultério, mas eu digo que, se você apenas cobiçar em pensamento a esposa de outro, é o mesmo que já ter cometido adultério etc.). Wagner também a interioriza, mas de maneira diferente – a dimensão interna não é a da intenção, mas a do amor, que deveria vir com a Lei (casamento). O verdadeiro adultério não é a cópula fora do casamento, mas a cópula no casamento sem amor: o mero adultério apenas viola a Lei a partir de fora, enquanto o casamento sem amor a destrói por dentro, virando

---

[43] Recordemos aqui um momento hegeliano inesperado, saído da cultura popular: o hegelianismo (algo inadequado) das três primeiras partes da saga *Guerra nas estrelas*. Assim como em *O homem que foi quinta-feira*, de Chesterton, em que a inteligência do crime é revelada como nada menos que o próprio Deus, nós descobrimos pouco a pouco que o senador Palpatine, líder da República na guerra contra a federação separatista, é ninguém menos que Darth Sidious, o misterioso lorde Sith por trás das ações dos separatistas – ao lutar com os separatistas, a República luta consigo mesma, por isso o momento de seu triunfo e a derrota dos separatistas é o momento da conversão da República no Império do Mal.

[44] Richard Wagner, *Jesus of Nazareth and Other Writings* (Lincoln, University of Nebraska Press, 1995), p. 303.

a letra da lei contra seu espírito. Assim, parafraseando Brecht mais uma vez, podemos dizer: o que é o mero adultério, comparado ao adultério como casamento sem amor? Não é por acaso que a fórmula subjacente de Wagner, "casamento é adultério", lembra a "propriedade é roubo", de Proudhon – nos eventos tempestuosos de 1848, Wagner não era apenas um feuerbachiano celebrando o amor sexual, mas também um revolucionário proudhoniano exigindo a abolição da propriedade privada. Portanto, não é surpresa que, na mesma página, Wagner atribua a Jesus um complemento proudhoniano a "não roubais!":

> Também esta é uma boa lei: "Não roubais", não cobiçais os bens de outrem. Aqueles que não obedecem pecam, mas eu vos livro desse pecado, pois vos ensino: "Amai o próximo como a ti mesmo" significa não armazenai riquezas para vós mesmos, pois assim roubais do próximo e o fazeis ter forme: pois quando tendes vossos bens salvaguardados pela lei dos homens, incitais o próximo a pecar contra a lei.[45]

É desse modo que o "suplemento" da Bíblia deveria ser concebido: como uma "negação da negação" propriamente hegeliana, que reside na mudança decisiva da *distorção de um conceito* para uma *distorção constitutiva desse conceito*, ou seja, a esse conceito como uma distorção-em-si. Recordemos de novo o lema dialético de Proudhon: "propriedade é roubo". Aqui, a "negação da negação" é a mudança do roubo enquanto distorção ("negação", violação) da propriedade para a dimensão do roubo inscrito na própria noção de propriedade (ninguém tem o direito de possuir plenamente os meios de produção, que são por natureza coletivos, portanto toda alegação de que "isso é meu" é ilegítima). Como vimos, o mesmo vale para o crime e a lei, para a passagem do crime enquanto distorção ("negação") da lei para o crime enquanto algo que sustenta a própria lei, a ideia da lei em si enquanto crime universalizado. Devemos ressaltar que, nessa noção da "negação da negação", a unidade global dos dois termos opostos é a "mais inferior", "transgressora": não é o crime que é um momento da automediação da lei (ou o roubo um momento da automediação da propriedade); a oposição de crime e lei é inerente ao crime, a lei é uma subespécie do crime, a negação autorrelativa do crime (no mesmo sentido que a propriedade é a negação autorrelativa do roubo). E, por fim, o mesmo não vale para a própria natureza? Aqui, a "negação da negação" é a mudança da ideia de que estamos violando uma ordem natural equilibrada para a ideia de que impor ao Real a noção de uma ordem equilibrada é em si a maior violação – por isso a premissa, o primeiro axioma de todo ambientalismo radical é "não há Natureza". Chesterton escreveu: "Desconsideremos o sobrenatural e o que permanecerá será o artificial"*.

---

[45] Ibidem, 303-4.
* G. K. Chesterton, *Hereges* (trad. Antônio Emílio Angueth de Araújo e Márcia Xavier de Brito, Campinas, Ecclesiae, 2011), p. 99-100. (N. T.)

Deveríamos admitir essa declaração, mas em um sentido oposto ao proposto por Chesterton: deveríamos aceitar que a natureza é "artificial", um espetáculo de aberrações composto de distúrbios contingentes sem nenhuma razão ou rima interna. A mesma reversão dialética caracteriza a noção de violência: não é somente que uma explosão de violência seja muitas vezes um *passage à l'acte* como sinal de impotência; podemos dizer que essa reversão é inerente à noção de violência como tal, e não só uma característica ou sinal de uma violência deficiente. A violência *como tal* – a necessidade de atacar o oponente – é um sinal de impotência, da exclusão do agente daquilo que ataca. Só trato com violência o que escapa ao meu controle, o que não consigo regular ou dominar por dentro.

As linhas de Wagner citadas anteriormente lembram as famosas passagens de *O manifesto comunista*, que respondem à crítica burguesa de que o comunismo quer abolir a liberdade, a propriedade e a família: a liberdade capitalista é em si, enquanto liberdade para comprar e vender no mercado, a própria forma da não liberdade para aqueles que não têm nada além de sua força de trabalho para vender; a propriedade capitalista é em si "abolição" da propriedade para quem não possui os meios de produção; o casamento burguês é em si prostituição universalizada. Em todos esses casos, a oposição externa é interiorizada, de modo que um termo oposto se torna a forma da aparência do outro (a liberdade burguesa é a forma da aparência da não liberdade da maioria etc.). Para Marx, contudo, ou pelo menos no caso da liberdade, isso significa que o comunismo não abolirá a liberdade, mas, ao abolir a servidão capitalista, produzirá a efetiva liberdade, a liberdade que não mais será a forma da aparência de seu oposto. Portanto, a liberdade em si não é a forma da aparência de seu oposto, mas apenas uma falsa liberdade, uma liberdade distorcida pelas relações de dominação.

Por trás da dialética da "negação da negação", portanto, uma abordagem habermasiana "normativa" impõe-se imediatamente: como podemos falar de crime sem uma noção prévia da ordem legal que é violada pela transgressão criminal? Em outras palavras, a noção de lei como crime universalizado ou autonegado não é autodestrutiva? É exatamente isso que uma abordagem propriamente dialética rejeita: o que precede a transgressão é apenas um estado neutro de coisas, nem bom nem mau (nem propriedade, nem roubo; nem lei, nem crime); o equilíbrio desse estado de coisas é então violado, e a norma positiva (lei, propriedade) surge como um movimento secundário, uma tentativa de contra-atacar e conter a transgressão. Com respeito à dialética da liberdade, isso significa que a própria liberdade "alienada, burguesa" cria as condições e abre espaço para a liberdade "efetiva"[46].

---

[46] Em termos políticos, a "negação da negação" designa o momento de um processo em que o agente muda radicalmente da culpa para o impasse, e o resultado é ainda pior. Há mais ou menos uma década, quando Israel sofreu vários ataques terroristas, os judeus liberais, amantes da paz, repeti-

A mudança da negação para a negação da negação é, portanto, uma mudança da dimensão objetiva para a subjetiva: na negação direta, o sujeito observa uma mudança no objeto (sua desintegração, sua passagem para seu oposto), ao passo que na negação da negação o sujeito se inclui no processo, levando em consideração como o processo que ele observa afeta sua própria posição. Vejamos o exemplo "mais elevado", o da crucificação: o sujeito primeiro observa a mais radical das "negações" imagináveis, a morte de Deus; depois, torna-se ciente de como a morte de Deus abre espaço para sua própria liberdade (subjetiva).

Essa leitura da negação da negação vai de encontro à noção comumente defendida segundo a qual a primeira negação é a cisão ou a particularização da essência interna, sua exteriorização, e a segunda negação é a superação dessa cisão. Não admira que essa noção tenha levado muitos intérpretes de Hegel a zombar da negação da negação como um mecanismo mágico que garante que o resultado de um processo seja sempre feliz. Em 1953, o jovem Louis Althusser publicou um texto na *Revue de l'Enseignement Philosophique* em que parabeniza Stalin por rejeitar a "negação da negação" como lei universal da dialética[47], rejeição compartilhada por Mao. É fácil entender essa rejeição como expressão do espírito da luta, do "um divide-se em dois": não há reunificação, não há síntese final, a luta continua para sempre. No entanto, a "síntese" dialética hegeliana tem de ser claramente distinta do modelo "síntese dos opostos", com o qual ela é identificada via de regra.

Na psicanálise, esse modelo tem duas versões. A primeira é *subjetivista*: o tratamento psicanalítico é concebido como a apropriação reflexiva da substância inconsciente alienada, e, em uma primeira abordagem, a famosa frase de Freud: "*Wo es war soll ich werden*" [Onde estava o id, ali estará o eu], talvez pareça se encaixar perfeitamente no processo da "substância inconsciente tornando-se sujeito". A segunda versão é *substancialista*, e não deveria ser surpresa para os verdadeiros freudianos que a primeira pessoa a propô-la tenha sido Jung, o arquirrenegado, em sua "teoria da compensação" pseudo-hegeliana. (Na oposição entre Freud e Jung, Freud foi o hegeliano mais verdadeiro.) A ideia básica da "teoria da compensação" é a elevação do Inconsciente à Verdade substancial oculta do sujeito humano – com

---

ram o mantra de que, apesar de reconhecerem a injustiça da ocupação da Cisjordânia, para que houvesse negociações apropriadas, o outro lado tinha de suspender os ataques – continuá-los só tornaria o *establishment* israelense mais obstinado, e um compromisso seria menos provável. De alguns anos para cá, os ataques terroristas em Israel deixaram de acontecer, o único terror é a contínua pressão sobre os palestinos da Cisjordânia (queima de plantações, envenenamento da água potável e até incêndio de mesquitas), e o resultado é exatamente o oposto da retirada de Israel da Cisjordânia: a expansão das colônias israelenses e a simples falta de conhecimento da condição dos palestinos. Deveríamos tirar daí a triste conclusão de que, se a violência não funciona, renunciar a ela funciona ainda menos?

[47] Ver Dominique Pagani, *Féminité et communauté chez Hegel* (Paris, Delga, 2010), p. 43.

nosso subjetivismo racionalista unilateral, nós, ocidentais, perdemos de vista essa Verdade substancial nas profundezas de nosso ser:

> Quando a vida, por algum motivo, toma uma direção unilateral, produz-se no inconsciente, por razões de autorregulação do organismo, um acúmulo de todos aqueles fatores que na vida consciente não puderam ter suficiente voz nem vez. Disto resulta a teoria da compensação do inconsciente que eu elaborei em oposição à teoria da repressão.[48]

É fácil entender como isso se relaciona aos sintomas neuróticos e à terapia: quando o eu torna-se demasiado estreito e rígido, e exclui as tendências ("irracionais") que não se encaixam em sua (auto)imagem, essas tendências voltam disfarçadas de sintomas neuróticos. Por exemplo, quando um homem tolhe sua "sombra" feminina (*anima*), excluindo-a de sua identidade, ela volta para assombrá-lo na forma de figuras femininas obscenas e monstruosas, nas quais ele é incapaz de se reconhecer e que ele vivencia como intrusões alheias brutais. O objetivo da terapia, portanto, não é eliminar esses sintomas, mas integrá-los em um Si-mesmo mais amplo, que transcende os estreitos confins do eu. Os sintomas representam forças que não são más e destrutivas em si: o que as torna más e destrutivas é a falsa perspectiva do eu, ou, como diria Hegel, o mal reside no próprio olhar que vê o mal em toda parte. Desse modo, quando o eu é assombrado pelos sintomas neuróticos, a tarefa do terapeuta é fazer o paciente ver que seu eu faz parte do problema, e não que é sua solução: o paciente deve mudar sua perspectiva e reconhecer em seus sintomas a expressão violenta da parte renegada dele mesmo. A verdadeira doença é a do próprio eu, e os sintomas neuróticos são tentativas desesperadas de cura, de restabelecer o equilíbrio perturbado pela estrutura estreita do eu que excluiu partes cruciais do conteúdo do Si-mesmo:

> Uma neurose estará realmente "liquidada" quando tiver liquidado a falsa atitude do eu. Não é ela que é curada, mas é ela que nos cura. A pessoa está doente e a doença é uma tentativa da natureza de curá-la. Por isso podemos aprender muita coisa da doença para a nossa saúde e que aquilo que parece ao neurótico absolutamente dispensável contém precisamente o verdadeiro outro que não encontramos em nenhuma outra parte.[49]

Não surpreende que alguns partidários de Jung vejam nessa "teoria compensatória" uma inspiração hegeliana:

> Foi Hegel quem argumentou que a única maneira de cessar uma batalha entre tese e antítese era pela construção de uma *síntese* que incluiria elementos de ambos os lados e transcenderia a oposição. Embora Jung negasse que Hegel tenha influenciado seu pensamento, é difícil imaginar o pensamento junguiano sem o modelo hegeliano, que

---

[48] C. G. Jung, *Civilização em transição* (trad. Lúcia Mathilde Endlich Orth, 4. ed., Petrópolis, Vozes, 2011), § 20, p. 22-3. (Obras Completas, v. 10/3.)
[49] Ibidem, § 361, p. 180.

vê a superação do conflito por meio da criação de um "terceiro" transcendente que não é tese nem antítese, mas uma nova entidade na qual estas duas estão incluídas.[50]

Pelo menos dessa vez, Jung estava certo: realmente não há nenhum traço hegeliano em sua "teoria da compensação". Talvez essa conclusão pareça precipitada, pois muitas das formulações de Jung lembram de fato a noção de Hegel de reconciliação do sujeito com sua substância alienada – o sujeito tem de reconhecer na força externa com que ele luta a parte não reconhecida de sua própria substância. A dialética do reconhecimento pertence de fato ao jovem Hegel; encontra sua expressão definitiva nos fragmentos do período de Jena sobre amor e reconciliação e, depois, na leitura da *Antígona* como confronto trágico de duas posições opostas, a de Antígona e a de Creonte, ambos cegos por sua unilateralidade e, portanto, incapazes de reconhecer o momento de sua própria verdade no outro. Eis a formulação mais "hegeliana" de Jung: "o indivíduo se vê diante da necessidade de reconhecer e aceitar aquilo que é diferente e estranho como parte [da própria vida] e como uma espécie de ego"[51].

Seria possível dizer então, em consonância com o "reconhecer e aceitar aquilo que é diferente e estranho como parte [da própria vida]", que o objetivo do processo analítico é, de maneira vagamente hegeliana, permitir que o paciente "esclareça" os compromissos libidinosos que caracterizam sua posição subjetiva e chegue à verdade de seu desejo? Não, por uma razão simples e precisa: não há uma verdade substancial da qual se apropriar, e na qual o sujeito ou o paciente possa reconhecer seu lugar autêntico. Portanto, devemos rejeitar a matriz subjacente à primeira tentativa filosoficamente relevante de estabelecer uma ligação entre Hegel e a psicanálise, ou seja, a tentativa dentro da tradição da Escola de Frankfurt, que foi elaborada primeiro por Jürgen Habermas, em *Conhecimento e interesse**, e que depois adquiriu sua formulação definitiva em *Libido and Society* [Libido e sociedade], de Helmut Dahmer. A matriz básica envolvida aqui é dada pela homologia entre o processo hegeliano de alienação e sua superação pela mediação subjetiva, ou reapropriação reflexiva, do conteúdo substancial alienado, e o processo freudiano de repressão e sua superação pelo processo analítico no qual o paciente é levado a reconhecer seu próprio conteúdo naquilo que aparece para ele como estranhas formações do inconsciente. Assim como a reflexão hegeliana, a psicanálise não gera um conhecimento neutro-objetivo, mas um conhecimento "prático", que, quando subjetivamente assumido, muda radicalmente seu portador.

---

[50] David Tracey, *How to Read Jung* (Londres, Granta Books, 2006), p. 81.
[51] C. G. Jung, *A natureza da psique* (trad. Mateus Ramalho Rocha, 8. ed., Petrópolis, Vozes, 2011), § 764, p. 349. (Obras completas, v. 8/2.)
* Trad. José N. Heck, Rio de Janeiro, Guanabara, 1987. (N. E.)

De uma perspectiva contemporânea, é fácil ver as limitações dessa noção de reconciliação – basta tentar aplicá-la à luta entre nazistas e judeus. Mais uma vez, em uma primeira abordagem, o conceito junguiano de "sombra" enquanto alter ego mal reconhecido parece se encaixar aqui: afinal, não existe uma estranha repetição e redobramento entre a elevação nazista dos alemães arianos e a percepção dos judeus de si mesmos como o povo escolhido? Não foi Schoenberg quem rejeitou o racismo nazista como uma imitação miserável da identidade judaica como povo escolhido? E, no entanto, não seria obsceno dizer que ambas as partes deveriam reconhecer em seu oponente a própria verdade e substância, seu próprio segundo Si? Para os judeus, isso só pode significar que eles deveriam reconhecer que, na forma do ódio que os nazistas sentiam por eles, eles sofreram a reação ao fato de terem se excluído da vida coletiva orgânica e, com isso, entregaram-se a uma existência alienada e sem raízes. Vemos de imediato o que há de errado nisso: falta a assimetria radical dos polos opostos. Embora (a figura antissemítica do) "judeu" seja realmente uma espécie de "sintoma" do nazismo, o nazismo definitivamente não é, de nenhuma maneira simétrica, um sintoma do judaísmo, o retorno de sua verdade interna, reprimida, pois é uma obscenidade dizer que, na luta contra o nazismo, os judeus "deitam fora como absolutamente inútil o verdadeiro ouro que jamais teriam encontrado em outra parte".

A oposição dos polos, portanto, esconde o fato de que um dos polos já é a unidade dos dois – desse modo, para Hegel, não há necessidade de um terceiro elemento para unir os dois[52]. É por isso que a dialética de Hegel é radicalmente infundada, abissal, um processo de autorrelação do Dois que carece de um Terceiro – por exemplo, não há um Terceiro externo, não há Fundamento, não há um meio comum em que a oposição entre a lei e o crime seja "sintetizada": a "verdade" dialética de sua oposição é que o crime é sua própria espécie, a unidade global de si e de seu oposto. Com respeito à oposição entre individualismo liberal e fundamentalismo, os comunitaristas defendem um tipo de "teoria da compensação" junguiana: nós, ocidentais, damos ênfase demais ao individualismo, negligenciamos os laços da comunidade, que depois voltam para nos assombrar na forma de ameaça fundamentalista; portanto, para combater o fundamentalismo temos de mudar nossa visão, reconhecer nela a imagem distorcida do aspecto negligenciado de nossa própria identidade. A solução está em restabelecer o equilíbrio apropriado entre

---

[52] Outro exemplo dos conflitos políticos contemporâneos aparece aqui: na luta entre o liberalismo do mercado e o intervencionismo do Estado, cada lado deveria reconhecer sua necessidade do outro. Somente um Estado efetivo garante as condições para o desenvolvimento do mercado, e somente uma próspera economia de mercado proporciona recursos para um Estado eficiente. No entanto, esse mesmo exemplo também mostra a limitação dessa lógica: e se o antagonismo chegar a um nível em que a reconciliação não seja possível? E se a única solução viável for mudar todo o sistema?

o indivíduo e a comunidade, criando um corpo social em que a liberdade coletiva e a individual suplementem organicamente uma à outra. O que há de errado aqui é exatamente a figura da harmonia equilibrada dos dois princípios opostos. Deveríamos partir, ao contrário, da "contradição" (antagonismo) imanente do individualismo capitalista – o fundamentalismo é, em última análise, um fenômeno "reativo" secundário, uma tentativa de contra-atacar e "gentrificar" esse antagonismo.

Para Hegel, o objetivo não é (r)estabelecer a simetria e o equilíbrio de dois princípios opostos, mas reconhecer em um polo o sintoma da falha do outro (e *não vice-versa*): o fundamentalismo é sintoma do liberalismo, Antígona é sintoma de Creonte etc. A solução é revolucionar ou mudar o próprio termo universal (liberalismo etc.), de modo que ele não mais exija seu sintoma como garantia de sua unidade. Consequentemente, a forma de superar a tensão entre o individualismo secular e o fundamentalismo religioso não é encontrar um equilíbrio apropriado entre os dois, mas abolir ou superar a fonte do problema, o antagonismo no próprio cerne do projeto capitalista individualista.

É esse movimento rumo à negatividade autorrelativa que não existe no zen-budismo, que também se baseia em um tipo de "negação da negação": primeiro, negamos o caráter substancial da realidade e afirmamos que o único Absoluto é o Vazio em si; depois, superamos o Vazio em si, na medida em que ele ainda se opõe à realidade positiva e afirma a derradeira mesmidade da pluralidade dos fenômenos e do Vazio. Por isso, a característica básica da ontologia budista é a noção de interdependência radical dos fenômenos: os fenômenos são totalmente não substanciais, não há nada por trás deles, não há nenhum Fundamento, só o Vazio; ou seja, se isolarmos uma coisa de suas relações com as outras coisas e tentarmos apreendê-la como ela é "em si", teremos somente o Vazio. No nirvana, nós assumimos existencialmente o Vazio – não negando os fenômenos, mas assumindo plenamente seu caráter não substancial. A implicação ética dessa noção de Vazio é que "o bem não tem primazia sobre o mal. A primazia do bem sobre o mal é um imperativo ético, mas não uma condição humana real"[53]. "Bem e mal são completamente interdependentes. Não há bem sem que haja mal e vice-versa. Não há nada sem que haja algo e vice-versa."[54] Quando percebemos isso (não apenas conceitualmente, mas também existencialmente), chegamos "ao ponto em que não há nem bem, nem mal, tampouco vida ou morte, muito menos nada ou algo. [...] Há liberdade"[55]. Nesse ponto, "eu não sou nem bom nem mau. Não sou nada em absoluto"[56]. Dessa perspectiva, nem mesmo a dialética de Hegel parece suficientemente radical: para

---

[53] Masao Abe, *Zen and Western Thought* (Honolulu, University of Hawaii Press, 1985), p. 191.
[54] Ibidem, p. 201.
[55] Idem.
[56] Ibidem, p. 191.

ele, o Ser ainda tem primazia sobre o Nada, a negatividade é limitada ao movimento automediador do Espírito absoluto, que assim mantém um mínimo de identidade substancial, e a "astúcia da Razão" hegeliana indica que uma força substancial permanece subjacente à interação dos fenômenos, direcionando-a teleologicamente.

Do ponto de vista hegeliano, o que falta aqui é o paradoxo propriamente dialético de um Nada *anterior* ao Algo, aliás, de um estranho Algo que é *menos* que nada. Em outras palavras, a inter-relação e a dessubstancialização budistas da realidade permanecem no nível da completa interdependência dos polos opostos: não há bem sem mal, não há algo sem nada, e vice-versa – e só podemos superar essa dualidade recuando para dentro do abismo do Vazio incondicional e absoluto. Mas e o processo dialético propriamente hegeliano, em que a negatividade não é reduzida a uma automediação do Absoluto positivo, mas, ao contrário, a realidade positiva surge como resultado da negatividade autorrelativa (ou, no que diz respeito à ética, em que o bem é um mal autonegado ou automediado)?

Forma e conteúdo

A matriz da "reapropriação subjetiva do conteúdo objetivo alienado" ainda pode ser aplicada ao "retorno a Freud" de Lacan? Todo o propósito da leitura que Lacan faz de Freud não é direcionado contra essa reapropriação subjetiva da Alteridade alienada? Para Lacan, a alienação do sujeito no Outro não é constitutiva da subjetividade? A resposta óbvia é não – no entanto, nosso objetivo é dar a esse "não" uma perspectiva diferente da usual: não romper o elo que une Lacan a Hegel (uma via que foi progressivamente seguida pelo próprio Lacan), mas, lendo Hegel através de Lacan, fazer um novo "retorno a Hegel", isto é, distinguir os contornos de um Hegel diferente, um Hegel que não se encaixa mais na matriz subjetivista do sujeito que se apropria de (interioriza pela mediação conceitual, suprassume, idealiza) todo conteúdo substancial.

Um dos melhores indicadores da dimensão que resiste à compreensão pseudo-hegeliana do tratamento psicanalítico como processo de apropriação, por parte do paciente, do conteúdo reprimido é o paradoxo da perversão no edifício teórico freudiano: a perversão demonstra a insuficiência da lógica simples da transgressão. A sabedoria comum nos diz que os pervertidos fazem na verdade aquilo que os histéricos sonham fazer, pois "tudo é permitido" na perversão: o pervertido efetiva abertamente todo conteúdo reprimido – e, ainda assim, como enfatiza Freud, *em nenhum lugar o recalque é tão forte como na perversão*, fato amplamente confirmado por nossa realidade capitalista recente, em que a total permissividade sexual causa ansiedade e impotência ou frigidez, em vez de libertação. Isso nos obriga a distinguir entre o conteúdo reprimido e a forma de repressão, quando a forma continua em operação mesmo depois que o conteúdo deixa de ser reprimido – em suma, o sujeito pode se apropriar plenamente do conteúdo reprimido, mas a repressão continua. Ao comentar um sonho curto de uma paciente (uma mulher que a princípio se recusou a contar o sonho, "porque era muito indistinto e confuso") que se revelou uma referência ao fato de ela estar grávida, mas em dúvida quanto a quem era o pai da criança (isto é, a paternidade era "indistinta e confusa"), Freud chega a uma conclusão dialética fundamental: "a falta de clareza exibida pelo sonho era parte do material que a instigara, ou seja, parte desse material estava representada na *forma* do sonho. *A forma de um sonho, ou a forma como é sonhado, é empregada com surpreendente frequência para representar seu tema oculto*"[57].

Aqui, a lacuna entre forma e conteúdo é propriamente dialética, em contraste com a lacuna transcendental, cujo propósito é que todo conteúdo apareça dentro de um quadro formal *a priori*, e por isso deveríamos sempre prestar atenção ao quadro transcendental invisível que "constitui" o conteúdo que percebemos – ou, em termos estruturais, deveríamos distinguir entre os elementos e os lugares formais que tais elementos ocupam. Só atingimos o nível da análise propriamente dialética de uma forma quando concebemos certo procedimento formal não como se expressasse certo aspecto do conteúdo (narrativo), mas como se marcasse ou sinalizasse aquela parte do conteúdo que é excluída da linha narrativa explícita, de modo que – e nisso reside o propósito propriamente teórico – se quisermos reconstruir "todo" o conteúdo narrativo, devemos ir além do conteúdo narrativo explícito como tal e incluir aquelas características formais que agem como substitutas do aspecto "reprimido" do conteúdo[58]. Citando o exemplo bastante conhecido e elementar da análise dos melodramas, podemos dizer que o excesso emocional que não pode se expressar diretamente nas linhas narrativas encontra um escape no acompanhamento musical ridiculamente sentimental ou em outras características formais.

É exemplar a maneira como *Jean de Florette* e *A vingança de Manon*, filmes de Claude Berri, deslocam o filme original de Marcel Pagnol (e sua própria romantização posterior), em que se baseiam. Ou seja, o original de Pagnol retém traços da "autêntica" vida provinciana francesa, com seus velhos padrões religiosos, quase pagãos, ao passo que os filmes de Berri fracassam na tentativa de recapturar o espírito dessa comunidade fechada pré-moderna. No entanto, surpreendentemente, o anverso inerente do universo de Pagnol são a teatralidade da ação e o elemento da comicidade e da distância irônica, ao passo que os filmes de Berri, embora rodados de maneira mais "realista", enfatizam o destino (o *leitmotiv* dos filmes é baseado em

---

[57] Sigmund Freud, *A interpretação dos sonhos, primeira parte* (trad. Jayme Salomão, Rio de Janeiro, Imago, 1996), p. 357. (Volume 4 da edição *standard* das obras completas).

[58] A tese de que a forma faz parte do conteúdo, o retorno do reprimido, deveria ser suplementada por sua reversão: em última análise, o conteúdo também não é nada mais que um efeito e uma indicação da incompletude da forma, de seu caráter "abstrato".

La forza del destino, de Verdi) e o excesso melodramático cujo histerismo muitas vezes beira o ridículo (como a cena em que, depois que a chuva passa por seus campos, o desesperado Jean chora e grita aos céus). Desse modo, paradoxalmente, a comunidade pré-moderna ritualizada e fechada implica uma comicidade e uma ironia teatrais, enquanto a interpretação moderna "realística" envolve o Destino e o excesso melodramático. Nesse sentido, os dois filmes de Berri devem ser contrapostos a *Ondas do destino*, de Lars von Trier: nos dois casos, estamos lidando com a tensão entre forma e conteúdo; no entanto, em *Ondas do destino*, o excesso está no conteúdo (a forma tênue de pseudodocumentário torna esse excesso palpável), ao passo que em Berri o excesso na forma ofusca e, portanto, torna palpável a falha no conteúdo, a impossibilidade de realizar hoje em dia a tragédia clássica pura do Destino.

Nisso reside a principal consequência do movimento de Kant a Hegel: a própria lacuna entre conteúdo e forma deve ser refletida de volta no próprio conteúdo, como indicador de que o conteúdo não é tudo, de que algo foi reprimido/excluído dele. Essa exclusão que estabelece a forma em si é a "repressão primordial" (*Ur-Verdrängung*), e não importa quanto do conteúdo reprimido trazemos à tona, essa repressão primordial persiste. Como explicamos isso? A resposta imediata envolve a identidade da repressão com o retorno do reprimido, o que significa que o conteúdo reprimido não existe antes da repressão, mas é retroativamente constituído pelo próprio processo de repressão. Por meio de diferentes formas de negação ou ofuscamento (condensação, deslocamento, denegação, renegação...), permitimos que o reprimido penetre no discurso público consciente, encontre um eco nele (o exemplo mais direto vem de Freud; quando um de seus pacientes disse "Não sei quem é essa mulher no meu sonho, mas tenho certeza de que não é a minha mãe!", a mãe, o reprimido, entra na fala). O que temos aqui é outro tipo de "negação da negação": o conteúdo é negado ou reprimido, mas essa repressão é o mesmo gesto em si negado na forma do retorno do reprimido (por isso, aqui, definitivamente não estamos lidando com a negação da negação propriamente hegeliana). A lógica parece semelhante à da relação entre o pecado e a Lei em Paulo, em que não há pecado sem Lei, em que a própria Lei cria a transgressão que ela tenta restringir, de modo que, se retiramos a Lei, também perdemos o que a Lei tentou "reprimir" – ou, em termos mais freudianos, se removemos a "repressão", também perdemos o conteúdo reprimido. A prova não é o paciente típico dos dias de hoje, cuja reação ao mesmo sonho seria: "Não sei quem é essa mulher no meu sonho, mas tenho certeza de que ela tem alguma coisa a ver com a minha mãe!"? O paciente diz isso, mas não há libertação, não há efeito de verdade, não há mudança nessa posição subjetiva. Por quê? Mais uma vez, o que continua "reprimido", mesmo quando as barreiras que travam o acesso ao conteúdo reprimido vêm abaixo? A primeira resposta é obviamente a forma em si. Isso significa que tanto a forma positiva quanto a negativa ("Esta é minha mãe", "Esta não é minha mãe") movimenta-se dentro do mesmo campo, o campo da forma simbólica, e deveríamos nos focar em uma "repressão" mais radical constitutiva dessa forma em si, o que Lacan (em algum momento) chamou de castração simbólica ou proibição do incesto – um gesto negativo que sustenta a própria forma simbólica, de modo que, mesmo quando dizemos "Esta é minha mãe!", a mãe já está perdida. Ou seja, esse gesto negativo sustenta a mínima lacuna entre o simbólico e o Real, entre a realidade (simbólica) e o Real impossível.

No entanto, na medida em que estamos lidando com a mediação propriamente dialética entre forma e conteúdo, não devemos reduzir a repressão primordial simplesmente à forma de uma lacuna: algo insiste, a estranha possibilidade de um "conteúdo excessivo" não só impermeável à negação, mas produzido pelo próprio processo da negação (autorrelativa) redobrada. Consequentemente, esse algo não é simplesmente um resto do Real pré-simbólico que resiste à negação simbólica, mas um X espectral chamado por Lacan de *objeto a* ou mais-gozar. Aqui entra em jogo a distinção fundamental de Lacan entre prazer (*Lust, plaisir*) e gozo (*Geniessen, jouissance*): o que está "além do princípio de prazer" é o gozo em si, a pulsão como tal. O paradoxo básico da *jouissance* é o fato de ela ser tanto impossível *quanto* inevitável: nunca é atingida, é sempre perdida, mas, ao mesmo tempo, nunca nos livramos dela – cada renúncia do gozo gera um gozo na renúncia, cada obstáculo ao desejo gera um desejo pelo obstáculo, e assim por diante. Essa reversão nos dá a definição mínima do mais-gozar: ele envolve um paradoxal "prazer na dor". Ou seja, quando Lacan usa o termo *plus-de-jouir*, temos de fazer outra pergunta ingênua, mas crucial: em que consiste esse mais? É apenas um aumento qualitativo do prazer comum? A ambiguidade da expressão francesa é decisiva: ela pode significar tanto "mais gozo" quanto "gozo nenhum" – o excesso do gozo sobre o mero prazer é gerado pela presença do exato oposto do prazer, ou seja, a dor; ele é parte da *jouissance* que resiste à contenção pela homeostase, pelo princípio de prazer; é o excesso do prazer produzido pela própria "repressão", e é por esse motivo que, se abolimos a repressão, nós o perdemos. É isso o que Herbert Marcuse deixa escapar em *Eros e civilização*, quando propõe uma distinção entre "repressão básica" ("as 'modificações' dos instintos necessários à perpetuação da raça humana em civilização") e "mais-repressão" ("as restrições requeridas pela dominação social"):

> embora qualquer forma do princípio de realidade exija um considerável grau e âmbito de controle repressivo sobre os instintos, as instituições históricas específicas do princípio de realidade e os interesses específicos de dominação introduzem controles *adicionais* acima e além dos indispensáveis à associação civilizada humana. Esses controles adicionais, gerados pelas instituições específicas de dominação, receberam de nós o nome de *mais-repressão*.[59]

---

[59] Herbert Marcuse, *Eros e civilização* (trad. Álvaro Cabral, 6. ed., Rio de Janeiro, Zahar, 1975), p. 51-2.

Marcuse dá um exemplo de mais-repressão: "as modificações e deflexões de energia instintiva necessárias à perpetuação da família patriarcal monogâmica, ou a uma divisão hierárquica do trabalho, ou ao controle público da existência privada do indivíduo"[60]. Embora reconheçamos que a repressão básica e a mais-repressão sejam de fato inextricavelmente entrelaçadas, devemos dar um passo adiante e problematizar justamente essa distinção conceitual: o paradoxo da economia libidinal é que o mais ou o excesso seja necessário até mesmo para o funcionamento mais "básico". Um edifício ideológico "seduz" os sujeitos a aceitar a "repressão" ou a renúncia por meio do oferecimento do mais-gozar (o *plus-de-jouir* de Lacan) – ou seja, o gozo gerado pela renúncia "excessiva" do gozo em si. O mais-gozar é, por definição, gozo-na-dor. (Seu caso paradigmático é o brado fascista: "Renuncie aos prazeres corruptos! Sacrifique-se por seu país!", um brado que promete um gozo obsceno provocado pela própria renúncia.) Portanto, não podemos ter a repressão "básica" sem a mais-repressão, posto que é o próprio gozo gerado pela mais-repressão que torna a repressão "básica" palpável para os sujeitos. O paradoxo com que lidamos aqui é, assim, uma espécie de "menos é mais": "mais" repressão é menos traumática, mais facilmente aceita que menos. Quando é diminuída, torna-se mais difícil de suportar e provoca rebelião. (Talvez esse seja um dos motivos que fazem as revoluções eclodirem não quando a opressão atinge seu auge, mas quando ela diminui a um nível mais "razoável" ou "racional" – a diminuição destitui a repressão da aura que a torna aceitável.)

Voltando a Hegel, podemos afirmar de fato que esse excesso produzido pelo próprio processo da negação autorrelativa está além de seu âmbito? Em uma passagem negligenciada de um subcapítulo da *Fenomenologia* que descreve a estrutura do universo utilitário do Iluminismo, Hegel formula (pela primeira vez) o paradoxo básico do "princípio de prazer": o fato de que a maior ameaça ao prazer não é uma escassez que impede o pleno acesso a ele, mas o próprio excesso do prazer. No universo utilitário, "tudo é para o seu [do homem] prazer e recreação; o homem, tal como saiu das mãos de Deus, circula nesse mundo como em um jardim por ele plantado". Mas o que perturba esse paraíso é o fato de que, ao também "ter colhido [os frutos] da árvore do conhecimento do bem e do mal", o homem

> [de] natureza boa em si é também constituído de tal modo que o excesso do deleite lhe faça mal, ou antes, sua singularidade tenha também seu além nela: pode ir além de si mesma e destruir-se.
> Ao contrário, a razão é para o homem um meio útil de restringir adequadamente esse ultrapassar, ou melhor, de se preservar a si mesmo nesse ultrapassar sobre o determinado, – pois essa é a força da consciência. [...] A medida tem, por isso, a determinação de

---

[60] Ibidem, p. 52.

impedir que o prazer seja interrompido em sua variedade e duração. Isso significa que a determinação da medida é a desmedida.[61]

Essa lição é repetidamente transmitida pela propaganda: para apreciarmos um produto de maneira plena e permanente, devemos apreciá-lo na medida apropriada (beber com moderação, consumir somente uma barra de chocolate por vez...) – somente essa restrição garante a verdadeira "imoderação", uma prolongada vida de prazer. Como afirmou Lacan, o princípio freudiano de prazer não é um princípio de gozo extático desenfreado, mas um princípio de restrição.

A prova de que a formulação hegeliana do "além do princípio de prazer" está incorporada em sua noção de subjetividade reside em sua definição de sujeito como "atividade da satisfação das tendências, da racionalidade formal"[62]. Essa ideia é desenvolvida na introdução às *Lectures on the Philosophy of World History*:

> [O homem] põe o ideal, o campo do pensar, *entre* as demandas do impulso e de sua satisfação. No animal, as duas coincidem; não se pode servir à conexão delas por esforço próprio – somente a dor ou o medo podem fazê-lo. No homem, o impulso existe antes de ser satisfeito e independentemente de sua satisfação; ao controlar ou ceder aos impulsos, o homem age de acordo com *fins* e determina a si mesmo à luz de um princípio geral; cabe a ele decidir que fim seguir; ele pode até fazer de seu fim um fim universal. Ao fazê-lo, está *determinado* por quaisquer concepções que tenha formado de sua própria natureza e volições. Isto é o que constitui a independência do homem: pois que sabe o que o determina.[63]

Isso significa que a racionalidade, pelo menos se interpondo meramente como uma capacidade de ação para a melhor satisfação dos impulsos, acaba subordinando todos os fins a si mesma ("pondo seus pressupostos") e tornando-se seu próprio fim: a racionalidade primeiro surge como:

> cálculo hedonista que visa a satisfação geral de meus impulsos (na felicidade); mas por fim, se devo satisfazer-me plenamente em minha ação – no que diz respeito a mim, posto que a ação é minha –, o princípio de racionalidade que aplico não deve estar condicionado a um fim contingente como a felicidade (que deve depender de uma visão a respeito da preferência de desejo que não estou certo se é minha visão, pois outros podem ter influenciado minha escolha). Antes, o princípio de minha ação deve envolver minha disposição de que eu esteja presente em minha ação como um agente livre.[64]

---

[61] G. W. F. Hegel, *Fenomenologia do espírito*, cit., parte II, § 560, p. 80-1.
[62] Idem, *Enciclopédia das ciências filosóficas em compêndio*, v. 3: A filosofia do espírito (trad. Paulo Meneses, 2. ed., São Paulo, Loyola, 2011), § 475, p. 272.
[63] Idem, *Lectures on the Philosophy of World History. Introduction: Reason in History* (trad. H. B. Nisbet, Cambridge, Cambridge University Press, 1975), p. 49-50.
[64] Allen Speight, *Hegel, Literature and the Problem of Agency* (Cambridge, Cambridge University Press, 2001), p. 129.

Não é surpresa, portanto, que a identidade dos opostos seja claramente discernível no caso do prazer e do dever. Também não é possível promover o prazer a um dever (ao estilo do hedonista narcisista). Mas e o que dizer da maioria dos casos em que os dois são opostos? A armadilha é: sou capaz de cumprir com meu dever, não quando tolhe meus prazeres, mas quando tenho prazer cumprindo-o? Somente se *sou* capaz de fazê-lo é que os dois domínios estarão verdadeiramente separados. Se não consigo suportar o prazer que pode resultar como derivado, então a realização do meu dever já estará contaminada pelo prazer, pela economia do "masoquismo moral". Em outras palavras, é crucial distinguir entre tolerar o prazer como um derivado acidental do cumprimento do meu dever e cumprir um dever *porque* ele me dá prazer.

Negação sem conteúdo

A "coincidência dos opostos", portanto, não tem absolutamente nada a ver com "luta/harmonia eterna" de forças opostas, o constituinte de toda cosmologia pagã. Em uma dada sociedade, certas características, atitudes e normas da vida não são percebidas como ideologicamente marcadas, mas surgem como "naturais", como parte de um modo de vida não ideológico, baseado no senso comum. A "ideologia" é reservada então para aquelas posições postas de maneira explícita ("marcadas" no sentido semiótico), que se destacam desse pano de fundo ou se opõe a ele (como o fervor religioso extremo, a dedicação a uma orientação política etc.). O aspecto hegeliano aqui é essa neutralização de certas características em um pano de fundo espontaneamente aceito como ideologia em sua forma mais pura (e mais eficaz). Por conseguinte, temos um verdadeiro caso de "coincidência dos opostos": a efetivação de uma noção (ideologia, nesse caso) em sua forma mais pura coincide com (ou, mais precisamente, surge como) seu oposto (como não ideologia). E, *mutatis mutandi*, o mesmo vale para a violência: a violência sociossimbólica em sua forma mais pura surge como seu oposto, como a espontaneidade do ambiente que habitamos, tão neutro quanto o ar que respiramos.

O que esse último exemplo mostra com clareza é que, na "negação da negação" hegeliana, o *nível* muda: primeiro, a negação muda diretamente o conteúdo dentro do mesmo horizonte, ao passo que na negação da negação, "nada realmente muda", o horizonte é simplesmente virado ao contrário, de modo que "o mesmo" conteúdo surge como seu oposto. Outro exemplo inesperado: em meados da década de 1990, a distribuição de bens por parte do Estado na Coreia do Norte, uma economia centralizada e totalmente regulada, pouco a pouco deixou de funcionar: o sistema de distribuição começou a fornecer quantidades menores de alimentos, as fábricas pararam de pagar salários, o sistema médico carecia de medicamentos, água e eletricidade só eram disponibilizadas durante algumas horas por semana, os cinemas pararam de exibir filmes etc. A reação dos norte-coreanos a essa desintegração pode ser surpreendente para alguns: as necessidades que não eram mais supridas pelo Estado passaram a ser atendidas, até certo ponto, por formas primitivas de um modesto capitalismo de mercado, relutantemente tolerado pelo Estado: indivíduos vendiam alimentos produzidos em casa, como verduras, peixes ou cogumelos, cães e ratos (ou os trocavam por bens familiares, como joias e roupas); dispositivos eletrônicos e DVDs eram contrabandeados da China. Surgiu uma brutal economia de mercado de sobrevivência, como se o país tivesse regredido a um Estado de natureza hobbesiano: descubra um nicho de mercado (de vendedor de macarrão caseiro feito de milho a cabeleireiro) ou morra. O que venceu, portanto, não foi uma forma elementar de solidariedade, mas um egoísmo tosco: em uma ironia cruel, nesse ponto zero, a ideologia oficial da solidariedade total e a dedicação dos indivíduos à comunidade foram suplementadas pura e simplesmente por seu oposto. Obviamente a conclusão hegeliana que tiramos disso é que essa negação da ideologia oficial não era externa, mas interna a ela: a explosão do egoísmo "em si" já estava na economia subjetiva efetiva daqueles que participavam dos rituais coletivos oficiais – participavam por uma questão de sobrevivência, como parte de uma estratégia puramente egoísta de evitar o terror de Estado. Um livro recente de "docuficção" (baseado em entrevistas com refugiados) descreve o momento em que Jun-Sang, estudante privilegiado da universidade de Pyongyang, percebe de repente, depois de encontrar uma criança faminta e desabrigada, que não acreditava mais na ideologia oficial da Coreia do Norte:

> Agora ele tinha certeza de que não acreditava mais. Foi um momento assustador de revelação, como decidir ser ateu. Isso o fez se sentir sozinho. Ele era diferente dos outros, oprimido por um segredo que havia descoberto sobre si mesmo.
> Primeiro ele pensou que sua vida seria radicalmente diferente depois dessa descoberta recém-feita. Na verdade, ela continuou sendo a mesma vida de antes. Ele fingiu ser um súdito leal. Nas manhãs de sábado, aparecia pontualmente nas aulas ideológicas da universidade.[65]

No entanto, ele percebeu que a feição dos outros estudantes era "morta":

> inexpressiva, tão fria quanto a de manequins na vitrine de uma loja.
> De repente, ele percebeu que tinha aquela mesma inexpressividade no rosto. Na verdade, todos eles provavelmente se sentiam da mesma maneira que ele em relação ao conteúdo das aulas.
> "Eles sabem! Todos eles sabem!", quase gritou, ele tinha tanta certeza. [...] Jun-Sang percebeu que não era o único descrente dali. Até se convenceu de que poderia reconhecer uma forma de comunicação silenciosa, tão sutil que nem chegava ao nível de uma piscadela ou de um aceno com a cabeça.[66]

---

[65] Barbara Demick, *Nothing to Envy: Ordinary Lives in North Korea* (Nova York, Spiegel & Grau, 2009), p. 195-6.
[66] Ibidem, p. 196.

Essas linhas devem ser lidas ao pé da letra: longe de experimentar uma perda da individualidade pela imersão em uma identidade coletiva primordial, os indivíduos que participavam dos rituais ideológicos obrigatórios estavam totalmente sós, reduzidos a uma individualidade pontual, incapazes de comunicar sua verdadeira opinião subjetiva, totalmente separados do grande Outro ideológico. O que temos aqui é um dos mais puros exemplos da mudança da alienação para a separação, como foi desenvolvida por Lacan no seminário sobre os quatro conceitos fundamentais da psicanálise: a alienação radical na ordem ideológica pública, em que as pessoas parecem perder sua individualidade e agem como marionetes, é simplesmente uma forma de separação radical, o recolhimento total dos sujeitos em sua singularidade muda, excluída de todo simbólico coletivo – foi essa singularidade produzida pela máquina ideológica do Estado que eclodiu na Coreia do Norte quando a distribuição de bens pelo Estado deixou de funcionar. (Analistas perspicazes do stalinismo já salientaram que o coletivo stalinista tornava os indivíduos menos solidários e mais egoístas e preocupados com a própria sobrevivência que a sociedade burguesa comum, em que os elementos da solidariedade sobrevivem como uma reação contra a competição de mercado[67].)

Aqui, a lógica subjacente é a do pôr retroativo dos pressupostos. Essa lógica também nos permite ver o que há de errado com a visão hobbesiana do monarca como o Um que de forma brutal, porém necessária, impõe a coexistência pacífica na multiplicidade dos indivíduos, que, se deixados por conta própria, cairiam em um estado em que *homo homini lupus* [o homem é o lobo do homem]. Esse estado supostamente "natural" da guerra de todos contra todos é um produto retroativo do poder imposto do Estado, ou seja, para que esse poder funcione, o Um tem de romper os elos laterais entre os indivíduos:

> a relação com o Um faz de cada sujeito um traidor de seus companheiros. É falso dizer que o Um é posto no lugar do terceiro porque *homo homini lupus*, como diria Hobbes. É o fato de colocar o Um no lugar do legislador transcendente ou considerá-lo seu representante que produz um lobo a partir de um homem.[68]

Argumento semelhante foi dado por Sofia Näsström: é o próprio Estado que "liberta" as pessoas de sua responsabilidade para com as outras, estreitando o espaço

---

[67] De maneira mais geral, uma das grandes ironias da queda dos regimes comunistas é que, embora tenham sido vistos como o fim da ideologia (o capitalismo venceu uma ideologia rude, que tentou impor visões estreitas à sociedade), os partidos que sucederam aos comunistas nos países pós-comunistas se revelaram agentes "não ideológicos" do capitalismo mais brutais (Polônia, Hungria), ao passo que até os comunistas que ainda estão no poder (China, Vietnã) defendem um capitalismo brutal.

[68] Moustapha Safouan, *Why Are the Arabs Not Free? The Politics of Writing* (Oxford, Wiley-Blackwell, 2007).

da solidariedade coletiva direta e reduzindo as pessoas a indivíduos abstratos – em suma, o próprio Estado cria o problema que depois se empenha em solucionar[69].

Esse modelo mais complicado, que inclui a retroatividade, indica que a tríade hegeliana nunca é de fato uma tríade, seu número não é o 3. Houve três passos na formação da identidade nacional russa: primeiro, o substancial ponto de partida (Rússia ortodoxa pré-moderna); depois, a violenta modernização que foi imposta por Pedro, o Grande, e prosseguiu durante todo o século XVIII, criando uma nova elite francófona; e por fim, depois de 1812, a redescoberta da "russianidade", o retorno às origens autênticas[70]. É fundamental ter em mente que essa redescoberta das raízes autênticas só foi possível *através dos* e *pelos* olhos instruídos da elite francófona: a Rússia "autêntica" existia apenas para o "olhar francês". Deve-se a isso o fato de ter sido um compositor francês (que trabalhava na corte imperial) o primeiro a escrever uma ópera em russo e a iniciar a tradição, bem como de o próprio Pushkin ter recorrido a palavras francesas para deixar claro para os leitores (e para ele mesmo) o verdadeiro significado de seus autênticos termos russos. E, é claro, o movimento dialético prossegue: a "russianidade" divide-se imediatamente em populismo liberal e eslavofilismo conservador, e o processo culmina na coincidência propriamente dialética entre modernidade e primitivismo (o fascínio dos primeiros modernistas do século XX pelas antigas formas de cultura bárbara). A complexidade desse exemplo explica por que Hegel parece oscilar em segredo entre duas matrizes da negação da negação. A primeira matriz é: (1) paz substancial; (2) o ato do sujeito, a intervenção unilateral que perturba a paz, abala o equilíbrio; (3) a vingança do Destino, que restabelece o equilíbrio com o intuito de aniquilar o excesso do sujeito. A segunda é: (1) o ato do sujeito; (2) o fracasso do ato; (3) a mudança de perspectiva, que transforma o fracasso em sucesso[71]. É fácil perceber que os dois últimos momentos da primeira tríade são sobrepostos pelos dois primeiros momentos da segunda – tudo depende do ponto de que começamos a contar: se começamos com a unidade subs-

---

[69] Ver Sofia Näsström, *The An-Archical State: Logics of Legtimacy in the Social Contract Condition* (dissertação, Stockholm Series in Politics 99, Estocolmo, Stockholm University, 2004). A mesma lógica não seria válida para o Iraque, em 2007? O único argumento convincente que surgiu quase no fim de 2006 a favor da permanência do Exército dos Estados Unidos no Iraque foi que sua retirada abrupta afundaria o país em um caos completo, com a desintegração de todas as instituições do Estado. A suprema ironia desse argumento era que a própria intervenção dos Estados Unidos criava as condições para que o Estado iraquiano não fosse capaz de funcionar de maneira apropriada.

[70] No entanto, talvez o verdadeiro começo, o primeiro termo que iniciou todo o movimento, a "tese", tenha sido a modernização de Pedro, de modo que o que a precedeu foi apenas seu pressuposto substancial destituído de forma.

[71] Jean Baudrillard estava no caminho certo, portanto, quando ironicamente, é claro, propôs uma nova tríade hegeliana: tese-antítese-prótese. O terceiro momento que "resolve" a contradição é, por definição, "protético" (virtual, artificial, simbólico, não substancialmente natural).

tancial e do equilíbrio, o ato subjetivo é a negação; se começamos do ato subjetivo como momento da posição, a negação é seu fracasso.

Essa complicação implica que, já no nível abstrato-formal, devemos distinguir quatro e não três estágios de um processo dialético. Há algumas décadas, a revista *MAD* publicou uma série de variações do tema de como um sujeito pode se relacionar com uma norma em quatro níveis: por exemplo, em relação à moda, os pobres não se importam com a maneira de se vestir; a classe média baixa tenta seguir a moda, mas está sempre atrasada; a classe média alta veste-se de acordo com a última moda; os que estão no topo, os que ditam as tendências, também não se importam com a maneira de se vestir, desde que essa maneira *seja* a moda. No que diz respeito à lei, os marginais não se importam com o que ela diz, simplesmente fazem o que querem; os utilitaristas egoístas seguem a lei, mas de maneira apenas aproximada, quando convém a seus próprios interesses; os moralistas a seguem estritamente; e os que estão no topo, como a monarquia absoluta, também fazem o que querem, desde que *seja* a lei. Nos dois casos, avançamos da ignorância para o comprometimento parcial e depois para o pleno comprometimento, mas ainda há um passo além desses três: nesse nível mais avançado, as pessoas fazem exatamente a mesma coisa que as do nível anterior, mas com a mesma atitude subjetiva de quem está no nível mais inferior. Isso não corresponde ao dizer de Agostinho, de que, se temos amor cristão, podemos fazer o que quisermos, desde que esteja automaticamente em concordância com a lei? E esses quatro passos também não servem de modelo para a "negação da negação"? Partimos de uma atitude totalmente não alienada (eu faço o que quero), depois progredimos para uma alienação parcial (eu restrinjo a mim mesmo, ao meu egoísmo) e chegamos à alienação total (rendo-me completamente à norma ou à lei), até que, finalmente, na figura do Mestre, essa alienação total é autonegada e coincide com seu oposto.

Esse modelo mais complexo, que distingue duas alienações ou negações, parcial e total, também nos permite responder a um dos pontos críticos frequentemente levantados contra Hegel, a saber: que ele trapaceia tanto quando apresenta o desenvolvimento interno de uma constelação que o ponto inferior da negação autorrelativa se reverte magicamente em uma positividade superior — na melhor das hipóteses, o que temos, em vez da total destruição ou autoeliminação do movimento inteiro, é um retorno ao imediato ponto de partida substancial, de modo que nos encontramos em um universo cíclico. Mas a primeira surpresa é que o próprio Hegel esboça essa opção na *Fenomenologia*, no capítulo sobre a liberdade absoluta e o Terror:

> Desse tumulto seria o espírito relançado ao seu ponto de partida, ao mundo ético e ao mundo real da cultura, que se teria apenas refrescado e rejuvenescido pelo temor do senhor, que penetrou de novo nas almas. O espírito deveria percorrer de novo esse ciclo da necessidade, e repeti-lo sem cessar, se o resultado fosse somente a compenetração

efetiva da consciência-de-si e da substância. [Seria] uma compenetração em que a consciência-de-si, que experimentou contra ela a força negativa de sua essência universal, não quereria saber-se nem encontrar-se como este particular, mas só como universal; portanto também poderia arcar com a efetividade objetiva do espírito universal, a qual a exclui enquanto particular.[72]

No Terror revolucionário, a consciência singular experimenta as consequências destrutivas de se manter separada da substância universal: nessa separação, a substância aparece como uma força negativa que aniquila arbitrariamente cada consciência singular. Aqui podemos usar um dos famosos trocadilhos de Hegel: a ambiguidade da expressão alemã *zugrundegehen*, que significa desintegrar, perecer, mas também é literalmente *zu Grunde gehen*, chegar ao fundamento – o resultado positivo do Terror é que, na própria aniquilação do sujeito, o sujeito atinge seu fundamento, encontra seu lugar na substância ética, aceita sua unidade com essa substância. Por outro lado, como a substância ética é efetiva somente como força que mobiliza os sujeitos singulares, a aniquilação do sujeito singular pela substância é simultaneamente a autoaniquilação da substância, o que significa que esse movimento negativo da autodestruição parece compelido a se repetir indefinidamente. É nesse ponto, contudo, que entra o inevitável "no entanto", articulado em uma linha precisa de argumentação:

> No entanto, na liberdade absoluta não estavam em interação, um com o outro, nem a consciência que está imersa no ser-aí multiforme ou que estabelece para si determinados fins e pensamentos, nem um mundo vigente exterior, quer da efetividade, quer do pensar. Ao contrário, o mundo estava pura e simplesmente na forma da consciência, como vontade universal; e a consciência, do mesmo modo, estava retirada de todo o ser-aí, de todo o fim particular ou juízo multiforme, e condensada no Si simples. [...]
> No próprio mundo da cultura, a consciência-de-si não chega a intuir sua negação ou alienação nessa forma da pura abstração; mas sua negação é a negação repleta [de conteúdo], seja a honra ou a riqueza que obtém em lugar do Si, do qual ela se alienou, seja a linguagem do espírito e da inteligência que a consciência dilacerada adquire; ou o céu da fé, ou o útil do Iluminismo.
> Todas essas determinações estão perdidas na perda que o Si experimenta na liberdade absoluta: sua negação é a morte, carente-de-sentido, o puro terror do negativo, que nele nada tem de positivo, nada que dê conteúdo. Mas ao mesmo tempo, essa negação em sua efetividade não é algo estranho. Não é a necessidade universal situada no além, onde o mundo ético soçobra, nem é a contingência singular da posse privada, ou do capricho do possuidor, do qual a consciência dilacerada se vê dependente: ao contrário, é a vontade universal, que nessa sua última abstração nada tem de positivo, e que por isso nada pode retribuir pelo sacrifício. Mas, por isso mesmo, a vontade universal forma imediatamente uma unidade com a consciência-de-si, ou seja, é o puramente positivo, porque

---

[72] G. W. F. Hegel, *Fenomenologia do espírito*, cit., parte II, § 594, p. 98-9.

é o puramente negativo; e a morte sem-sentido, a negatividade do Si não-preenchida transforma-se, no conceito interior, em absoluta positividade.[73]

Em um misterioso ato daquilo que Pierre Bayard chamou de "plagiar o futuro", Hegel parece citar Lacan: como pode a "negação repleta [de conteúdo]" não evocar todas as fórmulas lacanianas para preencher a falta, para um objeto que serve como lugar-tenente da falta (*le tenant-lieu du manque*) etc.? A infame reversão do negativo em positivo ocorre aqui em um ponto muito preciso: no momento em que a troca entra em colapso. Durante todo o período do que Hegel chama de *Bildung* (cultura ou educação pela alienação), o sujeito é destituído de (parte de) seu conteúdo substancial, contudo tem algo em troca por essa privação, "seja a honra ou a riqueza que obtém em lugar do Si, do qual ele se alienou, seja a linguagem do espírito e da inteligência que a consciência dilacerada adquire; ou o céu da fé, ou o útil do Iluminismo". No Terror revolucionário, essa troca entra em colapso, o sujeito é exposto à negatividade abstrata destrutiva (encarnada no Estado), que o priva até de sua substância biológica (da vida em si) sem dar nada em troca – a morte aqui não tem absolutamente nenhum sentido, é "a morte mais fria, mais rasteira: sem mais significação do que cortar uma cabeça de couve ou beber um gole de água"*, sem sobreviver sequer como uma nobre memória na mente dos amigos ou da família. Como então essa pura negatividade ou perda se transforma "magicamente" em uma nova positividade? O que temos quando não temos nada em troca? Só há uma resposta consistente: *o próprio nada*. Quando não há conteúdo da negação, quando somos forçados a enfrentar o poder da negatividade em sua pureza nua e somos engolidos por ele, a única maneira de prosseguir é perceber que essa negatividade é o próprio núcleo do nosso ser, que o sujeito "é" o vazio da negatividade. O núcleo do meu ser não é uma característica positiva, mas simplesmente a capacidade de mediar ou negar todas as determinações fixas; ele não é o que sou, mas o modo negativo pelo qual sou capaz de me referir ao (que quer) que sou[74]. Mas Hegel, desse modo, não defende o que tendemos a chamar de mãe de

---

[73] Ibidem, § 594, p. 99.
* Ibidem, §590, p. 97. (N. T.)
[74] Esse poder não é meramente negativo, mas é o poder positivo da negatividade em si, o poder de gerar novas formas, de criar entes *ex nihilo*. A propósito do trabalho como desejo frustrado e a conformação de objetos, Jameson faz uma observação clara sobre a diferença entre Senhor e Escravo: a negatividade do Escravo, sua renúncia à satisfação imediata e à conformação dos objetos, "ultrapassa o idealismo e constitui uma forma da dissolução do físico (e de tudo o mais) filosoficamente mais satisfatória que a ignorante intrepidez do Senhor, à moda dos samurais" (Fredric Jameson, *The Hegel Variations*, cit, p. 56). Em suma, enquanto o Senhor arrisca destemidamente a própria vida e assume a negatividade da morte, a vida que ele leva é uma vida escravizada à satisfação sensual (consumir os objetos produzidos pelo Escravo), ao passo que o Escravo aniquila efetivamente a existência material imediata através de sua deformação – o Escravo, portanto,

todas as mistificações ideológicas da Revolução Francesa, formulada pela primeira vez por Kant, para quem o entusiasmo que a revolução suscitou em toda a Europa entre os observadores simpáticos a ela era mais importante que a realidade muitas vezes sangrenta do que acontecia nas ruas de Paris?

> A revolução que vimos acontecer em nossa época, em um país de povo bem dotado, pode ser tanto um sucesso quanto um fracasso. Pode ser tão cheia de miséria e atrocidades que nenhum homem de pensar justo tomaria a decisão de repetir a experiência a tal preço, mesmo que tivesse a esperança de realizá-la com sucesso na segunda tentativa. Acredito que essa revolução se originou no coração e no desejo dos espectadores que não são se deixaram levar por uma *simpatia* que beira quase o entusiasmo, embora o próprio discurso dessa simpatia fosse repleto de perigos. Ela não pode, por conseguinte, ter sido motivada por nada além de uma disposição moral dentro da raça humana.[75]

A mistificação reside na reversão da negatividade externa do Terror revolucionário no sublime poder interno da lei moral dentro de cada um de nós – mas essa *suprassunção* (*Aufhebung*) pode realmente ser consumada? A violência do Terror não é forte demais para tal domesticação? O próprio Kant tinha plena consciência desse excesso: na *Metafísica dos costumes* (1797), ele caracteriza o evento central da Revolução Francesa (regicídio) como o "suicídio do Estado", como um paradoxo pragmático que abre o "abismo" em que a razão cai, como um crime indelével (*crimen immortale, inexpiável*) que impede o perdão neste ou no próximo mundo:

> De todas as atrocidades encerradas na derrubada de um Estado por meio de rebelião [...] é a *execução* formal de um monarca que infunde horror numa alma imbuída da ideia dos direitos dos seres humanos, um horror que se experimenta reiteradamente tão logo e tão frequentemente se pensa em cenas como o destino de Carlos I ou de Luís XVI.[76]

Todas as oscilações envolvidas no encontro com o Real estão aqui: um regicídio é algo tão terrível que não podemos representá-lo para nós mesmos em todas as suas dimensões; ele não pode realmente acontecer (as pessoas não podem ser tão más), deveria ser apenas construído como um ponto virtual necessário; o regicídio efetivo não foi um caso de mal diabólico, de um mal realizado sem razão patológica (e por isso indistinguível do Bem), pois foi feito, na verdade, por uma razão patológica (o medo de que, se o rei tivesse a permissão de viver, ele voltaria ao poder e exigiria

---

é mais "idealista" que o Senhor, porque é capaz de impor Ideias à realidade. No entanto, mais uma vez, Lebrun dá voz à dúvida torturadora de que esse triunfo da negatividade esconde um gosto mais amargo: essa reversão do negativo em positivo não seria mais um caso de "se não pode combatê-los, junte-se a eles", da estratégia desesperada de transformar a derrota total em vitória por meio da "identificação com o inimigo"?

[75] Immanuel Kant, "The Contest of Faculties", em *Political Writings* (trad. H. B. Nisbet, 2. ed., Cambridge, Cambridge University Press, 1991), p. 182.

[76] Idem, *A metafísica dos costumes* (trad. Edson Bini, Bauru, Edipro, 2003), p. 163-4.

vingança). É importante notar como a suspeita kantiana sobre um ato ser verdadeiramente bom ou ético é aqui estranhamente mobilizada na direção oposta: não podemos ter certeza de que um ato tenha sido de fato "diabolicamente mau" ou uma motivação patológica tenha feito dele um caso comum do mal. Em ambos os casos, a causalidade empírica parece ser suspensa, o excesso de uma outra dimensão numenal parece interferir violentamente em nossa realidade. Kant, portanto, é incapaz de assumir esse derradeiro juízo político infinito.

Hegel é o único que afirma plenamente a identidade dos dois extremos, do Sublime e do Terror: "A identificação inflexível do Terror como inauguração da modernidade política não o impede de afirmar a revolução em sua inteireza como inevitável, compreensível justificável, horrível, emocionante, extremamente entediante e infinitamente produtiva"[77]. As palavras sublimes de Hegel sobre a Revolução Francesa em *Lectures on the Philosophy of World History* são no mínimo mais entusiásticas que as de Kant, e ele rejeita a saída fácil do traumático "juízo infinito" nas duas versões: primeiro, o sonho liberal de "1789 sem 1793" (a ideia de que poderíamos ter tido a Revolução sem o Terror, este último visto como uma distorção acidental); segundo, o apoio condicional a 1793 como o preço que se teve de pagar para que a nação gozasse das instituições da sociedade civil-burguesa moderna como "semente racional" que se mantém depois que a casca repulsiva do levante revolucionário é descartada[78]. (Marx inverte essa relação: ele elogia o entusiasmo da revolução, tratando a prosaica ordem comercial posterior como sua verdade banal.)

Além do mais, Hegel registra claramente o limite daquilo que pode parecer sua própria solução: a supracitada *Aufhebung* da liberdade ou da negatividade abstrata da revolução no Estado racional pós-revolucionário concreto. Como Rebecca Comay resume esse argumento (não sem ironia): "Hegel ama tanto a Revolução Francesa que precisa purgá-la dos revolucionários"[79]. No entanto, como deixa claro, uma leitura atenta da última parte do capítulo sobre o Espírito na *Fenomenologia* revela que, longe de celebrar a *Aufhebung* do Terror na liberdade interior do sujeito que obedece apenas a sua autônoma voz da consciência, Hegel tem plena ciência de que:

> essa liberdade, em seus próprios termos, não faz nada para redimir a promessa obstruída da revolução. Hegel deixa dolorosamente claro que a pureza sublime da vontade moral não pode ser um antídoto para a pureza horripilante da virtude revolucionária. Mostra que todas as características da liberdade absoluta são transportadas para a moralidade kantiana: a obsessão, a paranoia, a suspeita, a vigilância, a evaporação da objetividade

---

[77] Rebecca Comay, *Mourning Sickness: Hegel and the French Revolution* (Stanford, Stanford University Press, 2011), p. 76.
[78] Ibidem, p. 76-7.
[79] Ibidem, p. 90.

dentro da sádica veemência de uma subjetividade empenhada em se reproduzir em um mundo que ela deve desprezar.[80]

Desse modo, o excesso da revolução resiste à *Aufhebung* em ambas as dimensões: além de não ser forte o suficiente para pacificar o Terror revolucionário (explicá-lo, justificá-lo), a liberdade moral interior – e esse é o anverso da mesma falha – não é forte o suficiente para efetivar a promessa emancipatória da revolução. A liberdade moral interior, mesmo quando excessiva no sujeito romântico absoluto, por definição sempre esconde uma aceitação resignada da ordem social de dominação existente:

> Hegel desarmou implacavelmente todas as tentativas de desalojar ou dissolver a traumática ruptura da Revolução Francesa em uma revolta espiritual, filosófica ou estética. A revolução política não pode mais ser absorvida na revolução copernicana de Kant ou Fichte, ou em várias revoluções culturais projetadas a partir de Schiller. [...] Nisso Hegel é tão implacável quanto Marx: cada recuo da política à liberdade da autoconsciência moral repete o impasse estoico, provoca a réplica cética e culmina em uma miséria autosserviente, na qual é possível discernir um conluio secreto com o existente.[81]

Comay assinala que essa crítica brutal do pensamento prático de Kant revela Hegel em sua forma mais freudiano-nietzschiana, desenvolvendo a "hermenêutica da suspeita" em sua forma mais radical: "O catálogo de conceitos freudianos (e às vezes até o vocabulário) que Hegel reuniu em toda essa seção é impressionante: repressão, perversão, isolamento, clivagem, renegação, fetichismo, projeção, introjeção, incorporação, masoquismo, luto, melancolia, repetição, pulsão de morte"[82]. Com a análise dos passos que seguem a crítica de Hegel do edifício ético kantiano (dever concreto de Fichte, estetização da ética de Schiller, hipocrisia da Bela Alma), somos pegos mais adiante em um ponto dessa espiral descendente, bem na loucura solipsista da "subjetividade evaporada" e seu espelhamento autoirônico. Mesmo quando descreve como esse narcisismo patológico e autodestrutivo atinge seu auge, reconhecendo o vazio em seu coração, Hegel tem plena consciência de que o fetiche não é apenas um objeto que preenche o vazio: "O vazio cavado pelo objeto faltoso transforma-se em um preenchimento por si: até mesmo a ausência fornece seu consolo amargo"[83]. Referindo-se à Origem, Hegel "chega a sugerir com regozijo, em nome do Iluminismo, que mesmo a castração pode ser uma defesa contra a castração: o enfeitado exemplo da Origem mostra como uma lesão extremamente literal pode servir para impedir a derradeira ferida traumática"[84] – tese totalmente confirmada pela psicanálise, que demonstra como uma castração na realidade (re-

---

[80] Ibidem, p. 93.
[81] Ibidem, p. 149.
[82] Ibidem, p. 96.
[83] Ibidem, p. 114.
[84] Ibidem, p. 124.

tirada do pênis ou dos testículos) pode funcionar como uma maneira de evitar a ferida da castração simbólica (essa foi a estratégia da seita "skoptsy" na Rússia e na Europa Oriental no fim do século XIX).

Tocamos aqui em um ponto problemático, enfatizado pela crítica jovem-hegeliana de que Hegel se rende à miséria social existente. Mas Hegel não identifica um conformismo oculto na própria posição crítica? É por isso que Catherine Malabou preconiza de maneira profundamente hegeliana o abandono da posição *crítica* diante da realidade enquanto horizonte último de nosso pensamento, independentemente do nome de que seja chamada, desde a "crítica crítica" jovem-hegeliana à teoria crítica do século XX[85]. Essa posição crítica não consegue cumprir o próprio gesto: radicalizar a atitude crítico-negativa subjetiva em relação à realidade em uma autonegação crítica completa. Mesmo que nos leve a ser acusados de ter "regredido" à velha posição hegeliana, deveríamos adotar a posição autenticamente hegeliana *absoluta*, que, como aponta Malabou, envolve uma espécie de "rendição" especulativa do Si ao Absoluto, embora de uma maneira dialético-hegeliana: não a imersão do sujeito na unidade superior de um Absoluto oniabrangente, mas a inscrição da lacuna "crítica" que separa o sujeito da substância (social) nessa substância em si, como seu próprio antagonismo ou autodistância. Desse modo, a posição "crítica" não é diretamente suprimida em um *sim* superior a um Absoluto positivo; ao contrário, é inscrita no Absoluto em si como sua própria lacuna. Por isso, o Conhecimento Absoluto hegeliano, longe de sinalizar uma espécie de apropriação subjetiva ou interiorização de todo conteúdo substancial, deveria ser interpretado contra o pano de fundo do que Lacan chamou de "destituição subjetiva". Nas últimas páginas do capítulo sobre o Espírito na *Fenomenologia*, essa "rendição ao Absoluto" toma a forma de um inesperado e abrupto gesto de *reconciliação*: "O *sim* da reconciliação – no qual os dois Eu abdicam de seu *ser*-aí oposto – é o ser-aí do *Eu* expandindo-se em dualidade, e que permanece igual a si"[86]. Por mais que essa formulação soe inutilmente abstrata, a pior espécie de exercício no pensamento dialético-formal, vale a pena fazermos uma leitura mais minuciosa dela, tendo em mente seu contexto exato. Antes do trecho que citamos anteriormente, Hegel define a reconciliação como "exteriorização", um tipo de contramovimento à interiorização dialética padrão da oposição exterior: aqui, a contradição interna do sujeito é exteriorizada na relação entre os sujeitos, indicando a aceitação do sujeito de si mesmo como parte do mundo social exterior que ele mesmo não controla. No *sim* da reconciliação é aceita, portanto, uma alienação básica em sentido quase marxista: o significado

---

[85] Ver Judith Butler e Catherine Malabou, *Sois mon corps: une lecture contemporaine de la domination et de la servitude chez Hegel* (Paris, Bayard, 2010).
[86] G. W. F. Hegel, *Fenomenologia do espírito*, cit., parte II, § 671, p. 142.

dos meus atos não depende de mim, das minhas intenções – ele é decidido posteriormente, retroativamente. Em outras palavras, o que é aceito, o que o sujeito tem de assumir, é sua descentralização constitutiva e radical na ordem simbólica.

"Os dois" da passagem que acabamos de citar refere-se à oposição entre a consciência que age e a consciência que julga: agir é errar, o ato é parcial por definição, envolve culpa, mas a consciência que julga não admite que seu julgar seja também um ato, recusa-se a incluir a si mesma naquilo que julga. Ela ignora o fato de que o verdadeiro mal reside no olhar neutro que vê o mal por toda parte, de modo que seja não menos manchado que a consciência que age. Em termos geopolíticos, essa lacuna entre a consciência que julga e a consciência que age, entre saber e fazer, é a lacuna entre a Alemanha e a França: a reconciliação é a reconciliação das duas nações, em que a Palavra de reconciliação deveria ser pronunciada pela Alemanha – o pensamento alemão deveria reconciliar-se com o herói francês que age (Napoleão). Estamos lidando com um gesto formal puramente performativo de abandonar a pureza e aceitar a "mancha" de nossa cumplicidade com o mundo. Aquele que pronuncia a palavra de reconciliação é a consciência que julga, renunciando a sua atitude crítica. Mas, longe de implicar conformismo, somente esse *sim* (expressando uma disposição de aceitar o mal, de sujar as próprias mãos) abre espaço para a mudança real. Como tal, essa reconciliação é a um só tempo precipitada e atrasada: ocorre de repente, como uma espécie de fuga desesperada, antes que a situação pareça pronta, e, ao mesmo tempo, assim como o Messias de Kafka, chega um dia depois, quando não importa mais.

Mas como esse gesto elementar de aceitar a (si mesmo como parte da) contingência do mundo abre espaço para a mudança real? Quase no fim do prefácio à *Filosofia do direito*, Hegel define a tarefa da filosofia: como a coruja de Minerva, que só levanta voo no crepúsculo, a filosofia só pode pintar "cinza sobre cinza"; em outras palavras, ela apenas traduz em um esquema conceitual sem vida uma forma de vida que já chegou ao auge e entrou em declínio (ela mesma está se tornando "cinza"). Comay interpreta esse "cinza sobre cinza" de maneira muito perspicaz como a figura da "mínima diferença"[87] (ou da "sombra mais curta", como teria dito Nietzsche, embora se referisse ao meio-dia): a diferença entre a realidade decrépita e sua noção, quando a diferença é *a mínima*, puramente formal, em contraste com uma lacuna ampla entre um ideal e a miséria de sua existência efetiva.

Como pode essa tautologia abrir espaço para o Novo? A única solução para esse paradoxo é que o Novo com que lidamos não é primordialmente o futuro Novo, mas *o Novo do passado em si*, das possibilidades frustradas, impedidas ou traídas ("realidades alternativas"), que desapareceram na efetivação do passado: a

---

[87] Rebecca Comay, *Mourning Sickness*, cit., p. 142.

efetivação (*Verwirklichung*) – ou seja, a aceitação da efetividade – provocada pela Reconciliação requer

> a *desativação* do existente e a reativação e a representação (em todos os sentidos) dos futuros frustrados do passado. A efetividade, portanto, expressa exatamente a presença do virtual: ela abre a história para o "não mais" de uma possibilidade impedida e para a persistência de um inalcançado "ainda não".[88]

A tautologia hegeliana "cinza sobre cinza" deveria ser associada à noção deleuziana da repetição pura como o advento do Novo: o que surge na repetição do mesmo "cinza" atual é a dimensão virtual, as "histórias alternativas" do que poderia ter acontecido, mas não aconteceu. "A Revolução Francesa é a Revolução Francesa" não acrescenta nenhum conhecimento positivo novo, nenhuma determinação positiva nova, mas lembra as dimensões espectrais das esperanças que a revolução evocou e que foram frustradas por seu desfecho. Essa leitura também mostra que podemos pensar em conjunto a reconciliação como memória interiorizadora (*Er--Innerung*) e cura retroativa das feridas do Espírito, que anula (*ungeschehenmachen*) as catástrofes do passado em um ato de *esquecimento* radical:

> O esquecimento não é o oposto da atividade de recordar, mas mostra-se aqui como sua realização mais radical: o oblívio leva a própria memória a um ponto além de seu começo. Esquecer, anular o passado, tornar tudo "não acontecido", é exatamente lembrar de um momento *antes* de tudo ter acontecido, anular a inexorabilidade do destino, remontando o começo, ainda que só na imaginação e na representação: agir *como se* pudéssemos assumir o controle de novo, como se pudéssemos abandonar o legado das gerações passadas, como se pudéssemos recusar o trabalho de luto da sucessão cultural, como se pudéssemos nos livrar de nosso patrimônio, reescrever nossas origens, como se cada momento, até mesmo aqueles que há muito se esvaíram, pudessem se tornar um começo radicalmente novo – inaudito, improvisado, obliterado.[89]

A reconciliação como pura repetição não nos leva de volta a um começo mítico, mas ao momento imediatamente anterior ao começo, antes de o fluxo de eventos se organizar em um Destino, obliterando outras alternativas possíveis. Por exemplo, no caso de Antígona, a questão não é recuperar de alguma maneira a unidade orgânica dos costumes (*Sittlichkeit*), posto que essa unidade nunca existiu – uma cisão é constituinte da própria ordem da *Sittlichkeit*. *Antígona* é uma história sobre essa divisão constitutiva do poder, e devemos evitar a entediante questão moralista sobre quem está certo ou quem é pior, Antígona ou Creonte, o representante do respeito ao sagrado e o representante do poder secular. Como teria dito Stalin, os dois são piores (do que o quê? do que o poder do povo!), parte da mesma máquina

---

[88] Ibidem, p. 145.
[89] Ibidem, p. 147-8.

hierárquica de poder. A única maneira de romper o impasse desse conflito é sair desse solo comum e imaginar uma terceira opção a partir da qual possamos rejeitar todo o conflito porque é falso – como se o Coro assumisse o controle, prendesse Antígona e Creonte por representarem uma ameaça ao povo e colocarem sua sobrevivência em risco e estabelecesse a si mesmo como um corpo coletivo da justiça revolucionária, uma espécie de comitê jacobino para a segurança pública que mantivesse a guilhotina em constante funcionamento.

O problema é como essa negação da negação, que muda o campo inteiro, relaciona-se com a negação da negação freudiano-lacaniana, que termina com um espectral não-não-nada? Mas a mudança da primeira negação ("negação com conteúdo") – em que sacrifico o cerne do meu ser em troca de alguma coisa (céu da fé, honra, utilidade, riqueza...) – para a negação da negação ("negação sem conteúdo") não aponta para o que Lacan, em sua leitura de Claudel, desenvolveu como estrutura da *Versagung*, em que passamos do sacrifício feito por alguma coisa para o sacrifício feito por nada?

Vamos esclarecer esse ponto crucial fazendo um desvio pela literatura: não falaremos de *L'otage* [O refém], de Paul Claudel (referência usada por Lacan para explicar a *Versagung*), mas de *Desonra*, de J. M. Coetzee, romance profundamente hegeliano que se passa na África do Sul pós-apartheid. O professor David Lurie é divorciado e leciona poesia romântica; sua grande ambição é escrever uma ópera de câmera sobre a vida de Byron na Itália. Tornou-se vítima da "grande racionalização" da Universidade da Cidade do Cabo, que foi transformada em um colégio técnico, e ele passou a dar aulas sobre "habilidades comunicacionais", o que considera ridículo. Sua não existência é tamanha que os alunos o ignoram com o olhar; até a prostituta que ele visita semanalmente, e para quem começou a comprar presentes, deixa de recebê-lo. Quando uma comissão acadêmica o julga por ter mantido um romance ilegítimo com Melanie, uma belíssima aluna negra, ele se recusa a se defender contra as acusações de abuso sexual, embora sua conduta em relação a Melanie tenha chegado muito perto do abuso. Ele acaba esboçando uma defesa, mas a comissão não fica satisfeito e procura saber se o que ele diz reflete sentimentos sinceros, vindos do coração. Impulsivamente, ele diz que o contato com Melanie, linda e extremamente passiva, transformou-o, ainda que apenas por um breve momento: "Não era mais o divorciado de cinquenta anos meio perdido. Era um escravo de Eros"*.

Para fugir dessa situação sufocante, David muda-se para a casa da filha, Lucy, uma lésbica apática que, assim como ele, parece ter sido abandonada pelo mundo, mora em uma fazenda isolada na planície sul-africana e sobrevive da venda de flores

---

* J. M. Coetzee, *Desonra* (trad. José Rubens Siqueira, São Paulo, Companhia das Letras, 2000), p. 63. (N. T.)

e legumes para o mercado local. A relação dos dois com um fazendeiro chamado Petrus, o vizinho mais próximo, complica-se cada vez mais. Ele, que foi empregado de Lucy, agora é dono de um pedaço de terra e está manifestamente ausente quando pai e filha sofrem um ataque cruel: três rapazes negros batem em David e queimam seu rosto, e Lucy é estuprada várias vezes. Há indícios de que o ataque faz parte do plano de Petrus de tomar a fazenda de Lucy. No rastro desse ataque brutal, o clamor furioso de David por justiça não é atendido pela polícia, que está sobrecarregada, e suas tentativas de confrontar um dos agressores (protegido de Petrus) são respondidas com silêncio e evasivas. Por fim, Petrus conta a David que pretende se casar com Lucy e assumir o comando da fazenda para protegê-la. Para choque e surpresa de David, Lucy diz que aceitará a proposta de Petrus e dará à luz a criança que espera, fruto do estupro. Lucy parece entender o que David não entende: para viver ali, ela deve tolerar a brutalidade e a humilhação e simplesmente seguir em frente. "Talvez seja isso que eu tenha de aprender a aceitar", diz ela para o pai. "Começar do nada. Com nada.[...] Sem armas, sem propriedade, sem direitos, sem dignidade. [...] feito um cachorro"*.

Tendo mais uma vez de fugir de um impasse terrível, David se apresenta para trabalhar para Bev, uma amiga de Lucy que dirige uma clínica veterinária. Ele logo se dá conta de que a principal função de Bev naquela terra pobre não é curar os animais, mas matá-los com o máximo de amor e misericórdia que puder. Ele começa um caso com Bev, por mais feia que ela seja. Pouco tempo depois, ele volta à Cidade do Cabo, procura a família de Melanie e pede desculpas ao pai dela. No fim do livro, David também se reconcilia com sua vida com Lucy. Desse modo, resgata uma espécie de dignidade baseada no próprio fato de ter desistido de tudo: da filha, de sua noção de justiça, de seu sonho de escrever uma ópera sobre Byron e até de seu cachorro predileto, que ele ajuda Bev a matar. Ele não precisa mais de um cachorro, já que ele próprio aceitou viver "feito um cachorro" (um eco das palavras finais de *O processo*, de Kafka**).

Talvez seja com isso que a verdadeira reconciliação hegeliana se pareça – e talvez esse exemplo nos permita esclarecer alguns pontos confusos sobre o que realmente envolve a reconciliação[90]. David é retratado como um cínico desiludido, que se

---

* Ibidem, p. 231. (N. T.)
** Porto Alegre, L&PM, 2006. (N. E.)
[90] Uma variação particularmente cruel da piada de médico sobre as boas e as más notícias, abrangendo toda a tríade das notícias boas-más-boas, é útil para ilustrar a tríade hegeliana que inclui a "reconciliação" final: depois de a esposa ter passado por uma cirurgia longa e arriscada, o marido se aproxima do médico para saber o resultado. O médico diz: "Sua mulher sobreviveu, provavelmente viverá mais do que você. Mas há algumas complicações: ela não conseguirá mais controlar os músculos anais, por isso as fezes serão expelidas continuamente; também haverá o fluxo de um corrimento amarelo e malcheiroso pela vagina, portanto o sexo está fora de

aproveita do poder que tem sobre os alunos, e o estupro de sua filha parece uma repetição que estabelece certa justiça: o que ele fez com Melanie acontece de novo com sua filha. No entanto, é muito simples dizer que David deveria reconhecer a própria responsabilidade pela situação em que se encontra – essa leitura de David como um personagem "trágico", que teve o que merecia na humilhação final, ainda se baseia no estabelecimento de uma espécie de equilíbrio moral ou justiça e, portanto, anula o fato profundamente perturbador de que, na verdade, o romance não tem um limite moral claro. Essa ambiguidade é resumida no personagem de Petrus, que, embora seja cruelmente ambicioso e manipulador por trás da fachada de homem educado, representa um tipo de ordem e estabilidade social. A mensagem política contida em sua ascensão ao poder dentro da pequena comunidade não é racista ("é isso que acontece quando se deixa que os negros assumam o controle: não há uma mudança real, apenas uma reorganização da dominação que piora ainda mais as coisas"), mas uma mensagem que salienta a reemergência de uma ordem tribal e patriarcal, à maneira dos *gangster*s, que, pode-se dizer, é resultado de um domínio branco que mantém os negros em estado de apartheid e impede sua inclusão na sociedade moderna.

A aposta do romance é que a própria radicalidade da resignação do herói branco e a aceitação dessa nova ordem opressora concede-lhe uma espécie de dignidade ética. Se David pode ser visto como uma Sygne de Coûfontaine contemporânea, a *Versagung* é representada aqui de maneira invertida: não é que o sujeito renuncia a tudo por uma Causa superior e depois perceba que, com isso, perdeu a Causa em si, mas é antes que o sujeito *simplesmente perde tudo*, tanto seus interesses egoístas quanto seus ideais superiores, e sua aposta é que essa perda total seja convertida em algum tipo de dignidade ética.

Mas falta alguma coisa no desfecho de *Desonra*, algo que corresponda ao tique repulsivo no rosto de Sygne moribunda, como um gesto mudo de protesto, de recusa da reconciliação, ou às palavras de Júlia ("A felicidade é enfadonha"), em *Júlia, ou a nova Heloísa**. Podemos imaginar o menino em *Der Jasager* [*Aquele que diz sim*] ou em *Massnahme* [*A decisão*]**, quando ele aceita sua morte, fazendo o mesmo – um gesto repetitivo e quase imperceptível de resistência, um *eppur si muove* que persiste, uma pura figura da pulsão não morta. Aqui, o *objeto a* é gerado pelo processo da negação da negação como seu excesso ou produto. Mas o processo

---

questão. Além disso, houve sequelas na boca e a comida vai cair para fora o tempo todo...". Ao perceber a expressão de pânico cada vez maior no rosto do marido, o médico dá um tapinha no ombro dele e diz com um sorriso: "Não se preocupe, eu só estava brincando! Está tudo bem, ela morreu na mesa de cirurgia".

* Jean Jacques Rousseau, *Júlia, ou a nova Heloísa* (2. ed., São Paulo, Hucitec, 2006). (N. E.)
** Bertold Brecht, *Teatro completo* (3. ed., São Paulo, Paz e Terra, 2004), v. 3. (N. E.)

da *Versagung* como perda de uma perda não é exatamente o processo da perda do *objeto a*, o objeto-causa do desejo? Em *Um corpo que cai*, Scottie primeiro perde o objeto de seu desejo (Madeleine) e depois, quando percebe que Madeleine era uma fraude, perde o próprio desejo. Existe uma saída desse abismo para um novo *objeto a* (a estrutura de fantasia que sustentava o desejo do sujeito), de modo que a *Versagung*, que é igual ao ato de atravessar a fantasia, abra espaço para o surgimento da pura pulsão além da fantasia?

Interlúdio 2
COGITO NA HISTÓRIA DA LOUCURA

A crítica inicial de Levinas a Hegel e Heidegger em seu *Totalidade e infinito** é um modelo do procedimento antifilosófico: para Levinas, o infinito da relação com o Outro divino é o excesso que rompe o círculo da totalidade filosófica. Nesse ponto, é crucial notar que Derrida *não* é antifilósofo – ao contrário, em seu melhor momento (digamos, em suas leituras "desconstrutivas" de Levinas, Foucault, Bataille etc.), ele demonstra de maneira convincente que, no esforço para romper o círculo fechado da filosofia, para afirmar um ponto de referência fora do horizonte da filosofia (infinito *versus* totalidade em Levinas, loucura *versus cogito* no primeiro Foucault, soberania *versus* dominação hegeliana em Bataille), eles permanecem dentro do campo que tentam deixar para trás[1]. Não admira que, por outro lado, Foucault tenha reagido com tanta violência à análise crítica que Derrida fez de sua *História da loucura*** e o tenha acusado de permanecer nos confins da filosofia: sim, Derrida permanece, mas aí reside sua força diante daqueles que alegam, com uma facilidade extrema, ter alcançado um domínio para além da filosofia. O que Derrida faz não é apenas "desconstruir" a filosofia, demonstrando sua dependência de um Outro exterior; muito mais que isso, ele "desconstrói" a tentativa de situar uma esfera fora da filosofia, demonstrando que todos os esforços antifilosóficos para determinar esse Outro ainda têm uma dívida para com um arcabouço de categorias filosóficas.

---

* Emmanuel Levinas, *Totalidade e infinito* (trad. José Pinto Ribeiro, 3. ed., Lisboa, Edições 70, 2008). (N. E.)
[1] Por exemplo, o discurso de Levinas – e, mais tarde, de Marion – sobre Deus "além do Ser" simplesmente reduz o ser ao domínio da realidade positiva, incluindo seu horizonte ontológico transcendental, e deixa de lado a questão de como, apesar de tudo, a dimensão divina "além do ser" aparece em um horizonte determinado da abertura do ser.
** Trad. José Teixeira Coelho Netto, 9. ed., São Paulo, Perspectiva, 2010. (N. E.)

Cogito, *loucura* e *religião* estão interligados em Descartes (*vide* seu experimento mental com o *malin génie*) e também em Kant (sua noção de sujeito transcendental, oriunda da crítica de Swedenborg, cujos sonhos religiosos representam a loucura). Simultaneamente, o *cogito* surge por meio de uma diferenciação da (ou uma referência à) loucura, *e* o próprio *cogito* (a ideia do *cogito* como ponto de certeza absoluta, "idealismo subjetivo") é percebido (não só) pelo senso comum como o próprio epítome da loucura da filosofia, de sua paranoica construção de sistemas (ver o tema do "filósofo como louco" (não só) no último Wittgenstein). Simultaneamente, a religião (fé direta) é evocada como uma forma de loucura (Swedenborg para Kant, ou a religião de modo geral para os racionalistas do Iluminismo, até Dawkins), *e* a religião (Deus) surge como a solução para a loucura (solipsista) (Descartes).

O triângulo formado por *cogito*, religião e loucura é o ponto de convergência da polêmica entre Foucault e Derrida, em que ambos compartilham a mesma premissa subjacente: o *cogito* está inerentemente relacionado com a loucura. A diferença é que, para Foucault, o *cogito* é fundamentado na exclusão da loucura, ao passo que, para Derrida, o *cogito* em si só pode surgir por meio de uma hipérbole "louca" (dúvida universalizada) e continua marcado por esse excesso: antes que se estabilize como *res cogitans*, a substância pensante transparente para si mesma, o *cogito* eclode como um excesso louco e pontual[2].

O ponto de partida de Foucault é uma mudança fundamental na condição da loucura, o que acontece na passagem da Renascença para a Era da Razão clássica (início do século XVII). Durante a Renascença (Cervantes, Shakespeare, Erasmo etc.), a loucura era um fenômeno específico do espírito humano e pertencia ao grupo dos profetas, visionários possuídos, santos, palhaços, obcecados pelo demônio etc. Tratava-se de um fenômeno significativo, com uma verdade própria: mesmo que fossem denegridos, os loucos eram tratados com respeito, como se fossem mensageiros do horror sagrado. Com Descartes, no entanto, a loucura é excluída; em todas as suas variantes, passa a ocupar uma posição que antes era reservada à lepra. Deixou de ser um fenômeno a ser interpretado, seu significado não era mais buscado, e transformou-se em simples doença, que deveria ser tratada segundo as leis determinadas por uma medicina ou ciência já segura de si, segura de que não poderia ser louca. Essa mudança não diz respeito apenas à teoria, mas também à própria prática social: a partir da Era Clássica, os loucos foram internados, presos em hospitais psiquiátricos, desprovidos da plena dignidade de seres humanos, estudados e controlados como um fenômeno natural.

---

[2] Uma descrição sólida e equilibrada dessa polêmica é dada em Roy Boyne, *Foucault and Derrida: The Other Side of Reason* (Londres, Unwin Hyman, 1990).

Na *História da loucura*, Foucault dedicou três ou quatro páginas à passagem das *Meditações** em que Descartes chega ao *cogito ergo sum*. Buscando o fundamento absolutamente infalível do conhecimento, Descartes analisa as principais formas de engano: os enganos dos sentidos e da percepção sensorial, as ilusões da loucura, os sonhos. Termina com o engano mais radical já imaginado: a hipótese de que nada do que experimentamos é verdadeiro, mas um sonho universal, uma ilusão encenada por um gênio maligno (*malin génie*). Partindo disso, chega à certeza do *cogito* (penso): mesmo que eu duvide de tudo, mesmo que tudo o que vejo seja uma ilusão, não posso duvidar de que penso tudo isso, portanto o *cogito* é o ponto de partida absolutamente certo para a filosofia. A objeção de Foucault é que Descartes não confronta realmente a loucura, mas sim evita pensar nela: ele *exclui* a loucura do domínio da razão. Na Era Clássica, portanto, a Razão é baseada na exclusão da loucura: a própria existência da categoria "loucura" é historicamente determinada, junto de seu oposto "razão", ou seja, ela é determinada por relações de poder. A loucura, no sentido moderno, não é exatamente um fenômeno que podemos observar, mas sim um construto discursivo que surge em determinado momento histórico junto com seu duplo, a Razão no sentido moderno.

Em sua leitura da *História da loucura*, Derrida dedica-se a essas quatro páginas sobre Descartes, que, para ele, fornecem a chave para o livro inteiro. Por meio de uma análise minuciosa, tenta demonstrar que, longe de excluir a loucura, Descartes a leva ao extremo: a dúvida universal, quando suspeito que o mundo todo é uma ilusão, é a maior loucura imaginável. Dessa dúvida universal surge o *cogito*: mesmo que tudo seja uma ilusão, ainda posso ter certeza de que penso. A loucura, portanto, não é excluída pelo *cogito*: não que o *cogito* não seja louco, *o cogito é verdadeiro mesmo que eu seja totalmente louco*. A dúvida extrema – hipótese da loucura universal – não é exterior à filosofia, mas estritamente interior a ela – um momento hiperbólico, o momento da loucura, que fundamenta a filosofia. É claro, depois Descartes "domestica" esse excesso radical com sua imagem do homem como substância pensante dominada pela razão; ele constrói uma filosofia que é, sem dúvida, historicamente condicionada. Mas o próprio excesso, a hipérbole da loucura universal, não é histórico; é o momento excessivo que fundamenta a filosofia em todas as suas formas históricas. A loucura, portanto, não é excluída pela filosofia: é interna a esta. Obviamente, toda filosofia tenta controlar esse excesso, tenta reprimi-lo – mas, ao reprimi-lo, reprime seu próprio fundamento mais interno: "a filosofia talvez seja essa segurança tomada o mais próximo da loucura contra a angústia de ser louco"[3].

---

* Trad. Jacó Guinsburg e Bento Prado Júnior, 4. ed., São Paulo, Nova Cultural, 1988. (N. E.)
[3] Jacques Derrida, "*Cogito e História da loucura*", em *A escritura e a diferença* (trad. Maria Beatriz Marques Nizza da Silva, Pedro Leite Lopes e Pérola de Carvalho, 4. ed., São Paulo, Perspectiva, 2009), p. 85.

Em sua resposta, Foucault primeiro tenta provar, por uma leitura minuciosa de Descartes, que a loucura que ele evoca não apresenta o mesmo estado de ilusões sensoriais e sonhos. Quando sofro ilusões sensoriais da percepção ou sonho, *continuo normal e racional*, só me engano com respeito ao que vejo. Na loucura, ao contrário, já não sou mais normal, perco minha razão. Portanto, a loucura tem de ser excluída para que eu seja um sujeito racional. A recusa de Derrida de excluir a loucura da filosofia atesta que ele continua sendo um filósofo incapaz de pensar o Exterior da filosofia, incapaz de pensar que a própria filosofia é determinada por algo que lhe escapa. A propósito da hipótese da dúvida universal e do gênio maligno, não estamos lidando com a verdadeira loucura, mas com um sujeito racional que finge ser louco, que realiza um experimento mental e nunca perde o controle sobre ele.

Por fim, na última página de sua resposta, Foucault tenta identificar a verdadeira diferença entre ele e Derrida. Ataca (sem nomear) a prática da desconstrução e da análise textual, para a qual "não há nada fora do texto", de modo que ficamos presos a um processo interminável de interpretação. Foucault, ao contrário, não pratica a análise textual, mas analisa discursos, "dispositifs", formações em que textos e declarações são interligados com mecanismos extratextuais de poder e controle. Não precisamos de uma análise textual mais profunda, mas sim da análise do modo como as práticas discursivas são combinadas com as práticas de poder e dominação. Mas essa rejeição de Derrida se sustenta? Voltemos ao debate, desta vez tomando Derrida como ponto de partida. Como Derrida deixou claro em seu ensaio sobre a *História da loucura*, de Foucault, a loucura está inscrita na história do *cogito* em dois níveis. Primeiro, ao longo de toda a filosofia da subjetividade, de Descartes a Nietzsche e Husserl, passando por Kant, Schelling e Hegel, o *cogito* está relacionado com seu duplo sombrio, o *phármakon*, que é a loucura. Segundo, a loucura está inscrita na própria (pré-)história do *cogito*, como parte de sua gênese transcendental:

> o Cogito escapa da loucura [...] porque em seu instante, em sua instância própria, o ato do Cogito vale *mesmo se sou louco, mesmo se* meu pensamento é louco do começo ao fim. [...] Descartes jamais aprisiona a loucura, nem na etapa da dúvida natural, nem na etapa da dúvida metafísica. [...] Que eu seja ou não louco, *Cogito, sum*. [...] mesmo se a totalidade do mundo não existe, mesmo se o não-sentido invadiu a totalidade do mundo, inclusive o conteúdo de meu pensamento, eu penso, eu sou *enquanto* eu penso.[4]

Derrida não deixa dúvida de que, "a partir do momento em que ele atinge essa ponta, Descartes procura se tranquilizar, [...] garantir o próprio Cogito em Deus, [...] identificar o ato do Cogito com o ato de uma razão razoável"[5]. Esse

---

[4] Ibidem, p. 78-80.
[5] Ibidem, p. 82.

recolhimento acontece desde "o momento em que ele se desprende da loucura determinando a luz natural por uma série de princípios e axiomas"[6]. O termo "luz" é crucial para avaliar a distância entre Descartes e o idealismo alemão, no qual, precisamente, o núcleo do sujeito não é mais a luz, mas o abismo da escuridão, a "Noite do Mundo". Este então é o gesto interpretativo fundamental de Derrida:

> [um ato que separa] no Cogito, *por um lado*, a hipérbole (da qual digo que não pode deixar-se aprisionar em uma estrutura histórica de fato e determinada porque ela é projeto de exceder toda totalidade finita e determinada) e, *por outro lado*, o que na filosofia de Descartes (ou também naquela que sustenta o Cogito agostiniano ou o Cogito husserliano) pertence a uma estrutura histórica de fato.[7]

Nesse ponto, quando Derrida afirma que "a historicidade própria à filosofia tem seu lugar e se constitui nessa passagem, nesse diálogo entre a hipérbole e a estrutura finita, [...] na diferença entre história e historicidade"[8], ele talvez tenha sido insuficiente demais. Essa tensão pode parecer muito "lacaniana": não seria ela uma tensão entre o Real – o excesso hiperbólico – e sua simbolização (sempre fracassada, em última análise)? A matriz a que chegamos é a de uma eterna oscilação entre os dois extremos: excesso, despesa, hipérbole radical e sua posterior domesticação (como a oscilação em Kristeva entre o semiótico e o simbólico). Os dois extremos são ilusórios: tanto o puro excesso quanto a ordem do puro finito se desintegrariam, anular-se-iam. Tal abordagem passa longe da "loucura", que não é o puro excesso da Noite do Mundo, mas a loucura da passagem ao simbólico em si, da imposição de uma ordem simbólica ao caos do Real[9]. Se a loucura é constitutiva, então *todo* sistema de significado é minimamente paranoico, "louco". Recordemos mais uma vez o slogan de Brecht, "O que é o assalto a um banco se comparado à fundação de um novo banco?" – aí reside a lição do filme *Uma história real*, de David Lynch: o que é a perversidade patética e nada razoável de figuras como Bobby Peru em *Coração selvagem* ou Frank em *Veludo azul*, quando comparada à decisão de cruzar a planície central dos Estados Unidos em um cortador de grama para visitar um parente moribundo? Comparados a esse ato, os acessos de fúria de Frank e Bobby não passam de um teatro impotente de velhos e serenos conservadores. Da mesma forma, diríamos: o que é a simples loucura causada pela perda da razão, quando comparada à loucura da própria razão?

---

[6] Ibidem, p. 85.
[7] Ibidem, p. 86.
[8] Idem.
[9] Recordemos Freud que, em sua análise do paranoico juiz Schreber, aponta como o "sistema" paranoico não é loucura, mas uma tentativa desesperada de *escapar* da loucura – a desintegração do universo simbólico – por meio de um universo *ersatz* de significado.

Esse passo é propriamente "hegeliano" – e é por isso que Hegel, filósofo que tentou da maneira mais radical pensar o abismo da loucura no núcleo da subjetividade, também é o filósofo que trouxe para seu clímax "louco" o sistema filosófico como totalidade de significado. Por esse motivo, e por razões muito boas, Hegel representa, do ponto de vista do senso comum, o momento em que a filosofia "enlouquece", explode em uma pretensão ao "Saber Absoluto".

Portanto, não basta simplesmente contrapor "loucura" e simbolização: na história da própria filosofia (dos "sistemas" filosóficos), há um ponto privilegiado em que a hipérbole, núcleo ex-timo da filosofia, inscreve-se diretamente dentro dela, e esse é o momento do *cogito*, da filosofia transcendental. Aqui, a "loucura" é "domada" de uma maneira diferente, por meio de um horizonte "transcendental" que não a anula em uma visão de mundo oniabrangente, mas a mantém.

"No meio do mundo sereno da doença mental, o homem moderno não se comunica mais com o louco: [...] o homem de razão [...] delega para a loucura o médico, não autorizando, assim, relacionamento senão através da universalidade abstrata da doença."[10] No entanto, o que dizer da psicanálise? Não seria a psicanálise exatamente o ponto em que o "homem da razão" restabelece seu diálogo com a loucura, redescobrindo nela a dimensão da verdade – não a mesma verdade de antes, do universo pré-moderno, mas uma verdade diferente, propriamente científica? O próprio Foucault tratou disso em seu posterior *História da sexualidade*, em que a psicanálise é concebida como a culminação da lógica "sexo como verdade maior" da confissão.

Apesar da *finesse* da resposta de Foucault, ele acaba caindo na armadilha de um historicismo que não pode explicar sua própria posição de enunciação; essa impossibilidade é redobrada na caracterização que Foucault faz de seu "objeto", a loucura, que oscila entre dois extremos. Por um lado, seu objetivo estratégico é fazer que a loucura fale, como ela é em si, fora do discurso (científico etc.) sobre ela: "não se trata de uma história do conhecimento, mas dos movimentos rudimentares de uma experiência. História não da psiquiatria, mas da própria loucura, em sua vivacidade antes de toda captura pelo saber"[11]. Por outro lado, o modelo (posterior) empregado em *Vigiar e punir* e *História da sexualidade* obriga-o a postular a absoluta imanência do objeto (excessivo, transgressivo, resistente...) a sua manipulação pelo *dispositif* de conhecimento-poder: do mesmo modo que "a rede carcerária não lança o elemento inassimilável num inferno confuso, ela não tem lado de fora"[12];

---

[10] Michel Foucault, "Prefácio (*Folie et déraison*)", em *Problematização do sujeito: psicologia, psiquiatria e psicanálise* (trad. Vera Lucia Avellar Ribeiro, 2. ed., Rio de Janeiro, Forense Universitária, 2006), p. 153.

[11] Ibidem, p. 157.

[12] Michel Foucault, *Vigiar e punir* (trad. Raquel Ramalhete, 37. ed., Petrópolis, Vozes, 2009), p. 285.

do mesmo modo que o homem "libertado" é gerado pelo *dispositif* que o controla e regula, do mesmo modo que o "sexo", enquanto excesso inassimilável, é gerado pelos discursos e práticas que tentam controlá-lo e regulá-lo, a loucura também é gerada pelo mesmo discurso que a exclui, objetifica e estuda, não há loucura "pura" fora dela. Como diz Boyne, nesse ponto Foucault "efetivamente reconhece a justeza da formulação de Derrida"[13], ou seja, do *il n'y a pas de hors-texte*[14], fornecendo sua própria versão dela. Quando Foucault escreve "Talvez um dia ela [a transgressão] pareça tão decisiva para nossa cultura, tão oculta em seu solo quanto o fora outrora, para o pensamento dialético, a experiência da contradição"[15], não estaria ele perdendo de vista a questão, qual seja, esse dia já chegou, a transgressão permanente já *é* uma característica fundamental do capitalismo tardio? É por isso que sua objeção final ao *il n'y a pas de hors-texte* de Derrida parece errar o alvo quando o caracteriza como:

> [uma] redução das práticas discursivas a traços textuais; elisão dos eventos que são produzidos nessas práticas, de modo que tudo que resta deles são marcas para uma leitura; invenções de vozes por trás dos textos, de modo que não tenhamos de analisar os modos da implicação do sujeito nos discursos; a designação do originário como [o que é] dito e não dito no texto, de modo que não tenhamos de localizar práticas discursivas no campo das transformações no qual elas efetuam a si mesmas.[16]

Não surpreende que alguns marxistas tenham tomado o partido de Foucault nesse aspecto, concebendo sua polêmica com Derrida como o último capítulo da eterna luta entre materialismo e idealismo: a análise materialista de Foucault a respeito das práticas discursivas *versus* os infindáveis jogos textuais autorreflexivos de Derrida. Outro aspecto a favor de Foucault parece ser que ele continua sendo um historicista radical, reprovando Derrida por sua incapacidade de pensar a exterioridade da filosofia. É assim que ele resume o que está em jogo no debate entre eles:

> poderia haver algo anterior ou externo ao discurso filosófico? As condições desse discurso podem ser uma exclusão, um risco evitado e, por que não, um medo? Uma suspeita rejeitada apaixonadamente por Derrida. *Pudenda origo*, disse Nietzsche com respeito aos religiosos e a sua religião.[17]

---

[13] Roy Boyne, *Foucault and Derrida*, cit, p. 118.
[14] "A leitura [...] não pode legitimamente transgredir o texto em direção a algo que não ele [...]. *Não há fora-de-texto*" (Jacques Derrida, *Gramatologia*, trad. Miriam Schnaiderman e Renato Janine Ribeiro, São Paulo, Perspectiva, 1973, p. 194).
[15] Michel Foucault, "Prefácio à Transgressão", em *Estética: literatura e pintura, música e cinema* (trad. Inês Autran Dourado Barbosa, 2. ed., Rio de Janeiro, Forense Universitária, 2009), p. 32.
[16] Michel Foucault, "Mon corps, ce papier, ce feu", em *Histoire de la folie à l'âge classique* (Paris, Gallimard, 1972), p. 602. [Este texto é um apêndice ao *História da loucura*, e também foi publicado na série *Ditos e escritos*; no entanto, não consta na edição brasileira de ambos. (N. T.)]
[17] Ibidem, p. 584.

No entanto, Derrida está muito mais próximo de pensar essa externalidade do que Foucault, para quem a exterioridade envolve uma simples redução historicista que não pode explicar a si mesma (quando perguntaram a Foucault de qual posição ele estava falando, ele recorreu a um truque retórico barato e afirmou que essa era uma questão "de polícia", "quem é você para dizer isso", mas combinou essa resposta com a afirmação oposta de que a história genealógica é uma "ontologia do presente"). É fácil submeter a filosofia a tal redução historicista (os filósofos podem facilmente rejeitar essa redução exterior por se basear em uma confusão entre gênese e valor); é muito mais difícil pensar seu excesso *inerente*, seu núcleo ex-timo. Seria isso, então, o que realmente está em jogo no debate: ex-timidade ou exterioridade direta?

O núcleo obscuro da loucura no coração do *cogito* também pode ser determinado de maneira mais genética. Daniel Dennett faz um paralelo convincente e revelador entre o ambiente físico dos animais e o ambiente humano, incluindo não só os artefatos humanos (roupas, casas, ferramentas), mas também o ambiente "virtual" da rede discursiva: "Arrancado [da 'rede dos discursos'], um ser humano individual é tão incompleto quanto um pássaro sem penas ou uma tartaruga sem casco"[18]. Um homem nu é um disparate tão grande quanto um macaco depilado: sem linguagem (sem ferramentas, sem...), o homem é um animal mutilado – essa é a falta suplementada por ferramentas e instituições simbólicas, tanto que a ideia – hoje óbvia – transmitida por figuras da cultura popular como Robocop (um homem que é ao mesmo tempo um superanimal e um mutilado) é válida desde o início. Como passamos do ambiente "natural" para o "simbólico"? Não é uma passagem direta, não podemos explicá-la dentro de uma narrativa evolutiva contínua: alguma coisa precisa intervir entre eles, uma espécie de "mediador em desaparição" que não é nem a natureza nem a cultura – esse intermediário não é a centelha do *lógos* atribuída magicamente ao *homo sapiens*, que lhe permite formar seu ambiente simbólico e virtual suplementar, mas precisamente algo que, embora não seja mais a natureza, também não é *lógos* e tem de ser "reprimido" pelo *lógos* – a expressão freudiana para esse intermediário, obviamente, é pulsão de morte.

Talvez o filósofo que, mais do que Descartes, represente o extremo da "loucura" seja Nicholas Malebranche e seu "ocasionalismo". Malebranche, discípulo de Descartes, desconsidera a referência absurda deste último à glândula pineal como ponto de contato entre a substância material e a espiritual, corpo e alma; mas então como explicamos essa coordenação se não há contato entre as duas, se não há um ponto em que uma alma possa agir como causa sobre um corpo ou vice-versa? Como as duas redes causais (a das ideias na minha mente e a das interconexões

---

[18] Daniel C. Dennett, *Consciousness Explained* (Nova York, Little, Brown, 1991), p. 416.

corporais) são totalmente independentes, a única solução é que uma terceira e verdadeira Substância (Deus) coordene-as continuamente e seja a mediadora, sustentando com isso a aparência de continuidade: quando penso em erguer a mão e minha mão se ergue, meu pensamento provoca o erguer de minha mão não diretamente, mas "ocasionalmente" – ao notar meu pensamento direcionado para o erguer de minha mão, Deus põe em movimento a outra corrente causal e material que leva minha mão a ser realmente erguida.

Se substituirmos "Deus" pelo grande Outro, a ordem simbólica, veremos a proximidade do ocasionalismo com a posição de Lacan: como afirma em sua polêmica contra Aristóteles em "Televisão"[19], a relação entre corpo e alma nunca é direta, pois o grande Outro sempre se interpõe entre os dois. Ocasionalismo, portanto, é essencialmente um nome para a "arbitrariedade do significante", para a lacuna que separa a rede de ideias da rede da causalidade corporal (real), para o fato de que é o grande Outro que explica a coordenação das duas redes, de modo que quando meu corpo morde uma maçã, minha alma experimenta uma sensação de prazer. Essa mesma lacuna foi alvo dos antigos sacerdotes astecas, que faziam sacrifícios humanos para garantir que o Sol nascesse de novo: o sacrifício humano era um apelo para que Deus mantivesse a coordenação entre as duas séries, a necessidade corporal e a concatenação dos eventos simbólicos. Por mais "irracionais" que pareçam os sacrifícios dos sacerdotes astecas, sua premissa subjacente é muito mais reveladora do que nossa intuição corriqueira, segundo a qual a coordenação entre corpo e alma é direta, ou seja, é "natural" para mim ter uma sensação prazerosa quando mordo uma maçã, pois essa sensação é causada diretamente pela maçã: o que se perde é esse papel intermediário do grande Outro garantindo a coordenação entre a realidade e a experiência mental que temos dela. E não acontece o mesmo com nossa imersão na Realidade Virtual? Quando levanto a mão para empurrar um objeto no espaço virtual, o objeto efetivamente se move – minha ilusão, é claro, é que o movimento de minha mão causou diretamente o deslocamento do objeto, pois, em minha imersão, ignoro os mecanismos intrincados da coordenação computadorizada, algo homólogo ao papel de Deus garantindo a coordenação entre as duas séries no ocasionalismo[20].

É fato notório que o botão de "fechar a porta" da maioria dos elevadores é um placebo sem nenhuma função, colocado ali apenas para nos dar a impressão de que podemos de certo modo acelerar as coisas; no entanto, quando apertamos o botão, a porta se fecha exatamente no mesmo momento que fecharia se tivéssemos apertado apenas o botão do andar que desejamos. Esse caso claro e extremo de

---

[19] Ver Jacques Lacan, *Televisão* (trad. Antonio Quinet, Rio de Janeiro, Zahar, 1993).
[20] A principal obra de Nicolas Malebranche é *De la recherches de la vérité* (Paris, Vrin, 1975), publicada originalmente em 1674-75.

falsa participação é uma metáfora apropriada para a participação dos indivíduos no processo político "pós-moderno". Além disso, representa o ocasionalismo em sua forma mais pura: da perspectiva de Malebranche, estamos de fato apertando esses botões o tempo todo, e a atividade incessante de Deus é que faz a coordenação entre nossa ação e o evento que se segue, ainda que pensemos que o evento resulta de nossa ação.

Por esse motivo, é crucial manter aberta a ambiguidade radical envolvida no modo como o ciberespaço afetará nossas vidas: ela não depende da tecnologia como tal, mas do modo de sua inscrição social. A imersão no ciberespaço pode intensificar nossa experiência corporal (uma nova sensualidade, um novo corpo com mais órgãos, novos sexos...), mas também oferece, para quem manipula a máquina, a possibilidade de literalmente *roubar* nosso próprio corpo (virtual), privando-nos do controle sobre ele, de modo que não nos relacionemos mais com nosso corpo enquanto "corpo próprio". Eis a ambiguidade constitutiva da ideia de mediatização[21]. Originalmente, o termo se referia ao ato de arrancar do sujeito seu direito imediato e direto de tomar decisões; o grande mestre da mediatização política foi Napoleão, que deixava a fachada do poder para os monarcas dos territórios que ele conquistava, embora não estivessem mais na posição de usar esse poder. Em um nível mais geral, poderíamos dizer que apenas essa "mediatização" do monarca define a monarquia constitucional: nela, o monarca é reduzido a um gesto simbólico puramente formal de "pôr os pingos nos is", de firmar e assim conferir força performativa aos éditos cujo conteúdo tenha sido determinado pelo órgão governamental eleito. E, *mutatis mutandis*, o mesmo não seria válido para a digitalização progressiva de nossa vida cotidiana, no decorrer da qual o sujeito também é cada vez mais "mediatizado", imperceptivelmente arrancado de seu poder, mas o tempo todo com a falsa impressão de que esse poder está aumentando? Quando nosso corpo é mediatizado (preso na rede da mídia eletrônica), ele é simultaneamente exposto à ameaça de uma "proletarização": o sujeito é potencialmente reduzido ao puro $, posto que até a minha experiência pessoal pode ser roubada, manipulada, regulada pelo Outro mecânico.

Mais uma vez, podemos ver como a perspectiva de uma virtualização radical confere ao computador uma posição estritamente homóloga à de Deus no ocasionalismo malebranchiano: uma vez que o computador coordena a relação entre minha mente e (o que experimento como) o movimento de meus membros (na realidade virtual), posso facilmente imaginar um computador que endoidece e começa a agir como um Deus Maligno, perturbando essa coordenação – quando

---

[21] Sobre essa ambiguidade, ver Paul Virilio, *A arte do motor* (trad. Paulo Roberto Pires, São Paulo, Estação Liberdade, 1996).

o sinal mental para erguer a mão é suspenso ou neutralizado na realidade (virtual), a experiência mais fundamental do corpo como "meu" é demolida. Desse modo, parece que o ciberespaço realiza de fato a fantasia paranoica de Schreber, o juiz alemão cujas memórias foram analisadas por Freud: o "universo em rede" é psicótico na medida em que parece materializar a alucinação de Schreber com os raios divinos pelos quais Deus controla diretamente a mente humana. Em outras palavras, a exteriorização do grande Outro no computador não explica a dimensão paranoica inerente do universo em rede? Ou, em outras palavras, o lugar-comum é que a habilidade de transferir a consciência para um computador finalmente liberta as pessoas de seus corpos – *mas também liberta as máquinas de "suas" pessoas...* Isso nos leva à trilogia *Matrix*, dos irmãos Wachowski: muito mais que o Deus de Berkeley, que sustenta o mundo em sua mente, a Matrix *máxima* é o Deus ocasionalista de Malebranche.

Então o que é a Matrix? Nada mais que o "grande Outro" lacaniano, a ordem simbólica virtual, a rede que estrutura a realidade para nós. A dimensão do "grande Outro" é a da *alienação* constitutiva do sujeito na ordem simbólica: o grande Outro puxa as cordas, o sujeito não fala, ele "é falado" pela estrutura simbólica. Em suma, esse "grande Outro" é o nome da Substância social, da instância graças à qual o sujeito nunca domina plenamente os efeitos de seus atos, graças à qual o resultado de sua atividade é sempre outra coisa que não o almejado ou previsto. No entanto, é fundamental notar que, nos principais capítulos de seu *Os quatro conceitos fundamentais da psicanálise**, Lacan se esforça para delinear a operação resultante da alienação e que, de certa forma, é seu contraponto, a *separação*: a alienação *no* grande Outro é seguida da separação *do* grande Outro. A separação acontece quando o sujeito percebe como o grande Outro é em si inconsistente, puramente virtual, "barrado", desprovido da Coisa – e a fantasia é uma tentativa de preencher essa falta *do Outro, não do sujeito*, ou seja, de (re)constituir a consistência do grande Outro.

Seguindo o mesmo viés paranoico, a tese de *Matrix* é que esse grande Outro é exteriorizado em um megacomputador que realmente existe. Existe – *tem* de existir – uma Matrix porque "as coisas não estão certas, oportunidades foram perdidas, alguma coisa dá errado o tempo todo"; em outras palavras, a ideia do filme é que as coisas são assim porque a Matrix ofusca a "verdadeira" realidade por trás de tudo. O problema com o filme é que ele *não* é "maluco" o suficiente, porque supõe outra realidade "real" por trás da realidade cotidiana sustentada pela Matrix. Ao modo kantiano, somos induzidos a dizer que o erro da teoria da conspiração é homólogo ao "paralogismo da razão pura", à confusão entre os dois níveis: a suspeita

---

* Trad. M. D. Magno, 2. ed. rev., Rio de Janeiro, Zahar, 1985. (N. E.)

(da opinião geral científica, social etc.) enquanto posicionamento metodológico formal e a positivação dessa suspeita em outra parateoria global oniexplicativa.

O excesso de loucura no coração do *cogito* está, portanto, intimamente ligado ao tema da liberdade. O "antagonismo" da ideia kantiana de liberdade (como a mais concisa expressão do antagonismo da liberdade na própria vida burguesa) não está onde Adorno o localiza (a lei autoimposta significa que a liberdade coincide com a autoescravidão e com a autodominação, que a "espontaneidade" kantiana é, na realidade, seu oposto, completo autocontrole, anulação de todos os ímpetos espontâneos), mas sim, como diz Robert Pippin, "*muito mais na superfície*"[22]. Tanto para Kant quanto para Rousseau, o maior bem moral é levar uma vida autônoma como agente racional livre, e o pior mal é se sujeitar à vontade do outro; no entanto, Kant teve de admitir que o homem não se descobre espontaneamente como agente racional maduro por seu desenvolvimento natural, mas apenas por meio de um processo árduo de maturação, apoiado na disciplina árdua e na educação, que não podem ser vivenciadas pelo sujeito como coerção externa:

> As instituições sociais, que tanto nutrem quanto desenvolvem essa independência, são necessárias e consistentes com – não impedem – sua realização, mas, com a liberdade entendida como ação causal de um indivíduo, isso sempre parecerá uma necessidade externa, a qual temos boas razões para tentar evitar. Isso cria o problema de uma forma de dependência que pode ser considerada constitutiva da independência e não pode ser entendida como um mero compromisso com a vontade particular de outrem ou como tema marginal e separado da senilidade de Kant. *Essa* é, com efeito, a antinomia contida nas ideias burguesas de individualidade, responsabilidade individual...[23]

Nesse aspecto, podemos imaginar Kant como um precursor fortuito da tese de Foucault, em *Vigiar e punir*, sobre a formação do indivíduo livre por meio de um conjunto complexo de micropráticas disciplinares – e, como Pippin não hesita em destacar, essa antinomia eclode de maneira ainda mais intensa nas reflexões sócio-históricas, centradas na ideia de "sociabilidade associal": qual é a ideia de Kant sobre a relação histórica entre democracia e monarquia, senão essa mesma tese (do elo entre liberdade e submissão a uma autoridade superior) aplicada ao próprio processo histórico? Em longo prazo (ou na ideia dele), a democracia é a única forma apropriada de governo; contudo, por causa da imaturidade das pessoas, as condições para uma democracia que funcione só podem ser estabelecidas por meio de uma monarquia não democrática que, no exercício de seu poder benevolente, leva as pessoas à maturidade política. Como seria de esperar, Kant não deixa de mencionar a racionalidade mandevilliana do mercado em que

---

[22] Robert Pippin, *The Persistence of Subjectivity*, cit., p. 118.
[23] Ibidem, p. 118-9.

a busca de cada indivíduo por seus interesses egoístas é o que funciona melhor (muito melhor que o altruísmo direto) para o bem comum. Da maneira mais extrema, isso leva Kant à ideia de que a própria história humana é governada por um plano divino inescrutável, dentro do qual nós, mortais, estamos destinados a desempenhar um papel que não conhecemos – aqui, o paradoxo é ainda maior: nossa liberdade está ligada a seu oposto não só "de baixo", mas também "de cima", ou seja, ela não pode surgir somente por meio de nossa submissão e dependência, mas nossa liberdade como tal é um momento de um plano divino mais amplo; nossa liberdade não é verdadeiramente um propósito-em-si, ela serve a um propósito maior.

Podemos esclarecer – se não resolver – esse dilema introduzindo algumas distinções na ideia da própria liberdade "numenal". Em uma análise mais atenta, fica claro que, para Kant, disciplina e educação não atuam diretamente em nossa natureza animal, moldando-a em uma individualidade humana; como afirma Kant, os animais não podem ser propriamente educados, porque seu comportamento já é predestinado por seus instintos. Isso significa que, paradoxalmente, para ser educado na liberdade (*enquanto* autonomia moral e responsabilidade por si mesmo) *eu já tenho de ser livre* em um sentido muito mais radical, "numenal", e até monstruoso. A expressão freudiana para essa liberdade monstruosa é, mais uma vez, pulsão de morte. É interessante notar que as narrativas filosóficas do "nascimento do homem" são sempre obrigadas a pressupor um momento na (pré-)história humana em que o homem (ou aquilo que se tornará um homem) não é mais um mero animal, mas também não é ainda um "ser de linguagem", prisioneiro da Lei simbólica; um momento da natureza totalmente "pervertida", "desnaturalizada", "descarrilhada", que ainda não é cultura. Em seus escritos antropológicos, Kant destacou que o animal humano precisa de pressão disciplinar para domar essa "insubordinação" inquietante que parece ser inerente à natureza humana – uma propensão selvagem e irrestrita para insistir obstinadamente na própria vontade, custe o que custar. É por isso que o animal humano precisa de um Senhor para discipliná-lo: a disciplina tem essa "insubordinação" como alvo, não a natureza animal do homem. Em *Lectures on Philosophy of History*, de Hegel, papel semelhante é desempenhado pela referência aos negros africanos: significativamente, Hegel trata dos negros antes da história propriamente dita (que começa com a China Antiga) na seção intitulada "The Natural Context or the Geographical Basis of World History" [O contexto natural ou o fundamento geográfico da história universal]: os "negros", aqui, representam o espírito humano em seu "estado de natureza", são descritos como crianças monstruosas, pervertidas, ao mesmo tempo ingênuas e corruptas, que vivem em um estado pré-lapsário de inocência e, precisamente como tais, são os mais cruéis dos bárbaros; fazem parte da natureza e, contudo, são totalmente desnaturalizados; manipulam a natureza de maneira implacável, por meio da magia primitiva, mas ao mesmo tempo são atemorizados pela fúria das forças naturais; são covardes negligentemente corajosos[24].

Esse intermediário é o "reprimido" da forma narrativa (neste caso, da "grande narrativa" hegeliana da sucessão histórico-mundial das formas espirituais): não a natureza como tal, mas a própria ruptura com a natureza que (depois) é suplementada pelo universo virtual das narrativas. Segundo Schelling, antes de se afirmar como agente do mundo racional, o sujeito é a "infinita falta de ser" (*unendliche Mangel an Sein*), o gesto violento da contradição que nega cada ser fora de si. Essa descoberta também forma o núcleo da ideia hegeliana de loucura: quando determina que a loucura é um recolhimento do mundo efetivo, o fechamento da alma sobre si mesma, sua "contradição", Hegel também concebe prontamente esse recolhimento como uma "regressão" ao nível da "alma animal" ainda enraizada em seu ambiente natural e determinada pelo ritmo da natureza (noite e dia etc.). Mas esse recolhimento, ao contrário, não resultaria no rompimento dos elos com o *Umwelt*, o fim da imersão do sujeito em seu ambiente natural imediato, e isso não seria, como tal, o gesto fundador da "humanização"? Esse recolhimento-para-dentro-de-si não foi realizado por Descartes com sua dúvida universal e a redução ao *cogito*, o que, como afirmou Derrida, também envolve uma passagem pelo momento da loucura radical?

Isso nos leva à necessidade da Queda: dado o elo kantiano entre dependência e autonomia, a Queda é inevitável, um passo necessário no progresso moral do homem. Ou seja, em termos kantianos precisos: a "Queda" é a própria renúncia da minha autonomia ética radical; ocorre quando me refugio em uma Lei heteronômica, em uma Lei entendida como algo que me é imposto de fora. A finitude em que busco apoio para evitar a vertigem da liberdade é a finitude da própria Lei heteronômica externa. Nisso reside a *dificuldade de ser kantiano*. Todos os pais e todas as mães sabem que as provocações do filho, por mais selvagens e "transgressivas" que pareçam, no fim das contas escondem e expressam a necessidade de que uma figura de autoridade estabeleça limites firmes, trace uma linha que signifique "Até aqui, não mais do que isso!", permitindo assim que a criança mapeie claramente o que é e o que não é possível. (E o mesmo não acontece com as provocações do histórico?) É exatamente isso que o analista se recusa a fazer, e é isso que o torna tão traumático para o analisando – paradoxalmente, é o estabelecimento de um limite firme que é libertador, e é a própria ausência de um limite firme que é vivida como sufocante.

É por *isso* que a autonomia kantiana do sujeito é tão difícil – sua implicação é exatamente não haver mais ninguém, não haver um agente externo de "autoridade natural" que possa fazer o trabalho por mim, que eu mesmo tenha de estabelecer

---

[24] Ver G. W. F. Hegel, *Lectures on the Philosophy of World History. Introduction: Reason in History* (trad. H. B. Nisbet, Cambridge, Cambridge University Press, 1975), p. 176-90.

o limite da minha "insubordinação" natural. Embora Kant tenha escrito de modo memorável que o homem é um animal que precisa de um senhor, não devemos nos iludir: Kant não visava um lugar-comum filosófico segundo o qual, em contraste com os animais, cujos padrões de comportamento são baseados em instintos herdados, o homem carece dessas coordenadas firmes, que, portanto, têm de ser impostas a ele de fora, por meio de uma autoridade cultural; o verdadeiro objetivo de Kant é antes apontar como *a própria necessidade de um senhor externo é uma isca enganadora*: o homem precisa de um senhor para esconder de si mesmo o impasse de sua difícil liberdade e responsabilidade por si mesmo. Nesse sentido preciso, um ser humano "maduro" e verdadeiramente esclarecido é um sujeito que *não precisa mais de um senhor*, um sujeito que pode assumir plenamente o pesado fardo de definir seus próprios limites. Essa lição kantiana (e também hegeliana) básica foi muito bem colocada por Chesterton: "Cada ato de vontade é um ato de autolimitação. Desejar uma ação é desejar uma limitação. Nesse sentido, todas as ações são ações de sacrifício de si mesmo"[25].

Desse modo, a lição que temos aqui é, em sentido preciso, uma lição hegeliana: a oposição externa entre liberdade (espontaneidade transcendental, autonomia moral e responsabilidade de si) e escravidão (submissão a minha natureza, a seus instintos "patológicos" ou a um poder exterior) *tem de ser transportada para a liberdade em si* como o "maior" antagonismo entre a liberdade monstruosa enquanto "insubordinação" e a verdadeira liberdade moral. Contudo, um possível contra-argumento seria que esse excesso numenal da liberdade (a "insubordinação" kantiana, a "Noite do Mundo" hegeliana) é o resultado retroativo dos próprios mecanismos disciplinares (dentro do espírito do tema paulino da "Lei cria a transgressão", ou o tópico foucaultiano de como as próprias medidas disciplinares que tentam regular a sexualidade geram o "sexo" como excesso esquivo) – o obstáculo cria aquilo que ele se esforça para controlar.

Quer dizer então que estamos lidando com o círculo fechado de um processo que põe seus próprios pressupostos? Nossa aposta é que o círculo dialético hegeliano de pôr pressupostos, longe de ser fechado, gera sua própria abertura e, com ela, o espaço para a liberdade. Para entendermos isso, precisamos partir do que parece ser o exato oposto da liberdade: o hábito mecânico cego. Na mudança de Aristóteles para Kant, para a modernidade que coloca o sujeito como pura autonomia, a condição do hábito passa de regra orgânica interior para algo mecânico, o oposto da liberdade humana: a liberdade jamais pode se tornar um hábito (ou habitual) – se se torna um hábito, deixa de ser verdadeira liberdade (por esse motivo, Thomas Jefferson escreveu que, se as pessoas devem continuar livres, elas precisam se rebelar

---

[25] G. K. Chesterton, *Ortodoxia* (trad. Almiro Pisetta, São Paulo, Mundo Cristão, 2008), p. 67.

contra o governo a cada duas décadas). Isso acabou chegando a seu apogeu em Cristo, que é "a figura de um evento puro, o oposto exato do habitual"[26].

Hegel fornece aqui a correção imanente à modernidade kantiana. Como observa Catherine Malabou, a *Filosofia do espírito*, de Hegel, começa com um estudo do mesmo tópico com que termina a *Filosofia da natureza*: a alma e suas funções. Essa repetição dá uma pista de como Hegel contextualiza a transição da natureza para o espírito: "não como suprassunção, mas como *reduplicação*, um processo pelo qual o espírito constitui a si mesmo na e como uma *segunda natureza*"[27]. O nome dessa segunda natureza é *hábito*. Portanto, não é que o animal humano rompe com a natureza pela explosão criativa do espírito, que depois fica "habituada", alienada, transformada em uma rotina insensata; a reduplicação da natureza em "segunda natureza" é primordial – é somente essa reduplicação que abre espaço para a criatividade espiritual.

Talvez essa noção hegeliana de hábito nos permita explicar a figura do zumbi, que se arrasta por aí de modo catatônico, mas persiste para sempre: não seriam os zumbis a figura do puro hábito, do hábito em sua forma mais elementar, antes do advento da inteligência (linguagem, consciência e pensamento)[28]? Por isso o zumbi, por excelência, é sempre alguém que conhecíamos, quando ainda vivia normalmente – o choque para a personagem em um filme sobre zumbis acontece quando ela reconhece o antigo vizinho simpático na figura assustadora que agora o persegue implacavelmente[29]. Desse modo, o que Hegel diz sobre os hábitos tem de ser aplicado aos zumbis: no nível mais elementar da identidade humana, *todos nós somos zumbis*; nossas atividades humanas "superiores" e "livres" dependem do funcionamento confiável de nossos hábitos zumbis – nesse sentido, ser zumbi é o nível zero da humanidade, do núcleo mecânico ou inumano da humanidade. O choque de encontrar um zumbi, portanto, não é o choque de encontrar um ente desconhecido, mas de ser confrontado pelo alicerce renegado de nossa própria humanidade[30].

---

[26] Catherine Malabou, *The Future of Hegel* (Abingdon, Routledge, 2005), p. 117. (Essa é uma obra em que me baseei muito para escrever este texto.)

[27] Ibidem, p. 26.

[28] Devo essa observação a Caroline Schuster, de Chicago.

[29] Sendo assim, os zumbis, essas figuras estranhas [*un-canny, un-heimlich*], devem ser opostas aos alienígenas que invadem o corpo de um terrestre: enquanto os *aliens* se parecem e agem como seres humanos, mas são de fato alheios à raça humana, os zumbis são seres humanos que não se parecem ou agem mais como seres humanos; no caso do alienígena, nós nos tornamos subitamente cientes de que uma pessoa próxima – esposa, filho, pai – foi tomada por um alienígena; no caso do zumbi, o choque está no fato de a estranha figura rastejante ser alguém próximo de nós.

[30] Há, é claro, uma grande diferença entre os movimentos letárgicos e automatizados dos zumbis e a plasticidade sutil dos hábitos propriamente ditos, de sua experiência refinada; no entanto, os hábitos propriamente ditos surgem quando o nível do hábito é suplementado pelo nível da fala e da consciência propriamente dita. O comportamento à maneira de um zumbi "cego" nos pro-

O conceito hegeliano de hábito é inesperadamente próximo da lógica do que Derrida chamou de *phármakon*, o suplemento ambíguo que é simultaneamente uma força de morte e uma força de vida. Por um lado, o hábito é o entorpecimento da vida, sua mecanização (Hegel o caracteriza como um "mecanismo do sentimento-de--si"[31]): quando algo se transforma em hábito, significa que sua vitalidade é perdida, que apenas o repetimos mecanicamente sem estarmos cientes dele. Desse modo, o hábito parece ser o exato oposto da liberdade: esta significa fazer escolhas criativas, inventar algo novo, em suma, *romper com (velhos) hábitos*. Pensemos na linguagem, cujo aspecto "habitual" é mais bem exemplificado por cumprimentos padronizados e ritualizados: "Olá, como você está? Prazer em vê-lo!"; nós não queremos realmente dizer isso, não há intenção viva nisso, é apenas um "hábito". Por outro lado, Hegel enfatiza repetidas vezes que não há liberdade sem hábito: o hábito fornece o pano de fundo e o fundamento para todo exercício de liberdade. Pensemos na linguagem de novo: para que possamos exercitar a liberdade no uso da linguagem, precisamos nos acostumar totalmente com ela, habituarmo-nos a (com) ela, aprender a praticá-la, a usar suas regras "cegamente", mecanicamente, como um hábito: somente quando o sujeito exterioriza o que aprende nos hábitos mecânicos é que ele está aberto "a ulterior atividade e ocupação"[32]. Não só a linguagem, mas um conjunto muito mais complexo de atividades espirituais e corporais precisa ser transformado em hábito para que o sujeito seja capaz de exercer suas funções "superiores" de trabalho e pensamento criativo – todas as operações que executamos o tempo inteiro, de maneira irrefletida, como andar, comer, segurar as coisas e assim por diante, precisam ser aprendidas e transformadas em hábitos irrefletidos. Pelos hábitos, o ser humano transforma seu corpo em um meio fluido e móvel, o instrumento da alma, que o serve sem que ele precise se concentrar conscientemente nele. Em suma, é pelos hábitos que o sujeito se apropria de seu corpo. Como Alain coloca em seu comentário sobre Hegel:

> Quando a liberdade acontece, é na esfera do hábito [...] Aqui o corpo não é mais um ser estranho que reage agressivamente contra mim; é antes imbuído de alma e tornou-se o meio e o instrumento da alma; contudo, ao mesmo tempo, no hábito, o si corpóreo é entendido como verdadeiramente é; o corpo é transformado em algo móvel e fluido, capaz de expressar diretamente os movimentos internos do pensamento sem a necessidade de envolver nisso o papel da consciência ou da reflexão.[33]

---

porciona, por assim dizer, a "base material" para a plasticidade refinada dos hábitos propriamente ditos: a matéria de que são feitos esses hábitos propriamente ditos.

[31] G. W. F. Hegel, *Enciclopédia das ciências filosóficas em compêndio*, v. 3: A filosofia do espírito, cit., § 410, p. 169.
[32] Ibidem, § 410, p. 168.
[33] Alain, *Idées: introduction à la philosophie* (Paris, Flammarion, 1983), p. 200; tomei como base a tradução em Catherine Malabou, *The Future of Hegel*, cit., p. 36. [Ed. bras.: *Ideias: introdução a filosofia*, São Paulo, Martins Fontes, 1993.]

Ainda mais radical que isso, para Hegel, viver a si mesmo (conduzir uma vida) é, para nós, algo que devemos aprender como hábito, começando no próprio nascimento. Recordemos que, segundos após o nascimento, o bebê tem de ser sacudido para que se lembre de respirar – do contrário, esquecendo-se de respirar, ele morre. Na verdade, Hegel nos lembra de que o ser humano também pode morrer de hábito: "Os seres humanos até morrem como resultado do hábito – isto é, caso tenham se tornado totalmente habituados à vida e tanto espiritualmente quanto fisicamente embotados"[34]. Sendo assim, nada surge "naturalmente" para o ser humano, inclusive andar e ver:

> A forma do hábito abarca todos os tipos e graus da atividade do espírito; a determinação mais exterior – a determinação especial do indivíduo, de manter-se *ereto* – é feita um hábito por sua vontade: é uma posição *imediata inconsciente*, que permanece sempre Coisa de sua vontade permanente: o homem fica em pé só porque quer e enquanto quer, e só tanto tempo quanto o quer inconscientemente. Igualmente, *ver* etc. é o hábito concreto que de modo *imediato* reúne em um único ato simples as múltiplas determinações da sensação, da consciência, da intuição, do entendimento etc.[35]

O hábito é, portanto, um querer "despersonalizado", uma emoção mecanizada: uma vez que me habituo a ficar de pé, quero ficar de pé sem querê-lo conscientemente, posto que meu querer está incorporado no hábito. No hábito, presença e ausência, apropriação e recuo, envolvimento e retirada, subjetivação e objetificação, consciência e inconsciência, estão estranhamente interligados. O hábito é a inconsciência necessária para o próprio funcionamento da consciência:

> no *hábito* nossa consciência está ao mesmo tempo *presente* na coisa, *interessada* nela, e contudo, inversamente, *ausente* dela, *indiferente* por ela; [...] nosso Si tanto se *apropria* da Coisa quanto, ao contrário, dela se *retira*; [...] a alma, de um lado, *penetra* inteiramente em suas exteriorizações e, de outro lado, as *abandona*, lhes dá a figura de algo *mecânico*, de um *simples efeito natural*.[36]

O mesmo vale para nossas emoções: sua demonstração não é puramente natural ou espontânea, nós aprendemos a rir e a chorar em momentos apropriados (lembremos que, para os japoneses, a risada funciona de uma maneira diferente do que para nós ocidentais: um sorriso também pode ser sinal de constrangimento e vergonha). Portanto, o mecanismo externo das emoções – desde a antiga roda tibetana de orações, que ora por mim, à "risada enlatada" em que o televisor ri para

---

[34] G. W. F. Hegel, *Elements of the Philosophy of Right* (trad. H. B. Nisbet, Cambridge, Cambridge University Press, 1991), § 151, p. 195. [Essa citação aparece no adendo escrito por H. G. Hotho, um dos pupilos de Hegel. Nenhuma das traduções brasileiras consultadas (das editoras Martins Fontes e Loyola) foi feita a partir das edições originais comentadas. (N. T.)]

[35] Idem, *A filosofia do espírito*, cit., § 410, p. 170-1.

[36] Ibidem, § 410, p. 175.

mim, transformando minha demonstração emocional em algo literalmente quase mecânico – baseia-se no fato de que as demonstrações emocionais, inclusive a mais "sincera", já são em si mesmas "mecanizadas".

No entanto, o nível mais alto (e, já, a autossuprassunção) do hábito é a *linguagem* como meio de pensamento; nela, o par apropriação e retirada é levado ao limite. Isso não quer dizer que, para falar uma língua com "fluência", tenhamos de dominar suas regras mecanicamente, sem pensar nela; de maneira muito mais radical, a codependência de *insight* e cegueira determina o próprio ato de compreensão: quando escuto uma palavra, além de abstrair imediatamente seu som e "ver por meio dele" seu significado (lembremos aqui a experiência esquisita de se tornar ciente da materialidade vocal não transparente de uma palavra – ela parece tão intrusiva e obscena...), eu também tenho de fazê-lo para entender de fato o significado.

Se, para Hegel, o homem é fundamentalmente um ser do hábito, se os hábitos se efetivam quando são adotados como reações automáticas que ocorrem sem a participação consciente do sujeito, e, por fim, se situamos o núcleo da subjetividade em sua capacidade de executar atos intencionais, de realizar objetivos conscientes, então, paradoxalmente, o sujeito humano é, em sua forma mais fundamental, um "sujeito que desaparece"[37]. A "espontaneidade irrefletida"[38] do hábito explica o famoso paradoxo de *escolher subjetivamente uma necessidade objetiva*, de *querer o que inevitavelmente vai acontecer*: por sua elevação à condição de hábito, uma reação que primeiro me foi imposta de fora é internalizada, transformada em algo que executo de maneira automática e espontânea, "de dentro":

> Se uma mudança externa se repete, ela se torna uma tendência interna ao sujeito. A mudança em si é transformada em disposição, e a receptividade, antes passiva, torna-se atividade. Portanto, o hábito revela-se como um processo pelo qual o homem acaba *querendo* ou escolhendo o que lhe vem de fora. Doravante, a vontade do indivíduo não precisa se opor à pressão do mundo exterior; a vontade aprende gradualmente a querer o que é.[39]

O que torna o hábito tão central é a temporalidade que ele envolve: ter um hábito envolve uma relação com o futuro, a prescrição de como reagirei a um evento futuro qualquer. O hábito é uma característica da economia que o organismo faz de suas forças, da construção de uma reserva para o futuro. Ou seja, nos hábitos, a subjetividade "envolve em si mesma seus futuros modos de ser, os modos de se tornar efetiva"[40]. Isso significa que o hábito também complica a relação entre

---

[37] Catherine Malabou, *The Future of Hegel*, cit., p. 75.
[38] Ibidem, p. 70.
[39] Ibidem, p. 70-1.
[40] Ibidem, p. 76.

possibilidade e efetividade: ele é, *stricto sensu*, a *efetividade de uma possibilidade*. Isso significa que o hábito pertence ao nível da virtualidade (definida por Deleuze exatamente como a atualidade do possível): o hábito é atual, é uma capacidade que tenho aqui e agora de reagir de determinada maneira, e simultaneamente uma possibilidade que aponta para minha reação de determinada maneira no futuro.

Dessa noção de hábito seguem-se consequências conceituais interessantes. Ontologicamente, com respeito à oposição entre acidentes particulares e essência universal, o hábito pode ser descrito como "vir a ser essencial do acidente"[41]: uma vez que um acidente causado externamente tenha se repetido o bastante, ele é elevado à universalidade da disposição interna do sujeito, à característica que pertence a sua essência interna e a define. É por isso que nunca podemos determinar o início preciso de um hábito, o ponto em que as ocorrências exteriores se transformam em um hábito – uma vez que ele se formou, suas origens são obliteradas e parece como se ele sempre-já estivesse lá. A conclusão, portanto, é clara e quase sartriana: o homem não tem uma substância permanente ou uma essência universal; ele é, no próprio âmago, uma criatura do hábito, um ser cuja identidade é formada pela elevação de encontros ou acidentes contingentes externos a um hábito universal interno (internalizado). Isso significa que só os seres humanos têm hábitos? Aqui, Hegel é muito mais radical – ele dá um passo decisivo e deixa para trás a velha oposição entre natureza plenamente determinada em seu movimento circular fechado *versus* homem como ser da abertura e da liberdade existencial: "para Hegel, a natureza é sempre *segunda natureza*"[42]. Todo organismo natural tem de regular sua interação com o ambiente, tem de integrar o ambiente a seu interior, por meio de procedimentos habituais que "refletem" no organismo as interações externas enquanto disposições internas.

Por conta da condição virtual dos hábitos, a adoção de um (novo) hábito não é apenas uma questão de mudar uma propriedade efetiva do sujeito; antes, ela envolve uma espécie de reflexividade, uma mudança na disposição do sujeito que determina sua reação à mudança, uma mudança no tipo de mudanças às quais o sujeito é submetido: "O hábito não introduz simplesmente a mutabilidade em algo que, de outro modo, continuaria sem mudar; ele sugere a mudança numa disposição, em sua potencialidade, no caráter interno daquilo em que ocorre a mudança, o que não muda"[43]. É isso que Hegel quer dizer quando fala da diferenciação de si enquanto "suprassunção" das mudanças impostas externamente às mudanças de si, da diferença do exterior para o interior – somente os corpos orgânicos se diferen-

---

[41] Ibidem, p. 75.
[42] Ibidem, p. 57.
[43] Félix Ravaisson, *De l'habitude* (Paris, Fayard, 1984), p. 10, como traduzido em Catherine Malabou, *The Future of Hegel*, cit., p. 5-8.

ciam: um corpo orgânico mantém sua unidade internalizando como hábito uma mudança imposta externamente para lidar com essas mudanças futuras.

Se esse é o caso, no entanto, se a totalidade da natureza (orgânica, pelo menos) já é segunda natureza, em que consiste a diferença entre hábitos humanos e hábitos animais? A contribuição mais provocativa e inesperada de Hegel diz respeito justamente à questão da gênese dos hábitos *humanos*: em sua *Antropologia* (que abre a *Filosofia do espírito*), encontramos uma "genealogia dos hábitos" singular, reminiscente de Nietzsche. Essa parte da *Filosofia do espírito* é um dos tesouros escondidos e ainda não inteiramente explorados do sistema hegeliano, em que encontramos os traços mais claros do que só poderíamos chamar de aspecto materialista-dialético de Hegel: a passagem da natureza para o espírito (humano) é desenvolvida aqui não como uma intervenção externa direta do Espírito, como a intervenção de outra dimensão que perturba o equilíbrio do circuito natural, mas como o resultado de um longo e tortuoso "trabalho contínuo", pelo qual a inteligência (incorporada como linguagem) surge dos antagonismos e das tensões naturais. Essa passagem não é direta, pois o Espírito (na forma de inteligência humana mediada pela fala) não confronta nem domina diretamente os processos biológicos – a "base material" do Espírito ainda é o hábito pré-simbólico (pré-linguístico).

Então, de que modo surge o hábito em si? Em sua genealogia, Hegel concebe o hábito como o terceiro e conclusivo momento do processo dialético da Alma, cuja estrutura segue a tríade formada por conceito-juízo-silogismo. No princípio, existe a Alma em sua unidade imediata, em seu mero conceito, a "alma que-sente": "Nas sensações que surgem do encontro do indivíduo com os objetos externos, a alma começa a despertar"[44]. Aqui, o Si é um mero "Si senciente", não é ainda um sujeito oposto aos objetos, mas apenas um Si que experimenta a sensação em que os dois lados, sujeito e objeto, estão imediatamente unidos: quando tenho a sensação do toque, ela é simultaneamente o indício do objeto externo que estou tocando e minha reação interna a ele; a sensação é uma coisa hipócrita, em que o subjetivo e o objetivo coincidem imediatamente. Até mesmo nos estágios posteriores do desenvolvimento do indivíduo, esse "Si senciente" sobrevive na forma do que Hegel chama de "relação mágica", referindo-se aos fenômenos que, na época de Hegel, eram designados com termos como "sonambulismo magnético" (hipnose), todos os fenômenos em que minha Alma é diretamente – de uma maneira pré-reflexiva e não pensante – ligada aos processos externos e afetada por eles. Em vez de corpos que influenciam uns aos outros à distância (gravidade newtoniana), temos espíritos que influenciam uns aos outros à distância. Aqui, a Alma continua em seu nível mais baixo de funcionamento, diretamente imersa em seu ambiente. (O que Freud chamou de "sen-

---

[44] Catherine Malabou, *The Future of Hegel*, cit., p. 32.

timento oceânico", fonte da experiência religiosa, é para Hegel, portanto, uma característica do nível mais baixo da Alma.) Aqui, o que falta à alma é um claro autossentimento, um sentimento de si enquanto distinto da realidade exterior, que é o que acontece no momento seguinte, o do juízo (*Urteil* – Hegel faz um jogo de palavras com *Urteil* e *Ur-Teil*, "divisor/divisão primordial"):

> A totalidade que-sente é como individualidade essencialmente isto: diferenciar-se em si mesma, e *dentro de si* despertar para o *julgamento*, segundo o qual ela tem sentimentos *particulares*, e, como *sujeito*, está em relação com essas suas determinações. O sujeito enquanto tal põe-nas *em si mesmo* como seus sentimentos.[45]

Todos os problemas surgem desse curto-circuito paradoxal do sentimento de Si tornando-se um sentimento específico entre outros e, simultaneamente, o receptáculo geral de todos os sentimentos, o lugar onde todos os sentimentos dispersos podem ser reunidos. Malabou dá uma descrição maravilhosamente precisa desse paradoxo do sentimento de Si:

> Ainda que haja uma possibilidade de reunir o material multiforme do sentimento, essa possibilidade em si torna-se parte do conteúdo objetivo. A forma precisa ser o conteúdo de tudo o que forma: a subjetividade não reside em seu próprio ser, ela "persegue" a si própria. A alma é apropriada pela apropriação de si mesma.[46]

Eis a característica crucial: a própria possibilidade tem de se efetivar, tem de se tornar um fato, ou a forma precisa se tornar parte do próprio conteúdo (ou, acrescentando mais uma variação do mesmo tema, o quadro em si tem de se tornar parte do conteúdo enquadrado). O sujeito é o quadro/forma/horizonte desse mundo *e* parte do conteúdo enquadrado (da realidade que ele observa), e o problema é que ele não pode se ver ou se localizar dentro do próprio quadro: como tudo o que existe já está dentro da moldura, a moldura como tal é invisível. A possibilidade de se situar dentro da própria realidade tem de continuar sendo uma possibilidade – no entanto, e nisso reside o ponto crucial, essa própria possibilidade tem de se efetivar *enquanto possibilidade*, tem de ser ativa e exercer influência *enquanto possibilidade*.

Temos aqui uma ligação com Kant, com o velho enigma do que ele tinha em mente justamente com a ideia de "apercepção transcendental", da consciência-de-si acompanhando cada ato da minha consciência (quando estou consciente de algo, também estou sempre consciente do fato de que estou consciente). Não é óbvio que empiricamente isso não é verdade, que nem sempre estou reflexivamente ciente da minha própria ciência? Os intérpretes de Kant tentaram resolver esse problema afirmando que todo ato consciente meu pode potencialmente se tornar

---

[45] G. W. F. Hegel, *A filosofia do espírito*, cit., § 407, p. 147.
[46] Catherine Malabou, *The Future of Hegel*, cit., p. 35.

consciente de si: se eu quiser, sempre posso voltar minha atenção para o que estou fazendo. Mas isso não tem força o bastante: a apercepção transcendental não pode ser um ato que jamais precise realmente acontecer, que simplesmente poderia ter acontecido em qualquer momento. A solução desse dilema está precisamente no conceito de virtualidade no sentido deleuziano estrito, como a atualidade do possível, como um ente paradoxal cuja própria possibilidade já produz ou tem efeitos atuais. No fundo, esse Virtual não seria o simbólico como tal? Pensemos na autoridade simbólica: para que funcione como autoridade efetiva, ela tem de continuar não sendo plenamente efetivada, uma eterna ameaça.

Esta, portanto, é a condição do Si: sua percepção de si é, por assim dizer, a efetividade de sua própria possibilidade. Consequentemente, o que "persegue" o sujeito é seu inacessível Si numenal, a "Coisa que pensa", um objeto em que o sujeito "se encontraria" plenamente[47]. É óbvio que, para Kant, o mesmo vale para cada objeto de minha experiência, que é sempre fenomenal, inacessível em sua dimensão numenal; no entanto, com o Si, o impasse se acentua: todos os outros objetos da experiência me são dados de maneira fenomenal, mas, no caso do sujeito, eu nem sequer posso ter uma experiência fenomenal de mim – uma vez que, nesse único caso, estou lidando "comigo mesmo", a experiência-de-si fenomenal se igualaria ao acesso numenal; ou seja, se eu fosse capaz de experienciar "eu mesmo" como um objeto fenomenal, eu me experienciaria *eo ipso* em minha identidade numenal, como uma Coisa.

Aqui, o problema subjacente é a impossibilidade de o sujeito objetivar-se: o sujeito é singular *e* quadro universal de "seu mundo", pois cada conteúdo que percebe é "seu próprio"; assim, de que modo o sujeito pode incluir-se (contar consigo mesmo) na série de seus objetos? O sujeito observa a realidade de uma posição externa e simultaneamente é parte dessa realidade, sem jamais ser capaz de atingir uma visão "objetiva" da realidade com ele mesmo incluso nela. A Coisa que persegue o sujeito é *ele mesmo* em seu contraponto objetal, *enquanto* objeto. Hegel escreve: "O sujeito, desse modo, encontra-se na contradição entre sua totalidade sistematizada na sua consciência e a determinidade particular que nela não é fluida nem coordenada e subordinada: [é a] demência [*Verrücktheit*]"[48]. Essa passagem deve ser lida de maneira muito precisa. O argumento de Hegel não é simplesmente que a loucura sinaliza um curto-circuito entre a totalidade e um de seus momentos particulares, uma "fixação" da totalidade nesse momento por conta do qual a totalidade é desprovida de sua fluidez dialética – embora algumas de suas formulações pareçam

---

[47] Hume explorou muito – até demais – essa observação de que, na introspecção, tudo o que percebo em mim mesmo são minhas ideias, sensações e emoções particulares, nunca meu próprio "Si".
[48] G. W. F. Hegel, *A filosofia do espírito*, cit., § 408, p. 148.

apontar nessa direção[49]. A "determinidade particular que nela não é fluida" e resiste a ser "coordenada e subordinada" é *o próprio sujeito*; mais precisamente, a característica (significante) que o representa (guarda seu lugar) dentro da totalidade estruturada ("sistematizada"), e posto que o sujeito nem sequer consegue se objetificar, a "contradição" aqui é absoluta[50]. Com essa lacuna surge a possibilidade da loucura – e, como afirma Hegel em termos protofoucaultianos, a loucura não é um lapso acidental, uma distorção ou uma "doença" do espírito humano, mas está inscrita na constituição ontológica básica do espírito de um indivíduo, pois ser humano significa ser potencialmente louco:

> Essa nossa apreensão da demência, como forma ou grau que surge *necessariamente* no desenvolvimento da alma, não deve ser entendida, naturalmente, como se por ela se afirmasse que *cada* espírito, *cada* alma, devesse passar por esse estado de demência extrema. Tal afirmação seria tão insensata quanto talvez a suposição de que, pelo fato de ser o *crime* considerado como um fenômeno *necessário* na *Filosofia do direito*, se deveria, por isso, fazer a perpetração de crime uma necessidade inevitável para cada [indivíduo] *singular*. O crime e a demência são *extremos* que o espírito humano *em geral* deve superar no curso de seu desenvolvimento.[51]

Embora não seja uma necessidade factual, a loucura é uma possibilidade formal constitutiva da mente humana: ela é algo cuja ameaça tem de ser superada se quisermos nos descobrir como sujeitos "normais", o que significa que a "normalidade" só pode surgir como a superação dessa ameaça. É por isso que, como diz Hegel algumas páginas depois, deve-se "tratar da demência antes [de tratar] da *sã* consciência *de-entendimento*, embora a demência tenha por *pressuposto* o entendimento"[52]. Nesse ponto, Hegel evoca a relação entre o abstrato e o concreto: por mais que, no estado empírico de coisas, as determinações abstratas sejam sempre-já incorporadas em um Todo concreto como seu pressuposto, a reprodução ou dedução conceitual desse Todo tem de progredir do abstrato para o concreto: os crimes pressupõem o Estado de direito, só podem acontecer como sua violação, mas, não obstante,

---

[49] Não seria a fixação paranoica esse curto-circuito em que a totalidade da minha experiência torna-se não dialeticamente "fixada" em um momento particular, a ideia do meu perseguidor?

[50] Em uma análise mais minuciosa, torna-se claro que a ideia hegeliana de loucura oscila entre dois extremos que ficamos tentados a denominar, com referência à noção de violência de Benjamin, loucura constitutiva e loucura constituída. Há primeiro a loucura constitutiva: a "contradição" radical da própria condição humana, entre o sujeito enquanto "nada", pontualidade evanescente, e o sujeito enquanto "todo", horizonte de seu mundo. Há em seguida a loucura "constituída": a fixação direta em – identificação com – uma característica particular como tentativa de resolver (ou, melhor, eliminar) a contradição. De maneira homóloga à ambiguidade da ideia lacaniana do *objet petit a*, a loucura nomeia ao mesmo tempo a contradição ou vazio e a tentativa de resolvê-la.

[51] G. W. F. Hegel, *A filosofia do espírito*, cit., adendo, § 408, p. 150.

[52] Ibidem, § 408, p. 156,

devem ser entendidos como um ato abstrato que é "suprassumido" por meio da lei; as relações legais abstratas e a moralidade são *de facto* sempre encarnadas em uma totalidade concreta de costumes; no entanto, a filosofia do direito tem de progredir dos momentos abstratos de legalidade e moralidade para a totalidade concreta dos costumes (família, sociedade civil, Estado). Interessante aqui não é o paralelo entre loucura e crime, mas sim o fato de que a loucura é situada no espaço aberto pela discórdia entre desenvolvimento histórico efetivo e representação conceitual; ou seja, no espaço que solapa a noção evolucionista vulgar de desenvolvimento dialético enquanto reprodução conceitual do desenvolvimento histórico factual que purifica essa reprodução de suas contingências empíricas insignificantes. Na medida em que a loucura *de facto* pressupõe a normalidade enquanto a precede conceitualmente, podemos dizer que o "louco" é precisamente o sujeito que quer "viver" – reproduzir na própria efetividade – a ordem conceitual, agir como se a loucura também precedesse *efetivamente* a normalidade.

Agora podemos ver exatamente em que sentido os hábitos formam o terceiro e conclusivo momento da tríade, seu "silogismo": *no hábito, o sujeito encontra um modo de "possuir a si mesmo"*, de estabilizar seu próprio conteúdo interno "tendo" como propriedade um hábito, não uma característica positiva efetiva, mas um ente virtual, uma disposição universal para (re)agir de certa maneira. O hábito e a loucura, portanto, devem ser pensados juntos: o hábito é uma maneira de estabilizar o desequilíbrio da loucura. Outra forma de tratar do assunto é pela relação entre alma e corpo enquanto Interior e Exterior, como uma relação circular em que o corpo expressa a alma e a alma recebe as impressões do corpo – a alma é sempre-já encarnada, e o corpo é sempre-já impregnado de sua alma:

> O que a alma que-sente encontra em si mesma é, por um lado, a imediatez natural, enquanto nela feita "ideal" e apropriada a ela. Por outro lado, inversamente, o que pertence originariamente ao ser-para-si [individualidade central] [...] é determinado a [ser] corporeidade natural e sentido assim.[53]

Então, por um lado, por meio de sentimentos e percepções, eu internalizo objetos que me afetam de fora: em um sentimento, eles estão presentes em mim não em sua realidade crua, mas "idealmente", como parte de minha mente. Por outro lado, por meio de caretas etc., meu corpo imediatamente "dá corpo" a minha alma interior, que o impregna por completo. No entanto, se essa fosse toda a verdade, o homem seria apenas um "prisioneiro desse estado de natureza"[54], movendo-se no

---

[53] Ibidem, §401, p. 94. [Esse trecho é citado em Catherine Malabou, *The Future of Hegel*, cit., p. 32-3, e contém uma ligeira diferença de sentido em relação ao texto de Hegel. Os colchetes referem-se a essa diferença. (N. T.)]

[54] Catherine Malabou, *The Future of Hegel*, cit., p. 67.

circuito fechado da absoluta transparência produzido pelo mútuo espelhar-se de corpo e alma[55]. O que acontece com o momento do "juízo" é que o circuito desse círculo fechado é rompido – não pela intrusão de um elemento externo, mas por uma autorreferencialidade que retorce esse círculo para dentro de si. Em outras palavras, o problema é que, como "o indivíduo, ao mesmo tempo é somente 'o que tem feito', então o seu corpo é também a expressão de si mesmo, por ele produzida"[56]. Isso significa que o processo da autoexpressão corporal não tem um Referente preexistente como ponto de ancoragem: todo o movimento é completamente autorreferencial, é somente pelo processo de "expressão" (exteriorização em sinais corporais) que o Interior (conteúdo desses sinais) é retroativamente criado – ou, como resume Malabou: "A unidade psicossomática resulta de uma autointerpretação independente de qualquer referente"[57]. O transparente refletir-se da alma e do corpo na expressividade natural, portanto, torna-se total opacidade:

> Se uma obra significa a si mesma, isso indica que não há um "fora" da obra, a obra age como seu próprio referente: ela apresenta o que interpreta, ao mesmo tempo que interpreta, formando uma e mesma manifestação [...] O espiritual concede a forma, mas apenas porque ela mesma é formada em troca.[58]

Essa "falta de garantia ontológica fora do jogo de significação"[59] quer dizer que o significado de nossos gestos e atos de fala é sempre perseguido pelo espírito da ironia: quando eu digo A, é sempre possível que o diga para esconder o fato de que sou não-A – Hegel refere-se ao conhecido aforismo de Lichtenberg: "ages na verdade como um homem honesto, mas vejo por teu aspecto que te forças, e que és um canalha no teu coração"[60]. Aqui, a ambiguidade é total e insolúvel, pois o engano é o que Lacan designa como especificamente humano, isto é, a possibilidade de existir disfarçado de verdade. É por isso que ela vai ainda muito além da citação de Lichtenberg – antes, a reprimenda deveria ser: "ages na verdade como um homem honesto para nos convencer de que o fazes por ironia, consequentemente nos escondendo o fato de que *és* realmente um homem honesto!". É isso que Hegel quer dizer em sua afirmação de que, "para a individualidade, [é] tanto seu rosto quanto sua máscara que pode retirar"[61]: na lacuna entre aparência (máscara) e minha ver-

---

[55] A fisiognomonia e a frenologia permanecem nesse nível, bem como as ideologias contemporâneas da Nova Era, impondo que expressemos ou realizemos nossos verdadeiros Sis.
[56] G. W. F. Hegel, *Fenomenologia do espírito* (trad. Paulo Meneses, 2. ed., Petrópolis, Vozes, 1992), parte I, § 310, p. 197.
[57] Catherine Malabou, *The Future of Hegel*, cit., p. 71.
[58] Ibidem, p. 72.
[59] Ibidem, p. 68.
[60] G. W. F. Hegel, *Fenomenologia do espírito*, cit., parte I, § 322, p. 204.
[61] Ibidem, § 318, p. 202.

dadeira atitude interior, a verdade pode ser ou minha atitude interior ou minha máscara. Isso quer dizer que as emoções que represento por meio da máscara (a falsa persona) que adoto podem estranhamente ser mais autênticas e verdadeiras do que aquilo que realmente sinto em mim mesmo. Quando construo uma falsa imagem de mim mesmo, que me substitui em uma comunidade virtual da qual participo (na interação sexual virtual, por exemplo, os homens tímidos muitas vezes assumem na tela a persona de uma mulher atraente e promíscua), as emoções que sinto e finjo como parte da minha persona na tela não são simplesmente falsas: embora (o que penso que seja) meu verdadeiro si não as sinta, elas são, de certa forma, "verdadeiras". Por exemplo, e se eu for, bem no fundo, um sádico pervertido, que sonha em espancar outros homens e violentar mulheres; na interação que tenho com as outras pessoas na vida real, não tenho permissão para representar esse verdadeiro si, por isso adoto uma persona mais modesta e educada – nesse caso, meu verdadeiro si não seria muito mais próximo daquele que adoto como persona fictícia na tela do computador, enquanto o si das interações que tenho na vida real é uma máscara que esconde a violência do meu verdadeiro si?

O hábito fornece a saída dessa difícil situação. Como? Não como a "verdadeira expressão" do sujeito, mas situando a verdade na expressão "irrefletida" – lembremos aqui o tema recorrente em Hegel, de que a verdade está no que *dizemos*, não no que *queremos* dizer. Pensemos mais uma vez na condição enigmática do que chamamos de "polidez": quando encontro um conhecido e digo "Que bom encontrar você! Como você está?", fica claro para nós dois que, de certa forma, eu "não estava falando sério"[62]. No entanto, seria errado rotular meu ato como simplesmente "hipócrita", pois eu *estava falando sério*: a desculpa polida estabelece um tipo de pacto entre nós dois, no mesmo sentido em que rio "sinceramente" por meio da risada enlatada (prova disso é o fato de eu efetivamente "sentir-me aliviado" depois). Isso mostra uma possível definição de louco como um sujeito incapaz de participar dessa lógica de "mentiras sinceras", de modo que, quando um amigo o cumprimenta, dizendo "Que bom ver você! Como você está?", ele retruca: "Você está realmente feliz em me ver ou está fingindo? E quem lhe deu o direito de perguntar sobre o meu estado?".

A mesma sobreposição de aparência e verdade costuma estar em jogo na autopercepção ideológica. Lembremo-nos aqui a brilhante análise de Marx sobre o fato de o republicano e conservador Partido da Ordem ter funcionado, durante a Revolução Francesa de 1848, como coalizão entre dois ramos do monarquismo

---

[62] Se meu interlocutor suspeitar que estou realmente interessado, pode até ficar desagradavelmente surpreso, como se eu desejasse algo íntimo demais, que não me dissesse respeito – ou, como diz a velha piada freudiana, "por que você diz que está feliz em me ver quando *realmente* está feliz em me ver!?".

(orleanistas e legitimistas) no "reino anônimo da República"[63]. Os deputados do Partido da Ordem viam seu republicanismo com escárnio: nos debates parlamentares, frequentemente cometiam deslizes verbais monarquistas e ridicularizavam a República, para que todos soubessem que seu verdadeiro objetivo era restaurar a monarquia. O que não sabiam é que eles mesmos estavam enganados quanto ao verdadeiro impacto social de seu regime. Na verdade, o que faziam era estabelecer as condições da ordem republicana burguesa que tanto desprezavam (por exemplo, ao garantir a segurança da propriedade privada). Portanto, não é que fossem simplesmente monarquistas que usavam a máscara republicana: embora se sentissem desse modo, sua própria convicção monarquista "interior" é que era a fachada enganosa que mascarava seu verdadeiro papel social. Em suma, longe de ser a verdade oculta de seu republicanismo público, seu monarquismo sincero era o suporte fantasmático de seu real republicanismo – era o que dava paixão à atividade. Será que os deputados do Partido da Ordem não estavam *fingindo que fingiam* ser republicanos para ser o que realmente eram?

A conclusão radical de Hegel é que o signo com que lidamos em expressões corpóreas "na verdade nada significa" [*in Wahrheit nicht bezeichnet*][64]. O hábito, portanto, é um signo estranho que "significa o fato de não significar nada"[65]. O que Hölderlin propôs como fórmula para nossa situação de destituído – para uma era em que, porque os deuses nos abandonaram, nós somos "sinais sem significado" – adquire aqui uma interpretação positiva inesperada. E deveríamos interpretar as palavras de Hegel literalmente: o "nada" tem peso positivo, ou seja, o signo que "na verdade nada significa" é o que Lacan chama de *significante*, aquilo que representa o sujeito para outro significante. O "nada" é o vazio do próprio sujeito, de modo que a ausência de uma referência máxima significa que a ausência em si é a máxima referência, e essa ausência é o próprio sujeito. Por essa razão escreve Malabou: "O espírito não é expresso por suas expressões; ele é aquilo que originalmente aterroriza o espírito"[66]. Aqui, a dimensão da perseguição, o elo entre espírito *enquanto* luz da Razão e espírito *enquanto* fantasma obsceno, é crucial: o espírito ou a Razão, por uma necessidade estrutural, é para sempre perseguido pelas aparições obscenas de seu próprio espírito.

> O ser humano é esta noite, este nada vazio, que contem tudo na sua simplicidade – uma riqueza infindável de muitas representações, imagens, das quais nenhuma lhe pertence ou não estão presentes. Esta noite, o interior da natureza, que existe aqui – o puro si – em

---

[63] Ver Karl Marx, "Class Struggles in France", em Karl Marx e Friedrich Engels, *Collected Works* (Londres, Lawrence & Wishart, 1978), v. 10, p. 104.
[64] G. W. F. Hegel, *Fenomenologia do espírito*, cit., parte I, § 318, p. 202.
[65] Catherine Malabou, *The Future of Hegel*, cit., p. 67.
[66] Ibidem, p. 68.

representações fantasmagóricas, é noite em toda parte, na qual nasce aqui uma cabeça ensanguentada – e ali outra aparição branca e terrível, de repente aqui diante dela, e depois desaparece simplesmente. Avistamos esta noite quando olhamos os seres humanos nos olhos – uma noite que se torna terrível.[67]

Mais uma vez, não devemos nos deixar confundir pelo poder poético dessa passagem, mas lê-la de maneira precisa. A primeira coisa que devemos notar é que os objetos que flutuam livremente ao nosso redor, nessa "noite do mundo", são *membra disjecta*, objetos parciais, objetos separados de seu Todo orgânico – não haveria aqui um estranho eco entre essa passagem e a descrição de Hegel do poder negativo do Entendimento que é capaz de abstrair um ente (um processo, uma propriedade) de seu contexto substancial e tratá-lo como se tivesse existência própria? "Mas o fato de que, separado de seu contorno, o acidental como tal – o que está vinculado, o que só é efetivo em sua conexão com outra coisa – ganhe um ser-aí próprio e uma liberdade à parte, eis aí a força portentosa do negativo"[68]. Portanto, é como se, no cenário terrível da "noite do mundo", encontrássemos algo como *o poder do Entendimento em seu estado natural,* o espírito na forma de um *protoespírito* – esta é talvez a definição mais precisa de horror: quando um estado superior de desenvolvimento inscreve-se violentamente no estado inferior, em seu fundamento/pressuposto, onde só pode parecer uma bagunça monstruosa, uma desintegração da ordem, uma combinação terrificante e não natural de elementos naturais.

No contexto da ciência contemporânea, encontramos esse horror em sua manifestação mais pura quando as manipulações genéticas dão errado e geram objetos jamais vistos na natureza, aberrações como bodes com uma orelha gigante no lugar da cabeça ou uma cabeça com um olho só – acidentes sem sentido que, no entanto, atingem fantasias profundamente reprimidas e, com isso, desencadeiam interpretações extraordinárias. O puro Si como "interior da natureza"[69] representa esse paradoxal curto-circuito do supernatural (espiritual) em seu estado natural. Por que isso acontece? A única resposta consistente é *materialista: porque o espírito é parte da natureza* e só pode ocorrer ou surgir por meio de uma monstruosa afecção de si (distorção, *demência*) da natureza. Nisso consiste o paradoxal limite materialista do espiritualismo vulgar: exatamente porque o espírito é parte da natureza, porque

---

[67] G. W. F. Hegel, "Jenaer Realphilosophie", em *Frühe politische Systeme* (Frankfurt, Ullstein, 1974), p. 204; uso aqui a tradução citada em Donald Phillip Verene, *Hegel's Recollection* (Albany, Suny Press, 1985), p. 7-8. Hegel também menciona o "poço noturno em que se conserva um mundo de imagens infinitamente numerosas, sem que estejam na consciência" (G. W. F. Hegel, *A filosofia do espírito*, cit., v. 3, § 453, p. 237. Aqui, a fonte histórica de Hegel é Jacob Böhme.

[68] G. W. F. Hegel, *Fenomenologia do espírito*, cit., parte I, § 32, p. 38.

[69] Uma expressão estranha, posto que, para Hegel, a natureza, precisamente, *não tem interior*: sua condição ontológica é a da externalidade, não só externalidade com respeito a um Interior pressuposto, mas externalidade com respeito a si mesma.

não intervém nela – ela já está constituída, já foi feita de antemão –, mas tem de surgir dela por meio de sua demência, é que não há espírito (Razão) sem espíritos (fantasmas obscenos), que o espírito é para sempre perseguido por espíritos.

É desse ponto de vista que deveríamos (re)interpretar a descrição merecidamente famosa de Sartre, em *O ser e o nada*, do garçom da cafeteria que, com uma teatralidade exagerada, executa os gestos clichês dos garçons e, com isso, "brinca de ser garçom":

> Tem gestos vivos e marcados, um tanto precisos demais, um pouco rápidos demais, e se inclina com presteza algo excessiva. Sua voz e seus olhos exprimem interesse talvez demasiado solícito pelo pedido do freguês. Afinal volta-se, tentando imitar o rigor inflexível de sabe-se lá que autômato [...].[70]

A tese ontológica subjacente de Sartre – "o garçom não pode ser garçom, de imediato e por dentro, à maneira que esse tinteiro *é* tinteiro"* – não aponta para a tese clássica de Lacan de que o louco não é apenas o mendigo que pensa que é rei, mas também o rei que pensa ser rei? Devemos ser bastante precisos nessa leitura: como Robert Bernasconi observa em seu comentário, há muito mais na tese de Sartre do que uma simples ideia sobre a *mauvaise foi* [má-fé] e objetificação de si (para poder encobrir ou escapar do vazio de sua liberdade, o sujeito agarra-se a uma firme identidade simbólica); o que Sartre faz é mostrar que, pelo próprio exagero dos gestos, pela própria identificação excessiva com o papel, o garçom em questão sinaliza sua distância em relação ao papel e assim afirma sua subjetividade. De fato, esse garçom francês

> brinca de ser garçom agindo como um autômato, assim como o papel de um garçom nos Estados Unidos, por uma estranha inversão, é brincar de agir como um amigo. No entanto, o argumento de Sartre é que, independentemente do papel que o garçom seja incitado a representar, a principal regra a que ele obedece é que deve romper as regras e fazer isso obedecendo a elas de maneira exagerada. Ou seja, o garçom não apenas obedece às regras verbais, que seria a obediência a determinado tipo de tirania, mas vai longe demais na obediência dessas regras. O garçom é bem-sucedido em rejeitar a tentativa de reduzir-se a nada mais que ser um garçom, não por recusar o papel, mas por salientar o fato de que ele está brincando com o papel a ponto de escapar dele. O garçom faz isso exagerando as coisas, fazendo demais. O garçom francês, em vez de desaparecer dentro do papel, exagera os movimentos que o tornam algo como um autômato, de maneira que atrai a atenção para si, assim como, podemos acrescentar, o garçom norte-americano quintessencial é muito mais simpático que apenas simpático. Para explicar essa superfluidade humana, Sartre usa a mesma palavra que usou em *A náusea – trop*.[71]

---

[70] Jean-Paul Sartre, *O ser e o nada* (trad. Paulo Perdigão, 6. ed., Rio de Janeiro, Petrópolis, Vozes, 1998), p. 105.

* Ibidem, p. 106.

[71] Robert Bernasconi, *How to Read Sartre* (Londres, Granta, 2006), p. 38.

É fundamental completar essa descrição com seu oposto simétrico: nós não nos identificamos *verdadeiramente* com nosso papel quando nos "superidentificamos" com ele, mas sim quando o desempenhamos, obedecendo às regras, com pequenas violações ou idiossincrasias feitas para sinalizar que, por trás da regra, há uma pessoa real que não pode ser diretamente identificada com o papel ou reduzida a ele. Em outras palavras, é completamente errado interpretar o comportamento do garçom como um caso de *mauvaise foi*: seu ato exagerado abre espaço, de maneira negativa, para seu autêntico si, posto que sua mensagem é "não sou o que estou brincando de ser". A verdadeira *mauvaise foi* consiste exatamente em embelezar o desempenho do meu papel com detalhes idiossincráticos – é esse "toque pessoal" que dá espaço para a falsa liberdade, permitindo que eu me adapte a minha auto--objetificação no papel que estou desempenhando. (O que dizer então daqueles raros e estranhos momentos vividos em uma cafeteria norte-americana em que subitamente suspeitamos que a simpatia do garçom é genuína[72]?)

Isso nos leva de volta à nossa pergunta original: em que consiste a diferença entre hábitos humanos e animais? Somente os humanos, seres espirituais, são perseguidos por espíritos – por quê? Não apenas porque, em contraposição aos animais, eles têm acesso à universalidade, mas porque essa universalidade é, para eles, *tanto necessária quanto impossível*; enfim, é um problema. Em outras palavras: embora seja prescrito para os seres humanos, o lugar da universalidade jamais pode ser preenchido com seu conteúdo "próprio". A especificidade do homem, portanto, diz respeito à relação entre a essência universal e seus acidentes: para os animais, acidentes permanecem meros acidentes; somente o ser humano postula a universalidade como tal, relaciona-se com ela e, por isso, pode refletidamente elevar os acidentes à essência universal. *É por isso* que o homem é um "ser genérico" (Marx): parafraseando a definição de Heidegger para *Dasein*, podemos dizer que o homem é um ser pelo qual seu gênero é por si mesmo um problema: "O homem pode 'apresentar o gênero' na medida em que é o elemento imprevisto do gênero"[73].

Dessa formulação surge uma ligação imprevista com a ideia de *hegemonia* como foi desenvolvida por Ernesto Laclau: sempre há uma lacuna entre a universalidade

---

[72] Sartre também chama a atenção para uma distinção crucial entre esse tipo de "representação de um papel" e a "representação de um papel" no teatro, na qual o sujeito simplesmente imita os gestos de um garçom para o deleite dos espectadores ou como parte de um espetáculo cênico: em clara oposição à imitação teatral, o garçom que "brinca de ser garçom" *realmente é um garçom*. Como diz Sartre, o garçom "realiza" a condição de ser um garçom, ao passo que um ator que representa um garçom no palco é "irrealizado" em seu papel. Em termos linguísticos, o que explica essa diferença é a condição performativa dos atos: no caso de um ator, a "eficácia" performativa é suspensa. Um psicótico é exatamente aquele que não vê (ou, antes, não "sente") essa diferença: para ele, tanto o garçom real quanto o ator estão apenas "representando um papel".

[73] Catherine Malabou, *The Future of Hegel*, cit., p. 74.

do gênero do homem e os hábitos particulares que preenchem seu vazio; os hábitos são sempre "inesperados", contingentes, acidentes elevados à necessidade universal. O predomínio de um ou outro hábito é o resultado de uma luta por hegemonia, uma luta sobre a qual o acidente ocupará o lugar vazio da universalidade. Quer dizer, com respeito à relação entre universalidade e particularidade, a "contradição" na condição humana – um sujeito humano percebe a realidade de um ponto de vista subjetivo singular e, ao mesmo tempo, percebe a si mesmo como incluído nessa mesma realidade como parte dela, como um objeto nela – significa que o sujeito tem de pressupor a universalidade (há uma ordem universal, um tipo de "Grande Cadeia do Ser", da qual ele faz parte), ao mesmo tempo que sempre será impossível para ele preencher totalmente essa universalidade com seu conteúdo particular, harmonizar o Universal e o Particular (posto que sua abordagem da realidade é sempre marcada – colorida, retorcida, distorcida – por sua perspectiva singular). A universalidade é sempre *necessária* e ao mesmo tempo *impossível*.

O conceito de hegemonia de Laclau oferece uma matriz exemplar da relação entre universalidade, contingência histórica e o limite de um Real impossível – e devemos sempre ter em mente que estamos lidando aqui com um conceito distinto, cuja especificidade costuma ser ignorada (ou reduzida a uma vaga generalidade quase gramsciana) por aqueles que se referem a ele. A principal característica do conceito de hegemonia está na contingente conexão entre diferenças intrassociais (elementos *dentro* do espaço social) e o limite que separa a sociedade em si da não sociedade (caos, decadência completa, dissolução de todos os elos sociais) – o limite entre o social e sua exterioridade, o não social, só pode se articular na forma de uma diferença (mapeando-se por sobre uma diferença) entre os elementos dentro do espaço social. Em outras palavras, o antagonismo radical só pode ser representado de maneira distorcida, por meio de diferenças particulares internas ao sistema. As diferenças externas, portanto, também são sempre-já internas e, além do mais, a ligação entre a diferença interna e a externa é, em última análise, contingente, o resultado da luta política por hegemonia.

Aqui, é claro, o contra-argumento anti-hegeliano é que essa lacuna irredutível entre o (quadro) universal e seu conteúdo particular é o que caracteriza a finita subjetividade kantiana. A "universalidade concreta" hegeliana não seria a expressão mais radical da fantasia da plena reconciliação entre o universal e o particular? Sua característica básica não seria a autogeração de todo o conteúdo particular a partir do automovimento da própria universalidade? Contra essa crítica comum, devemos insistir na proximidade entre a ideia de hegemonia de Laclau e a ideia hegeliana de "universalidade concreta". Nesta, a diferença específica sobrepõe-se à diferença constitutiva do gênero em si, assim como, na ideia de hegemonia de Laclau, a lacuna antagônica entre sociedade e seu limite externo, a não sociedade, é mapeada em uma diferença estrutural intrassocial. O próprio Laclau rejeita a "reconciliação" entre universal e particular em nome da lacuna que para sempre separa o universal vazio ou impossível do conteúdo particular contingente que o hegemoniza. No entanto, se examinarmos Hegel mais de perto, veremos que – na medida em que cada espécie particular não se "enquadra" em seu gênero universal –, quando finalmente chegamos a uma espécie particular que se enquadra plenamente nesse conceito, o próprio conceito universal é transformado em outro conceito. Nenhum Estado histórico existente corresponde plenamente ao conceito de Estado – a necessidade de uma passagem dialética do Estado ("espírito objetivo", história) para a Religião ("espírito absoluto") envolve o fato de que o único Estado existente que corresponde de fato a seu conceito é a comunidade religiosa – que justamente não é mais Estado. Aqui encontramos o paradoxo propriamente dialético da "universalidade histórica" enquanto historicidade: na relação entre um gênero e suas subespécies, uma dessas subespécies sempre será o elemento que nega a mesma característica universal do gênero. Diferentes países têm diferentes versões de futebol; os norte-americanos não têm (ou não tinham) futebol porque "o futebol deles *é* o beisebol". Daí também a famosa afirmação de Hegel de que o povo moderno não reza pela manhã porque ler o jornal *é* sua reza matinal. Da mesma maneira, nos Estados "socialistas" que estão se desintegrando, clubes de escritores e outros clubes culturais funcionam como partidos. Da mesma maneira, as "mulheres" se tornam uma das subespécies do homem, a *Daseinsanalyse* heideggeriana se torna uma das subespécies da fenomenologia, "suprassumindo" a universalidade precedente.

O ponto impossível da "auto-objetificação" seria precisamente o ponto em que a universalidade e seu conteúdo particular são plenamente harmonizados – em suma, o ponto em que não haveria luta por hegemonia. E isso nos leva de volta à loucura: sua definição mais sucinta é a de uma harmonia *direta* entre universalidade e seus acidentes, de uma supressão da lacuna que separa as duas – para o louco, o objeto que é seu substituto impossível dentro da realidade objetal perde seu caráter virtual e torna-se parte totalmente integrante dessa realidade. Em contraposição à loucura, o hábito evita a armadilha da identificação direta graças a seu caráter virtual: a identificação do sujeito com um hábito não é uma identificação direta com uma característica positiva, mas uma identificação com uma disposição, uma virtualidade. O hábito é o resultado de uma luta por hegemonia: é *um acidente elevado a uma "essência", à necessidade universal*, feito para preencher seu lugar vazio.

3
"Não só como Substância, mas também como Sujeito"

Universalidade concreta

A grande originalidade de Hegel está no fato de ele mostrar exatamente como uma interpretação que não visa nada além da universalidade, que não admite nenhum papel para a singularidade do exegeta – uma interpretação, aliás, que se recusa a ser plástica, no sentido de ser ao mesmo tempo "universal e individual" – seria, na realidade, particular e arbitrária.[1]

É muito preciso o que está em jogo nessa passagem do revolucionário livro de Catherine Malabou sobre Hegel. Toda interpretação é parcial, "enraizada" na posição subjetiva e fundamentalmente contingente do sujeito; contudo, longe de impedir o acesso à verdade universal do texto interpretado, a plena aceitação dessa contingência e da necessidade de lidar com ela é a única maneira de o intérprete ter acesso à universalidade do conteúdo do texto. A posição subjetiva e contingente do intérprete produz o ímpeto, a ânsia ou o anseio que sustenta uma interpretação autêntica. Se quisermos chegar à universalidade do texto interpretado diretamente, como ele é "em si", contornando, apagando ou abstraindo a posição engajada do intérprete, então temos de admitir a derrota e aceitar o relativismo historicista, ou elevar a um Em-si universal e determinado o que é de fato uma leitura particular e arbitrária do texto. Em outras palavras, a universalidade que alcançamos dessa maneira é universalidade *abstrata*, uma universalidade que, em vez de abranger, exclui a contingência do particular. A verdadeira "universalidade concreta" de um texto histórico notável como *Antígona* (ou a Bíblia, ou uma peça de Shakespeare) reside na própria totalidade de suas leituras determinadas historicamente. Aqui, o aspecto

---
[1] Catherine Malabou, *The Future of Hegel*, cit., p. 181.

fundamental que devemos ter em mente é que *a universalidade concreta não é universalidade concreta verdadeira se não incluir em si mesma a posição subjetiva de seu leitor-intérprete como ponto particular e contingente a partir do qual a universalidade é percebida*. Ou seja, no desenvolvimento hegeliano do processo de cognição, o sujeito da cognição não é apenas o meio universal de reflexão no qual ocorrem pensamentos particulares, um tipo de receptáculo que contém, como conteúdo particular, pensamentos sobre determinados objetos. O oposto também é verdadeiro: o objeto da cognição é um Em-si universal, e o sujeito representa precisamente o que a palavra "subjetivo" significa em seu uso padrão, como quando falamos sobre "percepções subjetivas que distorcem o modo como uma coisa realmente é". Aqui, a verdadeira particularidade de um Conceito universal não é apenas a particularidade de sua espécie que pode, como tal, ser apreendida por um sujeito neutro que observa essa universalidade (como quando, ao refletir sobre o conceito de Estado, vejo que o Estado em que vivo é uma espécie particular, e que também há outros tipos de Estados); antes, a verdadeira particularidade é, em primeiro lugar, *a posição subjetiva particular da qual o Conceito universal é para mim aceitável* (no caso do Estado, o fato de eu ser membro de um Estado particular, enraizado em sua estrutura ideológica particular, "colore" meu conceito universal de Estado). E, como Marx sabia muito bem, essa dialética também é válida para a ascensão da própria universalidade: é somente em uma constelação histórica específica e particular que a dimensão universal de um Conceito pode surgir "como tal". O exemplo de Marx é o trabalho: somente no capitalismo, em que troco minha força de trabalho por dinheiro enquanto mercadoria universal, é que me relaciono com minha profissão específica enquanto forma particular contingente de emprego; somente aqui a noção abstrata de trabalho torna-se um fato social, em contraste com as sociedades medievais em que o trabalhador não escolhe seu campo de trabalho como profissão, pois "nasce" diretamente dentro deste. (O mesmo serve para Freud e sua descoberta da função universal do complexo de Édipo.) Em outras palavras, a própria lacuna entre uma noção universal e sua forma histórica particular só aparece em determinada época histórica. Isso significa que somente passamos realmente da universalidade abstrata para a concreta quando o sujeito cognoscente perde sua posição externa e se prende no movimento de seu conteúdo – é só dessa forma que a universalidade do objeto da cognição perde seu caráter abstrato e entra no movimento de seu conteúdo particular.

Desse modo, devemos distinguir estritamente entre universalidade concreta e historicismo. Em relação à noção de direitos humanos, uma leitura marxista sintomática pode identificar de maneira convincente o conteúdo particular que lhe dá uma ênfase ideológica especificamente burguesa: os direitos humanos universais são de fato os direitos dos donos de propriedades, brancos e do sexo masculino, de negociar livremente no mercado e explorar trabalhadores e mulheres, além de exercer dominação política. No entanto, a identificação do conteúdo particular que hegemoniza a forma universal é só a metade da história. A outra metade, igualmente importante, consiste em fazer uma pergunta muito mais difícil a respeito do surgimento da forma da própria universalidade. Como, e em que circunstâncias históricas específicas, a Universalidade abstrata tornou-se um "fato da vida (social)"? Em que condições os indivíduos vivenciam a si próprios como sujeitos dos direitos humanos universais? Esse é o argumento da análise marxista do fetichismo da mercadoria: em uma sociedade em que predomina a troca de mercadorias, os indivíduos, em sua vida cotidiana, relacionam-se com eles próprios, bem como com os objetos a sua volta, como encarnações contingentes de noções abstratas e universais. O que sou, tendo em vista meus antecedentes culturais e sociais concretos, é vivido como contingente, pois o que me define, em última análise, é a capacidade universal abstrata de pensar e/ou trabalhar. Qualquer objeto que possa satisfazer meu desejo é encarado como contingente, porque meu desejo é concebido como uma capacidade formal abstrata, indiferente à multiplicidade de objetos particulares que possam satisfazê-lo, mas nunca o satisfazem por completo. A ideia moderna de profissão, como acabamos de ver, implica que vivencio a mim mesmo como um indivíduo que não "nasceu" diretamente "dentro" de seu papel social. O que me tornarei depende do intercâmbio entre as circunstâncias sociais contingentes e minha escolha livre. O indivíduo contemporâneo tem uma profissão – é eletricista, professor, garçom –, mas não teria sentido nenhum afirmar que um servo da época medieval fosse camponês por profissão. Nesse aspecto, a ideia fundamental é que, mais uma vez, nas condições sociais específicas da troca de mercadorias dentro de uma economia de mercado global, a "abstração" torna-se característica direta da vida social efetiva. Ela tem impacto na forma como os indivíduos se comportam e se relacionam com seu próprio destino e com seu ambiente social. Marx compartilha a visão de Hegel de como a Universalidade torna-se "para si" somente na medida em que os indivíduos não identificam mais de maneira plena o âmago de seu ser com sua situação social particular: vivenciam-se sempre como "desconjuntados" em relação a essa situação. Em outras palavras, em determinada estrutura social, a Universalidade torna-se "para si" somente naqueles indivíduos que carecem de um lugar apropriado nela. Portanto, o modo de manifestação da Universalidade abstrata, sua entrada na existência efetiva, gera violência e perturba o antigo equilíbrio orgânico.

Isso não quer dizer apenas que cada universalidade é perseguida por um conteúdo particular que a corrompe, mas que cada posição particular é perseguida por sua universalidade implícita, o que a enfraquece. O capitalismo não é apenas Em-si universal, ele é Para-si universal enquanto um tremendo poder corrosivo que destrói mundos, culturas e tradições de vida particulares, atravessando-as e sugando-as para dentro de seu vórtice. Não faz sentido perguntar se "essa universalidade é genuína ou apenas uma máscara para interesses particulares?". Essa universalidade é claramente efetiva enquanto universalidade, enquanto força negativa para mediar e destruir todo conteúdo particular. E a mesma lógica vale para a luta emancipatória: a cultura particular que tenta desesperadamente defender sua identidade tem de reprimir a dimensão universal que está ativa em seu próprio cerne, ou seja, a lacuna entre o particular (sua identidade) e o universal que a desestabiliza por dentro. É por isso que o argumento "deixe nossa cultura em paz" é um fracasso. Em toda cultura particular, os indivíduos *sofrem* e *protestam* – por exemplo, as mulheres protestam quando são obrigadas a passar por uma clitoridectomia – e *esses protestos contra as restrições paroquiais de determinada cultura são formulados do ponto de vista da universalidade*. A universalidade efetiva não é o sentimento "profundo" de que diferentes culturas acabam compartilhando os mesmos valores básicos etc.; *a universalidade efetiva "aparece" (efetiva-se) como a experiência da negatividade, da inadequação para consigo, de uma identidade particular*. A "universalidade concreta" não diz respeito à relação de um particular com o Todo mais amplo, ao modo como se relaciona com os outros e com seu contexto, mas sim *ao modo como se relaciona consigo*, ao modo como sua identidade particular é clivada de dentro. Assim, o problema usual da universalidade (como posso ter certeza de que o que percebo como universalidade não é colorido pela minha identidade particular) desaparece: a "universalidade concreta" significa exatamente que minha identidade particular é corroída de dentro, que a tensão entre particularidade e universalidade é inerente a minha identidade particular – ou, em termos mais formais, que a diferença específica coincide com a diferença genética.

Em suma, uma universalidade surge "para si" somente por meio ou no lugar de uma *particularidade tolhida*. A universalidade inscreve-se em uma identidade particular enquanto incapacidade de tornar-se plenamente si mesma: eu sou um objeto universal na medida em que não posso me realizar na minha identidade particular – por essa razão, o sujeito universal moderno é, por definição, "desconjuntado", carente de seu lugar apropriado no edifício social. Essa tese tem de ser tomada ao pé da letra: não é apenas que a universalidade se inscreve na minha identidade particular como ruptura, desconjuntura; a universalidade "em si" é, em sua efetividade, *nada mais* que esse corte que impede de dentro toda e qualquer identidade particular. Em uma dada ordem social, uma alegação universal somente pode ser feita por um grupo que foi impedido de realizar sua identidade particular – mulheres tolhidas em seu esforço de realizar sua identidade feminina, um grupo étnico impedido de afirmar sua identidade e assim por diante. Por esse mesmo motivo, para Freud, "tudo tem conotação sexual", pois a sexualidade pode infectar tudo: não por ser o componente "mais forte" na vida das pessoas e exercer certa hegemonia sobre todos os outros componentes, mas por ser o componente mais radicalmente tolhido em sua efetivação, marcado pela "castração simbólica" por conta da qual, como afirma Lacan, não existe relação sexual. Cada universalidade que surge, que é posta "como tal", testemunha uma cicatriz em alguma particularidade, e permanece para sempre ligada a essa cicatriz.

Recordemos aqui a passagem de Krzysztof Kieslowski do documentário para o cinema de ficção. Não temos apenas duas espécies de cinema: documentário e ficção; o cinema de ficção surgiu das limitações inerentes ao cinema de documentário. O ponto de partida de Kieslowski foi o mesmo de todos os cineastas nos países "socialistas": a flagrante divergência entre a realidade social monótona e as imagens brilhantes e otimistas que permeavam uma mídia oficial duramente censurada. É claro que a reação inicial de Kieslowski ao fato de que a realidade social polonesa, como disse ele, "não era representada", foi procurar uma representação mais adequada da vida real em toda a sua monotonia e ambiguidade – em suma, adotar uma autêntica abordagem documentarista. Mas isso logo foi rejeitado por Kieslowski por razões que são mais bem compreendidas no fim do documentário *Primeiro amor* (1974). Nele, a câmera acompanha um jovem casal desde o namoro, passando pela gravidez da moça, pelo casamento deles e pela chegada do bebê, terminando com a cena do pai segurando o recém-nascido e chorando. Kieslowski reagiu à obscenidade dessa intrusão injustificável na vida íntima dos outros com o "medo de lágrimas reais": há um domínio de intimidade fantasmática marcado com uma placa de "não ultrapasse!" que somente deveria ser abordado pela via da ficção. É pelo mesmo motivo que a francesa Véronique, em *A dupla vida de Véronique*, rejeita o marionetista: ele quer saber demais e, por isso, depois que ele conta a história da vida dupla dela, ela fica profundamente magoada e corre ao encontro do pai quase no fim do filme[2]. "Universalidade concreta" é um nome para esse processo pelo qual a ficção detona o documentário *de dentro*, para o modo como o surgimento do cinema de ficção resolve o impasse inerente do cinema de documentário[3]. Outro exemplo extraído da história do cinema é dado por um de seus grandes mistérios: o súbito eclipse dos filmes de faroeste em meados da década de 1950. Parte da resposta reside no fato de que, na mesma época, a ópera espacial surgiu como gênero – então podemos arriscar a hipótese de que a ópera espacial tomou o lugar do faroeste no fim da década de 1950. A questão dialética aqui é que o faroeste e a ópera espacial não são duas subespécies do gênero "aventura". Devemos antes mudar a perspectiva e partir *apenas* do faroeste: no decorrer de seu desenvolvimento, ele acaba em um impasse; para

---

[2] Para um relato mais detalhado dessa passagem, ver o capítulo 1 de Slavoj Žižek, *The Fright of Real Tears: Krzysztof Kieslowski Between Theory and Post-Theory* (Londres, British Film Institute, 2001).

[3] Ou, na filosofia, a questão não é conceber a eternidade como oposta à temporalidade, mas concebê-la como algo que surge do interior de nossa experiência temporal. (Esse paradoxo também pode ser invertido, como fez Schelling: pode-se conceber o próprio tempo como uma subespécie da eternidade, como a resolução de um impasse da eternidade.)

sobreviver, precisa se "reinventar" como ópera espacial. Logo, a opéra espacial é estruturalmente uma subespécie do faroeste, da mesma maneira que, para Kieslowski, a ficção é uma subespécie do documentário.

E o mesmo não seria válido para a passagem de Estado para comunidade religiosa em Hegel? Ambos não são simplesmente duas subespécies do gênero das "amplas comunidades socioideológicas"; na verdade, o Estado, em suas formas particulares, jamais poderá resolver o impasse inscrito em seu conceito (isto é, não pode representar e totalizar a comunidade de maneira adequada, assim como para Kieslowski o documentário não pode exprimir de maneira adequada o núcleo da realidade social) e, por isso, precisa se transpor para outro conceito, o de Igreja. A Igreja é, nesse sentido, "mais Estado que o próprio Estado": ela efetiva o conceito de Estado, transformando-o em outro conceito. Em todos esses casos, a universalidade é situada no encadeamento ou sobreposição de particularidades: A e B não são partes (espécies) de sua universalidade abrangente; A não pode tornar-se plenamente A – efetivar seu conceito – sem passar por B, que é formalmente sua subespécie, mas uma subespécie que solapa a própria espécie sob a qual ela é formalmente subsumida. Toda espécie contém uma subespécie que, na medida em que realiza efetivamente o conceito dessa subespécie, destrói seu quadro: a ópera espacial é "um faroeste no nível de seu conceito" e, por isso mesmo, não é mais um faroeste. Desse modo, em vez de uma universalidade subdividida em duas espécies, temos uma espécie particular que gera outra espécie como sua subespécie, e a verdadeira ("concreta") universalidade nada mais é que esse movimento no curso do qual uma espécie engendra uma subespécie que nega sua própria espécie. A mesma mediação dialética entre o universal e o particular também pode ser formulada nos termos de um conceito universal e de seus exemplos. A diferença entre o uso idealista e o uso materialista de exemplos é que, na abordagem idealista platônica, os exemplos são sempre imperfeitos, nunca traduzem perfeitamente o que deveriam exemplificar; já na abordagem materialista, o exemplo sempre traz mais do que exemplifica – em outras palavras, o exemplo sempre ameaça destruir o que deveria exemplificar, pois dá corpo àquilo que o próprio conceito exemplificado reprime ou com que não consegue lidar. (Nisso consiste o procedimento materialista de Hegel na *Fenomenologia do espírito*: cada "figura de consciência" é exemplificada e depois destruída pelo próprio exemplo.) É por isso que a abordagem idealista sempre precisa de uma multiplicidade de exemplos – como não há um único exemplo que sirva, é preciso enumerar uma grande quantidade deles para indicar a riqueza transcendente da Ideia que exemplificam, sendo a Ideia o ponto de referência fixo para os exemplos propostos. A abordagem materialista, ao contrário, tende a retornar obsessivamente ao mesmo e único exemplo: o exemplo particular permanece o mesmo em todos os universos simbólicos, ao passo que o conceito universal que ele deveria explicar muda continuamente de forma, de modo que temos uma multiplicidade de conceitos universais orbitando um único exemplo. Não seria isso que Lacan faz, retomando sempre os mesmos casos exemplares (o jogo de adivinhação com os três prisioneiros, o sonho da injeção de Irma etc.), dando a cada vez uma nova interpretação? O exemplo materialista é, portanto, um *Singular universal*: um ente singular que persiste como universal por meio da multiplicidade de suas interpretações.

Essa dialética chega a seu apogeu quando o universal como tal, em contraste com o conteúdo particular, entra no ser, adquire existência real – esse é o advento da subjetividade descrito na teoria do Conceito, de Hegel, como o primeiro momento de sua "lógica subjetiva". Duas observações introdutórias devem ser feitas aqui. Primeiro, devemos prestar atenção ao paradoxo da diferença fundamental entre a lógica da Essência e a lógica do Conceito: exatamente porque a lógica da Essência é a lógica do Entendimento – e, como tal, prende-se a oposições fixas, sendo incapaz de apreender sua automediação –, ela resulta em uma dança louca de autodestruição em que se dissolvem todas as determinações fixas. A lógica do Conceito, em contraste, é a lógica das automediações que, exatamente por isso, é capaz de gerar uma estrutura estável. Segundo, o termo "lógica subjetiva" é plenamente justificado no sentido preciso de que, para Hegel, o "Conceito" não é a universalidade abstrata usual que designa um aspecto comum de uma multiplicidade empírica – *o "Conceito" original é o "eu", o próprio sujeito*. Hegel nos dá a apresentação mais concisa da "subjetividade" do Conceito no início de sua "Lógica Subjetiva", na qual define pela primeira vez a individualidade como "a reflexão do Conceito a partir de sua determinidade *dentro de si*. Ela é a *mediação* de si do Conceito na medida em que sua *alteridade* se faz de novo *um outro* pelo qual o Conceito se restabelece como igual a si mesmo, mas na determinação da negatividade absoluta"[4].

É fácil perceber como universalidade e particularidade estão presentes ao mesmo tempo em cada Conceito: todo Conceito é universal por definição, designa um único aspecto abstrato que une uma série de particulares e, exatamente como tal, é sempre-já particular – não em adição a sua universalidade, mas em virtude dela. "Humano" é um Conceito universal que designa a dimensão universal de todos os seres humanos e, como tal, é particular ou determinado – designa uma característica determinada e ignora infinitas outras (não só há seres que não são humanos, como cada ser humano tem uma quantidade infinita de outras propriedades que também podem ser designadas por outros Conceitos determinados). Universalidade e particularidade, portanto, são dois aspectos de um mesmo Conceito: sua própria universalidade "abstrata" a torna particular. Um Conceito é, por conseguinte, uma unidade imediata de indeterminabilidade e determinação:

---

[4] G. W. F. Hegel, *Hegel's Science of Logic* (trad. A. V. Miller, Atlantic Highlands, Humanities Press International, 1989), p. 618.

ela é tanto elevada acima da tessitura da realidade espaço-temporal, ou subtraída dela, quanto uma determinação abstrata fixa. Por que e de que modo o Conceito é subjetivo? Em primeiro lugar, no sentido simples de que é posto como tal apenas na mente de um sujeito, um ser pensante que tem o poder da abstração: somente um ser pensante pode subtrair ou abstrair da multitude empírica uma única característica e designá-la como tal. Em segundo lugar, em um sentido muito mais radical, a passagem para a individualidade é *a passagem do Conceito subjetivo para o próprio Sujeito (Si, eu) enquanto Conceito puro*. E o que isso significa? O sujeito em sua singularidade não é o que Kierkegaard destaca como a singularidade irredutível a toda mediação universal?

Em um Conceito determinado, universalidade e particularidade coexistem, ou seja, a universalidade do conceito imediatamente "passa" para sua determinação particular. O problema aqui não é como reconciliar ou "sintetizar" os opostos (o aspecto universal e o aspecto particular de um Conceito), mas, ao contrário, como apartá-los, como separar a universalidade de sua "alteridade", de suas determinações particulares. A contradição absoluta entre universalidade e particularidade só pode ser resolvida – sua sobreposição imediata só pode ser mediada – quando a universalidade do Conceito é afirmada ou posta (ou aparece) como tal, em oposição a sua alteridade, em oposição a cada determinação particular. Nesse movimento, o Conceito retorna "a partir de sua determinidade *dentro de si*", restabelece-se "como igual a si mesmo, mas na determinação da negatividade absoluta" – negando absolutamente todo e qualquer conteúdo positivo, toda e qualquer determinação particular. O puro eu (o *cogito* cartesiano ou a apercepção transcendental kantiana) é justamente essa negação absoluta de todo conteúdo determinado: é o vazio da abstração radical de *todas* as determinações, a forma do "eu penso" esvaziada de todos os pensamentos determinados. O que acontece aqui é aquilo a que o próprio Hegel se refere como um "milagre": a pura universalidade esvaziada de todo conteúdo é simultaneamente a pura singularidade do "eu", ela se refere a mim mesmo como único ponto evanescente que exclui todos os outros, que não pode ser recolocado por nenhum outro – meu si é, por definição, apenas eu e nada mais. O eu é, nesse sentido, a coincidência da pura universalidade com a pura singularidade, da abstração radical com a singularidade absoluta[5]. E é isso também que Hegel visa quando diz que, no "eu", o Conceito como tal passa a existir: o conceito universal existe na forma do Eu na qual a singularidade absoluta (sou eu, somente eu) coincide com a abstração radical (como puro eu, sou totalmente indistinguível de todos os

---

[5] É ao longo dessas linhas que Hegel propõe uma definição precisa de consciência: ela surge quando a distinção entre consciência universal e o si individual foi suplantada, o si conhece a si mesmo na percepção de seu dever universal.

outros eus)⁶. Nos parágrafos 1343 e 1344 da *Science of Logic* [Ciência da lógica], ele acrescenta a "má notícia" que acompanha a "boa notícia" do retorno-a-si-mesmo do Conceito a partir de sua alteridade: "A individualidade não é apenas o retorno do Conceito para si mesmo, mas imediatamente sua perda". Em outras palavras, disfarçado de um eu individual, o Conceito não só retorna para si mesmo (para sua universalidade radical), libertando-se da alteridade de todas as determinações particulares, mas surge simultaneamente como um "isso" efetivamente existente, um indivíduo empírico contingente imediatamente consciente-de-si, um "ser-para-si":

> Pela individualidade, em que o Conceito é interno a si mesmo, torna-se externo *para si mesmo* e entra na efetividade. [...] O indivíduo, enquanto negatividade que se refere a si, é identidade imediata do negativo consigo; é um *ser-para-si*. Ou é a abstração que determina o Conceito, em consonância com seu momento ideal de *ser*, como um *imediato*. Desse modo, o indivíduo é um qualitativo *um* ou *isso*.⁷

Encontramos aqui o movimento supostamente "ilegítimo" das determinações conceituais para a existência efetiva, cuja versão mais conhecida está no fim da *Lógica*, quando a Ideia realiza a si mesma em Natureza enquanto sua exterioridade. Devemos evitar o erro idealista comum: é claro que esse movimento especulativo não "cria" o indivíduo de carne e osso, mas "cria" o "eu", o ponto de referência vazio e autorrelativo que o indivíduo experimenta como "si mesmo", como o vácuo no núcleo de seu ser.

Essa é a primeira tríade teórica do Conceito; uma vez que está realizada, e a universalidade singular do Sujeito está em seu devido lugar, testemunhamos o processo oposto: não U-P-E, mas U-E-P; não a contradição entre Universal e Particular resolvida pelo Eu, mas a contradição entre Universal e Eu resolvida pelo Particular. Ou seja, como pode o puro eu romper o abismo da negatividade radical autorrelativa na qual a universalidade e a singularidade coincidem de maneira imediata, excluindo todo conteúdo determinado? Aqui entramos no domínio prático da vontade e da decisão: o sujeito *enquanto* puro Conceito tem de determinar a si mesmo livremente,

---

6   Os dois lados da universalidade, positiva e negativa, são facilmente discerníveis no caso da categoria do *Grund* (chão, base). Tanto em alemão quanto em inglês [*ground*], a palavra tem um significado subjacente que é oposto ao seu significado principal (razão-causa e fundamento): Hegel se refere à expressão alemã "*zu Grund gehen*", que significa "apartar, desintegrar"; em inglês, um dos significados de "ground" como verbo é "trazer para baixo, derrubar, achatar" (com um subsignificado legal semelhante de "punir ou impor uma sanção"). Devemos observar que os significados "positivos" (causa, fundamento) pertencem predominantemente a "ground" como substantivo e os significados "negativos" a "ground" como verbo. Essa tensão aponta para a oposição entre ser e vir a ser, estase e movimento, substância e sujeito, Em-si e Para-si: enquanto atividade, movimento, "ground" é a atividade de apagar a si mesmo: o fundamento [*ground*] impõe-se contra seus efeitos fundamentados [*grounded*] destruindo-os.

7   G. W. F. Hegel, *Hegel's Science of Logic*, cit., p. 621.

tem de postular um conteúdo particular determinado que contará como "seu próprio". E não devemos nos esquecer de que esse conteúdo determinado (enquanto expressão da liberdade do sujeito) é irredutivelmente arbitrário: no fundo, é fundamentado somente no "é assim porque quero que seja" do sujeito, o momento da pura escolha ou da decisão subjetiva que estabiliza um mundo. Com o objetivo de designar esse momento, Badiou propõe em seu *Logics of Worlds* [Lógica dos mundos] o conceito de "ponto" entendido como uma simples decisão em uma situação reduzida a uma escolha entre sim e não. Ele se refere implicitamente ao *point de capiton* [ponto de estofo] de Lacan, é claro – e isso não indica que não há nenhum "mundo" fora da linguagem, nenhum mundo cujo horizonte de significado não seja determinado por uma ordem simbólica? A passagem para a verdade é, portanto, a passagem da linguagem ("os limites da minha linguagem são os limites do meu mundo"*) para a *letra*, para os "matemas" que atravessam diagonalmente uma multitude de palavras. O relativismo pós-moderno é exatamente o pensamento da irredutível *multitude de palavras*, cada uma delas sustentada por um jogo de linguagem específico, de modo que cada mundo "é" a narrativa que seus membros contam para si mesmos sobre si mesmos, sem nenhum terreno compartilhado, nenhuma linguagem comum; e o problema da verdade é como estabelecer algo que – para usar os termos conhecidos na lógica modal – permaneça o mesmo em todos os mundos possíveis.

Hegel, Espinosa e... Hitchcock

É exatamente nesse ponto que o contraste entre Hegel e Espinosa aparece em sua forma mais pura: o Absoluto de Espinosa é uma substância que "expressa" a si mesma nos seus atributos e modos sem o *point de capiton* subjetivante. É verdade que a famosa proposição de Espinosa, *omnis determinatio est negatio*, pode soar hegeliana, mas ela pode ser lida de duas maneiras opostas (dependendo da *negatio* a que se refere), e as duas são decisivamente anti-hegelianas: (1) se se refere ao próprio Absoluto, a negação gera um argumento teológico negativo: cada determinação positiva do Absoluto, cada predicado que atribuímos a ele, é inadequado, não apreende sua essência e, portanto, já é negado; (2) se se refere às coisas empíricas particulares, a negação gera um argumento sobre sua natureza transiente: cada ente delimitado a partir dos outros por uma determinação particular se juntará, mais cedo ou mais tarde, ao abismo caótico de onde ela surge, pois cada determinação particular é uma negação não só no sentido de que envolverá a negação de outras determinações particulares (se uma rosa é vermelha, não é azul, verde, amarela...), mas em um sentido mais radical que se refere a sua instabilidade em longo prazo.

---

* Referência ao parágrafo 5.6 do *Tractatus Logico-Philosophicus*, de Ludwig Wittgenstein. (N. T.)

O argumento de Hegel seria então que essas duas leituras são, na verdade, idênticas, algo como: "o Absoluto não é um ente positivo que persiste em sua identidade impermeável para além do mundo transiente das coisas finitas; o único Absoluto verdadeiro não seria nada mais que esse mesmo processo de nascer e perecer de todas as coisas particulares"? Tal visão, no entanto, continua demasiado próxima de uma sabedoria heraclitiana pseudo-oriental concernente ao eterno fluxo da geração e corrupção de todas as coisas sob o sol – em termos mais filosóficos, essa visão se baseia na univocidade do ser.

Em defesa de Espinosa, poderíamos afirmar definitivamente que a Substância não é apenas o eterno processo gerativo que continua sem nenhuma interrupção ou corte, mas antes a universalização de um corte ou uma queda (*clinamen*): a Substância nada mais é que o constante processo de "cair" (em entes determinados/particulares); tudo que existe é uma queda [*fall*] (se me permitem interpretar a famosa proposição do *Tractatus*, de Wittgenstein – *Der Welt ist was der Fall ist** –, de uma maneira mais literal do que ele pretendia, compreendendo em seu *der Fall* também o significado de "fall" em inglês). Não existe Substância que caia, curve-se, interrompa o fluxo etc.; a substância simplesmente *é* a capacidade infinitamente produtiva de tais quedas/cortes/interrupções, eles são sua única realidade[8]. Nessa leitura de Espinosa, Substância e *clinamen* (a curvatura da Substância que gera os entes determinados) são diretamente coincidentes; nessa identidade especulativa fundamental, a Substância nada mais é que o processo de sua própria "queda", a negatividade que visa a determinação produtiva ou, em termos lacanianos, a Coisa é justamente o *objeto a*.

No entanto, o problema com essa universalização do *clinamen* (o que o último Althusser chamou de "materialismo aleatório") é que ela "renormaliza" o *clinamen* e, com isso, transforma-se em seu oposto: se tudo o que existe são interrupções ou quedas, então o aspecto-chave da surpresa, da intrusão de uma contingência inesperada, perde-se, e acabamos em um universo chato e achatado cuja contingência é totalmente previsível e necessária. Quando Quentin Meillassoux insiste na contingência como a única necessidade, encontra-se na mesma situação: seu erro é conceber a asserção da contingência segundo o lado masculino das fórmulas de sexuação de Lacan, ou seja, segundo a lógica da universalidade e de sua exceção constitutiva:

---

* "O mundo é tudo que é o caso" (Ludwig Wittgenstein, *Tractatus Logico-Philosophicus*, trad. Luiz Henrique Lopes dos Santos, 2. ed., São Paulo, Edusp, 1994, p. 135). (N. T.)

[8] O pensamento de Espinosa deve ser claramente distinguido da tradição plotiniana da emanação: na emanação, os efeitos sucedem do Uno, o Supremo Ser, são ontologicamente inferiores a ele, o processo de criação é o processo da gradual degradação/corrupção, ao passo que Espinosa afirma a univocidade absoluta do ser, o que significa que toda realidade não é só causada pela Substância, mas também permanece *dentro* da Substância e nunca se separa dela. O programa plotiniano usual de reverter a degradação – em suma, o programa teleológico de retornar os efeitos a sua Origem – é, para Espinosa, sem sentido: por que retornar para algo do qual, antes de mais nada, nunca saímos?

tudo é contingente, *exceto a própria contingência, que é absolutamente necessária* – a necessidade, portanto, torna-se a garantia externa da contingência universal. O que deveríamos opor a essa universalização da contingência não é a universalização da necessidade (tudo que existe é necessário, exceto essa própria necessidade, que é contingente), mas o "feminino" não-Todo da contingência: não há nada que não seja contingente, sendo assim, o não-Todo é contingente? Simultaneamente, há o não-Todo da necessidade: não há nada que não seja necessário, sendo assim, o não-Todo é necessário? A necessidade do não-Todo significa que, de tempos em tempos, ocorre um encontro contingente que solapa a necessidade predominante (o espaço de possibilidades sustentado por essa necessidade), de modo que nele o "impossível" acontece[9]. A questão-chave é que, se tiver de haver um momento de surpresa no corte ou na queda, ele só pode ocorrer tendo como pano de fundo um fluxo contínuo, e como *sua* interrupção.

Em contraste com Espinosa – para quem não há Significante Mestre desempenhando um corte, marcando uma conclusão, "pingando o i", mas apenas uma cadeia contínua de causas –, o processo dialético hegeliano envolve cortes, interrupções repentinas do fluxo contínuo, reversões que retroativamente reestruturam o campo inteiro. Para entendermos adequadamente essa relação entre processo contínuo e seus cortes ou fins, devemos ignorar a estúpida ideia de que existe uma "contradição" no pensamento de Hegel entre método (processo infinito) e sistema (fim); também não basta concebermos os cortes como momentos dentro de um processo abrangente, como diferenças internas que surgem e desaparecem. Talvez seja útil fazermos um paralelo com o fluxo da fala: o fluxo da fala não pode continuar indefinidamente, tem de haver *le moment de conclure* [o momento de concluir] como o ponto que termina uma frase. É somente o ponto final que fixa retroativamente ou determina o significado da frase. No entanto, é fundamental acrescentar que esse ponto não é uma simples fixação que elimina todo risco, toda ambiguidade e abertura. Ao contrário, é o próprio pontuar, seu corte, que libera – liberta – o significado e a interpretação: o ponto sempre ocorre em termos contingentes, como uma surpresa, e gera um excesso – por que *aqui*? O que isso significa?

Esse elemento de surpresa surge em sua mais pura manifestação na tautologia – o próprio Hegel analisa a tautologia pela expectativa e pela surpresa, o excesso aqui é a própria falta inesperada: "Uma rosa é... uma rosa" – esperamos alguma coisa, uma determinação, um predicado, mas o que temos é apenas a repetição do sujeito, o que torna o sintagma latente com significado virtual. Longe de esclarecer as coisas, a tautologia dá à luz o espectro de uma profundidade imponderável que escapa

---

[9] Ver Alenka Zupančič, "Realno in njegovo nemozno" ("O real e seu impossível"), manuscrito inédito.

às palavras; longe de ser um sinal de perfeição, alude a um submundo contingente obsceno. Quando dizemos "lei é lei"? Exatamente quando nos deparamos com a lei enquanto injusta, arbitrária etc., e depois acrescentamos "mas lei é lei". Nesse caso, o corte final é simultaneamente a abertura, o que desencadeia ou põe em ação um novo processo de interpretação infindável. E, é claro, o mesmo se aplica ao fim absoluto, a conclusão do sistema hegeliano.

A consequência da afirmação da univocidade radical do ser é que todas as distinções entre "essencial" e "secundário", entre "efetivo" e "virtual", e assim por diante, têm de ser descartadas. Com respeito à clássica distinção marxista entre base e superestrutura, isso significa que a esfera de produção econômica de modo algum é mais "real" que a ideologia ou a ciência, ou que ela não tem prioridade ontológica sobre elas; sendo assim, deveríamos abandonar até mesmo a ideia de "determinação em última instância" pela economia de toda vida social. Com respeito ao tema da realidade virtual, isso significa que não basta dizer que a realidade é suplementada pela virtualidade; deveríamos abandonar a própria distinção e afirmar que toda realidade é virtual. Na economia, deveríamos abandonar a distinção entre "economia real" (produção de bens materiais) e "economia virtual" (especulação financeira sem base na produção real): toda economia, não importa quão real seja, já é virtual. Não obstante, uma universalização direta como essa é apressada demais. Se o que vivenciamos como realidade é reter sua consistência, ela tem de ser suplementada por uma "ficção" virtual – esse paradoxo, já conhecido por Bentham, é formulado de maneira incisiva por Chesterton: "Literatura e ficção são duas coisas totalmente diferentes. Literatura é luxo, ficção é necessidade"[10]. No entanto, Bentham também percebeu nitidamente que podemos (e devemos) fazer uma distinção clara entre realidade e ficção – nisso consiste o paradoxo que ele tentou capturar com a ideia de ficções: embora possamos distinguir entre realidade e ficção, não podemos simplesmente descartar a ficção e reter apenas a realidade; se descartamos a ficção, a própria realidade se desintegra, perde sua consistência ontológica.

Há alguns anos, um jornal diário alemão publicou uma charge em que cinco homens respondiam à pergunta: "O que você gostaria de fazer nas férias de verão?". Cada um deu uma resposta diferente (ler um bom livro, visitar um país distante, descansar em uma praia ensolarada, divertir-se comendo e bebendo com os amigos...), mas no balão que pairava sobre a cabeça de cada um deles e retratava aquilo com que eles realmente sonhavam estava a imagem de uma mulher nua. A conclusão óbvia é que, por trás do semblante de interesses civilizados, existe apenas uma coisa: sexo. A charge está formalmente errada: todos nós sabemos que estamos

---

[10] G. K. Chesterton, "A Defence of Penny Dreadfuls", em *The Defendant* (Nova York, Dodd Mead, 1902), p. 10.

"de fato sempre pensando *naquilo*", mas a pergunta é: de que modo preciso, o que funciona como objeto-causa do nosso desejo, qual janela da fantasia sustenta nosso desejo? Uma das maneiras de esclarecer a questão seria inverter a charge: mostrar todos os homens respondendo a mesma coisa ("Quero fazer muito sexo!") e colocar as ideias não sexuais (descansar em uma praia ensolarada etc.) nos balões para representar seus pensamentos íntimos, dando assim uma pista para qual modo exato de *jouissance* se tem como alvo: um sonha fazer sexo em um lugar exótico e distante, como um templo hindu, rodeado de estátuas eróticas; outro sonha fazer amor na areia de uma praia deserta (talvez com um traço exibicionista, como ser observado secretamente por um grupo de crianças que estão brincando por perto), e assim por diante.

Uma das melhores coisas do cinema é brincar com esse papel da ficção (ou fantasia) como um suplemento da realidade, garantindo sua consistência. Não se trata apenas de confiar nos efeitos especiais para apresentar um mundo fantasiado de realidade: o cinema mostra seu melhor quando, por meio das sutilezas da *mise-en-scène*, faz o espectador experimentar a própria realidade como algo fantasmático. Na cena final de *Filhos da esperança*, de Alfonso Cuarón, Theo está em um barco a remo com Kee, uma jovem negra, imigrante ilegal, que segura no colo seu primogênito recém-nascido, uma esperança para toda a humanidade. Theo conduz Kee e o bebê até a boia que marca o ponto de encontro com o *Tomorrow* [Amanhã], um navio-laboratório em que um cientista independente tenta resolver o problema da infertilidade. Kee vê respingos de sangue no barco, e Theo admite que levou um tiro enquanto fugiam. Quando o *Tomorrow* aparece por entre a densa neblina, Theo perde a consciência e seu corpo pende para o lado. A beleza desse final é que, embora tenha sido filmado com realismo, como um evento efetivo, ele também pode ser interpretado como a fantasia do moribundo Theo, para quem o navio surge como em um passe de mágica de dentro da neblina mística – na realidade, eles estão simplesmente sozinhos em um barco à deriva, indo a lugar nenhum.

Um procedimento mais complexo é a chamada "elipse hitchcockiana", cujo caso exemplar é o assassinato de Townsend no prédio das Nações Unidas, em *Intriga internacional*[11]. Roger Thornhill chega às Nações Unidas, seguido discretamente pelo assassino Valerian. Na recepção, Thornhill manda chamar Townsend, que chega logo depois. Quando os dois homens se encontram frente a frente, vemos Valerian observando-os do corredor e colocando as luvas – sinal de que está prestes a matar alguém. Ainda não sabemos quem ele planeja matar, mas suponhamos que seja Thornhill, já que a gangue de Valerian tentou matá-lo na noite anterior. Os três

---

[11] Baseio-me aqui na incrível análise de Jean-Jacques Marimbert et al., *Analyse d'une œuvre:* La mort aux trousses: *A. Hitchcock, 1959* (Paris, Vrin, 2008), p. 49-52.

personagens estão em fila: Thornhill e Townsend estão de frente um para o outro, e Valerian está atrás de Townsend; este último funciona como um obstáculo, impedindo um confronto direto entre Thornhill e Valerian, os verdadeiros oponentes. De repente Thornhill tira do bolso a fotografia que encontrou no quarto do hotel onde Kaplan se hospedara, ela mostra Townsend, Van Damme (o grande criminoso do filme) e mais algumas pessoas. Apontando para Van Damme, Thornhill pergunta se Townsend o conhece, mas Townsend não tem tempo de responder: em uma tomada curta e desfocada, vemos uma faca voando em sua direção, depois seu rosto distorcido em uma careta de dor e surpresa quando cai nos braços de Thornhill. Seguem-se uma tomada breve de Valerian fugindo da cena e depois um corte para Thornhill e Townsend, que cai no chão e revela a faca cravada em suas costas. Confuso, Thornhill automaticamente pega a faca e a puxa. Nesse mesmo instante, um fotógrafo bate uma foto de Thornhill segurando a faca sobre o corpo de Townsend, dando a impressão de que ele era o assassino. Ao perceber isso, Thornhill solta a faca e foge no meio da confusão – agindo nitidamente como culpado.

O que é notável nessa cena é que não precisamos ver o assassinato sendo cometido – além de nunca vermos Townsend e Valerian no mesmo plano, a própria continuidade da ação é quebrada: vemos o que acontece antes (a preparação de Valerian) e depois (Townsend caindo nos braços de Thornhill), mas não vemos Valerian atirando a faca nem seu rosto quando decide agir; vemos apenas o efeito, a expressão de choque de Townsend. A cadeia causal parece interrompida nessa "abstração hitchcockiana": a clara ligação entre Valerian e a morte de Townsend fica implícita, é claro, mas ao mesmo tempo a impressão que temos de imediato é que Townsend cai morto porque viu na foto que Thornhill lhe mostra alguma coisa terrificante e/ou proibida, algo que não deveríamos ver (o que é verdade, de certa forma), tanto que o gesto repentino de Thornhill de pôr a mão no bolso e tirar a foto torna-se equivalente ao gesto ameaçador de puxar uma arma. Esse efeito é reforçado pela disposição espacial da cena, que mostra claramente a divisão clássica de Hitchcock entre o espaço da realidade comum (a movimentada recepção do prédio das Nações Unidas, com grupos conversando ao fundo) e o espaço de uma protorrealidade subterrânea obscena, no qual o perigo espreita (o porão em *Psicose*; o quarto escuro atrás do espelho na sala de recepção da florista, de onde Scottie observa Madeleine em *Um corpo que cai* etc.). Em outras palavras, é como se a única realidade da cena fosse a do grande hall onde Thornhill e Townsend se encontram, enquanto Valerian age de outro espaço espectral, aos olhos de ninguém, e, portanto, livrando Thornhill do ato que lhe é atribuído (ou antes atribuindo a ele um ato que não é dele).

Por que esse suplemento ficcional é necessário? Que buraco ele preenche? Para garantir a consistência simbólica da nossa "esfera" de vida (para usarmos a expressão de Sloterdijk), alguma coisa – algum tipo de excremento – tem de desaparecer.

O paradoxo da ecologia radical – que culpa a humanidade por perturbar a homeostase natural – é o fato de nela acontecer uma reversão autorrelativa dessa lógica da exclusão: o "excremento", o elemento destrutivo que precisa desaparecer para que o equilíbrio seja restabelecido é, em última análise, *a própria humanidade*. Como resultado de sua arrogância, de seu desejo de dominar e explorar a natureza, a humanidade tornou-se a mancha no quadro do idílio natural (como naquelas narrativas em que a catástrofe ecológica é vista como uma vingança da Mãe Terra, ou Gaia, pelas feridas que lhe foram impostas pela humanidade). Não seria essa a maior prova da natureza ideológica do ambientalismo? Isso significa que não há nada mais distante de um ambientalismo verdadeiramente radical do que a imagem de uma natureza pura e idílica, livre de toda sujeira humana. Para romper com essa lógica, talvez devêssemos mudar as próprias coordenadas da relação entre a humanidade e a natureza pré-humana: a humanidade *é* antinatureza, ela *intervém* no ciclo natural, perturbando-o ou controlando-o "artificialmente", adiando a inevitável degeneração, ganhando tempo para si própria. Não obstante, como tal, ainda faz parte da natureza, posto que "não existe natureza". Se a natureza concebida como ciclo equilibrado da vida for uma fantasia humana, então a humanidade é (mais próxima da) natureza exatamente quando estabelece de maneira brutal sua separação da natureza, impõe sobre ela sua própria ordem limitada e temporária, cria sua própria "esfera" dentro da multiplicidade natural[12]. Não encontramos uma lógica semelhante no imaginário radical revolucionário? Em uma canção que originalmente fazia parte de *A decisão*, mas foi retirada, Brecht propõe a associação do agente revolucionário com o canibal que comeu o último dos canibais para acabar com o canibalismo – o refrão fala do desejo de ser o último resquício de sujeira no recinto, o que, no gesto final da limpeza de si, tornará todo o espaço limpo.

O cinema, no pior dos casos, tenta preencher esse vazio não pela ficção, mas ao retratar diretamente a sujeira excluída. Por exemplo, o pior momento de vulgaridade em *A lista de Schindler* ocorre quando Spielberg não consegue resistir à tentação de representar justamente o momento de transformação ética de Schindler, quando ele passa de frio manipulador da desgraça alheia para um sujeito imbuído de senso de responsabilidade pelos judeus. A transformação ocorre quando Schindler, depois de sair para um passeio matinal com sua amante em uma colina na

---

[12] O aspecto ideológico do ambientalismo também deve ser censurado em relação à arquitetura. A arquitetura não deveria estar em harmonia com seu ambiente natural? Mas a arquitetura é, por natureza, antinatureza, um ato de delimitação contra a natureza: traça-se uma linha separando o interior do exterior, dizendo claramente para a natureza: "Fique fora daqui! O interior é um domínio no qual você não se inclui!" – o Interior é um espaço desnaturalizado que deve ser preenchido com artefatos. O esforço para harmonizar a arquitetura com os ritmos da natureza é fenômeno secundário, uma tentativa de obliterar os traços do crime fundador original.

Cracóvia, observa as unidades alemãs entrando no gueto judeu. O momento de conscientização ética é acompanhado da cena da garotinha judia vestida com um casaco vermelho (em um filme preto e branco). Essa retratação é propriamente obscena e blasfema: ela invade, de uma maneira vulgar, o mistério abissal do súbito advento da bondade, tentando estabelecer uma ligação causal onde deveria ser deixada aberta uma lacuna. Vulgaridade semelhante ocorre em *Pollock*, um filme que, da mesma maneira, não resiste à tentação de retratar o momento exato da invenção da *action painting*. Como era de esperar, Pollock está bêbado e derrama por acidente uma vasilha de tinta sobre uma tela; surpreso com a mancha resultante, complexa e estranhamente atraente, tem a ideia de uma nova técnica. O valor desse relato vulgar do misterioso momento de criação é o mesmo do irônico relato que Jonathan Swift faz do nascimento da linguagem: antes dela, para falar de objetos ausentes, as pessoas carregavam nas costas pequenas réplicas de todo tipo de objeto, até que alguém teve a ideia genial de substituir as miniaturas por palavras que designavam os objetos.

A relação entre realidade e ficção também é válida para substância e sujeito: sim, a substância é sempre-já um sujeito, surge apenas retroativamente, por sua mediação subjetiva. No entanto, deveríamos diferenciá-los – o sujeito sempre, constitutivamente, vem depois, ele se refere a uma Substância já dada, introduzindo nela abstratas distinções e ficções, dissociando sua unidade orgânica. É por isso que, embora possamos interpretar a substância espinosiana como o "sujeito em ação", não há em Espinosa nenhum sujeito à distância da Substância.

Se o limite tem prioridade sobre o que está além dele, então tudo o que existe é a realidade (fenomenal) e sua limitação. Nada há além do limite, ou, mais precisamente, o que há além do limite coincide com o próprio limite; esse coincidir do limite com o que está além dele significa que o Além sempre-já se transpôs para o devir, o qual gera entes (fenomenais) determinados. Em outras palavras, o Além é como o puro Ser de Hegel: sempre-já refletido/mediado, transposto para o devir. O limite, portanto, não é meramente negativo: é a negatividade produtiva que gera a realidade determinada; ou então: a negação é sempre-já a negação da negação, o movimento produtivo de seu próprio desaparecer.

O que há para além do limite, para além da tela que nos nega (que nos protege de) qualquer acesso direto ao Em-si? Só existe uma resposta convincente: o que "realmente" está além do limite, do outro lado da tela, não é o nada, mas *a mesma realidade que encontramos na frente da tela*. Pensemos em um palco e toda a maquinaria por trás dele, usada para gerar a ilusão representada: o que realmente explica essa ilusão não é a maquinaria como tal, mas o quadro que delimita o espaço "mágico" do palco e a realidade "ordinária" fora do palco: se quisermos explorar o mistério da ilusão indo aos bastidores, descobriremos exatamente a mesma realidade ordinária que existe fora do palco. (A prova é que, mesmo que o maquinário dos bastidores seja totalmente visível, como acontece em alguns teatros, a realidade encenada ainda assim é gerada.) O que importa é que uma parte da realidade ordinária seja separada do resto por um quadro que a define como um espaço mágico de ilusão. Temos uma única e mesma realidade, separada de si própria (ou, antes, redobrada) por uma tela. Essa inversão-para-dentro-de-si, pela qual a realidade se encontra em um palco fantasmático, é o que nos obriga a abandonar a univocidade do ser: o campo da (ou do que experimentamos como) realidade é sempre atravessado por um corte que inscreve a aparência dentro da própria aparência. Em outras palavras, se existe um campo da realidade, então não basta afirmar que a realidade é inerentemente fantasmática, ou sempre constituída de um quadro transcendental; esse quadro tem de se inscrever dentro do campo da realidade, na forma de uma diferença entre realidade "ordinária" e realidade etérea: dentro de nossa experiência da realidade (estruturada pela fantasia), uma parte desta tem de aparecer como "fantasmática", como uma "realidade não real".

Recordemos aqui a cena de *Um corpo que cai*, quando Scottie e Judy se encontram pela primeira vez (no restaurante Ernie, assim como no caso de Madeleine) e não conseguem se envolver em uma conversa significativa. De repente, Scottie fixa o olhar em um ponto atrás de Judy, e vemos que ele está olhando para uma mulher vagamente parecida com Madeleine, usando o mesmo vestido cinza. Quando percebe o que atraiu o olhar de Scottie, Judy, é claro, fica profundamente magoada. O momento crucial é quando vemos, do ponto de vista de Scottie, as duas mulheres no mesmo plano: Judy à direita, perto dele, e a mulher de cinza à esquerda, no fundo. Mais uma vez, temos a realidade vulgar ao lado da aparição etérea do ideal. Aqui, a cisão do plano de Midge e o retrato de Carlotta é exteriorizada em duas pessoas diferentes: Judy em primeiro plano e a aparição espectral momentânea de Madeleine ao fundo — além da ironia adicional, desconhecida por Scottie, de que na verdade Judy *é* a Madeleine que ele procura desesperadamente no meio da aparição efêmera de pessoas estranhas. Esse breve momento em que Scottie é levado a pensar que o que vê é Madeleine é o momento em que *o Absoluto aparece*: ele aparece "como tal" no próprio domínio das aparências, naqueles momentos sublimes em que uma dimensão suprassensível "transparece" em nossa realidade ordinária. Quando Platão apresenta os três níveis ontológicos (Ideias, cópias materiais e cópias dessas cópias) e desmerece a arte por ser "cópia da cópia", o que se perde é que a Ideia só pode surgir na distância que separa nossa realidade material ordinária (o segundo nível) de sua cópia. Quando copiamos um objeto material, *o que* copiamos na verdade, aquilo a que nossa cópia se refere, nunca é o objeto particular em sim, mas sua Ideia. Esta é semelhante a uma máscara que gera uma terceira realidade, um fantasma na máscara que não é o rosto escondido por trás dela. Nesse sentido preciso, a Ideia é a aparência *enquanto* aparência (como dizem Hegel e Lacan): a Ideia é algo que *aparece* quando a realidade (a cópia de primeiro nível ou imitação da Ideia) é ela mesma copiada. É isso que está na cópia, mais que o próprio original. Não admira que Platão reagisse com tanto pânico à ameaça da arte: como Lacan afirma no *Seminário XI*, a arte (enquanto cópia da cópia) não compete com os objetos materiais enquanto cópias "diretas", de primeiro nível, da Ideia; compete antes com a própria Ideia suprassensível. Devemos interpretar esse redobramento da realidade em seu sentido mais forte, como um aspecto fundamental da ontologia do nosso mundo: todo campo de realidade contém uma parte enquadrada, separada, que não é vivida como plenamente real, mas como ficção.

Esse corte na univocidade do ser, essa necessidade de suplementar a "realidade ordinária" com a ficção, não demonstra que a falta é primordial no que se refere à curvatura? Podemos gerar facilmente a curvatura a partir da falta e vice-versa. Por um lado, podemos conceber a curvatura (movimento rotatório da pulsão) como uma forma de evitar o impasse da falta primordial. O que vem primeiro é a falta: o Objeto incestuoso do desejo é sempre ausente, esquiva-se da apreensão do sujeito, e tudo o que o desejo pode alcançar são as metonímias da Coisa, nunca a Coisa em si. No entanto, esse repetido fracasso em alcançar a Coisa pode ser invertido em sucesso se a fonte do gozo for definida não como o alcance à Coisa, mas como a satisfação produzida pelo esforço repetido de chegar até ela. Isso nos leva à pulsão freudiana, cujo verdadeiro alvo não é seu fim (objeto), mas a repetida tentativa de atingi-lo (por exemplo, o que causa satisfação na pulsão oral não é o objeto [leite], mas o repetido ato de sugar). Desse modo, podemos conceber a curvatura, seu movimento circular, como ontologicamente secundária, como uma maneira de transformar o fracasso do desejo em sucesso.

Por outro lado, de maneira deleuziana, podemos conceber a experiência da própria falta como um tipo de ilusão de perspectiva, como uma equivocação do movimento rotatório da pulsão. Nesse caso, o que vem primeiro, o fato primordial, é o movimento rotatório da pulsão, como se seu movimento circular não trouxesse a satisfação em si, mas tivesse de ser interpretado como uma reação a uma falta primordial[13]. O que vem primeiro, então, a falta ou a curvatura? Hegel ou Espinosa? Essa escolha é uma armadilha que deve ser evitada: deveríamos insistir no fato de que a alternativa "falta ou curvatura" é uma espécie de difração primordial, uma paralaxe sem nenhuma prioridade.

É exatamente a propósito do tema do *clinamen* que podemos expor a lacuna que separa Hegel de Espinosa. A Substância espinosiana pode ser concebida como a força produtiva que gera a multiplicidade de *clinamina* e, como tal, é um ente

---

[13] Deleuze dá diversas descrições maravilhosas dessa reversão, em particular em seu ensaio sobre Kafka, em que interpreta a transcendência inacessível (Corte ou Castelo) que o herói tenta atingir (e fracassa) como uma má percepção invertida do excesso da produtividade imanente sobre seu objeto.

virtual totalmente imanente a seus produtos, presente e efetivo somente em seus produtos, nos *clinamina*. Para Hegel, no entanto, a pluralidade realmente existente dos *clinamina* pressupõe um *"clinamen"* mais radical – uma reversão ou negatividade – na própria Substância (e por isso a Substância tem de ser concebida também como Sujeito). Em termos gnósticos, a Queda, a lacuna entre Deus e a realidade, pressupõe uma reversão prévia no próprio Deus. O exemplo das modernidades alternativas nos ajudará a esclarecer esse ponto: para um espinosiano, a pluralidade de modernidades expressa o poder produtivo da Substância social capitalista; para um hegeliano, há uma pluralidade de modernidades porque a Substância social capitalista é em si "pervertida", antagônica. Então por que existe algo, em vez de nada? Porque o próprio nada é dividido em dois (o vácuo "falso" e o vácuo "verdadeiro", nos termos da física quântica[14]) – é essa tensão ou lacuna no vazio que o impele a gerar "algos".

Então de que maneira devemos pensar os dois momentos da negatividade unidos na palavra alemã *Verneinung*, o freudiano-espinosiano *ver* (*clinamen* e outras formas de deslocamento) e o mais radical hegeliano *nein* (corte, negação, vazio)? E se as duas dimensões forem reunidas na fórmula $-a de Lacan, que combina o vazio ou negatividade do sujeito com a mancha que turva a realidade? *Ver* representa a distorção anamórfica da realidade para a mancha que inscreve o sujeito na realidade, e *nein* é a lacuna, o buraco, na realidade. São dois lados da mesma moeda, ou antes os lados opostos de uma fita de Möbius: a correlação de espaço vazio com objeto excessivo. Não há lacuna sem protraimento ou distorção da realidade (nenhum sujeito sem seu equivalente objetal) e vice-versa, toda distorção anamórfica da realidade atesta um sujeito.

Seria possível descrever um tipo de estrutura subjacente que nos permita gerar a alternativa da falta e da curvatura? Talvez aqui a distinção entre os dois vácuos, o "falso" e o "real", seja útil na medida em que exprime uma estrutura mínima de desequilíbrio, de uma lacuna que separa uma coisa de si mesma, a qual pode ser operacionalizada na direção do vácuo "falso" (plena paz enquanto fim inatingível) ou do vácuo "verdadeiro" (equilíbrio do movimento circular). Talvez essa lacuna que separa os dois vácuos seja a última palavra (ou uma das últimas, pelo menos) que se pode dizer sobre o universo: um tipo de deslocamento ontológico primordial ou *différance*[15] por conta do qual, não importa quantas coisas boas possam surgir *sub specie aeternitatis*, o universo é desconjuntado e *eppur si muove*. Portanto,

---

[14] Para uma elaboração detalhada da noção de dois vácuos, ver o último capítulo deste livro.
[15] Embora seja possível acrescentar que, em sua virada teológico-política que relaciona o processo da *différance* à impossibilidade da justiça messiânica, Derrida privilegiou o lado do desejo/falta, concebendo o processo da *différance* como um eterno fracasso, uma falta com respeito ao objetivo da justiça messiânica, que, como a democracia, está sempre "por vir".

não basta dizer, em uma leitura radical de Espinosa, que a Substância nada mais é que o processo de seu *clinamen* – aqui, a Substância permanece Una, uma Causa imanente para seus efeitos. Aqui devemos dar um passo adiante e reverter a relação: não há Substância, somente o Real enquanto lacuna absoluta, não identidade, e os fenômenos particulares (modos) são Uns, muitas tentativas de estabilizar essa lacuna. (Isso também significa que o Real, em sua forma mais radical, não é um encontro contingente: o encontro é como o Real – o Real da lacuna absoluta – retorna dentro da realidade constituída como seu ponto sintomático de impossibilidade.)

Essa ideia de dois vácuos, no entanto, nos leva de volta a Hegel, à lacuna entre Substância e Sujeito sugerida na famosa fórmula que diz que o Absoluto é "não *só* Substância, mas *também* Sujeito". A totalidade hegeliana não é o ideal de um Todo orgânico, mas uma noção crítica – situar um fenômeno em sua totalidade não significa ver a harmonia oculta do Todo, mas incluir em um sistema todos os seus "sintomas", antagonismos e inconsistências como partes integrantes. Nessa leitura, o "vácuo falso" designa o Todo orgânico existente, com sua enganosa estabilidade e harmonia, enquanto o vácuo verdadeiro integra nesse Todo todos os excessos desestabilizadores que são necessários para sua reprodução (e, em última análise, provocam sua ruína). O processo dialético hegeliano, portanto, funciona como um repetido solapar de um "vácuo falso" por um vácuo "verdadeiro", como uma repetida mudança da Substância para o Sujeito. Em sua manifestação mais radical, essa lacuna aparece como o contraste ético mínimo entre as dialéticas budista e hegeliana, entre a obtenção da paz (Vazio, Simetria, Equilíbrio, Harmonia primordial ou qualquer que seja o nome) e o persistente *eppur si muove*. Desse modo, o budismo dá uma resposta radical *à* pergunta: "Por que existe algo, em vez de nada?". Só *há* o Nada, nada "realmente existe" – todos os "algos", todos os entes determinados, surgem apenas de uma ilusão subjetiva de perspectiva. O materialismo dialético, nesse aspecto, dá um passo adiante: *mesmo o Nada não existe* – se por "Nada" entendemos o abismo primordial em que todas as diferenças são obliteradas. No fundo, o que "existe" é apenas a Diferença absoluta, a Lacuna que repele a si mesma.

Para entendermos o elo radical entre o sujeito e o nada (o Vazio), devemos fazer uma leitura muito precisa da famosa afirmação de Hegel sobre a substância e o sujeito: não basta enfatizar que o sujeito não é um ente idêntico a si mesmo que existe positivamente, um ente que representa a incompletude da substância, seu movimento e antagonismo interior, o Nada que tolhe a substância por dentro e destrói sua unidade, dinamizando-a – a ideia mais bem dada pela observação de Hegel, a propósito da "inquietação" da unidade substancial, de que o Si é essa mesma inquietação ("*eben diese Unruhe ist das Selbst*"). A ideia de sujeito ainda pressupõe o Um substancial como ponto de partida, mesmo que esse Um seja sempre-já distorcido, cindido etc., e é esse mesmo pressuposto que deveria ser abandonado: no início (mesmo que seja mítico), não há nenhum Um substancial, mas o próprio

Nada; cada Um vem depois, surge por meio da autorrelação desse Nada. Em outras palavras, o Nada como negação não é primeiramente a negação de algo, de um ente positivo, mas a negação de si mesmo.

Hegel formulou essa ideia crucial no início do segundo livro de sua *Lógica* (sobre a "Essência"), quando trata da lógica da reflexão[16]. Hegel parte da oposição – constitutiva do conceito de essência – entre essência e seu aparecer no ser ilusório (*Schein*): "A imediatez da determinidade no ser ilusório em contraste com a essência não é consequentemente nada além da própria imediatez da essência"[17] – por baixo do fluxo do ser ilusório (da aparência: *Schein*), não há uma Essência substancial idêntica a si mesma: a imediatez do aparecer ilusório coincide com a imediatez da substância não ilusória, de seu "verdadeiro" ser; ou, em termos lacanianos, essência "é essa estrutura na qual o mais interior se conjuga com o mais exterior, revirando-se sobre si mesmo"[18]. Isso significa que tudo o que existe é o fluxo do ser ilusório, de suas determinações passageiras, e o nada por trás dele:

> Esses dois momentos, nomeadamente o nada, porém o nada que subsiste [*Bestehen*], e o ser, mas o ser enquanto um momento, ou ainda a negatividade em si e a imediatez refletida, que constituem os momentos do ser ilusório, são portanto *momentos da própria essência*; o que temos aqui não é uma exibição ilusória do ser *em* essência ou uma exibição ilusória da essência *em* ser; o ser ilusório em essência não é o ser ilusório de outro, mas é *ser ilusório em si, ser ilusório da essência em si*. O ser ilusório é essência em si na determinidade do ser.[19]

Hegel já havia feito essa afirmação em sua *Fenomenologia*, em que declarou que a essência suprassensível é aparência enquanto aparência; é isso que está na cópia, mais que o próprio original.

O sujeito hegeliano

Isso nos leva de volta à afirmação sobre a substância e o sujeito feita na introdução da *Fenomenologia do espírito*: Hegel não diz simplesmente que "Substância é Sujeito", e sim que não se deve conceber o Absoluto "*só* como Substância, mas

---

[16] Muitos intérpretes de Hegel – de maneira exemplar, Dieter Henrich em seu clássico ensaio "Hegels Logik der Reflexion" (em *Hegel im Kontext*, Frankfurt, Suhrkamp, 2010) – argumentaram que essa parte da *Lógica*, que articula a tríade da reflexão ponente–externa–determinante, fornece a matriz básica para o processo dialético como tal.
[17] G. W. F. Hegel, *Hegel's Science of Logic*, cit., p. 397.
[18] Jacques-Alain Miller, "Uma leitura do *Seminário, livro 16:* de um Outro ao outro", *Opção lacaniana*, n. 48, mar. 2007, p. 15.
[19] G. W. F. Hegel, *Hegel's Science of Logic*, cit., p. 397-8. A excelente tradução de A. V. Miller sofreu algumas correções nas citações que se seguem. [A tradução dos trechos mencionados segue as correções feitas por Slavoj Žižek no original. (N. T.)]

também como Sujeito". O Sujeito, portanto, não é meramente um momento subordinado da Substância, da totalidade substancial, tampouco a Substância é diretamente o Sujeito, de modo que não devemos afirmar sua identidade imediata ("Substância – a Origem de tudo, seu princípio fundador – é a força produtiva da negatividade autorrelativa que é o núcleo da subjetividade"; ou seja, a Substância em sua efetividade não é nada mais que o *sujeito em ação*). O sujeito é sempre-já relacionado a um conteúdo substancial heterogêneo – vem sempre depois como negação ou mediação desse conteúdo, como sua cisão ou distorção –, e esse caráter secundário deveria ser mantido até o fim, o sujeito jamais deveria ser diretamente alçado a Princípio fundador de toda a realidade.

Essa "contenção" do sujeito – a ideia de que a Substância = Sujeito de Hegel funciona como "juízo infinito" de dois termos incompatíveis e não como plena subjetivação da Substância, não como afirmação direta do Sujeito enquanto solo produtivo de toda a realidade, como agente que "consome" ou se apropria de tudo que existe – *não* deve ser interpretada como um compromisso mal elaborado, no sentido de que "subjetividade demais é autodestrutiva, então devemos manter a medida apropriada". Além de ser filosoficamente ingênua, essa posição de compromisso é errada: *o movimento para "conter" o sujeito é igual à plena afirmação de sua subjetividade*, pois, em sua forma mais elementar, o "sujeito" não é um agente substancial que gera toda a realidade, mas precisamente o momento do corte, do fracasso, da finitude, da ilusão, da "abstração". "Não só como Substância, mas também como Sujeito" *não* quer dizer apenas que a Substância é "realmente" uma força da automediação subjetiva etc., mas que a Substância é em si ontologicamente imperfeita, incompleta. Foi isso que Hegel viu claramente, em contraposição à tradição "subjetivista" que chega ao apogeu na ideia de Fichte a respeito do eu absoluto que põe a si mesmo: o sujeito não vem primeiro, ele não é um novo nome para o Um que a tudo fundamenta, mas sim o nome para a impossibilidade interior ou autobloqueio do Um.

Isso significa que a ilusão é necessária, inerente à verdade: *la verité surgit de la méprise* ("a verdade surge da equivocação"), como diz Lacan em sua expressão mais hegeliana, e é isso que o espinosiano não pode aceitar. O que este pode pensar e pensa é a necessidade do erro; o que não consegue aceitar é o erro ou a equivocação como imanente à verdade e anterior a ela – epistemológica e ontologicamente, o processo tem de começar com o erro, e a verdade só pode surgir depois, como um *erro repetido*, por assim dizer. Por quê? Porque, como vimos a propósito do Entendimento e da Razão, a verdade (Razão) não é uma correção do erro (das abstrações unilaterais do Entendimento), a verdade é *o erro como tal*, o que efetivamente fazemos quando (nos percebemos enquanto) cometemos um erro, de modo que o erro reside no próprio olhar que percebe o ato como um erro. Em outras palavras, a "Substância como Sujeito" de Hegel deveria ser lida, portanto, de maneira análoga à releitura que Lacan faz da famosa fórmula de Freud (*"wo es war soll ich werden"*), que também não deveria ser interpretada como uma busca da simples subjetivação da substância inconsciente ("Eu deveria me apropriar do meu inconsciente"), mas como o reconhecimento do meu lugar dentro dele, de que o sujeito só existe pela inconsistência do inconsciente.

Para recapitular, o tema hegeliano da Substância como Sujeito significa que o Absoluto *enquanto* Real não é simplesmente diferente ou diferenciado dos entes finitos – o Absoluto *não é senão* essa diferença. Em sua forma mais elementar, o Real é a própria não identidade: a impossibilidade de X (vir a) ser "plenamente si mesmo". O Real não é o intruso ou obstáculo externo que impede a realização da identidade de X consigo mesmo, mas a impossibilidade absolutamente imanente dessa identidade. Não é que X não possa se realizar plenamente como X, porque um obstáculo externo o estorva – a impossibilidade vem primeiro, e o obstáculo externo acaba materializando essa impossibilidade. Como tal, o Real é opaco, inacessível, fora de alcance *e* inegável, impossível de ser contornado ou removido; nele, falta e excesso coincidem. Essa sobreposição *parece* estranha à dialética: sua coincidência de opostos não parece ser da mesma natureza que as reversões e mediações do processo dialético. O Real é antes o Fundo pré-lógico abissal, opaco e indeterminado, que sempre-já está lá, pressuposto por cada processo propriamente dialético. Não surpreende que nesse momento nos lembremos de Schelling, que em sua crítica da filosofia "negativa" de Hegel tematizou o Fundamento pré-lógico do Ser como uma positividade opaca e ao mesmo tempo inevitável. Mas será que é realmente isso?

A aposta hegeliana é que o processo dialético põe retroativamente esse Fundo pressuposto como sinal de sua própria incompletude. Ou seja, em Hegel, o começo tem o *status* do Real lacaniano, que é sempre-já perdido, deixado para trás, mediado etc., e, no entanto, é ao mesmo tempo algo do qual jamais nos livramos, algo que persiste para sempre, que continua nos perseguindo. Por exemplo, a *jouissance* enquanto real é perdida para quem reside na ordem simbólica, nunca é dada diretamente e assim por diante; contudo, a própria perda do gozo gera um gozo próprio, um mais-gozar (*plus-de-jouir*), de modo que a *jouissance* é ao mesmo tempo algo sempre-já perdido e algo do qual jamais podemos nos livrar. O que Freud chamou de compulsão à repetição é fundamentado nessa condição radicalmente ambígua do Real: o que se repete é o próprio Real, que, perdido desde o início, persiste em retornar de novo e de novo.

O início hegeliano não teria o mesmo *status*, principalmente quando trata do início da filosofia? Este parece se repetir de novo e de novo: espiritualidade oriental, Parmênides, Espinosa, tudo representa o gesto inaugural da filosofia que tem de ser deixado para trás, se quisermos progredir na longa trajetória da Substância para o Sujeito. No entanto, esse início não é um obstáculo que nos retrai, mas o próprio motivador ou instigador do "desenvolvimento": o verdadeiro desenvolvimento – a passagem para um novo nível – ocorre apenas por meio de um repetido ajuste de contas com o gesto inaugural. O início, portanto, é o que Fichte chamou de *Anstoss*: obstáculo e instigação ao mesmo tempo. O gesto inaugural sempre se repete em um novo disfarce: o início oriental (China e Índia, a primeira versão de Ser e Nada) representa o abismo pré-filosófico da mitologia caótica, Parmênides representa o início filosófico propriamente dito, a ruptura com a mitologia e a afirmação conceitual do Um, ao passo que Espinosa designa o início moderno (Substância como receptáculo de prósperas multiplicidades). Por que Parmênides – que afirma que somente existe o Ser, o Um – não é oriental? Por que é o primeiro filósofo ocidental? A diferença não está no nível do conteúdo, mas no nível da forma: Parmênides diz o mesmo que os orientais, mas *o diz* de forma conceitual. Ao declarar que "o Ser é e o Não-Ser não é", ao afirmar a unidade do ser e do pensamento, ele introduz no Um a diferença, uma mediação formal mínima, em contraposição ao Um oriental, que é um abismo completo, e também nem é nem não é[20]. A diferença entre o pensamento oriental e o pensamento de Parmênides é, portanto, a diferença entre Em-si e Para-si: Parmênides é o primeiro "dogmático" no sentido de Chesterton. Este escreveu *Ortodoxia* como uma resposta às críticas a seu livro anterior, *Hereges* (1908); no último parágrafo de "Observações finais sobre a importância da Ortodoxia", último capítulo de *Hereges*, ele diz:

> As verdades se transformam em dogmas no instante em que são contestadas. Assim, todo homem que expressa uma dúvida descreve uma religião. E o ceticismo de nosso tempo não destrói as crenças, ao contrário, as cria; define-lhes os limites e a forma simples e desafiante. Nós, que somos liberais, outrora acreditávamos no liberalismo como um leve truísmo. Nós, que acreditávamos no patriotismo, antes o considerávamos razoável, e pensávamos pouco a esse respeito. Agora que sabemos que é incompreensível, o consideramos correto. Nós, que somos cristãos, nunca nos daremos conta do grande senso comum filosófico inerente àquele mistério, até que os escritores anticristãos nos chamem a atenção. A grande marcha da destruição mental continuará. Tudo será negado. Tudo se tornará um credo. É razoável negar a existência das pedras da rua; será um dogma religioso declará-lo.[21]

Trata-se de uma visão profundamente hegeliana: não devemos confundir dogma com a aceitação pré-reflexiva imediata de uma atitude. Os cristãos da Idade Média não eram "dogmáticos" (assim como é absurdo dizer que os gregos antigos

---

[20] Aqui encontramos mais uma vez o obscurecimento retroativo das articulações, isto é, a transformação do passado em uma matéria amorfa: para Hegel, o que temos antes de Parmênides é uma multiplicidade caótica sem nenhuma articulação conceitual interna, como a mistura arbitrária de objetos (deuses, animais, símbolos etc.) na mitologia indiana.

[21] G. K. Chesterton, *Hereges*, cit., p. 271.

acreditavam "de maneira dogmática" em Zeus e outras divindades do Olimpo: elas simplesmente faziam parte de seu mundo vivido), tornaram-se "dogmáticos" somente quando a Razão moderna começou a duvidar das verdades religiosas. Uma posição "dogmática" é sempre-já mediada por seu oposto, e é também por isso que o fundamentalismo contemporâneo é de fato "dogmático": ele se apega aos artigos de fé contra a ameaça do racionalismo moderno secular. Em suma, o "dogma" já é o resultado da decomposição de um Todo substancial orgânico. Hegel descreve essa decomposição como um movimento duplo. Primeiro, há a "autonomização" daquilo que originalmente eram apenas predicados acidentais da Substância – recordemos a famosa passagem da *Fenomenologia*:

> O círculo, que fechado em si repousa, e retém como substância seus momentos, é a relação imediata e portanto nada maravilhosa. Mas o fato de que, separado de seu contorno, o acidente como tal – o que está vinculado, o que só é efetivo em sua conexão com outra coisa – ganhe um ser-aí próprio e uma liberdade à parte, eis aí a força portentosa do negativo.[22]

Segundo, há a automatização oposta da própria unidade substancial: a Substância não funciona mais como receptáculo – unidade mediadora – de seu conteúdo particular, mas põe-se ou afirma a si mesma como unidade negativa desse conteúdo, como o poder de destruição de todas as suas determinações particulares – essa negatividade repousa na base da liberdade espiritual, visto que o espírito é "formalmente a *liberdade*, a absoluta negatividade do conceito enquanto identidade consigo. Segundo essa determinação formal, ele *pode* abstrair de todo o exterior e de sua própria exterioridade, de seu próprio ser-aí"[23]. Essa negatividade autorrelativa da substância, sua autocontradição com um ponto vazio, é a *singularidade* em oposição à particularidade. Nesse aspecto, o propósito especulativo é pensar esses dois movimentos juntos: os acidentes de uma substância adquirem existência própria, destacando-se de seu Todo substancial, somente na medida em que a própria Substância se reduz ou se contradiz ao ponto da singularidade. A lacuna, ou afrouxamento dos elos, entre a Substância e seus acidentes (determinações particulares) pressupõe a "contradição" radical, no cerne da própria Substância, entre sua plenitude e seu vazio, entre sua oniabrangente e oniexcludente relação consigo própria, entre S e $, (sujeito enquanto Substância "barrada", Substância destituída de conteúdo). A expressão concreta desse elo é a identidade especulativa entre o sujeito (o vazio da negatividade que se relaciona consigo mesma) e um aspecto acidental da Substância autonomizada em um "órgão sem corpo": esse "objeto parcial" é correlato do "puro" sujeito. Aqui,

---

[22] G. W. F. Hegel, *Fenomenologia do espírito*, cit., parte I, § 32, p. 38.
[23] Idem, *Enciclopédia das ciências filosóficas em compêndio*, v. 3, cit., § 382, p. 23.

devemos opor o sujeito àquilo a que nos referimos em geral como "pessoa": "pessoa" representa a riqueza substancial de um Si, ao passo que sujeito é a substância contraída ao ponto singular da negativa relação consigo mesmo. Nesse aspecto, devemos ter em mente que os dois pares, sujeito-objeto e pessoa-coisa, formam um quadrado semiótico greimasiano. Ou seja, se tomamos o "sujeito" como ponto de partida, ele tem dois opostos: seu contrário (correlativo) é, obviamente, o "objeto", mas sua "contradição" é a "pessoa" (a riqueza "patológica" da vida interior em oposição ao vazio da pura subjetividade). De maneira simétrica, o correlativo oposto de uma "pessoa" é uma "coisa", e sua "contradição" é o sujeito. "Coisa" é algo incorporado em um mundo vivido concreto, no qual toda a riqueza do significado do mundo vivido ecoa, enquanto "objeto" é uma "abstração", algo extraído de sua incorporação no mundo vivido.

O sujeito não é correlato de uma coisa (ou, mais precisamente, de um corpo): a pessoa habita em um corpo, ao passo que o sujeito é o correlato de um objeto (parcial), um órgão sem corpo. Contra a ideia consagrada de pessoa-coisa como totalidade do mundo vivido a partir da qual o par sujeito-objeto é inferido, deveríamos insistir no par sujeito-objeto (em lacanês, $-a$, sujeito barrado acoplado ao "objeto a") enquanto primordial – o par pessoa-coisa é sua "domesticação" secundária. O que se perde nessa passagem do sujeito-objeto para a pessoa-coisa é a relação torcida da fita de Möbius: "pessoas" e "coisas" fazem parte da mesma realidade, ao passo que o objeto é o equivalente impossível do próprio sujeito. Atingimos o objeto quando percorremos até o fim o lado do sujeito (sua representação significante) na fita de Möbius e chegamos ao outro lado do mesmo ponto de onde partimos. Portanto, deveríamos rejeitar o tema da personalidade como uma unidade corpo-alma ou um Todo orgânico que é desmembrado no processo de reificação e alienação: o sujeito surge da pessoa como produto da redução violenta do corpo da pessoa a um objeto parcial[24].

Sendo assim, quando Hegel escreve que o conceito é um "livre conceito subjetivo que está para si e, portanto, possui *personalidade* – o conceito prático e objetivo, determinado em si e para si que, como pessoa, é subjetividade atômica impenetrável"[25], ele parece criar um curto-circuito sem sentido entre o domínio lógico-abstrato dos conceitos, das determinações conceituais, e o domínio psi-

---

[24] Devemos ter em mente que a ideia freudiana de "objeto parcial" não é a de um elemento ou constituinte do corpo, mas um órgão que *resiste* a sua inclusão no Todo de um corpo. Esse objeto, que é correlato do sujeito, é o substituto do sujeito dentro da ordem da objetividade: é o proverbial "pedaço de carne", aquela parte do sujeito que o sujeito tem de renunciar para se descobrir como sujeito. Não era isso que Marx visava quando escreveu sobre o advento da consciência de classe do proletariado? A subjetividade proletária só surge quando o trabalhador é reduzido a um equivalente em dinheiro, vendendo a mercadoria "força de trabalho" no mercado.

[25] G. W. F. Hegel, *Hegel's Science of Logic*, cit., p. 824. Tradução ligeiramente modificada.

cológico da personalidade, das pessoas reais. No entanto, em uma análise mais detalhada, percebemos claramente o seguinte: a personalidade em sua "subjetividade atômica impenetrável", o abismo ou vazio do "eu" para além de todas as minhas propriedades positivas, é uma singularidade *conceitual*: é a abstração "efetivamente existente" do conceito, isto é, nela o poder negativo do conceito adquire existência atual, torna-se "para si". E o $ de Lacan, o "sujeito barrado", é exatamente essa singularidade conceitual, uma singularidade destituída de conteúdo psicológico. É nesse sentido preciso que Hegel escreve: "A singularidade é sua [própria] passagem, de seu conceito a uma realidade exterior; é o esquema puro"[26]. Cada palavra traz todo seu peso nessa proposição precisa e concisa. O sujeito em sua unicidade, longe de representar a singularidade da existência irredutível a qualquer conceito universal (ideia modificada infinitas vezes na crítica de Kierkegaard a Hegel), representa exatamente o oposto: o modo como a universalidade de um conceito se transpõe para a "realidade externa", adquire existência efetiva como parte dessa realidade temporal. É claro que o viés propriamente dialético aqui é que a universalidade adquire existência efetiva disfarçada de seu oposto – o retraimento do múltiplo da realidade em pura singularidade. Como a realidade externa é definida por suas coordenadas espaço-temporais, o sujeito, em sua efetividade, tem de existir no tempo, como a autossupressão do espaço no tempo; e, como ele é o conceito que adquire existência temporal, essa temporalidade só pode ser a de um "esquema" no sentido kantiano do termo, ou seja, a forma temporal *a priori* que serve de mediadora entre a universalidade conceitual atemporal e a "realidade externa" espaço-temporal. Consequentemente, como a realidade externa é correlativa ao sujeito que a constitui de maneira transcendental, esse sujeito é o "puro esquema" dessa realidade – *não* apenas seu horizonte transcendental, o quadro das categorias *a priori* da Razão, mas também seu *esquema*, a forma *a priori* da própria finitude temporal, *o horizonte temporal do próprio a priori atemporal*. Nisso consiste o paradoxo (que Heidegger foi o primeiro a identificar, em *Kant and the Problem of Metaphysics* [Kant e o problema da metafísica]): o puro eu como agente da síntese transcendental não está "acima" das categorias atemporais da razão, mas sim do "esquema" da finitude temporal que delimita o campo de sua aplicação.

Mas não é o sujeito que, pela síntese transcendental, "sutura" a realidade em um Todo consistente, uma nova versão da Identidade que abarca seu oposto? Nesse sentido, a negatividade radical não está transformada no fundamento de uma nova identidade? Há um paralelo entre a crítica de Foucault à leitura que Derrida faz do cogito cartesiano e a crítica "pós-moderna" à ideia hegeliana de

---

[26] Idem, *Fenomenologia do espírito*, cit., parte I, § 236, p. 156.

contradição, à série diferença-oposição-contradição. Para Foucault, Descartes (e, depois dele, Derrida) avança da loucura para a dúvida universal enquanto versão mais "radical" da loucura, anulando-a, desse modo, no cogito racional. O contra-argumento de Foucault é que a loucura não é "menos" e sim *mais* radical que a noção de dúvida universal, que a passagem da loucura para o sonho *exclui* silenciosamente o excesso insuportável da loucura. De maneira homóloga, Hegel parece "radicalizar" diferença em oposição e depois oposição em contradição; no entanto, esse "progresso" anula de modo eficaz o que há de perturbador na noção de diferença para os filósofos monistas: a noção de heterogeneidade radical, de uma alteridade externa totalmente contingente que não pode ser relacionada de modo dialético à interioridade do Um. Com a passagem da diferença (simples e externa) para a oposição (que já relaciona inerentemente as unidades opostas) e depois para a contradição (em que a lacuna é posta *dentro* do Um, enquanto cisão inerente ou inconsistência de si), é preparado o caminho para a autossuprassunção da diferença e para o retorno do Um capaz de interiorizar – e, assim, "mediar dialeticamente" – todas as diferenças.

Laclau também segue essa linha crítica quando, ao tratar do Real, parece oscilar entre o conceito formal de Real como antagonismo e o conceito mais "empírico" do Real como aquilo que não pode ser reduzido a uma oposição formal: "a oposição A–B jamais se tornará plenamente A–não A. A 'B-dade' de B será, em última análise, não dialetizável. O 'povo' sempre será algo mais que o mero contrário do poder. Há um Real do 'povo' que resiste à integração simbólica"[27]. Está claro que a pergunta crucial é: qual é exatamente o caráter desse excesso do "povo" que é "mais que o mero contrário do poder"? *O que* do "povo" resiste à integração simbólica? Será apenas a riqueza de suas determinações (empíricas ou outras)? Se for esse o caso, então *não* estamos lidando com um Real que resiste à integração simbólica, pois o Real aqui é exatamente o antagonismo A–não A, de modo que "aquilo que há em B mais do que em A" não é o Real em B, mas as determinações simbólicas de B. Visto que Laclau, é claro, admite perfeitamente que cada Unicidade é cindida por uma lacuna inerente, o dilema é o seguinte: a inerente impossibilidade de o Um atingir a plena identidade-de-si seria resultado do fato de ele ser sempre afetado pelos Outros heterogêneos, ou será que o fato de o Um ser afetado pelos Outros é uma indicação de como ele é cindido ou tolhido em si mesmo? A única forma de "salvar o Real" é afirmar a primazia da cisão interna: o fato primordial é o impedimento interior do Um; os Outros heterogêneos simplesmente materializam esse impedimento, ou ocupam o lugar dele – e é por isso que, mesmo que sejam aniquilados, a impossibilidade (de o Um atingir sua plena identidade-de-si)

---

[27] Ernesto Laclau, *On Populist Reason* (Londres, Verso, 2005), p. 152.

permanece. Em outras palavras, se a intrusão dos Outros heterogêneos fosse o fato primordial, a aniquilação desses obstáculos externos permitiria que o Um realizasse sua plena identidade-de-si[28].

Saber Absoluto

É somente essa noção especulativa de identidade que nos permite apreender a verdadeira essência da crítica de Hegel a Kant, ou seja, sua rejeição da necessidade de um quadro formal-transcendental *a priori* como medida ou padrão que nos permitiria julgar, desde o princípio, a validade de todo conteúdo (cognitivo, ético ou estético): "não precisamos trazer conosco padrões de medida, e nem aplicar na investigação nossos achados e pensamentos, pois deixando-os de lado é que conseguiremos considerar a Coisa como é em si e para si"[29]. Isso é que Hegel quer dizer com idealismo "absoluto": não a capacidade mágica do Espírito de gerar todo conteúdo, mas a completa passividade do Espírito: adotando a postura do "Saber Absoluto" (SA), o sujeito não questiona se o conteúdo (algum objeto particular de investigação) corresponde a um padrão *a priori* (de verdade, bondade, beleza); ele deixa que o conteúdo avalie a si mesmo, por seus próprios padrões imanentes, e assim autoriza a si mesmo. A postura do "Saber Absoluto", portanto, coincide perfeitamente com todo o historicismo (absoluto): não há um "grande Outro" transcendental, não há critérios que possamos aplicar aos fenômenos históricos para julgá-los; todos esses critérios devem ser imanentes aos próprios fenômenos. É contra esse pano de fundo que devemos entender a afirmação "quase kafkaesca" (Pippin) na *Estética* de Hegel, de que o retrato de uma pessoa pode ser "mais semelhante ao indivíduo do que o indivíduo efetivo mesmo"[30], o que implica que a própria pessoa nunca é plenamente "ela mesma", não coincide com seu conceito.

---

[28] A "lógica do significante" de Lacan até nos incita a dar um passo adiante e afirmar que a identidade-de-si de um ente implica esse impedimento ou cisão interior do ente: a "identidade-de-si" envolve o gesto reflexivo de identificar um ente com o vazio de seu lugar estrutural, o vazio preenchido pelo significante que identifica esse ente – "A = A" só pode ocorrer dentro da ordem simbólica, em que a identidade de A é garantida/constituída pelo "traço unário" que marca (representa) o vazio em seu núcleo. "Você é John" significa: o núcleo de sua identidade é o abissal *je ne sais quoi* designado por seu nome. Isso não quer dizer apenas que toda identidade é sempre tolhida, frágil, fictícia (no que se refere ao mantra "desconstrucionista" pós-moderno): *a própria identidade é, stricto sensu*, a marca de seu oposto, de sua própria falta, do fato de que o ente afirmado como idêntico a si *carece* de plena identidade.

[29] G. W. F. Hegel, *Fenomenologia do espírito*, cit., § 84, parte I, p. 70.

[30] Idem, *Curso de estética III* (trad. Marco Aurélio Werle e Oliver Tolle, São Paulo, Edusp, 2002), p. 257.

Essa noção de SA já está fundamentada na definição hegeliana de Consciência-de-si, na passagem da Consciência para a Consciência-de-si (na *Fenomenologia*). Primeiro, a Consciência passa pelo fracasso de apreender o Em-si: o Em-si se esquiva repetidas vezes do sujeito, todo o conteúdo que supostamente pertence ao Em-si revela-se como algo que foi colocado lá pelo próprio sujeito, de modo que este fica cada vez mais preso à rede de suas próprias fantasmagorias. O sujeito passa da atitude de Consciência para a Consciência-de-si quando assume reflexivamente esse fracasso como um resultado positivo, transformando o problema em sua própria solução: o mundo do sujeito *é* o resultado de seu próprio "pôr-se"[31]. É também dessa maneira que Hegel resolve a aparente contradição entre a reflexividade da arte moderna e o advento da "natureza morta" ou da pintura de paisagens, ou seja, representações da natureza em sua "manifestação mais espiritual": sua solução é que o objeto de atenção propriamente dito é a pintura de paisagem em si, não a paisagem natural como tal[32] – essas pinturas são realmente pinturas sobre a própria pintura, um equivalente visual dos poemas ou romances sobre a escrita literária, pois o que admiramos na pintura de um peixe morto em cima de uma mesa de cozinha é o artifício do pintor, cuja maestria é exibida[33].

Fazendo um parêntese, um peixe morto é um bom exemplo por outra razão bem diferente: o que torna um peixe morto um mistério são seus olhos, que continuam a nos fitar, e isso nos leva a outra consequência inferida por Hegel, ainda mais ousada e quase surreal. Mesmo quando retrata objetos naturais, a pintura trata sempre do espírito, do material aparente do espírito. No entanto, há um órgão privilegiado do corpo humano em que o espírito reverbera de maneira mais direta: o olho como "janela da alma humana", como aquele objeto que, quando olhamos dentro dele, deparamos com o abismo da vida interior da pessoa. A conclusão dessas duas premissas é que, na medida em que a arte cria objetos naturais que são "animados" (*beseelt*), na medida em que, numa pintura, todos os objetos se imbuem de significado humano, é como se o tratamento artístico transformasse toda superfície visível em um olho, de modo que, quando olhamos para uma pintura, olhamos para um "Argos de mil olhos"[34]. Assim, a obra de arte torna-se

---

[31] Adorno não apresenta um argumento semelhante quando afirma que a constituição transcendental kantiana é um termo errôneo ou, mais precisamente, uma interpretação positiva dada a uma limitação, ou seja, o fato de o sujeito não ser capaz de chegar além de seu horizonte subjetivo?

[32] G. W. F. Hegel, *Curso de estética I*, cit., p. 50-1.

[33] É por isso que em seu *História e consciência de classe* Lukács é profundamente hegeliano quando usa "consciência(-de-si)" não como um termo para a percepção ou recepção/representação passiva, mas para se referir à unidade de intelecto e vontade: a "consciência(-de-si)" é inerentemente prática, muda seu sujeito-objeto – uma vez que atinge sua consciência de classe adequada, a classe trabalhadora se transforma em um sujeito revolucionário efetivo em sua realidade social.

[34] G. W. F. Hegel, *Curso de estética I*, cit., p. 166.

uma monstruosidade de olhos que nos olham de todos os lados – daí podermos dizer que a beleza artística é, como afirma Lacan no *Seminário XI*, exatamente uma tentativa de cultivar, domar essa dimensão traumática do olhar do Outro, "pôr o olhar para repousar".

E o que Hegel chama de Saber Absoluto (*Wissen*, não *Erkenntniss* ou conhecimento) não seria o ponto final dessas reversões, quando o sujeito depara com a limitação final, a limitação como tal, que não pode mais ser invertida em uma autoafirmação produtiva? O Saber Absoluto, portanto, "não significa 'saber tudo'. Antes significa: reconhecer as próprias limitações"[35]. O "Saber Absoluto" é o reconhecimento final de uma limitação que é "absoluta" no sentido de não ser determinada ou particular, não é um limite "relativo" ou um obstáculo ao nosso conhecimento que possamos perceber com nitidez e situar como tal. É invisível "como tal" porque é a limitação de todo o campo como tal – o encerramento do campo que, de dentro do próprio campo (e, por definição, estamos sempre dentro dele, porque de certa forma esse campo "somos" nós mesmos), só pode parecer seu oposto, a própria abertura do campo. Aqui termina a responsabilidade dialética: o sujeito não pode mais jogar o jogo da "experiência da consciência", comparando o Para-nós com o Em-si e assim subvertendo ambos, pois não há mais nenhuma forma do Em-si disponível como medida da verdade do Para-nós. De maneira surpreendente, Hegel junta-se aqui à crítica que Fichte faz da Coisa em si de Kant. O problema do Em-si, portanto, deveria ser radicalmente transformado: se, pelo Em-si, nós compreendemos o X transcendente a que se referem nossas representações, então esse X só pode ser um vazio do Nada; isso, no entanto, não implica a não existência de um real, a existência de apenas nossas representações subjetivas. Todo ser determinado é relacional, as coisas só são o que são em relação à alteridade ou, como afirma Deleuze, a distorção de perspectiva está inscrita na própria identidade da coisa. O Real não está lá fora, como o X transcendente e inacessível jamais atingido por nossas representações; o Real está aqui, como obstáculo ou impossibilidade que tornam nossas representações imperfeitas e inconsistentes. O Real não é o Em-si, mas o próprio obstáculo que distorce nosso acesso ao Em-si, e esse paradoxo nos dá a chave para o que Hegel chama de "Saber Absoluto".

O Saber Absoluto, portanto, leva ao extremo a impossibilidade de uma metalinguagem. Em nossa experiência ordinária, confiamos na distinção entre Para-nós e Em-si: tentamos traçar a linha entre como as coisas aparecem para nós e como elas são em si mesmas, fora da relação que têm conosco: distinguimos as propriedades secundárias das coisas (que só existem para nós, como a cor ou o sabor) de suas

---

[35] Robert C. Solomon, *In the Spirit of Hegel* (Oxford, Oxford University Press, 1983), p. 639.

propriedades primárias (forma etc.), que caracterizam as coisas como elas são em si mesmas; no fim dessa estrada está o puro formalismo matemático da física quântica como o único Em-si (totalmente não intuitivo) que nos é acessível. O resultado, no entanto, torna visível ao mesmo tempo o paradoxo subjacente a todas as distinções entre o Em-si e o Para-nós: o que pomos como o "Em-si" das coisas é produto do trabalho de pesquisa científica realizado durante séculos – em suma, é preciso muita atividade subjetiva (experimentação, criação de novos conceitos etc.) para chegar ao que é "objetivo". Desse modo, os dois aspectos – o Em-si e o Para-si – revelam-se dialeticamente mediados – como diz Hegel, ambos (junto com sua distinção) "incorrem na consciência". O que Hegel chama de "Saber Absoluto" é o ponto em que o sujeito assume plenamente essa mediação, quando abandona o projeto inatingível de assumir uma posição a partir da qual ele poderia comparar sua experiência subjetiva e o modo como as coisas são independentemente de sua experiência – em outras palavras, Saber Absoluto é um nome para a aceitação da limitação absoluta do círculo de nossa subjetividade, da impossibilidade de sairmos dela. Aqui, no entanto, devemos fazer uma ressalva fundamental: essa aceitação não resulta de modo nenhum em uma espécie de solipsismo subjetivista (individual ou coletivo). Devemos deslocar o Em-si do "exterior" fetichizado (com respeito à mediação subjetiva) para a própria lacuna entre o subjetivo e o objetivo (entre o Para-nós e o Em-si, entre as aparências e as Coisas em si). Nosso saber é irredutivelmente "subjetivo" não porque somos para sempre separados da realidade em si, mas precisamente porque fazemos parte dessa realidade, porque não podemos sair dela e a observarmos "objetivamente". Longe de nos separar da realidade, a própria limitação do nosso saber – seu caráter inevitavelmente distorcido, inconsistente – atesta nossa inclusão na realidade.

É lugar-comum opor o "ridículo" Saber Absoluto de Hegel a uma abordagem cética e modesta que reconhece o excesso da realidade sobre cada conceituação. Mas e se Hegel for muito mais modesto? E se o seu Saber Absoluto for a afirmação de um encerramento radical: não há metalinguagem, não podemos subir em nossos próprios ombros e ver nossas limitações, não podemos relativizar ou historicizar a nós mesmos? O que é realmente arrogante, como Chesterton deixou claro, é exatamente essa relativização de si, a atitude de "saber das próprias limitações", de não concordar consigo mesmo – como na "sábia" ideia comum de que só podemos abordar a realidade de maneira assintótica. O Saber Absoluto de Hegel nos priva exatamente dessa mínima distância de nós mesmos, a capacidade de nos colocarmos a uma "distância segura" do nosso próprio lugar.

Isso nos leva à difícil questão levantada por Catherine Malabou em *The Future of Hegel*: a questão da historicidade do próprio sistema hegeliano. Há passagens em Hegel (não muitas, mas em número suficiente para ser consideradas sistemáticas) que desvirtuam explicitamente a noção de "fim da história", demonstrando que ele não pensava de maneira nenhuma que, em seu momento histórico, a história tivesse chegado ao fim. Mesmo no fim de seu "sistema", na conclusão de *Lectures on the History of Philosophy* [Lições sobre a história da filosofia], ele declara suscintamente que este é, *por enquanto*, o estado do conhecimento: "*Dies ist nun der Standpunkt der jetzigen Zeit, und die Reihe der geistigen Gestaltungen ist* für jetzt *damit geschlossen*"[36] ("Esse é o ponto de vista atual do nosso tempo, e a série de formações espirituais, por essa razão, está por ora encerrada"). Note-se a tripla relativização histórica (*atual, nosso tempo, por ora*), uma insistência excessiva que torna a declaração quase sintomática. Uma coisa é certa aqui: definitivamente Hegel também aplicava a si mesmo as famosas linhas do prefácio de sua *Filosofia do direito*:

> No que concerne ao indivíduo, cada um é de toda maneira filho de seu tempo; assim a filosofia é também seu tempo apreendido em pensamentos. É tão insensato presumir que uma filosofia ultrapasse seu mundo presente quanto presumir que um indivíduo salte além de seu tempo, que salte sobre Rodes. Se sua teoria de fato está além, se edifica um mundo tal como ela deve ser, esse mundo existe mesmo, mas apenas no seu opinar – um elemento maleável em que se pode imaginar qualquer coisa.[37]

Há inúmeras provas de que esse não é apenas um reconhecimento formal. Na introdução de *Lectures on the Philosophy of World History*, ele conclui que "os Estados Unidos, portanto, são o país do futuro, e sua importância histórico-mundial ainda será revelada nas eras vindouras"[38], e faz uma declaração semelhante sobre a Rússia: ambos são Estados "imaturos", Estados que ainda não atingiram a plena efetivação de sua forma histórica. Até mesmo em sua criticadíssima filosofia da natureza, ele reconhece sua própria limitação condicionada pela história: "deve-se ficar satisfeito com o que, de fato, até agora se pode compreender. Há muita coisa que ainda não é possível compreender"[39]. Em todos esses casos, Hegel assume, "por um momento, um ponto de vista exterior com respeito à história (universalmente abrangente) que está contando e anuncia que, em algum momento posterior, uma história (universalmente abrangente) mais articulada estará disponível"[40] – de que modo, e de qual posição, ele pode fazer isso? De onde vem esse excesso ou essa sobra do senso comum historicista, que relativiza as mais elevadas ideias especulativas? Está claro que não há espaço para isso *dentro* da narrativa filosófica hegeliana.

---

[36] G. W. F. Hegel, *Vorlesungen über die Geschichte der Philosophie* (Leipzig, Philipp Reclam, 1971), v. 3, p. 628.
[37] Idem, *Linhas fundamentais da filosofia do direito* (trad. Paulo Meneses et. al., São Leopoldo, Ed. Unisinos, 2010), p. 43. [Doravante *Filosofia do direito*.]
[38] Idem, *Lectures on the Philosophy of World History. Introduction: Reason in History* (trad. H. B. Nisbet, Cambridge, Cambridge University Press, 1975), p. 170.
[39] Idem, *Filosofia da natureza*, cit., § 268, p. 87.
[40] Ermanno Bencivenga, *Hegel's Dialectical Logic* (Oxford, Oxford University Press, 2000), p. 75.

Seria *esta* a tarefa de uma "reversão materialista hegeliana" propriamente dita: introduzir essa relativização de si *dentro* do próprio "sistema"? Reconhecer traços que hoje, para nós, *continuam sendo* traços ilegíveis; reconhecer a irredutível lacuna paraláctica entre múltiplas narrativas (dos poderosos, dos oprimidos...) que não podem ser reunidas etc.? Mas e se essa conclusão, por mais convincente que pareça *prima facie*, for precipitada? E se não houver oposição externa entre o "eterno" Sistema de Conhecimento e sua relativização (de si) historicista? E se essa relativização (de si) não vier de fora, mas estiver inscrita no próprio núcleo do Sistema? O verdadeiro "não-Todo", portanto, não deve ser buscado na renúncia da sistematicidade que pertence ao projeto da "dialética negativa", na afirmação da finitude, dispersão, contingência, hibridez, multitude etc., mas *na ausência de qualquer limitação externa que nos permita construir e/ou validar elementos com respeito a uma medida externa*. Interpretado dessa maneira, o infame "fechamento do sistema hegeliano" é estritamente correlativo a(o anverso de) sua completa relativização (de si): o "fechamento" do Sistema *não* quer dizer que não há nada fora do Sistema (noção ingênua de Hegel como o indivíduo que alegou ter atingido o "conhecimento absoluto de tudo"); quer dizer que *somos para sempre incapazes de "reflexivizar" esse Exterior, de inscrevê-lo dentro do Interior*, mesmo no modo puramente negativo (e enganosamente modesto, autodepreciativo) de reconhecer que a realidade é uma Alteridade absoluta, que engana eternamente nossa apreensão conceitual.

Do início ao fim de seu *Persistence of Subjectivity*, Pippin faz uma distinção entre o Hegel atual, limitado historicamente, e o que ele (uma vez) chamou de "Hegel eterno"; com isso, ele não quer mostra uma verdade eterna e trans-histórica de Hegel, mas sim o modo como cada época pós-hegeliana tem de reinventar a posição do "Saber Absoluto" para fazer a pergunta: como Hegel teria contextualizado nossa condição, como é possível ser hegeliano hoje em dia? Por exemplo, Pippin tem plena consciência de que a resposta de Hegel para a crise social de sua época (a ideia de monarquia constitucional organizada em "estamentos") não é "praticável" hoje em dia, não cumpre a tarefa de produzir a "reconciliação" dos *nossos* antagonismos. No entanto, o que podemos elaborar é uma "reconciliação" hegeliana (mediação dialética) das tensões de *hoje*. Ou, no caso da arte abstrata (podemos afirmar que esse é o exemplo mais brilhante de Pippin), é claro que Hegel não a previu, não há nenhuma teoria de arte abstrata em sua estética; no entanto, podemos inferir com facilidade, e de maneira convincente, a partir das reflexões de Hegel sobre o declínio do papel principal da arte no mundo "reflexivo" moderno, a noção (e a possibilidade) da arte abstrata como uma "reflexivização" da própria arte, como uma arte que questiona e tematiza sua própria possibilidade e seus procedimentos.

O problema aqui é se essa distinção entre o Hegel "atual" (algumas de suas soluções são obviamente datadas) e o Hegel "eterno" introduz um formalismo kantiano, nos termos da distinção entre Saber Absoluto enquanto procedimento formal da autorreflexão totalizada e suas instanciações históricas, contingentes, empiricamente condicionadas. Essa ideia de uma forma independente de seu conteúdo acidental não é profundamente anti-hegeliana? Em outras palavras, essa solução não resulta em uma "historicização" de Hegel, cujo anverso é a "falsa infinidade" do conhecimento reflexivo (em cada época, a humanidade tenta formular sua autonomia, apreender sua condição; ela acaba falhando, mas o processo continua e as formulações vão melhorando cada vez mais com o passar do tempo)?

De que maneira escapamos desse impasse? Como superar a escolha debilitante entre estas duas opções: ou a afirmação da filosofia de Hegel como o momento do Saber Absoluto no sentido ingênuo do termo (com Hegel, a história chegou a seu fim, porque ele basicamente "sabia tudo que há para saber"), ou a historicização evolucionista não menos ingênua de Hegel, na qual, ao mesmo tempo que se abandona o conteúdo – nitidamente condicionado pela história – do pensamento de Hegel, retém-se a ideia do "Hegel eterno" como uma espécie de ideia reguladora que deve ser repetidamente abordada? A saída propriamente dialética é conceber a lacuna que separa o Hegel "eterno" do Hegel "empírico" não como uma tensão dialética, não como uma lacuna entre o Ideal inacessível e sua realização imperfeita, mas como uma distância vazia e puramente formal, como um indicador da *identidade* dos dois. Ou seja, o argumento máximo de Hegel não é que, apesar de nossa limitação, de nosso enraizamento em um contexto histórico contingente, nós – ou, pelo menos, o próprio Hegel – podemos superar de alguma maneira essa limitação e ter acesso ao Conhecimento Absoluto (ao que o relativismo histórico responde que jamais poderemos chegar a essa posição, que só podemos almejá-la como um Ideal impossível). O que ele chama de Saber Absoluto é, ao contrário, o próprio sinal de nossa total captura – estamos *condenados* ao Saber Absoluto, não podemos *escapar* dele, pois o "Saber Absoluto" significa que não há um ponto externo de referência do qual possamos perceber a relatividade de nosso próprio ponto de vista "meramente subjetivo".

E se concebermos o Saber Absoluto de Hegel como um ato de "pôr os pingos nos is" que seja simultaneamente o momento do término da metafísica tradicional e, por isso mesmo, o momento de abertura no extensivo campo do pensamento pós-hegeliano? É como se o próprio Hegel, com a intenção de fechar o sistema, abrisse o campo para as múltiplas rejeições de seu pensamento. A melhor maneira de sintetizar o momento hegeliano do encerramento final é, portanto, repetir a fórmula usada pelo jovem György Lukács em sua *Teoria do romance**: "Acabou o caminho, começou a jornada". O círculo está fechado, chegamos ao fim, as possibi-

---

* Trad. José Marcos Mariani de Macedo, São Paulo, Duas Cidades/ Editora 34, 2000. (N. E.)

lidades imanentes se exauriram, e, nesse mesmo ponto, tudo está aberto. É por isso que ser hegeliano hoje em dia não significa aceitar o peso supérfluo de um passado metafísico, mas readquirir a capacidade de começar do começo.

Podemos interpretar a fórmula do Saber Absoluto como um juízo infinito cuja verdade reside na despropositada dissonância entre seus dois polos: o conhecimento do Absoluto, a mente de Deus, a verdade maior sobre o universo, foi formulado por aquele indivíduo contingente, o professor Hegel, da Alemanha. Talvez devêssemos interpretar esse juízo infinito do mesmo modo que o infame "o Espírito é um osso": o "Saber Absoluto" não é o conhecimento total do universo que Hegel afirmava atingir, mas um nome paradoxal para a própria absurdidade dessa alegação ou, parafraseando mais uma vez a piada do Rabinovitch, podemos dizer: "Eu tenho o Saber Absoluto" "Mas isso é absurdo, nenhum ser finito pode tê-lo!" "Bem, o Saber Absoluto não é nada mais que a demonstração desse limite".

Portanto, para extrairmos o "núcleo racional" da dialética de Hegel, precisamos deixar cair a "falsa" casca de Hegel como "idealista absoluto": Hegel *escreve* e *deixa transparecer* como se tivesse uma ingênua pretensão ao "Saber Absoluto" (e a idealista Astúcia da Razão etc.), mas esse desvio por meio de uma falsa aparência é necessário, porque o ponto de vista de Hegel só pode ser mostrado pela patente absurdidade de seu argumento inicial. O mesmo se aplica a nossa (re)afirmação do materialismo dialético: o fato de que, em termos filosóficos, o "materialismo dialético" stalinista é uma imbecilidade encarnada não é algo tão fora de questão quanto talvez *a própria questão*, pois a questão aqui é exatamente conceber a identidade de nossa posição hegeliano-lacaniana e a filosofia do materialismo dialético enquanto juízo hegeliano infinito, isto é, enquanto identidade especulativa do mais elevado e do mais inferior, como a frase da frenologia: "o Espírito é um osso". Em que consiste então a diferença entre a leitura "mais elevada" e a "mais inferior" do materialismo dialético? O inflexível Quarto Mestre[41] cometeu um erro filosófico grave quando ontologizou a diferença entre materialismo histórico e dialético, concebendo-a como a diferença entre *metaphysica universalis* e *metaphysica specialis*, ontologia universal e sua aplicação ao domínio especial da sociedade. Aqui, tudo o que temos de fazer para passar do "mais inferior" para o "mais superior" é *deslocar essa diferença entre universal e particular para o particular*: o "materialismo dialético" permite outra visão da própria humanidade, diferente da visão do materialismo histórico. Então, mais uma vez, a relação entre o materialismo histórico e o dialético é de uma paralaxe: são substancialmente o mesmo, a mudança de um para outro é pura mudança de perspectiva. Ela introduz temas como a pulsão de morte,

---

[41] Que hoje deve permanecer anônimo, como o anão de Walter Benjamin, escondido dentro do fantoche do materialismo histórico.

o núcleo "inumano" do humano, que vão além do horizonte da *práxis* coletiva da humanidade; desse modo, a lacuna entre o materialismo histórico e o dialético é afirmada como inerente à própria humanidade, como lacuna entre a humanidade e *seu próprio* excesso inumano.

Constipação da Ideia?

Essa noção de Saber Absoluto nos permite escapar da armadilha em que até mesmo Jameson caiu quando associou o *narcisismo* àquilo que "por vezes pode ser considerado repulsivo no sistema hegeliano como tal"[42] ou, em suma, como o principal ponto fraco do pensamento de Hegel, expresso na ideia de que a razão deveria encontrar consigo mesma no mundo efetivo:

> Dessa forma, procuramos em todo o mundo, procuramos no espaço cósmico e acabamos simplesmente chegando a nós mesmos, simplesmente vendo nosso próprio rosto persistir no meio das numerosas diferenças e formas da alteridade. Jamais encontramos verdadeiramente o não-eu, jamais ficamos frente a frente com a alteridade radical (ou, ainda pior, jamais nos encontramos em uma dinâmica histórica em que justamente diferença e alteridade são implacavelmente aniquiladas): eis o dilema da dialética hegeliana, que as filosofias contemporâneas da diferença e da alteridade parecem ser capazes de abordar apenas com evocações e imperativos místicos.[43]

Tomemos a dialética hegeliana em sua forma mais "idealista", isto é, no nível que parece confirmar a acusação do narcisismo: a ideia de suprassunção (*Aufhebung*) de toda realidade material imediata. A atividade fundamental da *Aufhebung* é a redução: a coisa suprassumida sobrevive, mas em uma versão "abreviada", por assim dizer, arrancada do contexto de seu mundo vivido, reduzida a sua característica essencial, e todo movimento e riqueza de sua vida são reduzidos a uma marca fixa. Não que, depois que a abstração da Razão cumpre sua tarefa mortificadora com suas categorias fixas ou determinações conceituais, a "universalidade concreta" retorne de alguma maneira à exuberância da vida: uma vez que passamos da realidade empírica para sua *Aufhebung* conceitual, a imediatez da Vida perde-se para sempre. Não há nada mais estranho para Hegel do que lamentar a perda da riqueza da realidade quando a apreendemos conceitualmente – recordemos aqui sua celebração inequívoca do poder absoluto do Entendimento no prefácio da *Fenomenologia*: "A atividade do dividir é a força e o trabalho do *entendimento*, a força maior e mais maravilhosa, ou melhor, a potência absoluta"*. De modo algum a celebração é condicionada, pois o argumento de Hegel não é que

---

[42] Fredric Jameson, *The Hegel Variations*, cit., p. 130.
[43] Ibidem, p. 131.
* G. W. F. Hegel, *Fenomenologia do espírito*, cit., parte I, § 32, p. 38. (N. T.)

esse poder seja posteriormente "suprassumido" em um momento subordinado da totalidade unificadora da Razão. O problema do Entendimento é antes o fato de ele não liberar esse poder até o fim, não assumir a si mesmo como ser externo à Coisa em si. A ideia usual é que *nosso* Entendimento ("a mente") simplesmente separa na imaginação o que na "realidade" deve estar junto, de modo que o "poder absoluto" do Entendimento é apenas o poder da imaginação, que de modo algum diz respeito à realidade da coisa analisada. Passamos do Entendimento à Razão não quando esse analisar, esse dissociar, é superado em uma síntese que nos leva de volta à riqueza da realidade, mas sim quando esse poder de "dissociar" é transferido do ser "simplesmente na mente" para as Coisas em si, como seu poder inerente de negatividade.

Podemos dizer o mesmo a respeito da noção propriamente dialética de abstração: o que torna infinita a "universalidade concreta" de Hegel é o fato de *incluir "abstrações" na realidade concreta como seus constituintes imanentes*. Dito de outra forma: qual é, para Hegel, o movimento elementar da filosofia com respeito à abstração? É abandonar a ideia empirista baseada no senso comum que considera a abstração um distanciamento da riqueza da realidade empírica concreta com sua multiplicidade irredutível de aspectos: a vida é verde, os conceitos são cinza, eles dissecam e mortificam a realidade concreta. (Essa ideia inspirada no senso comum tem até uma versão pseudodialética, segundo a qual essa "abstração" é uma característica do mero Entendimento, ao passo que a "dialética" recupera o rico mosaico da realidade.) O pensamento filosófico propriamente dito começa quando nos tornamos cientes de quão *inerente à própria realidade é esse processo de "abstração"*: a tensão entre realidade empírica e suas determinações conceituais "abstratas" é imanente à realidade, é um traço das "Coisas em si". Aí se encontra a característica antinominalista do pensamento filosófico – por exemplo, a ideia basilar da "crítica da economia política" de Marx é que a abstração do valor de uma mercadoria é seu constituinte "objetivo". É a vida sem teoria que é cinza, realidade estúpida e rasa; somente a teoria a torna "verde", realmente viva, trazendo à tona a complexa rede subjacente de mediações e tensões responsáveis por seu movimento.

É dessa maneira que devemos diferenciar a "verdadeira infinidade" da "falsa (ou má) infinidade": a má infinidade é o processo assintótico de descobrir sempre novas camadas da realidade – a realidade é posta aqui como o Em-si que jamais pode ser apreendido em sua plenitude, é abordado somente de maneira gradativa, pois tudo o que podemos fazer é discernir características "abstratas" particulares da plenitude inacessível e transcendente da "Coisa real". O movimento da "verdadeira infinidade" é exatamente o oposto: inclui o processo de "abstração" na "Coisa em si". Surpreendentemente, isso nos leva à seguinte questão: o que está envolvido no autodesdobramento dialético de um conceito? Como ponto de partida, vamos imaginar que estamos presos em uma complexa e confusa situação empírica que tentamos entender e ordenar. Como nunca partimos do ponto zero da experiência pré-conceitual, começamos com o duplo movimento de aplicar à situação os conceitos universais abstratos que temos a nosso dispor e analisar a situação, comparando os elementos uns aos outros e a nossas experiências anteriores, generalizando e formulando universais empíricos. Mais cedo ou mais tarde, percebemos as inconsistências nos sistemas conceituais que usamos para entender a situação: algo que poderia ter sido uma espécie subordinada parece abranger e dominar o campo como um todo; há um conflito entre diferentes classificações e categorizações e não somos capazes de decidir qual é mais "verdadeira" e assim por diante. Espontaneamente, descartamos essas inconsistências como sinais da deficiência de nosso entendimento: a realidade é rica e complexa demais para nossas categorias abstratas, jamais seremos capazes de pôr em ação uma rede conceitual capaz de capturar sua diversidade. No entanto, se tivermos uma sensibilidade teórica apurada, mais cedo ou mais tarde notamos algo estranho e inesperado: é impossível diferenciar com clareza as inconsistências de nossa ideia de objeto das inconsistências imanentes ao próprio objeto. A "Coisa em si" é inconsistente, cheia de tensões e oscila entre suas diferentes determinações; o desdobramento dessas tensões, essa luta, é o que a torna "viva". Pensemos em um Estado político particular: quando ele funciona mal, é como se suas características particulares (específicas) estivessem em tensão com a Ideia universal de Estado; ou pensemos no *cogito* cartesiano: a diferença entre o eu enquanto pessoa particular encarnada em um mundo vivido particular e o eu enquanto Sujeito abstrato faz parte de minha identidade particular, pois agir como Sujeito abstrato é um aspecto que caracteriza os indivíduos na sociedade ocidental moderna. Aqui, mais uma vez, o que surge como conflito entre as duas "abstrações" em nossa mente revela-se como tensão na Coisa em si.

Um caso semelhante de "contradição" hegeliana pode ser encontrado na ideia de "liberalismo", conforme sua função no discurso contemporâneo. Seus muitos significados oscilam entre dois polos opostos: o liberalismo econômico (individualismo de livre mercado, oposição a um forte regulamento estatal etc.) e o liberalismo político libertário (sua ênfase é na igualdade, solidariedade social, permissividade etc.) – nos Estados Unidos, os republicanos são mais liberais no primeiro sentido e os democratas, no segundo. A questão, obviamente, é que embora não possamos decidir por meio de uma análise detalhada qual é o "verdadeiro" liberalismo, também não podemos resolver o impasse tentando propor um tipo de síntese dialética "superior" ou "evitar a confusão", fazendo uma distinção clara entre os dois sentidos do termo. A tensão entre os dois significados é inerente ao próprio conteúdo que o "liberalismo" tenta especificar, é constitutiva do próprio conceito; por isso, a ambiguidade, longe de sinalizar a limitação de nosso conhecimento, sinaliza a mais profunda "verdade" da noção de liberalismo. Em vez de perderem seu caráter abstrato e afundarem na realidade concreta, as "abstrações" continuam sendo "abstrações" e relacionam-se umas com as outras *como* abstrações.

Na década de 1960, um teórico "progressista" da educação provocou grande sensação quando publicou os resultados de um experimento muito simples: ele reuniu crianças de cinco anos de idade e pediu que desenhassem a si próprias brincando em casa; dois anos depois, pediu às crianças que fizessem a mesma coisa, depois de terem frequentado por um ano e meio a escola primária. A diferença foi notável: os autorretratos das crianças aos cinco anos eram exuberantes, vivos, coloridos, divertidos e surreais, mas dois anos depois os desenhos eram muito mais rígidos e reprimidos, além de a grande maioria das crianças ter usado espontaneamente apenas um lápis preto comum, por mais que houvesse outras cores para escolher. Como era de esperar, esse experimento foi usado como prova da "opressão" do aparato escolar, de como a disciplina e o treino escolar estavam reprimindo a criatividade espontânea das crianças etc. De um ponto de vista hegeliano, deveríamos, ao contrário, comemorar essa mudança de uma vitalidade colorida para uma ordem cinzenta como indício do progresso espiritual: nada se perde na redução do colorido vivo para a disciplina cinza, tudo tem a possibilidade de ser obtido – o poder do espírito é exatamente progredir da imediatez "verde" da vida para a estrutura conceitual "cinza" e reproduzir nesse meio reduzido as determinações essenciais para as quais nossa experiência imediata nos cega.

A mesma mortificação ocorre na memória histórica e nos monumentos do passado, quando o que sobrevive são objetos privados de suas almas. Eis o comentário de Hegel a respeito da Grécia Antiga: "As estátuas são agora cadáveres cuja alma vivificante escapou, como os hinos são palavras cuja fé se escapou"[44]. Assim como a passagem do Deus substancial para o Espírito Santo, devemos buscar a reanimação propriamente dialética nesse mesmo meio das determinações conceituais "cinza": "O entendimento, pela forma da universalidade abstrata, concede [às variedades do sensível], por assim dizer, uma *rigidez* de ser [...]; mas, ao mesmo tempo, por meio dessa simplificação, ele as *anima espiritualmente* e assim as estimula"[45]. Essa "simplificação" é justamente o que Lacan, referindo-se a Freud, empregou como redução de uma coisa ao *trait unaire* (*der einzige Zug*, o traço unário): estamos lidando com uma espécie de epitomização por meio da qual uma multitude de propriedades é reduzida a uma única característica dominante, de modo que tenhamos "uma figura concreta na qual predomina uma só determinidade, enquanto outras só ocorrem como traços rasurados"[46]: "o conteúdo já é a efetividade reduzida à possi-

---

[44] Ibidem, parte II, § 753, p. 185.
[45] Conforme citado em Malabou, *The Future of Hegel*, cit., p. 97, com ligeira modificação da tradução de G. W. F. Hegel, *Hegel's Science of Logic*, cit., § 1338, p. 611.
[46] G. W. F. Hegel, *Fenomenologia do espírito*, cit., parte I, § 28, p. 35. Tradução modificada.

bilidade (*zur Moeglichkeit getilgte Wirklichkeit*). Foi subjugada à imediatez, a configuração foi reduzida a sua abreviatura, à simples determinação-de-pensamento"[47].

A abordagem dialética costuma ser vista como uma tentativa de situar o fenômeno-a-ser-analisado na totalidade a que pertence, encarnado em seu rico contexto histórico, e assim quebrar o feitiço da abstração fetichizadora. Essa, no entanto, é a grande armadilha que devemos evitar: para Hegel, o verdadeiro problema é o oposto – o fato de vermos *muito* na coisa que observamos, de sermos enfeitiçados pela riqueza de detalhes empíricos que nos impede de perceber claramente a determinação conceitual que forma o núcleo da coisa. O problema, porém, não é como apreender a riqueza das determinações, mas como *abstraí-las*, como restringir nosso olhar e aprender a entender somente a determinação conceitual.

Nesse aspecto, a fórmula de Hegel é bastante precisa: a redução ao significativo "traço unário" reduz ou restringe a efetividade à possibilidade, no exato sentido platônico em que a noção (Ideia) de uma coisa sempre tem uma dimensão deontológica e designa *o que a coisa deveria se tornar para ser plenamente o que é*. "Potencialidade", desse modo, não é apenas um nome para a essência de uma coisa enquanto potencialidade efetivada na multitude de coisas empíricas de determinado gênero (a Ideia de cadeira é uma potencialidade efetivada nas cadeiras empíricas). As múltiplas propriedades efetivas de uma coisa não são apenas reduzidas ao núcleo interno da "verdadeira realidade" da coisa; mais importante que isso é que o nome acentua ou dá destaque ao potencial interno da coisa. Quando chamo alguém de "meu professor", estou resumindo a expectativa que tenho dele; quando me refiro a uma coisa como "cadeira", dou destaque ao modo como pretendo usá-la. Quando observo o mundo a minha volta pelas lentes de uma linguagem, percebo sua efetividade pelas lentes das potencialidades que estão escondidas ou presentes nele de modo latente. A potencialidade, portanto, aparece "como tal", efetiva-se *enquanto potencialidade*, somente por meio da linguagem: é a apelação de uma coisa que traz à luz ("põe") seus potenciais.

Uma vez que assimilamos a *Aufhebung* dessa maneira, vemos de imediato o que há de errado com uma das principais razões pseudofreudianas para desconsiderar Hegel: a noção do Sistema de Hegel como expressão mais elevada e exagerada da economia oral. A Ideia hegeliana não seria de fato um devorador voraz que "consome" todo objeto com que se depara? Não surpreende que Hegel visse a si mesmo como cristão: para ele, a transubstanciação do pão em carne de Cristo indica que o sujeito cristão pode incorporar e digerir o próprio Deus sem deixar restos. O processo hegeliano de concepção ou apreensão não seria uma versão mais sutil da digestão? Hegel escreve:

---

[47] Ibidem, § 29, p. 37.

Se o ser humano faz algo, concretiza algo, atinge um objetivo, tal fato deve ser fundamentado no modo como a coisa em si, no seu conceito, age e se comporta. Se como uma maçã, destruo sua orgânica identidade-de-si e a absorvo. Que eu possa fazê-lo representa que a maçã em si, de maneira prévia, já antes de eu segurá-la, tem em sua natureza a determinação de estar sujeita à destruição, tendo em si uma homogeneidade com meus órgãos digestivos de modo que eu mesmo possa torná-la homogênea.[48]

O que ele descreve aqui não seria uma versão inferior do próprio processo cognitivo em que, como Hegel gosta de afirmar, só podemos apreender o objeto se o objeto já "quer estar conosco, ou perto de nós"? Devemos levar essa metáfora até o fim: a leitura crítica comum concebe a absoluta Substância-Sujeito hegeliana como totalmente *constipada* – retendo dentro de si o conteúdo indigesto. Ou, como Adorno coloca em uma de suas incisivas observações (que, como costuma acontecer, erra o alvo), o sistema de Hegel "é a barriga que se tornou espírito"[49], comportando-se como se tivesse engolido a totalidade da indigesta Alteridade. Mas o que dizer do inevitável contramovimento, a evacuação hegeliana? O sujeito do que Hegel chama de "Saber Absoluto" não é também um sujeito totalmente *esvaziado*, reduzido ao papel de puro observador (ou antes registrador) do movimento de si do próprio conteúdo?

> O mais rico é portanto o mais concreto e mais *subjetivo*, e o que se recolhe para a mais simples profundeza é também o mais poderoso e oniabrangente. O ponto mais alto e concentrado é a pura personalidade que, unicamente pela dialética absoluta que é a natureza, não mais *abrange e guarda tudo dentro de si*.[50]

Nesse sentido estrito, o próprio sujeito é a substância ab-rogada ou purgada, a substância reduzida ao vácuo da forma fazia da negatividade autorrelativa, esvaziada de toda riqueza de "personalidade" – em lacanês, o movimento da substância ao sujeito é o movimento de S a $, o sujeito é a substância barrada. (Adorno e Horkheimer, na *Dialética do esclarecimento*, defendem o argumento crítico de que o Si voltado para a mera sobrevivência tem de escarificar todo conteúdo que faria a sobrevivência valer a pena; é exatamente essa atitude que Hegel afirma.) Schelling se referiu ao mesmo movimento como *contradição* (mais uma vez, com a conotação de excremento): o sujeito é a substância contraída.

Então a posição subjetiva final do Sistema hegeliano modifica a metáfora digestiva? O caso supremo (e, para muitos, o mais problemático) desse contramovimento surge no fim da *Lógica*, quando, depois de completar o desenvolvimento

---

[48] Conforme citado em Catherine Malabou, *The Future of Hegel*, cit., p. 97, com modificação da tradução de G. W. F. Hegel, *Lectures on the Philosophy of Religion: The Consummate Religion* (trad. R. F. Brown, P. C. Hodgson e J. M. Stewart, Berkeley, University of California Press, 1987), v. 3, p. 127.
[49] Theodor W. Adorno, *Dialética negativa* (trad. Marco Antonio Casanova, Rio de Janeiro, Zahar, 2009), p. 28.
[50] G. W. F. Hegel, *Hegel's Science of Logic*, cit., p. 841.

conceitual fechando o círculo da Ideia absoluta, a Ideia, em sua resolução ou decisão, "liberta-se livremente"[51] na Natureza – deixa-se ir, descarta-se, distancia-se de si mesma e liberta-se. É por isso que, para Hegel, a filosofia da natureza não é uma reapropriação violenta de sua exterioridade; ao contrário, envolve a atitude passiva de um observador: "a filosofia, de certo modo, tem apenas de assistir como a natureza mesma suprassume sua exterioridade"[52].

O mesmo movimento é realizado por Deus, que, disfarçado de Cristo, na qualidade de mortal finito, também "liberta-se livremente" na existência temporal. E o mesmo é válido para os primórdios da arte moderna, quando Hegel explica o surgimento das pinturas de "natureza morta" (não só de paisagens, flores etc., mas de comida e animais mortos) da seguinte maneira: justamente porque, no desenvolvimento da arte, a subjetividade não precisa mais do visual como principal meio de expressão – a atenção voltava-se então para a poesia como meio mais direto de expressar a vida interior do sujeito –, o natural é "libertado" do fardo de expressar a subjetividade e pode ser abordado, e retratado visualmente, em seus próprios termos. Além disso, como alguns leitores atentos de Hegel já notaram, a própria suprassunção da arte nas ciências filosóficas (no pensamento conceitual) – o fato de não ser mais obrigada a servir como principal meio de expressão do espírito – dá certa liberdade à arte, permitindo que ela seja independente. Não seria essa a verdadeira definição do nascimento da arte moderna como prática que não é mais subordinada à tarefa de representar a realidade espiritual?

O modo como a ab-rogação se relaciona com a suprassunção não diz respeito a uma simples sucessão ou oposição externa: não é "come-se primeiro e caga-se depois". A evacuação é a *conclusão* imanente de todo o processo: sem ela, estaríamos lidando com uma "falsa infinidade" de um processo de suprassunção interminável. O processo de suprassunção só pode chegar ao fim em seu contramovimento:

> Contrariamente ao que imaginaríamos de início, esses dois processos, de suprassunção e ab-rogação, são completamente interdependentes. Considerando o último momento do espírito absoluto (*Filosofia*), percebemos de imediato a sinonímia entre os verbos *aufheben* e *befrein* ("libertar"), bem como *ablegen* ("descartar", "remover", "tirar"). A ab-rogação especulativa, de modo algum alheia ao processo de *Aughebung*, é na verdade sua realização. A ab-rogação é a *suprassunção da suprassunção*, resultado do trabalho da *Aufhebung* sobre si mesma e, como tal, sua transformação. O movimento de supressão e preservação gera essa transformação em determinado momento na história, o momento do Saber Absoluto. A ab-rogação especulativa é a *suprassunção absoluta*, se por "absoluto" designarmos um alívio ou suprassunção livre de determinado tipo de ligação.[53]

---

[51] Ibidem, p. 843.
[52] Idem, *Filosofia do espírito*, cit., § 381, p. 21.
[53] Catherine Malabou, *The Future of Hegel*, cit., p. 156.

A verdadeira cognição, desse modo, não é apenas a "apropriação" conceitual de seu objeto: o processo de apropriação só continua na medida em que a cognição permanece incompleta. O sinal de sua completude é liberar seu objeto, deixar que ele seja, largá-lo. É por isso e desse modo que a suprassunção tem de culminar no gesto autorrelativo de suprassumir a si mesmo.

E quanto a este óbvio contra-argumento: a parte ab-rogada ou libertada não seria meramente o aspecto arbitrário e temporário do objeto, a parte que a redução ou mediação conceitual permite-se abandonar como sendo em si inútil? É exatamente esse erro que devemos evitar, e por duas razões. Primeiro (se me permitem desenvolver a metáfora do excremento), a parte liberada é, justamente na condição de descartada, o *esterco* do desenvolvimento espiritual, o fundamento do qual nasce o desenvolvimento posterior. A libertação da Natureza dentro de si mesma, portanto, estabelece a fundação para o Espírito propriamente dito, que só pode se desenvolver a partir da Natureza, como sua autossuprassunção inerente. Segundo (e mais fundamental), na cognição especulativa o que é liberado em seu próprio ser é, no fundo, o próprio objeto da cognição, que, quando verdadeiramente apreendido (*begriffen*), não precisa mais confiar na intervenção ativa do sujeito, mas desenvolve-se de acordo com o próprio automatismo conceitual – sendo o sujeito reduzido a um observador passivo que, sem fazer nenhuma intervenção (*Zutun*), permite que a coisa desenvolva seu potencial e simplesmente registra o processo. É por isso que a cognição hegeliana é ativa e passiva ao mesmo tempo, mas em um sentido que desloca radicalmente a noção kantiana de cognição como unidade de atividade e passividade. Em Kant, o sujeito sintetiza de maneira ativa o (confere unidade ao) conteúdo (multiplicidade sensível) pelo qual ele é passivamente afetado. Para Hegel, ao contrário, no nível do Saber Absoluto, o sujeito cognoscente é completamente passivado: ele não intervém mais no objeto, mas apenas registra o movimento imanente de diferenciação/autodeterminação do objeto (ou, para usarmos um termo mais contemporâneo, a auto-organização autopoiética do objeto). Portanto, o sujeito não é, em sua forma mais radical, o *agens* do processo: o *agens* é o Sistema (de conhecimento) que se desenvolve "automaticamente", sem a necessidade de estímulo externo. Essa passividade total, no entanto, envolve ao mesmo tempo uma grande atividade: o sujeito precisa do mais árduo esforço para "apagar-se" em seu conteúdo particular, enquanto agente que intervém no objeto, e para expor-se como meio neutro, como lugar do autodesenvolvimento do Sistema. Hegel, com isso, supera o dualismo comum entre Sistema e Liberdade, entre a noção espinosiana de um *deus sive natura* substancial, do qual faço parte, preso no determinismo, e a noção fichteana do sujeito como agente oposto à matéria inerte, tentando dominá-la e apropriar-se dela. *O momento supremo da liberdade do sujeito é quando ele liberta seu objeto*, deixando que se desenvolva livremente: "a liberdade absoluta da ideia é que ela [...] decide-se a deixar sair livremente de si o momento de sua particularidade"[54]. Aqui, "liberdade absoluta" é literalmente absoluta, no sentido etimológico de *absolvere*: liberar, deixar ir. Schelling foi o primeiro a criticar esse movimento como ilegítimo: depois de completar o círculo do autodesenvolvimento lógico do Conceito, e ciente de que todo ele aconteceu no meio abstrato do pensamento, Hegel tinha de fazer de alguma maneira a passagem para a vida real – contudo, não havia em sua lógica categorias capazes de realizar essa passagem, por isso teve de recorrer a termos como "decisão" (a Ideia "decide" libertar a Natureza de si mesma), que não são categorias da lógica, mas da vontade e da vida prática. É evidente que essa crítica não leva em consideração que o ato de libertar o outro é completamente *imanente* ao processo dialético como seu momento conclusivo, ou seja, o sinal da conclusão do círculo dialético. Não seria essa a versão hegeliana da *Gelassenheit*?

É dessa maneira, portanto, que devemos ler o "terceiro silogismo da Filosofia" de Hegel, Espírito-Lógica-Natureza: o ponto de partida do movimento especulativo é a substância espiritual, na qual os sujeitos estão imersos; depois, por meio de um esforço conceitual árduo, a riqueza dessa substância é reduzida a sua lógica subjacente ou estrutura conceitual; uma vez cumprida essa tarefa, a Ideia lógica plenamente desenvolvida pode libertar a Natureza de si mesma. Eis a passagem crucial:

> A Ideia [...] ao pôr-se como unidade absoluta do puro Conceito e sua realidade, e assim contraindo-se na imediatez do ser, é a totalidade nessa forma – natureza.
> Mas essa determinação não resulta de um processo de devir, tampouco é uma transição como a supracitada em que a Noção subjetiva na sua totalidade torna-se objetiva e o fim subjetivo torna-se vida. Ao contrário, a pura Ideia – na qual a determinidade ou realidade do Conceito é, ela mesma, elevada ao Conceito – é uma libertação absoluta para a qual não há mais nenhuma determinação imediata que não seja igualmente posta ela mesma Conceito; nessa liberdade, no entanto, não tem lugar nenhuma transição; o simples ser para o qual a Ideia se determina continua perfeitamente transparente e é o Conceito que, na sua determinação, subsiste consigo. A passagem portanto deve ser entendida antes dessa maneira, que a Ideia solta-se livremente na sua absoluta autoafirmação e equilíbrio interior. Em virtude dessa liberdade, a forma de sua determinidade é também totalmente livre – a exterioridade de espaço e tempo existe absolutamente por si só, sem o momento da subjetividade.[55]

Aqui, Hegel insiste repetidas vezes no fato de que essa "libertação absoluta" é totalmente diferente da "transição" dialética padrão. Mas como? A suspeita é que a "libertação absoluta" de Hegel seja baseada na mediação absoluta de toda alteridade: eu liberto o Outro depois de interiorizá-lo por completo... Mas é isso mesmo?

---

[54] G. W. F. Hegel, *Enciclopédia das ciências filosóficas em compêndio*, v. 1: A ciência lógica, § 244, p. 370-1.
[55] Idem, *Hegel's Science of Logic*, cit., p. 843.

Devemos fazer uma releitura da crítica de Lacan a Hegel: e se, longe de negar o que Lacan chama de "disjunção subjetiva", Hegel afirme, ao contrário, uma divisão sem precedentes que *transpassa o sujeito (particular) e a ordem substancial (universal) da "coletividade", unificando as duas coisas*? Ou seja, e se a "reconciliação" entre Particular e Universal ocorre exatamente por meio da divisão que atravessa os dois? A crítica básica "pós-moderna" a Hegel – que sua dialética admite antagonismos que só serão resolvidos em um passe de mágica em uma síntese mais elevada – contrapõe-se estranhamente à velha e boa crítica marxista (já formulada por Schelling) segundo a qual Hegel resolve os antagonismos somente no "pensamento", por meio da mediação conceitual, ao passo que, na realidade, permanecem sem solução. Somos tentados a aceitar essa segunda crítica por seu significado manifesto e usá-la contra a primeira: e se essa for a resposta apropriada para a acusação de que a dialética hegeliana resolve antagonismos com um passe de mágica? E se, para Hegel, a questão for exatamente *não* "resolver" os antagonismos "na realidade", mas apenas encenar uma mudança paraláctica por meio da qual os antagonismos sejam reconhecidos "como tais" e, portanto, percebidos em seu papel "positivo"?

A passagem de Kant a Hegel é assim muito mais intricada do que parece – vamos abordá-la mais uma vez, considerando a oposição com respeito à prova ontológica da existência de Deus. A rejeição dessa prova por Kant tem como ponto de partida a tese de que o ser não é um predicado: ainda que se conheçam todos os predicados de um ente, seu ser (existência) não resulta disso, pois não se pode concluir o ser a partir da noção. (O argumento é posto claramente contra Leibniz, segundo o qual dois objetos são indiscerníveis se todos os seus predicados forem os mesmos.) As implicações para a prova ontológica são claras: da mesma maneira que posso ter uma noção perfeita de cem táleres e ainda assim não tê-los em meu bolso, posso ter uma noção perfeita de Deus e ainda assim Deus não existir. A primeira observação de Hegel acerca dessa linha de raciocínio é que o "ser" é a mais pobre e imperfeita determinação conceitual (tudo "é" de alguma maneira, inclusive minhas imaginações mais desvairadas); é somente por outras determinações conceituais que chegamos à existência, à realidade, à efetividade, as quais são muito mais que o mero ser. Sua segunda observação é que a lacuna entre conceito e existência é exatamente a marca da finitude, ela vale para objetos finitos como cem táleres, mas não para Deus: Deus não é algo que eu possa ter (ou não ter) no bolso.

À primeira vista, pode parecer que, no fundo, essa oposição seja entre materialismo e idealismo: Kant insiste em um materialismo mínimo (a independência da realidade com respeito às determinações conceituais), ao passo que Hegel dissolve totalmente a realidade em suas determinações conceituais. No entanto, a verdadeira questão de Hegel está em outro lugar: ela envolve uma afirmação "materialista" muito mais radical de que uma determinação conceitual completa de um ente, ao qual teríamos apenas de acrescentar "ser" para chegar a sua existência, é em si uma noção abstrata, uma possibilidade abstrata vazia. A falta de (um certo modo de) ser é também sempre a falta inerente de uma determinação conceitual – para que uma coisa exista como parte da realidade material, todo um conjunto de condições ou determinações conceituais tem de ser cumprido (e outras determinações tem de estar ausentes). Com respeito aos cem táleres (ou qualquer outro objeto empírico), isso significa que sua determinação conceitual é abstrata e, por isso, eles possuem um ser empírico opaco e não a plena efetividade. Portanto, quando Kant faz um paralelo entre Deus e os cem táleres, devemos fazer uma pergunta simples e ingênua: Kant *de fato* tem um *conceito* (plenamente desenvolvido) de Deus?

Isso nos leva à verdadeira astúcia da argumentação de Hegel, que segue em duas direções: contra Kant, mas também contra a clássica versão de Anselmo da prova ontológica. O argumento de Hegel contra este último não é afirmar que a prova seja conceitual demais, mas sim que não é conceitual o suficiente: Anselmo não desenvolve o conceito de Deus, apenas se refere a ele como uma soma de todas as perfeições que, como tal, está além da compreensão de nossa mente humana finita. Em outras palavras, Anselmo apenas pressupõe "Deus" como uma realidade impenetrável, além de nossa compreensão (fora do domínio conceitual), pois o seu Deus não é precisamente um conceito (algo posto por nosso trabalho conceitual), mas uma realidade puramente pressuposta, pré ou não conceitual. Nessa mesma linha, embora em sentido contrário, devemos notar a ironia com que Kant fala sobre os táleres, que são *dinheiro*, cuja existência *como dinheiro* não é "objetiva", mas depende de determinações "conceituais". É verdade que, como diz Kant, ter um conceito de cem táleres não é o mesmo que tê-los no bolso; mas pensemos em um processo de rápida inflação que desvalorize totalmente os cem táleres embolsados; sim, os mesmos objetos continuam lá, de verdade, mas não são mais dinheiro e sim moedas inúteis e sem significado. Em outras palavras, dinheiro é exatamente um objeto cujo *status* depende de como "pensamos" sobre ele: se as pessoas não tratam mais esse metal como dinheiro, se não "acreditam" mais nele como dinheiro, ele deixa de *ser* dinheiro[56]. Assim, quando Kant argumenta que aqueles que querem provar a existência de Deus partindo de seu conceito são como aqueles que pensam que podem enriquecer acrescentando zeros a suas cédulas, ele não leva em conta o fato de que, no capitalismo, de fato *enriquecemos* dessa maneira: em um bem-

---

[56] A propósito, esse argumento já havia sido apresentado pelo jovem Marx, que observou em sua tese de doutorado: "Táleres reais têm a mesma existência que os deuses imaginados. Um táler real só tem alguma existência na imaginação geral, ou melhor, comum, dos seres humanos? Levemos dinheiro de papel para um país que desconhece o uso do papel e todos darão risadas de nossa imaginação subjetiva" (Karl Marx, "The Difference Between the Democritean and Epicurean Philosophy of Nature: Fragment from the Appendix", em Karl Marx e Friedrich Engels, *Marx and Engels: Collected Works*, cit., v. 1, p. 104.

-sucedido ato de fraude, por exemplo, uma pessoa falsifica seu ativo financeiro para conseguir crédito, depois investe o dinheiro e enriquece.

Com respeito à realidade material, a prova ontológica da existência de Deus deveria ser modificada: a existência da realidade material atesta o fato de que o Conceito não é plenamente efetivado. As coisas "existem materialmente" não quando satisfazem certos requisitos conceituais, mas quando *fracassam* na tentativa de satisfazê-los – a realidade material é em si um sinal de imperfeição. Nesse sentido, para Hegel a verdade de uma proposição é inerentemente conceitual, determinada pelo conteúdo conceitual imanente, e não uma questão de comparação entre conceito e realidade – em termos lacanianos, há um não-Todo (*pas-tout*) da verdade. Desse modo, seguindo a metáfora nada saborosa, Hegel não era um coprófago sublimado, como nos levaria a pensar a noção usual do processo dialético. A matriz do processo dialético não é a da evacuação/exteriorização, seguida do consumo (reapropriação) do conteúdo exteriorizado; ao contrário, trata-se da apropriação, seguida do movimento excrementício de deixar cair, libertar, deixar ir. Isso quer dizer que não deveríamos igualar a exteriorização à alienação: a exteriorização que conclui um ciclo do processo dialético não é a alienação, mas sim o ponto mais alto da desalienação: o sujeito realmente se reconcilia com um conteúdo objetivo não quando ainda tem de lutar para dominá-lo e controlá-lo, mas sim quando permite o supremo gesto soberano de deixar o conteúdo ir, libertando-o. Aliás, é por isso que, como destacaram alguns intérpretes perspicazes, longe de subjugar totalmente a natureza ao homem, Hegel abre de maneira surpreendente um espaço para a conscientização ecológica. Para ele, a pulsão para explorar tecnologicamente a natureza ainda é uma marca da finitude do homem; nessa atitude, a natureza é percebida como um objeto externo, uma força opositora que deve ser dominada; adotando o ponto de vista do Saber Absoluto, no entanto, o filósofo não experimenta a natureza como um outro ameaçador que deve ser controlado e dominado, mas como algo que devemos deixar seguir seu caminho inerente.

Nesse aspecto, Louis Althusser estava errado quando opôs o Sujeito-Substância hegeliano como processo-com-sujeito "teológico" ao "processo-sem-sujeito" materialista-dialético. O processo dialético hegeliano, na verdade, é a versão mais radical de um "processo-sem-sujeito" no sentido de um agente que o controla e dirige – seja Deus, a humanidade ou uma classe como sujeito coletivo. Althusser chegou a reconhecer isso em seus últimos escritos, mas o que continuava obscuro para ele era o fato de o processo dialético hegeliano ser "sem sujeito" significasse exatamente o mesmo que a tese hegeliana fundamental de que "o Absoluto deve ser apreendido não só como Substância, mas também como Sujeito": o surgimento de um sujeito puro *enquanto* vazio é estritamente correlativo ao conceito de "Sistema" enquanto autodesenvolvimento do próprio objeto, sem a necessidade de um agente subjetivo para impulsioná-lo ou direcioná-lo.

Por isso é um erro tratar a consciência-de-si hegeliana como uma espécie de Metassujeito, uma Mente, muito maior que a mente de um indivíduo, ciente de si: quando fazemos isso, não há como Hegel não parecer um ridículo obscurantista e espiritualista, que afirma a existência de uma espécie de Megaespírito controlando nossa história. Contra esse clichê, devemos enfatizar quão ciente é Hegel de que "é na consciência finita que se dá o processo de conhecer a essência do espírito e que surge portanto a divina consciência-de-si. Da efervescência da finitude, surge o espírito fragrante"[57]. Contudo, embora nossa percepção – a consciência(-de-si) dos seres humanos finitos – seja o único lugar efetivo do espírito, isso não implica nenhum tipo de redução nominalista. Há outra dimensão em jogo na "consciência-de-si", a dimensão definida por Lacan como "grande Outro" e por Karl Popper como Terceiro Mundo. Ou seja, para Hegel, a "consciência-de-si", em sua definição abstrata, representa uma "dobra" autorreflexiva, puramente não psicológica, de registro (remarcação) da própria posição, um "levar em conta" reflexivo do que se está fazendo.

Nisso reside a ligação entre Hegel e a psicanálise: no preciso sentido não psicológico, a "consciência-de-si" é um objeto para a psicanálise – por exemplo, um tique, um sintoma que trai a falsidade da posição de que não tenho ciência. Por exemplo, faço algo errado e digo conscientemente para mim mesmo que tinha o direito de fazê-lo; mas, sem que eu saiba, um ato compulsivo que me parece misterioso e sem sentido "registra" minha culpa, atesta o fato de que, de algum lugar, minha culpa é observada. Nessa mesma linha, Ingmar Bergman notou certa vez que, perto fim da carreira, tanto Felini quanto Tarkovsky (os quais ele admirava) infelizmente começaram a fazer "filmes de Felini" e "filmes de Tarkovsky", e que a mesma fraqueza afetou seu *Sonata de outono* – um "filme de Bergman feito por Bergman". Em *Sonata de outono*, Bergman perdeu a criatividade espontânea: começou a "imitar a si mesmo", a seguir reflexivamente sua própria fórmula – em suma, *Sonata de outono* é um filme "consciente-de-si", mesmo que o próprio Bergman não tivesse a mínima consciência psicológica disso. Essa é a função do "grande Outro" lacaniano em sua mais pura manifestação: essa instância (ou antes esse lugar) impessoal e não psicológica de registrar, de "anotar" o que acontece.

É assim que devemos apreender a noção hegeliana de Estado como a "consciência-de-si" de um povo: "O Estado é a substância ética *consciente-de-si*"[58]. O Estado não é apenas um mecanismo cego usado para regular a vida social, ele sempre contém uma série de práticas, rituais e instituições que servem para "declarar" sua própria condição, e é sob esse disfarce que ele aparece para seus sujeitos como

---

[57] G. W. F. Hegel, *Lectures on the Philosophy of Religion*, cit., v. 3, p. 233.
[58] Idem, *Filosofia do espírito*, cit., § 535, p. 305.

aquilo que é – paradas e celebrações públicas, juramentos solenes, rituais éticos e educacionais que afirmam (e assim representam) a pertença do sujeito ao Estado:

> A consciência-de-si do Estado não tem nada de mental, se por "mental" entendemos os tipos de ocorrências e qualidades relevantes para *nossas próprias* mentes. No caso do Estado, a consciência-de-si resulta na existência de práticas reflexivas tais como as educacionais, mas não limitadas a elas. Desfiles exibindo a força militar do Estado seriam práticas desse tipo, bem como declarações de princípio pelo Legislativo, ou sentenças proferidas pelo Supremo Tribunal – e seriam assim *ainda que* todos os participantes individuais (seres humanos) em uma parada, todos os membros do poder legislativo ou do Supremo Tribunal fossem pessoalmente estimulados a desempenhar qualquer papel que desempenham pela cobiça, pela inércia ou pelo medo, *e* ainda que todos os participantes ou membros estivessem completamente desinteressados e entediados durante todo o evento, e não compreendessem absolutamente nada de seu significado.[59]

Desse modo, está bem claro que, para Hegel, esse aparecer não tem nada a ver com percepção consciente: não importa com que a mente dos indivíduos se preocupa enquanto eles participam de uma cerimônia, pois a verdade está na própria cerimônia. Hegel diz a mesma coisa a respeito da cerimônia de casamento, que registra o vínculo amoroso mais íntimo: "a declaração solene do consentimento para o vínculo ético do casamento e o reconhecimento e a confirmação correspondentes dele pela família e comunidade [...] constituem a *conclusão* formal e a *efetividade* do casamento", e por isso cabe ao "atrevimento e ao entendimento" perceber "a solenidade pela qual a essência dessa união é enunciada e *constatada* como [...] uma formalidade exterior", irrelevante com respeito à interioridade do sentimento apaixonado[60].

Isso, obviamente, não é tudo: Hegel também enfatizou que o Estado só se efetiva plenamente por meio de um elemento subjetivo da consciência-de-si individual – tem de haver um "eu farei!" individual e efetivo que encarna imediatamente a vontade do Estado, e nisso consiste a dedução hegeliana de monarquia. No entanto, somos surpreendidos aqui: o Monarca não é o ponto privilegiado em que o Estado se torna plenamente ciente de si, de sua natureza e de seu conteúdo espiritual; ao contrário, o Monarca é um idiota que simplesmente provê a um conteúdo imposto de fora o aspecto puramente formal do "essa é a minha vontade, que assim seja!": "Em um Estado plenamente organizado [...], tudo que se exige de um monarca é que diga 'sim' e ponha os pingos nos 'is', pois o pináculo do Estado deve ser tal que o caráter particular de seu ocupante não tenha nenhu-

---

[59] Ermanno Bencivenga, *Hegel's Dialectical Logic*, cit., p. 63-4.
[60] G. W. F. Hegel, *Filosofia do direito*, § 164, p. 177-8.

ma importância"[61]. A "consciência-de-si" do Estado, portanto, é irredutivelmente cindida entre seu aspecto "objetivo" (autorregistro nas declarações e nos rituais do Estado) e seu aspecto "subjetivo" (a pessoa do monarca conferindo ao Estado a forma da vontade individual) – os dois nunca se sobrepõem. O contraste entre o Monarca hegeliano e o Líder "totalitário", que é efetivamente suposto saber, não poderia ser mais profundo.

O animal que sou

Talvez os críticos da voracidade de Hegel precisem de uma boa dose de laxante. Hegel certamente não é um subjetivista voraz, nem mesmo com respeito ao tema idealista por excelência, ou seja, o rebaixamento da animalidade do homem. Vamos abordar esse assunto por meio de Derrida em *O animal que logo sou*[62]. Embora a intensão do título fosse ironizar Descartes, talvez devêssemos tomá-lo com uma ingenuidade mais literal – o *cogito* cartesiano não é uma substância separada, diferente do corpo (como o próprio Descartes interpretou mal o *cogito* na ilegítima passagem do *cogito* para *res cogitans*); no nível do conteúdo substancial, não sou nada mais que o animal que sou. O que me torna humano é a própria forma, a declaração formal, de mim *como* um animal.

O ponto de partida de Derrida é que cada diferenciação clara e geral entre humanos e "o animal" na história da filosofia (de Aristóteles a Heidegger, Lacan e Levinas) deve ser desconstruída: o que de fato nos autoriza a dizer que só os humanos falam, ao passo que os animais apenas emitem sinais; que só os humanos respondem, ao passo que os animais simplesmente reagem; que só os humanos experimentam as coisas "como tais", ao passo que os animais são apenas cativados por seu mundo vivido; que só os humanos podem fingir que fingem, ao passo que os animais apenas fingem; que só os humanos são mortais, experimentam a morte, ao passo que os animais apenas morrem; ou que os animais simplesmente gozam de uma harmoniosa relação sexual de cópula instintiva, ao passo que para os seres humanos *il n'y a pas de rapport sexuel* [não existe relação sexual], e assim por diante? Derrida expõe o melhor do que só podemos chamar de "senso comum da desconstrução", fazendo perguntas ingênuas que solapam proposições filosóficas assumidas tacitamente durante séculos. Por exemplo, o que leva Lacan a afirmar com tanta segurança, sem apresentar dados ou argumentos, que os animais não conseguem fingir que fingem? O que permite a Heidegger alegar como fato autoevidente que

---

[61] G. W. F. Hegel, *Elements of the Philosophy of Right* (trad. H. B. Nisbet, Cambridge, Cambridge University Press, 1991), § 280 (adendo), p. 323. Ver Interlúdio 3 para uma discussão detalhada da defesa hegeliana da monarquia.

[62] Jacques Derrida, *O animal que logo sou* (trad. Fábio Landa, São Paulo, Unesp, 2002).

os animais não se relacionam com a própria morte? Como enfatiza Derrida repetidas vezes, o propósito desse questionamento não é anular a lacuna que separa o homem dos (outros) animais e atribuir também aos (outros) animais propriedades propriamente "espirituais" – caminho tomado por alguns ecomísticos que afirmam que não só os animais, mas também as plantas e as árvores, comunicam-se em uma linguagem própria, para a qual nós, humanos, somos surdos. A questão é que todas essas diferenças deveriam ser repensadas e concebidas de uma maneira diferente, multiplicada, "intensificada" – e o primeiro passo nessa trajetória é censurar a categoria oniabrangente de "animal".

Tais caracterizações negativas dos animais (enquanto desprovidos de fala, de mundo etc.) dão uma aparência de determinação positiva que é falsa: os animais estão sendo capturados dentro do seu ambiente etc. Encontramos o mesmo fenômeno na antropologia eurocêntrica tradicional? Olhando pelas lentes do pensamento "racional" moderno ocidental, tomado como padrão de maturidade, seus Outros só podem parecer "primitivos", presos no pensamento mágico, "acreditando realmente" que sua tribo se originou do animal totêmico, uma mulher grávida foi fecundada por um espírito e não pelo homem etc. O pensamento racional, desse modo, gera a figura do pensamento mítico "irracional" – o que temos aqui é (mais uma vez) um processo de violenta simplificação (redução, obliteração) que ocorre com o advento do Novo: para afirmar algo radicalmente Novo, o passado inteiro, com todas as suas inconsistências, tem de ser reduzido a uma característica definidora básica ("metafísica", "pensamento mítico", "ideologia"...). O próprio Derrida sucumbe a essa mesma simplificação em seu modo desconstrutivo: o passado como um todo é totalizado como "falogocentrismo" ou "metafísica da presença", o que – pode-se argumentar – é secretamente baseado em Husserl. (Aqui, Derrida difere de Deleuze e Lacan, que tratam os filósofos um a um, sem totalizá-los.) O mesmo não ocorre quando o legado grego-judaico ocidental é contraposto à posição "oriental", obliterando-se dessa maneira a incrível riqueza de posições cobertas pelo termo "pensamento oriental"? Podemos realmente colocar na mesma categoria, digamos, os upanixades, com sua metafísica "corpórea" de castas, e o confucionismo, com sua posição agnóstica-pragmática?

Mas esse nivelamento violento não seria uma característica necessária de toda atitude crítica, de cada advento do Novo? Então, em vez de descartar de vez essa "lógica binária", talvez devêssemos afirmá-la não só como passo necessário de simplificação, mas como inerentemente verdadeiro nessa mesma simplificação. Em hegelês, não é só, por exemplo, que a totalização realizada sob o título de "animal" envolva a obliteração violenta de uma multiplicidade complexa, mas também que a redução violenta de tal multiplicidade a uma diferença mínima é o momento da verdade. Ou seja, a multiplicidade das formas animais deve ser concebida como uma série de tentativas para resolver um antagonismo básico ou uma tensão que define a animalidade como tal, uma tensão que só pode ser formulada a uma distância mínima, uma vez que os seres humanos estão envolvidos. Recordemos aqui a conhecida passagem sobre o equivalente geral, retirada da primeira edição de *O capital*, Livro I, em que Marx escreve: "É como se, junto de e externo a leões, tigres, coelhos e outros animais reais que quando agrupados formam vários tipos, espécies, subespécies, famílias etc. do reino animal, existisse também *o animal*, a encarnação individual de todo o reino animal"[63].

Essa imagem do dinheiro como "o animal" correndo ao lado de todas as instâncias heterogêneas de tipos particulares de animalidades que existem a seu redor não capta o que Derrida descreve como a lacuna que separa o Animal da multiplicidade da vida animal efetiva? De novo em hegelês, o que o homem encontra *no* Animal é ele mesmo na determinação oposta: visto como animal, o homem é *o* animal espectral que existe junto das espécies animais realmente existentes. Isso também não nos permite dar uma virada perversa no jovem Marx e em sua determinação de homem como *Gattungswesen*, um ser-genérico? – é como se, junto das subespécies particulares, a espécie como tal passasse a existir. Talvez seja assim que os animais veem os seres humanos, e seja essa a razão de sua perplexidade.

A questão-chave aqui é: não basta dizer que, se a determinação dos animais como emudecidos etc. está errada, a determinação dos humanos como racionais, dotados de fala etc. está correta, de modo que só temos de apresentar uma definição mais adequada de animalidade – e o campo inteiro é falso. Essa falsidade pode ser concebida nos termos do par kierkegaardiano de ser e devir: a oposição-padrão entre animal e humano é formulada da perspectiva do humano em seu devir. Os animais são pensados do ponto de vista humano, não se pode pensá-los do ponto de vista animal. Em outras palavras, essa diferença entre humano e animal não esconde apenas o modo como os animais realmente são, independentemente dos seres humanos, mas a própria diferença que efetivamente marca a ruptura do humano dentro do universo animal. É aqui que entra a psicanálise: a "pulsão de morte" como termo freudiano para representar a dimensão estranha do homem-no-devir. Esse intermédio é o "reprimido" da forma narrativa (no caso de Hegel, da "grande narrativa" da sucessão histórico-mundial das formas espirituais): não a natureza como tal, mas a própria ruptura com a natureza que é (posteriormente) suplementada pelo universo virtual das narrativas. A resposta para a afirmação de Derrida de que cada característica atribuída exclusivamente ao "homem" é uma ficção não poderia ser esta: tais ficções têm uma realidade própria, organizam efetivamente as práticas humanas – os seres humanos são exatamente os animais que se

---

[63] Conforme reproduzido em Karl Marx, *Value, Studies* (trad. Albert Dragstedt, Londres, New Park, 1976). Marx excluiu essa frase da segunda edição de *O capital*, na qual ele rearranjou o primeiro capítulo.

comprometem com suas ficções, mantendo-se escrupulosamente fiéis a elas (uma versão da afirmação de Nietzsche, segundo a qual o homem é o animal capaz de fazer promessas)?

Derrida começa a exploração dessa "zona obscura" com o relato de uma espécie de cena primordial: depois de acordar, ele vai nu até o banheiro, seguido pelo gato; então ocorre um momento delicado: ele fica de frente para o gato, que observa seu corpo nu. Incapaz de suportar essa situação, ele enrola uma toalha na cintura, enxota o gato e toma banho. O olhar do gato representa o olhar do Outro – um olhar inumano, mas, exatamente por isso, é ainda mais o olhar do Outro em toda a sua impenetrabilidade abissal. Ver-se sendo visto por um animal é um encontro abissal com o olhar do Outro, posto que – exatamente porque não deveríamos simplesmente projetar sobre o animal nossa experiência interior – algo devolve o olhar que é radicalmente Outro. Toda a história da filosofia baseia-se na renegação desse encontro – até Badiou, que se precipita ao caracterizar o ser humano ainda não convertido em sujeito (para o Evento) como um "animal humano". Algumas vezes, pelo menos, o enigma é admitido – por Heidegger, entre outros, que insiste em dizer que ainda não somos capazes de determinar a essência de um ser que é "vivente". E, esporadicamente, podemos ainda encontrar reversões diretas dessa renegação: além de ser reconhecido, o olhar do animal também é diretamente elevado à preocupação fundamental da filosofia, como na surpreendente declaração de Adorno: "A filosofia existe para remir o que vemos no olhar de um animal"[64].

Lembro-me de ver a fotografia de um gato depois de o animal ter sido submetido a uma experiência de laboratório em uma centrífuga, com os ossos meio quebrados, a pele despelada em alguns pontos, os olhos indefesos voltados para a câmera – eis o olhar do Outro renegado não só pelos filósofos, mas também pelos seres humanos "como tais". Até mesmo Levinas, que tanto escreveu sobre a face do outro indefeso como lugar original da responsabilidade ética, negou explicitamente que a cara de um animal pudesse funcionar dessa maneira. Nesse aspecto, uma das poucas exceções é Bentham, que fez uma sugestão simples: em vez de perguntar se os animais podem raciocinar e pensar, se podem falar, deveríamos perguntar se podem sofrer. Só a indústria humana provoca continuamente um sofrimento imenso aos animais, o que é sistematicamente renegado – não só experimentos em laboratório, mas dietas especiais para produzir ovos e leite (ligando e desligando luzes artificiais para encurtar o dia, usando hormônios etc.), porcos que são quase cegos e mal conseguem andar, engordados rapidamente para ser mortos, e assim

---

[64] Theodor Adorno e Max Horkheimer, *Towards a New Manifesto* (Londres, Verso, 2011), p. 71. Tradução ligeiramente modificada.

por diante. Grande parte das pessoas que visitam uma granja para de comer carne de frango e, por mais que todos nós saibamos o que acontece nesses lugares, o conhecimento precisa ser neutralizado para podermos agir como se não soubéssemos. Uma das maneiras de promover essa ignorância é pela noção cartesiana de *animal-máquina*. Os cartesianos nos incitam a não ter compaixão pelos animais: quando ouvimos um animal emitindo sons de dor, deveríamos nos lembrar de que esses sons não expressam um verdadeiro sentimento interior – como os animais não têm alma, os sons são produzidos simplesmente por um mecanismo complexo de músculos, ossos, fluidos etc., que podemos observar pela dissecação. O problema é que a noção de *animal-máquina* se desdobrou no *Homem-máquina*, de La Mettrie: para um neurobiólogo totalmente comprometido com sua teoria, o mesmo pode ser dito sobre os sons e gestos emitidos pelos seres humanos quando sentem dor; não há um domínio separado e interior da alma onde a dor é "realmente sentida", os sons e gestos são simplesmente produzidos por mecanismos neurobiológicos complexos do organismo humano.

Ao revelar o contexto ontológico mais amplo desse sofrimento animal, Derrida ressuscita o velho tema de Schelling e do romantismo alemão, emprestado por Heidegger e Benjamin, da "profunda tristeza da natureza": "É na perspectiva do resgate [da tristeza], pela redenção desse sofrimento, que vivem e falam os homens da natureza"[65]. Derrida rejeita esse tema schellinguiano-benjaminiano-heideggeriano da tristeza da natureza, a ideia de que a mudez e o entorpecimento da natureza são sinais de uma dor infinita, como algo teleologicamente logocêntrico: a linguagem torna-se um *télos* da natureza, a natureza luta pela Palavra para ser libertada de sua tristeza e alcançar a redenção. Não obstante, esse *tópos* místico suscita a questão correta ao reverter mais uma vez a perspectiva usual: não "o que é a natureza para a linguagem? Podemos apreender a natureza de maneira adequada na linguagem ou por meio dela?", mas sim "o que é a linguagem para a natureza? Como seu surgimento afeta a natureza?". Longe de pertencer ao logocentrismo, essa reversão é a mais forte suspensão do logocentrismo e da teleologia, da mesma forma que a tese de Marx, segundo a qual a anatomia do homem é a chave para a anatomia do macaco, subverte qualquer evolucionismo teleológico. Derrida está ciente dessa complexidade, e descreve como a tristeza animal

> não se refere apenas, e isso já é mais interessante, à privação de linguagem (*Sprachlosigkeit*) e ao mutismo, à privação afásica ou embrutecida das palavras. Se essa suposta tristeza cria também uma queixa, se a natureza se queixa, de uma queixa muda mas audível por meio dos suspiros sensíveis e até do sussurro das plantas, é que talvez seja preciso inverter os termos. Benjamin o sugere. É preciso uma inversão, um *Umkehrung*

---

[65] Jacques Derrida, *O animal que logo sou*, cit., p. 41.

na essência da natureza. [...] a natureza (e a animalidade nela) não é triste porque muda (*weil sie stumm ist*). É pelo contrário a tristeza, o luto da natureza que a torna muda e afásica, que a deixa sem palavras.[66]

Tendo Benjamin como referência, Derrida interpreta essa reversão como uma revelação de que o que torna a natureza triste não é "um mutismo e a experiência de um não-poder, de um absolutamente-não-nomear, é sobretudo *receber o nome*"[67]. Nossa inserção na linguagem, o fato de recebermos um nome, funciona como um *memento mori* – na linguagem, morremos antecipadamente, relacionamo-nos conosco como já mortos. Nesse sentido, a linguagem é uma forma de melancolia, não de luto; nela, tratamos um objeto ainda vivo como morto ou perdido, de modo que, quando Benjamin fala de um *pressentimento de luto*, devemos interpretá-lo como a própria fórmula da melancolia.

No entanto, as afirmações de Derrida têm uma ambiguidade mal escondida: se a tristeza é anterior ao mutismo (falta de linguagem), se causa o mutismo, então a função primordial da linguagem é libertar ou abolir essa tristeza? Mas se esse é o caso, como essa tristeza pode ser originalmente a tristeza de receber o próprio nome? Fico eu sem palavras diante da violência sem precedentes de alguém que me nomeia, impondo uma identidade simbólica em mim sem pedir meu consentimento? E como a tristeza causada por essa redução à passividade de ser nomeado pode ser vivenciada pela própria natureza? Essa experiência não pressupõe que o sujeito já habite a dimensão do nomear, a dimensão da linguagem? Não deveríamos limitar tal afirmação aos chamados animais domésticos? Lacan observou em algum lugar que, embora os animais não falem, os animais domésticos já moram na dimensão da linguagem (reagem a seus nomes, correm para o dono quando o ouvem chamar, obedecem a ordens etc.), e é por isso que, embora não tenham acesso à subjetividade "normal", podem ser afetados pela patologia (humana): um cachorro pode ser "histericizado" etc. Assim, voltando ao olhar triste e perplexo do gato de laboratório, podemos dizer que ele talvez expresse o horror do gato por ter encontrado o Animal, ou seja, nós mesmos, seres humanos: o que o gato vê somos nós em toda a nossa monstruosidade, e o que vemos em seu olhar torturado é nossa própria monstruosidade. Nesse sentido, o grande Outro (a ordem simbólica) já está aqui para o pobre gato: assim como o prisioneiro na colônia penal de Kafka, o gato sofreu as consequências materiais de estar preso em um beco sem saída simbólico. Ele sofreu de fato as consequências de ser nomeado, incluído na rede simbólica.

Para resolver esse problema, não deveríamos distinguir entre *duas tristezas*: a tristeza da vida natural, anterior à linguagem e independente dela, e a tristeza de ser

---

[66] Ibidem, p. 42.
[67] Idem.

nomeado, subjugado à linguagem? Primeiro, há a "infinita melancolia dos vivos", uma tensão ou dor que é resolvida quando uma Palavra é dita; depois, porém, a pronúncia da própria Palavra gera uma tristeza toda sua (a que se refere Derrida). Mas essa percepção de um elo íntimo entre linguagem e dor não nos aproxima da definição dos seres humanos dada por Richard Rorty, de que os humanos são seres que sofrem e são capazes de narrar seu sofrimento, ou, como afirma Derrida, de que o homem é um animal autobiográfico? O que Rorty não leva em conta é a dor adicional (a mais-dor) gerada pela própria linguagem.

Talvez Hegel possa nos apontar uma saída quando interpreta a gravidade como um indício de que a matéria (natureza) tem seu centro fora de si e está condenada a lutar infinitamente para encontrá-lo; o espírito, ao contrário, tem seu centro em si mesmo – com o advento do espírito, a realidade retorna a si mesma a partir de sua autoexteriorização. O espírito, no entanto, só é efetivo no pensamento humano, cujo meio é a linguagem, e a linguagem envolve uma exteriorização cada vez mais radical – assim, a natureza retorna a si mesma por uma repetida exteriorização (ou, como teria dito Schelling, na linguagem o sujeito contrai-se fora de si).

Há uma necessidade subjacente em jogo aqui: todo falante – todo nomeador – *tem* de ser nomeado, tem de ser incluído na própria cadeia de nomeações ou, em referência a uma piada citada algumas vezes por Lacan: "Tenho três irmãos, Paulo, Ernesto e eu". Não admira que, em muitas religiões, o nome de Deus seja secreto, somos proibidos de pronunciá-lo. O sujeito falante persiste nesse intermédio: não há sujeito antes da nomeação, mas, uma vez nomeado, ele já desaparece em seu significante – o sujeito nunca é, sempre *terá sido*.

Mas e se o que caracteriza os seres humanos for essa mesma abertura para o abismo do Outro radical, essa perplexidade gerada pela pergunta "O que o Outro realmente quer de mim?"? Em outras palavras, e se mudarmos a perspectiva? E se a perplexidade que o ser humano vê no olhar do animal for a perplexidade despertada pela monstruosidade do próprio ser humano? E se for meu próprio abismo o que vejo refletido no abismo do olhar do Outro – como diz Racine em *Fedra**, "*dans ses yeux, je vois ma perte écrite*" ["em seus olhos, vejo minha perda escrita"]? Ou, em hegelês, em vez de perguntar o que é a Substância para o Sujeito, como o Sujeito pode apreender a Substância, deveríamos perguntar o oposto: o que é o (advento do) Sujeito para a Substância (pré-subjetiva)? Chesterton propôs uma reversão hegeliana desse tipo justamente a respeito do homem e dos animais: em vez de perguntar o que os animais são para os homens, para sua experiência, deveríamos perguntar o que o homem é para os animais – em seu pouco conhecido *O homem eterno*, Chesterton conduz um maravilhoso experimento mental nessa

---

* *Fedra, Ester, Atália*, trad. Jenny Kablin Segall, 4. ed., São Paulo, Martins Fontes, 2005. (N. E.)

mesma linha, imaginando o monstro que o homem teria parecido à primeira vista para os animais meramente naturais a sua volta:

> A verdade mais simples acerca do homem é que ele é um ser muito estranho: quase no sentido de ser um estranho sobre a terra. Sem nenhum exagero, ele tem muito mais da aparência exterior de alguém que surge com hábitos alienígenas de outro mundo do que da aparência de um mero desenvolvimento deste mundo. Ele tem uma vantagem injusta e uma injusta desvantagem. Ele não consegue dormir na própria pele; não pode confiar nos próprios instintos. Ele é ao mesmo tempo um criador movendo mãos e dedos miraculosos e uma espécie de deficiente. Anda envolto em faixas artificiais chamadas roupas; escora-se em muletas artificiais chamadas móveis. Sua mente tem as mesmas liberdades duvidosas e as mesmas violentas limitações. Ele é o único entre os animais que se sacode com a bela loucura chamada riso: como se houvesse vislumbrado na própria forma do universo algum segredo que o próprio universo desconhece. Ele é o único entre os animais que sente a necessidade de desviar seus pensamentos das realidades radicais do seu próprio ser físico; de escondê-las como se estivesse na presença de alguma possibilidade superior que origina o mistério da vergonha. Quer louvemos essas coisas como naturais ao homem, quer as insultemos como artificiais na natureza, elas mesmo assim continuam únicas.[68]

Isso é o que Chesterton chamou de "pensamento para trás": temos de nos colocar no passado, antes de as decisões fatídicas terem sido tomadas, ou antes de ocorrerem os acontecimentos fortuitos que geraram o estado de coisas que hoje nos parece normal, e a melhor maneira de fazê-lo, de tornar palpável esse momento aberto de decisão, é imaginar como, naquela época, a história poderia ter tomado um rumo diferente. Com respeito ao cristianismo, em vez de perder tempo indagando como ele se relaciona com o judaísmo ou como entende mal o Velho Testamento quando o interpreta como o anúncio da chegada de Cristo – e depois tenta reconstruir o que eram os judeus antes deles, não afetados pela perspectiva cristã retroativa –, deveríamos mudar a perspectiva e provocar a "extrusão" do próprio cristianismo, tratá-lo como cristianismo-no-devir e nos concentrarmos na estranha besta, na monstruosidade escandalosa, que Cristo pareceu ser aos olhos do *establishment* ideológico judeu.

Um exemplo hiperbólico é dado por aquelas raras sociedades que, até agora, conseguiram evitar o contato com a "civilização". Em maio de 2008, a imprensa divulgou a descoberta de uma tribo "não contatada" na densa floresta tropical ao longo da fronteira entre o Brasil e o Peru: eles jamais tiveram contato com o "mundo de fora"; seu modo de vida permaneceu provavelmente o mesmo durante mais de dez mil anos. Foram divulgadas fotografias da aldeia tiradas de um avião. Quando antropólogos sobrevoaram a região pela primeira vez, viram mulheres e

---

[68] G. K. Chesterton, *O homem eterno* (trad. Almiro Pisetta, São Paulo, Mundo Cristão, 2010), p. 37.

crianças ao ar livre e ninguém parecia estar pintado. Quando o avião retornou algumas horas depois, eles viram homens cobertos de vermelho da cabeça aos pés: com a pele pintada de vermelho brilhante, a cabeça parcialmente raspada, flechas esticadas nos longos arcos e apontadas para a aeronave que zunia acima deles. Os gestos eram inconfundíveis: "Não se aproximem". E o gesto era correto: o contato costuma ser um desastre para essas tribos remotas. Ainda que os madeireiros não atirem neles nem os expulsem de suas terras, doenças contra as quais esses seres humanos isolados não têm nenhuma resistência geralmente dizimam metade da tribo em poucos anos. Para eles, nossa civilização é, literalmente, um caldeirão de raças: eles se dissolvem e desaparecem dentro dele como os antigos afrescos em *Roma de Fellini*, que permaneceram protegidos enquanto estavam isolados no vácuo do subsolo – no momento em que os pesquisadores (cuidadosos e respeitosos) entram no ambiente, os afrescos começam a se desintegrar. Muitas vezes nos perguntamos como reagiríamos se encontrássemos alienígenas muito mais desenvolvidos que nós – no caso de tribos que nunca foram contatadas, nós somos os alienígenas. Aí está o horror dessas imagens: vemos os nativos aterrorizados, observando um Outro inumano, e nós somos esse Outro.

Então como nós, seres humanos, afetamos a natureza? Quando queimadas devastaram o Peloponeso no verão de 2007, apareceu uma fotografia da área devastada mostrando um campo de cactos meio queimados, de uma forma tal que pareciam quase derretidos, dilatados em uma multitude de formas, à semelhança da famosa pintura de Dali do relógio "derretido", dobrado ao meio como uma panqueca. O que torna imagens como essas tão fascinantes é o modo como representam não só uma destruição interna à realidade, mas uma destruição da própria tessitura da realidade, das coordenadas básicas da realidade. O primeiro efeito é de uma natureza desnaturalizada: a natureza semidestruída perde seu caráter "orgânico" e torna-se semelhante a uma bricolagem, um composto artificial de elementos heterogêneos arrumados às pressas, de maneira caótica. O segundo efeito é de perturbação temporal: parece que não estamos mais lidando com a natureza em seu ritmo normal de geração e corrupção, crescimento e decomposição, mas sim com um espaço retorcido, em que, de maneira obscena, como no caso das protuberâncias cancerosas, novas formas de vida surgem da própria decomposição. O terceiro efeito é de uma distorção múltipla e anamórfica: quando as plantas parecem parcialmente "derretidas", prolongadas de maneira anormal em diferentes direções, é como se o objeto, em sua realidade material distorcida, tivesse incorporado múltiplas perspectivas, visões fraturadas de como nós o perceberíamos se olhássemos para ele de diferentes pontos de vista. Parece, portanto, que ninguém consegue mais distinguir com clareza entre a realidade imediata do objeto e as perspectivas subjetivas sobre ele – as distorções envolvidas no olhar torto voltado para o objeto estão inscritas na própria realidade objetiva.

Em termos hegelianos, tal panorama é a encarnação da coincidência dos extremos Em-si e Para-si: quando vemos de relance essa cena esquisita, a primeira impressão é de que estamos vislumbrando o Em-si da natureza em sua monstruosa forma pré-humana. No entanto, é exatamente como tal que a natureza inscreve, disfarçada em sua distorção, a monstruosidade do homem, seu lugar inconveniente na natureza. O homem *é* assim, essa distorção anamórfica da natureza, uma perturbação do ritmo "natural" de geração e corrupção. Quando ouvimos uma frase como a famosa declaração de Hölderlin de que "poeticamente habita o homem nesta terra", não devemos imaginar a morada do homem como uma cabana à margem de um rio na floresta, mas sim uma paisagem distorcida "desnaturalizada".

Interlúdio 3
Rei, populaça, guerra... e sexo

O parágrafo final de *Martin Eden*, de Jack London*, que descreve o suicídio do herói por afogamento, é a passagem mais famosa do livro:

> Ele parecia flutuar languidamente naquele mar de visão onírica. Luzes e cores resplandecentes o cercavam, banhavam, permeavam. O que era aquilo? Parecia um farol, mas a luz clara e forte brilhava dentro da cabeça dele, e parecia piscar cada vez mais rápido. Houve um longo e forte estrondo, e ele sentiu como se caísse de uma escada interminável. E em algum lugar, bem lá no fundo, entrou na escuridão. Isso ele sabia muito bem. Tinha caído para a escuridão. E, no momento em que soube, deixou de saber.

Como Martin chegou a esse ponto? O que o levou ao suicídio foi o próprio sucesso – o romance fala da crise da investidura de maneira simples, mas extremamente radical: depois de longos anos de luta e trabalho duro, Martin finalmente consegue ter sucesso e se tornar um escritor famoso; no entanto, apesar de usufruir de riqueza e fama, uma coisa o incomoda:

> uma coisinha que, se fosse conhecida, deixaria o mundo perplexo. Mas o mundo ficaria perplexo diante da perplexidade dele e não diante da coisa que para ele se agigantava. O juiz Blount o convidara para jantar. Essa era a coisinha, ou o início do que logo se tornou uma coisa gigantesca. Ele havia insultado o juiz, tratando-o de um jeito abominável, e o juiz, ao encontrá-lo na rua, convidara-o para jantar. Martin se lembrou das diversas ocasiões em que encontrou o juiz Blount na casa de Morse e não fora convidado para jantar. Por que o juiz não o convidara antes? – perguntou-se. Ele não mudou; era o mesmo Martin Eden. O que fez diferença? O fato de as coisas que escreveu terem aparecido nos livros? Mas isso era um trabalho feito, e não algo que ele vinha fazendo desde aquela época. Era uma tarefa já cumprida no momento exato em que o juiz Blount compartilhava esse ponto de vista geral e desprezava tanto seu Spencer quanto

---
* Trad. Aureliano Sampaio, São Paulo, Nova Alexandria, 2003. (N. E.)

seu intelecto. Portanto, não fora por um valor real, mas sim por um valor puramente fictício que o juiz Blount o convidara para jantar.

A coisinha intrigante vai ficando cada vez maior e transforma-se em uma obsessão na vida dele:

> Suas ideias sempre rodavam em um círculo. O centro do círculo era "trabalho feito", e corroía seu cérebro como um verme mortal. Tomou consciência disso pela manhã. Isso atormentava seus sonhos durante a noite. Cada afazer da vida que lhe penetrava pelos sentidos imediatamente se relacionava ao "trabalho feito". Ele atravessou o caminho da implacável lógica e concluiu que não era ninguém, nada. Mart Eden, o valentão, e Mart Eden, o marinheiro, tinham sido reais, tinham sido ele; mas Martin Eden!, o famoso escritor, não existia. Martin Eden, o famoso escritor, era uma névoa que surgira na mente da plebe e pela mente da plebe fora incutida no ser corpóreo de Mart Eden, valentão e marinheiro.

Até mesmo sua amada Lizzy, que não queria se casar com ele, agora se insinuava, desesperada, dizendo que o amava absolutamente. Quando afirma que está disposta a morrer por ele, Martin responde com um insulto:

> Por que não teve essa ousadia antes? Quando eu não tinha emprego? Quando morria de fome? Quando era exatamente como sou agora, como homem, como artista, o mesmo Martin Eden? Essa é a pergunta que venho me fazendo várias vezes ao dia – não só com respeito a você, mas com respeito a todos. Você viu que não mudei, embora minha súbita e aparente valorização tranquilize-me o tempo todo quanto a isso. Tenho a mesma carne nos ossos, os mesmos dez dedos nas mãos e nos pés. Sou o mesmo. Não desenvolvi uma nova força nem uma nova virtude. Meu cérebro é o mesmo de antes. Nem sequer fiz uma nova generalização sobre literatura ou filosofia. Minha pessoa tem o mesmo valor que tinha quando ninguém me queria. E fico intrigado que me queiram agora. Certamente não me querem por mim mesmo, porque sou o mesmo que não quiseram antes. Devem me querer por outra coisa, por algo que me é exterior, por algo que não sou eu! Devo lhe dizer que algo é esse? É o reconhecimento que tive. Esse reconhecimento não sou eu. Ele mora na mente dos outros.

Martin não consegue aceitar a lacuna radical que separa para sempre suas qualidades "reais" de sua condição simbólica (aos olhos dos outros): de repente, ele não é mais um ninguém evitado pelo respeitável público, mas um autor famoso que é convidado para jantar pelos pilares da sociedade e ainda tem sua amada atirando-se a seus pés. Mas ele tem plena consciência de que nada mudou nele na realidade, ele é a mesma pessoa que era antes, e mesmo seus livros já tinham sido escritos na época em que era ignorado e desprezado. Martin não consegue aceitar essa descentralização radical do próprio núcleo de sua personalidade, que "mora na mente dos outros": ele não é nada em si mesmo, apenas uma projeção concentrada dos sonhos dos outros. Essa percepção de que seu *agalma*, o que agora o torna desejado pelos outros, é algo exterior a ele não só arruína seu narcisismo, como também mata seu desejo: "Alguma coisa saiu de mim. Sempre fui destemido em relação à vida, mas nunca imaginei que ficaria saturado dela. A vida me preencheu tanto que estou vazio de desejo por qualquer coisa". O que o levou ao suicídio foi a conclusão de "que ele não era ninguém, nada".

From Noon Till Three (1976), de Frank D. Gilroy*, uma comédia de faroeste bastante singular, trata do mesmo tema: as consequências da alienação simbólica. Eis o resumo do roteiro, cortesia da Wikipédia: no oeste norte-americano do fim do século XIX, Graham Dorsey (Charles Bronson), membro de uma quadrilha, envolve-se em um fracassado assalto a banco; no caminho, acaba no rancho da viúva Amanda Starbuck (Jill Ireland) e fica lá por três horas ("do meio-dia às três"). Ele tenta seduzi-la, mas ela resiste a todas as investidas. Frustrado, Graham decide usar de artimanha: ele finge ser impotente na esperança de fisgar Amanda pela compaixão; o plano dá certo e eles transam três vezes. Depois eles têm uma longa conversa e até dançam ao som da caixa de música de Amanda, com Graham vestindo o velho *smoking* do sr. Starbuck. Um garoto da vizinhança passa para avisar Amanda de uma tentativa de assalto ao banco na cidade. Instigado por Amanda, Graham sai para ajudar os amigos, mas levanta suspeitas e é seguido. Ele consegue escapar quando cruza com o dr. Finger, um dentista que viajava a cavalo; rouba o animal e a carroça do dentista e, ameaçando-o com uma arma, troca de roupa com ele. O dr. Finger é confundido com Graham, baleado e morto; o bando, ao reconhecer o cavalo e o *smoking* do sr. Starbuck, leva o corpo de volta para o rancho. Amanda, vendo o que pensa ser o corpo de Graham (ela não consegue ver seu rosto), desmaia. Em seguida, é revelado que o dr. Finger era um charlatão, e a primeira pessoa que Graham encontra depois da fuga é um de seus clientes insatisfeitos. Graham acaba passando um ano na cadeia pelos crimes do dr. Finger. Durante esse tempo, Amanda é a princípio marginalizada pelo povo da cidade, mas um discurso apaixonado, declarando seu amor por Graham, provoca uma reviravolta: o povo não só a perdoa, como considera sua história com Graham notável. A história torna-se lenda e gera um livro (chamado *From Noon Till Three*), romances baratos, uma peça de teatro e até uma música. A lenda de Graham e Amanda torna-se maior que a realidade e, quando o livro vira um *best-seller* mundial, Amanda enriquece. Graham, que lê o livro na prisão, diverte-se com as distorções. Depois de cumprir sua pena, Graham se disfarça, vai a uma das visitas guiadas ao rancho de Amanda e continua lá com o intuito de se revelar depois. Amanda não o reconhece e fica assustada: a cada detalhe do encontro amoroso dos dois, ela grita: "Está no livro!". Só quando Graham mostra a Amanda "algo que não está no livro" (seu pênis), ela

---

* Literalmente, "do meio-dia às três". É conhecido no Brasil como *Três horas para matar, O proscrito e a dama* e *O grande assalto*. (N. T.)

acredita nele; contudo, ao invés de se alegrar, ela fica preocupada: se a notícia de que Graham está vivo se espalhar, a lenda de Graham e Amanda estará perdida. Ela não aceita nem a sugestão de Graham de se relacionarem às escondidas – afinal, se Amanda viver com outro homem, a lenda também estará arruinada. O encontro acaba com Amanda apontando uma arma para Graham... mas, no último instante, ela decide se matar. Graham fica inconsolável: além de perder Amanda, perde sua identidade: as pessoas ririam se dissesse que é Graham, pois ele não se parecia nada com a descrição do livro. O fato de ele encontrar sua figura pública em todos os lugares (ele escuta "a música deles" em uma taverna local e interrompe uma montagem teatral de *From Noon Till Three*) literalmente o enlouquece. No fim ele é levado para um hospício, onde encontra as únicas pessoas que acreditam nele e o aceitam como Graham: seus antigos colegas. Finalmente ele se sente feliz. Na verdade, como aponta Lacan, cada um de nós sempre tenta se transformar em um personagem no romance de sua própria vida[1].

Vejamos a simetria com *Martin Eden*: tanto Graham quanto Amanda se referem a sua "lenda" (sua identidade simbólica pública), mas reagem de maneira diferente quando a realidade se confronta com ela: Amanda prefere a lenda à realidade, pois em uma estranha variação da famosa fala de um faroeste de John Ford ("Quando a realidade não corresponde à lenda, publique a lenda"), ela atira em si mesma para salvar a própria lenda. Graham, ao contrário, escolhe a realidade (eles deviam viver juntos, mesmo que isso arruinasse a lenda), mas não sabe que a lenda tem uma força própria, que também determina a realidade (social). O preço que ele paga é sua identidade simbólica lhe ser literalmente tirada: a prova material de sua identidade – (a forma de) seu pênis – não vale em público, pois o pênis não deve ser confundido com o falo. O único lugar onde é reconhecido como ele mesmo é o hospício. Parafraseando Lacan: o louco não é apenas aquele que não é Graham Dorsey pensando que é Graham Dorsey; o louco também é Graham Dorsey pensando que é Graham Dorsey – mais uma confirmação de que a negação da castração simbólica leva à psicose.

Na medida em que a castração simbólica também é um nome para a lacuna entre meu ser estúpido e imediato e meu título simbólico (recordemos da decepção proverbial do adolescente: aquele covarde miserável é realmente meu *pai*?), e como uma autoridade simbólica só pode funcionar na medida em que, em uma espécie de curto-circuito ilegítimo, essa lacuna é ofuscada e minha autoridade simbólica aparece como qualidade ou propriedade imediata de mim como pessoa, cada autoridade tem de se proteger de situações em que essa lacuna se torna palpável.

---

[1] O mesmo não se aplica à filosofia? O maior objetivo de um sistema filosófico não é explicar o próprio pensador, construir uma narrativa em que o pensador seja o personagem principal (Hegel, mais especificamente)? A crítica de Kierkegaard é que Hegel fracassa justamente nesse ponto.

Por exemplo, líderes políticos sabem muito bem evitar situações em que sua impotência pode ser exposta; um pai sabe como esconder suas humilhações (quando o chefe grita com ele ou coisas desse tipo) do olhar do filho. Nessas estratégias de "preservação das faces", a *aparência* fica protegida: por mais que eu saiba que no fundo meu pai é impotente, eu me recuso a acreditar, e é por isso que o efeito de testemunhar a manifestação clara de sua impotência pode ser tão perturbador. Esses momentos de humilhação merecem ser chamados de "experiências de castração" não porque meu pai se revela castrado ou impotente, mas porque a lacuna entre sua realidade miserável e sua autoridade simbólica torna-se palpável e não pode mais ser ignorada à guisa de uma renegação fetichista.

Não é esse o problema de *O discurso do rei*, grande vencedor do Oscar 2011? O problema do sujeito que seria rei em breve, a causa de sua gagueira, é exatamente a incapacidade de assumir sua função simbólica, de se identificar com o título. O rei demonstra um mínimo do senso comum, experimentando a estupidez de aceitar seriamente que se é rei por vontade divina – e a missão do preparador vocal australiano é torná-lo estúpido o suficiente para aceitar seu ser-rei como propriedade natural. Como costuma acontecer, Chesterton compreendeu muito bem isso: "se um homem disser que ele é, de direito, o rei da Inglaterra, não é uma resposta completa dizer que as autoridades existentes o chamam de louco; pois, se ele fosse o rei da Inglaterra, essa poderia ser a maneira mais sábia de agir para as autoridades existentes"*. Na cena principal do filme, o preparador vocal se senta na cadeira do rei; o rei, furioso, pergunta como ele ousa fazer isso, e o preparador responde: "Por que não? Por que você teria o direito de sentar nesta cadeira e eu não?". O rei grita: "Porque sou rei por direito divino!". O preparador simplesmente assente com a cabeça, satisfeito: agora o rei acredita que é rei. A solução do filme é reacionária: o rei é "normalizado", a força de seu questionamento histérico é obliterada.

Outro vencedor do Oscar 2011, *Cisne negro*, a contrapartida feminina de *O discurso do rei*, é ainda mais reacionário: sua premissa é que, se o homem pode se dedicar a sua missão (como o rei em *O discurso do rei*) e ainda assim ter uma vida privada normal, a mulher que se dedica totalmente a sua missão (nesse caso, ser uma bailarina) envereda pelo caminho da autodestruição – o sucesso é pago com a morte. É fácil reconhecer nesse roteiro o velho *tópos* da mulher que se sente dividida entre uma vocação artística e uma vida privada tranquila e feliz, faz a escolha errada e morre – em *Os sapatinhos vermelhos*, de Michael Powell, ela também é uma bailarina e em *Os contos de Hoffman*, de Offenbach, e em *A dupla vida de Véronique*, de Kieslowski, uma cantora. *Os contos de Hoffman* mostram a dedicação da heroína

---

* G. K. Chesterton, *Ortodoxia*, cit., p. 34-5. (N. T.)

à vocação artística como resultado da manipulação de um personagem diabólico, ao passo que *A dupla vida de Véronique* traz as duas versões da escolha: a Veronika polonesa escolhe cantar e morre durante uma apresentação; a Véronique francesa recolhe-se em sua privacidade e sobrevive. Os dois filmes mais recentes, *O discurso do rei* e *Cisne negro*, funcionam de maneira complementar, como uma reafirmação da dupla tradicional sob a autoridade masculina: para o homem, a suposição ingênua da autoridade simbólica; para a mulher, o recolhimento na privacidade – uma nítida estratégia conservadora feita para anular o advento do modo pós-moderno e pós-edipiano da subjetividade.

Para Hegel, o rei é definido como um sujeito que aceita essa descentralização radical; citando Marx mais uma vez, podemos dizer que é o sujeito que aceita o fato de ser rei porque os outros o tratam como rei, e não o contrário – pois, se ele pensa que é rei "em si mesmo", é porque é louco. Segundo a lenda, durante a batalha decisiva entre os exércitos da Prússia e da Áustria na guerra de 1866, o rei prussiano, formalmente o comandante supremo do Exército prussiano, ao observar a luta de uma colina próxima, mostrou-se preocupado com (o que lhe parecia ser) a confusão do campo de batalha, onde alguns soldados prussianos pareciam bater em retirada. O general von Moltke, grande estrategista prussiano que planejara a distribuição das tropas, virou-se para o rei no meio da confusão e disse: "Serei o primeiro a parabenizar Vossa Majestade em uma brilhante vitória?". Isso exemplifica a lacuna entre S_1 e S_2 em seu aspecto mais puro: o rei era o Mestre, o comandante formal e sem nenhum conhecimento do que estava acontecendo, ao passo que von Moltke encarnava o conhecimento estratégico – por mais que, em termos de decisões efetivas, a vitória fosse de Moltke, ele estava correto em cumprimentar o rei, em nome de quem ele agia. A estupidez do Mestre é palpável nessa lacuna entre a confusão da figura-mestre e o fato simbólico-objetivo de que ele já obtivera uma vitória brilhante. Todos conhecemos a velha piada sobre o enigma de quem realmente escreveu as peças de Shakespeare: "Não foi William Shakespeare, mas outra pessoa com o mesmo nome". Isso é o que Lacan quer dizer com "sujeito descentralizado", é assim que o sujeito se relaciona com o nome que fixa sua identidade simbólica: John Smith não é (sempre, por definição, em seu próprio conceito) John Smith, mas outra pessoa com o mesmo nome. Como a Julieta de Shakespeare já sabia, eu nunca sou "esse nome" – o John Smith que realmente pensa ser John Smith é psicótico. A questão central não foi levada em conta pelo jovem Marx em sua *Crítica da filosofia do direito de Hegel*. Depois de citar o início do parágrafo 281:

> Ambos os momentos em sua unidade indivisa, o Si-mesmo último sem fundamento da vontade e a existência também por isso sem fundamento, como determinação reservada à *natureza* – essa ideia de *não ser movido* pelo arbítrio constitui a *majestade* do monarca. Nesta unidade reside a *unidade real* do Estado, que somente por meio dessa sua *imediatez* interna e *externa* escapa à possibilidade de ser reduzida à esfera da *particularidade*,

com seu arbítrio, fins e opiniões, à luta das facções entre si pelo trono e ao enfraquecimento e desintegração do poder do Estado.[2]

Marx acrescenta um comentário irônico (e inspirado por demais no senso comum):

> Os dois momentos são: [a] o acaso da vontade, o arbítrio e [b] o acaso da natureza, o nascimento; enfim: Sua Majestade, o acaso. O acaso é, portanto, a unidade real do Estado. Que uma "imediatez interna e externa" deva ser retirada da colisão [devido ao capricho, facções] etc. é uma afirmação incompreensível de Hegel, pois justamente ela é abandonada à colisão.
> [...]
> A hereditariedade do príncipe resulta de seu conceito. Ele deve ser a pessoa especificamente distinta de todo o gênero, de todas as outras pessoas. Qual é, então, a diferença última, precisa, de uma pessoa em relação a todas as outras? O corpo. A mais alta função do corpo é a atividade sexual. O ato constitucional mais elevado do rei é, portanto, sua atividade sexual, pois por meio dela ele faz um rei e dá continuidade a seu corpo. O corpo de seu filho é a reprodução de seu próprio corpo, a criação de um corpo real.[3]

Marx conclui com essa nota sarcástica de que o monarca hegeliano não é nada mais que um apêndice do próprio pênis – ao que diríamos: sim, mas essa é exatamente a questão de Hegel, isto é, essa total alienação, essa reversão pela qual uma pessoa se torna o apêndice de seu órgão biológico de procriação, é o preço que se paga por agir como a soberania encarnada do Estado[4]. A partir do parágrafo 281, já citado, vemos claramente que a instituição da monarquia hereditária é, para Hegel, a solução para o problema do capricho e das facções, o problema, em suma, da contingência do poder. Essa contingência é superada não por uma necessidade mais profunda (digamos, no sentido dos reis filósofos de Platão, governantes cujo conhecimento legitima seu poder), mas por uma contingência ainda mais radical: pomos no topo um sujeito efetivamente reduzido a um apêndice do próprio pênis, um sujeito que não faz de si o que ele é (pelo trabalho de mediação), mas nasce imediatamente dentro dele. Hegel, é claro, tem plena ciência de que não existe uma necessidade mais profunda atuando nos bastidores para garantir que o monarca seja uma pessoa sábia, justa e corajosa – ao contrário, na figura do monarca, a

---

[2] G. W. F. Hegel, *Filosofia do direito*, cit., § 281, p. 267-8. [Citado em Karl Marx, *Crítica da filosofia do direito de Hegel*, trad. Rubens Enderle e Leonardo de Deus, 2. ed. rev., São Paulo, Boitempo, 2010, p. 55.]
[3] Karl Marx, *Crítica da filosofia do direito de Hegel*, cit., p. 55, 60. [Colchetes de Žižek.]
[4] Note-se também a ironia da situação: na medida em que a lacuna entre meu ser corporal imediato e minha identidade simbólica é a lacuna da castração, ser reduzido ao próprio pênis é a verdadeira fórmula da castração.

contingência (contingência de suas propriedades e qualificações) é levada ao extremo, o que importa é seu nascimento[5]. Na vida sociopolítica, a estabilidade só pode ser obtida quando todos os sujeitos aceitam o resultado desse processo contingente, pois a contingência do nascimento é isenta de lutas sociais.

Surge aqui um contra-argumento óbvio: Hegel não continua preso a uma ilusão de pureza, a pureza do conhecimento especializado da burocracia estatal que só funciona racionalmente para o bem comum? Sim, é verdade que ele reconhece uma impureza irredutível (o jogo contingente de interesses parciais e lutas entre facções) na vida política, mas sua aposta ilusória não é que, se isolarmos esse momento de impureza (capricho subjetivo) na figura do monarca, essa exceção isenta o restante (o corpo da burocracia estatal) racional do jogo de interesses parciais conflituosos? Com essa noção de burocracia estatal como a "classe universal", o Estado não seria, portanto, despolitizado, isento do *diferendo* propriamente político? No entanto, embora Hegel tenha plena ciência de que a vida política consiste em uma contingente "luta das facções contra facções pelo trono", sua ideia não é que os monarcas assumam para si essa contingência e, com isso, transformem magicamente a burocracia do Estado em uma máquina neutra, mas que, por ser determinado pela contingência de suas origens biológicas, *o próprio rei* é, em sentido formal, elevado acima das lutas políticas.

Em lacanês, a passagem do autodesenvolvimento conceitual inerente que medeia todo conteúdo para o ato ou decisão que livremente liberta esse conteúdo é, obviamente, a passagem de S_2 (conhecimento, a cadeia de significantes) para S_1 (Significante-Mestre performativo). Em sentido estritamente homólogo, o Saber Absoluto hegeliano é um conhecimento "absolvido" de seu conteúdo positivo. Como? Jean-Claude Milner desenvolveu um conceito de Saber Absoluto (*savoir absolu*) que, sem sequer mencionar Hegel, é ao mesmo tempo próximo e distante dele. O ponto de partida de Milner é a oposição gramatical entre relativo e absoluto no uso dos verbos: quando digo "eu sei latim", meu conhecimento está relacionado a um objeto determinado, é suplementado por esse objeto, em contraposição a simplesmente dizer "eu sei", em que o conhecimento é "absolvido" (liberto) de tais ligações. Esse saber "absoluto" é "o agente de seu próprio desenvolvimento, cujo objeto é simplesmente sua ocasião, e cujo sujeito é seu instrumento; segue sua lei interna, que chamo de mais-saber"[6]. O modelo desse Saber Absoluto de Milner não é Hegel, mas o *Wissenschaft* pós-hegeliano, a ciência universitária em progresso contínuo: seu excesso é algo que ainda não está aqui como dito/sabido, mas sempre a ser produzido. A diferença que separa o mais-saber do conhecimento estabelecido

---

[5] Em termos inerentemente filosóficos, podemos ver aqui como Hegel é radical em sua afirmação da contingência: a única forma de superar a contingência é por seu redobramento.
[6] Jean-Claude Milner, *Clartés de tout* (Paris, Verdier, 2011), p. 54.

é, portanto, uma diferença pura e imanente ao saber, sem nenhuma referência a seu objeto exterior: a diferença entre o sabido e o ainda-não-sabido, a diferença que torna o campo do conhecimento eternamente incompleto. A objeção de Milner a essa noção de Saber Absoluto é que ele envolve somente um "mais" e não um "menos", somente um excesso e não uma falta de saber – por isso Lacan o rejeita como pura figura do discurso da universidade. Até aqui, nenhuma dúvida – mas onde entram Hegel e seu Saber Absoluto? O Saber Absoluto de Hegel envolve, *sim*, um "menos": ele se refere a uma falta constitutiva, a falta no Outro em si, não em nosso conhecimento. O Saber Absoluto de Hegel não é um campo aberto de progresso infindável, e é a sobreposição das duas faltas (a falta do sujeito do conhecimento e a falta no Outro em si) que explica seu "fechamento".

Para explicar o modo de funcionamento do saber sem objeto, Milner evoca o seriado de TV *Dexter*, em que um pai que, sabendo que o filho é geneticamente predisposto a se tornar um *serial killer*, aconselha-o a ser policial e, com isso, satisfazer sua ânsia inata de matar acabando apenas com outros assassinos[7]. De maneira homóloga, o objetivo de Milner é agir como um pássaro que voa bem alto, sem nenhuma ligação com qualquer objeto particular na terra; de tempos em tempos, o pássaro mergulha e escolhe sua vítima – como Milner, que, em sua obra, escolhe vários conhecimentos particulares e dissocia-os, mostrando sua inconsistência. Mas não seria esse justamente o modo de funcionamento do Saber Absoluto de Hegel, que se move de uma forma de saber para outra, tocando-a em seu Real, isto é, revelando seu antagonismo imanente/constitutivo?

Assim, Schelling estava errado em sua crítica a Hegel: a intervenção do ato de decisão é puramente imanente, é o momento do "ponto de estofo", da reversão do constatativo em performativo. O mesmo não seria válido para o rei no caso do Estado, segundo a defesa hegeliana da monarquia? A cadeia burocrática de conhecimento é seguida da decisão do rei que, enquanto "objetividade perfeitamente concreta da vontade", "suprassume todas as particularidades nesse simples si mesmo, interrompe o ponderar das razões e contrarrazões, entre as quais se deixa oscilar para cá e para lá e que por um: *eu quero*, decide, e inicia toda ação e efetividade"[8]. Hegel já enfatiza esse distanciamento do monarca quando declara que essa "autodeterminação última" pode "recair na esfera da liberdade humana, na medida em que tem a posição de ápice, separado para si, elevado acima de toda particularização e condição; pois, segundo seu conceito, é apenas assim que ela é efetiva"[9]. É por isso que "o conceito de monarca" é

---

[7] Ibidem, p. 60
[8] G. W. F. Hegel, *Filosofia do direito*, cit., § 279, p. 263.
[9] Ibidem, § 279, p. 266.

o conceito mais difícil para o raciocínio, isto é, para a consideração reflexionante do entendimento, porque permanece nas determinações isoladas e, por isso, conhece apenas, então também, razões, pontos de vista finitos e o deduzir a partir de razões. Assim apresenta, então, a dignidade do monarca como algo de deduzido, não apenas quanto à forma, porém segundo sua determinação; seu conceito é antes não ser algo de deduzido, porém começando pura e simplesmente a partir de si.*

No parágrafo seguinte, Hegel desenvolve com mais detalhes essa necessidade especulativa do monarca:

> Nessa sua abstração, esse si mesmo último da vontade do Estado é simples e, por isso, é singularidade imediata; com isso, em seu conceito mesmo reside a determinação da naturalidade; por isso o monarca é essencialmente [caracterizado] enquanto esse indivíduo, abstraído de todo outro conteúdo, e esse indivíduo, de modo imediato, natural, pelo nascimento natural, é determinado à dignidade de monarca.
> [*Nota*] Essa passagem do conceito da pura autodeterminação à imediatidade do ser e, com isso, à naturalidade é de natureza puramente especulativa, seu conhecimento pertence, por isso, à filosofia lógica. De resto, é de todo a mesma passagem, que é conhecida como natureza da vontade em geral, e é o processo de transpor ao ser-aí um conteúdo da subjetividade (enquanto fim representado). Mas a forma própria da ideia e da passagem, que aqui é examinada, é o transformar imediato da pura autodeterminação da vontade (do conceito simples mesmo) em um *esse* e em um ser-aí natural, sem a mediação por um conteúdo particular – (de um fim no agir). – Na assim chamada prova ontológica da existência de Deus, é o mesmo transformar do conceito absoluto no ser [...]
> [*Adendo*] É comumente alegado contra a monarquia que ela torna a guerra do Estado dependente do acaso, pois, insiste-se, o monarca deve ser bem instruído, talvez possa não ser merecedor de sua posição máxima no Estado e não faz sentido que tal estado de coisas devesse existir porque se presume que seja racional. Mas tudo isso reside em um pressuposto nugatório, a saber, que tudo depende do caráter particular do monarca. Em um Estado completamente organizado, trata-se apenas do ponto de culminação da decisão formal (e um baluarte natural contra a paixão. É errado portanto exigir qualidades objetivas em um monarca); ele só precisa dizer "sim" e colocar o pingo no "i", porque o trono deveria ser tal que o significativo no seu detentor não seja sua configuração particular [...]. Em uma monarquia bem organizada, o aspecto objetivo pertence apenas à lei, e o papel do monarca é simplesmente acrescentar a ela seu subjetivo "Eu farei".**

O momento especulativo que o entendimento não pode apreender é "essa passagem do conceito da pura autodeterminação à imediatidade do ser e, com isso, à naturalidade". Em outras palavras, embora o entendimento possa apreender bem a mediação universal de uma totalidade vivente, ele não pode apreender que essa

---

* Ibidem, § 280, p. 266. (N. T.)
** Ibidem, § 280, p. 266-7. (N. T.)

totalidade, para efetivar a si mesma, tem de adquirir existência efetiva na forma de uma singularidade "natural" imediata[10]. Também podemos dizer que o entendimento deixa escapar o momento *cristológico*: a necessidade de uma singularidade que incorpore o Espírito universal. O termo "natureza", aqui, deve ser tomado em todo o seu significado: do mesmo modo que, no fim da Lógica, a automediação completada da Ideia liberta-se na Natureza, desintegra-se na imediatez externa da Natureza, a automediação racional do Estado tem de adquirir existência efetiva em uma vontade determinada como diretamente natural, não mediata, "irracional" *stricto sensu*. Recordemos aqui a avaliação de Chesterton a respeito da guilhotina (usada precisamente para decapitar um rei):

> A guilhotina tem muitos pecados, mas, fazendo-lhe justiça, nela não há nada de evolucionário. O argumento evolucionário preferido encontra a sua melhor resposta no machado. O evolucionista diz: "Onde você traça a linha do limite?". O revolucionista responde: "Eu a traço aqui: exatamente entre a sua cabeça e o seu corpo". Deve existir, num determinado momento, um certo e um errado abstratos para que o golpe possa ser desferido; deve existir algo eterno para que possa haver alguma coisa repentina.[11]

É a partir disso que podemos entender por que Badiou, *o* teórico do Ato, tem de se referir à Eternidade: o Ato só é concebível como intervenção da Eternidade no tempo. O evolucionismo historicista leva à procrastinação interminável, a situação é sempre complexa demais, sempre há outros aspectos para explicar, a consideração dos prós e contras jamais é superada. Contra essa posição, a passagem ao ato envolve um gesto de simplificação violenta e radical, um corte como aquele do proverbial nó górdio: o momento mágico em que o infinito ponderar cristaliza-se em um simples "sim" ou "não".

Isso nos leva ao tema da suprassunção *versus* sublimação. No *Seminário VII*, Lacan opõe a suprassunção como mediação dialética à sublimação: a suprassunção inclui todos os particulares em uma totalidade dialética, enquanto a sublimação toma um restante não suprassumido do Real e o eleva diretamente à encarnação da Coisa impossível, que escapa a toda mediação. Mas essa atividade da sublimação é realmente estranha a Hegel? Com respeito ao rei, não é defendido por Hegel que, enquanto todos os indivíduos tem de "se tornar o que são" por meio de seu trabalho e assim mediar ou suprassumir sua imediatez natural, o rei é o único que diretamente (por sua natureza) é aquilo que designa seu título simbólico (ele é rei

---

[10] Os marxistas que zombaram de Hegel tiveram de pagar por essa negligência: nos regimes que os legitimavam como marxistas, surgiu um líder que, mais uma vez, não só encarnou diretamente a totalidade racional, como também a encarnou por completo, como uma figura do Conhecimento pleno, e não apenas o idiota ato de colocar os pingos nos is. Em outras palavras, o líder stalinista *não* é um monarca, o que o torna ainda pior.

[11] G. K. Chesterton, *Ortodoxia*, cit., p. 181.

por nascimento)? O círculo da mediação, portanto, só pode ser concluído quando é suplementado por um elemento "cru", "irracional" e não mediado, que "sutura" a totalidade racional.

Quando Hegel faz a articulação entre as três ações paralelas – da Lógica à Natureza, da totalidade racional do Estado ao Monarca e a prova ontológica de Deus –, não estaria sugerindo que (um) Deus (pessoal) surge da mesma necessidade que o Monarca? Que Deus é o Monarca do Universo? Esse exemplo deixa claro que o desenvolvimento conceitual jamais pode atingir sua completude (no sentido ingênuo da cadeia completa das razões pelas quais "tudo é deduzido") – a intervenção arbitrária do Significante-Mestre designa o ponto em que a contingência intervém no núcleo mesmo da necessidade: o próprio estabelecimento de uma necessidade é um ato contingente[12]. Em um campo totalmente diferente, Dennett detecta a necessidade de "interruptores de conversa" na busca interminável de argumentação que, por conta da finitude e da limitação de nossa situação, nunca chega a um fim: sempre há outros aspectos a serem levados em conta etc.[13]. Essa necessidade não seria a necessidade do que Lacan chamou de Significante-Mestre (o próprio Dennett refere-se ao "mundo mágico", ou a um falso dogma): a necessidade de algo que corte o nó górdio dos intermináveis prós e contras com um ato (no fundo arbitrário e imperfeito) de decisão?

A propósito dos exames escolares, Lacan destaca um fato estranho: tem de haver uma lacuna mínima, um atraso, entre a avaliação das provas e o anúncio das notas. Em outras palavras, mesmo que eu saiba que respondi corretamente às questões, haverá um elemento mínimo de insegurança até que o resultado seja anunciado – essa lacuna é a lacuna entre o constatativo e o performativo, entre a *avaliação* e a *constatação* dos resultados (o registro) no pleno sentido do ato simbólico. Toda a magia da burocracia em sua manifestação mais sublime depende dessa lacuna: conhecemos os fatos, mas nunca temos certeza de como esses fatos serão registrados pela burocracia. E, como aponta Jean-Pierre Dupuy[14], o mesmo se aplica às eleições: também no processo eleitoral, o momento da contingência, do risco, de um "empate", é crucial. Eleições plenamente "racionais" não seriam nem ao menos eleições, e sim um processo transparente objetivado. As sociedades tradicionais (pré-modernas) resolveram esse problema evocando uma fonte transcendental que "verificava" o resultado, conferindo autoridade a ele (Deus, o rei...).

---

[12] Descartes e outros "voluntaristas" estavam na pista desse paradoxo quando mostraram que as leis necessárias universais se sustentam por causa da decisão divina arbitrária: 2 + 2 = 4 e não 5 porque Deus quis assim.

[13] Daniel Dennett, *Darwin's Dangerous Idea: Evolution and the Meanings of Life* (Nova York, Touchstone, 1996), p. 506. [Ed. bras.: *A perigosa ideia de Darwin*, Rio de Janeiro, Rocco, 1998.]

[14] Jean-Pierre Dupuy, *La marque du sacré* (Paris, Carnets Nord, 2008).

Nisso reside o problema da modernidade: as sociedades modernas percebem a si mesmas como autônomas, autorreguladas, ou seja, não podem mais confiar em uma fonte de autoridade externa (transcendente). Não obstante, o momento do risco tem de continuar em ação no processo eleitoral, e é por esse motivo que os comentadores gostam de se concentrar na "irracionalidade" dos votos (nunca se sabe onde estarão os votos decisivos nos últimos dias de uma campanha eleitoral...). Em outras palavras, a democracia não funcionaria se fosse reduzida a uma pesquisa de opinião permanente – totalmente mecanizada e quantificada, desprovida de seu caráter "performativo"; como mostrou Lefort, o voto tem de continuar sendo um ritual (de sacrifício), uma autodestruição ritualística e um renascimento da sociedade[15]. Por isso, esse risco não deveria ser transparente, apenas minimamente exteriorizado/reificado: "a vontade do povo" é o nosso equivalente para o que os antigos consideravam a imponderável vontade de Deus, ou a mão do Destino. O que as pessoas não podem aceitar como escolha arbitrária direta, resultado do puro risco, elas aceitam quando se refere a um mínimo de "Real" – Hegel sabia disso há muito tempo, e esse é seu argumento na defesa da monarquia. E, por último, mas não menos importante, o mesmo vale para o amor: nele haveria um elemento da "resposta do Real" ("fomos feitos um para o outro"), não posso de fato aceitar que minha paixão dependa da pura contingência[16].

Até mesmo um majestoso leitor de Hegel como Gérard Lebrun deixa a desejar nesse aspecto ao inserir Hegel na tradição platônica dos "reis filósofos": cada exercício de poder tem de ser justificado por boas razões, o portador do poder tem de ser apropriadamente qualificado por seu conhecimento e capacidades, e o poder deve ser exercido para o bem de toda a comunidade – essa noção de poder sustenta o conceito hegeliano da burocracia estatal como "classe universal" instruída para proteger os interesses do Estado contra os interesses particulares de membros e grupos da sociedade civil. Nietzsche contra-ataca essa noção geral questionando sua premissa basilar: que tipo de poder (ou autoridade) é esse que precisa se justificar com referência aos interesses daqueles a quem governa, que aceita a necessidade de fornecer razões para seu exercício? Essa noção de poder não destrói a si mesma? Como posso ser seu mestre, se aceito a necessidade de justificar minha autoridade perante seus olhos? Isso não indica que minha autoridade depende de sua aprovação, de modo que, agindo como seu mestre, sirvo efetivamente a você (recordemos aqui a famosa ideia de Frederico, o Grande, do rei como o principal servo de seu povo)? Não seria o caso de a autoridade propriamente dita não precisar de razões, pois é simplesmente aceita em seus próprios termos? Como afirmou Kierkegaard, uma

---

[15] Ver Claude Lefort, *Essais sur le politique* (Paris, Seuil, 1986).
[16] Ver Slavoj Žižek, *Looking Awry* (Cambridge, MIT Press, 1991).

criança dizer que obedece ao pai porque ele é sábio, honesto e bom, é blasfêmia, uma renegação completa da verdadeira autoridade paternal. Em termos lacanianos, essa passagem da autoridade "natural" para a autoridade justificada com razões é obviamente a passagem do discurso do mestre para o discurso da universidade. O universo do exercício justificado do poder é também altamente antipolítico e, nesse sentido, "tecnocrático": meu exercício do poder deveria ser fundamentado em razões ao alcance de todos os seres humanos racionais e aprovadas por eles, pois a premissa subjacente é que, como agente do poder, sou totalmente substituível, ajo exatamente da mesma maneira que qualquer pessoa agiria em meu lugar – a política como domínio de luta competitiva, como articulação de antagonismos sociais irredutíveis, deveria ser substituída por uma administração racional que represente diretamente o interesse universal.

Mas Lebrun está certo em imputar a Hegel essa noção de autoridade justificada? Hegel já não tinha plena ciência de que a verdadeira autoridade sempre contém um elemento de autoafirmação tautológica? "É assim porque digo que é!". O exercício da autoridade é um ato de decisão contingente "irracional" que rompe com a cadeia infinita de enumerar razões *pro et contra*. Essa não é a mesma argumentação da defesa hegeliana da monarquia? O Estado como totalidade racional precisa ter como chefe uma figura de autoridade "irracional", uma autoridade não justificada por suas qualificações: enquanto todos os outros servidores públicos têm de provar sua capacidade de exercer o poder, o rei é justificado pelo próprio fato de ser rei. Em termos mais contemporâneos, o aspecto performativo das ações do Estado está reservado para o rei: a burocracia estatal prepara o conteúdo da ação estatal, mas é a assinatura do rei que a decreta, impondo-a à sociedade. Hegel sabia muito bem que é somente essa distância entre "conhecimento" encarnado na burocracia estatal e a autoridade do Mestre encarnada no rei que protege o corpo social contra a tentação "totalitária": o que chamamos de "regime totalitário" não é um regime em que o Mestre impõe sua autoridade irrestrita e ignora as sugestões do conhecimento racional, mas um regime em que o Conhecimento (autoridade racionalmente justificada) assume de imediato o poder "performativo" – Stalin não era (não se apresentava como) um Mestre; ele era o principal servo do povo, legitimado por seu conhecimento e suas capacidades.

Essa compreensão de Hegel aponta para sua posição única entre o discurso do mestre (da autoridade tradicional) e o discurso da universidade (do poder moderno justificado por razões ou pelo consenso democrático de seus sujeitos): Hegel reconheceu que o carisma da autoridade do Mestre é falso, que o Mestre é um impostor – é apenas o fato de ocupar a posição de Mestre (de seus sujeitos o tratarem como Mestre) que o torna Mestre. No entanto, ele também tinha plena consciência de que, se tentarmos nos livrar desse excesso e impor uma autoridade transparente a si mesma e totalmente justificada pelo conhecimento de especialista, o resultado é ainda pior: em vez de se limitar ao simbólico chefe de Estado, a "irracionalidade" se espalha por todo o corpo do poder social. A burocracia de Kafka é justamente esse regime de um conhecimento especializado destituído da figura do Mestre – Brecht estava certo quando afirmou, como reporta Benjamin em seus diários, que Kafka é "o *único escritor bolchevique genuíno*"[17].

Seria, então, a posição de Hegel uma posição cínica? Ele diz para agirmos como se o monarca fosse qualificado para governar por causa de suas propriedades, para celebrarmos sua glória etc., mesmo sabendo que ele não é ninguém? Uma lacuna, no entanto, separa a posição de Hegel do cinismo: a aposta hegeliana (utópica?) é que podemos admirar um monarca não por suas supostas qualidades reais, mas por sua própria mediocridade, como representante da fragilidade humana. Mas aqui as coisas se complicam: não seria o excesso no topo do edifício social (rei, líder) suplementado pelo excesso de baixo, por aquelas pessoas que não têm lugar próprio dentro do corpo social, o que Rancière chama de "parte de nenhuma parte" e que Hegel chamou de *Pöbel* (populaça)? Hegel não levou em conta que a populaça, em sua própria condição de excesso destrutivo da totalidade social, sua "parte de nenhuma parte", é a "determinação reflexiva" da totalidade como tal, ou seja, a encarnação imediata de sua universalidade, o elemento particular na forma do qual a totalidade social se encontra entre seus elementos e, como tal, o principal constituinte de sua identidade[18]. É por isso que Frank Ruda se justifica plenamente ao interpretar as curtas passagens de Hegel sobre a populaça na *Filosofia do direito* como um ponto sintomático de sua filosofia do direito como um todo, quiçá de seu sistema como um todo[19]. Se Hegel tivesse visto a dimensão universal da populaça, teria inventado o sintoma (como fez Marx, que via no proletariado a encarnação dos impasses da sociedade existente, a classe universal)[20]. Em outras

---

[17] Citado em Stathis Gourgouris, *Does Literature Think?* (Stanford, Stanford University Press, 2003), p. 179.

[18] Note-se o requinte dialético dessa última característica: o que "sutura" a identidade de uma totalidade social como tal é o próprio elemento "livre-flutuante" que dissolve a identidade fixa de todo elemento intrassocial. Podemos até mesmo estabelecer uma ligação entre o antissemitismo residual de Hegel e sua incapacidade de pensar a pura repetição: quando ele se rende ao descontentamento com os judeus que se apegam obstinadamente a sua identidade, em vez de "seguir em frente" e, como outras nações, permitir que sua identidade seja suprassumida (*aufgehoben*) no progresso histórico, esse descontentamento não teria sido provocado pela percepção de que os judeus continuam presos à repetição do mesmo? A propósito, sou solidário a Benjamin Noys, que em seu *The Persistence of the Negative* (Edimburgo, Edinburgh University Press, 2010) destaca e desenvolve a ligação entre as vicissitudes da noção "puramente filosófica" de negatividade e as mudanças e impasses da política radical: quando se fala em negatividade, a política nunca fica muito para trás.

[19] Baseio-me aqui em Frank Ruda, *Hegel's Rabble: An Investigation into Hegel's Philosophy of Right* (Nova York, Continuum, 2011).

[20] Devo essa formulação a Mladen Dolar.

palavras, o que torna sintomático o conceito de populaça é ele descrever um excesso "irracional" e necessariamente produzido do Estado moderno racional, ou seja, um grupo de pessoas para as quais não há lugar dentro da totalidade organizada, embora pertençam formalmente a ela – como tal, elas exemplificam com perfeição a categoria da universalidade singular (uma singularidade que dá corpo diretamente a uma universalidade, passando por cima da mediação por meio do particular):

> A queda de uma grande massa [de indivíduos] abaixo da medida de certo modo de subsistência, que se regula por si mesmo como o necessário para um membro da sociedade – e com isso a perda do sentimento do direito, da retidão e da honra de subsistir mediante atividade própria e trabalho próprio – produz o engendramento da populaça, a qual, por sua vez, acarreta ao mesmo tempo uma facilidade maior de concentrar, em poucas mãos, riquezas desproporcionais.[21]

Vemos com nitidez uma ligação entre o tema eminentemente político da condição da populaça e o tema ontológico básico de Hegel da relação entre universalidade e particularidade, ou seja, o problema de como entender a "universalidade concreta" hegeliana. Se entendemos "universalidade concreta" no sentido usual da subdivisão orgânica do universal em seus momentos particulares, de modo que a universalidade não seja uma característica abstrata da qual os indivíduos participam de maneira direta e a participação do indivíduo no universal seja sempre mediada pela rede particular de determinações, então a noção correspondente de sociedade é corporativa: a sociedade como um Todo orgânico, no qual cada indivíduo tem de encontrar seu lugar particular e do qual participa do Estado cumprindo seu dever ou obrigação particular. Não há cidadãos desse tipo, é preciso ser membro do Estado (fazendeiro, autoridade estatal, mãe de família, professor, artesão...) para contribuir para a harmonia do Todo. Esse é o Hegel protofascista bradleiano, que se opõe ao liberalismo atomístico (em que a sociedade é uma unidade mecânica de indivíduos abstratos) em proveito do Estado como um organismo vivente em que cada parte tem sua função. Nesse espaço, a populaça tem de aparecer como um excesso racional, como uma ameaça à ordem e à estabilidade social, como marginalizados que são excluídos e se excluem da totalidade social "racional".

Mas é realmente isso que Hegel visa com sua "universalidade concreta"? O núcleo da negatividade dialética não seria o curto-circuito entre o gênero e (uma de) suas espécies, de modo que o gênero apareça como uma de suas próprias espécies oposta às outras, entrando em uma relação negativa com elas? Nesse sentido, a universalidade concreta é exatamente uma universalidade que se inclui entre suas espécies, disfarçada de um momento singular que carece de conteúdo particular – em

---

[21] G. W. F. Hegel, *Filosofia do direito*, cit., § 244, p. 223.

suma, são justamente aqueles que não têm lugar apropriado no Todo social (como a populaça) que representam a dimensão universal da sociedade que os gera. É por isso que a populaça não pode ser eliminada sem que todo o edifício social seja radicalmente transformado – e Hegel tem plena consciência disso; ele é consistente o bastante para confessar que a solução desse "problema perturbador" é impossível não só por razões externas contingentes, mas por razões conceituais estritamente imanentes. Embora enumere uma série de medidas para resolver o problema (controle e repressão policial, caridade, envio da populaça para colônias...), ele mesmo reconhece essas medidas como paliativos secundários, que não resolvem de fato o problema – não porque o problema seja complicado demais (porque não há riqueza suficiente na sociedade para cuidar dos pobres), mas porque há riqueza demais, pois quanto mais rica a sociedade, maior sua produção de pobreza:

> Caso se impuser à classe mais rica o encargo direito, ou se os meios diretos estivessem presentes aí numa outra propriedade pública (ricos hospitais, fundações, conventos), de manter a massa que se encaminha para a pobreza numa situação de seu modo de vida regular, assim seria assegurada a subsistência dos carecidos, sem ser mediada pelo trabalho, o que seria contrário ao princípio da sociedade civil-burguesa e ao sentimento de seus indivíduos de sua autonomia e honra; – ou se ela fosse mediada pelo trabalho (mediante a oportunidade desse), assim seria aumentada a quantidade dos produtos, em cujo excesso e em cuja falta de um número de consumidores eles próprios produtivos consiste precisamente o mal, o qual de ambos os modos apenas se amplia. Aqui aparece que a sociedade civil-burguesa, apesar do seu excesso de riqueza, não é suficientemente rica, isto é, não possui, em seu patrimônio próprio, o suficiente para governar o excesso de miséria e a produção da populaça.[22]

Devemos notar aqui a fineza da análise de Hegel: ele afirma que a pobreza não é apenas uma condição material, mas também a posição subjetiva de ser destituído de reconhecimento social, e por isso não basta satisfazer as necessidades dos pobres pela caridade pública ou privada – desse modo, eles continuam destituídos da satisfação de cuidar de maneira autônoma da própria vida. Além disso, quando Hegel enfatiza o fato de que a sociedade – a ordem social existente – é o maior espaço em que o sujeito encontra seu conteúdo substancial e seu reconhecimento, isto é, o fato de que a liberdade subjetiva somente pode se efetivar na racionalidade da ordem ética universal, o anverso implícito (embora não declarado explicitamente) é que aqueles que *não* encontram esse reconhecimento têm também o direito de se rebelar: se uma classe de pessoas é sistematicamente destituída de seus direitos, de sua própria dignidade humana, elas são *eo ipso* eximidas de seus deveres para com a ordem social, pois essa ordem social não é mais sua substância ética. O tom depreciativo das declarações de Hegel sobre a "populaça" não deve nos desviar do fato

---

[22] Ibidem, § 245, p. 223.

básico de que ele considerava a rebelião dessa populaça inteiramente justificada em termos racionais: a "populaça" é uma classe de pessoas à qual o reconhecimento pela substância ética é negado de maneira não apenas contingente, mas também sistemática, por isso elas não devem nada à sociedade e são dispensadas de qualquer dever para com ela.

A negatividade – elemento não reconhecido da ordem existente – é, portanto, necessariamente produzida, inerente à ordem existente, mas sem nenhum lugar dentro dela. Nesse ponto, no entanto, Hegel comete um erro (medido por seus próprios padrões): ele não arrisca a tese óbvia de que, como tal, a populaça deveria representar imediatamente a universalidade da sociedade. Como excluída, carente do reconhecimento de sua posição particular, a populaça é o universal como tal. Nesse ponto, pelo menos, Marx estava certo em criticar Hegel, pois nesse aspecto era mais hegeliano que o próprio Hegel – como é sabido, este é o ponto de partida da análise marxiana: o "proletariado" designa tal elemento "irracional" da totalidade social "racional", sua incontável "parte de nenhuma parte", o elemento sistematicamente gerado por ela e, ao mesmo tempo, nega os direitos básicos que definem essa totalidade; como tal, o proletariado representa a dimensão da universalidade, pois sua emancipação só é possível na/pela emancipação universal. De certo modo, *todo* ato é proletário: "Só existe um sintoma social: todo indivíduo é efetivamente proletário, ou seja, não dispõe de um discurso pelo qual possa estabelecer um elo social"[23]. O ato só pode surgir da posição "proletária" de ser destituído de um discurso (de ocupar o lugar da "parte de nenhuma parte" dentro do corpo social existente).

De que maneira então os dois excessos (no topo e na base) se relacionam um com o outro? A ligação entre os dois não fornece a fórmula para um regime populista autoritário? Em seu *O 18 de brumário*, uma análise do primeiro desses regimes (o reinado de Napoleão III), Marx destacou que, enquanto Napoleão III jogava uma classe contra a outra, roubando de uma para satisfazer a outra, a única verdadeira base de classe de seu governo era o lumpemproletariado. De maneira homóloga, o paradoxo do fascismo é o fato de defender uma ordem hierárquica em que "todos têm seu lugar apropriado", ao passo que sua única base social verdadeira é a populaça (assassinos da SA etc.) – nela, o único elo de classe direto do Líder é aquele que o liga à populaça, somente no meio da populaça é que Hitler estava realmente "em casa".

É claro que Hegel tinha consciência de que a pobreza objetiva não é suficiente para gerar uma populaça: essa pobreza objetiva deve ser subjetivada, transformada em uma "disposição da mente", vivenciada como injustiça radical, por conta da qual o sujeito sente que não tem nenhum dever ou obrigação para com a socie-

---

[23] Jacques Lacan, "La troisième", *Lettres de l'École freudienne*, n. 16, 1975, p. 187.

dade. Hegel não deixa dúvida de que essa injustiça é real: a sociedade tem o dever de garantir as condições de uma vida livre, autônoma e digna para todos os seus membros – esse é um direito deles e, se lhes for negado, eles não têm deveres para com a sociedade:

> *Adendo*: O mais baixo nível de subsistência, de uma populaça de pobres, é fixado automaticamente, mas o mínimo varia de maneira considerável em diferentes países. Na Inglaterra, mesmo os mais pobres acreditam ter direitos; isso é diferente do que satisfaz os pobres em outros países. A pobreza em si não transforma os homens em uma populaça; esta é criada somente quando há, na pobreza, uma disposição de espírito, uma indagação interior contra os ricos, contra a sociedade, contra o governo etc. Outra consequência dessa atitude é que, por sua dependência do acaso, os homens tornam-se frívolos e indolentes, como o lazarone napolitano, por exemplo. Desse modo, na populaça nasce o mal de não haver respeito próprio suficiente para assegurar a subsistência pelo próprio trabalho e mesmo assim, ao mesmo tempo, da pretensão à subsistência como um direito. Contra a natureza, o homem não pode reivindicar nenhum direito, mas, uma vez que a sociedade está estabelecida, a pobreza imediatamente toma a forma de uma injustiça cometida por uma classe contra outra. A importante questão de como deve ser abolida a pobreza é um dos mais perturbadores problemas que agitaram a sociedade moderna.[24]

É fácil discernir a ambiguidade e a oscilação na linha de argumentação de Hegel. Ele parece primeiro culpar os pobres por subjetivar sua posição como se fosse a de uma populaça, por abandonar o princípio de autonomia que obriga o sujeito a garantir sua subsistência por seu próprio trabalho e por afirmar que deveriam receber da sociedade meios de sobrevivência como se fossem um direito. Em seguida, muda sutilmente o tom, enfatizando que, em contraste com suas relações com a natureza, o homem pode reivindicar direitos contra a sociedade, e por isso a pobreza não é apenas um fato social, mas uma injustiça cometida por uma classe contra a outra. Além disso, há um sutil *non sequitur* no argumento: Hegel passa diretamente da indignação da populaça contra os ricos/a sociedade/o governo para sua falta de respeito próprio – a populaça é irracional porque demanda uma vida decente sem trabalhar para isso, negando o axioma moderno básico de que a liberdade e a autonomia se baseiam no trabalho da mediação de si. Consequentemente, o direito de subsistir sem trabalho

> só pode parecer irracional porque [Hegel] vincula o conceito de direito ao conceito de livre-arbítrio, que só pode ser livre se se tornar um objeto para si por meio da atividade objetiva. Reivindicar um direito à subsistência sem atividade, e reivindicar esse direito ao mesmo tempo somente para si, significa, segundo Hegel, reivindicar um direito que

---

[24] G. W. F. Hegel, *Hegel's Philosophy of Right* (trad. T. M. Knox, Oxford, Oxford University Press, 1978), § 244.

não tem nem a universalidade nem a objetividade de um direito. O direito reivindicado pela populaça é, para ele, um *direito sem direito* e [...], consequentemente, ele define a populaça como a particularidade que se desprende também da inter-relação essencial de direito e dever.[25]

Mas indignação não é o mesmo que falta de respeito próprio: não gera automaticamente a demanda a ser satisfeita sem trabalho. Indignação também pode ser uma indicação direta de respeito próprio: como a populaça é produzida necessariamente, como parte do processo social de (re)produção da riqueza, é a própria sociedade que nega o direito da populaça de participar do universo social de liberdades e direitos – é negado a ela o direito de ter direitos, pois o "direito sem direito" é de fato um metadireito ou direito reflexivo, um direito universal de ter direitos, de estar em posição de agir como um sujeito livre e autônomo. A demanda a ser satisfeita sem trabalho é, portanto, uma forma (possivelmente superficial) de aparição da demanda mais básica e em absoluto "irracional" de termos uma chance de agir como sujeitos livres e autônomos, de ser incluídos no universo de liberdades e obrigações. Em outras palavras, como a populaça é excluída da esfera universal da vida livre autônoma, sua própria demanda é universal:

> [seu] reivindicado *direito sem direito* contém uma dimensão latente e não é em absoluto um mero direito particular. Como direito particularmente articulado, trata-se de um direito que afeta qualquer pessoa de modo latente e promove o entendimento de uma demanda por igualdade para além das circunstâncias objetivas e estatistas existentes.[26]

Há ainda uma distinção importante a ser feita aqui, uma distinção apenas latente em Hegel (na forma de oposição entre os dois excessos da pobreza e da riqueza), mas desenvolvida por Ruda: os membros da populaça (aqueles excluídos da esfera dos direitos e da liberdade),

> podem ser estruturalmente diferenciados em dois tipos: há os pobres e os apostadores. Qualquer um pode se tornar pobre não arbitrariamente, mas apenas quem decide arbitrariamente não satisfazer seus desejos e necessidades egoístas por meio do trabalho pode se tornar um apostador. Ele confia plenamente no movimento contingente da economia burguesa e espera garantir a própria subsistência de maneira igualmente contingente – por exemplo, ganhando dinheiro de maneira contingente na bolsa de valores.[27]

Os excessivamente ricos, portanto, também são uma espécie de populaça no sentido de que violam as regras (ou se excluem) da esfera dos deveres e liberdades: além de demandar que a sociedade proveja a sua subsistência sem trabalho, eles são providos *de facto* dessa maneira. Consequentemente, enquanto Hegel critica

---

[25] Frank Ruda, *Hegel's Rabble*, cit., p. 132.
[26] Idem.
[27] Idem.

a posição da populaça como uma particularidade irracional que opõe de modo egoísta seus próprios interesses particulares à universalidade existente e organizada racionalmente, essa distinção entre duas populaças mostra que somente a populaça rica se enquadra no veredito de Hegel: "Enquanto a populaça rica é, como julga Hegel corretamente, uma simples populaça particular, a populaça pobre contém, contra o julgamento de Hegel, uma dimensão universal latente que nem sequer é inferior à universalidade da concepção hegeliana de ética"[28].

Portanto, podemos demonstrar que, no caso da populaça, Hegel foi inconsistente no que se refere a sua própria matriz do processo dialético, regredindo *de facto* da noção propriamente dialética de totalidade para um modelo corporativo do Todo social. Seria essa apenas uma falha empírica e acidental da parte de Hegel, de modo que possamos corrigir esse ponto (e outros semelhantes) e assim estabelecer o "verdadeiro" sistema hegeliano? A questão, obviamente, é que aqui também podemos aplicar a diretriz dialética fundamental: esses fracassos locais na tentativa de desenvolver de maneira apropriada o mecanismo do processo dialético são seus pontos sintomáticos imanentes, eles indicam uma falha estrutural mais fundamental no próprio mecanismo de base. Em suma, se Hegel tivesse sistematizado o caráter universal da populaça, seu modelo inteiro do Estado racional teria de ser abandonado. Isso quer dizer que tudo o que temos de fazer é a passagem de Hegel a Marx? A inconsistência é resolvida quando substituímos a populaça pelo proletariado como "classe universal"? Eis como Rebecca Comay resume a limitação sociopolítica de Hegel:

> Hegel não é Marx. A populaça não é o proletariado, o comunismo não está no horizonte e a revolução não é a solução. [...] Hegel não está preparado para ver na contradição da sociedade civil o dobre fúnebre da sociedade de classes, para identificar o capitalismo como seu próprio coveiro ou para ver nas massas privadas de direitos algo mais que um surto de cegueira, reação informe, "elementar, irracional, selvagem e terrível" [...] um enxame cuja integração continua irrealizada e irrealizável, um "dever" [...]. Mas a aporia, atípica para Hegel, aponta para algo inacabado ou já desmoronando dentro do edifício cuja construção Hegel declara completa, uma falha tanto da efetividade quanto da racionalidade que solapa a solidez do Estado que ele celebra alhures, em linguagem hobbesiana, como divindade mundana.[29]

Será que Hegel é simplesmente limitado por seu contexto histórico? Será que era muito cedo para ver o potencial emancipatório da "parte de nenhuma parte", de modo que tudo o que ele poderia fazer era registrar honestamente as aporias não resolvidas e não resolvíveis de seu Estado racional? Talvez, mas a experiência

---

[28] Ibidem, p. 133.
[29] Rebecca Comay, *Mourning Sickness: Hegel and the French Revolution* (Stanford, Stanford University Press, 2011), p. 141.

histórica do século XX também não torna problemática a visão marxiana da revolução? Hoje, num mundo pós-Fukuyama, não estamos exatamente na situação do último Hegel? Vemos "algo inacabado ou já desmoronando dentro do edifício" do Estado de bem-estar social liberal-democrático, que, no utópico "momento Fukuyama" da década de 1990, surgiu como o "fim da história", a melhor forma político-econômica possível enfim encontrada. Assim, talvez tenhamos aqui mais um caso de falta de sincronismo: de certo modo, Hegel estava mais perto da marca do que Marx, ou seja, as tentativas de representar no século XX a *Aufhebung* da fúria das massas privadas de direitos no desejo do agente proletário de resolver os antagonismos sociais acabou fracassando, o Hegel "anacrônico" é mais contemporâneo nosso que Marx.

Também podemos perceber que Althusser estava errado quando, em sua crua oposição entre estrutura sobredeterminada e totalidade hegeliana, reduziu esta última a um mero sincronismo, que chamou de "totalidade expressiva": para o Hegel de Althusser, cada época histórica é dominada por um princípio espiritual que se manifesta em todas as esferas sociais. No entanto, como mostrou o exemplo da discórdia temporal entre França e Alemanha, a não contemporaneidade é, para Hegel, um princípio: em termos políticos, a Alemanha estava atrasada em relação à França (onde aconteceu a Revolução) e, por isso, só poderia se prolongar no domínio do pensamento; no entanto, a Revolução somente aconteceu na França porque esta estava atrasada em relação à Alemanha, ou seja, porque não passara pela Reforma que garantia liberdade interna e, portanto, reconciliava os domínios secular e espiritual. Desse modo, longe de ser uma exceção ou uma complicação acidental, o anacronismo é a "assinatura" da consciência:

> a experiência se excede continuamente, reivindica eternamente que ela (isto é, o mundo) não está equipada para realizar e está despreparada para reconhecer, e que a compreensão não faz diferença, pois é inevitavelmente tardia, ainda que somente porque o que estava em jogo já se modificou.[30]

Essa extemporaneidade anacrônica vale especialmente para as revoluções:

> A Revolução "Francesa", que fornece a medida da extemporaneidade "alemã", é em si extemporânea [...]. Não existe um momento certo ou "maduro" para a revolução (do contrário, não haveria a necessidade de nenhuma). A revolução sempre chega muito cedo (as condições nunca estão prontas) e muito tarde (ela fica sempre atrás da própria iniciativa).[31]

Agora podemos ver a estupidez dos "críticos marxistas" que repetem o mantra de que o stalinismo surgiu porque a primeira revolução proletária aconteceu no

---

[30] Ibidem, p. 6.
[31] Ibidem, p. 7.

lugar errado (na Rússia semidesenvolvida, "asiática" e despótica, e não na Europa Ocidental) – por definição, as revoluções *sempre* acontecem no lugar errado e no momento errado, são sempre "deslocadas". E a Revolução Francesa não foi condicionada pelo fato de que, por causa de seu absolutismo, a França estava ficando para trás da Inglaterra em termos de modernização capitalista? E essa não contemporaneidade não é irredutível? O Saber Absoluto, momento conclusivo do sistema hegeliano, não é o momento em que finalmente a história acomete a si mesma, quando conceito e realidade se sobrepõem na plena contemporaneidade? Comay rejeita essa leitura superficial:

> O Saber Absoluto é a exposição desse atraso. Sua obrigação é tornar explícita a dissonância estrutural da experiência. Se a filosofia faz qualquer reivindicação à universalidade, não é porque sincroniza os calendários ou fornece uma compensação intelectual por sua tardança. Sua contribuição, ao contrário, é formalizar a necessidade do atraso, junto com estratégias inventivas com as quais esse mesmo atraso é invariavelmente disfarçado, ignorado, glamorizado ou racionalizado.[32]

Esse atraso – em última análise, não só o atraso entre os elementos da mesma totalidade histórica, mas o atraso da totalidade com respeito a si própria, a necessidade estrutural de que uma totalidade contenha elementos anacrônicos que, sozinhos, possibilitem que ela se estabeleça como totalidade – é o aspecto temporal de uma lacuna que propele o processo dialético, e o "Saber Absoluto", longe de preencher essa lacuna, torna-a visível como tal, em sua necessidade estrutural:

> O Saber Absoluto não é nem compensação, como no resgate de uma dívida, nem satisfação: o vazio é constitutivo (o que não significa que seja historicamente sobredeterminado). Em vez de tentar fechar a lacuna pela acumulação de mais-valia conceitual, Hegel procura desmistificar os fantasmas que usamos para preenchê-la.[33]

Nisto reside a diferença entre Hegel e o evolucionismo histórico: este concebe o progresso histórico como sucessão de formas, das quais cada uma cresce, chega ao auge, torna-se obsoleta e desintegra-se; já para Hegel, a desintegração é o próprio sinal da "maturidade", pois não existe nenhum momento de puro sincronismo, quando forma e conteúdo se sobrepõem sem atraso.

Talvez devêssemos conceber a própria trindade europeia como um nó borromeano dos anacronismos: o modelo de excelência de cada país (economia política britânica, política francesa e filosofia alemã) baseia-se em um atraso anacrônico em outros domínios (a excelência do pensamento alemão é o resultado paradoxal de seu retardo político-econômico; a Revolução Francesa baseou-se no atraso do capitalismo devido ao absolutismo do Estado francês etc.). Nesse sentido, a trindade funcio-

---

[32] Ibidem, p. 6.
[33] Ibidem, p. 125.

nou como um nó borromeano: cada par de países só se interliga por intermédio do terceiro (na política, a França faz o elo entre a Inglaterra e a Alemanha etc.).

Nesse ponto, arriscaríamos dar um passo adiante e desmistificar a própria noção de nação histórico-mundial, uma nação destinada a incorporar o nível que a história mundial atingiu em determinado ponto. Dizem que, na China, quando realmente se odeia alguém, o mal que se deseja ao outro é: "Que você viva em tempos interessantes!". Hegel tinha plena consciência de que, em nossa história, "tempos interessantes" são, na verdade, tempos de inquietação, guerra e lutas de forças, com milhões de observadores inocentes sofrendo suas consequências: "A história do mundo não é o teatro da felicidade. Períodos de felicidade são páginas em branco, pois são períodos de harmonia, períodos de ausência de oposição"[34]. Deveríamos conceber a sucessão de grandes nações "históricas" que, passando a tocha uma para a outra, incorporaram o progresso de uma era (Irã, Grécia, Roma, Alemanha...) não como uma bênção pela qual uma nação é temporariamente elevada a determinada categoria histórico-mundial, mas antes como a transmissão de uma doença espiritual contagiosa, uma doença da qual uma nação só pode se livrar passando-a para outra nação, uma doença que só traz sofrimento e destruição para o povo contaminado? Os judeus eram uma nação normal, que vivia uma "página em branco" da história, até que, por razões desconhecidas, Deus os apontou como o povo escolhido, e isso só lhes trouxe dor e dispersão – pela solução de Hegel, esse fardo pode ser passado adiante para que se volte à feliz "página em branco". Ou, em termos althusserianos, embora as pessoas vivam como indivíduos, de tempos em tempos algumas delas têm o infortúnio de ser interpeladas como sujeitos do grande Outro.

Voltando à populaça, podemos argumentar que a posição da "populaça universal" captura à perfeição a situação dos novos proletários de hoje. No clássico *dispositif* marxista da exploração de classe, o capitalista e o trabalhador encontram-se no mercado como indivíduos formalmente livres, sujeitos iguais da mesma ordem legal, cidadãos do mesmo Estado, com os mesmos direitos civis e políticos. Hoje, esse quadro legal de igualdade, essa participação compartilhada nos mesmos espaços civis e políticos, está se dissolvendo aos poucos com o advento de novas formas de exclusão social e política: imigrantes ilegais, moradores de cortiços, refugiados etc. É como se, paralelamente à regressão do lucro para a renda, o sistema existente, para continuar a funcionar, tivesse de ressuscitar formas pré-modernas de exclusão direta – ele não pode mais propiciar a exploração e a dominação na forma de autoridade legal e civil. Em outras palavras, enquanto a clássica classe trabalhadora é explorada pela própria participação na esfera de direitos e liberdades – isto é, enquanto sua escravidão *de*

---

[34] G. W. F. Hegel, *Lectures on the Philosophy of History*, cit., p. 73.

facto é realizada por meio da própria forma de sua autonomia e liberdade, por meio do trabalho que provenha sua subsistência –, a populaça de hoje não tem sequer o direito de ser explorada pelo trabalho, seu *status* oscila entre o de vítima, sustentado pela ajuda humanitária, e o de terrorista, que deve ser contido ou massacrado; e, justamente como descreveu Hegel, muitas vezes ela expõe sua demanda como demanda de subsistência sem trabalho (como os piratas somalianos).

Aqui, poderíamos reunir, como aspectos da mesma limitação, os dois temas em que Hegel fracassa (por seus próprios padrões): a populaça e o sexo. Longe de propiciar o fundamento natural da vida humana, a sexualidade é o verdadeiro terreno em que os seres humanos se destacam da natureza: a ideia de perversão sexual, ou de uma paixão sexual mortal, é totalmente alheia ao universo animal. Nesse aspecto, nem mesmo Hegel atinge os próprios padrões: ele simplesmente descreve como, por meio da cultura, a substância natural da sexualidade é cultivada, suprassumida, mediada – nós, seres humanos, já não fazemos amor para procriar, mas entramos em um processo complexo de sedução e casamento em que a sexualidade se torna expressão do vínculo espiritual entre homem e mulher etc. Contudo, o que Hegel não percebe é que, nos seres humanos, a sexualidade não é apenas transformada ou civilizada, mas sim, e de uma maneira muito mais radical, *modificada em sua própria substância*: ela não é mais a pulsão instintiva de reprodução, mas uma pulsão que se descobre tolhida em relação a seu objetivo natural (a reprodução) e, com isso, explode em uma paixão infinita, propriamente metafísica. O devir cultural da sexualidade, portanto, não é o devir da natureza, mas a tentativa de domesticar um excesso propriamente desnatural da paixão sexual metafísica. Esse excesso de negatividade discernível no sexo e na populaça é a própria dimensão da "insubordinação" identificada por Kant como a liberdade violenta em virtude da qual o homem, ao contrário dos animais, precisa de um mestre. Portanto, não é só que a sexualidade seja a substância animal "suprassumida" em rituais e modos civilizados, remodelada, disciplinada etc., mas o próprio excesso da sexualidade, a sexualidade como Paixão incondicional que ameaça detonar todas as restrições "civilizadas", é resultado da Cultura. Nos termos do *Tristão*, de Wagner: a civilização não é apenas o universo do Dia, dos rituais e das honras que nos cegam, mas a própria Noite, a paixão infinita na qual dois amantes querem dissolver sua existência ordinária e cotidiana – os animais não conhecem tal paixão. Desse modo, a civilização/Cultura retroativamente põe/transforma seu próprio pressuposto natural, retroativamente "desnaturaliza" a natureza – é o que Freud chamou de id, libido. É desse modo que, também aqui, ao combater seu obstáculo natural, ou sua substância natural oposta, o Espírito combate a si mesmo, sua própria essência.

Elisabeth Lloyd sugere que o orgasmo feminino não tem nenhuma função evolutiva positiva: ele não é uma adaptação biológica com vantagens evolutivas, mas um "apêndice", como os mamilos masculinos[35]. No estágio embrionário de crescimento, macho e fêmea têm a mesma estrutura anatômica durante os dois primeiros meses, antes de aparecerem as diferenças; a fêmea adquire a capacidade do orgasmo somente porque o macho precisará dela depois, assim como o macho adquire mamilos somente porque as fêmeas precisarão deles. Todas as explicações usuais (como a tese da "sucção uterina", isto é, o orgasmo provoca contrações que "sugam" o esperma e, assim, ajuda a concepção) são falsas: embora o prazer sexual e até o clitóris *sejam* adaptáveis, o orgasmo não é. O fato de essa tese ter provocado a fúria das feministas é em si uma prova do declínio de nossos padrões intelectuais: como se a própria superfluidade do orgasmo feminino não o tornasse ainda mais "espiritual" – não devemos nos esquecer de que, segundo alguns evolucionistas, a própria linguagem é um subproduto sem nenhuma função evolutiva clara. Aqui, devemos ficar atentos para não deixar passar a reversão propriamente dialética da substância: o momento em que o ponto de partida substancial ("natural") imediato não é influenciado, transformado, mediado/cultivado, mas modificado em sua própria substância. Nós não agimos simplesmente sobre a natureza e assim a transformamos – em um gesto de reversão retroativa, a própria natureza muda sua "natureza"[36]. É por isso que os católicos que insistem que o sexo humano é somente para procriar – e a cópula por luxúria é bestial – passam totalmente ao largo do problema e acabam celebrando a animalidade do homem.

Por que o cristianismo é contra a sexualidade, aceitando-a como mal necessário apenas quando serve ao propósito natural da procriação? Não porque nossa natureza inferior emerge na sexualidade, mas exatamente porque a sexualidade compete com a espiritualidade como atividade metafísica primordial. A hipótese freudiana diz que a passagem dos instintos animais (de acasalamento) para a sexualidade propriamente dita (pulsões) é o passo primordial do campo físico da vida biológica (animal) para a metafísica, para a eternidade e a imortalidade, para um nível que é heterogêneo com respeito ao ciclo biológico da geração e da corrupção[37]. Platão já sabia disso quando escreveu sobre Eros, a ligação erótica a um corpo belo, como o primeiro passo no caminho para o Bem supremo; cristãos observadores (como Simone Weil) perceberam no desejo sexual uma aspiração ao Absoluto. A sexualidade humana é caracterizada pela impossibilidade de atingir seu objetivo, e essa impossibilidade constitutiva o eterniza, como no caso dos mitos sobre grandes

---

[35] Ver Elisabeth Lloyd, *The Case of the Female Orgasm* (Cambridge, Harvard University Press, 2006).
[36] De maneira homóloga, quando entramos no domínio da sociedade civil legal, a ordem tribal de honra e vingança é destituída de sua nobreza e surge de repente como um crime comum.
[37] É por isso que é tão equivocado o argumento católico de que sexo sem procriação, de sexo sem o objetivo de procriar, é sexo animal: a verdade é o exato oposto, pois o sexo se espiritualiza somente quando abstrai seu fim natural e torna-se um fim-em-si-mesmo.

amantes cujo amor perdura para além da vida e da morte. O cristianismo concebe esse excesso propriamente metafísico da sexualidade como um distúrbio que deve ser eliminado; assim, paradoxalmente, é o próprio cristianismo (sobretudo o catolicismo) que quer se livrar de seu rival, reduzindo a sexualidade à função animal de procriação: o cristianismo quer "normalizar" a sexualidade, espiritualizando-a de fora (impondo sobre ela o invólucro externo da espiritualidade – o sexo deve acontecer em uma relação de amor, com respeito pelo parceiro ou parceira etc.), obliterando assim sua dimensão espiritual imanente, a dimensão da paixão incondicional. Até mesmo Hegel cai nesse erro quando entende a dimensão espiritual propriamente humana da sexualidade apenas em sua forma cultivada ou mediada, ignorando que essa mediação transubstancia ou eterniza retroativamente o próprio objeto de sua mediação. Em todo caso, o objetivo é se livrar do estranho duplo da espiritualidade, de uma espiritualidade em sua forma libidinal obscena, do excesso que absolutiza o próprio instinto na pulsão eterna.

A limitação do conceito de sexualidade em Hegel é claramente discernível em sua teoria do casamento (na *Filosofia do direito*), mas merece ainda assim uma leitura mais atenta: por baixo da superfície do conceito burguês padrão de casamento escondem-se muitas implicações perturbadoras. Embora o sujeito entre no casamento voluntariamente, renunciando à própria autonomia a título de imersão na unidade imediata ou substancial da família (que funciona com relação a sua aparência como uma pessoa), a função da família é exatamente o oposto dessa unidade substancial: é educar quem nasce dentro dela para que a abandone (os pais) e busque o próprio caminho, independentemente dela. A primeira lição do casamento, portanto, é que o objetivo maior de cada unidade ética substancial é se dissolver, dando origem a indivíduos que vão impor sua plena autonomia contra a unidade substancial que os deu à luz.

É por causa dessa renúncia da individualidade autônoma que Hegel se opõe àqueles (inclusive Kant) que insistem na natureza contratual do casamento:

> o casamento, a respeito do seu fundamento essencial, não é a relação de um contrato, pois ele consiste em sair precisamente do ponto de vista do contrato da personalidade autônoma em sua singularidade para suprassumi-lo. A identificação das personalidades, pela qual a família é uma pessoa, e os membros dela, acidentes (mas a substância é essencialmente a relação dos acidentes com ela mesma), é o espírito ético.*

Está claro em que sentido, para Hegel, o casamento consiste em "sair precisamente do ponto de vista do contrato": um contrato é um acordo entre dois ou mais indivíduos autônomos, e cada um deles resguarda sua liberdade abstrata (como no caso da troca de mercadorias), ao passo que o casamento é um contrato esquisito,

---

* G. W. F. Hegel, *Filosofia do direito*, cit., § 163, p. 176. (N. T.)

pelo qual as partes interessadas se obrigam justamente a abandonar sua liberdade e sua autonomia abstratas, ou renunciar a elas, e subordiná-las a uma unidade ética orgânica e superior[38].

Hegel formula sua tese sobre o casamento contra dois oponentes: sua rejeição da teoria contrária está relacionada a sua crítica à noção romântica de casamento, que concebe o núcleo do casamento como a ligação de amor e paixão do casal, de modo que a forma do casamento é, na melhor das hipóteses, apenas o registro externo dessa ligação e, na pior, um obstáculo para o verdadeiro amor. Podemos ver como essas duas noções se complementam: se o verdadeiro núcleo do casamento é o amor íntimo e apaixonado, então, naturalmente, o próprio casamento nada mais é que um contrato externo. Para Hegel, ao contrário, a cerimônia externa é apenas externa – nela reside o núcleo ético real do casamento:

> Quando o concluir do casamento enquanto tal, a solenidade pela qual a essência dessa união é enunciada e constatada como um algo ético, que se eleva acima da contingência do sentimento e da inclinação particular, é tomado por uma formalidade exterior e por um assim denominado mero imperativo civil, assim não resta quase nada a esse ato, a não ser que tem por fim o caráter edificante e a certificação da relação civil [...]. [o ato] não apenas seria indiferente à natureza do casamento, mas também, na medida em que o ânimo coloca, por causa do imperativo, um valor nesse concluir formal, e enquanto considerado como a condição prévia do completo abandono recíproco, desuniria a disposição de espírito do amor e, enquanto algo estranho, iria de encontro à intimidade dessa unificação. Tal opinião, dado que ela tem a pretensão de dar o conceito mais elevado da liberdade, da intimidade e da perfeição do amor, antes nega o ético do amor, a mais elevada inibição e preterição do mero impulso natural [...]. Mais precisamente, é mediante essa maneira de ver que se recusa a determinação ética, que consiste em que a consciência, desde sua naturalidade e sua subjetividade, se reúna no pensamento do substancial, e em vez de se reservar sempre ainda o contingente e o arbitrário da inclinação sensível, a união desprende-se desse arbitrário e [...] entrega-se ao substancial.[39]

Nesse sentido, Hegel rejeita a visão romântica de Schlegel e seus amigos, segundo a qual:

> a solenidade do casamento é supérflua, uma formalidade que deveria ser descartada. Sua razão é que o amor, assim o dizem, é a substância do casamento, e que a solenidade,

---

[38] Em uma estranha virada argumentativa, Hegel deduz a proibição do incesto do próprio fato de que "é da livre entrega dessa personalidade infinitamente própria a si mesma dos dois sexos que surge o casamento": "Assim, não é preciso que esse seja concluído dentro do círculo já naturalmente idêntico, familiar de si e íntimo em toda a singularidade, em que os indivíduos não têm uma personalidade própria de si mesmo, uns em relação aos outros; porém, que ocorra entre famílias separadas e de personalidades originalmente diversas" (G. W. F. Hegel, *Filosofia do direito*, cit., § 168, p. 180).

[39] G. W. F. Hegel, *Filosofia do direito*, cit., § 164, p. 177-8.

portanto, deprecia seu valor. A renúncia ao impulso natural é aqui representada como necessária para demonstrar a liberdade e a interioridade do amor – argumento que os sedutores desconhecem.⁴⁰

A visão romântica não compreende, portanto, que o casamento é "amor ético-legal [*rechtlich sittliche*], e isso elimina do casamento os aspectos transientes, volúveis e puramente subjetivos do amor". O paradoxo é que, no casamento, "a unidade dos sexos naturais, que é apenas interior ou sendo em si, e precisamente com isso apenas exterior em sua existência, é, na autoconsciência, transformada numa unidade espiritual, no amor autoconsciente"*: a espiritualização da ligação natural, portanto, não é simplesmente sua interiorização; ao contrário, ela ocorre disfarçada de seu oposto, de exteriorização em uma solenidade simbólica:

> a declaração solene do consentimento para o vínculo ético do casamento e o reconhecimento e a confirmação correspondentes dele pela família e comunidade [...] constituem a conclusão formal e a efetividade do casamento, de modo que essa união apenas é constituída, enquanto ética, pelo desenrolar dessa cerimônia, enquanto consumação do substancial pelo sinal, pela linguagem, enquanto o ser-aí mais espiritual do espiritual.⁴¹

Aqui, Hegel destaca a função "performativa" da cerimônia do casamento: mesmo que, para os parceiros, pareça um simples formalismo burocrático, ela representa a inscrição de sua ligação sexual no grande Outro, uma inscrição que muda radicalmente a posição subjetiva das partes envolvidas. Isso explica o fato notório de que as pessoas casadas são com frequência mais ligadas aos cônjuges do que parece (até para si mesmas): um homem pode ter casos secretos, pode até sonhar em abandonar a esposa, mas, quando surge a oportunidade, a angústia evita que ele faça isso – em suma, estamos dispostos a enganar nossos cônjuges, desde que o grande Outro não o saiba (registre). A última frase citada é muito precisa nesse sentido: "a união apenas é constituída, enquanto ética, pelo desenrolar dessa cerimônia, enquanto consumação do substancial pelo sinal, pela linguagem, enquanto o ser-aí mais espiritual do espiritual". A passagem da ligação natural para a autoconsciência espiritual não tem nada a ver com "percepção interior" e tudo a ver com registro "burocrático" exterior, um ritual cujo verdadeiro escopo pode ser desconhecido para os participantes, que podem pensar que estão simplesmente executando uma formalidade externa.

A principal característica do casamento não é a ligação sexual, mas "o livre consentimento das pessoas [...] em constituir uma pessoa, em renunciar à sua personalidade natural e singular nessa unidade, que, segundo esse aspecto, é uma autode-

---

⁴⁰ Idem.
* Ibidem, § 161, p. 175. (N. T.)
⁴¹ Ibidem, § 164, p. 177.

limitação, mas elas ganham ali precisamente sua autoconsciência substancial, é sua libertação"[42]. Em suma, a verdadeira liberdade é a libertação das ligações patológicas a objetos particulares, determinadas pelo capricho e pela contingência. Mas aqui Hegel vai até o fim, direto para a reversão dialética da necessidade em contingência: superar a contingência não significa arranjar um casamento com base em um exame cuidadoso das qualidades físicas e mentais do futuro cônjuge (como em Platão); ao contrário, significa que, no casamento, o cônjuge *é* contingente, e essa contingência deveria ser assumida como necessária. Assim, quando Hegel trata dos dois extremos dos casamentos pré-arranjados e dos casamentos baseados na atração e no amor, em fundamentos éticos, ele prefere o primeiro. Em um extremo:

> que a organização dos pais bem-intencionados constitui o começo e que a inclinação surja nas pessoas determinadas à união no amor recíproco, de que se tornem conhecidas enquanto determinadas a ela – o outro [extremo], que a inclinação apareça primeiro nas pessoas e enquanto elas são essas pessoas infinitamente particularizadas. – Aquele extremo ou, em geral, o caminho no qual a resolução [para o casamento] constitui o começo e tem a inclinação por consequência, de modo que nas núpcias efetivas ambos os aspectos são então reunidos, podem mesmo ser vistos como o caminho mais ético.[43]

Vale a pena ler de novo o começo da última frase: "Aquele extremo ou, em geral, o caminho no qual a resolução [para o casamento] constitui o começo e tem a inclinação por consequência [...], podem de fato ser vistos como o caminho mais ético". Em outras palavras, o casamento pré-arranjado é mais ético não porque os pais, mais velhos e bem-intencionados, podem ver o futuro e estão em melhor posição que o jovem casal, cego pela paixão, para julgar se o casal tem ou não as qualidades necessárias para compartilhar uma vida feliz; o que o torna mais ético é que, nesse caso, a contingência do cônjuge é assumida direta e abertamente – sou simplesmente informado de que se espera de mim que eu escolha livremente como cônjuge para toda a vida uma pessoa desconhecida, imposta a mim por outros. Essa liberdade para escolher o que é necessário é mais espiritual, porque o amor físico e os laços emocionais são secundários: seguem-se da decisão abissal do casamento. Duas consequências surgem desse paradoxo: não é só a renúncia da liberdade abstrata no casamento que é uma dupla renúncia (eu não renuncio apenas a minha liberdade abstrata, concordando em mergulhar na unidade familiar; a própria renúncia só é livre em termos formais, pois o cônjuge por quem renuncio a minha liberdade abstrata é de fato escolhido por outros); além disso, a renúncia de minha liberdade abstrata não é a única renúncia implicada pelo ato do casamento. Devemos ler cuidadosamente a seguinte passagem:

---

[42] Ibidem, § 162, p. 175.
[43] Idem.

A distinção entre casamento e concubinato é que este último trata principalmente da satisfação de um desejo natural, ao passo que essa satisfação é secundária no primeiro [...]. O aspecto ético do casamento consiste na consciência que os cônjuges têm dessa unidade enquanto seu objetivo substantivo e assim, em seu amor, da confiança e do compartilhamento de toda a sua existência como indivíduos. Quando os cônjuges assumem esse modo de pensar e sua união é efetiva, a paixão física declina para o nível de um momento físico, destinado a desaparecer em sua própria satisfação. Por outro lado, o elo espiritual da união garante seus direitos como substância do casamento e assim se eleva, inerentemente indissolúvel, a um plano acima da contingência da paixão e da transitoriedade do capricho particular.[44]

Então o que renunciamos no casamento[45]? Na medida em que, no casamento, a atração patológica e a luxúria são suprassumidas em um elo simbólico e subordinadas assim ao espírito, o resultado é um tipo de *dessublimação* do cônjuge: o pressuposto implícito (ou, antes, injunção) da ideologia-padrão do casamento é que, precisamente, não deveria haver amor nele. A verdadeira fórmula pascaliana do casamento, portanto, não é "Você não ama seu cônjuge? Então se case com ele, adote os rituais da vida compartilhada e o amor surgirá por si só!", mas, ao contrário: "Você está muito apaixonado? Então se case, ritualize a relação para se curar da excessiva ligação da paixão, para substituí-la por hábitos cotidianos e entediantes – e, se não puder resistir à tentação da paixão, sempre poderá recorrer aos casos extraconjugais...". O casamento, portanto, é um meio de renormalização que nos cura da violência de nos apaixonar (em basco, o termo para "apaixonar-se" é *maitemindu*, que significa literalmente "ser ferido pelo amor"). Em outras palavras, o objeto é sacrificado no casamento – a lição do casamento está em *Così fan tutte*, de Mozart: o objeto substituível.

O que faz de *Così fan tutte* a mais desconcertante e até a mais traumática das óperas de Mozart é o caráter ridículo de seu conteúdo: é quase impossível "conter nossa descrença" e aceitar a premissa de que as duas mulheres não reconhecem nos oficiais albaneses seus próprios amantes. Não surpreende que durante todo o século XIX a ópera tenha sido apresentada em uma versão modificada para que a história parecesse convincente. Ela sofreu três tipos principais de modificação, que correspondem perfeitamente aos modos principais da negação freudiana de determinado conteúdo traumático: (1) a encenação implicava que as mulheres sabiam o tempo todo da verdadeira identidade dos "oficiais albaneses", apenas fingiam não saber para dar uma lição nos amantes; (2) os casais formados no fim da ópera não são os mesmos do início, eles trocam de lugar para que, pela confusão de identidades,

---

[44] Ibidem, § 163.
[45] Baseio-me aqui em Jure Simoniti, "Verjetno bi pod drugim imenom dišala drugače", *Problemi* 1-2 (2010).

os elos amorosos verdadeiros e naturais sejam estabelecidos; (3) de maneira mais radical, apenas a música foi aproveitada, e um libreto totalmente novo conta uma história totalmente diferente.

Edward Said chamou a atenção para uma carta de Mozart a sua esposa Constanze, datada de 30 de setembro de 1790, ou seja, da época em que estava compondo *Così fan tutte*. Depois de manifestar satisfação diante da possibilidade de encontrá-la em breve, ele diz: "se as pessoas pudessem ver dentro do meu coração, eu teria quase de me envergonhar de mim mesmo...". Nesse ponto, como observa Said com muita perspicácia, esperaríamos a confissão de um segredo indecente (fantasias sexuais sobre o que ele faria com a esposa quando eles finalmente se encontrassem etc.); no entanto, a carta prossegue: "tudo é frio para mim – frio como gelo"[46]. É aqui que Mozart entra no estranho domínio de "Kant *avec* Sade", um domínio em que a sexualidade perde o caráter intenso e apaixonado e se transforma em seu oposto, em um exercício "mecânico" de prazer executado a uma fria distância, como o sujeito ético kantiano cumprindo seu dever sem nenhum compromisso patológico. Não seria essa a visão subjacente de *Così fan tutte*, um universo em que os sujeitos são determinados não por seus engajamentos apaixonados, mas por um mecanismo cego que regula suas paixões? O que nos leva a aproximar *Così fan tutte* do domínio de "Kant *avec* Sade" é a própria insistência na dimensão universal já indicada no título: "*Todos* agem assim", todos são determinados pelo mesmo mecanismo cego. Em suma, Alfonso, o filósofo que prepara e manipula o jogo de identidades trocadas em *Così fan tutte*, é uma versão da figura do pedagogo sadiano, que educa seus jovens discípulos na arte da libertinagem. Assim, é por demais simplista e inadequado conceber essa frieza como a da "razão instrumental".

O núcleo traumático de *Così fan tutte* reside em seu "materialismo mecânico" radical, no sentido pascaliano aludido anteriormente – Pascal aconselhava os descrentes: "Ajam como se acreditassem, ajoelhem-se, sigam o ritual e a crença surgirá por si só!". *Così* aplica a mesma lógica ao amor: longe de ser expressões exteriores de um sentimento interior, os gestos e rituais de amor são o que gera o amor; portanto, aja como se amasse, siga os procedimentos e o amor surgirá por si só. Os moralistas que condenam *Così fan tutte* por sua suposta frivolidade não captam o principal: *Così* é uma ópera "ética", no sentido kierkegaardiano estrito de "estádio ético". O estádio ético é definido pelo sacrifício do consumo imediato da vida, de nossa entrega ao momento efêmero, em nome de uma norma universal superior. Se *Don Giovanni*, de Mozart, incorpora a estética (como desenvolvida pelo próprio Kierkegaard em sua minuciosa análise em *Ou/Ou*), a lição de *Così fan tutte* é ética. Por quê? A questão em *Così fan tutte* é que o amor que une os dois casais

---

[46] Ver Edward W. Said, "Così fan tutte", *Lettre International*, n. 39, 1997, p. 69-70.

no início da história não é menos "artificial" e provocado mecanicamente que a paixão posterior das irmãs pelos parceiros trocados, vestidos de oficiais albaneses, o que acontece como resultado das manipulações de Alfonso – em ambos os casos, estamos lidando com um mecanismo a que o sujeito obedece cegamente, como uma marionete. É nisto que consiste a "negação da negação" hegeliana: primeiro, percebemos o amor "artificial", produto da manipulação, como o oposto do amor "autêntico" do início da história; depois, de súbito, tomamos consciência de que, na verdade, não há nenhuma diferença entre os dois – o amor original não é menos "artificial" que o segundo. A conclusão é que, como um amor é tão importante quanto o outro, os casais podem voltar ao acordo matrimonial do início.

Em termos lacanianos, o casamento subtrai do objeto (cônjuge) "o que há nele mais que ele", o *objeto a*, o objeto-causa do desejo – ele reduz o cônjuge a um objeto ordinário. A lição do casamento que se tira do amor romântico é: você ama apaixonadamente certa pessoa? Então se case com ela e veja como ela é na vida cotidiana, com seus tiques vulgares, suas pequenas mesquinharias, suas roupas íntimas sujas, seu ronco etc. Devemos ser claros aqui: é função do casamento vulgarizar o sexo, retirar dele toda a paixão verdadeira e transformá-lo em um dever entediante. Aliás, deveríamos corrigir Hegel sobre esse ponto: o sexo em si não é natural, *é função do casamento reduzi-lo a um momento patológico/natural subordinado*. Também deveríamos corrigi-lo na medida em que confunde idealização e sublimação: e se o casamento for o grande teste do verdadeiro amor, em que a sublimação supera a idealização? Na paixão cega, o parceiro ou a parceira não são sublimados, mas idealizados; a vida de casado definitivamente desidealiza o cônjuge, mas não necessariamente o dessublima.

O velho ditado "o amor é cego, os amantes não" deveria ser interpretado de maneira precisa, voltado para a estrutura da renegação: "Eu sei muito bem (que aquele que amo é cheio de falhas), mas mesmo assim (eu o amo plenamente)". A questão, portanto, não é que somos realistas mais cínicos do que parecemos, mas sim que, quando estamos apaixonados, esse realismo se torna inoperativo: em nossos atos, obedecemos ao amor cego. Em um velho melodrama cristão, um ex-soldado acometido de cegueira temporária apaixona-se pela enfermeira que cuida dele, fica fascinado com sua bondade e cria uma imagem idealizada dela; quando a cegueira passa, ele vê que ela é feia. Sabendo que esse amor não sobreviveria a um contato prolongado com essa realidade, e que a beleza interior de sua boa alma tem mais valor que sua aparência externa, ele intencionalmente se cega olhando ininterruptamente para o sol, para que seu amor por aquela mulher possa sobreviver. Se existe uma falsa celebração do amor, acabamos de citá-la. No verdadeiro amor, não há necessidade de idealização do objeto, não há necessidade de ignorar as características dissonantes do objeto: o ex-soldado seria capaz de ver a beleza da enfermeira resplandecendo através de sua "feiura".

É fácil perceber o paralelo entre o sexo e a populaça aqui: Hegel não reconhece na populaça (no lugar da burocracia estatal) a "classe universal"; do mesmo modo, não reconhece na paixão sexual o excesso que não é nem cultura nem natureza. Apesar de a lógica ser diferente em cada caso (a propósito da populaça, Hegel ignora a dimensão universal do elemento excessivo/discordante; a propósito do sexo, ignora o excesso como tal, a destruição da oposição entre natureza e cultura), as duas falhas estão conectadas, pois o excesso é o lugar da universalidade, o modo como a universalidade como tal inscreve-se na ordem de seu conteúdo particular.

O problema subjacente é o seguinte: o esquema "hegeliano" da morte (negatividade) como momento subordinado ou mediador da Vida só pode ser sustentado se permanecermos dentro da categoria da Vida, cuja dialética é a da Substância automediadora que retorna a si mesma a partir de sua alteridade. No momento em que passamos efetivamente de Substância a Sujeito, de (princípio de) Vida a (princípio de) Morte, não há uma "síntese" geral, a morte em sua "negatividade abstrata" continua sendo para sempre uma ameaça, um excesso que não pode ser economizado. Na vida social, isso significa que a paz universal de Kant é uma esperança vã, a *guerra* continua sendo para sempre uma ameaça à Vida estatal organizada e, na vida subjetiva do indivíduo, a *loucura* está sempre à espreita como possibilidade.

Isso significa que voltamos ao *tópos* padrão do excesso de negatividade que não pode ser "suprassumida" em uma "síntese" reconciliadora, ou mesmo à ingênua visão engelsiana da suposta contradição entre a abertura do "método" de Hegel e o fechamento de seu "sistema"? Há indícios que apontam nessa direção: como observaram diversos comentadores, os escritos políticos "conservadores" de Hegel em seus últimos anos (como a crítica à reforma eleitoral inglesa) revelam o temor de qualquer desenvolvimento posterior que afirmasse a liberdade "abstrata" da sociedade civil-burguesa à custa da unidade orgânica do Estado e, com isso, abrisse caminho para mais violência revolucionária[47]. Por que Hegel deu um passo para trás, por que não ousou levar adiante sua regra dialética básica, adotando com coragem a negatividade "abstrata" como único caminho um estágio superior de liberdade?

Hegel talvez pareça celebrar o caráter *prosaico* da vida em um Estado moderno bem organizado, no qual tumultos heroicos são superados na tranquilidade dos direitos privados e na segurança da satisfação das necessidades: a propriedade privada é garantida, a sexualidade é restrita ao casamento, o futuro é seguro. Nessa ordem orgânica, a universalidade e os interesses particulares parecem reconciliados: o "di-

---

[47] Hegel morreu um ano depois da Revolução Francesa de 1830.

reito infinito" da singularidade subjetiva tem seu valor reconhecido, os indivíduos não vivenciam mais a ordem estatal objetiva como uma força estrangeira que se introduz em seus direitos, reconhecem nela a substância e o quadro da própria liberdade. Aqui, Lebrun faz a pergunta decisiva: "O sentimento do Universal poderá ser dissociado de um tal apaziguamento?"[48]. Contra Lebrun, nossa resposta seria: sim, e é por isso que a guerra é necessária – na guerra, a universalidade reafirma seu direito sobre e contra o apaziguamento orgânico-concreto na vida social prosaica. A necessidade da guerra, portanto, não seria a prova definitiva de que, para Hegel, cada reconciliação social está fadada ao fracasso, nenhuma ordem social orgânica pode efetivamente conter a força da negatividade universal abstrata? É por isso que a vida social está condenada à "falsa infinidade" de uma eterna oscilação entre vida civil estável e perturbação em tempos de guerra – a noção de "permanecer com o negativo" adquire aqui um significado mais radical: não só "passar pelo" negativo, mas persistir nele.

A necessidade da guerra deve ser relacionada a seu oposto: a necessidade de uma rebelião que chacoalhe a complacência do edifício de poder, tornando-o ciente tanto de sua dependência do apoio popular quanto de sua tendência *a priori* de "alienar-se" de suas raízes. Ou, nas palavras memoráveis de Jefferson, "uma rebeliãozinha de vez em quando é sempre bom": "É um remédio necessário para a boa saúde do governo. Deus me livre passarmos vinte anos sem uma rebelião. A árvore da liberdade deve ser renovada de tempos em tempos com o sangue dos patriotas e dos tiranos. Esse é seu adubo natural"[49]. Em ambos os casos, na guerra e na rebelião, libera-se um potencial "terrorista": na primeira, é o Estado que libera a negatividade absoluta para destruir os indivíduos em sua complacência particular; na segunda, é o povo que lembra o poder estatal da dimensão terrorista da democracia destruindo todas as estruturas particulares do Estado. A beleza dos jacobinos é que, em seu terror, eles juntaram essas duas dimensões opostas: o Terror foi ao mesmo tempo o terror do Estado contra os indivíduos e o terror do povo contra funcionários ou instituições particulares do Estado que se identificavam excessivamente com suas posições institucionais (a objeção contra Danton foi apenas que ele queria se destacar dos outros). É desnecessário dizer que, de uma maneira propriamente hegeliana, as duas dimensões opostas devem ser identificadas, ou seja, a negatividade do poder estatal contra os indivíduos, mais cedo ou mais tarde, volta-se inexoravelmente contra (os indivíduos que exercem) o próprio poder do Estado.

A propósito da guerra, mais uma vez Hegel não é totalmente consistente com suas próprias premissas teóricas: para ser consistente, teria de reconhecer a ação

---

[48] Gérard Lebrun, *O avesso da dialética*, cit., p. 194.
[49] Citado em Howard Zinn, *A People's History of the United States* (Nova York, HarperCollins, 2001), p. 95.

jeffersoniana, a óbvia passagem dialética da guerra externa (entre Estados) à guerra "interna" (revolução, rebelião contra o poder do Estado), como uma explosão esporádica da negatividade que rejuvenesce o edifício do poder. É por isso que, ao lermos os infames parágrafos 322-4 da *Filosofia do direito*, em que Hegel justifica a necessidade ética da guerra, devemos ter todo o cuidado para notar a ligação entre sua argumentação e suas proposições básicas a respeito da negatividade autorrelativa que constitui o verdadeiro núcleo de um indivíduo livre e autônomo. Ele simplesmente aplica a negatividade autorrelativa básica da livre subjetividade às relações entre Estados:

> A individualidade, enquanto ser-para-si excludente, aparece como relação a outros Estados, cada um dos quais é autônomo face aos outros. Visto que nessa autonomia o ser-para-si do espírito efetivo tem seu ser-aí, ela é a primeira liberdade e a honra suprema de um povo. [...]
> No ser-aí, essa vinculação negativa do Estado consigo aparece assim como a vinculação de um outro com um outro e como se o negativo fosse algo exterior. A existência dessa vinculação negativa tem, por isso, a figura de um acontecer e do entrelaçamento com eventos contingentes que vêm de fora. Mas ela é seu momento próprio supremo, – sua infinitude efetiva enquanto a idealidade de todo finito nele, – o aspecto em que a substância, enquanto força absoluta contra todo singular e particular, contra a vida, a propriedade e os seus direitos, assim como contra os demais círculos, traz a nulidade dos mesmos ao ser-aí e à consciência. [...]
> [...] Há um cálculo muito equivocado, quando, na exigência desse sacrifício, o Estado é considerado apenas como sociedade civil-burguesa e como seu fim último apenas a garantia da vida e da propriedade dos indivíduos; pois essa garantia não é alcançada pelo sacrifício do que deve ser garantido; – ao contrário. [A guerra] não é de se considerar como um mal absoluto e como uma mera contingência exterior, que teria seu fundamento, com isso, ele mesmo contingente, no que quer que seja, nas paixões dos poderosos ou dos povos, nas injustiças etc., em geral, no que não deve ser. O que é da natureza do contingente vem de encontro ao contingente, e, com isso, esse destino é precisamente a necessidade, – assim como, em geral, o conceito e a filosofia fazem desaparecer o ponto de vista da mera contingência e nela, enquanto aparência, conhecem sua essência, a necessidade. É necessário que o finito, a posse e a vida sejam postos como contingentes, porque esse é o conceito do finito. Essa necessidade, de uma parte, tem a figura do poder da natureza, e tudo o que é finito é mortal e perecível. Mas, na essência ética, no Estado, esse poder é retirado da natureza, e a necessidade é elevada à obra da liberdade, ao elemento ético; – essa transitoriedade torna-se um passar querido, e a negatividade que reside no fundamento torna-se individualidade substancial própria da essência ética.
> Na paz, a vida civil expande-se continuamente; todos os seus departamentos se emparedam, e no longo prazo os homens estagnam. Suas idiossincrasias se tornam cada vez mais solidificadas e enrijecidas. Mas, para haver saúde, é necessária a unidade do corpo e, se suas partes se endurecem na exclusividade, isso é morte. A paz perpétua é muitas

vezes defendida como um ideal pelo qual a humanidade deveria lutar. Com esse fim em vista, Kant propôs uma liga de monarcas para ajustar as diferenças entre os Estados, e a Santa Aliança tinha como objetivo ser uma liga da mesma espécie. Mas o Estado é um indivíduo, e a individualidade essencialmente implica negação. Donde mesmo que uma série de Estados se junte em uma família, esse grupo, como indivíduo, tem de gerar um oposto e criar um inimigo. Como resultado da guerra, nações são fortalecidas, mas povos envolvidos na disputa civil também conseguem a paz em casa provocando guerras no exterior. Para ser exato, a guerra gera a insegurança da propriedade, mas essa insegurança de coisas não passa de sua transitoriedade – que é inevitável. Escutamos do púlpito uma abundância de sermões sobre a insegurança, a futilidade e a instabilidade das coisas temporais, mas todos pensam, por mais movidos pelo que escutam, que serão capazes de ao menos conservar o que é seu. Contudo, se essa insegurança entrar em cena na forma de hussardos com sabres brilhantes e realizar a sério o que disseram os pregadores, então os discursos comoventes e edificantes que predisseram todos esses eventos se transformarão em maldições contra o invasor.[50]

A função do que Hegel conceitua como necessidade de guerra é justamente o repetido desatar das ligações sociais orgânicas. Quando Freud esboçou em *Psicologia das massas e análise do eu** a "negatividade" de desfazer os laços sociais (*Tânatos* em oposição a *Eros*, a força da ligação social), ele (com suas limitações liberais) descartou com muita facilidade as manifestações desse desenlace como fanatismo da multidão "espontânea" (em oposição às multidões artificiais, isto é, a Igreja e o Exército). Contra Freud, devemos manter a ambiguidade desse desenlace: é o nível zero que abre espaço para a intervenção política. Em outras palavras, esse desatar é a condição pré-política da política, e, com respeito a isso, toda intervenção política propriamente dita vai "longe demais", comprometendo-se com um novo projeto (ou Significante-Mestre)[51]. Hoje, esse assunto aparentemente abstrato é mais uma vez relevante: a energia do "desenlace" é amplamente monopolizada pela nova direita (o movimento do Tea Party nos Estados Unidos, onde o Partido Republicano está cada vez mais cindido entre a Ordem e seu Desenlace). No entanto, também nesse caso, todo fascismo é sinal de uma revolução fracassada, e a única maneira de combater esse desenlace direitista é o envolvimento da esquerda em seu próprio desenlace – e já existem sinais disso (as vastas manifestações por toda a Europa em 2010, da Grécia à França e ao Reino Unido, onde as manifestações contra o aumento das mensalidades universitárias de repente se tornaram violentas). Ao assumir a ameaça da "negatividade abstrata" contra a ordem existente como um traço permanente que não pode ser *aufgehoben* [suprassumido], Hegel é mais ma-

---

[50] G. W. F. Hegel, *Filosofia do direito*, cit., § 322-4, p. 296-8.
* São Paulo, Companhia das Letras, 2011. (N. E.)
[51] Badiou também dá um salto muito claro da mera "vida animal" para o Evento político, ignorando a negatividade da pulsão de morte que intervém entre os dois.

terialista que Marx: em sua teoria da guerra (e da loucura), ele tem consciência do retorno repetitivo da "negatividade abstrata" que desata violentamente os elos sociais. Marx reata a violência ao processo de onde surge uma Nova Ordem (violência como "parteira" de uma nova sociedade), ao passo que, em Hegel, o desatar continua não suprassumido.

Nunca é demais enfatizar que essas ruminações "militaristas" se baseiam diretamente nas matrizes e nos *insights* ontológicos fundamentais de Hegel. Quando escreve que a relação negativa do Estado consigo mesmo (sua autoafirmação como agente autônomo, cuja liberdade é expressa por sua propensão a distanciar-se de todo o seu conteúdo particular) "aparece como vinculação de um outro com um outro e como se o negativo fosse algo exterior", ele evoca uma figura dialética precisa da unidade entre contingência e necessidade: a coincidência da oposição (contingente) externa e a autonegatividade (necessária) imanente – nossa essência mais íntima, a negativa relação consigo, tem de aparecer como a intrusão ou o obstáculo contingente exterior. É por isso que, para Hegel, a "verdade" da oposição contingente exterior é a necessidade da autorrelação negativa. E essa coincidência direta dos opostos, essa sobreposição direta (ou curto-circuito) entre a interioridade extrema (a autonomia mais íntima do Si) e a exterioridade extrema de um encontro acidental, não pode ser "superada", os dois polos não podem ser "mediados" em uma unidade complexa estável. É por isso que Hegel evoca surpreendentemente os "ciclos solenes da história", deixando claro que não há uma *Aufhebung* [suprassunção] final: o complexo edifício das formas particulares da vida social tem de ser posto em risco de novo e de novo – um lembrete de que o edifício social é um ente virtual frágil, que pode se desintegrar a qualquer momento, não por causa das ameaças contingentes exteriores, mas por sua essência mais íntima. Essa passagem da regeneração pela negatividade radical jamais pode ser "suprassumida" em um edifício social estável – uma prova, se é que precisamos de uma, do *materialismo* definitivo de Hegel. Ou seja, a persistente ameaça de que a negatividade radical e autorrelativa porá em risco e acabará dissolvendo toda e qualquer estrutura social orgânica aponta para a condição *finita* de todas essas estruturas: sua condição é ideal-virtual, carece de garantia ontológica definitiva, é sempre exposta ao perigo da desintegração quando, precipitada por uma intrusão acidental exterior, sua negatividade fundamental eclode. Aqui, a identidade dos opostos não significa que, idealisticamente, o espírito interior "gera" obstáculos externos que surgem como acidentais: os acidentes externos que provocam guerras são genuinamente acidentais – a questão é que, como tais, eles "ecoam" a mais íntima negatividade que é o núcleo da subjetividade.

4
Os limites de Hegel

Uma lista

Avancemos *in media res* para enfrentar sem rodeios a questão: poderia Hegel pensar o conceito que, segundo Lacan, condensa todos os paradoxos do campo freudiano, o conceito de *não-Todo*? Se tomarmos "Hegel" como a figura absurda presente nos livros escolares, isto é, um idealista absoluto que, com a frase "o Todo é o Verdadeiro", afirma integrar toda a riqueza do universo à totalidade da automediação racional, então a resposta será obviamente um inequívoco "não". Se, no entanto, levarmos em consideração a verdadeira natureza da totalidade hegeliana – que ela designa um Todo *mais* todos os seus "sintomas", o excesso que não cabe no quadro, os antagonismos que arruínam sua consistência e assim por diante –, a resposta se tornará mais indistinta. Eis uma lista improvisada do que Hegel "não pode pensar", uma série de conceitos elaborados em sua maioria pela psicanálise e pelo marxismo: repetição, inconsciente, sobredeterminação, *objeto a*, matema/letra (ciência e matemática), *lalangue*, antagonismo (paralaxe), luta de classes, diferença sexual[1]. Contudo, ao examiná-la mais de perto, fica claro que devemos ser bastante precisos a respeito do que Hegel "não pode fazer": nunca é uma questão de simples impossibilidade ou incapacidade. Em todos esses casos, há uma linha de separação muito tênue e imperceptível que nos incita a completar a afirmação da impossibilidade com um atenuante "sim, mas...".

Hegel pensa a repetição, mas não uma repetição não produtiva, não uma repetição "mecânica", que apenas se empenha por mais do mesmo: sua noção de repetição sempre envolve suprassunção; em outras palavras, algo é idealizado pela repetição, transformado de uma realidade contingente imediata para uma uni-

---

[1] Essa lista me foi sugerida por Mladen Dolar.

versalidade conceitual (César morre como pessoa e torna-se um título universal), ou, pelo menos, a necessidade de um evento é confirmada pela repetição (Napoleão teve de perder duas vezes para entender que seu tempo acabara e sua primeira derrota não fora só um acidente). O fato de Hegel não considerar o excesso da repetição puramente mecânica não indica de modo nenhum que ele se voltava excessivamente para o Novo (o progresso que ocorre pela idealização da *Aufhebung*) – ao contrário, tendo em mente que o radicalmente Novo só surge pela pura repetição, diríamos que a incapacidade de Hegel de pensar a pura repetição é o anverso de sua incapacidade de pensar o radicalmente Novo, ou seja, um Novo que potencialmente já não está no Velho e só precisa ser trazido à tona e revelado pelo trabalho do desenvolvimento dialético.

Hegel também pensa o inconsciente, mas o inconsciente formal, a forma transcendental universal do que estou fazendo em oposição ao conteúdo imediato particular que é o centro da minha atenção – para usar o exemplo mais elementar do começo da *Fenomenologia*: quando digo "Agora!", refiro-me a esse momento particular, mas o que digo é cada agora, e a verdade está no que digo. O inconsciente freudiano é, ao contrário, o inconsciente de elos e associações contingentes particulares – para citar um exemplo freudiano clássico, quando a paciente sonha com o funeral em que esteve no dia anterior, o "inconsciente" desse sonho foi o fato totalmente contingente de que, no funeral, a sonhadora se encontrou com um antigo amor, com quem ela se importava.

Ligado a isso está a impossibilidade, para Hegel, de pensar a sobredeterminação: ele pode pensá-la, mas apenas no sentido formal de um gênero universal que inclui a si mesmo como sua própria espécie e, desse modo, no meio de sua espécie, encontra a si mesmo nessa "determinação opositiva". O que ele não consegue pensar é a rede complexa de elos particulares organizados ao longo das linhas da condensação, do deslocamento etc. Em termos mais gerais, o processo hegeliano sempre lida com (re)soluções radicais bem definidas; totalmente alheia a isso é a lógica freudiana dos compromissos pragmáticos e oportunistas – algo é rejeitado, mas não totalmente, pois retorna cifrado, é racionalmente aceito, mas isolado ou neutralizado em seu pleno peso simbólico e assim sucessivamente. Desse modo, temos uma dança louca de distorções que não seguem uma lógica clara e inequívoca, mas forma uma colcha de retalhos de conexões improvisadas. Lembramos aqui o caso lendário do esquecimento do nome de Signorelli em *Psicopatologia da vida cotidiana*, de Freud: ele não conseguia se lembrar do nome do pintor dos afrescos de Orvieto e apresentou como substituto o nome de dois outros pintores, Botticelli e Boltraffio; a análise que ele faz desse bloqueio traz à luz as associações significantes que ligam Signorelli a Botticelli e Boltraffio (foi na vila italiana de Trafoi que ele soube do suicídio de um de seus pacientes, que vinha tendo problemas sexuais; *Herr*, termo alemão para Mestre – *Signore* – está ligado a uma viagem a Herzegovina, onde um velho muçulmano disse a Freud que não há mais razão para viver, uma vez que não se pode mais fazer sexo). A tessitura rizomática complexa dessas associações e deslocamentos não tem uma estrutura triádica clara, com uma resolução clara; o resultado da tensão entre "tese" (o nome Signorelli) e "antítese" (seu esquecimento) é a formação de compromisso da falsa lembrança de dois outros nomes, nos quais (eis a característica crucial) a dimensão em razão da qual Freud foi incapaz de se lembrar de Signorelli (o elo entre sexo e morte) retorna de uma maneira ainda mais notável. Não há lugar para essa lógica em Hegel, que teria rejeitado o exemplo de Freud como um jogo de contingências sem importância. A negação da negação freudiana não é a resolução radical de um impasse, mas sim, em seu mais básico disfarce, o "retorno do reprimido" e, como tal (e por definição), uma formação de compromisso: algo é afirmado e simultaneamente negado, deslocado, reduzido, codificado de maneira muitas vezes ridiculamente *ad hoc*.

Hegel pensa uma espécie de *objeto a*, mas este é apenas a singularidade contingente à qual se prende a totalidade racional – como o Estado se prende ao monarca – ou o indiferente pretexto para uma luta. Por exemplo, uma das maneiras de o sujeito demonstrar sua autonomia é estar disposto a arriscar tudo, inclusive a própria vida, por um objeto menor: embora esse objeto seja em si insignificante, sua própria indiferença indica que a luta se refere à dignidade e autonomia do sujeito, e não a seus interesses. Isso, no entanto, ainda não é o resto material a que se prende a própria consistência do sujeito: Hegel propõe o preceito "o Espírito é um osso" como absoluta contradição, não como uma pequena parte do constituinte real da subjetividade.

Por mais que encontremos nos textos de Hegel evocações surpreendentes da *jouissance* (*Geniessen*, não só prazer, *luxúria*) – por exemplo, para ele a *Geniessen* do fiel é o verdadeiro objetivo dos rituais religiosos –, não há espaço em seu pensamento para a *jouissance* enquanto Real, enquanto substância (a única substância reorganizada pela psicanálise). Na medida em que a *jouissance* é Real e a verdade é simbólica, poderíamos acrescentar que, no espaço conceitual de Hegel, também não há lugar para a lacuna que separa a verdade do Real – ou, como resume Lacan: "Verdade ou real? Nesse nível, tudo se configura como se esses dois termos fossem sinônimos. Mas o desagradável é que eles não o são [...]. Quando lidamos com o real, a verdade está em divergência"[2].

Aqui (como alhures), e como sempre acontece em uma equivocação propriamente dialética, o que Hegel não percebe não é apenas uma dimensão pós-he-

---

[2] Jacques Lacan, *Le séminaire, livre XXIX: l'insu que sait de l'une-bévue s'aile a mourre*, 14 dez. 1976 (não publicado).

geliana totalmente além de seu alcance, mas *a própria dimensão "hegeliana" do fenômeno analisado*. Por exemplo, o que Marx demonstra em *O capital* é que a autorreprodução do capital obedece à lógica do processo dialético hegeliano de um sujeito-substância que põe retroativamente seus próprios pressupostos. Marx caracteriza o capital como um "caráter automaticamente ativo" – tradução inadequada das palavras alemãs usadas por Marx para caracterizar o capital como "*automatischem Subjekt*", "sujeito automático", um oximoro que une subjetividade viva e automatismo morto. Isto é o capital: um sujeito, mas um sujeito automático, e não um sujeito vivo. Poderia Hegel pensar essa "mistura monstruosa", um processo de automediação subjetiva e pôr retroativo de pressupostos que é apanhado, por assim dizer, em uma "falsa infinidade" substancial, um sujeito que se torna ele mesmo uma substância alienada? Talvez essa mesma limitação explique a compreensão inadequada de Hegel da matemática, isto é, sua redução da matemática ao simples modelo da "falsa infinidade" abstrata. Hegel não foi capaz de perceber que, assim como o movimento especulativo do capital em Marx, a matemática moderna revela a mesma "monstruosa mescla de bom infinito e mau infinito": o "mau infinito" da repetição combinado com o "verdadeiro infinito" dos paradoxos autorrelativos.

A ciência moderna não pode ser reduzida ao formalismo matemático, pois ela sempre inclui também um mínimo de medições e testes empírico que introduzem o aspecto da contingência – o fato de ninguém saber de antemão quais serão os resultados das medições. Esse elemento se perde na matemática, em que a contingência é limitada à seleção ou ao pôr de axiomas com os quais o teórico começa, e tudo o que se segue são as consequências racionais desses axiomas. Até mesmo uma ciência "abstrata" como a física quântica, em que a materialidade densa e positiva é dissolvida na pura virtualidade das ondas quânticas, tem de se expor à medição. Por isso, a ciência moderna, de Galileu à física quântica, é caracterizada por dois traços conectados: a matematização (as declarações que serão provadas são fórmulas matemáticas) e a confiança na medição que introduz o elemento irredutível da contingência. Os dois aspectos implicam o real sem sentido do universo silente e finito: o real das fórmulas matemáticas desprovido de sentido, o real da contingência radical[3]. Existe lugar para a ciência moderna em Hegel? Seu pensamento não é

---

[3] Nessa mesma linha, é hora de declarar Bach o maior *modernizador* da música europeia, o principal responsável por inserir a música no universo newtoniano formalizado pela ciência. Antes de Bach, a música era percebida dentro do horizonte renascentista da *harmonia mundi*: suas harmonias eram concebidas como parte da harmonia global do universo, expressa na harmonia das esferas celestes, da matemática (pitagórica), da sociedade como organismo social, do corpo humano – todos esses níveis refletiam-se harmoniosamente uns nos outros. Na época de Bach, um paradigma totalmente diferente começou a surgir: o paradoxo de uma escala "bem temperada", em que os sons musicais devem ser arranjados em uma ordem que não se baseia em uma

a última grande tentativa de "suprassumir" a ciência empírica formal na Razão especulativa? O crescimento explosivo das ciências naturais a partir do século XVIII não estaria simplesmente além do escopo do pensamento de Hegel?

O tema da natureza nos coloca diante de outro problema levantado pela crítica a Hegel: a dedução hegeliana da natureza não coloca um claro limite nessa retroatividade? A passagem da lógica para a natureza não seria um caso de exteriorização, de pôr conceitual de sua alteridade? Hegel não começa com a lógica, com as categorias ideais, e depois tenta "deduzir" a realidade material a partir desse campo sombrio? Não seria esse um caso-modelo de mistificação idealista? O problema com esse contra-argumento é que ele bate em uma porta aberta: o próprio Hegel diz explicitamente que seu "sistema da lógica é o campo das sombras, o mundo das simples essencialidades livres de toda concretude sensória"[4].

Assim, Hegel não é um idealista platônico para quem as Ideias constituem um campo ontológico superior com respeito à realidade material: elas formam um campo pré-ontológico das sombras. Para ele, o espírito tem a natureza como seu pressuposto e é simultaneamente a verdade da natureza e, como tal, o "absolutamente primeiro"; a natureza, portanto, "desvanece" em sua verdade, é "suprassumida" na identidade-de-si do espírito: "Essa identidade é a negatividade absoluta, porque o conceito tem na natureza sua objetividade externa *consumada*, porém essa sua extrusão é suprassumida, e o conceito tornou-se nela idêntico a si mesmo. Por isso o conceito *só* é essa identidade enquanto é retomar da natureza"[5].

Note-se a estrutura triádica precisa dessa passagem, ao modo "hegeliano" mais ortodoxo: *tese*, o conceito tem na natureza sua objetividade externa consumada; *antítese* ("porém"), essa sua extrusão é suprassumida e, por meio dessa suprassunção, o conceito atinge a identidade-de-si; *síntese* ("por isso"), ele *só* é essa identidade enquanto é retomar da natureza. É dessa maneira que devemos entender a

---

harmonia cósmica superior, mas tem estrutura racional (e, no fundo, arbitrária). (Sim, é verdade que Bach era obcecado pelo misticismo pitagórico dos números e seus significados secretos, mas a condição dessa obsessão é exatamente a mesma das fantasias gnósticas e obscurantistas de Newton, que constituíam mais de dois terços de seu trabalho escrito: uma reação ao verdadeiro avanço, uma incapacidade de assumir todas as suas consequências.) Esta foi a verdadeira *fidelidade* de Bach (no sentido badiouniano): tirar todas as consequências dessa descosmologização da música. Não podemos nos iludir aqui com todo o discurso sobre a profunda espiritualidade de Bach e sua obra ser dedicada a Deus: em sua prática musical, ele era um materialista radical (no sentido moderno, matematizado e formalizado), que explorava as possibilidades imanentes do novo formalismo musical. É a reafirmação "italiana" da melodia emocional (realizada também por seu filho, que, ao seguir essa linha, cometeu uma espécie de parricídio e foi, durante um curto período, até mais popular que o pai) que marcou a reação idealista-expressiva contra a inovação materialista de Bach.

[4] G. W. F. Hegel, *Hegel's Science of Logic*, cit., p. 58.
[5] Idem, *Enciclopédia das ciências filosóficas em compêndio*, v. 3, cit., § 381, p. 15. Ênfase minha.

identidade como negatividade absoluta: a identidade-de-si do espírito surge por sua relação negativa (suprassunção) com esses pressupostos naturais, e essa negatividade é "absoluta" não no sentido de que nega a natureza "absolutamente", de que a natureza desaparece "absolutamente" (totalmente) nele, mas no sentido de que a negatividade da suprassunção é autorrelativa; em outras palavras, o resultado desse trabalho da negatividade é a identidade-de-si positiva do espírito. As palavras principais dessa passagem são: *consumada* e *só*. O conceito "tem na natureza sua objetividade externa *consumada*": não há "outra" realidade objetiva, tudo o que "realmente existe" enquanto realidade é a natureza, o espírito não é outra coisa que se acrescenta às coisas naturais. É por isso que "*só é essa [sua] identidade enquanto é retomar da natureza*": não há um espírito preexistente à natureza que, de alguma maneira, "exterioriza-se" na natureza e depois se reapropria dessa realidade natural "alienada" – a natureza completamente "processual" do espírito (o espírito é seu próprio devir, é o resultado de sua própria atividade) significa que o espírito é somente (ou seja, *nada mais que*) seu "retorno-a-si-mesmo" a partir da natureza. Em outras palavras, o "retorno a" é plenamente performativo, o movimento do retorno cria aquilo para que ele retorna.

A passagem da natureza para a liberdade pode ser dita nos termos de uma reversão muito precisa da relação dialética entre necessidade e contingência: a "natureza" representa a *contingência da necessidade* (na natureza, os eventos ocorrem necessariamente, seguindo leis inexoráveis; entretanto, o próprio fato dessas leis – por que motivo essa razão entre massa e velocidade não é diferente – é totalmente contingente, as coisas são simplesmente assim, não há um "porquê"), ao passo que a "liberdade" representa a *necessidade da contingência* (a liberdade não é apenas a contingência cega, um ato não é livre só porque é contingente, só porque "eu poderia ter decidido de outra maneira"; na verdadeira liberdade, minha decisão abissal/contingente fundamenta uma nova necessidade à parte, efetivada na cadeia de razões – eu agi dessa maneira por aquela razão...). Dito de outra maneira: na natureza, a necessidade aparece (realiza-se) na forma de contingência (a necessidade é a lei subjacente que regula o que aparece como interação caótica contingente), enquanto na liberdade a contingência aparece (realiza-se) na forma de necessidade (minha decisão contingente é uma decisão para fundamentar uma nova necessidade, uma necessidade de ordem – ética – deontológica).

Necessidade e contingência, portanto, não só suplementam uma à outra dialeticamente, como também, de maneira muito mais estrita, libertam uma à outra em sua própria essência pela mediação da liberdade. A mera necessidade cega é apreendida melhor na fórmula "é assim porque é assim", sem mais perguntas. $E = mc^2$ porque é – como se lidássemos com uma decisão contingente, posto que tudo o que podemos acrescentar a esse fato brutal é que "poderia (também) ser de outra forma". A necessidade natural cega é, portanto, "radicalmente passiva em relação a si mesma"[6]: ela é oprimida, por assim dizer, por sua própria imposição, sem nenhum espaço para se relacionar consigo – e, em nome dessa imposição, ela coincide com seu oposto, a contingência. Assim, como a necessidade pode se redimir dessa contaminação pela contingência cega e pôr a si mesma como verdadeira necessidade? A resposta de Hegel é: pela mediação da liberdade: "A necessidade não se torna *liberdade* pelo desvanecimento, mas só porque sua identidade ainda *interior é manifestada*"[7]. É nesse sentido que a liberdade é "necessidade concebida": necessidade posta como tal, concebida em... Em quê? *Em sua necessidade*, precisamente: em sua lógica interna que a torna necessária e não só algo que apenas "é assim porque é assim". A liberdade, portanto, é o próprio "inter-", a lacuna que separa a necessidade dela mesma. Inversamente, a contingência, em sua imediatez, enquanto contingência natural cega, coincide com seu oposto, a necessidade: em última análise, ser contingente significa ser assim de acordo com as leis naturais cegas. A única maneira de a contingência se livrar dessa mancha da necessidade e pôr a si mesma (manifestar-se) como contingência verdadeira é pela mediação da liberdade: é somente aqui que a contingência é uma questão de decisão contingente de um sujeito.

Desse modo, a contingência não é externamente oposta à necessidade, mas é o resultado da autorrelação da necessidade: quando a necessidade perde seu caráter natural imediato e reflete-se como tal, adquire a liberdade que, em sua aparência imediata, é a contingência, o abismo do "é assim porque quero que seja, porque decidi assim!". Essa reflexão-para-dentro-de-si iguala-se à inscrição da enunciação dentro do conteúdo enunciado: como vimos, quando o monarca hegeliano anuncia "Essa é a minha vontade! Que assim seja!", não se trata apenas do momento do suplemento contingente que conclui a cadeia da necessidade, mas simultaneamente o momento da enunciação com respeito a uma série de declarações: por meio de seu ato, as declarações preparadas pela burocracia estatal adquirem poder performativo, tornam-se efetivadas. O senso comum diz que toda declaração tem de ser enunciada para se efetivar, e que o momento (e o lugar) dessa enunciação é contingente; a reflexão filosófica acrescenta a ideia de que esse momento contingente não é apenas externo, mas imanente: a expressão contingente de uma verdade necessária sinaliza a contingência dessa própria verdade necessária.

Deveríamos, portanto, contrapor a linha marxista, desde o jovem Lukács até Kojève, que rejeitava a dialética da natureza por ser um erro: a filosofia da natureza é a parte crucial e imanente do sistema hegeliano. De longe, também é a parte mais desacreditada da filosofia de Hegel, a vítima permanente das piadas, seja pela

---

[6] Catherine Malabou, *The Future of Hegel*, cit., p. 162.
[7] G. W. F. Hegel, *Hegel's Science of Logic*, cit., p. 571.

suposta afirmação de Hegel de que "se a teoria não se encaixa nos fatos, tanto pior para os fatos", seja pela história de que ele deduziu a necessidade dos oito planetas ao redor do Sol sem saber que os astrônomos já tinham descoberto o nono (Netuno). (A ironia é que, há uma ou duas décadas, Netuno deixou de ser planeta e foi reclassificado pelos astrônomos como um satélite – então, de fato, Hegel estava certo...) A crítica comum a Hegel é que ele tenta abolir a heterogeneidade absoluta do Outro, seu caráter totalmente contingente. Mas, em Hegel, *há* um nome para essa contingente e irredutível Alteridade: *natureza*. Ela é irredutível no sentido de que, mesmo que seja cada vez mais "conceitualizada", mediada, ela permanece como pano de fundo irredutivelmente contingente para a história da humanidade. Nada mais simples para Hegel que isto: a contingência da natureza significa, entre outras coisas, que não há garantia nenhuma de que um asteroide disparatado não se chocará com a Terra e não matará todos nós. A natureza é contingente, não há uma Mente substancial secreta supervisionando as coisas para garantir que nada de terrível aconteça.

Quando define natureza, Hegel não diz apenas que ela é a Alteridade *da* Ideia, mas que é a própria Ideia em sua alteridade – no entanto, essa volta "idealista" significa que a Alteridade deveria ser deslocada para a própria natureza: a natureza não é apenas o Outro da Ideia, mas o Outro com respeito a si mesmo. (Portanto, na medida em que a Ideia retorna a si mesma em espírito, deveríamos perguntar: então o espírito é de certo modo o "Outro com respeito a si mesmo"? Sim – justamente como o que chamamos em geral de "segunda natureza", o espírito petrificado na substância espiritual.) É por isso que a natureza, em seu nível zero, é o espaço: não só a Alteridade da Ideia (Ideia em sua Alteridade), mas a Alteridade com respeito a si mesma – uma coexistência de pontos (extensivamente lado a lado) sem nenhum conteúdo ou diferença, totalmente o mesmo em sua pura e extensiva in-diferença. Longe de ser o "mistério" de algo que contém os objetos, o espaço é literalmente a coisa mais estúpida que existe. E não é "suprassumido" no sentido de não estar mais aí: os objetos naturais que "suprassumem" o espaço continuam sendo objetos espaciais! Daí a espiritualidade ser negada em seu quimismo, magnetismo e depois organismo, daí os objetos não serem mais compostos mortos de partes de elementos, daí termos uma unidade ideal "eterna", que não pode ser localizada em um ponto certo no espaço: não há "centro" de um organismo em um ponto qualquer do espaço. Talvez aqui Hegel aponte para a relatividade (já foi dito que sua crítica ao espaço newtoniano prenuncia a crítica einsteiniana): se o nível zero da natureza é espaço, então os objetos naturais deveriam se desenvolver fora do espaço, não ser concebidos como pedaços misteriosos de matéria que, sabe-se lá onde, "entram" no espaço. A única coisa que pode acontecer ao puro espaço é a assimetria, seu devir desomogeneizado, "curvado" – desse modo, a ideia de que a "matéria" é o efeito do espaço curvo é implícita pela teoria hegeliana do espaço.

Até mesmo um dialético perspicaz como Jameson cai aqui em uma armadilha no juízo depreciativo de que o conceito hegeliano de vida, "do jeito que é pré-darwiniano, provavelmente é metafísico e epistemológico demais (a forma mais superior da unidade entre sujeito e objeto) para que seja hoje de nosso interesse"[8]. E o que dizer das recentes teorias biológicas que tratam da autorreferencialidade (traçando uma linha entre o interno e o externo) como característica constitutiva do processo de vida e, com frequência, interpretam *verbatim* algumas passagens da *Naturphilosophie* de Hegel? No entanto, mesmo quando tropeçamos em pérolas imprevistas ao ler a filosofia da natureza de Hegel (sua crítica a Newton aponta de maneira assombrosa para Einstein; sua teoria da vida prefigura espantosamente as teorias da autopoiese etc.), ainda é fato básico que seu teor fundamental é totalmente inadequado em relação às duas características principais da ciência moderna de Galileu: a formalização matemática e a abertura para a contingência da medição (experimental). Como Popper deixou abundantemente claro, o próprio núcleo do método científico moderno reside em seu esforço para criar uma situação experimental precisa, capaz de refutar uma hipótese anterior – e simplesmente não há espaço para esse tipo de posicionamento em Hegel.

Essa incapacidade de Hegel de pensar a formalização matemática é o anverso de sua incapacidade de pensar o espaço sobredeterminado daquilo que Lacan chama de *lalangue*. O que acontece no último Lacan é a passagem (ou a clivagem) da unidade do pensamento conceitual para a (ou para dentro da) dualidade de *matheme* e *lalangue*: de um lado, fórmulas e esquemas matemáticos ou lógicos (fórmulas de sexuação, os quatro discursos etc.); do outro, a explosão do jogo de palavras e outras formas de discurso poético[9] – um movimento impensável para Hegel, que insiste na prioridade do pensamento conceitual.

Necessidade como contingência autossuprassumida

E se a crítica de Kierkegaard a Hegel, que varia infinitamente o tema da contingência irredutível, baseia-se em uma má compreensão decisiva do principal *insight* hegeliano? A primeira coisa que chama a atenção é o fato de a crítica de Kierkegaard ser baseada na oposição (totalmente hegeliana!) entre pensamento "objetivo" e "subjetivo": "Enquanto o pensamento objetivo traduz tudo em resul-

---

[8] Fredric Jameson, *The Hegel Variations*, cit., p. 2.
[9] Um exemplo primorosamente vulgar de *lalangue* em esloveno: todo esloveno (honesto) sabe do que trata o sorriso da Mona Lisa. Os eslovenos não têm palavrões próprios, por isso precisam emprestá-los, sobretudo do sérvio e do croata, mas também do italiano. Por isso sabem que "mona" é uma palavra italiana popular para "vagina" e "lisa" (pronunciado "leeza") é a raiz do verbo esloveno "lamber".

tados [...] o pensamento subjetivo coloca tudo em processo e omite o resultado [...] pois o indivíduo existente está em ininterrupto processo de vir a ser"[10]. Para Kierkegaard, obviamente, Hegel representa a realização definitiva do "pensamento objetivo": ele "não entende a história do ponto de vista do devir, mas, com a ilusão presa à condição do passado, entende a história do ponto de vista de uma finalidade que exclui todo devir"[11]. Devemos ter muito cuidado para não deixar passar o propósito de Kierkegaard: para ele, somente a experiência subjetiva é, em termos efetivos, "no devir", e todo conceito de realidade objetiva enquanto processo aberto sem finalidade definida permanece nos confins do ser. Mas por quê? – podemos perguntar. Porque toda realidade objetiva, por mais "processual" que seja, é, por definição, plenamente constituída em termos ontológicos, presente enquanto domínio positivamente existente dos objetos e suas interações; somente a subjetividade designa um domínio que, *em si*, é "aberto", marcado por uma falha ontológica *inerente*:

> Uma existência particular está completa e adquire finalidade sempre que é relegada ao passado e, desse modo, fica sujeita a uma apreensão sistemática. [...] Mas a quem ela é sujeita? Nenhum indivíduo existente pode obter essa finalidade fora da existência, o que corresponde à eternidade dentro da qual se inseriu o passado.[12]

Mas e se Hegel faz exatamente o oposto? E se a aposta de sua dialética não é adotar o "ponto de vista da finalidade" com respeito ao presente, encarando-a como se já fosse passado, mas sim, precisamente, *reintroduzir a abertura do futuro no passado, apreender aquilo-que-foi em seu processo de devir*, ver o processo contingente que gerou a necessidade existente? Não é por isso que temos de conceber o Absoluto "não só como Substância, mas também como Sujeito"? É por isso que o idealismo alemão já destruiu as coordenadas da ontologia aristotélica padrão que envolvem o vetor que vai da possibilidade à efetividade. Em contraposição à ideia de que toda possibilidade luta para se efetivar, deveríamos pensar no "progresso" como o movimento de restaurar a dimensão da potencialidade à mera efetividade, de desenterrar, no próprio cerne da efetividade, uma aspiração secreta à potencialidade. Lembremo-nos aqui o conceito de Walter Benjamin de revolução como redenção pela repetição do passado: a propósito da Revolução Francesa, a tarefa de uma verdadeira historiografia marxista não é descrever os eventos do modo como realmente foram (e explicar como esses eventos geraram as ilusões ideológicas que os acompanharam), mas antes desenterrar a potencialidade oculta (o

---

[10] Søren Kierkegaard, *Concluding Unscientific Postscript* (trad. David F. Swenson e Walter Lowrie, Princeton, Princeton University Press, 1968), p. 68.
[11] Ibidem, p. 272.
[12] Ibidem, p. 108.

potencial emancipatório utópico) que foi traída na efetividade da revolução e em seu resultado (o advento do capitalismo utilitarista de mercado). O propósito de Marx não é principalmente ridicularizar as esperanças revolucionárias e ousadas de Jacobin, não é apontar como sua entusiasmada retórica emancipatória era apenas um meio usado pela histórica "Astúcia da Razão" para estabelecer a realidade capitalista comercial e vulgar; ao contrário, seu propósito é explicar como esses potenciais emancipatórios radicais traídos continuam "persistindo" enquanto "espectros" históricos que assombram a memória revolucionária, exigindo sua promulgação, de modo que a revolução proletária posterior também deve redimir (enterrar) esses fantasmas passados. Essas versões alternativas do passado que persiste em uma forma espectral constituem a "abertura" ontológica do processo histórico, como estava claro – mais uma vez – para Chesterton:

> As coisas que deveriam ter sido nem sequer se apresentam à imaginação. Se alguém diz que o mundo seria melhor se Napoleão não tivesse caído, mas estabelecido sua dinastia imperial, as pessoas têm de ordenar os pensamentos com um tranco. A própria ideia é nova para elas. Contudo, isso teria evitado a reação da Prússia; teria salvado a igualdade e o Iluminismo sem a necessidade de uma batalha mortal com a religião; teria unificado os europeus e talvez tivesse evitado a corrupção parlamentar e a vingança fascista e bolchevista. Mas, nessa era de livres-pensadores, a mente dos homens não é totalmente livre para ter esse tipo de pensamento.
> Queixo-me do fato de que as pessoas que aceitam dessa maneira o veredito do destino aceitam-no sem saber por quê. Por um estranho paradoxo, as pessoas que assumem que a história sempre tomou a direção certa são em geral as mesmas pessoas que não acreditam na existência de uma providência especial que as tenha guiado. Os mesmos racionalistas que zombam do julgamento por combate, no antigo ordálio feudal, na verdade aceitam um julgamento por combate como determinante de toda a história humana.[13]

No entanto, isso não significa que, em uma repetição histórica no sentido radical benjaminiano, simplesmente retornamos ao momento aberto da decisão e, dessa vez, fazemos a escolha certa. A lição da repetição é, antes, que nossa primeira escolha foi necessariamente a escolha errada, e por uma razão bem precisa: a "escolha certa" só é possível da segunda vez, pois somente a primeira escolha, em sua condição de erro, literalmente cria as condições para a escolha certa. A ideia de que já poderíamos fazer a escolha certa da primeira vez, mas simplesmente perdemos a chance por casualidade, é uma ilusão retroativa. Talvez seja útil fazermos referência a Georg Büchner e seu grandioso tema do Destino como aquilo que predetermina nossa vida – não existe livre-arbítrio, "o indivíduo nada mais é que espuma nas ondas" (como escreveu em uma carta para sua noiva em 1833): "A palavra *deve* é

---

[13] G. K. Chesterton, "The Slavery of the Mind", em *The Collected Works of G. K. Chesterton* (São Francisco, Ignatius, 1990), v. 3, p. 290.

uma das maldições que batizaram a humanidade. Dizer que 'os escândalos devem acontecer; mas ai de quem provocá-los' é terrível. O que há em nós que mente, mata, rouba? Não me importo de continuar com esse pensamento"[14]. O que aterrorizava Büchner era o fato de que, embora nossos atos sejam predeterminados, nós nos consideramos inteiramente responsáveis por eles – um paradoxo resolvido por Kant e Schelling com a hipótese de um ato transcendental atemporal por meio do qual cada um de nós temos sempre-já escolhido nosso caráter eterno: o que vivenciamos como destino é nossa "natureza", resultado de uma escolha inconsciente. E é somente nesse ponto que começa a verdadeira dialética entre liberdade e necessidade, entre escolha e determinação.

A "dialética" de senso comum entre liberdade e necessidade concebe sua articulação no sentido das famosas linhas do início de *O 18 de brumário de Luís Bonaparte*: "Os homens fazem a sua própria história; contudo, não a fazem de livre e espontânea vontade, pois não são eles quem escolhem as circunstâncias sob as quais ela é feita, mas estas lhes foram transmitidas assim como se encontram"[15]. Somos parcialmente, mas não totalmente, determinados: temos o espaço da liberdade, mas dentro das coordenadas impostas por nossa situação objetiva. Essa visão não leva em conta o modo como nossa liberdade (atividade livre) cria retroativamente ("põe") suas condições objetivas: essas condições não são simplesmente dadas, elas surgem como pressupostos de nossa atividade. (E vice-versa: o espaço de nossa própria liberdade é sustentado pela situação em que nos encontramos.) Assim, o excesso é duplo: nós não somos apenas menos livres do que pensamos (os contornos de nossa liberdade são predeterminados); nós somos simultaneamente mais livres do que pensamos ("pomos" livremente a mesma necessidade que nos determina). É por isso que, para atingir nossa liberdade "absoluta" (o livre "pôr" de nossos pressupostos), temos de passar pelo determinismo absoluto.

Mas a rejeição por parte de Hegel da tese do "nariz de Cleópatra" em sua grande *Lógica* (o que chamaríamos hoje de tese do "efeito borboleta", a ideia de que pequenos acidentes podem mudar o rumo da história mundial, assim como a beleza do nariz de Cleópatra mudou o rumo da história da Roma antiga) não aponta para uma visão que reduz o papel da contingência na história? Para Hegel, o erro de tal raciocínio envolve a "inadmissível aplicação" de um conceito mecânico de causa a processos de larga escala na vida orgânica ou espiritual: o "chiste comum" de que, na história, grandes efeitos podem resultar de causas absurdamente pequenas, é "uma instância da conversão que o espírito impõe no exterior; mas, por essa mesma razão, esse exterior não é uma *causa no processo* – em outras palavras, essa conversão

---

[14] Citado em Georg Büchner, *Complete Plays and Prose* (Nova York, Hill and Wang, 1963), p. xiii.
[15] Karl Marx, *O 18 de brumário de Luís Bonaparte* (trad. Nélio Schneider, São Paulo, Boitempo, 2011), p. 25.

em si suprassume a relação da causalidade"[16]. Devemos interpretar essas palavras com muito cuidado, e não como uma rejeição simplista da causalidade mecânica externa. O que Hegel quer dizer com "conversão"? Recordemos o caso da linguagem: o líder diz uma simples palavra ("sim" ou "não"), e o resultado pode ser uma guerra grandiosa com centenas de milhares de mortos – do ponto de vista mecanicista exterior, a vibração de alguns sons (a voz humana pronunciando uma palavra breve) "causou" uma concatenação de eventos, levando a centenas de mortes – e, de certa forma, isso é verdade, mas só se levarmos em conta a "conversão" que faz dos elementos materiais portadores e transmissores do significado de uma maneira que não tem nenhuma relação com sua pequena parte de realidade material imediata. Nesse sentido, a relação de causalidade é "suprassumida": ela é negada, mas mantida e elevada a um nível superior, pois a causalidade não é mais a causalidade mecânica imediata (como a famosa bola de bilhar chocando-se com outra), mas uma causalidade mediada pelo significado. Mas, em todos os casos, devemos ter em mente que o processo inteiro precisa acontecer no nível da materialidade imediata: existe significado, mas esse significado só pode exercer seu poder causal "superior" se materializado em sons ou letras, pois não tem existência "pura" própria[17].

Qual é então a principal constatação da dialética hegeliana da necessidade e da contingência? Além de deduzir (de maneira bastante coerente com suas premissas) a *necessidade da contingência* – a saber, como a Ideia necessariamente exterioriza a si mesma (adquire realidade) nos fenômenos que são genuinamente contingentes –, Hegel também desenvolve (e esse aspecto costuma ser negligenciado por muitos comentadores) uma tese oposta e teoricamente muito mais interessante: a da *contingência da necessidade*. Quer dizer, quando Hegel descreve o progresso da aparência contingente "exterior" para a essência necessária "interior", ou seja, a "autointeriorização" da aparência por meio da autorreflexão, ele não está descrevendo a descoberta de uma Essência interior preexistente, algo que já estava aí (isso seria justamente uma "reificação" da Essência), mas um processo "performativo" de construir (formar) o que é "descoberto". Como o próprio Hegel afirma na *Lógica*, no processo da reflexão o próprio "retorno" ao Fundamento oculto ou perdido gera aquilo para que se retorna. Portanto, não é só a necessidade interior que é a unidade do si e a contingência como seu oposto, pondo necessariamente a contingência

---

[16] G. W. F. Hegel, *Hegel's Science of Logic*, cit., p. 562-3.

[17] E é fácil ver por que Hegel menciona não só a vida espiritual, mas também a vida orgânica: a vida orgânica já aponta para a "conversão" que suprassume a causalidade mecânica. Em virtude da unidade orgânica de um corpo vivo, uma parte fraca (o cérebro) pode direcionar os movimentos de partes muito maiores e mais fortes – ou seja, para explicar como funciona um organismo, é preciso recorrer a um mínimo de idealidade, de ligações que não podem ser reduzidas à interação mecânica das partes físicas.

como seu momento; a abrangente unidade de si é também a contingência e seu oposto, a necessidade. Em outras palavras, *o processo pelo qual a necessidade surge da necessidade é um processo contingente.*

Podemos dizer a mesma coisa nos termos da dialética entre ontologia e epistemologia: se a abrangente unidade da necessidade e da contingência é a necessidade, então ela (descoberta gradativamente por nosso conhecimento como Conceito subjacente da multiplicidade fenomenal contingente) tinha de estar aí o tempo todo, esperando ser descoberta por nosso conhecimento – em suma, nesse caso, a ideia central de Hegel (formulada claramente pela primeira vez na introdução da *Fenomenologia*) de que nosso caminho para a verdade faz parte da verdade em si é anulada, e retornamos ao conceito metafísico padrão da Verdade como um Em-si substancial, independente da abordagem do sujeito a ele. Somente se a unidade abrangente for contingente é que podemos afirmar que a descoberta da verdade necessária, por parte do sujeito, é simultaneamente a constituição (contingente) dessa mesma verdade – ou, parafraseando Hegel, afirmar que o próprio retorno à (redescoberta da) Verdade eterna gera essa Verdade. Longe de ser um "essencialista" que desenvolve todo o conteúdo a partir do autodesdobramento necessário do Conceito, Hegel é – nos termos de hoje – o maior pensador da autopoiese, do processo de emergência das características necessárias a partir da contingência caótica, o pensador da auto-organização gradual da contingência, do advento gradual da ordem a partir do caos.

De que modo a necessidade pode surgir da contingência? A única maneira de evitar o obscurantismo das "propriedades emergentes" é trazer a negatividade para o jogo: em sua forma mais radical, a necessidade não é um princípio positivo da regularidade que supera a contingência, mas o anverso negativo da contingência: o que é "necessário", acima de tudo, é o fato de que cada ente particular contingente encontra sua verdade em sua própria autoanulação, desintegração, morte. Imaginemos um ente que persiste em sua singularidade e consegue se impor como necessidade duradoura: a necessidade efetiva é a negatividade que destrói essa identidade. Esta é a necessidade universal hegeliana em sua efetividade: o poder negativo que traz para sua verdade todas as particularidades, destruindo-as no processo. A necessidade, portanto, nada mais é que a "verdade" da contingência, a contingência trazida para sua verdade por meio de sua (auto)negação.

A visão-padrão do sistema hegeliano é como um círculo fechado de categorias que sucedem umas às outras com uma necessidade lógica, e a atividade crítica se concentra nos "pontos fracos" dessa dedução, nas passagens em que Hegel parece "trapacear", propondo uma nova categoria que realmente não deriva da categoria que a precede. Devemos reverter radicalmente essa perspectiva: cada passagem em Hegel é um momento de invenção criativa, o Novo não surge de maneira automática, mas como uma surpresa milagrosa. É isto que significa reproduzir um processo por meio de sua análise dialética: reintroduzir a possibilidade e a abertura ontológica no que, em termos retroativos, parece uma sucessão fechada, estabelecida por sua necessidade imanente. Portanto, quando Hegel diz que, em um processo dialético, a coisa se torna o que sempre-já foi, isso se mostra claramente como algo que deve ser interpretado como uma afirmação do fechamento ontológico pleno: não há nada radicalmente novo, o que surge no movimento dialético é apenas a plena efetivação do que, *in potentia* (ou em si), já estava lá. No entanto, a mesma declaração pode ser interpretada de maneira muito mais radical (e literal): em um processo dialético, a coisa *torna-se* "o que foi sempre-já", ou seja, a "essência eterna" (ou melhor, o conceito) de uma coisa não é dada com antecedência: ela surge, forma-se em um processo contingente aberto – a essência eternamente passada é um resultado *retroativo* do processo dialético. Kant foi incapaz de pensar essa retroatividade, e o próprio Hegel precisou de muito empenho para conceituá-la. Eis como o primeiro Hegel, ainda lutando para se diferenciar do legado de outros idealistas alemães, classifica o grande avanço filosófico de Kant: na síntese transcendental kantiana, "a determinidade da forma não é outra senão a identidade entre contrários, por meio do que o entendimento *a priori* se torna simultaneamente, pelo menos no universal, *a posteriori*, pois a 'aposterioridade' não é nada senão a contraposição"[18]. Em princípio, o significado dessa densa passagem parece claro: "a determinidade da forma" é outro termo para a universalidade concreta, para o fato de que a forma universal de um conceito gera, a partir de si, seu conteúdo particular – ou seja, não se trata apenas de uma forma imposta em um conteúdo empírico independente. E como a universalidade conceitual e a particularidade de seu conteúdo – em suma, o *a priori* da forma universal e o *a posteriori* de seu conteúdo – são opostos (precisamente os opostos que Kant mantém separados, em última análise externos um ao outro, pois a forma transcendental imanente é imposta a um conteúdo que afeta o sujeito de fora), a determinidade da forma iguala a unidade dos opostos, o fato de que o conteúdo é gerado por sua forma. Resta saber como, em termos concretos, devemos interpretar essa identidade dos opostos. A leitura crítica usual está satisfeita em ver nessa identidade o mesmo modelo de como a Ideia medeia ou põe todo o seu conteúdo particular, ou seja, como afirmação "idealista" extrema da primazia do *a priori* em relação ao *a posteriori*. Mas é evidente que essa leitura não considera o movimento oposto, o "cordão umbilical" irredutível por conta do qual cada universalidade *a priori* continua ligada ao ("sobredeterminada" pelo) *a posteriori* de um conteúdo particular. Em termos mais claros: sim, a forma conceitual universal impõe a necessidade na multitude de seus conteúdos contingentes, mas *ela o faz de maneira que ela mesma continua marcada por uma mancha irredutível*

---

[18] G. W. F. Hegel, *Fé e saber* (trad. Oliver Tolle, São Paulo, Hedra, 2009), p. 48.

de contingência – ou, como Derrida teria dito, o próprio quadro é sempre parte do conteúdo enquadrado. A lógica aqui é a da "determinação opositiva" (*gegensätzliche Bestimmung*), em que o gênero universal se encontra entre suas espécies particulares e contingentes[19].

Hegel apresenta esse conceito de "determinação opositiva" em sua lógica da essência, quando discute a relação entre identidade e diferença; seu argumento não é só que a identidade é sempre identidade entre identidade e diferença, mas que a própria diferença também é sempre a diferença entre si e a identidade; do mesmo modo, não é só a necessidade que abrange tanto a si mesma quanto a contingência, mas também – e de modo mais fundamental – é a própria contingência que abrange tanto a si mesma quanto à necessidade. Ou, com respeito à tensão entre essência e aparência, o fato de que a essência precisa não significa apenas que a essência gera ou medeia suas aparências, mas que a diferença entre essência e aparência é interna à aparência: a essência tem de aparecer dentro do domínio das aparências, como um indício de que "as aparências não são tudo", mas "apenas aparências". Na medida em que essa oposição aparece na linguagem como oposição entre o conteúdo universal do significado e sua expressão em uma forma contingente particular (do significante), não surpreende que a linguagem forneça o exemplo supremo dessa unidade dialética entre os opostos – e não surpreende que Hegel rejeite a ideia de construir uma nova linguagem artificial mais precisa, que eliminasse as imperfeições da linguagem natural: "Não existe uma linguagem superior ou um idioma-padrão. Cada linguagem é uma instância do especulativo. O papel da filosofia é mostrar como, em cada língua, o essencial é dito e exposto pelos acidentes do idioma"[20].

O ponto de partida do pensamento filosófico tem de ser a contingência de nossa própria linguagem enquanto "substância" de nosso pensamento: não existe uma via direta para a verdade universal por meio da abstração das contingências de nossa língua "natural" ou da construção de uma nova linguagem técnica ou artificial, cujos termos carregariam significados precisos. Contudo, isso não significa que um pensador deveria confiar ingenuamente nos recursos da própria linguagem; ao contrário, o ponto de partida de sua reflexão deveria ser as *idiossincrasias* dessa linguagem, que são, de certo modo, contingências redobradas, contingências dentro de uma ordem contingente (historicamente relativa). Paradoxalmente, a via da contingência (de nossa linguagem natural) para a necessidade (do pensamento especulativo)

---

[19] Nas mãos de Marx, isso seria dito da seguinte maneira: entre as espécies de produção, sempre há uma que dá um caráter específico à universalidade da produção dentro de um dado modo de produção. Nas sociedades feudais, a produção artesanal estrutura-se como um outro domínio da agricultura, enquanto no capitalismo a agricultura é "industrializada", isto é, torna-se um dos domínios da produção industrial.

[20] Catherine Malabou, *The Future of Hegel*, cit., p. 171.

passa pela contingência redobrada: não podemos escapar do pensamento em nossa linguagem, pois ela é nossa substância intransponível; no entanto, pensar significa pensar *contra* a linguagem em que se pensa – a linguagem, inevitavelmente, calcifica nossos pensamentos, é o meio das distinções fixas do Entendimento *par excellence*. Mas, ao mesmo tempo que temos de pensar contra a linguagem em que pensamos, temos de fazê-lo *dentro* da linguagem, não há alternativa. É por isso que Hegel exclui a possibilidade (desenvolvida depois, sobretudo na filosofia analítica anglo-saxã) de purificar nossa linguagem natural de suas contingências "irracionais" e construir uma nova linguagem artificial que refletiria com fidelidade as determinações conceituais. Mas onde, em nossa própria linguagem, podemos encontrar apoio para pensarmos contra a linguagem? A resposta de Hegel é: onde a linguagem não é um sistema formal, onde a linguagem é mais inconsistente, contingente, idiossincrática. O paradoxo é que só podemos combater a "irracionalidade" da linguagem em prol da necessidade conceitual imanente se a própria necessidade se baseia no que há de mais "irracional" na linguagem, em sua irracionalidade ou contingência redobrada. A situação é semelhante à da lógica freudiana do sonho, em que o Real se anuncia na aparência de um sonho dentro de um sonho. Aqui, o que Hegel tem em mente muitas vezes se aproxima estranhamente da noção lacaniana de *lalangue*: jogo de palavras, duplos sentidos e assim por diante – seu maior exemplo em alemão são palavras com sentidos opostos ou múltiplos (como *zu Grunde gehen*, "desintegrar, despedaçar-se" *e*, literalmente, "ir ao fundamento, alcançá-lo" etc., ou ainda a famosa *Aufhebung* e seus três significados: anular/aniquilar, preservar, elevar a um nível superior). A palavra *Aufhebung* é citada em geral como exemplo de tudo que é "idealista-metafísico" em relação a Hegel: ela não é um sinal da própria operação por meio da qual toda a contingência exterior é superada e integrada ao autodesdobramento necessário do conceito universal? Contrário a essa operação, é um modismo insistir que sempre há um resto da contingência, da particularidade, que não pode ser *aufgehoben*, que resiste a sua (des)integração conceitual. A ironia é que o próprio termo usado por Hegel para designar essa operação é marcado pela irredutível contingência de uma idiossincrasia da língua alemã.

Não existe clareza conceitual se não tomarmos como ponto de partida a *lalangue* – ou, em termos mais conceituais, não só a necessidade se expressa na aparência da contingência, mas essa necessidade não preexiste à multitude contingente de aparências enquanto fundamento delas – a própria necessidade surge da contingência, como uma contingência (digamos, os múltiplos significados de *Aufhebung*) elevada à necessidade de um conceito universal[21]. Freud não visava algo estritamente homólogo

---

[21] E Hegel estava longe de atribuir qualquer prioridade à língua alemã. Um detalhe biográfico interessante: na década de 1810, quando considerava o convite de um amigo holandês para ocupar um cargo universitário em Amsterdã, ele não só começou a aprender holandês, como imediata-

com suas ideias de sintomas, chistes e atos falhos? Uma necessidade interior só pode se articular pela contingência de um sintoma *e* vice-versa: essa necessidade (digamos, a ânsia constante de um desejo reprimido) só ganha existência por meio dessa articulação. Aqui, também, a necessidade simplesmente não preexiste à contingência: quando Lacan diz que a repressão e o retorno do reprimido (em formações sintomáticas) são os dois lados do mesmo processo, a implicação é justamente que a necessidade (do conteúdo reprimido) é determinada pela contingência (de sua articulação em sintomas). Críticos de Hegel enfatizam apenas o primeiro aspecto, a necessidade como princípio interior que domina suas expressões contingentes, e negligenciam o segundo, isto é, que essa mesma necessidade é determinada pela contingência ou, em outras palavras, não *é* senão contingência elevada à forma de necessidade.

Isso nos leva à *Aufhebung* (suprassunção) hegeliana como movimento pelo qual cada particularidade contingente é *aufgehoben* (suprassumida) em seu conceito universal. O argumento-padrão contra a *Aufhebung* é que sempre existe um resto que resiste a ela, persiste em seu idiotismo imediato. Mas e se essa for a mesma questão da *Aufhebung* verdadeiramente hegeliana, da "negação da negação"? A tentativa direta de *Aufhebung* é a "posição" inicial; ela é "negada" em sua falha, no elemento que resiste a ela; a "negação da negação", portanto, é o conhecimento de que esse elemento que resiste, esse obstáculo, é em si uma condição positiva de possibilidade – a *Aufhebung* tem de ser sustentada por sua exceção constitutiva.

E se a lição da *Aufhebung* hegeliana é que a própria perda (a falha) deve ser celebrada? Hegel tinha plena consciência de que o peso atribuído a um evento por sua inscrição simbólica "suprassume" sua realidade imediata – na *Filosofia da história* ele dá uma excelente caracterização da história da Guerra do Peloponeso escrita por Tucídides: "Na Guerra do Peloponeso, a luta foi essencialmente entre Atenas e Esparta. Tucídides nos deixou a história da maior parte dessa luta, e sua obra imortal é o ganho absoluto que a humanidade obteve dessa disputa"[22]. Devemos interpretar esse juízo em toda a sua simplicidade: de certa forma, do ponto de vista da história do mundo, a Guerra do Peloponeso aconteceu para que Tucídides pudesse escrever um livro sobre ela. O termo "absoluto" deve mostrar todo o seu peso aqui: do ponto de vista relativo de nossos interesses humanos finitos, as diversas tragédias reais da Guerra do Peloponeso são, é claro, infinitamente mais importantes que um livro; mas, do ponto de vista do Absoluto, o que importa é o livro. Não deveríamos ter medo de afirmar a mesma coisa com respeito a algumas obras de arte realmente grandiosas: a era elisabetana aconteceu para produzir Shakespeare; a obra de Shakespeare é "o ganho absoluto que a humanidade obteve" das vicis-

---

mente bombardeou o amigo com perguntas a respeito das idiossincrasias da língua holandesa, como os jogos de linguagem, para conseguir desenvolver seus pensamentos em holandês.

[22] G. W. F. Hegel, *Lectures on the Philosophy of History*, cit., p. 277.

situdes desse período. E sim – por que não? – as obras-primas que Hitchcock produziu na década de 1950 são o "ganho absoluto" que a humanidade tirou da era de Eisenhower nos Estados Unidos. E algumas vezes a importância de um autor pode ser condensada não em sua obra, mas em um livro sobre ele: apesar de Samuel Johnson ter escrito *A Dictionary of the English Language* e o *spiritus movens* da afortunada "esfera pública" de Londres no século XVIII, hoje ele é lembrado quase exclusivamente por *The Life of Samuel Johnson*, a ampla biografia escrita por seu amigo James Boswell e publicada em 1791.

Insinua-se aqui uma ligação surpreendente com Heidegger. Em sua leitura da "essência" (*Wesen*) como um verbo ("essenciar"), Heidegger fornece uma noção "dessencializada" de essência: embora se refira tradicionalmente a um núcleo estável que garante a identidade de uma coisa, "essência" é, para Heidegger, algo que depende do contexto histórico, da abertura epocal do ser que ocorre dentro da linguagem e pela linguagem enquanto a "casa do ser". A expressão "Wesen der Sprache" não significa "essência da linguagem", mas o "essenciar" feito pela linguagem:

> a linguagem que leva as coisas para dentro de sua essência, a linguagem que "nos move" de modo que as coisas nos sejam importantes de uma maneira particular, de modo que os caminhos sejam feitos e, dentro deles, possamos nos mover entre os entes, e de modo que os entes possam relacionar-se entre si como os entes que são [...]. Compartilhamos de uma linguagem originária quando o mundo é articulado no mesmo estilo para nós, quando "ouvimos a linguagem", quando "deixamos que nos diga seu dizer".[23]

Por exemplo, para um cristão do período medieval, a "essência" do ouro reside em sua incorruptibilidade e resplendor divino, o que o torna um metal "divino"; já para nós, trata-se, entre outras coisas, de um recurso para ser trocado no mercado de matéria-prima ou um material adequado a propósitos estéticos. (Ou, para citar outro exemplo, a voz de um *castrato* era, para os católicos, a própria voz de um anjo antes da Queda, enquanto hoje, para nós, é uma monstruosidade.) Desse modo, há uma violência fundamental nessa capacidade "essenciadora" da linguagem: nosso mundo é uma distorção parcial, ele perde sua equilibrada inocência, uma cor parcial dá o tom ao Todo. A operação definida por Laclau como hegemonia é inerente à linguagem.

Variedades da negação autorrelativa

No entanto, a questão persiste: essa afirmação hegeliana da contingência radical abre espaço para a coincidência da repressão com o retorno do reprimido, o que exemplifica a "negação da negação" propriamente freudiana (a repressão – nega-

---

[23] Mark Wrathall, *How to Read Heidegger* (Nova York, Norton, 2006), p. 94-5.

ção – de um conteúdo só funciona se ele é autonegado, se o reprimido retorna)? Lacan repete o argumento clássico contra a tríade dialética, o retorno-a-si-mesmo do ponto de partida por meio da automediação: "Quando um faz dois, não há retorno jamais. Não volta a fazer de novo um, *mesmo um novo*"[24]. Talvez pareça que a premissa básica de Hegel é que o dois retorna ao Um, ainda que reconheçamos a questão-chave de que esse Um é um novo Um: não o Um que se perdeu na alienação-exteriorização, mas um novo Um criado "performativamente" no próprio processo de retorno-a-si-mesmo. Quando uma unidade substancial se dissolve na multiplicidade de seus predicados, é um de seus predicados anteriores que se estabelece como um novo sujeito, pondo retroativamente seus pressupostos. No entanto, até mesmo essa imagem propriamente dialética da transubstanciação permanente continua equivocada: podemos dizer sem rodeios que, para Hegel, no início não existe Um, cada Um é um retorno-a-si-mesmo a partir do dois. O Um para o qual se retorna é constituído pelo retorno, então isso não quer dizer que o Um se divide em dois – o Um é um Dois do qual uma parte não é nada. É dessa maneira que Hegel, em uma passagem extremamente condensada, define a lacuna que separa o processo dialético propriamente dito da "emanação" plotiniana: "A simples unidade, seu devir, é a suprassunção de todos os predicados – a negatividade absoluta; o emergir [emanação: *Herausgehen*] é essa negatividade em si – *não se pode começar com a unicidade e passar para a dualidade*"[25]. A última parte resume tudo, pois rejeita de maneira direta a noção-padrão do processo dialético como desenvolvimento ou divisão do Um imediato ou inicial em Dois – *não se pode começar com a unicidade e passar para a dualidade*. Por que não? Porque o Um é constituído na passagem para a dualidade, em sua divisão. A consequência inesperada desse fato é que, ao contrário do que diz a noção comum de que o número da dialética hegeliana é o 3 (ou, em outras palavras, que o objetivo de Hegel é superar todos os dualismos em uma "síntese" superior, reconciliar os opostos em um terceiro meio abrangente), o número apropriado da dialética é 2: não 2 como dualidade de opostos polares, mas 2 como autodistanciamento inerente do próprio Um: o Um só se torna Um redobrando-se, adquirindo uma mínima distância de si mesmo. É por esse motivo que, quando Badiou define o amor como a construção de um mundo que parte da perspectiva do Dois, devemos ver nessa definição um eco da dialética hegeliana: o amor une os dois de modo que sua lacuna é mantida, ou seja, não há uma fusão mística ou pseudo-wagneriana, a lacuna entre os dois é paraláctica e, como tal, intransponível. Esse argumento já foi defendido por Jameson quando,

---

[24] Jacques Lacan, *O seminário, livro 20: mais, ainda* (trad. M. D. Magno, 2. ed., Rio de Janeiro, Zahar, 1985), p. 115.
[25] G. W. F. Hegel, *Vorlesungen über die Geschichte der Philosophie* (Frankfurt, Suhrkamp, 1979), p. 450. (Werke, v. 18.)

a propósito de *Antígona*, ele insistiu que a oposição entre lei humana e lei divina deve ser interpretada

> não como uma luta entre o Estado e a família ou clã, uma luta que destroça a sociedade; mas sim, e antes de tudo, como a divisão que dá existência à sociedade primeiramente pela articulação de suas primeiras diferenciações notáveis, a do guerreiro *versus* o sacerdote, ou da cidade *versus* o clã, ou até mesmo do exterior *versus* o interior [...]. Cada um desses poderes larvais confere existência ao outro e reforça a distinção de seu número oposto [...] a contradição que por fim dilacera e destrói a pólis [...] é a mesma oposição que lhe confere existência enquanto estrutura viável em primeiro lugar.[26]

Vemos aqui mais uma vez a lacuna que separa Hegel do evolucionismo historicista: do ponto de vista historicista, cada figura histórica tem seu momento de maturidade, que depois é seguido do período de decadência. Por exemplo, o capitalismo progrediu até meados do século XIX, quando precisou de auxílio em sua luta contra as formas pré-modernas de vida; mas, com a piora da luta de classes, o capitalismo tornou-se um obstáculo para o progresso posterior da humanidade e terá de ser superado. Para um dialético verdadeiro, não há um momento de maturidade em que um sistema funcione de maneira não antagônica: por mais paradoxal que soe, o capitalismo foi ao mesmo tempo "progressivo" e antagônico, decadente, e a ameaça de sua decadência é a mesma força propulsora de seu "progresso" (o capitalismo tem de se revolucionar constantemente para lidar com seu "obstáculo" constitutivo). A família e o Estado, portanto, não são apenas os dois polos do Todo social; trata-se antes de a sociedade ter de dividir a si mesma e a partir de si mesma para se tornar Um – é esse rompimento do Todo social, a própria divisão, que "dá existência à sociedade primeiramente pela articulação de suas primeiras diferenciações notáveis, a do guerreiro *versus* o sacerdote". É nesse sentido preciso que devemos interpretar a afirmação de Badiou: "O real não é o que junta, mas o que separa". De maneira ainda mais incisiva, devemos acrescentar que o real é a separação (cisão antagônica) que, como tal, articula um campo sociossimbólico.

A leitura hegeliana de *Antígona* como uma peça que trata do "surgimento de uma sociedade articulada como tal"[27] demonstra, portanto, a natureza radicalmente anticorporativista do pensamento social de Hegel: a premissa subjacente desse pensamento é que cada articulação social é, por definição, sempre "inorgânica", antagônica. E a lição desse *insight* é que, sempre que lemos uma descrição de como uma unidade original se corrompe e cinde, devemos nos lembrar de que estamos lidando com uma fantasia ideológica retroativa, que oblitera o fato de que tal unidade original jamais existiu, que ela é uma projeção retroativa gerada pelo processo

---

[26] Fredric Jameson, *The Hegel Variations*, cit., p. 82-3.
[27] Ibidem, p. 80.

de cisão. Nunca houve um Estado harmonioso que se cindiu em guerreiros e sacerdotes. Ou, em um nível diferente, quando realizamos um gesto convencional, como um aperto de mão, não devemos presumir que tal gesto ou expressão tinha originalmente um sentido literal (ofereço minha mão para mostrar que não estou segurando uma faca etc.) – a lacuna entre o significado literal e o uso estereotipado está lá desde o início; isto é, a partir do momento em que o aperto de mão se tornou um gesto, significou mais que a demonstração de que a pessoa não está armada, tornou-se um ato performativo de sinalização da abertura ao contrato social e assim por diante. Temos aqui o tema que a física quântica chama de vácuos[28]: para que o poder hierárquico se estabeleça, ele precisa se redobrar ou dividir em poder "verdadeiro" (de guerreiro) e poder "falso" (de sacerdote); é essa divisão que, longe de enfraquecer o poder, o constitui. A classe dirigente tem de se dividir para governar – a regra é: "Divididos, perduramos; unidos, caímos". Uma certa "negação da negação" também é constitutiva do significante fálico. Ou seja, o que faz do significante fálico uma noção tão complexa não é só o fato de nele estarem entrelaçadas as dimensões do real, do simbólico e do imaginário, mas também que, em um duplo passo autorreflexivo que estranhamente imita o processo da "negação da negação", ele condensa três níveis; ele é (1) *posição*: o significante da parte perdida, do que o sujeito perde e que lhe falta com sua entrada na (ou com sua submissão à) ordem significativa; (2) *negação*: o significante da (dessa) falta; e (3) *negação da negação*: o próprio significante faltante/ausente[29]. O falo é a parte perdida ("sacrificada") com a entrada na ordem simbólica e ao mesmo tempo o significante dessa perda[30].

Quando Badiou[31] enfatiza que a dupla negação não é o mesmo que uma afirmação, simplesmente confirma o velho lema lacaniano: *le non-dupes errent**. Tomemos a afirmação "Eu acredito". Sua negação é "Na verdade eu não acredito, estou apenas fingindo acreditar". Sua negação da negação propriamente hegeliana, no entanto, não é o retorno à crença direta, mas o fingimento autorrelativo: "Eu finjo que finjo acreditar", que significa: "Eu realmente acredito sem ter ciência disso". Desse modo, não seria uma ironia a forma definitiva da crítica da ideologia nos dias de hoje – ironia no sentido *mozartiano* preciso, de levar as declarações mais a sério do que os próprios sujeitos que a declaram? Ou, como afirma Descartes no início da Terceira Parte de seu *Discurso do método*: "há poucas pessoas que queiram dizer tudo o que acreditam, mas também porque muitos o ignoram, por

---

[28] Para uma análise mais detalhada da noção dos dois vácuos, ver o capítulo 8.
[29] François Balmès, *Dieu, le sexe et la vérité* (Ramonville Saint-Agne, Érès, 2007), p. 150.
[30] Ibidem, p. 166.
[31] Em Alain Badiou, *Logics of Worlds* (Londres, Continuum, 2009).
* Famosa frase de Lacan que, traduzida literalmente, significa "os não tolos erram". Apresenta homofonia com "*le nom du père*" (o nome do pai). (N. T.)

sua vez; pois, sendo a ação do pensamento, pela qual se crê uma coisa, diferente daquela pela qual se conhece que se crê nela, amiúde uma ação se apresenta sem a outra"*. Mais uma vez, como essa "negação da negação" lacaniana se relaciona com a hegeliana? Tomemos a negação na forma da humanidade abandonada por Deus: não existe final feliz aqui, na "negação da negação" nós não estamos menos sozinhos e abandonados do que antes; o que acontece é que experimentamos esse abandono em sua dimensão positiva, como o espaço de nossa liberdade. Outra versão dessa reversão foi discernida por Chesterton em seu maravilhoso *The Book of Job* [O livro de Jó], em que mostra por que Deus tem de repreender seus próprios defensores, os "mecânicos e arrogantes confortadores de Jó":

> O otimista mecânico se esforça para justificar o universo de maneira irrestrita sob o fundamento de que ele é um padrão consecutivo e racional. Ele aponta que a excelência do mundo consiste no fato de ele poder ser explicado por completo. É nesse único ponto, se é possível dizer dessa maneira, que Deus, em retorno, é explícito ao ponto da violência. Com efeito, Deus diz que, se existe uma excelência no mundo, no que se refere aos homens, é o fato de ele não poder ser explicado. Ele insiste na inexplicabilidade de tudo. "Terá pai a chuva?" Quem gera as gotas de orvalho?" (Jó 38,28). Ele vai além e insiste na irracionalidade palpável e positiva das coisas: "Quem abriu a chuva em terras despovoadas, na estepe inabitada pelo homem?" (Jó 38,26). [...] Para espantar os homens, Deus torna-se por um instante um blasfemador; quase diríamos que Deus tornou-se por um instante um ateu. Ele estende diante de Jó um longo panorama das coisas criadas, o cavalo, a águia, o corvo, o asno selvagem, o pavão, o avestruz, o crocodilo. Ele tanto descreve cada um deles que soa como um monstro caminhando no sol. O todo é uma espécie de salmo ou rapsódia do sentimento de surpresa. O criador de todas as coisas surpreende-se diante das coisas que Ele mesmo criou.[32]

Deus é aqui subjugado pelo milagre de sua própria criação – e não poderíamos deixar de citar o aspecto negativo que também está presente nisso. Ao se referir à caótica abundância de criaturas, Deus não afirma com jactância a lacuna infinita que o separa de Jó (como em: "Quem é você para reclamar de sua ínfima miséria? Você não faz ideia do que o universo é..."); ele também admite – ao menos implicitamente – que Jó não tem nada do que reclamar, porque seu caso não é único: o mundo é uma terrível e absurda desordem. Essa "negação da negação" priva Jó até mesmo do último consolo proporcionado pela esperança de que, ao menos aos olhos de Deus, seu sofrimento tem um significado mais profundo: o que ele acreditava ser sua própria perplexidade revela-se a perplexidade do próprio Deus. Isso nos leva mais uma vez ao tema lacaniano fundamental da falta do Outro, mais bem apresentada pela famosa observação de Hegel de que os segredos dos egípcios

---

* René Descartes, *Discurso do método* (3. ed., São Paulo, Abril Cultural, 1983), p. 41-2. (N. E.)
[32] G. K. Chesterton, *The Book of Job* (Londres, Cecil Palmer & Hayward, 1916), p. xxii-xxiii.

também eram segredo para os próprios egípcios: o segredo de Deus também é segredo para Deus.

Até aqui, tudo bem, diríamos: ao transpor o que surge como limite epistemológico na própria Coisa, Hegel mostra que o problema é sua própria solução. Mas em que sentido preciso? Para evitar um equívoco fatal: essa passagem dialética crucial do obstáculo epistemológico à impossibilidade ontológica não indica de modo nenhum que tudo o que podemos fazer é nos reconciliar com a impossibilidade, isto é, aceitar a própria realidade como imperfeita. A premissa da psicanálise é que podemos intervir com o simbólico no Real, mas o Real não é a realidade-em-si exterior, mas sim uma rachadura no simbólico, portanto podemos intervir com um ato que reconfigura o campo e, assim, transforma seu ponto imanente de impossibilidade. "Atravessar a fantasia" não significa aceitar a miséria de nossa vida; ao contrário, significa que só depois de "atravessarmos" as fantasias que ofuscam essa miséria é que podemos efetivamente mudá-la.

Além do mais, há uma diferença sutil entre as duas versões da reversão do limite epistemológico em impossibilidade ontológica, a do "Rabinovitch" e a de "Adorno"[33]. Na primeira, temos uma solução clara, nenhum antagonismo persiste (se, é claro, ignorarmos a censura social que impede Rabinovitch de manifestar diretamente sua verdadeira razão). A verdade vence, e o interessante é que ela só pode vencer pelo erro (confirmando o argumento de Hegel de que o caminho para a verdade faz parte da verdade). Em outras palavras, a elegante economia da piada é que a própria necessidade do desvio pela primeira razão (falsa) confirma a segunda razão (verdadeira): Rabinovitch quer emigrar por causa da opressão social ilustrada pela resposta do burocrata a sua primeira razão (o comunismo vai durar para sempre). Por mais que pareça seguir a mesma lógica, o exemplo de Adorno não resolve o antagonismo, pois tudo o que acontece em sua resolução é que a antinomia epistemológica é deslocada para a própria Coisa como antagonismo imanente – desse modo, o antagonismo é inteiramente confirmado. A questão fundamental aqui é: onde, na tríade do processo dialético, devemos localizar o momento preciso da explosão do antagonismo subjacente a todo o processo? Encontramos a forma mais pura desse antagonismo no momento da mais agravada negatividade – isto é, da negatividade levada à autorrelação – ou no resultado do processo – isto é, a reversão da negatividade na nova positividade? O resultado afirma ou anula o antagonismo? Ou, de certa maneira, faz as duas coisas?

Na medida em que a "reconciliação" hegeliana é, em seu cerne, a reversão da condição de impossibilidade em uma condição de possibilidade, ou o reconhecimento do que aparecia como obstáculo é uma condição positiva da existência da

---

[33] Esses nomes se referem aos dois exemplos mencionados no Interlúdio 1 (a piada russa sobre Rabinovitch e a noção antagônica de sociedade em Adorno).

própria coisa tolhida por esse obstáculo, a ambiguidade permanece: a reconciliação reconcilia no sentido de *superar* o antagonismo ou no sentido da reconciliação *com* o antagonismo (ou, em certo sentido, as duas coisas ao mesmo tempo, se é que podemos dizer que a reconciliação com o antagonismo muda sua natureza antagônica)? Quando Hegel introduz na *Fenomenologia* a noção de reconciliação como modo de resolver o impasse da Bela Alma, o termo usado designa a aceitação do caos e da injustiça do mundo como imanente à Bela Alma, que o deplora, ou a aceitação por parte da Bela Alma do fato de que ela participa da realidade que critica e julga, e não de um tipo de transformação mágica dessa realidade.

O desenvolvimento das peças de Brecht da década de 1920 para o início da década de 1930 também não representaria um tipo homólogo de renúncia? As peças da década de 1920, mais especificamente *A ópera dos três vinténs*, representam o sacrifício brutal de todos os ideais ideológicos por interesses cínicos mundanos – poder, dinheiro, sexo – que residem no núcleo do sujeito egoísta; mais tarde, nas "peças de aprendizagem" do início da década de 1930, sobretudo em *A decisão*, esse mesmo assunto é obliterado em um gesto de sacrifício radical em prol do coletivo. É importantíssimo notar que o segundo sacrifício não é uma reversão exterior do primeiro (o sacrifício de todos os ideais ideológicos), mas sua realização imanente: primeiro sacrificamos e renunciamos tudo pelo nosso eu, depois percebemos que, com isso, perdemos ou sacrificamos nosso próprio eu. Por quê? Porque a posição subjetiva de um eu totalmente cínico é impossível: o "eu" só funciona na medida em que é sustentado por seu suporte fantasmático de sonhos e ilusões[34]. O que torna as peças de aprendizagem de Brecht tão estranhas e perturbadoras é o fato de não haver uma mensagem ou condição subjetiva mais profunda subjacente a esse mecanismo (denunciando-o como uma operação ideológica opressiva, celebrando-o como um gesto ético elementar...) – Brecht simplesmente representa esse mecanismo do sacrifício em sua neutralidade formal[35].

Ou, para mudar um pouco a ênfase, será que podemos interpretar a "negação da negação" hegeliana *enquanto* negatividade autorrelativa também no sentido dessa posição de desespero extremo, quando o sujeito não só assume uma perda radical, mas também é destituído dessa mesma perda – não no sentido de recuperar o que perdeu, mas no sentido muito mais radical de encontrar-se em um vazio radical depois de perder as mesmas coordenadas que deram significado à perda? Em *Um corpo que cai*, de Hitchcock, Scottie primeiro vivencia a perda de Madeleine, seu amor fatal; quando ele recria Madeleine em Judy e depois descobre que a Madeleine que ele conhecia sempre foi Judy fingindo ser Madeleine, o que ele descobre não é apenas

---

[34] Baseio-me aqui em Mladen Dolar, "Brecht's Gesture", *11th International Istanbul Biennial Reader: What Keeps Mankind Alive?* (Istambul, İstanbul Kültür ve Sanat Vakfı, 2009).
[35] Devo essa observação a Fredric Jameson.

que Judy é uma fraude (ele sabia que ela não era a verdadeira Madeleine, porque ele havia recriado Madeleine a partir dela), mas sim que, *por ela não ser uma farsa – ela é Madeleine, a própria Madeleine já era uma farsa –*, o *objeto a* se desintegra, a própria perda é perdida, isto é, temos uma negação da negação. É importante lembrar que a última cena do filme – depois que Judy cai da torre, Scottie fica suspenso no beiral, olhando para baixo – suscita leituras radicalmente opostas: para alguns, essa cena mostra que Scottie sobrevive como um homem totalmente destroçado; para outros, ela é uma espécie de final feliz (Scottie está curado de sua doença, consegue olhar para o abismo). Essa ambivalência reproduz com perfeição a ambiguidade do resultado da negação da negação hegeliana (desespero total ou reconciliação). Então, repito, onde fica a negação da negação hegeliana com respeito a essa ambiguidade?

Precisamos considerar com mais cuidado as diferentes modalidades da negação da negação em Hegel. Primeiro temos a "matriz Rabinovitch" (reversão do problema em sua própria solução: a "tese" é que quero emigrar porque, depois da queda do socialismo, culparão a nós, judeus, pelos crimes comunistas; a "antítese" é que o socialismo jamais cairá, continuará para sempre; a "síntese" é que esse é o motivo real por que quero emigrar), que chega ao fim com uma resolução positiva. Depois temos a "matriz Adorno", em que a reversão do problema em sua própria solução (nesse caso, a transposição de uma limitação epistemológica para uma impossibilidade ontológica) não leva a nenhuma resolução, mas, ao contrário, torna visível o antagonismo subjacente em seu estado puro. Por fim temos a "matriz Irma", a lógica subjacente ao sonho de Freud com a injeção de Irma. O sonho começa com uma conversa entre Freud e sua paciente Irma sobre o fracasso do tratamento dela por causa de uma agulha infectada; no decorrer da conversa, Freud se aproxima dela, chega bem perto de seu rosto e olha dentro de sua boca, deparando com a terrível visão da carne vermelha de sua garganta. Nesse momento de horror insuportável, o tom do sonho muda, o horror transforma-se de repente em comédia: três médicos amigos de Freud aparecem e, em um ridículo jargão pseudoprofissional, enumeram múltiplas razões (e mutuamente excludentes) pelas quais o envenenamento de Irma pela agulha infectada não foi culpa de ninguém (não houve injeção, a agulha estava limpa...). Portanto, há primeiro um encontro traumático (a visão da garganta de Irma) seguido de uma súbita mudança para a comédia, o que permite ao sonhador evitar um encontro com o verdadeiro trauma. À primeira vista, a tríade da "matriz Irma" é a tríade "IRS": primeiro, a dualidade imaginária; depois, seu agravamento no abismo do Real; por fim, a resolução simbólica. Uma leitura mais precisa, porém, revela que temos dois Reais no sonho, visto que suas duas partes são concluídas com uma figuração do Real. Na conclusão da primeira parte (a conversa entre Irma e Freud), isso é óbvio: o olhar dentro da garganta de Irma representa o Real na forma de carne primordial, a palpitação da substância vital como a própria Coisa em sua dimensão repugnante enquanto protuberância cancerosa. Na segunda parte, a troca ou interação simbólica cômica entre os três médicos também termina com o Real, mas dessa vez em seu aspecto oposto: o Real da escrita, da fórmula sem sentido da trimetilamina. A diferença é determinada pelo ponto de partida: se partimos do imaginário (o confronto especular de Freud e Irma), temos o Real em sua dimensão imaginária, como uma imagem primordial horripilante que anula o próprio imaginário; se partimos do simbólico (a troca de argumentos entre os três médicos), temos o próprio significante transformado no Real de uma letra ou fórmula sem sentido (como o Real da ciência moderna).

De que maneira essa dualidade entre o Real imaginário e o Real simbólico se relaciona com o Real que encontramos no fim da "matriz Adorno"? O Real a que chegamos na "matriz Adorno" não é nenhum dos dois primeiros, mas sim o "Real real", um Real puramente formal, o Real de um antagonismo ("contradição"). E devemos acrescentar que esse Real é, em si, redobrado: como vimos, o Real é caracterizado por um tipo de "coincidência dos opostos", ou seja, do resto contingente puramente material (o *objeto a*, um pedacinho da realidade) e o puro Real do antagonismo formal. Isso nos leva à questão principal: Hegel gera o *objeto a* no fim do processo da negação da negação? Isso quer dizer que o Real lacaniano, em sua forma mais radical, não é uma substância pré-simbólica; ao contrário, ele surge pela reduplicação do simbólico, pela passagem da alienação para a separação (definida como sobreposição de duas faltas). Desse modo, será que o tom triunfante da negação da negação hegeliana não se baseia no fato de que, embora Hegel possa – talvez de maneira condicional – pensar o antagonismo, ele não é capaz de pensar a identidade especulativa definitiva entre o antagonismo puramente formal e o resto contingente ou o excesso de um pequeno pedaço de realidade? Essa limitação, essa incapacidade de pensar o "resto indivisível" da forma dialética não como um excesso do Real que simplesmente escapa à mediação dialética, mas sim como o produto dessa mediação, como seu momento conclusivo, é claramente discernível na teoria hegeliana do casamento (na *Filosofia do direito*)[36].

O aspecto formal

Assim, mais uma vez, Hegel pode pensar o excesso da pulsão de morte (do amor como paixão letal), que persiste como uma espécie de "resto indivisível", depois da resolução dialética do processo em uma totalidade racional? Em caso negativo, estaremos lidando de fato com uma falha sistêmica fundamental? Não seria apropriado afirmar que, se Hegel fosse fiel a sua própria lógica interna, ele teria aplicado aqui o mesmo raciocínio que usa quando deduz a necessidade da monarquia como

---

[36] Ver G. W. F. Hegel, *Filosofia do direito*, cit., p. 174-80.

o apogeu do Estado racional? Quando Hegel afirma que o conceito de monarca é "o conceito mais difícil para o raciocínio, isto é, para a consideração reflexionante do entendimento", o momento especulativo que o entendimento não consegue apreender é "a transição do conceito da pura autodeterminação para a imediatez do ser e, assim, para o campo da natureza"*. Em outras palavras, embora consiga apreender muito bem a mediação universal de uma totalidade viva, o Entendimento não consegue apreender que essa totalidade, para efetivar-se, tem de adquirir existência efetiva na forma de uma singularidade "natural" imediata. Deveríamos dizer então que, de maneira estritamente homóloga, a totalidade racional da vida familiar reconciliada tem de gerar uma "ligação apaixonada" com a singularidade contingente da pessoa amada?

A diferença que separa Lacan de Hegel é, portanto, uma diferença mínima, uma característica minúscula e quase imperceptível, mas que muda tudo. Não estamos tratando aqui de Hegel *versus* outra figura, mas de Hegel e seu duplo espectral – na passagem de Hegel a Lacan, não passamos do Um-Hegel para Um-Lacan. Eles não são dois, mas o Um-Hegel mais seu *objeto a*. Isso nos leva de volta à relação entre a repetição e a diferença mínima: diferença mínima é algo que surge na pura repetição. Na série policial de Henning Mankell, o pai do inspetor Kurt Wallander vive da pintura – ele pinta o tempo inteiro, faz centenas de cópias da mesma pintura, uma paisagem de floresta em que o sol nunca se põe (a "mensagem" da pintura é que é possível manter o sol prisioneiro, evitar que ele se ponha, congelar um momento mágico, extrair sua aparência pura do eterno movimento circular da natureza, o movimento de geração e degeneração). No entanto, existe uma "diferença mínima" nessas pinturas idênticas: em algumas, há uma pequena ave, enquanto em outras não aparece ave nenhuma, como se a própria eternidade, o tempo congelado, tivesse de ser sustentado por uma variação mínima, uma espécie de substituto para o que realmente diferencia cada pintura, sua intensidade única e puramente virtual.

O argumento anti-hegeliano mais radical apresentado por Deleuze concerne a essa pura diferença: Hegel é incapaz de pensar a pura diferença que está fora do horizonte da identidade ou da contradição; ele concebe uma diferença radicalizada como contradição, que depois é subsumida mais uma vez na identidade, por meio de sua resolução dialética. (Aqui, Deleuze também se opõe a Derrida: de sua perspectiva, Derrida continua preso ao círculo vicioso da contradição/identidade, apenas adiando indefinidamente a resolução.) E, na medida em que Hegel é o filósofo da efetividade ou efetivação, ou seja, na medida em que, para ele, a "verdade" de uma potencialidade é revelada em sua efetivação, a incapacidade de Hegel de pensar a pura diferença está ligada a sua incapacidade de pensar o virtual em sua

---

* Ibidem, § 280, p. 266. (N. T.)

dimensão apropriada, isto é, como uma possibilidade que, na qualidade de possibilidade, já possui sua própria realidade: a pura diferença não é efetiva, não diz respeito a diferentes propriedades efetivas, seu *status* é puramente virtual, é uma diferença que ocorre, em sua forma mais pura, justamente quando nada muda na efetividade ou quando, na efetividade, a *mesma* coisa se repete. Talvez pareça que somente Deleuze formula esse programa pós-hegeliano de reflexão da diferença: a "abertura" derridiana que enfatiza a diferença sem fim, a disseminação que nunca pode ser suprassumida ou reapropriada etc., continua dentro do quadro referencial hegeliano, simplesmente "abrindo-o"... Aqui, contudo, o contra-argumento hegeliano é: não seria "pura" diferença virtual o nome para a identidade-de-si? Ela não é *constitutiva* da identidade efetiva? Mais precisamente, nos termos do empirismo transcendental de Deleuze, a pura diferença é a condição ou o suporte virtual da identidade efetiva: um ente é percebido como "idêntico (a si)" quando (e somente quando) seu suporte virtual é reduzido a uma *pura* diferença. Em lacanês, a pura diferença diz respeito ao suplemento do objeto virtual (o *objeto a* de Lacan); sua experiência mais plástica é a de uma mudança súbita em (nossa percepção de) um objeto que, com respeito a suas qualidades positivas, permanece o mesmo: "embora nada mude, a coisa de repente parecia totalmente diferente" – como diria Deleuze, é a *intensidade* da coisa que muda. (Para Lacan, a tarefa ou o problema teórico é distinguir entre o Significante-Mestre e o *objeto a*, que se referem ambos ao X abissal no objeto para além de suas propriedades positivas.) Como tal, a pura diferença está mais próxima do antagonismo do que da diferença entre dois grupos sociais positivos, dos quais um deve ser aniquilado. O universalismo que sustenta uma luta antagônica não exclui ninguém, e é por isso que o triunfo máximo reside não na destruição do inimigo, mas na explosão da "irmandade universal", em que os agentes do campo oposto mudam de lado (lembremo-nos aqui as famosas cenas de polícias ou unidades militares juntando manifestantes). É nessa explosão da irmandade oniabrangente, da qual a princípio ninguém é excluído, que a diferença entre "nós" e "o inimigo" como agentes positivos é reduzida a uma *pura* diferença formal.

Isso nos leva ao tema da diferença, repetição e mudança (no sentido da ascensão de algo genuinamente novo). Jean-Luc Godard propôs o lema: "*Ne change rien pour que tout soit différent*" ("Não mude nada para que tudo seja diferente"), uma reversão do "algumas coisas precisam mudar para que tudo permaneça o mesmo". Em algumas constelações políticas, como a recente dinâmica capitalista em que só a constante revolução de si pode manter o sistema, aqueles que se recusam a mudar qualquer coisa são de fato os agentes da verdadeira mudança: a mudança do próprio princípio de mudança. Todos nós conhecemos o princípio oriental do Todo cósmico que se reproduz pelo movimento e pela luta incessante de suas partes – todas as partes se movimentam e assim mantêm uma paz mais profunda no Todo cósmico. A fórmula mais elementar da negatividade ocidental é a perturbação do Todo, que ocorre precisamente quando algo emperra, paralisa, recusa-se ao movimento, o que perturba o equilíbrio cósmico da mudança, deixando-o desconjuntado.

A tese de Deleuze de que o Novo e a repetição não são opostos, visto que o Novo só surge da repetição, deve ser interpretada contra o pano de fundo da diferença entre o virtual e o atual: as mudanças que concernem apenas ao aspecto atual das coisas são apenas mudanças dentro do quadro existente, não o surgimento de algo realmente Novo – o Novo só surge quando muda o suporte virtual do atual*, e essa mudança ocorre exatamente na forma de uma repetição na qual uma coisa permanece a mesma em sua atualidade. Em outras palavras, as coisas realmente mudam não quando A se transforma em B, mas quando A, apesar de permanecer exatamente o mesmo com respeito a suas propriedades atuais, "muda por completo" de maneira imperceptível. Essa mudança é a diferença mínima, e a tarefa da teoria é subtrair essa diferença mínima do campo dado de multiplicidades. Nesse sentido, a subtração é também outro nome para a suprassunção (*Aufhebung*) hegeliana ou negação da negação: nela, a mudança radical (negação) sobrepõe-se à pura repetição do mesmo. Isso significa que a inércia do Velho e o advento do Novo também coincidem na noção dialética de repetição. O Novo surge quando, em vez de um processo que apenas evolui "naturalmente" em seu fluxo de geração e corrupção, esse fluxo emperra, um elemento (gesto) fixa-se, persiste, repete-se e perturba assim o fluxo "natural" de (de)composição. A persistência do Velho, seu "emperramento", é o único lugar possível para o advento do Novo: em suma, *a definição mínima do Novo é como um Velho que emperra e assim se recusa a se extinguir.*

Eis o ponto capital da ruptura pós-hegeliana: sua característica mais elementar, de Kierkegaard a Marx, é a lacuna que surge entre a suprassunção e a repetição; ou seja, a repetição adquire autonomia com respeito à suprassunção, e as duas se opõem – ou uma coisa é suprassumida em um modo superior de sua existência, ou simplesmente se arrasta na própria inércia. Essa "libertação" da repetição das amarras da suprassunção, essa ideia de uma repetição não cumulativa, que apenas prossegue no vazio, sem gerar nada de novo, é vista em geral como um indício mínimo do materialismo pós-hegeliano, em sua ruptura com o círculo hegeliano da mediação conceitual total. Sob influência de Lacan, Jean Hyppolite interpreta o fundamento filosófico da noção freudiana de pulsão de morte como a compulsão a repetir. Como diz Lacan no *Seminário II*, outro nome para esse excesso de repetição no progresso orgânico é "mecanismo": o que o pensamento pós-hegeliano revela é a noção de uma repetição mecânica não cumulativa.

Está correto esse diagnóstico? Hegel não tinha plena consciência de que o espírito surge do processo natural orgânico pela repetição mecânica que perturba

---

* Ver nota do tradutor na p. 54 deste volume. (N. E.)

o livre desenvolvimento orgânico? É disso que trata sua discussão sobre o hábito etc. na seção "Antropologia" da *Fenomenologia do espírito*: na tríade formada por processo mecânico, processo orgânico e processo propriamente espiritual, a dimensão espiritual precisa de um suporte "regressivo" nos hábitos mecânicos (o aprendizado "cego" das regras da linguagem etc.). Não existe espírito sem máquina, a manifestação do espírito é uma máquina que coloniza o organismo, ou seja, a vitória do espírito sobre a mera vida aparece como uma "regressão" da vida a um mecanismo. (Esse fato encontra sua máxima expressão no "dualismo" de Descartes: a afirmação do puro pensamento é correlata à redução da natureza a um mecanismo cego.)

Como devemos esclarecer essa esquiva diferença entre Hegel e Freud? Mladen Dolar propôs interpretar "Hegel é Freud" como o maior juízo filosófico indefinido, posto que Hegel e Freud só podem aparecer como absolutos opostos: Saber Absoluto (a unidade entre o sujeito e o Absoluto) *versus* inconsciente (o sujeito que não é mestre na própria morada); conhecimento excessivo *versus* falta de conhecimento. A primeira complicação nessa oposição simples é que, para Freud e Lacan, o inconsciente não é apenas um campo instintual cego, mas também um tipo de conhecimento, um conhecimento inconsciente, um conhecimento que não conhece a si mesmo ("não sabidos sabidos", nos termos da epistemologia de Rumsfeld) – e se o Saber Absoluto deve ser localizado na própria tensão entre o conhecimento ciente de si e o conhecimento não sabido? E se a "absolutidade" do saber refere-se não ao nosso acesso ao divino Absoluto-em-si, ou a uma autorreflexão total pela qual teríamos pleno acesso ao nosso "saber não sabido" e assim atingiríamos a autotransparência subjetiva, mas sim a uma sobreposição muito mais modesta (e ainda mais difícil de pensar) entre a falta do nosso conhecimento "consciente" e a falta inscrita no próprio cerne do nosso conhecimento não sabido? É nesse nível que devemos situar o paralelo entre Hegel e Freud: se Hegel descobre a desrazão (contradição, a dança louca dos opostos que abala qualquer ordem racional) no cerne da razão, Freud descobre a razão no cerne da desrazão (em atos falhos, sonhos, loucura). Eles compartilham a lógica da retroatividade: em Hegel, o Um é um efeito retroativo de sua perda, é o próprio retorno ao Um que o constitui; e, em Freud, a repressão e o retorno do reprimido são coincidentes, o reprimido é o efeito retroativo do seu retorno.

Também há boas razões para relacionar o inconsciente freudiano à consciência de si enquanto reflexão de si: "a consciência de si é um objeto", pois, em um objeto-sintoma, eu registro de maneira reflexiva uma verdade sobre mim mesmo que é inacessível a minha consciência. Isso, no entanto, não é exatamente a mesma coisa que o inconsciente hegeliano: é um inconsciente particular (singular), um tipo de transcendental contingente, um nó-*sinthoma* que mantém unido o universo do sujeito. Em claro contraste com o inconsciente freudiano, o inconsciente hegeliano é formal: ele é a forma da enunciação invisível no conteúdo enunciado; ele é sistêmico, não é uma bricolagem contingente de elos laterais (o que Lacan chama de *lalangue*); ou seja, ele reside na forma simbólica universal em que o sujeito se baseia sem saber, e não no desejo contingente "patológico" que transparece em lapsos linguísticos. O inconsciente de Hegel é o inconsciente da própria consciência de si, a própria não transparência necessária, o necessário negligenciar de sua própria *forma* ("*das Formelle*") no conteúdo que ele confronta. O inconsciente é a forma universal do conteúdo particular: quando Hegel diz que a verdade está no que digo, não no que quero dizer, ele entende que a verdade está na universalidade do significado das palavras, em oposição à intenção particular. O contraste entre o inconsciente freudiano (ligações contingentes particulares, jogo de palavras) e o inconsciente hegeliano (esquema universal negligenciado por nosso enfoque consciente no particular, ou o que o próprio Hegel chama de *das Formelle*) é, portanto, óbvio – Lacan fala do "inconsciente hegeliano" contrapondo-o ao freudiano. A definição mais sucinta do inconsciente hegeliano é dada no fim da introdução da *Fenomenologia*, em que Hegel determina *das Formelle* como em-si ou para-nós (o observador filosófico), em contraste com o para-a-consciência (como as coisas aparecem para o próprio sujeito engajado), como o processo em contraste com seu resultado abstrato, e como a negação determinada em contraste com a negação abstrata que deixa para trás o conteúdo negado:

> cada resultado que provém de um saber não verdadeiro não deve desaguar em um nada vazio, mas tem de ser apreendido necessariamente como nada daquilo de que resulta [...]. Essa gênese do novo objeto se apresenta à consciência sem que ela saiba como lhe acontece. Para nós, é como se isso lhe transcorresse por trás das coisas. Portanto, no movimento da consciência ocorre um momento do *ser-em-si* ou do ser-para-nós, que não se apresenta à consciência, pois ela mesma está compreendida na experiência. Mas o *conteúdo* do que para nós vem surgindo é *para a consciência*: nós compreendemos apenas seu [aspecto] formal [*das Formelle*], ou seu surgir puro. *Para ela*, o que surge só é como objeto; *para nós*, é igualmente como movimento e vir-a-ser.[37]

Em suma, quando o sujeito passa de um "objeto" (que também pode ser todo um modo de vida) para outro, ele tem a impressão de que o novo "objeto" (conteúdo) foi encontrado simplesmente de maneira imediata; o que não percebe é o processo de mediação acontecendo a sua revelia e gerando o novo conteúdo a partir das inconsistências do conteúdo antigo. O inconsciente freudiano também tem um aspecto formal e não é apenas uma questão de conteúdo: recordemos aqui os casos em que Freud interpreta um sonho de modo que o que está reprimido ou excluído de seu conteúdo retorna como característica da forma do sonho (em

---

[37] G. W. F. Hegel, *Fenomenologia do espírito*, cit., parte I, § 87, p. 72.

um sonho sobre gravidez, o fato de a sonhadora não ter certeza de quem é o pai articula-se na forma de uma incerteza sobre aquilo de que trata o sonho); além disso, Freud enfatiza que o verdadeiro segredo do sonho não é seu conteúdo (os "pensamentos oníricos"), mas a forma em si:

> Os pensamentos oníricos latentes são o material que a elaboração onírica transforma em sonho manifesto. [...] A única coisa essencial a respeito de sonhos é a elaboração onírica que modificou o material ideativo. Não temos o direito de ignorá-la, em nossa teoria, ainda que a negligenciemos em algumas situações práticas. A observação analítica demonstra também que a elaboração onírica nunca se limita a traduzir esses pensamentos em um modo de expressão arcaico ou regressivo que os senhores conhecem. Ademais, regularmente se apossa de mais alguma coisa, que não faz parte dos pensamentos latentes do dia anterior, mas que é a verdadeira força propulsora da construção do sonho. Este acréscimo indispensável [*unentbehrliche Zutat*] é o desejo igualmente inconsciente, para cuja realização o conteúdo do sonho recebe sua nova forma. Portanto, um sonho pode ser qualquer espécie de coisas desde que os senhores estejam apenas tomando em consideração os pensamentos que representa – uma advertência, uma intenção, uma preparação, e assim por diante; mas também é sempre a realização de um desejo inconsciente e, se os senhores o considerarem produto da elaboração onírica, ele é isto, somente. Assim sendo, um sonho nunca é simplesmente uma intenção, ou uma advertência, mas sempre uma intenção etc. traduzida para o modo arcaico de pensamento, mediante o auxílio de um desejo inconsciente, e transformada para realizar esse desejo. Esta característica, a de realização de desejo, é a característica invariável; as demais podem variar. Pode, por seu turno, mais uma vez, ser um desejo, e neste caso o sonho, com auxílio de um desejo inconsciente, representará como realizado um desejo latente do dia anterior.[38]

Vale a pena avaliarmos cada detalhe dessa brilhante passagem, desde sua máxima implícita ("o que é bom o suficiente para a prática – a saber, a busca do significado dos sonhos – não é bom o bastante para a teoria") até o redobramento conclusivo do desejo. Sua ideia principal, obviamente, é a "triangulação" de pensamento onírico latente, conteúdo manifesto do sonho e desejo inconsciente, o que limita o escopo do – ou melhor, solapa diretamente o – modelo hermenêutico da interpretação dos sonhos (a via do conteúdo manifesto do sonho para seu conteúdo oculto, o pensamento onírico latente), que segue na direção oposta à via da formação de um sonho (a transposição do pensamento onírico latente para o conteúdo manifesto do sonho por meio do trabalho onírico). O paradoxo é que essa elaboração onírica não é apenas um processo de mascarar a "verdadeira mensagem" do sonho: o verdadeiro núcleo do sonho, seu desejo inconsciente, inscreve a si mesmo somente nesse

---

[38] Sigmund Freud, *Conferências introdutórias sobre psicanálise, partes I e II* (trad. José Luís Meurer, Rio de Janeiro, Imago, 1996), p. 225. (Edição *standard* brasileira das obras completas de Sigmund Freud, v. 15.)

e por esse processo de mascarar, de modo que, no momento em que retraduzimos o conteúdo do sonho para o pensamento onírico expresso no conteúdo, perdemos a "verdadeira força propulsora" do sonho – em suma, é o processo de mascarar a si mesmo que inscreve no sonho seu verdadeiro segredo. Portanto, deveríamos inverter a noção usual de penetrar cada vez mais fundo no núcleo do sonho: não se trata de ir primeiro do conteúdo manifesto do sonho até o segredo contido no primeiro nível, no conteúdo onírico latente, e depois, dando um passo além, ir ainda mais fundo e alcançar o núcleo inconsciente do sonho, o desejo inconsciente. O desejo "mais profundo" situa-se na própria lacuna entre o pensamento onírico latente e o conteúdo onírico manifesto.

Não obstante, a forma freudiana do inconsciente não é igual à hegeliana. No entanto, mais importante que isso, em vez de tomar automaticamente essa lacuna que separa Freud de Hegel como indicativo da limitação de Hegel ("Hegel não pôde ver que..."), deveríamos inverter a pergunta essencial – não só "Hegel poderia pensar o inconsciente freudiano?", mas também "Freud poderia pensar o inconsciente hegeliano?". Não é que algo "radical demais para Hegel" esteja ausente de seu pensamento, algo sobre o qual Freud é mais consistente e "vai além", mas o oposto: assim como Hegel, Freud é um pensador do conflito, da luta, da "autocontradição" e dos antagonismos inerentes; mas, em claro contraste com Hegel, no pensamento de Freud um conflito não é resolvido por uma autocontradição levada a um extremo que, com sua autoanulação, dá origem a uma nova dimensão. Ao contrário, o conflito simplesmente não é resolvido, a "contradição" não atinge seu clímax; antes, ela é paralisada, interrompida temporariamente na aparência de uma formação de compromisso. Esse compromisso não é a "unidade dos opostos" no sentido hegeliano de "negação da negação", mas uma negação absurdamente *fracassada*, uma negação impedida, descarrilhada, distorcida, desfigurada, desnorteada, um tipo de *clinamen* da negação (para usarmos a excelente formulação de Mladen Dolar). Em outras palavras, o que escapa a Hegel (ou o que ele teria considerado frívolo ou acidental) é a sobredeterminação: no processo dialético hegeliano, a negatividade é sempre radical ou radicalizada, e consistente – Hegel nunca considera a opção de uma negação que fracassa, tanto que algo é apenas seminegado e continua levando uma existência (ou melhor, uma insistência) subterrânea[39]. Ele nunca considera uma constelação em que um novo princípio espiritual continue coexistindo com o antigo em uma totalidade inconsistente, ou em que um momento condensa (*verdichten*) uma multiplicidade de cadeias causais associativas, de modo que seu sentido explícito "óbvio" está lá para esconder o verdadeiro sentido

---

[39] Talvez seja por isso que a psicanálise tenha sido inventada por um judeu: os judeus, como nação, não são o caso exemplar da persistência do Velho que recusa sua suprassunção?

reprimido. O que teria feito Hegel do sonho de Freud sobre a injeção de Irma, uma interpretação que revela um tipo de *superexposição* das múltiplas linhas interpretativas (livrar-se da culpa pelo fracasso do tratamento de Irma; o desejo de ser como o pai primordial que possui todas as mulheres etc.)? O que teria dito Hegel sobre um sonho em que os vestígios do dia (*Tagesreste*) só estão conectados ao núcleo do sonho por meio de associações verbais ou marginais semelhantes? O que teria dito ele sobre o sonho de uma paciente ("O marido perguntou: 'Você não acha que devemos mandar afinar o piano?'. E ela replicou: 'Não vale a pena...'"), no qual a pista é fornecida pela suposta ocorrência mental do mesmo fragmento de discurso em uma sessão anterior, quando ela segurou de repente o casaco, porque um dos botões havia se soltado, e era como se dissesse: "Por favor, não olhe [para os meus seios], *não vale a pena*". Aqui não há nenhuma unidade conceitual entre os dois níveis (a cena do sonho e o acidente durante a sessão anterior); o que os conecta é justamente uma ponte significante. Hegel se refere à *lalangue*, ao jogo de palavras, mas "somente dentro dos limites da razão": a *Aufhebung* contém uma feliz coincidência dos três sentidos que formam a mesma noção, ao passo que, na lógica do sonho, múltiplos significados continuam distintos.

É por isso também que Hegel não poderia pensar a sobredeterminação. Por exemplo, na esfera social, é dessa maneira que a economia exerce seu papel de determinar a estrutura social "em última instância": a economia nunca é diretamente apresentada como um agente causal atual, sua presença é puramente virtual, é a "pseudocausa" social, mas, precisamente como tal, causa absoluta, não relacional, ausente, algo que nunca está "em seu próprio lugar": "eis por que o 'econômico', propriamente falando, nunca é dado, mas designa uma virtualidade diferencial a ser interpretada, sempre recoberta por suas formas de atualização"[40]. É o X ausente que circula entre os múltiplos níveis do campo social (econômico, político, ideológico, legal...), distribuindo-os em sua específica sistematização. Desse modo, poderíamos insistir na diferença radical entre o econômico enquanto X virtual – o ponto de referência absoluto do campo social – e o econômico em sua atualidade – como um dos elementos ("subsistemas") da totalidade social atual: quando encontram um ao outro – ou, em hegelês, quando o econômico enquanto virtual encontra consigo mesmo na forma de seu equivalente efetivo enquanto sua "determinação opositiva", essa identidade coincide com a (auto)contradição absoluta. Contudo, embora o conceito hegeliano de determinação opositiva capture a característica principal da sobredeterminação, o que se perde é a multiplicidade dos "fatores" (e elos causais de significação), que são apenas explorados ou manipulados de maneira parasitária, e nunca criados, pela "última instância".

---

[40] Gilles Deleuze, *Diferença e repetição*, cit., p. 265.

É justamente neste ponto que entra a política: o espaço da política é aberto pela distância da "economia" de si, por uma lacuna que separa a economia como Causa ausente da economia em sua "determinação opositiva", como um dos elementos da totalidade social. A economia, portanto, é duplamente inscrita no sentido preciso que define o Real lacaniano: ela é simultaneamente o núcleo central (no fundo, do que trata a luta) "expresso" em outras lutas por meio de deslocamentos e outras formas de distorção, e o próprio princípio estruturador dessas distorções. A política que ocorre nesse espaço intermediário é não-Toda: sua fórmula não é "tudo é político", mas sim "não há nada que não seja político", o que significa que "não-Tudo é político". O campo da política não pode ser totalizado, "não há relação de classes", não existe uma metalinguagem na qual possamos descrever "objetivamente" todo o campo político, ou seja, toda descrição desse tipo já é parcial (por exemplo, esquerda e direita não são apenas duas opções dentro de um campo, mas duas visões diferentes do campo inteiro, e não há uma maneira neutra de descrever como o campo "realmente é" – a diferença que o constitui é o impossível/real de um antagonismo). Nesse sentido, Lenin estava certo quando afirmou que tudo é decidido na luta política, embora ela seja determinada pela economia.

Há em Hegel traços da lógica da *Verstellung* (não negação direta, mas complicação inconsequente, deslocamento etc.) de um princípio fundamental – tal lógica está inscrita no próprio cerne do conceito hegeliano de totalidade, a qual é um Todo *mais* suas distorções, sintomas e excessos constitutivos. Há em Hegel traços da lógica "comprometedora" – significativamente, seu principal exemplo é a produção necessária da populaça na sociedade burguesa moderna. Hegel esboça um impasse fundamental (quanto mais rica uma sociedade, menos pode cuidar da populaça) e depois esboça três estratégias principais para lidar com o problema (obras públicas, caridades privadas, exportação da populaça excedente para as colônias), deixando claro que, em longo prazo, esses procedimentos só agravam o problema, de modo que tudo o que se pode fazer é contê-lo com mais ou menos sucesso – não há uma solução lógica clara, apenas um compromisso que limita o problema. Nesses casos, a única reconciliação é a reconciliação (resignada) com o fato de que o problema é insolúvel (dentro do quadro referencial do "Estado racional" delineado por Hegel) – como diriam os defensores do mercado, o excesso da populaça é o preço que pagamos por viver em um Estado racional livre. Mas a famosa dialética entre servidão e dominação também não é um exemplo de compromisso? O (futuro) escravo decide não ir até o fim e realmente arrisca a própria vida; desse modo, sua exposição à negatividade é tolhida, e o poder do negativo é recanalizado para a formação de objetos materiais.

Seria inadequado então dizer que Freud complica a negação hegeliana, acrescentando a ela um traço a mais, dando-lhe mais uma "volta do parafuso", "negando a própria negação" não no sentido hegeliano de radicalizar a negação e levá-la a sua autorrelação, mas no sentido de tolhê-la, de introduzir um obstáculo ao pleno desenvolvimento do poder do negativo – como se o poder do negativo ficasse preso em um atoleiro de compromissos, de semissucessos, e assim fosse desviado do bom caminho? A diferença entre Hegel e Freud, com respeito à negatividade, de modo algum pode ser reduzida ao fato de que, enquanto Hegel radicaliza a negatividade a seu extremo autodestrutivo, Freud se concentra nas formas de compromisso que bloqueiam a negatividade no meio do caminho: de maneira assimétrica, deveríamos também modificar as coisas. Uma das críticas comuns a Hegel é que sua radicalização da negatividade é uma fraude: como diz Georges Bataille, o "trabalho do negativo" hegeliano permanece dentro dos confins da "economia restrita", com um mecanismo interno garantindo que a negatividade radicalizada será convertida no momento subordinado de uma nova ordem positiva mediada[41]. A pulsão de morte de Freud, ao contrário, afirma um *niilismo livre* até seu clímax radical, o desaparecimento de toda vida (e, talvez, a implosão prevista de todo o universo); os "compromissos" freudianos, portanto, são mecanismos de defesa que atrasam a catástrofe absoluta, que nem sequer aparece no horizonte hegeliano. Contudo, mais uma vez, a simplificação alternativa também está errada e equivocada: conforme demonstramos amplamente, a "negação da negação" hegeliana está longe de ser a simples suprassunção da negatividade em uma nova ordem positiva, e a pulsão de morte freudiana não é um impulso para o desaparecimento total ou a autoaniquilação, mas uma persistência "não morta", ligada a uma particularidade contingente.

A questão principal é que o atoleiro de obstáculos que evita o pleno desenvolvimento da negatividade, em Freud, não pode ser reduzido à riqueza da realidade empírica que resiste a determinações conceituais abstratas: ela não implica o excesso externo da realidade em relação ao poder conceitual do negativo, mas sim um nível mais radical da própria "negatividade", o nível indicado pelo conceito da pulsão de morte. A série freudiana de Vers (*Verdrängung* – repressão, *Verwerfung* – forclusão, *Verleugnung* – renegação, *Verneinung* – negação) que suplementa o Não dialético-hegeliano não é, portanto, apenas uma complicação desse Não; ela aponta para um Não mais radical, o núcleo da negatividade que escapou a Hegel e deixou rastros em diferentes versões pós-hegelianas da pura repetição. Segundo Freud, a multiplicidade de falos em um sonho sempre aponta para a castração: a multiplicidade surge para preencher a lacuna, a falta do falo ausente. Podemos dizer então que, na medida em que o inconsciente não conhece a negação ("não"),

---

[41] Como acabamos de ver, a matriz formal do processo dialético impede de antemão a possibilidade de que a luta até a morte entre o futuro senhor e o futuro escravo chegará ao fim com a morte de um deles. É Hegel quem elimina aqui as consequências destrutivas e efetua um compromisso na forma de um pacto simbólico – pouco antes do fim da luta, um dos combatentes admite a derrota, deixando claro que não está pronto para lutar até a morte.

como diz Freud, a negação ausente ou excluída retorna com força total nas formas múltiplas do processo de repressão: a própria repressão, renegação, negação etc.[42]? A resposta é sim, desde que acrescentemos o próprio fato de que a proliferação de quase-negações atesta o fato de que um tipo de negação radical já está em ação no inconsciente, ainda que seja excluído. O campo do inconsciente – enquanto o grande Outro – é estruturado em torno de uma perda ou obstáculo, em torno de uma impossibilidade, e o problema é discernir a natureza exata dessa impossibilidade fundadora.

Aufhebung *e repetição*

O verdadeiro passo "para além de Hegel" não deve ser buscado no retorno pós-hegeliano à positividade da "vida real", mas na estranha afirmação da morte que ocorre na forma da *pura repetição* – uma afirmação que concilia dois parceiros incomuns, Kierkegaard e Freud. Em Hegel, a repetição exerce um papel fundamental, mas dentro da economia do *Aufhebung*: pela mera repetição, a imediatez é elevada à universalidade, a contingência é transformada em necessidade – depois da morte de César, "César" não é mais repetido como designação de um indivíduo particular, mas como um título universal. Não há lugar, dentro do sistema hegeliano, para pensar a "pura" repetição, uma repetição que ainda não foi pega no movimento da *Aufhebung*. Em uma passagem famosa de uma carta para Schiller, datada de 16-17 de agosto de 1797, Goethe relata uma experiência que o fez perceber como símbolo um pedaço da realidade arruinada:

> O espaço da casa, do quintal e do jardim de meu avô, que, da condição mais limitada e patriarcal, na qual vivia um velho administrador de Frankfurt, foi modificada para a mais útil praça de mercado e comércio. O estabelecimento foi destruído pelo bombardeio em estranhos acasos e agora, em grande parte um monte de ruínas, vale ainda o dobro daquilo que há onze anos foi pago aos meus parentes pelos atuais proprietários. Na medida em que se pode imaginar então que o conjunto poderá ser comprado e reconstruído por um novo empreitador, o senhor vê facilmente que, em mais de um sentido, e sobretudo na minha opinião, ele precisa existir enquanto símbolo de muitos outros milhares de casos nesta cidade tão desenvolvida.[43]

---

[42] Note-se que o Nome-do-Pai, significante que é sempre o significante da negação (proibição) – *le-Nom-du-Père* [o Nome-do-Pai] como *le-Non-du-Père* [o Não-do-Pai] – é, para Lacan, o significante central *no inconsciente*.

[43] Johann Wolfgang Goethe, carta a Schiller de 16 de agosto de 1797, em *Companheiros de viagem: Goethe e Schiller* (apresentação, seleção, tradução e notas de Cláudia Cavalcanti, São Paulo, Nova Alexandria, 1993), p. 126. Devo agradecer a Frauke Berndt (Frankfurt), que propôs uma leitura perspicaz dessa passagem.

O contraste entre alegoria e simbólico é crucial aqui. A alegoria é melancólica: como afirma Freud, o melancólico trata um objeto que ainda está aí como algo já perdido, pois a melancolia é o luto por antecipação. Portanto, em uma abordagem alegórica, olhamos para um mercado movimentado e já vemos nele as ruínas que ele se tornará – as ruínas são a "verdade" da imponente construção que vemos. Essa é a melancolia em sua manifestação mais pura. (Não surpreende que fosse moda entre os ricos da era romântica construir casas novas parcialmente em ruínas, com pedaços de parede faltando etc.) Goethe, no entanto, faz o oposto: ele vê (o potencial da) prosperidade futura na atual pilha de escombros[44]. Crucial aqui é o advento do simbolismo a partir da ruína e da repetição: a casa do avô de Goethe não era um símbolo para a primeira geração de proprietários – para eles, tratava-se apenas de um objeto *zu-handenes*, parte do ambiente com o qual estavam envolvidos. Foi somente sua destruição ou redução a uma pilha de escombros que a fez parecer um símbolo. (Há uma ambiguidade temporal na última frase de Goethe: a casa se tornará um símbolo quando for renovada, ou já é um símbolo agora para quem for capaz de ver nela sua futura renovação?) O significado – alegórico ou simbólico – só surge pela destruição, por uma experiência desconjuntada ou por um corte que interrompe o funcionamento direto do objeto em nosso ambiente[45]. Aqui devemos opor Goethe a Kierkegaard: enquanto em Goethe a repetição gera significado, para o pós-idealista Kierkegaard *só* existe a repetição (da impossibilidade de atingir o significado) e nenhum (advento de um novo) significado. Esta é uma das definições da ruptura pós-idealista do século XIX: a repetição é afirmada como tal, como uma força própria, em sua qualidade mecânica, e de modo algum é *aufgehoben* em um novo Significado – da física e da mecânica até Kierkegaard e a *Wiederholungszwang* de Freud.

Mas há aqui um paradoxo que complica essa crítica a Hegel: a negatividade absoluta, essa noção central do pensamento hegeliano, não seria justamente uma figura filosófica do que Freud chamou de "pulsão de morte"? Na medida em que – de acordo com Lacan – o núcleo do pensamento de Kant pode ser definido como a "crítica do puro desejo", a passagem de Kant a Hegel não seria justamente a passagem do desejo à pulsão? As últimas linhas da *Enciclopédia* de Hegel (sobre a Ideia

---

[44] De uma maneira algo patética, poderíamos dizer o mesmo das ruínas do 11 de Setembro: uma pessoa melancólica as veria na "verdade" dos sonhos arrogantes do esplendor dos Estados Unidos, isto é, já veria nas próprias Torres Gêmeas as ruínas do porvir, ao passo que um otimista goethiano veria nelas um símbolo do espírito empreendedor daquela outra "cidade tão desenvolvida" que logo substituirá as ruínas por novos prédios.

[45] De maneira estritamente homóloga, para Hegel, a consciência-de-si surge da limitação da consciência: não posso atingir o objeto que viso, ele se esquiva da minha apreensão, em tudo que posso alcançar eu descubro meu próprio produto – então volto o olhar para minha própria atividade e para o modo como ela "põe" o que me aparece como pressuposto.

que aprecia repetidamente percorrer seu ciclo) apontam nessa direção, sugerindo que a resposta à questão crítica comum ("Por que o processo dialético nunca termina? Por que a mediação dialética nunca para de funcionar?") é justamente o *eppur si muove* da pura pulsão. A estrutura da negatividade explica também o caráter quase "automático" do processo dialético, a crítica usual a seu caráter "mecânico": contrariando todas as garantias de que a dialética é aberta para a verdadeira vida da realidade, a dialética hegeliana é como uma máquina de processamento que engole e processa indistintamente todos os conteúdos possíveis – da natureza à história, da política à arte –, distribuindo-os em pacotes na mesma forma triádica.

Heidegger estava certo com sua tese de que Hegel não tematiza sua operação básica da negatividade, mas estava certo pela razão errada, por assim dizer: o núcleo da dialética hegeliana, inacessível para o próprio Hegel, é a pulsão (de morte) repetitiva que se torna visível depois da ruptura pós-hegeliana. Mas por que não deveria existir, na base da dialética, uma tensão entre a dialética e seu núcleo não dialetizável? Nesse sentido, a pulsão de morte ou compulsão à repetição é o cerne da negatividade, o pressuposto não tematizado de Hegel – inacessível não só para ele, mas talvez para a filosofia como tal: suas linhas gerais foram desenvolvidas pela primeira vez por um teólogo (Kierkegaard) e por um (meta)psicólogo (Freud), e, um século depois, um filósofo (Deleuze) uniu a lição de Kierkegaard e Freud. Com respeito à condição precisa da negatividade, a situação é revertida de alguma maneira: é Hegel quem oferece uma série de *Vers*, de variações deslocadas da negatividade, e é somente na psicanálise, por meio de Freud e Lacan, que podemos elaborar a forma elementar da negatividade.

A ruptura pós-hegeliana tem dois aspectos que não devem ser confundidos: a afirmação da positividade do ser efetivo oposta à mediação conceitual (afirmacionismo) e a afirmação da pura repetição que não pode ser contida no movimento idealista da suprassunção. Embora o primeiro aspecto tenha mais evidência, é o segundo que atesta uma verdadeira revolução filosófica. Não existe complementaridade entre esses dois aspectos, eles são mutuamente excludentes: *a repetição baseia-se no bloqueio de uma afirmação positiva direta*, nós repetimos porque é impossível afirmar diretamente. A oposição entre finidade e infinidade está relacionada à oposição entre esses dois aspectos: o grande tema da afirmação pós-hegeliana do ser positivo é a ênfase no material, no efetivo, na finidade, ao passo que a compulsão à repetição introduz uma infinidade obscena ou "imortalidade" – não imortalidade espiritual, mas uma imortalidade dos "espíritos", dos mortos que vivem.

Se, no entanto, a pulsão de morte ou a compulsão à repetição reside no cerne da negatividade, como devemos interpretar a famosa afirmação de Freud de que o inconsciente (como exemplificado pelo universo dos sonhos) não conhece a negação? É extremamente fácil refutar essa afirmação empiricamente observando que, poucas páginas depois de fazê-la, Freud esboça uma série de maneiras pelas quais os sonhos podem efetuar a negação de certo estado de coisas. O exemplo de Freud a respeito da *Verneinung* (quando um paciente diz "Não sei quem é essa mulher no meu sonho, mas tenho certeza de que não é a minha mãe!", devemos interpretar essa afirmação como a confirmação inequívoca de que a mulher no sonho do paciente é sua mãe) continua sendo pertinente aqui: a negação pertence ao nível da consciência/pré-consciência, é uma forma de o sujeito consciente admitir sua fixação incestuosa inconsciente. A negação hegeliana enquanto abolição universalizadora do conteúdo particular (digamos, a negação da riqueza empírica de um objeto em seu nome), essa violência inerente à idealização, é o que falta no inconsciente freudiano. Contudo, também há uma negatividade esquisita que permeia toda a esfera do inconsciente, desde a agressão brutal e a autossabotagem à histeria e sua experiência básica, a propósito de cada objeto, do *ce n'est pas ça* [não é isso] – então é como se (de acordo com o *insight* supracitado de Freud de que a multiplicidade de falos é um sinal da castração) a suspensão da negação é recompensada por sua multiplicação. Qual é o fundamento e a condição dessa "negatividade" que a tudo permeia e escapa à forma lógica da negação? Talvez uma maneira de interpretar essa negação seja como um fato positivo, da mesma maneira que, em um sistema diferencial, a ausência pode ser uma característica positiva (por exemplo, em referência a uma das mais conhecidas histórias de Sherlock Holmes, o fato de o cachorro não latir à noite é, em si, o incidente curioso). Portanto, a diferença entre o sistema da consciência/pré-consciência e o inconsciente não é simplesmente o fato de haver que no primeiro há a negação, ao passo que o inconsciente é primitivo demais para conhecer a função da negação; ao contrário, o sistema da consciência/pré-consciência só percebe o aspecto negativo da negação, porque vê a negação apenas em sua dimensão negativa (algo está ausente etc.) e ignora o espaço positivo aberto por essa negação.

Quando confrontados com um fato que vai claramente contra algumas de nossas convicções profundas, podemos reagir de duas maneiras básicas: ou o rejeitando simples e brutalmente, ou o endossando de forma suprassumida/sublimada [*subl(im)ated*], como algo que não deve ser tomado literalmente, mas sim como a expressão de uma verdade mais nobre e mais profunda. Por exemplo, podemos rejeitar completamente a ideia de Inferno (como um lugar real, onde os pecadores sofrem uma dor interminável como punição por suas ações), ou podemos afirmar que o Inferno é uma metáfora para o "tumulto interior" que sofremos quando fazemos algo errado. Recordemos a famosa expressão italiana "*se non è vero, è ben trovato*" – "se não é verdade, é bem achado (surte o efeito desejado)". É nesse sentido que as histórias sobre pessoas famosas, mesmo quando inventadas, costumam capturar o núcleo de sua personalidade mais precisamente do que captaria uma enumeração de suas qualidades reais – aqui também "a verdade tem estrutura de ficção", como diz Lacan. Há uma versão obscena maravilhosa dessa expressão em servo-croata que transmite à perfeição a rejeição protopsicótica da ficção simbólica: "*se non è vero, jebem ti mater!*". "*Jebem ti mater*" (pronunciado "iêben ti máter", que significa "Vou foder sua mãe") é um insulto muito popular; a piada, é claro, está na rima quase perfeita, e o mesmo número de sílabas, entre "*è ben trovato*" e "*jebem ti mater*". O significado é transformado assim em uma explosão de fúria obscena, um ataque ao objeto primordial mais íntimo do outro: "É melhor que seja verdade, porque, se não for, eu fodo sua mãe!". As duas versões representam claramente as duas reações do que se revela literalmente como uma mentira: a rejeição furiosa, ou a suprassunção/sublimação em uma verdade "mais nobre". Em termos psicanalíticos, a diferença entre elas é a diferença entre a forclusão (*Verwerfung*) e a transubstanciação simbólica.

Freud desenvolve toda uma série, e até um sistema, de negações no inconsciente: expulsão do eu (*Ausstossung*), rejeição (*Verwerfung*), repressão (*Verdrängung*, dividida em repressão primordial – *Urverdrängung* – e repressão "normal"), renegação (*Verleugnung*), negação (*Verneinung*), até as formas complexas em que a própria aceitação pode funcionar como um modo de negação, como no chamado "isolamento" (*Isolierung*), em que um fato traumático é aceito racionalmente, mas isolado de seu contexto simbólico-libidinal[46]. O que complica ainda mais o esquema são os objetos e significantes que de certo modo se sobrepõem à própria falta: para Lacan, o Falo é em si o significante da castração (o que introduz todos os paradoxos do significante da falta de significante, o fato de que a própria falta de significante é "remarcada" em um significante dessa falta), isso sem mencionar o *objet petit a*, o objeto-causa do desejo que não é senão a encarnação da falta, seu lugar-tenente. Aqui, a relação entre objeto e falta é invertida: a falta não é redutível à falta de um objeto, ao contrário: o próprio objeto é que é a positivação espectral de uma falta. E devemos extrapolar esse mecanismo no próprio fundamento (pré-)ontológico de todo ser: o gesto primordial da criação não é o gesto de uma generosidade excessiva, de asserção, mas um gesto negativo de recuo, de subtração, que abre espaço por si só para a criação de entes positivos. É assim que "existe algo, em vez de nada": para chegar a algo, é preciso *subtrair do nada seu próprio nada*, isto é, é preciso pôr o Abismo primordial pré-ontológico "como tal", *como nada*, de modo que, em contraste com (ou tendo como pano de fundo) o nada, algo possa aparecer.

O que precede o Nada é menos que nada, a multiplicidade pré-ontológica cujos nomes variam desde o *den* de Demócrito até o *objeto a* de Lacan. O espaço dessa multiplicidade pré-ontológica não é entre Nada e Algo (mais que nada, mas menos que algo); *den* é, ao contrário, *mais que Algo, mas menos que Nada*. Portanto, a relação entre esses três termos ontológicos básicos – Nada, Algo, *den* – toma a forma

---

[46] Um caso exemplar de *Isolierung* é a forma como a relação da China com a fome ocorrida durante o Grande Salto Adiante baseia-se em uma economia simbólica específica: embora o horror seja reconhecido formalmente (os "erros" de Mao), ele continua sendo tratado como tabu (o reconhecimento é puramente formal e é acompanhado da proibição de entrar em detalhes).

de um círculo paradoxal, como o famoso desenho de Escher em que uma cachoeira interconectada forma um *perpetuum mobile* circular: Algo é mais que Nada, *den* é mais que Algo (o *objeto a* está em excesso com respeito à consistência do Algo, o elemento a mais que se projeta), e Nada é mais que *den* (que é "menos que nada").

O problema subjacente aqui é determinar qual das negações freudianas é a primordial, qual delas abre espaço para as outras. Da perspectiva lacaniana, a candidata mais óbvia parece ser a famigerada "castração simbólica", a perda que abre e sustenta o espaço da simbolização – recordemos o modo como Lacan, em relação ao Nome-do-Pai como portador da castração simbólica, brinca com a homofonia francesa entre le *Nom-du-Père* e le *Non-du-Père*. Mas parece mais produtivo seguir uma linha mais radical de pensamento para além do pai (*père*), até o que é pior (*pire*). Mais uma vez, a candidata mais óbvia para esse "pior" é a pulsão (de morte), um tipo de correlato freudiano do que Schelling chamou de "contração" primordial, uma fixação repetitiva e obstinada em um objeto contingente que subtrai o sujeito dessa imersão direta na realidade.

Da repetição à pulsão

O que significa a pulsão de um ponto de vista *filosófico*? Em um sentido geral vago, há uma homologia entre a passagem de Kant a Hegel e a passagem do desejo à pulsão: o universo kantiano é o do desejo (estruturado em torno da falta, a inacessível Coisa-em-si), da infindável aproximação do objetivo, e é por esse motivo que, para garantir a significância de nossa atividade ética, Kant tem de postular a imortalidade da alma (como não podemos alcançar o objetivo de nossa vida terrena, temos de ter permissão para continuar *ad infinitum*). Para Hegel, ao contrário, a Coisa-em-si não é inacessível, o impossível acontece aqui e agora – é claro que não no sentido pré-crítico ingênuo de ter acesso à ordem transcendente das coisas, mas no sentido propriamente dialético de mudar a perspectiva e conceber a lacuna (que nos separa da Coisa) como o Real. Com respeito à satisfação, isso não significa que, em contraste com o desejo que é continuamente não satisfeito, a pulsão chega à satisfação ao alcançar o objeto que escapa ao desejo. Sim, é verdade que, em contraste com o desejo, a pulsão é satisfeita por definição, mas isso porque, nela, a satisfação é atingida no repetido fracasso de chegar ao objeto, no movimento repetido de rondar o objeto. Seguindo a linha de Jacques-Alain Miller, devemos fazer aqui uma distinção entre falta e buraco: a falta é espacial e designa um vazio *dentro de* um espaço, ao passo que o buraco é algo mais radical e designa o ponto em que a própria ordem espacial entra em colapso (como no "buraco negro" da física)[47].

---

[47] Ver Jacques-Alain Miller, "Le nom-du-père, s'en passer, s'en servir". Trechos disponíveis em: <http://www.lacan.com/jamsem2.htm>.

Nisto consiste a diferença entre desejo e pulsão: o desejo é fundado em sua falta constitutiva, enquanto a pulsão circunda um buraco, uma lacuna na ordem do ser. Em outras palavras, o movimento circular da pulsão obedece à estranha lógica do espaço curvo, em que a distância mais curta entre dois pontos não é uma linha reta, mas uma curva: a pulsão "sabe" que o modo mais rápido de realizar seu objetivo é circundar seu objeto-meta. No nível imediato do trato com os indivíduos, o capitalismo os interpela como consumidores, como sujeitos de desejo, provocando neles desejos cada vez mais perversos e excessivos (para cuja satisfação ele oferece produtos); além do mais, é claro, ele manipula o "desejo de desejar", celebrando o próprio desejo de desejar sempre novos objetos e modos de prazer. No entanto, mesmo que ele já manipule o desejo, levando em conta o fato de que o desejo mais elementar é o desejo de reproduzir a si mesmo como desejo (e não de encontrar satisfação), nesse nível ainda não chegamos à pulsão. Esta é inerente ao capitalismo em um nível mais fundamental e *sistêmico*: é o que impulsiona todo o maquinário capitalista, é a compulsão impessoal de entrar no movimento circular infindável da autorreprodução expandida. Entramos no modo da pulsão no momento em que a circulação de dinheiro como capital torna-se um fim em si mesmo, posto que a expansão do valor só acontece dentro desse movimento constantemente renovado. (Devemos ter em mente aqui a famosa distinção de Lacan entre o alvo e a meta da pulsão: enquanto a meta é o objeto ao redor do qual circula a pulsão, o verdadeiro alvo é a continuidade interminável dessa circulação como tal.) A pulsão capitalista, portanto, não pertence a nenhum indivíduo específico – aliás, são os indivíduos que atuam como "agentes" do capital (os próprios capitalistas, os alto executivos) que têm de exibi-la.

Recentemente, Miller propôs uma distinção benjaminiana entre "angústia constituída" e "angústia constituinte", que é importantíssima no exemplo da passagem do desejo à pulsão: a primeira designa a noção comum do abismo aterrorizante e fascinante da angústia que nos assombra, o círculo infernal dessa angústia que ameaça nos rodear, e a segunda representa o "puro" confronto com o *objet petit a* enquanto constituído em sua própria perda[48]. Miller está certo em enfatizar duas características: a diferença que separa a angústia constituída da angústia constituinte diz respeito à condição do objeto no que se refere à fantasia. No caso da angústia constituída, o objeto habita os confins de uma fantasia, ao passo que só temos angústia constituinte quando o sujeito "atravessa a fantasia" e confronta o vazio, a lacuna preenchida pelo objeto fantasmático. Por mais clara e convincente que pareça, a fórmula de Miller não leva em consideração o verdadeiro paradoxo, ou antes a ambiguidade do *objeto a*, a ambiguidade que concerne à questão: o

---

[48] Idem.

objeto a funciona como objeto do desejo ou objeto da pulsão? Ou seja, quando Miller define o *objeto a* como o objeto que se sobrepõe a sua perda, ou surge no momento exato de sua perda (de modo que todas as suas encarnações fantasmáticas, desde o seio até a voz e o olhar, são figurações metonímicas do vazio, do nada), ele continua no horizonte do *desejo* – o verdadeiro objeto-causa do desejo é o vazio preenchido por suas encarnações fantasmáticas. Embora, como enfatiza Lacan, o *objeto a* seja também o objeto da pulsão, a relação é totalmente diferente: apesar de a ligação entre objeto e perda ser crucial nos dois casos, no caso do *objeto a* como objeto-causa do *desejo* temos um objeto que é originalmente perdido, que coincide com sua própria perda, que surge como perdido; já no caso do *objeto a* como objeto da pulsão, o "objeto" *é diretamente a própria perda* – na passagem do desejo à pulsão, nós vamos do *objeto perdido* à *própria perda como objeto*. Ou seja, o estranho movimento denominado "pulsão" não é impelido pela busca "impossível" do objeto perdido; ele é *a pulsão de encenar diretamente a própria "perda"* – *a lacuna, o corte, a distância*. Há, portanto, uma *dupla* distinção a ser feita aqui: não só entre o *objeto a* em sua condição fantasmática e pós-fantasmática, mas também, dentro desse mesmo domínio pós-fantasmático, entre o objeto-causa perdido do desejo e o objeto-perda da pulsão.

É isso que Lacan quer dizer com "satisfação das pulsões": uma pulsão não traz satisfação porque seu objeto é um substituto para a Coisa, mas porque a pulsão transforma de certo modo o fracasso em triunfo – nela, o próprio fracasso de atingir a meta, a repetição dessa falha, a circulação infindável em volta do objeto, gera uma satisfação própria. Em termos ainda mais incisivos, o objeto da pulsão não se relaciona com a Coisa como um preenchimento de seu vazio: a pulsão é literalmente um contramovimento ao desejo, ela não se esforça por uma plenitude impossível e depois, ao ser forçada a renunciar a essa plenitude, prende-se a um objeto parcial enquanto seu resto – a pulsão é literalmente o próprio "impulso" de *romper* o Todo da continuidade em que estamos inseridos, introduzir um desequilíbrio radical dentro dele, e a diferença entre pulsão e desejo é exatamente que, no desejo, esse corte, essa fixação em um objeto parcial é, por assim dizer, "transcendentalizada", transposta para um substituto do vazio da Coisa.

Portanto, quando Hegel conclui sua *Enciclopédia* afirmando que "a ideia eterna essente em si e para si, que eternamente se ativa, engendra, e desfruta, como espírito absoluto" (*"die ewige an und für sich seiende Idee sich ewig als absoluter Geist betätigt, erzeugt und genießt"*)[49], ele não está descrevendo um movimento circular repetitivo de alienar-se ou perder-se para recuperar-se de novo, um movimento que estranhamente lembra a definição lacaniana de castração como movimento em que o

---

[49] G. W. F. Hegel, *A filosofia do espírito*, cit., p. 364.

objeto se perde para ser recuperado na escala do desejo? Mas esse movimento repetitivo de perder-se e recuperar-se, de alienação e desalienação – um movimento que, como Hegel explicita, proporciona gozo –, não estaria estranhamente próximo do movimento circular da pulsão?

O exuberante *Hegel in Spinoza*, de Gregor Moder[50], trata da oposição mais elementar: *falta ou curvatura?* Em termos freudianos, essa oposição aparece como a oposição entre *desejo ou pulsão*: o desejo é estruturado em volta de sua falta constitutiva, cada objeto determinado do desejo é, como diz Lacan, a "metonímia de uma falta", ao passo que a pulsão, em vez de perseguir um objeto impossível que eternamente escapa ao sujeito, encontra satisfação em sua via curva, ao circular seu objeto. Em termos mais filosóficos, aplicada à noção de Substância, essa diferença entre falta e curvatura pode ser formulada conforme as seguintes opções: (1) a Substância é faltosa, tolhida, organizada em torno da ausência, e o sujeito situa-se nessa falta, *é* essa falta; (2) a Substância não é a falta de nada, não existe uma falta em torno da qual ela se organiza; a Substância é simplesmente curva, invertida em si mesma, como uma fita de Möbius. O maior ensinamento da psicanálise é que a vida humana nunca é "simplesmente vida": os seres humanos não estão simplesmente vivos; eles são possuídos pela estranha pulsão de gozar a vida em excesso, apaixonadamente ligados a um excedente que se sobressai e desencaminha o curso normal das coisas.

O paradoxo básico aqui é que a dimensão especificamente humana – pulsão oposta ao instinto – surge no exato momento em que aquilo que era originalmente um mero subproduto é alçado a alvo autônomo: os homens deixaram de ser "reflexivos"; ao contrário, veem como meta direta o que, para um animal, não tem nenhum valor intrínseco. Em resumo, o grau zero da "humanização" não é outra "mediação" da atividade animal, sua reinscrição como momento subordinado de uma totalidade superior (por exemplo, comemos e procriamos para desenvolver nossos potenciais espirituais superiores), mas um estreitamento de foco radical, a elevação de uma atividade de pouca importância a um fim em si mesmo. Nós nos tornamos "humanos" quando ficamos presos em um circuito fechado e autopropulsor de repetição do mesmo gesto e nele encontramos satisfação. Podemos nos lembrar aqui de toda a cena arquetípica dos desenhos animados: um gato pula no ar e gira em seu próprio eixo, mas, em vez de despencar no chão de acordo com as leis normais da gravidade, ele fica suspenso, levitando e dando voltas, como se estivesse preso em um circuito de tempo, repetindo indefinidamente o mesmo movimento circular[51]. Em momentos desse tipo, o curso "normal" das coisas, isto

---

[50] Ver Gregor Moder, *Hegel in Spinoza* (Liubliana, Analecta, 2009).
[51] Encontramos a mesma cena em algumas comédias musicais que usam elementos de pastelão: quando um bailarino rodopia, ele permanece suspenso no ar por um tempo um pouco longo

é, o ficar preso na inércia imbecil da realidade material, é suspenso por um instante; entramos na esfera mágica da animação suspensa, de uma espécie de rotação etérea autossustentável. Esse movimento rotatório, em que o progresso linear do tempo é suspenso em um circuito de repetição, é a *pulsão* em sua manifestação mais elementar. Isso, mais uma vez, é a "humanização" em nível zero: esse circuito autopropulsionado que suspende ou interrompe o encadeamento temporal linear. Essa passagem do desejo à pulsão é crucial, se quisermos apreender a verdadeira natureza da "diferença mínima": em seu aspecto mais fundamental, a diferença mínima não é o X imperscrutável que eleva um objeto ordinário a um objeto de desejo, mas a torção interna que curva o espaço libidinal e assim transforma instinto em pulsão.

Consequentemente, o conceito de pulsão torna falsa a alternativa "ser queimado pela Coisa ou manter-se distante dela": para a pulsão, a "própria Coisa" é a circulação ao redor do vazio (ou melhor, do buraco). A pulsão como tal é a pulsão de morte – não no sentido de almejar a negação universal ou a dissolução de toda particularidade, mas, ao contrário, no sentido do "espontâneo" fluxo vital da geração e corrupção que "emperra" em alguma particularidade acidental e circula indefinidamente em volta dela. Se a Vida é uma música tocada em um velho LP (o que definitivamente ela não é), a pulsão surge quando, por causa de um arranhão no disco, a agulha emperra e o mesmo trecho se repete sem parar. A constatação especulativa mais profunda é que a universalidade surge apenas quando um fluxo particular emperra em um momento singular. Essa noção freudiana de pulsão nos leva à ambiguidade radical da dialética de Hegel: ela segue a lógica da pulsão ou não? A lógica de Hegel é a lógica da purificação, do "desemperramento": mesmo quando um sujeito coloca o todo de seu investimento libidinal em um fragmento contingente de ser ("Estou disposto a arriscar tudo por isso!"), esse fragmento contingente – o *objet petit a* de Lacan – é, em sua indiferente acidentalidade, um operador da purificação, do "desemperramento" de todo (outro) conteúdo particular. Em lacanês, esse objeto é uma metonímia da falta. Aqui o desejo do sujeito é o vazio transcendental, e o objeto é um preenchimento ôntico contingente desse vazio. Na pulsão, em contrapartida, o *objeto a* não é apenas a metonímia da falta, mas uma espécie de mancha transcendental, irredutível e insubstituível em sua própria singularidade contingente, e não apenas um preenchimento contingente ôntico de uma falta. Enquanto a pulsão envolve o emperramento em um objeto-mancha contingente, a negatividade dialética envolve um processo constante de "desemperramento" de todo conteúdo particular: a *jouissance* "apoia-se em" algo, depende de sua particularidade – é isso que falta em Hegel, mas vigora em Freud.

---

demais, como se, por um breve instante, conseguisse suspender a lei da gravidade. E não seria esse efeito justamente o maior objetivo da arte da dança?

A relação entre a negatividade em Hegel e a pulsão de morte (ou compulsão à repetição) em Freud, portanto, é uma relação bem específica que está muito além da (oculta) identidade categórica dos dois: o que Freud visava com sua noção de pulsão de morte – mais precisamente, a principal dimensão dessa noção que o próprio Freud não via, alheio à plena significância de sua descoberta – é o núcleo "não dialético" da negatividade hegeliana, a pura pulsão à repetição sem nenhum movimento de suprassunção ou idealização. O paradoxo é que a pura repetição (em contraste com a repetição enquanto suprassunção idealizadora) é sustentada exatamente por sua *impureza*, pela persistência de um elemento "patológico" contingente que o movimento de repetição emperra e continua emperrado. A questão mais importante, portanto, é: poderia Hegel pensar o "resto indivisível" gerado por cada movimento de idealização ou suprassunção? Antes de concluir rapidamente que não, devemos lembrar que, no que tem de mais radical, o *objeto a* lacaniano (nome desse "resto indivisível") não é um elemento substancial que perturba o mecanismo formal de simbolização, mas uma curvatura puramente formal da própria simbolização.

O *objeto a* e a pura repetição estão intimamente ligados: o *a* é o excesso que põe a repetição em movimento e evita ao mesmo tempo seu sucesso (que consistiria em recapturar plenamente o que se tenta repetir). E, na medida em que Hegel não pode pensar a pura repetição (uma repetição que ainda não foi pega no movimento de suprassunção ou idealização), o *objeto a* é simultaneamente o objeto ausente em Hegel *e o modo pelo qual esse objeto é ausente*: assim como, segundo Derrida, mal se pode perceber e distinguir a diferença entre a *Aufhebung* hegeliana e sua noção de *différance*, também mal se pode perceber a diferença entre Hegel e o que Hegel não considera (não pode pensar): não se trata de uma diferença positiva (em que poderíamos identificar com clareza o que está ausente), mas de uma "pura" diferença, uma mudança quase imperceptível na ênfase virtual ou espectral do que Hegel realmente diz. Para expor essa mudança, só precisamos repetir Hegel.

Paradoxalmente, a repetição fornece a resposta hegeliana (ausente) à questão crítica de Heidegger sobre como Hegel fracassa no desenvolvimento do conteúdo fenomenológico da própria noção central de negatividade: em seu nível zero, a negatividade não é uma aniquilação destrutiva do que quer que exista; ela surge antes como uma repentina *imobilização* do fluxo normal das coisas – em dado momento as coisas emperram, uma singularidade persiste para além de seu próprio termo. Em sua leitura de um fragmento de Anaximandro sobre ordem e desordem, Heidegger considera a possibilidade de que um ente possa

> persistir [*bestehen*] em sua demora unicamente para, através disto, permanecer mais presente no sentido de permanência [*Berständigen*]. O que se demora transitoriamente persiste [*beharrt*] em sua presença. Desta maneira ela se liberta de sua demora transitória. Ela se finca na teimosia da persistência. Ela não se volta mais para as outras

coisas que se presentam. Ela se paralisa como se isto fosse o fixar-se sobre a constância do que persiste.⁵²

É assim que, segundo Deleuze, o Novo surge pela repetição: as coisas fluem, seguem seu curso usual da mudança incessante, e depois, de repente, alguma coisa emperra, interrompe o fluxo, impondo-se como Novo por meio de sua própria persistência. Assim, é como se a ligação excessiva, o *Sim* excessivo para um objeto parcial, fosse uma *determinação reflexiva da negatividade*, um momento de determinação opositiva no qual a negatividade se encontra entre os de sua espécie (*Verdrängung, Verwerfung...*).

O excesso em Hegel, ou o incontável, não deveria ser situado no ponto em que o próprio Hegel introduz o inexplicável? Quando apresenta no fim da *Grande lógica* um tipo de descrição formal do processo dialético, ele diz que seus momentos podem ser contados como três ou quatro – é a negatividade que pode ser contada duas vezes, como negação direta e como negação autorrelativa. Esse excesso de negatividade que é a pulsão de morte – a compulsão cega à repetição, o que Hegel não leva em conta nem a propósito da sexualidade nem da populaça – talvez explique sua incapacidade de pensar a exploração no sentido marxista estrito: Lacan já tinha chamado a atenção para a ligação entre a mais-valia e o mais-gozar (a mais-valia é o excesso que surge na própria troca equivalente entre trabalhador e capitalista). O elemento descentralizado que é "explorado" no processo dialético, portanto, é o terceiro/quarto momento da negatividade autorrelativa, essa força produtiva cega e repetitiva.

Aqui, o problema subjacente é como devemos interpretar as esporádicas e experimentais, mas ainda assim inequívocas, autorrelativizações e/ou auto-historicizações de Hegel – os fatos que ainda precisam ser descobertos pelas ciências naturais, a impossibilidade de apreensão da essência espiritual de territórios como a América do Norte e a Rússia, as consequências de sua argumentação a favor da necessidade da guerra e a caracterização de seu próprio pensamento como o ponto de partida atingido pelo espírito "por agora". A solução de Robert Pippin, ou seja, a distinção entre o "Hegel eterno" e o Hegel histórico do sistema, é *a* armadilha que devemos evitar, posto que reintroduz uma lógica normativa, uma lacuna entre a posição hegeliana "ideal" e suas realizações históricas. A atitude propriamente hegeliana é rejeitar qualquer ideal trans-histórico que nos permita medir e avaliar todas as realizações empírico-históricas do sistema hegeliano e considerar as mudanças no próprio ideal. (Muito mais adequada é a ideia de Andrew Cutrofello de que Gilles Deleuze, *o* grande anti-hegeliano contemporâneo, encarna uma repetição de Hegel

---

⁵² Martin Heidegger, "A sentença de Anaximandro", em José Cavalcante de Souza (org.), *Os pré-socráticos* (trad. José Cavalcante de Souza et al., 2. ed., São Paulo, Abril Cultural, 1978), p. 37. (Coleção "Os pensadores".)

nos dias atuais.) Nosso ponto de partida deveria ser que o "Saber Absoluto" envolve um reconhecimento tanto do fechamento histórico radical (não existe metalinguagem, não há como olhar para si mesmo a partir de fora) quanto de uma abertura radical do futuro (o foco de Catherine Malabou em *Future of Hegel*). Ademais, a tarefa é pensar (para além de Hegel) essa abertura radical com (ou até mesmo como) repetição: para Hegel, repetição é suprassunção ou idealização (digamos, do nome de César no título de César), ou seja, ele não pode pensar a pura repetição de Kierkegaard e Freud. O excesso de negatividade em relação à ordem social reconciliada não seria também o excesso da repetição em relação à suprassunção? A tarefa que Hegel nos deixou, a grande lacuna em seu pensamento, é como pensar esse excesso (perceptível em muitos níveis, como a necessidade de guerra, a ameaça de loucura...) sem cair de volta em um historicismo relativista? Essa referência ao excesso persistente da negatividade – desde a possibilidade sempre presente da loucura como constitutiva da subjetividade até a necessidade da guerra como forma social da explosão da universalidade abstrata – também é crucial para compreender o que Hegel quer dizer com "reconciliação", que, em contraste com uma atitude "crítica", caracteriza a dimensão do Absoluto. A reconciliação não significa que o sujeito acaba conseguindo se apropriar da Alteridade que ameaça a identidade com ele mesmo, mediando-o ou interiorizando-o (isto é, suprassumindo-o). Muito pelo contrário, a reconciliação hegeliana contém um tom resignado: precisamos nos reconciliar com o excesso da negatividade – enquanto condição ou fundamento positivo de nossa liberdade – para reconhecer nossa substância no que parece ser um obstáculo.

Na pura repetição kierkegaardiana e freudiana, como vimos, o movimento dialético da sublimação encontra a si mesmo, seu próprio núcleo, fora de si mesmo, na forma de uma compulsão "cega" à repetição. É aqui que devemos aplicar a grande máxima hegeliana a respeito da interiorização do objeto exterior: ao lutar com seu oposto exterior, a repetição cega não suprassumível, o movimento dialético luta contra seu próprio fundamento abissal, contra seu próprio núcleo; em outras palavras, o derradeiro gesto da reconciliação é reconhecer nesse excesso ameaçador da negatividade o núcleo do próprio sujeito. Esse excesso tem diferentes nomes em Hegel: "noite do mundo", necessidade de guerra, de loucura etc. Talvez o mesmo seja válido para a oposição básica entre a negatividade hegeliana e freudiana: justamente na medida em que há uma lacuna intransponível entre elas (a negatividade hegeliana idealiza e suprassume todo conteúdo particular no abismo de sua universalidade, ao passo que a negatividade da pulsão freudiana é expressa em seu "emperramento" em um conteúdo particular contingente), a negatividade freudiana fornece (literalmente) a "base material" para a idealização da negatividade. Em termos mais simples, cada negatividade idealizadora/universalizadora tem de ser ligada a um conteúdo "patológico" contingente específico, que serve como seu "*sinthoma*", no sentido lacaniano (se o *sinthoma* é desemaranhado ou desintegrado, a universalidade desaparece). O modelo exemplar dessa ligação é a dedução de Hegel da necessidade da monarquia hereditária: o Estado racional enquanto totalidade universal que medeia todo conteúdo particular tem de ser incorporado na figura "irracional" contingente do monarca (podemos também aplicar a mesma matriz ao tratamento que Hegel dá à populaça). Esse excesso da pulsão *enquanto* pura repetição é a fonte "descentralizada" do valor que Hegel não pôde conceituar, o correlato libidinal da força de trabalho que produz a mais-valia.

Isso significa que, uma vez no mundo freudiano-kierkegaardiano da pura repetição, podemos esquecer Hegel? Claude Lévi-Strauss escreveu que a proibição do incesto não é uma pergunta sem resposta, mas o oposto: uma resposta sem pergunta, a solução de um problema desconhecido. O mesmo vale para a pura repetição: ela é uma resposta ao problema *hegeliano*, seu núcleo oculto, e é por isso que ele só pode ser situado de maneira adequada na problemática hegeliana – uma vez que entramos no mundo pós-hegeliano, o conceito de repetição é "renormalizado" e perde sua força subversiva. A relação é semelhante àquela entre o fim de *Don Giovanni*, de Mozart, e o romantismo pós-mozartiano: a cena da morte de dom Giovanni gera um excesso assustador, que perturba as coordenadas do universo de Mozart; entretanto, embora aponte para o romantismo, esse excesso perde sua força subversiva e é "renormalizado" quando chegamos ao romantismo propriamente dito.

Mas isso não nos leva de volta, paradoxal e inesperadamente, à questão da *Aufhebung*, dessa vez aplicada à própria relação entre Hegel e sua "repetição" pós-hegeliana? Certa vez Deleuze caracterizou seu próprio pensamento como uma tentativa de pensar como se Hegel não tivesse existido, afirmando repetidas vezes que esse era um filósofo que deveria simplesmente ser ignorado, e não estudado. O que escapou a Deleuze foi que seu pensamento a respeito da pura repetição só funciona como uma suprassunção esquisita de Hegel. Nessa última vingança exemplar de Hegel, o grande tema hegeliano do caminho para a verdade como parte da verdade – para se chegar à escolha certa, é preciso começar com a escolha errada – reafirma a si mesmo. A questão não é que *não* deveríamos ignorar Hegel, mas sim que só podemos nos permitir ignorá-lo depois de um longo e árduo estudo de Hegel.

Portanto, chegou a hora de *repetir Hegel*.

Parte II
Lacan

5
Objetos, objetos por toda a parte

Subtração, protração, obstrução... destruição

Em 2008, diante de sua má colocação nas pesquisas de opinião, o republicano Mike Huckabee, candidato à eleição presidencial dos Estados Unidos, e uma figura que parece ter saído de um filme de Frank Capra, se não de um romance de Dickens, disse: "Conheço os especialistas e sei o que dizem, que a matemática não resolve nada. Não me especializei em matemática, eu me especializei em milagres. E nesses eu ainda acredito". Vale a pena citar esse caso não para nos divertir com o nível do debate político nos Estados Unidos, mas porque ele aponta negativamente para um componente central do pensamento de Badiou; mais precisamente, ele junta matemática e milagres. É óbvio que, ao falar de milagres, devemos ter em mente a ressalva de Lacan de que a única "irracionalidade" que ele admite é a dos números irracionais na matemática – de maneira homóloga, os únicos "milagres" que um materialista radical reconhece são os milagres matemáticos. O "milagre" nada mais é que o surgimento repentino do Novo, irredutível a suas condições precedentes, de alguma coisa que "põe" retroativamente suas condições. Todo ato autêntico cria suas próprias condições de possibilidade.

Mas o que é esse elemento "irracional"? Como apontou Badiou, o que define um "mundo" não é em primeiro lugar suas características positivas, mas o modo como sua estrutura se relaciona com sua própria impossibilidade inerente (seu próprio ponto de impossibilidade). A matemática clássica considera a raiz quadrada de -1 uma exterioridade irrelevante, um contrassenso que deve ser ignorado, ao passo que a matemática moderna realiza esse cálculo impossível, designando-o com a letra I ("número imaginário"): "historicamente, a matemática divide-se e refaz-se, criando restrições que ocupam esses lugares impossíveis:

a raiz quadrada de -1 é batizada de número imaginário, que depois é usado em um novo espaço de cálculos"[1].

Isso é similar ao conceito de Cantor sobre as diferentes modalidades do infinito: o transfinito e assim por diante. A distinção direta entre "transfinito" e "infinito", como elaborada por Cantor, ajusta-se mal à distinção hegeliana entre "verdadeira infinidade" e "má" ou "falsa infinidade": na "má infinidade", nunca atingimos de fato o infinito, isto é, é sempre possível adicionar mais uma unidade a qualquer número, e "infinidade", aqui, refere-se exatamente a essa possibilidade constante de adicionar, a essa impossibilidade de atingir o último elemento da série. Mas e se tratarmos esse conjunto de elementos eternamente "abertos" à adição como uma totalidade fechada e estabelecermos o infinito como um elemento próprio, como o quadro exterior do conjunto interminável de elementos que ele contém? O transfinito seria então um número ou um elemento com a propriedade paradoxal de ser impassível à adição ou subtração: se adicionarmos ou subtrairmos uma unidade, ele continua o mesmo[2]. Kant não construiu de modo semelhante o conceito de "objeto transcendental"? Somos tentados aqui a arriscar um trocadilho: Kantor. O objeto transcendental é externo à série infindável de objetos empíricos: nós os atingimos porque tratamos essa série infindável como fechada e pomos um objeto vazio fora dela, a própria forma de um objeto, que enquadra a série. Também é fácil perceber outra homologia com o *objet petit a*, o objeto-causa lacaniano do desejo: este é também "transfinito", ou seja, um objeto vazio que enquadra a série infindável de objetos empíricos. Nesse sentido preciso, nossos dois *objetos a*, a voz e o olhar, são "transfinitos": nos dois casos, lidamos com um objeto vazio que enquadra a "má infinitude" do campo do visível e/ou audível, dando corpo ao que, constitutivamente, escapa a esse campo (nesse sentido, o objeto-olhar é um ponto cego dentro do campo do visível, ao passo que o objeto-voz por excelência é o silêncio, naturalmente)[3].

---

[1] Oliver Feltham, "On Changing Appearances in Lacan and Badiou", *Umbr(a)*, n. 1, 2007, p. 121.

[2] À primeira vista, talvez pareça que estamos muito longe de Hegel: o conceito de transfinito de Cantor – como algo que persiste para além do futuro, mantém-se lado a lado com ele e é isento dele como seu quadro eterno – não representa um caso exemplar daquilo que Hegel chama de "infinito abstrato", que, na medida em que é externamente oposto ao finito e o exclui, é, em si mesmo, outra vez finito? E, em contrapartida, o "verdadeiro infinito" hegeliano não é imanente ao finito, não é a própria totalidade orgânica do finito em seu movimento de autossuprassunção? No entanto, é justamente essa noção "orgânica" do infinito como totalidade viva do finito que permanece no nível da Substância, pois, nele, o infinito ainda não é para si: é fundamental para Hegel que o infinito apareça, seja "posto como tal", em sua diferença com o finito – somente assim passamos de Substância a Sujeito. Para Hegel, o "sujeito" enquanto poder da negatividade absoluta designa o ponto em que o infinito é posto como tal, em sua relação negativa com tudo o que é finito.

[3] A rigor, o mesmo vale para a dimensão transcendental como tal. O campo da nossa experiência é, em princípio, "aberto", infinito, alguma coisa sempre pode ser acrescentada a ele; chegamos à

Na discussão com os atenienses relatada nos Atos dos Apóstolos, Paulo faz um uso inteligente do fato de que os atenienses, com seu oportunismo pragmático, construíram uma estátua para um deus desconhecido acima das estátuas de todos os deuses conhecidos – eles queriam estar seguros de que sua série de estátuas incluía uma referência a uma divindade que ignoravam, uma referência que poderia ser excluída ou descartada de seu pandemônio panteísta. Paulo comenta astuciosamente que existe em Atenas uma estátua do Deus único de quem ele fala; o truque é que ele substitui o artigo indefinido por um definido: aquela não é a estátua de *um* deus desconhecido (como os monumentos ao soldado desconhecido, que se referem em geral a um anônimo morto em batalha), mas a estátua *do* deus desconhecido, que representa o (único verdadeiro) deus que é/continua desconhecido, obliterado pelo caos resplandecente do politeísmo. Paulo não estaria também interiorizando o ponto de impossibilidade do universo pagão?

O mesmo vale para o capitalismo: sua dinâmica de perpétua autorrevolução baseia-se no adiamento interminável de seu ponto de impossibilidade (crise ou colapso final). Aquilo que para os antigos modos de produção representava uma exceção perigosa é, para o capitalismo, uma normalidade: no capitalismo, a crise é interiorizada, ou seja, levada em conta como o ponto de impossibilidade que o estimula em uma atividade contínua. Estruturalmente, o capitalismo está sempre em crise, e é por isso que está em contínua expansão: ele só pode reproduzir-se "pegando emprestado do futuro", em uma *fuite en avant* para o futuro. O ajuste de contas final, quando todas as dívidas são pagas, não chega nunca. Marx propôs um nome para o ponto social de impossibilidade: "luta de classes".

Talvez devêssemos estendê-la à própria definição de humanidade: no fundo, o que distingue os seres humanos dos animais não é uma característica positiva (fala, fabricação de ferramentas, pensamento reflexivo etc.), mas o advento de um novo ponto de impossibilidade batizado por Freud e Lacan de *das Ding*, a derradeira referência impossível-real do ponto de desejo. A diferença entre o homem e o macaco, tida em geral como experimental, adquire aqui toda a sua significância: quando se vê diante de um objeto que está fora de seu alcance, o macaco desiste de alcançá-lo depois de algumas tentativas frustradas e concentra-se em um objeto mais modesto (uma parceira sexual menos atraente, por exemplo); já o ser humano persiste no esforço e permanece fixado no objeto impossível.

É por isso que o sujeito como tal é histórico ou, mais precisamente, o sujeito que estabelece a *jouissance* como absoluto, que responde ao absoluto da *jouissance* na forma de um desejo insatisfeito. Tal sujeito é capaz de se relacionar com um termo que

---

dimensão transcendental quando decidimos tratar esse campo "aberto" da experiência como um campo fechado, totalmente enquadrado, e tematizar o quadro que, embora não seja parte da nossa experiência, delineia *a priori* seus contornos.

permanece fora dos limites do jogo; na verdade, essa relação com um termo que está "fora do jogo" é constitutiva do próprio sujeito. A histeria, portanto, é a maneira "humana" e elementar de instituir um ponto de impossibilidade na forma de *jouissance* absoluta. Afinal, não seria o "*il n'y a pas de rapport sexuel*" de Lacan também um ponto de impossibilidade constitutivo do ser humano? Desde Dennett, quando tentam explicar a consciência, os cognitivistas enumeram uma série de capacidades especificamente humanas que "não podem funcionar de fato sem a consciência"; mas e se, em vez de nos concentrarmos "no que (só) podemos fazer com a consciência", mudássemos de campo e perguntássemos qual é o ponto de impossibilidade específico da consciência? O que *não podemos* fazer com a consciência? Como a consciência se relaciona com aquilo de que não podemos ser conscientes *a priori*? Qual falha insuperável deu origem à consciência? A consciência, em seu nível zero, não seria uma falha, a de enfrentar uma impossibilidade radical? Aqui ressurge a questão da mortalidade: quando Heidegger afirma que apenas o homem é mortal, e não os animais, isso significa mais uma vez que a morte é a última possibilidade de impossibilidade para o ser humano, seu ponto inerente de impossibilidade, algo com que conjecturamos e nos relacionamos, em contraste com o animal, para quem a morte é simplesmente externa.

Muitos cognitivistas (de Pinker a McGinn) tentam explicar o paradoxo da consciência(-de-si) afirmando que sua incapacidade de "conhecer a si mesma", de explicar a si mesma como um objeto no mundo, é consubstancial com a própria consciência, seu constituinte inerente. (Pinker oferece uma versão evolucionista mais científica – a consciência não surge com o objetivo de entender/explicar a si mesma, mas com outras funções evolucionárias –, ao passo que McGinn[4] oferece uma versão teórica mais pura do motivo por que a consciência é necessariamente um enigma para si mesma.) O que temos aqui não é nada menos que uma explicação biológica evolutiva para o surgimento da metafísica. No entanto, surge de repente uma contrapergunta heideggeriana, saída do quadro referencial de *Ser e tempo** a consciência não questiona *necessariamente* a si mesma, perguntando-se sobre o enigma que *a priori* ela é incapaz de responder? (Como diz o próprio Heidegger, o *Dasein* é uma entidade que questiona seu próprio ser.) De que maneira *essa* propriedade surge na lógica evolucionária? A questão não é apenas que, *no topo* dessas funções adaptativas (como encontrar o próprio caminho no ambiente etc.), a consciência *também* se incomoda com enigmas que não têm nenhuma função adaptativa ou evolucionária (humor, arte, questões metafísicas). A outra questão (crucial) é que esse suplemento inútil, essa fixação compulsiva em problemas que

---

[4] Ver Colin McGinn, *The Mysterious Flame: Conscious Minds in a Material World* (Nova York, Basic Books, 2000).

* Trad. Fausto Castilho, ed. bilíngue, Petrópolis, Vozes, 2012. (N. E.)

a priori não podem ser resolvidos, possibilitou retroativamente uma explosão de procedimentos (técnicas, descobertas) que, por si sós, tiveram grande valor para a sobrevivência. É como se o animal humano, para afirmar sua primazia sobre os outros seres vivos na luta pela sobrevivência, tivesse de abandonar a própria luta pela sobrevivência e concentrar-se em outras questões. A vitória na luta pela sobrevivência só pode ser ganha como um subproduto: se nos concentramos diretamente na luta, nós a perdemos. Somente um ser obcecado por problemas impossíveis ou insolúveis pode avançar no conhecimento possível. Isso significa que, em contraste com a luta pela sobrevivência travada pelos animais, a luta dos homens já é "reflexiva", como diria Heidegger, experimentada como horizonte de significado para sua existência. O desenvolvimento da tecnologia ou a luta por poder ocorrem em (e como) uma certa abertura do Ser, em vez de ser um imediato "fato da vida"[5].

Quando McGinn afirma que, na realidade, não há nenhum mistério no fato de o cérebro gerar consciência (somos para sempre impedidos cognitivamente de entender esse processo, assim como o entendimento da física quântica está além das capacidades cognitivas dos macacos), temos uma dupla ironia: não apenas *tentamos* incessantemente entender a consciência, em claro contraste com os macacos (que não se interessam pela física quântica), como nem mesmo os seres humanos conseguem entender realmente a física quântica (no sentido estrito de transpô-la para o horizonte do significado). Se afirmarmos que tratamos aqui de "uma incompatibilidade entre a própria natureza desses problemas e o aparato computacional com que a seleção natural nos equipou"[6], o verdadeiro enigma não é o enigma do significado da vida como tal, mas, antes, *por que investigamos com tanta persistência o significado da vida em primeiro lugar?* Se a religião e a filosofia são (ao menos em parte) "a aplicação de ferramentas mentais a problemas que não fomos projetados para resolver"[7], como essa má aplicação acontece, e por que é tão persistente? Devemos ressaltar o pano de fundo kantiano dessa posição: Kant já afirmava que a mente humana é sobrecarregada de questões metafísicas que, *a priori*, não pode responder. Essas questões não podem ser afastadas; elas fazem parte da própria natureza humana.

Vamos imaginar que os cientistas descubram um gigantesco asteroide que certamente se chocará com a Terra daqui a 35 anos, não só destruindo toda a vida

---

[5] Além disso, é inacreditável quão kantianas são essas formulações (recordamos a famosa frase de Kant, "'Eu', ou 'ele', ou 'aquilo', a coisa que pensa" [*Crítica da razão pura*, §B404, A346]), e é por isso que ficamos tentados a aplicar nelas a solução ou virada kantiana: essa incognoscibilidade da consciência para consigo mesma é sua própria solução, posto que a consciência *é* essa lacuna no/do ser.
[6] Steven Pinker, *Como a mente funciona* (trad. Laura Teixeira Motta, São Paulo, Companhia das Letras, 1998), p. 590.
[7] Ibidem, p. 550.

humana, como também alterando a órbita do nosso planeta ao redor do Sol. Como as pessoas reagiriam? A ordem social e ética entraria em colapso? As pessoas perderiam todo o pudor e rapidamente tentariam realizar suas fantasias sexuais e outras mais? No entanto, a verdadeira pergunta é: não sabemos que, em um futuro muito mais distante (assim esperamos), alguma coisa desse tipo *de fato acontecerá* e a humanidade desaparecerá sem deixar rastros? Então, qual é a diferença? A situação é semelhante à famosa anedota sobre George Bernard Shaw: durante um jantar, ele perguntou a uma bela aristocrata a seu lado se ela passaria uma noite com ele por 10 milhões de libras; quando a moça, sorridente, disse que sim, ele perguntou se faria o mesmo por 10 libras; ela teve um acesso de fúria por ser sido tratada como uma vagabunda barata, e ele respondeu calmamente: "Não me venha com essa, nós já estabelecemos que seus favores sexuais podem ser comprados, agora estamos apenas discutindo o preço...". A diferença, é claro, é a mesma em relação à morte: o evento deve pertencer a um momento futuro suficientemente distante para podermos ignorá-lo, para fingirmos que não sabemos nada a seu respeito e, assim, agirmos como se não tivéssemos conhecimento dele. É por isso que quase todo mundo, apesar de saber muito bem que morrerá um dia, recusa-se a saber de antemão o exato momento da própria morte: as pessoas se recusam secretamente a acreditar que vão morrer, e conhecer o momento exato da morte tornaria a morte futura plenamente efetiva. Kafka escreveu: "A lamentação em volta do leito de morte é, na verdade, a lamentação diante do fato de que a morte, em seu verdadeiro sentido, não aconteceu"[8]. Mas e se não houver morte "em seu verdadeiro sentido"? E se a morte for sempre e por definição "imprópria", algo que aparece no lugar e no momento errados?

O ponto de impossibilidade é uma característica do *objeto a* lacaniano: ele designa o que é *subtraído* da realidade (enquanto impossível) e assim lhe dá consistência – se for incluído na realidade, ele causa uma catástrofe. Em que sentido o *objeto a*, como quadro da realidade, é mais-gozar? Em relação ao cinema, pensemos na "produção de um casal", tema que enquadra muitas narrativas hollywoodianas a respeito de um grande evento histórico, como uma guerra ou uma catástrofe natural; esse tema é literalmente o mais-gozar ideológico do filme. Embora apreciemos em sentido direto as tomadas espetaculares da catástrofe (a batalha, a inundação, o naufrágio...), o mais-gozar é fornecido pela subnarrativa sobre o casal, que cria um "quadro" para o evento espetacular – em *Impacto profundo*, o asteroide que se choca com a Terra materializa a raiva da filha diante do novo casamento do pai; em *Reds*, a Revolução de Outubro une os amantes; em *Jurassic Park*, os ferozes dinossauros materializam a rejeição agressiva da autoridade paterna e do cuidado da figura do

---

[8] Franz Kafka, *The Blue Octavo Notebooks* (org. Max Brod, Cambridge, Exact Change, 1991), p. 53.

pai etc. É esse quadro, mediante seu mais-gozar, que nos "suborna libidinosamente" a aceitar a ideologia da história. Um exemplo de subjetividade arruinada pela inclusão de uma catástrofe é fornecido pelo herói de *Perfume* (romance de Patrick Süskind e filme de Tom Tykwer)[9]. Lacan complementou a lista de objetos parciais de Freud (seios, fezes, pênis) com mais dois objetos: a voz e o olhar. Talvez devêssemos acrescentar mais um item a essa série: o cheiro. *Perfume* parece apontar nessa direção. Grenouille, o desafortunado herói do romance, é inodoro, os outros não podem sentir seu cheiro; mas ele próprio tem um olfato tão extraordinário que é capaz de detectar pessoas a grandes distâncias. Quando sua mulher ideal morre em um acidente, ele tenta recriar (não a mulher em sua existência corpórea, já que *Perfume* é um verdadeiro anti-*Frankenstein*, mas) o cheiro dela; para isso, mata 25 moças e raspa a pele delas para subtrair seus odores, misturando-os para criar *o* perfume ideal. Esse perfume ideal é o *odore di femmina* definitivo, a "essência" da feminilidade: os seres humanos comuns, sempre que o sentem, perdem toda a reserva racional e envolvem-se em uma orgia sexual. Assim, quase no fim do romance, quando Grenouille é preso pelos assassinatos e sentenciado à morte, basta que ele balance diante da multidão um lenço embebido no perfume e todos param imediatamente de gritar por sua morte e começam a se despir para participar de uma orgia. A essência da feminilidade é o que Lacan chamou de *objet petit a*, o objeto-causa do desejo, o que está "em você mais que você mesmo" e, desse modo, me leva a desejá-lo; é por isso que Grenouille tem de matar as virgens para extrair sua "essência", ou, como diz Lacan: "Amo-te, mas há algo em ti que amo mais do que tu, o *objet petit a*, por isso te destruo".

O destino de Grenouille é trágico, no entanto: por ser inodoro, ele é *puro sujeito*, sem um objeto-causa do desejo nele mesmo e, como tal, nunca desejado pelos outros. Com essa condição, ele ganha acesso direto ao objeto-causa do desejo: enquanto os indivíduos comuns desejam outras pessoas por causa da sedução do *objeto a* que há nelas, Grenouille tem acesso direto a esse objeto. Os indivíduos comuns só podem desejar na medida em que se tornam vítimas de uma ilusão: eles pensam que desejam outro indivíduo por causa da pessoa que o outro é; em outras palavras, eles não têm consciência de que seu desejo é causado pela "essência" ou pelo odor que não tem nada a ver com a pessoa como tal. Como Grenouille pode contornar a pessoa e ir direto ao objeto-causa do desejo, ele consegue evitar essa ilusão – e é por isso que, para ele, o erotismo é um jogo ridículo de seduções. O preço que ele paga por isso, no entanto, é o fato de nunca aceitar a ilusão inversa de que alguém o ama: ele está sempre ciente de que o que leva os outros a adorá-lo não é ele mesmo,

---

[9] Ver Patrick Süskind, *Perfume: história de um assassino* (trad. Flávio R. Kothe, 29. ed., Rio de Janeiro, Record, 2012).

mas seu perfume. A única maneira de sair dessa situação, a única maneira de se pôr como objeto do desejo dos outros é suicidar-se. Essa é a última cena do romance, quando ele joga perfume em si mesmo e é literalmente estraçalhado e devorado por um bando de ladrões, mendigos e prostitutas.

Essa violenta redução da coisa a seu *objeto a* não seria também um exemplo do que Badiou chama de *subtração*? Subtraímos da coisa seu núcleo descentralizado e deixamos seu corpo morto para trás. O oposto dessa subtração, e também uma maneira de gerar o *objeto a*, é a *protração*. Um exemplo disso é dado por uma das técnicas formais de Tarkovsky, que, dada sua origem soviética, ironicamente, só evoca a (mal-)afamada "lei" dialética da inversão da quantidade em qualidade, suplementando-a com uma espécie de "negação da negação" (excluída por Stalin da lista dessas "leis" por ser hegeliana demais, não devidamente "materialista"). Nas palavras de Sean Martin:

> Tarkovsky sugeriu que, se uma tomada é prolongada, é natural que o público fique entediado. Mas se a tomada é mais prolongada ainda, surge outra coisa: a curiosidade. Tarkovsky sugere essencialmente que se dê tempo ao público para habitar o mundo que é mostrado pela tomada – não se trata de *assistir*, mas de *olhar*, explorar.[10]

Talvez o grande exemplo desse procedimento seja a famosa cena de *O espelho*, de Tarkovsky, em que a heroína, que trabalha como revisora em um jornal na União Soviética em meados da década de 1930, sai correndo para a redação com medo de ter deixado passar um erro tipográfico obsceno no nome de Stalin[11]. Martin está certo ao destacar uma característica inesperada dessa cena – sua beleza física imediata.

> É como se Tarkovsky se contentasse em apenas ver [a atriz] Margarita Terekhova correr na chuva, descer as escadas, atravessar o pátio, percorrer os corredores. Aqui, Tarkovsky revela a presença da beleza em algo aparentemente mundano e, paradoxalmente (dada a época), potencialmente fatal para Maria, caso o erro que ela pensa ter deixado passar tivesse sido impresso.[12]

Esse efeito de beleza é gerado precisamente pela duração excessiva da cena: em vez de simplesmente vermos Maria correndo e, imersos na narrativa, nos preocupar se ela chegará a tempo de evitar a catástrofe, somos atraídos a observar a cena, a nos dar conta de suas características fenomenais, da intensidade dos movimen-

---

[10] Sean Martin, *Andrei Tarkovsky* (Harpenden, Pocket Essentials, 2005), p. 49.
[11] Tarkovsky faz referência à lenda de que, no auge do Grande Expurgo, uma edição do *Pravda* quase foi publicada com um erro de impressão no nome de Stalin: "Sralin" – "cagão", do verbo "srat", cagar. No fim da cena, aliviada por não ter deixado passar o erro fatal, a atriz sussurra a palavra no ouvido de uma amiga.
[12] Sean Martin, *Andrei Tarkovsky*, cit., p. 135.

tos e assim por diante. O filme *4 meses, 3 semanas e 2 dias* (Romênia, 2007), de Cristian Mungiu, ambientado em 1987, nos últimos anos do governo de Nicolae Ceausescu, conta a história de Otilia e Gabita, duas universitárias que vivem em Bucareste. Quando Gabita engravida, Otilia marca um encontro com o sr. Bebe em um hotel, onde ele deverá fazer um aborto (abortos eram proibidos e severamente punidos na época). O pavoroso e repulsivo sr. Bebe (uma versão romena da figura de Javier Bardem em *Onde os fracos não têm vez*) exige favores sexuais de Otilia como pagamento pela operação. Otilia concorda para o bem da amiga, o aborto é feito, mas, no fim do filme, ela fica sozinha, porque perde o respeito da amiga por quem se sacrificou. Durante todo o filme, a ameaça de que o sr. Bebe fará algo terrível (matar Gabita, deixando-a sangrar até morrer etc.) permanece como pano de fundo; no entanto, a elegância do filme é tanta que essa ameaça é puramente virtual, nada acontece, tudo sai como o planejado e, no entanto, o resultado é um amargo desespero. A postergação interminável da ameaça de uma ação funciona de maneira semelhante à protração de Tarkovsky: ela eleva o sr. Bebe ao *objeto a*, a uma sublime figura do Mal.

Tarkovsky, no entanto, cede com demasiada frequência à tentação de reinserir esse excesso de fenomenalidade na hermenêutica. Recordemos aqui a diferença entre o clássico romance de ficção científica *Solaris*, de Stanislaw Lem*, e a versão para o cinema de Tarkovsky. Solaris é um planeta com uma superfície oceânica fluida que se movimenta continuamente e, de tempos em tempos, imita formas reconhecíveis, não só estruturas geométricas elaboradas, mas também crianças gigantescas ou construções humanas. Embora todas as tentativas de se comunicar com o planeta fracassem, os cientistas sustentam a hipótese de que Solaris é um cérebro maciço que, de alguma maneira, lê nossa mente. Logo depois de aterrissar lá, o herói Kelvin encontra a seu lado na cama sua falecida esposa, Harey, que havia se suicidado anos antes, depois de ter sido abandonada por ele. Kelvin entende que Harey é uma materialização de suas fantasias traumáticas mais profundas. Solaris, o Cérebro gigante, materializa as fantasias mais profundas que dão suporte a nosso desejo. Vista dessa maneira, a história trata da jornada interior do herói, sua tentativa de lidar com uma verdade reprimida ou, como o próprio Tarkovsky disse em uma entrevista: "De fato, a missão de Kelvin em Solaris talvez tivesse apenas um objetivo: mostrar que o amor do outro é indispensável para a vida de qualquer um. Um homem sem amor não é mais um homem". Em um claro contraste, o romance de Lem concentra-se na presença externa inerte do planeta Solaris, dessa "Coisa que pensa" (para usar a expressão de Kant, que cabe perfeitamente aqui): o ponto principal do filme é precisamente que Solaris continua sendo um Outro impenetrável, com o qual a

---

* Trad. José Sanz, Rio de Janeiro, Relume Dumará, 2003. (N. E.)

comunicação é impossível – sim, ele nos devolve nossas fantasias renegadas mais íntimas, mas continua totalmente impenetrável. (Por que faz isso? É uma resposta puramente mecânica? Para fazer um jogo demoníaco conosco? Para nos ajudar – ou nos convencer – a confrontar nossas verdades renegadas?) Seria interessante incluir o filme de Tarkovsky no mesmo segmento das releituras comerciais que Hollywood faz de romances que servem de base para seus filmes: Tarkovsky faz exatamente o mesmo que faria o mais ínfimo produtor de Hollywood, reinserindo o encontro com a Alteridade no quadro referencial da produção do casal.

No entanto, talvez haja uma ligação entre esses dois aspectos de Tarkovsky. De modo geral, na metafísica pré-crítica, a "finidade" era associada ao empirismo materialista ("somente os objetos materiais finitos realmente existem"), enquanto a "infinidade" era o domínio do espiritualismo idealista. Em uma reversão inesperada, hoje, o principal argumento para o espiritualismo baseia-se na irredutibilidade da finitude humana como horizonte intransponível de nossa existência, enquanto as formas contemporâneas do materialismo científico radial mantêm vivo o espírito da infinidade. O argumento usual do espiritualismo é o seguinte: não deveríamos esquecer que o sonho tecnológico de controle total sobre a natureza não passa de um sonho, que nós, seres humanos, continuamos para sempre fundados em nosso mundo finito, com seu imperscrutável pano de fundo, e que é essa finitude, a própria limitação de nosso horizonte, que abre espaço para a espiritualidade propriamente dita. Assim, paradoxalmente, todas as formas atuais de espiritualidade enfatizam que nós não somos espíritos livres e flutuantes, mas estamos irredutivelmente incorporados em um mundo vivido material; todas pregam o respeito por essa limitação e nos alertam sobre a arrogância "idealista" do materialismo radical – podemos citar como exemplo o caso da ecologia. Em contraste com a atitude espiritualista da limitação, a atitude científica radical que reduz o homem a um mecanismo biológico promete o controle tecnológico total sobre a vida humana, sua recriação artificial, sua regulação biogenética e bioquímica e, por fim, sua imortalidade na forma da redução do nosso Si interior a um programa de computador que pode ser copiado de um dispositivo para outro. A base científica da afirmação de que a imortalidade é factível reside na hipótese da chamada "independência de substrato": "mentes conscientes poderiam em princípio ser implantadas não só em neurônios biológicos a base de carbono (como os que estão em nossa cabeça), mas também em algum outro substrato computacional, como os processadores a base de silicone"[13].

---

[13] Nick Bostrom, "Playthings of a Higher Mind", *Times Higher Education Supplement*, 16 maio 2003. Também conhecido como: "The Simulation Argument: Why the Probability That You Are Living in a Matrix is Quite High" [O argumento da simulação: por que é alta a probabilidade de estarmos vivendo em uma Matrix].

A terceira figura do *objeto a*, depois da *subtração* e da *protração*, é a *obstrução*: o *objeto a* enquanto agente da Astúcia da Razão, o obstáculo que sempre perturba a realização de nossos objetivos. Outro exemplo do cinema: o foco libidinal de *Onde os fracos não têm vez*, dirigido pelos irmãos Coen, é a figura do assassino patológico representado por Javier Bardem – uma implacável máquina de matar, com uma ética toda própria, fiel à própria palavra, uma figura daquilo que Kant chamaria de Mal diabólico. No fim do filme, quando ele obriga a esposa do herói a escolher cara ou coroa para decidir se vai viver ou morrer, ela retruca que ele não deveria se esconder por trás da contingência de um jogo de cara ou coroa – é a vontade dele que decidirá matá-la. Ele responde que ela não entendeu: ele, a vontade dele, *é como* a moeda. A chave desse personagem é o fato de que ele representa não uma pessoa da vida real, mas um ente da fantasia, uma encarnação do puro objeto--obstáculo, o "X" imperscrutável do Destino Cego que sempre, em uma bizarra mistura de acaso e necessidade inexorável, intervém para destruir a realização dos planos e intenções do sujeito, garantindo que, de um modo ou de outro, as coisas sempre deem errado.

O personagem de Bardem, portanto, é o oposto do resignado xerife (Tommy Lee Jones), que está sempre reclamando da louca violência dos tempos modernos – é a ele que o título do filme se refere. Eles são o anverso um do outro: o xerife como o Mestre agora impotente, o fracasso da autoridade paternal; a figura de Bardem como a incorporação da causa de seu colapso. Assim, a maneira apropriada de interpretarmos *Onde os fracos não têm vez* é imaginando, em primeiro lugar, a mesma história *sem* a figura de Bardem: apenas o triângulo formado pelo herói, que foge com o dinheiro depois de topar por acaso com o local do tiroteio dos gângsteres, pelos gângsteres, que contratam um *freelancer* (Woody Harrelson) para recuperar o dinheiro, e pelo xerife, que observa essa interação de uma distância segura, jogando uns contra os outros e garantindo um resultado feliz (ou ao menos justo). A figura de Bardem é o quarto elemento, o *objeto a* que arruína o jogo.

Outra maneira de colocar a questão é que o *objeto a* evita que a carta chegue ao destinatário. Mas será que evita mesmo? Não há em ação aqui uma Astúcia da Razão, tanto que o próprio fracasso em chegar ao nosso destino nos convence a mudar nossa perspectiva e redefinir nosso destino? O prêmio Darwin 2001 para o ato mais estúpido do ano foi conferido postumamente a uma desafortunada romena que acordou no meio de seu cortejo fúnebre; depois de se arrastar para fora do caixão e perceber o que estava acontecendo, ela saiu correndo apavorada e, ao atravessar uma rua movimentada, foi atingida por um caminhão e morreu na hora – assim, foi colocada de volta no caixão e o cortejo prosseguiu. Não seria esse o maior exemplo do que chamamos de destino – de uma carta que chega a seu destinatário?

O destino do "testamento" de Nikolai Bukharin, uma carta escrita para sua esposa, Anna Larina, em 1938, às vésperas de sua execução, é um caso trágico da mesma coisa. Bukharin exorta a esposa a "lembrar-se de que a grande causa da URSS ainda vive, e *isso* é o mais importante. Os destinos pessoais são transitórios e miseráveis, em comparação"[14]. A carta desapareceu nos arquivos secretos soviéticos e só foi entregue a Anna Larina em 1992 – ela só pôde ler a carta depois da queda da União Soviética. A carta de Bukharin *chegou* ao seu destino – ao seu destinatário – no momento certo; podemos dizer até que ela foi entregue tão logo foi possível, ou seja, quando a situação histórica possibilitou que a entrega produzisse um efeito de verdade. Bukharin considerava seu destino pessoal insignificante em comparação com o sucesso da grande causa histórica da URSS – a continuidade dessa causa garantiu que sua morte não fosse insignificante. Lida depois do fim da URSS, a carta nos coloca diante da insignificância da morte de Bukharin: não há um grande Outro para redimi-lo, ele morreu literalmente em vão.

A lição geral é que, para interpretarmos uma cena ou uma enunciação, às vezes o principal é *localizar o verdadeiro destinatário*. Em um dos melhores romances de Perry Mason, o advogado assiste ao interrogatório de um casal em que o marido explica, com uma riqueza incomum de detalhes, o que aconteceu, o que viu e o que pensa ter acontecido. Por que esse excesso de informação? A resposta é que o próprio casal cometeu o assassinato e, como o marido sabia que em breve eles seriam presos como suspeitos e mantidos separados, ele aproveitou a oportunidade para contar à esposa a história (falsa) a que ambos deveriam se prender – o verdadeiro destinatário do discurso interminável não era a polícia, mas a mulher.

Subtração, protração, obstrução: três versões do mesmo objeto excessivo/faltoso, um objeto que nunca está em seu devido lugar, ausentando-se sempre e excedendo-o. Encontramos todas essas três dimensões do *objeto a* na estrutura formal do próprio capitalismo: *subtração* (da mais-valia enquanto *movens* de todo o processo); *protração* (o processo capitalista é interminável por definição, pois seu principal objetivo é a reprodução do próprio processo); e *obstrução*. A lacuna entre a experiência subjetiva (dos indivíduos perseguindo seus interesses) e os mecanismos sociais objetivos (que aparecem como um Destino incontrolável e "irracional") está inscrita na própria noção de capitalismo e, por conta dessa lacuna, há sempre a ameaça de que os planos e as intenções dos indivíduos sejam sabotados, impedidos. É nessa lacuna que devemos situar a violência sistêmica própria do capitalismo.

Aos três modos como o *objeto a* distorce a realidade ao inseri-la em si mesmo, devemos acrescentar um quarto: a *destruição*. O que acontece no caso de um sujeito pós-traumático não é a *destruição* do *objeto a*? É por isso que tal sujeito é destituído da existência engajada e reduzido ao estado "vegetativo" da indiferença. No en-

---

[14] Anna Larina, *This I Cannot Forget: The Memoirs of Nikolai Bukharin's Widow* (Nova York, W. W. Norton, 1993), p. 355.

tanto, devemos ter em mente que essa destruição também leva à perda da própria realidade, é sustentada pelo *objeto a* – quando é destituído do excesso, o sujeito perde de vez aquilo com relação a que o excesso é excesso. É por isso que os "muçulmanos", os "mortos vivos" dos campos de concentração, eram reduzidos à "vida nua" *e* representavam ao mesmo tempo o puro excesso (a forma vazia), que permanece quando todo o conteúdo da vida humana é tirado do sujeito. Para entender de modo apropriado a dimensão histórico-mundial do sujeito pós-traumático, devemos reconhecer nessa forma extrema de subjetividade a efetivação de uma possibilidade que se anuncia no *cogito* cartesiano: a dessubstancialização do sujeito, isto é, sua redução ao ponto evanescente do "eu penso", não é a mesma operação que dá origem ao *cogito*? Como tal, o *cogito* – o sujeito moderno, ou melhor, o sujeito da modernidade – não deveria ser descartado com tanta pressa como um "eurocêntrico". Podemos argumentar que o *cogito* representa um tipo de excesso não histórico que serve de base e sustentação para toda forma de vida histórica.

O objeto a entre forma e conteúdo

Esses paradoxos indicam que, no *objeto a*, forma e conteúdo coincidem: o *objeto a* é o "resto indivisível" que escapa à forma simbólica e, ao mesmo tempo, a pura forma, uma distorção puramente formal do conteúdo (protração etc.). Mais precisamente, essa oscilação do *objeto a* entre forma e conteúdo envolve quatro reversões dialéticas consecutivas, em uma espécie de negação complexa da negação. É sintomático que, quando Lacan e seus seguidores descrevem um processo que tenha uma estrutura clara de "negação da negação", eles se apressem quase compulsivamente a acrescentar que isso não tem sentido hegeliano – não seria esse um mecanismo de defesa por excelência, a negação de uma proximidade desconfortável? Como fica, então, a "negação da negação" em Lacan? Sua versão é compatível com a de Hegel? Posto que em Lacan, em aparente contradição com Hegel, o duplo movimento da "negação da negação" produz um excesso ou resto, o do *objeto a*, comecemos com Miller, que, em um comentário ao *Seminário XVI*, introduziu uma mudança fundamental na condição do *objet petit a*, o objeto-causa do desejo: a passagem da amostra corporal (objeto parcial: seios, fezes...) a pura função lógica. Em seu seminário, "Lacan não descreve os *objetos a* como extrações corporais, mas os constrói como uma consistência lógica, a lógica vindo no lugar da biologia. A consistência lógica é como uma função que o corpo deve satisfazer através de diferentes extrações corporais"[15].

---

[15] Jacques-Alain Miller, "Uma leitura do *Seminário, livro 16:* de um Outro ao outro", *Opção lacaniana*, n. 48, mar. 2007, p. 12.

Essa passagem é a do intruso estrangeiro, os grãos de areia na máquina significante que evita seu funcionamento fluido, a algo que é totalmente imanente à máquina. Quando Lacan descreve os circuitos e as viradas do espaço simbólico por conta das quais sua interioridade se sobrepõe a sua exterioridade ("ex-timidade"), ele não descreve apenas o lugar estrutural do *objeto a* (mais-gozar): o mais-gozar não é *nada mais que essa mesma estrutura*, esse "circuito interior" do espaço simbólico. Isso pode ser esclarecido em relação à lacuna que separa a pulsão do instinto: embora a pulsão e o destino tenham o mesmo "objeto", o mesmo alvo, o que os diferencia é que a pulsão se satisfaz não por atingir seu alvo, mas por circundá-lo, repetindo o fracasso de atingi-lo. Podemos dizer, é claro, que o que impede a pulsão de atingir seu objetivo é o *objeto a*, que é descentralizado com relação a ela, de modo que, mesmo que o alvo seja atingido, o objeto nos escapa e somos obrigados a repetir o processo; no entanto, esse *objeto a* é puramente formal, é a curvatura do espaço da pulsão – por isso o "caminho mais curto" para atingir o objeto não é mirá-lo como alvo, mas circundá-lo, rodeá-lo.

Essa passagem é profundamente hegeliana e cria uma espécie de "negação da negação": começamos com o consistente "grande Outro", a ordem simbólica fechada em si mesma; depois, na primeira negação, essa consistência é perturbada pelo resto do Real, uma sobra traumática que persiste em não ser integrada ao simbólico e, com isso, perturba seu equilíbrio, tornando-a "barrada", introduzindo nela uma lacuna, uma falha ou um antagonismo, em suma, a inconsistência; a segunda negação, entretanto, requer uma mudança de perspectiva em que apreendemos essa sobra intrusiva do Real como o único elemento que garante a mínima consistência do inconsistente grande Outro. Tomemos como exemplo a lógica da luta de classes: ela torna a sociedade "inconsistente", antagônica, e perturba seu equilíbrio; contudo, ela é também o que mantém unido todo o corpo social, seu princípio estruturador subjacente, posto que todos os fenômenos são sobredeterminados pela luta de classes. Em um nível mais prosaico, não é a própria luta de classes, uma tensão básica, que em geral mantém unidos elementos diferentes? Quando a luta desaparece, os elementos se separam em uma coexistência estéril e indiferente. Do mesmo modo, embora o trauma seja o que perturba o equilíbrio do espaço simbólico do sujeito, ele é ao mesmo tempo o derradeiro ponto de referência da vida psíquica do sujeito – toda a sua atividade simbolizante visa, em última instância, lutar com o trauma, reprimi-lo, deslocá-lo etc.

E ainda há mais: não só o elemento intruso "mantém unido" o grande Outro, que na ausência dele se desintegraria, como esse elemento, o *objeto a*, não tem realidade objetal positiva, sua condição é puramente a condição da consistência lógica: ele é logicamente implícito, pressuposto, como a causa das inconsistências do/no grande Outro, isto é, só pode ser percebido retroativamente, mediante seus efeitos. Pensemos em um atrator na matemática: todas as linhas ou pontos positivos em sua esfera de atração só podem se aproximar dele indefinidamente, sem nunca atingir de fato sua forma – a existência dessa forma é puramente virtual, não é senão a forma para onde tendem as linhas e os pontos. Contudo, exatamente como tal, a forma virtual é o Real desse campo: o centro imóvel em volta do qual circulam todos os elementos.

Assim, a lógica hegeliana dessas viradas pode ser representada de maneira ainda mais precisa: não há apenas três momentos em ação aqui, mas quatro. Primeiro, a consistência do grande Outro; segundo, o grande Outro feito inconsistente pelo *objeto a* enquanto resto intrusivo; terceiro, esse objeto como garantidor da "consistência" do grande Outro (múltiplas simbolizações inconsistentes só podem ser "totalizadas" enquanto uma rede de reações ao objeto intruso); e, por fim, voltamos ao princípio, embora em um nível diferente – não há nenhum objeto que, de fora, perturbe a consistência do grande Outro; o *objeto a* enquanto "Real" é apenas um nome para a virada puramente formal, o circuito interno, da própria ordem simbólica.

Na medida em que carece de imagem especular, seria então o *objeto a* o objeto vampírico (vampiros, como sabemos, não são refletidos em espelhos)? Parece que sim: os vampiros não são versões da *lamela*, do objeto parcial não morto? No entanto, talvez o oposto é que seja apropriado como imagem do *objeto a*: quando observamos uma coisa diretamente, nós não vemos "isso" – esse "isso" só aparece quando olhamos para a imagem refletida da coisa, como se houvesse algo mais do que na realidade, como se somente a imagem refletida pudesse revelar o elemento misterioso que procuramos em vão na realidade do objeto. Em termos deleuzianos, a imagem refletida dessubstancializa a coisa, privando-a de sua densidade e profundidade, reduzindo-a a uma superfície plana, e é somente por meio dessa redução que o *objeto a* puramente não substancial torna-se perceptível[16].

Talvez essa dupla condição do *objeto a* também forneça uma pista para a relação entre a pulsão de morte e o supereu. Há algum tempo, Eric Santner apresentou uma questão crítica a respeito de minha obra:

> O elo, algumas vezes até mesmo a identidade [...] entre o órgão sem corpo e o supereu. Devemos simplesmente colapsar o supereu e a pulsão de morte dessa maneira? Tudo não depende de manter pelo menos uma linha tênue entre eles? Não deveríamos falar de uma superegoização da pulsão?[17]

---

[16] Uma das histórias de *Na solidão da noite*, um filme de terror antológico, joga com esse mesmo registro: um casal muda-se para uma casa em cuja sala de estar há um espelho antigo; ao anoitecer, quando olha para o espelho, o marido vê uma cena totalmente diferente da realidade da sala, um cômodo antiquado com uma lareira. A explicação é que, dois séculos antes, um terrível assassinato foi cometido naquela mesma sala, e é "lembrado" pelo espelho.

[17] Conversa privada.

Como frisa Santner, lidamos aqui com uma cisão paraláctica, não com a polaridade cósmica de duas forças opostas: o órgão sem um corpo e o supereu não são como *yin* e *yang* ou os princípios de luz e escuridão. Além disso, a tensão em questão é assimétrica, os dois polos não estão equilibrados, o aspecto do órgão sem corpo (OsC) tem prioridade de certa maneira – mas que tipo de prioridade? Não lidamos aqui com mais um caso de lógica da autoalienação, em ação desde Marx e Nietzsche até Deleuze, de um poder de gênese que pouco se reconhece em seu próprio produto; em outras palavras, da mesma maneira que, para Marx, o capitalismo é o resultado do trabalho coletivo voltado contra si próprio, sua própria origem, ou, para Nietzsche, o ressentimento moral é a produtividade da vida voltada contra si mesma, o excesso do supereu é o excesso do OsC voltado contra si próprio. Interpretada dessa maneira, a tarefa torna-se a de retornar o resultado alienado para sua origem, reestabelecendo o excesso de OsC sem a distorção do supereu. Isso, no entanto, é a mesma lógica que deveríamos evitar a todo custo[18].

Podemos dar um passo adiante e ligar essa dualidade entre supereu e pulsão à dualidade na condição do *objeto a*: pois não seria o "supereu", como nome do excesso da pulsão, o objeto em seu aspecto de realidade material, o intruso estrangeiro que "me enlouquece" com seus pedidos impossíveis, e não seria o OsC o objeto em seu aspecto de estrutura puramente formal? Os dois aspectos têm a mesma estrutura autopropulsora de um circuito: quanto mais obedece ao supereu, mais culpado se sente o sujeito, mais se prende a um movimento repetitivo homólogo ao da pulsão que circula seu objeto. A passagem do primeiro para o segundo aspecto é estruturalmente similar à da piada de Rabinovitch, ou do problema que é sua própria solução: o que, no nível do supereu, surge como um impasse (quanto mais obedeço, mais me sinto culpado...) transforma-se em sua própria fonte de satisfação (que não é o objeto da pulsão, mas a atividade de circundá-lo repetidamente)[19].

---

[18] A referência direta às fórmulas de sexuação (supereu "masculino" *versus* "pulsão" feminina) também tem seus limites.

[19] Segundo Freud, o amor surge do desejo inibido: o objeto cuja consumação (sexual) é evitada é posteriormente idealizado como objeto de amor. É por isso que Lacan estabelece uma ligação entre amor e pulsão: o espaço da pulsão é definido pela lacuna entre sua meta (objeto) e seu alvo, o que não significa atingir diretamente seu objeto, mas circundá-lo, repetir o fracasso em alcançá-lo – amor e pulsão compartilham essa estrutura de inibição. E essa mesma passagem não determina também o *status* do Evento badiouiano com referência ao modo como ele se relaciona com a ordem do Ser? Um Evento inscreve-se na ordem do Ser deixando nela seus traços, ou melhor, um Evento *não é senão* uma certa distorção ou virada na ordem do Ser. Os quatro estágios no desenvolvimento do *objeto a* podem efetivamente ser aplicados ao Evento em sua relação com o Ser: (1) há a ordem do Ser; (2) essa ordem é deixada incompleta ou inconsistente pelo milagre de um Evento; (3) esse Evento surge como ponto virtual de consistência que só torna legível a tessitura inconsistentemente distorcida do Ser; e (4) o Evento surge como *nada mais que* essa distorção do Ser. Mas talvez essa referência a Lacan também nos permita identificar o que falta

Assim, de volta aos dois aspectos do *objeto a* (sua realidade corporal e sua consistência lógica): por mais que sejam antinômicas, elas se encaixam – mas como exatamente? A primeira formulação de Miller é a de um buraco (espaço vazio) e o elemento contingente que o preenche: "O pequeno *a*, quando designado como estrutura topológica e como consistência lógica, tem, se assim posso dizer, a substância do furo e, em seguida, são as peças avulsas do corpo que vêm se moldar nessa ausência"[20]. Essa formulação, no entanto, parece demasiado simples. O paradoxo de um objeto que só "é" a sua estrutura formal não desaparece? De que maneira devemos realizar a passagem que, nos termos dos mestres clássicos, poderíamos chamar de passagem do materialismo metafísico/mecânico para o materialismo dialético? Em *Lógica do sentido*, ao mostrar que as duas séries (do significante e do significado) contêm sempre uma entidade paradoxal que é "duplamente inscrita" (ou seja, simultaneamente excesso e falta), Deleuze apresenta um modelo que nos permite apreender a mediação de forma e conteúdo: um excesso do significante em relação ao significado (o significante vazio sem significado) e a falta do significado (o ponto sem sentido dentro do campo do Sentido). Em outras palavras, tão logo surge a ordem simbólica, introduz-se uma diferença mínima entre um lugar estrutural e o elemento que ocupa ou completa esse lugar: um elemento é sempre precedido, em termos lógicos, pelo lugar na estrutura que ele completa. As duas séries, portanto, também podem ser descritas como a estrutura formal "vazia" (significante) e a série de elementos que completam os espaços vazios na estrutura (significado). Dessa perspectiva, o paradoxo consiste no fato de que as duas séries nunca se sobrepõem: sempre encontramos um ente que é ao mesmo tempo (com respeito à estrutura) um lugar vazio, inocupado, e (com respeito aos elementos) um objeto esquivo, que se move rapidamente, um ocupante sem lugar. Dessa forma, produzimos a fórmula lacaniana da fantasia $-a$, posto que o matema para sujeito é $, um lugar vazio na estrutura, um significante elidido, enquanto o *objeto a* é, por definição, um objeto excessivo, um objeto que carece de um lugar na estrutura. Por conseguinte, a questão não é simplesmente que existe o excesso de um elemento em relação aos lugares disponíveis na estrutura, ou o excesso de um lugar que não tem nenhum elemento para completá-lo. Um lugar vazio na estrutura ainda sustentaria a fantasia de um elemento que surgirá para preencher o lugar; um elemento excessivo que carece de lugar ainda sustentaria a fantasia de um lugar ainda desconhecido, à espera de ser preenchido. A questão é antes que o lugar vazio na

---

ao esquema de Badiou: não seria possível pensar essa distorção do Ser *independentemente do* (ou anteriormente ao) Evento, de modo que o "Evento", no fim, nomeie uma "fetichização" da distorção imanente da tessitura do Ser em seu objeto-causa virtual? E o nome freudiano-lacaniano para isso não é *pulsão*, a pulsão de morte?

[20] Jacques-Alain Miller, "Uma leitura do *Seminário, livro 16:* de um Outro ao outro", cit., p. 20.

estrutura é estritamente correlato ao elemento errante que carece de lugar: não se trata de dois entes diferentes, mas do mesmo ente inscrito nas duas superfícies de uma fita de Möbius. Em suma, o sujeito como $ não pertence às profundezas: ele surge de uma virada topológica da própria superfície. O próprio Miller não aponta nessa direção um pouco mais adiante, no mesmo texto?

> Quando Lacan fala de um buraco no nível do grande Outro, ele diz que o buraco não é falta, mas o que permite, ao contrário, nas elucubrações lógicas de Lacan, o círculo interior do Outro ser considerado como combinado ao círculo mais exterior, quase como sua inversão. Lacan diz de passagem que é a própria estrutura do *objeto a*, ou melhor, que o *objeto a* é essa estrutura em que o mais interior combina-se ao mais exterior na sua virada.[21]

O "ou melhor" tem de ser lido com todo o seu peso: da estrutura *do* objeto ao objeto estranho que *não é* nada mais que essa estrutura, sua identidade substancial é meramente um espectro reificado. Esse objeto "é" o sujeito, o correlato objetal impossível/Real do sujeito. Essa correlação esquisita subverte a correlação transcendental comum entre sujeito e objeto: nela, o sujeito é correlacionado com o próprio objeto impossível/Real, que tem de ser excluído do campo da realidade para que o sujeito possa se relacionar com esse campo. Com o intuito de delinear esse caráter único do *objeto a* como a encarnação de um vazio, da falta ou perda do objeto primordial que só pode surgir como sempre-já perdido, Lacan o opõe a duas outras figuras do nada, o nada da destruição e a negatividade hegeliana que é a "nulificação" constitutiva da subjetividade, o nada como momento inicial na instauração do sujeito. Em contraste com essas duas versões, ele relaciona o *objeto a* ao que Kant chamou de *der Gegenstand ohne Begriff*, o objeto sem conceito (não coberto por nenhum conceito). O *objeto a* é, como tal, "irracional", no sentido absolutamente literal de estar fora de toda *razão*, de toda relação enquanto proporção. Em outras palavras, quando um elemento particular resiste a ser suprassumido sob um conceito universal, o *objeto a*, "o que está em ti mais do que tu mesmo", é justamente aquele *je ne sais quoi* que evita essa suprassunção.

Aqui, no entanto, devemos persistir como hegelianos consistentes e resistir à tentação empirista: o fato de que a afirmação da existência de um elemento particular vai contra o conceito universal que supostamente cobre ou contém esse elemento não deveria ser descartado como um caso de riqueza do conteúdo particular que sobrepuja os arcabouços conceituais abstratos. O excesso empírico seria interpretado de forma mais precisa como um indício da falha ou inconsistência inerente do próprio conceito universal. Assim, quando Lacan diz que "somente com o discurso analítico um universal pode encontrar seu verdadeiro fundamento

---

[21] Ibidem, p. 18.

na existência de uma exceção, e por esse motivo é certo que podemos distinguir, em qualquer caso, o universal que é fundamentado desse modo a partir de todo uso desse mesmo universal feito comum pela tradição filosófica"[22], ele (como sempre) ignora a unicidade da "universalidade concreta" hegeliana. Arriscamos aqui um exemplo político. Quando, para dar esperanças à esquerda radical, certos intelectuais dizem que, de fato, existe hoje um agente emancipatório autêntico (em geral distante, no Haiti, na Venezuela ou no Nepal...), essa afirmação triunfante ("Veja bem, não estamos sonhando, está em ação um processo revolucionário autêntico!") serve justamente como um fetiche que nos permite evitar o confronto com a impropriedade do conceito geral de ação radical emancipatória para a luta global de hoje. Isso significa que, na oposição entre conceito e realidade (existência real), o *objeto a* está do lado do conceito: ele não é o excesso da realidade, mas um buraco ou uma rachadura imanente no edifício conceitual.

Portanto, o *objeto a* não é o núcleo da realidade que resiste à suprassunção pelo quadro conceitual imposto pelo sujeito; ele é, ao contrário, a objetificação do desejo do sujeito: a condição daquilo que me faz desejar um objeto está ligada irredutivelmente à minha perspectiva "subjetiva", não se trata apenas de uma propriedade objetiva do ser amado – aquele X que me fascina no ser amado só existe para mim, não para uma visão "objetiva". Podemos dar ainda mais um passo e argumentar que a mediação subjetiva aqui é *dupla*: longe de simplesmente representar o excesso no objeto que escapa à apreensão do sujeito, o *objeto a* é, em sua forma mais elementar, o que vejo no olhar do outro. Em outras palavras, o que me escapa em um objeto libidinal não é uma propriedade transcendente, mas a inscrição de meu próprio desejo no objeto: o que vejo no outro é o desejo do outro por mim, ou seja, leio nos olhos do outro minha própria condição enquanto objeto (de desejo), o modo como apareço para o outro.

Voz e olhar

Isso nos leva à condição paradoxal da voz e do olhar, o paradigmático *objeto a* na teoria de Lacan. Como vimos, a voz e o olhar são dois objetos acrescentados por Lacan à lista de Freud dos "objetos parciais" (seios, fezes, falo). Como objetos, eles não estão do lado do sujeito que vê/escuta, mas do lado do que o sujeito vê ou escuta. Recordemos aqui a cena arquetípica de Hitchcock: a heroína (Lilah em *Psicose* ou Melanie em *Os pássaros*) aproxima-se de uma casa misteriosa e aparentemente vazia; ela olha para a casa, mas o que torna a cena tão perturbadora é o fato de que nós, espectadores, temos a vaga impressão de que de certo modo a casa devolve o

---

[22] Jacques Lacan, Seminário de 3 de março de 1972, *...ou pire*, não publicado.

olhar. O ponto crucial, é claro, é que esse olhar não deveria ser subjetivado: não se trata simplesmente de "há alguém na casa"; ao contrário, estamos lidando com uma espécie de vazio, um olhar *a priori* cuja origem não pode ser atribuída a uma realidade determinada – a heroína "não pode ver tudo", há um ponto cego naquilo que ela olha, e o objeto retorna seu olhar a partir desse ponto cego. A situação é homóloga com a voz: é como se, quando falamos o que quer que digamos seja uma resposta a uma abordagem primordial do Outro – somos sempre-já abordados e, outra vez, esse abordar é vazio, não pode ser atribuído a um agente específico, mas é uma espécie de vazio *a priori*, a "condição de possibilidade" formal da nossa fala, assim como o objeto que retorna o olhar é uma espécie de "condição de possibilidade" formal da nossa visão de absolutamente tudo. O que acontece na psicose é que esse ponto vazio no outro, no que vemos e/ou ouvimos, é efetivado, torna-se parte de uma realidade efetiva: o psicótico ouve de fato a voz do Outro primordial dirigindo-se a ele, sabe que está sendo observado o tempo todo. De modo geral, a psicose é concebida como uma forma de falta no que se refere ao estado de coisas "normal": algo está ausente, o significante-chave (a "metáfora paternal") é rejeitado, forcluído, excluído do universo simbólico, e retorna no Real sob a forma de aparições psicóticas. No entanto, não devemos nos esquecer do anverso dessa exclusão: a inclusão. Lacan afirmou que a consistência de nossa "experiência da realidade" depende de excluir dela o *objeto a*: para que tenhamos um "acesso normal à realidade", algo deve ser excluído, "primordialmente reprimido". Na psicose, essa exclusão é inacabada: o objeto (nesse caso, o olhar ou a voz) é incluído na realidade, e o resultado é a desintegração do "senso de realidade", a perda da realidade[23].

François Balmès[24] chama a atenção para a ambiguidade radical no modo como o Lacan da década de 1950 define a relação entre o Real, o simbólico e a falta: ele oscila entre a tese de que o simbólico introduz a *falta-de-ser* no Real – não há falta antes do advento do simbólico, apenas uma positividade rasa do Real – e a tese

---

[23] Na medida em que esse objeto é o objeto fantasmático elementar (ver o matema da fantasia de Lacan, $-a$), outra maneira de colocar o mesmo problema é dizer que nosso senso de realidade se desintegra no momento que a realidade chega muito perto de nossa fantasia fundamental. Aqui, devemos ter cuidado para não deixar escapar o paradoxo: quando exatamente acontece a experiência de "perda da realidade"? Não, como poderíamos imaginar, quando o abismo que separa "palavras" e "coisas" cresce demais, de modo que a "realidade" não parece mais se encaixar no quadro ou horizonte da nossa pré-compreensão simbólica, mas, ao contrário, quando a "realidade" corresponde às "palavras" de forma mais estrita, quando o conteúdo de nossas palavras é realizado de maneira excessivamente "literal". Basta recordarmos a reação estranha de Freud quando, depois de fantasiar durante muitos anos sobre a Acrópole, ele a visitou pela primeira vez: Freud ficou tão encantado com o fato de que as coisas que leu desde jovem existissem de fato e parecessem exatamente como eram descritas nos livros, que sua primeira reação foi um sentimento avassalador de "perda da realidade" – "Não, isso não pode ser real...".

[24] Ver François Balmès, *Ce que Lacan dit de l'être* (Paris, Presses Universitaires de France, 1999).

de que o *ser* surge apenas com o simbólico – não há ser anterior ao do simbólico. Confrontados com essa ambiguidade, devemos ser sábios o bastante para evitar a facílima solução heideggeriana de que estamos simplesmente lidando com dois significados diferentes de "ser": "Ser" no sentido ontológico da abertura na qual as coisas aparecem, e "ser" no sentido ôntico da realidade, dos entes que existem no mundo (o que surge com o simbólico é o horizonte ontológico do Ser, ao passo que seu anverso é a falta-de-ser, isto é, o fato de o ser humano enquanto aí-do-Ser (*Dasein*) carecer do lugar na ordem positiva da realidade – de não poder ser reduzido a um ente no mundo – pois ela é o lugar da própria abertura de um mundo). Balmès busca a solução ao longo de um caminho totalmente diferente: ele nota com grande discernimento que Lacan resolve o problema, "*criando uma resposta tirada da questão*"[25], ao perceber a questão como sua própria resposta. Ou seja, o ser e a falta-de-ser coincidem, são dois lados da mesma moeda – o claro no horizonte em que as coisas "são" plenamente só surge se algo for excluído ("sacrificado") dele, se alguma coisa estiver "faltando em seu lugar apropriado". Mais precisamente, o que caracteriza um universo simbólico é a lacuna mínima entre seus elementos e os lugares que eles ocupam: as duas dimensões não coincidem totalmente, como no caso da positividade rasa do Real, e é por isso que, na ordem diferencial dos significantes, a ausência enquanto tal pode ser tomada como característica positiva. Isso nos leva de volta à hipótese "ontológica" básica de Lacan: para que essa lacuna entre os elementos e seus lugares estruturais aconteça, *algo – algum elemento – tem de ser radicalmente (constitutivamente) excluído*; o nome dado por Lacan a esse objeto que está sempre (por definição, estruturalmente) ausente em seu próprio lugar e coincide com a própria falta é, obviamente, o "objeto pequeno a", o objeto-causa do desejo ou do mais-gozar, o objeto paradoxal que dá corpo à própria falta-de-ser. O "objeto pequeno a" é o que deveria ser excluído do arcabouço da realidade, aquilo cuja exclusão constitui e sustenta o próprio arcabouço. E, como acabamos de ver, o que acontece na psicose é exatamente a *inclusão* desse objeto no arcabouço da realidade: ele aparece dentro da realidade na forma de objeto alucinado (a voz ou o olhar que assombra um paranoico etc.)[26].

É possível conceber essa tensão entre o *objeto a* e o arcabouço da realidade no nível da relação entre as próprias dimensões visual e auditiva, de modo que a própria voz funcione como o *objeto a* do visual, ou seja, como ponto cego a partir do qual o quadro devolve o olhar? Essa parece ser a lição dos filmes falados. Ou seja, o efeito

---

[25] Ibidem, p. 138.
[26] Balmès também observa essa circularidade assimétrica na relação entre o Real, a realidade e a simbolização: a realidade é o Real domesticado – de forma mais ou menos grosseira – pelo simbólico; dentro desse espaço simbólico, o Real volta como seu corte, lacuna, ponto de impossibilidade (ver, por exemplo, François Balmès, *Ce que Lacan dit de l'être*, cit., p. 177).

de acrescentar uma trilha de fala a um filme mudo foi o exato oposto da esperada "naturalização", de uma imitação da vida ainda mais "realista". O que aconteceu desde os primórdios do cinema falado foi a estranha autonomização da voz, batizada por Chion de "acousmatisation"[27]: o surgimento de uma voz que nem está ligada a um objeto (uma pessoa) dentro da realidade diegética nem é simplesmente a voz de um comentador externo, mas uma voz espectral que flutua livremente em um misterioso domínio intermediário e, desse modo, adquire a dimensão horripilante da onipresença e da onipotência, a voz de um Mestre invisível – de *O testamento do dr. Mabuse*, de Fritz Lang, à "voz da mãe" em *Psicose*, de Hitchcock. Na cena final de *Psicose*, a "voz da mãe" abre literalmente um buraco na realidade visual: a imagem na tela torna-se uma superfície ilusória, um encanto dominado secretamente pela voz incorpórea de um Mestre invisível ou ausente, uma voz que não pode ser atribuída a nenhum objeto na realidade diagética – como se o verdadeiro sujeito da enunciação da voz da mãe de Norman fosse a própria morte, a caveira que vemos por um breve instante, quando o rosto de Norman desaparece pouco a pouco da tela.

Em *Estética*, Hegel menciona uma estátua egípcia sagrada que todos os dias, ao pôr do sol, como que por milagre, emitia um som profundamente reverberante. Esse som misterioso, que ressoa dentro de um objeto inanimado, é uma boa metáfora para o nascimento da subjetividade. No entanto, devemos ter cuidado para não perder a tensão, o antagonismo entre o grito silente e o tom vibrante, o momento em que o grito silente ressoa. A verdadeira voz-objeto é muda, fica "presa na garganta", e o que de fato reverbera é o vazio: a ressonância sempre acontece em um vácuo – o tom como tal é originalmente o lamento pelo objeto perdido. O objeto está lá enquanto o som permanece silente; no momento em que ressoa, no momento em que "transborda", o objeto é evacuado e essa vacuidade dá origem ao $, o sujeito barrado que lamenta a perda do objeto. É claro que esse lamento é profundamente ambíguo: o maior horror seria o horror de uma voz-objeto aproximando-se demais de nós, de modo que a reverberação da voz fosse ao mesmo tempo uma conjuração destinada a manter o objeto-voz a uma distância adequada. Agora podemos responder a esta questão muito simples: "Por que ouvimos música?". Para evitar o horror do encontro com a voz enquanto objeto. O que Rilke disse sobre a beleza vale também para a música: ela é um encanto, uma tela, a última cortina que nos protege do confronto direto com o horror do objeto (vocal). Quando a intricada tapeçaria musical se desintegra ou se desfalece em um grito puro e desarticulado, nós enfrentamos a voz enquanto objeto. Nesse sentido preciso, como afirma Lacan, voz e silêncio se relacionam como figura e fundo: o silêncio não é (como poderíamos pensar) o fundo contra o qual surge a figura de uma voz;

---

[27] Ver Michel Chion, *La voix au cinéma* (Paris, Cahiers du Cinéma, 1982).

ao contrário, o próprio som reverberante fornece o fundo que torna visível a figura do silêncio. Assim chegamos à fórmula da relação entre voz e imagem: a voz não persiste simplesmente em um nível diferente com relação ao que vemos; antes, ela aponta para uma lacuna no campo do visível, para a dimensão do que escapa ao nosso olhar. Em outras palavras, essa relação é mediada por uma impossibilidade: em última análise, ouvimos as coisas porque não podemos ver tudo[28].

O próximo passo é reverter a lógica da Voz como preenchimento da lacuna constitutiva do corpo: o anverso da Voz que dá corpo ao que nunca podemos ver, ao que escapa ao nosso olhar, é uma imagem que torna presente o fracasso da voz – uma imagem pode surgir como lugar-tenente para um som que ainda não ressoa, mas permanece preso na garganta. *O grito*, de Munch, por exemplo, é silente por definição: diante dessa pintura, nós "ouvimos (o grito) com os olhos". No entanto, o paralelo aqui não é perfeito: ver o que não podemos ouvir não é o mesmo que ouvir o que não podemos ver. Voz e olhar relacionam-se um com o outro como vida e morte: a voz vivifica, ao passo que o olhar mortifica. Por essa razão, "ouvir-se falar" (*s'entendre parler*), como demonstrou Derrida, é o próprio âmago, a matriz fundamental, de experimentar-se como ser vivente, ao passo que sua correspondente na esfera do olhar, "ver-se olhar" (*se voir voyant*) representa inequivocamente a morte: quando o olhar como objeto não é mais o ponto cego esquivo no campo do visível, mas é incluído nesse campo, encontramos a própria morte. Basta lembrarmos que no estranho encontro com o duplo (*Doppelgänger*) o que escapa ao nosso olhar é sempre os olhos dele: estranhamente, o duplo parece sempre olhar de lado, nunca devolve nosso olhar olhando direto em nossos olhos – no momento em que o fizesse, nossa vida acabaria[29].

Foi Schopenhauer quem afirmou que a música nos põe em contato com a *Ding an sich*: ela exprime diretamente a pulsão da substância vital, algo que as palavras só podem significar. Por essa razão, a música "captura" o sujeito no Real de seu ser, contornando o desvio de sentido: na música, ouvimos o que não podemos ver, a força vital vibrante por trás do fluxo da *Vorstellung*. Mas o que acontece quando esse fluxo da substância vital é suspenso, descontinuado? Aqui, surge uma imagem, uma imagem que representa a morte absoluta, a morte além do ciclo de morte e

---

[28] Se imaginarmos os respectivos campos do que vemos e do que ouvimos como dois círculos em interseção, essa interseção não é apenas o que vemos e ouvimos; ela tem dois lados: a voz que vemos (mas não ouvimos) e a imagem do que ouvimos (mas não vemos).

[29] No entanto, embora não seja possível "ver-se olhar", é possível, pela mesma razão, "ver-se [ser] visto" (*se voir être vu*) – nisso consiste o gozo do exibicionismo: ver-se sendo exposto ao olhar do outro. Por outro lado, a própria possibilidade de "ouvir-se falar" impede "ouvir-se ser ouvido" (*s'entrendre être entendu*) –, como disse Lacan, quem "se ouve ser ouvido" é precisamente quem "ouve vozes", psicóticos com alucinações auditivas. Ver Jacques Lacan, *O seminário, livro 8: a transferência* (2. ed., Rio de Janeiro, Zahar, 2010), p. 300.

renascimento, corrupção e geração. Muito mais horripilante do que ver com nossos olhos – ouvir a vibrante substância vital além da representação visual, esse ponto cego no campo do visível – é ouvir com nossos olhos, ver o silêncio absoluto que marca a suspensão da vida, como na *Medusa*, de Caravaggio: o grito da Medusa não é silente por definição, "preso na garganta", e essa pintura não nos dá uma imagem do momento em que a voz falha?[30]

Contra esse pano de fundo do "ouvir o que não se pode ver" e "ver o que não se pode ouvir", é possível delinear o lugar ilusório da "metafísica da presença". Retornemos por um momento à diferença entre "ouvir-se falar" e "ver-se olhar": somente o segundo caso envolve a reflexão propriamente dita, isto é, o ato de reconhecer-se em uma imagem (externa); no primeiro, lidamos com a ilusão de uma autoafecção imediata, que impede até a mínima distância de si mesmo implícita na noção do reconhecimento de si na imagem refletida. Em contraste com Derrida, somos tentados a dizer que a ilusão fundadora da metafísica da presença não é apenas a ilusão do "ouvir-se falar", mas uma espécie de curto-circuito entre "ouvir-se falar" e "ver-se olhar": um "ver-se olhar" no modo de "ouvir-se falar", um olhar que recupera a imediatez da autoafecção vocal. Em outras palavras, devemos sempre nos lembrar de que, a partir da *theoria* de Platão, a metafísica baseia-se na predominância do olhar; assim, como devemos combinar isso com o "ouvir-se falar"? A "metafísica" reside justamente na noção de um olhar que espelha a si mesmo, anula a distância da reflexão e atinge a imediatez do "ouvir-se falar". Em outras palavras, a "metafísica" representa a ilusão de que, na antagônica relação entre "ver" e "ouvir", é possível anular a discórdia – a impossibilidade – que faz a mediação entre os dois termos (ouvimos as coisas porque não podemos ver tudo e vice-versa), bem como fundi-los em uma única experiência de "ver no modo de ouvir".

É verdade que a experiência do *s'entendre parler* dá fundamento à ilusão da transparente autopresença do sujeito que fala; no entanto, a voz não seria ao mesmo tempo o que destrói de maneira mais radical a autopresença e a autotransparência do sujeito? Eu me ouço falar, contudo o que ouço nunca é plenamente eu mesmo, e sim um parasita, um corpo estranho em meu próprio cerne. Esse estranho em mim mesmo adquire existência positiva com diferentes disfarces, desde a voz da consciência e do hipnotizador até o perseguidor na paranoia. A voz é aquilo que, no significante, resiste ao sentido; ela representa a inércia opaca que não pode ser recuperada pelo sentido. É somente a dimensão da escrita que explica a estabilida-

---

[30] George Balanchine montou uma curta peça orquestrada composta por Webern (todas eram curtas) em que, quando a música acaba, os bailarinos continuam dançando em completo silêncio, como se não percebessem que a música que fornecia a substância para a dança já havia acabado. É como o morto-vivo que habita as frestas do tempo vazio: seus movimentos, sem suporte vocal, é o que nos permite ver não só a voz, mas também o próprio silêncio.

de do sentido ou, segundo as palavras imortais de Samuel Goldwyn: "Um contrato verbal não vale o papel em que é escrito". Como tal, a voz não está nem viva nem morta: sua condição fenomenológica primordial é, ao contrário, a do morto-vivo, de uma aparição espectral que sobrevive de algum modo a sua própria morte, ou seja, o eclipse do sentido. Em outras palavras, ainda que seja verdade que a vida de uma voz pode se opor à letra morta da palavra escrita, essa vida é a vida estranha de um monstro não morto, e não a autopresença viva e "saudável" do Significado.

Para tornar manifesta essa voz estranha, basta dar uma rápida olhada na história da música – que parece ser uma espécie de contra-história da história da metafísica ocidental, enquanto domínio da voz sobre a escrita. Aqui, o que encontramos repetidas vezes é uma voz que ameaça a Ordem estabelecida e, por isso, tem de ser controlada, subordinada à articulação racional da palavra falada e escrita, solidificada na escrita. Para mostrarmos o perigo que nos espreita, Lacan cunhou o neologismo *jouis-sens* (gozo no sentido), o momento em que a voz que canta se separa de sua ancoragem no sentido e se precipita em um destrutivo gozo de si. O problema, portanto, é sempre o mesmo: como evitamos que a voz se transforme em um destrutivo gozo de si que "afemina" a confiável Palavra masculina? A voz funciona aqui como um "suplemento" no sentido derridiano: tentamos contê-la, regulá-la, subordiná-la à Palavra articulada, porém não podemos prescindir totalmente dela, pois uma dose apropriada é vital para o exercício do poder (basta lembrar o papel das canções militares patrióticas na construção das comunidades totalitárias). No entanto, essa breve descrição pode dar a impressão errada de que estamos lidando com uma simples oposição entre a Palavra articulada "repressora" e a voz "transgressora": de um lado, a Palavra articulada que disciplina e regula a voz como meio de afirmar a autoridade e a disciplina social; de outro, a Voz do gozo de si que age como meio de libertação, rompendo as amarras disciplinares da lei e da ordem. Mas o que dizer das envolventes "canções de marcha" dos Fuzileiros Navais dos Estados Unidos – com ritmo imbecilizante e conteúdo sadicamente sexualizado –, não seriam um caso exemplar de consumo do gozo de si a serviço do Poder? O excesso da voz é, portanto, radicalmente insolúvel.

A voz da avó

O poder mágico da voz como objeto talvez seja mais bem reproduzido no final do capítulo 1 de *O caminho de Guermantes*, terceira parte de *Em busca do tempo perdido*. Em uma cena memorável, o narrador Marcel, usando o telefone pela primeira vez, conversa com sua avó:

> após alguns instantes de silêncio, ouvi de súbito aquela voz que eu julgava erroneamente conhecer tão bem, pois até então, cada vez que minha avó conversava comigo, o que ela me dizia eu sempre o acompanhara na partitura aberta de seu rosto, onde os

olhos ocupavam enorme espaço; mas sua própria voz, escutava-a hoje pela primeira vez. E porque essa voz me surgia mudada em suas proporções desde o instante em que era um todo, e assim me chegava sozinha e sem o acompanhamento das feições do rosto, descobri quanto era doce aquela voz; talvez mesmo nunca o tivesse sido a esse ponto, pois minha avó, sentindo-me distante e infeliz, julgava poder abandonar-se à efusão de uma ternura que, por "princípios" de educação, ela habitualmente recalcava e escondia. A voz era doce, mas também como era triste, primeiro devido à própria doçura, quase filtrada, mais do que nunca o seriam algumas vozes humanas, de toda dureza, de todo elemento de resistência aos outros, de todo egoísmo; frágil à força de delicadeza, parecia a todo instante prestes a quebrar-se, a expirar em um puro correr de lágrimas; a seguir, tendo-a sozinha comigo, vista sem a máscara do rosto, nela reparava, pela primeira vez, os desgostos que a tinham marcado no decurso da vida.*

Aqui, a descrição muito precisa de Proust aponta estranhamente para a teoria lacaniana: a voz é subtraída de sua "natural" totalidade do corpo a que pertence, do qual surge como um objeto parcial autônomo, um órgão magicamente capaz de sobreviver sem o corpo do qual é órgão – é como se ela estivesse "sozinha comigo, vista sem a máscara do rosto". Essa subtração a retira da realidade (ordinária) e a transporta para o domínio virtual do Real, em que ela persiste como um espectro não morto que assombra o sujeito: "Eu gritava: 'Vovó, vovó', e desejaria beijá-la; mas, perto de mim só tinha aquela voz, fantasma tão impalpável como o que talvez viesse me visitar quando minha avó morresse"**. Como tal, essa voz sinaliza uma distância (vovó não está aqui) e ao mesmo tempo uma obscena e excessiva proximidade, uma presença mais íntima, mais penetrante, do que a do corpo diante de nós:

> Presença real a dessa voz tão próxima na separação efetiva! Mas também antecipação de uma separação eterna! Com muita frequência, escutando desse modo, sem ver quem me falava de tão longe, pareceu-me que essa voz clamava das profundezas de onde não se sobe, e conheci a ansiedade [angústia] que ia me estreitar um dia, quando uma voz voltasse assim (sozinha e já não presa a um corpo que eu não devia rever nunca mais).***

O termo "angústia"**** deve ser interpretado no sentido lacaniano preciso: para Lacan, a angústia não é sinal da perda do objeto, mas sim de sua proximidade excessiva. A angústia surge quando o *objeto a* surge diretamente na realidade, aparece

---

* Marcel Proust, *Em busca do tempo perdido* (trad. Fernando Py, Rio de Janeiro, Ediouro, 2009), v. 2, p. 115. (N. T.)
** Ibidem, p. 116. (N. T.)
*** Ibidem, p. 114. (N. T.)
**** Na edição inglesa usada por Žižek (*The Guermantes Way*, trad. C. K. Scott Moncrieff, Nova York, Modern Library, 1952), "*anxiété*" (ansiedade) é traduzida por "*anxiety*"; esse termo, aliás, também costuma traduzir "*angoisse*" (angústia). (N. T.)

nela – exatamente o que acontece quando Marcel ouve a voz da avó separada do corpo dela e descobre "quanto era doce aquela voz": obviamente essa doçura é a quintessência extraída que leva ao intenso investimento libidinal de Marcel na avó. É dessa maneira, aliás, que a psicanálise aborda o impacto subjetivo libidinal das novas invenções tecnológicas: "a tecnologia é um catalisador, ela amplia e melhora o que já existe"[31] – nesse caso, um fato fantasmático virtual, como o de um objeto parcial[32]. E, é claro, essa realização muda toda a constelação: uma vez que a fantasia é realizada, uma vez que o objeto fantasmático aparece diretamente na realidade, a realidade deixa de ser a mesma.

Devemos mencionar aqui a indústria de acessórios sexuais: encontramos no mercado o chamado "Stamina Training Unit", um instrumento de masturbação parecido com uma lanterna a pilha (para não causar constrangimento quando transportado por aí). Coloca-se o pênis ereto no orifício localizado na ponta do objeto, que se movimenta para cima e para baixo até que se atinja a satisfação. O produto é encontrado em diferentes cores, ajustes e formas que imitam os três orifícios (boca, vagina e ânus). O que temos, nesse caso, não é nada mais que o objeto parcial (zona erógena) sozinho, desprovido do fardo adicional e constrangedor da pessoa. A fantasia (de reduzir o parceiro sexual a um objeto parcial) é diretamente realizada, portanto, e isso muda toda a economia libidinal das relações sexuais.

Isso nos leva à questão: o que acontece com o corpo quando é separado de sua voz, quando a voz é subtraída da inteireza da pessoa? Por um breve instante, vemos "um mundo privado da fantasia, privado do sentido e do quadro afetivo, um mundo desconjuntado"[33]. A avó aparece para Marcel fora do horizonte fantasmático do significado, a rica tessitura da longa experiência prévia que ele teve dela como pessoa cordial e encantadora. De repente, ele a vê "rubra, pesada e vulgar, enferma, devaneando, passeando por um livro os olhos um tanto alucinados, uma velha acabada que eu não conhecia". Vista depois da fatídica conversa ao telefone, privada do quadro de fantasia, a avó é como um polvo encalhado na praia – uma criatura que se move com elegância na água, mas transforma-se em um pedaço de carne nojento e pegajoso quando está fora dela. Eis a descrição que Proust nos dá desse efeito:

> ao entrar no salão sem que minha avó estivesse avisada do meu regresso, a encontrei lendo. Eu estava ali, ou melhor, ainda não estava, pois ela não o sabia e, como uma mulher

---

[31] Mladen Dolar, "Telephone and Psychoanalysis", *Filozofski Vestnik*, v. 29, n. 1, 2008, p. 12. Aqui, baseio-me amplamente nesse texto.

[32] Acontece algo parecido na seção psicanalítica, quando, precisamente, o paciente é reduzido a uma voz: "da voz ordinária a psicanálise tira uma voz de telefone" (Mladen Dolar, "Telephone and Psychoanalysis", cit., p. 22).

[33] Ibidem, p. 11.

que a gente surpreende no ato de fazer um trabalho que esconderá ao entrarmos, estava entregue a pensamentos que jamais havia mostrado diante de mim. De mim – por esse privilégio que não dura e em que temos, durante o breve instante do regresso, a faculdade de assistir bruscamente à nossa própria ausência – não havia ali senão o testemunho, o observador, de chapéu e capa de viagem, o estranho que vem tirar uma foto dos lugares que nunca mais há de ver. O que se fez em meus olhos, mecanicamente, quando avistei minha avó, foi mesmo uma fotografia. [...] Jamais vemos os seres queridos a não ser no sistema animado, no movimento permanente de nossa incessante ternura, a qual, antes de deixar chegar até nós as imagens que nos apresentam o seu rosto, arrebata-as em seu turbilhão, atira-as sobre a ideia que fazemos deles desde sempre, fá-las aderir a ela, coincidir com ela. [...] Mas que, em vez do nosso olhar, seja uma objetiva puramente material, uma placa fotográfica, que haja contemplado, e então o que havemos de ver, por exemplo no pátio do Instituto, em vez da saída de um acadêmico que quer chamar um fiacre, será sua vacilação, suas precauções para não cair para trás, a parábola de sua queda, como se estivesse embriagado, ou como se o solo estivesse coberto de gelo. Dá-se o mesmo quando uma cruel cilada do acaso impede a nossa inteligente e piedosa ternura de acorrer a tempo para ocultar a nossos olhos o que eles jamais devem contemplar, quando aquela é ultrapassada por estes que, chegando primeiro e entregues a si mesmos, funcionam mecanicamente à maneira de películas, mostrando-nos, em vez do ser amado que há muito já não existe, mas cuja morte a nossa ternura jamais quisera nos fosse revelada, o ser novo que cem vezes ao dia ela revestia de uma querida aparência falsa. [...] eu, para quem a minha avó era ainda eu próprio, eu que nunca a vira senão em minha alma, sempre no mesmo lugar do passado, através da transparência de lembranças contíguas e superpostas, de repente, em nosso salão que fazia parte de um mundo novo, o do Tempo, aquele em que vivem os estranhos de quem se diz "está bem envelhecido", eis que pela primeira vez e apenas por um instante, pois desapareceu logo, avistei no canapé, à luz da lâmpada, rubra, pesada e vulgar, enferma, devaneando, passeando por um livro os olhos um tanto alucinados, uma velha acabada que eu não conhecia.*

Essa passagem deve ser interpretada contra seu fundo kantiano implícito: uma rede encobre nossas percepções cruas das pessoas amadas, isto é, "antes de deixar chegar até nós as imagens que nos apresentam o seu rosto, [ela] arrebata-as em seu turbilhão, atira-as sobre a ideia que fazemos deles desde sempre, fá-las aderir a ela, coincidir com ela"; essa rede – uma teia complexa de experiências passadas, afetos etc., que colore nossas percepções cruas – desempenha exatamente o papel de um horizonte transcendental que dá sentido a nossa realidade. Quando privados dessa rede, das coordenadas fantasmáticas do significado, deixamos de ser participantes engajados no mundo, vemo-nos confrontados com as coisas em sua dimensão *numenal*: por um momento, vemos as coisas como elas são "em si mesmas", independentemente de nós – ou, como diz Proust em uma frase maravilhosa, temos "a fa-

---

* Marcel Proust, *Em busca do tempo perdido*, cit., v. 2, p. 119-20. (N. T.)

culdade de assistir bruscamente à nossa própria ausência". Quando o objeto-fantasia é subtraído da realidade, não é só a realidade observada que muda, mas também o próprio sujeito que a observa: ele é reduzido a um olhar que observa como as coisas se parecem em sua própria ausência (recordamos aqui a antiga fantasia de Tom Sawyer/Huck Finn sobre estar presente no próprio funeral). E isso não é justamente o que faz da câmera algo tão estranho? A câmera não é nosso olho separado do nosso corpo, perambulando por aí e gravando as coisas como são em nossa ausência?

Então, para recapitular: a voz da avó, ouvida pelo telefone, separada do corpo, surpreende Marcel – trata-se da voz de uma mulher velha e frágil, não a voz daquela avó de quem ele se lembra. E a questão é que essa experiência colore a percepção que ele tem da avó: depois, quando a visita, ele a percebe de outra maneira, como uma velha desconhecida e sonolenta diante de um livro, alquebrada pela idade, rubra e vulgar, e não a avó encantadora e atenciosa de quem ele se lembrava. É dessa maneira que a voz enquanto objeto parcial autônomo pode afetar nossa percepção do corpo a que ela pertence. A lição é justamente que a experiência direta da unidade de um corpo, na qual a voz parece ser coerente com seu todo orgânico, envolve uma mistificação necessária; para chegar à verdade, é preciso dissociar essa unidade, concentrar-se em um de seus aspectos isolados e depois permitir que esse elemento dê cor a nossa percepção. Em outras palavras, encontramos aqui mais um caso da máxima anti-hermenêutica de Freud, segundo a qual se deve interpretar *en détail*, não *en masse*. Situar cada característica do ser humano no Todo orgânico da pessoa é perder não só seu significado, mas também o verdadeiro significado do próprio Todo. Nesse sentido, pessoa e sujeito devem ser opostos: o sujeito é descentralizado com relação à pessoa, ele tira sua mínima consistência de uma característica singular ("objeto parcial"), o *objet petit a*, o objeto-causa do desejo.

Aquilo a que temos de renunciar, portanto, é a noção de uma realidade primordial e plenamente constituída, em que a visão e o som se completam harmoniosamente: no momento que entramos na ordem simbólica, uma lacuna intransponível separa para sempre o corpo humano de "sua" voz. A voz adquire autonomia espectral, jamais pertence ao corpo que vemos falar, existe sempre um mínimo de ventriloquia em ação: é como se a própria voz do falante o tornasse oco e, de certo modo, falasse "por si só" através dele[34]. Em outras palavras, essa relação é mediada

---

[34] A questão, por conseguinte, não é só que a voz preenche o buraco da imagem: a voz recorta ao mesmo tempo esse buraco. O que temos aqui, mais uma vez, é o paradoxo da fantasia que preenche a lacuna que ela mesma abre: o elemento que ela oculta é o mesmo que ela revela, isto é, o mesmo processo de ocultação cria o conteúdo oculto, cria a impressão de que há algo a ocultar. Uma das cenas do filme *Alta ansiedade*, de Mel Brooks, passa-se durante uma conferência sobre psicanálise, e duas crianças sentam-se na primeira fila da plateia. O conferencista, diante das crianças curiosas e questionadoras, sente-se envergonhado quando começa a falar de perversão, falo, castração etc.; para contornar o problema, traduz o complexo jargão psicanalítico em um "linguajar infantil"

por uma *impossibilidade*: em última análise, *nós ouvimos as coisas porque não podemos ver tudo*. No mito da caverna, ao descrever os prisioneiros que veem apenas as sombras projetadas na parede diante deles, Sócrates pergunta: "E se no fundo da prisão se fizesse também ouvir um eco? Sempre que falasse alguma das estátuas, não achas que eles só poderiam atribuir a voz às sombras em desfile?"[35]. Com isso, não estaria ele se referindo à lacuna entre o corpo que fala e a voz que fala, a lacuna constitutiva de nossa experiência de um sujeito que fala?

Podemos até dar um passo adiante e afirmar que essa lacuna é a da castração. Assim, o maior sonho modernista de "ver vozes" é o sonho de entrar em um universo onde a castração é suspensa – não admira que o Talmude declare que o eleito "viu as vozes". É por isso que diretores de cinema como Eisenstein, Chaplin e até Hitchcock resistiram tanto a adotar o som – como se quisessem prolongar sua permanência no paraíso silente, onde a castração é suspensa. O próprio Hitchcock esperava que seus espectadores "tivessem olhos auditivos"[36]. A voz sedutora e desencarnada que ameaça nos engolir, portanto, atesta ao mesmo tempo o fato da castração.

Essa mesma lição, concernente à tensão entre aparência corporal e a voz enquanto objeto parcial excêntrico, sofre uma virada sexualizada na história de Jacó. Jacó se apaixona por Raquel e quer se casar com ela; o pai dela, no entanto, quer que ele se case com Lea, a irmã mais velha de Raquel. Para que Jacó não seja enganado pelo pai ou por Lea, Raquel o ensina a reconhecê-la à noite, na cama. Antes do ato sexual, porém, Raquel sente-se culpada e conta para a irmã quais eram os sinais. Lea pergunta a Raquel o que acontecerá se Jacó reconhecer sua voz. Elas decidem que Raquel se deitará embaixo da cama e, enquanto Jacó estiver fazendo amor com Lea, Raquel fará os sons e ele não perceberá que está fazendo sexo com a irmã errada[37].

Em *Bem está o que bem acaba*, de Shakespeare*, também podemos imaginar Diana escondida embaixo da cama em que Helena e Bertram estão copulando, fazendo os sons apropriados para que Bertram não perceba que não está fazendo sexo com ela – a voz dela funciona como suporte para a dimensão fantasmática. *Como gostais*, também de Shakespeare**, propõe uma versão diferente da lógica do duplo engano. Orlando está completamente apaixonado por Rosalinda; esta, para

---

("papai ameaça cortar o pintinho do menino" etc.). Aqui, a mancada está no fato de que a própria tentativa de adaptar o conteúdo para não assustar as crianças (e assim neutralizar o impacto traumático) torna-o acessível para elas – se o conferencista tivesse simplesmente lido o texto original, as crianças não teriam a menor ideia do conteúdo.

[35] Platão, *A República* (trad. Carlos Alberto Nunes, 3. ed., Belém, Edufpa, 2000), 515b, p. 320.
[36] Peter Conrad, *The Hitchcock Murders* (Londres, Faber & Faber, 2000), p. 159.
[37] Galit Hasan-Rokem, *Web of Life: Folklore and Midrash in Rabbinic Literature* (Stanford, Stanford University Press, 2000).
* Trad. Beatriz Viégas-Faria, Porto Alegre, L&PM, 2007. (N. E.)
** Trad. Beatriz Viégas-Faria, Porto Alegre, L&PM, 2009. (N. E.)

testar o amor dele, disfarça-se de Ganimedes e, como homem, interroga Orlando a respeito do amor que sente. Ela ainda assume a personalidade de Rosalinda (em um disfarce duplo, ela finge ser ela mesma, interpretando um Ganimedes que interpreta Rosalinda) e convence sua amiga Célia (disfarçada de Aliena) a casá-los em uma cerimônia falsa. Rosalinda literalmente finge fingir que é o que ela é: a própria verdade, para triunfar, tem de ser *representada* em um engano redobrado – assim como em *Bem está o que bem acaba*, em que o casamento, para ser confirmado, tem de ser consumado na forma de um caso extraconjugal[38].

Qual é então a relação entre a voz (e o olhar) e a tríade imaginário-simbólico-Real? Quando Pascal, um jansenista, diz que a imagem autêntica de Deus é a fala, devemos interpretar essa afirmação literalmente e insistir na "imagem" como um termo geral, cuja subespécie é a fala: o ponto defendido por Pascal não se resume à questão iconoclasta comum de que a fala, e não a imagem visual, é o domínio do divino; ao contrário, a fala continua sendo uma imagem paradoxal que se suprassume enquanto imagem e assim evita a armadilha da idolatria. A fala (o simbólico) destituída de sua mediação pela imagem (o imaginário) desintegra-se em si mesma, como fala sem sentido. (Recordamos aqui as últimas palavras de *Moses und Aaron*, a formidável obra iconoclasta de Schoenberg e uma das candidatas ao título honorífico de "última ópera": *"O Wort, das mir fehlt!"* [Ó palavra que me falta!] – descrição bastante apropriada da situação de Moisés depois de rejeitar furiosamente as imagens.) Para um lacaniano, a solução é simples (ou melhor, elementar no sentido holmesiano): devemos interpretar a afirmação da fala como a verdadeira imagem de Deus ao lado da tese básica do jansenista sobre o *"dieu caché"* (deus oculto) – a palavra torna (a imagem de) Deus o vazio na imagem, o que é oculto na imagem e pela imagem que vemos. A imagem torna-se, portanto, uma tela que se oferece como visível para esconder o que é invisível – no sentido da dialética da aparência desenvolvida por Lacan: o simbólico é aparência enquanto aparência, uma tela que esconde não outro conteúdo verdadeiro, mas o fato de que não há nada para esconder. Em outras palavras, a verdadeira função de uma tela enganosa não é esconder o que está por trás dela, mas exatamente criar e sustentar a ilusão de que existe algo que ela esconde.

---

[38] No segundo semestre de 2007, a imprensa bósnia registrou um curto-circuito comunicativo maluco: uma esposa, decepcionada com o casamento, fez contato com um marido, também decepcionado, em uma sala de bate-papo na internet; ambos encontraram no parceiro virtual (conhecido apenas por um pseudônimo) o que faltava ao parceiro da vida real e apaixonaram-se perdidamente. A mulher escreveu: "Acho que enfim encontrei alguém que me entende, pois ele, assim como eu, estava preso em um casamento infeliz". O casal virtual acabou decidindo correr o risco de se encontrar na vida real – e descobriu que o parceiro virtual *era* o cônjuge na vida real! O decepcionado casal da vida real construiu um casal ideal no espaço virtual.

O Mestre e seu espectro

Essa noção do Outro faltoso revela também uma nova abordagem da fantasia, concebida precisamente como uma tentativa de preencher essa falta do Outro, de reconstituir a consistência do grande Outro[39]. Por essa razão, fantasia e paranoia estão inerentemente ligadas: em seu aspecto mais elementar, a paranoia é uma crença no "Outro do Outro", em mais um Outro que, oculto por trás do Outro da realidade social explícita, controla (o que nos aparece como) os efeitos imprevistos da vida social e assim garante sua consistência. Essa postura paranoica ganhou impulso com a digitalização constante da vida cotidiana: uma vez que nossa existência (social) está totalmente exteriorizada, materializada no grande Outro da rede mundial de computadores, é fácil imaginar um programador malvado apagando nossa identidade digital e, desse modo, privando-nos de nossa existência social, transformando-nos em não pessoas.

No domínio da ideologia, o objeto fantasmático primordial, a mãe de todos os objetos ideológicos, é o objeto do antissemitismo, o chamado "judeu conceitual": por trás do caos do mercado, da degradação dos costumes etc., está a conspiração judaica. Segundo Freud, a atitude do homem para com a castração envolve uma clivagem paradoxal: sei que a castração não é uma ameaça efetiva, que não ocorrerá de fato e, no entanto, sou assombrado por sua perspectiva. O mesmo vale para a figura do "judeu conceitual": ele não existe (como parte de nossa experiência da realidade social), mas, por essa razão, eu o temo ainda mais — em suma, a própria não existência do judeu na realidade funciona como o principal argumento para o antissemitismo. Isso equivale a dizer que o discurso antissemita constrói a figura do judeu como um ente semelhante a um fantasma, que não pode ser encontrado em lugar nenhum da realidade, e depois usa essa mesma lacuna entre o "judeu conceitual" e os judeus de fato existentes como o argumento definitivo para o antissemitismo. Desse modo, somos aprisionados em uma espécie de círculo vicioso: quanto mais normais as coisas parecem, mais suspeitas despertam e mais apavorados ficamos. Nesse sentido, o judeu é como o falo materno: ele não existe na realidade, mas, por essa razão, sua presença fantasmática e espectral dá origem a uma angústia insuperável. Nisso consiste também a definição mais sucinta do Real lacaniano: quanto mais meu raciocínio (simbólico) me diz que X não é possível, mais seu espectro me

---

[39] Um paciente latino-americano contou a seu analista um sonho em que sentiu uma compulsão insuportável de comer doces. O analista foi sábio o bastante para evitar qualquer referência precipitada à pulsão oral etc. e concentrou-se na expressão espanhola "comer um doce", que significa engolir uma mentira ou fantasia (dizer que alguém "me deu um doce para comer" significa que ele me convenceu com mentiras reconfortantes). O sonho, portanto, revelava a ânsia do paciente de ser protegido por uma teia de fantasias com o intuito de suavizar o impacto do Real.

assombra – como aquele corajoso inglês que não só não acreditava em fantasmas, como também não tinha medo deles.

Aqui se impõe uma homologia entre o "judeu conceitual" e o Nome-do-Pai: neste, também temos uma cisão entre conhecimento e crença ("Sei perfeitamente que meu pai é na verdade uma criatura imperfeita, confusa e impotente, mas mesmo assim acredito em sua autoridade simbólica"). O pai empírico nunca está à altura de seu Nome, de seu mandato simbólico – e se estiver à altura dele, estaremos lidando com uma constelação psicótica (o pai de Schreber, no caso analisado por Freud, era um exemplo claro de pai que viveu à altura de seu Nome). Assim, a "transubstanciação" ou "suprassunção" (*Aufhebung*) do pai real no Nome-do-Pai não é estritamente homóloga à "transubstanciação" do judeu empírico no (ou na forma de aparição do) "judeu conceitual"? A lacuna que separa os judeus efetivos da figura fantasmática do "judeu conceitual" não é da mesma natureza que a lacuna que separa a pessoa empírica e sempre deficiente do pai do Nome-do-Pai, de seu mandato simbólico? Nos dois casos, uma pessoa real age como a personificação de uma ação fictícia irreal – o pai efetivo como substituto para a ação da autoridade simbólica e o judeu efetivo como substituto para a figura fantasmática do "judeu conceitual".

Por mais convincente que pareça, essa homologia é enganosa: no caso do judeu, a lógica usual da castração simbólica é invertida. Em que consiste exatamente a castração simbólica? Um pai real exerce autoridade na medida em que se coloca como a encarnação de um agente simbólico transcendente, ou seja, na medida em que aceita que não é ele, mas o grande Outro que fala através dele (como o milionário do filme de Claude Chabrol que inverte a queixa de ser amado só pelo dinheiro: "Se pelo menos eu encontrasse uma mulher que me ame pelos meus milhões, e não por mim!"). Reside nisso a principal lição do mito freudiano do parricida, do pai primordial que, depois de sua morte violenta, volta mais forte que nunca na forma de seu Nome, como uma autoridade simbólica: se o pai real tem de exercer uma autoridade paternal simbólica, ele deve, em certo sentido, morrer enquanto vivo – é sua identificação com a "letra morta" do mandato simbólico que dá autoridade a sua pessoa ou, para parafrasear o antigo lema contra os povos nativos da América: "Pai bom é pai morto!".

Por essa razão, nossa experiência com a figura paterna oscila necessariamente entre falta e excesso: sempre há pai "demais" ou "de menos", nunca a medida certa – "ou ele falta como presença, ou, como presença, está presente demais"[40]. Por um lado, temos o tema recorrente do pai ausente, culpado por tudo, até (e inclusive) pela taxa de criminalidade entre os adolescentes; por outro, quando o pai está efetivamente

---

[40] Jacques Lacan, *O seminário, livro 8: a transferência* (trad. Dulce Duque Estrada, Rio de Janeiro, Zahar, 1992), p. 289.

"aí", sua presença é necessariamente experimentada como perturbadora, vulgar, prepotente, indecente, incompatível com a dignidade da autoridade parental, como se sua presença como tal já fosse um excesso intruso.

Essa dialética entre falta e excesso explica a inversão paradoxal em nossa relação com uma figura de Poder: quando essa figura (pai, rei...) não consegue mais exercer com êxito sua função, essa falta é necessariamente (mal) percebida como um excesso, o soberano é criticado por ter "autoridade demais", como se estivéssemos lidando com um "excesso brutal de Poder". Esse paradoxo é típico da situação pré-revolucionária: quanto mais um regime é inseguro de si, de sua legitimidade (por exemplo, o *Ancien Régime* na França, antes de 1789), quanto mais hesita e faz concessões à oposição, mais é atacado pela oposição como um tirano. A oposição, é claro, age como histérica, já que sua crítica ao exercício de poder excessivo do regime esconde seu oposto – a verdadeira crítica é que o regime não é bastante forte, não está à altura de seu mandato de poder.

Outra homologia que deve ser rejeitada pela mesma razão é aquela entre o Nome-do-Pai e a Mulher fantasmática. A afirmação de Lacan de que "a Mulher não existe" (*la Femme n'existe pas*) não significa que nenhuma mulher empírica, de carne e osso, jamais será "Ela" ou não vive à altura do ideal inacessível da Mulher (ou o pai "real", empírico, nunca vive à altura de sua função simbólica, de seu Nome). A lacuna que separa para sempre toda mulher empírica da Mulher não é a mesma entre a função simbólica vazia e seu portador empírico. O problema com a mulher, ao contrário, é que não é possível formular sua função simbólica ideal vazia – é isso que Lacan tem em mente quando afirma que "a Mulher não existe". A "Mulher" impossível não é uma ficção simbólica, mas um espectro fantasmático cujo suporte é o *objeto a*, não o S_1. Aquele que "não existe", no mesmo sentido que a Mulher não existe, é o primordial gozo do Pai (o mítico pai pré-edipiano, que tem o monopólio sobre todas as mulheres do grupo), e por esse motivo seu *status* é correlativo ao da Mulher.

O problema com a maioria das críticas sobre o "falocentrismo" de Lacan é que, via de regra, elas se referem ao "falo" e/ou à "castração" de uma maneira metafórica pré-conceitual e inspirada no senso comum: de modo geral, nos estudos cinematográficos feministas, por exemplo, toda vez que um homem se comporta de maneira agressiva com uma mulher ou afirma sua autoridade sobre ela, podemos ter certeza de que suas ações serão designadas como "fálicas"; toda vez que uma mulher é enquadrada, exibida como frágil, acossada e assim por diante, é muito provável que sua experiência seja designada como "castradora". O que se perde aqui é precisamente o paradoxo do falo como significante da castração: se tivermos de afirmar nossa autoridade "fálica" (simbólica), o preço é que temos de renunciar à posição de agente e consentir em funcionar como o meio pelo qual o grande Outro age e fala. Na medida em que o falo enquanto significante designa a ação da autoridade simbólica, sua característica crucial é o fato de que ele não é "meu", não é o órgão de um sujeito vivente, mas o lugar em que um poder externo intervém e inscreve-se em meu corpo, um lugar em que o grande Outro age por mim – em suma, o fato de que o falo é um significante quer dizer que, acima de tudo, ele é estruturalmente um órgão sem corpo, de certa maneira "separado" de meu corpo. Essa caraterística crucial do falo, sua separabilidade, torna-se patente no uso do falo de plástico ("*dildo*") nas práticas sadomasoquistas entre lésbicas, em que ele circula como um brinquedo – o falo é uma coisa séria demais para que seu uso se restrinja a criaturas estúpidas como os homens[41].

Entretanto, há uma diferença essencial entre essa autoridade simbólica garantida pelo falo como significante da castração e a presença espectral do "judeu conceitual": apesar de lidarmos em ambos os casos com a cisão entre conhecimento e crença, as duas cisões são de natureza fundamentalmente diferente. No primeiro caso, a crença diz respeito à autoridade simbólica pública "visível" (não obstante minha consciência da imperfeição e debilidade do pai, eu ainda o aceito como figura de autoridade), ao passo que no segundo caso eu acredito no poder de uma aparição espectral invisível[42]. O fantasmático "judeu conceitual" não é uma figura paternal de autoridade simbólica, um portador ou meio de autoridade pública "castrado", mas algo decididamente diferente, um estranho tipo de duplo da auto-

---

[41] Se tivéssemos de especular por que o falo enquanto órgão foi escolhido para funcionar como o significante fálico, a característica que o "predispõe" para esse papel seria a característica evocada por santo Agostinho: o falo é o órgão da força/potência, contudo é um órgão cuja exibição de potência escapa essencialmente ao controle do sujeito – com a suposta exceção de alguns sacerdotes hindus, não se pode provocar uma ereção à vontade, por isso ela atesta uma força estranha que age no cerne do sujeito.

[42] A outra (má) interpretação, intimamente relacionada à primeira, concerne à oposição entre a economia fálica e a pluralidade polimórfica das posições do sujeito: segundo a visão-padrão, a tarefa da economia fálica é moldar a dispersa pluralidade pré-edípica das posições do sujeito em um sujeito unificado, subordinado ao domínio do Nome-do-Pai (portador e retransmissor da autoridade social), e, como tal, o sujeito ideal do Poder (social). Aqui, devemos colocar em discussão a suposição subjacente de que o Poder se exerce via sujeito edípico unificado e inteiramente submetido à Lei paternal fálica e, inversamente, que a dispersão do sujeito unificado em uma multitude de posições do sujeito, por assim dizer, destrói automaticamente a autoridade e o exercício do Poder. Contra esse lugar-comum, precisamos ressaltar mais algumas vezes que o Poder sempre nos interpela, aborda, como sujeitos cindidos, e que, para se reproduzir, ele depende de nossa cisão: a mensagem com que o discurso de poder nos bombardeia é inconsistente por definição, sempre há uma lacuna entre o discurso público e o suporte fantasmático. Longe de ser uma espécie de fraqueza secundária, ou seja, um sinal da imperfeição do Poder, essa cisão é constitutiva de seu exercício. Com respeito à chamada forma "pós-moderna" de subjetividade que condiz com o capitalismo tardio, devemos dar mais um passo: o sujeito "pós-moderno" é compreendido, no nível do discurso público, como um amontoado de múltiplas "posições subjetivas" (um *yuppie* economicamente conservador, mas sexualmente "iluminado").

ridade pública, que perverte seu papel lógico: ele tem de agir na sombra, invisível aos olhos públicos, irradiando uma onipotência espectral, à maneira de um fantasma. Por causa dessa condição imperscrutável e esquiva do núcleo de sua identidade, o judeu é visto – em contraste com o pai "castrado" – como *incastrável*: quanto mais abreviada é sua existência efetiva, social, pública, mais ameaçadora se torna sua ex-sistência fantasmática e esquiva[43].

Essa lógica fantasmática de um Mestre invisível – e, justamente por isso, todo-poderoso –, estava claramente em ação no modo de funcionamento da figura de Abimael Guzman ("presidente Gonzalo", líder do Sendero Luminoso, no Peru) antes de ele ser preso: o fato de sua existência ser incerta (não se sabia se ele existia de fato ou se era apenas um mito) só fez crescer seu poder. O misterioso mestre do crime Keyser Soeze, do filme *Os suspeitos*, de Bryan Singer, é outro exemplo. No filme, ninguém tem certeza se ele existe realmente – como diz uma das personagens, "Não acredito em Deus, mas mesmo assim tenho medo dele". As pessoas têm medo de vê-lo ou, quando são obrigadas a encará-lo, têm medo de mencionar o fato – sua identidade é mantida em segredo absoluto. No fim do filme, ficamos sabendo que Keyser Soeze é, na verdade, o elemento mais miserável do grupo de suspeitos, um banana manco e sem amor-próprio, como Alberich em *O anel dos Nibelungos*, de Wagner. É importantíssimo esse contraste entre a onipotência do agente invisível do poder e o modo como esse mesmo agente é reduzido a um fraco estropiado, no momento em sua identidade é revelada. A característica fantasmática que explica o poder exercido por essa figura do Mestre não é seu lugar simbólico, mas um ato em que ele mostrou sua vontade implacável e sua disposição de dispensar totalmente as considerações humanas comuns (Keyser Soeze teria atirado a sangue frio na mulher e nos filhos para evitar que uma quadrilha inimiga o chantageasse, ameaçando matá-los; esse ato é estritamente homólogo à renúncia ao amor de Alberich).

Em resumo, a diferença entre o Nome-do-Pai e o "judeu conceitual" é a diferença entre uma ficção simbólica e um espectro fantasmático: na álgebra lacaniana, entre S_1, o Significante-Mestre (o vazio significante da autoridade simbólica), e o *objet petit a*[44]. Quando é dotado de autoridade simbólica, o sujeito age como um

---

[43] Para uma exposição clara das diferentes versões de "Sei muito bem, mas...", ver Octave Mannori, "Je sais bien, mais quand même...", em *Clefs pour l'imaginaire, ou l'autre scène* (Paris, Seuil, 1968). Para uma leitura política dessa declaração, ver Slavoj Žižek, *For They Know Not What They Do* (Londres, Verso Books, 2002).

[44] A mesma lógica parece valer no populismo anticomunista de direita, que ultimamente vem ganhando força nos países ex-socialistas do Leste Europeu: sua resposta para os problemas atuais, inclusive o econômico, é que, embora tenham oficialmente perdido o poder, os comunistas continuam mexendo os pauzinhos, controlando as alavancas do poder econômico, dominando a mídia e as instituições estatais. Os comunistas são vistos, desse modo, como uma entidade fantasmática

apêndice desse título simbólico, ou seja, é o grande Outro que age através dele. No caso da presença espectral, ao contrário, o poder que eu exerço baseia-se em "algo em mim mais que eu mesmo", o que é mais bem exemplificado pelos diversos *thrillers* de ficção científica, de *Alien* a *O escondido*: um corpo alienígena indestrutível, que representa a substância vital pré-simbólica, e um parasita gosmento e repugnante que invade minhas entranhas e assume o controle.

Voltamos assim à piada de Chabrol sobre o milionário: quando alguém diz que me ama não por mim, mas por minha posição simbólica (poder, riqueza), minha situação é decididamente melhor do que quando alguém diz que me ama porque sente em mim a presença de "algo mais do que eu mesmo". Se o milionário perde seus milhões, a pessoa que o amava por sua riqueza simplesmente perderá o interesse por ele e o abandonará, sem nenhum trauma mais profundo; no entanto, se sou amado por "algo em mim mais do que eu mesmo", a própria intensidade desse amor pode se transformar facilmente em nada menos que uma aversão arrebatadora, uma tentativa violenta de aniquilar o mais-objeto em mim que perturba quem está comigo[45]. Assim, podemos nos solidarizar com o pobre milionário: é muito mais reconfortante saber que uma mulher me ama por meus milhões (poder ou glória), porque essa consciência permite que eu me mantenha a uma distância segura, evite ser pego em uma relação intensa demais, expondo ao outro o próprio cerne do meu ser. Quando o outro vê em mim "algo mais do que eu mesmo", o caminho está aberto para o paradoxal curto-circuito entre amor e ódio, para o qual Lacan cunhou o neologismo *l'hainamoration* [amódio][46].

---

ao modo dos judeus: quanto mais perdem poder público e tornam-se invisíveis, mais forte se torna sua onipresença fantasmática, seu controle indistinto. Essa ideia fixa dos populistas – segundo a qual o que está surgindo nos países pós-socialistas não é o "verdadeiro" capitalismo, mas uma falsa imitação, cujos controle e poder efetivos permanecem nas mãos de ex-comunistas travestidos de novos capitalistas – também oferece um caso exemplar de ilusão, cujo mecanismo foi exposto pela primeira vez por Hegel: o que os populistas não reconhecem é que sua oposição a esse "falso" capitalismo é, na verdade, uma oposição ao capitalismo *tout court*, isto é, eles, e não os ex-comunistas, são os verdadeiros herdeiros ideológicos do socialismo – não admira que os populistas sejam impelidos a ressuscitar a antiga oposição comunista entre a democracia "formal" e a "verdadeira". Em suma, estamos lidando com mais um exemplo da ironia do processo revolucionário, já descrita por Marx: de repente, os revolucionários percebem, surpresos, que eram meros mediadores efêmeros, cujo "papel histórico" era preparar o terreno para a dominação dos antigos com um novo disfarce.

[45] Um exemplo clássico dessa oposição entre a autoridade simbólica e o Mestre espectral invisível é dado em *O ouro do Reno*, de Wagner, como oposição entre Wotan e Alberich.

[46] Na verdade, a posição do milionário é ainda mais complexa. Quando uma mulher diz a um homem: "Não amo você por seus milhões (ou seu poder...), mas pelo que você realmente é!", isso significa o quê? Quanto mais ela "diz isso com sinceridade", tanto mais é vítima de uma espécie de ilusão de perspectiva e tanto menos nota que o próprio fato de que (as pessoas sabem que) sou milionário (ou um homem de poder) afeta a percepção que as pessoas têm do que eu sou "em mim mesmo", independentemente dessa minha propriedade. Enquanto eu for rico, as pessoas me

Os dois lados da fantasia

Essa dualidade entre ficção simbólica e aparição espectral só pode ser percebida na completa ambiguidade que cerca a noção de fantasia. Esta oferece um caso exemplar da dialética *coincidentia oppositorum*: de um lado, a fantasia em seu aspecto beatífico, em sua dimensão estabilizante, o sonho de um estado sem perturbações, fora do alcance da depravação humana; de outro, a fantasia em sua dimensão desestabilizante, cuja forma elementar é a inveja – tudo que me "irrita" no Outro, as imagens obsessivas do que ele ou ela pode estar fazendo longe do meus olhos, as imagens de como ele ou ela me engana e conspira contra mim, de como ele ou ela me ignora e se entrega a um gozo tão intenso que está além da minha capacidade representá-lo etc. (é isso, por exemplo, que incomoda Swann em Odette, no filme *Um amor de Swann*). A lição fundamental do chamado totalitarismo não concerne à codependência desses dois aspectos da noção de fantasia? Quem afirma ter realizado plenamente a fantasia 1 (a ficção simbólica) teve de recorrer à fantasia 2 (a aparição espectral) para explicar sua falha – o anverso forcluído da harmoniosa *Volksgemeinschaft* nazista voltou na forma de sua obsessão paranoica com a conspiração judaica. De maneira semelhante, o fato de os stalinistas descobrirem cada vez mais inimigos do socialismo foi o anverso inevitável de sua pretensão de ter realizado o ideal do "novo homem socialista". (Talvez a libertação do domínio infernal da fantasia 2 forneça o critério mais sucinto para a santidade.)

Fantasia 1 e fantasia 2, ficção simbólica e aparição espectral, são, portanto, dois lados da mesma moeda: na medida em que uma comunidade experimenta sua realidade como regulada ou estruturada pela fantasia 1, ela precisa negar sua impossibilidade inerente, o antagonismo em seu próprio âmago – e a fantasia 2 dá corpo a essa negação. Em suma, para manter o controle, a fantasia 1 depende da efetividade da fantasia 2. Lacan reescreveu o "penso, logo existo" de Descartes como "sou aquilo que pensa 'logo existo'" – o importante, é claro, é a não coincidência dos dois "sous", e a natureza fantasmática do segundo. A afirmação patética da identidade étnica deveria ser submetida à mesma reformulação: no momento em que "sou francês (alemão, judeu, norte-americano...)" é reescrito como "sou aquilo que pensa 'logo sou francês'", a lacuna no cerne da minha identidade torna-se visível – e a função do "judeu conceitual" é justamente tornar essa lacuna invisível.

O que é, então, a fantasia? O desejo "realizado" (encenado) na fantasia não é o desejo do sujeito, mas o desejo do outro – ou seja, a fantasia, uma formação fantas-

---

verão como uma personalidade forte e independente, mas, no momento em que eu perder meus milhões, elas verão em mim de repente um frouxo tapado (ou vice-versa). Em suma, o paradoxo reside no fato de que somente uma mulher que (sabe que) me ama por meus milhões é capaz de me ver como eu realmente sou, pois minha riqueza não distorce mais sua percepção.

mática, é a resposta para o enigma do "*che vuoi?*" ("o que você quer?"), que reproduz a posição primordial e constitutiva do sujeito. A questão original do desejo não é exatamente "o que você quer?", mas "o que os outros querem de mim?", "o que veem em mim?", "o que sou para os outros?". A criança está integrada em uma rede complexa de relações, servindo como uma espécie de catalisador e campo de batalha para os desejos daqueles que a cercam; pai, mãe, irmãos e irmãs etc. travam suas batalhas em volta dela. Embora esteja muito ciente desse papel, a criança não compreende que objeto ela é para os outros ou qual é a natureza exata dos jogos que acontecem a seu redor. A fantasia dá à criança uma resposta para esse enigma — em seu nível mais fundamental, a fantasia me diz o que sou para os meus outros. Mais uma vez, o antissemitismo, a paranoia antissemita, revela de maneira exemplar esse caráter radicalmente intersubjetivo da fantasia: a fantasia social da conspiração judaica é uma tentativa de responder à pergunta: "O que a sociedade quer de mim?", revelar o significado dos eventos sombrios dos quais sou obrigado a participar. Por isso, a teoria da "projeção", segundo a qual o antissemita "projeta" na figura do judeu a parte renegada de si próprio, é inadequada — a figura do "judeu conceitual" não pode ser reduzida a uma exteriorização do "conflito interno" do antissemita; ao contrário, ela atesta (e tenta lidar com) o fato de que o sujeito é originalmente descentralizado, parte de uma rede opaca, cujo significado e lógica escapam a seu controle.

Por isso, a questão da *traversée du fantasme* (como estabelecer uma distância mínima do quadro fantasmático que organiza o gozo do sujeito, como suspender sua eficácia) não é crucial apenas para a cura psicanalítica e sua conclusão — em nossa era de tensão racista renovada, de antissemitismo universalizado, talvez ela seja também a questão política mais importante. A impotência da atitude iluminista tradicional é mais bem exemplificada pelo antirracista que, no nível da argumentação racional, produz uma série de razões convincentes para rejeitar o Outro racista e, no entanto, é claramente fascinado pelo objeto de sua crítica. Consequentemente, todas as suas defesas caem por terra quando acontece uma crise real (quando a pátria está em perigo, por exemplo), como no clássico filme hollywoodiano em que o vilão, apesar de ser "oficialmente" condenado no fim, é o foco de nosso investimento libidinal (Hitchcock dizia que um filme é tão atraente quanto seu vilão). O principal problema não é como denunciar e defender racionalmente o inimigo — tarefa que pode levar com facilidade ao fortalecimento do controle sobre nós —, mas como quebrar o feitiço (fantasmático). O propósito da *traversée du fantasme* não é se livrar da *jouissance* (à maneira do velho puritanismo de esquerda); ao contrário, estabelecer uma distância mínima da fantasia significa que eu, por assim dizer, "desprendo" a *jouissance* de seu quadro fantasmático e a reconheço como insolúvel, como um resto indivisível, que não é nem inerentemente "reacionário", dando suporte à inércia histórica, nem é uma força libertadora que me permite destruir as restrições da ordem existente.

Na versão cinematográfica de *O processo*, de Kafka, Orson Welles realiza de maneira exemplar essa quebra do feitiço fantasmático, reinterpretando o lugar e a função da famosa parábola da "porta da lei". No filme, a história é contada duas vezes: logo no início, ela funciona como um prólogo e é lida e acompanhada de velhas projeções (falsas); pouco antes do fim, ela é contada a Josef K. não pelo padre (como no romance), mas pelo advogado de Josef K. (interpretado pelo próprio Welles), que se encontra inesperadamente com o padre e K. na catedral. A história sofre uma estranha virada, que diverge do romance de Kafka: quando o advogado se empolga e começa a falar do assunto, K. o interrompe e diz: "Eu soube. Todos soubemos. A porta foi feita só para ele". O que se segue é um diálogo difícil, em que o advogado aconselha K. a "declarar insanidade", dizer-se vítima de um plano diabólico, arquitetado por uma misteriosa entidade estatal. K., no entanto, rejeita o papel de vítima: "Não pretendo ser um mártir" "Nem a vítima da sociedade?" "Não sou vítima da sociedade, sou membro dela...". Em seu último acesso de fúria, K. afirma que a verdadeira conspiração (do Poder) consiste exatamente na tentativa de convencer os indivíduos de que eles são vítimas de forças irracionais impenetráveis, tudo é uma loucura, o mundo é absurdo e sem sentido. Em seguida, quando K. sai da catedral, dois policiais à paisana já estão a sua espera; eles o levam para um terreno baldio e o dinamitam. Na versão de Welles, portanto, o motivo da morte de K. é o oposto do motivo implícito no romance – ele representa uma ameaça ao poder quando desmascara, ou "vê claramente", a ficção sobre a qual se fundamenta a estrutura de poder existente.

A leitura que Welles faz de *O processo* difere das duas abordagens predominantes de Kafka: a perspectiva religiosa-obscurantista e a ingênua perspectiva humanista esclarecida. De acordo com a primeira, K. é culpado de fato: o que o torna culpado é exatamente o protesto de sua inocência, sua arrogante confiança na argumentação racional ingênua. A mensagem conservadora dessa leitura, que vê K. como representante de um interrogatório esclarecido, é inconfundível: o próprio K. é o verdadeiro niilista, e age como o proverbial elefante na loja de porcelanas – sua confiança na razão pública o deixa totalmente cego para o Mistério do Poder, para a verdadeira natureza da democracia. A Corte surge para K. como uma entidade misteriosa e obscena, que o bombardeia com demandas e acusações "irracionais" exclusivamente por causa da perspectiva subjetivista distorcida de K.; como lhe diz o padre na catedral, a Corte é indiferente, não quer nada dele. Na leitura contrária, Kafka é visto como um escritor profundamente ambíguo, que revelou a base fantasmática da máquina burocrática totalitarista, embora ele mesmo tenha sido incapaz de resistir a sua atração fatal. Nisso reside a inquietude sentida por muitos leitores "esclarecidos" de Kafka: no fim, ele próprio não participa da máquina infernal descrita por ele, fortalecendo assim o controle dessa máquina, em vez de quebrar seu feitiço?

Embora Welles pareça concordar com a segunda leitura, as coisas não são inequívocas: de certo modo, ele dá mais uma volta no parafuso e eleva a "conspiração" à segunda potência – como diz K. na versão de Welles, a verdadeira conspiração do Poder está na própria ideia de conspiração, na ideia de uma entidade misteriosa que detém de fato o controle das coisas, na ideia de que, por trás do Poder público visível, há outra estrutura de poder, "maluca", obscena, invisível. Essa outra lei oculta age como parte do "Outro do Outro" no sentido lacaniano, a parte da metagarantia da consistência do grande Outro (a ordem simbólica que regula a vida social). Os regimes "totalitários" eram especialmente hábeis em cultivar o mito de um poder paralelo secreto, invisível e, por isso mesmo, todo-poderoso, uma espécie de "organização dentro da organização" (KGB, maçonaria ou outra qualquer) que compensava a flagrante ineficiência do Poder público legal e assim garantia o bom funcionamento da máquina social. Esse mito não só não é subversivo, como serve de suporte definitivo para o Poder. A contrapartida norte-americana perfeita é (o mito de) J. Edgar Hoover, personificação do "outro poder" obsceno por trás do presidente, o duplo misterioso do poder legítimo. Hoover manteve-se no poder colecionando arquivos secretos que lhe garantiam controle sobre toda a elite estabelecida no poder e na política, mas ele mesmo participava regularmente de orgias homossexuais vestido de mulher. Quando o advogado de K. lhe oferece como último recurso o papel de vítima/mártir de uma conspiração oculta, K. o recusa, porque tem plena consciência de que, ao aceitá-lo, estaria entrando na mais pérfida armadilha do Poder.

Essa miragem obscena do Poder do Outro coloca em jogo o mesmo espaço fantasmático da famosa propaganda da Smirnoff, que também manipula a primor a lacuna entre a liberdade e a "outra superfície" do espaço da fantasia: a câmera, que está atrás de uma garrafa de vodca levada por um garçom em uma bandeja, perambula pelo convés de um luxuoso transatlântico; sempre que ela passa por um objeto, nós o vemos primeiro como ele é na realidade cotidiana e, depois, quando o vidro transparente da garrafa se interpõe entre o nosso olhar e o objeto, nós o vemos distorcido na dimensão da fantasia (dois homens de fraque viram dois pinguins, o colar no pescoço de uma dama se transforma em uma cobra, os degraus da escada viram teclas de piano etc.). A Corte em *O processo*, de Kafka, tem a mesma existência puramente fantasmagórica; seu predecessor é o castelo de Klingsor, em *Parsifal*, de Wagner. Como seu controle sobre o sujeito é inteiramente fantasmático, basta quebrar o feitiço por meio de um gesto de distanciamento e a Corte (ou o castelo) vira pó. Nisso reside a lição política de *Parsifal* e *O processo*, de Welles: se tivermos de combater o poder social "eficaz", precisamos primeiro quebrar seu controle fantasmático sobre nós[47].

---

[47] E se houve – e, na verdade, sempre há – uma conspiração ou um escândalo de corrupção em que o próprio poder estatal esteja envolvido? A lógica fantasmática da Conspiração impede efetivamente a revelação pública das conspirações atuais, dos casos de corrupção etc. – a eficácia da lógica

"Atravessar a fantasia" não significa sair da realidade, mas fazê-la "vacilar", aceitar seu não-Todo inconsistente. A noção de fantasia como uma espécie de tela ilusória que torna indistinta nossa relação com os objetos parciais parece corresponder perfeitamente ao senso comum a respeito do que os psicanalistas deveriam fazer: é claro que deveriam nos libertar das amarras das fantasias idiossincráticas, possibilitando nosso confronto com a realidade como ela é. É isso precisamente que Lacan *não* tem em mente – o que ele visa é exatamente o oposto. Em nossa experiência diária, estamos imersos na "realidade" (estruturada ou apoiada pela fantasia), mas essa imersão é perturbada por sintomas que atestam o fato de que outro nível reprimido de nossa psique resiste à imersão. Portanto, "atravessar a fantasia" significa paradoxalmente *identificar-se plenamente com a fantasia* – com a fantasia que estrutura o excesso que resiste a nossa imersão na realidade cotidiana. Na breve formulação de Richard Boothby:

> "Atravessar a fantasia", portanto, não significa que o sujeito abandona seu envolvimento com caprichos fantasiosos e acomoda-se a uma "realidade" pragmática, mas o oposto: o sujeito é submetido ao efeito da falta simbólica que revela o limite da realidade cotidiana. Atravessar a fantasia, no sentido lacaniano, é ser mais profundamente solicitado pela fantasia do que antes, no sentido de ser levado para uma relação ainda mais íntima com o verdadeiro núcleo da fantasia que transcende as imagens.[48]

Boothby está certo em enfatizar a estrutura de uma fantasia à maneira de Jano: uma fantasia é pacificadora, apaziguadora (fornece um cenário imaginário que nos permite suportar o abismo do desejo do Outro) *e* ao mesmo tempo demolidora, perturbadora, inassimilável em nossa realidade. A dimensão ideológico-política dessa ideia de "atravessar a fantasia" foi esclarecida pelo papel singular que o grupo de rock Top Lista Nadrealista (A lista dos maiores surrealistas) desempenhou na Guerra da Bósnia, durante o cerco de Sarajevo: suas apresentações irônicas, que satirizavam a situação da população de Sarajevo em meio à guerra e à fome, começaram a ser bem vistas não só pela contracultura, mas também pelos cidadãos em geral (o programa de TV do grupo foi transmitido durante a guerra e tornou-se extremamente popular). Em vez de lamentar seu destino trágico, o grupo mobilizava todos os clichês sobre os "bósnios estúpidos" tão comuns na Iugoslávia e identificava-se totalmente com eles – a questão era que o caminho para a verdadeira solidariedade surge do confronto direto com as fantasias obscenas racistas que circulam no espaço simbólico, de uma identificação divertida com elas, e não de sua negação em defesa daquilo com o que "as pessoas se parecem".

---

fantasmática da Conspiração requer que o Inimigo continue sendo uma entidade imperscrutável, cuja verdadeira identidade jamais poderá ser revelada plenamente.
[48] Richard Boothby, *Freud as Philosopher* (Nova York, Routledge, 2001), p. 275-6.

Isso nos leva ao que, para Lacan, é a grande armadilha ética: dar valor de sacrifício a um gesto fantasmático de privação, algo que só pode ser justificado com referência a um significado mais profundo. Essa parece ser a armadilha em que caiu *A vida de David Gale*, filme que tem a característica duvidosa de ter sido a primeira produção hollywoodiana a fazer uma referência explícita a Lacan[49]. Kevin Spacey interpreta um professor de filosofia que é contra a pena de morte, um sujeito que, bem no início do filme, é visto falando do "grafo do desejo" de Lacan. Ele dorme com uma aluna, perde o emprego, é rejeitado pela comunidade, acusado do assassinato de uma amiga muito próxima e acaba no corredor da morte, quando uma repórter (Kate Winslet) vai entrevistá-lo. Certa de que ele era culpado, ela começa a ter dúvidas quando ele lhe diz: "Pense bem, eu era um dos maiores opositores à pena de morte e agora estou aqui, no corredor da morte". Ao fazer sua pesquisa, Winslet encontra uma fita que revela que o assassino não é ele – mas é tarde demais, ele já foi executado. No entanto, ela leva a fita a público e as impropriedades da pena de morte são devidamente reveladas. Nos últimos minutos do filme, Winslet recebe outra versão da fita que esclarece toda a verdade: a mulher supostamente assassinada se suicidou (ela morreria de câncer, de qualquer maneira), e Spacey estava presente no momento do suicídio. Em outras palavras, ele estava envolvido em uma complexa trama ativista contra a pena de morte: ele sacrificou a si mesmo pelo bem maior de expor o horror e a injustiça da pena de morte. O que torna interessante o filme é que, retroativamente, vemos que esse ato se fundamenta na leitura que Spacey faz de Lacan no início do filme: a partir da constatação (correta) a respeito do apoio fantasmático do desejo, ele chega à conclusão de que todos os desejos humanos são vãos e propõe-se ajudar os outros, até mesmo com o sacrifício de alguém, como único caminho ético apropriado. Aqui, considerado por padrões propriamente lacanianos, o filme fracassa: endossa uma ética da abnegação pelo bem dos outros; é por isso que o herói faz de jeito que Winslet receba a fita – porque, no fundo, ele precisa do reconhecimento simbólico de seu ato. Não importa quão radical seja o autossacrifício do herói, o grande Outro ainda está aí.

Imagem e olhar

É contra esse pano de fundo que devemos interpretar a mediação entre imaginário e simbólico em Lacan: o imaginário relaciona-se com o visto, e o simbólico, por assim dizer, reduplica a imagem, mudando o foco para o que não pode ser visto, para a imagem que vemos ofuscada ou que nos cega. Lacan explica de modo muito preciso as implicações desse reduplicar: não é apenas que, com o simbólico, o ima-

---

[49] *A vida de David Gale* (2003), dirigido por Alan Parker e escrito por Charles Randolph, conta a história de um texano que leciona filosofia na Webster University, em Viena.

ginário volte-se para a aparência e esconda uma realidade oculta – a aparência que o simbólico gera é a da própria aparência, ou seja, a aparência de que há uma realidade escondida por trás da aparência visível. O nome preciso para essa aparência de algo que não tem existência própria, que existe apenas em seus efeitos e, assim, só parece que aparece, é "virtualidade" – o virtual é o X invisível, o vazio cujos contornos só podem ser reconstruídos a partir de seus efeitos, como um polo magnético que só existe na medida em que atrai fragmentos de metal que se reúnem em volta dele. Com respeito à diferença sexual, o ente virtual fundamental, o X invisível mais elementar que só "parece que aparece", é o falo materno: o falo materno é imaginado – não diretamente, mas como um ponto de referência para sempre invisível:

> Quando Lacan falava do registro imaginário, ele falava de imagens que podiam ser vistas. O pombo não se interessa pelo vazio. Se houver vazio no lugar da imagem, o pombo não se desenvolverá e o inseto não se reproduzirá. Mas é fato que, ao introduzir o simbólico, Lacan não renuncia falar do imaginário. Ele, inclusive, ainda falará muito do imaginário, só que de um imaginário que mudou completamente de definição. O imaginário pós-simbólico é muito diferente do imaginário pré-simbólico, anterior à introdução desse registro. Em que se transforma o conceito do imaginário, uma vez introduzido o do simbólico? Em alguma coisa muito precisa. O mais importante do imaginário é o que não se pode ver. Em particular, para tomar o pivô da clínica que se desenvolve no *Seminário, livro 4: a relação de objeto*, é o falo feminino, o falo materno. É um paradoxo chamá-lo falo imaginário quando, em termos precisos, não se pode vê-lo, é quase como se fosse questão de imaginação. Quer dizer que antes, nas celebríssimas observações e teorizações de Lacan sobre o estádio do espelho, seu registro imaginário era essencialmente ligado à percepção. Agora, uma vez introduzido o simbólico, há uma disjunção entre o imaginário e a percepção e, de certo modo, esse imaginário se liga com a imaginação. [...] Isso já implica a conexão entre o imaginário e o simbólico, assim como uma tese que se separa de toda percepção: o imaginário faz tela ao que não se pode ver.[50]

Na medida em que o falo materno é velado por definição, isso nos leva à função ontológica constitutiva/positiva do véu: o próprio véu/tela/imagem cria a ilusão de que há algo por trás de dele – como se diz na linguagem cotidiana, com o véu, sempre "resta algo para a imaginação". Devemos considerar essa função ontológica em seu aspecto mais forte e literal: é não escondendo nada que o véu cria o espaço para algo ser imaginado – o véu é o operador original da criação *ex nihilo* ou, como Hegel diz na *Fenomenologia*, "por trás da assim chamada cortina, que deve cobrir o interior, nada há para ver; a não ser que nós entremos lá dentro – tanto para ver como para que haja algo ali atrás que possa ser visto"[51]. Algumas páginas antes, ele

---

[50] Jacques-Alain Miller, "As prisões do gozo", *Opção Lacaniana*, n. 54, maio 2009, p. 17-8.
[51] G. W. F. Hegel, *Fenomenologia do espírito*, cit., § 165, p. 118.

diz isso em termos ainda mais fortes: nossa percepção é limitada ao mundo sensível; para além desse mundo, só há o vazio:

> para que haja algo nesse vazio total, que também se denomina sagrado, há que preenchê-lo, ao menos com devaneios: fenômenos que a própria consciência para si produz. Deveria ficar contente de ser tão maltratado, pois nada merece de melhor. Afinal, os próprios devaneios ainda valem mais que seu esvaziamento.[52]

É óbvio que Hegel não está dizendo que o mundo sensível é o único real, e que o "verdadeiro Além suprassensível" não passa de um produto de nossa imaginação; o mundo sensível é um mundo de esvanecimento, autoanulação, aparências – nisso reside o idealismo de Hegel –, mas não há uma "verdadeira realidade" por trás dele. A única "verdadeira realidade" é o fato de as aparências serem "meras aparências", a transformação da realidade sensível imediata em aparência: "O suprassensível é, pois, o fenômeno como fenômeno"[53]. Temos, portanto, dois níveis de aparência: as aparências do mundo sensível direto e a aparência, dentro desse mundo de aparências, dos objetos que são "elevados à dignidade de uma Coisa", ou seja, que dão corpo – ou apontam além delas – para o que está além da aparência: "Graças ao véu, a falta de objeto se transforma em objeto e o 'mais-além' faz sua entrada no mundo"[54] – essa lacuna é fundamental e não captada pelo "niilismo" budista, no qual temos apenas aparências achatadas e o Vazio. E do mesmo modo que, como diz Freud, o real se inscreve em um sonho na forma de sonho dentro de um sonho, o real além das aparências aparece como uma aparência dentro da aparência, como o que Platão chamou de "imitação da imitação". Lacan observa com perspicácia que é por isso que Platão se opunha de maneira tão categórica à pintura: não porque a pintura está ainda mais distante da verdadeira realidade do que a realidade sensível que ela imita, mas porque, na pintura, a verdadeira realidade aparece dentro de uma realidade sensível ordinária: "O quadro não rivaliza com a aparência, ele rivaliza com o que Platão nos designa mais além da aparência como a Ideia. E porque o quadro é essa aparência que diz que ela é o que dá aparência que Platão se insurge contra a pintura como contra uma atividade rival da sua"[55].

É por isso que *Um corpo que cai*, de Hitchcock, é um filme antiplatônico, uma destruição materialista sistemática do projeto platônico: a fúria assassina que se apossa de Scottie quando ele descobre finalmente que Judy (que ele tentou transformar em Madeleine) *é* (a mulher que ele conhecia como) Madeleine – a fúria do platônico enganado quando percebe que o original que ele queria reproduzir

---

[52] Ibidem, § 146, p. 104.
[53] Ibidem, § 147, p. 104.
[54] Jacques-Alain Miller, "As prisões do gozo", cit., p. 19.
[55] Jacques Lacan, *O seminário, livro 11: os quatro conceitos fundamentais da psicanálise* (trad. M. D. Magno, 2. ed., Rio de Janeiro, Zahar, 1996), p. 109.

em uma cópia perfeita já é uma cópia. O choque não é que o original se revela como cópia – uma enganação comum contra a qual o platonismo sempre nos alerta –, mas que (aquilo que tomamos como) a cópia revela-se como o original. O choque de Scottie no momento do reconhecimento é também um choque kafkaesco. Da mesma maneira que, no fim da parábola da porta da lei, o homem do campo aprende que a porta existia somente para ele, em *Um corpo que cai* Scottie tem de aceitar que o espetáculo fascinante de Madeleine, a quem ele seguia em segredo, era representado apenas para seu olhar, seu olhar estava incluído nele desde o princípio.

Isso nos leva à teologia implícita de Lacan (e Hegel): se Deus é o fundamento definitivo de todas as coisas, a razão de "existir algo em vez de nada", então Deus é o próprio véu: existe algo em vez de nada graças ao véu que nos separa do vazio do Nada. A declaração "Deus é o véu" deve ser interpretada como um juízo especulativo hegeliano que une dois conteúdos opostos: (1) Deus é o supremo devaneio com o qual nossa imaginação preenche o vazio por trás do véu; (2) Deus é o próprio véu enquanto supremo poder criativo:

> a imagem esconde. A imagem que mostra é também a imagem que esconde, ela mostra para esconder. Todos os comentários de Lacan sobre as imagens a partir daquele momento giram em torno disso. [...] Assim, a imagem como algo que se apresenta, e, *a fortiori*, em se tratando da imagem de um quadro, essa imagem que se dá a ver é um embuste, já que ela vela o que se encontra por trás dela. Nisso, ele retoma toda uma retórica clássica convidando os homens a desconfiar, a rejeitar as imagens como enganadoras. Mas, ao mesmo tempo – eu disse que inicialmente a imagem esconde, comentei isso –, o véu que esconde faz existir o que não se pode ver. Este é o esquema apresentado por Lacan no *Seminário, livro 4: a relação de objeto*: aqui, o sujeito, um ponto; [depois] o véu. Do outro lado, outro ponto, nada. Se não há véu, constata-se não haver nada. Se, entre o sujeito e o nada, há um véu, tudo é possível. Com o véu, podemos jogar, imaginar coisas, um certo simulacro também pode ajudar. Ali onde não havia nada antes do véu, há, talvez, alguma coisa, há, pelo menos, o mais além do véu, e, nesse sentido, por meio desse "talvez", o véu cria algo *ex nihilo*.
> O véu é um Deus. Quando Leibniz pergunta gentilmente por que as coisas são, mais do que não são, podemos responder a Leibniz o seguinte: se há algo e não o nada, é por haver um véu em algum lugar. Disse "gentilmente" por ser um tanto tarde, isto é, já há alguma coisa. Melhor teria sido pensar nisso um pouco antes de criar esse mundo... Dirijo-me, aqui, [...] ao Deus que cria *ex nihilo*. Com essa função do véu, introduz-se a tela que converte o nada em ser. Isso importa para todos nós, uma vez que chegamos vestidos. Podemos esconder o que há e, ao mesmo tempo e da mesma forma, o que não há. Esconder o objeto e esconder a um só tempo, com a mesma facilidade, a falta de objeto. A própria vestimenta está nesse movimento de mostrar e esconder. O travesti mostra alguma coisa ao mesmo tempo em que a esconde. Isso quer dizer que ele dá a ver algo diferente do que mostra. Graças ao véu, a falta de objeto se transforma em objeto e o "mais-além" faz sua entrada no mundo, de tal

modo que, com o véu, diz Lacan, já há no imaginário o ritmo simbólico do sujeito: o objeto e o "mais além".[56]

A consequência dessa constatação é nada menos que a destruição das duas posições filosóficas pré-hegelianas básicas, a metafísica pré-crítica de uma "verdadeira" realidade substancial por trás das aparências e o transcendentalismo crítico de Kant. Para apreendermos essa consequência na íntegra, devemos dar o importante passo desde o véu que mascara o Vazio para o olhar do Outro, o olhar como objeto: o Em-si por trás do véu, o que o véu mascara, não é uma realidade transcendente substancial, mas o olhar do Outro, o ponto a partir do qual o Outro devolve o olhar. O que não vejo no que vejo é o próprio olhar, o olhar como objeto.

Daí o axioma de Lacan: em todo quadro há um ponto cego, e o quadro para o qual eu olho devolve o olhar (olha de volta para mim) a partir desse ponto. É contra esse pano de fundo que devemos interpretar a tese de Lacan sobre o caráter reflexivo da pulsão freudiana, como a postura do "*se faire...*" (a pulsão visual não é a pulsão de ver, mas, em contraste com o desejo de ver, a pulsão de *se fazer visto* etc.). Aqui, Lacan não aponta para a *teatralidade* mais elementar da condição humana? Nossa maior aspiração não é observar, mas fazer parte de um mundo encenado, de expor-se ao olhar – não o olhar determinado de uma pessoa na realidade, mas o puro Olhar inexistente do grande Outro. Era para esse olhar que os antigos romanos esculpiam detalhes no topo dos aquedutos, invisíveis ao olho humano; o olhar para o qual os antigos incas faziam desenhos gigantescos nas pedras, cujas formas só podiam ser vistas do alto; o olhar para o qual os stalinistas organizaram seus gigantescos espetáculos públicos. Definir esse olhar como "divino" já é "gentrificar" seu *status*, privá-lo de sua natureza "acusmática", do fato de ser um olhar de ninguém, um olhar que flutua livremente, sem portador. As duas posições correlatas, do ator no palco e do espectador, não são ontologicamente equivalentes ou contemporâneas: originalmente, não somos observadores do drama da realidade, mas fazemos parte do quadro representado pelo vazio de um olhar não existente, e é apenas em um momento secundário que assumimos a posição de quem olha para o palco. A posição "impossível" e insuportável não é a do ator, mas do observador, do público.

Presença

Isso nos leva a uma possível definição lacaniana de fantasia como um cenário imaginário que representa uma cena impossível, algo que só poderia ser visto da

---
[56] Jacques-Alain Miller, "As prisões do gozo", cit., p. 18-9.

perspectiva da impossibilidade[57]. Uma cena de fantasia é o que merece de fato ser chamado de "*presença* aurática". Na medida em que envolve o ponto de impossibilidade, podemos dizer também que ela representa o *objet petit a*. E, na verdade, o par lacaniano formado por significante e *objeto a* não corresponde à diferença entre representação e presença? Embora os dois sejam substitutos, lugares-tenentes do sujeito, o significante o representa, enquanto o objeto brilha em sua presença. Nesse sentido, podemos falar sobre – cito aqui Jacques-Alain Miller – "a representação do sujeito pelo *objeto a*, salvo que a palavra 'representação' não serve. Devemos propor uma expressão, uma representação, uma identificação?"[58]. Justamente porque o *objeto a* não representa o sujeito, não devemos uni-los (como na fórmula da fantasia: $-a$), limitando-nos a

> colocar apenas o *a* e enchê-lo de raios em volta, raios por causa da presença implícita, da presença como apagamento do sujeito, pois, em vez da representação, da expressão, da identificação, trata-se aqui de um apagamento. [...] O sujeito está presente essencialmente no seu apagamento, no seu modo de ser apagado, o que [Lacan] nomeia, com uma grande economia de palavras, usando o neologismo *effaçon* [apagão].[59]

Aqui, a virada de Lacan é que essa presença do *objeto a* preenche a lacuna, a falha, da representação – sua fórmula é a do *objeto a* acima da barra, abaixo da qual há o S(A), significante do outro barrado, inconsistente. O objeto presente é um preenchimento, um tapa-buraco (*bouchon*); desse modo, quando confrontamos a tensão entre o simbólico e o Real, entre significado e presença – o evento da presença que interrompe o fluxo suave do simbólico, que se manifesta em suas lacunas e inconsistências –, devemos nos concentrar no modo como o Real corrói por dentro a própria consistência do simbólico. E talvez devamos passar da afirmação de que "a intrusão do Real corrói a consistência do simbólico" para a afirmação muito mais forte de que "o Real não é *nada mais que* a inconsistência do simbólico".

Heidegger gostava de citar um verso de Stefan George: *Kein Ding sei wo das Wort gebricht* – nenhuma Coisa existe onde se rompe a palavra. Quando falamos da Coisa, esse verso deve ser invertido: *Ein Ding gibt es nur wo das Wort gebricht* – uma Coisa existe apenas onde se rompe a palavra. A ideia de que as palavras representam coisas ausentes é rechaçada: a Coisa é uma presença que surge onde as palavras (representações simbólicas) falham, é uma coisa que representa a palavra ausente. Nesse sentido, um objeto sublime é "um objeto elevado à dignidade da Coisa": o vazio da Coisa não é um vazio na realidade, mas, em primeiro lugar, um

---

[57] Aqui encontramos a limitação do procedimento de Descartes da exaustão da ficção: não posso fingir que não sou. É exatamente isso que acontece na fantasia, cujas coordenadas elementares são a retração do sujeito a um olhar que observa o mundo como se imagina que ele é na ausência do sujeito.

[58] Jacques-Alain Miller, "The Prisons of *Jouissance*", *lacanian ink* 33, 2009, p. 45.

[59] Ibidem, p. 45-6.

vazio no simbólico, e o objeto sublime é um objeto no lugar da palavra falhada[60]. Essa talvez seja a definição mais sucinta de aura: ela envolve um objeto quando ocupa um vazio (buraco) dentro da ordem simbólica. Isso indica que o domínio do simbólico é não-Todo – é tolhido a partir de dentro[61].

Repetindo, o que é presença? Imaginemos a conversa de um grupo em que todos sabem que um deles tem câncer e sabem que todos do grupo sabem disso; eles conversam sobre tudo, os livros que leram, os filmes que viram, seus contratempos profissionais, política... tudo para evitar o assunto do câncer. Em uma situação como essa, podemos dizer que o câncer está totalmente *presente*, uma presença pesada que lança sua sombra sobre tudo o que as pessoas dizem, e que só vai piorando à medida que se tenta evitá-la.

Então, e se a verdadeira linha de separação não for a que separa a presença e a representação simbólica, mas a que cruza essa divisão, cindindo a partir de dentro cada um dos dois momentos? O "estruturalismo" tem o crédito eterno de ter "desermeneutizado" o próprio campo do simbólico, de ter tratado a tessitura significante como independente do universo da experiência do significado; e a maior realização das elaborações do último Lacan a respeito do Real é ter revelado uma "presença" intrusiva traumática que provoca estragos em cada experiência aurática significativa da Presença. Lembramos aqui *A náusea*, de Sartre, uma das paradigmáticas abordagens literárias do Real: é muito difícil, contraintuitivo, subsumir o lodo repugnante do Real inerte sob a categoria da "aura". A aura não é precisamente uma "domesticação" do Real, uma tela que nos protege de seu impacto traumático? O tema de uma presença "deste lado da hermenêutica" é central para Lacan, para quem a psicanálise não é hermenêutica, especialmente não uma forma profunda. A psicanálise lida com o sujeito contemporâneo ao advento do Real moderno, que surge quando o significado é evacuado da realidade: não só o real científico acessível nas fórmulas matemáticas, mas também, de Schelling a

---

[60] Pippin observou o contraste entre o sublime kantiano e o sublime religioso: enquanto este visa provocar um assombro humilhante (não sou ninguém diante do poder divino infinito e inconcebível), na visão "herética" de Kant, a experiência do sublime é um processo de duas etapas que culmina na asserção da "supremacia absoluta do homem sobre toda a natureza em virtude de sua vocação moral e sua independência de qualquer condição ou poder" (Robert Pippin, *The Persistence of Subjectivity*, cit., p. 294).

[61] Essa falta ou imperfeição do (grande) Outro é expressa de maneira maravilhosamente simples em uma piada sobre dois amigos que tentam acertar uma lata com uma bola. Depois de acertá-la várias vezes, um deles diz: "Mas que diabo, errei!". O amigo, um religioso fanático, reclama: "Como se atreve a falar assim, que blasfêmia! Tomara que Deus puna você, acertando-o com um raio!". Algum tempo depois, o raio realmente cai, mas acerta o religioso, que, gravemente ferido e quase morrendo, olha para o céu e pergunta: "Mas por que acertaste a mim, meu Deus, e não o verdadeiro culpado?". Uma voz grave ressoa do céu: "Mas que diabo, errei!".

Sartre, o abismo proto-ontológico da inércia do "mero real" desprovido de qualquer significado. Para Lacan, portanto, não há necessidade de uma hermenêutica psicanalítica – a religião cumpre essa função perfeitamente bem.

Aqui, Significado e Sentido devem ser contrapostos: o Significado pertence ao grande Outro, é o que garante a consistência de todo o campo da experiência, enquanto o Sentido é uma ocorrência contingente local no mar do não sentido. Em termos lacanianos, o Significado pertence ao nível do todo, enquanto o Sentido é não-Todo: o Significado definitivo é garantido pela religião (mesmo que pareçam não ter significado, como assassinatos, fome ou desastres, toda essa confusão tem um Significado superior, do ponto de vista de Deus), ao passo que o Sentido é materialista, algo que surge "do nada", em uma explosão mágica, digamos, de uma metáfora inesperada. O Significado é assunto da hermenêutica, o Sentido é assunto da interpretação, como na interpretação do sentido de um sintoma que, de maneira precisa, desvirtua e solapa a totalidade do Significado. O Significado é global, o horizonte que abrange detalhes que em si mesmos parecem não ter significado; o Sentido é uma ocorrência local no campo do não sentido. O Significado é ameaçado de fora pelo não Significado; o Sentido é interno ao não Sentido, é produto de um encontro sem sentido, contingente ou de sorte. As coisas têm Significado, mas fazem Sentido.

A noção lacaniana de interpretação, portanto, é oposta à hermenêutica: ela envolve a redução do significado ao não sentido do significante, e não a revelação de um significado secreto[62]. E ainda "mais embaixo", se posso dizer dessa forma, há o nível do que Lacan chama de *sinthomas* em oposição aos sintomas – nós significantes de *jouis-sense*, sentido gozado, "significado" que penetra diretamente na materialidade de uma letra[63]. O conto "Santa Cecília, ou O poder da música", de Heinrich von Kleist, traduz perfeitamente a voz (cantante) em sua estranha encarnação da *jouissance* "feia". A ação se passa em uma cidade alemã, dividida

---

[62] Existe certo literalismo anti-hermenêutico que pertence ao núcleo da espiritualidade judaica. David Grossman contou-me uma anedota pessoal encantadora: pouco antes do conflito árabe-israelense de 1967, quando ele soube pelo rádio da ameaça dos árabes de jogar os judeus no mar, sua reação foi fazer aulas de natação – uma reação judaica paradigmática, se é que isso existe, no espírito da longa conversa entre Josef K. e o padre (o capelão da cadeia) que se segue à parábola da porta da lei.

[63] O *sinthoma* deve ser oposto ao *matema*: embora ambos pertençam ao espaço enigmático "entre natureza e cultura", entre dados sem sentido e significado – ambos são pré-semânticos, fora do domínio do significado, e não obstante são significantes e, como tais, irredutíveis à tessitura sem significado dos dados positivos –, "*sinthoma*" é o nome dado à fórmula mínima que fixa/registra o que Eric Santner chamou de "demasiadidade"? O *sinthoma* é uma fórmula que condensa o excesso de *jouissance*, e essa dimensão claramente falta no *matema*, cujos casos exemplares são declarações científicas matematicamente formalizadas – os *matemas* não implicam nenhum investimento libidinal, eles são neutros, dessubjetivados.

entre protestantes e católicos, durante a Guerra dos Trinta Anos. Os protestantes planejam provocar uma carnificina em uma grande igreja católica durante a missa da meia-noite; quatro pessoas se infiltram para iniciar a confusão e dar o sinal para que os outros comecem o massacre. No entanto, uma estranha reviravolta acontece quando uma linda freira, supostamente morta, acorda milagrosamente e dirige o coro em uma canção sublime. A música fascina os quatro bandidos: eles não conseguem iniciar a confusão e, como não dão o sinal, a noite prossegue em paz. Mesmo depois do evento, os quatro protestantes continuam entorpecidos: eles são internados em um manicômio, onde, durante anos, sentam-se e rezam o dia inteiro. Todos os dias, à meia-noite, eles se levantam e cantam a sublime canção que ouviram naquela noite fatídica. Aqui, obviamente, surge o horror, pois o canto divino original que produziu um efeito tão milagroso, redentor e pacificador, torna-se com a repetição uma imitação obscena repulsiva. O que temos aqui é um caso exemplar da tautologia hegeliana como a grande contradição: "Voz é... voz", a voz etérea e sublime do coro de uma igreja encontra a si mesma, em sua alteridade, na grotesca cantoria dos lunáticos. Isso inverte efetivamente a clássica versão da reviravolta obscena – a do rosto de uma garota delicada que, de repente, é distorcido pela fúria, e ela começa a suar e proferir blasfêmias indizíveis (a garota possuída de *O exorcista* etc.). Essa versão revela o horror e a corrupção por trás de uma superfície delicada: o semblante da inocência desintegra-se e percebemos de súbito a intensa obscenidade por trás dela – o que poderia ser pior que isso? Precisamente o que acontece no conto de Kleist: o maior horror não ocorre quando a máscara da inocência se desintegra, mas quando o texto sublime é (mal) apropriado pelo falante errado. Na versão clássica, temos o objeto direto (um rosto inocente e delicado) no lugar errado (envolvido em profanações blasfemas), ao passo que, em Kleist, o objeto errado (os bandidos brutais) no lugar certo (tentando imitar o sublime ritual religioso) gera uma profanação muito mais profunda.

Não obstante, surgem aqui duas questões: como essa prática subversiva se relaciona com a prática semelhante (embora definitivamente não subversiva) das "canções de marcha"? Onde está a diferença? Por que a primeira prática é subversiva e a segunda não? Além disso, que procedimento paralelo poderia subverter a ideologia dominante nos regimes socialistas estatais? Há uma música que chega bem perto disso: "Gruss an die Partei (Chormusik Nr. 5 für grossen Chor, Bass-Solo und grosses Orchester)", de oito minutos e quarenta segundos de duração, composta em 1976 por Paul Dessau (último colaborador de Brecht), com letra – de novo! – de Heiner Müller (sucessor não oficial de Brecht como principal dramaturgo da Alemanha Oriental) e citações de um discurso de Erich Honecker, então secretário-geral do Partido Socialista Unificado da Alemanha (Sozialistische Einheitspartei Deutschlands, SED). A série de tons "Es-E-D" aparece repetidamente na música. A lenda de Honecker como um poeta não reconhecido era uma piada comum na Alemanha Oriental: a ideia era tirar um trecho de um dos seus discursos e acrescentar um verso a cada tantas palavras, criando um poema moderno abstrato. Em *Lied der Partei* [Saudação ao partido], de Müller e Dessau, exemplo supremo do que os alemães chamavam de *Polit-Byzantinismus*, a piada é feita de tal maneira que (como costumava acontecer nos países comunistas) não está claro se o intuito de Müller era fazer uma paródia secreta ou se ele escreveu (ou escolheu) as palavras cruzando os dedos. O que sobressai é a extrema disparidade, ou mesmo certa tensão, entre a música atonal totalmente modernista e não melódica e a completa banalidade das palavras. Vejamos os três primeiros "poemas" de Honecker:

Coisas notáveis foram realizadas
Com a força do povo
E pelo bem-estar do povo
No elo fraternal com a União Soviética

Nunca tanto foi feito
Na comunidade
Dos Estados socialistas
Pela paz e segurança
Pela liberdade do povo

Muitas coisas ainda restam a ser feitas
Do jeito comunista
Ano após ano[64]

A obscenidade atinge o auge no último "poema", em que, perto do fim, em comemoração à passagem do socialismo para o comunismo, as injunções e declarações hostis, acompanhadas do som brutal da bateria, transformam-se momentaneamente em um canto silente e mais suave, como o clímax de um hino religioso, sinalizando que, depois da difícil luta da nossa era de socialismo, a harmonia do comunismo acabará triunfando.

Hoje todos vemos:
O imperialismo bate em retirada
O progresso
Marcha adiante
Com o poder de todo o povo
Do presente do socialismo
Ao futuro
Do comunismo

---

[64] Música e letra disponíveis no álbum *Die Partei hat immer Recht: Eine Dokumentation in Liedern* (Amiga, BMG 74321394862).

Aqui, a fronteira entre o Sublime (do Estado bizantino) e o ridículo é de fato insolúvel – basta imaginarmos Honecker, depois de um discurso no Congresso do Partido, *cantando* essas palavras e sendo acompanhado de coro (formado pelos representantes) e orquestra, para nos vermos no meio de *Diabo a quatro*, dos irmãos Marx. Mas rir de espetáculos assim talvez seja fácil demais – talvez nos façam deixar escapar o verdadeiro destinatário, o mesmo olhar imaginado ou inexistente como o olhar impossível dos incas, vindo de cima. Em suma, a noção fantasmática mais elementar não é a de uma cena fascinante para a qual olhamos, mas a noção de que "há alguém lá fora nos olhando": não um sonho, mas a noção de que "somos personagens no sonho dos outros". Longe de sinalizar uma patologia subjetiva, esse olhar fantasmático é *sine qua non* da nossa normalidade, em contraste com a psicose, em que esse olhar aparece como parte da realidade. Para esclarecer esse ponto crucial, vamos começar esclarecendo o *status* do olhar e da voz na teoria psicanalítica, tendo sempre em mente suas três diferentes condições na neurose, na psicose e na perversão[65].

(1) Na neurose, lidamos com a cegueira histérica ou a perda da voz, ou seja, a voz ou o olhar estão incapacitados. Na psicose, ao contrário, há um a mais do olhar ou da voz, pois o psicótico experimenta a si mesmo como visto (paranoico) ou ele ouve (tem alucinações com) vozes que não existem[66]. Em contraste com essas duas situações, o pervertido usa a voz e o olhar como instrumento, "faz coisas" com elas.

(2) O par voz e olhar também deveria ser relacionado com o par *Sach-Vorstellungen* e *Wort-Vorstellungen*: as "representações das coisas" envolvem o olhar, nós vemos as coisas, ao passo que as "representações das palavras" envolvem a voz ("imagens vocais"), nós ouvimos as palavras.

(3) Além disso, olhar e voz estão ligados, respectivamente, ao Id (pulsão) e ao supereu: o olhar mobiliza a pulsão escópica, ao passo que a voz é o meio da instância do supereu que exerce pressão sobre o sujeito. Mas também não podemos nos esquecer de que o supereu retira sua energia do Id, o que significa que a voz do supereu também mobiliza as pulsões. No que se refere às pulsões, a voz e o olhar estão relacionados, portanto, como Eros e Tânatos, pulsão de vida e pulsão de morte: o olhar "sidera", desvia, transfixa ou imobiliza o rosto do sujeito, transformando-o em um ente petrificado à maneira da Medusa. A constatação do Real mortifica, ela está para a morte (a cabeça da Medusa é em si um olhar transfixado/petrificado, e vê-la não me

---

[65] Baseio-me aqui em Paul-Laurent Assoun, *Leçons psychanalytiques sur le regard et la voix* (Paris, Anthropos, 2001), v. 1 e 2.
[66] Essa diferença também pode ser relacionada com a diferença entre a incapacidade de agir e o *passage à l'acte*: a posição histérica envolve um ato bloqueado, a procrastinação, a oscilação, gestos vazios (que funcionam como "atuação", um gesto teatral, em vez de um ato verdadeiro); a posição psicótica envolve o Real de um violento *passage à l'acte* que suspende o próprio grande Outro.

petrifica – ao contrário, eu mesmo me transformo em um olhar transfixado), assim como a voz sedutora está para o elo maternal pré-edípico além/abaixo da Lei, para o cordão umbilical que vivifica (da canção de ninar materna à voz do hipnotizador).

(4) A relação entre os quatro objetos parciais (oral, anal, voz, olhar) é a de um quadrado estruturado ao longo dos dois eixos de demanda/desejo e para o Outro/do Outro. O objeto oral envolve uma demanda voltada para o Outro (a mãe, para que me dê o que quero), ao passo que o objeto anal envolve uma demanda do Outro (na economia anal, o objeto do meu desejo é reduzido à demanda do Outro – evacuo regularmente para satisfazer a demanda do Outro). De maneira homóloga, o objeto escópico envolve um desejo voltado para o Outro (mostrar-se, permitir-se ser visto), ao passo que o objeto vocal envolve um desejo do Outro (demonstrar o que se quer de mim). Em termos ligeiramente diferentes: o olhar do sujeito envolve sua tentativa de ver o outro, ao passo que a voz é uma invocação (Lacan: "pulsão invocatória"), uma tentativa de provocar uma resposta do Outro (Deus, o rei, a pessoa amada); é por isso que o olhar mortifica/pacifica/imobiliza o Outro, ao passo que a voz o vivifica, tenta obter dele um gesto.

(5) Como o olhar e a voz se inscrevem no campo social? Em primeiro lugar, como vergonha e culpa: a vergonha de que o Outro veja demais, veja-me em minha nudez; a culpa desencadeada pela audição do que os outros dizem de mim[67]. A oposição entre voz e olhar não está ligada então à oposição entre supereu e ideal do eu? O supereu é uma voz que assombra o sujeito e o declara culpado, ao passo que o ideal do eu é o olhar diante do qual o sujeito sente vergonha. Desse modo, há uma cadeia tripla de equivalências: olhar-vergonha-ideal do eu, e voz-culpa-supereu.

"O quadro está em meu olho, mas eu, eu estou no quadro"

Isso nos leva à lição propriamente ontológica da psicose, das alucinações psicóticas em que "o que foi forcluído do simbólico retorna no Real", a lição que solapa efetivamente o *cogito* cartesiano enquanto *percipiens* (sujeito que percebe) externo ao *perceptum*. A lição é:

> o *percipiens* não é exterior ao *perceptum*, mas incluso. Há uma espécie de ser do próprio *perceptum* que não lhe é exterior. Não se deve partir da ideia de uma representação na qual o mundo exterior seria convocado diante do sujeito certo de sua existência. É preciso pensar a inclusão do sujeito da percepção no percebido. A respeito das alucinações, por exemplo, [...] não basta dizer que o sujeito percebe o que não se encontra

---

[67] Aqui, o mais perturbador é a ignorância do Outro, como no famoso sonho em que ando nu na rua ou em algum lugar público, mas as pessoas me ignoram e se comportam como se nada de extraordinário estivesse acontecendo – isso é muito mais perturbador do que as expressões de choque diante da minha nudez.

no *perceptum*, tampouco perguntar-se se o sujeito acredita, ou pensar que isso não tem consistência. Por que ninguém além do sujeito pode experimentar isso? [...] O que Lacan enfatiza nas alucinações verbais, é que elas têm uma estrutura linguística própria e que não se deve pensá-las a partir de um erro ou de uma doença do sujeito, mas como exploração da própria estrutura da linguagem. O sujeito não unifica o percebido, não há um poder de síntese exterior ao percebido, ele está incluído nele. [...]
Quando se trata da percepção, mais precisamente da percepção visual, da relação com o escópico, trata-se de restabelecer o *percipiens* no *perceptum*. Uma presença a mais, um "a mais" esquecido da teoria clássica. Mas há também uma ausência. É preciso referir-se ao conceito de realidade em Freud. A objetividade da realidade supõe, segundo Freud, [...] que a libido não invada o campo perceptivo. Isto quer dizer que, para Freud, a condição da objetividade da realidade é um desinvestimento libidinal. Sua tradução ingênua é a ética do cientista suposto aplicar-se meticulosamente a fim de não pôr em jogo suas paixões pessoais, apagar toda libido, ou pelo menos a *libido sciendi*, para descrever ou investigar a realidade. Mas essa suposta ética do cientista traduz a exigência de deslibidinalização da percepção, que Lacan traduz em seu código como a extração do objeto *a*. E, nisso, a condição de "objetividade da realidade" – entre aspas porque o sujeito está sempre incluído, como diz Lacan: o *perceptum* é sempre impuro – é que a realidade seja um deserto de gozo. Esse gozo se condensa no objeto *a*, de tal maneira que a presença do *percipiens* no *perceptum* é correlativa ao que aparece como uma ausência de mais-de--gozar. Quando estudamos a visão, seja em psicologia, medicina ou oftalmologia, ela é uma relação com a realidade sem gozo. Razão pela qual Lacan distingue o campo da visão do que ele chama de campo escópico, isto é: a realidade e o gozo. Lacan desenvolveu uma teoria do campo escópico ao estudar de que maneira a pulsão se presentifica nesse campo.[68]

Essa estrutura do campo escópico em oposição ao campo da visão, essa experiência de que "quando olho para o mundo, sempre sinto que, de algum modo, as coisas olham de volta para mim" – em oposição ao puro sujeito cartesiano que percebe o mundo ao longo de linhas geométricas claras – fornece o *dispositif* mínimo subjacente da religião. "Deus" é, em sua forma mais elementar, esse olhar do Outro devolvido pelos objetos, um olhar imaginado certamente (procuramos em vão por ele na realidade), mas não menos real. Esse olhar existe apenas para o sujeito que deseja, como objeto-causa de seu desejo, e não na realidade (exceto para o psicótico). No amor apaixonado, há momentos em que a pessoa amada sente que o amante vê nela alguma coisa de que ela mesma não tem consciência – é somente através do olhar do amante que ela toma consciência dessa dimensão que existe nela. O que a pessoa amada sente nesses momentos é "o que há nela mais que ela mesma", o *je ne sais quoi* que causa o desejo do amante por ela e existe somente para o olhar do amante, que, de certa forma, é o correspondente objetal do desejo,

---

[68] Jacques-Alain Miller, "As prisões do gozo", cit., p. 21-2.

a inscrição do desejo em seu objeto. O que o amante vê é a parte perdida de si mesmo contida no outro (envolvida por ele). Como tal, o objeto-olhar não pode ser reduzido a um efeito da ordem simbólica (o grande Outro): "o olhar permanece do lado do Outro, mesmo se o Outro não existe"[69].

Em razão de sua inexistência, o *status* desse objeto-causa imaterial não é ontológico, mas puramente ético – talvez esse sentimento do olhar do outro que "vê mais em mim do que eu mesmo" seja a experiência deontológica de nível zero, o que originalmente me impulsiona para a atividade ética cujo objetivo é me tornar adequado para a expectativa escrita no olhar do outro. Não há como não nos lembrarmos dos dois últimos versos do famoso soneto de Rilke, "Torso arcaico de Apolo": "*denn da ist keine Stelle / die dich nicht sieht. Du musst dein Leben ändern*" ("pois lá não há lugar que não te mire. Precisas mudar de vida"). Peter Sloterdijk, que usou o segundo verso como título de um livro[70], observou a enigmática interdependência subjacente das duas declarações: do fato de que não há nenhum lugar (na Coisa que é o torso de *Apolo*, de Auguste Rodin) que não nos olhe de volta, segue-se o chamado de que, de alguma maneira, nós (os observadores da escultura) temos de mudar de vida – mas como? Nessa grandiosa leitura do poema de Rilke, em um subcapítulo chamado "A ordem vinda da pedra", Sloterdijk ilustra como o torso diz respeito ou concerne a mim, dirige-se a mim, como o objeto devolve o olhar – esse olhar devolvido pelos objetos é a "aura", o mínimo da "religiosidade", essa capacidade de ser afetado pelo olhar do Outro/Coisa, de "vê-la vendo"[71]. Sujeito e objeto trocam de lugar, mas não totalmente: eu permaneço sujeito e o objeto permanece objeto, pois eu não me torno um objeto do grande Outro subjetivado – isso só acontece na perversão. Como afirma Sloterdijk, esse outro que olha é fantasiado, nunca é parte da realidade, é somente "suposto" (*unterstellt*)[72] – um suposto olhar. A religião autêntica nunca dá o passo fatídico além dessa suposta condição do Outro que nos olha – no momento em que damos esse passo, encontramo-nos na psicose: o psicótico sabe-se ser visto na realidade. Nisso também reside a maior diferença entre conhecimento e crença: posso conhecer os objetos que vejo (perspectiva de Descartes), mas só posso acreditar que eles devolvem meu olhar. Mais precisamente, o que devolve o olhar é, por definição, o objeto e *não* outro sujeito, como na psicose. Talvez seja por isso que, não obstante, haja um núcleo psicótico em todas as religiões, na medida em que cada *religio* transforma a *Ding* em outro Sujeito do qual emana o olhar. As implicações clínicas dessa condição puramente virtual do olhar (e da voz), portanto, são claras: o que caracteriza a psicose, a experiência psicótica, é o fato de esse olhar

---

[69] Ibidem, p. 25.
[70] Ver Peter Sloterdijk, *Du musst dein Leben ändern* (Frankfurt, Suhrkamp, 2009).
[71] Ibidem, p. 45.
[72] Ibidem, p. 44.

precisamente não ser mais um Real virtual, mas sim incidir na realidade perceptível – o psicótico pode "ver" o objeto-olhar (ou "ouvir" o objeto-voz). O principal que não podemos nos esquecer é que o contraponto ao psicótico não é um sujeito "normal", que só vê "o que realmente existe aí", mas um sujeito do desejo que se relaciona com um Real virtual do olhar ou da voz:

> Não percebemos o que Lacan aqui designa como objetos. O que ele chama de olhar ou voz não é o tom, o sopro, menos ainda o sentido. A voz é o que já está presente em cada cadeia de significante, e o que ele chama de olhar não é algo que encontre no olho ou que saia do olho. Quer dizer, desses objetos, olhar e voz, ele dá uma definição exterior à percepção, e podemos aproximar esses dois termos a partir do percebido, embora eles só se constituam realmente quando a percepção não for possível. [...] É na experiência do psicótico que a voz não pode ser ouvida e o olhar que ninguém vê encontram sua existência. É com o psicótico que Lacan introduz a teoria da percepção, para fazê-la explodir, para não reduzir a experiência do psicótico à experiência suposta normal. [...] Na experiência psicótica, voz e olhar não se elidem. É privilégio do psicótico perceber os objetos lacanianos: voz e olhar. Ele percebe a voz presente em cada cadeia significante. Basta haver cadeia significante para haver voz, basta um pensamento articulado para fazer perceber a presença de uma voz. O psicótico experimenta em si mesmo e dolorosamente o olhar que vem do mundo, mas são "as coisas que o olham", alguma coisa "se" mostra. Disso decorre o famoso exemplo da lata de sardinhas, a pequena e célebre anedota de Lacan, lembrada hoje, que vem precisamente para dar um simulacro de uma experiência psicótica: "este objeto me olha e estou no *perceptum* desse objeto". Lacan diz que o quadro está no meu olho. Esta é a verdade da teoria da representação, mas eu estou dentro do quadro[73].

É neste ponto que intervém a teoria lacaniana da arte visual: com respeito ao olhar traumático incorporado em um objeto, a pintura é o processo de "domar a megera", ela aprisiona ou doma esse olhar:

> o quadro dá prazer ao espectador que, na realidade, encontra algo de belo, e isso apazigua nele a angústia da castração, porque nada falta. O espectador pode ver o olhar no quadro, mas um olhar encarcerado, o olhar materializado sob a forma de pinceladas. Assim, o quadro [...] é como uma prisão para o olhar. Lacan faz uma exceção à pintura expressionista, pois ela tenta ativar o olhar que há dentro do quadro, e pelo fato de o espectador se sentir olhado e capturado pelo espetáculo.[74]

Não surpreende que o expressionismo seja associado em geral à angústia: a angústia surge quando o olhar-objeto é exibido de maneira muito direta[75]. Benjamin

---

[73] Jacques-Alain Miller, "As prisões do gozo", cit., p. 23.
[74] Ibidem, p. 25.
[75] Note-se que, para Lacan, em contraste com Heidegger e Freud, a angústia *tem* seu objeto, que é o objeto-causa do desejo, o *objet petit a* em todas as suas versões. A angústia não surge quando o objeto está ausente, mas no caso de sua proximidade excessiva.

observou que a aura que cerca um objeto sinaliza que ele devolve o olhar; ele só se esqueceu de acrescentar que o efeito "aurático" surge quando esse olhar é encoberto, "gentrificado" – no momento em que a cobertura é removida, a aura transforma-se em pesadelo, o olhar torna-se o olhar da Medusa.

Isso nos leva de volta à principal diferença entre o sujeito cartesiano da perspectiva geométrica e o sujeito freudiano do espaço curvo do desejo: o objeto-olhar (ou o objeto-voz) existe não para um olhar neutro que observa a realidade, mas para um olhar sustentado pelo desejo; o que vejo no objeto que desejo é o contraponto objetal ao meu próprio desejo – em outras palavras, vejo meu próprio olhar como objeto. Kant é cartesiano demais nesse ponto, e é por esse motivo que a faculdade do desejo é, para ele, totalmente "patológica": para Kant, não há objeto-causa do desejo *a priori*, cada desejo é desejo por algum objeto "patológico" contingente. Lacan complementa Kant, ampliando a noção da crítica transcendental à faculdade do desejo: do mesmo modo que, para Kant, nossa razão pura (teórica) implica formas universais *a priori*, e do mesmo modo que nossa faculdade "prática" também é "pura", motivada pela universalidade *a priori* da lei moral, para Lacan, nossa faculdade do desejo também é "pura", pois, para além de todos os objetos "patológicos", ela é sustentada por objetos não empíricos, e é por isso que a fórmula mais sucinta para o empenho de Lacan é, em termos kantianos precisos, a *crítica do desejo puro*. No entanto, devemos acrescentar (posto que nem sempre isso está claro para o próprio Lacan) que essa adição de uma "faculdade pura do desejo" não só completa o edifício kantiano, mas também coloca em movimento sua reconfiguração radical – em suma, temos de ir *de Kant a Hegel*. É somente com Hegel que a "reflexividade" fundamental e constitutiva do desejo é levada em conta (um desejo que sempre-já é desejo de/por um desejo, que é um "desejo do Outro" em todas as variações desse termo: desejo o que meu outro deseja; quero ser desejado pelo meu outro; meu desejo é estruturado pelo grande Outro, o campo simbólico em que estou encarnado; meu desejo é sustentado pelo abismo do real (Outro-Coisa). O que funciona como objeto no espaço curvo dessa reflexividade do desejo é um X que solapa as coordenadas mais elementares da filosofia moderna, a oposição entre realismo objetivista e idealismo transcendental. O objeto-causa do desejo não faz parte da "realidade objetiva" substancial (procuramos em vão por ele entre as propriedades e os componentes das coisas que nos cercam), tampouco de outro sujeito, mas sim do "objeto" impossível/insubstancial que é o próprio sujeito que deseja. A intervenção desse objeto puramente virtual e inexistente, porém real, que "é" o sujeito significa que o sujeito não pode ser situado na "realidade objetiva" como parte dela, não posso me incluir na realidade e me ver como parte da realidade, tampouco o sujeito pode pôr-se como agente da constituição transcendental da realidade. É aqui que a passagem de Kant a Hegel tem de ser realizada, a passagem da constituição transcendental para a autoinclusão dialética do sujeito na substância. A fórmula mais sucinta de Lacan para essa inclusão é: "O quadro está em meu olho, mas eu, eu estou no quadro". O quadro está em meu olho: enquanto sujeito transcendental, sou o horizonte sempre-já dado de toda realidade, mas, ao mesmo tempo, eu mesmo estou no quadro: só existo por meio do meu contraponto ou congênere no mesmo quadro constituído por mim; eu, por assim dizer, tenho de incidir em meu próprio quadro, no universo cujo quadro eu constituo, do mesmo modo que, na encarnação cristã, Deus, o criador, incide na sua própria criação.

Do ponto de vista transcendental, essa inclusão do sujeito em seu próprio *perceptum* só pode ser pensada como a constituição de si do sujeito transcendental como elemento da realidade (constituída): eu "me" constituo como ente interno ao mundo, a "pessoa humana" que sou "eu", com um conjunto de propriedades ônticas positivas etc. Mas a autoinclusão do próprio eu transcendental no campo de seu próprio *perceptum* não faz sentido do ponto de vista transcendental: o eu transcendental é o quadro *a priori* da realidade que, por essa mesma razão, está isento dela. Para Lacan, no entanto, essa inclusão autorreferencial é justamente o que acontece com o *objet petit a*: o próprio eu transcendental, $, é "inscrito no quadro" como seu ponto de impossibilidade.

Uma declaração é atribuída a Hitler: "Temos de matar o judeu dentro de nós". A. B. Yehoshua fez um comentário apropriado:

> Essa representação devastadora do judeu como uma espécie de entidade amorfa que pode invadir a identidade de um não judeu sem que ele seja capaz de detectá-la ou controlá-la origina-se do sentimento de que a identidade judaica é extremamente flexível, precisamente por ser estruturada como uma espécie de átomo cujo núcleo é rodeado de elétrons virtuais em uma órbita mutável.[76]

Nesse sentido, os judeus são efetivamente o *objet petit a* dos gentios: o que está "nos gentios mais que os próprios gentios" não é outro sujeito que encontro diante de mim, mas um alienígena, um estranho dentro de mim, o que Lacan chamou de lamela, um intruso amorfo de plasticidade infinita, um monstro "alienígena" não morto que nunca pode ser reduzido a uma forma definida. Nesse sentido, a declaração de Hitler diz mais do que quer dizer: contra seu pretenso sentido, ela confirma que os gentios precisam da figura antissemita do "judeu" para manter sua identidade. Portanto, não é só que "o judeu está dentro de nós" – Hitler se esqueceu fatidicamente de acrescentar que o antissemita, sua identidade, também está no judeu[77]. Aqui podemos mais uma vez determinar a diferença entre o trans-

---

[76] A. B. Yehoshua, "An Attempt to Identify the Root Cause of Antisemitism", *Azure*, n. 32, 2008, p. 71.

[77] É óbvio que estou parafraseando a declaração de Lacan: "O quadro está em meu olho, mas eu, eu estou no quadro".

cendentalismo kantiano e Hegel: o que os dois veem, obviamente, é que a figura antissemita do judeu não deve ser reificada (em termos mais ingênuos, ela não corresponde aos "judeus reais"), mas é uma fantasia ideológica ("projeção"), ela está "no meu olho". Hegel acrescenta que o próprio sujeito que fantasia o judeu está "no quadro", sua existência depende da fantasia do judeu enquanto uma "pequena parte do Real" que sustenta a consistência de sua identidade: se excluirmos a fantasia antissemita, o sujeito do qual ele é a fantasia desintegra-se. O que importa não é o lugar do Si na realidade objetiva, o real impossível "do que sou objetivamente", mas sim *como eu me localizo em minha própria fantasia*, como minha fantasia sustenta meu ser como sujeito.

Em termos filosóficos, a tarefa é pensar o surgimento ou devir do sujeito a partir da autocisão da substância: o sujeito não é diretamente o Absoluto, ele surge do autobloqueio da substância, ou seja, da impossibilidade de a substância afirmar-se totalmente como Um. Aqui, a posição de Hegel é única: o sujeito é quem opera a (auto)finitização do Absoluto, e "conceber o Absoluto não só como Substância, mas também como Sujeito" significa conceber o Absoluto como falho, marcado por uma impossibilidade inerente. Ou, tomando emprestados os termos da interpretação da física quântica: o Absoluto hegeliano é *difratado*, cindido por uma impossibilidade/obstáculo – virtual/real – inerente. O principal ponto de virada no caminho até Hegel é Fichte: o último Fichte estava às voltas com o problema correto, que depois foi solucionado por Hegel. Depois de radicalizar o sujeito transcendental kantiano em um "eu absoluto" que põe a si mesmo, Fichte tentou até o fim da vida descobrir como limitar esse eu absoluto, como pensar a primazia do absoluto trans-subjetivo ("Deus") sobre o eu sem cair de volta em um "dogmatismo" pré-crítico. (Esse problema é esboçado pela primeira vez no famoso fragmento de sistema de Hölderlin.) Frederick Beiser está certo em apontar que o problema básico de todo o idealismo alemão pós-kantiano é como limitar a subjetividade: a tentativa de Fichte de pensar um Absoluto trans-subjetivo baseia-se em um *insight* correto, mas ele é incapaz de realizar essa tarefa com êxito; posteriormente, Schelling e Hegel ofereceram duas saídas diferentes para esse impasse fichtiano.

Deixe a tela vazia!

O olhar externo é "impossível" no sentido preciso de que seu lugar é muito intensamente investido de libido para ser ocupado por um sujeito humano. Recordamos aqui o momento mágico de *Um corpo que cai*, de Hitchcock, quando, no restaurante Ernie's, Scottie vê Madeleine pela primeira vez: esse plano fascinante *não* é o plano do ponto de vista de Scottie. Somente depois que Elster se junta a Madeleine, quando o casal se distancia de Scottie e se aproxima da saída do restaurante, é que temos, como contraplano do plano de Scottie no bar, o plano de Madeleine e Elster a partir de seu ponto de vista. A ambiguidade entre subjetivo e objetivo é fundamental. Precisamente na medida em que o perfil de Madeleine não é mostrado do ponto de vista de Scottie, o plano de seu perfil é totalmente subjetivado e retrata de certa forma não o que Scottie realmente vê, mas o que ele imagina, ou seja, sua visão interna alucinatória (lembremos que, enquanto vemos o perfil de Madeleine, o fundo vermelho da parede do restaurante parece ficar cada vez mais intenso, quase ameaçando explodir em brasas e transformar-se em uma chama amarela – como se a paixão de Scottie estivesse diretamente inscrita no fundo). Portanto, não surpreende que, embora não veja o perfil de Madeleine, Scottie aja como se estivesse misteriosamente atraído por ele, profundamente afetado por ele. Nesses dois planos excessivos, encontramos o "cine-olho" em sua mais pura manifestação: como o plano que é de certo modo "subjetivado", sem que o sujeito seja dado[78].

Temos assim, duas vezes, o mesmo movimento que vai do excesso da "subjetividade sem agente-sujeito" ao procedimento-padrão da "sutura" (a troca dos planos objetivo e subjetivo: primeiro vemos a pessoa olhando e depois vemos o que a pessoa vê). O excesso, portanto, é "domesticado", cativado ao ser pego na relação especular entre sujeito e objeto, conforme exemplificado pela troca do plano objetivo pelo contraplano em primeira pessoa. Essa cena pode ser conectada a outro momento maravilhoso no filme: a cena noturna no quarto de Judy, no hotel Empire, para onde o casal volta depois do jantar no restaurante Ernie's. Nessa cena, vemos o perfil de Judy, que é completamente escuro (em contraste com o perfil deslumbrante de Madeleine no Ernie's). Passamos desse plano para um plano frontal de seu rosto, em que o lado esquerdo é totalmente escuro e o lado direito é iluminado por uma estranha luz verde (do neon que fica do lado de fora do quarto).

Em vez de interpretar esse plano como uma simples indicação do conflito interior de Judy, devemos considerar sua total ambiguidade ontológica: Judy é retratada como uma protoentidade, ainda não de todo ontologicamente constituída (um ectoplasma esverdeado mais a escuridão), como encontramos em algumas versões do gnosticismo. É como se, para existir inteiramente, sua metade escura estivesse à espera de ser preenchida pela imagem etérea de Madeleine. Em outras palavras, temos aqui, literalmente, o outro lado do magnífico plano de perfil de Madeleine no Ernie's, seu negativo: a metade escura de Madeleine que ainda não vimos (o rosto

---

[78] Esse ponto de vista impossível costuma ser usado em piadas. Uma piada chinesa sobre sexo relata uma conversa entre dois irmãos que ainda são fetos no útero da mãe; um diz para o outro: "Adoro quando papai vem nos visitar, mas por que ele é tão grosseiro no fim de cada visita e cospe na gente?". O outro responde: "É verdade, nosso tio é mais legal: ele sempre vem com um chapéu de borracha na cabeça e não cospe na gente!".

esverdeado e angustiado de Judy), mais a metade escura que será preenchida pelo perfil deslumbrante de Madeleine. Nesse exato momento em que Judy é reduzida a menos-que-um-objeto, a uma mancha pré-ontológica disforme, ela é *subjetivada* – esse meio-rosto angustiado, totalmente incerto de si mesmo, designa o nascimento do sujeito. Recordamos aqui a proverbial resolução imaginária do paradoxo de Zenão sobre a divisibilidade infinita: se prolongarmos a divisão, chegaremos a um ponto em que uma parte não poderá mais ser dividida em partes menores, mas em uma parte (menor) *e nada* – esse nada "*é*" o sujeito. Não seria essa exatamente a divisão de Judy no plano supracitado? Vemos metade de seu rosto, enquanto a outra é um vazio escuro. E, mais uma vez, a tarefa é deixar esse vazio sem nada, não preenchê-lo projetando nele o lodo repugnante chamado "riqueza da personalidade".

Esse vazio não é o resultado de uma "abstração" da plenitude concreta da existência humana; esse vazio é primordial, constitutivo da subjetividade, e precede todo conteúdo que poderia preenchê-lo. E põe um limite ao senso comum de que nossa conversa com os outros deveria seguir o caminho da sinceridade cristalina, evitando os extremos tanto da etiqueta hipócrita quanto da intimidade intrusiva e injustificável. Talvez seja a hora de reconhecer que esse *imaginário* caminho do meio tenha de ser suplementado com seus dois polos extremos: a "fria" discrição da etiqueta *simbólica*, que nos permite manter distância de nossos vizinhos, e o risco (excepcional) da obscenidade, que nos permite estabelecer um elo com o outro no *Real* de sua *jouissance*.

Vamos concluir com um exemplo mais político de resistência ao impulso de projetar. O tema teológico-político dos dois corpos do rei (desenvolvido por Ernst Kantorowicz em um livro clássico com o mesmo título) retorna violentamente no stalinismo na forma dos dois corpos do Líder (lembremo-nos dos procedimentos stalinistas no tratamento do corpo do Líder, desde o retoque das fotos até a conservação do corpo em um mausoléu). Como afirmou Eric Santner, o anverso do corpo sublime é um corpo não morto em putrefação, repulsivo no sentido literal do alemão *entsetzlich*, de-posto, o que resta depois que o rei perde o título. Esse resto não é o corpo biológico do rei, mas o excesso de um horrível espectador "não-morto"; é por isso que os stalinistas colocam o corpo do Líder morto em um mausoléu: para evitar sua putrefação[79].

---

[79] O escândalo do suposto abuso sexual cometido por Dominique Strauss-Kahn contra uma camareira em Nova York, no início de 2011, colocou-nos diante de uma nova variação do tema dos "dois corpos do rei". Nesse caso, tínhamos os dois corpos do banqueiro: o "juízo infinito sobre DSK" afirma a identidade definitiva do corpo sublime de um banqueiro importante e o ridículo corpo tumescente de um sedutor compulsivo. Algo semelhante pode ser encontrado em filmes como *Percy Jackson* e *Thor*, nos quais, respectivamente, um deus grego antigo e um deus nórdico (Perseu e Thor) encontram-se no corpo de um adolescente norte-americano confuso.

Quando a soberania do Estado passa do Rei para o Povo, o problema se transforma no do Corpo do povo, de como encarnar o Povo, e a solução mais radical é tratar o Líder como o Povo encarnado. Entre esses dois extremos, há muitas outras possibilidades – por exemplo, a singularidade de *Marat assassinado*, de Jacques-Louis David, "a primeira pintura modernista", segundo T. J. Clark. A excentricidade da estrutura geral da pintura é raramente notada: a metade superior da obra é quase toda preta. (Não se trata de um detalhe realístico: o cômodo onde Marat de fato morreu era decorado com um papel de parede cheio de vida.) O que representa esse vazio escuro? O corpo opaco do Povo, a impossibilidade de representar o Povo? É como se o fundo opaco da pintura (o Povo) a invadisse, ocupando toda a metade superior. O que acontece aqui é estruturalmente homólogo a um procedimento formal visto com frequência no *film noir* e nos filmes de Orson Welles, quando o desacordo entre a personagem e o fundo entra em ação: quando uma personagem se move em um quarto, por exemplo, o efeito é que os dois estão ontologicamente separados de certo modo, como se um plano tosco fosse projetado ao fundo e víssemos claramente que o ator não está no quarto, mas movimentando-se diante de uma tela sobre a qual é projetada a imagem do quarto. Em *Marat assassinado*, é como se víssemos Marat na banheira diante de uma tela escura sobre a qual um fundo falso ainda não foi projetado – é por isso que esse efeito também pode ser descrito como um efeito da anamorfose: nós vemos a figura, mas o fundo permanece uma mancha opaca; para enxergarmos o fundo, teríamos de borrar a figura. E é impossível termos a figura e o fundo no mesmo foco.

Não seria essa a mesma lógica do terror jacobino – os indivíduos devem ser aniquilados para que o Povo se torne visível; a Vontade do Povo só se torna visível pela destruição terrorista do corpo do indivíduo? Nisso reside a singularidade de *Marat assassinado*: ela admite que não pode borrar o indivíduo para representar diretamente o Povo; tudo o que pode fazer para se aproximar o máximo possível de uma imagem do Povo é mostrar o indivíduo em seu ponto de desaparição – o corpo torturado, mutilado, contra o borrão que "é" o Povo.

No entanto, temos aqui uma sublimação mínima em jogo: o que vemos em *Marat assassinado* é o corpo (sublime) de Marat, não sua carne (escoriada). Ou seja, todos sabemos que Marat sofria de uma doença que cobria sua pele de escaras e provocava coceira constante – sua pele quase queimava, literalmente. A única forma de evitar a dor e a vontade constante de se coçar era entrando na água. O Marat "real", portanto, era como a "criatura do lago", incapaz de sobreviver na luz e ao ar livre, alguém que só prospera em um elemento aquático "não natural". Significativamente, David omite essa característica no retrato (assim como os retratos de Stalin omitem as cicatrizes que denigrem seu rosto): a pele das partes do corpo de Marat que conseguimos ver (rosto, ombros e braço) é suave e brilhante; além disso, há uma clara dessexualização de seu rosto, os traços são levemente arredondados e quase femininos. Referindo-nos à oposição paulina entre corpo e carne (os cristãos se livram da carne e entram no *Corpus Christi*, o corpo da Igreja), na qual a carne pertence aos judeus presos no ciclo da Lei e de sua transgressão (a Lei distingue a carne do corpo), podemos dizer que *Marat assassinado* também transforma a carne do "real" Marat em um corpo, de acordo com os aspectos cristológicos da pintura (a mão de Marat pendendo como se fosse Cristo; seu sacrifício pelo Povo, libertando e redimindo as pessoas etc.). Costuma-se falar de um Cristo fracassado – mas por que fracassado? Como afirmou Thomas Altizer, também na cristandade, somente o sofrimento pode ser representado vividamente, não a glória celestial que vem depois.

É impressionante que essa pintura inquietante e perturbadora tenha sido adorada pelas multidões revolucionárias de Paris – prova de que o jacobinismo ainda não era "totalitário", ainda não se baseava na lógica fantasmática de um Líder que *é* o Povo. Sob Stalin, esse tipo de pintura seria inimaginável, a parte superior teria de ser preenchida – digamos, com o sonho de um Marat moribundo, retratando a vida feliz de um povo livre, que dança e comemora sua liberdade. A grandeza dos jacobinos está em sua tentativa de manter a tela vazia, de resistir a preenchê-la com projeções ideológicas. Desse modo, eles deram início a um processo que, na arte, culminou no minimalismo de Kazimir Malevich, com sua redução da pintura ao ato de registrar a diferença mínima e puramente formal entre o quadro e o fundo: Malevich é para a Revolução de Outubro o que Marat foi para a Revolução Francesa.

Depois da radicalidade minimalista das pinturas realizadas na década de 1910 e no início da década de 1920, com variações sobre o tema de um quadrado em uma superfície, a última década de produção de Malevich (1925-1935) foi marcada por um retorno à pintura figurativa; é claro que não se trata do antigo realismo – figuras "achatadas", compostas por porções de cores abstratas, mas ainda assim porções claramente reconhecíveis como figuras (na maioria das vezes mulheres e camponeses). Esse retorno pode ser descrito como um mero compromisso com a nova política cultural, como uma reverência à pressão oficial? O próprio Malevich sinaliza sua persistência, sua fidelidade a essa ruptura "minimalista", em seu último *Autorretrato* (1933) realista, em que uma mão aberta com os dedos esticados traça o contorno do quadrado ausente. O mesmo vale para *Retrato da esposa do artista* e *Mulher trabalhadora*, ambos do mesmo ano: a Virgem Maria se torna uma trabalhadora, o Menino Jesus desaparece, mas as mãos guardam a marca da forma da criança[80]. Não devemos nos esquecer de que o minimalismo das pinturas de "quadrado e superfície" não era um ponto zero

---

[80] É significativo que essa persistência seja sinalizada pela mão agindo como um "órgão sem corpo" autônomo, transmitindo uma mensagem própria.

assintótico, mas um ponto de partida, uma preparação do terreno diante de um novo começo. O fim é sempre um novo começo, e é por isso que devemos rejeitar o tema da abordagem assintótica do zero: nunca estamos realmente lá onde está a Coisa Real, só podemos chegar até o ponto da diferença/distância mínima, de estarmos quase lá. A lição hegeliana é que o ponto zero é o ponto que devemos ultrapassar para começar de novo "a partir do zero" – na arte, o quadrado negro de Malevich em uma superfície branca é uma marca do ponto zero liminar da diferença mínima que cria as condições para um novo começo.

Mas o que indica esse retorno à figuralidade? A partir da década de 1920, Malevich não só fez muitas pinturas de camponeses (e também de trabalhadores e esportistas), como começou a se vestir como um. Seus camponeses são pintados de modo abstrato-dessubjetivado: as figuras são reduzidas a formas planas extremamente coloridas, o rosto é simplificado em um círculo preto ou dividido geometricamente em partes simétricas coloridas, como em *Meninas no campo* (1928-1932), *Esportistas* (1928-1932), *Camponesa* (1930), *Camponeses* (1930), *Figura vermelha* (1928-1932) e *Homem correndo* (início da década de 1930; atrás dele há uma cruz vermelha). Como interpretar essa dessubjetivação? Temos aqui, de fato, uma defesa do campesinato contra a brutal mecanização e coletivização? "Rostos sem rosto, rostos que perderam a barba, bonecos sem braços, seres estigmatizados ou crucificados: os ícones de Malevich mostram a humanidade como vítima de uma devastação apocalítica niilista. Parece que foram congeladas na expectativa do fim do mundo."[81] Mas se essa é a mensagem, então ela pressupõe como padrão um retrato totalmente realista dos camponeses com traços ricos; em outras palavras, essa leitura implicaria que Malevich abandonasse seu avanço minimalista, reinterpretando-o retroativamente como uma representação da "insensibilidade" do homem moderno, não como um ato de libertação artística. Se, ao contrário, levarmos em conta a contínua fidelidade de Malevich a seu minimalismo, então os "rostos sem rosto" dos camponeses podem ser lidos como a instanciação de uma nova dimensão da subjetividade, do "sujeito dessubjetivado" pós-ideológico.

Essa leitura nos permite estabelecer uma ligação inesperada entre Malevich e *Um corpo que cai*, de Hitchcock: as formas negras que representam rostos nas últimas pinturas de Malevich pertencem à mesma série da qual faz parte o perfil escuro da cabeça de Judy em *Um corpo que cai*. Além disso, com respeito à história da pintura, podemos colocar Malevich como o terceiro e conclusivo termo da série composta por David, Munch e Malevich. Recordamos aqui a *Madona*, de Munch, em que o voluptuoso corpo feminino é desenhado dentro de uma moldura dupla; no pequeno espaço entre as duas linhas que formam a moldura, entre traços que lem-

---

[81] Gilles Neret, *Malevich* (Colônia, Taschen, 2003), p. 84.

bram gotas de esperma, vemos um pequeno homúnculo, nada menos que a figura de *O grito*. Esse homúnculo está desesperado não por causa de uma falta ou vazio, mas porque é sobrepujado pelo fluxo do gozo excessivo: a Madona *versus* o esperma na moldura representa a incestuosa Coisa-Gozo *versus* os restos do mais-gozar.

A linha que parte de David, passa por Munch e chega a Malevich é clara. Em Munch, a figura de "Marat" é espremida na moldura, reduzida a um homúnculo, ao passo que o vazio escuro que cobre a maioria das pinturas de David é preenchido aqui pelo objeto incestuoso impossível. No quadro de Malevich, temos uma espécie de negação irônica da negação: a redução é total, tanto a moldura quanto o centro são reduzidos a nada, tudo o que resta é a diferença mínima, a linha puramente formal que separa a moldura do conteúdo que ela emoldura.

6
O não-Todo, ou ontologia da diferença sexual

Diferença sexual no universo desencantado

Em uma primeira abordagem, não há nada de chocante na ligação entre ontologia e diferença sexual. Essa ligação não seria a característica definidora de todas as cosmologias pré-modernas, que explicam a origem do universo em termos do conflito primordial entre um princípio masculino e um feminino (*yin* e *yang*, luz e trevas, Céu e Terra...)? Na era *hippie* dos anos 1960, lembro-me de ter lido um livro de Alan Watts, divulgador do movimento *zen*, no qual ele explicava como, na simples atividade de fazer amor, todo o cosmo ressoa e os dois princípios cósmicos opostos, *yin* e *yang*, dançam um com o outro — uma mensagem que sem dúvida deu confiança aos adolescentes que procuravam sexo e realização espiritual.

O que chamamos de "desencantamento" moderno do universo envolve não só a afirmação de um hiato entre a "realidade objetiva" fria e sem sentido, acessível à ciência matematizada e o universo "subjetivo" de significados e valores que "projetamos" na realidade; a dessexualização da realidade é subjacente a esse hiato. É contra esse pano de fundo que devemos avaliar o feito de Lacan: ele reafirma a condição ontológica da diferença sexual *dentro do campo da ciência moderna* — como isso poderia ser feito sem um retorno à mitologia pré-científica? Ou seja, para a filosofia transcendental moderna, a diferença sexual é deontologizada, reduzida à esfera ôntica da raça humana — se nós a ontologizamos, somos acusados de "antropomorfismo", de projetar no universo uma mera característica empírica (biológica ou física) dos seres humanos. É por isso que nem o sujeito transcendental de Kant nem o *Dasein* heideggeriano são sexualizados: em sua analítica do *Dasein*, Heidegger ignora totalmente a sexualidade. (Os filósofos, quando lidam com noções freudianas como "castração", costumam interpretá-las como metáforas ônticas para o *a priori* ontológico de nossa finitude, limitação, impotência...)

Portanto, como exatamente procede Lacan ao reontologizar a diferença sexual sem retornar a uma cosmologia sexualizada pré-moderna? Claramente, para Lacan, a "sexualidade" não designa uma esfera particular ôntica da realidade humana: ela representa um certo deslocamento, uma distorção anamórfica, cujo *status* é estritamente formal. Cada "esfera" da realidade humana pode ser "sexualizada", não porque a sexualidade é tão "forte" que possa transbordar e contaminar todas as outras esferas, mas pela razão oposta: porque ela *não* tem sua esfera "própria", porque é primordialmente "desconjuntada", marcada por uma lacuna ou discórdia constitutiva[1]. O primeiro filósofo a articular esse impasse (embora não tivesse consciência de seu elo com a diferença sexual, é claro) foi Kant, quando descreveu na *Crítica da razão pura* o "escândalo ontológico" das antinomias da razão pura, a inconsistência interna do quadro referencial ontológico-transcendental que usamos para abordar a realidade: as antinomias "matemáticas" reproduzem o impasse que caracteriza a posição feminina, ao passo que as antinomias "dinâmicas" reproduzem o impasse da posição masculina[2]. O próprio Kant, como vimos, foi incapaz de confrontar e assumir a radicalidade dessa ruptura: no fim, ele confere a essas antinomias um *status* meramente epistemológico. As antinomias são indicações da incapacidade de nossa razão finita de apreender a realidade numenal: no momento em que aplicamos nossas categorias ao que jamais pode se tornar objeto de nossa experiência, somos pegos em contradições e antinomias insolúveis. Como afirma Hegel com ríspida ironia, Kant, o grande destruidor da metafísica, desenvolveu de repente uma ternura para com as Coisas-em-si e resolveu eximi-las das antinomias. Aqui, no entanto, Lacan está no nível da ciência moderna – o que ele faz com Kant é, de certa forma, elevar seu newtonianismo ao nível da física quântica.

A passagem de Einstein a Bohr repete a lógica da passagem de Kant a Hegel: para Einstein, de maneira totalmente kantiana, a "antinomia" de velocidade e posição demonstra que a física quântica não atinge a realidade numenal das Coisas-em-si; para Hegel, "antinomia" é justamente o sinal de que tocamos o Real numenal. No primeiro caso, a incompletude ontológica é transposta para uma forma epistemológica, a incompletude é percebida como efeito do fato de que outro agente (secreto, porém real) construiu nossa realidade como um universo simulado. O que é realmente difícil é aceitar a segunda escolha, a incompletude ontológica da própria realidade. O senso comum reclamará de imediato e intensamente: mas como essa incompletude é válida para a própria realidade? A realidade não é *de-*

---

[1] Lacan tem muitos nomes para essa discórdia, alguns freudianos, outros próprios: castração simbólica, "não existe relação sexual", diferença entre alvo e meta da pulsão etc.
[2] Ver Joan Copjec, *My Desire: Lacan Against the Historicists* (Cambridge, MIT Press, 1994), e Slavoj Žižek, *Tarrying With the Negative* (Durham, Duke University Press, 1993).

finita por sua completude ontológica[3]? Se a realidade "realmente existe", ela *tem* de ser completa "do início ao fim", do contrário estaríamos lidando com uma ficção que simplesmente "paira no ar", como aparências que não são aparências de um Algo substancial. É precisamente aqui que entra a física quântica, oferecendo um modelo de como penar (ou pelo menos imaginar) uma tal ontologia "aberta". Alain Badiou formulou a mesma ideia com sua noção de multiplicidade pura como categoria ontológica definitiva: a realidade é a multiplicidade das multiplicidades que não pode ser gerada ou constituída a partir de (ou reduzida a) uma forma de Uns como seus constituintes elementares ("atômicos"). As multiplicidades não são multiplicações de Um, são multiplicidades irredutíveis, e é por isso que seu oposto não é Um, mas zero, o vazio ontológico: não importa quanto progredirmos na análise das multiplicidades, jamais chegaremos ao nível zero de seus constituintes simples – o único "fundo" para as multiplicidades, portanto, é o zero, o vazio[4]. Nisto reside a ruptura ontológica de Badiou: a oposição primordial não é entre Um e Zero, mas entre o Zero e as multiplicidades, e o Um surge depois. Em termos mais radicais, como somente os Uns "realmente existem", as multiplicidades e o Zero são a mesma coisa (não *um e* a mesma coisa): o Zero "*é*" as multiplicidades sem os Uns que garantiriam a consistência ontológica delas. Essa abertura ontológica da multiplicidade do Um-a-menos também nos permite abordar a segunda antinomia kantiana da razão pura de uma nova maneira: "Toda a substância composta, no mundo, é constituída por partes simples e não existe nada mais que o simples ou o composto pelo simples"[5]. Vejamos a prova de Kant:

> Admitindo que as substâncias compostas não eram constituídas por partes simples, se toda a composição fosse anulada em pensamento não subsistiria nenhuma parte

---

[3] A oposição a essa ideia de completude ontológica define o idealismo de Hegel: seu núcleo está na asserção de que a realidade finita (determinada, substancial positiva) é em si vazia, inconsistente, autossuprassunsora. No entanto, disso não se segue que a realidade finita seja apenas uma sombra, uma reflexão secundária etc. de uma realidade superior: não há *nada, exceto* essa realidade, e o "suprassensível é aparência enquanto aparência", isto é, o mesmo momento da autossuprassunção dessa realidade. Desse modo, nós realmente passamos "do nada, pelo nada e para o nada": o ponto de partida, a realidade imediata, promove seu nada, anula a si mesma, nega a si mesma, mas não há nada além disso. É por isso que Hegel não pode ser situado com relação à oposição entre transcendência e imanência: sua posição é a da *absoluta imanência da transcendência*. Em outras palavras, sua posição pode ser apreendida em uma passagem temporal: primeiro, a transcendência é afirmada (de maneira apofática) – a realidade positiva imanente/imediata não é tudo, tem de ser negada/superada, ela aponta para além de si; depois, essa superação é posta como totalmente imanente – o que está além da realidade imediata não é outra realidade superior, mas o movimento de sua negação como tal.

[4] Ver Alain Badiou, *O ser e o evento* (trad. Maria Luiza X. de A. Borges, Rio de Janeiro, Zahar, 1996).

[5] Immanuel Kant, *Crítica da razão pura*, cit., A434, B462, p. 398.

composta e (como não há partes simples) também não restaria nenhuma parte simples, logo, não restaria absolutamente nada, e, por conseguinte, nenhuma substância seria dada. Portanto, ou é impossível suprimir em pensamento toda a composição ou, anulada esta, algo deverá restar, que subsista sem qualquer composição, ou seja o simples. No primeiro caso, porém, o composto não seria constituído por substâncias (porque nestas a composição é apenas uma relação acidental de substâncias, relação sem a qual devem estas subsistir como seres existentes por si próprios). Como este caso contradiz a hipótese, só o segundo fica de pé, ou seja, que o composto substancial no mundo é constituído por partes simples.

De aqui se segue, imediatamente, que as coisas do mundo são todas elas seres simples; que a composição é apenas um estado exterior dessas coisas e que, muito embora nunca possamos retirar as substâncias elementares desse estado de ligação e isolá-las, a razão tem, no entanto, que as pensar como primeiros sujeitos de toda a composição e, por conseguinte, como seres simples, anteriores a esta.[6]

E se, no entanto, aceitarmos a conclusão de que, em última análise, "nada existe" (conclusão que, aliás, corresponde exatamente à conclusão do *Parmênides*, de Platão: "Não deveríamos então resumir o argumento em uma palavra e dizer de verdade: Se o um não é, então nada é?")? Essa passagem, embora rejeitada por Kant como um óbvio contrassenso, não é tão antikantiana quanto parece: é aqui que devemos aplicar outra vez a distinção kantiana entre juízo negativo e juízo infinito.

A afirmação de que "a realidade material é tudo que existe" pode ser negada de duas maneiras: na forma de "a realidade material *não é tudo que existe*" e "a realidade material *é não-Toda*". A primeira negação (de um predicado) leva à metafísica-padrão: a realidade material não é nada, há outra realidade superior, espiritual. Como tal, essa negação é, de acordo com as fórmulas lacanianas de sexuação, inerente à declaração positiva de que "a realidade material é tudo que existe": como sua exceção constitutiva, ela fundamenta sua universalidade. Se, no entanto, afirmamos um não predicado e dizemos que "a realidade material *é não-Toda*", isso simplesmente afirma o não-Todo da realidade sem implicar uma exceção – paradoxalmente, deveríamos dizer, portanto, que o axioma do verdadeiro materialismo não é "a realidade material é tudo que existe", mas sim um axioma duplo: (1) não há nada que não seja realidade material, (2) a realidade material é não-Toda[7].

---

[6] Idem.

[7] Talvez a incompatibilidade entre Derrida e Deleuze também possa ser explicada nos termos das "fórmulas de sexuação" de Lacan. O que torna Derrida "masculino" é a persistência, em toda sua obra, da totalização-com-exceção: a busca de um modo pós-metafísico de pensar, de uma fuga do fechamento metafísico, pressupõe o violento gesto de universalização, de um nivelamento-equalização-unificação de todo o campo de lutas intrametafísicas ("todas as tentativas de romper com a metafísica, de Kierkegaard a Marx, de Nietzsche a Heidegger, de Levinas a Lévi-Strauss, no fundo continuam no horizonte da metafísica da presença"). Esse mesmo gesto é claramente perceptível em Heidegger (para quem todas as reversões da metafísica, de Marx a Nietzsche, de

Se quisermos simular a realidade em um meio artificial (virtual, digital), não precisamos fazer todo o percurso: temos apenas de reproduzir as características que tornarão a imagem realista do ponto de vista do espectador. Por exemplo, se existe uma casa ao fundo, não precisamos programar o interior da casa, pois esperamos que o participante não queira entrar na casa; ou a construção de uma pessoa virtual nesse espaço pode ser limitada a seu exterior – não há necessidade de nos preocuparmos com seus órgãos internos, seus ossos etc. Precisamos apenas criar um programa que preencha prontamente essa lacuna, se as ações do participante exigirem isso (digamos, se ele cravar uma faca no corpo da pessoa virtual). Trata-se de algo similar a rolar uma longa passagem de um texto em uma tela de computador: as páginas não preexistem à visão delas. A ideia realmente interessante disso é que a indeterminação quântica que encontramos quando investigamos os componentes mais minúsculos do universo pode ser interpretada exatamente da mesma maneira, como uma característica da resolução limitada de nosso mundo simulado, como o sinal da incompletude ontológica da(quilo que experimentamos como a) realidade em si. Imaginemos um deus criando um mundo para que nós, seus habitantes humanos, moremos nele:

> [o trabalho] poderia ser facilitado se lhe fossem fornecidas somente aquelas partes sobre as quais seus habitantes precisam ter conhecimento. Por exemplo, a estrutura microscópica do interior da Terra poderia ser deixada em branco, pelo menos até que alguém decidisse cavar na profundidade necessária, caso em que os detalhes poderiam ser rapidamente preenchidos como requerido. Se as estrelas mais distantes são obscuras, ninguém jamais se aproximará delas o bastante para perceber que falta alguma coisa.[8]

Husserl a Sartre, continuam no horizonte do esquecimento do Ser, presas, no fundo, dentro do niilismo da realização da metafísica), bem como em Adorno e Horkheimer (para quem todo o pensamento ocidental, e não só ocidental, é totalizado-equalizado como o desdobramento gradual da dialética do Esclarecimento que culmina no "mundo administrado" de hoje – de Platão à Otan, como se costuma dizer). Em Derrida, essa lógica da exceção totalizadora encontra sua maior expressão na fórmula da justiça enquanto "condição indesconstruível da desconstrução": tudo pode ser desconstruído – exceto a condição indesconstruível da própria desconstrução. Talvez esse mesmo gesto de equalização violenta de todo o campo, contra o qual nossa própria posição como Exceção é formulada, seja o gesto mais elementar da metafísica. Em claro contraste com Derrida, esse gesto de equalização violenta não é encontrado na obra de Derrida – seu olhar sobre a tradição da filosofia é algo como o olhar de Deus sobre a Criação na resposta de Deus a Jó (como descrita por Chesterton): não existe nenhuma norma que nos ajude a nivelar o campo, os milagres estão por toda a parte, cada fenômeno, percebido de maneira apropriada (a partir de uma perspectiva que o "aliene" de seu contexto-padrão) é uma exceção. (É também por isso que o que Deleuze e Badiou chamam de "diferença mínima" não é o gesto de "totalizar o inimigo" executado pelos críticos da metafísica, de Heidegger a Adorno e Derrida, mas o exato oposto: uma destotalização do inimigo.)

[8] Ver Nicholas Fearn, *Filosofia: novas respostas para antigas questões* (trad. Maria Luiza X. de A. Borges, Rio de Janeiro, Zahar, 2007), p. 83.

A ideia é que o deus que criou ou "programou" nosso universo era preguiçoso demais (ou melhor, subestimou nossa inteligência): achou que nós, seres humanos, não conseguiríamos investigar a estrutura da natureza para além do nível atômico, então programou a Matriz de nosso universo apenas até o nível de sua estrutura atômica – para além dela, ele simplesmente deixou as coisas nebulosas[9]. Essa interpretação teológico-digital, no entanto, não é a única maneira de considerarmos o paradoxo em questão. Ele pode ser interpretado como um sinal de que já vivemos em um universo simulado, mas também pode ser visto como um sinal da incompletude ontológica da própria realidade. Essa "nebulosidade" da realidade também não nos ofereceria uma nova abordagem do modernismo na pintura? As "manchas" que borram a transparência de uma representação realista e se impõem *como* manchas não seriam precisamente indicações de que os contornos da realidade constituída são borrados, de que estamos abordando o nível pré-ontológico da protorrealidade nebulosa? Nisso reside a passagem crucial que o observador tem de realizar: as manchas não são obstáculos que impedem nosso acesso direto à realidade representada; ao contrário, elas são "mais reais que a realidade", algo que solapa sua consistência ontológica por dentro – ou, em termos filosóficos antiquados, sua condição não é epistemológica, mas ontológica.

Nessa mesma linha, podemos abordar o problema de como unir a descrição causal de um evento a sua interpretação como um ato humano livre: onde, na rede da necessidade natural, está o espaço para a liberdade? A causalidade "teleológica" da motivação (ajo de tal maneira porque viso tal e tal objetivo) é apenas um epifenômeno, a tradução mental de um processo que (também) pode ser inteiramente descrito no nível puramente físico do determinismo natural, ou essa causação "teleológica" tem na verdade um poder próprio, que preenche uma lacuna na causalidade física? Aqui, a premissa subjacente é que a causalidade da natureza necessariamente vai "do início ao fim" – mas esse nível de determinismo total seria de fato o nível zero da estrutura ontológica da realidade? A lição da física quântica é que, por baixo da realidade sólida material, há um nível quântico em que o determinismo se decompõe. Daí a afirmação de que a indeterminação descoberta pela física quântica abre um espaço dentro do qual a causalidade teleológica "de nível superior" pode determinar os eventos materiais "de nível inferior", sem recorrer à noção espiritualista do poder de nossa mente para suspender magicamente a causalidade natural.

A única alternativa verdadeira a essa nebulosidade ontológica é a ideia supracitada e não menos paradoxal de que, em determinado momento, o progresso infinito de dividir a realidade em seus componentes chega ao fim quando a divisão não é

---

[9] Ibidem, p. 83-4.

mais uma divisão em duas (ou mais) partes, mas em uma parte (algo) e *nada*. Isso seria a prova de que chegamos ao constituinte mais elementar da realidade: quando algo só pode ser ainda dividido por um algo e um nada. Essas duas opções não se relacionariam mais uma vez com as "fórmulas de sexuação" de Lacan, de modo que a opção da multiplicidade irredutível é "feminina" e a divisão do último termo em um algo e um nada é "masculina"? Além disso, se pudéssemos chegar à última divisão (e assim à divisão final, ao último constituinte da realidade), não seria o caso de não haver "criação" propriamente dita, de não surgir nada de novo, de haver apenas uma (re)combinação de elementos existentes, enquanto a "nebulosidade" feminina deixa aberto o espaço para a criação propriamente dita? O problema subjacente aqui é como passar da multitude-que-é-Zero para o surgimento do Um. Será que o Um é um múltiplo que "nada representa"? Será que o Um existe apenas no nível da representação?

O real da diferença sexual

Em uma primeira abordagem, a sexualidade é uma força de desfiguração, algo que distorce nossa visão "objetiva" da realidade. Como tal, ela aponta para um escândalo irredutível, intransponível, ontológico, a verdadeira "eutanásia da razão", com a qual Kant tanto se chocava: cada tentativa de pensar a realidade em sua totalidade acabou em um impasse, uma inconsistência. O paradoxo – e o *insight* propriamente hegeliano – é aceitar que esse "viés sexual" de nossa percepção, longe de nos separar da realidade em si, fornece uma ligação direta com ela: a "sexualidade" é o modo como o impasse ontológico, a incompletude da realidade em si, inscreve-se na subjetividade. Não se trata de uma distorção subjetiva da realidade, mas de uma distorção subjetiva que é diretamente idêntica ao não-Todo, a inconsistência/desconjuntura da própria realidade. É por isso que a sexualidade, em sua maior radicalidade, não é humana, mas sim o ponto de inumanidade, o "operador do inumano"[10]. A cosmologia sexualizada pagã é uma tentativa fantasmática de suplementar e ofuscar o escândalo ontológico inerente no impasse da sexualidade humana.

Uma velha piada eslovena diz que um jovem estudante precisava reescrever uma pequena redação intitulada: "Mãe só tem uma!", na qual se esperava que ele ilustrasse, a propósito de uma experiência singular, o amor que o unia a sua mãe. Eis o que ele escreveu: "Um dia voltei para casa mais cedo, porque a professora adoeceu; procurei minha mãe e a encontrei nua na cama com um homem que não era meu pai. Minha mãe, furiosa, gritou: 'Está olhando o que, seu imbecil? Vá correndo até a cozinha e pegue duas cervejas geladas!'. Corri até a cozinha, abri a geladeira, olhei

---

[10] Alenka Zupančič, "Sexuality and Ontology", *Filozofski Vestnik*, v. 29, n. 1, 2008, p. 63. Baseio-me realmente nesse texto.

para dentro dela e gritei: 'Mãe, só tem uma!'". Esse não seria um caso supremo de interpretação em que um único sinal diacrítico simplesmente muda tudo, como na conhecida paródia das primeiras palavras de *Moby Dick*: "Me chame, Ismael!"? Encontramos a mesma operação em Heidegger (o modo como ele interpreta "nada é sem razão" [*nihil est sine ratione*], mudando a ênfase para "nada *é* sem razão"), ou no deslocamento do supereu da injunção proibitiva da lei simbólica (de "Não mate!" para "Não!"... "Mate!"). Contudo, devemos arriscar aqui uma interpretação mais minuciosa. A piada representa um confronto ao estilo hamletiano, um confronto do filho com o enigma do desejo excessivo da mãe; para escapar desse impasse, a mãe refugia-se de certo modo em (um desejo por) um objeto parcial exterior, a garrafa de cerveja, designada para desviar a atenção do filho da Coisa obscena com a qual ele acabou de se deparar – a mensagem de seu pedido é: "Veja só, ainda que eu esteja na cama com um homem, meu desejo é por algo mais que só você pode me dar, não estou excluindo você ao me prender totalmente no círculo da paixão com esse homem!". As duas garrafas de cerveja (também) representam a díade significativa elementar, como as duas famosas portas de Lacan vistas por duas crianças pela janela do trem no texto "Instância da letra no inconsciente". Dessa perspectiva, a réplica da criança deve ser interpretada como uma lição lacaniana dada à mãe: "Desculpe, mãe, mas existe *apenas um significante*, somente para o homem, não existe um significante binário (para a mulher), esse significante é *urverdrängt*, primordialmente reprimido!". Em suma: você foi pega nua, não está coberta pelo significante. E se essa for a mensagem fundamental do monoteísmo – não a redução do Outro ao Um, mas, ao contrário, a aceitação do fato de que o significante binário sempre-já falta? Esse desequilíbrio entre Um e seu equivalente "primordialmente reprimido" é a diferença radical, em contraste com os grandes pares cosmológicos (*yin* e *yang* etc.) que só podem surgir no horizonte do Um não diferenciado (tao etc.). Mesmo as tentativas de introduzir uma dualidade equilibrada nas esferas triviais de consumo, como os pacotinhos de adoçante, azuis e cor-de-rosa, encontrados em muitos cafés, traem mais um esforço desesperado para fornecer um par significativo simétrico para a diferença sexual (os pacotinhos "masculinos" azuis *versus* os pacotinhos "femininos" cor-de-rosa). A questão não é que a diferença sexual seja o significado definitivo de todos os pares, mas que sua proliferação é uma tentativa de compensar a *falta* do par significante fundador que representaria diretamente a diferença sexual.

É também por isso que a problemática lacaniana da diferença sexual – da inevitabilidade da sexuação para os seres humanos ("seres da linguagem") – tem de ser distinguida com rigor da problemática (des)construcionista da "construção social de gênero", a formação discursiva contingente das identidades de gênero que surgem quando são representadas performativamente. Uma analogia com o antagonismo de classes pode ser útil para apreendermos essa distinção crucial: o antagonismo de classes (a inevitabilidade da "inscrição de classe" do indivíduo em uma sociedade de classes, a impossibilidade de o indivíduo permanecer não identificado por seu antagonismo central) também não pode ser reduzido à noção de "construção social da identidade de classes", pois cada "construção da identidade de classes" determinada já é uma formação "reativa" ou "defensiva", uma tentativa de "lidar" (conciliar-se, estabelecer a paz) com o trauma do antagonismo de classes. Cada "identidade de classes" já desloca o antagonismo de classes ao transformá-lo em um conjunto positivo de características simbólicas: a noção organicista conservadora da sociedade como um Corpo coletivo, com diferentes classes na condição de órgãos corporais (a classe dominante como "cabeça" sábia e benevolente, os trabalhadores como "mãos" etc.) é apenas o caso mais óbvio. Para Lacan, acontece o mesmo com a sexuação: é impossível ficar "de fora", o sujeito é sempre-já marcado por ela, sempre-já "toma partido", é sempre-já "parcial" com respeito a ela. O paradoxo da problemática da "construção social de gênero" é que, embora se apresente como uma ruptura com as limitações "metafísicas" e/ou essencialistas, ela realiza implicitamente um retorno ao sujeito filosófico pré-freudiano (isto é, não sexualizado). A problemática da "construção social de gênero" pressupõe o sujeito como dado, pressupõe o espaço da simbolização contingente, enquanto, para Lacan, "sexuação" é o preço que se paga pela própria constituição do sujeito, por sua entrada no espaço da simbolização. Nisso reside a diferença crucial entre a psicanálise e a filosofia no que se refere à condição da diferença sexual: para a filosofia, o sujeito não é inerentemente sexualizado, a sexualização só ocorre no nível empírico e contingente, ao passo que a psicanálise eleva a sexuação a uma espécie de condição *a priori* formal para o próprio surgimento do sujeito. Portanto, devemos defender a afirmação de que a filosofia não pode pensar a diferença sexual *em sua dimensão (ontológica) filosófica*: a diferença sexual representa o antagonismo primordial, o não-Todo que subverte qualquer totalidade, e é isso que a filosofia, até chegar a Heidegger, tem de ignorar:

> Os gregos tinham duas palavras para o que chamamos vida: *bíos* e *zoê*. Usavam *bíos* em sentido duplo. Primeiro, no sentido de biologia, a ciência da vida. Neste pensamos o crescimento orgânico do corpo, a atividade glandular, a diferença sexual etc. [...] Outro sentido de *bíos* para os gregos é o curso de uma vida, a história de uma vida, mais ou menos no sentido que a palavra "biografia" ainda tem para nós hoje. *Bíos* aqui significa história humana e existência – portanto não pode haver uma *bíos* dos animais. A *bíos*, enquanto *bíos* humana, tem a característica peculiar de ser capaz de erguer-se acima do animal ou afundar abaixo dele.[11]

---

[11] Martin Heidegger, "Hegel und der Staat", seminário não publicado de 1933-1934. Agradeço Gregory Fried por ter me fornecido essa tradução.

Se há uma lição na psicanálise, é que a diferença sexual pertence ao domínio da *bíos* enquanto história, e não da atividade glandular etc.

Até mesmo a experiência mística da "despersonalização" é marcada pela diferença sexual. Nessa experiência, eu me vejo como parte de um quadro que não é "o meu", não envolve meu ponto de vista – em resumo, eu me vejo "objetivamente" (mesmo que essa objetividade seja, obviamente, fantasmática). Lembramos aqui a fórmula de Lacan: "O quadro está em meu olho, mas eu, eu estou no quadro". Se, na visão perspectivista subjetivista, todo quadro está em mim, "está em meu olho", e eu não estou (e, por definição, não poderia estar) no quadro, a experiência mística inverte essa relação: eu estou no quadro que vejo, mas o quadro não está em mim, "em meu olho". É assim que a fórmula de Lacan da versão masculina da experiência mística deve ser interpretada: ela identifica meu olhar com o olhar do grande Outro, pois nele eu me vejo diretamente através dos olhos do grande Outro. Essa dependência do grande Outro torna falsa a versão masculina da experiência mística, em contraste com a versão feminina, em que o sujeito identifica o olhar dela com o *pequeno* outro.

Quando Lacan afirma que a diferença sexual é "real", está longe de elevar uma forma histórica contingente de sexuação a uma norma trans-histórica ("se não ocupares teu próprio lugar preordenado na ordem heterossexual, como homem ou mulher, serás excluído, exilado em um abismo psicótico fora do domínio simbólico"): a afirmação de que a diferença sexual é "real" equivale à afirmação de que ela é "impossível": impossível de simbolizar, formular enquanto norma simbólica. Em outras palavras, não é que os homossexuais, fetichistas e outros pervertidos sejam prova do fracasso da diferença sexual em impor sua norma; não é que a diferença sexual seja o ponto de referência definitivo que ancora a deriva contingente da sexualidade; ao contrário, é por causa da lacuna que persiste continuamente entre o real da diferença sexual e as formas determinadas das normas simbólicas heterossexuais que nós temos a multitude de formas "perversas" de sexualidade. Nisso reside o problema da acusação de que a diferença sexual envolve a "lógica binária": na medida em que a diferença sexual é real/impossível, ela precisamente *não* é "binária", mas sim, repetindo, a diferença por conta da qual toda interpretação "binária" (cada tradução da diferença sexual em dualismos simbólicos: razão *versus* emoção, ativo *versus* passivo etc.) sempre fracassa[12].

Em suma, o que marca a diferença entre os dois sexos não é uma referência direta à série de oposições simbólicas, mas uma forma diferente de lidar com a necessá-

---

[12] Como demonstrou Joan Copjec em *Read my Desire* [Leia meu desejo], é nisso que reside o limite do tema butleriano da diferença sexual como sempre incompleta, como um processo performativo que nunca chega ao fim (isto é, nas identidades fixas). Aqui, precisamos dar apenas um passo (hegeliano) até a autorrelação: a diferença sexual nem sempre é completa etc., *é essa própria incompletude que faz a diferença sexual*.

ria inconsistência envolvida no ato de assumir uma mesma característica simbólica universal (em última análise, a da "castração"). Não é que o homem represente o Logos em oposição à ênfase feminina nas emoções; antes, para o homem, o Logos enquanto princípio universal consistente e coerente de toda a realidade baseia-se na exceção constitutiva de um X místico inefável ("há coisas das quais não deveríamos falar"), ao passo que, no caso da mulher, não há exceção, "pode-se falar sobre tudo", e, por isso mesmo, o universo do Logos torna-se inconsistente, incoerente, disperso, "não-Todo". Ou, com respeito à suposição de um título simbólico, o homem que tende a se identificar de modo absoluto com seu título, a arriscar tudo por ele (morrer por sua Causa), ainda assim recorre ao mito de que ele não é apenas o título, a "máscara social" que ele usa, ou seja, existe algo por trás dela, uma "pessoa real"; no caso da mulher, ao contrário, não há um compromisso sério e incondicional, no fundo tudo é uma máscara e, por isso, não há nada "por trás da máscara". Ou ainda, com respeito ao amor: um homem apaixonado está pronto a fazer tudo por amor, a pessoa amada é elevada a um Objeto absoluto e incondicional, mas, por essa mesma razão, ele é forçado a sacrificar esse Objeto em nome de sua Causa pública ou profissional; já a mulher está totalmente imersa no amor, sem restrições ou reservas, não há nem uma dimensão de seu ser que não seja permeada pelo amor – mas, por essa mesma razão, "o amor não é tudo" para ela, ele é sempre acompanhado de uma indiferença fundamental e estranha.

Então, se o contraste entre ativo e passivo não serve para diferenciar os dois sexos, será mais apropriado o contraste entre interatividade (no sentido da Astúcia da Razão, do sujeito que transpõe sua atividade no outro) e interpassividade? A interatividade é "feminina", segundo o clichê de que as mulheres sabem permanecer em segundo plano e, com seus planos astuciosos, manipular os homens para que façam o trabalho sujo (destruindo seus inimigos, por exemplo). *Cai o pano*, de Agatha Christie, publicado em 1975, mas escrito décadas antes, termina com uma virada autorrelativa: o último assassinato é cometido pelo próprio Poirot. O verdadeiro criminoso da história, Norton, é responsável por uma série de mortes, mas nunca sujou as próprias mãos com sangue: ele aperfeiçoou uma técnica parecida com a de Iago e manipulou psicologicamente as pessoas para cometerem os assassinatos. No meio do romance, Hastings, companheiro "watsonesco" de Poirot, planeja um envenenamento e é impedido no último minuto por Poirot. Como Poirot estava à beira da morte e não podia levar Norton a julgamento, ele atira em Norton a sangue frio e se deixa morrer, recusando-se a tomar as pílulas que salvariam sua vida. Não surpreende que a história tenha sido escrita por uma mulher: Norton é o Mal interativo em sua mais pura manifestação. A interpassividade, ao contrário, é uma estratégia mais masculina: como não se espera que os homens demonstrem suas emoções em público, eles deixam que as mulheres façam isso por eles (as carpideiras contratadas para chorar nos funerais são sempre mulheres) e mantêm o autocontrole.

A metafísica tradicional da subjetividade opõe homem e mulher como sujeito "puro" (o homem é racional, livre da sensualidade e das paixões corporais) e sujeito "impuro" (a mulher é incapaz de romper seus vínculos com a sensualidade, sua mente está à mercê das paixões irracionais obscuras, ela é uma receptora passiva das impressões sensoriais etc.) – para parafrasear Hegel, a mulher é uma substância que não se tornou totalmente um sujeito, que não se purificou em sujeito (ou um sujeito que não cortou os vínculos com sua substância). Por exemplo, no domínio da ética, somente o homem é capaz de abstrair seus laços familiares substanciais e raciocinar de acordo com princípios universais, isto é, de agir de maneira verdadeiramente ética; com a mulher, no entanto, a universalidade é sempre tingida por seus interesses particulares: se uma mulher ganha poder político universal, ela o usa para promover os interesses de seus aparentados – um princípio infinitamente retomado por antifeministas como Otto Weininger (e cujos traços são identificáveis até mesmo nas famosas observações de Hegel, a propósito de *Antígona*, sobre a feminilidade como "eterna ironia" da história).

Lacan introduz uma complicação fundamental nesse esquema tradicional: para ele, um sujeito (enquanto $, sujeito barrado) *é* o fracasso de sua própria efetivação – um sujeito tenta efetivar/expressar a si mesmo, fracassa, e o sujeito *é* esse fracasso. O que Lacan chama de *objet petit a* dá corpo a esse fracasso, ele é o resto substancial do processo de subjetivação da substância, da *Aufhebung* desse resto em uma ordem subjetiva; é por isso que, para Lacan, o sujeito é constitutivamente ligado ao resto, é estritamente correlativo a ele, conforme registrado na fórmula lacaniana da fantasia: $-a$. Na medida em que a mulher é um sujeito "impuro", e na medida em que o *objet petit a* é o indicador dessa impureza, podemos concluir que, por causa dessa "impureza", somente a mulher é um sujeito puro, o sujeito como tal, em contraste com a subjetividade masculina, cuja "pureza" é falsa por definição, sustentada por uma substanciação oculta. Em termos cartesianos, somente a mulher é um *cogito*, enquanto o homem é sempre-já um *res cogitans*.

Como isso se relaciona com a experiência "concreta", "vivida", que temos da diferença sexual? Começaremos com uma cena melodramática arquetípica: uma mulher escreve uma carta explicando a situação para o amante e então, depois de hesitar um pouco, rasga a carta, joga-a fora e (geralmente) vai até ele e se entrega, na carne e no amor, em vez de entregar a carta. O conteúdo da carta é estritamente codificado: via de regra, ela explica para o amado por que a mulher por quem ele se apaixonou não é quem ele pensa que é e por que, justamente porque o ama, ela tem de deixá-lo para não enganá-lo. A destruição da carta, portanto, funciona como uma retirada: a mulher não pode ir até o fim e dizer a verdade, ela prefere manter o embuste. Esse gesto é fundamentalmente falso: a presença da mulher é oferecida como uma tela destinada a reprimir a verdade traumática que deveria ser enunciada na carta – como na transferência que costuma acontecer na psicanálise, em que o paciente se oferece ao analista como forma definitiva de defesa para impedir o surgimento da verdade[13]. Em outras palavras, o amor surge quando a análise chega perto demais da verdade traumática inconsciente: nesse ponto, o analisando oferece a si mesmo para o analista como objeto de amor, e não a carta autêntica, endereçada ao analista, que enunciaria a verdade traumática. No amor transferencial, me ofereço a mim como objeto, em vez de oferecer o conhecimento: "agora tu me tens (de modo que não mais me investigarás)"[14].

Essa, no entanto, é apenas uma maneira de interpretar o enigma da carta escrita, mas não enviada. Em *Por que as mulheres escrevem mais cartas do que enviam?*, Darian Leader propõe uma série de respostas a essa questão[15]. Podemos agrupá-las em dois pares:

(1) com respeito ao destinatário, o verdadeiro destinatário da carta de amor da mulher é o Homem, a ficção simbólica ausente, seu leitor ideal, o "terceiro" na cena, e não o homem de carne e osso a quem a carta é endereçada; ou ainda seu verdadeiro destinatário é a lacuna da própria ausência, pois a carta funciona como um objeto, é sua própria brincadeira com a ausência (a ausência do destinatário) que possibilita a *jouissance*, pois esta está contida no próprio ato da escrita, consequentemente seu verdadeiro destinatário é a própria escritora;

(2) com respeito ao modo como ela se relaciona com a autora, a carta permanece não enviada porque não diz tudo (a autora foi incapaz de expressar o trauma crucial que explicaria sua verdadeira posição subjetiva); ou continua em si inacabada para sempre, pois sempre há algo a mais a dizer, posto que – como a modernidade para Habermas – a mulher é em si um "projeto inacabado", e o não envio da carta atesta esse fato de que a mulher, assim como a verdade, não pode ser "toda dita", ela é, como diz Lacan, "materialmente impossível".

Não encontramos aqui uma cisão entre a economia fálica e o domínio não fálico? O não postar uma carta como falso ato de "repressão" (suprimir a verdade e se oferecer como objeto de amor para manter a mentira) é claramente correlato à cisão entre o homem, seu destinatário de carne e osso, e um terceiro Homem, o portador

---

[13] Nesse sentido, o amor é a "interpretação do desejo do outro": oferecendo-me ao outro, interpreto seu desejo como desejo por mim e assim oblitero o enigma do desejo do outro. Dito de outra forma: quando a mulher oferece sua presença, em vez da mensagem simbólica, ela põe seu corpo como envoltório de um segredo, pois sua presença se torna um "mistério".

[14] Em contraste com esse tipo de carta, que aparentemente *não* chega a seu destino, há (pelo menos) outros dois tipos que *chegam* a seu destino. Um é a carta "Querido João", em que a mulher explica ao marido ou namorado não o amor, mas o fim do amor, o fato de que ela o está deixando. O outro é a carta suicida, cujo objetivo é chegar ao destinatário quando a mulher já estiver morta, como a *Carta de uma desconhecida*, de Stefan Zweig [Lisboa, A Esfera dos Livros, 2008].

[15] Ver Darian Leader, *Por que as mulheres escrevem mais cartas do que enviam?* (trad. Paulo Reis, Rio de Janeiro, Rocco, 1998).

do poder fálico, seu destinatário definitivo. De maneira homóloga, o não postar uma carta por ela ser um objeto que contém sua própria *jouissance* é correlato ao não-Todo da *jouissance feminina*, à *jouissance* que nunca pode ser "dita" em sua inteireza.

A sexualização da lacuna que caracteriza a sexualidade feminina – a saber, o fato de que, nesta, muito mais do que no homem, a ausência como tal (o recuo, o não ato) é sexualizada – também explica o gesto do recuo feminino no momento exato em que "ela poderia ter tudo" (isto é, o parceiro desejado) em uma série de romances, desde *A princesa de Clèves*, de Madame de La Fayette*, até *As afinidades eletivas*, de Goethe** (ou, no anverso do caso complementar, o não recuo da mulher, sua perseverança inexplicável no casamento infeliz, mesmo quando surge a possibilidade de sair dele, como em *Retrato de uma senhora*, de Henry James***)[16]. Embora a ideologia esteja envolvida nesse gesto de renúncia, o gesto em si não é ideológico. Uma leitura desse gesto que deve ser rejeitada é a interpretação psicanalítica comum segundo a qual estamos lidando com a lógica histérica do objeto de amor (o amante) que só é desejado na medida em que é proibido, na medida em que há um obstáculo, por exemplo, na forma do marido – no momento em que o obstáculo desaparece, a mulher perde o interesse pelo objeto do amor. Além dessa economia histérica de ser capaz de gozar do objeto apenas enquanto é proibido, em outras palavras, na forma de fantasias sobre o que "poderia ser", esse recuo (ou inconsistência) pode ser interpretado de múltiplas maneiras: como expressão do chamado "masoquismo feminino" (que pode ser interpretado, por sua vez, como expressão da natureza feminina eterna ou interiorização da pressão patriarcal), que impede a mulher de "aproveitar o dia" em sua plenitude; como gesto protofeminino de rompimento com a economia fálica, que põe a felicidade na relação com um homem como a meta definitiva da mulher etc. No entanto, todas essas interpretações parecem não captar o principal, que consiste na natureza absolutamente fundamental do gesto de recuo ou substituição como constitutivo do próprio sujeito feminino. Se, como fazem os notáveis idealistas alemães, igualarmos o sujeito à liberdade e à autonomia, esse gesto de recuo – não como gesto de sacrifício direcionado a certa versão do grande Outro, mas como gesto que gera sua própria satisfação, encontrando a *jouissance* na mesma lacuna que separa o sujeito do objeto – não seria a forma definitiva de autonomia[17]?

---

* Trad. Leila de Aguiar Costa, São Paulo, Edusp, 2010. (N. E.)
** Trad. Erlon José Paschoal, 4. ed., São Paulo, Nova Alexandria, 2003. (N. E.)
*** Trad. Gilda Stuart, São Paulo, Companhia das Letras, 1995. (N. E.)
[16] Além disso, *A princesa de Clèves* subverte a lógica do adultério como transgressão inerente ao reverter o procedimento comum do adultério de "fazer aquilo" (transar com outro homem) e não contar ao marido: em vez disso, ela conta ao marido, mas não "faz aquilo".
[17] Ainda que o anverso também seja válido, a famosa *an die ferne Geliebte*, para o amado distante, não seria o tema de toda a poesia de amor? A poesia do amor masculino, portanto, não seria o

A conclusão que tiramos disso é que é errado contrapor homem e mulher de maneira imediata, como se o homem desejasse diretamente um objeto e o desejo da mulher fosse um "desejo de desejar", o desejo pelo desejo do Outro. Estamos lidando aqui com a diferença sexual enquanto real, o que significa que o oposto também é válido, embora de maneira levemente deslocada. É verdade que o homem deseja a mulher que se encaixa no quadro de sua fantasia, enquanto a mulher aliena seu desejo de maneira muito mais completa em um homem – o desejo dela é ser o objeto de desejo do homem, de corresponder ao quadro de sua fantasia, e é por isso que ela consegue olhar para si mesma pelos olhos do outro e está sempre preocupada com a questão: "O que os outros veem nela/em mim?". Ao mesmo tempo, no entanto, a mulher é muito menos dependente do parceiro, pois seu parceiro supremo não é o outro ser humano, seu objeto de desejo (o homem), mas a própria lacuna, a distância entre ela e o parceiro na qual a *jouissance féminine* está localizada. *Vulgari eloquentia*, para enganar uma mulher, o homem precisa de um parceiro (real ou imaginário); já a mulher pode enganar o homem até quando está sozinha, pois seu parceiro supremo é a própria solidão como lugar da *jouissance féminine* para além do falo.

A diferença sexual, portanto, também é real no sentido de que nenhuma oposição simbólica pode reproduzi-la de maneira direta e adequada. A diferença real não é entre características simbólicas opostas, mas entre dois tipos de oposição: a mulher é essencial para a vida sexual do homem, e justamente por essa razão ele tem um domínio fora de sua vida sexual que é mais importante para ele; para a mulher, a sexualidade tende a ser um traço que permeia toda a sua vida, não há nada que – pelo menos potencialmente – não seja sexualizado, e justamente por essa razão a sexualidade da mulher envolve muito mais que a presença do homem. A questão, é claro, é que essa reversão não é puramente simétrica, mas levemente deslocada – e é esse deslocamento que aponta para o Real da diferença

---

caso exemplar da sexualização da lacuna que separa o poeta do ser amado, de modo que, quando a barreira desaparece e o ser amado torna-se próximo demais, as consequências podem ser catastróficas? Mais uma vez, o que devemos fazer é construir dois pares de opostos quase simetricamente invertidos: os homens preferem que suas amadas continuem distantes, ao contrário das mulheres, que querem os homens perto delas; mas, ao mesmo tempo, os homens querem desfrutar diretamente do corpo da parceira, enquanto as mulheres podem desfrutar da própria lacuna que as separam do corpo do parceiro. O que há de errado com a versão masculina? Uma das canções de Schubert, *Der Wanderer* [O viajante] (D 493, letra de Georg Philipp Schmidt von Luebeck), que descreve a procura pela pátria amada, onde "caminham meus amigos, onde ressuscita meu pai", acaba da seguinte maneira: "Viajo, triste e silencioso,/ meus lamentos sempre a perguntar: Onde?/ Responde-me um suspiro fantasmagórico:/ 'Lá onde tu não estás/ lá está a felicidade". O verso final (*"Dort, wo du nicht bist, dort ist das Glück!"*) é a fórmula mais concisa do que há de errado com o amor romântico, do motivo por que esse amor é falso.

sexual. Mais uma vez, a estrutura subjacente aqui é a das fórmulas de sexuação lacanianas, a universalidade (uma mulher que é essencial, toda...) com uma exceção (carreira, vida pública) no caso do homem; a não universalidade (o homem é não-Todo na vida sexual da mulher) sem nenhuma exceção (não há nada que não seja sexualizado) no caso da mulher. Esse paradoxo da posição feminina é capturado pela ambiguidade do célebre "Poema 732", de Emily Dickinson:

> Ela se submeteu – desfez-se
> Dos Brinquedos de Moça
> Para assumir o digno Encargo
> De Mulher e de Esposa –
>
> Se algo se perdeu seu novo Dia
> De Encanto ou Plenitude
> Ou Perspectivas, ou se o Ouro
> Estragou-se com o uso –
>
> Não se falou – como o Oceano
> Faz a Pérola e as Algas
> Só para ele – e a ninguém mostra
> No Fundo a sua Casa –[18]

Esse poema, obviamente, pode ser interpretado como uma alusão ao sacrifício da "agalma" – o *objet petit a*, os "brinquedos" da *jouissance* feminina – que ocorre quando a mulher torna-se Mulher, quando ela assume o papel subordinado de Esposa: subjacente, inacessível ao olhar masculino, a parte "dela" que não corresponde ao seu papel como "Mulher" (é por isso que, em última instância, ela se refere a si mesma como "Ele mesmo") continua dominando sua existência secreta "não mencionada". No entanto, ele também pode ser interpretado de maneira oposta, e muito mais estranha: e se a condição desse "tesouro secreto", sacrificado quando a mulher se torna Esposa, for puramente fantasmático? E se ela evocar esse segredo para enfeitiçar o olhar Dele (do marido, o olhar masculino)? É possível interpretar "só para ele" no sentido de que a noção do tesouro feminino sacrificado quando a mulher se envolve em uma relação sexual com o homem é um semblante destinado a fascinar o olhar Dele, e portanto representa a perda de algo que nunca esteve presente, nunca foi possuído? (A verdadeira definição do *objeto a* é: um objeto que surge no próprio gesto de sua perda.) Em suma, esse "tesouro perdido" não segue a linha da fantasia masculina sobre o segredo feminino que está além do limite da ordem simbólica, além de seu alcance? Ou, em hegelês, o Em-si feminino, fora do alcance do olhar masculino, já é "para o Outro", um Mistério inacessível, imaginado pelo próprio olhar masculino. É por isso que Badiou tem toda razão de rejeitar

---

[18] Emily Dickinson, *Alguns poemas* (trad. José Lira, São Paulo, Iluminuras, 2008), p. 53.

a interpretação comum da *jouissance féminine* lacaniana que vincula sua infinidade ao Indizível místico como resto do "cultural": "Que o gozo feminino vincula o infinito ao indizível, e que o êxtase místico é prova disso, é o tema do que eu caracterizaria como cultural. Acha-se que, mesmo em Lacan, ele ainda não foi submetido a um teste radical pelo ideal do matema"[19].

A isso podemos acrescentar que existe uma leitura mais literal da *jouissance féminine* que rompe totalmente com o *tópos* do Indizível – nessa leitura oposta, o "não-Todo" do feminino indica que não há nada na subjetividade feminina que não seja marcado pela função simbólica do falo: na verdade, a mulher está *mais* plenamente "na linguagem" do que o homem. É por isso que qualquer referência à "substância feminina" pré-simbólica é equivocada. Segundo uma teoria recentemente popular, o macho (biológico) é apenas um desvio (falsamente emancipado) na autorreprodução da fêmea, que a princípio é possível sem os homens. Élisabeth Badinter afirma que, biologicamente, todos somos fêmeas (o cromossomo X é o padrão para toda a humanidade, o cromossomo Y é um acréscimo, não uma mutação); por essa razão, o tornar-se macho implica um trabalho de diferenciação do qual os embriões fêmeas são poupados[20]. Além disso, em relação à vida social, os machos começam morando em uma pátria fêmea (o útero) até serem forçados a emigrar e viver como exilados que sentem saudade de casa. Ou seja, como os homens foram originalmente criados como fêmeas, eles devem se diferenciar das mulheres por meio de processos culturais e sociais – desse modo é o homem, e não a mulher, que é o "segundo sexo" formado culturalmente[21]. Essa teoria pode ser útil como uma espécie de mito político que explica a insegurança contemporânea da identidade masculina. De certo modo, Badinter está certa em afirmar que a verdadeira crise social da atualidade é a crise da identidade masculina, daquilo que "significa ser homem": as mulheres são mais ou menos bem-sucedidas invadindo o território dos homens, assumindo funções masculinas na vida social sem perder sua identidade feminina, ao passo que o processo inverso, a (re)conquista masculina do território "feminino" da intimidade, é muito mais traumático. Se a figura da mulher bem-sucedida já faz parte de nosso "imaginário social", os problemas com um "homem delicado"

---

[19] Alain Badiou, *Theoretical Writings* (Londres, Continuum, 2004), p. 129.
[20] Ver Élisabeth Badinter, *XY: On Masculine Identity* (Nova York, Columbia University Press, 1996). [Ed. bras.: *XY: sobre a identidade masculina*, trad. Maria Ignez Duque Estrada, Rio de Janeiro, Nova Fronteira, 1993.]
[21] Em um nível biológico mais elementar (e também cientificamente mais convincente), alguns cientistas afirmam que formas complexas de vida orgânica resultam da malignidade de formas de vida simples (monocelulares) que, em determinado momento, "enlouquecem" e começam a se multiplicar de maneira patológica – desse modo, a vida complexa é inerentemente, em seu próprio conceito, uma formação patológica.

são muito mais perturbadores. No entanto, essa teoria, embora pareça impor de maneira "feminista" a primazia do feminino, reproduz as premissas metafísicas fundamentais concernentes à relação entre o masculino e o feminino; a própria Badinter associa a posição masculina aos valores de estar preparado para assumir o risco do exílio, abandonar o refúgio seguro do Lar e ter de criar a própria identidade por meio do trabalho e da mediação cultural – isso não seria uma teoria pseudo-hegeliana que, pelo fato de o trabalho e a mediação fazerem parte do lado masculino, privilegia claramente o homem? Em suma, a ideia de que a mulher é a Base e o homem é a mediação/o desvio secundário, sem identidade própria/natural, é o que fundamenta o argumento antifeminista por excelência, pois, como Hegel nunca se cansava de repetir, o próprio espírito é, do ponto de vista da natureza, "secundário", um desvio patológico, "natureza doente rumo à morte", e a força do espírito está justamente no fato de que um fenômeno marginal/secundário, "em si" um mero desvio dentro de um processo natural mais amplo, pode, pelo trabalho da mediação, elevar-se a um fim-em-si-mesmo, que "põe" seu próprio pressuposto natural como parte de sua própria totalidade "espiritual". Nesse sentido, as noções aparentemente "depreciativas" de feminilidade enquanto mascarada, carente de identidade substancial e forma interior, e de mulher como um homem "castrado", destituído, degenerado, incompleto, são potencialmente muito mais úteis para o feminismo do que a elevação ética da feminilidade – em suma, Otto Weininger é muito mais útil que Carol Gilligan.

Fórmulas de sexuação: o Todo com exceção

Lacan trabalhou as inconsistências que estruturam a diferença sexual em suas "fórmulas de sexuação", em que o lado masculino é definido pela função universal e por sua exceção constitutiva, e o lado feminino pelo paradoxo do "não-Todo" (*pas-tout*) (não há exceção e, por essa razão, o conjunto é não-Todo, não totalizado). Devemos lembrar a condição cambiante do Inefável em Wittgenstein: a passagem do primeiro para o último Wittgenstein é a passagem do Todo (a ordem do Todo universal fundamentada em sua exceção constitutiva) para o não-Todo (a ordem sem exceção e, por isso, não universal, não-Toda). Ou seja, no primeiro Wittgenstein do *Tractatus*, o mundo é compreendido como um Todo de "fatos", coeso, fechado em si mesmo, limitado, que precisamente como tal pressupõe uma exceção: o Inefável místico que funciona como seu Limite. No último Wittgenstein, ao contrário, a problemática do Inefável desaparece e, por isso mesmo, o universo não é mais compreendido como um Todo regulado pelas condições universais da linguagem: tudo o que resta são conexões laterais entre domínios parciais. A noção de linguagem como um sistema definido por um conjunto de características universais é substituído pela noção da linguagem como multiplicidade de práticas dispersas e vagamente interconectadas por "semelhanças de parentesco"[22].

Um tipo específico de clichê ético reproduz com perfeição esse paradoxo do não-Todo: as narrativas da Origem em que uma nação se coloca como "mais X do que o próprio X", e esse X representa outra nação comumente considerada um caso paradigmático de certa propriedade. O mito sobre a Islândia diz que ela foi povoada quando os descobridores da Noruega, a terra mais livre do mundo e também a mais opressiva, partiram para a Islândia; o mito sobre a avareza dos eslovenos afirma que a Escócia (terra proverbial dos avarentos) foi povoada quando os eslovenos mandaram para lá pessoas que gastavam demais. O fato não é os eslovenos serem os mais avarentos ou os islandeses serem os maiores amantes da liberdade – os escoceses são os mais avarentos, mas os eslovenos o são muito mais; o povo da Noruega é o que mais ama a liberdade, mas os islandeses a amam muito mais. Esse é o paradoxo do "não-Todo": se somarmos todos os povos, os escoceses serão os mais avarentos; mas se os compararmos um por um, como "não-Todo", os eslovenos serão muito mais avarentos. Uma variação do mesmo tema ocorre na famosa declaração de Rossini sobre a diferença entre Beethoven e Mozart; quando lhe perguntavam: "Quem é o maior compositor?", ele respondia: "Beethoven"; quando acrescentavam a pergunta: "E Mozart?", ele dizia: "Mozart não é o maior, ele é o único compositor...". Essa oposição entre Beethoven ("o maior" de todos, porque lutava com as próprias composições em um esforço titânico, superando a resistência do material musical) e Mozart (que flutuava livremente na matéria musical e compunha com graciosa espontaneidade) aponta para a conhecida oposição entre as duas noções de Deus: Deus como "o maior", acima de toda a Criação, o Governante do Mundo etc., e Deus que não é o maior, mas apenas a única realidade, que não se relaciona com a realidade finita como algo separado dela, porque ele é "tudo o que existe", o princípio imanente de toda a realidade[23].

---

[22] No Yu-Gi-Oh, um jogo de cartas de conteúdo mítico neogótico extremamente popular, as regras são infinitas: novas cartas são continuamente acrescentadas, e cada carta contém sua própria regra de aplicação. Quanto estão todas juntas, portanto, jamais podem ser subsumidas em um conjunto geral de regras – elas formam um tipo de multiplicidade lacaniana "não-Toda", em claro contraste com os jogos clássicos, em que há uma quantidade limitada de cartas e as regras são claras e finitas.

[23] A famosa afirmação de Nietzsche de que Cristo foi o único cristão verdadeiro também se baseia numa inversão do papel comum da figura fundadora, a da exceção constitutiva: Marx não era marxista, porque ele mesmo era Marx e não podia cogitar para si mesmo a relação reflexiva decorrente do termo "marxista". Cristo, ao contrário, não só era cristão, como também – por essa mesma razão, seguindo uma necessidade inexorável – tem de ser o único (verdadeiro) cristão. Como isso é possível? Somente se introduzirmos uma lacuna radical entre o próprio Cristo e a cristandade e afirmarmos que cristandade é fundamentada no equívoco radical, até mesmo na recusa ativa, do ato de Cristo. A cristandade, portanto, é um tipo de formação de defesa contra a natureza escandalosa do ato de Cristo.

O famoso primeiro parágrafo de *O anti-Édipo*, de Deleuze e Guattari, contém outro exemplo surpreendente de universalidade fundamentada em sua exceção: ele começa com uma longa lista do que o inconsciente ("isso", não o substancializado "Id", é claro) faz: "Isso funciona em toda a parte: às vezes sem parar, outras vezes descontinuamente. Isso respira, isso aquece, isso come. Isso caga, isso fode"[24]. A fala é visivelmente ausente nessa série: para Deleuze e Guattari, não existe um "*ça parle*", o inconsciente não fala. A abundância de funções está no lugar certo para cobrir essa ausência – como já era claro para Freud, a multiplicidade (de falos no sonho, de lobos que o Homem-lobo vê pela janela em seu famoso sonho) é a própria imagem da castração. A multiplicidade sinaliza que o Um está faltando[25].

A lógica da universalidade e sua exceção constitutiva deveria ser desenvolvida em três momentos. (1) Primeiro, não há exceção à universalidade: toda universalidade contém um elemento particular que, embora pertença formalmente a uma dimensão universal, destaca-se, não se encaixa no quadro. (2) Em seguida surge a ideia de que *cada* elemento ou exemplo particular de uma universalidade é uma exceção: não há nenhuma particularidade "normal", toda particularidade se destaca, é excessiva e/ou faltosa com relação a sua universalidade (como mostrou Hegel, nenhuma forma existente de Estado corresponde ao conceito de Estado). (3) Por fim acontece a virada dialética propriamente dita: a exceção à exceção – ainda uma exceção, mas a exceção enquanto universalidade singular, um elemento cuja exceção é seu vínculo direto com a própria universalidade, que representa diretamente o universal. (Note-se aqui o paralelo com os três momentos da forma valor em Marx.)

O ponto de partida para as fórmulas de sexuação de Lacan é Aristóteles – por quê? Aristóteles oscila entre as duas noções da relação entre forma e matéria: ou a forma é concebida como universal, uma possibilidade de seres particulares, e a matéria como o princípio ou agente da individualização (o que torna uma mesa essa mesa em particular é a matéria particular em que a forma universal de Mesa é efetivada), ou então a matéria é concebida como uma coisa universal neutra, uma possibilidade de diferentes seres, e a forma como o princípio de individualização, o agente que transforma a matéria neutra em um ente particular (a forma de uma mesa torna a madeira – que poderia ter se tornado muitas outras coisas – uma mesa). Para Hegel, é claro, a primeira noção é a da universalidade abstrata (universalidade como forma neutra compartilhada por muitos entes particulares), enquanto a segunda já contém o germe da universalidade concreta: a forma (isto é,

---

[24] Gilles Deleuze e Félix Guattari, *O anti-Édipo* (trad. Luiz B. L. Orlandi, São Paulo, Editora 34, 2010), p. 11.

[25] No entanto, como devemos interpretar essa tese junto com o axioma ontológico básico de Badiou sobre a multiplicidade primordial que não é a multiplicidade de Uns? A identidade dessa multiplicidade e o Vazio claramente *não* é o sinal da falta do Um, mas um fato ontológico primordial.

o conceito universal) é em si o princípio ou agente da própria individualização, de sua concreta articulação de si. *É para resolver ou ofuscar esse impasse que Aristóteles tem de recorrer à diferença sexual*: o ser (um ente substancial) é a unidade entre forma e *hyle*, masculino e feminino, ativo e passivo.

É fundamental ter esta questão em mente: a afirmação de Lacan não é a afirmação óbvia de que o par aristotélico de forma e *hyle* é "sexualizado" e a ontologia aristotélica permanece na linhagem das antigas cosmologias sexualizadas. Ao contrário, Lacan afirma que Aristóteles teve de recorrer a um par sexualizado para resolver um problema estritamente conceitual – e essa solução não funciona, pois o paradoxo do gênero é que ele perturba a clara divisão em *genus* e espécie: não podemos dizer que a humanidade é um *genus* (gênero) composto de duas espécies, homens e mulheres, pois espécie é uma unidade que pode reproduzir a si mesma – não surpreende que o uso cotidiano desses termos modifique essa distinção hierárquica: falamos da *espécie* humana composta de (dividida em) dois *gêneros*[26]. Essa confusão indica que, de fato, existem "problemas de gênero", mas não no sentido de Judith Butler: a questão não é apenas que a identidade de cada sexo não é claramente estabelecida, seja social, simbólica ou biologicamente – não é apenas que a identidade sexual é uma norma simbólica imposta a um corpo fluido e polimorfo que jamais se encaixa no ideal; o "problema" é que o próprio ideal é inconsistente, mascara uma incompatibilidade constitutiva. A diferença sexual não é simplesmente uma diferença particular subordinada à universalidade do *genus*/gênero humano; ela tem uma condição mais forte inscrita na própria universalidade da espécie humana: uma diferença que é característica constitutiva da espécie universal em si e que, paradoxalmente, por essa razão, precede (logicamente/conceitualmente) os dois termos que ela diferencia: "talvez a diferença que mantém um [sexo] separado do outro não pertença nem a um nem a outro"[27].

Assim, de que modo as fórmulas de sexuação de Lacan estão relacionadas a Aristóteles? Lacan propõe uma interpretação do "quadrado lógico" aristotélico diferente da predominante: ele introduz uma mudança sutil em cada uma das quatro proposições. Primeiro, em sua interpretação (aqui ele segue Peirce), a verdade da afirmação universal não implica existência: é verdade que "todos os x são Fx", mesmo que x não exista. Segundo, ele não considera a afirmação particular (alguns x são Fx) segundo o modo "mínimo" padrão ("pelo menos alguns x – mas talvez todos os x – são Fx"), mas sim no modo "máximo", ou seja, excluindo a afirmação universal, contradizen-

---

[26] Encontramos mais um indício dessa confusão na língua alemã, em que a palavra *Geschlecht* significa "espécie" (como *Menschengeschlecht*, "espécie humana"), ou "tribo", *e* "sexo" (*Geschlechtdifferenz* é "diferença sexual").

[27] Guy Le Gaufey, *Le pastout de Lacan: consistance logique, conséquences cliniques* (Paris, Epel, 2006), p. 11.

do-a ("alguns x são Fx significa que todos os x *não* são Fx"). Terceiro, ele muda a formulação da declaração negativa universal para uma dupla negação: em vez do padrão "todos os x são não Fx", ele escreve "não há x que não seja Fx". Quarto, ele muda a formulação da declaração particular negativa, deslocando a negação da função para o quantificador: não "alguns x não são Fx", mas sim "não-Todo x é Fx".

O que chama de imediato a atenção é a forma como a contradição é deslocada. No quadrado lógico aristotélico clássico, a contradição é vertical, entre o lado esquerdo ("todos os x são Fx" e "alguns x são Fx") e o lado direito ("todos os x não são Fx" e "alguns x não são Fx"): as duas proposições universais são contrárias (todos os x são Fx ou não são Fx), enquanto as duas diagonais são contraditórias ("alguns x são não-Fx" contradiz "todos os x são Fx"; e "alguns x são Fx" contradiz "todos os x são não-Fx"). Ademais, a relação entre cada proposição universal e particular é de implicação: "todos os x são Fx" implica que "alguns x são Fx", e "todos os x não são Fx" implica que "alguns x não são Fx"; além disso, a relação entre as duas proposições particulares é de compatibilidade ("alguns x são Fx" e "alguns x não são Fx" podem ambas ser verdadeiras). O exemplo mais comum: "todos os cisnes são brancos" e "todos os cisnes são não-brancos" são contrárias; "todos os cisnes são brancos" e "alguns cisnes são não-brancos" são contraditórias, bem como "todos os cisnes são não-brancos" e "alguns cisnes são brancos"; "alguns cisnes são brancos" é compatível com "alguns cisnes são não-brancos".

No quadrado conforme reescrito por Lacan, as contradições acontecem somente entre os níveis superior e inferior (direta e diagonalmente): "todos os x são Fx" contradiz tanto "há pelo menos um x que é não-Fx" quanto "não-Todo x é Fx", e vice-versa para "não há x que não seja Fx"; a relação entre os dois pares horizontais, o superior e o inferior, é, ao contrário, de equivalência: "Todos os x são Fx" é equivalente a "não há x que seja não-Fx" e "há pelo menos um x que é não-Fx" é equivalente a "não-Todo x é Fx". Esta lição é crucial: "não existe relação sexual" significa que não há relação direta entre o lado esquerdo (masculino) e o direito (feminino), nem mesmo de contrariedade ou contradição; os dois lados, considerados em paralelo, são equivalentes, o que significa que coexistem em uma não-relação de indiferença. A contradição só ocorre *dentro* de cada um dos sexos, entre o universal e o particular de cada proposição sexual ("todos os x são Fx" contradiz "há pelo menos um x que não é Fx", e "não há nenhum x que não seja Fx" contradiz "não-Todo x é Fx"). Portanto, a diferença sexual, no fundo, não é a diferença entre os sexos, mas a diferença que atravessa o próprio cerne da identidade de cada sexo, estigmatizando-o com a marca da impossibilidade. Se a diferença sexual não é a diferença entre os dois sexos, mas uma diferença que corta cada sexo por dentro, então como os dois sexos se relacionam um com o outro? A resposta de Lacan é "indiferença": não existe relação, *il n'y a pas de rapport sexuel* – os dois sexos estão fora de sincronia. Recordamos que, exatamente na última página do *Seminário XI*,

Lacan define o desejo do analista não como um desejo puro (uma autocrítica, é claro – ele mesmo afirmara isso no *Seminário VII*), mas como o desejo de obter a diferença absoluta[28]. Para que a diferença seja "absoluta", ela tem de ser dobrada, autorrefletida, a diferença das diferenças, e é isso o que nos oferecem as fórmulas de sexuação: a antinomia "dinâmica" do Todo e sua exceção e a antinomia "matemática" do não-Todo sem exceção. Em outras palavras, não existe uma maneira direta de formular a diferença sexual: a diferença sexual nomeia o Real de um antagonismo que só pode ser circunscrito por meio de duas contradições diferentes[29].

Examinemos com mais atenção a primeira antinomia: Lacan refere-se aqui ao quadrado lógico de Peirce das proposições negativas e positivas, particulares e universais, segundo o qual a verdade de uma proposição afirmativa universal não implica a existência de um termo ao qual ela se refere, em contraste com uma proposição afirmativa particular ("Todos os unicórnios têm um chifre" é uma proposição verdadeira, mesmo que não existam unicórnios, mas não a proposição "alguns unicórnios têm um chifre", porque, para que seja verdadeira, pelo menos um unicórnio tem de existir)[30]. Quais são as consequências, para a psicanálise, do ponto puramente lógico de que a verdade de uma afirmação universal não implica a existência de um elemento particular que exemplifique essa verdade? É verdade que unicórnios têm

---

[28] O papel estrutural do seminário de Lacan sobre os quatro conceitos fundamentais da psicanálise é comparável ao papel das últimas peças de Shakespeare, da *Flauta mágica*, de Mozart, ou de *Parsifal*, de Wagner: depois de um momento de profunda desesperança (as tragédias maduras de Shakespeare, *Cosi fan tutte*, de Mozart, e *Crepúsculo dos deuses*, de Wagner), o clima muda e entramos em um espaço de conto de fadas, no qual os problemas são resolvidos como mágica, o impasse trágico dissolve-se em alegria. Essa mudança é parecida com a mudança no meio do sonho de Freud sobre a injeção de Irma: o momento mais sombrio do pesadelo, quando Freud olha para a garganta de Irma, que representa o abismo do Real primordial, transforma-se de repente em comédia, a conversa despreocupada entre os três médicos que tentam jogar para o outro a culpa pelo fracasso do tratamento. Isso não é semelhante à passagem do *Seminário X* (sobre a angústia) para o *Seminário XI*, de Lacan? O *Seminário X* marca o momento do pesadelo profundo, o confronto com o Real da angústia, ao passo que no *Seminário XI* o clima muda – estilisticamente falando – da elaboração trágico-patética de conceitos que caracteriza os seminários "maduros" do fim da década de 1950 e início da década de 1960 para a "brincadeira" hermética dos seminários que se seguem ao *Seminário XI*.

[29] Há duas abordagens à lógica interna das quatro fórmulas: ou partimos do lado masculino, em que tudo começa com o juízo particular (existencial) máximo e o lado feminino surge como consequência, ou partimos do não-Todo feminino, que então é totalizado pela exceção.

[30] Durante uma das visitas de Boris Yeltsin ao exterior em meados da década de 1990, um dignitário estrangeiro lhe perguntou: "O senhor poderia descrever brevemente, em uma palavra, a situação na Rússia?". Yeltsin respondeu: "Boa". Surpreso, o dignitário estrangeiro continuou: "Fale um pouco mais a respeito, em duas palavras?" "Não boa". A resposta de Yeltsin demonstrou uma surpreendente *sutileza* dialética: as duas respostas eram verdadeiras, isto é, para passar do juízo positivo à negatividade ("não"), é preciso apenas expandir o juízo para o particular, posto que a particularidade como tal é "negativa", a negação de sua dimensão universal.

apenas um chifre, mas, ainda assim, unicórnios não existem... E se em uma análise um pouco apressada continuamos insistindo no valor fálico de um único chifre que nasce na testa, isso nos leva à autoridade fálica paternal, ao que Lacan chama de o Nome-do-Pai. "Todos os pais são Fx" é verdadeiro, mas isso significa que nenhum pai existente é "realmente pai", que – em hegelês – não existe pai no nível do seu conceito: cada pai que existe é uma exceção ao conceito universal de pai:

> a ordem da função que introduzimos aqui como a do nome-do-pai é algo que tem valor universal, mas, ao mesmo tempo, encarrega você de controlar se há ou não um pai que se enquadra nessa função. Se não há esse pai, continua sendo verdade que o pai é Deus, simplesmente essa fórmula só é confirmada pelo setor vazio do quadrado.[31]

As implicações desse paradoxo para a economia psíquica do indivíduo são cruciais: a função paterna é universal, cada um de nós é determinado por ela, mas sempre há uma lacuna entre a função paterna universal e o indivíduo que ocupa esse lugar simbólico: nenhum pai é "realmente pai", cada pai "real" ou é pai insuficiente, um pai imperfeito que não desempenha o papel de maneira apropriada, ou é um pai excessivo, uma presença dominadora que mancha a função simbólica paterna com uma obscenidade patológica. O único pai que realmente existe é a exceção à função universal, o "pai primordial" exterior à Lei simbólica[32]. Um exemplo mais problemático: uma história curiosa sobre Hitler, relatada no (mal-)afamado registro de suas "conversas à mesa", diz que, numa manhã do início da década de 1940, ele acordou apavorado e, com lágrimas rolando pelo rosto, contou a seu médico o sonho que o assustara: "No meu sonho, vi os super-homens do futuro – eles eram tão impiedosos, tão sem consideração pelos nossos sofrimentos, que achei aquilo insuportável!". É claro que a própria ideia de Hitler, nosso principal candidato à pessoa mais malévola de todos os tempos, apavorado por causa da falta de compaixão, é estranha – mas, filosoficamente, tem sentido. Implicitamente, Hitler estava se referindo à passagem nietzschiana do Leão para a Criança: ainda não é possível para nós, que estamos presos na atitude reflexiva do niilismo, entrar na "inocência do devir", a vida plena para além da justificação; tudo o que podemos fazer é nos envolver em uma "autossuperação da moral pela veracidade"[33]. Assim fica fácil tachar os nazistas de inumanos e bestiais – e se o problema for precisamente que eles continuam "humanos, demasiado humanos"? Mas devemos seguir adiante e voltar nossa atenção para a extremidade oposta do espectro, para Jesus Cristo: Jesus não

---

[31] Jacques Lacan, seminário de 17 de janeiro de 1962, em *Le séminaire, livre XI: l'identification* (não publicado).

[32] A exceção lacaniana é muito bem captada por uma frase vulgar muito comum entre os soldados: "Não importa quanto se balance, a última gota é sempre da cueca".

[33] Friedrich Nietzsche, *Ecce Homo* (trad. Paulo César de Souza, São Paulo, Companhia das Letras, 1995), p. 106.

seria também o caso da exceção singular ("há um Deus que é exceção à divindade, que é plenamente humano"), o que implica a inexistência do Deus universal?

Essa afirmação da existência de uma exceção só pode parecer anti-hegeliana, ou até kierkegaardiana: para Hegel, a questão não é precisamente que cada existência pode ser subsumida em uma essência universal por meio da mediação conceitual? E se a concebermos como uma figura elementar do que Hegel chamou de "universalidade concreta"? A universalidade concreta não é a manifestação orgânica de uma universalidade em suas espécies, partes ou órgãos; nós nos aproximamos da universalidade concreta apenas quando a universalidade em questão encontra-se, entre suas espécies ou momentos, em sua determinação opositiva, em um momento excepcional que nega a dimensão universal e é, como tal, sua encarnação direta. Em uma sociedade hierárquica, os elementos excepcionais são os da classe inferior, como os "intocáveis" na Índia. Ao contrário de Gandhi, o dr. Ambedkar

> ressaltou a futilidade de simplesmente abolir a intocabilidade: sendo esse mal produto de uma hierarquia social de tipo específico, todo o sistema de castas é que deveria ser erradicado: "Haverá párias [intocáveis] enquanto houver castas". [...] Gandhi respondeu que, ao contrário, essa questão dizia respeito à fundação do hinduísmo, uma civilização que, em sua forma original, na verdade ignorava a hierarquia.[34]

Embora Gandhi e Ambedkar se respeitassem e colaborassem vez ou outra na luta para defender a dignidade dos intocáveis, a diferença entre eles é insuperável: é a diferença entre a solução "orgânica" (resolver o problema retornando à pureza do sistema original incorrupto) e a solução verdadeiramente radical (identificar o problema como o "sintoma" de todo o sistema, um sintoma que só pode ser resolvido se o sistema for completamente abolido). Ambedkar via claramente que a estrutura de quatro castas não unia os quatro elementos pertencentes à mesma ordem: as três primeiras castas (sacerdotes, reis e guerreiros, comerciantes e artesãos) formam um Todo consistente, uma tríade orgânica, ao passo que os intocáveis são, como o "modo de produção asiático" de Marx, a "parte de nenhuma parte", o elemento inconsistente que ocupa, dentro do sistema, o lugar daquilo que o sistema como tal exclui – e, como tais, os intocáveis representam a universalidade. De fato, não há castas sem párias – enquanto houver castas, haverá um elemento excrementoso excessivo, sem nenhum valor, que, apesar de ser parte formal do sistema, não tem lugar apropriado dentro dele. Gandhi oblitera esse paradoxo, agarrando-se à (im)possibilidade de uma estrutura harmoniosa que integraria plenamente todos esses elementos. O paradoxo dos intocáveis é que eles são duplamente marcados pela lógica excrementícia: além de lidarem com o excremento impuro, seu pró-

---

[34] Christophe Jaffrelot, *Dr. Ambedkar and Untouchability: Analysing and Fighting Caste* (Nova Délhi, Permanent Black, 2005), p. 68-9.

prio *status* dentro do corpo social é de excremento. Daí o paradoxo propriamente dialético: para romper com o sistema de castas, não basta reverter o *status* dos intocáveis, elevando-os à condição de "crianças de Deus". O primeiro passo deveria ser exatamente o oposto: *universalizar* o *status* excrementício dos intocáveis para toda a humanidade.

Mas não há uma inconsistência aqui? Primeiro, a afirmação era que *cada* ente particular é uma exceção, inadequado como exemplo de sua universalidade; em seguida, pomos a exceção como o Significante-Mestre singular que ocupa, dentro de uma estrutura, o lugar dessa falta. A solução está na exceção duplicada: cada ente particular está na posição de uma exceção com respeito a sua universalidade; com respeito à série de exceções "normais", o Significante-Mestre que representa o sujeito é a *exceção da exceção*, o único lugar da universalidade direta. Em outras palavras, no Significante-Mestre, a lógica da exceção é levada a seu extremo reflexivo: o Significante-Mestre é totalmente excluído da ordem universal (como sua "parte de nenhuma parte", sem lugar apropriado nela) e, como tal, representa imediatamente a universalidade como oposta a seu conteúdo particular. (É nesse sentido que Hegel caracteriza Cristo como um "exemplo do exemplo" e, como tal, o "exemplo absoluto".)

Essa "determinação opositiva" subjetiva uma estrutura. Como? Para apreender a lógica da subjetivação, devemos apresentar a diferença entre o (conteúdo) enunciado e seu processo de enunciação, ou seja, a diferença de Lacan entre o sujeito do enunciado e o sujeito da enunciação: *a exceção com respeito à ordem universal é o próprio sujeito*, sua posição de enunciação. Em termos mais simples, desde que a universalidade esteja diante de mim, o objeto do meu pensamento ou discurso, eu ocupo, por definição, o lugar da mínima exterioridade em relação a ela – não importa quanto eu me coloque como *res cogitans*, como objeto determinado dentro da realidade que apreendo, aquele ponto minúsculo no meu mundo não sou eu enquanto ponto da "consciência-de-si", o ponto a partir do qual eu falo ou penso. É claro que todas as minhas propriedades positivas ou determinações podem ser "objetificadas", mas não "eu mesmo" como ponto singular autorreflexivo de enunciação. Nesse sentido simples, porém estrito, o sujeito é mais universal que a própria universalidade: ele pode ser uma parte minúscula da realidade, uma partícula minúscula na "grande cadeia do ser", mas ele é simultaneamente o ponto (de vista) singular que abrange a realidade como algo que aparece em seu horizonte. Nós vivenciamos essa exceção de maneira incisiva a propósito das declarações que concernem a nossa moral: "todo homem é mortal" implicitamente exclui a *mim* como mortal, isenta-me da universalidade dos mortais, embora eu saiba muito bem que (como animal humano) também sou mortal. Devemos dar um passo adiante aqui: o sujeito não é apenas uma rachadura na universalidade, um X que não pode ser situado em uma totalidade substancial – a universalidade existe (universalidade "para si", como diria Hegel) apenas para o sujeito: é somente do ponto de vista subjetivo minimamente isento que um Todo, uma universalidade (diferente de suas instanciações particulares), pode parecer como tal, e nunca para alguém ou algo totalmente incorporado nela como seu momento particular. Nesse sentido, a exceção literalmente fundamenta a universalidade.

Fórmulas de sexuação: o não-Todo

E se não existir exceção nenhuma? Então estamos lidando com particularidades que, por definição (ou, em hegelês, em seu próprio conceito) *não podem ser universalizadas*. O caso mais interessante é da chamada "democracia direta" em suas diferentes formas (de "conselhos operários" ou "autogoverno" a "multidão"). Teóricos e ativistas políticos que defendem essa abordagem, e lutam pela auto-organização local contra o poder do Estado e a democracia representativa, agarram-se, via de regra, à ideia utópica de uma ruptura revolucionária radical pela qual a auto-organização democrática direta abrangerá todo o corpo social. Um exemplo típico é o livro *Multidão*, de Hardt e Negri: depois de descrever as múltiplas formas de resistência ao Império, o livro termina com uma consideração messiânica que aponta para a grande Ruptura, o momento de Decisão em que o movimento das multidões será transubstanciado no súbito nascimento de um novo mundo:

> Depois dessa longa temporada de violência e contradições, de guerra civil global, corrupção do biopoder imperial e infinita labuta da multidão biopolítica, os extraordinários acúmulos de queixas e propostas de reforma devem em dado momento ser transformados por um evento de impacto, uma radical exigência insurrecional.[35]

No entanto, no momento em que esperaríamos uma determinação teórica dessa ruptura, o que temos é, mais uma vez, um recolhimento na filosofia: "Um livro de filosofia como este, no entanto, não é o lugar apropriado para avaliar se já é iminente o momento da decisão política revolucionária"[36]. Aqui, Hardt e Negri dão um salto apressado demais: é claro que não se pode exigir deles uma descrição empírica detalhada da Decisão, da passagem para a "democracia absoluta" globalizada, para a multidão que governará a si mesma; mas e se a recusa justificada de se envolverem em predições futuristas pseudoconcretas mascarar um impasse ou uma impossibilidade conceitual inerente? Ou seja, o que podemos e deveríamos esperar é uma descrição da estrutura conceitual desse salto qualitativo, da passagem das multidões que *resistem* ao Um do Poder soberano para as multidões que

---

[35] Michael Hardt e Antonio Negri, *Multidão: guerra e democracia na era do Império* (trad. Clóvis Marques, Rio de Janeiro, Record, 2005), p. 447.
[36] Ibidem, p. 446.

aniquilam o poder do Estado e imediatamente se tornam o princípio estruturador global da sociedade. Deixar a estrutura conceitual dessa passagem em uma escuridão elucidada apenas por vagas homologias e exemplos de movimentos de resistência só levanta a suspeita de que esse governo direto e autotransparente de todos sobre todos, essa democracia *tout court*, coincidirá com seu oposto. É por isso que tal generalização é propriamente *utópica*: ela não pode ver sua própria impossibilidade estrutural, como pode apenas vicejar dentro de um campo dominado por aquilo que ela mesma combate.

Para apreender melhor essa noção do não-Todo, mencionamos aqui uma maravilhosa piada dialética em *Ninotchka*, de Ernest Lubitch[37]: um homem entra em uma cafeteria e pede café sem creme; o garçom responde: "Desculpe, o creme acabou. Posso trazer café sem leite?". Em ambos os casos, o cliente receberia café puro, mas esse café é acompanhado a cada vez de uma negação diferente: primeiro café sem creme e depois café sem leite[38]. Temos aqui a lógica da diferencialidade, em que a própria falta funciona como característica positiva. Esse paradoxo é muito bem expresso em uma velha piada iugoslava sobre um montenegrino (o povo de Montenegro era estigmatizado como preguiçoso na ex-Iugoslávia): "Por que o montenegrino coloca dois copos ao lado da cama, um cheio e um vazio, quando vai dormir? Porque é preguiçoso demais para pensar se terá sede ou não durante a noite...". O interessante nessa piada é que a própria ausência tem de ser positivamente registrada: não basta ter um copo cheio de água, posto que, se não tiver sede, o montenegrino vai simplesmente ignorá-lo – esse fato negativo tem de ser registrado, a água desnecessária tem de ser materializada no vazio do copo vazio. Há um equivalente político em uma piada bastante conhecida na Polônia da era socialista: um consumidor entra em uma loja e pergunta: "Você não deve ter manteiga, ou tem?". A resposta: "Desculpe, esta loja é a que não tem papel higiênico; a do outro lado da rua é a que não tem manteiga!". Ou podemos considerar o Brasil atual, onde pessoas de todas as classes dançam juntas nas ruas durante o Carnaval, esquecendo-se por alguns instantes das diferenças de raça e classe – mas obviamente não é a mesma coisa um desempregado entregar-se à dança, esquecendo-se de suas preocupações com o sustento da família, e um rico banqueiro soltar-se e sentir-se bem por ser mais um no meio do povo, esquecendo-se de que talvez tenha recusado um empréstimo para um trabalhador pobre. Os dois são iguais na rua, mas o trabalhador dança sem leite, enquanto o banqueiro dança sem creme.

Deveríamos suplementar essa estrutura do não dito que acompanha o que é dito, da negação que reverbera no que é asserido, com a versão simétrica de rece-

---

[37] Devo essa referência a Alenka Zupančič.
[38] De modo semelhante, em 1990 os leste-europeus queriam não só a democracia sem comunismo, mas também a democracia sem capitalismo.

ber mais do que pedimos – nos termos da piada que citamos, de receber café com leite quando pedimos café puro. Esse mecanismo ideológico não é estruturalmente o mesmo da relação entre as notas executadas e não executadas em *Humoresca*, de Schumann? O interessante é que a ideologia não engana com uma mentira direta (dizendo-nos que estamos recebendo café quando na verdade recebemos chá), mas engendrando a implicação não dita errada (dizendo-nos que estamos recebendo café sem creme quando na verdade recebemos café sem leite). Nós não esperamos que o discurso dos detentores do poder nos diga tudo, que revele todas as suas manobras secretas; a maioria de nós aceita que algumas coisas tenham de ser feitas discretamente, às escondidas, mas também esperamos que essas coisas sejam feitas pelo bem comum. No início do filme *No tempo do onça* (1940), dos irmãos Marx, Groucho compra uma passagem na estação de trem com um monte de notas de dólar, observando despreocupadamente: "Tudo bem, não precisa contar!". Mas o caixa conta com cuidado o dinheiro e responde, indignado: "Mas não há o suficiente aqui!", e Groucho responde: "Eu avisei para não contar!". Dick Cheney não nos tratou de forma semelhante quando disse, sobre a "guerra ao terror", que algumas coisas tinham de ser feitas longe das vistas do público para que tivessem resultado? Quando descobrimos chocados a verdade sobre os assassinatos em massa, as torturas etc., mas também que Cheney tinha promovido seus próprios interesses comerciais (Halliburton), ele respondeu basicamente: "Eu disse que as coisas tinham de ser feitas longe das vistas do público!".

A lógica dessas piadas, no entanto, pode realmente ser reduzida à diferencialidade? O "café sem leite" em vez de "café sem creme" não é um caso de diferencialidade simbólica, da própria ausência considerada como característica positiva? Em outras palavras, o que "realmente recebemos" em ambos os casos é o mesmo café puro, a diferença está apenas no fato puramente diferencial de que a ausência que define o café é a ausência de leite, e não de creme e, como aprendemos com Lacan, não há ausência no Real, as coisas podem ser "apresentadas no modo da ausência" somente no espaço simbólico em que algo pode estar ausente de seu lugar (simbólico)[39]. O que complica o problema é a dupla negação em jogo no "café sem leite": esse café não é apenas "sem leite", mas também "não sem creme", e essa segunda negação não é puramente simbólica, ainda que pareça talvez que o acréscimo seja apenas uma nova oposição diferencial ("sem creme" *versus* "não sem creme"). É "café com leite" que teria funcionado diferencialmente, como "café sem creme", e, dentro desse espaço diferencial, "café não sem creme" é simplesmente "café *com* creme". É aí que temos de acrescentar outra oposição diferencial, a do "café com X" *versus*

---

[39] É por isso que, para Lacan, a castração é simbólica: no Real, nada está faltando no corpo da mulher, a ausência do pênis é vivenciada como tal somente pelo olhar que esperava ver um pênis.

"café sem X"? Nossa tese é que essa última oposição não é simbólica ou diferencial, pois diz respeito ao *objet petit a*, ao real de um *je ne sais quoi* que torna o café um objeto de desejo, aquilo que está "no café mais que o próprio café". Ou, conforme a engenhosa reconstrução do raciocínio do garçom feita por Alenka Zupančič:

> Se [o consumidor] quisesse só café puro, teria demonstrado indiferença quanto ao "sem". Há apenas um desejo em jogo em sua rejeição explícita do creme e, como um bom garçom, eu deveria tentar satisfazer esse desejo, pois, nesse caso, "café sem creme" não é de modo nenhum o mesmo que "café puro". A solução está na metonímia da falta, pois o próprio desejo não é senão essa metonímia. Então que se dê café sem leite a ele.[40]

Talvez pareça que "café sem leite", em vez de "café sem creme", seja um caso de diferencialidade, não da negação da negação que gera a "diferença mínima" do *objeto a* – ou será que não? Um café "não sem creme" não é um café *com* leite, mas um café sem *leite*, isto é, a negação de outro complemento. Há uma diferença entre "café puro" e "café não sem creme" (isto é, "café sem leite"): o segundo ainda é marcado por uma falta, mas o lugar da falta mudou. Onde está o *objeto a* aqui? Temos de fazer uma pergunta simples: por que acrescentamos leite ou creme ao café? Porque há algo faltando no café puro, e tentamos preencher esse vazio – em suma, a série de complementos ao café são tentativas de preencher a não identidade do café com ele mesmo. Isso significa (entre outras coisas) que não existe um "café puro" total e idêntico a si mesmo, cada simples "só café" já é "café sem". E aqui está localizado o *objeto a*: o café em si não é Um, e sim Um mais algo que é menos que Um e mais que nada. A estrutura é a mesma do Kinder Ovo: depois de desembrulhar o ovo e quebrar a casca, encontramos um pequeno brinquedo de plástico. Esse brinquedo não seria o *objeto a* em seu aspecto mais puro, um pequeno objeto preenchendo o vazio central de nosso desejo, o tesouro escondido, *agalma*, no centro da coisa que desejamos? Esse vazio ("Real") material no centro, obviamente, representa a lacuna estrutural ("formal") por conta da qual nenhum produto é "realmente *aquilo*", nenhum produto está à altura da expectativa que cria. Essa lógica reflexiva de preencher o vazio está em jogo mesmo (e especialmente) quando nos é oferecido um produto "acrescido de nada", representando a qualidade autêntica, como "apenas o melhor café puro, sem nenhum aditivo que comprometa o gosto": nesse caso, o objeto não é apenas diretamente ele mesmo, mas é duplicado, funcionando como seu próprio suplemento – ele mesmo preenche o vazio que seu mero fato *cria*, como na frase "esse café é... só café simples".

Difícil não mencionarmos aqui outro incidente envolvendo café no cinema popular, dessa vez um drama inglês de classe média chamado *Um toque de esperança*. O protagonista acompanha uma linda jovem até em casa; quando os dois chegam à

---

[40] Alenka Zupančič, "Med dvema ne", *Problemi*, n. 8-9, 2010.

entrada do apartamento, ela pergunta se ele gostaria de entrar e tomar um café. Ele diz: "Só tem um problema: eu não tomo café", ao que ela responde com um sorriso: "Não tem problema, eu também não tenho café...". A força erótica da resposta está no modo como – mais uma vez por uma dupla negação – ela faz uma proposta sexual embaraçosamente direta, sem nem sequer mencionar o sexo: quando convida o rapaz para um café e admite que não tem café, ela não desfaz o convite, mas deixa claro que o convite para um café era um substituto ou pretexto, indiferente em si mesmo, para o convite sexual. Nessa mesma linha, podemos imaginar um diálogo entre os Estados Unidos e a Europa no fim de 2002, quando a invasão do Iraque estava sendo preparada. Os Estados Unidos dizem para a Europa: "Vocês gostariam de se juntar a nós no ataque ao Iraque para encontrar a arma de destruição em massa (ADM)?"; a Europa responde: "Nós não temos equipamento para procurar a ADM!", ao que Rumsfeld replica: "Não tem problema, não existem nenhuma ADM no Iraque". A fórmula geral das intervenções humanitárias não é algo parecido? "Vamos intervir no país X, levando ajuda humanitária e alívio para o sofrimento que impera lá!" "Mas nossa intervenção só vai causar mais sofrimento e morte!" "Não tem problema, assim teremos razões para intervir ainda mais".

O que tudo isso significa com respeito à diferença sexual? A diferença sexual não é diferencial (no sentido preciso da diferencialidade do significante): quando Lacan privilegia o falo, isso não significa que a diferença sexual seja estruturada ao longo do eixo de sua presença ou ausência – o homem tem, a mulher não tem, donde (seguindo a regra básica do sistema diferencial) a ausência de uma característica também conta como característica positiva ou, parafraseando Sherlock Holmes: "Você gostaria de chamar minha atenção para mais alguma coisa além da visão que tive de sua irmã nua?" "Sim, para uma coisa curiosa que notei entre as pernas dela." "Mas não havia nada entre as pernas dela." "Essa é a coisa curiosa." Nessa recusa da diferencialidade como princípio da diferença sexual, Lacan vai além do próprio modo de pensar anterior que era, precisamente, diferencial: homens e mulheres são opostos com respeito ao par ser/ter (o homem *tem* o falo, a mulher não o tem, ela o *é*). Agora, no entanto, o significante fálico não é a característica cuja presença ou ausência distingue o homem da mulher: nas fórmulas de sexuação, ele está em ação em ambos os lados, masculino e feminino, e, nos dois casos, ele funciona como operador da relação impossível (não relação) entre S e J, sujeito que fala e *jouissance* – o significante fálico representa a *jouissance* acessível a um ser que fala, integrado na ordem simbólica[41]. Consequentemente, da mesma maneira que só existe um sexo mais o não-Todo que

---

[41] O impasse do falo é reproduzido esplendidamente por Lacan em sua irônica declaração de que "o falo é o objetor de consciência ao serviço que devemos ao outro sexo" (citado em François Balmès, *Dieu, le sexe et la vérité*, Ramonville Saint-Agne, Érès, 2007, p. 129): a *jouissance* fálica é masturbatória, ela perde o Outro (sexo), reduzindo-o a um *objeto a*.

resiste a ele, só existe uma *jouissance* fálica mais um X que resiste a ela, embora, em sentido estrito, ela não exista, posto que "não há outro gozo que não o fálico"[42]. É por isso que, quando Lacan fala da misteriosamente espectral "*jouissance* do outro", ele a trata como algo que não existe, mas ainda mesmo assim opera, funciona, tem certa eficácia – um objeto não existente com propriedades reais. "Masculino" e "feminino" são dois modos (cada um contraditório a sua própria maneira) de lidar com essa (não) relação impossível entre a ordem simbólica e a *jouissance*. Ou, na medida em que o sujeito do significante ($) é a exceção à universalidade simbólica, e o *objeto a* é seu contraponto objetal, representando o excesso do gozo (mais-gozar), a fórmula lacaniana da fantasia ($-a$) é mais uma versão dessa mesma não relação impossível: a não relação entre os dois lados da mesma moeda (o lugar vazio sem nenhum elemento que o preencha e o elemento excessivo sem lugar). Guy Le Gaufey está certo ao enfatizar que, se ignoramos esse ponto crucial, independente do quão formalizadas e não intuitivas sejam nossas proposições, nós reduzimos as fórmulas de sexuação de Lacan a ser apenas mais um modo de fundamentar, de maneira "científica" moderna, as mais antigas intuições sobre a grande polaridade cósmica e a eterna luta dos sexos, com todas as suas teses concomitantes, incluindo a normatividade da diferença sexual (a "devida" divisão dos papéis sexuais, com respeito aos quais as divergências podem ser descartadas como perversões)[43].

Em uma relação puramente diferencial, cada ente consiste na diferença com seu oposto: a mulher é não homem, e o homem é não mulher. A complicação de Lacan com respeito à diferença sexual é que, embora se possa afirmar que "tudo (todos os elementos da espécie humana) o que é não homem é mulher", o não-Todo da mulher nos impede de dizer que "tudo o que é não mulher é homem": há algo da não mulher que não é o homem ou, como resume Lacan, "já que a mulher é *não-Todo*, por que tudo o que não é mulher seria homem?"[44]. Os dois sexos não dividem o gênero humano entre si de modo que o que não é um é o outro: embora valha para o lado masculino (o que não é homem é mulher), isso não vale para o lado feminino (tudo o que não é mulher *não* é homem) – a consequência dessa brecha de simetria é: "a *saída* do *yin* e do *yang* e de todas aquelas oposições que, em diferentes culturas, pretendem regular o número de sexos"[45]. Os sexos são mais que um e menos que dois: não podem ser contados como dois, há apenas um e algo (ou melhor, menos que algo, porém mais que nada) que lhe escapa. Em outras palavras, 1 + *a* antecede

---

[42] Jacques Lacan, *O seminário, livro 20: mais, ainda* (trad. M. D. Magno, 2. ed., Rio de Janeiro, Zahar, 1996), p. 81-2.
[43] Guy Le Gaufey, *Le pastout de Lacan*, cit.
[44] Jacques Lacan, *O seminário, livro 19: ...ou pior* (trad. Vera Ribeiro, Rio de Janeiro, Zahar, 2012), p. 171.
[45] Guy Le Gaufey, *Le pastout de Lacan*, cit., p. 41.

1 + 1. Consequentemente, o que, no lado feminino, contradiz a universal negativa ("não há x para o qual seja válido que não-Fx"), ou seja, a particular negativa de "não-Todo x é x Fx" é:

> a afirmação do "nada" buscado desde o início por Lacan, esse nada que não é o de Hegel, tampouco o de Freud, [e que é] a própria ausência do sujeito a quem se pode acrescentar um predicado. Essa afirmação, portanto, é a afirmação daquilo que existe com respeito a uma função (do predicado) sem satisfazer essa função (possuindo o predicado).[46]

Em outras palavras, "não há x para o qual seja válido que não-Fx", o x que torna o conjunto não-Todo só pode ser esse próprio nada, o sujeito "barrado" ($). É desta maneira que devemos ler a impossível conjunção (a não relação) entre $ e *a*: o sujeito é o vazio, a proposição vazia, um sujeito sem predicado, enquanto *a* é o predicado sem seu sujeito próprio – algo como "café sem leite" (aliás, café sem cafeína)[47]. Essa noção do sujeito como "mais que um, porém menos que dois", explica por que ser sozinho e ser solitário não é a mesma coisa: podemos ser solitários sem sermos sozinhos, na medida em que podemos estar na companhia de alguém e com o duplo sombrio de alguém. É verdade que a solidão ocorre não quando não há outros a minha volta, mas quando estou desprovido até mesmo da minha sombra.

Cada sexo não é a negação do outro, mas um obstáculo ao outro: não algo cuja identidade é estabelecida pela diferença com o outro, mas algo cuja identidade é tolhida por dentro pelo outro. Para essa (não) relação que escapa à diferencialidade, Ernesto Laclau reservou o termo "antagonismo"[48]. O antagonismo, em seu aspecto mais radical, não é a oposição ou incomensurabilidade dos Dois, mas um esforço ou articulação da inconsistência do Um, de seu diferimento com respeito a si mes-

---

[46] Ibidem, p. 142-3.
[47] Se o sujeito é ligado inextricavelmente à não existência, se "o sujeito introduz o nada como tal" (o sujeito é barrado, é um vazio, a "*néantisation*" [nadificação] do ser etc., então "a mulher não existe" de Lacan não apontaria na direção de um elo privilegiado entre a mulher e a subjetividade?
[48] A dualidade de Laclau entre diferença e equivalência, no entanto, continua presa à lógica da oposição exterior. O que Laclau não desenvolve é a mediação conceitual dos dois opostos, como a própria lógica da diferença (diferencialidade: a identidade de cada elemento reside apenas em sua diferença para com todos os outros) leva *imanentemente* ao antagonismo. A diferencialidade, para manter-se pura (isto é, para evitar a referência a algum tipo de suporte na forma de um elemento que não é fundamentado em diferenças, mas sustenta-se em sua identidade), tem de incluir uma marca da diferença entre o próprio campo (de diferenças) e seu exterior, uma diferença "pura". Essa diferença "pura", no entanto, já tem de funcionar como antagonismo, ela é o que restringe ou tolhe a identidade de cada um dos elementos. É por isso que, como diz Laclau, a diferença externa é sempre também diferença interna: não é apenas que a diferença entre o próprio campo e seu exterior tenha de se refletir no próprio campo, evitando seu fechamento, tolhendo sua plenitude; é também que a identidade diferencial de cada elemento é simultaneamente constituída e tolhida pela rede diferencial.

mo. A diferença ou antagonismo sexual não se constitui, como diria a voz comum, na luta irreconciliável entre os dois sexos ("homens são de Marte e mulheres são de Vênus") – nesse clichê, cada um dos sexos tem sua identidade plena em si, e o problema é que essas duas identidades estão "fora de sincronia", não estão no mesmo comprimento de onda. Essa posição simplesmente inverte o tópico ideológico de que Homem e Mulher se complementam: sozinhos, são truncados; somente juntos é que formam o Um. Desse modo, temos o desvio direitista (a cosmologia sexualizada com sua polaridade de dois "princípios cósmicos", *yin* e *yang* etc., para a qual adeptos da nova era e da cultura popular, como Dan Brown, estão retornando) e o desvio esquerdista (de Deleuze a Butler: a pluralidade da perversão polimorfa é secundariamente restrita pela norma edípica imposta da diferença sexual). E não deveria haver predileção para nenhum dos lados – ambos são piores.

As antinomias da diferença sexual

A natureza antagônica da diferença sexual significa que o que aparece como obstáculo à relação sexual é simultaneamente sua condição de possibilidade – aqui, a "negação da negação" significa que, ao nos livrarmos do obstáculo, também perdemos aquilo que ele tolhia. Hoje sabemos que Emily Hale foi a "senhora dos silêncios" de T. S. Eliot, o objeto de discreta ligação amorosa nos longos anos de separação de sua esposa Vivienne: todo esse tempo, quase duas décadas, foi vivido na expectativa do momento em que Eliot estaria livre para se casar com ela. No entanto, eis o que aconteceu em 23 de janeiro de 1947, quando Eliot recebeu a notícia de que Vivienne tinha morrido:

> Ele ficou chocado com a morte da mulher, mas sobretudo com suas consequências. Agora, como que de surpresa, estava livre para se casar com Emily Hale, que, assim como sua família, acreditara nos últimos quinze anos que era isso que ele queria. Contudo, de súbito, ele percebeu que não tinha emoções ou desejos para compartilhar [...] "Dei por mim que era um homem de meia-idade", diz o herói da nova peça de Eliot, *Cocktail Party**, quando descobre que, depois da partida da esposa, perdera o desejo de se casar com a radiante e devotada Celia. O pior momento, acrescenta ele, é quando sentimos que perdemos o desejo por tudo que era mais desejável.[49]

O problema é que Vivienne continuou sendo o sintoma de Eliot, o "nó" de seu ambíguo investimento libidinal: "A morte de Vivienne significou a perda do foco de tormenta de Eliot"[50] ou, como o próprio Eliot diz através de seu herói em

---

* T. S. Eliot, "Cocktail Party", em *Obras completas* (trad. Ivo Barroso, São Paulo, Arx, 2004), v. 2, p. 297. (N. T.)
[49] Lyndall Gordon, *T. S. Eliot: An Imperfect Life* (Nova York, Norton, 2000), p. 394.
[50] Ibidem, p. 395.

Cocktail Party: "Não posso viver com ela, mas também não posso viver sem ela"*. O cerne insuportável da Coisa-Vivienne estava concentrado em seus ataques histéricos: Eliot nunca visitou Vivienne no manicômio porque temia "a nudez de suas demandas emocionais [...] a irresistível força de seu 'grito galês'"[51]. Vivienne era como Rebecca *versus* Emily como a nova sra. De Winter: "A total opressão, a irrealidade/ Do papel que ela sempre me impôs/ Com a força obstinada, inconsciente, sub-humana/ Que algumas mulheres têm"**. Como tal, ela era o objeto-causa do desejo de Eliot, o que o fazia desejar Emily ou acreditar que a desejava – não surpreende, portanto, que o desejo por Emily tenha desaparecido no momento em que Vivienne desapareceu. A conclusão que tiramos do imbróglio de Eliot é clara: não havia amor em sua relação com Vivienne ou com Emily, pois, como diz Lacan, o amor suplementa a impossibilidade da relação sexual. Ele pode fazer isso de diferentes maneiras, e uma delas é o amor funcionar como perversão[52]: um suplemento perverso que faz o Outro existir pelo amor e, nesse sentido, o pervertido é um "cavaleiro do amor". Do ponto de vista clínico, portanto, as formas históricas de amor são formas de perversão (e Lacan reclama que a psicanálise não inventou nenhuma perversão nova). Em nítido contraste, o último Lacan afirma o amor como um encontro contingente entre dois sujeitos, o encontro de suas inconsciências, subtraídos do narcisismo – nesse amor autêntico, a relação sexual "*cesse de ne pas s'écrire*" ["cessa de não se escrever"]. Estamos além do puro e do impuro, do amor pelo Outro e do amor-próprio, do desinteressado e do interessado: "O amor nada mais é que um dizer [*un dire*] como evento"[53].

A noção-padrão de amor na psicanálise é reducionista: não existe amor puro, o amor é apenas luxúria sexual "sublimada". Até seus últimos ensinamentos, Lacan também insistiu no caráter narcisista do amor: quando amo o Outro, amo a mim no Outro; ainda que o Outro seja mais do que eu mesmo, ainda que eu esteja pronto a me sacrificar pelo Outro, o que amo no Outro é meu Eu idealizado aperfeiçoado, meu Bem Supremo – mas ainda assim *meu* Bem. A surpresa aqui é que Lacan inverte a oposição usual de amor *versus* desejo como luxúria ética *versus* patológica: ele localiza a dimensão ética não no amor, mas no desejo – a ética, para ele, é a ética do desejo, da fidelidade ao desejo, do não compromisso com o nosso desejo[54].

---

* T. S. Eliot, "Cocktail Party", cit., p. 341. (N. T.)
[51] Lyndall Gordon, *T. S. Eliot*, cit., p. 395.
** T. S. Eliot, "Cocktail Party", cit., p. 341. Aqui o autor se refere a *Rebecca* (1938), livro de Daphne du Maurier adaptado para cinema por Alfred Hitchcock em 1940. (N. T.)
[52] Ver François Balmès, *Dieu, le sexe et la vérité*, cit., p. 161.
[53] Jacques Lacan, seminário de 18 de dezembro de 1973, em *Le séminaire, livre XXI: les non-dupes errent* (não publicado).
[54] Na hermenêutica da suspeita do amor, Lacan vai muito além de uma denúncia ordinária da vantagem secreta no amor altruísta – mesmo que meu sacrifício pelo Outro seja puro, trata-se de um

Além disso, o último Lacan reafirma surpreendentemente a possibilidade de outro amor do Outro, autêntico ou puro, o amor do Outro como tal, e não meu outro imaginário. Ele se refere à teologia medieval e do início da Era Moderna (Fénélon), que distinguia o amor "físico" do amor "extático" puro. No primeiro (desenvolvido por Aristóteles e Aquino), só podemos amar o outro se for o meu bem, por isso amamos a Deus como nosso Bem supremo. No segundo, o sujeito que ama realiza uma autoanulação total, uma dedicação total ao Outro em sua alteridade, sem retorno, sem benefício, cujo caso exemplar é a autoanulação mística. Aqui Lacan se envolve em uma especulação teológica extrema, imaginando uma situação impossível: "o auge do amor a Deus teria sido dizer-lhe 'se essa é a tua vontade, condena-me', ou seja, o exato oposto da aspiração ao bem supremo"[55]. Mesmo que não haja misericórdia de Deus, mesmo que Deus me condene completamente ao sofrimento exterior, meu amor por Ele é tão grande que eu continuo a amá-lo plenamente. Isso é amor, se amar é ter *le moindre sens* [o mínimo sentido]. François Balmès faz aqui a pergunta adequada: onde está Deus nisso tudo, por que teologia? Como ele mesmo observa com perspicácia[56], o amor puro deve ser distinguido do desejo puro: este implica o assassinato de seu objeto, é um desejo purificado de todos os objetos patológicos, como desejo pelo vazio ou falta em si, ao passo que o amor puro precisa de um Outro radical para se referir a ele. É por isso que o Outro radical (como um dos nomes do divino) é correlato necessário do amor puro.

Isso leva Lacan a tratar da interação complexa entre amor e sexualidade, culminando na tese canônica de que o amor suplementa a impossibilidade da relação sexual. O ponto de partida é *il n'y a pas de rapport sexuel*. Ao ressaltar essa discordância, Lacan refere-se a Freud: não existe representações da diferença sexual; tudo o que temos é a oposição ativo/passivo, mas até isso falha – isso significa que o único suporte da diferença sexual é, para *ambos* os sexos, mascarada. É preciso opor aqui a mascarada do cortejo no reino animal: neste, os machos cortejam para serem aceitos pelas fêmeas como parceiros sexuais, ao passo que na mascarada é a mulher quem se mascara. Essa reversão sinaliza a passagem do imaginário para o simbólico: para que a mascarada feminina funcione, o grande Outro tem de estar presente, pois a diferença sexual é Real, mas um Real imanente ao simbólico.

Na sexualidade, tudo depende da Alteridade do outro sexo: masculino e feminino não são simplesmente opostos como outros um do outro (a mulher como outro do homem e vice-versa), pois a posição "fálica" masculina é o Mesmo "em

---

sacrifício destinado a evitar ou impedir a castração do Outro, a falta no Outro. Aqui, o exemplo surpreendente é o julgamento-espetáculo stalinista, no qual se espera que o acusado confesse sua culpa para salvar a pureza do partido.

[55] Jacques Lacan, *Lacan in Italia, 1953-1978* (Milão, La Salamandra, 1978), p. 98.
[56] François Balmès, *Dieu, le sexe et la vérité*, cit., p. 186-7.

si", e a posição feminina é o sexo "em si" do Outro. Estamos lidando aqui com uma refinada autorrelação hegeliana dos opostos: a relação da alteridade (cada um relacionado ao seu outro) é refletida de volta nos termos, de modo que um dos termos (o masculino) representa o Mesmo e o outro para o Outro. Se *a* Mulher existisse, ela seria o Outro do Outro, a garantia de sua completude e consistência[57].

Uma autorrelação semelhante pertence à condição da própria sexualidade. Trata-se de senso comum que, para a psicanálise, a sexualidade seja aquilo de que nos defendemos (pela repressão etc.); contudo, a própria sexualidade é simultaneamente, em um nível mais radical, uma defesa – contra o quê? Contra a verdade traumática de que "não existe Outro"[58]. Como a primeira figura do Outro é a mãe, "não existe grande Outro" significa, em primeiro lugar, que a "mãe é castrada" – a sexualidade (no sentido geral das relações sexuais com outro sujeito, um parceiro, em que o par forma um Todo complementar) é uma defesa contra o fato de que o parceiro radical (Outro) simplesmente não existe.

Voltando ao exemplo lendário de Freud sobre o paciente que disse: "Não sei quem é essa mulher no meu sonho, mas tenho certeza de que não é minha mãe!". Como aponta Alenka Zupančič, o paradoxo subjacente é que a declaração enfática do paciente de que "não é a minha mãe" significa o exato oposto *em dois níveis diferentes*. Primeiro, há o nível óbvio da negação: no inconsciente do paciente, é claro que a figura é sua mãe, e a negação é o preço que o paciente tem de pagar por trazer à consciência essa figura maternal. No entanto, há outro nível em que o "não é a minha mãe!" afirma a existência da Mãe: a Mãe, o objeto incestuoso impossível/Real de desejo, existe totalmente no seu em-si inacessível, e o "não é a minha mãe!" apenas dá voz ao desapontamento, sinalizando uma experiência do *ce n'est pas ça* do "essa figura miserável não pode ser a Mãe real!"[59]. Nenhum objeto que encontramos na realidade é *aquele*, por isso o sujeito só pode deslizar de um objeto para outro. Mas essa metonímia do desejo é a última palavra? Aqui entra a pulsão e sua sublimação no amor: o objeto do amor é um milagre da coincidência; nela, um objeto ordinário (pessoa) é elevado ao nível da Coisa, de modo que aqui o sujeito pode plenamente dizer: "Isto é *aquilo*!", ou: "Vocês são *vocês*!", e essa tautologia anuncia o milagre da frágil coincidência de um objeto ordinário com a Coisa absoluta. Tudo isso é perdido pelo paciente contemporâneo, cuja resposta para a pergunta de Freud seria: "Não sei quem é a mulher no meu sonho, mas tenho certeza que ela tem alguma coisa a ver com a minha mãe!" – essa admissão aberta é

---

[57] O grande Outro é ambíguo: há o Outro como Outro radical, o destinatário definitivo, o outro Sujeito "além do muro da linguagem", *e* o próprio Entre, o meio da interação entre o sujeito e seu outro.
[58] François Balmès, *Dieu, le sexe et la vérité*, cit., p. 101.
[59] Alenka Zupančič, "Med dvema ne", cit.

muito deprimente, pois é sustentada por uma dessublimação radical: mãe é apenas mãe, e daí? Também podemos ver em que sentido a dessublimação coincide com a plena e bem-sucedida repressão: a mãe pode ser mencionada às claras, porque a dimensão propriamente incestuosa está totalmente anulada.

A negação, desse modo, funciona em dois níveis: em primeiro lugar, há a simples *Verneinung* de "não é a minha mãe!"; em segundo lugar, há a lacuna entre a mãe como objeto na realidade e a Mãe como objeto impossível/Real do desejo. Essa diferença pode ser marcada por duas versões opostas da verdade enquanto *adequatio*: o primeiro nível concerne ao simples senso comum da verdade como *adequatio* de nossa noção (declaração) à realidade (uma declaração é verdadeira se o que afirma é confirmado pela realidade); o segundo nível concerne à verdade como *adequatio* de uma coisa a sua própria noção (um Estado efetivo é Estado "verdadeiro" se satisfaz certas condições). Assim, essa segunda lacuna entre a mãe como objeto na realidade e a Mãe impossível/Real (em suma, a "castração simbólica", a perda do objeto incestuoso, a "repressão primordial") seria a forma primordial de negação? Em outras palavras, a origem da negatividade está no fato de que, se aquela mulher é ou não a mãe, a Mãe está sempre perdida? Isso nos leva a duas conclusões paradoxais muito bem formuladas por Balmès: "a sexualidade é sempre sustentada pela negação ativa de sua condição essencial de possibilidade"; a castração é "o que possibilita a sexualidade enquanto relação com o Outro, e também o que a impossibilita"[60].

Então, como podemos conceituar o ato sexual com respeito ao fato de que *il n'y a pas de rapport sexuel*? A filosofia do materialismo dialético nos ensina a rejeitar tanto o desvio direitista quanto o esquerdista; nesse caso, o desvio direitista, em sua forma católica conservadora, afirma que o ato sexual é em si um ato de cópula animal, e precisa ser suplementado por sussurros e beijos gentis que deem ao ato um revestimento espiritual mais civilizado; já o desvio esquerdista prega nossa imersão total no ato sexual – os dois amantes deveriam dissolver suas identidades separadas e se perder na intensidade da cópula. Ao rejeitar os dois desvios, o materialismo dialético parte do axioma da descentralização: os órgãos sexuais envolvidos na cópula funcionam como "órgãos sem corpo", órgãos repletos de intensidade libidinal que são vivenciados como minimamente separados do corpo dos sujeitos – não são os sujeitos que copulam, mas seus órgãos "aí fora". O sujeito nunca se identifica diretamente com esses órgãos, não pode assumi-los totalmente como "seus próprios": o próprio foco de sua atividade sexual, em seu aspecto mais intenso, é "ex-timo" com respeito a ele. Isso significa que até mesmo (ou precisamente) na mais intensa atividade sexual, o participante é reduzido ao papel de um observador passivo e indefeso de sua própria atividade, reduzido a um olhar fascinado pelo que acontece – e é essa

---

[60] François Balmès, *Dieu, le sexe et la vérité*, cit., p. 102.

coincidência da mais intensa atividade com uma passividade sem defesa e fascinada que constitui a atitude subjetiva do sujeito envolvido no ato sexual.

Há algo mais nessa passividade do que parece à primeira vista. Em *De anima* (27,5), Tertuliano fornece uma descrição deliciosa do ato sexual, inclusive do orgasmo. À maneira tradicional cristã, primeiro endossa o ato em si, rejeitando-o somente quando é excessivo – obviamente, a dificuldade é que, com respeito à sexualidade humana propriamente dita, é formalmente impossível distinguir a atividade sexual normal ou modesta de sua erotização excessiva. A explicação está na reflexividade inerente da sexualização já descoberta por Freud: os rituais de proteção feitos para manter à distância a sexualidade excessiva tornam-se eles mesmos sexualizados, a proibição do desejo transforma-se no desejo da proibição etc. Portanto, podemos imaginar um casal reduzindo sua atividade sexual a um nível mínimo, privando-a de todos os excessos, só para descobrir que o próprio minimalismo torna-se repleto de uma *jouissance* sexual excessiva (nos termos dos parceiros que, para apimentar sua vida sexual, tratam-na como uma medida disciplinar, vestem uniformes, seguem regras estritas etc.). Nisso reside a obscenidade do papel *de facto* de Tertuliano: podemos imaginar um casal, cansado de experimentações e orgias, decidindo "transar à moda tertuliana" como última solução desesperada de tornar o sexo mais excitante. Não existe sexo excessivo porque no momento em que entramos no universo humano, o próprio sexo *é* um excesso. Tertuliano descreve também como, no ato sexual,

> alma e carne desempenham juntas um dever: a alma provê o desejo, a carne contribui para sua gratificação; a alma nutre a instigação, a carne propicia sua realização. O homem inteiro se excita pelo esforço das duas naturezas, sua substância seminal é descarregada, extraindo do corpo sua fluidez, e da alma, seu calor. Ora, se em grego a palavra alma tem frio como sinônima, como pode que o corpo esfrie depois que a alma o deixa? Com efeito (se corro o risco de ofender até mesmo a modéstia em meu desejo de mostrar a verdade), não posso deixar de perguntar se nós, no calor da extrema gratificação, quando o fluido gerador é expelido, sentimos ou não que alguma coisa de nossa alma se desprende de nós? Além disso, não experimentamos languidez e prostração junto com certo escurecimento da visão? Isso, portanto, deve ser a semente que produz a alma, e ela surge de uma só vez da condensação da alma, assim como o fluido é a semente que produz o corpo e provém da drenagem da carne.[61]

No entanto, e se interpretarmos a afirmação de que, no orgasmo, "alguma coisa de nossa alma se desprende de nós" não como uma transferência da alma do pai para o futuro recém-nascido, mas sim – ignorando a inseminação e concentrando-nos na fenomenologia do próprio ato – como um *esvaziamento kenótico do con-*

---

[61] Tertuliano, "A Treatise on the Soul", em Alexander Roberts (org.), *The Ante-Nicene Fathers* (Nova York, Charles Scribner's Sons, 1918), v. 3, p. 208.

teúdo substancial do sujeito ("alma")? E se, no orgasmo, o sujeito for momentaneamente destituído do lastro de sua "riqueza de personalidade" e reduzido a um vazio evanescente de um sujeito puro que testemunha sua própria desaparição?

Balmès sistematiza essa natureza paradoxal da sexualidade de maneira kantiana, enumerando uma série de "antinomias" da razão sexual.

(1) *Antinomia do gozo sexual: tese* – a *jouissance* sexual está em tudo, ela dá cor a todos os nossos prazeres; *antítese* – a *jouissance* sexual não é sexual.

A explicação dessa antinomia está na sobreposição de falta e excesso: por carecer de lugar apropriado, a *jouissance* espalha-se para todos os lugares. Os dois lados podem ser resumidos na tautologia: "o sexual é definido pelo fracasso de se atingir o sexual"[62].

(2) *Antinomia dos dois e do Outro*: *tese* – no real do sexo, há dois, e apenas dois, sexos, homem e mulher; *antítese* – no momento em que entramos na linguagem, não há segundo (outro) sexo.

Aqui Lacan insiste na "lógica binária", no Real da diferença sexual, e classifica a negação do Real da diferença sexual como a negação (idealista) da castração. Retroativamente, esse diagnóstico tem mais peso hoje, em relação ao advento daquilo que Balmès chama de *foucauldo-lacanisme*, a celebração da multitude dos "sexos", das identidades sexuais (por exemplo, o construtivismo performativo de Judith Butler como negação idealista do Real da diferença sexual). No entanto, devemos acrescentar que essa dualidade dos sexos é estranha, pois um dos dois está ausente; não se trata da dualidade complementar de *yin* e *yang*, mas de uma dualidade radicalmente assimétrica, em que o Mesmo confronta o lugar da/como sua própria falta.

(3) *Antinomia da mulher e do Outro*: *tese* – a mulher não é o lugar do Outro; *antítese* – a mulher é o Outro radical.

Essa antinomia é gerada pelo fato de que o Outro simbólico como um lugar surge com a eliminação do Outro Sexo feminino.

(4) *Antinomia do Outro e do corpo*: *tese* – só se goza o Outro; *antítese* – não existe *jouissance* do Outro (genitivo objetivo).

A explicação dessa última antinomia é que o gozo como Real tem de se referir a uma Alteridade; no entanto, essa Alteridade como tal é inacessível, Real/impossível. A matriz subjacente que gera essas antinomias é que, na relação sexual, *duas* re-

---

[62] François Balmès, *Dieu, le sexe et la vérité*, cit., p. 105. Qual é exatamente a relação entre o amor e o excesso da inominável *jouissance*? Será que basta dizer que o amor, como encontro de Dois, transubstancia a sexualidade do prazer masturbatório em um Evento? Ele não segue a lógica do Todo e sua exceção? E o que dizer do abismo do não-Todo da *jouissance*? Essa oposição não é a mesma que a oposição entre as antinomias matemática e dinâmica em Kant? A antinomia dinâmica é estruturalmente secundária, ela resolve o impasse da antinomia matemática – então quer dizer que, de maneira homóloga, o amor resulta do impasse da *jouissance*?

lações se sobrepõem: a relação entre os dois sexos (masculino, feminino) e a relação entre o sujeito e seu Outro (assimétrico). O Outro Sexo, incorporado no Outro primordial (Mãe), é evacuado, esvaziado da *jouissance*, excluído, e é essa "vacância" que cria o Outro como lugar simbólico, como o Entre, o meio das relações intersubjetivas. Esta é a *Ur-Verdrängung*, a metafórica substituição primordial: o Outro Sexo é substituído pelo grande Outro simbólico. Isso significa que há sexualidade (tensão sexual entre homem e mulher) justamente porque a Mulher como Outro não existe[63].

Balmès está correto ao afirmar que a relação aqui é ambígua: será que a linguagem (o Outro simbólico) vem depois, como defesa, uma tela protetora, contra o Outro Sexo, ou será que o Outro Sexo é reprimido com a entrada do grande Outro simbólico? Em outras palavras, a relação sexual não existe porque moramos na linguagem ou a linguagem é uma defesa contra a impossibilidade da relação sexual? O paradoxo subjacente é que, na tensão entre o Real da diferença sexual e o simbólico, a ordem simbólica é um efeito que se rebela contra sua própria causa e vice-versa, a linguagem em si gera retroativamente a heterogênea Alteridade que a reprime ou exclui. Eis a conclusão irônica e magistral de Balmès: "É, pois, 'na relação sexual', que não é uma relação e não é sexual (o que significa a mesma coisa), que a mulher é o Outro (sendo ambos inexistentes). Bem, é exatamente assim"[64]. Embora precisemos tomar cuidado para não confundir os diferentes casos, o modelo subjacente, não obstante, é formalmente o mesmo: um ente – mulher, o Outro, sexualidade, o próprio sujeito... – é possibilitado por sua própria impossibilidade; ou seja, na (pequena parcela de) sua própria existência positiva, o ente, por assim dizer, *materializa sua própria impossibilidade*. A condição do sujeito é, portanto, imanentemente temporal: o sujeito é um ente virtual, ele não "existe" (no presente), é um X virtual que sempre "terá sido" – a investida pré-subjetiva contra a (significativa) representação (Lacan a designa com o triângulo do "delta" grego) fracassa, e o sujeito "é" esse fracasso, surgindo retroativamente como a falha de sua própria representação.

Essa paradoxal coincidência entre opostos atesta a natureza antagônica do ente em questão, antagônica como oposta ao diferencial. Da mesma maneira, a inseparabilidade antagônica dos dois sexos não significa que sua relação seja diferencial no sentido simbólico, que a identidade de cada sexo não seja nada além de sua diferença com relação ao sexo oposto: se esse fosse o caso, então a identidade de cada sexo seria plenamente determinada por suas características diferenciais. Para chegar

---

[63] É por isso que, como afirma Lacan, a Mulher é um dos Nomes-do-Pai (um dos nomes do Divino): se *a* Mulher existisse, seria o Outro do Outro, o Sujeito que personifica, domina e regula o próprio Entre impessoal, o grande Outro como Ordem simbólica anônima.
[64] François Balmès, *Dieu, le sexe et la vérité*, cit., p. 118.

ao antagonismo como Real, devemos dar mais uma volta no parafuso: um sexo não suplementa o outro, mas funciona como o obstáculo que impede o outro de atingir sua plena identidade. O "homem" nomeia aquilo que impede que a "mulher" se realize plenamente e vice-versa. Na luta de classes, também "não existe relação": a "burguesia" nomeia a classe que impede o proletariado de tornar-se plenamente ele mesmo. A afirmação de Lacan de que a diferença sexual é "Real-impossível" é estritamente sinônima a sua afirmação de que "não existe relação sexual": a diferença sexual não é um conjunto fixo de oposições simbólicas "estáticas" e inclusões ou exclusões (em que a normatividade heterossexual relega a homossexualidade e outras "perversões" a um papel secundário), mas sim o nome de um impasse, um trauma, uma questão em aberto, algo que *resiste* a cada tentativa de simbolização. Cada tradução da diferença sexual em um conjunto de oposições simbólicas está fadada ao fracasso, e é essa mesma "impossibilidade" que abre o terreno da luta hegemônica para o que a "diferença sexual" significará.

Por que Lacan não é nominalista

A diferença sexual e a diferença de classes são reais, portanto, no sentido preciso e formal de se enraizar em um antagonismo: a diferença antecede paradoxalmente os dois termos dos quais ela é a diferença. Em uma passagem densa e singular do *Seminário XVIII*, de 1971, Lacan nos dá uma definição precisa dessa lógica do antagonismo, incluindo sua identificação com o materialismo dialético, o que surge como surpresa precisamente por ser uma coisa declarada como premissa evidente:

Se há alguma coisa que eu sou, está claro, é que não sou nominalista. Quero dizer que não parto de que o nome seja uma coisa que se chape assim no real. E é preciso escolher. Quando se é nominalista, é preciso renunciar completamente ao materialismo dialético, de modo que, em suma, a tradição nominalista, que é, propriamente falando, o único perigo de idealismo que pode produzir-se num discurso como o meu, fica evidentemente afastada. Não se trata de sermos realistas, no sentido em que se era realista na Idade Média, no sentido do realismo dos universais, mas de assinalar isto: que nosso discurso, nosso discurso científico, só encontra o real na medida em que depende da função do semblante.
A articulação, digo a articulação algébrica do semblante – e, como tal, trata-se apenas de letras – e seus efeitos, esse é o único aparelho por meio do qual designamos o que é real. O que é real é aquilo que faz furo nesse semblante, nesse semblante articulado que é o discurso científico. O discurso científico progride sem sequer preocupar-se mais em saber se é ou não semblante. Trata-se apenas de que sua rede, sua malha, sua *lattice* [trama], como se costuma dizer, faça surgir os furos certos no lugar certo. Ele só tem como referência a impossibilidade a que conduzem suas deduções. Essa impossibilidade é o real. O aparelho do discurso, na medida em que é ele, em seu rigor, que

depara com os limites de sua consistência, é com isso que, na física, visamos alguma coisa que é o real.[65]

Como se diz no filme *Bastardos inglórios*, nem mesmo o Führer teria dito isso de maneira melhor – aqui encontramos *in nuce* a diferença entre o materialismo dialético de Lacan e o "materialismo aleatório" que Althusser lutou para formular em seus últimos escritos, nos quais ele também afirmou que o nominalismo é a única posição materialista consistente. Mas que tipo de "realista" é Lacan? Ele define sua posição como a do "realismo da *jouissance*", mas devemos evitar aqui a armadilha de elevar a *jouissance* a algum tipo de Em-si substancial que resiste à captura dos semblantes simbólicos. Para Lacan, a *jouissance* é uma substância estranha sem positividade substancial: ela é discernível apenas enquanto causa virtual de rachaduras, distorções e desequilíbrios na tessitura dos semblantes simbólicos. Ou seja, com respeito à realidade, Lacan concorda com Althusser e seu nominalismo materialista das exceções (ou "clinamina"): o que de fato existe são apenas as exceções, elas são toda a *realidade* existente. (Esse é o tema repetido infinitamente pelo nominalismo historicista nos estudos culturais: não existe Mulher como tal, só existem lésbicas, trabalhadoras, mães solteiras e assim por diante.) No entanto, o nominalismo não percebe o *Real* de determinada impossibilidade ou antagonismo que é a causa virtual geradora de múltiplas realidades. Em seu livro sobre a modernidade, Jameson desenvolve esse Real em uma crítica concisa das teorias recentemente em voga sobre as "modernidades alternadas":

> Como então os ideólogos da "modernidade" (em seu sentido atual) conseguem distinguir o seu produto – a revolução da informação e a modernidade globalizada do livre mercado – do detestável tipo mais antigo, sem se verem envolvidos nas respostas a graves questões políticas e econômicas, questões sistemáticas, que o conceito de pós-modernidade torna inevitáveis? A resposta é simples: falamos de modernidades "alternadas" ou "alternativas". Agora todo o mundo conhece a fórmula: isso quer dizer que pode existir uma modernidade para todos, diferente do modelo-padrão anglo-saxão, hegemônico. O que quer que nos desagrade a respeito deste último, inclusive a posição subalterna a que nos condena, pode apagar-se pela ideia tranquilizadora e "cultural" de que podemos confeccionar a nossa própria modernidade de maneira diversa, dando margem, pois, a existir o tipo latino-americano, o indiano, o africano e assim por diante. [...] Mas isso seria passar por cima de outro significado fundamental da modernidade, que é a de um capitalismo mundial.[66]

---

[65] Jacques Lacan, *O seminário, livro 18: de um discurso que não fosse semblante* (trad. Vera Ribeiro, Rio de Janeiro, Zahar, 2009), p. 27. Agradeço a Alenka Zupančič que me chamou a atenção para essa passagem.
[66] Fredric Jameson, *Modernidade singular* (trad. Roberto Franco Valente, Rio de Janeiro, Civilização Brasileira, 2005), p. 21-2.

O significado dessa crítica vai muito além do caso da modernidade – ele diz respeito à limitação fundamental da historicização nominalista. O recurso à multitude ("não há uma modernidade única com essência fixa, há modernidades múltiplas, cada uma delas irredutível às outras...") é falso não por não reconhecer uma "essência" fixa única da modernidade, mas porque a multiplicação funciona aqui como uma denegação do antagonismo que pertence à noção de modernidade como tal: sua falsidade está no fato de ele libertar a noção de modernidade de seu antagonismo, do modo como está incorporada no sistema capitalista, ao relacionar esse aspecto a apenas uma de suas subespécies históricas[67]. Na medida em que esse antagonismo pode ser designado como uma dimensão "castradora" – e na medida em que, segundo Freud, a renegação da castração é representada como multiplicação das representações do falo (um sem-número de falos sinaliza a castração, a falta do um) – é fácil conceber tal multiplicação de modernidades como uma forma de renegação fetichista.

Desse modo, a crítica que Jameson faz da noção de modernidades alternadas fornece um modelo para a relação propriamente *dialética* entre o Universal e o Particular: a diferença não está no lado do conteúdo particular (como a tradicional *differentia specifica*), mas no lado do Universal. Este não é o receptáculo geral do conteúdo particular, o meio ou pano de fundo pacífico para o conflito de particularidades; "como tal", é o lugar de um antagonismo ou autocontradição insuportável, e (a multitude de) suas espécies particulares são, em última instância, nada mais que muitas tentativas de ofuscar/reconciliar/dominar esse antagonismo. Em outras palavras, o Universal nomeia o lugar de um Impasse-Problema, uma Questão premente, e os Particulares são tentativas fracassadas de Respostas a esse Problema. Por exemplo, o conceito de Estado nomeia certo problema: como conter o antagonismo de classes de uma sociedade? Todas as formas particulares de Estado são outras tantas tentativas (fracassadas) de encontrar uma solução para esse problema.

É dessa maneira que devemos interpretar a declaração de Lacan de que o importante não é ser realista no sentido medieval, mas sim no sentido de que nosso discurso (científico) "só encontra o real na medida em que depende da função do semblante": a realidade é um semblante, mas não no sentido simples de uma aparência enganadora que esconde o verdadeiro Ser – não há nada, nenhum real

---

[67] Não devemos nos esquecer de que a primeira metade do século XX foi marcada por dois grandes projetos que se encaixam perfeitamente nessa noção de "realidade alternada": fascismo e comunismo. A ideia básica do fascismo não era a de uma modernidade que fosse alternativa ao padrão liberal-capitalista anglo-saxão e salvasse o núcleo da modernidade capitalista, livrando-se totalmente de sua distorção exploradora-individualista-judaica "contingente"? E a rápida industrialização da URSS no fim da década de 1920 e na década de 1930 também não foi uma tentativa de modernização diferente da versão capitalista ocidental?

substancial verdadeiro, por trás do véu da realidade fenomenal. A realidade é um semblante no sentido de que sua estrutura já materializa certa fantasia que ofusca o Real de um antagonismo social. É por isso que só encontramos o real "na medida em que depende da função do semblante": identificando as impossibilidades, as rachaduras, os antagonismos subjacentes que geram a multiplicidade inconsistente dos semblantes.

Talvez possamos construir aqui uma tríade: (1) para Hegel, temos a contradição, a inconsistência, como Real, mas não na matemática, apenas nos conceitos; (2) para a ciência moderna, temos o Real enunciado nas fórmulas matemáticas, mas não como inconsistente; (3) para Lacan, temos o Real residindo no impasse da formalização matemática.

E exatamente o mesmo vale para a *jouissance*: quando Lacan fala da *jouissance féminine*, ele sempre a condiciona – "se existisse tal coisa (mas não existe)"[68] –, confirmando assim sua incomensurabilidade com a ordem da existência (simbólica). A *jouissance féminine* não existe, mas *il y a de jouissance féminine*, "há" gozo feminino. Esse *"il y a"* – como o alemão *"es gibt"*, que tem um papel fundamental no último Heidegger – é claramente oposto à existência (em inglês, a distinção se perde, pois é impossível evitar o verbo *"to be"* na tradução). A *jouissance*, portanto, não é uma substância positiva presa na rede simbólica, ela é algo que se evidencia apenas por entre as rachaduras e aberturas da ordem simbólica – não porque nós, que habitamos essa ordem, não podemos recuperá-la diretamente, mas porque, de maneira mais radical, ela é gerada pelas rachaduras e inconsistências da própria ordem simbólica.

Aqui devemos estar atentos para a diferença entre a inexistência da *jouissance féminine* e a inexistência de um pai que condiria com sua função simbólica ("Se não há esse pai, continua sendo verdade que o pai é Deus, simplesmente essa fórmula só é confirmada pelo setor vazio do quadrado"[69]). No caso do pai, temos uma discrepância entre a função simbólica (do Pai) e a realidade dos indivíduos que jamais condizem com essa função, enquanto no caso da *jouissance féminine* nós temos o Real da *jouissance* que escapa à simbolização. Em outras palavras, no primeiro caso, a lacuna é entre a realidade e o simbólico, enquanto no segundo caso a lacuna é entre o simbólico e o Real: indivíduos miseráveis chamados de pai existem, eles simplesmente não condizem com sua função simbólica, que continua sendo um "setor vazio do quadrado"; mas a *jouissance féminine*, precisamente, não existe.

Uma definição comum do Real lacaniano o descreve como aquilo que sempre retorna ao mesmo lugar, aquilo que permanece o mesmo em todos os universos

---

[68] Jacques Lacan, *O seminário, livro 20: mais, ainda*, cit., p. 81-2.
[69] Idem, seminário de 17 de janeiro de 1962, cit.

simbólicos possíveis. Essa ideia de um Real enquanto "núcleo duro" que resiste à simbolização deve ser suplementada por seu oposto: o Real também é a "pura aparência", aquilo que existe só quando observamos a realidade a partir de determinada perspectiva – no momento em que mudamos nosso ponto de vista, o objeto desaparece. O que os dois extremos excluem na ideia-padrão da realidade é algo que resiste em seu Em-si, mas muda com respeito a suas propriedades: quando mudamos a perspectiva, ele parece diferente. Contudo, essas duas noções opostas de realidade podem ser unificadas – se tivermos em mente a mudança crucial que acontece nos ensinos de Lacan com respeito ao Real. A partir da década de 1960, o Real não é mais aquilo que permanece o mesmo em todos os universos simbólicos; com respeito à noção comum de realidade, o Real *não* é a mesmidade subjacente que persiste através da miríade de diferentes pontos de vista acerca de um objeto. O Real, ao contrário, é *aquilo que gera essas diferenças*, o "núcleo duro" esquivo que os múltiplos pontos de vista tentam (e não conseguem) recapturar. É por isso que o Real "em seu aspecto mais puro" é a "pura aparência": uma diferença que não pode ser fundamentada em nenhuma característica real do objeto, uma diferença "pura".

Em *Sr. e Sra. Smith*, Brad Pitt e Angelina Jolie representam um casal entediado que busca aconselhamento com um terapeuta; um não conhece a identidade do outro, e os dois trabalham (para agências diferentes) como assassinos profissionais (a trama deslancha, é claro, quando são encarregados de matar um ao outro). Temos aqui um dilema interpretativo: Pitt e Jolie são um casal comum e sonham (fantasiam) ser contratados como assassinos profissionais para animar o casamento ou, ao contrário, são assassinos profissionais que fantasiam ter uma vida comum de casal? (Aqui há uma ligação com o filme de Hitchcock de mesmo título*: ambos são "comédias de recasamentos".) Quando Karl Kraus soube que Trotsky, que ele conhecera em Viena antes da Primeira Guerra Mundial, salvara a Revolução de Outubro organizando o Exército Vermelho, ele retrucou: "Quem do Café Central esperaria isso de Herr Bronstein!". Temos mais uma vez aqui o mesmo dilema: era Trotsky, o grande revolucionário, que tinha de frequentar o Café Central em Viena como parte de seu trabalho clandestino ou era o gentil e loquaz Herr Bronstein do Café Central que, posteriormente, tornou-se o grande revolucionário? As duas situações são variações da famosa história de Chuang-Tzu sobre se era Chuang-Tzu que sonhava ser uma borboleta ou se era uma borboleta que sonhava ser Chuang-Tzu. Os ideólogos de múltiplas identidades cambiáveis gostam de citar essa passagem, mas, via de regra, param de repente e deixam de fora um *insight* fundamental: "No entanto, deve haver alguma diferença entre Chuang-Tzu e uma borboleta!". Essa lacuna é o lugar do Real: o Real

---

* No Brasil, o filme foi lançado com o título *Um casal do barulho*. (N. T.)

não é a "verdadeira realidade" para a qual estamos despertos (se estivermos), mas a própria lacuna que separa um sonho de outro.

Sob uma análise mais profunda, no entanto, percebemos imediatamente que é preciso dar mais um passo, pois a relação entre os dois opostos não é simétrica. É verdade que a "burguesia" nomeia a classe que impede o proletariado de realizar-se plenamente, mas não é verdade que o proletariado impede a burguesia de realizar-se plenamente. É verdade que o sujeito masculino impede o sujeito feminino de realizar-se plenamente, mas o inverso não é verdadeiro. Isso quer dizer que cada sexo não é simplesmente Um-em-si e Outro-do-Outro: a relação entre Um e Outro não é puramente formal e, como tal, aplicada a cada um dos dois sexos, mas reflete-se na própria qualidade dos dois sexos – o sexo masculino é "em si" Um, e o feminino "em si" (isto é, não pelo seu Outro, mas com respeito a si) é "o outro sexo" (como afirma Simone de Beauvoir). Portanto, há apenas um sexo que é si mesmo, o Um, e o outro sexo não é outro Um e muito menos um tipo de Alteridade substancial oniabrangente que todos habitamos (como a Mãe primordial). O mesmo vale para a luta de classes: não temos apenas duas classes; como diz o próprio Marx, há apenas uma classe "como tal", a burguesia; as classes anteriores à burguesia (senhores feudais, clero etc.) ainda não são classes no sentido pleno do termo, sua identidade de classes é encoberta por outras determinações hierárquicas (castas, estamentos...); depois da burguesia, há o proletariado, que é uma não classe disfarçada de classe e, como tal, o Outro não só para a burguesia, mas também para si mesma.

Então como definir a mulher se não como simplesmente não homem, o equivalente simétrico ou complementar do homem? Mais uma vez, a noção kantiana de "juízo infinito ou indefinido" enquanto oposto ao juízo negativo pode ser de alguma ajuda. O juízo positivo "a alma é mortal" pode ser negado de duas maneiras: quando um predicado é negado para o sujeito ("a alma não é mortal") e quando um não predicado é afirmado ("a alma é não mortal"). Exatamente da mesma maneira, não devemos dizer que a mulher não é homem, mas que a mulher *é não-homem* – em hegelês, a mulher não é a negação do homem, mas a negação da negação, abrindo um terceiro espaço de não não-homem que não só não nos leva de volta ao homem, como deixa para trás todo o campo do homem e seu oposto. E, mais uma vez, exatamente da mesma maneira, o proletariado não é a classe oposta da burguesia, ela é não-burguesia, o que significa não não-burguesia. Desse modo, nós não temos duas classes, mas uma – a burguesia – e sua negação da negação, uma não não-classe, uma classe esquisita que só pode vencer abolindo-se como classe e assim acabando com todas as classes. O proletariado é o paradoxo vivo e existente de uma classe que é não-classe – ou, como a banda Rammstein diz na música *Ohne dich*: "*ohne dich kann ich nicht sein, ohne dich/ mit dir bin ich auch allein, ohne dich*" ("sem você eu não existo, sem você/ com você também estou sozinho, sem você");

em suma, mesmo quando estou com você, estou "sozinho com você". O proletariado é sozinho mesmo quando está com a burguesia, relacionado com ela.

Mas estará esse Outro (o Outro que é Outro com respeito a si mesmo) radicalmente fora da ordem do Um, como a mítica *jouissance féminine*? Ele pode ter apenas uma presença espectral, e ter efeitos, mas sem existir propriamente? Essa é justamente a armadilha que devemos evitar: não, o Outro que é não não-Um está ainda mais "aqui" do que o Um – as mulheres estão aqui, os trabalhadores estão aqui. Qual é então seu *status*? Prosseguiremos pelo caminho de uma tese ontológica mais geral: vamos do 1 ao 2 porque 1 não é totalmente 1: o surgimento do 2 é uma tentativa do 1 de alcançar o próprio excesso pela própria duplicação. Em outras palavras, na passagem do 1 ao 2, a cisão implícita no 1 é exposta. No entanto, essa série de 1 (1 + 1 + 1 +...) nunca chega ao Dois da Alteridade radical, o Outro que não pode ser reduzido a mais Um. Como atingir essa Alteridade? Aqui não há armadilhas em potencial: (1) esquivando-se do impasse da Alteridade radical pela postulação de uma multiplicidade original que só é restrita secundariamente pela lógica binária; (2) elevando a Alteridade, de maneira levinasiana ou outra, a uma força substancial ou lugar que me domine ("há um Outro em mim, algo mais forte, uma Força que fala por mim", mesmo quando esse Outro é chamado de "Inconsciente"). Lacan evita essa armadilha ao formular a antinomia do Outro (como elaborada por Balmès[70]):

(1) *tese – o Outro existe*: o Inconsciente é a fala do Outro, o desejo é o desejo do Outro, o Outro é o lugar da Verdade pressuposta ou implícita mesmo (ou especialmente) quando estamos mentindo etc.;

(2) *antítese – o Outro não existe*: o Outro é barrado, inconsistente, faltoso; o objetivo da análise é levar o sujeito a assumir a inexistência do Outro etc.

Para esclarecer isso, devemos primeiro notar que tanto a tese quanto a antítese podem ser interpretadas (pelo menos) de três maneiras diferentes. Seguindo a tríade ISR, o Outro (que existe) pode ser o Outro imaginário (a imagem refletida do eu), o Outro simbólico (a ordem simbólica anônima, o lugar da verdade) e o Outro real (o abismo da Outra-Coisa, do sujeito *enquanto* Próximo). "O Outro não existe" pode ser interpretado como: uma falta ou vazio no Outro (um significante ausente, a exceção sobre a qual se fundamenta o Outro); a inconsistência do Outro (o Outro como não-Todo, antagônico, e, como tal, não pode ser totalizado); ou a simples afirmação do caráter virtual do grande Outro (a ordem simbólica não existe como parte da realidade, é uma estrutura ideal que regula nossa atividade na realidade social)[71].

---

[70] François Balmès, *Dieu, le sexe et la vérité*, cit.
[71] Como notou Bruce Fink, encontramos em Lacan dois tipos de juízos negativos: a negação da existência ("*la Femme n'existe pas*") e a negação mais completa ("*il n'y a pas de l'Autre de l'Autre*").

A resolução dessa "antinomia" é dada pela fórmula duplicada: *não há o Outro do Outro*, o Outro é o Outro com relação a si próprio. Isso significa que a descentralização do sujeito no Outro é em si duplicada: é verdade que o sujeito é descentralizado, sua verdade não é profunda em si, mas "lá fora", na ordem simbólica em cuja rede ele está preso e da qual, em última instância, ele é o efeito. No entanto, esse Outro simbólico em que o sujeito está constitutivamente alienado não é um campo substancial pleno, mas separado de si, articulado em volta de um ponto inerente de impossibilidade, em volta do que Lacan chamou de núcleo ex-timo. O nome que Lacan deu a esse núcleo ex-timo que descentraliza o próprio Outro do sujeito é, obviamente, o *objeto a*, o mais-gozar, o objeto-causa do desejo. Esse objeto paradoxal funciona como uma espécie de defeito ou pane no grande Outro, como um obstáculo imanente a sua plena efetivação, e o sujeito é apenas um correlato dessa pane: sem a pane, não haveria sujeito, o Outro seria uma ordem naturalmente fluente e completa. O paradoxo, portanto, é que a mesma pane que torna o Outro incompleto, inconsistente, faltoso etc., é justamente o que torna o Outro Outro, irredutível a mais Um.

Negação da negação: Lacan *versus* Hegel?

Como essa negação da negação lacaniana – em suas duas versões principais: a negação duplicada que gera o excesso do não-Todo, e a passagem da alienação para a separação – relaciona-se com a negação da negação hegeliana? A versão hegeliana é forte o suficiente para conter (explicar) a versão lacaniana? Lacan insiste que essa "negação da negação", em contraste com a de Hegel, não resulta em um retorno a nenhum tipo de positividade, não importa quão suprassumida ou mediada seja essa positividade. Em *Um corpo que cai*, Scottie chega ao fim quando descobre que Madeleine era uma fraude desde o princípio, "não mais (não) sem Madeleine", o que, mais uma vez, não significa que ele está *com* Madeleine, mas que ele perdeu a própria perda, o ponto de referência que circunscrevia o lugar da perda estruturador de seu desejo. De certa forma, ele perde o próprio desejo, seu objeto-causa. Essa passagem ainda é hegeliana, pois Hegel podia perfeitamente pensar a negação da negação como uma perda radical. A questão, portanto, não é: "A negação da negação hegeliana elimina a perda em um retorno à unidade plena?", mas: "Hegel poderia pensar a quarta fase adicional, em que o movimento autorrelativo

---

Essas duas negações não devem ser confundidas: embora a Mulher não exista, as mulheres definitivamente existem. A negação da existência nega a condição ôntica total de um ente (a existência de um ente particular garantida ou constituída por seu limite), ao passo que "não há tal coisa como..." é uma negação completa. O par de Um e Outro deveria ser interpretado nessas linhas: não há grande Outro, mas *"y a d'l'Un"*, há algo do Um.

da própria negação da negação engendra um tique particular, um gesto singular repetitivo-excessivo (como a explosão suicida da paixão de Júlia em *A nova Heloísa*, ou o tique de Sygne no fim de *L'otage*, de Paul Claudel)?".

Como já vimos, a negação da negação lacaniana está localizada no lado feminino das "fórmulas de sexuação", na noção de não-Todo: não há nada que não seja fato do discurso; no entanto, esse não não-discurso não significa que tudo seja discurso, mas sim que, precisamente, o não-Todo é discurso – o que está fora não é um algo positivo, mas o *objeto a*, mais que nada, mas não algo, não Um[72]. Ou então: não há sujeito que não seja castrado, mas isso não significa que todos os sujeitos são castrados (o resto não castrado, é claro, é o *objeto a*). O Real que mencionamos aqui, em sua dupla negação, pode ser relacionado ao juízo infinito kantiano, a afirmação de um não predicado: "ele está não morto" não significa apenas que ele está vivo, mas que está vivo como não morto, como morto-vivo. "Ele está não morto" significa que ele está não não-morto[73]. Da mesma maneira, o Inconsciente freudiano é como o não-morto: ele não é apenas não-consciente, mas não não-consciente e, nessa dupla negação, um *não*, além de persistir, torna-se ainda duplicado: não morto permanece não-morto *e* não-vivo. O *objeto a*, da mesma maneira, não seria um não não-objeto e, *nesse* sentido, um objeto que incorpora o vazio?

Essa dupla negação também pode ter a estrutura de uma escolha que, embora não seja forçada, torna-se indiferente, pois o resultado será o mesmo, independentemente de nossa decisão. Foi isso que supostamente aconteceu no Vietnã, onde, depois da derrota do Sul, os propagandistas do Norte paravam as pessoas nas ruas e obrigavam-nas a ver um longo documentário de propaganda. Depois da exibição, perguntavam aos espectadores se tinham gostado do filme. Se respondiam que não, diziam-lhes que obviamente não haviam entendido o filme, por isso teriam de assistir de novo; se a resposta era sim, diziam-lhes: "Ótimo, já que você gostou tanto, pode ver de novo!". Sim e não levavam ao mesmo resultado, o que, em um nível mais básico, resulta em um "não" (a chatice de ver o filme de novo). A lendária resposta do editor de um dos jornais da Hearst, dada em uma investigação interna sobre o motivo por que ele não queria tirar suas longas e merecidas férias, é parecida (mas não a mesma): "Meu medo é eu ir e acontecer um caos, tudo vir abaixo; mas meu medo maior é de eu ir e as coisas continuarem normais sem mim, pro-

---

[72] O que Freud chamou de "objeto parcial" é mais do que nada e menos do que Um: Um é um Corpo, um objeto parcial é sua falta ou excesso, isto é, não é apenas uma parte separada de um Todo (corpo), ele é *parcial com respeito a si mesmo* – é isso que Demócrito não viu quando concebeu os átomos como Uns que podem ser contados e o vazio como externo a eles, como o espaço vazio que os cerca: como diz Hegel, devemos interiorizar o vazio, concebendo-o como o próprio núcleo da identidade do Um – somente dessa forma o movimento torna-se imanente aos átomos.

[73] No entanto, esse real da dupla negação não é o mesmo que o sublime kantiano, em que o Real é tocado pela falha da representação fenomenal: o real não morto não é sublime, mas obsceno.

vando que não sou necessário!". Uma certa escolha negativa (sem férias, ver o filme de novo) é apoiada tanto pelo sim quanto pelo não; no entanto, há uma assimetria nas respostas, o que fica claro se imaginarmos o diálogo como uma sucessão de duas respostas: primeiro, a reação é a (negativa) óbvia ("Não gostei do filme" e "Meu medo é que tudo venha abaixo se eu sair de férias"); essa reação não produzindo o resultado desejado, a razão oposta (positiva) é dada ("Gostei do filme" e "Tudo vai ficar bem sem mim"), que fracassa de maneira ainda mais lastimável. Não surpreende que a resposta do editor da Hearst possa ser formulada como um diálogo na mesma linha da piada de Rabinovitch: "Por que você não tira férias? Você merece" "Não quero, por dois motivos. Primeiro, tenho medo de tudo vir abaixo se eu sair de férias..." "Você está errado, as coisas continuarão bem enquanto você não estiver aqui!" "Esse é o segundo motivo".

Essa matriz lacaniana da "negação da negação" é claramente identificada na noção de Leo Strauss acerca da necessidade do filósofo de empregar "mentiras nobres", recorrer ao mito ou a narrativas *ad captum vulgi*. O problema é que Strauss não extrai todas as consequências da ambiguidade dessa posição, porque está dividido entre a ideia de que filósofos sábios conhecem a verdade, mas julgam que é inapropriada para as pessoas comuns, que não podem atestá-la (isso arruinaria os próprios fundamentos da moralidade, que precisa da "mentira nobre" de um Deus pessoal que pune os pecados e recompensa as boas ações), e a ideia de que o núcleo da verdade é inacessível ao pensamento conceitual como tal, por isso os próprios filósofos têm de recorrer aos mitos e outras formas de fabulação para preencher as lacunas estruturais em seu conhecimento. É óbvio que Strauss tem consciência da ambiguidade da condição do segredo: o segredo não é apenas o que o professor sabe, mas recusa-se a divulgar aos não iniciados; o segredo também é segredo para o próprio professor, algo que ele não pode compreender e articular totalmente em termos conceituais. Consequentemente, o filósofo usa o discurso parabólico e enigmático por duas razões: para esconder o verdadeiro núcleo de seu ensinamento das pessoas comuns, que não estão prontas para ele, e porque o uso desse discurso é a única maneira de descrever as ideias filosóficas mais elevadas[74].

Não admira, portanto, que Strauss responda de maneira propriamente hegeliana ao senso comum de que, quando nos é oferecida uma explicação esotérica (digamos, a interpretação da Bíblia por Maimônides), a explicação será duas vezes mais esotérica e, consequentemente, duas vezes mais difícil de entender que a própria obra esotérica:

> graças a Maimônides, o ensino secreto nos é acessível em duas versões diferentes: na versão bíblica original e na versão derivada do *Guia dos perplexos* [de Maimônides].

---

[74] Leo Strauss, *Persecution and the Art of Writing* (Chicago, University of Chicago Press, 1988), p. 57.

Cada versão, por si só, deveria ser totalmente incompreensível; mas somos capazes de decifrá-las usando a luz que uma lança sobre a outra. Nossa situação, portanto, lembra a do arqueólogo diante de uma inscrição em língua desconhecida e que posteriormente descobre outra inscrição com a tradução daquele texto em outra língua desconhecida [...] [Maimônides] escreveu o *Guia* de acordo com regras que ele costumava seguir para ler a Bíblia. Portanto, se quisermos entender o *Guia*, precisamos lê-lo de acordo com as regras aplicadas por Maimônides nessa obra para explicar a Bíblia.[75]

Desse modo, a duplicação do problema gera paradoxalmente sua própria solução. Aqui devemos ter em mente que, quando Strauss enfatizou a diferença entre o ensinamento esotérico e o exotérico, ele concebeu essa oposição de maneira quase exatamente oposta aos defensores da sabedoria esotérica da Nova Era. O conteúdo da sabedoria da Nova Era é uma realidade espiritual superior, acessível apenas a uns poucos iniciados, enquanto os meros mortais veem ao redor de si apenas a realidade vulgar; para Strauss, ao contrário, e de maneira propriamente dialética, essas narrativas do mistério espiritual são o próprio modelo das fábulas concebidas *ad captum vulgi*. Isso não é confirmado pelo sucesso da recente onda de *thrillers* religiosos condensados em *O código Da Vinci*, de Dan Brown*? Essas obras talvez sejam o melhor indicador da mudança ideológica contemporânea: o herói está em busca de um velho manuscrito que revelará um segredo perturbador que ameaça derrubar as próprias fundações da cristandade (institucionalizada); o diferencial "criminoso" é dado pelas tentativas desesperadas e impiedosas da Igreja (ou uma facção linha-dura da Igreja) de eliminar esse documento. O segredo, via de regra, diz respeito à dimensão feminina "reprimida" do divino: Cristo era casado com Maria Madalena; o Graal, na verdade, é o corpo feminino etc. Aqui, o suposto paradoxo é que *somente* pela suspensão "monoteísta" do significante feminino, da polaridade entre masculino e feminino, é que surge espaço para aquilo a que nos referimos de maneira mais ampla como "feminismo", para o advento da subjetividade feminina (que, no fundo, coincide com a subjetividade como tal). Para Strauss, ao contrário, o segredo esotérico insustentável é o fato de não existir Deus, nem alma imortal, nem justiça divina – o que existe é apenas este mundo terrestre, que não tem nenhum significado mais profundo e não garante nenhum resultado feliz.

Ao desenvolver o paradoxo inerente de uma teologia que procede *ad captum vulgi*, portanto, Strauss nos dá um exemplo clássico da negação da negação hegeliana[76]. Em um primeiro momento, seguindo Espinosa, ele afirma que, na Bíblia, Deus fala na língua das pessoas comuns, adaptando seu discurso aos preconceitos comuns (apresentando-se como pessoa suprema, um sábio legislador que realiza

---

[75] Ibidem, p. 60-1.
* São Paulo, Arqueiro, 2004. (N. E.)
[76] Leo Strauss, *Persecution and the Art of Writing*, cit., p. 178-9.

milagres, faz profecias e distribui o perdão) – enfim, conta histórias que mobilizam as forças da imaginação humana. No entanto, em segundo momento, a questão necessariamente se manifesta: a ideia de um Deus como Pessoa suprema que usa de artifícios, demonstra fúria e misericórdia etc., não é em si uma ideia comum, que só pode ocorrer quando se fala "com uma visão para a capacidade do vulgo"?

Outro exemplo: Badiou usa o termo "inestética" (*inesthétique*) para se referir a "uma relação da filosofia com a arte, que, colocando que a arte é, por si mesma, produtora de verdades, não pretende de maneira alguma torná-la, para a filosofia, um objeto seu. Contra a especulação estética, a inestética descreve os efeitos estritamente intrafilosóficos produzidos pela existência independente de algumas obras de arte"[77]. A oposição de Badiou à estética filosófica, portanto, é dupla: (1) a arte não se opõe ao pensamento, a arte é geradora de sua própria verdade, e por isso a filosofia não preside a arte, explicando em termos conceituais a verdade que a arte representa em modos pré-conceituais de representação (mas ela também não eleva a arte a um meio privilegiado da verdade); (2) a filosofia não desenvolve uma teoria universal da arte, ela descreve os efeitos intrafilosóficos de *algumas* obras de arte. Não obstante, devemos notar que essa distância da estética é inerente a ela, ou seja, o termo "inestética" funciona como um predicado em um juízo infinito, como uma negação que continua dentro de um campo negado – "inestética" é não não-estética (assim como "inumano" é não não-humano, não-humano dentro do campo do humano).

Então onde está o não-Todo na relação entre necessidade e contingência? Será que a necessidade é universal e a contingência é sua exceção constitutiva – tudo é necessário exceto a própria necessidade, cujo fato é contingente etc., ou vice-versa – tudo é contingente exceto a própria contingência, cujo fato é necessário etc.? A primeira pista é dada por Le Gaufey, que engenhosamente relaciona esse fundamento da universalidade na exceção de sua enunciação ao (mal-)afamado grito de um neurótico compulsivo: "Tudo, menos aquilo" – que expressa a disposição de dar tudo, menos aquilo que realmente importa ("Leve tudo, menos este livro!" etc.): "'Tudo, menos aquilo!', o grito, se é que isso existe, de um homem confrontado com a castração, assume aqui [no caso de 'todos os homens são mortais'] a forma de 'qualquer um, menos eu', que se afirma como *sine qua non* da enunciação de um 'todo'"[78]. A diferença entre os dois é que a exceção que fundamenta a universalidade é contingente (uma contingência da enunciação fundamentando a necessidade universal), ao passo que a exceção do neurótico compulsivo é necessária: a coisa que ele não está disposto a dar é necessária, todo o resto é contingente. Isso signi-

---

[77] Alain Badiou, *Pequeno manual de inestética* (trad. Marina Appenzeller, São Paulo, Estação Liberdade, 2002), p. 9.
[78] Guy Le Gaufey, *Le pastout de Lacan*, cit., p. 145.

fica que a contingência enquanto exceção é primordial, e que a reversão dos papéis (necessidade como exceção) é sua inversão neurótico-compulsiva. Essa conclusão se impõe no momento em que formulamos todas as quatro posições decorrentes de cada um desses dois pontos de partida opostos: (1) tudo é necessário; há algo que não é necessário; nada há que não seja necessário; não-Todas as coisas são necessárias; (2) tudo é contingente; há algo que não é contingente; nada há que não seja contingente; não-Todas as coisas são contingentes. O verdadeiro fundamento do materialismo dialético não é a necessidade da contingência, mas a contingência da necessidade. Em outras palavras, enquanto a segunda posição opta por uma necessidade secreta invisível por baixo da superfície da contingência (grande tema da compulsão), a primeira posição afirma a contingência como fundo abissal da própria necessidade.

Em um movimento brilhante, Le Gaufey aplica essa lógica da universalidade e sua exceção constitutiva à relação entre a teoria psicanalítica e a prática clínica. Na visão teórica padrão, casos particulares são usados para verificar (ou falsificar) um conceito geral – digamos, analisamos um caso concreto de paranoia e vemos se ele se enquadra em nossa noção geral (por exemplo, a paranoia é resultado da ligação homossexual deslocada etc.). Le Gaufey, ao contrário, interpreta casos concretos como exceções constitutivas: cada caso "rebela-se" contra sua universalidade, nunca a ilustra simplesmente. Aqui, no entanto, Le Gaufey endossa muito ingenuamente a oposição entre realistas conceituais e nominalistas empíricos: "Para aqueles, a arquitetura conceitual primeiro articula a ordem do mundo. Para estes, ela a perde primeiro, e é a partir dessa falha que o objeto se evidencia, é fundado na existência"[79]. Para os hegelianos, isso é literalmente verdadeiro – de maneira mais literal que a pretendida por Le Gaufey: não é só que o objeto escapa a nossa apreensão conceitual, é que o "objeto", em sentido estrito, surge como resultado da (é garantido pela) falha da nossa apreensão conceitual. É por isso que, sem querer, Le Gaufey diz a verdade quando escreve: "A característica exposta pelo objeto, a situação ou o indivíduo, e que nos permite subsumi-lo em um conceito, na verdade não é da mesma natureza que a característica presente no próprio conceito"[80]. Isso quer dizer, literalmente, que a "verdade" da discórdia entre o caso individual e seu conceito universal é a discórdia inerente ao próprio conceito: a característica em questão duplica-se na característica universal e na mesma característica em sua (sobre)determinação particular.

É por causa dessa (má) leitura nominalista-empirista da lógica da exceção que Le Gaufey deixa escapar o aspecto oposto da relação freudiana entre teoria e prá-

---

[79] Ibidem, p. 122.
[80] Idem, p. 121.

tica, o anverso do excesso da práxis: a teoria psicanalítica não é apenas a teoria da prática psicanalítica, mas simultaneamente a teoria do maior fracasso dessa prática (própria), um relato teórico da razão por que as próprias condições que geram a psicanálise a tornam "impossível" como profissão – aqui a teoria se relaciona com o núcleo Real-impossível da prática[81]. É esse fracasso da prática que torna sua teoria necessária: a teoria não é simplesmente exterior à prática, confrontando a prática com o imenso campo da realidade; a abertura da própria lacuna entre teoria e prática, a isenção (subtração) da teoria da prática, é em si um ato prático, talvez o mais radical.

Desse modo, podemos expressar a relação entre teoria e prática como um quadrado das fórmulas de sexuação: do lado esquerdo (masculino), todos os casos são subsumidos a um conceito universal da teoria clínica/existe pelo menos um caso que não é subsumido a nenhum conceito universal; do lado direito (feminino), não há caso nenhum que é subsumido a um conceito universal/não-Todos casos são subsumidos a um conceito universal. Aqui, o lado feminino (não há nada fora da teoria, a inconsistência é imanente à teoria, um efeito de seu caráter não-Todo) é a "verdade" do lado masculino (a teoria é universal, mas solapada pelas exceções factuais).

A negação da negação lacaniana também nos permite entender por que a lógica da suspensão carnavalesca é limitada às sociedades hierárquicas tradicionais: hoje, dado o desenvolvimento total do capitalismo, é a vida "normal" que de certo modo é carnavalizada, com sua constante autorrevolução, suas reversões, crises e reinvenções. Como então devemos revolucionar uma ordem cujo princípio é o da constante autorrevolução? Esse é o problema da negação da negação: como negar o capitalismo sem retornar a uma forma de estabilidade pré-moderna (ou, pior ainda, a algum tipo de "síntese" entre mudança e estabilidade, um capitalismo estável e orgânico conhecido como fascismo...). Aqui, mais uma vez, o não não-capitalismo não é uma ordem pré-moderna (ou qualquer combinação entre modernidade e tradição, essa eterna tentação fascista que hoje está ressurgindo na forma do confuciano "capitalismo de valores asiáticos"), mas também não é a superação do capitalismo da forma como Marx o concebia, o que envolvia certa versão da *Aufhebung* hegeliana, uma versão do jogar fora a água suja (exploração capitalista) e manter o bebê saudável (produtividade humana livre). Nisso reside a má compreensão propriamente utópica da *Aufhebung*: distinguir no fenômeno tanto seu núcleo saudável quanto as desafortunadas condições particulares que impedem a plena efetivação desse núcleo, e depois se livrar dessas condições, permitindo que

---

[81] Outro paralelo com o marxismo, que também é uma teoria da prática revolucionária e um relato do fracasso das tentativas revolucionárias.

o núcleo efetive plenamente seu potencial. O capitalismo, portanto, é *aufgehoben*, suprassumido, no comunismo: negado, porém mantido, posto que seu núcleo essencial é elevado a um nível superior. Essa abordagem nos cega para o fato de que o obstáculo ao pleno desenvolvimento da essência é ao mesmo tempo sua condição de possibilidade, tanto que, quando removemos o falso invólucro das condições particulares, perdemos o núcleo em si. Aqui, mais que em qualquer outro lugar, a verdadeira tarefa não é jogar fora a água suja e guardar o bebê, mas jogar fora o bebê supostamente saudável (e a água suja desaparecerá por – cuidará de – si).

Recordamos aqui o paradoxo da noção de reflexividade como "o movimento que foi usado para gerar um sistema torna-se, por meio de uma mudança na perspectiva, parte do sistema que ele gera"[82]. Via de regra, essa aparência reflexiva do movimento gerador dentro do sistema gerado, na qualidade do que Hegel chamou de "determinação opositiva", toma a forma de seu oposto: na esfera material, o Espírito aparece na forma do momento mais inerte (crânio, como em "o Espírito é um osso", a pedra negra disforme em Meca); no último estágio de um processo revolucionário em que a Revolução começa a devorar seus próprios filhos, os agentes políticos que efetivamente puseram o processo em movimento são relegados ao papel de principal obstáculo, indecisos ou traidores absolutos, que não estão prontos para seguir a lógica revolucionária até o fim. Nessa mesma linha, uma vez que a ordem sociossimbólica está plenamente estabelecida, a própria dimensão que introduziu a atitude "transcendente" que define um ser humano, isto é, a *sexualidade*, a paixão sexual "não morta", unicamente humana, aparece como seu próprio oposto, como o principal *obstáculo* à elevação de um ser humano à pura espiritualidade, como aquilo que o prende à inércia da existência corporal. Por essa razão, o fim da sexualidade representado pelo tão falado ente "pós-humano", que é capaz de se clonar e deve surgir em breve, longe de abrir caminho para uma espiritualidade pura, sinalizará o fim daquilo que é definido tradicionalmente como a capacidade exclusivamente humana de transcendência espiritual. Apesar de toda a comemoração das novas e "melhoradas" possibilidades para a vida sexual oferecidas pela Realidade Virtual, nada pode esconder o fato de que, uma vez que a clonagem tiver suplementado a diferença sexual, o jogo acabará de fato[83].

---

[82] N. Katherine Hayles, *How We Became Post-Human* (Chicago, Chicago University Press, 1999), p. 8.

[83] A propósito, com toda a atenção voltada para as novas experiências de prazer que vêm por aí com o desenvolvimento da realidade virtual, os implantes neurais etc., o que dizer das novas e "melhoradas" possibilidades de *tortura*? A biogenética e a realidade virtual, combinadas, não abriram um horizonte novo e sem precedentes para ampliar nossa capacidade de suportar a dor (ampliando nossa capacidade sensorial de aguentar a dor, inventando novas formas de infligi-la)? Talvez a figura sadiana definitiva da vítima de tortura "não morta", que pode suportar uma dor infinita, sem apelar para a morte como fuga, também possa se tornar realidade? Talvez, em uma

"Existe *uma não-relação*"

Então, para concluir, podemos propor uma "teoria unificada" das fórmulas de sexuação e as fórmulas dos quatro discursos: o eixo masculino consiste no discurso do mestre e no discurso da universidade (universidade como universalidade, e o mestre como sua exceção constitutiva), e o eixo feminino consiste no discurso da histeria e no discurso do analista (não-exceção e não-Todo). Temos, portanto, a seguinte série de equações:

S_1 = Mestre = exceção S_2 = Universidade = universalidade
$\$$ = Histeria = não-exceção a = Analista = não-Todo

Vemos aqui como, para relacionar os dois quadrados, temos de fazê-los girar noventa graus em relação um ao outro: com respeito aos quatro discursos, a linha que separa o masculino do feminino é horizontal, ou seja, é o par de cima, que é masculino, e o de baixo, que é feminino[84]. A posição subjetiva histérica não permite exceção, nenhum x que seja não-Fx (a histérica provoca seu mestre, pedindo-lhe insistentemente: mostre-me sua exceção), enquanto o analista reafirma o não-Todo – não como a exceção-ao-Todo de um Significante-Mestre, mas na forma de *a* que representa a lacuna/inconsistência[85]. Em outras palavras, o universal masculino é positivo/afirmativo (todos os x são Fx), enquanto o universal feminino é negativo (nenhum x que seja não-Fx) – ninguém deve ficar de fora; é por isso que o universal masculino baseia-se em uma exceção positiva, enquanto o universal feminino solapa o Todo por dentro, na forma de sua inconsistência.

No entanto, essa teoria deixa algumas questões sem resposta. Em primeiro lugar, as duas versões do universal (universalidade com exceção; não-Todo sem exceção) cobrem toda a gama de possibilidades? Não será que a própria lógica da "singularidade universal", da sintomática "parte de nenhuma parte" que representa diretamente a universalidade, não corresponde a nenhuma das duas versões? Em

---

ou duas décadas, os casos mais tenebrosos de tortura (por exemplo, o que fizeram com o chefe do estado-maior do Exército dominicano depois do golpe fracassado, em que o ditador Trujillo foi morto – costuraram seus olhos para que não pudesse ver os torturadores e, durante quatro meses, cortaram partes de seu corpo da maneira mais dolorosa possível, como a remoção da genitália com uma tesoura) parecerão as mais ingênuas brincadeiras de criança.

[84] E, na medida em que, com respeito ao sublime kantiano, a posição masculina é dinâmica e a feminina, matemática, as fórmulas de sexuação também nos permitem formalizar os dois modos do sublime: o sublime dinâmico concentra-se no Significante-Mestre como a intensidade da força excessiva que domina a série, enquanto o sublime feminino expõe-se à série infinita que não pode ser totalizada.

[85] A posição histérica típica é a de um poeta confrontado com um teórico: ele reclama que o teórico reduz sua arte a uma ilustração da teoria abstrata, mas ao mesmo tempo desafia o teórico a seguir adiante e produzir uma teoria que, no fim, seja válida.

segundo lugar, e relacionado ao primeiro, Lacan lutou durante anos com a passagem do "não existe relação (sexual)" para "existe uma não-relação": ele tentou sempre "*dar corpo* à diferença, isolar a não-relação como ingrediente indispensável da constituição do sujeito"[86].

Frege chama a atenção para a ambiguidade da noção de indeterminação:

> Decerto podemos falar em "indeterminação", mas "indeterminado" não é adjetivo de "número", mas sim um advérbio que modifica "indicar". Não se diz que x designa um número indeterminado, mas sim que indica números de maneira indeterminada[87].

Há uma passagem subjacente aqui: de indicar números de maneira indeterminada a designar um número indeterminado (aqui, "indeterminado" *é* o adjetivo de um número) – ou, em termos um pouco mais simples, a passagem da designação de um campo amplo de números (todos determinados) que podem ocupar o lugar de x, para um único número que é imediatamente indeterminado. Essa "reificação" direta da indeterminação, em que a indeterminação como tal (como falta de determinação) torna-se diretamente a determinação de um objeto, também está presente no *objeto a*, um objeto que é a falta positivada (do objeto).

Quando Lacan se opõe ao Um, ele visa duas de suas modalidades: o Um imaginário (da fusão especular na Unicidade) e o Um simbólico (que é redutivo, diz respeito à característica unária – *le trait unaire* – à qual o objeto é reduzido em seu registro simbólico; esse é o Um da articulação diferencial, não da fusão). O problema é: existe também o Um do Real? Esse papel é desempenhado pelo *Y a d'l'Un* mencionado no *Mais, ainda*, que é o Um anterior à articulação diferencial do grande Outro, o Um não delimitado, porém particular, o Um que não é determinado nem qualitativa nem quantitativamente, o "há algo do Um" que designa uma mínima contradição, condensação, do fluxo libidinal em um *sinthoma*?

O *il n'y a pas de l'Autre* de Lacan é estritamente correlato a seu *Y a d'l'Un*, "há algo do Um": na medida em que o Um do *Y a d'l'Un* é um "resto indivisível" que torna a relação sexual inexistente, o *Y a d'l'Un* também é estritamente correlato a *il n'y a pas de rapport sexuel*: é o próprio objeto-obstáculo a essa relação. O Um do *Y a d'l'Un* não é primordialmente o Um místico oniabrangente do infame "sentimento oceânico" ridicularizado por Freud, mas sim um "pedacinho do real", o

---

[86] Guy Le Gaufey, *Le pastout de Lacan*, cit., p. 151. Também existe uma não-relação entre o objeto parcial e o corpo/organismo ao qual ele pertence: o objeto parcial não é harmoniosamente inserido no Todo de um corpo, ele se rebela contra "seu" corpo e age por conta própria. No entanto, essa não-relação não é simplesmente homóloga à não-relação entre os dois sexos – podemos até dizer que o excesso do objeto parcial com respeito ao corpo vem primeiro, ou seja, ele é o que causa a não-relação entre os dois corpos (sexuados).

[87] Gottlob Frege, *Écrits logiques et philosophiques* (Paris, Seuil, 1973), p. 163. [Ed. bras.: *Lógica e filosofia da linguagem*, trad. Paulo Alcoforado, 2. ed., São Paulo, Edusp, 2009.]

resto excrementoso que perturba a harmonia do Dois. Esclarecendo essa distinção crucial, Le Gaufey chama nossa atenção para uma passagem sutil no último Lacan de "*il n'y a pas de rapport sexuel*" para "*il y a du non-rapport (sexuel)*", uma mudança que se encaixa perfeitamente na distinção de Kant entre juízo negativo (negação de um predicado) e juízo infinito (afirmação de um não-predicado). "Não existe relação sexual" pode ainda ser interpretado como uma variação do velho tema do eterno conflito entre os dois sexos. "Existe uma não-relação" implica algo mais radical: a positivação dessa impossibilidade da relação sexual em um objeto "transfinito" paradoxal que se sobrepõe à própria falta ou está em excesso com relação a si próprio. Isso significa que masculino e feminino não são apenas dois entes fora de sincronia, mas que a diferença sexual antecede de certa forma os dois sexos (a diferença do que ela é), de modo que os dois sexos de algum modo vêm (logicamente) depois do impasse da Diferença e reagem a ele, esforçam-se para resolvê-lo ou simbolizá-lo, e esse impasse é materializado no pseudo-objeto chamado *objeto a*. É por isso que não devemos dizer que o *objeto a* simplesmente não é sexual: ele é não-sexual exatamente no mesmo sentido em que os vampiros são não mortos: o "não morto" não está nem vivo nem morto, ele é um monstruoso morto-vivo; da mesma maneira, o *objeto a* não é nem sexual nem não sexual, mas "sexualmente assexual", uma monstruosidade que não corresponde às coordenadas de nenhum dos dois sexos, mas ainda é sexual. Como aponta Lacan, o que está em jogo aqui é nada menos que uma mudança no "princípio de todos os princípios", do princípio ontológico da não contradição para o princípio de que não existe relação sexual.

É fácil perceber como essa passagem de "não existe relação sexual" para "*existe uma não-relação*" evoca a passagem kantiana do juízo negativo para o infinito: "ele não está morto" não é o mesmo que "ele está não-morto", assim como "não existe relação" não é o mesmo que "existe uma não-relação". A importância dessa passagem, com respeito à diferença sexual, é que, se pararmos em "não existe relação" como nosso horizonte decisivo, nós continuamos no espaço tradicional da eterna luta entre os dois sexos. Até mesmo Jacques-Alain Miller soa às vezes dessa maneira – por exemplo, quando interpreta "não existe relação" na linha do "o macho com à respeito à fêmea não é uma chave que se encaixa na fechadura" como uma simples asserção da desarmonia em contraste com a harmonia. Quando passamos para "*existe* uma não-relação", mesmo esse tipo de "unidade/harmonia em conflito" heraclitiana fica para trás, pois masculino e feminino não são mais polos simétricos opostos: um deles (feminino) contém sua própria negação e, portanto, rompe com os confins da oposição – não-mulher não é homem, mas o abismo da não-mulher *no* feminino, como o resto não-morto no domínio do morto (como o morto-vivo).

François Wahl fez uma observação crítica, direcionada a Badiou, de que "o argumento que nos obriga a deduzir a existência do não pertencimento a partir da negação do pertencimento simplesmente reitera o argumento ontológico"[88] – talvez, mas essa não é a única versão do argumento ontológico que os materialistas podem endossar? A situação é estritamente homóloga àquela da relação: se não existe relação sexual, tem de existir um objeto impossível que dá corpo a uma não-relação (o a-sexual *objeto a*); se não existe relação de classes, tem de existir um agente social que incorpora essa não-relação, a luta de classes como tal (a "parte de nenhuma parte" do corpo social, seu "órgão sem corpo"). Essa reversão do "não existe relação" em "existe uma não-relação", essa ideia de um objeto paradoxal em que a própria negatividade adquire existência positiva, é crucial: sem ela, continuamos no nível abstrato da "eterna luta de dois princípios opostos".

A passagem de "*il n'y a pas de rapport sexuel*" para "*il y a du non-rapport (sexuel)*" é também homóloga à passagem em Hegel da reflexão determinada para a determinação reflexiva – aliás, à passagem no marxismo da dialética materialista para o materialismo dialético. A passagem com que estamos lidando aqui – a mais difícil de apreender para uma "dialética negativa" apaixonada por explosões de negatividade, por todas as formas imagináveis de "resistência" e "subversão", mas incapaz de superar seu próprio parasitar na ordem positiva precedente – é a principal passagem dialética da dança selvagem da libertação do Sistema (opressivo) para o (que os idealistas alemães chamam de) Sistema da Liberdade. Dois exemplos da política revolucionária devem bastar aqui: é fácil nos apaixonarmos pela multidão de livres-pensadores que floresceram na França pré-revolucionária no fim do século XVIII, desde os libertários que debatiam nos salões, apreciando os paradoxos de suas próprias inconsistências, até os patéticos artistas divertindo os poderosos com seus protestos contra o poder; é muito mais difícil aceitar a transformação desse desassossego na nova ordem hostil do Terror revolucionário. De maneira homóloga, é fácil apreciar o desassossego criativo dos anos que se seguiram à Revolução de Outubro, com suprematistas, futuristas, construtivistas etc., competindo pela primazia no fervor revolucionário; é muito mais difícil reconhecer nos horrores da coletivização forçada do fim da década de 1920 uma tentativa de traduzir esse fervor revolucionário em uma nova ordem social positiva.

Também não devemos confundir a série lacaniana de "*il n'y a pas...*" (*de l'Autre*) com a série de "*n'existe pas*": "*n'existe pas*" nega a existência simbólica completa do objeto negado (já em Hegel, a existência não é o ser, mas o ser como aparência de uma essência simbólico-conceitual subjacente), enquanto "*il n'y a pas*" é mais radical, ele nega o próprio ser pré-essencial nômade dos espectros e outros entes pré-ontológicos. Em suma, *la femme n'existe pas, mais il y a des femmes.* O mesmo

---

[88] Como parafraseia Ray Brassier, *Nihil Unbound: Enlightenment and Extinction* (Londres, Palgrave Macmillan, 2007), p. 104, citando François Wahl, "Présentation, représentation, apparaître", em Charles Ramond (ed.), *Alain Badiou: penser le multiple* (Paris, L'Harmattan, 2002), p. 169-87.

vale para Deus e o inconsciente: Deus não existe, mas "existem deuses" que nos perseguem; o inconsciente não existe como ente ontológico pleno (Jung pensava que sim), mas ele insiste em nos perseguir – e é por isso que Lacan afirmou que a verdadeira fórmula do ateísmo é "Deus é o inconsciente"[89].

Em seus últimos ensinamentos, Lacan se voltou para o tema dos nós precisamente para pensar a não-relação enquanto encarnada em um elemento paradoxal (que corresponderia vagamente ao universal singular, à "parte de nenhuma parte"[90]. Aqui entra o nó borromeano, que consiste em três círculos entrelaçados de tal maneira que quaisquer dois círculos não sejam conectados diretamente, mas estejam sempre unidos por meio de um terceiro, de modo que, se cortarmos o terceiro nó, os outros dois também se desconectarão – em suma, não existe relação entre quaisquer dois círculos. O que é esse terceiro círculo? O *objeto a*? O *sinthoma*? A própria ordem simbólica? Lacan, bem no fim de seus ensinamentos, chegou a um impasse em que, de modo autenticamente trágico, teve de confessar:

> A metáfora do nó borromeano é, em seu estado mais simples, inadequada. É um abuso de metáfora, por que realmente não há nada que dê suporte ao imaginário, ao simbólico e ao real. Essencial naquilo que digo é que não há relação sexual. Não há relação sexual porque há um imaginário, um simbólico e um real, é isso que não ousei dizer. E, não obstante, eu disse. É evidente que eu estava errado, mas simplesmente me deixei levar. É perturbador e, sobretudo, irritante. É assim que as coisas me parecem hoje, e é isso que tenho para lhes confessar. Tudo bem![91]

Duas coisas devem ser levadas em conta aqui. Primeiro, podemos ver retroativamente onde está o erro óbvio: o nó borromeano só funciona como metáfora se pensarmos os três círculos como simultâneos, interconectados na mesma superfície. (A única maneira de salvar esse modelo seria acrescentar um quarto elemento que sustentasse os três juntos, o que fez Lacan com sua noção de *sinthoma* sustentando a tríade ISR.) Segundo, por que Lacan, por confissão própria, estava errado ao dizer que não existe relação sexual porque há um imaginário, um simbólico e um Real? Porque os três não são dados simultaneamente como tríade – eles funcionam antes como a tríade kierkegaardiana do Estético, Ético e Religioso, na qual a escolha é sempre entre dois termos, um ou/ou; em outras palavras, os três termos não operam no mesmo nível ontológico, portanto encontramos certa temporalidade mínima: primeiro o antagonismo entre o Estético e o Ético; depois, com a

---

[89] A propósito, essa não existência de Deus não tem nada a ver dom o "Deus além do ser" de Levinas e Marion.
[90] Como já vimos, *den*, o nome que Demócrito deu ao átomo, é o nome mais apropriado para uma não-relação.
[91] Jacques Lacan, seminário de 9 de janeiro de 1979, em *Le séminaire, livre XXVI: la topologie et le temps* (não publicado).

passagem para o Ético, o antagonismo *se repete* na (nova) forma do salto do Ético para o Religioso. Desse modo, podemos até dizer, em uma estranha "negação da negação", que o Religioso é o retorno do Estético dentro do domínio do Ético: o Religioso é não não-Estético[92]. De maneira semelhante, a tríade lacaniana de Imaginário, Simbólico e Real, ou a freudiana de eu, supereu e id, quando nos concentramos em um termo, os outros dois se condensam em um (sob a hegemonia de um deles). Se nos concentramos no imaginário, o Real e o Simbólico se contraem no oposto do Imaginário sob o domínio do Simbólico; se nos concentramos no Real, o Imaginário e o Simbólico se contraem sob o domínio do Simbólico[93].

Lacan luta para descobrir como formular ou formalizar um objeto impossível/Real que mantenha os dois sexos separados e, ao mesmo tempo, seja a única coisa, uma terceira coisa, que conecte indiretamente os dois. Na medida em que esse objeto é um obstáculo para a identidade de cada sexo, isso quer dizer que cada sexo é fundado por sua impossibilidade imanente. A inadequação da metáfora borromeana é que ela faz parecer como se, quando o terceiro círculo é rompido, os outros dois círculos (os dois sexos) simplesmente se perdem, indo cada um para o seu lado – como se os dois sexos tivessem um tipo de consistência fora de sua diferença constitutiva. Como podemos pensar essa dependência entre os dois sexos fora de sua diferencialidade?

> Em suma, a não-relação – que tinha a ambição de afirmar a ausência da relação – perde seu suporte. Não há nenhuma "coisa" que suporte tal [...] conceito. [...] Para concluir, a não-relação não encontra seu objeto, e continua sendo uma afirmação que só pode ser relacionada a seu enunciado.[94]

Mas então todo objeto que dá corpo a uma não-relação é um fetiche? Estamos lidando aqui com uma coisa homóloga à estrutura do antissemitismo: os dois círculos não relacionados são as duas classes, capitalistas e proletários, e sua não-relação existe na figura do judeu? Essa formulação (falsamente) radical nos leva a uma posição "dinâmica" que pressupõe uma não-relação como uma "diferença absoluta" imperscrutável e esquiva, que já é traída por qualquer objeto que tente positivar o "não existe relação" em "existe uma não-relação (encarnada nesse objeto)", como o *objeto a* que se põe como obstáculo à relação direta entre os dois sexos. Aqui podemos ver o que há de errado se levarmos adiante essa homologia entre diferença sexual e antagonismo de classes. A base axiomática da política comunista

---

[92] Podemos ainda sexualizar essa passagem: o eixo estético-ético (a superação da atitude estética pelo envolvimento ético) é masculino, enquanto o eixo ético-religioso (a suspensão religiosa do ético) é feminino.
[93] Nisso reside a passagem na obra de Lacan anunciada no *Seminário VII* sobre a ética da psicanálise: a passagem do eixo I-S para o eixo S-R.
[94] Guy Le Gaufey, *Le pastout de Lacan*, cit., p. 166, 168.

não é simplesmente a "luta de classes" dualista, mas sim, mais precisamente, o Terceiro momento como a subtração dos Dois da política hegemônica. Ou seja, o campo ideológico hegemônico impõe um plano de visibilidade (ideológica) com sua própria "contradição principal" (hoje, a oposição entre mercado-liberdade-democracia e fundamentalismo-terrorismo-totalitarismo – "fascismo islâmico" etc.), e a primeira coisa que devemos fazer é rejeitar (subtrair) essa oposição, reconhecê-la como falsa oposição destinada a ofuscar a verdadeira linha divisória. A fórmula lacaniana para essa reduplicação é 1 + 1 + a: o antagonismo "oficial" (o Dois) é sempre suplementado por um "resto indivisível" que indica sua dimensão forcluída. Em outras palavras, o *verdadeiro* antagonismo é sempre reflexivo, é o antagonismo entre o antagonismo "oficial" e aquilo que é forcluído por ele (é por isso que, na matemática de Lacan, 1 + 1 = 3). Hoje, mais uma vez, o verdadeiro antagonismo não é entre o multiculturalismo liberal e o fundamentalismo, mas entre o próprio campo dessa oposição e o Terceiro excluído (política emancipatória radical).

É por isso que a fórmula de Lacan "1 + 1 + a" tem sua melhor exemplificação na luta de classes: as duas classes mais o excesso do "judeu", o *objeto a*, o suplemento do par antagônico. A função desse elemento suplementar é dupla: ele é uma renegação fetichista do antagonismo de classe, ainda que, precisamente como tal, represente esse antagonismo, impedindo para sempre a "paz entre as classes". Em outras palavras, se tivéssemos apenas as duas classes, apenas 1 + 1, sem o suplemento, não teríamos um antagonismo de classes "puro", mas, ao contrário, a paz entre as classes: duas classes complementando-se mutuamente em um Todo harmônico. O paradoxo, portanto, é que o mesmo elemento que torna indistinta ou desloca a "pureza" da luta de classes é o que serve como seu "primeiro motor". Os críticos do marxismo que afirmam que nunca existem apenas duas classes opostas na vida social não percebem o principal, portanto: é justamente por nunca existir apenas duas classes opostas que há a luta de classes. Nunca temos um confronto puro das duas classes antagônicas, sempre há terceiros elementos que deslocam a luta, e esses terceiros elementos não são apenas uma "complicação" da luta de classes, eles *são* a luta de classes. Sem eles, não teríamos a luta propriamente dita, mas uma relação diferencial simples das duas classes opostas: a luta de classes é justamente a luta por hegemonia, pela apropriação desses terceiros elementos.

Vejamos a última frase da descrição do filme *Super 8* na Wikipédia: "O filme termina com uma nave espacial decolando rumo ao planeta da criatura, enquanto Joe e Alice se dão as mãos". O par é formado quando a Coisa, que servia como obstáculo ambíguo, desaparece – ambíguo porque, não obstante, era necessário para unir o casal. É isso que significa "na prática" *il n'y a pas de rapport sexuel*: a relação direta é impossível, um terceiro objeto que serve como obstáculo é necessário para estabelecer uma ligação. *Melancolia*, de Lars von Trier, mostra uma interessante reversão dessa fórmula clássica de um objeto-Coisa (asteroide, alienígenas) que serve como o obstáculo que possibilita a produção do par: no fim do filme, a Coisa (um planeta em rota de colisão com a Terra) não se afasta, mas atinge a Terra e destrói toda a vida; o filme trata das diferentes maneiras como os protagonistas lidam com a catástrofe iminente (do suicídio à aceitação cínica).

Isso também nos permite abordar de uma nova maneira o conceito de Badiou do "ponto" como ponto de decisão, como o momento em que a complexidade de uma situação é "filtrada" por uma disposição binária e depois reduzida a uma simples escolha: consideradas todas as coisas, somos *pró* ou *contra*? (Devemos atacar ou recuar? Apoiar a proclamação ou nos opor a ela?) Com respeito ao Terceiro momento enquanto subtração do Dois da hegemonia política, não devemos nos esquecer de que uma operação básica da ideologia hegemônica é *impor um ponto falso*, impor sobre nós uma falsa escolha – como na atual "guerra ao terror", em que todos que tentam chamar a atenção para a complexidade e a ambiguidade da situação são interrompidos, mais cedo ou mais tarde, por uma voz impaciente que diz: "Tudo bem, chega de confusão. Estamos envolvidos em uma luta difícil, em que está em jogo o destino do mundo livre, portanto deixe claro qual é sua verdadeira posição: você apoia ou não a liberdade e a democracia?"[95]. O anverso dessa imposição de uma falsa escolha é, obviamente, o ofuscamento da verdadeira linha divisória – aqui o nazismo, com sua designação do inimigo judeu como um agente da "conspiração plutocrática bolchevique", continua insuperável. Nessa designação, o mecanismo é quase desnudado: a verdadeira oposição ("plutocratas" *versus* "bolcheviques", isto é, capitalistas *versus* proletários) é literalmente obliterada, borrada em Um, e nisso consiste a função do nome "judeu" – servir como operador dessa obliteração. A primeira tarefa da política emancipatória, portanto, é distinguir entre pontos "falsos" e "verdadeiros", escolhas "falsas" e "verdadeiras", trazer de volta o terceiro elemento cuja obliteração sustenta a falsa escolha – assim como, hoje, a falsa escolha da "democracia liberal ou fascismo islâmico" é sustentada pela obliteração da política emancipatória secular.

Portanto, devemos ser claros ao rejeitar o perigoso lema "o inimigo do meu inimigo é meu amigo", que pode nos levar em particular ao discernimento de um potencial anti-imperialista "progressivo" nos movimentos islâmicos fundamentalistas. O universo ideológico de organizações como o Hezbollah é baseado no ofuscamento das diferenças entre o neoimperialismo capitalista e a emancipação progressista secular: dentro do espaço ideológico do Hezbollah, a emancipação das mulheres, os direitos dos homossexuais etc., não são *nada mais que* o aspecto moral

---

[95] Podemos até imaginar uma versão humanitária dessa chantagem pseudoética: "Tudo bem, chega de confusão com o neocolonialismo, a responsabilidade do Ocidente etc. Você quer realmente fazer alguma coisa para ajudar os milhões de pessoas que sofrem na África ou só quer usá-las para marcar pontos na sua luta político-ideológica?".

"decadente" do imperialismo ocidental. Aqui vemos com clareza que a burguesia funciona de modo masculino e o proletariado, de modo feminino: para a burguesia, o campo da política é uma relação dupla fechada na qual o inimigo do meu inimigo é meu amigo, pelo que eles estão pagando caro – os inimigos de hoje, os fundamentalistas muçulmanos, foram ontem os inimigos do inimigo (comum) – o comunismo soviético; para o proletariado como não-Todo, o campo não está fechado de maneira binária – o inimigo do meu inimigo não é meu amigo (nada de alianças com os fundamentalistas religiosos), mas, por outro lado, ser um não não--burguês não é ser burguês de novo, mas o nosso (do proletariado) provável aliado.

7
O QUARTETO DA LUTA, HISTORICIDADE, VONTADE... E *GELASSENHEIT*

Por que Lacan não é heideggeriano

O principal proponente da crítica da subjetividade é Heidegger, uma das principais referências de Lacan, pelo menos na década de 1950. Por essa razão, é fundamental esclarecer como Lacan deixou pouco a pouco de aceitar a crítica heideggeriana do *cogito* cartesiano como mais uma versão da "descentralização" freudiana do sujeito e passou à adoção paradoxal e contraintuitiva do *cogito* como sujeito do inconsciente.

O ponto de partida de Lacan é a noção freudiana de uma *Bejahung* (afirmação) em oposição a *Verwerfung* (geralmente (mal) traduzida por "forclusão"): ele interpreta a *Bejahung* como simbolização primordial, contra o pano de fundo da noção heideggeriana da essência da linguagem como abertura do ser. No entanto, as coisas complicam-se rapidamente aqui. Como vimos antes, em Freud há quatro formas principais ou quatro versões de "*Ver-*": *Verwerfung* (forclusão/rejeição), *Verdrängung* (repressão), *Verneinung* (negação) e *Verleugnung* (renegação). Na *Verwerfung*, o conteúdo é expulso do simbólico, dessimbolizado, de modo que só pode retornar no Real (na forma de alucinações). Na *Verdrängung*, o conteúdo permanece no simbólico, mas é inacessível à consciência, relegado à Outra Cena, retornando na forma de sintomas. Na *Verneinung*, o conteúdo é admitido na consciência, mas é marcado por uma negação. Na *Verleugnung*, ele é admitido como forma positiva, mas sob a condição de *Isolierung* – seu impacto simbólico é suspenso, não é de fato integrado no universo simbólico do sujeito. Tomemos o significante "mãe": ele é forcluído ou rejeitado, simplesmente não tem lugar no universo simbólico do sujeito; se é reprimido, forma a referência oculta dos sintomas; se é negado, temos a forma já familiar de "não sei quem é essa mulher no meu sonho, mas sei que não é a minha mãe!"; se é renegado, o sujeito fala calmamente sobre a mãe, reconhecendo tudo ("Sim, é claro que essa mulher é minha mãe!"), mas continua impassível diante do impacto dessa admissão. É fácil perceber como a violência da exclusão diminui aos poucos aqui: da expulsão radical, por meio da repressão (quando o reprimido retorna no simbólico) e da negação (quando o conteúdo negado é admitido na consciência), à renegação, quando o sujeito pode falar abertamente sobre o conteúdo reprimido, sem negá-lo.

Todas as quatro formas já pressupõem que a ordem simbólica está em funcionamento, pois lidam com o modo como um conteúdo se relaciona com ela; consequentemente, uma pergunta mais radical, "transcendental", deve ser feita aqui: a da negatividade que encontra a própria ordem simbólica. O que Freud chamou de *Ur-Verdrängung* (repressão primordial) é um candidato para esse papel? A repressão primordial não é a repressão de um conteúdo *no* inconsciente, mas a repressão constitutiva *do* inconsciente, o gesto que cria o próprio espaço do inconsciente, a lacuna entre o sistema consciente/pré-consciente e o inconsciente. Devemos avançar aqui com muito cuidado: essa separação primordial entre Eu e inconsciente, que gera todas as variações anticartesianas comuns ("Não sou onde penso" etc.), não deve ser concebida apenas como a separação entre o Eu e a Substância inconsciente, de modo que eu perceba o núcleo do meu ser fora de mim mesmo, fora do meu alcance. A lição hegeliana de Lacan é que a descentralização é sempre redobrada: quando o sujeito se encontra descentralizado, desprovido do núcleo de seu ser, isso significa que o Outro, o lugar descentralizado do ser do sujeito, também está descentralizado, truncado, desprovido do X imperscrutável que garantiria sua consistência. Em outras palavras, quando o sujeito é descentralizado, o núcleo do seu ser não é a Substância natural, mas o "grande Outro", a "segunda natureza", a ordem simbólica virtual que é formada ao redor de uma falta. A lacuna que separa o sujeito do grande Outro, portanto, é simultaneamente a lacuna no cerne do próprio Outro. Essa sobreposição das duas faltas é o que torna tão difícil formular a relação ambígua entre a *Ausstossung* (expulsão do Real que constitui o surgimento da ordem simbólica) e a *Verwerfung* (a "forclusão" de um significante, do simbólico no Real) em Freud e Lacan – ora elas são relacionadas, ora distintas. François Balmès faz uma observação apropriada:

> Se a *Ausstossung* é o que pensamos que é, trata-se de algo radicalmente diferente da *Verwerfung*: longe de ser o mecanismo próprio da psicose, ela seria a abertura do campo do Outro como tal. Em certo sentido, não seria a rejeição do simbólico, mas a simbolização em si. Não devemos pensar em psicose e alucinação, mas no sujeito como tal. Clinicamente, isso corresponde ao fato de que a forclusão não impede os psicóticos de habitar a linguagem.[1]

---

[1] François Balmès, *Ce que Lacan dit de l'être* (Paris, Presses Universitaires de France, 1999), p. 72.

Essa conclusão é o resultado de uma série de questões precisas. O fato é que os psicóticos podem falar; em certo sentido, eles habitam a linguagem: "forclusão" não significa que estão excluídos da linguagem, mas a exclusão ou suspensão da eficácia simbólica de um significante-chave dentro do universo simbólico – se um significante é excluído, então devemos já estar na ordem significante. Na medida em que, para Freud e Lacan, a *Verwerfung* é correlata de *Bejahung* (a "afirmação", o gesto primordial de assumir subjetivamente o próprio lugar no universo simbólico), a solução de Balmès é fazer a distinção entre *Bejahung* e uma simbolização ainda mais originária (ou "primária") do Real, o nível zero quase mítico do contato direto entre o simbólico e o Real que coincide com o momento de sua diferenciação, o processo do advento do simbólico, do surgimento da bateria primária de significantes, cujo anverso (negativo) é a expulsão do Real pré-simbólico. Quando o Homem-lobo, com um ano de idade, viu o *coitus a tergo* dos pais, ficou em sua mente um traço de memória: ele foi simbolizado, mas apenas retido como traço libidinalmente neutro. Só depois de três anos ou mais – depois que as fantasias sexuais do Homem-lobo foram despertadas e ele teve curiosidade em saber de onde vêm as crianças – é que esse traço foi *bejaht*, propriamente historicizado, ativado na narrativa pessoal do Homem--lobo como modo de localização no universo do significado. Os psicóticos dão o primeiro passo, eles habitam a ordem simbólica; o que são incapazes de fazer é envolver-se subjetivamente ou performativamente na linguagem, "historicizar" seu processo subjetivo – em suma, realizar a *Bejahung*.

Como Balmès notou de maneira perspicaz, é por essa razão que a falta acontece em um nível diferente na psicose: os psicóticos continuam habitando o denso espaço simbólico do "pleno" e primordial grande Outro (maternal), eles não assumem a castração simbólica no sentido próprio de perda que é, em si, libertadora, generosa, "produtiva", abrindo espaço para que as coisas apareçam em seu ser (significativo); para eles, uma perda só pode ser puramente *privativa*, uma questão de algo que lhes é tirado.

Em um movimento interpretativo arriscado, Lacan vincula essa simbolização "primária" – que é acessível aos psicóticos e precede o envolvimento subjetivo que lhes falta – à distinção de Heidegger entre a dimensão originária da linguagem como abertura do Ser e a dimensão da fala como portadora de significações (subjetivas) ou meio de reconhecimento intersubjetivo. Nesse nível originário do dizer enquanto mostrar (*Sagen* como *Zeigen*), a diferença entre significação e referência desaparece, uma palavra que diz uma coisa não a "significa", ela a constitui ou abre em seu Ser, revela o espaço de sua existência. Esse nível é o nível da aparência como tal, não da aparência enquanto oposta à realidade por trás dela, mas sim do "puro" aparecer que "está" inteiramente em seu aparecer, por trás do qual nada existe. Em seu seminário sobre psicose, Lacan dá uma descrição interessante desse puro aparecer, e da concomitante tentação propriamente metafísica de reduzi-la a seu fundamento, a suas causas ocultas:

> *O arco-íris, é isso.* E este *é isso* supõe a implicação de que vamos nos comprometer nisso até que percamos o fôlego, para saber o que há de escondido atrás, qual é a sua causa, a que poderemos reduzi-lo. Observem bem que o que desde a origem caracteriza o arco-íris e o meteoro, e todo mundo o sabe pois que é por isso que o nomearam meteoro, é que precisamente não há nada escondido atrás. Ele está inteiramente nessa aparência. O que contudo o faz subsistir para nós, a ponto de que não cessemos de nos colocar questões sobre ele, deve-se unicamente ao *é isso* da origem, a saber, à nomeação como tal do arco-íris. Não há nada mais que esse nome.[2]

O momento reflexivo inerente da "declaração" (o fato de que cada comunicação de um conteúdo, ao mesmo tempo, sempre "declara-se" como tal) é o que Heidegger identificou como o "como tal" que especifica a dimensão propriamente humana: um animal percebe uma pedra, mas não percebe essa pedra "como tal". Essa é a "reflexividade" do significante: cada elocução não só transmite um conteúdo, como também, simultaneamente, *determina como o sujeito se relaciona com esse conteúdo* (nos termos do idealismo alemão, determina que cada consciência é sempre-já consciência-de-si). Em termos heideggerianos, o psicótico não é *welt-los*, desprovido do mundo: ele já mora na abertura do Ser.

No entanto, como costuma acontecer com Lacan, essa leitura vem acompanhada de seu oposto (assimétrico, verdadeiro): uma leitura que atribui aos psicóticos o acesso a um nível "superior" de simbolização e os priva de um nível básico "inferior". Na medida em que Lacan interpreta a distinção freudiana entre "representações das coisas" (*Sach-Vorstellungen*) e "representações das palavras" (*Wort-Vorstellungen*) como interna à ordem simbólica – como a distinção entre simbolização primordial, o estabelecimento de uma bateria de significantes do inconsciente originário ("traços de memória", na linguagem do jovem Freud, pré-psicanalítico), e simbolização secundária, o sistema consciente/pré-consciente da linguagem –, isso o supre de uma definição paradoxal da situação dos psicóticos: o psicótico não é aquele que regressa a um nível mais "primitivo" das representações das coisas, que "trata palavras como coisas", como se costuma dizer; ele é, ao contrário, alguém que precisamente se dispõe das representações das palavras sem as representações das coisas[3]. Em outras palavras, o psicótico pode usar a linguagem normalmente, mas falta a ele o fundo inconsciente que dá às palavras que usamos sua ressonância libidinal, sua cor e seu peso subjetivo específico. Sem esse fundo, a interpretação psicanalítica é impotente, inoperante: "Na psicanálise, a verdade não tem efeito,

---

[2] Jacques Lacan, *O seminário, livro 3: as psicoses* (trad. Aluísio Menezes, 2. ed., Rio de Janeiro, Zahar, 1988), p. 357
[3] François Balmès, *Ce que Lacan dit de l'être*, cit., p. 91.

o que não impede o psicótico de dizê-la melhor que qualquer outra pessoa"[4]. Essa também é uma das maneiras de entender a afirmação enganosamente "excêntrica" de Lacan, segundo a qual a normalidade é uma espécie de psicose: a definição "normal" que o senso comum dá à linguagem é como um sistema de signos artificial e secundário que usamos para transferir a informação preexistente etc. – mas essa definição ignora o nível subjacente do envolvimento subjetivo, a posição da enunciação; o paradoxo do psicótico é que ele é o único que se encaixa totalmente nessa definição, ou seja, que efetivamente usa a linguagem como instrumento neutro secundário que não diz respeito ao próprio ser de quem fala:

> certos significantes não entram na escrita inconsciente, e esse é o caso do significante paternal na psicose. Isso não impossibilita sua presença no nível pré-consciente – como vemos no caso de significantes que chamamos de forcluídos na psicose e que estão à disposição do sujeito em sua linguagem.[5]

Essa oscilação parece indicar que existe algo errado na solução de distinguir os dois níveis, o nível da simbolização primária e o nível da *Bejahung/Verwerfung*. (Soluções que se baseiam apenas na distinção entre diferentes níveis são suspeitas *a priori*.) O que escapa é o paradoxo básico do simbólico enquanto *os dois no mesmo*: em última análise, a expulsão do Real do simbólico e a rejeição de um significante se sobrepõem; ou seja, no caso do Outro simbólico, as limitações externas e internas coincidem, a ordem simbólica só pode surgir como delimitada a partir do Real se for delimitada a partir de si, perdendo ou excluindo uma parte central de si mesma, não idêntica consigo. Desse modo, não há *Ausstossung* sem uma *Verwerfung* – o preço que o simbólico tem de pagar para delimitar-se do Real é seu próprio ser-truncado. É isso que visa Lacan com sua fórmula de que não existe grande Outro, não há Outro do Outro – e, como o último Lacan sabia muito bem, isso indica que, em um nível muito mais básico, todos nós somos psicóticos. No entanto, devemos ser mais precisos neste ponto: o significante que é forcluído não é simplesmente ausente, um significante faltoso, mas um significante que representa o A barrado, a falta do significante, a inconsistência/incompletude do campo simbólico. O problema do psicótico, então, não é que ele habita uma ordem (Outro) simbólica truncada, mas, ao contrário, ele habita um Outro "completo", um Outro que carece da inscrição de sua falta.

Portanto, não há nenhuma necessidade de postular duas fases – primeiro a simbolização, o advento da bateria primária de significantes pela expulsão do Real, depois a exclusão de um significante: os dois processos são um e o mesmo, e a psicose vem depois, em um segundo estágio, quando – se – o significante que representa a própria incompletude ou inconsistência do Outro, registra essa incompletude, é

---

[4] Idem, *Dieu, le sexe et la vérité*, cit., p. 53.
[5] Ibidem, p. 81.

forcluído. Essa *Ausstossung* de duas faces tem de ser distinguida da violenta medida defensiva de ejetar (o que é experimentado como) um intruso estrangeiro, até (e inclusive) o infame apelo *Juden raus!* [Fora judeus!], a ejeção que reaparece com toda a sua brutalidade na atual sociedade hiper-reflexiva.

A lição hegeliana da midiatização/reflexivização das nossas vidas – esse processo gera sua própria imediatez brutal – é mais bem capturada pela noção de Étienne Balibar a respeito da crueldade excessiva e não funcional como característica da vida contemporânea, uma crueldade cujas figuras variam do racista "fundamentalista" e/ou assassino religioso às explosões de violência "sem sentido" dos adolescentes e dos sem-teto em nossas megalópoles, uma violência que somos tentados a chamar de "mal do id", uma violência sem nenhum fundamento em razões ideológicas ou utilitárias. Não podemos nos deixar levar pelo discurso sobre os estrangeiros que roubam nossos empregos ou a ameaça que eles representam para os valores ocidentais: em uma análise mais atenta, logo fica claro que esse discurso apresenta uma racionalização secundária bem superficial. No fundo, a explicação que conseguimos de um *skinhead* é que lhe faz bem bater em estrangeiros, porque a presença destes o perturba. O que encontramos aqui é decerto o mal do id, o Mal estruturado e motivado pelo desequilíbrio mais elementar na relação entre o Eu e a *jouissance*, pela tensão entre o prazer e o corpo estranho da *jouissance* em seu próprio âmago. O mal do id, portanto, representa o mais elementar "curto-circuito" na relação do sujeito com o objeto-causa, primordialmente ausente, de seu desejo: o que nos "incomoda" no "outro" (judeu, japonês, africano, turco) é que o outro parece nutrir uma relação privilegiada com o objeto – ou o outro possui o objeto-tesouro, depois de tê-lo tirado de nós (e é por isso que não o temos), ou constitui uma ameaça a nossa posse do objeto. Aqui podemos empregar mais uma vez o "juízo infinito" hegeliano, afirmando a identidade especulativa dessas explosões "inúteis" e "excessivas" de imediatismo violento, que denotam nada mais que o ódio puro e desnudado ("não sublimado") contra a Alteridade, com a reflexivização global da sociedade. Talvez o maior exemplo dessa coincidência seja o destino da interpretação psicanalítica. Hoje as formações do inconsciente (dos sonhos aos sintomas histéricos) perderam definitivamente sua inocência e são totalmente reflexivizadas: as "livres associações" de um típico analisando instruído consistem, em sua maioria, em tentativas de dar uma explicação psicanalítica dos próprios distúrbios, de modo que podemos justificadamente dizer que não temos apenas interpretações junguianas, kleinianas, lacanianas etc. dos sintomas, mas sintomas que são eles próprios junguianos, kleinianos, lacanianos etc., ou seja, cuja realidade envolve uma referência implícita a uma teoria psicanalítica. O infeliz resultado dessa reflexivização global da interpretação (tudo se torna interpretação, o inconsciente interpreta a si mesmo) é que a própria interpretação do analista perde sua "eficácia simbólica" performativa, deixando o sintoma intacto na imediatez de sua *jouissance* idiota.

Então, em que sentido preciso aquilo que é forcluído do simbólico retorna no Real? Pensemos nas alucinações verbais: seu conteúdo é substancialmente simbólico, e elas são, no nível de seu conteúdo ordinário, plenamente compreendidas pelo sujeito (psicótico) – então, mais uma vez, em que sentido elas pertencem ao Real? Duas características interligadas as torna Reais: o isolamento e a certeza. Elas são forcluídas no sentido preciso de que não "existem" para o sujeito: elas ex-sistem, persistem e impõem-se na tessitura simbólica. São isoladas de seu contexto simbólico, que, por definição, é o contexto da confiança e da suposição, o contexto em que cada presença surge contra o pano de fundo de sua possível ausência, cada certeza é acompanhada de uma possível dúvida, e no qual acabamos por depender de uma aposta básica para acreditarmos na ordem simbólica. Na religião propriamente dita, nós não conhecemos Deus, mas arriscamos confiar e acreditar nele. O psicótico, ao contrário, procede como o grupo *punk* esloveno Laibach, que, quando perguntado sobre sua relação com Deus, respondeu com uma referência à frase: "*In God We Trust*", escrita na nota de um dólar: "Assim como vocês, norte-americanos, nós acreditamos em Deus, mas, ao contrário de vocês, não confiamos nele". Ou, como diz Balmès de maneira bastante sucinta, não que os psicóticos acreditem *nas* vozes que escutam, eles simplesmente acreditam *nelas*[6]. É por isso que os psicóticos têm absoluta certeza das vozes que escutam: eles não confiam nelas, é claro, e as consideram vozes malignas que querem machucá-los; mas sabem que as vozes são reais – essa certeza absoluta as torna reais.

Hegel versus *Heidegger*

"É hora de falar do último Hegel. Se há algo que conhecemos pouco, é o último período do pensamento de Hegel em Berlim"[7]. Longe de confirmar sua filosofia como uma *Staatsphilosoph* conservadora (ou, pelo menos, conformista), os últimos anos em Berlim foram o período em que Hegel, depois de um longo esforço, apresentou a formulação definitiva de suas principais ideias. Precisamos insistir nesse ponto em resposta sobretudo a uma crítica comum a Hegel, formulada pela primeira vez pelos "jovens hegelianos", que diz respeito à chamada contradição entre o método dialético de Hegel e seu sistema: enquanto o método aborda a realidade em seu desenvolvimento dinâmico, discernindo em cada forma determinada as sementes de sua própria destruição e autossuperação, o sistema consegue representar a totalidade do ser como uma ordem alcançada, na qual não há nenhum

---

[6] Ibidem, p. 66.
[7] Jean-Marie Lardic, em G. W. F. Hegel, *Leçons sur les preuves de l'existence de Dieu* (Paris, Aubier, 1994), p. 9.

desenvolvimento posterior em vista[8]. Nas interpretações do pensamento de Hegel desenvolvidas sob influência de Heidegger no século XX, essa contradição entre o "lógico" e o "histórico" adquire uma base mais radical: o que elas tentam delinear é um quadro ontológico mais fundamental que seja ao mesmo tempo a fonte da sistematização dialética de Hegel e o que esta última traz à tona. A dimensão histórica aqui não é simplesmente o fato da evolução interminável de todas as formas de vida, tampouco a oposição filosófica entre o jovem Hegel que tenta apreender os antagonismos históricos da vida social e o velho Hegel que esmaga compulsivamente todo conteúdo com sua máquina dialética, mas sim a tensão inerente entre o impulso sistemático de Hegel da suprassunção/automediação conceitual e um projeto ontológico mais original que, na linha de Heidegger, Alexander Koyré descreve como a historicidade da condição humana orientada para o futuro[9].

A raiz do que Hegel chama de "negatividade" é o futuro (ou nossa percepção dele): o futuro é aquilo que não é (ainda), o poder da negatividade é, no fundo, idêntico ao poder do próprio tempo, essa força que corrói toda identidade estabelecida. A própria temporalidade do ser humano, portanto, não é a do tempo linear, mas da existência engajada: o homem projeta seu futuro e depois o efetiva como um desvio por meio de recursos do passado. Essa raiz "existencial" da negatividade é, segundo Koyré, ofuscada pelo sistema de Hegel, que abole a primazia do futuro e apresenta todo o seu conteúdo como um passado "suprassumido" em sua forma lógica – o ponto de vista adotado aqui não é o da subjetividade engajada, mas o do Saber Absoluto. Uma crítica semelhante a Hegel foi desenvolvida por Alexandre Kojève e Jean Hyppolite: eles tentam formular uma tensão ou antagonismo no próprio cerne do pensamento de Hegel que permanece não pensado por Hegel – não por razões fortuitas, mas de maneira necessária, e é por isso que, precisamente, *esse antagonismo não pode ser dialetizado*, resolvido ou "suprassumido" pela mediação dialética. O que todos esses filósofos oferecem, portanto, é uma "esquizologia" crítica de Hegel[10].

Não é difícil reconhecer nessa versão da temporalidade orientada para o futuro do sujeito engajado os traços da asserção de Heidegger sobre a finitude como

---

[8] Como se relacionam método e sistema no pensamento de Hegel? Segundo a *doxa* marxista padrão, há uma contradição entre os dois: o sistema de Hegel é conservador, enquanto seu método dialético é revolucionário, então deveríamos libertar o método das restrições do sistema. O que essa oposição ingênua não considera é a identidade entre os dois, algo como o estranho destino sobre os ensinamentos teatrais de Stanislavsky, que na Rússia era conhecido como seu "sistema" e, posteriormente, nos Estados Unidos, onde se tornou bastante influente (no Actor's Studio etc.) como seu "método".

[9] Ver Alexandre Koyré, "Hegel à Iena", em *Études d'histoire de la pensée philosophique* (Paris, Gallimard, 1971).

[10] Baseio-me aqui em Catherine Malabou, *La chambre du milieu* (Paris, Hermann, 2009).

condição insuperável do ser humano: é nossa finitude radical que nos expõe à abertura do futuro, do horizonte daquilo que está por vir, pois transcendência e finitude são dois lados da mesma moeda. Não surpreende, portanto, que tenha sido o próprio Heidegger que propôs a mais elaborada versão dessa leitura crítica de Hegel. Não o Heidegger de *Ser e tempo**, mas o último Heidegger, que tenta decifrar a dimensão não pensada em Hegel por meio de uma leitura cuidadosa da noção de "experiência" (*Erfahrung*) da consciência na *Fenomenologia do espírito*. Heidegger lê a famosa crítica de Hegel ao ceticismo kantiano (só podemos conhecer o Absoluto se o Absoluto já quiser ser *bei uns*, conosco) pela sua interpretação da *parousia* como abertura epocal do ser: *parousia* é o modo como o Absoluto (nome dado por Hegel à Verdade do Ser) nos é sempre-já aberto antes de qualquer esforço ativo de nossa parte; ou seja, o modo como essa abertura do Absoluto fundamenta e direciona nosso próprio esforço de apreendê-lo – ou, como os místicos e teólogos dizem, "não estarias procurando por mim se já não me tivesses encontrado". Eis a passagem – que inclui a afirmação-chave de que o próprio Absoluto "quer estar perto de nós", conosco, apresentar-se para nós, abrir-se para nós – que Heidegger lê como a própria formulação de Hegel da antiga noção grega de *parousia*: "Se através do instrumento o absoluto tivesse apenas de achegar-se a nós, como o passarinho na visgueira, sem que nada nele mudasse, ele zombaria desse artifício, se não estivesse e não quisesse estar perto de nós em si e para si"[11].

Em vez de descartar essa afirmação como evidência de que Hegel continua preso à "metafísica da presença", devemos chamar a atenção primeiro para o fato de que o próprio Heidegger oferece outra variação do mesmo tema com sua noção de *Dasein* enquanto *das Da des Seins*, o "aí" do próprio Ser, que significa que o próprio Ser "precisa" do homem como seu único "aí" e, nesse sentido, apesar de seu recuo, ele também "quer estar conosco". Além disso, esse "quer estar conosco" é mais enigmático e complexo do que parece – podemos concebê-lo, mais uma vez, nos termos da parábola de Kafka a respeito da porta da lei, quando o homem do campo finalmente aprende que a porta estava lá apenas para ele e agora, depois de sua morte, ela será fechada. Portanto, todo o mistério do recuo, da inacessibilidade daquilo que a porta escondia estava lá só para o Homem, para fascinar seu olhar – a reticência da porta era um chamariz para ofuscar o fato de que a porta "queria estar com o homem". Em outras palavras, o truque da porta é o mesmo da competição entre Zêuxis e Parrásio: a porta era como a pintura de uma cortina na parede, estava lá para criar a ilusão de que escondia um segredo.

---

* Trad. Márcia Sá Cavalcante Schuback, 4. ed., Bragança Paulista/Petrópolis, Universitária São Francisco/Vozes, 2009. (N. E.)

[11] G. W. F. Hegel, *Fenomenologia do espírito* (trad. Paulo Meneses, 2. ed., Petrópolis, Vozes, 1992), parte I, § 73, p. 64.

Então por que, segundo Heidegger, Hegel foi incapaz de ver a dimensão própria da *parousia*? Isso nos leva à próxima crítica de Heidegger: a ideia hegeliana de negatividade carece de uma dimensão fenomenal (não descreve a experiência em que a negatividade apareceria como tal), Hegel nunca exemplificou sistematicamente ou revelou a diferença entre rejeição, negação, nada, "não é" etc.[12]. A dialética hegeliana apenas propõe a ocultação de seu próprio fundamento fenomenológico-ontológico; o nome dessa ocultação é, obviamente, subjetividade: Hegel sempre-já subordina a negatividade ao "trabalho do negativo" do sujeito, à mediação ou suprassunção conceitual de todo conteúdo fenomenal. Desse modo, a negatividade é reduzida a um momento secundário no trabalho de automediação do sujeito. Essa cegueira para seu próprio fundamento não é secundária, mas a característica que possibilita a metafísica hegeliana da subjetividade: o *lógos* dialético só pode funcionar contra o pano de fundo do *Absage*, isto é, renúncia ou dizer-não.

Não obstante, há um modo fenomenal privilegiado em que a negatividade pode ser experimentada: a dor. A via da experiência é a via da dolorosa percepção de que existe uma lacuna entre consciência "natural" e transcendental, entre "para a consciência em si" e "para nós": o sujeito é violentamente privado do fundamento "natural" do seu ser, seu mundo inteiro entra em colapso e esse processo é repetido até que o Saber Absoluto seja alcançado. Quando ele fala na "dor transcendental" como *Stimmung* fundamental do pensamento de Hegel[13], Heidegger segue uma linha que começa na *Crítica da razão prática*, de Kant*, em que este descreve a dor como a única emoção "*a priori*", a emoção do meu eu patológico sendo humilhado pela injunção da lei moral. (Lacan vê nesse privilégio transcendental da dor a ligação entre Kant e Sade.)

O que Heidegger deixa escapar em sua descrição da "experiência" hegeliana como via da *Verzweiflung* [desespero] é a própria natureza do abismo que ele envolve: não é só a consciência natural que se quebra quando tem de se confrontar com a morte, mas também o quadro ou fundo transcendental enquanto medida do que a consciência natural experimenta como sua inadequação e fracasso – como afirma Hegel, se o que pensamos ser verdadeiro não passa pela medida da verdade, a medida tem de ser abandonada. É por isso que Heidegger não considera o abismo vertiginoso do processo dialético: não existe um padrão de verdade do qual a consciência natural se aproxime gradualmente por meio da experiência dolorosa, porque esse próprio padrão está preso no processo e, com isso, é destruído repetidas vezes.

É também por isso que a crítica que Heidegger faz à "maquinação" hegeliana não capta o mais importante. Segundo Heidegger, o processo hegeliano de expe-

---

[12] Martin Heidegger, *Gesamtausgabe: Hegel* (Frankfurt, Vittorio Klostermann, 1993), v. 68, p. 37.
[13] Ibidem, p. 103.
* Trad. Valerio Rohden, ed. bilíngue, São Paulo, WMF Martins Fontes, 2003. (N. E.)

riência caminha em dois níveis – o nível da experiência vivida (*Erlebnis*) e o nível da maquinação conceitual (*Machenschaft*). No nível da experiência vivida, a consciência vê seu mundo ruir e uma nova figura do mundo surgir, e experimenta essa passagem como um mero salto, sem uma conexão lógica que una as duas posições. "Para nós", no entanto, a análise dialética torna visível como o novo mundo surgiu enquanto "negação determinada" do mundo antigo, enquanto resultado necessário de sua crise. A autêntica experiência vivida, a abertura para o Novo, portanto, é revelada como sendo corroborado pelo trabalho conceitual: o que o sujeito experimenta como advento inexplicável de um novo mundo é, na verdade, o resultado de seu próprio trabalho conceitual acontecendo pelas suas costas e, por isso, pode ser interpretado, em última instância, como produzido pela própria maquinação conceitual do sujeito. Aqui não há experiência da alteridade genuína, o sujeito encontra apenas os resultados de seu próprio trabalho (conceitual). Mas essa crítica só vale se ignorarmos que os dois lados, o "para si" fenomenal da consciência natural e o "para nós" do trabalho conceitual subterrâneo, estão presos no abismo vertiginoso e sem fundamento de uma perda repetida. A "dor transcendental" não é apenas a dor das experiências da consciência natural, a dor de ser separado da verdade; ela também é a dolorosa percepção de que essa mesma verdade é inconsistente, não-Toda.

E isso nos leva de volta à afirmação de Heidegger de que Hegel não abarca a experiência fenomenal da negatividade: e se a negatividade nomear justamente a lacuna na ordem da fenomenalidade, algo que *não* aparece (e nunca pode aparecer)? Não por ser um gesto transcendental que, por definição, escapa ao nível fenomenal, mas por ser a negatividade paradoxal, difícil de ser pensada, que não pode ser subsumida em nenhum agente (experiencial ou não) – o que Hegel chama de "negatividade autorrelativa", uma negatividade que precede todo fundamento positivo e cujo gesto negativo de recuo abre espaço para toda a positividade.

A casa de torturas da linguagem

Neste ponto, podemos até inverter a crítica que Heidegger faz de Hegel e dizer que Heidegger é que foi incapaz de pensar essa "dor transcendental" – e ele se desviou do caminho precisamente porque dispensou cedo demais o termo "o sujeito" para pensar o núcleo (inumano) do que é ser humano. Qual é então a dimensão da dor negligenciada por Heidegger?

Em seu "Para uma crítica da violência", Walter Benjamin pergunta: "Será que a resolução não violenta de conflitos é um princípio possível?"[14]. Ele responde que

---

[14] Walter Benjamin, "Para uma crítica da violência", em *Escritos sobre mito e linguagem* (trad. Susana Kampff Lages e Ernani Chaves, São Paulo, Editora 34, 2011), p. 138.

sim, nas "relações entre pessoas particulares", bem como na cortesia, compaixão e confiança: "existe uma esfera da não-violência no entendimento humano que é totalmente inacessível à violência: a esfera própria da 'compreensão mútua', a linguagem"[15]. Essa tese pertence à tradição de que a linguagem ou a ordem simbólica são concebidas como meio de reconciliação e mediação, de coexistência pacífica, em oposição ao meio violento do confronto cru e imediato[16]. Na linguagem, em vez de agir violentamente uns com os outros, espera-se que haja debate, troca de palavras, e essa troca, mesmo quando agressiva, pressupõe um reconhecimento mínimo do outro. E se, no entanto, os humanos excedem os animais em sua capacidade para a violência exatamente *porque* podem falar? Há muitas características violentas da linguagem tematizadas por filósofos e sociólogos, de Heidegger a Bourdieu. No entanto, há pelo menos um aspecto violento da linguagem que está ausente em Heidegger e é o foco da teoria lacaniana da ordem simbólica. Em toda a sua obra, Lacan varia o tema heideggeriano da linguagem como morada do ser: a linguagem não é criação e instrumento do homem, é o homem que "mora" na linguagem: "A psicanálise devia ser a ciência da linguagem habitada pelo sujeito"[17]. A virada "paranoica" de Lacan, a volta freudiana a mais que ele dá no parafuso, vem com sua caracterização dessa morada como *casa de torturas*: "Na perspectiva freudiana, o homem é o sujeito preso e torturado pela linguagem"[18].

A ditadura militar na Argentina, de 1976 a 1983, inventou uma peculiaridade gramatical, um novo uso passivo dos verbos ativos: quando centenas de intelectuais e ativistas políticos da esquerda desapareceram para sempre, torturados e mortos por militares que negaram saber de seu destino, eles começaram a ser chamados de "desaparecidos", mas o verbo era usado não no sentido simples de terem desaparecido, mas em sentido transitivo ativo: eles "foram desaparecidos" (pelos serviços militares secretos). No regime stalinista, uma inflexão irregular semelhante afetou o verbo "renunciar": quando era anunciado publicamente que um destacado membro da *nomenklatura* havia renunciado ao cargo (por motivos de saúde, via de regra), todos sabiam que, na verdade, ele havia perdido a luta contra diferentes facções e diziam que ele "tinha sido renunciado" – mais uma vez, um ato normalmente atribuído à pessoa afetada (ele renunciou, ele desapareceu) é reinterpretado como resultado da atividade não transparente de outro agente (a polícia secreta

---

[15] Ibidem, p. 139.
[16] Ideia propagada por Habermas (ver Jürgen Habermas, *Teoria do agir comunicativo*, São Paulo, Martins Fontes, 2012, v. 1 e 2), mas também não alheia a um certo Lacan (ver Jacques Lacan, "Função e campo da fala e da linguagem em psicanálise", em *Escritos*, trad. Vera Ribeiro, Rio de Janeiro, Zahar, 1998, p. 234-324).
[17] Jacques Lacan, *O seminário, livro 3: as psicoses*, cit., p. 266.
[18] Idem.

desapareceu com ele, a maioria na *nomenklatura* o fez renunciar). Será que não devemos interpretar exatamente da mesma maneira a tese de Lacan de que o ser humano não fala, mas é falado? A questão não é que se "fale sobre" ele, que ele seja assunto da fala de outros seres humanos, mas sim que, quando (parece que) ele fala, ele "é falado" da mesma maneira que o desafortunado funcionário comunista é "renunciado". O que essa homologia revela é a posição da linguagem, do "grande Outro", como casa de torturas do sujeito.

De modo geral, tomamos a fala de um sujeito e todas as suas inconsistências como uma expressão de tumulto interior, emoções ambíguas e assim por diante; isso vale até mesmo para uma obra de arte literária: espera-se que a tarefa da leitura psicanalítica seja trazer à tona a turbulência psíquica interna que encontra sua expressão codificada na obra de arte. Mas está faltando alguma coisa nessa explicação clássica: a fala não registra ou expressa simplesmente a vida psíquica traumática; a entrada na fala é em si um fato traumático ("castração simbólica"). Isso quer dizer que devemos incluir o impacto traumático da própria fala na lista de traumas com que a fala tenta lidar. A relação entre o tumulto psíquico e sua expressão na fala, portanto, também deve ser invertida: a fala não expressa ou articula simplesmente os problemas psíquicos; em determinado ponto-chave, o próprio tumulto psíquico é uma reação ao trauma de habitar a "casa de torturas da linguagem".

A "prisão da linguagem" (título de um dos primeiros livros de Fredric Jameson sobre o estruturalismo), também é, portanto, uma casa de torturas: todos os fenômenos psicopatológicos descritos por Freud, desde os sintomas de conversão inscritos no corpo até os colapsos psicóticos, são cicatrizes dessa tortura permanente, sinais de uma lacuna original e irremediável entre o sujeito e a linguagem, sinais de que o homem jamais estará em casa em sua própria casa. É isso que Heidegger ignora, esse lado escuro da nossa morada na linguagem, e é por isso que não pode haver lugar para o Real da *jouissance* no edifício de Heidegger, pois o aspecto torturante da linguagem concerne primeiramente às vicissitudes da libido. É também por isso que, para fazer a verdade falar, não basta suspender a intervenção ativa do sujeito e deixar a linguagem falar por si – como disse Elfriede Jelinek com extraordinária clareza: "A linguagem deve ser torturada para dizer a verdade". A linguagem deve ser torcida, desnaturalizada, estendida, condensada, cortada e reunificada, posta para funcionar contra si própria. A linguagem enquanto "grande Outro" não é um agente de sabedoria com cuja mensagem devemos concordar, mas um meio de estupidez e indiferença cruéis. A forma mais elementar de tortura da linguagem de alguém se chama poesia – pensemos no que uma forma complexa como um soneto faz com a linguagem: ela submete o fluxo livre da fala a um leito de Procusto feita de formas fixas de ritmo e rima.

E o que dizer do procedimento heideggeriano de ouvir a palavra silenciosa da própria linguagem, revelar a verdade que já mora dentro dela? Não surpreende que o pensamento do último Heidegger seja poético – podemos imaginar uma tortura mais violenta do que a praticada por ele, por exemplo, em sua famosa leitura da proposição de Parmênides, de que "dizer, pensar e ser são o mesmo"? Para extrairmos daí a verdade pretendida, ele precisa se referir ao significado literal das palavras (*legein* como reunir), deslocar de modo contraintuitivo a ênfase e a escansão da frase, traduzir cada termo de maneira descritiva e fortemente interpretativa etc. Dessa perspectiva, a "filosofia da linguagem ordinária", do último Wittgenstein, – que vê a si mesma como um tipo de cura médica, corrigindo os usos errôneos da linguagem ordinária que dão origem aos "problemas filosóficos" – quer eliminar justamente essa "tortura" da linguagem que a forçaria a dizer a verdade (recordamos aqui a famosa crítica de Rudolf Carnap a Heidegger no fim da década de 1920, que dizia que os raciocínios de Heidegger eram baseados no mau uso do "nada" como substantivo).

O mesmo não se aplica ao cinema? O cinema também não força seu material visual a dizer a verdade por meio da tortura? Primeiro houve a "montagem das atrações" de Eisenstein, a mãe de todas as torturas cinematográficas: um corte violento de planos contínuos em fragmentos que depois são reunidos de maneira totalmente artificial; uma redução não menos violenta do corpo todo ou cena a *closes* de "objetos parciais" que flutuam no espaço cinematográfico, separados do Todo orgânico a que pertencem. Depois surgiu Tarkovsky, o grande inimigo de Eisenstein, que substituiu a montagem deste por seu oposto, o prolongamento do tempo, uma espécie de equivalente cinematográfico do "potro", clássico instrumento de tortura usado para esticar os membros das vítimas. Desse modo, podemos caracterizar a polêmica de Tarkovsky contra Eisenstein como uma disputa entre dois torturadores profissionais a respeito dos méritos relativos de dispositivos diferentes.

Essa também é a principal razão por que Lacan – contra a historicização heideggeriana do sujeito como agente do domínio tecnológico na Era Moderna, contra a substituição do "sujeito" pelo *Dasein* como nome para a essência do ser humano – prendeu-se ao problemático termo "sujeito". Quando sugere que Heidegger deixa escapar a dimensão crucial da subjetividade, Lacan não tem em mente o argumento humanista tolo de que Heidegger "passiviza" excessivamente o homem, transforma-o em um instrumento da relativização do Ser, ignora assim a criatividade humana etc. Ao contrário, a questão é que Heidegger deixa escapar o impacto particularmente traumático da própria "passividade" de nosso ser preso na linguagem, a tensão entre o animal humano e a linguagem: existe um "sujeito" porque o animal humano não "se encaixa" na linguagem, o "sujeito" lacaniano é o sujeito torturado, mutilado.

Os althusserianos insistem fortemente no duplo significado constitutivo do termo "sujeito": como agente transcendental ativo, criador da (sua) realidade, e como agente passivo submetido (sujeito) a uma ordem estatal legal (*sujet de l'état*) – ou, para dar um aspecto lacaniano mais geral, sujeitado ao grande Outro. Aqui, no entanto, Lacan acrescenta uma dimensão mais radical da passividade: como ele afirma no seminário sobre a ética da psicanálise, o sujeito é "o que [aspecto/parte] do real padece do significante"* (*ce que du réel pâtit du signifiant*) – a dimensão mais elementar do sujeito não é a atividade, mas a passividade, algo duradouro. Eis como Lacan determina os ritos de iniciação que fazem um corte violento no corpo, mutilando-o:

> os ritos de iniciação tomam a forma de mudar a forma desses desejos, de conferir a eles, desse modo, uma função pela qual o ser do sujeito identifica-se ou anuncia-se como tal, pela qual o sujeito, por assim dizer, torna-se totalmente homem, mas também mulher. A *mutilação* serve aqui para orientar o desejo, permitindo que este assuma precisamente essa função de indício, de algo que é realizado e só pode articular-se, expressar-se, em um *mais além simbólico*, um mais além que chamamos hoje de ser, uma realização do ser no sujeito.[19]

A lacuna que separa Lacan de Heidegger é discernível precisamente por sua proximidade, pelo fato de que, para designar a função simbólica em seu aspecto mais elementar, Lacan ainda usa o termo heideggeriano "ser": no ser humano, os desejos perdem sua amarra na biologia, são operativos apenas enquanto inscritos no horizonte do Ser que é sustentado pela linguagem. No entanto, para que essa transposição da realidade biológica imediata do corpo para o espaço simbólico da linguagem aconteça, ela tem de deixar uma marca de tortura no corpo na forma de mutilação. Portanto, não basta dizer que "o Verbo se fez carne": devemos acrescentar que, para que o Verbo se inscreva na carne, uma parte da carne – a proverbial libra de carne de Shylock – tem de ser sacrificada. Como não há harmonia preestabelecida entre Verbo e carne, é somente por esse sacrifício que a carne se torna receptiva para o Verbo.

Isso nos leva finalmente à questão da *jouissance*. Philippe Lacoue-Labarthe situou de modo muito preciso a lacuna que separa a interpretação lacaniana da interpretação heideggeriana (à qual Lacan se refere em abundância) de *Antígona*: o que está totalmente ausente em Heidegger não é só a dimensão do Real da *jouissance*, mas é sobretudo a dimensão do "entre duas mortes" (o simbólico e o Real) que designa a posição subjetiva de Antígona depois que ela é excomungada da pólis por Creonte. Em simetria perfeita com seu irmão Polinice, que está morto na realidade, mas cuja sua morte simbólica é negada, ou seja, o ritual do enterro, Antígona encontra-se morta simbolicamente, excluída da comunidade simbólica, embora

---

* Idem, *O seminário, livro 7: a ética da psicanálise* (trad. Antônio Quinet, 2. ed., Rio de Janeiro, Zahar, 2008), p. 152. (N. T.)

[19] Idem, seminário de 20 de maio de 1959, em *Le séminaire, livre VI: le désir et son interprétation* (não publicado).

biológica e subjetivamente ainda viva. Nos termos de Agamben, Antígona encontra-se reduzida a uma "vida nua", a uma posição de *homo sacer*, cujo caso exemplar no século XX é a dos reclusos dos campos de concentração. Os riscos dessa omissão heideggeriana, portanto, são muito altos, porque dizem respeito à essência ético-política do século XX, à catástrofe "totalitária" em seu desenvolvimento extremo. Desse modo, a omissão é bastante consistente com a incapacidade de Heidegger de resistir à tentação nazista:

> o "entre duas mortes" é o inferno que nosso século realizou ou ainda promete realizar, e é a isso que Lacan responde, e é por isso que quer tornar os psicanalistas responsáveis. Ele não disse que a política é o "buraco" da metafísica? A cena com Heidegger – e existe uma – está localizada em sua inteireza aqui.[20]

Isso também explica a ambiguidade perturbadora da descrição heideggeriana da morte nos campos de concentração como uma morte que não é mais autêntica, envolvendo a pressuposição por parte do indivíduo de sua própria morte como a possibilidade de sua maior impossibilidade, mas simplesmente como mais um processo industrial-tecnológico anônimo – as pessoas não "morrem" nos campos, são apenas industrialmente exterminadas. Portanto, Heidegger sugere obscenamente que as vítimas assassinadas nos campos de algum modo não morrem "autenticamente", traduzindo assim seu sofrimento absoluto em uma "não autenticidade" subjetiva. A questão que ele não suscita é justamente como *elas* subjetivaram (se referiram a) sua condição. A morte dessas pessoas foi de fato um processo industrial de extermínio para seus algozes, *mas não para elas próprias*.

Balmès faz uma observação perspicaz a esse respeito: é como se a crítica clínica implícita de Lacan à analítica existencial heideggeriana do *Dasein* enquanto "ser-para-a-morte" dissesse que esta é apropriada apenas para a neurose e não explica a psicose[21]. O sujeito psicótico ocupa uma posição existencial para a qual não há lugar no mapeamento de Heidegger, a posição de alguém que, em certo sentido, "sobrevive à própria morte". Os psicóticos não se encaixam mais na descrição heideggeriana da existência engajada do *Dasein*, sua vida não envolve mais o engajamento livre em um projeto futuro contra o pano de fundo da apropriação do passado; sua vida está para além do "cuidado" (*Sorge*), seu ser não é mais direcionado "para a morte".

Esse excesso da *jouissance* que resiste à simbolização (logos) é a razão pela qual, em suas duas últimas décadas de ensinamento, Lacan insiste (às vezes de maneira quase patética) que se considera antifilósofo, alguém que se rebela contra a filosofia:

---

[20] Philippe Lacoue-Labarthe, "De l'éthique: à propos d'Antigone", em Collège International de Philosophie, *Lacan avec les philosophes* (Paris, Albin Michel, 1991), p. 28.
[21] François Balmès, *Ce que Lacan dit de l'être*, cit., p. 73.

a filosofia é ontologia, sua premissa básica é – como disse Parmênides, o primeiro filósofo – "pensar e ser são o mesmo", há um acordo mútuo entre pensamento (logos como razão ou fala) e ser. Até (e inclusive) Heidegger, o Ser que a filosofia tinha em mente era sempre o ser cuja morada era a linguagem, o ser sustentado pela linguagem, o ser cujo horizonte era aberto pela linguagem; ou, como disse Wittgenstein: os limites da minha linguagem são os limites do meu mundo. Contra essa premissa ontológica da filosofia, Lacan concentra-se no Real da *jouissance* como algo que, longe de ser simplesmente externo à linguagem (é antes "ex-timo" com relação a ela), resiste à simbolização, continua sendo um núcleo estranho dentro dela, e aparece como ruptura, corte, lacuna, inconsistência ou impossibilidade:

> Desafio qualquer filósofo a explicar agora a relação existente entre o surgimento do significante e o modo como a *jouissance* se relaciona com o ser. [...] Nenhuma filosofia, eu afirmo, encontra-nos aqui hoje. Os miseráveis e fracassados entusiastas da filosofia que deixamos para trás a partir do início do século passado [XIX] como hábitos que estão se desfazendo, não são nada mais que um modo de dançar em volta da questão, e não de confrontá-la, a questão que é a única sobre a verdade e o que chamamos, usando o nome dado por Freud, de pulsão de morte, o masoquismo primordial da *jouissance* [...] Todo discurso filosófico escapa e recua aqui.[22]

É nesse sentido que Lacan descreve sua posição como "realismo da *jouissance*". O inimigo "natural" desse realismo é, obviamente, o "panlogismo" de Hegel, menosprezado por Lacan como o clímax da ontologia, da lógica filosófica (o autodesdobramento do logos) como explicação total do ser, pelo qual o ser perde sua opacidade e torna-se totalmente transparente. Mas, como vimos, nada é simples quando se refere a Hegel. Seguindo as fórmulas lacanianas de sexuação, a afirmação de um não-Todo – "não-Todo é logos", ou logos é não-Todo, posto que é corroído e truncado de dentro por antagonismos e rupturas, e nunca plenamente ele mesmo – não seria o anverso da tese básica de Hegel de que "nada existe que não seja logos"?

Talvez Lacan tivesse de algum modo uma obscura consciência disso tudo, como indica na passagem supracitada a curiosa e inesperada limitação da brutal relegação da filosofia aos "miseráveis e fracassados entusiastas da filosofia que deixamos para trás a partir do início do século passado", ou seja, ao pensamento *pós-hegeliano*. Em outras palavras, a coisa mais óbvia a dizer seria que é exatamente o pensamento pós-hegeliano que rompe com a ontologia, afirmando a primazia de uma Vontade ou Vida translógica – no antilogos (antifilosofia) que vai do último Schelling a Schopenhauer e Nietzsche. É como se, nesse aspecto, Lacan tivesse aprendido a lição de Heidegger: a fórmula marxiana "o ser determina a

---

[22] Jacques Lacan, seminário de 8 de junho de 1966, em *Le séminaire, livre XIII: l'objet de la psychanalyse* (não publicado).

consciência" não é suficientemente radical – toda a conversa sobre a vida efetiva da subjetividade engajada como oposta ao "mero pensamento especulativo" continua presa nos confins da ontologia, porque o ser (como demonstrou Heidegger) só pode surgir pelo logos. A diferença com relação a Heidegger é que Lacan, em vez de aceitar essa harmonia (mesmidade) entre o Ser e o logos, tenta levá-la mais além, a uma dimensão do Real indicada pela possível conjuntura entre o ser e a *jouissance*. Não admira, portanto, que, com respeito à angústia, Lacan prefira Kierkegaard a Heidegger: ele considera Kierkegaard o anti-Hegel, para quem o paradoxo da fé cristã sinaliza uma ruptura radical com a antiga ontologia grega (em contraste com a redução heideggeriana da cristandade a um momento no processo de declínio dessa ontologia na metafísica medieval). A fé é um salto existencial no que só pode parecer loucura (de um ponto de vista ontológico), uma decisão louca sem nenhuma garantia por parte da razão – o Deus de Kierkegaard está realmente "para além do Ser", é o Deus do Real, não o Deus dos filósofos. É por isso que, mais uma vez, Lacan aceitaria a famosa declaração de Heidegger, da década de 1920, quando abandonou a Igreja Católica, de que a religião é o inimigo mortal da filosofia – mas veria isso como uma razão a mais para se prender ao núcleo do Real inerente na experiência religiosa.

O "sujeito" lacaniano nomeia uma lacuna no simbólico, seu *status* é Real – segundo Balmès, é por isso que Lacan, em seu seminário crucial sobre a fantasia (1966-1967), depois de passar mais de uma década lutando com Heidegger, dá o passo paradoxal e totalmente inesperado (para alguém que adota a noção heideggeriana de filosofia moderna) de Heidegger de volta a Descartes, ao *cogito* cartesiano. Há de fato um paradoxo aqui: Lacan primeiro aceita o argumento de Heidegger de que o *cogito* cartesiano, que fundamenta a ciência moderna e seu universo matematizado, anuncia o esquecimento máximo do Ser; mas, para Lacan, o Real da *jouissance* é justamente externo ao Ser, de modo que o que, para Heidegger, era o argumento *contra* o *cogito* torna-se, para Lacan, o argumento *a favor* dele – o Real da *jouissance* só pode ser abordado quando saímos do domínio do ser. É por isso que, para Lacan, não só o *cogito* não é reduzido à autotransparência do pensamento puro, mas, paradoxalmente, o *cogito é* o sujeito do inconsciente – uma lacuna ou corte na ordem do Ser em que o Real da *jouissance* se rompe.

É claro, esse *cogito* é o *cogito* "em devir", não ainda o *res cogitans*, a substância pensante que participa totalmente do Ser e do logos. No seminário sobre a lógica da fantasia, Lacan interpreta a verdade do *cogito ergo sum* de Descartes de maneira mais radical que nos seminários anteriores, nos quais brincou sem cessar com as variações de "subverter" o sujeito. Ele começa por descentralizar o ser em relação ao pensamento – "Não sou onde penso", o núcleo do meu ser ("*Kern unseres Wesens*") não está na minha consciência(-de-si); no entanto, ele rapidamente percebe que essa leitura só prepara o terreno para o tema da Vida da irracionalista *Lebensphilosophie*, mais profundo que o mero pensamento ou linguagem, o que vai de encontro à tese básica de Lacan, segundo a qual o inconsciente freudiano é "estruturado como linguagem", ou seja, é totalmente "racional" ou discursivo. Então ele passa para o "Penso onde não sou", muito mais refinado, que descentraliza o pensamento com respeito ao meu Ser, a percepção da minha presença total: o Inconsciente é um Outro Lugar puramente virtual (in-existente, insistente) de um pensamento que escapa ao meu ser. Depois, há uma pontuação diferente: "Penso: 'logo sou'" – meu Ser rebaixado a uma ilusão gerada pelo meu pensamento etc. O que todas essas versões têm em comum é a ênfase na lacuna que separa *cogito* de *sum*, pensamento de ser – o propósito de Lacan era destruir a ilusão da sobreposição dos dois apontando para uma fissura na aparente homogeneidade entre pensamento e ser. Foi somente no fim de seus ensinamentos que ele afirmou essa sobreposição – negativa, é claro. Em outras palavras, Lacan acabou apreendendo o ponto zero mais radical do *cogito* cartesiano como ponto de interseção negativa entre ser e pensar: o ponto de fuga no qual não penso *e* não sou. Eu *não sou*: não sou uma substância, uma coisa, um ente; sou reduzido a um vazio na ordem do ser, a uma lacuna, uma *béance*[23]. Eu *não penso*: aqui, mais uma vez, Lacan aceita paradoxalmente a tese de Heidegger de que a ciência (moderna, matematizada) "não pensa" – mas, para ele, isso significa justamente que ela rompe com o quadro da ontologia, do pensamento como logos correlativo ao Ser. Como puro *cogito*, eu não penso, sou reduzido ao "puro (ou pura forma de) pensamento" que coincide com seu oposto, ou seja, que não tem nenhum conteúdo e, como tal, é não-pensar. A tautologia do pensar é autoanuladora, da mesma maneira que a tautologia do ser, e é por isso que, para Lacan, o "sou aquilo que sou" anunciado pela sarça ardente a Moisés no monte Sinai indica um Deus além do Ser, Deus como Real[24].

A importância dessa asserção lacaniana do *cogito* é que, com respeito ao par linguagem e mundo, ela garante um ponto externo a ela, um ponto mínimo da universalidade singular que é literalmente sem mundo, trans-histórico. Isso significa que estamos condenados ao nosso mundo, ao horizonte hermenêutico de nossa finitude, ou, como diz Gadamer, ao pano de fundo impenetrável dos "pré-juízos"

---

[23] Recordamos que, para Lacan, o discurso da ciência pressupõe a forclusão do sujeito – em termos simplistas, nesse discurso o sujeito é reduzido a zero: uma proposição científica deveria ser válida para qualquer pessoa que repita o mesmo experimento. No momento em que temos de incluir a posição de enunciação do sujeito, deixamos de estar na ciência para estar em um discurso de sabedoria ou iniciação.

[24] François Balmès, *Ce que Lacan dit de l'être*, cit., p. 211-3. Aqui também podemos estabelecer uma ligação com a versão do materialismo especulativo de Meillassoux: o Real científico matematizado está fora da correlação transcendental entre logos e ser. Ver Quentin Meillassoux, *After Finitude* (Londres, Continuum Books, 2008).

históricos que predeterminam o campo do que podemos perceber e entender. Cada mundo é sustentado pela linguagem, e cada linguagem "falada" sustenta um mundo – é isso que Heidegger visava com sua tese sobre a linguagem como "morada do ser" –, com efeito não seria essa a nossa ideologia espontânea? Existe uma realidade complexa e infinitamente diferenciada que nós, indivíduos e comunidades incorporados a ela, sempre experimentamos da perspectiva particular e finita do nosso mundo histórico. O que o materialismo democrático rejeita furiosamente é a noção de que pode haver uma Verdade universal infinita que atravessa essa multitude de mundos – na política, isso implica supostamente um "totalitarismo" que impõe sua verdade como universal. É por isso que nos dizem para rejeitar, por exemplo, os jacobinos, que impuseram na natureza multifacetada da sociedade francesa suas noções universais de igualdade e outras verdades, e com isso acabaram necessariamente no terror. Há, assim, outra versão do axioma do materialismo democrático: "Tudo o que acontece na sociedade de hoje é consequência da dinâmica da globalização pós-moderna, ou das reações e resistências (conservadoras nostálgicas, fundamentalistas, esquerdistas antigas, nacionalistas, religiosas...) a ela" –, noção à qual a dialética materialista acrescenta sua condição: "com a exceção da política radical emancipatória (comunista) da verdade".

É claro, a única maneira de articularmos essa verdade é dentro da linguagem – via linguagem torturante. Como Hegel já sabia, quando pensamos, pensamos na linguagem contra a linguagem. Isso nos leva de volta a Benjamin: não poderíamos aplicar sua distinção entre violência mítica e violência divina aos dois modos de violência com que estamos lidando? A violência da linguagem a que Heidegger se refere é "violência mítica": trata-se de uma *sprach-bildende Gewalt*, uma violência formadora de linguagem, para parafrasearmos a definição benjaminiana da violência mítica como *staats-bildend* – a força do *mythos* enquanto narrativização ou simbolização primordial ou, nos termos de Badiou, a imposição violenta das coordenadas transcendentais de um Mundo sobre a multiplicidade do Ser. A violência do pensar (e da poesia, se a entendermos diferentemente de Heidegger) é, ao contrário, um caso do que Benjamin chama de "violência divina", é *sprach-zerstoerend*, uma virada de linguagem que destrói a linguagem, que permite que o Real trans-simbólico de uma Verdade transpareça nela. A recuperação de Descartes, portanto, é apenas o primeiro passo: ela deve ser seguida da recuperação de Platão.

Ademais, a resposta à questão de Benjamin com a qual começamos não é simplesmente negativa. *Existe* uma "linguagem" que está fora da violência, mas Benjamin procura por ela no lugar errado. Não é a linguagem da comunicação pacífica entre os sujeitos, mas a linguagem da pura matemática, esse estudo alegre das multiplicidades. Ainda podemos chamá-la de linguagem? A resposta de Lacan é que não: ele brincava com os termos "matema" ou "escrita".

Uma alternativa a Heidegger

O excesso do *cogito* sobre sua historicização também nos permite abordar de uma maneira nova a condição ambígua do Mal em Heidegger. No seminário sobre o "Tratado sobre a liberdade" de Schelling, Heidegger teve de admitir a dimensão do Mal radical que não pode ser historicizada, ou seja, reduzida ao niilismo da tecnologia moderna. É mérito de Bret Davis ter analisado detalhadamente esse impasse no pensamento de Heidegger.

O período entre *Ser e tempo* e os seminários sobre Nietzsche, realizados no fim da década de 1930, foi o período mais produtivo das pesquisas de Heidegger, quando, reconhecendo o grande fracasso de seu projeto original, ele buscou um novo começo. Ao apresentar a conclusão dessa busca nos seminários sobre Nietzsche, ele estabeleceu sua "grande narrativa" da história do Ocidente como a história do esquecimento do Ser, e foi somente nesse ponto que historicizou a Vontade como característica definidora da subjetividade moderna e seu violento niilismo[25]. É contra esse pano de fundo que as explicações do envolvimento de Heidegger com Nietzsche costumam ser dadas, um envolvimento mais perceptível em "Sobre a essência e o conceito de natureza, história e Estado", seminário de Heidegger dado no fim de 1933 e início de 1934, quando ainda era atraído pelo decisionismo niilista da Vontade.

O ponto de partida (axioma, aliás) de nossa leitura é que certa dimensão que abriu um caminho potencial perdeu-se na elaboração do que somos tentados a chamar de ortodoxia heideggeriana tardia. É importante, portanto, retornar aos textos de Heidegger entre *Ser e tempo* e os seminários sobre Nietzsche e tratá-los não como obras de transição, mas como portadoras de um potencial que se tornou invisível com o estabelecimento da ortodoxia. É verdade que, em certo sentido, esses textos continuam sendo o "ponto mais baixo" de Heidegger, coincidindo mais ou menos com seu envolvimento com o nazismo. Nossa tese, no entanto, é que esses mesmos textos abrem possibilidades que apontam para uma direção totalmente diferente, ou seja, para uma política emancipatória radical. Embora não tenham sido perseguidas pelo próprio Heidegger, essas possibilidades assombram seus textos da década de 1930 como uma sombra espectral ameaçadora.

Nas eleições presidenciais de 2000 nos Estados Unidos, Al Gore, que era dado como vencedor, acabou perdendo para George W. Bush (como resultado do fiasco eleitoral na Flórida). Nos anos seguintes, Gore referiu-se algumas vezes a si mesmo como "o cara que foi o futuro presidente dos Estados Unidos" – um exemplo do futuro preso no passado, de algo que estava por acontecer, mas infelizmente não aconteceu. Do mesmo modo, em meados da década de 1930, Heidegger "era

---

[25] Em *Ereignis*, seminário de 1937, considerado em geral o início de seu pensamento "maduro", Heidegger ainda fala da "vontade de *Ereignis*", uma expressão impensável alguns anos antes.

um futuro comunista": seu envolvimento com os nazistas não foi um simples erro, mas "um passo certo na direção errada", pois Heidegger não pode ser simplesmente descartado como um *völkisch* reacionário alemão[26].

Portanto, examinemos mais de perto "Sobre a essência e o conceito de natureza, história e Estado"[27]. O ponto de partida de Heidegger envolve uma transposição imediata da diferença ontológica entre um ente (*Seiendes*) e seu Ser (*Sein*) para a relação entre um povo e seu Estado: o Estado é "um modo de Ser e um tipo de Ser do povo. O povo é o ente cujo Ser é o Estado". Esse gesto talvez pareça problemático do ponto de vista do campo de Heidegger: o Estado seria realmente um nome para o Ser de um povo, para o horizonte ontológico do modo como o significado de Ser é revelado para um povo? Não seria o Estado um conjunto de práticas e instituições ônticas? Se o Estado é o Ser de um povo, então "é impossível, no fim das contas, pensar um povo sem Estado – o ente sem seu Ser, em certo sentido". Isso quer dizer que os povos sem Estado estão excluídos da história do Ser? É interessante notar aqui como, em contraste com a percepção comum de Heidegger como defensor da vida provinciana, ele claramente opõe terra natal a terra pátria:

> Não se deve confundir terra-natal com terra-pátria. Podemos falar de Estado só quando acrescentamos à fundação a vontade de expansão ou, em termos gerais, de interação. Terra natal é o que tenho na base de meu nascimento. Existem relações bem particulares entre mim e ela no sentido de natureza, no sentido de forças naturais. A terra natal se expressa no solo, no estar preso à terra. Mas a natureza trabalha no ser humano, funda-o, somente quando a natureza como ambiente, por assim dizer, pertence ao povo a que pertence aquele ser humano. A terra-natal torna-se o modo de Ser de um povo só quando se torna expansiva, quando interage com o exterior – quando se torna um Estado. Por essa razão, o povo ou seus subgrupos que não dão nem um passo além de sua conexão com a terra-natal e para dentro do seu modo autêntico de Ser – para dentro do Estado – correm o perigo constante de perder sua condição de povo e perecer. Esse também é o grande problema dos alemães que vivem fora das fronteiras do Reich: eles não têm uma terra-natal alemã, mas também não pertencem ao Estado dos alemães, o Reich, portanto são privados de seu modo autêntico de Ser.

Lembramos que essas linhas foram ditas em 1934 – elas não indicam que a solução desse "grande problema" é *anexar* ao Reich a terra-natal dos alemães que vi-

---

[26] Mesmo em um nível político superficial, sabemos que Heidegger acompanhou a revolta estudantil do fim da década de 1960 com grande simpatia, saudou a vitória eleitoral de Willy Brandt com entusiasmo e, depois da Segunda Guerra Mundial, votou de modo mais ou menos consistente a favor dos sociais-democratas.

[27] As citações que se seguem são do manuscrito do seminário de 1933-1934. Ver Martin Heidegger, "Über Wesen und Begriff von Natur, Geschichte und Staat", em Alfred Denker e Holger Zaborowski (eds.), *Heidegger-Jahrbuch 4: Heidegger und der Nationalsozialismus I* (Freiburg, Karl Alber, 2010).

vem no Estado alemão e assim permitir que participem plenamente de seu "modo autêntico de Ser" (isto é, o que Hitler fez alguns anos depois)? Heidegger prossegue sua análise: o que acontece a um povo (*Volk*) quando decide formar um Estado? "Devemos ainda investigar o que entendemos por 'povo', pois, na Revolução Francesa, a resposta era também: o povo". (Note-se o tom negativo: ainda devemos investigar, pois é certo que não usamos "povo" no sentido da Revolução Francesa.) Na "decisão por um Estado", o povo determina a si mesmo ao decidir por determinado tipo de Estado ou, para parafrasear um provérbio bem conhecido, "diga-me que tipo de Estado o povo tem e eu te direi que tipo de povo é. Os seres humanos têm consciência, não interagem apenas com as coisas como fazem os animais: eles se interessam pelas coisas, relacionam-se com elas. Os membros de um povo, portanto, conhecem seu Estado e importam-se com ele, desejam-no. Para um povo, seu Estado não é apenas um instrumento para o bem-estar, mas uma coisa que tem importância, uma coisa que ele ama e pela qual está disposto a se sacrificar, um objeto de seu *eros*. A constituição de um Estado não é apenas uma questão de consideração racional e de negociação, de um contrato social que regula o bem-estar dos indivíduos, mas um comprometimento com uma visão de vida compartilhada.

Desse modo, se o povo é o ente que se encontra no modo e à maneira do Estado, devemos fazer ainda a seguinte pergunta: "Que tipo de forma ou impressão o povo dá ao Estado e o Estado ao povo?". Heidegger rejeita a primeira resposta, a forma de um organismo, como desprovida da dimensão especificamente humana; o mesmo vale para a resposta geral: "ordem", posto que quaisquer objetos, livros, pedras, podem ser dispostos em uma ordem. "No entanto, o que nos dá uma resposta apropriada é a ordem no sentido de dominação, posição, liderança e seguidores [*Herrschaft, Rang, Führung und Gefolgschaft*]. Mas o que ainda permanece em aberto é: quem domina?" Em seu modo autêntico, a relação entre dominação e seguidores é fundamentada em uma vontade comum, em um comprometimento com um objetivo comum: "É somente no lugar onde líder e liderados são reunidos no destino [*Schicksal*] e na luta pela realização de um único ideal que nasce a verdadeira ordem". Onde falta esse comprometimento comum que fundamenta a propensão para a luta, a dominação se transforma em exploração e a ordem é aplicada, imposta externamente ao povo. Foi isso que aconteceu na época liberal moderna: a ordem do Estado foi reduzida a uma noção abstrata de ordem, o Estado se tornou o Leviatã de Hobbes, imposto ao povo como agente da soberania absoluta que, em vez de expressar a mais profunda vontade do povo, monopolizou toda a violência e agiu como força de lei, restringindo a vontade dos indivíduos. Só depois que a dominação foi reduzida à soberania que a Revolução Francesa se tornou possível, na qual o poder soberano foi transferido ao polo oposto da ordem social, ao povo: "A essência da Revolução Francesa só pode ser devidamente compreendida e explicada a partir do princípio de soberania no absolutismo, como seu contrafenômeno".

Na própria Alemanha, a unidade viva entre o Estado e o povo começou a se desintegrar com Bismarck:

> Dizem que, além de precisar de um líder, o povo precisa também de uma tradição preservada pela aristocracia política. O Segundo Reich foi vítima de um colapso irreparável depois da morte de Bismarck, e não só porque Bismarck fracassou na criação dessa aristocracia política. Ele também foi incapaz de ver o proletariado como um fenômeno justificado em si e conduzi-lo de volta ao Estado, aproximando-se dele com o entendimento.

Ao contra-argumento óbvio de que, na Alemanha de Bismarck, os Junkers continuaram desempenhando um papel público muito maior do que em outros Estados europeus e, além disso, Bismarck "aproximou-se" do proletariado com os primeiros elementos de um Estado de bem-estar social (seguro social etc.), Heidegger provavelmente teria respondido que a Alemanha de Bismarck era um Estado moderno burocrático e autoritário *par excellence*. No absolutismo, bem como na democracia liberal, a unidade da vontade entre o líder e o povo se perde, portanto: o Estado movimenta-se entre os dois extremos, o poder soberano absoluto vivenciado pelo povo como autoridade exterior e o serviço ou instrumento da sociedade civil, cumprindo as tarefas necessárias para o fluxo estável da vida social em que os indivíduos perseguem seus próprios interesses. Nos dois casos, a expressão autêntica da vontade do povo por seu líder é impensável:

> A questão da consciência da vontade da comunidade é um problema em todas as democracias, um problema que só pode se tornar fértil quando a vontade do líder e a vontade do povo forem reconhecidas em seu caráter essencial. Nossa tarefa hoje é direcionar a tarefa básica do nosso ser coletivo para essa realidade entre povo e líder, na qual os dois são um em realidade, pois não podem ser separados.

O que devemos acrescentar a essas linhas, ditas em 1934, para explicar por que Heidegger defendeu a posse nazista? Não teríamos aqui uma visão conservadora e autoritária simplista, que nem é tão original, já que se encaixa perfeitamente nas coordenadas da reação nacional conservadora à República de Weimar? Na verdade, a única questão em aberto parece ser onde exatamente devemos situar Heidegger no espectro delineado pelos dois extremos do nazismo comprometido e da ingenuidade política: Heidegger era (como afirma Emmanuel Faye) ou não um nazista amadurecido? Ele "introduziu o nazismo na filosofia" ou era apenas politicamente ingênuo, pego em um jogo político que não possuía nenhuma ligação direta com seu pensamento? Proponho seguir uma linha diferente: nem afirmar uma ligação direta entre o pensamento de Heidegger e o nazismo nem enfatizar a lacuna que os separa (ou seja, sacrificar Heidegger como uma pessoa ingênua ou corrupta para podermos salvar a pureza de seu pensamento), mas sim transpor essa lacuna para o cerne de seu próprio pensamento, demonstrar que o espaço para o envolvimento com o nazismo foi aberto pela falha ou inconsistência imanente de seu pensamento, pelos saltos e passagens que são "ilegítimos" nos termos desse mesmo pensamento. Em qualquer análise filosófica séria, a crítica externa tem de ser fundamentada na crítica imanente, por isso temos de mostrar como a falha visível de Heidegger (seu envolvimento com o nazismo) reflete o fato de ele ter ficado aquém de seus próprios propósitos e padrões.

Da vontade à pulsão

Tal crítica imanente a Heidegger tem uma longa história, começando com a tentativa precoce de Habermas de pensar "Heidegger contra Heidegger". Há muitas outras leituras pertinentes nessa linha – basta mencionar a observação de Jean-Luc Nancy de que, já em *Ser e tempo*, Heidegger abandona estranhamente a analítica do *Mit-Sein* como dimensão constitutiva do *Dasein*. Nosso ponto de partida será diferente e focará uma característica que só pode surpreender os leitores dos textos que Heidegger produziu na década de 1930, principalmente do seminário "Sobre a essência e o conceito de natureza, história e Estado": o predomínio do tema da *Vontade*. A terra-natal e a terra-pátria são diferentes porque só a segunda implica o Estado, ao passo que a primeira é mera "província", uma distinção baseada no fato de que "província" representa um arraigamento passivo em determinado solo e conjunto de costumes e Estado implica uma vontade ativa de expansão e confronto com povos vizinhos. A província, portanto, carece de vontade política propriamente dita, em contraposição ao Estado, que é fundado na vontade política. O (mal-)afamado texto de Heidegger, escrito em 1934, "Por que ficamos na província?" (em que ele explica por que não aceitou um cargo na Universidade de Berlim, fazendo referência à figura um tanto ridícula do "sujeito suposto saber", um fazendeiro simples a quem pediu conselho e que respondeu simplesmente balançando a cabeça), toma uma dimensão profética inesperada, apontando para a defesa que Heidegger fez posteriormente da província como lugar do ser autêntico, em detrimento do Estado como domínio da vontade de poder e dominação.

Como, então, devemos interpretar essa estranha persistência da Vontade que continua assombrando Heidegger não só na década de 1930, mas também depois, quando sua superação se torna o verdadeiro foco de seu pensamento? Em seu minucioso estudo sobre o assunto, Bret Davies propõe uma leitura dupla dessa persistência[28]: primeiro, como sinal da "*Gelassenheit* enquanto projeto unificado", uma indicação de que Heidegger não teve sucesso em "desconstruir" completamente a Vontade, portanto cabe a nós, que continuamos seu caminho, realizar essa tarefa e

---

[28] Ver Bret W. Davis, *Heidegger and the Will: On the Way to Gelassenheit* (Evanston, Northwestern University Press, 2007).

tirar todas as consequências da *Gelassenheit*; segundo, como se houvesse a necessidade de distinção

> entre (1) o que Heidegger chama de "a vontade" da subjetividade, um (des)afinamento fundamental que surgiu e prevaleceu em determinada época histórica da metafísica, e (2) o que temos chamado (interpretando e suplementando Heidegger) de "querer originário", o excesso dissonante não histórico que assombra a própria essência do não querer.[29]

Recordamos que, em sua leitura do fragmento de Anaximandro sobre ordem e desordem, Heidegger considera a possibilidade de que um ente

> pode persistir [*bestehen*] em sua demora unicamente para, através disto, permanecer mais presente no sentido de permanência [*Berständigen*]. O que se demora transitoriamente persiste [*beharrt*] em sua presença. Desta maneira ela se liberta de sua demora transitória. Ela se finca na teimosia da persistência. Ela não se volta mais para as outras coisas que se presentam. Ela se paralisa como se isto fosse o fixar-se sobre a constância do que persiste.[30]

A tese de Davis é que esse "demorar rebelde" se refere a um querer originário não histórico, um querer que não é limitado à época da subjetividade moderna e sua vontade de poder[31]. Mas devemos aqui levantar uma questão mais fundamental: Vontade é o nome apropriado para o "emperramento" que descarrilha o fluxo natural? A pulsão freudiana (pulsão de morte) não seria um nome muito mais apropriado? A crítica filosófica comum à pulsão freudiana é que ela é outra versão da "Vontade" pós-hegeliana desenvolvida pela primeira vez pelo último Schelling e por Schopenhauer, e que atingiu o auge de sua formulação em Nietzsche. Seria esse o caso, no entanto?

Uma referência ao uso do som no cinema pode ser útil. Recordamos aqui a notável cena no início de *Era uma vez na América*, de Sergio Leone, na qual vemos um telefone tocando alto, mas, quando uma mão tira o fone do gancho, o aparelho continua tocando – como se a força vital do som fosse estranha demais para ser contida pela realidade e persistisse além de suas limitações. Ou a cena parecida em *Cidade dos sonhos*, de David Lynch, na qual uma cantora interpreta "Crying", de Roy Orbison, mas, quando ela cai inconsciente no palco, a música continua. Nisso reside a diferença entre a Vontade schopenhaueriana e a pulsão (de morte) freu-

---

[29] Ibidem, p. 303.
[30] Martin Heidegger, "A sentença de Anaximandro", em José Cavalcante de Souza (org.), *Os pré-socráticos*, cit., p. 37.
[31] Para uma análise mais detalhada das vicissitudes da Vontade no desenvolvimento de Heidegger, ver o capítulo 3 de Slavoj Žižek, *Em defesa das causas perdidas* (trad. Maria Beatriz de Medina, São Paulo, Boitempo, 2011).

diana: a Vontade é a substância da vida, sua presença produtiva, em excesso com relação a suas representações ou imagens, ao passo que a pulsão é *uma persistência que continua mesmo quando a Vontade desaparece ou é suspensa* – a insistência que persiste mesmo quando destituída de seu suporte de vida, a aparência que persiste mesmo quando destituída de sua substância. Temos de ser bastante precisos aqui para não deixar escapar o ponto defendido por Lacan (e, portanto, não confundir desejo com pulsão): a pulsão não é um anseio infinito pela Coisa que é fixada em um objeto parcial – a "pulsão" *é* essa própria fixação em que reside a dimensão "de morte" de cada pulsão. A pulsão não é uma investida universal (rumo à Coisa incestuosa) que breca e depois se quebra, ela *é* o próprio breque, um breque no instinto, seu "emperramento", como diria Eric Santner[32]. A matriz elementar da pulsão não é a de transcender todos os objetos rumo ao vazio da Coisa (que depois somente é acessível em seu substituto metonímico), mas a da nossa libido que "emperra" em um objeto particular e é condenada a circular para sempre em volta dele.

Para tentar designar o excesso da pulsão, sua demasia, emprega-se em geral o termo "animalidade": é o que Deleuze chamou de "devir-animal" (*le devenir-animal*) do ser humano, expresso de modo exemplar em uma das histórias de Kafka. O paradoxo aqui é usar o termo "animalidade" para o movimento fundamental de superar a própria animalidade, de derrotar os instintos animais – a pulsão não é instinto, mas sua "desnaturalização". No entanto, há uma lógica mais profunda nesse paradoxo: de dentro do estabelecido universo humano de significado, seu próprio gesto fundador é invisível, indiscernível de seu oposto, de modo que tem de aparecer como seu oposto. Esta é, em termos simples, a diferença básica entre a psicanálise e a cristandade: embora as duas concordem que a vida do "animal humano" é perturbada pela violenta intrusão de uma dimensão "imortal" propriamente metafísica, a psicanálise identifica essa dimensão como a da sexualidade (especificamente [in]humana), da pulsão "não morta" em oposição ao instinto animal, ao passo que a cristandade vê na sexualidade a força que arrasta os seres humanos para a animalidade e impede seu acesso à imortalidade. Esta é a "novidade" insuportável da psicanálise: não sua ênfase no papel da sexualidade como tal, mas o fato de tornar visível a dimensão "metafísica" da sexualidade humana. O paradoxo da cristandade é que, para preservar seu edifício, ela precisa suprimir violentamente essa dimensão metafísica da sexualidade, reduzi-la à animalidade. Em outras palavras, essa violenta desespiritualização da principal dimensão do ser humano é a "verdade" da elevação cristã da espiritualidade humana. Infelizmente, Hegel faz o mesmo em sua teoria do casamento – assim como Heidegger.

---

[32] Ver Eric Santner, *On the Psychotheology of Everyday Life* (Chicago, University of Chicago Press, 2001).

A questão idealista comum "existe vida (eterna) depois da morte?" deveria ser contra-atacada pela questão materialista "existe vida antes da morte?". Essa foi a pergunta que Wolf Biermann fez em uma de suas canções – o que incomoda os materialistas é: estou realmente vivo aqui e agora, ou estou apenas vegetando, como um mero animal humano empenhado em sobreviver? Quando estou realmente vivo? Exatamente quando enceno a pulsão "não morta" em mim, a "demasia" da vida. E chego a esse ponto no momento que não ajo mais diretamente, mas quando "isso" (*es*) – cujo nome cristão é o Espírito Santo – age através de mim. Nesse momento, alcanço o Absoluto.

O próximo passo crucial é ver que esse "emperramento" não é apenas uma consequência de nossa deficiência ou finitude humana, de nossa incapacidade de apreender o puro Ser a partir de nossa perspectiva parcial (se assim fosse, a solução seria uma espécie de autoapagamento, uma imersão no Vazio primordial); ao contrário, esse "emperramento" atesta uma discórdia bem no âmago do próprio Ser. Extremamente pertinente aqui é a interpretação que Gregory Fried faz de toda a obra de Heidegger através da lente interpretativa de sua referência ao *polemos* de Heráclito (luta ou, em alemão, *Krieg*, *Kampf* ou, predominantemente em Heidegger, *Auseinandersetzung*), a partir do famoso fragmento 53 deste último: "A guerra é pai de todas as coisas e rei de todas as coisas: uns ela revela deuses, outros, revela humanos; de uns ela faz escravos, de outros, homens livres"[33]. Não é só que a identidade estável de todos os entes seja temporária, que todos desapareçam mais cedo ou mais tarde, desintegrem-se e retornem ao caos primordial; sua identidade (temporária) surge pela luta, pois a identidade estável é uma coisa que deve ser obtida pelo suplício – até mesmo a "luta de classes" já está presente aqui, na forma da guerra que "de uns faz escravos, de outros, homens livres".

Há, no entanto, de se dar mais um passo com respeito ao *polemos*: é fácil postular a luta como "pai de todas as coisas" e depois elevá-la a uma harmonia superior, no sentido de que o Ser se torna a concórdia escondida dos polos que lutam, como uma música cósmica em que os opostos ecoam um ao outro harmoniosamente. Assim, para dizê-lo sem meias-palavras, essa disputa é parte da própria Harmonia ou é uma dissonância mais radical, que descarrilha a própria Harmonia do Ser? Como Davis notou de maneira perspicaz, Heidegger é ambíguo aqui, ele oscila entre a "discórdia" radicalmente aberta do Ser e sua reinscrição na reversão teleológica do Perigo em Salvação, na qual, segundo Jean-Luc Nancy, a "'discórdia' é, na melhor das hipóteses, o que faz a 'unidade aparecer'"[34]:

---

[33] Ver Gregory Fried, *Heidegger's Polemos: From Being to Politics* (New Haven, Yale University Press, 2000).

[34] Jean-Luc Nancy, *The Experience of Freedom* (trad. Bridget McDonald, Stanford, Stanford University Press, 1993), p. 131-2.

Será o ser uma fuga em que toda dissonância acaba por ser necessariamente harmonizada? Ou será que o mal persegue o dom de ser como seu excesso dissonante não suprassumível? Se a primeira ideia traz o pensamento de Heidegger de volta à sistematicidade do idealismo, a segunda sugestão arrasta-o para a região inexplorada do pensar a essencial negatividade e finitude do próprio ser.[35]

Notamos que a mesma crítica que Heidegger fez a Schelling recai sobre o próprio Heidegger: para este, Schelling foi incapaz de "inscrever de modo inextricável a não suprassumível negatividade e finitude no cerne abissal do próprio ser"[36], ou seja, foi incapaz de aceitar que a *Unwesen* do mal

> deixou de ser a da alienação não essencial ou dialeticamente necessária de uma plenitude original; trata-se de um dissonante e originário excesso do essenciar do próprio ser. A ocorrência ambivalente do ser em sua finitude essencial implica a possibilidade inextirpável do mal.[37]

Essa opção suscita uma série ainda mais vertiginosa de questões. E se não existir, *stricto sensu*, nenhum mundo, nenhuma abertura do ser, anterior a esse "emperramento"? E se não existir nenhuma *Gelassenheit* perturbada pelo excesso de querer? E se for esse próprio excesso ou emperramento que abre espaço para a *Gelassenheit*? O fato primordial, portanto, não é a fuga do Ser (ou a paz interior da *Gelassenheit*), que depois é perturbada ou pervertida pelo advento do querer originário; o fato primordial é o próprio querer originário, sua perturbação da fuga "natural". Dito de outra forma: para que o ser humano se retire da imersão total em seu ambiente para o espaço interno da *Gelassenheit*, essa imersão primeiro tem de ser quebrada pelo "emperramento" excessivo da pulsão. Davis fala muitas vezes do "resíduo" da vontade – expressão que só pode nos fazer lembrar de Schelling e de seu "resto indivisível" do Real, que não pode ser dissolvido ou resolvido em sua mediação ideal ou conceitual. Disso devemos tirar a conclusão de que devemos inverter a perspectiva e ver o próprio "resíduo" como constitutivo da mesma ordem positiva que ele mancha, ver a vontade não só como um obstáculo irredutível, mas como condição positiva da *Gelassenheit*.

A relação de Heidegger com Schelling é crucial aqui: suas leituras consecutivas do tratado sobre a liberdade de Schelling têm o mesmo papel sintomático de suas duas leituras consecutivas do coro de *Antígona* – em ambos os casos, a segunda leitura é uma "regressão" que não consegue resolver a tensão criativa da primeira. Segundo Heidegger, a singularidade de Schelling foi tentar elaborar um "sistema da liberdade" enquanto "metafísica do mal": para Schelling, a liberdade não é a liberdade

---

[35] Bret W. Davis, *Heidegger and the Will*, cit., p. 294.
[36] Ibidem, p. 291.
[37] Idem.

idealista abstrata, a liberdade do desdobramento irrestrito da Razão, mas a liberdade concreta de um ser humano preso na tensão entre Bem e Mal, e a possibilidade desse Mal efetivo e totalmente contingente não pode ser justificada nos termos da sistematicidade do Absoluto. Mas Schelling não estava pronto para defender plenamente o abismo da liberdade abandonando o quadro idealista sistemático e aceitando a finitude e a temporalidade humana como nosso horizonte intransponível.

Mas e se for justamente esse quadro idealista sistemático do Absoluto que permite Schelling dar seu passo mais radical, o de fundamentar a liberdade humana na *Verrücktheit* (loucura/inversão) do próprio Absoluto? No momento que abandonamos o quadro do Absoluto e entramos no espaço da finitude pós-hegeliana – no qual, conforme consta, estamos lidando "não com abstrações, noções incorporadas, mas com indivíduos vivos concretos, sua dor e suas lutas" –, a pergunta schellinguiana fundamental ("Como deve se estruturar o Absoluto para que a liberdade humana seja pensável?") perde o sentido. Em lacanês, dentro do horizonte da finitude, somente a alienação (da humanidade que se aliena de si, de seu potencial etc.) é pensável, e não a separação (do Absoluto que se separa de si). Em termos cristãos, apenas a superação do fato de Deus se afastar do homem é pensável, não a *kenosis* do próprio Deus, seu esvaziamento de si e Encarnação. O próprio Schelling lutou com a radicalidade dessa conclusão:

> É correto dizer dialeticamente que bem e mal são a mesma coisa vista de aspectos diferentes, ou que o mal em si, isto é, visto na raiz de sua identidade, é o bem; assim como, por outro lado, o bem, visto em sua divisão ou não identidade, é mal. [...] existe apenas um princípio para todas as coisas; é uma e a mesma essência [...] que governa com a vontade do amor e do bem e com a vontade do ódio e do mal. [...] O mal, no entanto, não é uma essência, mas um excesso dissonante [*Unwesen*] que tem a realidade apenas em oposição, mas não em si. E justamente por essa razão a identidade absoluta, o espírito do amor, é anterior ao mal, porque o mal só pode aparecer em oposição a ela.[38]

Mas devemos corrigir Schelling: o mal é ontologicamente anterior ao bem, porque o "mal" é o excesso ou a dissonância primordial na ordem natural do ser, o "emperramento" ou descarrilamento do curso natural das coisas, e o "bem" é a (re) integração secundária desse excesso. É o *Unwesen* que abre espaço para o surgimento de um *Wesen* ou, em hegelês, o Bem é o Mal autossuprassumido (universalizado). Então por que Heidegger não estava pronto para ir até o fim nesse aspecto? Por trás disso, é claro, espreita a figura de Hölderlin. Tanto Hölderlin quanto Heidegger desenvolvem a mesma lógica apocalítica escatológica em que a história culmina em perigo e devastação totais: para alcançar a salvação, devemos primeiro passar pelo

---

[38] F. W. J. Schelling, "Philosophical Investigations into the Essence of Human Freedom and Related Matters", em Ernst Behler (ed.), *Philosophy of German Idealism* (Nova York, Continuum, 1987), p. 270-1, 278-9.

maior dos perigos[39]. Obviamente, a ênfase de Heidegger é como essa lógica deve ser distinguida da "negação da negação" hegeliana. Mas como Heidegger distingue entre sua própria noção de "disputa" no âmago do Ser e a noção idealista alemã da negatividade no âmago do Absoluto? Uma característica diferenciadora é que, no idealismo alemão, a negatividade é um momento subordinado no movimento de automediação da Ideia, no jogo que o absoluto joga consigo mesmo, simplesmente dando corda o suficiente para que seu oposto se enforque. De acordo com Davis:

> [em Hegel] o Espírito se lança para – ou melhor, põe para fora de si – o outro que não ele mesmo só para astuciosamente trazer o outro de volta a sua mesmidade original. O espírito precisa dessa reincorporação do outro, mesmo correndo o risco de alienar-se de si, sacrificando sua imediatez solitária inicial em nome da transformação incorporativa de toda alteridade em uma totalidade mediada e, desse modo, conscientemente idêntica a si mesma.[40]

Apesar desse avanço para a própria borda da metafísica, Schelling continua preso na mesma armadilha: sua definição de liberdade humana enquanto liberdade para o bem e para o mal indica uma mudança do autodesenvolvimento sistemático idealista do Absoluto para a abertura existencial radical do ser humano finito e efetivo. A condição dessa liberdade, no entanto, continua profundamente ambígua:

> Será que o amor de Deus deixa o fundamento operar em nome da mais abrangente revelação dessa subjetividade incondicional – uma autorrevelação do controle absoluto que exigiria no mínimo a submissão de "escravos livres"? Ou esse amor sugere uma não interferência que liberta a vontade de fechamento do sistema do Absoluto, a própria vontade de subjetividade incondicional?[41]

Por fim, como nota Davis, Schelling opta pela segunda versão:

> A vontade de amor "deixa o fundamento operar" em independência; ela permite a insurreição da vontade do fundamento para que, ao subordinar por fim essa vontade rebelde da escuridão à ordem da luz, possa manifestar sua própria onipotência. Deus deixa que os homens livremente se tornem o deus inverso, de modo que a dissonância do mal, no fim, possa servir de realce em nome da revelação da harmonia superior do amor divino.[42]

---

[39] Peter Koslowski propôs uma variação da famosa tese de Fichte de que o tipo de filosofia que se defende depende do tipo de homem que se é: o tipo de filósofo que se é depende do tipo de teoria sobre o pecado original (a Queda) que se defende. O mesmo não é válido hoje em dia? Para os ambientalistas, o "pecado original" é a dominação cartesiana sobre a natureza reduzida a um objeto mecânico; para os marxistas, a Queda é o advento da sociedade de classes; para os heideggerianos, a Queda é o esquecimento da verdade do Ser etc.

[40] Bret W. Davis, *Heidegger and the Will*, cit., p. 171.

[41] Ibidem, p. 120.

[42] Ibidem, p. 110.

Por conta dessa limitação, "a corajosa tentativa de Schelling de pensar um 'sistema de liberdade' enquanto 'metafísica do mal' acaba retrocedendo a uma 'sistematicidade' do Absoluto. O mal é requerido e justificado em nome da revelação da onipotência da vontade divina de amor"[43]. Em contraste com Hegel e Schelling, como se diz, a "disputa" de Heidegger não é o jogo astucioso da automediação do Ser, mas um jogo genuinamente "aberto", em que nada garante o resultado, pois a disputa é primordial e constitutiva, e não existe "reconciliação" que possa aboli-la. Mas esse esquema é adequado? Com respeito a Hegel, o esquema deixa passar o principal aspecto do processo dialético, a transubstanciação que marca a reversão dialética: a "mesmidade" para a qual o processo retorna depois da alienação não é "substancialmente a mesma" que a mesmidade inicial, ela é outra Mesmidade que totaliza os momentos dispersos. É por isso que a alienação ou negação é irredutível: o que acontece na "negação da negação" é a realização da negação; nela, o ponto de partida imediato é definitivamente perdido. Portanto, não há um único Sujeito Absoluto para astuciosamente jogar consigo mesmo o jogo da autoalienação – o sujeito surge, é constituído, *pela* alienação. Na medida em que o ponto de partida é a imediaticidade da natureza, o Espírito "retorna a si mesmo" na interiorização-de-si a partir da exterioridade da natureza, e *constitui*-se por meio desse "retorno-a-si-mesmo". Ou, nos termos tradicionais de Bem *versus* Mal, o Bem hegeliano não é o Absoluto que medeia ou suprassume o Mal, é o próprio Mal que se universaliza e assim reaparece como Bem. Aqui, a visão de Hegel é ainda mais radical que a da disputa "aberta" entre Bem e Mal: para ele, a disputa é inerente ao Mal, ela *é* o Mal, e o Bem nomeia simplesmente as autossuprassunções parciais e frágeis do Mal.

O núcleo não histórico da historicidade

Encontramos aqui o problema da historicidade em seu sentido mais radical: uma historicidade que vai "até o fim" e não pode ser reduzida ao desdobramento ou revelação na história de um Absoluto não histórico. De certo modo, a verdadeira *Kehre* de *Sein und Zeit* para o último Heidegger é a mudança da análise formal e transcendental a-histórica para a historicidade radical[44]. Para colocarmos nos termos (não exatamente apropriados) do idealismo alemão, o feito de Heidegger é elaborar um transcendentalismo radicalmente historicizado: a historicidade heideggeriana é a historicidade dos próprios horizontes transcendentais,

---

[43] Ibidem, p. 115-6.
[44] Intérpretes atentos têm notado a multiplicidade de significados da *Kehre* de Heidegger; os três principais são: (1) a viragem, no pensamento de Heidegger, do Ser para o *Ereignis*; (2) a viragem, na história do mundo do Ser, da tecnologia para o *Ereignis*; (3) a disputa no próprio *Ereignis* entre ele e seu *Unwesen, Ent-Eignis*.

dos diferentes modos de abertura do ser, sem nenhum agente regulando o processo – a historicidade acontece enquanto um *es gibt* (*il y a*), o abismo radicalmente contingente do jogo do mundo[45].

Essa historicidade radical chega a sua formulação definitiva com a passagem do Ser para o *Ereignis*, o que solapa totalmente a ideia do Ser como um tipo de supersujeito da história que envia para o homem suas mensagens ou épocas. *Ereignis* significa que o Ser é *nada mais que* o *chiaroscuro* dessas mensagens, *nada mais que* o modo como isso se relaciona com o homem. O homem é finito, assim como o *Ereignis*: a própria estrutura da finitude, a ação de Clarear ou Obscurecer sem nada por trás disso. "Isso" [*it*] é apenas o impessoal isso [*it*], um "existe". Existe uma dimensão não histórica em atividade aqui, mas não histórica é a própria estrutura formal da historicidade em si[46]. É essa ênfase na historicidade radical que sempre separou Heidegger do assim chamado pensamento oriental: apesar da semelhança entre *Gelassenheit* e nirvana etc., atingir o nível zero do nirvana não tem sentido nenhum no horizonte do pensamento de Heidegger – seria algo como eliminar todas as sombras do encobrimento[47]. Como o homem do campo na história de Kafka, que descobre que a porta está lá só para ele, o *Dasein* tem de experimentar como o Ser precisa de nós, como nossa disputa com o Ser é a disputa do Ser consigo mesmo.

O que Heidegger chama de *Ereignis* é o acontecimento/chegada da Verdade, de um novo horizonte "hermenêutico" no qual os seres aparecem como aquilo

---

[45] É também por isso que não há lugar para o Real lacaniano no pensamento de Heidegger. A definição mais concisa do Real é que ele é um *dado sem dadidade*: é simplesmente dado, sem possibilidade nenhuma de explicar seu ser-dado por nenhum agente que dê, mesmo que seja o impessoal "*es gibt/il y a*", sem um horizonte fenomenológico abrindo espaço para que ele apareça. É o ponto impossível do ôntico sem o ontológico.

[46] A noção heideggeriana de historicidade epocal não seria um tipo de reversão da relação kantiana entre o *a priori* transcendental e a multiplicidade da matéria unificada pelo quadro transcendental? Enquanto em Kant o quadro transcendental é o momento trans-histórico universal, e o ôntico, a multiplicidade empírica da matéria mutável, em Heidegger o quadro transcendental (abertura do ser) é histórico, muda com as épocas, e o ôntico (a "Terra") é o "material" trans-histórico aberto em diferentes modos históricos de seu aparecer. Portanto, podemos ter a mesma "realidade" que aparece de maneiras diferentes, é aberta de maneiras diferentes, para pessoas que vivem em diferentes períodos históricos.

[47] Quando Heidegger fala do "encobrimento do próprio encobrimento" ou do "esquecimento do esquecimento", isso não deve ser reduzido a um duplo movimento de primeiro esquecer o Ser em nossa imersão nos seres e depois esquecer esse próprio esquecimento: esquecer *é sempre* também um esquecer do próprio esquecer, do contrário não é em absoluto esquecimento – nesse sentido, como diz Heidegger, não é só que o Ser se recolhe, mas é que o Ser *não é senão* seu próprio recolhimento. (Além disso, o encobrimento é um encobrimento do encobrimento de maneira muito mais literal: o que é encoberto não é o Ser em sua pureza, mas o fato de que o encobrimento faz parte do próprio Ser.)

que são – para Heidegger, o *Ser* é o "Sentido do Ser". A diferença ontológica de Heidegger é a diferença entre os seres e seu horizonte não ôntico de significado. Alguns leitores interpretam a diferença ontológica em termos de essência *versus* existência – como a diferença entre *o que* as coisas são e o mero fato *de que* são – e apontam que a metafísica negligencia essa diferença quando subordina o ser a um ente essencial (Ideia, Deus, Sujeito, Vontade...). Mas, como Heidegger deixa claro na "Carta sobre o humanismo"*, a reversão sartriana que afirma a prioridade da existência sobre a essência (recordemos a perturbadora descrição de Sartre da inércia da existência sem sentido em *A náusea***) continua dentro dos confins da metafísica. Para Heidegger, a questão da diferença ontológica é justamente a impossibilidade de podermos demarcar uma linha de separação entre a mera existência e seu horizonte de sentido: a historicidade radical significa que o ser é sempre-já aberto em um horizonte de significado, nunca como um ser neutro puro. Assim, quando Badiou escreve que "um poema não é guardião do ser, como Heidegger pensava, mas a *exposição* em linguagem dos recursos do aparecer"[48], ele está construindo, do ponto de vista heideggeriano, uma oposição falsa e desprovida de significado: o que Heidegger chama de "Ser" *é* a "verdade do Ser", a abertura específica do mundo enquanto horizonte do aparecer. Podemos avaliar aqui a distância que separa a noção de diferença ontológica de Heidegger da de Badiou:

> Sabemos que Heidegger ligava o destino da metafísica ao mal entendimento da diferença ontológica que é o pensamento enquanto diferença entre ser e entes. Se interpretarmos os entes como o "aí" do ser, ou como a localização mundana de um múltiplo puro, ou como a aparência de um ser múltiplo – o que é possível em todos os casos –, podemos dizer que o que Heidegger chama de diferença ontológica concerne à lacuna imanente entre a lógica e a matemática. Para seguirmos Heidegger, portanto, seria apropriado chamar de "metafísica" toda orientação de pensamento que misture na mesma Ideia a lógica e a matemática.[49]

Uma breve nota explicativa: para Badiou, a matemática é a única ontologia verdadeira, a ciência do Ser enquanto tal, em si, que consiste nas puras multiplicidades das multiplicidades contra o pano de fundo de um Vazio, ao passo que a lógica é sempre a lógica de um mundo, a estrutura imanente das coordenadas transcendentais de certo modo de aparecer dos entes. Para Badiou, a multiplicidade dos mundos é irredutível, e não existe uma matriz unificadora superior que nos

---

* Em *Sobre o humanismo* (trad. Emmanuel Carneiro Leão, 2. ed., Rio de Janeiro, Tempo Brasileiro, 1995). (N. E.)
** 12. ed., Rio de Janeiro, Nova Fronteira, 2005. (N. E.)
[48] Alain Badiou, *Second manifeste pour la philosophie* (Paris, Fayard, 2009), p. 39.
[49] Ibidem, p. 51.

permitiria deduzir uma da outra, ou mediá-las em uma totalidade superior – nisso reside a limitação fatídica da lógica de Hegel.

Não há lugar em Heidegger para essa ideia de diferença ontológica: a diferença ontológica de Heidegger é a diferença entre os entes que aparecem e o horizonte ontológico de seu aparecer, e, dessa perspectiva, os entes fora desse aparecer são um X pré-ontológico cuja condição é totalmente ambígua e não tematizada.

Uma análise mais próxima revela como a historicidade radical adotada pelo último Heidegger resolve um impasse que assombrou a análise do *Dasein* em *Ser e tempo*, na qual dois pares ecoam um ao outro sem se sobreporem totalmente. Primeiro, há uma oposição entre *Zuhanden* e *Vorhanden*, entre estar engajado no mundo e adotar para com ele a atitude de um observador desengajado, que é um modo ontologicamente secundário (assumimos uma distância teórica quando as coisas não funcionam bem, quando nosso envolvimento encontra um obstáculo). Depois, temos a oposição entre o *Dasein* autêntico e seu *Verfallenheit* em *das Man* entre escolher seu projeto e assumir a própria mortalidade, e a obediência não autêntica ao anônimo "é isso que se faz". Exatamente de que maneira esses dois pares se relacionam? Eles formam, é claro, uma espécie de quadrado semiótico cujos termos estão dispostos ao longo dos dois eixos entre o autêntico e o inautêntico e entre o engajamento no mundo e o recuar diante do mundo: há dois modos de envolvimento, o autêntico ser-no-mundo e o inautêntico "*das Man*", e há dois modos de recuo, a suposição autêntica da própria mortalidade por meio da angústia e a distância inautêntica do sujeito rumo à "realidade" objetificada. A armadilha, é claro, é o fato de os dois modos inautênticos se sobreporem (pelo menos em parte): o engajamento inautêntico envolve uma manipulação tecnológica na qual a posição do sujeito é oposta à "realidade externa".

Heidegger muitas vezes alude a uma ligação entre "*das Man*" e a redução das coisas a objetos *vorhandene* de teoria; isso, no entanto, implica o dúbio pressuposto padrão de que nosso mais comum *Verfallenheit* em "*das Man*" é estruturado pelas categorias metafísicas – quase uma espécie de juízo infinito hegeliano, uma coincidência de opostos: nesse caso, do mais vulgar e superficial, conforme a tendência predominante do que "se" deve fazer e pensar, e dos altos esforços especulativos e metafísicos de grandes pensadores ocidentais, de Platão a Hegel. A definição mais sucinta da tecnologia moderna é exatamente que ela une o *Verfallenheit*, a imersão nas coisas mundanas, a vontade de dominar, à distância teórica: os objetos da tecnologia não são *Zuhanden*, são *Vorhanden*; a Razão tecnológica é teórica, não prática.

A primeira tarefa de *Sein und Zeit* é fornecer uma descrição fenomenológica da "imediaticidade do *Dasein* cotidiano", ainda não contaminada pelo tradicional aparato categorial metafísico: enquanto a metafísica fala de objetos dotados de propriedades, a fenomenologia da vida cotidiana vê as coisas que são sempre-já prontas para o uso, fazem parte de nosso engajamento, são componentes de uma estrutura de mundo significativa; enquanto a metafísica fala de um sujeito que se relaciona com o mundo, ou se opõe aos objetos no mundo, a fenomenologia vê o ser humano sempre-já inserido no mundo, engajado com as coisas etc. Aqui, a ideia é que a metafísica tradicional (que deve ser "des[cons]truída" pela fenomenologia) é um tipo de tela secundária, uma rede imposta que cobre a verdadeira estrutura da vida cotidiana. A tarefa, portanto, é prescindir dos pré-juízos metafísicos e descrever os fenômenos do modo como são em si mesmos; no entanto, como nossa atitude filosófica predominante já está profundamente infectada pela metafísica, uma descrição fenomenológica pura é a tarefa mais difícil, requer o duro trabalho de nos livrarmos da metafísica tradicional. Assim, Heidegger busca em diferentes fontes o aparato conceitual que sustente essa descrição, desde o princípio da cristandade paulina até a *phronesis* aristotélica.

A própria vida de Heidegger dá ocasião para um comentário irônico sobre essa tensão entre a imediaticidade da vida cotidiana e sua má interpretação metafísica: parece que, pelo menos em seus últimos anos, ele retornou ao catolicismo, pois deixou instruções para que fosse enterrado como católico, com funeral na igreja. Desse modo, enquanto na filosofia ele teorizava a imediaticidade da vida pré-metafísica, na vida cotidiana ele continuou fiel à cristandade, a qual, em sua teoria, ele tinha descartado como resultado de uma interpretação romana equivocada da abertura grega original do Ser, como o principal passo para o esquecimento onto-teológico do Ser e como uma tela metafísico-ontológica toldando a imediaticidade da vida. Por conseguinte, é como se os termos tivessem trocado de lugar: a vida imediata de Heidegger era metafisicamente estruturada, enquanto sua teoria revelava a estrutura da imediaticidade da vida cotidiana.

Como vimos, no período imediatamente posterior a *Sei und Zeit*, tendo chegado a um impasse em seu projeto, Heidegger buscou desesperadamente, durante alguns anos, um ponto de referência filosófico que lhe permitisse refundar esse projeto. De grande interesse aqui são suas duas tentativas de "repetir" Kant: em *Kant and the Problem of Metaphysics*, ele se referiu à imaginação transcendental como a chave para compreender a temporalização primordial do Ser, ao passo que, em 1930, explorou brevemente o potencial da *Crítica da razão prática*, interpretando o imperativo categórico como "*a lei fundamental de um querer finito puro*"[50]. O ato único de decisão autêntica, a escolha de um projeto que defina nossa vida – assumido quando chegamos à beira da morte enquanto última (im)possibilidade da vida humana –, é agora interpretado nos termos kantianos da autonomia do sujeito e

---

[50] Martin Heidegger, *The Essence of Human Freedom: An Introduction to Philosophy* (trad. Ted Sadler, Londres, Continuum, 2005), p. 193.

da liberdade autolegisladora, como ato da pura vontade que determina unilateralmente a lei da razão prática.

Heidegger sabia muito bem que Kant rejeitaria tal (re)formulação, pois, do ponto de vista de seu racionalismo universalista, ela lembra muito a vontade própria voluntária: a vontade prática pura não cria arbitrariamente sua própria lei, ela a descobre como estrutura *a priori* transcendental de cada atividade ética. Para Heidegger, é claro, é Kant quem permanece nos confins da metafísica racionalista universalista, incapaz de pensar a finitude do ser humano. Davis, como poderíamos esperar, levanta a suspeita de que a subordinação que Heidegger faz da vontade ética a um decisionismo da contingência histórica preparou o terreno para o envolvimento de Heidegger com o nazismo.

No entanto, precisamos ser bastante precisos aqui: a ética kantiana da autonomia da vontade não é uma ética "cognitiva", uma ética em que reconhecemos e seguimos a Lei moral já dada. Heidegger está basicamente correto em sua leitura de Kant: em uma ação ética, eu não sigo apenas meu dever, eu decido o que é meu dever. Mas é precisamente por *essa* razão que Kant rejeita totalmente qualquer forma de "querer diferido" sacrificial, ou seja, um diferimento da vontade por conta da vontade do Estado ou de um Líder: a autonomia moral significa que eu respalde plenamente meu dever, que eu jamais assuma a posição perversa de ser o instrumento da Vontade do Outro. Aqui, o problema com Heidegger é que, paradoxalmente, ele não é suficientemente "decisionista subjetivista": seu "decisionismo" inicial é quase o completo anverso de responder a – seguir – um Destino preordenado. O "subjetivismo" radical (a insistência no fato de a decisão – e a responsabilidade por ela – ser totalmente minha) e o universalismo não são opostos, mas sim dois aspectos da mesma posição da universalidade singular; aquilo a que ambos se opõem é o Destino histórico particular de uma comunidade (um povo). É *aqui* que surge a possibilidade de seguir Hitler: quando se reconhece nele não a voz da Razão universal, mas a voz de um Destino histórico concreto da nação alemã.

A grande mudança que ocorre no pensamento de Heidegger, a partir da década de 1930, reside na historicização radical dessa oposição: a metafísica tradicional não é mais uma falsa tela que cobre a estrutura da vida cotidiana, mas a elaboração do fundamental "afinamento" epocal, historicamente específico, que fornece a estrutura para nossa vida. Toda grande metafísica, em última análise, *é* uma ontologia fenomenológica da histórica "imediaticidade do *Dasein* cotidiano": Aristóteles foi responsável pela ontologia que estruturou a experiência cotidiana dos cidadãos gregos; a filosofia da subjetividade moderna forneceu a estrutura do querer, da dominação e da "experiência interior", que é a estrutura da vida cotidiana nas sociedades capitalistas dinâmicas. Saltar para fora da metafísica, portanto, não é mais apenas uma questão de ver através de uma rede ofuscante e perceber a verdadeira natureza da vida cotidiana, mas sim uma questão de mudança histórica no afinamento fundamental da própria vida cotidiana. A virada na filosofia da metafísica tradicional para a fenomenologia pós-metafísica faz parte da virada histórico-mundial (*Kehre*) no próprio Ser.

A ingênua pergunta que devemos fazer aqui é: como são possíveis figuras como Mestre Eckhart, Angelus Silesius e Hölderlin, como são possíveis suas insinuações de uma dimensão não metafísica (da *Gelassenheit*, do *ohne Warum*, da essência da poesia) no espaço de tal historicidade radicalizada? Eles não sugerem "a possibilidade de um excesso não histórico para a história da metafísica, um excesso que criticamente põe em dúvida o papel homogêneo de suas épocas e também sugere afirmativamente a possibilidade de participar da transição para outro começo, para além do fechamento da metafísica na vontade tecnológica de vontade"[51]? Deveríamos perguntar o mesmo a propósito da vida cotidiana: em nossa época de tecnologia, nossa vida diária não é totalmente determinada pela abertura epocal do *Gestell*, ou há algo em nossos costumes diários – encontrar uma obra de arte, admirar a beleza, uma simples imersão em alguma atividade – que resiste à tecnologia? Heidegger parece oscilar entre a noção de que tais distanciamentos estão sempre-já incluídos na tecnologia (como o turismo, o consumo artístico etc., o que nos permite revitalizar e voltar com mais energia para o universo tecnológico) e a ideia oposta de que – como a tecnologia não é redutível a máquinas etc., mas é um modo pelo qual o Ser se abre para nós – podemos continuar usando a tecnologia a distância, sem ficarmos presos no *Gestell* e reduzir os entes ao material para a manipulação tecnológica:

> Podemos utilizar os objectos técnicos e, no entanto, ao utilizá-los normalmente, permanecer ao mesmo tempo livres deles, de tal modo que os possamos a qualquer momento largar [...] deixar esses objectos repousar em si mesmos como algo que não interessa àquilo que temos de mais íntimo e de mais próprio. [...] Deixamos os objectos técnicos entrar no nosso mundo quotidiano e ao mesmo tempo deixamo-los fora [...]. Gostaria de designar esta atitude do sim e do não simultâneos em relação ao mundo técnico com uma palavra antiga: a serenidade [*Gelassenheit*] para com as coisas.[52]

Aqui encontramos Heidegger em seu pior aspecto, encaixando-se perfeitamente na atitude "descolada" pós-moderna. Dizem que a grande sabedoria oriental reside na capacidade não de simplesmente recuar diante do mundo, mas de participar de suas relações com distância interior, "participar sem participar", sem estar de fato engajado. Ironicamente, essa versão da *Gelassenheit* encontra seu equivalente em uma expressão que usamos hoje em dia: "descolado"; uma pessoa "descolada" faz tudo com um ar de indiferença e distância interior.

---

[51] Bret W. Davis, *Heidegger and the Will*, cit., p. 145.
[52] Martin Heidegger, *Serenidade* (trad. Maria Madalena Andrade e Olga Santos, Lisboa, Instituto Piaget, s.d.), p. 23-4.

Da Gelassenheit à luta de classes

A mesma tensão entre historicidade e a dimensão a-histórica está em jogo no oposto da Vontade, na *Gelassenheit*. A *Gelassenheit* não é simplesmente o nome para a atitude não histórica própria do homem para com o Ser, mas também o nome do afinamento específico que seguirá o reino da tecnologia; a Vontade não é apenas o nome para a época da subjetividade moderna, mas também o nome de uma tentação eterna, a possibilidade da *Unwesen*, que faz parte da humanidade do homem. Mais precisamente, a *Gelassenheit* funciona em três níveis de temporalidade: está sempre-já aqui como constitutiva do ser humano; está por vir como atitude predominante para com o outro que começa depois da Virada; está aqui e agora como possibilidade que cada um de nós pode efetivar em sua atitude e comportamento, preparando assim o caminho para o outro começo[53]. Como resolveremos a ambiguidade da tentativa de Heidegger de superar a metafísica: o objetivo é chegar a seus primórdios ocultos ou ir além dela, rumo a um começo radicalmente novo, o "outro começo" que deixa para trás toda a história da metafísica? Notemos que há uma ambiguidade homóloga em Derrida, que costuma variar o tema de que o fim da "era do signo" é perceptível no horizonte, embora essa era talvez nunca acabe, nunca a deixemos para trás: hoje, a metafísica da presença atingiu seu fechamento, mas mesmo assim jamais seremos capazes de sair dela. Todo o impasse da "desconstrução" está condensado nessa estranha temporalidade da consumação eternamente posposta (diferida) do fim da metafísica, como se estivéssemos condenados a habitar eternamente o limbo do tempo do fim do tempo (metafísico). Este, talvez mais do que a democracia, é o verdadeiro "por vir" (*à venir*) de Derrida: sempre por vir, nunca totalmente aqui[54].

Há basicamente duas maneiras de resolver esse impasse: ou a saída da metafísica é em si uma noção (metafísica) errada, de modo que essa morada no fim dos tempos é a única posição não metafísica possível, ou *definimos a própria metafísica como desejo de sair de um campo de contenção*, de modo que, paradoxalmente,

---

[53] Até mesmo as palavras usadas por Heidegger para descrever os contornos do "novo começo" baseiam-se em geral em homologias ocultas com a metafísica: *das Geviert* – o quarteto de terra, céu, humanos, deuses – é sua versão das quatro causas aristotélicas: a terra é a causa material, o céu (a forma apolínea) é a causa formal, os humanos são os agentes da causa eficiente, e os deuses são a causa final.

[54] Derrida opõe estritamente seu "por vir..." à Ideia reguladora kantiana: o por vir implica uma urgência incondicional de agir agora e é, como tal, o verdadeiro oposto de se adotar uma abordagem gradual de um Ideal inacessível. No entanto, temos de fazer dois contrapontos aqui. Primeiro, essa urgência já está em Kant, que não deveria ser considerado um espantalho. Segundo, Derrida oscila necessariamente entre essa urgência de agir no momento e a lacuna que separa cada ato (enquanto intervenção contingente) da ideia espectral de Justiça.

a única maneira de sair de fato da metafísica é renunciar a esse desejo, defender totalmente nossa contenção. Como saímos desse impasse? É pertinente fazermos aqui uma referência a Kierkegaard: o Novo é Repetição, só podemos recuperar o primeiro Começo por meio de um novo que traga à tona o potencial perdido do primeiro.

Se esse for o caso, no entanto, o que acontece com a historicidade radical – radical no sentido de que o Ser *não é senão* os eventos da história epocal do ser, de que não existe um Ser substancial por trás disso que se abra apenas parcialmente no jogo da abertura ou do recuo?

> O Ser é "finito" ou "histórico" no sentido de que ele só "é" como os eventos temporais de revelar-se/ocultar-se. A história do ser, de um lado, é a continuidade de um recuo cada vez maior do ser (e o advento correspondente da vontade), e mesmo assim, por outro lado, o ser não é nada mais que esse movimento (des)contínuo de revelar-se/ocultar-se, de conceder-se no recuo.[55]

Devemos dizer, então, que a história não é nada mais que o desenvolvimento epocal da disputa/"negatividade" no próprio Ser? Que a moderna Vontade de poder não é nada mais que a efetivação histórica de um potencial que mora na estrutura não histórica do próprio Ser?

> O não histórico deve ser visto como algo inseparavelmente entrelaçado ao histórico, e não como independentemente contrário a este. Na verdade, é somente quando incorremos no historicismo (no sentido de relativismo histórico) que qualquer sugestão do não histórico só pode ser vista como um fracasso em pensar a historicidade[56]. O pensamento *radical* de Heidegger a respeito da historicidade, por outro lado, exige que também pensemos sua relação com o não histórico. No entanto, o não histórico [...] só "é" em suas determinações históricas, e por meio delas.[57]

A conclusão que tiramos daí é clara: se o ser não é nada mais que o movimento de seu revelar ou de sua abertura, então o "esquecimento do ser" também é, acima de tudo, autorrelativo, o esquecimento ou recuo dessa brincadeira histórica de revelar-se e recuar-se. E se levássemos isso em conta, "o outro começo não seria uma completa erradicação do problema do querer, mas sim uma vigilante abertura para ele, um reconhecimento atento da finitude de nosso eu, preso entre esse problema do querer e a possibilidade do não querer"[58].

---

[55] Bret W. Davis, *Heidegger and the Will*, cit., p. 266.
[56] Tomemos o historicismo em sua forma mais radical: as atuais teorias antiessencialistas do discurso (Butler, Laclau) que explicam cada formação "estável", inclusive nossa identidade sexual e a própria natureza, como um efeito de articulações contingentes – a visão decorrente da história é a de um "eterno presente" achatado e a-histórico, no qual o jogo da rearticulação continua indefinidamente.
[57] Bret W. Davis, *Heidegger and the Will*, cit., p. 208.
[58] Ibidem, p. 279.

Devemos ressaltar aqui a invocação da vigilância, que aparece algumas vezes no livro de Davis, como na página 280 ("o outro começo seria um tempo em que o não querer, ou pelo menos seus momentos decisivos ou incisivos, se tornaria possível exatamente por meio de uma abertura vigilante a certo problema do 'querer', jamais totalmente erradicado?"), na página 282 e de novo na página 286: "O outro começo, nesse caso, não implicaria apenas um afinamento da peça harmoniosa da ek-sistência/in-sistência, mas também um reconhecimento vigilante do impulso à persistência, um impulso que, quando não verificado, nos levaria de volta à subjetividade voluntária". Mas o termo "vigilância" é extremamente problemático aqui: a "vigilância" não é apenas uma atitude voluntária por excelência, que nos leva ao paradoxo pragmático de "zelar voluntariamente por nossa voluntariedade"; de modo ainda mais radical, se o que é ocultado no recuo do ser, em última análise, é o próprio jogo de revelar-se ou ocultar-se, então a atitude "vigilante" de zelar pelo esquecimento não seria *a própria fonte do problema* (da mesma maneira que a luta constante pelo Bem é a própria fonte do Mal)?

Para evitar esses paradoxos, temos de fazer uma escolha: ou tomamos o "impulso à persistência" como um tipo de tentação eterna da mente humana semelhante ao "mal radical" kantiano como tendência à "queda" inscrita na própria condição humana, ou asseveramos completamente essa "queda" (o "demorar rebelde" que desconjunta o fluxo da realidade) como gesto fundador do ser humano. Com respeito à política, isso muda tudo. A primeira mudança diz respeito à condição do *polemos* constitutivo da política. A ideia heideggeriana de que a ordem implícita no Estado é a ordem da dominação e da servidão não lembra estranhamente a noção marxista clássica do Estado como estritamente ligado à divisão da sociedade em classes? Desse modo, quando Heidegger, em sua leitura do fragmento 53 de Heráclito, insiste no modo como "o embate, a que se alude aqui, é o combate originário. Pois é ele que faz com que nasçam, pela primeira vez, os combatentes, como combatentes"[59], não seria luta de classes, dentro da política, o nome dessa luta constitutiva daqueles que lutam, e não apenas um conflito entre os agentes sociais preexistentes? Recordamos aqui a lição de Louis Althusser: a "luta de classes" paradoxalmente *precede* as classes como grupos sociais determinados, pois cada determinação e posição de classes já é um efeito da "luta de classes". (É por isso que "luta de classes" também é mais um nome para o fato de que a "sociedade não existe" – não existe como ordem positiva dos entes.) Em outras palavras, devemos sempre ter em mente que, para um verdadeiro marxista, "classes" *não* são categorias da realidade social positiva, partes do corpo social,

---

[59] Martin Heidegger, *Introdução à Metafísica* (trad. Emmanuel Carneiro Leão, 4. ed., Rio de Janeiro, Tempo Brasileiro, 1999), p. 90.

mas categorias do Real de uma luta política que atravessa todo o corpo social, impedindo sua "totalização".

No entanto, Heidegger ignora essa leitura do *polemos* como a luta entre dominantes e dominados: se a terra-natal "torna-se o modo de Ser de um povo só quando se torna *expansiva*, quando *interage com o exterior* – quando se torna um Estado", então está claro que o *polemos* é primeiramente a disputa com o inimigo *externo*. Não surpreende que Heidegger, quando elabora a essência da política, compare solidariamente sua noção de política com duas outras noções: a ideia de Bismarck da política como arte do possível (não só cálculos estratégicos oportunistas, mas também a capacidade do líder de apreender a "possibilidade essencial" oferecida por uma constelação histórica e mobilizar o povo para ela), e a ideia de Carl Schmitt da relação antagônica entre amigo e inimigo – ou seja, a tensão com o inimigo *externo* – como característica definidora da política.

O paradoxo é que (como no caso da diferença sexual) Heidegger ignora a condição propriamente ontológica da luta de classes como disputa ou antagonismo que não pode ser reduzido a um conflito ôntico, pois ela sobredetermina o horizonte da aparência de todos os entes sociais ônticos. O modo de Ser do povo é a luta de classes (antagonismo social), não o Estado – o Estado existe para ofuscar esse antagonismo. Essa noção radicalizada do *polemos* como luta de classes nos leva à segunda mudança, intimamente ligada à primeira: outra maneira de abordar a "questão da consciência da vontade da comunidade" como "um problema de todas as democracias". A ideia heideggeriana de comprometimento político envolve a unidade de um povo e o líder que mobiliza as pessoas em uma luta comum contra um inimigo (externo), juntando todo mundo ("aceitando" até mesmo o proletariado). No entanto, se tomamos a luta de classes como o *polemos* constitutivo da vida política, então o problema da vontade política comum aparecerá de uma maneira radicalmente diferente: como construir a vontade coletiva dos oprimidos na luta de classes, a vontade emancipatória que leva ao extremo o *polemos* de classes. (E essa vontade já não estava em ação na antiga democracia grega, já não estava operante no próprio núcleo da *pólis* ateniense?) Essa vontade coletiva é o componente crucial do comunismo, que

> busca possibilitar a conversão do trabalho em vontade. O comunismo visa completar a transição, por meio da luta da autoemancipação coletiva, de uma necessidade sofrida para uma autodeterminação autônoma. É o esforço deliberado, em escala histórico-mundial, de universalizar as condições materiais sob as quais a livre ação voluntária deve prevalecer sobre a passividade ou o trabalho involuntário. Ou antes: o comunismo é o projeto pelo qual a ação voluntária busca universalizar as condições para a ação voluntária.[60]

---

[60] Peter Hallward, "Communism of the Intellect, Communism of the Will", em Costas Douzinas e Slavoj Žižek (org.), *The Idea of Communism* (Londres, Verso, 2010), p. 117.

Casos exemplares dessa atividade podem ser encontrados em pessoas como Robespierre, Toussaint Louverture ou John Brown: confrontados com uma instituição indefensável como a escravidão, eles resolveram trabalhar imediatamente e por todos os meios disponíveis para erradicá-la, assim que surgiu a oportunidade. Che Guevara e Paulo Freire fariam o mesmo diante do imperialismo e da opressão. Hoje, o dr. Paul Farmer e seus Parceiros da Saúde no Haiti, no Chile e alhures, adotam uma abordagem semelhante quando confrontados com desigualdades indefensáveis na provisão global de assistência médica. Em cada caso, a lógica básica é a mais simples possível: uma ideia, como a ideia de comunismo, ou igualdade, ou justiça, exige que devamos lutar para realizá-la sem concessões ou demora, antes que os meios para tal realização sejam reconhecidos como factíveis ou legítimos, ou mesmo "possíveis". É a luta deliberada pela própria realização que transformará o impossível em possível e ampliará os parâmetros do factível.[61]

Tal atividade coletiva realiza a "efetividade do povo e do líder, na qual os dois são uma efetividade, posto que não podem se separar". Nessa mesma linha, Badiou propôs recentemente uma reabilitação do "culto da personalidade" revolucionário comunista[62]: o real de um Evento-Verdade é inscrito no espaço da ficção simbólica por meio de um nome próprio (de um líder) – Lenin, Stalin, Mao, Che Guevara. Longe de sinalizar a corrupção de um processo revolucionário, a celebração do nome próprio do líder é imanente ao processo: para colocarmos isso em termos mais diretos, sem o papel mobilizador de um nome próprio, o movimento político continua preso na ordem positiva do Ser representada pelas categorias conceituais – é somente pela intervenção de um nome próprio que surge a dimensão do "exigir o impossível", da mudança dos próprios contornos do que aparece como possível.

E se essa "possibilidade essencial" do comunismo, ignorada pelo próprio Heidegger, em vez de sua longa e secreta fidelidade ao fascismo, for a verdade das mal-afamadas dúvidas sobre a democracia que ele expressou na entrevista concedida à revista *Der Spiegel* e publicada postumamente? "De que maneira um sistema político pode conciliar-se com a era tecnológica, e qual sistema político seria esse? Tenho de fazer essa pergunta. Não estou convencido de que seja a democracia"[63]. Como devemos interpretar essa declaração? A leitura óbvia seria que, para Heidegger, uma resposta política mais adequada que a democracia liberal à era tecnológica provavelmente seria uma espécie de mobilização sociopolítica "totalitária" ao estilo nazista ou

---

[61] Ibidem, p. 112.
[62] Ver Alain Badiou, "The Idea of Communism", em Costas Douzinas e Slavoj Žižek (org.), *The Idea of Communism*, cit.
[63] Martin Heidegger, "Only a God Can Save Us: *Der Spiegel*'s interview with Martin Heidegger", em Richard Wolin (org.), *The Heidegger Controversy: A Critical Reader* (Cambridge, MIT Press, 1993), p. 104.

soviético; o contra-argumento não menos óbvio para essa posição é que ela ignora como a liberdade liberal-democrata e o hedonismo individualista mobilizam os indivíduos de maneira cada vez mais eficaz, transformando-os em *workaholics*:

> Podemos nos perguntar se Heidegger estava certo ao sugerir, como fez na entrevista a *Der Spiegel*, que a democracia talvez não seja a resposta mais adequada à tecnologia. Com o colapso do fascismo e do comunismo soviético, o modelo liberal provou ser o veículo mais eficaz e poderoso da difusão global da tecnologia, que se tornou cada vez mais indistinguível das forças do capital.[64]

Mas também seria fácil responder que o advento do chamado "capitalismo de valores asiáticos" da última década justifica de maneira surpreendente a dúvida de Heidegger – é isso que há de tão perturbador na China contemporânea: a suspeita de que seu capitalismo autoritário não é apenas um resto do nosso passado, uma repetição do processo de acúmulo capitalista que aconteceu na Europa do século XVI ao XVIII, mas um sinal do futuro. E se ele sinalizar que a democracia, da maneira como a entendemos, não é mais a condição e a força motriz do desenvolvimento econômico, e sim o obstáculo a ele?

Não obstante, podemos assumir o risco de interpretar a declaração de Heidegger sobre a democracia de modo diferente: o problema com que ele luta não é apenas o problema de determinar qual ordem política *se encaixa* melhor na difusão global da tecnologia moderna; trata-se antes de saber se algo pode ser feito, no nível da atividade política, para *acabar* com o perigo ao ser humano que espreita na tecnologia moderna. Nunca passou pela cabeça de Heidegger sugerir – de modo liberal, digamos – que o fracasso do engajamento nazista foi apenas o fracasso de certo tipo de engajamento que conferia ao político a tarefa de realizar "um projeto de significância ontodestinal", de modo que a lição desse fracasso seria simplesmente que deveríamos apoiar um envolvimento político mais *modesto*. Aí reside a limitação daquilo que podemos chamar de "heideggerianismo liberal" (de Hubert Dreyfus a John Caputo): do fracasso do envolvimento político de Heidegger, chegamos à conclusão de que deveríamos renunciar a qualquer envolvimento com pretensões ontodestinais e nos envolver em uma política pragmática modesta, "meramente ôntica", deixando as questões destinais para poetas e pensadores.

A resposta dos heideggerianos tradicionais à leitura aqui proposta obviamente seria que, ao defender uma radicalização comunista da política de Heidegger, estaríamos caindo na pior armadilha do decisionismo subjetivista moderno da Vontade, substituindo um totalitarismo (fascista) por sua imagem especular de esquerda – o que, de certo modo, é ainda pior, porque, em seu "internacionalismo", ele se esforça para apagar os últimos traços da terra mãe "provinciana", ou seja, para deixar as pes-

---

[64] Miguel de Beistegui, *Heidegger and the Political* (Londres, Routledge, 1998), p. 116.

soas literalmente sem raízes (característica que compartilha com o neoliberalismo capitalista). Contudo, não é nisso que reside o núcleo do problema; ao contrário, ele diz respeito à esfera da vida econômica capitalista: por mais louco que pareça, ou mesmo de mau gosto, o problema de Hitler é que *ele não foi "suficientemente violento"*, sua violência não foi suficientemente "essencial". Hitler *não* agiu de fato, todas as suas ações foram fundamentalmente *reações*, porque ele agiu para que nada mudasse realmente, encenou um espetáculo gigantesco de pseudorrevolução para que a ordem capitalista sobrevivesse. Hannah Arendt estava certa quando (implicitamente contra Heidegger) notou que o fascismo, ainda que fosse uma reação à banalidade burguesa, continuava sendo sua negação inerente, continuava preso no horizonte da sociedade burguesa: o verdadeiro problema do nazismo não foi ter "ido longe demais" em sua arrogância subjetivista niilista de exercer o poder total, mas sim de *não* ter ido suficientemente longe, ou seja, sua violência ter sido uma atuação impotente que, em última análise, continuou a serviço da mesma ordem que desprezava. Os grandiosos gestos de Hitler de desprezar a autocomplacência da burguesia etc. acabaram permitindo que essa complacência sobrevivesse: longe de perturbar de fato a menosprezada ordem burguesa "decadente", longe de tirar os alemães de sua imersão na complacência, o nazismo foi um sonho que lhes permitiu prosseguir.

É verdade que, como tentamos mostrar a propósito da condição do *polemos* e da vontade coletiva, Heidegger não segue até o fim a própria lógica quando defende o compromisso fascista. Para usar mais uma vez uma metáfora familiar: o fascismo quer jogar fora a água suja (o individualismo liberal-democrata que vem com o capitalismo) e guardar o bebê (as relações capitalistas de produção), e o modo como tenta fazer isso, repetimos, é jogando fora a água (o *polemos* radical que atravessa todo o corpo social) e mantendo o bebê (a unidade corporativista do povo). Mas é exatamente o oposto que deveria ser feito: jogar fora os bebês (as relações capitalistas, bem como sua pacificação corporativista) e manter a água suja da luta radical. Portanto, o paradoxo é que, para salvar Heidegger do nazismo, precisamos de *mais* vontade e luta e *menos Gelassenheit*[65].

Esta é a verdadeira escolha que temos quando lemos os seminários "pró-nazistas" de Heidegger (1933-34): nós nos envolvemos na crítica hipócrita e nos deliciamos na *Besserwisserei* de nossa última posição crítica, ou nos concentramos no potencial ausente desses seminários, evocando a difícil questão de como ressuscitá-los em uma era em que, depois do grande fracasso do projeto comunista do século XX, os problemas para os quais o comunismo tentou achar uma resposta (conflitos sociais radicais, vontade coletiva) ainda estão conosco?

---

[65] Contra a simpatia de Davis pelo zen-budismo, devemos ter em mente que o militarismo japonês serviu perfeitamente bem aos guerreiros zen que mataram a *Gelassenheit*.

8
A ontologia da física quântica

O que Badiou chama de Evento, em sua forma mais básica, não é o próprio advento da representação ou aparecer a partir da absoluta estupidez do ser? De modo que o Evento propriamente dito (o Evento-Verdade no sentido de Badiou) é o Para-si do Em-si do aparecer? Na medida em que o aparecer é sempre aparecer para um pensamento (para um sujeito pensante), podemos ir mais além e dizer que o advento de um pensamento como tal é um Evento – como Badiou gosta de dizer, o pensamento como tal é comunista.

A pergunta-chave, portanto, é: como o pensamento é possível em um universo de matéria? Como pode o pensamento surgir da matéria? Assim como o pensamento, o sujeito (Si) também é imaterial: sua unicidade, sua identidade consigo, não é redutível a seu suporte material. Precisamente eu *não* sou meu corpo: o Si só pode surgir contra o pano de fundo da morte de seu ser substancial, do que é "objetivamente". Desse modo, mais uma vez, como podemos explicar o surgimento da subjetividade a partir da ontologia "incompleta"? Como essas duas dimensões (o abismo/vazio da subjetividade, a incompletude da realidade) devem ser pensadas em conjunto? Devemos aplicar aqui algo como um princípio antrópico fraco: como deve ser estruturado o Real de modo que permita o surgimento da subjetividade (em sua eficácia autônoma, não como mera "ilusão do usuário")?

Isso nos coloca em confronto com uma dura escolha: o vazio da subjetividade é um domínio ("região") particular da incompletude/vazio "universal" da realidade, ou essa incompletude já é em si um modo de subjetividade, tal que a subjetividade é sempre-já parte do Absoluto e a realidade nem sequer é pensável sem a subjetividade (como em Heidegger, em que não há *Sein* sem *Da-Sein* como sua localidade)? É a respeito desse ponto preciso que Ray Brassier me critica por escolher a segunda opção "transcendental", incapaz que sou de pensar o Vazio do Ser como tal sem subjetividade; do meu ponto de vista, no entanto, Brassier está seguindo

Meillassoux, que paga um preço fatídico por suspender a dimensão transcendental – o preço da regressão a uma ontologia "ingênua" das esferas ou níveis ao estilo de Nicolai Hartmann: realidade material, vida, pensamento. Uma atitude que devemos evitar a todo custo.

O problema ontológico

O primeiro passo para resolver esse impasse é inverter a noção "realista" padrão de uma realidade ontológica plenamente constituída, que existe "lá fora, independe de nossa mente" e, por isso, é apenas "refletida" de modo imperfeito na cognição humana – a lição do idealismo transcendental de Kant deve ser totalmente absorvida aqui: é o ato subjetivo da síntese transcendental que transforma o arranjo caótico de impressões sensoriais em "realidade objetiva". Ignorando descaradamente a objeção de que estamos confundindo o nível ontológico com o empírico, devemos recorrer à física quântica: é o colapso das ondas quânticas no ato da percepção que fixa as oscilações quânticas em uma única realidade objetiva. Além disso, esse ponto deve ser universalizado: cada figura da realidade está enraizada em um ponto de vista determinado. Até mesmo em um nível mais próximo de nós, sabemos quão diferente a "realidade" aparece para um sapo ou um pássaro, a começar pela diferente tapeçaria de cores: cada ser vivo percebe (e interage com) sua própria "realidade". E deveríamos levar essa ideia ao extremo da dúvida cartesiana: a própria noção de grandeza deve ser relativizada. Como sabemos que a Via Láctea não é simplesmente uma partícula de pó de outro universo? Por que, quando pensamos em alienígenas, sempre admitimos que, embora possam ser maiores ou menores que nós, eles vivem em um mundo proporcionalmente da mesma ordem e grandeza que o nosso? Talvez os alienígenas já estejam aqui, mas sejam tão pequenos ou tão grandes que nem sequer percebemos uns aos outros. Lembramos que o próprio pensamento só existe para os seres que pensam, mas também apenas para os seres de uma grandeza física comparável à nossa: se observássemos a nós mesmos de uma distância muito curta (ou muito longa), não haveria nenhum significado ou pensamento discernível em nossos atos, e nosso cérebro seria apenas uma peça gigantesca (ou minúscula) da matéria viva[1].

É contra esse pano de fundo que podemos traçar os contornos do que talvez só possa ser designado pelo oximoro "materialismo transcendental" (proposto por

---

[1] É verdade que, se aceitarmos a hipótese de um Big Bang, podemos não obstante formular um limite ou medida imanente de grandeza do universo, ou seja, existe nesse caso um ponto zero de medida (a singularidade do começo), bem como o Todo (do universo finito), de modo que o observador imaginado possa saltar ao longo de uma escala de grandeza infinita. Mas e se tivermos *muitos* Big Bangs, sucedendo-se uns aos outros?

Adrian Johnston): toda a realidade é transcendentalmente constituída, "correlativa" a uma posição subjetiva, e, levando o raciocínio às últimas consequências, para sair desse círculo "correlacionista", é preciso não tentar chegar diretamente ao Em-si, mas sim inscrever essa correlação transcendental *na própria Coisa*. O caminho para o Em-si passa pela lacuna subjetiva, posto que a lacuna entre o Para-nós e o Em--si é imanente ao Em-si: a própria aparência é objetiva, nisso reside a verdade do problema realista de "como passamos da aparência para-nós para a realidade em-si".

Pode parecer que a característica definidora básica do materialismo é o senso comum que nos faz confiar na realidade do mundo exterior – não vivemos nas fantasias de nossa imaginação, presos nessa rede, pois há um mundo rico e cheio de vida aberto para nós lá fora. Mas essa é a premissa que deve ser eliminada por qualquer forma séria de materialismo dialético: não existe uma realidade "objetiva", toda realidade já é transcendentalmente constituída. A "realidade" não é o núcleo duro e transcendente que escapa a nossa apreensão, acessível somente em uma abordagem perspectivística distorcida; antes, ela é a própria lacuna que separa diferentes abordagens perspectivísticas. O "Real" não é o X inacessível, é a própria causa ou obstáculo que distorce nossa visão sobre a realidade, impede nosso acesso direto a ela. A verdadeira dificuldade é pensar a perspectiva subjetiva conforme inscrita na própria "realidade".

É verdade que, no nível mais elementar das ciências naturais, as rupturas e mudanças epistemológicas não deveriam ser fundamentadas diretamente nas rupturas ou mudanças ontológicas na própria Coisa – nem toda limitação epistemológica é indicação de incompletude ontológica. A passagem epistemológica da física clássica para a teoria da relatividade não significou que essa mudança em nosso conhecimento foi correlata a uma mudança na própria natureza, ou que na época de Newton a própria natureza era newtoniana e essas leis mudaram misteriosamente com a chegada de Einstein – nesse nível, claramente, o que mudou foi nosso conhecimento da natureza, não a natureza. Mas isso não é tudo: *existe*, não obstante, um nível em que a ruptura epistemológica da física moderna deve ser correlacionada à mudança ontológica – o nível não do conhecimento, mas da verdade como posição subjetiva a partir da qual o conhecimento é gerado. O que falta em Meillassoux é a dimensão da verdade em sua oposição ao conhecimento: verdade enquanto conhecimento autorreflexivo "engajado" ou "prático" que é validado não por meio de sua *adequatio rei*, mas pelo modo como ele se relaciona com a posição do sujeito da enunciação (uma declaração que é factualmente "verdadeira" pode ser "existencialmente" mentirosa). Essa é a dimensão que Meillassoux ignora em sua explicação crítica do Transcendental: como, para ele, não há verdade fora do conhecimento, o Transcendental é descartado como engodo.

Não seria possível definir a premissa (idealista) de Hegel como a afirmação de que, no fundo, todo conhecimento pode ser gerado a partir da verdade? Hegel tenta superar o "formalismo" kantiano – a lacuna irredutível que separa a forma transcendental de seu conteúdo contingente heterogêneo – explorando sua "mediação" total, ou seja, reduzindo o conhecimento objetivo a uma forma de aparência naturalizada ou reificada da verdade dialética. O argumento científico padrão é que esse procedimento tem um limite. Tomemos a ciência em sua forma mais "subjetiva", na física quântica, que (na interpretação de Copenhague, pelo menos) afirma efetivamente que a cognição de um objeto cria (ou pelo menos transforma) o objeto: a própria medição, pelo colapso da função de onda, faz aparecer a realidade empírica como a conhecemos. Não obstante, seria errado dizer que as grandes revoluções na história da física (o surgimento da física newtoniana, da teoria da relatividade e da física quântica) ou da biologia (a sistematização de Carl von Linné, o evolucionismo de Darwin etc.) são simultaneamente (dialeticamente mediadas pela) transformação de seu objeto, do mesmo modo que, para György Lukács, a aquisição da consciência-de-si por parte do proletariado (tornar-se ciente de sua missão histórica) muda seu objeto (por meio dessa percepção, o proletariado, em sua realidade social, transforma-se em um sujeito revolucionário). O máximo que podemos dizer a respeito das ciências naturais é que, como diz Lukács, a própria natureza é uma categoria histórica, nossa compreensão básica do que conta como "natureza" muda com as grandes rupturas históricas: no século XVII absolutista, a natureza aparecia como um sistema hierárquico de espécies e subespécies; no dinâmico século XIX, caracterizado pela competição capitalista, a natureza aparecia como o lugar da luta evolutiva pela sobrevivência (é fato bem conhecido que Darwin elaborou sua teoria transpondo as ideias de Malthus para a natureza); no século XX, a natureza era uma regra vista através das lentes da teoria de sistemas; e já se tornou lugar-comum traçar um paralelo entre a mudança para a dinâmica autopoiética e auto-organizadora dos processos naturais nas últimas décadas e a passagem para novas formas da dinâmica capitalista, seguindo o declínio do Estado de bem-estar social centralizado.

No entanto, seria dar um passo longo e fatídico se concluíssemos a partir dessas mediações históricas de nossa ideia de natureza que, no decorrer das mudanças históricas fundamentais, a natureza também muda: quando a teoria de Einstein substituiu a de Newton, ninguém teria afirmado que isso refletia ou indicava uma mudança homóloga em seu objeto de cognição, na própria natureza. O que Einstein fez foi oferecer uma teoria científica da natureza mais profunda e mais adequada. A natureza não se tornou ontologicamente indeterminada com o advento da física quântica; a descoberta do "princípio de incerteza" significa que ela sempre foi assim, e não importa quanto essas descobertas científicas sejam "historicamente mediadas": elas se referem a uma realidade externa ao processo histórico. Para os filósofos transcendentais, é muito fácil aplicar aqui a notória distinção entre as condições de descoberta para determinada teoria científica e as condições de sua validade (embora a competição capitalista tenha sido uma condição histórica necessária para a descoberta de

Darwin, isso não quer dizer que ela também condicione o valor de verdade da teoria da evolução): as afirmações ontológicas de uma teoria científica são fortes e, no fundo, incompatíveis com sua relativização historicista ou transcendental. Afirmar que a física moderna faz parte da cultura de dominação e exploração pelo masculino é uma coisa, dizer que suas premissas subjacentes básicas são formadas com antecedência por essa cultura já é exagero. Além disso, como notou Meillassoux, a afirmação transcendental clássica de que a validade de toda ciência natural "objetiva" é restringida pelo horizonte *a priori* que constitui seu domínio, isto é, as teorias só são válidas e significativas nesse horizonte, também vai longe demais.

A dificuldade aqui é como pensar a relação entre conhecimento científico e verdade histórica, se nenhuma das duas coisas pode ser reduzida à outra. Talvez a solução seja dada por Hegel. Ele parece deduzir ou gerar todo o conhecimento a partir do processo autorrelativo da Verdade somente quando concebemos seu sistema como um círculo fechado de deduções necessárias; no momento em que levamos totalmente em conta a retroatividade radical do processo dialético, a própria "dedução" torna-se a ordenação retroativa de um processo contingente. Tomemos, por exemplo, a impossibilidade de reconciliar a teoria da relatividade e a física quântica em uma consistente Teoria de Tudo: não há como resolver a tensão entre as duas por meio de uma reflexão dialética "imanente" na qual o problema em si torna-se sua própria solução. Tudo o que podemos fazer é esperar um avanço científico contingente – só assim será possível reconstruir retroativamente a lógica do processo.

Como vimos, o preço que Meillassoux paga por eliminar o complexo Verdade, Evento e Sujeito é o retorno de uma ingênua teoria dos níveis: realidade física, vida, mente. A dimensão transcendental do materialismo transcendental impede esse regresso à ontologia ingênua: e se descobrirmos que essa hierarquia é falsa? Que os golfinhos, por exemplo, pensam melhor que nós? Somente o materialismo transcendental pode fornecer uma leitura materialista do simples fato (observado pelo "materialista cristão" Peter van Inwagen em um encontro inesperado da filosofia contemporânea com Hegel) de que objetos ordinários como cadeiras, computadores etc., simplesmente *não existem*: por exemplo, uma cadeira não é efetivamente, por si mesma, uma cadeira – tudo o que temos é um ajuntamento de "símplices" (objetos mais elementares "arranjados à maneira de uma cadeira"); desse modo, embora uma cadeira funcione como cadeira, ela é composta por múltiplas partes (madeira, pregos, tecido...) que são, em si mesmas, totalmente indiferentes a esse argumento; não há, *stricto sensu*, nenhum "todo" do qual o prego faz parte. É só com os organismos que temos um Todo. Aqui, a unidade é minimamente "para si"; as partes nunca interagem de fato[2]. Como observado por Lynn Margulis, a célula,

---

[2] Peter van Inwagen, *Material Beings* (Itaca, Cornell University Press, 1990).

forma elementar de vida, é caracterizada precisamente pelo mínimo de autorrelação, um mínimo exclusivamente pelo qual pode surgir o limite entre o dentro e o fora que caracteriza um organismo. E, como afirma Hegel, o pensamento é apenas mais um desenvolvimento desse Para-si.

Na biologia, por exemplo, nós temos, no nível da realidade, apenas a interação corporal. A "vida propriamente dita" surge no nível minimamente "ideal", como no evento imaterial que dá a forma de unidade ao corpo vivo e lhe permite "permanecer o mesmo" durante toda a incessante mudança dos componentes materiais. O problema básico do cognitivismo evolutivo – aquele do surgimento desse padrão de vida ideal – não é senão o velho enigma metafísico da relação entre caos e ordem, entre o Múltiplo e o Um, entre as partes e o todo. Como podemos ter "ordem sem custos", isto é, como a ordem pode surgir da desordem inicial? Como podemos explicar um todo que é mais que a simples soma de suas partes? Como pode o Um com sua autoidentidade distinta surgir da interação de seus múltiplos constituintes? Uma série de pesquisadores contemporâneos, de Margulis a Francisco Varela, sustenta que o verdadeiro problema não é como um organismo e seu ambiente interagem ou se conectam, mas o oposto: como um organismo autoidêntico distinto surge de seu ambiente? Como uma célula forma a membrana que separa seu interior de seu exterior? O verdadeiro problema, portanto, não é como um organismo se adapta a seu ambiente, mas como existe algo, um ente distinto, que deve se adaptar em primeiro lugar. E é aqui, neste ponto crucial, que a linguagem biológica dos dias de hoje começa a lembrar, de maneira muito estranha, a linguagem de Hegel.

Essa relação entre o empírico e o transcendental-histórico fica ainda mais complicada com o fato de que, nas últimas décadas, o progresso tecnológico na física quântica deu origem a um novo domínio, o da "metafísica experimental", algo impensável no universo científico clássico: "questões que antes acreditávamos fazer parte apenas do debate filosófico têm sido levadas para a órbita da investigação empírica"[3]. Tudo aquilo que até agora era assunto de "experimentos mentais" está se tornando assunto de experimentos reais em laboratório – um bom exemplo disso é a experiência da fenda dupla, de Einstein, Rosen e Podolsky, primeiro apenas imaginada, depois realizada por Alain Aspect. As proposições propriamente "metafísicas" testadas são o *status* ontológico da contingência, o *status* de localidade da causalidade, o *status* da realidade independente da observação que se faça dela (ou outra forma de interação com ela) etc. Não obstante, devemos tomar cuidado aqui para não superestimar as consequências filosóficas dessa "metafísica experimental": a própria possibilidade de "testar empiricamente" as chamadas proposições meta-

---

[3] Karen Barad, *Meeting the Universe Halfway: Quantum Physics and the Entanglement of Matter and Meaning* (Durham, Duke University Press, 2007), p. 35.

físicas (epistemológicas e ontológicas básicas) atesta uma ruptura radical que não pode ser explicada em termos empíricos.

É aí que Stephen Hawking erra quando, logo no início do best-seller *O grande projeto*, proclama triunfante que "a filosofia está morta"[4]. Com os últimos avanços na física quântica e na cosmologia (teoria-M), afirma ele, a chamada metafísica experimental chegou ao apogeu. É claro que, examinando mais de perto, descobrimos que ainda não chegamos lá – quase, mas não de todo. Além disso, seria fácil rejeitar essa afirmação demonstrando a contínua pertinência da filosofia para o próprio Hawking (sem falar no fato de que seu próprio livro definitivamente não é ciência, mas uma generalização popular bastante problemática): Hawking se baseia em uma série de pressupostos metodológicos e ontológicos que ele toma como certos. Apenas duas páginas depois de afirmar que a filosofia está morta, descreve seu próprio método como um "realismo que depende do modelo", baseado "na ideia de que nosso cérebro interpreta o estímulo dos nossos órgãos sensoriais fazendo um modelo do mundo. Quando tal modelo é um sucesso na explicação dos eventos, nossa tendência é atribuir a ele [...] a qualidade de realidade"; no entanto, "se dois modelos (ou teorias) predizem acuradamente os mesmos eventos, não podemos dizer que um é mais real do que o outro; em vez disso, somos livres para usar aquele que seja mais conveniente"[5]. Se existe uma posição filosófica (epistemológica), podemos dizer que essa é uma delas (e bastante vulgar, por sinal). Isso sem mencionar o outro fato de que esse "realismo modelo-dependente" é simplesmente fraco demais para cumprir a tarefa que Hawking lhe atribui, a tarefa de fornecer o quadro epistemológico para interpretar os conhecidos paradoxos da física quântica, sua incompatibilidade com a ontologia inspirada no senso comum. No entanto, apesar de todas essas características problemáticas, temos de admitir que a física quântica e a cosmologia têm implicações filosóficas e confrontam a filosofia com um desafio[6].

Posição semelhante tem Nicholas Fearn, cujo "sintoma" já é discernível no sumário de seu livro: o capítulo mais longo ("Pós-modernismo e pragmatismo") é um capítulo que abrange tudo o que foi excluído do horizonte do livro, por sua escolha do que é filosofia[7]. A dualidade no título do capítulo é significativa: "pós-moder-

---

[4] Stephen Hawking e Leonard Mlodinow, *The Grand Design* (Nova York, Bantam, 2010), p. 5. [Ed. bras.: *O grande projeto*, trad. Mônica Gagliotti Fortunato Friaça, Rio de Janeiro, Nova Fronteira, 2011.]

[5] Ibidem, p. 7.

[6] Além disso, não podemos deixar de notar que, quanto ao conteúdo positivo da Teoria de Tudo de Hawking, ele carrega uma semelhança inconfundível com o materialismo dialético, ou pelo menos totalmente compatível com uma versão razoável do materialismo dialético.

[7] Ver Nicholas Fearn, *Novas respostas para antigas questões* (trad. Maria Luiza X. de A. Borges, Rio de Janeiro, Zahar, 2007).

nismo" como o exterior e "pragmatismo" (principalmente Rorty) como a inscrição desse exterior dentro do campo do pensamento analítico-cognitivo. O tema permanente do livro é a transposição gradual dos problemas filosóficos em problemas científicos – a filosofia, presa em dilemas insolúveis, atinge a maturidade quando anula ou supera a si mesma colocando seus problemas em termos científicos. A ontologia geral, portanto, torna-se física quântica *junto com* a teoria da relatividade; a epistemologia, a explicação cognitiva de nossa aquisição de conhecimento; a ética, a investigação evolutiva sobre o advento das normas morais e sua função adaptativa. É desse modo que Fearn explica elegantemente o fato de que, em algumas disciplinas filosóficas, tendem a proliferar abordagens fora de sintonia com o pensamento científico atual: isso "é o que poderíamos esperar num campo que foi abandonado pelos exércitos regulares da filosofia e deixado a guerrilheiros que se recusam a aceitar a derrota"[8]. Em suma, uma vez que o problema é totalmente transposto para termos que em princípio possibilitam sua solução científica, não há mais nada que os filósofos possam fazer: os mais sérios caminharão para outro lado, enquanto os que ficarem serão simplesmente guerrilheiros das velhas posições que resistem à inevitável derrota – e, paradoxalmente, seu próprio predomínio (isto é, a ausência de filósofos "sérios") é mais um sinal de derrota. O exemplo de Fearn é o do problema do livre-arbítrio *versus* o determinismo natural: o fato de a maioria dos filósofos que trabalham hoje nesse campo ser formada por incompatibilistas indica simplesmente que os compatibilistas já venceram a batalha com sua explicação naturalística de que (o que queremos dizer com) a liberdade pode ser unida ao determinismo, de modo que eles têm "coisas melhores a fazer que reocupar um território já conquistado"[9].

Como podemos sair desse impasse? Adrian Johnston está certo ao enfatizar o caráter *engajado* da filosofia de Badiou, sua disponibilidade para correr riscos, engajando-se em prol de feitos científicos, políticos e artísticos particulares: o pensamento de Badiou não é uma reflexão distante, ele "salta para dentro do mundo" com coragem e liga seu destino ao de uma descoberta científica, um projeto político, um encontro amoroso etc. Essa disposição de um filósofo para se envolver com uma mancha histórica "patológica" impura e contingente é o que Badiou visa quando fala sobre ciência, arte, política e amor como as quatro "condições" da filosofia, e é também nesse sentido que devemos interpretar a declaração de Lenin de que, com cada grande descoberta científica, a definição de materialismo muda radicalmente. Hoje, *a* descoberta científica que precisa ser repensada na filosofia é a física quântica – como devemos interpretar suas implicações ontológicas, enquanto

---

[8] Ibidem, p. 48.
[9] Idem.

evitamos a dupla armadilha do empirismo pragmático superficial e o idealismo obscurantista ("a mente cria a realidade")? O *Materialismo e empiriocriticismo*, de Lenin*, precisa ser totalmente reescrito – primeiro abandonando a noção ingênua supracitada da realidade material plenamente constituída como a única realidade verdadeira fora da nossa mente. Essa noção de realidade material como "tudo" baseia-se na negligenciada exceção de sua constituição transcendental. A definição mínima de materialismo baseia-se na admissão de uma *lacuna entre o que Schelling chamou de Existência e Fundamento da Existência*: antes da realidade plenamente existente, existe uma caótica protorrealidade não-Toda, uma flutuação virtual pré-ontológica de um real ainda não plenamente constituído. Esse real pré-ontológico é o que Badiou chama de multiplicidade pura, em contraste com o nível das aparências, que é o nível da realidade constituída pelo horizonte transcendental do mundo. É por isso que, em uma estranha reversão da distribuição de predicados, o idealismo contemporâneo insiste na corporeidade, na densidade imperscrutável e na inércia da matéria, enquanto o materialismo é cada vez mais "abstrato", reduzindo a realidade a um processo reproduzido nas fórmulas matemáticas e nas permutações formais dos elementos[10].

Franz Brentano, de quem Husserl tomou a noção de intencionalidade, propôs o conceito de *teleiosis* para resolver o problema do paradoxo do movimento, de Zenão (em cada dado momento, uma flecha no ar ocupa certo ponto no espaço, então quando ela se move?); a *teleiosis* representa a orientação virtual de um ponto efetivo. Tomemos duas flechas em determinado ponto no tempo, uma delas em repouso e a outra atravessando o ar: embora cada uma ocupe determinado ponto no espaço, elas não o ocupam ao mesmo tempo, porque sua respectiva *teleiosis* é diferente – a *teleiosis* da primeira flecha é zero, ao passo que a *teleiosis* da segunda é positiva (sua força depende da velocidade do movimento) e com uma dada direção. Essa potencialidade do movimento faz parte da efetividade de um objeto: se quisermos descrever um objeto em sua realidade plena, temos de incluir sua *teleiosis*. Não encontramos algo estritamente homólogo no cálculo diferencial? A primeira motivação para o estudo da chamada diferenciação foi o problema da linha tangencial: como podemos descobrir, para uma dada curva, o declive da linha reta que é tangencial à curva em um dado ponto? Quando tentamos

---

* Lisboa, Estampa, 1971. (N. E.)

[10] Não admira que o maior poeta da inércia material no cinema, Andrei Tarkovsky, seja também um dos grandes "espiritualistas" cinematográficos. Em termos mais amplos, os três aspectos do Real lacaniano não correspondem aos três aspectos do materialismo? Primeiro, o Real "imaginário": o proverbial grão de areia, o "resto indivisível" material que não pode ser suprassumido no processo simbólico. Depois, o Real "simbólico": fórmulas e letras científicas que reproduzem a estrutura da realidade material. Por fim, o Real "real": o corte da diferença pura, da inconsistência da estrutura.

determinar a inclinação de uma linha que "toca" uma dada curva em um dado ponto, não estamos tentando determinar a direção espacial daquele ponto, sua *teleiosis*? Não surpreende que, em sua grande *Lógica*, na seção sobre "Quantum", Hegel passe dúzias de páginas discutindo cálculo diferencial* e rejeite justamente a noção que costuma ser atribuída a ele de que o infinito *matemático* "é chamado de infinito *relativo*, ao passo que o infinito *metafísico* ordinário – pelo qual é entendido o abstrato, o falso infinito – é chamado de absoluto":

> a rigor, meramente relativo é esse infinito metafísico, pois a negação que ele expressa só é oposta a um limite de maneira que esse limite *persiste* fora dele e não é suprassumido por ele; o infinito matemático, ao contrário, verdadeiramente suprassumiu dentro de si o limite finito porque o mais além deste último está unido a ele.[11]

A ideia metafísica comum de infinito concebe-o como um Absoluto que persiste em si para além do finito: o limite que o separa do finito é externo a ele, pois a negação do finito não faz parte da identidade do Absoluto. No caso do infinito matemático, ao contrário, o infinito não é algo fora da série de números finitos, mas sim a infinidade dessa mesma série. O limite que separa o infinito do finito é imanente ao finito – podemos dizer que o infinito matemático não é nada mais que esse limite. No cálculo diferencial, esse limite como tal é autonomizado, tornado independente: quando calculamos a inclinação da linha reta que é tangencial à curva em determinado ponto, estamos efetivamente calculando a inclinação (direção espacial) de um dado ponto da curva, a direção espacial de algo cuja extensão espacial é reduzida ao infinitamente pequeno, a zero. Isso significa que, no resultado do cálculo diferencial, nós temos uma relação quantitativa entre dois termos (uma linha reta e uma curva) cuja quantidade é reduzida a zero (um ponto), ou seja, temos uma relação quantitativa que permanece depois que a quantidade dos dois *relata* é abolida; mas quando subtraímos a quantidade de um ente, o que permanece é sua qualidade, de modo que o paradoxo do cálculo diferencial é que a relação quantitativa expressa nesse resultado funciona como uma qualidade: "Os assim chamados infinitesimais expressam o desaparecimento dos lados da razão como *quanta*, e o que permanece é sua relação quantitativa somente enquanto qualitativamente determinada"[12].

E como, para Hegel, o tempo é a suprassunção (negação da negação) do espaço, também podemos dizer que a *teleiosis* é a inscrição do tempo no espaço no sentido de espaço-tempo, do tempo como outra dimensão (quarta) do espaço: a *teleiosis* suplementa as três dimensões que determinam a posição espacial de um objeto

---

* G. W. F. Hegel, *Hegel's Science of Logic*, cit., p. 238-313. (N. T.)
[11] Ibidem, p. 249.
[12] Ibidem, p. 269.

com a dimensão virtual e temporal de seu movimento espacial. Uma definição puramente espacial que imobiliza seu objeto produz uma abstração não efetiva, não uma realidade plena; o caráter inacabado (ontologicamente incompleto) da realidade que nos obriga a incluir a virtualidade da *teleiosis* na definição de um objeto é, portanto, não sua limitação, mas uma condição positiva de sua existência efetiva. O mesmo vale para objetos históricos amplos: a definição de uma nação deveria incluir seu passado e futuro, suas memórias e ilusões. Para parafrasear um antigo crítico de Renan, nação é um grupo de pessoas unidas por uma visão errada de seu passado, pelo ódio que sentem hoje por seu próximo e por ilusões perigosas a respeito de seu futuro. (Por exemplo, os eslovenos de hoje são unidos pelos mitos sobre o reino esloveno no século XVIII, pelo ódio que sentem [neste momento] pelos croatas e pela ilusão de que seguem um caminho para se tornarem a próxima Suíça.) Cada forma histórica é uma totalidade que engloba não só seu passado posto retroativamente, mas também seu próprio futuro, um futuro que, por definição, nunca é realizado: é o futuro imanente desse presente, de modo que, quando a forma presente se desintegra, destrói também seu passado e seu futuro[13]. É também dessa maneira que devemos entender a difração em relação às bordas indefinidas de um objeto: não pelo senso comum de que, quando o analisamos mais de perto, suas linhas de demarcação são imprecisas, mas no sentido de que a virtualidade dos movimentos futuros de um objeto faz parte da realidade desse objeto.

Com esse exemplo vemos que, na falta de outro motivo, o gesto de Lenin deveria ser repetido no contexto de denúncia das apropriações espiritualistas da física quântica. Por exemplo, não há ligação direta, ou mesmo sinal de equiparação, entre a liberdade (humana) e a indeterminação quântica: a simples intuição nos diz que, se uma ocorrência depende do puro acaso, se não existe nenhuma causalidade em que possamos fundamentá-la, isso de modo algum a torna um ato de liberdade. Liberdade não é ausência de causalidade, ela ocorre não quando não há causalidade, mas quando meu livre-arbítrio é a causa de um evento ou decisão – quando alguma coisa acontece não sem uma causa, mas porque eu queria que acontecesse. Do lado oposto, Dennett consegue rapidamente naturalizar a liberdade, ou seja, igualando-a à necessidade, com o desenvolvimento de um potencial interno: um organismo é "livre" quando nenhum obstáculo externo impede que ele realize suas inclinações internas – mais uma vez, a simples intuição nos diz que não é isso que entendemos como liberdade.

Para evitar sucumbir a especulações semelhantes sobre como, segundo a física quântica, a mente cria a realidade e assim por diante, a primeira coisa que deve-

---

[13] Nessa mesma linha, talvez possamos conceber a função de onda na física quântica como a *teleiosis* de um objeto desprovido da efetividade do objeto, como a direção de um ponto sem sua realidade.

mos considerar é que as proposições da física quântica só funcionam dentro de um aparato complexo de formalização matemática: se confrontamos suas implicações paradoxais (sincronicidade, tempo que retrocede etc.) com nossa ontologia tirada do senso comum, ignorando o aparato da formalização matemática, o caminho fica aberto para o misticismo da Nova Era. A segunda coisa que devemos considerar, no entanto, é que o universo quântico não é matemático no sentido de envolver o desenvolvimento imanente das consequências dos axiomas iniciais, mas sim totalmente científico no sentido de se basear em medições e, com isso, expor-se à contingência do conteúdo empírico. É por isso que o senso comum científico (o que Althusser chamava de "ideologia espontânea dos cientistas") descarta questões sobre as implicações ontológicas da física quântica como irrelevantes para a ciência:

> É visão comum entre muitos físicos atuais que a mecânica quântica não nos fornece absolutamente nenhum retrato da "realidade"! O formalismo da física quântica, nessa visão, deve ser encarado simplesmente assim: um formalismo matemático. Esse formalismo, conforme argumentariam muitos físicos quânticos, não nos diz essencialmente nada sobre uma realidade quântica efetiva do mundo, mas simplesmente nos permite calcular a probabilidade de realidades alternativas de fato ocorrerem.[14]

Mas há uma verdade nessa rejeição: traduzir os fenômenos quânticos para um contexto mais amplo para impressionar o público é errado e enganador – na nossa realidade, os objetos não ocupam dois lugares ao mesmo tempo etc. Contudo, a questão ontológica ainda persiste, mesmo que continue sem resposta: qual é o *status* ontológico dos fenômenos abrangidos pela fórmula quântica? Embora obviamente não façam parte de nossa realidade cotidiana, eles devem ter um *status* que não pode ser reduzido à imaginação ou aos construtos discursivos dos cientistas.

A chamada interpretação de Copenhague da mecânica quântica, associada a Bohr, deu origem a uma abundância de outras interpretações que tentaram resolver o que era visto como um impasse. Entre elas, citamos: o colapso da função de onda pela consciência ou pela gravidade; a ideia de que a função de onda nunca entra em colapso, pois todas as possibilidades são efetivadas em mundos diferentes; a decoerência que explica o colapso pela interação do objeto com seu ambiente aleatoriamente flutuante etc. Todos esses impactos deveriam ser interpretados segundo o modelo da difração: como tentativas de "renormalizar" o traumático choque ontológico da física quântica. Para Anton Zeilinger: "A busca de interpretações diferentes da interpretação de Copenhague costuma ser motivada pela tentativa de escapar de suas consequências radicais, ou seja, de um ato de repressão cognitiva

---

[14] Roger Penrose, *The Road to Reality: A Complete Guide to the Laws of the Universe* (Londres, Vintage Books, 2004), p. 782.

por parte dos proponentes"[15]. Formulada por Evelyn Fox Keller, essa noção de "repressão cognitiva" refere-se à "relutância em abandonar os princípios básicos da física clássica: a objetividade e a cognoscibilidade da natureza"[16]. Não poderíamos aplicar aqui a noção de difração? A interpretação de Copenhague não funcionaria como um tipo de obstáculo, um ponto de impossibilidade, causando difração epistemológica, isto é, dando origem a uma multiplicidade de interpretações conflitantes que tentam "renormalizar" seu excesso, reinscrevê-la no espaço epistemológico e ontológico tradicional?

Há grandes debates sobre o momento exato do colapso da função de onda; as três posições principais encaixam-se perfeitamente na tríade lacaniana de Real, simbólico e imaginário: o real da medição (quando o resultado é registrado pela máquina de medição, estabelecendo contato entre a microrrealidade quântica e a macrorrealidade ordinária), o imaginário da percepção (quando o resultado é percebido por uma consciência) e a inscrição simbólica (quando o resultado é inscrito na linguagem compartilhada pela comunidade de pesquisadores). Esse debate não sinaliza uma espécie de inconsistência ontológica na física quântica? Esta última explica o colapso da função de onda (e assim o surgimento da realidade "ordinária") no que se refere ao ato da percepção ou registro (uma única realidade surge pelo ato de medição), mas depois explica (ou antes descreve) essa medição no que se refere à realidade ordinária que só pode surgir por meio dela (a máquina de medição é atingida por elétrons etc.), e isso obviamente envolve um *circulus vitiosus*. Uma solução plausível aqui é explicitamente teológica: a única maneira de explicar a realidade do universo como tal é postular um ponto de observação externo a ela, que só pode ser algo como o olho de Deus.

No entanto, existe outra maneira de pensar esse paradoxo. Quando Jacques--Alain Miller enfatiza a imanência do *percipiens* no *perceptum* como movimento crucial de Lacan na teoria do campo da visão, seria legítimo ligar isso à física quântica, que também afirma a imanência do observador no observado? Obviamente, há diferenças que se destacam: na física quântica, o observador não é imanente ao observado no sentido de ser inscrito nele, mas sim em um sentido mais elementar de seu ato de observação ser constitutivo do observado. Além disso, esse observador não é o sujeito lacaniano (do desejo), mas o sujeito da ciência, o sujeito para quem a realidade é "achatada", para quem não há ponto cego na realidade a partir do qual o objeto devolve o olhar. Em outras palavras, devemos ter em mente que a noção lacaniana da imanência do *percipiens* no *perceptum* refere-se à percepção sustentada pelo desejo: o ponto na figura percebida a partir do qual o objeto devolve o olhar

---

[15] Citado de Karen Barad, *Meeting the Universe Halfway*, cit., p. 287.
[16] Idem.

é o ponto "impossível" no qual o objeto-causa do desejo está localizado. Trata-se do contraponto objetal ao desejo do sujeito, o que me atrai "em ti mais do que tu mesmo", e como tal é apenas perceptível, na verdade apenas ex-siste, por uma percepção sustentada pelo desejo.

Claramente, a física quântica tem consequências ontológicas esquisitas. A origem dessa esquisitice é a dualidade entre onda (estendida) e partícula (compacta) que surgiu como um enigma observado por De Broglie quando ele tentou conceber o elétron como uma partícula: "Se um elétron em um átomo de hidrogênio fosse uma partícula compacta, como poderia 'saber' o tamanho de uma órbita para seguir somente aquelas órbitas permitidas pela fórmula de Bohr, hoje bastante conhecida?"[17]. A solução de Bohr para a condição ontológica de complementaridade (onda ou partícula) é:

> o sistema microscópico, o átomo, [não existe] em si e por si. Temos sempre de incluir em nossa discussão – implicitamente, pelo menos – os diferentes aparatos experimentais macroscópicos usados para mostrar cada um dos dois aspectos complementares. Com isso, tudo corre bem, pois, em última instância, o que revelamos é apenas o comportamento clássico desse aparato [...]; embora os físicos falem sobre os átomos e outros entes microscópicos como se fossem coisas físicas efetivas, na verdade eles não passam de conceitos que usamos para descrever o comportamento de nossos instrumentos de medição.[18]

É fundamental que essa descrição seja dada na linguagem vulgar usada para falar da realidade externa do dia a dia – consequentemente, é tentador aplicar aqui a distinção althusseriana preliminar entre "objeto real" e "objeto de conhecimento": os únicos objetos reais com que lidamos na física quântica são os objetos da realidade ordinária; a esfera quântica não tem *status* ontológico próprio, é apenas um "objeto de conhecimento", um construto conceitual cuja função é fornecer a fórmula para explicar o comportamento de objetos medidos que sejam parte da realidade ordinária. Desse modo, não faz o menor sentido falar de processos quânticos como constituintes da esfera autônoma do ser: na realidade, não existem objetos que possam estar em dois lugares ao mesmo tempo etc., "tudo o que existe" ontologicamente é nossa realidade ordinária, o que está "mais além" são apenas as fórmulas matemáticas que dão certa credibilidade àquilo que nossos instrumentos medem, e não um tipo de *insight* sobre "o que a Natureza está tentando nos dizer"[19]. Nossa experiência da realidade cotidiana, portanto, continua sendo o pano de fundo fenomenológico e o fundamento da teoria quântica.

---

[17] Bruce Rosenblum e Fred Kuttner, *Quantum Enigma: Physics Encounters Consciousness* (Londres, Gerald Duckworth, 2007), p. 66.
[18] Conforme resumido em ibidem, p. 108-9.
[19] Ibidem, p. 164.

Devemos resistir à tentação de interpretar o modo como a física quântica destrói a ideia comum de que a realidade existe independentemente de nossa percepção como sinal de um "significado mais profundo", de uma outra realidade mais "espiritual" – até mesmo John Wheeler, que não é alheio à leitura "espiritualista" da física quântica, deixou claro que a "'consciência' não tem absolutamente nada a ver com o processo quântico. Estamos lidando com um evento que se faz conhecer por um ato irreversível de amplificação, por uma inscrição indelével, um ato de registro. [...] [O significado] é uma parte separada da história, é importante, mas não deve ser confundido com 'fenômeno quântico'"[20].

Apesar de Bohr evitar essa armadilha, seu limite trai sua falta de reflexão transcendental propriamente filosófica, discernível na inconsistência fundamental ontológica de seu relato de como aquilo que percebemos como "realidade externa" ordinária só surge por meio do colapso da função de onda no ato de medição: se a realidade empírica ordinária constitui-se pela medição, como explicamos os próprios aparatos de medição que fazem parte dessa mesma realidade empírica? Não estaríamos lidando aqui com uma *petitio principii*, isto é, o *explanandum* não faz parte do *explanans*?

Conhecimento no Real

Um fato raramente considerado é que as proposições da física quântica que desafiam nossa visão comum da realidade material refletem outro domínio, o da linguagem, da ordem simbólica – é como se os processos quânticos estivessem mais próximos do universo da linguagem do que poderíamos encontrar na "natureza", como se, no universo quântico, o espírito humano se encontrasse fora de si mesmo, na forma de seu duplo estranho "natural". Tomemos a caracterização lacaniana das "ciências duras" que tratam do que ele chama de *savoir dans le réel* (conhecimento no real): é como se houvesse um conhecimento das leis da natureza inscrito diretamente no Real dos objetos e dos processos naturais – uma pedra, por exemplo, "sabe" a que leis da gravidade obedecer quando cai. Em outro exemplo do "conhecimento no real" científico, Ernest Rutherford questiona como uma partícula sabe aonde ir quando salta de um "trilho" para outro em volta do núcleo do átomo – trilhos que não existem enquanto objetos materiais, mas são trajetórias puramente ideais. Talvez pareça que reside aí a diferença entre natureza e história: na história humana, as "leis" são normas que podem ser esquecidas ou desobedecidas.

Em seu aspecto mais ousado, a física quântica parece admitir o paradoxo do proverbial gato que fica suspenso no ar nos desenhos animados, ou seja, da mo-

---
[20] Citado em ibidem, p. 165.

mentânea suspensão ou "esquecimento" do conhecimento no real. Imaginemos que temos de pegar um avião no dia X para receber uma fortuna recém-herdada que deve ser entregue no dia seguinte, mas não temos dinheiro para comprar a passagem. Então descobrimos que a contabilidade da companhia aérea funciona de tal maneira que, se fizermos o pagamento da passagem nas 24 horas seguintes a nossa chegada, ninguém saberá que não pagamos a passagem antes do embarque. De maneira homóloga,

> a energia de uma partícula pode flutuar violentamente desde que por um tempo muito curto. Portanto, assim como o sistema de contabilidade da companhia de aviação "permite" que você "tome emprestado" o dinheiro da passagem desde que o reponha com suficiente rapidez, também a mecânica quântica permite que uma partícula "tome emprestada" a energia, desde que esta seja devolvida dentro de um período de tempo determinado pelo princípio da incerteza de Heisenberg. [...] Mas a mecânica quântica nos força a levar a analogia um passo adiante. Imagine uma pessoa que tem a compulsão de sair pedindo dinheiro a todos os amigos. [...] Pede e paga, pede e paga – sem parar nem esmorecer, tomando dinheiro apenas para pagá-lo em seguida. [...] flutuações frenéticas de energia e de momento também ocorrem perpetuamente no universo, em escalas microscópicas de espaço e tempo.[21]

É assim que, mesmo em uma região vazia do espaço, uma partícula surge do Nada, "tomando emprestada" sua energia do futuro e pagando por ela (com sua aniquilação) antes que o sistema perceba que o empréstimo foi feito. A rede inteira pode funcionar desse modo, em um ritmo de empréstimo e aniquilação, um tomando emprestado do outro, deslocando o débito para o outro, atrasando o pagamento – é realmente como se o domínio das subpartículas estivesse jogando com o futuro à moda de Wall Street. Isso pressupõe uma lacuna mínima entre sua realidade bruta imediata e o registro dessa realidade em algum meio (do grande Outro): podemos trapacear, desde que o segundo momento (registro) esteja atrasado em relação ao primeiro. O que torna a física quântica tão estranha é que podemos trapacear "na realidade", com nosso próprio ser. Em outras palavras, a "fantasmagoria" da física quântica não é sua heterogeneidade radical com relação ao senso comum, mas sua estranha semelhança com o que consideramos especificamente humano – aqui, de fato, somos tentados a dizer que a física quântica "desconstrói" a oposição binária comum entre natureza e cultura. Façamos uma breve consideração dessa lista de características[22]:

---

[21] Brian Greene, *O universo elegante* (trad. José Viegas Filho, São Paulo, Companhia das Letras, 2001), p. 136-40.
[22] Baseio-me aqui no terceiro capítulo ("Quantum Physics with Lacan") de meu *Indivisible Remainder* (Londres, Verso Books, 1996).

(1) Dentro da ordem simbólica, a possibilidade como tal possui uma efetividade que lhe é própria, ou seja, ela produz efeitos reais – por exemplo, a autoridade do pai é fundamentalmente virtual, uma ameaça de violência. De maneira semelhante, no universo quântico, a trajetória efetiva de uma partícula só pode ser explicada se levarmos em conta todas as suas possíveis trajetórias em sua função de onda. Em ambos os casos, a efetivação não abole simplesmente o arsenal prévio de possibilidades: o que poderia ter acontecido continua a ecoar no que acontece de fato enquanto seu pano de fundo virtual.

(2) Tanto no universo simbólico quanto no universo físico, encontramos o que Lacan chama de "conhecimento no real": na famosa experiência da fenda dupla, se observarmos a trajetória de um elétron para descobrir por qual das duas fendas ele passará, ele se comportará como partícula; se não o observarmos, ele exibirá as propriedades de uma onda – como se soubesse de alguma maneira que está sendo observado ou não. Tal comportamento não é limitado ao universo simbólico no qual nossa atitude de "considerar a nós mesmos como X" nos faz agir como X?

(3) Quando tentam explicar o colapso da função de onda, os físicos quânticos recorrem sempre à metáfora da linguagem: esse colapso ocorre quanto um evento quântico "deixa um rastro" no aparato de observação, quando é "registrado" de alguma maneira. Temos aqui uma relação de exterioridade – um evento torna-se plenamente ele mesmo, realiza-se, só quando seus arredores "tomam nota" dele – o que reflete o processo da realização simbólica na qual um evento se efetiva plenamente apenas por meio de seu registro simbólico, de sua inscrição em uma rede simbólica que lhe é exterior.

(4) Além disso, há uma dimensão temporal a essa exterioridade do registro: passa-se sempre um mínimo de tempo entre um evento quântico e seu registro, e esse mínimo atraso abre espaço para uma espécie de trapaça ontológica com as partículas virtuais (um elétron pode criar um próton e assim violar o princípio da energia constante, com a condição de reabsorvê-lo suficientemente rápido, antes que seu ambiente "note" a discrepância). Esse atraso também abre caminho para a retroatividade temporal: o registro presente decide o que pode ter acontecido – por exemplo, na experiência da fenda dupla, se um elétron é observado, ele não se comportará apenas (agora) como partícula, seu passado também se tornará retroativamente ("terá sido") o de uma partícula, de maneira homóloga ao universo simbólico no qual uma intervenção radical do presente (advento de um novo Significante-Mestre) pode retroativamente reescrever o (significado do) passado inteiro[23]. Na medida em que a retroatividade é uma característica crucial

---

[23] Para citar Borges, com o surgimento de Kafka, Poe e Dostoiévski não são mais o que eram, pois, do ponto de vista de Kafka, podemos ver neles dimensões que não estavam lá anteriormente.

da dialética hegeliana, e na medida em que a retroatividade só é pensável em uma ontologia "aberta" da realidade não plenamente constituída, a referência a Hegel talvez possa ser de alguma ajuda para destacar as consequências ontológicas da física quântica.

Até que ponto podemos sustentar esse paralelo? Trata-se apenas de uma metáfora aproximada? Ele atesta o fato de que toda a nossa compreensão da realidade já é sobredeterminada pela ordem simbólica, de modo que até nossa apreensão da realidade é sempre-já "estruturada como linguagem"? Ou devemos arriscar um passo adiante e afirmar que existe algo que lembre estranhamente (ou aponte para) as estruturas simbólicas já presentes na própria realidade "física"? Se chegarmos de fato a essa conclusão, toda a "ideologia filosófica espontânea" da lacuna que separa natureza e cultura (uma forma de ideologia muitas vezes discernível no próprio Lacan) tem de ser abandonada. De acordo com essa "ideologia espontânea", a natureza representa a primazia da efetividade sobre a potencialidade, seu domínio é o domínio da pura positividade do ser onde não há faltas (lacunas) no sentido simbólico estrito; no entanto, se levarmos a sério as consequências ontológicas da física quântica, então temos de supor que a ordem simbólica preexiste em uma forma natural "selvagem", ainda que naquilo que Schelling chamaria de potência inferior. Desse modo, temos de postular uma espécie de tríade ontológica de protorrealidade quântica (oscilações quânticas pré-ontológicas), realidade física ordinária e nível virtual "imaterial" dos Eventos Sensoriais. De que maneira esses três aspectos se relacionam?

A característica básica da realidade simbólica é sua incompletude ontológica, seu "não-Todo": ela não tem consistência imanente, é uma multiplicidade de "significantes flutuantes" que só podem ser estabilizados pela intervenção de um Significante-Mestre – em claro contraste, assim parece, com a realidade natural, que é o que é, sem nenhuma intervenção simbólica. Mas é isso mesmo? A principal característica ontológica da física quântica não é que a protorrealidade quântica também precisa de um "ponto de estofo" homólogo (aqui chamado de colapso da função de onda) para estabilizar-se na realidade ordinária dos objetos cotidianos e dos processos temporais? Desse modo, encontramos aqui também a lacuna (temporal) entre a protorrealidade inconsistente e a instância descentralizada de seu registro, que a constitui como realidade plena: aqui também a realidade não é plenamente ela mesma, mas sim descentralizada com relação a si mesma; ela se torna ela mesma retroativamente, por meio de seu registro. Na filosofia, essa lacuna é prefigurada na distinção de Schelling entre Existência e Fundamento da Existência, entre realidade e protorrealidade. Devemos retroceder um pouco: no que consiste a revolução filosófica de Schelling? De acordo com a *doxa* acadêmica, Schelling rompeu com o fechamento idealista da automediação do Conceito ao afirmar uma bipolaridade mais equilibrada entre Ideal e Real: a "filosofia negativa" (análise da essência conceitual) deve ser suplementada pela "filosofia positiva" que trata da ordem positiva da existência. Na natureza, tanto quanto na história humana, a ordem ideal racional só pode prosperar tendo como pano de fundo o Fundamento impenetrável das paixões e pulsões "irracionais". O clímax do desenvolvimento filosófico, o ponto de vista do Absoluto, não é, portanto, a "suprassunção" (*Aufhebung*) da realidade em seu Conceito ideal, mas o meio neutro das duas dimensões – o Absoluto é ideal-real. Tal leitura, no entanto, oculta o verdadeiro avanço de Schelling, ou seja, a distinção, feita pela primeira vez em seu ensaio sobre a liberdade humana, de 1807[24], entre Existência (lógica) e o Fundamento impenetrável da Existência, o Real das pulsões pré-lógicas. Esse domínio proto-ontológico das pulsões não é simplesmente a "natureza", mas o domínio espectral da realidade ainda não plenamente constituída. A oposição de Schelling entre o Real proto-ontológico das pulsões (o Fundamento do Ser) e o próprio Ser, pleno e ontologicamente constituído (que, é claro, é "sexuado" como a oposição do Feminino e do Masculino), portanto, desloca radicalmente os pares filosóficos comuns de Natureza e Espírito, Real e Ideal, Existência e Essência etc. O Fundamento real da Existência é impenetrável, denso, inerte, embora seja ao mesmo tempo espectral, "irreal", não pleno e ontologicamente constituído, enquanto a Existência é ideal, embora seja ao mesmo tempo, em contraste com o Fundamento, plenamente "real", plenamente existente.

As implicações teológicas dessa lacuna entre a protorrealidade e sua plena constituição pelo registro simbólico são de especial interesse: na medida em que "Deus" é o agente que cria as coisas ao observá-las, a indeterminação quântica nos compele a postular um Deus que é *onipotente, mas não onisciente*. "Se Deus desintegra as funções de onda de coisas grandiosas para a realidade pela Sua observação, os experimentos quânticos indicam que Ele não está observando as pequenas"[25]. A trapaça ontológica com as partículas virtuais é uma maneira de trapacear o próprio Deus, a instância máxima que toma nota de tudo o que acontece; em outras palavras, o próprio Deus não controla os processos quânticos, e nisso consiste a lição ateísta da física quântica. Einstein estava certo quando afirmou que "Deus não trapaceia" – mas ele se esqueceu de acrescentar que ele mesmo pode ser trapaceado. Na medida em que a tese materialista é que "Deus é inconsciente" (Deus não conhece), a física quântica é essencialmente materialista: existem microprocessos (oscilações quânticas) não registradas pelo sistema.

Devemos recordar aqui o paradoxo da medição quântica. Na experiência da fenda dupla, quando partículas são bombardeadas uma a uma através das fendas,

---

[24] Ver F. W. J. Schelling, "Philosophical Investigations into the Essence of Human Freedom and Related Matters", em Ernst Behler (org.), *Philosophy of German Idealism* (Nova York, Continuum, 1987).
[25] Bruce Rosenblum e Fred Kuttner, *Quantum Enigma*, cit., p. 171.

elas formam – se não estiverem sendo observadas – o padrão de uma onda. Visto que o padrão de onda pressupõe interação entre as partículas, e visto que cada partícula viaja sozinha nessa experiência, com o que elas interagem? A partícula habita um espaço sincrônico atemporal onde pode interagir com o passado e o futuro? Ou interage *consigo mesma*? Isso nos leva à noção de superposição: a partícula interage consigo mesma, de modo que toma ao mesmo tempo todos os caminhos possíveis, que são "superpostos" um ao outro. Isso não lembra a ideia de Nietzsche de "sombra mais curta", o momento em que um objeto não é percebido pelo outro, mas pela própria sombra – ou, antes, o momento em que o objeto não é o Um efetivo, mas simplesmente um composto de suas múltiplas sombras, de mais-que-nada ou menos-que-zeros? O enigma dessa experiência da fenda dupla é triplo, portanto:

(1) mesmo se dispararmos os elétrons individualmente, um após o outro, e mesmo se não medirmos sua trajetória, eles formarão um padrão de onda – mas como isso é possível? Com o que cada elétron individual interage? (Com ele mesmo.)

(2) mesmo se medirmos (ou não) o trajeto depois que os elétrons passarem pelas fendas, o padrão ainda dependerá de nossa medição – mas como isso é possível, posto que a medição acontece depois da passagem pela fenda? É como se pudéssemos mudar retroativamente o passado.

(3) mesmo se não fizermos nenhuma medição, o simples fato de o aparato de medida (e, com ele, a possibilidade da medição) existir faz o elétron se comportar como partícula – mas como isso é possível, se ele não foi afetado de forma nenhuma pelo aparato de medição?

Mais uma vez, há duas abordagens desviantes para esse enigma: a espiritualista (a mente [do observador] cria a realidade, o universo tem de ser observado por Deus para existir) e a naturalização hiperprecipitada (o colapso da função de onda não precisa de observador no sentido de uma consciência, a observação representa o simples registro pelo ambiente, então tudo na natureza é o tempo todo "observado" pelo ambiente com que ele interage). O enigma básico é o seguinte: uma vez que o resultado da medição depende de nossa livre escolha do que medir, a única maneira de evitar a implicação de que nossa observação cria a realidade é negar nosso livre-arbítrio ou adotar uma solução malebranchiana ("o mundo conspira para correlacionar nossas livres escolhas às situações físicas que observamos")[26].

A ingênua e realista pergunta: "Como se parece a realidade objetiva sem mim, independentemente de mim?", é um pseudoproblema, posto que se baseia em uma abstração violenta da própria realidade que ela tenta apreender: a "realidade objetiva" como conjunto matematizado de relações é "para nós" o resultado de um longo processo de abstração conceitual. Isso não desvaloriza o resultado, tornando-o

---

[26] Ibidem, p. 170.

dependente de nosso "ponto de vista subjetivo", mas envolve um paradoxo: *a "realidade objetiva" (o modo como a construímos através da ciência) é um Real que não pode ser vivenciado como realidade*. Em seu esforço para apreender a realidade "independentemente de mim", a ciência matematizada "me" apaga da realidade, ignorando (não o modo transcendental como constituo a realidade, mas sim) o modo como faço *parte da* realidade. A verdadeira pergunta, por conseguinte, é como eu (enquanto lugar onde a realidade aparece para si mesma) surjo na "realidade objetiva" (ou, de modo mais incisivo, como pode um universo de significado surgir no Real desprovido de significado). Como materialistas, devemos levar em conta dois critérios aos quais deve corresponder uma resposta adequada: (1) a resposta deve ser genuinamente materialista, sem trapaças espiritualistas; (2) devemos aceitar que a noção materialista-mecanicista ordinária da "realidade objetiva" não cumprirá a tarefa. É aqui que entra a física quântica: os paradoxos da experiência da fenda dupla demonstram de maneira muito clara que o domínio protorreal das partículas e ondas quânticas obviamente não é redutível ao nosso conceito-padrão de "realidade externa", suas propriedades não correspondem ao nosso conceito de processos e objetos materiais que ocorrem "lá fora"; no entanto, o domínio das partículas e ondas quânticas é também um Real sem significado.

Devemos agora levar em conta a sutil diferença entre o princípio da incerteza de Heisenberg e o da complementaridade de Bohr, a diferença entre a incompletude meramente epistemológica e a plenamente ontológica: se o argumento de Heisenberg é que não podemos estabelecer a posição e o momento simultâneos de uma partícula porque o próprio ato de medição intervém na constelação medida e perturba suas coordenadas, o argumento de Bohr é muito mais forte e diz respeito à própria natureza da realidade em si – as partículas em si mesmas não têm posição e momento determinados, portanto devemos abandonar a ideia de "realidade objetiva" preenchida por coisas dotadas de um conjunto plenamente determinado de propriedades.

Para Heidegger, a diferença ontológica é, em última instância, fundamentada em nossa finitude: o que Heidegger chama de Evento (*Ereignis*) é o abismo definitivo fora do qual o Ser se revela para nós em uma multiplicidade de horizontes historicamente destinados, e o Ser se abre ou se fecha porque nem todos os seres se abrem para nós. Em termos mais claros, há uma diferença entre entes mundanos e o horizonte de sua abertura *porque* os entes se abrem para nós em um horizonte sempre enraizado em nossa finitude. Aqui, no entanto, devemos repetir a passagem de Kant a Hegel: Heidegger jamais confunde a abertura ontológica dos entes com sua produção ôntica – para ele, a ideia de humanos enquanto o Ser-aí da abertura do Ser não significa que os entes só existam para os seres humanos, e não independentemente deles. Se toda a humanidade fosse dizimada, os entes ainda estariam aí enquanto anteriores ao surgimento do homem, eles só não ex-sistiriam no sentido ontológico pleno de aparecer no horizonte do Ser. Mas e se transpusermos a diferença ontológica (diferença entre os entes e o "nada" do horizonte ontológico de sua abertura) para a Coisa-em-si e a (re)concebermos enquanto incompletude ontológica da realidade (como sugere a física quântica)? E se postularmos que as "Coisas-em-si" surgem contra o pano de fundo do Vazio ou Nada, sendo esse Vazio concebido na física quântica não apenas como um vazio negativo, mas como presságio de toda realidade possível? Esse é o único "materialismo transcendental" verdadeiramente consistente que é possível depois do idealismo transcendental de Kant. Para os verdadeiros dialéticos, o maior mistério não é: "Por que existe algo, em vez de nada?", mas sim: "Por que existe nada, em vez de algo?". Como é possível que, quanto mais analisamos a realidade, mais vazio encontramos?

Isso significa que a diferença ontológica não deveria ser limitada à finitude dos seres humanos para quem os entes aparecem dentro do horizonte (historicamente) dado de um mundo, ou seja, contra o pano de fundo do recuo, na inextricável mistura de revelar-se e ocultar-se. Essa estrutura da realidade como "não-Toda" deve ser tomada em termos plenamente ontológicos: não é que, em nosso horizonte finito, o Em-si da realidade sempre apareça contra o pano de fundo de seu recuo e encobrimento; a realidade é "em si" não-Toda. Em outras palavras, a estrutura da abertura ou do encobrimento – o fato de as coisas sempre surgirem de seu truncado Vazio de fundo, nunca plena e ontologicamente constituído – é a da própria realidade, não só de nossa percepção finita. Talvez esteja aí a maior consequência ontológica da física quântica: seus experimentos mais ousados e brilhantes demonstram não que a descrição de realidade que ela oferece seja incompleta, mas que a própria realidade é ontologicamente "incompleta", indeterminada – a falta que assumimos como efeito de nosso conhecimento limitado da realidade faz parte da própria realidade. De maneira propriamente hegeliana, portanto, é nossa própria limitação epistemológica que nos situa no Real: o que aparece como limitação de nosso conhecimento é característica da própria realidade, seu "não-Todo".

Mais uma vez, isso significa que a passagem de Kant para Hegel deveria ser repetida a propósito de Heidegger: a história heideggeriana do Ser é, no fundo, uma versão historicamente radicalizada do transcendentalismo kantiano. Para Heidegger, a história do Ser é a história das aberturas epocais do Sentido do Ser destinadas ao homem; como tal, essa história é o limite definitivo do que podemos conhecer – todo conhecimento que temos já pressupõe e transita em uma abertura historicamente dada do Ser, a brincadeira abissal dessas aberturas que simplesmente "acontecem" é o máximo a que podemos chegar. A implicação ontológica da física quântica não é que podemos ir além e penetrar na própria realidade, mas sim que a limitação posta por Heidegger pertence ao próprio Em-si. Não seria essa a implicação subjacente do conceito quântico de Nada (Vazio) como prenhe de uma multiplicidade de entes que podem surgir dele, ou seja, "do nada"? A Realidade-

-em-si é o Nada, o Vazio, e desse Vazio surgem constelações parciais e não ainda plenamente constituídas da realidade; essas constelações nunca são "todas", são sempre ontologicamente truncadas, como se fossem visíveis (e existentes) apenas de determinada perspectiva limitada. Só existe uma multiplicidade de universos truncados: do ponto de vista do Todo, não há nada além do Vazio. Ou, arriscando uma formulação simplificada, "objetivamente" não há nada, pois todos os universos determinados só existem a partir de uma perspectiva limitada.

A resposta mais clara para *o* enigma sobre "o que aconteceu antes do Big Bang, aquele ponto singular em que todas as leis da física são suspensas", é, portanto, *nada*. Para Paul Davies, defensor dessa visão, o Big Bang é o começo absoluto de tudo – ele não aconteceu no tempo, mas criou o próprio tempo; sendo assim, a pergunta sobre "o que aconteceu antes" é tão despropositada quanto a pergunta a respeito do "que é mais norte que o polo Norte". Caso contrário, tudo o que acontece agora seria a cópia infinitamente repetível de algo que já aconteceu. De acordo com a leitura "teológica" padrão, a densidade infinita pontual da matéria no ponto de singularidade que é o Big Bang representa o Começo absoluto, o imperscrutável ponto de criação em que Deus interveio de maneira direta e criou o universo. O Big Bang, então, é uma espécie de cordão umbilical que liga diretamente o universo material a uma dimensão transcendental. Tal universo em expansão é finito no tempo e no espaço, embora sem limites por causa da curvatura do espaço. No entanto, há alguns problemas nessa ideia. Segundo certas medições, existem traços de matéria mais antigos que o momento que se calcula que o Big Bang aconteceu em nosso universo. A solução pode ser que nosso universo é como um salão de espelhos cujo eco visual faz o espaço parecer mais amplo do que é. Por conta desse eco, quando um mesmo sinal de outra galáxia chega até nós por dois caminhos diferentes, parece que estamos diante de galáxias diferentes (ou uma mesma galáxia está ao mesmo tempo em dois lugares distantes).

Nick Bostrom propôs uma solução mais radical para tais inconsistências: nosso universo é uma sofisticada simulação de computador, um tipo de realidade virtual programada por uma civilização incomparavelmente mais desenvolvida que a nossa. O programa é tão perfeito que nos possibilita, enquanto seres simulados, vivenciar emoções e a ilusão da liberdade. De tempos em tempos, no entanto, o sistema sofre panes, ele viola as próprias regras (ou talvez aplique "códigos de trapaça"), e experimentamos os efeitos como "milagres" ou Ovnis[27]. Essa versão é concebida basicamente como um cenário biológico secularizado, com a diferença de que nosso criador não é um ser sobrenatural, mas apenas uma espécie natural muito mais

---

[27] Nick Bostrom, "Playthings of a Higher Mind", *Times Higher Education Supplement*, 16 maio 2003. Também conhecido como "The Simulation Argument: Why the Probability That You Are Living in a Matrix is Quite High".

desenvolvida. Assim, se sabemos (ou presumimos) que nosso universo é "simulado", intencionalmente criado por seres superiores, como podemos discernir seus traços e/ou interpretar seus motivos? Eles querem que continuemos totalmente imersos no ambiente simulado? Se sim, isso acontece por que eles estão nos testando, epistemológica ou eticamente[28]? Fomos criados por diversão, como obra de arte, como parte de um experimento científico ou por outras razões? (Lembremos de muitos romances e filmes, desde *The Unpleasant Profession of Jonathan Hoag*, de Robert Heinlein, até *O show de Truman, 13º andar* e *Matrix*.) Conseguimos nos imaginar vivendo em um mundo simulado, sem uma intenção de um criador?

Essa solução transpõe a lacuna entre nosso universo fenomenal e seu Mais-além numenal para o próprio universo, duplicando-o em dois universos: nosso universo fenomenal é virtualizado, reduzido a um estímulo de agentes que operam em um universo "verdadeiro", muito mais desenvolvido. O próximo passo lógico é multiplicar os universos fenomenais em si, sem evocar um universo privilegiado quase divino. Nessa mesma linha, Neil Turok e Paul Steinhardt propuseram uma nova versão da teoria dos mundos múltiplos, segundo a qual nossa realidade quadrimensional (as três dimensões do espaço mais o tempo) está para a verdadeira realidade, assim como uma superfície bidimensional está para nossa realidade tridimensional: existem mais dimensões e universos paralelos, nós é que não podemos percebê-los. De acordo com esse modelo, o Big Bang resultou de um choque (colapso) entre dois desses universos paralelos: tal choque não criou o tempo, simplesmente reiniciou o relógio de certo universo.

O próximo passo lógico é transpor essa multiplicidade em uma sucessão temporal dentro do mesmo universo. Nessa linha, Martin Bojowald substituiu o Big Bang pelo Big Bounce [Grande Salto]: o continuum espaço-temporal é dissociado de tempos em tempos; o colapso que resulta disso dá origem a um novo Big Bang, no qual a densidade das forças quânticas causa uma espécie de "amnésia" do universo – todas as informações sobre o que aconteceu antes do Big Bang são apagadas, portanto a cada novo Big Bang o universo elimina completamente seu passado e começa de novo *ex nihilo*.

Por fim, temos a hipótese de Stephen Hawking a respeito do "tempo irracional" (no sentido dos números irracionais), que dispensa a própria noção de Big Bang: a curvatura do tempo significa que, assim como o espaço, o tempo não tem limite, embora seja finito (curvado sobre si mesmo). A ideia do Big Bang resulta da aplicação da lógica de um tempo linear único ao universo e, portanto, da extrapolação do ponto zero, quando na verdade só existe um movimento circular infinito.

---

[28] Recordemos que Kant pensava que nossa ignorância da realidade numenal era uma condição de nossa capacidade de agir eticamente: se conhecêssemos as Coisas em si mesmas, agiríamos como autômatos.

Essas cinco versões não formam uma série completa de possíveis variações? Não estamos lidando aqui com uma série sistemática de hipóteses como o conjunto das relações entre o Um e o Ser desdobradas e analisadas por Platão na segunda parte de *Parmênides*? Talvez a cosmologia contemporânea precise dessa sistematização conceitual "hegeliana" da matriz subjacente que gera a multiplicidade de teorias efetivamente existentes. Isso não nos leva de volta à antiga sabedoria oriental, segundo a qual todas as coisas são apenas fragmentos efêmeros que surgem do Vazio primordial e, inevitavelmente, retornarão para ele? De modo nenhum: a principal diferença é que, no caso da sabedoria oriental, o Vazio primordial representa a paz eterna que serve como abismo neutro ou fundamento da luta entre os polos opostos, enquanto do ponto de vista hegeliano, o Vazio nomeia a tensão extrema, o antagonismo ou a impossibilidade que gera a multiplicidade de entes determinados. A multiplicidade existe porque o próprio Um é barrado, desconjuntado com respeito a si mesmo. Isso nos leva a outra consequência dessa estranha ontologia do Um tolhido (ou barrado): os dois aspectos de uma lacuna paraláctica (onda e partícula, digamos) nunca são simétricos, pois a lacuna primordial é entre algo (reduzido) e nada, e a complementaridade entre os dois aspectos da lacuna funciona de modo que temos primeiro a lacuna entre nada (vazio) e algo e, só depois, de uma segunda vez (em termos lógicos), um segundo "algo" que preenche o Vazio, e assim temos uma lacuna paraláctica entre dois algos. Por exemplo, nas fórmulas lacanianas de sexuação, as fórmulas femininas (ou antinomias matemáticas) têm prioridade (lógica); é apenas no segundo momento que as antinomias dinâmicas surgem como tentativas de resolver o impasse das antinomias matemáticas.

Podemos arriscar que o mesmo vale para a antinomia (complementaridade) entre ondas e partículas. Em nossa ontologia científica espontânea, tomamos as ondas e a fluidez como objetos mais elementares do que firmemente delineados e delimitados: a razão (ou outra força qualquer de determinação) impõe à fluidez caótica formas claras que, em uma investigação mais minuciosa, revelam-se obscuras, afetadas pelo caos da matéria (nenhum triângulo traçado fisicamente é de fato um triângulo). É em relação a essa imagem espontânea que a natureza radical da física quântica deve ser mensurada: sua ontologia é o exato oposto, pois nela a fluidez contínua é característica do nível superior, ao passo que, quando abordamos a realidade em sua dimensão microscópica, descobrimos que, na verdade, ela é constituída por partes discretas (*quanta*). Não devemos subestimar o efeito desnaturalizador dessa reversão: o universo torna-se de repente algo artificialmente composto de blocos de construção – é como se, ao chegar muito perto de uma pessoa, descobríssemos que ela não é uma pessoa orgânica "real", mas sim composta de minúsculas peças de Lego.

Para o senso comum (e na realidade ordinária), ao contrário, a partícula tem prioridade sobre a onda. Por exemplo, em um deserto, as dunas de areia movidas pelo vento funcionam como ondas, mas a ideia é que, se tivéssemos um conhecimento maior do que temos na verdade, seríamos capazes de reduzir esse comportamento de onda a partículas: até mesmo a mais ampla duna de areia é, em última instância, apenas um composto de pequenos grãos. Tratar o movimento da areia como onda, portanto, é uma simplificação funcional grosseira[29]. A ontologia subjacente a essa visão é que cada movimento de onda deve ser o movimento de alguma coisa, das coisas que existem materialmente e são movidas: as ondas não existem propriamente, elas são uma propriedade ou evento que acontece *a* algo que existe. Aqui, a revolução quântica não só postula a dualidade original irredutível das ondas e partículas; dentro dessa dualidade, ela privilegia (de modo mais ou menos patente) a onda: por exemplo, ela propõe uma mudança da compreensão das ondas como interações entre partículas para a compreensão das partículas como pontos nodais na interação das ondas. Para a física quântica, as ondas, portanto, não podem ser reduzidas a uma propriedade das partículas (ou de algo que acontece a elas). É também por isso que Bohr afirma que a física quântica lida com fenômenos (medidas), e não com as coisas que agem como apoio substancial "por trás" dos fenômenos: todo o tradicional problema de distinguir entre as propriedades que pertencem às "Coisas-em-si" e as propriedades que simplesmente "parecem" pertencer às coisas por causa de seu aparato perceptivo cai por terra, portanto: essa distinção entre propriedades primárias e secundárias não faz mais sentido, porque o modo como uma coisa "aparece", o modo como ela é "para os outros", está inscrito nela "em-si". Para piorar ainda mais as coisas, a própria aparência das "coisas" como coisas, como entes substanciais, resulta do colapso da função de onda pela percepção, tanto que a relação esperada pelo senso comum é mais uma vez virada ao contrário: a noção de coisas "objetivas" é subjetiva, depende de nossa percepção, enquanto as oscilações de ondas precedem a percepção e são, portanto, mais "objetivas".

A principal tarefa, portanto, é interpretar essa incompletude sem abandonar a noção do Real, ou seja, evitar a leitura subjetivista do fato de que o próprio ato de medição coconstitui o que ele mede. A versão de Heisenberg da indeterminação (o "princípio da incerteza") ainda deixa espaço suficiente não só para salvar o conceito de realidade objetiva independente do observador (se fora do alcance do observador), mas também para determiná-lo, para conhecê-lo como é em si: se a inacessibilidade ao Em-si deve-se apenas a sua distorção pelo aparato de medição, não seria possível determinar o efeito sobre o objeto observado no procedimento de medida e depois, ao subtrair esse efeito do resultado, ter o objeto medido do

---

[29] No entanto, permanece aqui um mistério: o proverbial mistério do grão de areia a mais que faz de grãos individuais um monte propriamente dito (funcionando como uma onda).

modo como ele é em si (ou do modo como era antes da medição)? Por exemplo, se eu sei que minha contagem de uma soma de dinheiro acrescentará 20 unidades a ela, e o resultado da contagem é 120, eu sei que, antes da contagem, a soma correspondia a 100 unidades. Bohr argumenta contra essa possibilidade: por razões *a priori*, não podemos determinar o efeito da interação da medida sobre o objeto medido. Por exemplo, se medimos a posição ou o momento de um elétron disparando um fóton contra ele,

> não é possível determinar o efeito do fóton sobre a partícula (elétron), pois precisaríamos determinar simultaneamente a posição e o momento do fóton, o que é fisicamente impossível, dado que as medidas de posição e momento exigem aparatos mutuamente exclusivos para sua respectiva determinação. Desse modo, chegamos à conclusão de Bohr: *a observação só é possível sob a condição de que o efeito da medição seja indeterminável*. Ora, o fato de a interação da medida ser indeterminável é fundamental, porque significa que não podemos subtrair o efeito da medição e com isso deduzir as propriedades que a partícula (supostamente) teria antes da medição.[30]

Não há como não notar a semelhança do raciocínio de Bohr com os primeiros parágrafos da introdução da *Fenomenologia do espírito*, de Hegel, em que ele descreve as consequências absurdas da abordagem representacionalista, segundo a qual o conhecimento é "um instrumento com que se domina o absoluto, ou um meio pelo qual o absoluto é contemplado":

> se o conhecer é o instrumento para apoderar-se da essência absoluta, logo se suspeita que a aplicação de um instrumento *não* deixe a Coisa tal como é para si, mas com ele traga conformação e alteração. Ou então o conhecimento não é instrumento de nossa atividade, mas de certa maneira um meio passivo, através do qual a luz da verdade chega até nós; nesse caso também não recebemos a verdade como é em si, mas como é nesse meio e através dele.
> Nos dois casos, usamos um meio que produz imediatamente o contrário de seu fim; melhor dito, o contrassenso está antes em recorrermos em geral a um meio. Sem dúvida, parece possível remediar esse inconveniente pelo conhecimento do modo-de-atuação do *instrumento*, o que permitiria descontar no resultado a contribuição do instrumento para a representação do absoluto que por meio dele fazemos; obtendo assim o verdadeiro em sua pureza. Só que essa correção nos levaria, de fato, aonde antes estávamos. Ao retirar novamente, de uma coisa elaborada, o que o instrumento operou nela, então essa coisa – no caso o absoluto – fica para nós exatamente como era antes desse esforço; que, portanto, foi inútil. Se através do instrumento o absoluto tivesse apenas de achegar-se a nós, como o passarinho na visgueira, sem que nada nele mudasse, ele zombaria desse artifício, se não estivesse e não quisesse estar perto de nós em si e para si. Pois nesse caso o conhecimento seria um artifício, porque, com seu atarefar-se complexo, daria a

---

[30] Karen Barad, *Meeting the Universe Halfway*, cit., p. 113.

impressão de produzir algo totalmente diverso do que só a relação imediata – relação que por isso não exige esforço. Ou, mais uma vez, se o exame do conhecer – aqui representado como um meio – faz-nos conhecer a lei da refração de seus raios, de nada ainda nos serviria descontar a refração no resultado.[31]

Embora o contexto de Hegel seja totalmente diferente do de Bohr (no mínimo, Hegel escrevia sobre o conhecimento filosófico do Absoluto, enquanto Bohr lutava com as implicações epistemológicas da medição de partículas atômicas), a linha subjacente de argumentação é estritamente homóloga: ambos rejeitam uma posição que primeiro põe uma lacuna entre o sujeito conhecedor e o objeto-a--ser-conhecido, e depois lida com o problema (autocriado) de como transpor essa lacuna. Em outras palavras, os dois combinam a falsa modéstia (somos apenas sujeitos finitos nos confrontando com uma realidade transcendente opaca) com a arrogância de invocar uma metalinguagem (de certo modo o sujeito pode sair de suas próprias limitações e comparar sua perspectiva limitada à realidade em si). E a solução dos dois é basicamente a mesma: incluir o sujeito no "movimento-de-si" do objeto-a-ser-conhecido. O termo hegeliano para essa inclusão é reflexividade[32]. De que modo isso funciona na física quântica?

Realismo agencial

Aqui entra o "realismo agencial" desenvolvido por Karen Barad: "De acordo com o realismo agencial, conhecer, pensar, mensurar, teorizar e observar são práticas materiais subjetivas de intra-agir no mundo e como parte dele"[33]. O realismo agencial deixa para trás o tema moderno padrão do sujeito confrontado com a "realidade objetiva", tema que suscita os dilemas epistemológicos usuais ("o sujeito pode atingir a realidade independente ou está preso no círculo de suas representa-

---

[31] G. W. F. Hegel, *Fenomenologia do espírito*, cit., parte I, § 73, p. 63-4.
[32] Barad rejeita a noção de reflexividade como ferramenta para conceber a inclusão do observador no conteúdo observado, argumentando que a "reflexividade é fundamentada no representacionismo": "A reflexividade toma como certa a ideia de que as representações refletem a realidade (social ou natural). Ou seja, a reflexividade baseia-se na crença de que as práticas de representação não têm nenhum efeito sobre os objetos de investigação e que nós temos um tipo de acesso às representações que não temos aos objetos em si. A reflexividade, assim como a reflexão, ainda mantém o mundo à distância" (Karen Barad, *Meeting the Universe Halfway*, cit., p. 87). Mas essa noção simplesmente não leva em conta o núcleo da reflexividade hegeliana, que é a inclusão do ato de reflexão no próprio objeto: para Hegel, a distância entre o objeto e sua reflexão não é externa (isto é, o objeto é em si, a reflexão é como ele aparece para o sujeito que observa), mas sim inscrita no próprio objeto como seu constituinte mais íntimo – o objeto torna-se o que é por sua reflexão. A exterioridade implícita pela noção de reflexividade é precisamente o que Barad chama de "exterioridade interior".
[33] Karen Barad, *Meeting the Universe Halfway*, cit., p. 90.

ções subjetivas?"): sua unidade ontológica básica é o *fenômeno* no qual os dois lados estão irredutível e inextricavelmente entrelaçados: os fenômenos exibem "a inseparabilidade ontológica dos objetos e aparatos"[34]. Mas o fato de não produzirmos nosso conhecimento à distância, observando a realidade a partir de uma posição longínqua, objetiva e não entrelaçada, não significa que devemos renunciar à objetividade como tal, que todo nosso conhecimento seja subjetivo: tal interpretação ainda pressupõe uma distância representacional entre nossa subjetiva visão-de-fora e as próprias coisas. Sendo assim, como devemos pensar a objetividade (também no sentido da universalidade) do nosso conhecimento?

Bohr, cujas reflexões Barad tenta resumir aqui, enfatiza que tal explicação não implica o relativismo subjetivista: a objetividade é mantida, mas não significa mais que o resultado da observação nos diga algo sobre a realidade do objeto observado antes do ato de medição; significa, ao contrário, que toda vez que repetirmos o mesmo ato de medição sob as mesmas condições (o mesmo entrelaçamento de objeto e aparato), obteremos o mesmo resultado, de modo que não existe nenhuma referência a um observador particular. A leitura subjetivista ou idealista da física quântica ("a mente cria a realidade, não há realidade independente de nossa mente"), portanto, é patentemente falsa: a verdadeira implicação da física quântica é o oposto, obrigando-nos a conceber como nosso conhecimento da realidade é incluído na própria realidade.

A lição de Bohr não é que a realidade é subjetiva, mas sim que nós – sujeitos observadores – fazemos parte da realidade que observamos. Essa não é uma questão do espiritualismo, mas do próprio conhecimento ser fundamentado em práticas materiais. Em suma, a lição implícita das reflexões de Bohr leva a uma crítica *materialista* da epistemologia ingênua e realista e da ontologia do *Materialismo e empiriocriticismo*, de Lenin, com sua noção de conhecimento enquanto "reflexão" (sempre imperfeita) da realidade objetiva, que existe independentemente de nós. Esse materialismo ingênuo trata a realidade-em-si de duas maneiras contraditórias: (1) como infinitamente *mais rica* que o conhecimento e a percepção que temos dela (só podemos abordar de maneira assintótica a infinita riqueza da realidade); (2) como muito *mais pobre* do que a experiência e a percepção que temos dela: a realidade é despida de todas as "propriedades secundárias" (cores, sabores etc.), de modo que tudo o que resta são as formas matemáticas abstratas de seus elementos básicos. Essa oscilação paradoxal entre os opostos é o preço que o materialismo ingênuo paga por seu procedimento abstrato.

Bohr revela os pressupostos idealistas de tal posição: se a realidade está "lá fora" e nós a abordamos sem cessar, então – pelo menos implicitamente – nós, observa-

---

[34] Ibidem, p. 128.

dores, não fazemos parte dessa realidade, e sim estamos em algum lugar fora dela[35]. Na unidade entrelaçada de um fenômeno, não há nenhuma maneira *a priori* de distinguir entre o agente da observação e o objeto observado: cada divisão desse tipo é determinada por um corte agencial contingente dentro da unidade de um fenômeno, um corte que não é apenas uma decisão mental "subjetiva", mas "é construído, agencialmente executado, materialmente condicionado"[36]:

> *O limite entre o "objeto de observação" e os "agentes de observação" é indeterminado no sentido da ausência de um arranjo físico específico do aparato.* O que constitui o objeto de observação e o que constitui os agentes de observação é determinável apenas sob a condição de que o aparato de medição seja especificado. *O aparato executa um corte que delineia o objeto dos agentes de observação.* Claramente, então, como temos notado, *as observações não se referem às propriedades dos objetos independentes da observação (posto que não preexistem como tais).*[37]

São possíveis diferentes cortes dentro do mesmo fenômeno, e cada um deles isola um aspecto diferente do fenômeno enquanto objeto observado. Tomemos como exemplo o uso um bastão para encontrar a saída de um quarto escuro: podemos usar o bastão como um aparato de medição, como um prolongamento da mão, como ferramenta que nos permita "medir" (reconhecer) os contornos do quarto; ou ainda, se conhecemos bem os contornos do quarto, podemos usar o próprio bastão como objeto a ser medido (quando ele toca a parede que sabemos estar a certa distância de onde estamos, podemos determinar o tamanho do bastão; se o batermos contra a mesa diante de nós, podemos estimar sua plasticidade etc.). De maneira homóloga, na experiência da fenda dupla, podemos usar as fendas como instrumento para medir o fluxo de partículas, ou podemos usar o fluxo de partículas como instrumento para medir a propriedade das fendas – o que não podemos fazer é medir diretamente o próprio aparato de medição; para isso, precisaríamos executar um corte agencial diferente por meio do qual tanto o agente de medição quanto o objeto medido tornam-se parte de um novo objeto: "a interação de medição pode ser explicada apenas se o dispositivo de medição for tratado como objeto"[38]. Em outras palavras, "um 'instrumento de medição' não pode caracterizar (isto é, ser usado para medir) a si mesmo"[39], não pode me-

---

[35] E a leitura espiritualista equivocada da física quântica ("o observador cria a realidade") simplesmente opõe a esse materialismo abstrato vulgar um idealismo não menos vulgar: aqui não é o objeto, mas sim o sujeito que é isento da realidade concreta de um fenômeno e pressuposto como fonte abstrata da realidade.

[36] Karen Barad, *Meeting the Universe Halfway*, cit., p. 115.

[37] Ibidem, p. 114.

[38] Idem.

[39] Ibidem, p. 347.

dir seu próprio entrelaçamento com o objeto medido, posto que cada medição baseia-se em um corte contingente no fenômeno, um corte pelo qual uma parte do fenômeno é medida por outra de suas partes. Isso significa que as medições (e, consequentemente, nosso conhecimento) são sempre locais, traçam uma linha de separação que torna descritível uma parte do fenômeno em termos "clássicos" (não quânticos); como tais, as medições fazem parte da realidade quântica global que abrange, como seu momento subordinado, o mundo de processos e objetos descritos em termos clássicos. Esse *insight* tem consequências importantes para a cosmologia:

> o universo simplesmente não tem exterior ao qual os agentes de medida se dirigirem com o intuito de medir o universo como um todo [...] como o universo não tem exterior, não há como descrever todo o sistema, portanto a descrição sempre ocorre de dentro: *apenas uma parte do mundo por vez pode se tornar inteligível para si mesma, porque a outra parte do mundo tem de ser a parte em relação à qual é tirada a diferença.*[40]

Talvez pareça fácil opor idealismo e materialismo nesse aspecto: a posição idealista propõe Deus como o observador externo que pode compreender e "medir" o universo inteiro, ao passo que, para a posição materialista, não há exterior, todo observador perdura dentro do mundo. Em lacanês, a posição idealista é "masculina", ela totaliza o universo por meio do observador como ponto de exceção, enquanto o materialismo é "feminino", ou seja, afirma o "não-Todo" de cada medição[41]. No entanto, seria fácil demais simplesmente privilegiar o não-Todo "feminino" e reduzir a "masculina" totalização-pela-exceção a uma ilusão secundária – aqui, mais do que nunca, devemos insistir na própria diferença (sexual) como fato primário, como o Real impossível com respeito a que ambas as posições, "masculina" e "feminina", aparecem como secundárias, como duas tentativas de resolver seu impasse.

---

[40] Ibidem, p. 350-1.
[41] Outra inscrição da oposição entre idealismo e materialismo na cosmologia ocorre no contínuo debate sobre o Big Bang: não surpreende que a Igreja Católica tenha começado a apoiar a teoria do Big Bang há algumas décadas, interpretando-a como o momento da intervenção direta de Deus, o ponto singular em que as leis universais da natureza são suspensas. A resposta materialista à teoria do Big Bang é a teoria cíclica do universo que vê o Big Bang não como o ponto zero do inexplicável e absoluto começo, mas como o momento da passagem de um universo para outro, uma passagem que também pode ser explicada pelas leis da natureza. A ideia (baseada na teoria das cordas – e os problemas com a teoria das cordas sinalizam os potenciais pontos fracos dessa abordagem) é que existem mais do que as quatro dimensões usuais no universo (três dimensões espaciais mais o tempo): há (pelo menos) mais uma dimensão parcial que mantém uma distância infinitesimal, mas ainda assim operativa, entre o nosso mundo (uma "brana": membrana multidimensional) e seu duplo; no fim de um ciclo cósmico, as duas branas colidem uma com a outra, a distância que as separa é anulada e o colapso engendra a explosão de um novo mundo. Ver Bruce Rosenblum e Fred Kuttner, *Quantum Enigma*, cit.

Isso significa que, com respeito às consequências filosóficas da física quântica e da cosmologia, não podemos simplesmente situar o "corte agencial" que gera o universo clássico dentro do não-Todo quântico, reduzindo dessa maneira a realidade clássica a um fenômeno dentro do universo quântico, pois a realidade quântica não é simplesmente a unidade abrangente que inclui sua realidade clássica "oposta". Aqui também devemos estar atentos ao quadro dentro do qual a realidade quântica nos aparece: o próprio quadro abrangente já faz parte de certo modo do conteúdo enquadrado. Em outras palavras, estamos lidando aqui com a realidade clássica, não importa quão indistinta ela seja: as funções de onda e outros *quanta*, em última análise, são algo que reconstruímos como causa das medições que realizamos e registramos em termos estritamente clássicos. Temos aqui o paradoxo elaborado por Louis Dumont como constitutivo da hierarquia: a ordem ontológica "superior" tem de aparecer na perspectiva da ordem "inferior" como subordinada a esta, como efeito desta – nesse caso, a realidade quântica, que é ontologicamente "superior" (gerando e abrangendo a realidade clássica), tem de parecer, dentro dessa realidade, como algo subordinado a ela e nela fundamentado. E não basta descartar essa reversão como meramente epistemológica ("enquanto a realidade quântica é a verdadeira realidade que causa a realidade clássica, as relações são revertidas em nosso processo de conhecimento") – aqui, mais uma vez, devemos transpor a reversão epistemológica em ontologia e fazer a pergunta-chave: por que essa reversão é necessária para a própria esfera ontológica[42]?

A resposta é que temos de pressupor um corte mais radical que já atravesse o não-Todo. A estrutura da diferença sexual já é a estrutura da difração: a própria diferença precede os dois entes por ela diferenciados; em outras palavras, ela funciona como um obstáculo difrativo, de modo que as duas proposições sexuais, masculina e feminina, devem ser concebidas como relações ao obstáculo ou impasse, como dois modos de lidar com ele. O motivo de Barad não levar em conta esse corte ontológico mais radical está em seu naturalismo implícito. Totalmente versada nas teorias do discurso de Butler e Foucault, Barad enfatiza que os aparatos que fornecem o quadro para os cortes agenciais não são apenas materiais no sentido de fazerem parte da natureza, mas também socialmente condicionados, sempre dependentes de uma rede complexa de práticas sociais e ideológicas. Seu argumento crítico contra Butler, Foucault e outros teóricos historicistas do discurso é que, por mais que rejeitem criticamente a posição humanista cartesiana, eles continuam privilegiando o ponto de vista humano: seu historicismo limita a história à história humana, à rede complexa de formações e práticas discursivas que

---

[42] Essa questão é homóloga à da hierarquia: por que a ordem superior mantém sua prioridade somente se aparece dentro da ordem inferior como a ela subordinada?

determinam o horizonte da inteligibilidade. A lacuna entre a história (humana) e a natureza persiste em sua obra, oferecendo apenas mais uma versão do tema padrão e antinaturalista da natureza como uma categoria discursiva historicamente condicionada: no fundo, o que conta como "natural" depende de processos discursivos históricos. Aqui Barad arrisca um passo fatídico para uma plena "naturalização" da própria ideia de discurso: ao rejeitar os "restos humanistas" na epistemologia de Bohr (sua identificação do "observador" com o sujeito humano), sua explicação realista agencial afirma:

> a inteligibilidade é um exercício ontológico do mundo em sua constante articulação. Não se trata de uma característica dependente do ser humano, mas sim de um aspecto do mundo em seu devir diferencial. [...] O saber implica práticas específicas pelas quais o mundo é explicado e articulado de modo diferente. Em algumas instâncias, os "não humanos" (mesmo seres sem cérebro) surgem como participantes no envolvimento ativo do mundo nas práticas do saber.[43]

Por conseguinte, a conclusão ontológica radical de Barad é que "matéria e significado são mutuamente articulados"[44]: "As práticas discursivas são as condições materiais para criar significado. Em minha explicação pós-humanista, o significado não é uma noção baseada no humano; o significado é antes uma atividade constante do mundo em sua inteligibilidade diferencial"[45]. Ela menciona um organismo primitivo sem cérebro, que vive no mar profundo, cuja superfície inteira reflete as mudanças da luz e desencadeia um movimento de fuga quando essas mudanças são consideradas perigosas – um exemplo da articulação mútua de significado e matéria. Mas a conclusão de Barad, não obstante, se dá de maneira muito tranquila: é verdade que ela elimina os últimos "restos humanistas" – ou seja, remove os vestígios finais do que Meillassoux chama de "correlacionismo transcendental" (o axioma de que cada objeto ou parte da realidade surge como correlato objetivo de um sujeito "ponente") –, mas o preço que paga é *ontologizar a própria correlação*, situando o significado diretamente na natureza, na forma da unidade dos aparatos e objetos.

O problema aqui é a *continuidade* implícita da linha que vai da correlação natural entre organismo e ambiente até a estrutura do significado própria à ordem simbólica. Na natureza, diferenças fazem diferenças: há cortes agenciais que estabelecem uma diferença entre a série de "causas" e a série de "efeitos", um organismo avalia seu ambiente e reage de acordo com sua avaliação; não obstante, falta aqui um curto-circuito entre as duas séries de diferenças, uma marca pertencente à série de "efeitos" que, retroativamente, inscreve-se na série de "causas". O nome que

---

[43] Karen Barad, *Meeting the Universe Halfway*, cit., p. 149.
[44] Ibidem, p. 152.
[45] Ibidem, p. 335.

Deleuze dá a essa marca paradoxal é "precursor sombrio", termo introduzido por ele em *Diferença e repetição*: "O raio fulgura entre intensidades diferentes, mas é precedido por um precursor sombrio [*précurseur sombre*], invisível, insensível, que lhe determina, de antemão, o caminho invertido, como no vazio"[46]. Como tal, o precursor sombrio é o significante de uma metadiferença:

> Dadas duas séries heterogêneas, duas séries de diferenças, o precursor age como o diferenciador destas diferenças. É assim que ele as coloca em relação imediatamente por sua própria potência: ele é o em si da diferença ou o "diferentemente diferente", isto é, a diferença em segundo grau, a diferença consigo, que relacionou o diferente ao diferente por si mesmo. Por ser invisível o caminho que ele traça e porque só se tomará visível invertido, enquanto recoberto e percorrido pelos fenômenos que ele induz no sistema, o precursor só tem como lugar aquele ao qual ele "falta" e só tem como identidade aquela à qual ele falta: ele é precisamente o objeto = x, aquele que "falta ao seu lugar" como à sua própria identidade.[47]

Ou, como resume Ian Buchanan: "Os precursores sombrios são aqueles momentos em um texto que devem ser lidos ao revés para não tomarmos efeitos por causas"[48]. Em *Lógica do sentido*, Deleuze desenvolve esse conceito fazendo referência direta à noção lacaniana de "significante puro": tem de haver um curto-circuito entre as duas séries, a do significante e a do significado, para que o efeito-de-sentido aconteça. Esse curto-circuito é o que Lacan chama de "ponto de estofo", a inscrição direta do significante na ordem do significado na forma de um significante "vazio" sem significado. Esse significante representa a causa (significante) na ordem de seus efeitos, subvertendo, portanto, a ordem "natural" (mal) percebida, na qual o significante aparece como efeito ou expressão do significado. É por isso que a correspondência entre as duas séries de diferenças que encontramos na natureza ainda não é significado – ou, se for, é apenas puro sinal denotativo, o registro de uma correspondência entre os dois conjuntos de diferenças, mas ainda não é *sentido*. Devemos distinguir significado de sentido: Deleuze mostrou que o sentido só pode surgir contra o pano de fundo do não sentido, pois o sentido é, por definição, o dar sentido a um não sentido.

Tomemos, mais uma vez, o exemplo do antissemitismo: ele decreta uma correspondência entre uma série de características da vida social (corrupção, depravação sexual, manipulação da mídia etc.) e uma série de características homólogas hipotéticas do "caráter judeu" (os judeus são corruptos, sexualmente depravados, controlam e manipulam a mídia...), para chegar à conclusão de que os judeus são a causa definitiva dessas características perturbadoras em nossa sociedade. Essa

---

[46] Gilles Deleuze, *Diferença e repetição*, cit., p. 174-5.
[47] Ibidem, p. 175.
[48] Ian Buchanan, *Deleuzism: A Metacommentary* (Durham, Duke University Press, 2000), p. 5.

conclusão, no entanto, é apoiada por um processo intelectual muito mais complexo. Primeiro, há uma reversão no nível da causalidade: se alguém afirma que "os judeus são degenerados, exploradores e manipuladores", isso ainda não faz dele um antissemita; o verdadeiro antissemita acrescentará: "Esse sujeito é degenerado, explorador e manipulador, *porque é judeu*". Não estamos lidando aqui com uma simples circularidade, pois a lógica subjacente não é que "ele é degenerado por ser judeu, e os judeus são degenerados". Há algo mais em jogo: nessa reversão, é gerado um excesso, um misterioso *je ne sais quoi* cuja lógica subjacente é: há um elemento misterioso nos judeus, uma essência do "ser judeu" que faz com que eles sejam degenerados etc. Desse modo, é introduzida uma *pseudocausa* como elemento misterioso que faz do judeu um judeu; um "sentido mais profundo" surge, as coisas ficam claras de repente, tudo faz sentido, porque o judeu é identificado como fonte de todos os nossos problemas. Esse sentido, obviamente, é sustentado pelo não sentido, pelo curto-circuito sem sentido da inclusão do nome de um objeto entre suas propriedades. E essa reversão adicional que "faz sentido" é o que falta na afirmação de Barad de que já encontramos significado na natureza pré--humana, no modo como os organismos interagem (ou antes intra-agem) com seu ambiente. Em outras palavras, por mais que em sua crítica "essencialista" Barad enfatize repetidas vezes a importância das diferenças e da diferenciação, o que ela deixa de fora, em última análise, é *a própria diferença*, a diferença "pura" e autorrelativa que precede os termos que diferencia.

Chegamos aqui ao cerne do problema: o objetivo da crítica que fazemos às conclusões de Barad não é propor uma nova versão da clássica lacuna que separa os humanos dos animais, afirmando que o curto-circuito que "dá sentido" ao não sentido seja especificamente humano. Devemos manter o *insight* de que, na mecânica quântica, encontramos na natureza (por assim dizer, em uma potência/força inferior) uma protoversão esquisita do que costumamos considerar a dimensão simbólica especificamente humana; nossa tese é que uma protoversão do curto--circuito diferencial ignorado por Barad *pode* ser vista em ação no campo quântico. Para confirmar isso, devemos primeiro repetir a reversão hegeliana fundamental: o problema não é "como passar do universo clássico para o universo das ondas quânticas", mas sim o oposto, isto é, "por que e como o próprio universo quântico requer, de forma imanente, o colapso da função de onda, sua 'de-coerência' no universo clássico". Por que e como o colapso é inerente ao universo quântico? Em outras palavras, não é só que não existe uma realidade clássica que não é sustentada pelas flutuações quânticas nebulosas; é também que não existe um universo quântico que não seja sempre-já atrelado a alguma parte da realidade clássica. O problema do colapso da função de onda no ato de medição é que ele precisa ser formulado em termos clássicos, não quânticos – e é por isso que "o colapso da função de onda ocupa uma posição anômala na mecânica quântica. Ele é *requerido* pelo fato de a observação ocorrer, mas não é previsto pela teoria quântica. É *um postulado adicional, que deve ser feito para que a mecânica quântica seja consistente*"[49].

Devemos notar a formulação precisa: uma medição formulada nos termos da realidade clássica é necessária para que a própria mecânica quântica seja consistente, é um adendo da realidade clássica que "sutura" o campo quântico. Houve diversas tentativas de resolver essa anomalia. Em primeiro lugar, a posição dualista: estamos lidando com dois níveis diferentes da realidade, a "macrorrealidade" clássica, que obedece a leis ordinárias, e a "microrrealidade", que obedece a leis quânticas; em segundo lugar, a posição mais extrema segundo a qual tudo o que existe é a realidade clássica, e a esfera quântica é apenas um pressuposto ou construto racional cujo propósito é explicar as medições formuladas em termos clássicos. Para Barad, a realidade também é uma só, mas é a realidade dos fenômenos entrelaçados que obedecem a leis quânticas: é apenas *dentro* de um fenômeno, como parte da *intra*-ação de seus componentes (falar sobre "interação" já é conceder demais à ontologia clássica, pois de certa maneira ela implica a interação de partes separadas), que um corte é executado e o objeto é fixado enquanto observado. O corte isola o objeto como "causa" e a marca no aparato de medição como "efeito", de modo que uma mudança ou diferença no objeto seja entrelaçada a uma mudança ou diferença no aparato – mas esse corte é *inerente* ao fenômeno.

Aqui, a principal noção é a da unidade do fenômeno que engloba o objeto e o aparato; é por isso que, na experiência da fenda dupla, quando o trajeto de cada partícula é medido e o padrão de interferência desaparece, devemos evitar qualquer mistério sobre o fato de que as partículas "sabem" se estão sendo observadas ou não e comportam-se de acordo. Mas também não devemos interpretar esse fato como o resultado de um distúrbio empírico das partículas pelos processos de medição (não é que uma onda se transforma em um conjunto de partículas quando é perturbada por fótons que medem seu trajeto). O que muda é todo o *dispositif* fenomenal que executa um corte agencial diferente, um corte que permite a medição:

> *tudo o que basta para degradar o padrão de interferência é a possibilidade de distinguir os trajetos* [...] o que importa é a "contextualidade" – a condição de possibilidade de definição – e não a verdadeira medida em si. Depois que foi confirmado experimentalmente que o padrão de interferência desaparece sem que nenhum tipo de medição de qual caminho tenha sido feita – mas *apenas a mera possibilidade de distinguir os trajetos* –, essas descobertas oferecem um claro desafio a qualquer explicação da destruição do padrão de interferência que se baseie em um distúrbio mecânico como seu mecanismo causal.[50]

---

[49] George Greenstein e Arthur G. Zajonc, *The Quantum Challenge: Modern Research on the Foundations of Quantum Mechanics* (Sudbury, MA, Jones and Bartlett, 1997), p. 187; como citado em Karen Barad, *Meeting the Universe Halfway*, cit., p. 285 (grifos meus).

[50] Karen Barad, *Meeting the Universe Halfway*, cit., p. 305-6.

Notemos a ocorrência da expressão transcendental "condição de possibilidade": os aparatos desempenham uma espécie de papel transcendental, estruturando um campo de inteligibilidade do fenômeno. É por isso que a mera possibilidade de medir é suficiente: o padrão de interferência desaparece com a mera possibilidade de distinguir os trajetos, mesmo na ausência de qualquer medição empírica, não porque as partículas individuais de algum modo "conhecem" o trajeto observado, mas porque a possibilidade de medição é transcendentalmente constitutiva de seu campo de inteligibilidade. É por isso também que é possível explicar o caso ainda mais perturbador da medição atrasada que parece ser capaz de "mudar o passado":

> além de ser possível restabelecer o padrão de interferência apagando a informação de qual caminho [...], podemos decidir apagar ou não a informação de qual caminho depois que o átomo passou pelas fendas e registrou sua marca em uma tela [...] se o experimentador pode decidir se um padrão de interferência terá ou não resultado ao decidir apagar ou não a informação de qual caminho um tempo depois que cada átomo já tiver atingido a tela, então parece que o experimentador tem controle do passado. Mas como é possível?[51]

Mais uma vez, a chave é dada pela unidade do fenômeno, pela "prioridade ontológica dos fenômenos sobre os objetos": o paradoxo só surge se isolarmos as partículas como "objetos" autônomos que magicamente mudam seu comportamento uma vez que "sabem" que são (ou mesmo serão) observados:

> Se nos concentrarmos nos entes abstratos individuais, o resultado é um mistério completo, não podemos explicar o comportamento aparentemente impossível dos átomos. Não é que o experimentador mude um passado que já esteve presente ou que os átomos se alinhem com um novo futuro simplesmente apagando a informação. A questão é que, para começar, o passado simplesmente nunca existiu, e o futuro não é simplesmente o que será descoberto; o "passado" e o "futuro" são iterativamente retrabalhados e envolvidos [...]. Não existe nenhuma coordenação, como na fantasmagórica ação à distância, entre partículas individuais separadas no espaço ou eventos individuais separados no tempo. Espaço e tempo são fenomenais, ou seja, são intra-ativamente produzidos no fazer do fenômeno; tempo e espaço não existem como dados determinados fora dos fenômenos.[52]

Em suma, cada fenômeno contém seu próprio "passado" e "futuro", que são criados uma vez que as coordenadas desse fenômeno sejam estabelecidas por um corte agencial. Isso significa que cada fenômeno já envolve um corte agencial, já envolve um colapso da função de onda (local). Cada fenômeno, portanto, dá corpo a uma *diferença específica*, a um corte que contrapõe um agente e um objeto.

---

[51] Ibidem, p. 311-2.
[52] Ibidem, p. 315.

O pano de fundo dessa pluralidade de fenômenos – em termos kantianos, o Em-si – é o vazio ou vácuo, a pura potencialidade quântica: cada fenômeno quebra o equilíbrio do vácuo. Se já é difícil imaginar o surgimento de um pedacinho de realidade a partir do nada, como o universo inteiro pode surgir *ex nihilo*? Quanto a isso, a física quântica oferece uma solução linda e propriamente dialética: é claro que nem um objeto sequer, em dado universo, pode surgir do nada, mas o universo inteiro pode, e por uma razão muito simples: "Um requisito que toda lei da natureza deve satisfazer é o ditame de que a energia de um corpo isolado rodeado por espaço vazio é positiva, o que significa que é preciso trabalho para montar o corpo"; do contrário,

> não haveria razão nenhuma para que os corpos pudessem aparecer em qualquer lugar e por toda a parte. O espaço vazio, por essa razão, seria instável. [...] Se a energia total do universo deve sempre continuar sendo zero, e custa energia criar um corpo, como pode um universo inteiro ser criado a partir do nada? É por isso que tem de haver uma lei como a da gravidade. [...] Porque a gravidade modela o espaço e o tempo, ela permite que o espaço-tempo seja localmente estável, mas globalmente instável. Na escala do universo inteiro, a energia positiva da matéria pode ser equilibrada pela energia gravitacional negativa, portanto não há restrição na criação de todo o universo. Posto que existe uma lei como a gravidade, o universo pode se criar, e se criará, do nada.[53]

A beleza dialética desse argumento é que ele inverte a ideia-padrão de um universo localmente instável, porém globalmente estável, como na antiga visão conservadora de que algo deve mudar para que tudo permaneça o mesmo: a estabilidade e a harmonia do Todo é a própria harmonia da luta contínua entre as partes. O que a física quântica propõe, ao contrário, é a instabilidade global como base da estabilidade local: os entes de um universo têm de obedecer a regras estáveis, fazem parte de uma cadeia causal, mas a própria totalidade dessa cadeia é contingente. Isso significa, no entanto, que nesse nível da pura potencialidade do Vazio, não há diferenças? Não, existe a *pura diferença* na forma da lacuna entre dois vácuos, a questão principal do campo de Higgs. Consideremos mais uma vez o paradoxo do campo de Higgs por meio do paralelo com o *status* da "Nação" em nosso imaginário sociopolítico.

O que é a "Nação" a que "pertencemos" senão um dos nomes para a "Coisa" freudiano-lacaniana? O inominável X, o buraco negro do universo simbólico que jamais pode ser definido por um conjunto de propriedades positivas, mas só pode ser sinalizado por pseudoexplicações tautológicas como: "É o que é, você precisa ser alemão (ou...) para saber o que isso significa". Ela não está diante de nós, seus membros, mas por trás de nós, como o fundo impenetrável de nossa existência co-

---

[53] Stephen Hawking e Leonard Mlodinow, *The Grand Design*, cit., p. 179-80.

letiva. Pensemos na arte de escolher em que fila entrar: qualquer estratégia precisa e definível acaba se mostrando contraproducente se for seguida por muitos participantes (como o conhecido exemplo de muitos motoristas que fazem um desvio por uma rua lateral porque pensam que a rua principal está obstruída e a rua lateral acaba congestionada e a principal fica livre). Se, no entanto, a estratégia oposta de escolher aleatoriamente qualquer fila for seguida por quase todos os participantes, surgirá um padrão previsível que, mais uma vez, permitirá às pessoas que seguem uma estratégia que leve em consideração esse padrão escolher a fila mais rápida. Não obstante, algumas pessoas *escolhem* frequentemente a fila mais rápida – como fazem isso? A verdadeira arte consiste em encontrar um equilíbrio entre esses dois extremos: adotar uma estratégia limitada que leve em conta as flutuações e os desequilíbrios de curto prazo, antes que cada estratégia se torne totalmente autodestrutiva. Algo semelhante acontece ao nomear o X de uma Nação-Coisa: ambas as estratégias totalmente consistentes (seja agindo como se pudéssemos definir uma Nação-Coisa com um conjunto de propriedades – o equivalente a uma estratégia definível de escolher uma fila; seja insistindo simplesmente que a Nação-Coisa é uma tautologia imperscrutável – o equivalente a escolher a fila aleatoriamente) são autodestrutivas, então tudo o que podemos fazer é aplicar a abordagem "poética" de escolher características particulares efêmeras que, de alguma maneira, deem ênfase particular à Nação-Coisa vazia, ao mesmo tempo que continuam extremamente particulares, ou seja, sem se imporem como propriedades universais de todos os membros (ou mesmo da maioria deles) de uma Nação – suponhamos, no caso dos ingleses, beber cerveja quente, jogar críquete, caçar raposas etc.

Certa vez Hanif Kureishi me falou de seu novo romance, cuja narrativa era diferente da de seus livros anteriores. Perguntei a ele, ironicamente: "Mas mesmo assim o herói é um imigrante cujo pai paquistanês é um escritor fracassado...". Ele me respondeu: "E qual é o problema? Todos nós não temos pais paquistaneses que são escritores fracassados?". Ele estava certo – e é isso que Hegel quis dizer por singularidade elevada a universalidade: o aspecto patológico que Kureishi identificou em seu pai faz parte de *todo* pai; não existe pai normal, o pai de todo mundo é uma figura que não viveu à altura de suas expectativas e por isso deixou para o filho a tarefa de quitar seus débitos simbólicos. Nesse sentido, o "escritor paquistanês fracassado" de Kureishi é um singular universal, um singular que representa a universalidade. É nisso que consiste a hegemonia, esse curto-circuito entre o universal e seu caso paradigmático (no sentido kuhniano preciso do termo): não basta dizer que o caso de Kureishi é um de uma série de casos que exemplificam o fato universal de que ser pai é mais uma "profissão impossível" – devemos dar um passo adiante e dizer que, precisamente, todos nós temos pais paquistaneses que são escritores fracassados. Em outras palavras, imaginemos o ser-pai como um ideal universal para o qual todos os pais se voltam, mas nunca conseguem alcançar: isso significa que a verdadeira universalidade não é a do ideal ser-pai, mas a do próprio fracasso. O "escritor paquistanês fracassado" é o nome que Kureishi dá ao Pai-Coisa, atribuindo-lhe um *spin* específico – os poetas são os *spins* originais. Aí também reside a arte de "nomear" uma Nação-Coisa: inventar ou nomear esses "*spins*" específicos que dão uma ideia da Nação-Coisa mantendo ao mesmo tempo uma distância apropriada dela, respeitando assim sua inominabilidade. Essa é a arte, ou uma das artes, dos poetas.

O paralelo com a cosmologia moderna revela aqui mais do que poderíamos esperar. Na medida em que a Nação-Coisa funciona como uma espécie de "buraco negro" semiótico, devemos introduzir no jogo a noção de "horizonte de eventos". Na relatividade geral, o horizonte de eventos designa um limite no espaço-tempo: a área que cerca o buraco negro, além da qual os eventos não podem afetar um observador externo. A luz emitida de dentro do horizonte jamais pode alcançar o observador, de modo que tudo o que atravessa o horizonte vindo do lado do observador jamais será visto de novo. Onde está o equivalente da nominação poética da Nação-Coisa? Talvez na chamada "radiação de Hawking", uma radiação térmica prevista por Stephen Hawking em 1975 que seria emitida por buracos negros: os efeitos quânticos permitem que buracos negros emitam radiação do corpo negro mais além do horizonte de eventos; essa radiação não surge diretamente do buraco negro, mas é o resultado de partículas virtuais que são impulsionadas pela gravitação do buraco negro, tornando--se partículas reais: flutuações de vácuo fazem com que um par formado por partícula e antipartícula apareça perto do horizonte de eventos de um buraco negro; um dos pares cai no buraco negro, enquanto os outros escapam e, para o observador externo, parece que o buraco negro acabou de emitir uma partícula. As nominações poéticas de uma Coisa não são parecidas com isso? Para o observador externo (leitor), parece que a própria Nação-Coisa emitiu essa nominação. Somos tentados a levar esse paralelo adiante e incluí-lo no "bóson de Higgs", uma partícula elementar hipotética que é o *quantum* do campo de Higgs, um campo paradoxal que adquire valor não zero no espaço vazio. É por isso que o bóson de Higgs é chamado de "partícula de Deus": trata-se de um "algo" a partir do qual é feito o próprio "nada", literalmente a "matéria do nada". O mesmo vale para a Coisa freudiana: a matéria do nada.

Os dois vácuos

O campo de Higgs destrói as apropriações comuns que a Nova Era faz do Vazio quântico como Nada-Todo, uma pura potencialidade na origem abissal de todas as coisas, o Super-Uno informe de Plotino no qual todos os Unos determinados desaparecem. O "campo de Higgs" controla se forças e partículas se comportam de modo diferente ou não: quando ele está "ativado" (operativo), as simetrias se rompem entre as partículas elementares, dando origem a seu padrão complexo de diferenças; por outro lado, quando está "desativado" (inoperativo), as forças e partículas são indistinguíveis umas das outras, o sistema fica em um estado de vácuo – é por isso que os cientistas de partículas procuram tão desesperadamente a "partícula de Higgs" (hipotética, por enquanto), às vezes referindo-se a ela como "partícula divina". Essa partícula é o equivalente ao que Lacan chama de *objet petit a*, o objeto-causa do desejo, ou seja, a causa que perturba a simetria de um vácuo, o X que rompe a simetria e introduz diferenças – em suma, nada menos que a causa da passagem de nada (o vácuo, o vazio das puras potencialidades) a algo (forças e partículas efetivas diferentes). Como essa partícula milagrosa é pensável de modo materialista? Como podemos evitar a ideia obscurantista de uma causa mística de todos os objetos[54]?

A solução materialista é muito precisa e diz respeito ao principal paradoxo do campo de Higgs: assim como acontece com qualquer campo, o de Higgs é caracterizado pela densidade de sua energia e por sua forma – no entanto, "é energeticamente favorável para o campo de Higgs que ele seja ativado e, para as simetrias entre partículas e forças, que sejam rompidas"[55]. Em suma, quando temos o puro vácuo (com o campo de Higgs desativado), o campo de Higgs ainda tem de gastar energia – nada acontece de graça, não se trata do ponto zero no qual o universo está simplesmente "repousando em si mesmo" em plena liberdade –, o nada tem de ser mantido por um investimento de energia; em outras palavras, energeticamente, custa alguma coisa manter o nada (o vazio do puro vácuo). Talvez algumas tradições teosóficas estejam seguindo a pista certa, como a ideia talmúdica de que, antes de criar algo, Deus teve de criar o nada, teve de recuar, abrir espaço para a criação. Esse paradoxo nos compele a fazer uma distinção entre dois vácuos: primeiro, há o vácuo "falso", em que o campo de Higgs está desativado, isto é, há uma simetria pura sem forças ou partículas diferenciadas; esse vácuo é "falso" porque só pode ser mantido por determinada quantidade de gasto de energia. Depois, há o vácuo "verdadeiro", em que, apesar de o campo de Higgs estar ativado e a simetria estar rompida, isto é, haver diferenciação de partículas e forças, a quantidade de energia gasta é zero; ou seja, energeticamente, o campo de Higgs está em um estado de inatividade, de absoluto repouso[56]. No princípio, há um vácuo falso; esse vácuo é perturbado e a simetria é rompida, porque, como acontece com qualquer sistema energético, o campo de Higgs tende à minimização de seu gasto de energia. É por

---

[54] Todas as especulações teosóficas concentram-se neste ponto: no próprio princípio (ou, mais precisamente, *antes* do princípio) não há nada, o vazio da pura potencialidade, a vontade que nada quer, o abismo divino anterior a Deus, e esse vazio é então inexplicavelmente perturbado ou perdido.
[55] Paul J. Steinhardt e Neil Turok, *Endless Universe: Beyond the Big Bang* (Londres, Phoenix, 2008), p. 82.
[56] Ibidem, p. 92.

isso que "existe algo em vez de nada": porque, energeticamente, *algo é mais barato que nada*. Retornamos aqui à noção de *den* em Demócrito: um "algo mais barato que nada", um estranho "algo" pré-ontológico que é menos que nada.

Sendo assim, é crucial distinguir entre os dois Nadas: o Nada do *den* pré-ontológico, do "menos-que-nadas", e o Nada posto como tal, como negação direta – para que Algo surja, o Nada pré-ontológico tem de ser negado, tem de ser posto como vacuidade direta/explícita, e é somente dentro dessa vacuidade que Algo pode surgir, pode haver "Algo em vez de Nada". O primeiro ato da criação, desse modo, é o esvaziamento do espaço, a criação do Nada (em termos freudianos, pulsão de morte e sublimação criativa estão intrincadamente ligadas).

A noção epicuriana de *clinamen* não seria o primeiro modelo filosófico dessa estrutura do duplo vácuo, da ideia de que um ente só é na medida em que "chega atrasado demais" com relação a si mesmo, a sua própria identidade? Em contraposição a Demócrito, que afirmava que os átomos caíam diretamente no espaço vazio, Epicuro atribuiu a eles a tendência espontânea de desviar de seus trajetos retos. É por isso que, em lacanês, poderíamos dizer que a passagem de Demócrito para Epicuro é a passagem do Um para o mais-objeto: os átomos de Demócrito são "uns", enquanto os átomos de Epicuro são mais-objetos – não surpreende que o trajeto teórico de Marx comece com sua tese de doutorado sobre a diferença entre a filosofia de Demócrito e Epicuro.

Talvez isso nos dê uma definição mínima de materialismo: a distância irredutível entre os dois vácuos. E é por isso que mesmo o budismo permanece "idealista": nele, os dois vácuos se confundem na noção de nirvana. Nem mesmo Freud apreendeu isso com clareza, às vezes confundindo a pulsão de morte com o "princípio do nirvana", portanto não vendo o cerne de sua noção de pulsão de morte como a imortalidade obscena "não morta" de uma repetição que insiste para além da vida e da morte. O nirvana como retorno à paz pré-orgânica é um vácuo "falso", pois "custa mais" (em termos de gasto de energia) do que o movimento circular da pulsão[57].

Encontramos uma estrutura homóloga no mercado: quando Tim Harford fala dos "homens que conhecem o valor do nada"[58], podemos complicar a fórmula e

---

[57] No domínio da pulsão, a mesma lacuna aparece na forma da diferença entre *meta* e *alvo* da pulsão, conforme elaborada por Lacan: a meta da pulsão – alcançar seu objeto – é "falsa", ela mascara seu "verdadeiro" alvo, que é reproduzir seu próprio movimento circular ao perder repetidamente seu objeto. Se a fantasiada unidade com o objeto produziu a incestuosa *jouissance* plena/impossível, o fato de a pulsão perder repetidamente seu objeto não nos obriga simplesmente a nos satisfazer com um gozo inferior, mas gera um mais-gozar próprio, o *plus-de-jouir*. O paradoxo da pulsão de morte, portanto, é estritamente homólogo ao do campo de Higgs: do ponto de vista da economia libidinal, é "mais barato" para o sistema atravessar repetidamente o círculo da pulsão do que ficar em absoluto repouso.

[58] Ver Tim Harford, *The Undercover Economist* (Londres, Abacus, 2007), p. 77-8.

fazer um paralelo com o famoso ensaio de Stephen Jay Gould sobre a relação entre o preço e o tamanho das barras de chocolate da Hershey. Ao comparar as mudanças de preço e tamanho de 1949 a 1979, Gould descobriu que a Hershey reduziu pouco a pouco o tamanho das barras, tornando-as mais largas (mas não tão largas quanto eram originalmente), e aumentou o preço... e depois começou a reduzi-las de novo. Se levarmos esse processo a sua conclusão lógica, em dado momento que pode ser precisamente calculado a empresa venderá embalagens com nada dentro e esse nada terá um preço que pode ser determinado com precisão[59]. O *objeto a* lacaniano é justamente esse algo que sustenta o nada, o "preço do nada", exatamente da mesma maneira que certa energia é necessária para sustentar o vácuo. Uma reação inspirada no senso comum certamente seria que só podemos falar em "menos que nada" em um espaço simbólico, no qual, por exemplo, meu saldo bancário fosse menor que 15 mil. Na verdade, não existe nada que, por definição, seja "menos que nada". Mas será que é isso mesmo? A física quântica destrói justamente esse pressuposto ontológico elementar.

No entanto, de certa maneira o budismo autêntico está ciente desse paradoxo. Para tomar um exemplo da cultura popular: na refilmagem de *Karatê Kid* (2010), o jovem norte-americano reclama para o mestre chinês de kung fu: "Como posso vencer a luta se só fico parado?", ao que o mestre responde: "Ficar parado não é o mesmo que não fazer nada". Podemos entender essa proposição contra o pano de fundo do clichê bem conhecido (mas não menos adequado) sobre o sábio governante que sabe como jogar um subordinado contra o outro, de modo que suas intrigas se neutralizem – um simples exemplo de como o Todo do reino está em paz enquanto suas partes brigam. Em contraste com esse "não fazer nada" do Todo sustentado pela atividade frenética das partes, "ficar parado", como súbita interrupção do movimento, perturba a paz do funcionamento harmonioso (o movimento circular) do Todo[60]. Não teríamos aqui, mais uma vez, uma dualidade homóloga de vácuos: o vácuo do "ficar parado" e o vácuo do "não fazer nada"? Em uma espécie de repetição do paradoxo do campo de Higgs, para efetivamente "fazermos nada", não devemos "ficar parados", mas de certa maneira sermos ativos, posto que, se

---

[59] Ver Stephen Jay Gould, "Phyletic Size Decrease in Hershey Bars", em *Hen's Teeth and Horses' Toes: Further Reflections in Natural History* (Nova York, Norton, 1994). Este é o lucro: o preço do nada que pagamos quando compramos algo de um capitalista. A economia capitalista conta com o preço do nada, envolve a referência a um Zero virtual que tem um preço preciso.

[60] Em *Guerra e paz*, de Tolstói, a oposição entre Napoleão e Kutuzov é a oposição entre passividade ativa e atividade passiva: Napoleão é freneticamente ativo, movendo-se e atacando o tempo todo, mas sua verdadeira atividade é fundamentalmente passiva – ele segue passivamente o destino que o impele a agir, é vítima de forças históricas que ele não compreende. Marshall Kutuzov, seu equivalente militar russo, é passivo em seus atos – recuando, apenas resistindo –, embora sua passividade seja sustentada por uma vontade ativa de resistir e vencer.

formos realmente inativos, se simplesmente estivermos parados, essa imobilidade gera caos e destruição[61].

Se quisermos descrever as coordenadas ontológicas mínimas do universo, não basta simplesmente pôr a infinita multiplicidade dos fenômenos contra o pano de fundo do vácuo ou vazio como sua universalidade: o próprio vácuo é sempre-já cindido entre vácuo "falso" e "verdadeiro", uma cisão que original ou constitutivamente o perturba. Ou, arriscando uma anacrônica formulação hegeliana, é graças a essa cisão no vácuo que a "substância é sempre-já sujeito". É importantíssimo fazer uma distinção entre sujeito e agente: o agente é um ente particular encarnado no contexto de um fenômeno, o ente cujos contornos são constituídos por meio de um corte agencial particular e em contraste com o objeto que surge do mesmo corte; o sujeito, ao contrário, é um vazio que não é determinado por seu contexto, mas sim desentrelaçado dele, ou melhor, é o próprio gesto desse desentrelace. Em outras palavras, a oposição entre agente e objeto é resultado do corte agencial; mas quando o "objeto" é o próprio vácuo, ele é suplementado pela *pura* diferença que "é" sujeito. Essa passagem da diferença específica para a diferença pura, portanto, é idêntica à passagem do agente para o sujeito. E, na medida em que o sujeito, para Hegel, não é apenas o nome de um corte, mas também o nome para o surgimento da aparência, não seria a de-coerência, o colapso da função de onda que faz aparecer a realidade ordinária, também o nome de um corte, uma ruptura, no entrelaçamento das flutuações quânticas? Por que Barad não toca nesse ponto?

Barad oferece muitas variações do tema dos "detalhes importam": em cada arranjo experimental, devemos prestar muita atenção aos detalhes materiais que podem levar a enormes diferenças no resultado (o "efeito borboleta"); em outras palavras, o experimento jamais pode ser reduzido a suas coordenadas abstratas ideais. No entanto, o fato oposto não é muito mais interessante, isto é, a mesma forma global persiste em todas as variações dos detalhes? O que deveria nos surpreender é o fato de que essa forma ideal exerce sua própria eficácia, gera os mesmos efeitos materiais, de modo que quase sempre podemos ignorar os detalhes materiais – como a forma de uma onda que continua a mesma em uma tempestade de areia,

---

[61] Há um tipo de personalidade que ilustra as consequências catastróficas do "não fazer nada": o sujeito que simplesmente fica parado, sem fazer nem ver nada de errado, enquanto causa catástrofes a seu redor. Segundo Ray Monk, Bertrand Russell era um desses sujeitos: ele permaneceu parado no centro de sua rede familiar e gozou a vida, enquanto suicidas se multiplicavam ao seu redor. Podemos evocar uma experiência comum: em geral, quando estamos muito entusiasmados, tentar nos acalmar interrompendo todas as nossas atividades é um fracasso, porque é contraproducente – temos de fazer muito esforço para interromper todas as nossas atividades quando estamos nesse estado. É muito mais eficaz nos concentrarmos em uma atividade mínima e sem significado, como esticar ou comprimir os dedos – atividades automáticas como essa acalmam muito mais do que a inatividade completa.

embora os grãos de areia que a constituem nunca sejam os mesmos. Talvez essa eficácia da abstração (a forma abstrata) seja a base do idealismo: seu *status* não é meramente epistemológico, mas também ontológico, pois a tensão entre a noção abstrata de um objeto e os detalhes de sua existência material faz parte do próprio objeto. Barad acerta quando elogia Bohr por ter transposto a "incerteza" meramente epistemológica da medição para a incompletude ontológica do próprio objeto (medido), mas erra quando faz a mesma coisa a propósito da idealidade: e se todas as características "más" que ela enumera (noções "essencialistas" da identidade etc.) forem não só o resultado do erro epistemológico do observador, mas também, por assim dizer, o resultado de um "erro" inscrito na própria realidade? Dito de outra forma, Barad propõe uma lista de características que opõem a difração ("boa") e a reflexão ("má"): padrão de difração *versus* imagem refletida, diferenças *versus* mesmidade, relacionalidades *versus* mimetismo, performatividade *versus* representacionismo, ontologia entrelaçada *versus* entes separados, intra-ação *versus* interação de entes separados, fenômenos *versus* coisas, atenção a padrões detalhados e características minuciosas *versus* simplificação reificante, entrelaçamento de sujeito e objeto dentro de um fenômeno *versus* oposição fixa entre os dois, rede complexa *versus* oposições binárias etc. Mas não seria essa mesma oposição entre difração e reflexão (ou entre performatividade e representação) uma oposição binária grosseira entre verdade e ilusão[62]?

Há outro ponto crítico intimamente relacionado a esse: Barad também afirma repetidas vezes que o significado não é um ente ideal, mas uma prática material incorporada em aparatos etc. Mas então como explicamos seu *status* ideal, por mais ilusório que seja? Os conceitos podem ser sempre e constitutivamente incorporados nas práticas materiais, mas não são *só* isso. O problema não é situar os conceitos na prática material, mas explicar como as práticas materiais podem gerar o ente ideal que percebemos como conceito. De modo semelhante, Barad destaca repetidas vezes o tema do sujeito cartesiano como agente externo da observação desentrelaçada, que deve ser substituída pelo entrelaçamento agencial: nós fazemos parte da realidade observada, o corte entre sujeito e objeto é representado de modo contingente e assim por diante. Mas o verdadeiro problema é explicar como essa "falsa" aparência de um sujeito desentrelaçado pode surgir, antes de mais nada: ela pode realmente ser

---

[62] Devemos ter a mesma atitude a respeito da oposição entre *performativo* e *constatativo*: há décadas tem sido dito que a linguagem é uma atividade, não um meio de representação que denota um estado independente de coisas, mas sim uma prática de vida que "faz coisas", constitui novas relações no mundo – será que não está na hora de fazermos a pergunta inversa? Como pode uma prática que é plenamente incorporada em um mundo vivido começar a funcionar de maneira representativa, subtraindo-se do entrelaçamento de seu mundo vivido, adotando uma posição distanciada de observação e denotação? Hegel exaltou esse "milagre" como o poder infinito do Entendimento, que pode separar – ou, no mínimo, tratar como separado – o que na vida real está unido.

explicada nos termos do corte agencial dentro do entrelaçamento de um fenômeno? Será que não pressupusemos um corte transfenomenal mais radical como um tipo de *a priori* transcendental que torna possível cortes agenciais intra-ativos?

Talvez aqui seja necessária uma interpretação mais radical do que é difração: a própria noção de difração pode ser difratada. Como observa Barad, "a difração tem a ver com o modo como as ondas se combinam quando se sobrepõem e com a aparente deflexão e propagação de ondas que ocorrem quando as ondas encontram uma obstrução"[63]. A própria difração, portanto, é difratada na combinação e na separação, na sobreposição e na propagação. Essa dualidade não se refere a duas fases consecutivas de um processo, como uma onda que, ao encontrar uma obstrução, divide-se em duas ondas que depois interferem uma na outra ao se encontrar de novo do outro lado do obstáculo. A dualidade refere-se antes a dois aspectos de um mesmo e único processo: a difração é uma divisão que gera o que ela divide em dois, pois não há nenhuma unidade que preceda a divisão. Em outras palavras, devemos conceber a difração não como a *deiscência* libertadora do Um, mas como o próprio movimento de constituição do Um, como a desunião, a lacuna, que dá origem ao Um. Assim radicalizada, a difração é revelada como outro nome para paralaxe, a mudança de perspectiva necessária para produzir o efeito da profundeza do Real, como se um objeto adquirisse a densidade impenetrável do Real apenas quando sua realidade se revela inconsistente: o X observado é real apenas na medida em que é o ponto impossível no qual duas realidades incompatíveis se sobrepõem – agora ela é uma onda, mas, se a medirmos de modo diferente, será uma partícula.

Isso significa que os dois vácuos também não são simétricos: não estamos lidando com uma polaridade, mas com o Um deslocado, o Um que é, por assim dizer, atrasado com relação a si mesmo, sempre-já "caído", sua simetria sempre-já rompida[64]. O "puro" vácuo sempre se revela como "falso", tende ao equilíbrio de um vácuo "verdadeiro", que sempre envolve um mínimo de atividade e perturbação. É fundamental que essa distinção entre os dois vácuos seja mantida: não podemos simplesmente descartar o "vácuo falso" como mera ilusão, deixando apenas o vácuo "verdadeiro", de modo que a única paz verdadeira seja a da atividade incessante, do movimento circular equilibrado – o "verdadeiro" vácuo permanece para sempre uma perturbação traumática.

A complementaridade na física quântica (onda ou partícula) exclui qualquer relação dialética, não há mediação entre a lacuna paraláctica que separa os dois aspectos – seria essa lacuna o fundamento não dialético da negatividade? O velho problema metafísico de como nomear o abismo sem nome aparece aqui no contexto de

---

[63] Karen Barad, *Meeting the Universe Halfway*, cit., p. 74.
[64] Talvez Derrida visasse algo parecido com sua noção de *différance*.

como nomear a lacuna primordial: contradição, antagonismo, castração simbólica, paralaxe, difração, complementariedade... e até *diferença*. Como sugeriu Jameson, talvez devêssemos deixar essa lacuna sem nome, mas não devemos nos abster de pelo menos um esboço intermediário da ontologia implicada por tal universo.

Recordamos aqui o exemplo dos amantes revolucionários que vivem em permanente estado de emergência, inteiramente devotados à Causa, prontos a lhe sacrificar toda a satisfação sexual, mas ao mesmo tempo totalmente dedicados um ao outro: a *disjunção* radical entre paixão sexual e atividade social-revolucionária é plenamente reconhecida aqui, pois as duas dimensões são aceitas como totalmente heterogêneas, sendo uma irredutível à outra, e é essa mesma aceitação da lacuna que torna a relação não antagônica. Esse exemplo pode servir de modelo para a reconciliação propriamente dialética: as duas dimensões não são mediadas ou unidas em uma "síntese" superior, são simplesmente aceitas em sua incomensurabilidade. É por isso que a lacuna paraláctica intransponível, o confronto de duas perspectivas intimamente ligadas, entre as quais não é possível um fundamento neutro comum, *não* é a vingança kantiana contra Hegel, isto é, mais outro nome para uma *antinomia* fundamental que jamais pode ser mediada ou suprassumida dialeticamente. A reconciliação hegeliana é uma reconciliação com a irredutibilidade da antinomia, e é desse modo que a antinomia perde seu caráter antagônico.

Y'a de den

Aonde tudo isso nos leva no que diz respeito a Hegel? Todos conhecemos os famosos versos iniciais de "Burnt Norton", o primeiro dos *Quatro quartetos*, de T. S. Eliot:

O tempo presente e o tempo passado
Estão ambos talvez presentes no tempo futuro
E o tempo futuro contido no tempo passado.
Se todo tempo é eternamente presente
Todo tempo é irredimível.*

Há um paradoxo nesses versos (admirado pelo próprio Eliot): se simplesmente mudarmos ou acrescentarmos uma palavra aqui e ali, nós os transformamos em uma banalidade pura e simples, ao estilo de: "Ontem eu era um dia mais jovem que hoje, e amanhã serei um dia mais velho...". Não acontece algo semelhante na recepção predominante do pensamento de Hegel? O que temos é uma série infinitamente repetida de banalidades: o pensamento de Hegel enquanto expressão definitiva,

---

* T. S. Eliot, *Poesia* (2. ed., tradução, introdução e notas de Ivan Junqueira, São Paulo, Arx, 2004, Obra completa, v. 1.) (N. T.)

ao ponto da loucura até, da ontoteologia metafísica. O processo dialético como círculo fechado no qual as coisas "tornam-se o que são", no qual nada de novo pode realmente surgir; a elevação do Conceito a um monstro cujo automovimento engendra toda a realidade; a confiança *a priori* de que toda a negatividade, as cisões, os antagonismos são "reconciliados" na suprassunção final e assim sucessivamente. Aqui, basta introduzirmos um pequeno deslocamento para que toda a imagem do grande processo metafísico torne-se uma monstruosidade extravagante. Sim, as coisas "tornam-se o que são", mas *literalmente*: em um processo contingente e aberto, elas se tornam o que, *retroativamente*, parece que sempre-já foram. Sim, o antagonismo é "reconciliado", mas não no sentido de desaparecer em um passe de mágica – o que Hegel chama de "reconciliação" é, em seu sentido mais elementar, uma reconciliação com o antagonismo. Sim, no decorrer de um processo dialético, seu fundamento (ponto de partida) é retroativamente posto por seu resultado, mas esse pôr retroativo nunca se fecha em um círculo completo, uma descontinuidade sempre persiste entre um fundamento e o que o fundamento fundamenta etc.

A maior banalidade "hegeliana" diz respeito ao fato, enfatizado por Lebrun, de que, independentemente da contingência radical do processo, Hegel sustenta a premissa de que, no fim, *nós sempre podemos contar uma história sobre o processo*. Em geral, os críticos de Hegel questionam o final feliz: a garantia de que cada negatividade será suprassumida em uma unidade superior. Esse questionamento, no entanto, baseia-se em um falso pressuposto: a ideia de que a história que Hegel conta é a história arqui-ideológica da Queda primordial, a história de como Um se divide em Dois, de como a inocência original é perturbada pela divisão ou alienação etc. Depois, é claro, a crítica é que, uma vez perdida, a unidade original jamais pode ser recuperada. Mas é mesmo essa história que Hegel conta? Façamos uma digressão para tratar dessa questão-chave.

Quando falamos de mitos na psicanálise, estamos falando de fato de *um* mito, o mito de Édipo – todos os outros mitos freudianos (o mito do pai primordial, versão freudiana do mito de Moisés) são variações, embora necessárias. No entanto, com a narrativa de Hamlet, as coisas se complicam. A leitura psicanalítica "ingênua", pré-lacaniana, concentra-se obviamente no desejo incestuoso de Hamlet pela mãe. Por conseguinte, o choque que Hamlet sofre com a morte do pai é explicado nos termos do impacto traumático que a satisfação de um desejo violento e inconsciente (nesse caso, a morte do pai) exerce no sujeito; o espectro do pai morto que aparece para Hamlet é a projeção de sua própria culpa por seu desejo de morte; seu ódio por Cláudio é um efeito da rivalidade narcisista – Cláudio, e não o próprio Hamlet, teve sua mãe; seu desgosto por Ofélia e pela humanidade em geral expressa sua repulsa pelo sexo na sufocante modalidade incestuosa, que surge com a falta da proibição ou da sanção paternal. Assim, de acordo com essa leitura padrão, Hamlet, enquanto versão moderna de Édipo, atesta o fortalecimento da proibição edípica do incesto na passagem da Antiguidade para a Modernidade; no caso de Édipo, ainda estamos lidando com o incesto, ao passo que, em Hamlet, o desejo incestuoso é reprimido e deslocado. E parece que o próprio diagnóstico de Hamlet como um neurótico obsessivo aponta nessa direção: em contraste com a histeria, que é encontrada em toda a história (pelo menos ocidental), a neurose obsessiva é um fenômeno distintamente moderno.

Ainda que não se deva subestimar a força dessa leitura freudiana robusta, e até heroica, de Hamlet como uma versão moderna do mito de Édipo, o problema é como harmonizá-la com o fato de que, apesar de Hamlet – na linhagem goethiana – parecer um modelo de intelectual moderno (introvertido, taciturno, inconclusivo), o mito de Hamlet é mais velho que o de Édipo. O cerne da narrativa de Hamlet (o filho vinga o pai do tio, que o matou e tomou seu trono; o filho sobrevive ao governo ilegítimo do tio bancando o tolo e fazendo observações "loucas", porém verídicas) é um mito universal, encontrado em todos os lugares, desde as antigas culturas nórdicas até o Irã e a Polinésia, passando pelo Egito antigo. Portanto, a ordem cronológica esperada é invertida: o que parece ser a história mística original vem depois, é precedida por uma cópia mediada, mais "corrupta" e irônica. Esse paradoxo da(quilo que é vivido como) repetição (uma cópia distorcida) que precede o original "puro" é o que define a *historicidade propriamente dita*, em contraposição à história ideológica da Queda: a história propriamente dita começa quando nossa visão do passado não é mais colorida por nossa experiência (negativa) do presente, quando somos capazes de perceber o passado como uma época regulada por formas de organização social que diferem radicalmente das formas de organização social atuais. Fredric Jameson salientou que o tópico original de uma narrativa, a narrativa "como tal", é a narrativa de uma Queda, de como as coisas fracassaram, de como a antiga harmonia foi destruída (no caso de Hamlet, como o tio mau derrubou o pai/rei bom). Essa narrativa é a forma elementar de ideologia e, como tal, o passo crucial da crítica da ideologia é invertê-la – o que nos leva de volta a Hegel: a história que ele conta em sua narrativa sobre um processo dialético não é a história de como uma unidade orgânica original aliena-se de si mesma, mas a história de como essa unidade orgânica nem mesmo existiu, de como sua condição é, por definição, a de uma fantasia retroativa – a própria Queda gera a miragem de onde vem a Queda.

O mesmo paradoxo vale para a crença: vendo o presente como uma era de não crença cínica, nossa tendência é imaginar o passado como uma época em que as pessoas "realmente acreditavam" – mas será que existiu mesmo uma era em que as pessoas "realmente acreditavam"? Como demonstrou Robert Pfaller em *Illusionen der Anderen* [Ilusões do Outro][65], a crença direta em uma verdade que é total e

---

[65] Ver Robert Pfaller, *Die Illusionen der anderen: Über das Lustprinzip in der Kultur* (Frankfurt, Suhrkamp, 2002).

subjetivamente assumida ("Aqui estou eu!") é um fenômeno moderno, em contraposição às tradicionais crenças a distância, como as que sustentam as convenções da polidez ou outros rituais. As sociedades pré-modernas não acreditam diretamente, mas a distância, o que explica a má interpretação inerente, por exemplo, na crítica iluminista dos mitos "primitivos" – diante de uma noção como a de uma tribo que surgiu de um peixe ou de um pássaro, os críticos primeiro a interpretam como uma crença literal, depois a tacham de ingênua e "fetichista". Desse modo, impõem sua própria noção de crença no Outro "primitivizado"[66]. Pfaller está correto em enfatizar que hoje acreditamos mais que nunca: a mais cética das atitudes, a da desconstrução, baseia-se na figura de um Outro que "realmente acredita". A necessidade pós-moderna do uso permanente de dispositivos de distanciação irônica (aspas etc.) trai o fato subjacente de que, sem esses dispositivos, a crença seria direta e imediata – é como se dizer: "Eu te amo", em vez da irônica: "Como diriam os poetas, 'eu te amo'", indicasse uma crença diretamente assumida de que eu te amo, como se certa distância já não estivesse em ação na declaração "eu te amo". Podemos ver como a ideia de uma era antiga de crença ingênua também obedece à lógica da Queda: o que ela esconde é o fato de que tal crença é uma fantasia retroativa gerada pelo presente cínico. Na realidade, as pessoas nunca "acreditaram realmente": em tempos pré-modernos, a crença não era "literal", ela incluía uma distância que se perdeu com a passagem para a modernidade.

Para concluir, recapitularemos não só este capítulo, mas o ponto central do livro, tomando como ponto de partida a pergunta de Ray Brassier: "*Como o pensamento pensa a morte do pensar?*"[67]. Para realmente pensarmos o fim do universo (não só a extinção da raça humana, mas o fim do próprio universo previsto pela cosmologia quântica), temos de apreender esse fim como "algo que *já aconteceu*"[68] e pensar nosso presente a partir desse ponto de vista impossível. As últimas palavras do livro de Brassier definem a filosofia em seu sentido mais radical como "o órganon da extinção"[69] – a tentativa de pensar o ser do ponto de vista da extinção

---

[66] Um lugar-comum a respeito dos filósofos de hoje é que sua análise da hipocrisia do sistema dominante trai sua ingenuidade: por que eles ainda se chocam ao ver pessoas violando inconsistentemente os valores que professam quando convém a seus interesses? Será que esperam realmente que as pessoas sejam consistentes e tenham princípios? Devemos defender aqui os filósofos autênticos: o que os surpreende é a característica exatamente *oposta* – não que as pessoas não "acreditem realmente" e ajam de acordo com os princípios que professam, mas que *pessoas que professam seu cinismo e seu oportunismo pragmático radical tenham muito mais crenças secretas do que estão dispostas a admitir*, mesmo que transponham essas crenças para os "outros" (não existentes).

[67] Ray Brassier, *Nihil Unbound: Enlightenment and Extinction* (Londres, Palgrave Macmillan, 2007), p. 223.

[68] Idem.

[69] Ibidem, p. 239.

significa pensar a exterioridade sem pensar, sem (a presença implícita da) mente. Mas há algo de errado, uma dimensão fundamental torna-se indistinta, quando formulamos o problema dessa maneira: é fácil pensar o universo antes do surgimento da humanidade, há centenas de livros cada vez mais populares sobre o Big Bang, a evolução da vida na Terra etc. O verdadeiro problema está em outro lugar, e só é indicado pela réplica transcendental: "Como podemos ter certeza de que a visão científica da realidade objetiva pré-humana já não é constituída por um horizonte transcendental?"; o verdadeiro problema é como posso pensar *a mim mesmo* como se já estivesse morto ou, mais precisamente, extinto? Decerto não por um tipo qualquer de imersão mística em um abismo primordial, mas, paradoxalmente, por meio de uma des-encarnação radical, ao destituir-me de todas as características "patológicas" da minha finitude – e *isso* é o *cogito*, o ponto zero do olhar desencarnado que sustenta a ciência "objetiva". Esse X des-encarnado que pode pensar a si mesmo como parte de um objeto, como já morto, esse X "não morto" é o sujeito, portanto o problema não é como pensar o Em-si sem a mente, mas como pensar o *status* "objetal" desse ponto zero do próprio pensar. Esse correlativo objetal e para sempre esquivo do sujeito, o "fóssil" que "*é*" o sujeito, é o que Lacan chama de *objeto a*, e esse objeto paradoxal é o único Em-si verdadeiro.

Por fim, a alternativa com que lidamos aqui é entre duas versões da pulsão de morte: a leitura que Brassier faz de Freud (pulsão de morte como um passo heroico que vai além da vontade de poder nietzschiana, com o intuito de assumir totalmente a vontade de saber enquanto vontade de nada, a vontade de alcançar o Em-si pensando o fim do pensar), ou a leitura lacaniana de Freud (pulsão de morte como compulsão não morta à repetição). A opção freudiana de Brassier repete a confusão freudiana entre a pulsão de morte e o princípio do nirvana, interpretando a primeira como uma luta pelo retorno do orgânico ao inorgânico, ou da própria matéria ao vazio primordial, ao passo que Lacan concebe a pulsão de morte como uma perturbação de qualquer vazio, como a insistência de um X pré-ontológico por conta do qual "ela se move". A escolha ontológica definitiva, portanto, não é a escolha entre nada e algo mas entre nada (extinção) e menos que nada (*eppur si muove*).

De certa forma, a diferença entre a posição de Brassier e a posição lacaniano-hegeliana pode ser resumida por uma simples substituição: Brassier refere-se à tripla descentralização ou humilhação do narcisismo do homem – Copérnico, Darwin, psicanálise –, mas substitui a psicanálise pelo cognitivismo[70]. Este naturaliza por completo nossa mente, reduzindo-a a um fenômeno que surge naturalmente com a evolução – mas talvez Brassier tenha ido rápido demais aqui: enquanto o cognitivismo descentraliza a mente humana de fora, tratando-a como um efeito de

---

[70] Ibidem, p. 40.

mecanismos objetivos naturais, somente a psicanálise a descentraliza *de dentro*, mostrando que ela envolve não só os processos neuronais objetivos, mas também os processos "subjetivos" do pensamento que lhe são inacessíveis.

Referindo-se a François Laruelle, Brassier define o materialismo nos termos da noção vagamente marxista da "determinação em última instância", que deveria ser oposta à noção semelhante de sobredeterminação: "determinação-em-última--instância é a causalidade que torna universalmente possível que qualquer objeto X determine sua própria cognição 'real', mas só em última instância"[71]. A sobredeterminação é transcendental, ou seja, o ponto defendido pelo transcendentalismo é que um sujeito nunca pode "objetificar-se" plenamente, reduzir-se a uma parte da "realidade objetiva" diante dele, pois tal realidade é sempre-já transcendentalmente constituída pela subjetividade: não importa até que ponto eu tenha sucesso em explicar a mim mesmo como fenômeno dentro da "grande cadeia do ser", como um efeito determinado por uma rede de causas naturais (ou supernaturais), essa imagem causal é sempre-já sobredeterminada pelo horizonte transcendental que estrutura minha abordagem da realidade. A essa sobredeterminação transcendental, Brassier opõe a determinação naturalista em última instância: um materialista sério só pode assumir que cada horizonte objetivo dentro do qual a realidade aparece, cada constituição subjetiva ou mediação da realidade, tem de ser determinada por seu lugar dentro da realidade objetiva, tem de ser concebida como parte de um processo oniabrangente natural. Aqui o contraste é claro: a sobredeterminação não representa o modo pelo qual um Todo oniabrangente determina a interação de suas partes, mas sim, ao contrário, o modo pelo qual uma parte do todo surge enquanto Um autorrelativo que sobredetermina a rede de suas relações com os outros. Nesse sentido prático, a forma elementar da sobredeterminação é a *vida*: um ser vivo faz parte do mundo, mas relaciona-se com seu ambiente enquanto uma função de sua autorrelação (tomando o exemplo mais simples: um organismo se relaciona com o alimento porque precisa dele). Sobredeterminação é um nome para essa reversão paradoxal pela qual um momento subsume sob si mesmo o todo do qual ele se originou (ou, em hegelês, põe seus pressupostos).

Essa relação entre a sobredeterminação e a determinação em última instância é antagônica, pois a primeira impossibilita qualquer conceptualização da segunda. No nível da temporalidade, a estrutura da sobredeterminação é de retroatividade, de um efeito que põe retroativamente (sobredetermina) as próprias causas pelas quais ela é determinada em última instância, e a redução da sobredeterminação à determinação em última instância significa que conseguimos transpor retroativa-

---

[71] François Laruelle, *Introduction au non-marxisme* (Paris, Presses Universitaires de France), p. 48; como citado em Ray Brassier, *Nihil Unbound*, cit., p. 138.

mente a causalidade de volta na rede causal linear. Então por que, afinal, surge a sobredeterminação (simbólico-retroativa)? Será que no fundo seu *status* é de uma ilusão, ainda que espontânea e necessária? A única maneira de evitar essa conclusão é romper a cadeia determinista linear e afirmar a abertura ontológica da realidade: a sobredeterminação não é ilusória, na medida em que preenche retroativamente as lacunas na cadeia da causalidade[72].

O próprio Brassier não reconhece essa complicação quando – mais uma vez, seguindo Laruelle – admite que o pensamento pode tocar o real somente pela sobreposição de duas forclusões?

> [O] idealismo não é enredado pela subtração da intuição intelectual da realidade para a qual ele dá acesso, mas pelo curto-circuito da diferença transcendental entre pensamento e ser, de modo que o que é forcluído para o pensamento no objeto coincide (embora não sinteticamente) com o que é forcluído para o objeto no pensamento.[73]

Essa fórmula é bastante precisa: "o que é forcluído para o pensamento no objeto" (o Em-si *transcendente* do objeto inacessível ao pensamento) se sobrepõe ao "que é forcluído para o objeto no pensamento" (a *imanência* do sujeito excluído do campo da objetividade). Essa sobreposição de duas forclusões (que não deve ser confundida com a *forclusion* de Lacan) repete a ação hegeliano-lacaniana básica: a mesma distância que nos separa do Em-si é imanente ao Em-si, faz de nós (o sujeito) um corte ou lacuna inexplicável/"impossível" dentro do Em-si. Na medida em que, para Lacan, "o que é forcluído para o pensamento no objeto" é o *objeto a* "impossível", e "o que é forcluído para o objeto no pensamento" é o $, o vazio do próprio sujeito barrado, essa sobreposição nos leva de volta à fórmula $–a de Lacan.

Não surpreende, portanto, que somente possamos tratar o Real através de um desvio (proto-hegeliano) pelo erro: "O pensar precisa ser *ocasionado* pela transcendência objetificadora para que seja capaz de assumir o real como sua causa-de-última-instância não inobjetificável [...]. Por conseguinte, a determinação-na-última-instância requer a transcendência objetificadora mesmo enquanto a modifica"[74]. Em outras palavras, *la vérité surgit de la méprise*: o processo de conhecimento tem de ser desencadeado por um objeto transcendente, para que essa

---

[72] A referência terminológica a Marx não é tão arbitrária quanto parece: em termos marxistas, a relação entre determinação em última instância e sobredeterminação é a relação entre economia e política: a economia determina em última instância, enquanto a política (luta política de classes) sobredetermina o processo inteiro. Não podemos reduzir a sobredeterminação à determinação em última instância – isso seria o mesmo que reduzir a luta política de classes a um efeito secundário dos processos econômicos. Mais uma vez, a dualidade entre determinação em última instância e sobredeterminação deveria ser concebida como a de uma cisão paraláctica.

[73] Ray Brassier, *Nihil Unbound*, cit., p. 139.

[74] Ibidem, p. 140.

transcendência errônea seja anulada no passo seguinte. Então como podemos tocar o Real no pensar?

> Pensar a nós mesmos de acordo com um real sem essência não significa pensar a nós mesmos como sendo isso e não aquilo, seres humanos e não coisas. Pensar a nós mesmos de acordo com um real inconsistente que punciona o próprio nada significa pensar a nós mesmos como idênticos a uma última instância destituída até mesmo da mínima consistência do vazio. O real é menos que nada – o que certamente não equivale a igualá-lo ao impossível (Lacan).[75]

A única coisa que devemos rejeitar desse resumo (agradável) da posição de Laruelle é a ressalva final: o Real-impossível lacaniano é precisamente esse "dado sem dadidade", sem um horizonte fenomenológico abrindo espaço para que ele surja, o ponto impossível do ôntico sem o ontológico. A questão-chave aqui é se essa impossibilidade se aplica somente a nós (e, como tal, é epistemológica, concernente ao fato de que é impossível para nós, como seres humanos finitos, nos relacionarmos com a realidade externa de um horizonte ontológico) ou se é inerente ao Real em si.

De certo modo, Brassier está correto em rejeitar a identidade do real inconsistente com o Real-impossível lacaniano: para Lacan, há uma impossibilidade inscrita no próprio núcleo do Real. Voltando a Demócrito: *den* é o nome da multiplicidade inconsistente pré-ontológica de menos-que-Uns (e assim menos-que-Nadas), que é o único candidato materialista-dialético para o Em-si. A questão é: essa multiplicidade inconsistente é suficiente enquanto ponto de partida (pré-)ontológico? Quando Badiou diz que não existe Um, tudo depende de como essa negação deve ser entendida: ela é apenas a asserção da pura multiplicidade ou a asserção de que a negação do Um é a característica negativa imanente da própria multiplicidade pura? Nos termos da piada citada no capítulo 5, a multiplicidade inconsistente não passa de café puro ou de *café sem... (x)*? O axioma lacaniano-hegeliano é que *a impossibilidade do Um é a característica negativa imanente da multiplicidade inconsistente*: há uma multiplicidade inconsistente porque não existe Um, porque o Um é, em si, bloqueado, impossível[76].

O que é então a "Coisa-em-si" de um ponto de vista materialista dialético? A melhor maneira de responder a essa pergunta é, mais uma vez, opondo o materialismo dialético ao budismo: no budismo, o Em-si é o vazio, o nada, e a realidade ordinária é um jogo de aparências. Aqui, a questão não respondida é, em última análise, como passamos do nada para algo. Como as aparências ilusórias surgem do vazio? A resposta materialista dialética é: somente se esse algo for *menos* que nada,

---

[75] Ibidem, p. 137.
[76] Note-se que "o Um não é" nos leva de volta à hipótese de *Parmênides*, de Platão.

a protorrealidade pré-ontológica do *den*. De dentro dessa protorrealidade, aparece nossa realidade ordinária por meio do surgimento de um sujeito que constitui a "realidade objetiva": cada realidade positiva de Uns já é fenomenal, transcendentalmente constituída, "correlacionada" a um sujeito – nos termos de Badiou, toda realidade é a realidade de um mundo definido por suas coordenadas transcendentais.

Então como passamos do Em-si da protorrealidade para a realidade constituída transcendentalmente? Laurelle está correto em apontar que o Em-si não está "lá fora", como um Real externo independente do campo transcendental: no par sujeito e objeto, o Em-si está do lado do sujeito, posto que *objetos (da "realidade externa", transcendentalmente constituídos) existem porque há um sujeito cindido*. A cisão constitutiva do sujeito (que precede a cisão entre sujeito e objeto) é a cisão entre o vazio que "é" o sujeito ($) e o equivalente objetal Real-impossível do sujeito, o *objeto a* puramente virtual. O que chamamos de "realidade externa" (como campo consistente de objetos que existem positivamente) surge pela subtração, ou seja, quando algo é subtraído dela – e esse algo é o *objeto a*. A correlação entre sujeito e objeto (realidade objetiva), portanto, é sustentada pela correlação entre esse mesmo sujeito e seu correlato objetal, o *objeto a* Real-impossível, e essa segunda correlação é de um tipo totalmente diferente: é um tipo de correlação negativa, um elo impossível, uma não-relação, entre dois momentos que nunca podem se encontrar no mesmo espaço (como sujeito e objeto), não porque estão distantes demais, mas por que são um e o mesmo ente nos dois lados de uma fita de Möbius. O objeto virtual Real-impossível não é externo ao simbólico, mas seu impedimento imanente, o que torna curvo o espaço simbólico; mais precisamente, ele "é" nada, senão essa curvatura do espaço simbólico.

Com efeito, isso significa que *não existe ontologia do Real*: o próprio campo da ontologia, da ordem positiva do Ser, surge pela subtração do Real. A ordem do Ser e o Real são mutuamente excludentes: o Real é o bloqueio ou impedimento imanente da ordem do Ser, o que torna inconsistente a ordem do Ser. É por isso que, no nível ontológico, o correlacionismo transcendental está correto: cada "realidade", cada ordem positiva do Ser, é onto-lógica, correlativa ao *logos*, transcendentalmente constituída pela ordem simbólica – "a linguagem é a morada do ser", como diz Heidegger.

Mas aqui não ficamos presos em uma duplicação contraditória: o Real é uma lacuna na ordem do Ser (realidade) *e* uma lacuna na ordem simbólica? A razão de não haver contradição é que a "realidade" *é* transcendentalmente constituída pela ordem simbólica, de modo que "os limites da minha linguagem são os limites do meu mundo" (Wittgenstein). Na visão transcendental comum, há um tipo de Real-em-si (como a *Ding an sich* kantiana) que é então formado ou "constituído" na realidade pelo sujeito; em virtude da finitude do sujeito, nós não podemos totalizar a realidade, ela é irredutivelmente inconsistente, "antinômica" etc. – não podemos ter acesso ao Real que permanece transcendente. A lacuna ou inconsistência, portanto, concerne apenas a nossa realidade constituída simbolicamente, não ao Real em si. Nesse aspecto, Lacan dá um passo estritamente homólogo à passagem de Kant a Hegel com respeito às antinomias e à Coisa-em-si: o Real não é o Em-si externo que escapa à apreensão simbólica, que o simbólico só pode circundar de maneira inconsistente e antinômica; o Real *não é senão* a lacuna ou o antagonismo que tolhe o simbólico por dentro – o simbólico toca o Real de uma maneira totalmente imanente. Por conseguinte, somos levados de volta ao principal paradoxo do Real: ele não é apenas o inacessível Em-si, ele é simultaneamente a Coisa-em-si e o obstáculo que impede nosso acesso à Coisa-em-si. Nisso já reside o avanço reflexivo básico da cristandade, assim como da dialética hegeliana: na cristandade, a própria lacuna que separa o crente de Deus é o que garante sua identidade com Deus, pois, na figura de Cristo abandonado na cruz, Deus é separado de si; em Hegel, um obstáculo epistemológico torna-se característica ontológica da própria Coisa (a contradição não é apenas um indicativo da imperfeição de nosso conhecimento, a limitação do conhecimento nos coloca em contato com a [limitação da] própria Coisa).

Desse modo, o Real é um efeito do simbólico, não no sentido da performatividade, da "construção simbólica da realidade", mas no sentido totalmente diferente de um tipo de "dano colateral" ontológico das operações simbólicas: o processo de simbolização é inerentemente tolhido, fadado ao fracasso, e o Real *é* essa falha imanente do simbólico. A temporalidade circular do processo de simbolização é crucial aqui: o Real é o efeito do fracasso do simbólico em atingir (não o Em-si, mas) *a si mesmo*, em realizar-se plenamente, mas esse fracasso só acontece porque o simbólico é tolhido em si mesmo. É nesse sentido que, para Lacan, o próprio sujeito é uma "resposta do Real": o sujeito quer dizer algo, fracassa, e essa falha *é* o sujeito – "um sujeito do significante" é literalmente o resultado do fracasso de se tornar si mesmo. Também nesse sentido, dentro do espaço simbólico, o efeito *é uma reação contra sua causa*, enquanto a causa é um efeito retroativo de sua causa: o sujeito produz significantes que falham, e o sujeito *enquanto* Real é efeito dessa falha.

Mas isso significa que acabamos em uma espécie de idealismo do simbólico – o que experimentamos como "realidade" é construído simbolicamente, e mesmo o Real que escapa à apreensão do simbólico é resultado da falha imanente do simbólico? Não, porque *é por meio dessa mesma falha em ser si mesmo que o simbólico toca o Real*. Em contraste com o transcendentalismo, Lacan concorda que temos acesso ao Em-si. Lacan não é um idealista do discurso que afirma que estamos presos para sempre na rede das práticas simbólicas, incapazes de atingir o Em-si. No entanto, nós não tocamos o Real rompendo com a "prisão da linguagem" e ganhando acesso ao referente transcendental externo – todo referente externo ("realidade positiva plenamente existente") já é transcendentalismo constituído. Nós tocamos o Real-

-em-si em nosso próprio fracasso em tocá-lo, posto que o Real *é*, em seu sentido mais radical, a "diferença mínima" que separa o Um de si mesmo.

Sendo assim, não basta dizer que, apesar de as coisas existirem lá fora em sua realidade sem significado, a linguagem atribui performativamente significado a elas: o simbólico constitui transcendentalmente a realidade em um sentido ontológico muito mais forte, em seu ser em si. A verdadeira questão é: como é possível essa performatividade (a "mágica" de "fazer coisas com palavras")? Não é apenas que o maior fracasso da performatividade simbólica produz o excesso do Real enquanto obstáculo imanente ao processo de simbolização; esse obstáculo, a lacuna ou antagonismo que estorva o processo simbólico por dentro, é a condição da performatividade:

> é porque o ser é sempre também uma forma de antagonismo/distorção que essas operações [performativas] são efetivas. Para começar, é isso que torna possível a "performatividade", o que a torna ontologicamente (e não só logicamente) efetiva. Se o simbólico é o produtor do ser e não só das maneiras (e normas) do ser, é por causa do que impede o ser de ser *enquanto* ser, por causa de sua contradição interna, que precisamente não é simbólica, mas real.[77]

Em suma, o simbólico pode ser produtor do ser apenas na medida em que a ordem do ser é, ela mesma, tolhida, incompleta, marcada por uma lacuna ou antagonismo imanente.

Isso nos leva de volta à noção propriamente lacaniana de sexualidade enquanto limite imanente da ontologia. Precisamos fazer aqui uma oposição entre sexualidade e sexo animal (cópula): o sexo animal não é "sexual" no sentido preciso da sexualidade humana[78]. A sexualidade humana não é definida por seu conteúdo corporal, é uma característica formal, uma distorção ou protração do espaço-e-tempo que pode afetar qualquer atividade, mesmo aquelas que não têm nada a ver com a sexualidade. De que maneira uma atividade que em si é definitivamente assexual pode adquirir conotações sexuais? Ela é "sexualizada" quando não consegue atingir sua meta assexual e fica presa no círculo vicioso da repetição fútil. Entramos na sexualidade quando um gesto ou uma atividade que "oficialmente" serve a uma meta instrumental torna-se um fim-em-si-mesmo, quando começamos a gozar da própria repetição "disfuncional" desse gesto e, com isso, suspendemos seu propósito. Por exemplo: encontro um amigo e apertamos a mão um do outro, porém, em vez de soltar sua mão depois de a balançar uma vez, continuo a segurá-la e a aperto de maneira ritmada – com essa simples protração não funcional, gero uma insinuação

---

[77] Alenka Zupančič, "Sexual Difference and Ontology" (manuscrito não publicado).
[78] É nesse sentido que devemos interpretar os teólogos que afirmam que Adão e Eva copularam no Jardim do Éden, mas como mera atividade instrumental, como plantar sementes em um campo, sem nenhuma tensão sexual subjacente.

sexual obscena. É nesse sentido que "a sexualidade (como o real) não é um ser que existe *para além* do simbólico; ela só 'existe' como *curvatura do espaço simbólico que acontece por causa do algo adicional produzido com o gesto significante*"[79]. Em outras palavras, a sexualidade enquanto Real não é externa ao campo simbólico; ela é sua distorção ou curvatura imanente, ela ocorre porque o campo simbólico é bloqueado por uma impossibilidade inerente.

Por fim, isso nos leva de volta à tríade formada pela visão sexualizada e pré-moderna do cosmos, a ontologia dessexualizada moderna e a reafirmação lacaniana da sexualidade em sua dimensão ontológica *dentro* do universo dessexualizado, como sua limitação inerente: "A dessexualização da ontologia (o fato de não ser mais concebida como combinação de dois princípios, 'masculino' e 'feminino') coincide com o aparecer sexual enquanto ponto real/perturbador do ser"[80]. A ontologia moderna dessexualizada tenta descrever uma ordem achatada e neutra (neutralizada) do ser (a multiplicidade anônima de partículas ou forças subatômicas), mas, para fazer isso, ela tem de ignorar a inconsistência ou incompletude da ordem do ser, a possibilidade imanente que tolhe cada ontologia. Cada campo da ontologia, mesmo em sua forma mais radical (como a ontologia matemática de Badiou), tem de subtrair o Real/impossível (o espaço curvo da sexuação) da ordem do ser.

---

[79] Alenka Zupančič, "Sexual Difference and Ontology", cit.
[80] Idem.

Conclusão
A SUSPENSÃO POLÍTICA DO ÉTICO

A inexistência do grande Outro indica que cada edifício moral e/ou ético tem de ser fundamentado em um ato abissal que é, no sentido mais radical que se possa imaginar, *político*. A política é o verdadeiro espaço em que, sem nenhuma garantia externa, as decisões éticas são tomadas e negociadas. A ideia de que se pode fundamentar a política na ética, ou de que a política é, em última análise, um esforço estratégico para realizar posições éticas anteriores, é uma versão da ilusão do "grande Outro". Por conseguinte, devemos passar da pergunta: "Qual ética condiz com a psicanálise?" para a pergunta: "Qual política condiz com a psicanálise?".

Com respeito à política, a posição definitiva de Freud é a mesma de Lacan: a psicanálise não fornece programas políticos positivos para a ação; sua maior realização, a "linha de fundo" da análise, é ter atingido os contornos de uma "negatividade", uma força perturbadora, que põe uma ameaça a cada elo coletivo estável. Como um ato político intervém em um estado de coisas, simultaneamente criando a instabilidade e tentando estabelecer uma nova ordem positiva, podemos dizer que a psicanálise nos coloca em confronto com o nível zero da política, uma condição pré-política "transcendental" de possibilidade da política, uma lacuna que abre o espaço para que intervenha o ato político, uma lacuna que é saturada pelo esforço político de impor uma nova ordem. Em termos lacanianos, a psicanálise nos põe em confronto com o nível zero em que "nada tem lugar, exceto o próprio lugar", enquanto a política propriamente dita intervém nesse lugar com um novo Significante-Mestre, impondo fidelidade, dando-nos legitimidade para "forçar" na realidade o projeto sustentado por esse Significante-Mestre.

Consequentemente, podemos dizer que, com respeito à lacuna ou antagonismo que define a condição humana, a relação entre psicanálise e política é a de uma cisão paraláctica, de um encontro perdido entre um "ainda não" e um "tarde demais": a psicanálise abre a lacuna antes do ato, enquanto a política já sutura a lacuna, introduzindo uma nova consistência, impondo um novo Significante-Mestre[1]. Mas será que cada política, cada ato político envolve necessariamente um encobrimento auto-ofuscante dessa lacuna? E se não houver experiência pura da lacuna? E se cada versão da lacuna já for vista da perspectiva de certo envolvimento político? Há uma celebração trágica e conservadora da lacuna (no fundo, estamos fadados ao fracasso, os atos heroicos podem adiar temporariamente a queda final, o máximo que podemos fazer é cair de modo autêntico), uma afirmação liberal pragmática da lacuna (a democracia reconhece a imperfeição de nossas sociedades, não há solução final para nossas aflições, apenas um reparo pragmático mais ou menos bem-sucedido) e a eternização esquerdista radical da luta (Mao: "a luta de classes durará para sempre"). Cada uma dessas posições também pode ser formulada nos termos de sua própria e específica negação do antagonismo: a harmonia orgânica conservadora, o equilíbrio liberal dos conflitos pela tradução do antagonismo em competição antagônica, o paraíso-por-vir esquerdista pós-revolucionário.

Contudo, mais uma vez, essas três versões da lacuna são iguais? A versão esquerdista não deveria ser privilegiada, na medida em que é a única que concebe a lacuna não como luta, mas como antagonismo imanente ou discórdia constitutiva da própria dimensão social? Isso significa que também aqui devemos propor a coincidência dos opostos: a lacuna é visível "como tal" apenas do ponto de vista do engajamento da extrema esquerda. Essa lacuna paraláctica, essa extrema coincidência de opostos (a pura forma e o excesso material contingente que dá corpo a ela, a onda e a partícula na física quântica, a universalidade e o engajamento totalmente partidário etc., até e inclusive a fidelidade a uma Causa universal e a uma relação amorosa), o ponto morto da "dialética suspensa" (como disse Benjamin), não é um caso de pura "contradição" (ou antes de antinomia) que nenhuma mediação ou reconciliação dialética pode superar? A lacuna paraláctica é, ao contrário, *a própria forma da "reconciliação" dos opostos*: só é preciso reconhecer a lacuna. A universalidade é "reconciliada" com o engajamento político partidário na forma do engajamento que representa a universalidade (portanto engajamento proletário emancipatório); a pura forma é "reconciliada" com seu conteúdo na forma do excesso informe do conteúdo que representa a forma como tal; ou, na visão política de Hegel, o Estado Racional universal é "reconciliado" com o conteúdo particular na forma do Monarca, cuja legitimação é, ao mesmo tempo, puramente simbólica (seu título) e "irracional" (biológica: só seu nascimento explica seu ser monarca).

Devemos rejeitar aqui o senso comum segundo o qual, ao desfazer todas as mistificações e ilusões, a psicanálise nos faz conscientes de tudo o que realmente

---

[1] Ver Mladen Dolar, *Oficirji, služkinje in dimnikarji* (Liubliana, Analecta, 2010). Na literatura, o par correspondente talvez seja Sófocles *versus* Ésquilo: o impasse trágico *versus* uma nova ordem, o terror *versus* uma nova harmonia.

somos, do que realmente queremos, e assim nos deixa no limiar de uma decisão verdadeiramente livre, que não depende mais do autoengano. O próprio Lacan parece defender essa visão quando diz que "se a análise talvez nos prepara para ela [a ação moral], no fim das contas, nos deixa à sua porta": "os limites éticos da análise coincidem com os limites de sua práxis. Sua práxis não é senão prelúdio à ação moral como tal"[2]. No entanto, Lacan não delineia aqui um tipo de *suspensão política do ético*? Uma vez que estamos cientes da contingência radical de nossos atos, o ato moral em sua oposição ao político torna-se impossível, posto que cada ato envolve uma decisão fundamentada apenas em si mesma, uma decisão que é, como tal e no sentido mais elementar, político. Até Freud é precipitado nesse aspecto: ele faz uma oposição entre multidões artificiais (igreja, exército) e multidões primárias "regressivas", como uma turba rebelde engajada na violência coletiva passional (linchamentos, *pogroms*). Além do mais, da perspectiva liberal[3], a turba de linchadores e a multidão revolucionária de esquerda são tratadas como libidinalmente idênticas, pois envolvem o mesmo desencadeamento da pulsão de morte destrutiva ou desvinculadora. Parece que, para Freud, a multidão primária "regressiva", exemplarmente em ação na violência destrutiva de uma turba, é o nível zero da desvinculação de um elo social, a "pulsão de morte" social em seu sentido mais puro.

As implicações teológicas dessa violência são inesperadamente poderosas: e se o principal destinatário do mandamento bíblico "não matarás" for o próprio Deus (Jeová), e nós, frágeis seres humanos, formos seu próximo exposto à fúria divina? Com que frequência encontramos no Antigo Testamento um estrangeiro misterioso que invade brutalmente a vida humana e semeia a destruição? Quando Levinas escreveu que nossa primeira reação ao ver o próximo é matá-lo, ele não quis dizer que isso implicava originalmente a relação de Deus com os seres humanos, de modo que o mandamento "não matarás" é um apelo para que Deus controle sua fúria? Na medida em que a solução judaica é um Deus morto, um Deus que so-

---

[2] Jacques Lacan, *O seminário, livro 7: a ética da psicanálise*, cit., p. 32.
[3] As preferências de voto de Freud (em uma carta, ele conta que, de modo geral, não votava – a exceção foi somente quando surgiu um candidato liberal em seu distrito), portanto, além de ser assunto privado, são fundamentadas em sua teoria. Os limites da neutralidade liberal freudiana ficaram claros em 1934, quando Dolfuss assumiu o poder na Áustria, impondo um Estado corporativo, e conflitos armados eclodiram nos subúrbios de Viena (sobretudo nos arredores de Karl Marx Hof, um grande conjunto habitacional que era o orgulho da Democracia Social). O cenário não deixou de ter seus aspectos surreais: no centro de Viena, a vida nas famosas cafeterias transcorria normalmente (e Dolfuss apresentava-se como defensor dessa normalidade), enquanto a um ou dois quilômetros dali os soldados bombardeavam os prédios habitados pelos trabalhadores. Nessa situação, a associação de psicanálise publicou uma diretiva proibindo seus membros de tomar partido de um dos lados do conflito – efetivamente ficando do lado de Dolfuss e dando sua pequena contribuição para a ascensão ao poder pelos nazistas, quatro anos depois.

brevive apenas na "letra morta" do Livro Sagrado, da Lei a ser interpretada, o que morre com a morte de Deus é justamente o Deus do Real, da fúria destrutiva e da vingança. Aquela frase bastante conhecida sobre o Holocausto – *Deus morreu em Auschwitz* – tem de ser invertida, portanto: Deus reviveu em Auschwitz. Devemos recordar aqui a história talmúdica dos dois rabinos debatendo uma questão teológica: o que perde o debate pede que o próprio Deus intervenha e decida a questão; contudo, quando Deus aparece, o outro rabino lhe diz que, como o trabalho de criação já foi feito, ele não tem nada para dizer e por isso deve ir embora, e Deus vai. É como se, em Auschwitz, Deus voltasse com consequências catastróficas. O verdadeiro horror não acontece quando somos abandonados por Deus, mas quando Deus chega perto demais.

Deveríamos acrescentar a essa posição freudiana pelo menos três pontos. Primeiro, Freud não consegue distinguir claramente entre o modelo igreja e o modelo exército da multidão artificial: enquanto a "igreja" representa a ordem hierárquica social que tenta manter a paz e o equilíbrio fazendo compromissos necessários, o "exército" representa um coletivo igualitário definido não por sua hierarquia interna, mas por sua oposição a um inimigo que está aí para destruí-lo – os movimentos emancipatórios radicais são sempre inspirados no exército, não na igreja, e igrejas milenares realmente são estruturadas como exércitos. Segundo, as multidões primárias "regressivas" não vêm primeiro, elas não são a fundação "natural" para o surgimento das multidões "artificiais": elas vêm *depois*, como uma espécie de suplemento obsceno que sustenta a multidão "artificial", relacionando-se a esta como o supereu com a Lei simbólica. Enquanto a Lei simbólica demanda obediência, o supereu fornece o gozo obsceno que nos une à Lei. Por último, mas não menos importante, a turba selvagem realmente é o nível zero da desvinculação de um elo social? Ela não é antes uma *reação* de pânico à lacuna ou inconsistência que corta o edifício social? A violência da turba, por definição, é direcionada ao objeto (mal) percebido como a causa externa da lacuna (os judeus, exemplarmente), como se a destruição desse objeto abolisse a lacuna.

Assim, mais uma vez, quais são as consequências políticas de afirmarmos essa lacuna? Há três opções básicas. Primeiro, há a opção liberal essencialmente defendida pelo próprio Freud: a lacuna significa que não deveríamos nos identificar totalmente com nenhum projeto político positivo, mas manter uma distância mínima de todos eles, pois a política como tal é o domínio do Significante-Mestre e das identificações simbólicas e/ou imaginárias. Depois, há a opção conservadora: contra a eterna ameaça de "negatividade" destrutiva, é extremamente necessário impor na vida social uma ordem estrita, baseada em um Significante-Mestre. Por fim, há a versão de esquerda trotskista-deleuziana: a verdadeira política radical é uma questão de "revolução permanente", de persistência na permanente autorrevolução, sem permitir que esse fluxo se estabilize em uma nova ordem positiva.

Com Lacan e a política, trata-se do mesmo que com Hegel: há três interpretações principais, a conservadora (que enfatiza a autoridade simbólica como um *sine qua non* da ordem social), a esquerdista (que usa Lacan para a crítica da ideologia e da prática patriarcal) e a versão liberal cinicamente permissiva (para cada um, sua própria *jouissance*). A interpretação liberal participa do curto-circuito entre ontologia e política, típico do pensamento pós-moderno: a política radical de esquerda é rejeitada por ser "metafísica", por ser a imposição sobre a vida social de uma visão metafísica universal, por ser a luta por uma sociedade totalmente autotransparente e regulada, e, como a vida resiste às restrições de qualquer camisa de força ideológica, essa política necessariamente termina no terror totalitário. Esse posicionamento político é muito confortável: enquanto legitima uma prática política sem riscos, é capaz de apresentar seu cínico liberalismo como a grande posição crítica radical.

Qual dessas três opções é a correta, então? A primeira deve ser rejeitada por ser a saída mais fácil, já que afirma que a própria questão está errada: não há uma versão "verdadeira" ou "correta", a escolha é insolúvel, aberta. Mas, repetindo, qual das três é a opção correta? A resposta, obviamente, é a quarta. Em outras palavras, como vimos, devemos rejeitar o pressuposto compartilhado por todas as três. De uma maneira propriamente hegeliana, a distinção entre o nível zero do lugar vazio e seu preenchimento com um projeto positivo deve ser rejeitada por ser falsa: o nível zero nunca está "aí", só pode ser vivenciado retroativamente, como a pressuposição de uma nova intervenção política, da imposição de uma nova ordem. A questão, portanto, é a questão hegeliana de uma ordem positiva cuja positividade dá corpo à negatividade, realizando-a.

Para o primeiro Lacan, tanto a ética da realização simbólica quanto a ética do confronto com a Coisa Real convocam para a postura heroica de levar as coisas ao limite para que deixemos para trás nosso cotidiano *Verfallenheit*, nossa existência caída (devemos "subjetivar nossa própria morte", abandonando a riqueza de identificações imaginárias e atingindo com isso a posição limítrofe de um puro sujeito sem eu; devemos transgredir violentamente o próprio limite da ordem simbólica, entrando em um confronto heroico com o perigoso Além da Coisa Real). Ao renunciar a esse radicalismo, o último Lacan reconcebe o tratamento psicanalítico de uma maneira muito mais modesta: "É que, da verdade, não temos que saber tudo. Basta um bocado"[4]. Aqui, a própria ideia da psicanálise como uma radical "experiência de limite" é rejeitada: "Não se deve levar a análise longe demais. Quando o paciente acha que está feliz para viver, é o bastante"[5]. Como estamos longe da tentativa heroica de Antígona de atingir o "puro desejo", entrando no domínio

---

[4] Jacques Lacan, "Radiofonia", em *Outros escritos* (trad. Vera Ribeiro, Rio de Janeiro, Zahar, 2003), p. 442.
[5] Idem, "Conférences aux USA", *Scilicet*, n. 6-7, 1976, p. 15.

proibido da *Ate*! O tratamento psicanalítico não é mais uma transformação radical da subjetividade, mas um remendo que nem sequer deixa rastros de longo prazo. (Nessa linha, Lacan chama a atenção para o fato negligenciado de que, quando Freud se encontra de novo com o Homem dos Ratos, anos depois do tratamento, este último havia se esquecido totalmente de sua análise.) Essa abordagem mais modesta foi totalmente articulada na leitura de Jacques-Alain Miller sobre o último Lacan: em seus últimos seminários, Lacan deixa para trás a noção de "atravessar a fantasia" como momento conclusivo do processo psicanalítico; em seu lugar, introduz o gesto oposto de aceitar o obstáculo definitivo e não analisável chamado *sinthoma*. Se o sintoma é uma formação do inconsciente que deve ser dissolvida pela interpretação, o *sinthoma* é o "resto indivisível" que resiste à interpretação e à dissolução interpretativa, uma figura mínima ou nó que condensa o modo singular de gozo do sujeito. O objetivo da análise, portanto, é reformulado como "identificação com o sintoma": em vez de dissolver seu *sinthoma* singular, o sujeito deve tomar consciência dele e aprender como usá-lo, como lidar com ele, em vez de permitir que o *sinthoma* o determine a sua revelia:

> A experiência analítica nos permite nos reapropriar de nosso desejo. No melhor dos casos, podemos esperar chegar a "querer o que desejamos" e "desejar o que queremos". Se a experiência é levada a sua conclusão, permite que nos identifiquemos com nosso "incurável": não só nos encontrarmos nele, mas fazer uso dele.[6]

Por meio dessa identificação, a oposição entre significado e gozo também é superada em sua "síntese", a do *jouis-sense* (sentido gozado, gozar o sentido): o sujeito não é reduzido a um gozo autista idiota, continua a falar, mas sua fala funciona agora como brincadeira com semblantes, como um blá-blá-blá vazio que gera o gozo. Essa seria a versão lacaniana do *eppur si muove*: mesmo depois de passarmos pelo imaginário simbólico e pelos semblantes simbólicos, o jogo continua na forma da circulação do *jouis-sense*, o sujeito não é dissolvido no abismo do Real.

Baseando-se nessa nova noção do momento final do processo analítico, Miller desenvolve uma versão simplificada da "crítica da razão instrumental", estabelecendo uma ligação entre cultura democrática e racismo: nossa era privilegia a racionalidade científica universalizante, que reconhece apenas as declarações matematicamente quantificadas cujo valor de verdade não depende de uma posição subjetiva idiossincrática; nesse sentido, tanto o universalismo quanto a paixão democrática igualitária são resultados da hegemonia do discurso científico. Mas se estendermos a validade da razão científica para o campo social, os resultados são perigosos: a paixão universalizante nos incita a buscar um modo universal de gozo que será melhor

---

[6] Nicolas Fleury, *Le réel insensé: introduction à la pensée de Jacques-Alain Miller* (Paris, Germina, 2010), p. 136.

para todos, de modo que quem resistir a ele é desqualificado como "bárbaro": "Devido ao progresso da ciência, o racismo tem um futuro brilhante. Quanto mais discriminações refinadas a ciência nos dá, mais segregada se torna nossa sociedade"[7]. É por isso que a psicanálise é atacada hoje em dia: ela se concentra na singularidade de cada modo de gozo do sujeito, uma singularidade que resiste à universalização científica, bem como ao igualitarismo democrático: "o nivelamento democrático pode ser muito bom, mas não substitui o erotismo da exceção"[8].

Devemos admitir que Miller esclareceu sem medo as implicações políticas dessa insistência na singularidade do modo de gozo do sujeito: a psicanálise "revela os ideais sociais em sua natureza de semblantes e, podemos acrescentar, de semblantes com respeito a um real que é o real do gozo. Essa é a posição cínica, que consiste em dizer que o gozo *é a única coisa verdadeira*"[9]. Isso significa que o psicanalista

> ocupa a posição de um ironista, que toma cuidado para não intervir no meio político. Ele age para que os semblantes permaneçam em seus lugares, ao mesmo tempo que garante que os sujeitos sob seu cuidado não os tome como *reais* [...] de certo modo devemos ser capazes de continuar *tomados por eles* (enganados por eles). Lacan diria que "aqueles que não são tomados erram": se o sujeito não age como se os semblantes fossem reais, se o sujeito não deixa intacta a eficácia dos semblantes, as coisas mudam para pior. Aqueles que pensam que todos os signos de poder são meros semblantes e confiam na arbitrariedade do discurso do mestre são maus: são ainda mais alienados.[10]

Já em relação à política, o psicanalista "não propõe projetos, não pode propô-los, só pode zombar dos projetos dos outros, o que limita o escopo de suas declarações. O ironista não tem um grande esquema, ele espera que o outro fale e depois provoca sua queda o mais rapidamente possível. [...] Digamos que essa é a sabedoria política, nada mais"[11]. O axioma dessa "sabedoria" é:

> devemos proteger os semblantes do poder pela boa razão de que devemos ser capazes de continuar a *gozar*. A questão não é se vincular aos semblantes do poder existente, mas considerá-los necessários. "Isso define um cinismo à maneira de Voltaire, que deu a entender que Deus é invenção nossa, uma invenção necessária para manter as pessoas no devido decoro". A sociedade é mantida em união somente pelos semblantes, "o que significa: não há sociedade sem repressão, sem identificação e, sobretudo, sem rotina. A rotina é essencial".[12]

---

[7] Ibidem, p. 98.
[8] Jacques-Alain Miller, "La psychanalyse, la cité, les communautés", *La cause freudienne*, n. 68, fev. 2008, p. 118.
[9] Ibidem, p. 109.
[10] Nicolas Fleury, *Le réel insensé*, cit., p. 109.
[11] Jacques-Alain Miller, "La psychanalyse, la cité, les communautés", cit., p. 109-10.
[12] Nicolas Fleury, *Le réel insensé*, cit., p. 95. As citações são de Miller.

O resultado, portanto, é um tipo de conservadorismo cínico liberal: para manter a estabilidade, é preciso respeitar e seguir rotinas estabelecidas por uma escolha que é

> sempre arbitrária e autoritária. "Não há progressivismo que se sustente", mas sim um tipo particular de hedonismo chamado "liberalismo do gozo". É preciso mantermos intacta a rotina da *cité*, suas leis e tradições, e aceitar que certo obscurantismo é necessário para manter a ordem social. "Há perguntas que não deveriam ser feitas. Se virarmos a tartaruga social de barriga para cima, nunca conseguiremos colocá-la de novo sobre as próprias patas".[13]

Contra a ideia cínica hedonista de Miller de um sujeito que, apesar de admitir a necessidade dos semblantes simbólicos (ideais, Significantes-Mestre, sem os quais qualquer sociedade se desintegraria), relaciona-se com eles a distância, ciente de que são semblantes e que o único Real é o da *jouissance* corporal, devemos enfatizar que esse posicionamento do "goze e deixe gozar" só seria possível em uma nova ordem comunista que abrisse o campo para idiossincrasias autênticas:

> uma Utopia de desajustados e esquisitos, na qual a repressão pela uniformidade e pela conformidade é removida, e os seres humanos crescem selvagens como plantas em estado de natureza [...], não mais agrilhoados pelos cerceios de uma sociabilidade agora opressora, [eles] desabrocham em neuróticos, compulsivos, obsessivos, paranoicos e esquizofrênicos, todos aqueles que nossa sociedade considera doentes, mas que, em um mundo de verdadeira liberdade, podem construir a flora e a fauna da própria "natureza humana".[14]

Como vimos, é óbvio que Miller critica a padronização do gozo demandada pelo mercado para vender mercadorias, mas sua objeção permanece no nível da crítica cultural padrão; além do mais, ele ignora as condições sociossimbólicas para o bom desenvolvimento dessas idiossincrasias. Como observamos anteriormente, o capitalismo é marcado por uma contradição entre o individualismo ideológico (a interpelação dos indivíduos enquanto sujeitos livres para seguir seus desejos singulares) e as pressões niveladoras do mercado, impondo modos patronizados de gozo como condição da mercadorização do consumo de massa (ao mesmo tempo que somos encorajados a nos dedicar a nossas idiossincrasias, a mídia nos bombardeia com ideais e paradigmas de *como* fazer isso). Nesse sentido, o comunismo não é mais uma "socialização" nivelada por baixo, que restringe as idiossincrasias individuais, mas uma reconstrução que cria espaço para o livre desenvolvimento. Encontramos traços disso até mesmo nas utopias literárias e hollywoodianas de um espaço social subtraído da mercadorização, desde as casas dos romances

---

[13] Ibidem, p. 96. As citações são de Miller.
[14] Fredric Jameson, *The Seeds of Time* (Nova York, Columbia University Press, 1994), p. 99. [Ed. bras.: *As sementes do tempo*, trad. José Rubens Siqueira, São Paulo, Ática, 1997.]

de Dickens nas quais reside um bando de excêntricos até o louco casarão em *Do mundo nada se leva*, de Frank Capra, entre cujos habitantes estão Essie Carmichael (que faz doces por *hobby* e sonha ser bailarina), Paul Sycamore (que fabrica fogos de artifício no porão), sr. DePina (que passou por lá oito anos antes para falar com Paul e nunca mais foi embora), Ed Carmichael (estampador amador que imprime tudo que lhe parece bom, desde cardápios para a família até pequenas citações que ele coloca nas caixas de doce de Essie) e Boris Kolenkhov (um russo bastante preocupado com a política mundial; ele é teimoso e costuma declarar aos quatro ventos que a coisa "está fedendo").

Em um nível mais teórico, devemos problematizar a oposição nominalista um tanto tosca de Miller (e, se aceitarmos sua interpretação, do último Lacan) entre a singularidade do Real da *jouissance* e o invólucro dos semblantes simbólicos. O que se perde aqui é a grandiosa constatação do *Seminário XX: mais, ainda*, de Lacan: a condição da própria *jouissance* é, de certo modo, a de um semblante dobrado, um semblante sem semblante. A *jouissance* não existe em si mesma, simplesmente persiste como um resto ou produto do processo simbólico, de seus antagonismos e inconsistências imanentes; em outras palavras, os semblantes simbólicos não são semblantes com respeito a um Real-em-si firme e substancial, esse Real é (como o próprio Lacan formulou) discernível apenas através dos impasses da simbolização.

Dessa perspectiva, impõe-se uma interpretação totalmente diferente do *les non-dupes errent* de Lacan. Se seguimos a leitura de Miller, baseada na oposição entre os semblantes simbólicos e o Real do gozo, *les non-dupes errent* equivale à velha visão cínica de que, apesar de nossos valores, ideais, regras etc. serem apenas semblantes, não deveríamos destruí-los, mas agir como se fossem reais para evitar que o tecido social se desintegre. No entanto, de uma perspectiva propriamente lacaniana, *les non-dupes errent* significa quase o oposto: a verdadeira ilusão consiste não em tomar os semblantes simbólicos como reais, mas em substancializar o próprio Real, tomar o Real como substancial em si e reduzir o simbólico a uma mera tessitura de semblantes. Em outras palavras, quem erra são precisamente os cínicos que desconsideram a tessitura simbólica como mero semblante e não enxergam sua eficácia, o modo como o simbólico afeta o Real, o modo como podemos intervir no Real por meio do simbólico. Para começar, a ideologia não consiste em levar a sério a rede de semblantes simbólicos que circunda o núcleo duro da *jouissance*; em um nível mais fundamental, a ideologia é a rejeição cínica desses semblantes como "meros semblantes" com respeito ao Real da *jouissance*.

Agora devemos ir até o fim e aplicar essa lógica também à questão do crime primordial que fundamenta o poder – Joseph de Maistre é um dos que formularam com clareza esse axioma altamente anti-iluminista: "Existem leis misteriosas que não é bom divulgar, que deveriam ser cobertas por um silêncio religioso e reverenciadas como um *mistério*"[15]. E ele esclarece qual mistério tem em mente: o mistério do sacrifício, da eficácia do sacrifício – como pode um Deus infinitamente bom exigir sacrifícios de sangue, que esses sacrifícios só possam ser realizados por substituição (sacrificar animais, em vez de seres humanos criminosos) e que o sacrifício mais eficiente seja aquele em que o inocente se oferece voluntariamente para derramar o próprio sangue pelos culpados? Não admira que o livreto de Maistre seja estranhamente presciente de René Girard e seu tema das "coisas que se escondem desde o princípio do mundo". Aqui, no entanto, devemos resistir ao falso fascínio: no fundo, o que a lei esconde é que *não há nada a esconder*, não há nenhum mistério terrificante que a sustente (mesmo que o mistério seja o de um terrível crime fundador ou outra forma de Mal radical), a lei é fundamentada apenas em sua própria tautologia.

A análise crítica mais radical do "mistério do sacrifício" como categoria ideológica fundamental é fornecida, na verdade, por Jean-Pierre Dupuy. Por mais que o tema "oficial" de *A marca do sagrado*, de Dupuy[16], seja a ligação entre o sacrifício e o sagrado, seu verdadeiro foco é o mistério definitivo das chamadas ciências sociais ou humanas, das origens do que Lacan chama de o "grande Outro", o que Hegel chamou de "exteriorização" (*Entäusserung*), o que Marx chamou de "alienação", e – por que não? – o que Friedrich von Hayek chamou de "autotranscendência": como pode surgir, da interação dos indivíduos, a aparência de uma "ordem objetiva" que não pode ser reduzida a essa interação, mas é vivenciada pelos indivíduos envolvidos como um agente substancial que determina suas vidas? É muito fácil "desmascarar" essa "substância", mostrar como, por meio de uma gênese fenomenológica, ela gradualmente se torna "reificada" e sedimentada; o problema é que o pressuposto dessa substância espectral ou virtual, de certa forma, é consubstancial com a existência humana – aqueles que não conseguem se relacionar com ela como tal, que a subjetivam de modo direto, são chamados de psicóticos.

O grande avanço teórico de Dupuy é a ligação desse surgimento do "grande Outro" com a lógica complexa do sacrifício constitutivo da dimensão do sagrado, ou seja, com o advento da distinção entre o sagrado e o profano: o grande Outro, o agente transcendental que estabelece os limites de nossa atividade, é sustentado pelo sacrifício. O terceiro elo dessa cadeia é a hierarquia: a função máxima do sacrifício é legitimar e representar uma ordem hierárquica (que só funciona quando apoiada por uma figura do grande Outro transcendental). É aqui que acontece a primeira virada *propriamente* dialética na linha de argumentação de Dupuy: to-

---

[15] Joseph de Maistre, *Éclaircissement sur les sacrifices* (Paris, L'Herne, 2009), p. 7: "*Il existe des mystérieuses lois qu'il n'est pas bon de divulguer, qu'il faut couvrir d'un silence religieux et revérer comme un mystère*".
[16] Jean-Pierre Dupuy, *La marque du sacré* (Paris, Carnets Nord, 2008).

mando como base o *Homo Hierarchicus*, de Louis Dumont[17], ele explica que a hierarquia implica não só uma ordem hierárquica, mas também seu circuito ou reversão imanente: é verdade que o espaço social é dividido em níveis hierárquicos superiores e inferiores, mas *no nível inferior, o inferior é superior ao superior*. Um exemplo disso é a relação entre Igreja e Estado na cristandade: em princípio, é claro, a Igreja está acima do Estado; no entanto, como deixaram claro os pensadores desde Agostinho até Hegel, *dentro da ordem secular do Estado, o Estado está acima da Igreja* (em outras palavras, a Igreja *enquanto instituição social* deveria ser subordinada ao Estado); ao contrário, quando a Igreja também quer dominar diretamente como um poder secular, é inevitável que ela se torne corrupta por dentro, reduzindo-se a apenas mais um poder secular que usa seu ensinamento religioso como ideologia para justificar seu domínio secular[18].

O próximo passo de Dupuy, ainda mais crucial, é formular essa virada na lógica da hierarquia em termos de autorrelação negativa entre o universal e o particular, entre o Todo e suas partes, ou seja, de um processo no decorrer do qual o universal se encontra entre suas espécies na forma de "determinação opositiva". Voltando ao nosso exemplo: a Igreja é a unidade abrangente de toda a vida humana, representa sua mais alta autoridade e confere a suas partes um lugar apropriado na grande ordem hierárquica do universo; no entanto, vê a si mesma como um elemento subordinado do poder terreno do Estado, que em princípio é subordinado a ela: a Igreja, enquanto instituição social, é protegida pelas leis do Estado e tem de obedecê-las. Na medida em que os níveis superior e inferior também se relacionam aqui como Bem e Mal (o domínio do bem divino *versus* a esfera terrena das lutas de poder, os interesses egoístas, a busca do prazer etc.), podemos dizer que, por meio desse circuito ou virada imanente para a hierarquia, o Bem "superior" domina, controla e usa o Mal "inferior", mesmo que superficialmente (para um olhar restrito pela perspectiva terrena) pareça que a religião, com sua pretensão a ocupar um lugar "superior", seja apenas uma legitimação ideológica dos interesses "inferiores" (por exemplo, no fundo a Igreja só legitima as relações socialmente hierárquicas), ou que mexa os pauzinhos por baixo do pano, enquanto poder oculto que permite e usa o Mal pelo Bem maior. Quase somos tentados a usar aqui o termo "sobredeterminação": embora seja o poder secular que desempenhe imediatamente o papel determinante, o papel em

---

[17] Louis Dumont, *Homo Hierarchicus* (trad. Carlos Alberto da Fonseca, 2. ed., São Paulo, Edusp, 1997).
[18] Como demonstrou Dumont, essa reversão paradoxal é discernível, muito antes da cristandade, nos antigos Vedas indianos, primeira ideologia da hierarquia inteiramente elaborada: em princípio, a casta dos sacerdotes é superior à casta dos guerreiros, mas, dentro da estrutura efetiva de poder do Estado, eles são *de facto* subordinados aos guerreiros.

si é sobredeterminado pelo Todo religioso/sagrado[19]. Como devemos interpretar esse entrelaçamento complexo e autorrelativo de "superior" e "inferior"? Há duas alternativas principais, que correspondem perfeitamente à oposição entre idealismo e materialismo:

(1) a matriz teológica (pseudo-)hegeliana tradicional de contenção do *phármakon*: o Todo superior oniabrangente permite o Mal inferior, mas contém-no, fazendo com que sirva a um objetivo superior. Existem muitas figuras dessa matriz: a "Astúcia da Razão"(pseudo-)hegeliana (a Razão é a unidade de si e das paixões particulares egoístas e mobiliza estas últimas para atingir seu objetivo secreto de racionalidade universal); o processo histórico de Marx, em que a violência serve ao progresso; a "mão invisível" do mercado, que usa o egoísmo individual para o bem comum etc.;

(2) a noção mais radical (e verdadeiramente hegeliana) do Mal que se distingue de si mesmo ao exteriorizar-se em uma figura transcendente do Bem. Dessa perspectiva, longe de considerar o Mal abarcado como um momento subordinado, a diferença entre Bem e Mal é inerente ao Mal, o Bem nada mais é que o Mal universalizado, o próprio Mal é a unidade de si e do Bem. O Mal controla-se ou contém-se gerando um espectro do Bem transcendente; no entanto, ele só pode fazer isso suplantando seu modo "ordinário" de Mal em um Mal infinitizado ou absolutizado. É por isso que a autocontenção do Mal pela postulação de um poder transcendente que o limita sempre pode explodir; é por isso que Hegel tem de admitir um excesso de negatividade que sempre ameaça perturbar a ordem racional. Todo o debate a respeito da "reversão materialista" de Hegel, da tensão entre o Hegel "materialista" e o Hegel "idealista", é despropositado se não for fundamentado precisamente nessa questão das duas maneiras opostas e conflitantes de interpretar a autorrelação negativa da universalidade.

Essa inversão autorrefletida da hierarquia é o que distingue a Razão do Entendimento: enquanto o ideal de Entendimento é uma hierarquia simples e claramente articulada, a Razão o suplementa com uma inversão por conta da qual, como afirma Dupuy, no nível inferior de uma hierarquia o inferior é superior ao superior. Como vimos, os sacerdotes (ou filósofos) são superiores ao poder secular brutal, mas, no domínio do poder, são subordinados a ele – a lacuna que permite essa reversão é fundamental para o funcionamento do poder, e é por isso que o sonho platônico de unificar os dois aspectos na figura do filósofo-rei (realizada apenas com Stalin) tem de fracassar de maneira miserável[20]. A mesma questão pode

---

[19] É claro que, para os defensores da "crítica da ideologia", a própria noção de religião que domina e controla em segredo a vida social é uma ilusão ideológica por excelência.

[20] É claro que podemos afirmar que o *status* superior do sacerdote é apenas uma ilusão ideológica, tolerada pelos guerreiros para legitimar seu poder real; contudo, essa ilusão é necessária, é uma característica fundamental do carisma do poder.

ser colocada nos termos da metáfora do Mal como uma mancha no quadro: se, na teleologia tradicional, o Mal é uma mancha legitimada pela harmonia geral, que contribui para ela, então, de uma perspectiva materialista, o próprio Bem é uma auto-organização ou autolimitação das manchas, resultado de um limite, uma "diferença mínima", no campo do Mal. É por isso que os momentos de crise são tão perigosos – neles, o anverso obscuro do Bem transcendente, o "lado negro de Deus", a violência que sustenta a própria contenção da violência, aparece como tal: "Acreditamos que o bem governa o mal, seu 'oposto', mas agora parece que é o mal que governa a si próprio, assumindo uma distância de si mesmo, colocando-se fora de si; portanto, o nível superior, 'autoexteriorizado', aparece como bem"[21]. O argumento de Dupuy é que o sagrado, quanto a seu conteúdo, é o mesmo que o terrível ou o Mal; a diferença entre eles é puramente formal ou estrutural – o que torna "sagrado" o sagrado é seu caráter exorbitante, que o transforma em uma limitação do mal "ordinário". Para percebermos isso, não deveríamos nos concentrar apenas nas proibições e obrigações religiosas, mas deveríamos ter em mente também os rituais praticados pela religião e a contradição, já observada por Hegel, entre proibições e rituais: "Em geral, o ritual consiste em encenar a violação das [...] proibições e violações"[22]. O sagrado nada mais é que nossa própria violência, mas "expelida, exteriorizada, hipostasiada"[23]. O sacrifício sagrado para os deuses é o mesmo que um ato de assassinato – o que o torna sagrado é o fato de limitar ou conter a violência, inclusive os assassinatos, na vida comum. Nos momentos em que o sagrado entra em crise, essa distinção se desfaz: não há exceção sagrada, o sacrifício é percebido como simples assassinato – mas isso significa também que não existe nada, nenhum limite externo, para conter nossa violência ordinária.

Nisto reside o dilema ético que a cristandade tenta resolver: como conter a violência sem a exceção sacrificial, sem um limite externo? Seguindo René Girard, Dupuy mostra que a cristandade realiza o mesmo processo sacrificial, mas com um viés cognitivo crucialmente diferente: a história não é contada pelo coletivo que representa o sacrifício, mas pela vítima, do ponto de vista da vítima, cuja plena inocência é então afirmada. (Podemos identificar o primeiro passo rumo a essa reversão no Livro de Jó, em que a história é contada da perspectiva da vítima inocente da fúria divina.) Uma vez que a inocência da vítima sacrificial é *conhecida*, a eficácia de todo o mecanismo de transformar alguém em bode expiatório é destruída: os sacrifícios (mesmo os da magnitude de um holocausto) tornam-se hipócritas, inoperantes, falsos, mas nós também perdemos a contenção da violência representada pelo sacrifício: "Quanto à cristandade, ela não é uma moralidade,

---

[21] Jean-Pierre Dupuy, *La marque du sacré*, cit., p. 13.
[22] Ibidem, p. 143.
[23] Ibidem, p. 151.

mas uma epistemologia: diz a verdade a respeito do sagrado e desse modo priva-o de seu poder criativo, para o melhor ou para o pior. Só os seres humanos decidem isso"[24]. Aí reside a ruptura histórico-mundial representada pela cristandade: *agora sabemos*, e não podemos mais fingir que não sabemos. Como vimos, o impacto desse conhecimento, do qual não podemos nos livrar depois que o temos, não é apenas libertador, mas é também profundamente ambíguo: ele priva a sociedade do papel estabilizador de transformar alguém em bode expiatório e assim abre espaço para uma violência não contida por nenhum limite mítico. É assim que Dupuy, com uma compreensão bastante sagaz, interpreta os escandalosos versículos de Mateus: "Não penseis que vim trazer a paz à terra. Não vim trazer paz, mas espada" (Mateus 10,34). E a mesma lógica vale para as relações internacionais: longe de impedir conflitos violentos, a abolição dos Estados soberanos e o estabelecimento de um único poder ou Estado mundial abriria o campo para novas formas de violência dentro do "império mundial", sem nenhum Estado soberano para impor limites: "Longe de garantir a paz eterna, o ideal cosmopolita seria, ao contrário, a condição favorável para uma violência sem limite"[25].

O papel da contingência é fundamental aqui: uma vez que a eficácia do Outro transcendente é suspensa e o processo (de decisão) tem de ser confrontado em sua contingência, o problema do mundo pós-sagrado é que essa contingência não pode ser plenamente assumida e por isso tem de ser sustentada pelo que Lacan chamou de *le peu du réel*, um pedacinho do Real contingente que age como *la réponse du réel*, a "resposta do Real". Hegel tinha plena consciência desse paradoxo quando opôs a antiga democracia à monarquia moderna: foi exatamente porque não tinham uma figura de pura subjetividade (um rei) no topo de seu edifício estatal que os gregos antigos tiveram de recorrer a práticas "supersticiosas" – como procurar sinais no voo dos pássaros ou nas entranhas dos animais – para guiar a *pólis* na tomada de decisões importantes. Estava claro para Hegel que o mundo moderno não pode dispensar o Real contingente e organizar a vida social apenas por escolhas e decisões baseadas em qualificações "objetivas" (a ilusão do que Lacan chamou de discurso da universidade): sempre há um aspecto do ritual envolvido na investidura de um título, mesmo que a concessão do título seja um resultado automático da satisfação de certos critérios "objetivos". Por exemplo, uma análise semântica do que significa "passar em uma prova com as notas mais altas" não pode ser reduzida a "provar que o sujeito tem certas propriedades efetivas – conhecimento, habilidades etc."; devemos acrescentar a tudo isso um ritual por meio do qual os resultados da prova são proclamados e a nota é atribuída e reconhecida. Como vi-

---

[24] Ibidem, p. 161.
[25] Monique Canto-Sperber, "Devons-nous désirer la paix perpétuelle?", em Mark Anspach (org.), *Dans l'œil du cyclone. Colloque de Cerisy* (Paris, Carnets Nord, 2008), p. 157.

mos anteriormente, sempre há uma distância, uma lacuna mínima, entre esses dois níveis: mesmo que eu tenha certeza absoluta de que respondi corretamente todas as questões, *tem* de haver algo contingente – um momento de surpresa, a sensação do inesperado – na divulgação dos resultados, e é por isso que, enquanto esperamos, não podemos fugir totalmente da ansiedade da expectativa. Tomemos como exemplo as eleições políticas: mesmo que o resultado seja conhecido por antecipação, a proclamação pública é prevista com entusiasmo – na verdade, para transformar algo em Destino, a contingência é necessária. É isso que, via de regra, os críticos dos procedimentos difundidos de "avaliação" não levam em consideração: o que torna a avaliação problemática não é o fato de reduzir sujeitos singulares com uma riqueza de experiências interiores a um conjunto de propriedades quantificáveis, mas o fato de tentar reduzir o ato simbólico da investidura (atribuir um título a um sujeito) a um procedimento totalmente fundamentado no conhecimento e na medição do que o sujeito em questão "realmente é".

A violência ameaça explodir não quando há muita contingência no espaço social, mas quando se tenta eliminar essa contingência. É nesse nível que devemos procurar o que pode ser chamado, em termos um tanto insípidos, de função social da hierarquia? Aqui, Dupuy faz mais uma virada inesperada, concebendo a hierarquia como um dos quatro procedimentos ("*dispositifs* simbólicos") cuja função é tornar a relação de superioridade não humilhante para os subordinados: a própria *hierarquia*[26], *desmistificação*[27], *contingência*[28] e *complexidade*[29]. Ao contrário das aparências, esses mecanismos não contestam ou ameaçam a hierarquia, mas tornam-na palatável, pois "o que desencadeia o turbilhão da inveja é a ideia de que o outro merece sua boa sorte, e não a ideia oposta, que é a única que

---

[26] Ordem dos papéis sociais imposta de fora, em claro contraste com o valor imanente superior ou inferior dos indivíduos – desse modo, eu experimento meu *status* social inferior como totalmente independente de meu valor inerente.

[27] Procedimento crítico-ideológico que mostra que as relações de superioridade ou inferioridade não são fundadas na meritocracia, mas são resultado de lutas objetivas ideológicas e sociais: meu *status* social depende de procedimentos sociais objetivos, e não de meus méritos – como coloca Dupuy de maneira ácida, a desmistificação social "desempenha nas sociedades igualitárias, competitivas e meritocráticas o mesmo papel que a hierarquia nas sociedades tradicionais" (Jean-Pierre Dupuy, *La marque du sacré*, cit., p. 208) – ela permite que evitemos a dolorosa conclusão de que a superioridade do outro é o resultado de seus méritos e feitos.

[28] O mesmo mecanismo, mas sem a veemência crítico-social: nossa posição na escala social depende de uma loteria natural e social – sortudos são os que nascem com melhores condições e em famílias ricas.

[29] A superioridade ou a inferioridade dependem de um processo social complexo, que é independente das intenções ou méritos dos indivíduos – por exemplo, a mão invisível do mercado pode provocar meu fracasso e o sucesso do meu próximo, mesmo que eu trabalhe muito mais e seja muito mais inteligente.

pode ser expressa às claras"³⁰. A partir dessa premissa, Dupuy chega à conclusão de que seria um grande erro pensar que uma sociedade justa e que percebe a si mesma como justa estaria, por isso, livre de qualquer ressentimento – ao contrário, é precisamente em uma sociedade desse tipo que as pessoas que ocupam posições inferiores só encontram escape para seu orgulho ferido em rompantes violentos de ressentimento.

A objeção usual ao utilitarismo é que ele não pode realmente explicar o compromisso ético pleno e incondicional com o Bem: sua ética é apenas uma espécie de "pacto entre lobos", em que os indivíduos obedecem regras éticas desde que convenham a seus interesses. A verdade é exatamente o oposto: o egoísmo ou a preocupação com o próprio bem-estar *não* são opostos ao Bem comum, pois as normas altruístas podem facilmente ser deduzidas das preocupações egoístas³¹. Universalismo *versus* comunitarismo, utilitarismo *versus* asserção das normas universais são *falsas* oposições, posto que as duas opções opostas têm os mesmos resultados. Os críticos conservadores (católicos e outros), que reclamam que na sociedade hedonista e egoísta de hoje os valores verdadeiros desapareceram, passam ao largo do problema. O verdadeiro oposto do amor-próprio egoísta não é o altruísmo ou a preocupação com o Bem comum, mas a inveja ou *ressentimento*, que me leva a agir *contra* meus próprios interesses: o mal surge quando prefiro o infortúnio do outro a minha fortuna, de modo que me disponho a sofrer apenas para ver o próximo sofrer ainda mais. Esse excesso de inveja está na base da famosa – mas não totalmente explorada – distinção que Rousseau faz entre egoísmo, *amour-de-soi* (o amor de si, que é natural) e o *amour-propre*, a pervertida preferência por si mesmo em detrimento dos outros, na qual uma pessoa se empenha não para atingir uma meta, mas para destruir o que lhe serve de obstáculo:

> As paixões primitivas, que tendem diretamente a nossa felicidade, nos fazem lidar apenas com os objetos que se relacionam com elas e cujo princípio é apenas o *amour-de-soi*, são todas, em essência, amáveis e ternas; quando, entretanto, *desviam-se de seus objetos por causa de obstáculos, ocupam-se mais com os obstáculos dos quais tentam se livrar do que com o objeto que tentam alcançar*, elas mudam sua natureza e tornam-se irascíveis e odiosas. É desse modo que o *amour-de-soi*, um sentimento notável e absoluto, torna-se *amour-propre*, ou seja, um sentimento relativo, pelo qual nós nos comparamos, um sentimento que requer preferências, *cujo deleite é puramente negativo e que não luta para encontrar satisfação no nosso bem-estar, mas somente no infortúnio dos outros*.³²

---

[30] Jean-Pierre Dupuy, *La marque du sacré*, cit., p. 211.
[31] Ver o exemplo mais famoso: Robert Axelrod, *A evolução da cooperação* (trad. Jusella Santos, São Paulo, Leopardo, 2010).
[32] Jean-Jacques Rousseau, *Rousseau, Judge of Jean-Jacques: Dialogues* (Hanover, Dartmouth College Press, 1990), p. 63.

Uma pessoa má, portanto, *não* é egoísta, "pensando apenas nos próprios interesses". O verdadeiro egoísta está ocupado demais cuidando do próprio bem para ter tempo de causar o infortúnio alheio. O vício primordial de uma pessoa má é exatamente o fato de se preocupar mais com os outros do que consigo mesma. Rousseau descreve um mecanismo libidinal preciso: a inversão que gera a transferência do investimento libidinal do objeto para o próprio obstáculo[33]. Eis por que o igualitarismo jamais deve ser aceito de maneira acrítica: a noção (e a prática) da justiça igualitária, na medida em que é sustentada pela inveja, baseia-se em uma inversão da típica renúncia realizada pelo benefício dos outros: "Estou pronto a renunciar a isso para que os outros *não* o tenham (também não sejam capazes de tê-lo)!". Longe de se opor ao espírito do sacrifício, o Mal surge aqui como o próprio espírito do sacrifício, como uma disposição para ignorar o bem-estar de alguém – se, por meio de meu sacrifício, eu puder privar o Outro do *gozo*.

O verdadeiro Mal, portanto, age *contra* nossos próprios interesses – ou, nos termos de Badiou, o que interrompe a vida do "animal humano" egoísta utilitarista não é o encontro com a Ideia platônica eterna do Bem, mas o encontro com a figura do Mal – e, como argumentou Lacan em seu seminário sobre a ética da psicanálise, "o Bem é máscara do Mal", o modo de o Mal ser renormalizado ou domesticado. Sendo assim, deveríamos inverter a noção de Mal em Badiou como secundária em relação ao Bem, como uma traição da fidelidade a um Evento, como uma falha do Bem: o Mal vem antes, na forma de uma intrusão brutal que perturba o fluxo de nossa vida animal.

Voltando a Dupuy: sua limitação é claramente discernível em sua rejeição da luta de classes como determinada por essa lógica da violência invejosa; para ele, luta de classes é o caso exemplar do que Rousseau chamou de amor-próprio pervertido, em que o sujeito se importa mais com a destruição do inimigo (que é percebido como obstáculo a minha felicidade) do que com a própria felicidade. A única saída de Dupuy é abandonar a lógica do vitimismo e aceitar as negociações entre todas as partes envolvidas, tratadas como iguais em sua dignidade:

> A transformação dos conflitos entre as classes sociais, entre capital e trabalho, no decorrer do século XX, demonstra amplamente que esse caminho não é utópico. Passamos progressivamente da luta de classes para a coordenação social, a retórica do vitimismo foi substituída sobretudo pelas negociações salariais. De agora em diante, patrões e sindicatos se veem como parceiros com interesses a um só tempo divergentes e convergentes.[34]

Mas essa é realmente a única conclusão possível das premissas de Dupuy? Essa substituição da luta pela negociação também não se baseia em um fim má-

---

[33] Ver Jean-Pierre Dupuy, *Petite métaphysique des tsunamis* (Paris, Seuil, 2005), p. 68.
[34] Idem, *La marque du sacré*, cit., p. 224.

gico da inveja, que faz então um retorno surpreendente na forma de diferentes fundamentalismos?

Além disso, deparamos aqui com outra ambiguidade: não é que essa ausência de limites deva ser lida nos termos da alternativa padrão "ou a humanidade encontra uma maneira de se impor limites ou perece da própria violência incontida". Se há uma lição a ser aprendida com a chamada experiência "totalitária" é que a tentação é exatamente o oposto: o perigo de impor, na ausência de qualquer limite divino, um *novo* pseudolimite, uma falsa transcendência em nome da qual eu ajo (do stalinismo ao fundamentalismo religioso). Até a ecologia funciona como ideologia no momento em que é evocada como um novo Limite: ela tem a chance de se converter na forma predominante de ideologia do capitalismo global, um novo ópio para as massas no lugar da religião em declínio[35], adotando a função fundamental desta última, a de assumir uma autoridade inquestionável que pode impor limites. A lição que essa ecologia nos impõe constantemente é nossa finitude: não somos sujeitos cartesianos extraídos da realidade, mas seres finitos entranhados em uma biosfera que excede amplamente nossos horizontes. Nós tomamos emprestado do futuro quando exploramos os recursos naturais, portanto deveríamos tratar a Terra com respeito, como algo fundamentalmente Sagrado, algo que não deve ser de todo revelado, que deve permanecer para sempre um Mistério, uma força em que deveríamos aprender a confiar, não dominar.

Contra essas tentações, insistiríamos que o *sine qua non* de uma ecologia realmente radical é o *uso público da razão* (no sentido kantiano, em oposição ao "uso privado" restringido de antemão pelo Estado e outras instituições). Segundo uma reportagem da Associated Press, de 19 de maio de 2011, as autoridades chinesas admitiram que a hidrelétrica de Três Gargantas, que criou um reservatório de 660 quilômetros de extensão, o maior projeto hidroelétrico do mundo, provocou uma quantidade gigantesca de problemas ambientais, geológicos e econômicos. Hoje, até admitem que o reservatório cheio fez aumentar a frequência de terremotos. Entre os principais problemas estão a contaminação disseminada de lagos e afluentes do Yangtzé com cobre, zinco, chumbo e amônio. Além disso, como a barragem impediu o fluxo livre da água no Yangtzé, maior bacia hidrográfica da China, ela agravou a seca que atingiu a China no verão de 2011: as colheitas definharam e o baixo nível de água ao longo de muitos rios afetou as usinas hidrelétricas, aumentando mais a escassez de energia. Por fim, grande parte da indústria e da navegação interior depende do Yangtzé, mas a navegação está parada em alguns pontos a jusante da barragem por causa do baixo nível de água. Embora as autoridades tenham anunciado recentemente planos importantes para lidar com a situação, está

---

[35] Tomo essa expressão de Alain Badiou.

claro que a maioria dos problemas foi causada por pressões oficiais, que obstruíram o "uso público da razão": agora, ninguém pode dizer "nós não sabíamos", pois os problemas foram todos previstos por grupos civis e cientistas independentes.

Mas o par uso público *versus* uso privado da razão não é acompanhado do que, em termos mais contemporâneos, poderíamos chamar de suspensão da eficácia simbólica (ou poder performativo) do uso público da razão? Kant não rejeita a fórmula-padrão de obediência – "Não pense, obedeça!" – com seu oposto "revolucionário" direto – "Não só obedeça (siga o que os outros lhe dizem), pense (por si mesmo)!". Sua fórmula é: "Pense e obedeça!", ou seja, pense publicamente (no livre uso da razão) e obedeça em privado (como parte do maquinário hierárquico do poder). Em suma, pensar livremente não legitima nenhuma ação minha – o máximo que posso fazer quando meu "uso público da razão" me leva a ver as fraquezas e as injustiças da ordem existente é reclamar reformas ao governante. Podemos dar um passo além e afirmar, como Chesterton, que a liberdade abstrata inconsciente de pensar (e duvidar) ativamente impede a liberdade efetiva:

> Podemos dizer, de modo geral, que o pensamento livre é a melhor de todas as salvaguardas contra a liberdade. Controlada num estilo moderno, a emancipação da mente do escravo é a melhor maneira de impedir a emancipação desse escravo. Ensine-o a preocupar-se com a questão de querer ou não ser livre, e ele não se libertará.[36]

Mas subtrair o pensamento da ação, suspender sua eficácia, é uma coisa realmente tão clara e inequívoca? A estratégia secreta de Kant (intencional ou não) não é como o famoso truque usado nas batalhas judiciais, quando um advogado faz uma declaração diante do júri sabendo que o juiz achará inadmissível e pedirá que o júri "a ignore"? – o que, obviamente, é impossível, posto que o dano já foi feito. A suspensão do uso público da razão não é também uma subtração que abre espaço para uma nova prática social? É muito fácil ressaltar a óbvia diferença entre o uso público da razão em Kant e a consciência de classe revolucionária em Marx: o primeiro é neutro ou desengajado, a segunda é "parcial" e totalmente engajada. No entanto, a "posição proletária" pode ser definida precisamente como o ponto em que o uso público da razão torna-se prático-efetivo em si mesmo, sem regressar à "privacidade" do uso privado da razão, posto que a posição a partir da qual ele é exercido é a da "parte de nenhuma parte" do corpo social, seu excesso que representa diretamente a universalidade. O que acontece com o rebaixamento da teoria marxista pelo stalinismo ao *status* de subordinada do Estado-partido é exatamente a redução do uso público ao uso privado da razão.

Em alguns dos atuais círculos pagãos "pós-seculares" é moda afirmar a dimensão do Sagrado como um espaço em que cada religião habita, mas que é anterior à

---

[36] G. K. Chesterton, *Ortodoxia*, cit., p. 177.

religião (pode haver o Sagrado sem a religião, mas não o contrário). (Às vezes, essa prioridade do Sagrado é dada ainda como uma virada antirreligiosa, como uma maneira de se permanecer agnóstico, embora engajado na profunda experiência espiritual.) Seguindo Dupuy, devemos inverter as questões: a ruptura radical introduzida pelo cristianismo consiste no fato de ele ser a primeira religião *sem* o sagrado, uma religião cujo único avanço é precisamente a desmistificação do Sagrado.

Mas qual posicionamento prático segue-se desse paradoxo da religião sem o sagrado? Há uma história judaica sobre um especialista do Talmude que era contra a pena de morte e, desconcertado pelo fato de a pena ter sido ordenada pelo próprio Deus, propôs uma solução prática maravilhosa: não subverter diretamente a injunção divina, o que seria blasfêmia, mas tratá-la como um lapso de Deus, um momento de loucura, e criar uma complexa rede de sub-regras e condições que, apesar de manter intacta a possibilidade da pena de morte, garante que ela jamais será efetivada[37]. A beleza desse procedimento é que ele inverte o procedimento comum de proibir algo em princípio (como a tortura), mas permitir ressalvas suficientes ("exceto em circunstâncias específicas extremas...") para garantir que ela seja aplicada sempre que realmente se queira aplicá-la. Desse modo, temos: "Em princípio sim, mas na prática nunca", ou: "Em princípio não, mas, quando circunstâncias excepcionais exigirem, sim". Devemos notar a assimetria entre os dois casos: a proibição é muito mais forte quando se permite a tortura em princípio – no primeiro caso, o "sim" em princípio *nunca* tem a permissão de se realizar, ao passo que, no segundo caso, o "não" em princípio tem *excepcionalmente* a permissão para se realizar. Na medida em que o "Deus que nos incita a matar" é um dos nomes da Coisa apocalíptica, a estratégia do estudioso do Talmude é uma maneira de praticar o que Dupuy chama de "catastrofismo esclarecido": aceitamos a catástrofe final – a obscenidade de pessoas matando seus próximos em nome da justiça – como inevitável, inscrita em nosso destino, e nos empenhamos para adiá-la ao máximo, quiçá indefinidamente. Vejamos como, nessa mesma linha, Dupuy resume as reflexões de Günther Anders a propósito de Hiroshima:

> Naquele dia a história tornou-se "obsoleta". A humanidade foi capaz de destruir a si mesma, e nada pode fazê-la perder essa "onipotência negativa", nem mesmo um desarmamento mundial ou uma desnuclearização total do mundo. *O apocalipse está inscrito como um destino em nosso futuro, e o melhor que podemos fazer é postergar o fato indefinidamente.* Estamos em excesso. Em agosto de 1945, entramos na era do "congelamento" e da "segunda morte" de tudo o que existia: como o significado do passado depende dos atos futuros, a obsolescência do futuro, seu fim programado, não significa que o passado não tem mais nenhum significado, mas sim que nunca teve significado nenhum.[38]

---

[37] Devo esses dados a Eric Santner.
[38] Jean-Pierre Dupuy, *La marque du sacré*, cit., p. 240.

Conclusão – A suspensão política do ético / 617

É contra esse pano de fundo que devemos interpretar a noção paulina básica da vida em uma "época apocalíptica", o "tempo do fim dos tempos": a época apocalíptica é precisamente a época desse adiamento indefinido, a época do congelamento entre duas mortes: de certa forma, nós já estamos mortos, pois a catástrofe já está aqui, lançando sua sombra desde o futuro – depois de Hiroshima, não podemos mais jogar o jogo humanista simples e insistir que temos escolha ("Depende de nós seguirmos o caminho da autodestruição ou da cura gradual"); depois que a catástrofe aconteceu, nós perdemos a inocência desse posicionamento e podemos apenas (indefinidamente, talvez) adiar sua repetição[39]. É assim que, em mais um golpe hermenêutico, Dupuy interpreta as palavras céticas de Cristo contra os profetas da desgraça:

> Ao sair do Templo, disse-lhe um dos seus discípulos: "Mestre, vê que pedras e que construções!". Disse-lhe Jesus: "Vês estas grandes construções? Não ficará pedra sobre pedra que não seja demolida".
> Sentado no monte das Oliveiras, em frente ao Templo, Pedro, Tiago, João e André lhe perguntavam em particular: "Dize-nos: quando será isso e qual o sinal de que todas essas coisas estarão para acontecer?".
> Então Jesus começou a dizer-lhes: "Atenção para que ninguém vos engane. Muitos virão em meu nome, dizendo: 'Sou eu', e enganarão a muitos. Quando ouvirdes falar de guerras e de rumores de guerras, não vos alarmeis: *é preciso que aconteçam*, mas ainda não é o fim. [...]
> Então, se alguém vos disser: 'Eis o Messias aqui!' ou: 'Ei-lo ali!', não creiais. Hão de surgir falsos Messias e *falsos profetas*, os quais *apresentarão sinais e prodígios* para enganar, se possível, os eleitos. Quanto a vós, porém, ficai atentos. Eu vos predisse tudo". (Marcos 13,1-23)

Esses versículos são formidáveis em sua inesperada sabedoria: eles não correspondem exatamente à posição do estudioso em Talmude que acabamos de mencionar? Sua mensagem é: "Sim, é claro, haverá uma catástrofe, mas observem com paciência, não acreditem, não sucumbam às deduções apressadas, não se entreguem ao prazer propriamente perverso de pensar: 'É isso!', em todas as suas formas diversas (o aquecimento global vai acabar conosco dentro de uma década; a biogenética significará o fim da existência humana; estamos caminhando para uma sociedade de controle digital total e assim por diante)". Longe de nos atrair para um arrebatamento perverso e autodestrutivo como esse, adotar uma posição propriamente apocalíptica é – mais do que nunca – a única maneira de manter a cabeça fria. O que dá senso de urgência a essa necessidade de manter a sobriedade é o predomínio

---

[39] De maneira homóloga, o perigo da nanotecnologia não é só que os cientistas criem um monstro que começará se desenvolver sem (nosso) controle: quando tentamos criar uma nova vida, nosso objetivo é justamente dar origem a um ente incontrolável, que constitua e desenvolva a si mesmo (Ibidem, p. 43).

contemporâneo de uma ideologia cínica, que parece condenar toda crítica à irrelevância prática. A irracionalidade do racionalismo capitalista e a contraprodutividade de seu produtivismo acelerado são bem conhecidas e já foram analisadas em detalhe não só pelos autores da Escola de Frankfurt e por pensadores como Ivan Illich, mas também por diversos críticos da grandiosa onda crítico-ideológica que acompanhou os levantes da década de 1960. Quando o mesmo tema é ressuscitado hoje, em nossa época crítica, não é apenas para voltar ao passado, mas é antes para acrescentar um toque reflexivo crucial:

> Novo e diferente nos dias atuais é exatamente o fato de que, há trinta anos, nós sabíamos que *o conhecimento que já havíamos adquirido* não era suficiente para que mudássemos nosso comportamento. Esse fato não é um detalhe menor, ele constitui um elemento fundamental do problema. Nas décadas de 1960 e 1970, era mais simples acreditar que outro mundo fosse possível. É por isso que esses anos continuam inspirando tanta nostalgia. Nessa época, ainda podíamos imaginar que alertas baseados na situação presente poderiam influenciar o futuro de maneira positiva. Hoje sabemos que o futuro não é o que era.[40]

Consiste nisto a lição básica do fracasso da tradicional *Ideologie-Kritik*: saber não é o bastante, podemos saber o que fazemos e, mesmo assim, ir em frente e fazer. O motivo é que tal conhecimento opera sob a condição de sua renegação fetichista: sabemos, mas não acreditamos realmente no que sabemos. Essa constatação levou Dupuy a propor uma solução radical: como só acreditamos quando a catástrofe realmente acontece (e nesse momento já é tarde demais para agir), temos de nos projetar no que acontece depois da catástrofe, conferir à catástrofe a realidade de algo que já aconteceu. Todos conhecemos a ação tática de dar um passo atrás para saltar adiante; Dupuy inverte esse procedimento: devemos saltar adiante, no que acontece depois da catástrofe, para sermos capazes de dar um passo para trás da beirada[41]. Em outras palavras, devemos assumir a catástrofe do nosso destino. Em nossa vida ordinária, corremos atrás de nossos objetivos individuais e ignoramos o "destino" do qual participamos: o catastrófico "ponto fixo" que surge como destino externo, embora sejamos nós que o criamos com nossa atividade. "O destino é essa exterioridade que não é exterior, posto que são os próprios agentes que o projetam fora do sistema: por essa razão, é apropriado falar de autoexteriorização e autotranscendência."[42]

O nome (tomado de Foucault) que Giorgio Agamben dá ao que Dupuy chama de "autotranscendência da sociedade" é *dispositif*, e é impressionante como

---

[40] Mark Anspach, "Un philosophe entre Tantale et Jonas", em *Dans l'oeil du cyclone*, cit., p. 10-1.
[41] Ibidem, p. 19.
[42] Jean-Pierre Dupuy, "De l'œil du cyclone au point fixe endogène", em Mark Anspach (org.), *Dans l'œil du cyclone*, cit., p. 313.

Agamben também o associou à questão do sagrado, embora, ao contrário de Dupuy, com ênfase no profano. Agamben salientou a ligação entre o *dispositif* de Foucault e a noção hegeliana de "positividade" como ordem social substancial imposta ao sujeito e experimentada por ele como destino externo, não como parte orgânica de si. Como tal, o *dispositif* é a matriz da governabilidade: é "aquilo em que e por meio do qual se realiza uma pura atividade de governo sem nenhum fundamento no ser. Por isso os dispositivos devem sempre implicar um processo de subjetivação, isto é, devem produzir o seu sujeito"[43]. A pressuposição ontológica dessa noção de *dispositif* é "uma geral e maciça divisão do existente em dois grandes grupos ou classes: de um lado, os seres viventes (ou as substâncias) e, de outro, os dispositivos em que estes são incessantemente capturados"[44].

Há uma série de ecos complexos entre essa noção de *dispositif*, a noção de Althusser de Aparelhos Ideológicos de Estado (AIE) e interpelação ideológica e a noção lacaniana de "grande Outro": Foucault, Althusser e Lacan insistem na ambiguidade crucial do termo "sujeito" (como agente livre e sujeitado ao poder) – o sujeito enquanto agente livre surge por sua sujeição ao *dispositif*/AIE/"grande Outro". Como afirma Agamben, a "dessubjetivação" ("alienação") e a subjetivação são dois lados da mesma moeda: é a própria dessubjetivação de um ser vivente, sua subordinação a um *dispositif*, que o subjetiva. Quando Althusser diz que a ideologia interpela os indivíduos em sujeitos, "indivíduos" aqui significa os seres viventes sobre os quais age um *dispositif* de AIE, impondo sobre eles uma rede de micropráticas, ao passo que o "sujeito" não é uma categoria do ser vivente, da substância, mas o resultado da captura desses seres viventes em um *dispositif* de AIE (ou em uma ordem simbólica)[45]. Mas Althusser falha em sua insistência desconcertante e deslocada na "materialidade" dos AIE: a forma primordial de *dispositif*, o "grande Outro" da instituição simbólica, é precisamente imaterial, uma ordem virtual – como tal, é correlativa do sujeito enquanto distinto do indivíduo na qualidade de ser vivente. Nem o sujeito nem o *dispositif* do grande Outro são categorias do ser substancial. Podemos traduzir com perfeição essas coordenadas na matriz lacaniana do discurso da universidade: o *homo sacer*, o sujeito reduzido à vida nua, é, nos termos da teoria lacaniana dos discursos, o *objeto a*, o "outro" do discurso da universidade influenciado pelo *dispositif* ou conhecimento. Poderíamos então dizer que Agamben inverte Lacan: para ele, o discurso da universidade é a verdade do discurso do mestre? O "produto" do discurso da universidade é $, o sujeito – o *dispositif* (a rede do S_2, do conhecimento) age na vida nua do indivíduo,

---

[43] Giorgio Agamben, "O que é um dispositivo?", em *O que é o contemporâneo? E outros ensaios* (trad. Vinícius Nicastro Honesko, Chapecó, Argos, 2009), p. 38.
[44] Ibidem, p. 40.
[45] Em termos deleuzianos, o ser vivente é a substância, enquanto o sujeito é um evento.

gerando a partir dela o sujeito. Hoje, no entanto, assistimos a uma mudança radical no funcionamento desse mecanismo – Agamben define nossa era pós-política ou biopolítica contemporânea como uma sociedade em que múltiplos *dispositifs* dessubjetivam os indivíduos sem produzir uma nova subjetividade, sem subjetivá-los:

> Daqui [surge] o eclipse da política, que pressupunha sujeitos e identidades reais (o movimento operário, a burguesia etc.), e o triunfo da *oikonomia*, isto é, de uma pura atividade de governo que visa somente à sua própria reprodução. Direita e esquerda, que se alternam hoje na gestão do poder, têm por isso bem pouco o que fazer com o contexto político do qual os termos provêm e nomeiam simplesmente os dois polos – aquele que aposta sem escrúpulos na dessubjetivação e aquele que gostaria, ao contrário, de recobri-la com a máscara hipócrita do bom cidadão democrático – de uma mesma máquina governamental.[46]

A "biopolítica" designa essa constelação em que os *dispositifs* não geram mais sujeitos ("interpelam os indivíduos em sujeitos"), mas simplesmente administram e regulam a vida nua dos indivíduos – na biopolítica, todos somos potencialmente reduzidos a *homini sacri*[47]. O resultado dessa redução, no entanto, envolve uma virada inesperada – Agamben chama a atenção para o fato de que o inofensivo cidadão dessubjetivado das democracias pós-industriais, que de modo algum se opõe aos *dispositifs* hegemônicos, mas executa com zelo todas as suas injunções e, portanto, é controlado por elas até mesmo nos detalhes mais íntimos de sua vida, "é considerado pelo poder – talvez exatamente por isso – um terrorista virtual"[48]: "Aos olhos da autoridade – e, talvez, esta tenha razão – nada se assemelha melhor ao terrorista do que o homem comum"[49]. Quanto mais o homem comum é controlado por câmeras, pelo escaneamento digital, pela coleta de dados, mais aparece como um X inescrutável, ingovernável, que se subtrai dos *dispositifs* quanto mais obedece a eles com docilidade. Não é que ele represente uma ameaça à máquina do governo, resistindo ativamente a ela: sua própria passividade suspende a eficácia performativa dos *dispositifs*, fazendo sua máquina "girar em falso", transformando-a em uma autoparódia que não serve para nada. Como isso pode acontecer? Qual é exatamente o *status* desse X? Para eliminar a profunda ambiguidade da explicação de Agamben, devemos aplicar aqui a distinção lacaniana entre sujeito ($) e subje-

---

[46] Giorgio Agamben, "O que é um dispositivo?", cit., p. 48-9.
[47] Toda biopolítica é necessariamente bioteopolítica, como sugeriu Lorenzo Chiesa? Sim, mas em um sentido muito preciso: a noção de "vida nua" só pode surgir no horizonte teológico, como o gesto fundador de reduzir toda a realidade à "mera vida", ao que opomos a dimensão transcendental divina. Nesse sentido, o "materialismo" é efetivamente uma noção teológica: é o que resta da teologia depois que subtraímos dela o divino. Em contraste, o primeiro gesto do materialismo genuíno não é negar o divino, mas, ao contrário, negar que exista uma coisa chamada "mera vida (animal)".
[48] Giorgio Agamben, "O que é um dispositivo?", cit., p. 49.
[49] Ibidem, p. 50.

tivação: o X que surge quando um *dispositif* dessubjetiva totalmente um indivíduo é o do próprio sujeito, o vazio imperscrutável que precede ontologicamente a subjetivação (o advento da "vida interior" da experiência de si).

Agamben formula o problema em termos de profanação: a noção de *dispositif* tem origem na teologia e está ligada à *oikonomia* grega, que, no início da cristandade, dizia respeito não só a Deus em si, mas à relação de Deus com o mundo (dos seres humanos), ao modo como Deus administra seu reino. (Na teologia hegeliana radical, essa distinção desaparece: Deus não é *nada além da* "economia" de sua relação com o mundo.) Um *dispositif*, portanto, é sempre minimamente sagrado: quando um ser vivente é capturado em um *dispositif*, ele é desapropriado por definição. As práticas por meio das quais ele participa de um *dispositif* e é regulado por este são separadas de seu "uso comum" pelos seres viventes: ao ser capturado em um *dispositif*, o ser vivente serve ao sagrado grande Outro. É aí que entra a profanação como contraestratégia: "O problema da profanação dos dispositivos – isto é, da restituição ao uso comum daquilo que foi capturado e separado [dos seres viventes] nesses – é, por isso, tanto mais urgente"[50].

Mas e se não houver esse "uso comum" anterior aos *dispositifs*? E se a função primordial do *dispositif* for justamente organizar e administrar o "uso comum"? Nesse caso, a profanação não é a restituição de um uso comum, mas, ao contrário, sua *destituição* – na profanação, uma prática ideológica é descontextualizada, desfuncionalizada, gira em falso. Dito de outra forma, se a atitude fundadora que estabelece um universo simbólico é o gesto vazio, como esse gesto pode ser esvaziado? Como seu conteúdo pode ser neutralizado? Pela repetição, que forma o próprio núcleo do que Agamben chama de profanação: na oposição entre sagrado e secular, a profanação do secular não é equivalente à secularização; a profanação põe o texto ou a prática sagrada em um contexto diferente, retirando-a de seu contexto e funcionamento próprios. Como tal, a profanação continua no domínio da não utilidade, representando apenas uma não utilidade "pervertida". Profanar uma missa é realizar uma missa negra, e não estudar a missa como objeto da psicologia da religião. Em *O processo*, de Kafka, o prolongado e estranho debate entre Joseph K. e o padre a respeito da Lei é profundamente profano – é o padre que, em sua leitura da parábola da porta da lei, é o verdadeiro agente da profanação. Podemos ainda dizer que Kafka é o maior profanador da Lei judaica. Ou, a propósito do tema de Heidegger e da sexualidade, a secularização seria interpretar o estilo de escrever de Heidegger como uma fetichização alienada da linguagem, e a profanação seria reproduzir nesse estilo fenômenos como práticas sexuais que Heidegger jamais teria abordado. Como tal, a profanação – não a secularização – é

---

[50] Ibidem, p. 50-1.

o verdadeiro ato materialista de destruir o Sagrado: a secularização sempre se baseia em sua fundação sagrada renegada, que serve como exceção ou estrutura formal. O protestantismo realiza essa cisão entre o Sagrado e o secular em sua forma mais radical: ele seculariza o mundo material, mas mantém a religião à parte, e introduz o princípio religioso formal na própria economia capitalista[51].

Aqui, no entanto, talvez devêssemos complementar Agamben: a precedência paradoxal da transgressão sobre o que ela viola nos permite lançar uma luz crítica sobre seu conceito de profanação. Se concebermos a profanação como gesto de extração do próprio uso e contexto do mundo vivido, essa extração não seria também *a própria definição de sacralização*? Tomemos a poesia: ela não "nasce" quando um sintagma ou grupo de palavras é "descontextualizado" e capturado em um processo autônomo de insistência repetitiva? Quando digo "venha, venha cá", em vez de "venha cá", isso não seria o mínimo de poetização? Por conseguinte, existe um nível zero em que a profanação não pode ser distinguida da sacralização. Desse modo, estamos mais uma vez diante do mesmo paradoxo da classificação deslocada que encontramos na análise que Émile Benveniste faz dos verbos passivos, ativos e médios. Assim como em Benveniste a oposição original não se dá entre passivo e ativo, na qual o médio intervém como terceiro mediador ou momento neutro, mas sim entre ativo e médio, aqui a oposição original se dá entre o secular-cotidiano-útil e o Profano, e o "Sagrado" representa uma mudança secundária ou mistificação do Profano. O surgimento do universo humano ou simbólico está no gesto mínimo de uma "descontextualização profanatória" de um sinal ou gesto, e a "sacralização" vem depois como uma tentativa de gentrificar, de domesticar esse excesso, esse impacto arrebatador do profano. Em japonês, *bakku-shan* significa "uma moça que vista de trás parece bonita, mas vista de frente não é" – a relação entre profano e sagrado não seria mais ou menos assim? Uma coisa que parece (é vivenciada como) sagrada quando é vista de trás, de uma distância apropriada, é na verdade um excesso profano. Para parafrasear Rilke, o Sagrado é o último véu que cobre o horror do Profano. Então qual seria a profanação da cristandade? E se o próprio Cristo – o aspecto cômico da encarnação de Deus em um mortal ridículo – já *é* a profanação da divindade? E se, em contraste com outras religiões, que só podem ser profanadas por homens, na cristandade Deus profana a *si mesmo*?

Para que essa solução funcione, temos de abandonar os fundamentos do que podemos chamar de ideologia de Agamben: seu dualismo elementar entre seres viventes e *dispositifs*. Os seres viventes não existem, os indivíduos humanos são (podem ser) capturados em *dispositifs* justamente porque não são apenas seres viventes,

---

[51] *Mutatis mutandis*, o mesmo vale para o comunismo stalinista – ele é uma religião secularizada, não profanada.

porque sua própria substância vital é descarrilada ou distorcida (obviamente, o nome freudiano para essa distorção é pulsão de morte). É por isso que o ser humano não é um "animal racional", não é definido por uma dimensão ou qualidade que se acrescente à animalidade substancial: para que tal acréscimo aconteça, o espaço para ela, ou seja, sua possibilidade, tem de ser aberta primeiro por uma distorção da própria animalidade. O nome lacaniano para essa distorção ou excesso é *objeto a* (mais-gozar), e, como Lacan demonstrou de maneira convincente, até mesmo Hegel deixa a desejar nesse aspecto, pois não considera essa dimensão do mais-gozar na luta pelo reconhecimento e seu resultado.

De acordo com a visão comum (propagada por Kojève, entre outros), o que está em jogo na luta hegeliana entre o mestre (futuro) e o escravo é a separação do sujeito de seu corpo: por sua prontidão a sacrificar seu corpo biológico (vida), o sujeito afirma a vida do espírito como superior a sua vida biológica e independente dela. Essa outra dimensão (superior) é encarnada na linguagem, que, de certa forma, é a negatividade da morte transposta para uma nova ordem positiva: a palavra é assassina da coisa que designa, ela extrai o conceito da coisa em sua independência da coisa empírica. Do ponto de vista freudiano-lacaniano, no entanto, essa descrição da passagem do corpo biológico para sua simbolização, para a vida espiritual da linguagem, perde algo crucial, isto é, como a simbolização do corpo gera retroativamente um órgão fantasmático inexistente que representa o que é perdido no processo de simbolização:

> Essa lâmina, esse órgão, que tem por característica não existir, mas que não é por isso menos um órgão [...] é a libido. É a libido, enquanto puro instinto de vida, quer dizer, de vida imortal, de vida irrepreensível, de vida que não precisa, ela, de nenhum órgão, de vida simplificada e indestrutível. É o que é justamente subtraído ao ser vivo pelo fato de ele ser submetido ao ciclo da reprodução sexuada. E é disso aí que são os representantes, os equivalentes, todas as formas que se podem enumerar do *objeto a*.[52]

Um tema comum da descrição fenomenológica do ser humano é a existência encarnada, a experiência do corpo como próprio, como corpo vivido, não apenas como objeto, uma *res extensa*, no mundo – o enigma do que significa não só ter um corpo, mas "ser" (em) um corpo vivente. O século XX efetuou uma destruição dupla dessa experiência imediata do corpo orgânico: de um lado, a redução biogenética do corpo a um mecanismo regulado por códigos genéticos e, nesse sentido, a um mecanismo "artificial"; de outro, o corpo fantasmático, um corpo estruturado

---

[52] Jacques Lacan, *O seminário, livro 11: os quatro conceitos fundamentais da psicanálise* (trad. M. D. Magno, 2. ed., Rio de Janeiro, Zahar, 1996), p. 186. Quando Lacan fala do corpo sujeitado "à reprodução, ao ciclo sexual", ele não se refere ao acasalamento biológico, mas sim à diferença sexual como Real-impossível da ordem simbólica. Em termos diretos e brutais: animais que reproduzem pelo acasalamento não têm *lamela*.

não de acordo com a biologia, mas de acordo com investimentos libidinais, que é o tema da psicanálise, desde os "objetos parciais" (órgãos autônomos sem corpos, como um olho ou uma mão que sobrevivem por conta própria, como exemplo perfeito da pulsão – não o objeto de uma pulsão, mas a pulsão *como* um objeto [impossível]) a seu protótipo mítico, a *lamela*. Em alguns desenhos de Francis Bacon, encontramos um corpo (em geral nu) acompanhado de uma forma informe, estranha, escura, como uma mancha, que parece sair do corpo e quase não se liga a ele, como uma espécie de protuberância estranha que o corpo jamais pode recuperar ou reintegrar de todo e, por isso, desestabiliza de maneira irremediável o Todo orgânico do corpo – é isso que Lacan visava com sua noção de *lamela* (ou *homelete*).

Esse excesso para sempre perdido da vida pura ou indestrutível – na forma do *objeto a*, o objeto-causa do desejo – também é o que "eterniza" o desejo humano, tornando-o infinitamente plástico e insatisfazível (em contraste com as necessidades instintivas). Portanto, é errado dizer que, como não trabalha, o mestre permanece preso no nível natural: os produtos do escravo satisfazem não só as necessidades naturais do mestre, mas suas necessidades transformadas em um desejo infinito por luxos excessivos, em disputa com os luxos de outros mestres – o escravo proporciona ao mestre iguarias raras, mobílias luxuosas, joias caras etc. É por isso que o mestre se torna escravo de seu escravo: ele depende do escravo não para a satisfação de suas necessidades naturais, mas para a satisfação de suas necessidades artificiais altamente cultivadas.

Esse excesso aparece em toda a amplitude da cultura, desde a alta arte até o mais baixo consumismo. A fórmula-padrão do minimalismo artístico é "menos é mais": se nos abstivermos de acrescentar qualquer ornamento superficial, se formos ainda além e nos recusarmos a preencher as lacunas ou truncar o que poderia ter sido a forma pronta de nosso produto, essa mesma perda gerará um significado adicional e criará uma espécie de profundidade. De maneira surpreendente (ou talvez não), encontramos uma lógica similar do "mais por menos" no universo consumista das mercadorias, em que o "menos" é o proverbial centavo subtraído do preço cheio (4,99 e não 5), e o "mais" é o não menos proverbial excedente que levamos de graça, conhecido de todos que compram creme dental: um quarto da embalagem é em geral de cor diferente, e letras garrafais anunciam: "Grátis um terço a mais". A armadilha, obviamente, é que o produto "cheio" que determina o padrão para esse mais ou menos é fictício: nunca encontramos um creme dental que não tenha o excedente ao preço cheio de $5 – um claro sinal de que a realidade desse "mais por menos" é "menos por mais". De uma perspectiva freudiana, é fácil perceber como esse paradoxo do "mais por menos" é fundamentado na reversão reflexiva da renúncia do prazer em uma nova fonte de prazer. A fórmula lacaniana para essa reversão é uma fração do *pequeno a* (mais-gozar) sobre o menos *phi* (castração): um gozo gerado pela própria renúncia ao gozo e, nesse sentido, um "menos" que é "mais".

Isso nos leva ao cerne do debate entre Judith Butler e Catherine Malabou sobre a relação entre Hegel e Foucault (recordemos que Agamben é foucaultiano anti-hegeliano)[53]. Segundo Foucault, Hegel assume a total suprassunção do corpo em sua simbolização: o sujeito surge por meio da – e equivale a – sua sujeição (submissão) à ordem simbólica, suas leis e regulações; em outras palavras, para Hegel, o sujeito livre e autônomo *é* o sujeito integrado na ordem simbólica. O que Hegel não vê é que esse processo de simbolização, de regulação submissa, gera o que ele "reprime" e regula. Devemos lembrar aqui a tese de Foucault, desenvolvida em *História da sexualidade*, sobre como o discurso médico-pedagógico que disciplina a sexualidade produz o excesso que ele tenta domar ("sexo"), um processo já iniciado na Antiguidade tardia, quando as descrições detalhadas que os cristãos faziam de todas as possíveis tentações sexuais geravam retroativamente o que eles tentavam suprimir. A proliferação dos prazeres, portanto, é o anverso do poder que os regula: o próprio poder gera resistência a si mesmo, o excesso que jamais pode controlar – as reações de um corpo sexualizado a sua sujeição às normas disciplinares são imprevisíveis.

Foucault permanece ambíguo quanto a esse aspecto: a ênfase que lhe dá em *Vigiar e punir* e no primeiro volume de *História da sexualidade* é diferente (às vezes de maneira quase imperceptível) no segundo e terceiro volumes desta última: embora, em ambos os casos, o poder e a resistência estejam entrelaçados e sustentem um ao outro, as primeiras obras enfatizam como a resistência é apropriada de antemão pelo poder, de modo que os mecanismos de poder dominam todo o campo e somos sujeitos do poder exatamente quando resistimos a ele; depois, no entanto, a ênfase muda para como o poder gera o excesso de resistência que jamais pode controlar – longe de manipular a resistência a si mesmo, o poder torna-se, portanto, incapaz de controlar seus próprios efeitos. Essa oscilação revela que todo o campo da oposição entre poder e resistência é falso e tem de ser abandonado. Mas como? A própria Butler mostra o caminho: como boa hegeliana, ela acrescenta uma virada reflexiva fundamental que resulta em uma espécie de resposta hegeliana a Foucault: os mecanismos de repressão e regulação não geram apenas o excesso que tentam reprimir; esses próprios mecanismos tornam-se libidinalmente investidos, gerando uma fonte perversa de mais-gozar próprio. Em suma, a repressão de um desejo transforma-se necessariamente no desejo pela repressão, a renúncia de um prazer transforma-se no prazer pela renúncia, a regulação dos prazeres transforma-se no prazer pela regulação. É isso que Foucault não leva em conta: como, por exemplo, a própria prática disciplinar da regulação dos prazeres é infectada pelo prazer, como nos rituais obsessivos ou masoquistas. O verdadeiro

---

[53] Ver Judith Butler e Catherine Malabou, *Sois mon corps*, cit.

excesso (de prazer), portanto, não é o excesso gerado pelas práticas disciplinares, mas as próprias práticas, que literalmente surgem como excesso do que regulam[54].

Não surpreende que o uso político padrão do reconhecimento como característica fundamental do pensamento social de Hegel seja limitado às interpretações liberais de Hegel – Jameson já havia notado que o foco permanente no reconhecimento mútuo nessas leituras "revela ainda um terceiro Hegel, ao lado do marxista e do fascista, a saber, um Hegel 'democrático' ou habermasiano"[55]: o Hegel ontológica e politicamente "deflacionado", o Hegel que celebra a ordem e a lei burguesa como ponto mais alto do desenvolvimento humano[56]. Nisso reside o denominador comum das leituras liberais do pensamento político de Hegel (e não só o pensamento político): o reconhecimento recíproco é o maior objetivo e, ao mesmo tempo, o mínimo pressuposto da subjetividade, a condição imanente do próprio fato da consciência-de-si – "Sou reconhecido, logo sou". Sou um sujeito livre apenas na medida em que sou reconhecido pelos outros como livre por outros sujeitos livres (sujeitos reconhecidos por mim como livres). No entanto, talvez tenha chegado a hora de problematizar o papel central desempenhado por essa noção: ela é estritamente correlata à leitura "deflacionária" de Hegel como um filósofo que articula as condições normativas da vida livre[57].

---

[54] Foucault chega perto dessa constatação algumas vezes: por exemplo, no primeiro volume de *História da sexualidade*, em que escreve que "pelo menos inventamos um outro prazer: o prazer da verdade do prazer, prazer de sabê-la, exibi-la, descobri-la" (Michel Foucault, *História da sexualidade I: a vontade de saber*, trad. Maria Thereza da Costa Albuquerque e J. A. Guilhon Albuquerque, 13. ed., Rio de Janeiro, Graal, 1999, p. 69). Essas constatações, no entanto, não são desenvolvidas em uma reflexividade sistemática do desejo.

[55] Fredric Jameson, *The Hegel Variations* (Londres, Verso Books, 2010), p. 54.

[56] O mesmo vale para Lacan: há um Lacan conservador que nos alerta contra a dissolução do Nome-do-Pai, exemplificado pelo trabalho de Pierre Legendre e falsamente visado por Judith Butler; há um Lacan liberal, exemplificado nos últimos anos por Jacques-Alain Miller, que interpreta a análise de Lacan a respeito dos eventos de 1968 como uma crítica liberal aos revolucionários; e há o Lacan revolucionário radical, desde Copjec e Badiou até a Escola de Liubliana.

[57] Esse Hegel liberal "deflacionado" do reconhecimento é paradigmaticamente norte-americano (embora possamos argumentar que foi esboçado primeiro por Habermas, e já era influenciado pela tradição pragmática norte-americana, como a noção de G. H. Mead de intersubjetividade baseada na identificação mútua de sujeitos, de modo que eu possa me ver nos olhos do outro). Sendo assim, talvez seja mais que curiosidade histórica que a primeira escola hegeliana norte-americana tenha sido, nas origens do pragmatismo, *o movimento filosófico norte-americano*. Ele começou em 1856, quando Henry Conrad Brokmeyer, imigrante prussiano, retirou-se para as profundezas da floresta do Missouri com uma arma, um cachorro e um exemplar de *Ciência da lógica*, de Hegel. Sozinho com esse livro durante dois anos, Brokmeyer se convenceu de que o pensamento de Hegel deveria ser ampliado e abranger os Estados Unidos: Hegel estava certo em dizer que a história tinha uma direção que ia de leste para oeste, mas morreu cedo demais para acompanhar o movimento da Europa para os Estados Unidos. A história se desdobra na direção de uma cidade histórico-mundial, culminando em um florescimento da liberdade sob um Estado racional. Até mesmo nos Estados Unidos, o es-

O reconhecimento mútuo é, obviamente, o resultado de um longo processo que começa com a luta de morte entre mestre (futuro) e escravo. Nessa luta, a tensão entre ligação e separação (de nosso corpo, ou da realidade material em geral) repete-se, mas em um nível superior que provoca sua unidade dialética: a própria ligação torna-se a forma da aparência de seu oposto. Assim, precisamos romper a falsa oscilação entre ligação e separação: a separação é primordial, constitutiva da subjetividade, o sujeito nunca "*é*" diretamente seu corpo; precisamos apenas acrescentar que essa mesma separação (do corpo) só pode ser realizada por meio de uma ligação excessiva com um "órgão sem corpo". Portanto, o paradoxo é que o nível zero da negatividade não é um gesto negativo, mas uma afirmação excessiva: ao emperrar em um objeto parcial, ao afirmá-lo repetidas vezes, o sujeito destaca-se do próprio corpo, entra em uma relação negativa para com seu corpo.

De que maneira eu mostro ao outro minha separação com relação a minha vida biológica particular? Ligando-me de modo incondicional a um pedacinho totalmente trivial e indiferente do Real, pelo qual estou disposto a pôr tudo em risco, inclusive minha própria vida – a própria falta de valor do objeto pelo qual estou pronto a arriscar tudo deixa claro que o que está em jogo não é ele, mas eu mesmo, minha liberdade. É contra esse pano de fundo do sujeito enquanto infinidade efetiva que devemos interpretar a famosa passagem em que Hegel descreve como, ao experimentar o medo da morte durante o confronto com o mestre, o escravo tem um vislumbre do poder infinito da negatividade; por essa experiência, ele é forçado a aceitar a falta de valor de seu Si particular:

> Essa consciência sentiu a angústia, não por isto ou aquilo, não por este ou aquele instante, mas sim através de sua essência toda, pois sentiu o medo da morte, do senhor absoluto. Aí se dissolveu interiormente; em si mesma tremeu em sua totalidade; e tudo que havia de fixo, nela vacilou.
> Entretanto, esse movimento universal puro, o fluidificar-se absoluto de todo o subsistir, é a essência simples da consciência-de-si, a negatividade absoluta, o puro ser-para-si, que assim é nessa consciência.[58]

A objeção um tanto entediante à luta de morte entre o futuro mestre e o futuro escravo é que Hegel trapaceia, ignorando o impasse da solução radical óbvia: os

---

pírito se movimenta de leste para oeste, rumo à maior cidade norte-americana a oeste do Mississippi: St. Louis. Brokmeyer aplicou aos Estados Unidos a ideia hegeliana da história progredindo por meio dos conflitos: religião *versus* ciência, abolicionismo *versus* escravidão, até St. Louis *versus* Chicago. Depois que St. Louis foi ofuscada por Chicago, o decepcionado Brokmeyer se mudou mais para oeste – dizem que, em seus últimos anos de vida, ele deu aulas sobre Hegel para crianças *creek* em Oklahoma. Mas sua influência persistiu, alcançando C. S. Peirce, o pai do pragmatismo. Ver Kerry Howley, "Hegel Hits the Frontier", *The Daily*, 19 maio 2011.

[58] G. W. F. Hegel, *Fenomenologia do espírito*, cit., parte I, § 194, p. 132.

dois realmente lutam até a morte, mas como o resultado poria um fim no processo dialético, a luta não é realizada sem restrições, pressupõe certo pacto simbólico implícito de que o resultado não será a morte. Nos dias anteriores à Batalha de Ilipa, uma das principais batalhas da Segunda Guerra Púnica, ocorrida em 206 a.C., um estranho ritual surgiu entre os dois exércitos, os cartaginenses comandados por Asdrúbal, irmão de Aníbal, e os romanos comandados por Cipião. Certa manhã, depois de organizar as tropas em formação de batalha,

> os dois exércitos pararam e se observaram. Apesar de toda a confiança inicial, nenhum dos comandantes queria apressar seus homens e forçar a batalha. Depois de algumas horas, quando o sol começou a se pôr, Asdrúbal ordenou a seus homens que retornassem ao acampamento. Ao observar a cena, Cipião fez o mesmo.
> Nos dias que se seguiram, isso se tornou praticamente uma rotina. Tarde da noite, o que por si só sugeria não haver mais entusiasmo para a batalha, Asdrúbal levava seu exército até a margem da campina. Então os romanos deslocavam suas tropas e ambos os exércitos se posicionavam na mesma formação do primeiro dia. Os exércitos paravam e esperavam até o fim do dia, e os cartaginenses primeiro e os romanos em seguida retornavam a seus respectivos acampamentos.[59]

Só depois de vários dias, Cipião resolveu provocar a batalha. O único benefício dessa dissimulação foi uma vantagem moral secundária: Asdrúbal podia dizer que impunha o desafio ao inimigo todos os dias, enquanto Cipião podia afirmar que só recuava depois que o inimigo recuava. Esse exemplo é um belo lembrete de que a guerra envolve não apenas o conflito físico, mas também um complexo ritual simbólico de dissimulação.

Butler propõe uma interpretação bizarra e contraintuitiva (mas estranhamente convincente) desse momento conclusivo da dialética entre mestre e escravo: pelo medo da morte que quebranta as fundações de todo o seu ser, o escravo assume sua finitude, torna-se ciente de si mesmo como um ser vulnerável e frágil. Mas Butler não enfatiza o anverso positivo dessa frágil finitude: a força negativa que ameaça o indivíduo e abala as fundações da sua vida não é, em si, "a essência simples da consciência-de-si, a negatividade absoluta, o puro ser-para-si"; portanto, ela não é externa ao sujeito (como a figura do mestre diante dele, ameaçando-o de fora), mas seu próprio núcleo, o cerne de seu ser. É dessa maneira que a consciência de nossa finitude reverte-se imediatamente na experiência de nossa verdadeira infinidade, que é a negatividade autorrelativa.

Essa dimensão da infinidade não está presente em Foucault, e é por isso que Malabou está correta em criticá-lo (e implicitamente Butler), dizendo que o sujeito foucaultiano engajado no "cuidado de si" continua preso em um circuito fechado de

---

[59] Adrian Goldsworthy, *In the Name of Rome* (Londres, Orion Books, 2004), p. 69-70.

afecção-de-si. Precisamente na medida em que tem consciência dessa frágil finitude e está voltado para o futuro – ou seja, na medida em que é ligado não àquilo que *é*, mas ao vazio ou abertura do que pode se tornar e, portanto, engajado na permanente autocrítica, o questionamento contínuo e "corajoso" de suas formas dadas –, o sujeito foucaultiano continua preso a si mesmo, referindo-se a sua atividade (auto)crítica como ponto final de referência. Esse posicionamento permanece no nível da oposição "abstrata" entre sujeito e substância, afirmando o predomínio do sujeito ligado a si mesmo em contraposição a todo conteúdo objetivo. Mais especificamente, devemos abandonar o paradigma inteiro da "resistência a um *dispositif*": a ideia de que, embora determine a rede de atividade do Si, o *dispositif* abre espaço ao mesmo tempo para a "resistência" do sujeito, para sua destruição (parcial e marginal) e seu deslocamento do *dispositif*. A tarefa da política emancipatória está em outro lugar: não em elaborar uma proliferação de estratégias de como "resistir" ao *dispositif* predominante a partir de posições subjetivas marginais, mas em pensar nas modalidades de uma possível ruptura radical no próprio *dispositif* predominante. Em todo o discurso sobre "sítios de resistência", tendemos a nos esquecer de que, por mais difícil que seja imaginar hoje, de tempos em tempos os *dispositifs* a que resistimos mudam de fato.

O debate entre Butler e Malabou, não obstante, é sustentado pela premissa comum segundo a qual, "embora não exista nenhum corpo que seria meu sem o corpo do outro, também não existe nenhuma des-apropriação definitiva possível do meu corpo, não mais que uma apropriação definitiva do corpo do outro"[60]. Essa premissa não é confirmada por duas produções recentes de Hollywood, cada uma delas representando e testando o extremo de um sujeito que se transfigura completamente em outro corpo, mas com resultados abertos? Em *Avatar*, a transferência é bem-sucedida e o herói consegue transferir a alma do seu corpo para outro corpo (aborígene); já em *Substitutos* (2009, baseado no romance gráfico de 2005-2006 e dirigido por Jonathan Mostow), os seres humanos se rebelam contra seus avatares e retornam a seus próprios corpos.

---

[60] Ver Judith Butler e Catherine Malabou, *Sois mon corps*, cit., p. 8. O mecanismo descrito por Butler como a injunção renegada: "Seja meu corpo!" (um Mestre me ordena a ser – a agir como – o corpo dele, mas de forma renegada: devo fingir que não sou realmente aquilo, mas continuar a ser um indivíduo livre e independente) parece dizer respeito, muito mais do que aos corpos, à moderna relação de dominação em que o escravo tem de agir como livre e aceitar voluntariamente o papel subordinado: a ordem do mestre moderno é que seu escravo finja ser livre, ao invés de escravo. Tomemos como exemplo o papel da esposa em um casamento em que os valores patriarcais têm uma existência subterrânea: a mulher tem de servir ao marido, mas no contexto de uma relação livre e igualitária; é por isso que o primeiro ato de rebelião é declarar abertamente nossa servidão, recusar agir como indivíduos livres, quando de fato não somos. Os efeitos dessa recusa são esmagadores, pois nas condições modernas a escravidão só pode se reproduzir como renegada.

Avatar deveria ser comparado a filmes como *Uma cilada para Roger Rabbit* ou *Matrix*, em que o herói fica preso entre nossa realidade ordinária e um universo imaginado – os desenhos animados em *Roger Rabbit*, a realidade digital em *Matrix* e a realidade comum, mas digitalmente melhorada do planeta aborígene em *Avatar*. O que devemos ter em mente, portanto, é que, embora a narrativa de *Avatar* supostamente aconteça em uma única realidade "real", nós estamos lidando – no nível da economia simbólica subjacente – com duas realidades: o mundo ordinário do colonialismo imperialista e (não a realidade miserável dos aborígenes explorados, mas) o mundo fantástico dos aborígenes que vivem em ligação incestuosa com a natureza. O fim do filme tem de ser interpretado, portanto, como uma solução desesperada, em que o herói migra da realidade real para o mundo fantástico – como se, em *Matrix*, Neo decidisse mais uma vez mergulhar totalmente na Matrix. Um contraste mais imediato com *Avatar* é *Substitutos*, que se passa em 2017, quando as pessoas vivem em isolamento quase total, raramente saindo do conforto e da segurança de suas casas, graças a corpos robóticos controlados a distância remotamente que servem de "substitutos" e são criados como versões aprimoradas de seus controladores humanos. Como as pessoas estão sempre seguras, e qualquer dano ao substituto não é sentido pelo dono, o mundo é pacífico, livre do medo, da dor e do crime. Previsivelmente, a história trata da alienação e da falta de autenticidade nesse mundo: no fim do filme, todos os substitutos são desconectados e as pessoas são forçadas a usar o próprio corpo novamente. O contraste entre *Substitutos* e *Avatar* não poderia ser mais evidente.

Isso não significa, no entanto, que devemos rejeitar *Avatar* em favor de uma aceitação mais "autêntica" e heroica de nossa realidade comum, como o único mundo real que existe. Mesmo que a realidade seja "mais real" que a fantasia, a fantasia ainda é necessária para manter sua consistência: se subtrairmos da realidade a fantasia, ou o quadro fantasmático, a própria realidade perde sua consistência e se desfaz. A lição, por conseguinte, é que a opção entre "aceitar a realidade ou escolher a fantasia" é falsa: o que Lacan chama de *la traversée du fantasme* [travessia da fantasia] não tem nada a ver com dispensar as ilusões e aceitar a realidade como ela é. É por isso que, quando nos mostram alguém fazendo isso – renunciando a todas as ilusões e abraçando a realidade miserável –, devemos nos empenhar em identificar os mínimos contornos fantasmáticos dessa realidade. Se realmente quisermos mudar nossa realidade social ou escapar dela, a primeira coisa que devemos fazer é mudar as fantasias feitas sob medida para nos encaixarmos nessa realidade; como o herói de *Avatar* não faz isso, sua posição subjetiva é o que, a propósito de Sade, Lacan chamou de *le dupe de son fantasme* [tapeado pela fantasia].

Como evitar ou "negar" as limitações do universo existente não é um problema empírico difícil, mas talvez seja mais difícil imaginá-lo ou conceitualizá-lo. Em meados de abril de 2011, a mídia noticiou que o governo chinês proibira a exibição na TV e nos cinemas de filmes que tratassem de viagens no tempo e histórias alternativas, argumentando que histórias assim introduzem frivolidade em questões históricas sérias – até mesmo a fuga ficcional para uma realidade alternativa é considerada perigosa demais. Nós, no Ocidente, não precisamos de uma proibição tão explícita: como mostra a disposição do que é considerado possível ou impossível, a ideologia exerce poder material suficiente para evitar que narrativas alternativas sejam levadas minimamente a sério.

Esse poder material torna-se mais palpável exatamente onde menos esperaríamos: em situações críticas, quando a narrativa ideológica hegemônica está sendo solapada. Hoje vivemos uma situação desse tipo. Segundo Hegel, a repetição tem um papel preciso na história: quando uma coisa acontece apenas uma vez, ela pode ser considerada mero acidente, algo que poderia ter sido evitado com um melhor manejo da situação; mas quando o mesmo evento se repete, trata-se de um sinal de que estamos lidando com uma necessidade histórica mais profunda. Quando Napoleão perdeu pela primeira vez em 1813, pareceu apenas má sorte; quando perdeu pela segunda vez em Waterloo, ficou claro que sua era havia chegado ao fim. E não podemos dizer o mesmo da crise financeira? Quando atingiu o mercado pela primeira vez em setembro de 2008, parecia um acidente que poderia ser corrigido com uma regulação melhor etc.; agora que os sinais de um colapso financeiro estão se juntando, está claro que estamos lidando com uma necessidade estrutural.

De que maneira a ideologia hegemônica nos prepara para reagir a uma situação como essa? Há uma anedota (apócrifa, é claro) sobre uma troca de telegramas entre os quartéis-generais da Alemanha e da Áustria no meio da Primeira Guerra Mundial: os alemães enviaram a mensagem: "Aqui, do nosso lado do *front*, a situação é séria, mas não catastrófica", ao que os austríacos responderam: "Aqui, a situação é catastrófica, mas não séria". Não é dessa maneira que muitos de nós, pelo menos no Ocidente, lidamos cada vez mais com nossa situação global? Todos temos conhecimento da catástrofe iminente, mas de certo modo não podemos levá-la a sério. Na psicanálise, essa atitude é chamada de cisão fetichista: "Sei muito bem, mas... (não acredito realmente)", e é uma clara indicação da força material da ideologia que nos faz recusar o que vemos e conhecemos[61].

---

[61] Um caso exemplar do poder material da ideologia é o *Manual diagnóstico e estatístico de transtornos mentais* (DSM), publicado pela Associação Americana de Psiquiatria. Seu objetivo é fornecer "uma linguagem comum e um critério-padrão para a classificação dos transtornos mentais. Ele é usado nos Estados Unidos e em vários níveis no mundo todo, por clínicos, pesquisadores, agências reguladoras de medicamentos psiquiátricos, empresas de plano de saúde, indústria farmacêutica e autoridades políticas. Houve quatro edições revisadas desde que foi publicado em 1952, incluindo gradualmente mais transtornos, embora alguns tenham sido removidos e não sejam mais considerados transtornos mentais, mais notavelmente a homossexualidade"; a próxima edição (a quinta), a DSM-5, deve ser publicada em maio de 2013. (Ver a entrada da Wikipédia para

Então de onde vem essa cisão? Vejamos a descrição de Ed Ayres:

Estamos sendo confrontados com algo tão completamente fora de nossa experiência coletiva que nem chegamos a vê-lo de fato, mesmo quando a evidência é muito clara. Para nós, esse "algo" é um ataque relâmpago de enormes alterações biológicas e físicas no mundo que tem nos sustentado.[62]

Para lidar com essa ameaça, nossa ideologia coletiva está mobilizando mecanismos de dissimulação e autoengano, até e inclusive a vontade direta de ignorância: "um padrão geral de comportamento entre as sociedades humanas ameaçadas é tornar-se mais tacanha, em vez de mais focada na crise, à medida que desmoronam"[63]. Catastrófico, mas não sério...

Se essa renegação é claramente discernível no modo como a maioria se refere às ameaças ambientais, podemos discernir o mesmo mecanismo na reação predominante à perspectiva de um novo colapso financeiro: é difícil aceitar que o longo período de progresso e estabilidade pós-Segunda Guerra Mundial no mundo ocidental desenvolvido está chegando ao fim. O que torna a situação especialmente volátil é o fato de a renegação ser complementada por seu oposto, as reações excessivas de pânico: no frágil domínio das especulações financeiras, os rumores podem inflar ou destruir o valor das empresas – às vezes até de toda a economia – em questão de dias. Como a economia capitalista tem de tomar emprestado do futuro, acumulando débitos que jamais serão pagos, a confiança é um ingrediente fundamental do sistema – mas essa confiança é inerentemente paradoxal e "irracional": confio que posso ter acesso a minha conta bancária a qualquer hora, mas se isso pode ser válido para mim como indivíduo, não pode ser válido para a maioria (se a maioria testar de fato o sistema e tentar retirar seu dinheiro, o sistema entrará em colapso). Portanto, as crises são renegadas e ao mesmo tempo desencadeadas do nada, sem causas "reais". Nessa linha de raciocínio, será que podemos imaginar as consequências econômicas e sociais do colapso do dólar ou do euro?

Os motins nos subúrbios ingleses em 2011 foram uma reação de nível zero à crise – mas por que os manifestantes foram levados a esse tipo de violência? Zygmunt Bauman estava no caminho certo quando caracterizou os motins como

---

"Manual diagnóstico e estatístico de transtornos mentais". Baseio-me aqui na análise crítica de Sarah Kamens.) O papel do DSM é crucial, porque hospitais, clínicas e companhias de seguro costumam exigir um diagnóstico de DSM de todos os pacientes tratados – e como o complexo médico industrial nos Estados Unidos movimenta duas vezes mais dinheiro que o famigerado complexo militar industrial, podemos imaginar as amplas consequências financeiras de mudanças aparentemente marginais nas classificações do DSM.

[62] Ed Ayres, *God's Last Offer: Negotiating for a Sustainable Future* (Nova York, Four Walls Eight Windows, 1999), p. 6.

[63] Ibidem, p. 141.

atos de "consumidores anômalos e desqualificados": mais do que tudo, os motins foram um carnaval consumista de destruição, um desejo consumista violentamente encenado, quando é incapaz de se realizar da maneira "apropriada" (pela compra). Sendo assim, é claro, eles também continham um caráter de protesto genuíno, uma espécie de resposta irônica à ideologia consumista com a qual somos bombardeados diariamente: "Você nos estimula a consumir, mas ao mesmo tempo nos priva da possibilidade de consumir de maneira adequada; então aqui estamos nós, consumindo da única maneira que nos é permitida!". De certo modo, os motins representam a verdade da "sociedade pós-ideológica", exibem de maneira dolorosamente palpável a força material da ideologia. O problema dos motins não é a violência em si, mas o fato de essa violência não ser verdadeiramente assertiva: em termos nietzschianos, ela é reativa, não ativa; é fúria impotente e desespero disfarçado de força; e inveja mascarada de carnaval triunfante.

O perigo é que a religião preencha o vazio e restabeleça o significado. Ou seja, os tumultos precisam ser situados na série que formam com outro tipo de violência, aquela que a maioria liberal percebe como ameaça a nosso estilo de vida: ataques terroristas e atentados suicidas. Nos dois casos, a violência e a contraviolência estão presas em um círculo vicioso mortal, cada qual gerando as mesmas forças que tentam combater. Em ambos, trata-se do cego *passage à l'acte*, em que a violência é uma admissão implícita da impotência. A diferença é que, em contraste com os ataques nas *banlieues* em Paris ou no Reino Unido, que foram um protesto "de nível zero", uma explosão violenta que não queria nada, os ataques terroristas ocorrem em nome daquele Significado *absoluto* dado pela religião. Então como devemos passar dessas reações violentas a uma nova organização da totalidade da vida social? Para fazer isso, precisamos de um órgão forte, capaz de tomar decisões rápidas e realizá-las com a aridez necessária. Quem pode dar o próximo passo? Surge aqui uma nova tétrade: *povo*, *movimento*, *partido* e *líder*.

O povo ainda está aqui, mas não mais como o Sujeito mítico soberano, cuja vontade deve ser realizada. Hegel estava certo em sua crítica ao poder democrático do povo: "o povo" deve ser reconcebido como o pano de fundo passivo do processo político – a maioria é sempre e por definição passiva, não há garantia de que esteja correta, e o máximo que pode fazer é reconhecer-se e aceitar-se em um projeto imposto pelos agentes políticos. Como tal, o papel do povo é, no fundo, negativo: as "eleições livres" (ou referendos) servem para controlar os movimentos partidários e impedir o que Badiou chama de *forçage* (imposição) brutal e destrutiva da Verdade na ordem positiva do Ser regulada por opiniões. É isso que a democracia eleitoral pode fazer – o passo positivo para uma nova ordem está além de seu alcance.

Em contraste com qualquer elevação do povo ordinário autêntico, devemos insistir em que seu processo de transformação em agentes políticos é irredutivelmente *violento*. O filme *Eles vivem* (1988), de John Carpenter, obra-prima negligenciada da esquerda hollywoodiana, conta a história de John Nada, trabalhador sem-teto que encontra trabalho em uma construção em Los Angeles, mas não tem lugar para ficar. Um dos trabalhadores, Frank Armitage, leva-o para passar a noite em um bairro pobre da cidade. Naquela noite, enquanto conhecia a região, ele notou um comportamento estranho em uma pequena igreja do outro lado da rua. Ao investigar no dia seguinte, encontra por acaso diversas caixas cheias de óculos escuros escondidas em um compartimento secreto em uma parede. Quando coloca um dos óculos, percebe que um *outdoor* agora exibe simplesmente a palavra OBEDEÇA, enquanto outro incita o espectador a CASAR-SE E REPRODUZIR-SE. Ele também percebe que as notas de dinheiro trazem a frase ESTE É SEU DEUS. O que temos aqui é uma bela e ingênua *mise-en-scène* da crítica da ideologia: através dos óculos crítico-ideológicos, vemos diretamente o Significante-Mestre por trás da cadeia de conhecimento – aprendemos a ver a ditadura *na* democracia, e vê-la dói. Aprendemos com o filme que usar os óculos crítico-ideológicos por muito tempo dá ao espectador uma grande dor de cabeça: é doloroso demais ser privado do mais-gozar ideológico. Quando Nada tenta convencer o amigo Armitage a colocar os óculos, este resiste, dando início a uma briga digna de *Clube da luta* (outra obra-prima da esquerda hollywoodiana). A cena começa com Nada dizendo a Armitage: "Estou lhe dando uma escolha. Ou você coloca os óculos ou pode começar a comer aquela lata de lixo". (A briga acontece entre latas de lixo reviradas.) A briga, que se prolonga por insuportáveis oito minutos, com pausas ocasionais para uma troca de sorrisos amigáveis, é em si totalmente "irracional" – por que Armitage simplesmente não concorda em colocar os óculos para satisfazer a vontade do amigo? A única explicação é que ele *sabe* que seu amigo quer que ele veja algo perigoso, que acesse um conhecimento proibido que estragará totalmente a paz relativa de sua vida cotidiana. A violência encenada aqui é positiva, uma condição de libertação – a lição é que a libertação da ideologia não é um ato espontâneo, um ato de descoberta de nosso verdadeiro Si. O dado principal aqui é que, para enxergar a verdadeira natureza das coisas, nós precisamos dos óculos: não que tenhamos de tirar os óculos ideológicos para ver "a realidade como ela é", mas sim que estamos "naturalmente" na ideologia, nossa visão natural é ideológica. Como uma mulher se torna um sujeito feminino? Somente ao renunciar às migalhas do gozo oferecido pelo discurso patriarcal, desde a confiança nos homens para ter "proteção" até os prazeres proporcionados pela "galantaria" masculina (pagar a conta do restaurante, abrir portas etc.).

Quando as pessoas tentam "se organizar" em movimentos, o máximo que conseguem criar é um espaço igualitário para o debate em que fala quem é escolhido ao acaso, todos têm o mesmo tempo (curto) para falar etc. Mas esses movimentos de protesto se mostram inadequados no momento em que é preciso agir ou impor uma nova ordem – nesse ponto, é preciso algo como um *Partido*. Mesmo em um movimento de protesto radical, as pessoas *não* sabem o que querem, demandam que um novo Mestre lhes diga o que querem. Mas se as pessoas não sabem, como o Partido pode saber? Voltamos ao tema-padrão do Partido que possui *insight* histórico e lidera o povo?

Quem nos dá uma pista a respeito disso é Brecht. No que para muitos é a canção mais problemática de *A decisão*, a celebração do Partido, ele propõe algo muito mais único e preciso do que pareceria à primeira vista. Brecht parece simplesmente elevar o Partido à encarnação do Conhecimento Absoluto, um agente histórico com um discernimento completo e perfeito sobre a situação histórica, um "sujeito suposto saber", se é que existe um: "Você tem dois olhos, mas o Partido tem mil!". No entanto, uma leitura atenta da canção deixa claro que alguma coisa diferente está acontecendo: em sua reprimenda aos jovens comunistas, o refrão diz que o Partido *não* sabe tudo, os jovens comunistas podem estar *corretos* em discordar da linha partidária predominante: "Mostre-nos o caminho que devemos tomar/ que nós o tomaremos assim como você,/ mas não tome o caminho correto sem nós./ Sem nós, esse caminho/ é o mais falso dos caminhos./ Não se separe de nós". Isso significa que a autoridade do Partido *não* é a do conhecimento positivo determinado, mas a da *forma* do conhecimento, de um novo tipo de conhecimento ligado a um sujeito político coletivo. O ponto crucial no qual insiste o refrão é simplesmente que, se o jovem camarada pensa que está certo, deveria lutar por sua posição *dentro* da forma coletiva do Partido, não fora dela – dito de maneira um tanto patética, se ele está certo, então o Partido precisa dele mais do que de seus outros membros. O Partido exige que o sujeito fundamente seu "Eu" no "Nós" da identidade coletiva do Partido: lute conosco, lute por nós, lute por sua verdade contra a linha partidária, *só não faça isso sozinho*, fora do Partido.

Os movimentos como agentes de politização são um fenômeno da "democracia qualitativa": até mesmo nos protestos em massa na praça Tahrir, no Cairo, as pessoas que se reuniam lá sempre foram uma minoria – a razão por que "representavam o povo" era determinada por seu papel mobilizador na dinâmica política. De maneira homóloga, o papel organizador do Partido não tem nada a ver com seu acesso a um conhecimento privilegiado: um Partido não é uma figura do sujeito suposto saber lacaniano, mas um campo aberto de conhecimento em que ocorrem "todos os erros possíveis" (Lenin). Contudo, mesmo esse papel mobilizador dos movimentos e partidos não é suficiente: a lacuna que separa o próprio povo das formas organizadas de ação política tem de ser superadas de alguma maneira – mas como? Não pela proximidade entre as pessoas e essas formas organizadas; é preciso algo mais, e o paradoxo é que esse "mais" é um *Líder*, a unidade entre Partido e povo. Não devemos temer tirar todas as consequências desse *insight*, endossando a lição da justificação hegeliana da monarquia e, de passagem, matando cruelmente muitas vacas sagradas liberais. O problema do líder stalinista não foi um excessivo "culto da personalidade", mas o oposto: ele não foi um Mestre satisfatório, mas continuou fazendo parte do Conhecimento do partido burocrático, o exemplar sujeito suposto saber.

Para levar esse passo "além do possível", na constelação *de hoje*, devemos mudar a ênfase de nossa leitura de *O capital*, de Marx, para "a centralidade estrutural fundamental do desemprego no texto do próprio *O capital*": "o desemprego é estruturalmente inseparável da dinâmica do acúmulo e da expansão que constituiu a natureza em si do capitalismo como tal"[64]. No que podemos considerar o ponto extremo da "unidade dos opostos" na esfera da economia, é o próprio sucesso do capitalismo (alta produtividade etc.) que causa o desemprego (torna inútil uma quantidade cada vez maior de trabalhadores), e o que deveria ser uma bênção (necessidade de menos trabalho árduo) torna-se uma maldição. Assim, o mercado mundial é, com respeito a sua dinâmica imanente, "um espaço em que todos já foram trabalhadores produtivos e o trabalho começou a se valorizar fora do sistema"[65]. Ou seja, no processo contínuo da globalização capitalista, a categoria dos desempregados adquiriu uma nova qualidade, além da noção clássica de "exército industrial de reserva": deveríamos considerar, nos termos da categoria do desemprego, "as populações maciças ao redor do mundo que foram, por assim dizer, 'desligadas da história', excluídas deliberadamente dos projetos modernizadores do capitalismo do Primeiro Mundo e rejeitadas como casos perdidos ou terminais"[66]: os chamados "Estados falidos" (Congo, Somália), vítimas da fome ou de desastres ambientais, presos aos pseudoarcaicos "ódios étnicos", alvos da filantropia e ONGs ou (em geral o mesmo povo) da "guerra ao terror". A categoria dos desempregados, portanto, deveria ser expandida para abranger a amplitude da população global, desde os desempregados temporários, passando pelos não mais empregáveis e permanentemente desempregados, até as pessoas que vivem nos cortiços e outros tipos de guetos (isto é, aqueles que foram rejeitados pelo próprio Marx como "lumpemproletariado"), e, por fim, áreas, populações ou Estados inteiros excluídos do processo capitalista global, como aqueles espaços vazios dos mapas antigos. Essa expansão do círculo dos "desempregados" não nos levaria de volta de Marx a Hegel: a "populaça" está de volta, surgindo no próprio cerne das lutas emancipatórias? Em outras palavras, tal recategorização muda todo o "mapeamento cognitivo" da situação: o pano de fundo inerte da História torna-se um agente potencial da luta emancipatória. Recordamos aqui a caracterização depreciativa que Marx faz dos camponeses franceses em *O 18 de brumário*:

> a grande massa da nação francesa se compõe por simples adição de grandezas homônimas, como batatas dentro de um saco constituem um saco de batatas. [...] Mas na medida em que existe um vínculo apenas local entre os parceleiros, na medida em que a

---

[64] Fredric Jameson, *Representing Capital* (Londres, Verso Books, 2011), p. 149.
[65] Idem, *Valences of the Dialectic* (Londres, Verso Books, 2009), p. 580-1.
[66] Idem, *Representing Capital*, cit., p. 149.

identidade dos seus interesses não gera entre eles nenhum fator comum, nenhuma união nacional e nenhuma organização política, eles não constituem classe nenhuma. Por conseguinte, são incapazes de fazer valer os interesses da sua classe no seu próprio nome, seja por meio de um Parlamento, seja por meio de uma convenção. Eles não são capazes de representar a si mesmos, necessitando, portanto, ser representados.[67]

Nas grandes mobilizações revolucionárias de camponeses no século XX (da China à Bolívia), esses "sacos de batatas" excluídos do processo histórico começaram ativamente a representar a si mesmos. No entanto, devemos acrescentar três ressalvas ao desenvolvimento que Jameson faz dessa ideia. Em primeiro lugar, devemos corrigir o quadrado semiótico proposto por ele, cujos termos são: (1) os trabalhadores, (2) o exército de reserva dos (temporariamente) desempregados, (3) os (permanentemente) inempregáveis e (4) os "anteriormente desempregados"[68], mas agora inempregáveis. Como quarto termo não seria mais apropriado o *ilegalmente empregado*, desde os que trabalham no mercado negro e nas favelas até as diferentes formas de escravidão? Em segundo lugar, Jameson não enfatiza como esses "excluídos", não obstante, são muitas vezes *incluídos* no mercado mundial. Tomemos o caso do Congo hoje: é fácil discernir os contornos do capitalismo global por trás da fachada das "paixões étnicas primitivas", que mais uma vez explodem no "coração das trevas" da África. Depois da queda de Mobutu, o Congo deixou de existir como Estado unificado; sua parte oriental, em particular, é uma multiplicidade de territórios governados por chefes guerreiros que controlam seu pedaço de terra com um exército que, via de regra, inclui crianças drogadas, e cada um desses chefes possui ligações comerciais com uma corporação ou companhia estrangeira que explora a riqueza (principalmente) mineral da região. Essa organização atende aos dois lados: a companhia ganha o direito de minerar sem pagar impostos etc., e o chefe guerreiro ganha dinheiro... A ironia é que muitos desses minérios são usados em produtos de alta tecnologia, como laptops e telefones celulares. Em suma, devemos esquecer tudo o que sabemos sobre os costumes selvagens da população local; basta subtrairmos da equação as companhias estrangeiras de alta tecnologia para que todo o edifício da guerra étnica, alimentado por antigas paixões, venha abaixo.

A terceira categoria de Jameson, a dos "permanentemente inempregáveis", deveria ser complementada por seu oposto, aqueles que foram educados sem nenhuma chance de encontrar emprego: toda uma geração de estudantes tem pouca chance de conseguir um emprego correspondente a suas qualificações, o que leva a protestos em massa; e a pior maneira de resolver essa lacuna é subordinar a educação di-

---

[67] Karl Marx, *O 18 de brumário de Luís Bonaparte*, cit., p. 142-3.
[68] Fredric Jameson, *Valences of the Dialectic*, cit., p. 580.

retamente às demandas do mercado – se não por outra razão, isso ocorre porque a própria dinâmica do mercado torna "obsoleta" a educação dada nas universidades.

Jameson dá aqui mais um passo fundamental (paradoxal, mas absolutamente justificado): caracteriza esse novo desemprego estrutural como uma forma de *exploração* – explorados não são apenas os trabalhadores que produzem a mais-valia apropriada pelo capital, mas também aqueles que são estruturalmente impedidos de cair no vórtice capitalista do trabalho assalariado explorado, inclusive regiões e nações inteiras. Então como devemos repensar o conceito de exploração? É necessária uma mudança radical: em uma reviravolta propriamente dialética, a exploração inclui sua própria negação – os explorados não são apenas aqueles que produzem ou "criam", mas também (e principalmente) os condenados a *não* "criar". Não voltamos aqui à estrutura da piada de Rabinovitch? "Por que você acha que é explorado?" "Por dois motivos. Primeiro, quando trabalho, o capitalista se apropria da minha mais-valia." "Mas você esta desempregado! Ninguém está explorando sua mais-valia porque você não está produzindo nenhuma!" "Esse é o segundo motivo..." Nesse caso, tudo depende do fato de que o circuito capitalista não só precisa de trabalhadores, como também gera o "exército de reserva" daqueles que não conseguem trabalho: estes não estão simplesmente fora da circulação do capital, eles são produzidos ativamente por essa circulação como não trabalho. Ou, referindo-nos mais vez à piada de *Ninotchka*, eles não são apenas não trabalhadores, porque seu não trabalho é uma característica positiva, da mesma maneira que "sem leite" é a característica positiva de "café sem leite".

A importância dessa ênfase na exploração torna-se clara quando a contrapomos à *dominação*, tema predileto das diferentes versões da "micropolítica do poder" pós-moderna. Em suma, as teorias de Foucault e Agamben não são suficientes: todas as elaborações detalhadas dos mecanismos de regulação do poder da dominação, toda a riqueza de conceitos, como excluídos, vida nua, *homo sacer* etc., devem ser fundamentadas na (ou mediadas pela) centralidade da exploração; sem essa referência à economia, a luta contra a dominação permanece uma luta "essencialmente moral ou ética, que leva a revoltas pontuais e atos de resistência, e não à transformação do modo de produção enquanto tal"[69] – o programa positivo das ideologias do "poder" é, em geral, o programa de determinado tipo de democracia "direta". O resultado da ênfase na dominação é um programa democrático, ao passo que o resultado da ênfase na exploração é um programa comunista. Nisso reside o limite de descrever os horrores do Terceiro Mundo em termos de efeitos da dominação: o objetivo torna-se a democracia e a liberdade. Mesmo a referência ao "imperialismo" (em vez do capitalismo) funciona como um exemplo de como

---

[69] Idem, *Representing Capital*, cit., p. 150.

"uma categoria econômica pode se ajustar tão facilmente a um conceito de poder ou dominação"[70] – e a implicação dessa mudança de ênfase para a dominação é, obviamente, a crença em outra modernidade ("alternativa") na qual o capitalismo funcionará de maneira mais "justa", sem dominação.

Mas o que essa noção de dominação não leva em conta é que somente no capitalismo a exploração é "naturalizada", está inscrita no funcionamento da economia – ela não é resultado de pressão e violência extraeconômicas, e é por isso que, no capitalismo, temos liberdade pessoal e igualdade: não há necessidade de uma dominação social direta, a dominação já está inscrita na estrutura do processo de produção. É também por isso que a categoria de mais-valia é crucial nesse ponto: Marx sempre enfatizou que a troca entre trabalhador e capitalista é "justa" no sentido de que os trabalhadores (via de regra) recebem o valor total de sua força de trabalho como uma mercadoria – não há uma "exploração" direta, ou seja, não é que os trabalhadores "não recebam o valor total da mercadoria que vendem para os capitalistas". Desse modo, embora na economia de mercado eu permaneça dependente *de facto*, essa dependência é "civilizada", realizada na forma de uma "livre" troca de mercado entre mim e outras pessoas, e não na forma de servidão direta ou mesmo de coerção física. É fácil ridicularizar Ayn Rand, mas há certa verdade no famoso "hino ao dinheiro" de seu *A revolta de Atlas*:

> Enquanto não descobrirem que o dinheiro é a origem de todo bem, vocês continuarão pedindo a própria destruição. Quando o dinheiro deixa de ser o meio pelo qual os homens tratam uns com os outros, os homens tornam-se instrumento dos outros homens. Sangue, açoite, armas ou dólares. Façam sua escolha – não há outras.[71]

Marx não disse algo parecido em sua conhecida frase de que, no universo das mercadorias, "as relações entre as pessoas assumem a aparência de relações entre coisas"? Na economia de mercado, as relações entre as pessoas podem aparecer como relações de liberdade e igualdade mutuamente reconhecidas: a dominação não é mais diretamente representada e visível enquanto tal.

A resposta liberal à dominação é o reconhecimento (como vimos, um assunto estimado entre os "hegelianos liberais"): o reconhecimento "torna-se um risco em uma povoação multicultural pela qual diversos grupos, de maneira pacífica e por eleição, dividem o espólio"[72]. Os sujeitos do reconhecimento não são classes (não faz sentido exigir o reconhecimento do proletariado como sujeito coletivo – na verdade, o fascismo faz isso, exigindo o reconhecimento mútuo das classes). Os

---

[70] Ibidem, p. 151.
[71] Ayn Rand, *Atlas Shrugged* (Londres, Penguin Books, 2007), p. 871. [Ed. bras.: *A revolta de Atlas*, trad. Paulo Henriques Britto, Rio de Janeiro, Sextante, 2010].
[72] Fredric Jameson, *Valences of the Dialectic*, cit., p. 568.

sujeitos do reconhecimento são aqueles definidos por raça, gênero etc. – a política do reconhecimento permanece no quadro da sociedade civil burguesa, ainda não é política de classes[73].

A história recorrente da esquerda contemporânea é a do líder ou partido eleito com entusiasmo universal, prometendo um "novo mundo" (Mandela, Lula etc.) – mas daí, cedo ou tarde, em geral depois de alguns anos, eles se confrontam com o dilema-chave: atrever-se a mexer com o mecanismo capitalista ou simplesmente "entrar no jogo"? Se perturbamos o mecanismo, seremos rapidamente "punidos" por perturbações de mercado, caos econômico e todo o resto[74]. Desse modo, embora seja verdade que o anticapitalismo não pode ser o objetivo direto da ação política – na política, nós nos opomos aos agentes políticos concretos e suas ações, não ao "sistema" anônimo –, devemos usar aqui a distinção lacaniana entre meta e alvo: o anticapitalismo, se não a meta imediata da política emancipatória, deve ser seu alvo definitivo, o horizonte de toda a sua atividade. Não seria essa a lição da ideia marxista da "crítica da economia *política*"? Embora a esfera da economia pareça "apolítica", ela é o ponto secreto de referência e princípio estruturador das lutas políticas.

Voltando a Rand, o que é problemático é sua premissa subjacente: a única escolha que temos é entre as relações diretas e indiretas de dominação e exploração, sendo qualquer alternativa descartada como utópica. No entanto, como vimos anteriormente, devemos reconhecer o momento de verdade na afirmação ridiculamente ideológica de Rand: a grande lição do socialismo de Estado, na verdade, foi que uma abolição imediata da propriedade privada e da troca regulada pelo mercado, na falta de formas concretas de regulação social do processo de produção, ressuscita necessariamente as relações de escravidão e dominação. O próprio Jameson deixa a desejar com respeito a esse ponto: concentrado em como a exploração capitalista é compatível com a democracia, como a liberdade pode ser a própria forma de exploração, ele ignora a triste lição da experiência da esquerda no século XX: se simplesmente abolimos o mercado (inclusive a especulação de mercado), sem substituí-lo por uma forma adequada de organização comunista da produção e da troca, a dominação retorna de maneira violenta e com sua exploração direta.

Ao lidar com a questão dos direitos humanos, a crítica da ideologia tende a cometer dois erros comuns (e opostos). O primeiro é o óbvio: o ponto sintomático (excesso, autonegação, antagonismo) de um campo é reduzido a um mero acidente, uma imperfeição empírica, e não uma coisa que surge necessariamente. A

---

[73] Idem.
[74] Por isso é tão simples criticar Mandela por ter abandonado a perspectiva socialista depois do fim do *apartheid*: ele realmente tinha escolha? O passo rumo ao socialismo era uma opção real naquele contexto específico?

noção de direitos humanos universais *de facto* privilegia determinado conjunto de valores culturais particulares (individualismo europeu etc.), o que significa que sua universalidade é falsa. Entretanto, existe também o erro oposto: o campo inteiro entra em colapso em seu sintoma – "liberdade" burguesa e igualdade são *apenas e diretamente* máscaras ideológicas para a dominação e a exploração, os "direitos humanos universais" são *apenas e diretamente* o meio para justificar as intervenções coloniais imperialistas etc. Enquanto o primeiro erro faz parte do senso comum crítico-ideológico, o segundo é usualmente negligenciado e como tal é o mais perigoso. A noção crítica propriamente marxista da "liberdade formal" é muito mais refinada: sim, a "liberdade burguesa" é meramente formal, mas, como tal, é *a única forma de aparência (ou sítio potencial) da liberdade efetiva*. Em suma, se abolimos prematuramente a liberdade "formal", perdemos também (o potencial d)a liberdade efetiva – ou, em termos mais práticos, em sua própria abstração, a liberdade formal não só ofusca a não liberdade efetiva, mas abre espaço ao mesmo tempo para a análise crítica da não liberdade efetiva[75].

O que complica ainda mais a situação é que, em si, o advento de espaços vazios no capitalismo global é também uma prova de que o capitalismo não pode mais arcar com uma ordem civil universal da liberdade e da democracia, ou seja, ele requer cada vez mais a exclusão e a dominação. O caso do massacre da Praça da Paz Celestial, na China, é exemplar aqui: o que foi suprimido pela intervenção militar brutal não foi a perspectiva de uma entrada rápida na ordem capitalista liberal-democrática, mas a possibilidade genuinamente utópica de uma sociedade mais democrática *e* mais justa; a explosão do capitalismo brutal depois de 1990 ocorreu em paralelo à reafirmação do domínio do Partido não democrático. Recordamos aqui a clássica tese marxista sobre a primeira Inglaterra moderna: era do interesse da própria burguesia deixar o poder *político* para a aristocracia e manter para si mesma o poder *econômico*. Talvez algo homólogo esteja acontecendo hoje na China: era do interesse dos novos capitalistas deixar o poder político para o Partido Comunista.

De que maneira, então, nós rompemos com o impasse da de-historização pós-política? O que fazer depois do movimento Occupy Wall Street, agora que os protestos iniciados lá longe (Oriente Médio, Grécia, Espanha, Reino Unido) atingiram o centro e são intensificados e estendidos para o resto do mundo? O que deveria ser evi-

---

[75] A carreira legal de Jacques Verges representa um caso claro desse segundo erro na prática. Depois de reconhecer a hipocrisia do sistema legal ocidental (em 1945, tendo derrotado o fascismo em nome dos direitos e das liberdades humanas, as potências ocidentais praticaram uma opressão colonialista brutal na Argélia, no Vietnã etc.), Verges acabou defendendo os acusados de terrorismo pelo Ocidente, de Klaus Barbie a Pol Pot. Embora seu objetivo seja desmascarar a hipocrisia do sistema legal liberal do Ocidente, tal procedimento é incapaz de propor uma alternativa ao sistema de justiça.

tado é exatamente uma rápida transformação da energia dos protestos em uma série de demandas pragmáticas "concretas". Os protestos criaram um vazio – um vazio no campo da ideologia hegemônica, e é preciso tempo para preencher esse vazio de maneira apropriada, pois ele é fecundo, é uma abertura para o verdadeiramente novo. Devemos ter em mente que qualquer debate, aqui e agora, é necessariamente um debate em território inimigo: é preciso tempo para desenvolver o novo conteúdo. Tudo o que dissermos agora pode ser tomado (recuperado) de nós – tudo, exceto nosso silêncio. Esse silêncio, essa rejeição ao diálogo e a todas as formas de *clinch* é nosso "terror", agourento e ameaçador como tem de ser.

Esse gesto negativo dos manifestantes não nos leva de volta ao "eu preferiria não" de *Bartleby*, em Melville? Bartleby diz: "Eu preferiria não", e *não*: "Eu prefiro (ou desejo) não fazer isso"; com isso, voltamos à distinção de Kant entre juízo negativo e juízo infinito. Ao recusar a ordem do Mestre, Bartleby não nega o predicado, ele *afirma um não predicado*: não diz que *não quer fazer isso*; diz que *prefere (quer) não fazê-lo*. É desse modo que passamos da política da "resistência", que parasita o que nega, para uma política que abre um novo espaço fora da posição hegemônica e de sua negação[76]. Nos termos do Occupy Wall Street, os manifestantes não estão dizendo apenas que prefeririam não participar da dança do capital e de sua circulação; eles também "preferem não" depositar um voto crítico (a "nossos" candidatos) ou se envolver em uma forma qualquer de "diálogo construtivo". Esse é o gesto da *subtração* em sua forma mais pura, a redução de todas as diferenças qualitativas a uma mínima diferença puramente formal que abre espaço para o Novo. Há um longo caminho pela frente, e em pouco tempo teremos de enfrentar as questões verdadeiramente difíceis – questões não sobre aquilo que não queremos, mas sobre aquilo que *queremos*. Que forma de organização social pode substituir o capitalismo vigente? De que tipo de novos líderes nós precisamos? Que órgãos, incluindo os de controle e repressão? As alternativas do século XX obviamente não serviram. Por mais que seja emocionante gozar dos prazeres da "organização horizontal", das multidões em protesto com sua solidariedade igualitária e debates livres e abertos, esses debates terão de coalescer não só em novos Significantes-Mestres, mas também em respostas concretas à antiga questão leninista: "Que fazer?". Reagindo aos protestos de 1968 em Paris, Lacan disse: "Aquilo a que vocês aspiram como revolucionários é um novo Mestre. Vocês o terão"[77]. Embora devesse ser rejeitado enquanto declaração universal sobre todos os motins revolucionários, esse diagnós-

---

[76] Para uma elaboração mais detalhada dessa "política de Bartleby", ver as últimas páginas do meu *A visão em paralaxe* (trad. Maria Beatriz de Medina, São Paulo, Boitempo, 2008).

[77] Jacques Lacan em Vincennes, 3 de dezembro de 1969: "Ce à quoi vous aspirez comme révolutionnaires, c'est à un Maître. Vous l'aurez". [Ed. bras.: Jacques Lacan, *O seminário, livro 17: O avesso da psicanálise*, Rio de Janeiro, Zahar, 1992, p. 196.]

tico/prognóstico contém certa verdade: na medida em que o protesto permanece no nível de uma provocação histérica ao Mestre, sem um programa positivo para que a nova ordem substitua a antiga, ele funciona de fato como um pedido (negado, é claro) por um novo Mestre.

Confrontados com as demandas dos manifestantes, os intelectuais definitivamente não estão na posição do sujeito suposto saber: eles não podem operacionalizar essas demandas ou traduzi-las em propostas para medidas realistas e precisas. Com a queda do comunismo do século XX, eles perderam para sempre o papel da vanguarda que conhece as leis da história e pode guiar os inocentes em seu caminho. O povo, no entanto, também não tem acesso ao conhecimento requerido – o "povo" como nova figura do sujeito suposto saber é um mito do Partido que afirma agir em seu benefício, desde a diretriz de Mao para "aprender com os fazendeiros" até o famoso e supracitado apelo de Heidegger a seu velho amigo fazendeiro no curto texto "Por que ficamos na província?", de 1934, um mês depois de ele ter renunciado ao cargo de reitor da Universidade de Freiburg:

> Recentemente, fui convidado pela segunda vez a lecionar na Universidade de Berlim. Na ocasião, deixei Freiburg e me recolhi a minha cabana. Escutei o que as montanhas, as florestas e as terras de cultivo me diziam e fui visitar um velho amigo, um fazendeiro de 75 anos. Ele leu nos jornais sobre o convite de Berlim. O que diria? Sem pressa, fixou os olhos claros e certeiros nos meus e, sem abrir a boca, colocou refletidamente a mão leal em meu ombro. Jamais ele havia balançado a cabeça de modo tão suave. Isso significava: absolutamente não![78]

Só podemos imaginar o que estava pensando o velho fazendeiro – é bem provável que soubesse a resposta que Heidegger queria e educadamente a tenha fornecido. Sendo assim, nenhuma sabedoria de nenhum homem comum dirá aos manifestantes "*warum bleiben wir in Wall Street*" [por que ficar em Wall Street]. Não há um Sujeito que saiba, nem os intelectuais nem o povo comum. Não seria este o impasse: um homem cego conduzindo um homem cego ou, mais precisamente, cada um pressupondo que o outro não é cego? Não, pois as respectivas ignorâncias não são simétricas: quem tem a resposta são as pessoas, elas só não sabem as perguntas para as quais têm (ou melhor, são) a resposta. John Berger escreveu sobre as "multidões" daqueles que se encontram do lado errado do muro [*Wall*] (que separa os que estão dentro dos que estão fora):

> As multidões têm respostas para perguntas que ainda não foram feitas e têm a capacidade de sobreviver aos muros. As perguntas ainda não foram feitas porque fazê-las requer

---

[78] Martin Heidegger, "Why Do I Stay in the Provinces?", em Thomas Sheehan (org.), *Heidegger: The Man and the Thinker* (Chicago, Precedent Publishing, 1981), p. 29. [Ed. bras.: "Por que ficamos na província?", *Revista de Cultura Vozes*, ano 71, n. 4, 1977, p. 44-6.]

palavras e conceitos que soam verdadeiros, e os que estão sendo usados para nomear eventos tornaram-se insignificantes: Democracia, Liberdade, Produtividade etc. Com novos conceitos, as perguntas logo serão feitas, porque a história envolve exatamente esse processo de questionamento. Logo? Em uma geração.[79]

Claude Lévi-Strauss escreveu que a proibição do incesto não é uma questão, um enigma, mas uma resposta para uma questão que não conhecemos. Deveríamos tratar as demandas dos protestos de Wall Street de maneira semelhante: os intelectuais não devem sobretudo tomá-las como demandas, como questões para as quais devem produzir respostas claras ou programas sobre o que fazer. Elas são respostas, e os intelectuais deveriam propor questões para essas respostas. Trata-se de uma situação como a da psicanálise, em que o paciente sabe a resposta (seus sintomas são as respostas), mas não sabe a que ela responde, e o analista tem de formular a questão. É somente por meio desse trabalho paciente que um programa surgirá.

Badiou argumentou, em relação ao princípio aristotélico da não contradição e ao princípio do terceiro excluído, que existem três modos de negação[80]. Das quatro possibilidades lógicas, Badiou começa descartando a última (negação que não obedece a nenhum princípio) como "inconsistente", equivalente à completa dissolução de toda potência de negatividade, de modo que restam três formas consistentes, cada uma delas correspondendo a determinado quadro referencial lógico: (1) a negação obedece a ambos os princípios – lógica clássica (Aristóteles); (2) a negação obedece ao princípio da contradição, mas não ao terceiro excluído – lógica intuicionista (Brouwer, Heyting); (3) a negação obedece ao terceiro excluído, mas não ao princípio da contradição – lógica paraconsistente (escola brasileira, Da Costa). Na lógica clássica, a negação de P exclui não só P, mas qualquer outra possibilidade concernente aos conteúdos da proposição P. Na lógica intuicionista, a negação de P exclui P, mas não algumas outras possibilidades que estão em algum lugar entre P e não-P. Na lógica paraconsistente, a negação de P exclui aquele tipo de espaço entre P e não-P, mas não exclui P – P não é de fato suprimida por sua negação (não surpreende que Badiou associe essa negação na qual "P está na negação de P" à dialética de Hegel). Por exemplo, no domínio ético-legal clássico, uma pessoa é culpada ou inocente, não há intermédio; no espaço intuicionista, nós sempre temos valores intermediários, como "culpado com circunstâncias atenuantes", "inocente porque, apesar de certamente culpado, não há provas suficientes" etc. No espaço paraconsistente (não desconhecido de certas teologias), é possível ser as duas coisas ao mesmo tempo, embora não

---

[79] John Berger, "Afterword", em Andrey Platonov, *Soul and Other Stories* (Nova York, New York Review Books, 2007), p. 317.
[80] Ver Alain Badiou, "The Three Negations", *Cardozo Law Review*, v. 29, n. 5, abr. 2008, p. 1877-83.

haja uma terceira opção: a profunda consciência da minha culpa é a única prova que tenho da minha inocência etc.

Como poderíamos esperar, Badiou privilegia o exemplo da revolução. A revolução comunista é clássica, um confronto radical sem terceira opção, ou nós ou eles: o trabalhador pobre que, antes da revolução, surge como nada no campo político, torna-se o novo herói desse campo. No espaço intuicionista do reformismo social-democrático, o trabalhador pobre surge no campo político, mas não é de modo nenhum seu novo herói: a ideia é chegar a um compromisso, encontrar uma terceira via, manter o capitalismo, porém com mais responsabilidade social etc. No terceiro caso do espaço paraconsistente, o que temos é um tipo de indecidibilidade entre evento e não evento: alguma coisa acontece, mas, do ponto de vista do mundo, tudo é idêntico, então temos evento e não evento simultaneamente – um falso evento, um simulacro, como na "revolução" fascista que condena a "exploração plutocrática" e mantém o capitalismo. Como conclui Badiou: "A lição é que, quando o mundo é intuicionista, uma verdadeira mudança pode ser clássica, e uma falsa mudança, paraconsistente".

Mas e se o mundo atual, do capitalismo tardio, não for mais intuicionista? Não seria o capitalismo "pós-moderno" um sistema cada vez mais paraconsistente, em que, de diversas maneiras, P é não-P: a ordem é sua própria transgressão, o capitalismo pode prosperar sob o domínio comunista etc.? Aqui, a mudança clássica não serve mais, pois a negação fica presa no jogo. A única solução que resta, portanto, é a quarta opção (descartada por Badiou, mas que deveria ter uma interpretação diferente). A primeira coisa de que devemos nos lembrar é a assimetria radical da luta de classes: o objetivo do proletariado não é simplesmente negar (de qualquer maneira) seu inimigo, os capitalistas, mas negar (abolir) a si mesmo enquanto classe. É por isso que estamos lidando aqui com uma "terceira via" (nem proletária nem capitalista) que não está excluída, mas também com uma suspensão do princípio da contradição (é o próprio proletariado que luta para abolir a si mesmo, sua condição).

O que isso significa em termos de economia libidinal? Em uma carta escrita para Einstein, bem como em seu *Novas lições introdutórias à psicanálise*, Freud propôs uma solução utópica para os impasses da humanidade: a "ditadura da razão" – os homens devem se unir e, juntos, subordinar e controlar suas forças irracionais inconscientes. O problema aqui, obviamente, está na própria distinção entre razão e inconsciente: por um lado, o inconsciente freudiano é "racional", discursivo, não tem nada a ver com um reservatório de instintos primitivos obscuros; por outro, a razão é, para Freud, sempre fechada à "racionalização", a encontrar razões (falsas) para uma causa cuja verdadeira natureza é renegada. A interseção entre razão e pulsão é mais bem sinalizada pelo fato de que Freud usa a mesma formulação para as duas: a voz da razão ou da pulsão é geralmente silente, lenta, mas persiste para sempre. Essa interseção é nossa única esperança.

O horizonte comunista é habitado por dois milênios de rebeliões igualitárias radicais fracassadas, de Espártaco em diante – sim, todas foram causas perdidas, mas, como diz G. K. Chesterton em seu *What's Wrong with the World* [O que há de errado com o mundo], "as causas perdidas são exatamente aquelas que poderiam ter salvado o mundo"[81].

---

[81] G. K. Chesterton, *What's Wrong with the World* (Londres, Cassell, 1910), p. 36.

Índice onomástico

Adorno, Theodor 33, 42, 100-1, 104-5, 139, 184, 237, 249, 261, 330, 332-3, 431
Agamben, Giorgio 508, 618-22, 625, 638
Allais, Alphonse 11
Althusser, Louis 104, 114, 144, 217, 255, 290, 292, 469, 533, 550, 619
Altizer, Thomas 424
Andersen, Hans Christian 11
Arendt, Hannah 83, 537
Aristóteles 18, 65, 181, 187, 258, 446-7, 462, 529, 644
Asad, Talal 64
Agostinho, santo 122, 159, 395, 607
Austin, J. L. 60
Ayres, Ed 632

Bach, Johann Sebastian 310
Badinter, Élisabeth 443-4
Badiou, Alain 13, 15, 18, 28, 29, 33, 34, 68, 81, 98, 216, 261, 279, 305, 326-8, 361-2, 368, 377, 429, 431, 442-3, 446, 479, 485, 490, 512, 526, 535, 539, 546-7, 592-3, 596, 613-4, 626, 633, 644-5
Balanchine, Georges 384
Balibar, Étienne 498

Balmès, François 328, 380-1, 457, 461-4, 466-7, 474, 494-6, 499, 508, 510-1
Barad, Karen 544, 551, 565-8, 570-1, 573-4, 582-4
Barth, Karl 62-3
Bataille, Georges 173, 343
Baudrillard, Jean 158
Bauman, Zygmunt 632
Bayard, Pierre 62, 124, 161
Beethoven, Ludwig van 445
Beiser, Frederick 420
Benjamin, Walter 196, 243, 262-3, 283, 316, 503, 512, 598
Bentham, Jeremy 219, 261
Berger, John 643, 644
Bergman, Ingmar 256
Bernasconi, Robert 202
Berri, Claude 150, 151
Bienenstock, Myriam 131
Bohr, Niels 428, 550, 552-3, 559, 564-7, 571, 583
Bojowald, Martin 562
Borges, Jorge Luis 50, 555
Bostrom, Nick 370, 561
Brassier, Ray 486, 539, 588-92

Brecht, Bertolt 27, 60, 142, 177, 222, 283, 331, 411, 635
Brentano, Franz 547
Brown, Dan 460, 478
Buchanan, Ian 572
Büchner, Georg 317-8
Bukharin, Nikolai 371-2
Bush, George W. 513
Butler, Judith 64, 165, 447, 460, 466, 532, 570, 625-6, 628-9

Cantor, Georg 68, 362
Caputo, John 536
César, Julio 55, 59-60, 308, 344, 356
Charcot, Jean Martin 14
Cheney, Dick 455
Chesterton, G. K. 139-43, 187, 219, 231, 239, 264-5, 273, 279, 317, 329, 431, 615, 646
Christie, Agatha 437
Chuang-Tzu 472
Claudel, Paul 168, 476
Coetzee, J. M. 168
Comay, Rebecca 27, 163-4, 166, 289, 291
Copjec, Joan 428, 436, 626
Cuarón, Alfonso 220
Cutrofello, Andrew 355

Dahmer, Helmut 146
David, Jacques-Louis 423, 425-6
Davies, Paul 561
Davis, Bret 21, 513, 517-8, 520-1, 523, 529-30, 532-3, 537
Deleuze, Gilles 28, 33, 34, 48-9, 51, 53-7, 69, 104, 192, 225, 238, 259, 334-6, 341, 346, 355, 357, 376-7, 430-1, 446, 460, 519, 572
Demick, Barbara 156

Dennett, Daniel 52, 180, 280, 364, 549,
Derrida, Jaques 14, 27, 51-2, 89, 104, 123, 173-7, 179-80, 186, 189, 226, 235, 258-64, 322, 334, 354, 383-4, 430-1, 531, 584
Descartes, René 28, 174-7, 180, 186, 235, 258, 280, 328, 337, 398, 408, 416, 510, 512
Dickens, Charles 361, 605
Dickinson, Emily 442
Dolar, Mladen 27, 283, 307, 331, 337, 340, 487, 598
Dumont, Louis 570, 607
Dupuy, Jean-Pierre 107, 280, 606-13, 616-9

Eckhart, Mestre 530
Édipo 208, 586-7
Einstein, Albert 315, 428, 541-2, 544, 557, 645
Eliot, T. S. 48-9, 60, 74, 460, 461, 585
Espinosa, Benedict de 28, 33, 54, 57, 69, 106-7, 216-8, 223, 225, 227, 230-1, 478

Fearn, Nicholas 53, 431, 545, 546
Fichte, Johann Gottlieb 18-9, 21-2, 25, 43, 50, 101, 110, 115, 164, 229, 231, 238, 420, 523
Fink, Bruce 474
Foucault, Michel 15, 51, 173-6, 178-80, 184, 234-5, 570, 618-9, 625-6, 628, 638
Frege, Gottlob 484
Freud, Sigmund 13-4, 16-7, 57, 81-2, 93, 144, 149, 150-1, 177, 183, 193, 208, 210, 230, 247, 293, 305, 308-9, 323, 332-3, 337-40, 342-8, 353-4, 356, 363, 367, 376, 379, 380, 398, 392-3, 405, 415, 417, 446, 449, 459, 462-3, 465, 470, 476, 484, 493-6, 505, 509, 580, 589, 597, 599, 600, 602, 645
Fried, Gregory 435, 520
Fried, Michael 98

Índice onomástico / 649

Gadamer, Hans-Georg 26, 511
Galileu Galilei 13-4, 310, 315
Gilligan, Carol 444
Gilroy, Frank D. 271
Girard, René 606, 609
Godard, Jean-Luc 335
Goethe, Johann Wolfgang 344-5
Gore, Al 513
Gould, Stephen Jay 581
Grossman, David 410
Guattari, Felix 446

Habermas, Jürgen 65, 80, 146, 439, 504, 517, 626
Hallward, Peter 52-3, 55-6, 534
Hartmann, Nicolai 540
Hašek, Jaroslav 11
Hawking, Stephen 545, 562, 576, 578
Hegel, G. W. F. 13, 15, 17-20, 22-3, 25-8, 34-5, 37-44, 46-8, 55, 57-62, 64-9, 72-4, 77-9, 81-7, 91-6, 99-106, 111-5, 117, 120-1, 123-34, 136-8, 144-51, 153-4, 158-61, 163-6, 173, 176, 178, 185-6, 188-96, 198-201, 205, 207-8, 212-18, 223-45, 247-58, 260, 264, 272, 274-93, 295-8, 301-11, 313-6, 318-24, 326-7, 329-34, 336-8, 340-6, 349, 351-7, 362, 373, 382, 397, 404-6, 418, 420, 428-9, 438, 444, 446, 451-3, 459, 471, 475-6, 482, 486, 499-503, 509-10, 512, 519, 523-4, 527, 541, 543-4, 548, 556, 559-60, 565-6, 577, 582-3, 585-7, 594, 598, 601, 606-10, 623, 625-7, 631, 633, 636, 644
Heidegger, Martin 15-6, 18, 26, 28, 36-7, 83, 100, 112, 115, 173, 203, 234, 258, 261-2, 325, 346, 354-5, 364-5, 408, 417, 427, 430-1, 434-5, 471, 493, 495-6, 499-537, 539, 559-60, 593, 621, 643
Heine, Heinrich 140
Henrich, Dieter 18-9, 21-2, 25, 109-10, 136-9, 228

Heráclito 28, 520, 533
Hitchcock, Alfred 216, 221, 325, 331, 379, 382, 390, 399, 405, 420, 425, 472
Hitler, Adolf 286, 419, 450, 515, 529, 537
Hobbes, Thomas 157, 515
Hölderlin, Friedrich 22-6, 101, 200, 267, 420, 522, 530
Horkheimer, Max 100, 249, 261, 431
Hume, David 28, 195
Husserl, Edmund 116, 176, 259, 431, 547
Hyppolite, Jean 336, 500

Inwagen, Peter van 543

Jambet, Christian 28-9
Jameson, Fredric 86, 99, 113-5, 117, 119-20, 122-3, 161, 244, 315, 326, 327, 331, 469-70, 505, 585, 587, 604, 626, 636-40
Jelinek, Elfriede 505
Jesus Cristo 44, 54-5, 63, 73-5, 136, 188, 248, 250, 265, 424, 445, 450, 452, 478, 594, 617, 622
Johnson, Samuel 325
Johnston, Adrian 541, 546
Joyce, James 124
Jung, C. G. 144-6, 487

Kafka, Franz 12, 16, 29, 50, 166, 169, 225, 263, 283, 366, 400-1, 501, 519, 525, 555, 621
Kant, Immanuel 17-21, 28, 33, 37, 43, 53, 69, 79, 81, 93, 97, 109-15, 121, 124-30, 151, 162-4, 174, 176, 184-5, 187, 194-5, 234, 236, 238, 251, 253-4, 293, 295, 300, 302, 305, 318, 321, 345, 349, 362, 365, 369, 371, 378, 407, 409, 418, 427-30, 433, 466, 485, 502, 525, 528-9, 531, 540, 559-60, 562, 594, 615, 642
Kantorowicz, Ernst 422

Keller, Evelyn Fox 551

Kierkegaard, Søren 28, 34, 78, 110, 214, 234, 272, 281, 300, 315-6, 336, 344-6, 356, 430, 510, 532

Kieslowski, Krzysztof 211-2, 273

Kleist, Heinrich von 410-1

Kojève, Alexandre 42, 313, 500, 623

Koslowski, Peter 523

Koyré, Alexandre 500

Kraus, Karl 472

Kübler-Ross, Elisabeth 15

Kureishi, Hanif 577, 578

Lacan, Jacques 12-3, 26-8, 36-7, 60-1, 76-8, 94, 102-3, 106, 114, 130, 149, 152-4, 157, 161, 165, 168, 181, 183, 198, 200, 202, 211, 213, 216-7, 224-6, 229-30, 234, 236, 238, 247, 253, 256, 258, 259, 263-4, 272, 274, 277, 279-80, 286, 307, 309, 315, 324, 326, 334-8, 344-53, 355, 361, 363-4, 367, 373-4, 376, 378-83, 385-6, 391, 393-4, 397-8, 402-10, 414-5, 417-9, 427-8, 430, 433-6, 438-9, 443-4, 446-50, 452, 455, 457, 458-9, 461-2, 466-72, 474-5, 479, 484-5, 487-9, 493-7, 502, 504-12, 519, 551, 555-6, 572, 579-80, 589, 591-2, 594, 597, 599, 601-3, 605-6, 610, 613, 619, 623-4, 626, 630, 642

Laclau, Ernesto 203-4, 235, 325, 459, 532

Lacoue-Labarthe, Philippe 507-8

Lardreau, Guy 28-9

Laruelle, François 590-2

Le Gaufey, Guy 447, 458, 479-80, 484-5, 488

Leader, Darian 439

Lebrun, Gérard 26, 35-9, 42, 44, 58, 65-7, 73-5, 77-8, 81, 91, 111, 112, 162, 281-2, 303, 586

Lefort, Claude 281

Lem, Stanislaw 369

Lenin, V. I. 342, 535, 546, 549, 567, 635

Levinas, Emmanuel 139, 173, 258, 261, 430, 487, 599

Lévi-Strauss, Claude 357, 430, 644

Lindquist, Daniel 131, 133, 136

Lloyd, Elisabeth 293-4

London, Jack 269

Lukács, György 61, 101-4, 129, 237, 242, 313, 542

Lynch, David 177, 518

Lyotard, Jean-François 28, 51

McGinn, Colin 364-5

Maistre, Joseph de 605-6

Malabou, Catherine 26, 165, 188-9, 191-4, 197-8, 200, 203, 207, 239, 247, 249-50, 313, 322, 356, 500, 625, 628-9

Malebranche, Nicholas 180-3

Malevich, Kazimir 424-6

Man, Paul de 123

Maoz, Samuel 122

Marcuse, Herbert 152-3

Margulis, Lynn 543, 544

Martin, Sean 368

Marx, Karl 16-7, 28, 34, 42, 48, 61-2, 65, 72, 78, 86-95, 100, 102-4, 106, 117, 143, 163, 164, 199, 200-3, 208-9, 233, 245, 254, 260, 262, 274-5, 283, 286, 289-90, 306, 310, 317-18, 322, 336, 363, 376, 397, 413, 430, 445-6, 451, 455, 473, 481, 580, 591, 599, 606, 608, 615, 636, 637, 639

Meillassoux, Quentin 68, 70-1, 217, 511, 540, 541, 543, 571

Melville, Herman 642

Miller, Jacques-Alain 50, 228, 349-51, 373, 377-8, 404-5, 407-8, 415, 417, 485, 551, 602-5, 626

Milner, Jean-Claude 276-7

Moder, Gregor 352

Índice onomástico / 651

Molla Sadra 29
Monk, Ray 582
Mozart, Wolfgang 299-300, 357, 445, 449
Müller, Heiner 411-2

Nancy, Jean-Luc 517, 520
Näsström, Sofia 157-8
Newton, Isaac 311, 315, 541-2
Nietzsche, Friedrich 35-6, 38, 41, 73, 166, 176, 179, 193, 261, 281, 376, 430, 445, 450, 509, 513, 518, 558

Pagnol, Marcel 150
Parmênides 28, 230-1, 506, 509
Pascal, Blaise 391
Paulo, São 363
Pfaller, Robert 587-8
Pinker, Steven 364-5
Pippin, Robert 45, 75-6, 79-80, 83, 95-8, 104, 109, 184, 236, 241, 355, 409
Platão 139, 224-5, 275, 294, 298, 384, 390, 405, 430-1, 512, 527, 563, 592
Plotino 578
Pol Pot 641
Popper, Karl 139, 256, 315
Proust, Marcel 54, 75, 386-8

Rand, Ayn 639-40
Rorty, Richard 264, 546
Rousseau, Jean-Jacques 123, 139, 184, 612-3
Ruda, Frank 283, 288
Rumsfeld, Donald 112, 337, 457
Russell, Bertrand 582
Rutherford, Ernest 553

Said, Edward 300
Santner, Eric 375-6, 410, 422, 519, 616
Sartre, Jean-Paul 202-3, 409-10, 431, 526

Schelling, Friedrich 18-9, 21-3, 25, 28, 41, 78, 96, 101, 104, 118-9, 176, 186, 211, 230, 249, 252-3, 262, 264, 277, 318, 349, 409, 420, 509, 513, 518, 521-4, 547, 556-7
Schiller, Friedrich 24, 164, 344
Schlegel, Friedrich 24-5, 296
Schoenberg, Arnold 33, 96, 147, 391
Schopenhauer, Arthur 78, 383, 509, 518
Schulze, Walther 18
Schumann, Robert 455
Searle, John 60
Shakespeare, William 174, 207, 274, 324-5, 390, 449
Shaw, George Bernard 366
Silesius, Angelus 530
Sloterdijk, Peter 29, 221, 416
Smith, Adam 86
Snow, Edgar 13
Sócrates 390
Solomon, Robert C. 238
Speight, Allen 154
Stalin, Josef 40, 60, 144, 167, 282, 368, 423-4, 535, 608
Steinhardt, Paul 562, 579
Strauss, Leo 477-8
Strauss-Kahn, Dominique 422

Tarkovsky, Andrei 256, 368, 369-70, 506, 547
Tertuliano 465
Trier, Lars von 151, 489
Trotsky, Leon 472
Turing, Alan 11
Turok, Neil 562, 579

Varela, Francisco 544
Verges, Jacques 641

Wagner, Richard 96, 141-3, 293, 396-7, 401, 449
Wahl, François 485-6
Watts, Alan 427
Webern, Anton 384
Weil, Simone 294
Weininger, Otto 438, 444
Welles, Orson 400, 401, 423
Wheeler, John 553

Wittgenstein, Ludwig 12, 127, 174, 217, 444, 506, 509, 593

Yehoshua, A. B. 419
Yeltsin, Boris 449

Zeilinger, Anton 550
Zenão, o Cínico 422, 547
Zupančič, Alenka 27, 218, 433, 454, 456, 463, 469, 595, 596

Sobre o autor

Slavoj Žižek nasceu em 1949 na cidade de Liubliana, Eslovênia. É filósofo, psicanalista e um dos principais teóricos contemporâneos. Transita por diversas áreas do conhecimento e, sob influência principalmente de Karl Marx e Jacques Lacan, efetua uma inovadora crítica cultural e política da pós-modernidade. Professor da European Graduate School e do Instituto de Sociologia da Universidade de Liubliana, Žižek preside a Sociedade de Psicanálise Teórica, de Liubliana, e é diretor internacional do Instituto de Humanidades da Universidade Birkbeck de Londres.

Menos que nada: Hegel e a sombra do materialismo dialético é o seu nono livro traduzido pela Boitempo. Dele, a editora também publicou *Bem-vindo ao deserto do Real!*, em 2003, *Às portas da revolução: escritos de Lenin de 1917*, em 2005, *A visão em paralaxe*, em 2008, *Lacrimae Rerum: ensaios sobre cinema moderno*, em 2009, *Em defesa das causas perdidas* e *Primeiro como tragédia, depois como farsa*, ambos em 2011, e *Vivendo no fim dos tempos* e *O ano em que sonhamos perigosamente*, em 2012.

Este livro, publicado 168 anos após Marx e Engels escreverem *A ideologia alemã*, que marca a ruptura de seu pensamento com os jovens hegelianos, e 60 anos após a conferência "O mito individual do neurótico", de Jacques Lacan, foi composto em Adobe Garamond Pro, corpo 11/13,2, e reimpresso em papel Avena 80 g/m² pela gráfica Forma Certa, para a Boitempo, em abril de 2025, com tiragem de 500 exemplares.